Twentieth-Century Poetry from Spanish America

An Index to Spanish Language and Bilingual Anthologies

Iliana L. Sonntag Blay

The Scarecrow Press, Inc.
Lanham, Maryland, and London
1998

SCARECROW PRESS, INC.

Published in the United States of America
by Scarecrow Press, Inc.
4720 Boston Way
Lanham, Maryland 20706

4 Pleydell Gardens, Folkestone
Kent CT20 2DN, England

British Library Cataloguing in Publication Information Available

Library of Congress Cataloging-in-Publication Data

Sonntag, Iliana L.
Twentieth-century poetry from Spanish America : an index to Spanish language and bilingual anthologies / Iliana L. Sonntag Blay.
p. cm.
English and Spanish.
Includes bibliographical references and index.
ISBN 0-8108-3527-4 (alk. paper)
1. Spanish American poetry—20th century—Indexes. 2. Spanish American poetry—20th century—Translations into English—Indexes.
I. Title.
Z1609.P6S66 1998
[PQ7082.P7]
016.861—dc21 98-19068
CIP

The paper used in this publication meets the minimum requirements of American National Standard for Information Sciences—Permanence of Paper for Printed Library Materials, ANSI Z39.48–1984.
Manufactured in the United States of America.

In memory of my parents, Alberto and Elsa Redlich,
and to my husband, Fred Blay, and all our children.

Contents

Preface	vii
Acknowledgments	xi
Anthology Codes	xiii
Country Codes	xvii
Author Index	1
Title Index	267
First Line Index	483
About the Author	701

Preface

The Spanish-speaking peoples of America have produced a large number of illustrious poets since the beginning of their history. Two of them, Gabriela Mistral and Pablo Neruda, both Chileans, became Nobel laureates. Perhaps no other area of the world counts as many poets among its statesmen, and that makes the citizens of the Latin American republics rightly proud of their patrimony. Students of Latin American literature all over the world study this poetry, yet this important cultural legacy is very difficult to access. As a bibliographer and reference librarian specializing in Latin America, I experienced firsthand the need for more reference tools in the field of Latin American literature, particularly in sources of poetry and reviews of it. The difficulty in answering queries regarding certain poems—who wrote them, or where they could be found—can be frustrating and oftentimes insurmountable. Whether the question refers to the need to find a certain poem, or the work of a poet, the answer is to be found either in the specialist's own memory or going through as many likely anthologies as are available in one's library. Any university library with a medium to large collection of literature should have the complete works of major Latin American poets, but there are hundreds of poets in all Latin American countries that are widely read and loved, and likely to be studied by literature majors, but whose work is not easy to find. This index is designed to help ascertain where those poets are anthologized and make known their body of work to the American people.

This book includes over 12,700 poems and more than 2,000 authors. The need to keep the publication to a reasonable size influenced some decisions as to its parameters. The poets all flourished in the twentieth century, and the anthologies have been published since 1950. The book deals exclusively with poets of Spanish Latin America: Mexico, Central America, and South America, with the exception of Brazil. Among the anthologies indexed are those of individual countries and those covering Latin America in general. Also included are anthologies of women poets; Afro-Latin American poetry; and surrealistic, protest, and erotic poetry. The poems are in Spanish, and in English translation when appearing in bilingual anthologies. No all-English anthologies are included. Alphabetization is word by word and follows English-language rules: CH is filed among the Cs and Ll among the Ls. Titles beginning with numbers appear before those beginning with the letter A.

The book is divided into three sections: Author, Title, and First Line. Country of origin and dates are given after each name in the

Author Index. Further explanations for the contents of each section are given on the first page of the section. Codes used to identify the anthologies and country names used throughout the index are listed in the front of the book.

Prefacio

Desde el comienzo de su historia las naciones hispanohablantes de América han aportado un gran número de ilustres poetas. Dos de ellos, Gabriela Mistral y Pablo Neruda, ambos chilenos, recibieron el premio Nobel de literatura. Quizá en ninguna otra parte del mundo se cuenten tantos poetas entre los hombres de estado. Esto hace que los ciudadanos de estas repúblicas estén justamente orgullosos de su patrimonio. Los estudiantes de la literatura latinoamericana en todo el mundo estudian esta poesía; no obstante, el acceso a este tan valioso legado cultural es sumamente difícil. Como bibliotecaria especialista en América Latina experimenté personalmente la escasez de obras de consulta en el campo de la literatura latinoamericana, especialmente en fuentes de poesía y reseñas de ésta. La dificultad en contestar preguntas acerca de ciertos poemas—sobre quiénes los han escrito, o dónde encontrarlos—son frustrantes y pueden llegar a ser insuperables. Ya sea para encontrar un poema, o la obra de un poeta, la respuesta se debe encontrar en la memoria de la, o él, especialista, o examinando cuantas antologías parezcan tener probabilidad de ser útiles. Toda biblioteca universitaria con un acervo mediano seguramente contiene las obras completas de los mayores poetas latinoamericanos, pero son cientos los poetas en todos los países de América Latina que son leídos, y amados, y que merecen ser estudiados, pero cuya obra no se puede encontrar sin dificultad. Este índice tiene por finalidad aseverar si estos poetas han sido incluidos en alguna antología y en esa forma dar a conocer sus obras. Es mi deseo que ésta mi contribución facilite el conocimiento de los poetas latinoamericanos y sus obras por el público norteamericano.

Este libro incluye más de 12.700 poemas y más de 2.000 poetas. La necesidad de ceñir esta publicación a un tamaño razonable influyó en algunas de las decisiones que se tomaron. Se incluyen los poetas que florecieron durante el siglo veinte; las antologías son publicadas de 1950 en adelante por editoriales conocidas y que se podrán conseguir fácilmente por préstamo interbibliotecario en caso de no encontrarse en la biblioteca que se está usando. El libro comprende exclusivamente los poetas de la América de habla hispana: México, Centroamérica y América del Sur, excluyendo a Brasil. Entre las antologías indizadas se encuentran algunas dedicadas sólo a un país; otras cubren la América Latina en general. Las hay que tratan sólamente de poesía escrita por mujeres, otras de poesía afro-latina, surrealista, de protesta, o erótica. Los poemas están en español, o en traducción al inglés cuando aparecen en antologías bilingües. Libros totalmente en inglés no se han incluído. La alfabetización se ordena palabra por palabra y se han seguido las reglas del idioma inglés: la CH se intercala con las Cs, y la Ll con las Ls. Los títulos que comienzan con números preceden a aquellos que comienzan con la letra A.

Este libro se divide en tres secciones: índice de autores, de títulos, y de primeros versos. En el índice de autores las fechas y país de origen siguen al nombre de cada poeta. En la primera página de cada sección se dan mayores explicaciones sobre el contenido de ella. Las siglas que se usan a través del libro para identificar las antologías y países figuran a principio del libro.

Acknowledgments

I thank San Diego State Universy for its generous support, which allowed me to hire a programmer, James Bott from Intellitech, who adapted and expanded existing databases to meet the needs of this project. This was not without difficulty because the index is in effect three indexes in two languages. Mr. Bott continued to be indispensable long after the grant was spent. I am grateful to him for his willingness to help beyond the call of duty and for his interest in seeing the index published. I was also granted a sabbatical leave, which I used to travel to South America and do some research in libraries. The Latin American Studies Center at SDSU under its director, Dr. Thomas M. Davies Jr., provided student-assistant hours and unfailing moral support. From my colleagues at SDSU and SALALM (Seminar on the Acquisition of Latin American Library Materials) I received valuable advice. I must particularly acknowledge Dr. William V. Jackson, who was highly encouraging from the start, and Dr. David W. Foster, who kindly read some of the material and gave me advice on finding a publisher. Barbara G. Valk generously offered her expert advice and revised and assisted me with the introductory pages. My daughter Gabriela Sonntag helped a lot by searching the Library of Congress catalog and others for elusive data and by proofreading the text, and my sons-in-law, Jerry Palsson and Gary Morris, were immensely useful in everything that regards the vagaries of the computer, the latter even designing a program to make last minute format changes. The rest of my family and friends have helped by their caring inquiries and many times by restraining their curiosity about the book's slow progress. Any errors, of course, are entirely my responsibility.

Agradecimientos

Agradezco a la Universidad Estatal de San Diego su generoso apoyo y la oportunidad de haber podido tomar un sabático gracias al cual pude viajar a varios países de América Latina para visitar bibliotecas. La beca de SDSU me permitió utilizar los servicios de James Bott, de la firma Intellitech, quien adaptó y desarrolló los bancos de datos existentes para ajustarlos a las necesidades de este proyecto. Este presentaba dificultades considerables por estar formado por tres índices y estar escrito en dos idiomas. El señor Bott continuó siendo indispensable mucho después de exhausta la beca. Le estoy agradecida por su voluntad de ser útil más allá de lo que era dado esperar y por su interés en ver el índice publicado. El Centro de Estudios Latinoamericanos en SDSU, bajo la dirección del Dr. Thomas M. Davies Jr. colaboró con trabajo de estudiantes y con su aliento. Mis colegas de SDSU y SALALM (Seminar on the Acquisition of Latin American Library Materials) contribuyeron valiosos consejos. Debo mencionar particularmente al Dr. William V. Jackson, quien me animó desde el principio, y al Dr. David W. Foster, quien tuvo la gentileza de leer parte del manuscrito y me animó a publicarlo. Barbara G. Valk revisó la introducción y me asistió con sus expertos consejos. Mi hija Gabriela Sonntag me ayudó haciendo búsquedas en el catálogo de la Biblioteca del Congreso y otros y revisando el texto; mis yernos, Jerry Palsson y Gary Morris fueron enormemente útiles en todo lo concerniente a los misterios de la computadora. Este último incluso diseñó un programa para efectuar cambios de formato de último momento. Al resto de mis familiares y amigos les agradezco su cariñoso interés y las veces que reprimieron su curiosidad por la tardanza del proyecto. Cualquier error es mi sola responsabilidad.

Anthology Codes
Siglas para Antologías

ABRIL	Abril Rojas, Gilberto. *Poesía joven de Colombia.* México: Siglo XXI, 1975.
ALEGRI	Alegría, Claribel. *Homenaje a El Salvador: antología.* Madrid: Visor, 1981.
ARAY	Aray, Edmundo. *Poesía de Cuba: antología viva.* Caracas: Universidad de Carabobo, 1976.
ARBEL	Arbeláez, Fernando. *Panorama de la nueva poesía colombiana.* Bogotá: Ministerio de Educación, 1964.
ARTE	Arteche, Miguel, Juan Antonio Massone, and Roque Esteban Scarpa, comps. *Poesía chilena contemporánea.* Santiago: Editorial Andrés Bello, 1984.
BACIU	Baciu, Stefan. *Antología de la poesía surrealista latinoamericana.* México: Joaquín Mortiz, 1974.
BAEZA	Baeza Flores, Alberto. *Antología de la poesía hispanoamericana.* Buenos Aires: Tirso, 1959.
BEDRE	Bedregal, Yolanda. *Antología de la poesía boliviana.* La Paz: Los Amigos del Libro, 1977.
BOCCA	Boccanera, Jorge. *La novísima poesía latinoamericana.* México: Editores Mexicanos Unidos, 1980.
BOCPA	———. *Palabra de mujer: poetisas de ayer y de hoy en América Latina y España.* México: Editores Mexicanos Unidos, 1982.
CAILL	Caillet Bois, Julio. *Antología de la poesía hispano-americana.* Madrid: Aguilar, 1965.
CALA	Calderón, Alfonso. *Antología de la poesía chilena con-temporánea.* Santiago: Editorial Universitaria, 1971.
CARDE	Cardenal, Ernesto. *Poesía nueva de Nicaragua.* Buenos Aires: Editorial Lohlé, 1974.
CATO	*Poesía cubana contemporánea: antología.* Madrid: Editorial Catoblepas, 1986.
CEA	Cea, José Roberto. *Antología general de la poesía en El Salvador.* San Salvador: Editorial Universitaria, 1971.
CEAL	Lafforgue, Jorge, et al. *Poesía latinoamericana contemporánea.* Buenos Aires: Centro Editor de Amé-rica Latina, 1988.
COHEN	Cohen, Sandro. *Palabra nueva: dos décadas de poesía en México.* México: Premiá, 1981.

CORSSE	Ahumada, Gemina, et al. *La mujer en la poesía chilena de los '80*. Santiago: Inge Corssen Editora, 1987.
COSTA	*Nuevos poetas costarricenses, 1982: antología*. San José: Editorial Costa Rica, 1982.
DEBI	Debicki, Andrew. *Antología de la poesía mexicana moderna*. London: Tamesis, 1977.
DONOSO	Donoso Pareja, Miguel. *Poesía rebelde de América*. México: Editorial Extemporáneos, 1974.
DOORS	Carpentier, Hortense. *Doors and Mirrors: Fiction and Poetry from Spanish America, 1920-1970*. New York: Grossman, 1972.
ESCA	Escalona Escalona, José Antonio. *Antología actual de la poesía venezolana, 1950-1980*. Caracas: Mediterráneo, 1981. 2 vols.
FERNAN	Fernández Moreno, César, and Jorge Horacio Becco, comps. *Antología de la poesía argentina*. Madrid: Gredos, 1968.
FIERRO	Fierro, Enrique. *Antología de la poesía rebelde hispano-americana*. Montevideo: Ediciones de la Banda Oriental, 1967.
FLORES	Flores, Ángel, and Kate Flores. *Hispanic Feminist Poems.Anthology from the Middle Ages to the Present: The Defiant Muse, A Bilingual Anthology*. New York: The Feminist Press, 1986.
GENERA	Escalante, Evodio. *Poeta de una generación, 1950-1959*. Mexico: Premiá, 1988.
GINAR	Albareda, Ginés de. *Antología de la poesía hispano-americana: Argentina*. Madrid: Biblioteca Nueva, 1959.
GINCHI	———. *Antología de la poesía hispanoamericana:* Chile. Madrid: Biblioteca Nueva, 1959.
GINCO	———. *Antología de la poesía hispanoamericana*: *Colombia*. Madrid: Biblioteca Nueva, 1957.
GINURU	Albareda, Gines de, and Francisco Garfias, comps. *Antología de la poesía hispanoamericana: Uruguay*. Madrid: Biblioteca Nueva, 1961.
JIMEN	Jiménez, José Olivio. *Antología de la poesía hispano-americana contemporánea, 1914-1970*. Madrid: Alianza Editorial, 1979.
KOFMAN	Kofman, Fernando. *Años de ceniza y escombros*. Buenos Aires: Oxucraves, 1988.
LAGOS	Lagos, Ramiro. *Mujeres poetas de hispanoamérica*. Bogotá: Centro de Estudios Poéticos Hispánicos. Ediciones Tercer Mundo, 1986.
LETONA	Letona, René. *Ocho poetas hispanoamericanos en Madrid*. Madrid: Playor, 1987.
LIBRO	Jiménez, Reynaldo. *El libro de unos sonidos: 14 poetas del Perú*. Buenos Aires: Último Reino, 1988.
MANSOU	González, Jose Luis, and Mónica Mansour, comps. *Poesía negra de América*. México: Editores Mexicanos Unidos, 1976.
MARQUE	Marquez, Robert. *Latin American Revolutionary Poetry/Poesía revolucionaria latinoamericana: a bilin-*

	gual anthology. New York: Monthly Review Press, 1974.
MARZAN	Marzán, Julio. *Inventing a Word: An Anthology of Twentieth Century Puerto Rican Poetry*. New York: Columbia University Press, 1980.
MEDINA	Medina, José Ramón. *Antología venezolana*. Madrid: Gredos, 1962.
MODER	Jiménez, José Olivio. *Antología de la poesía modernista hispanoamericana*. Madrid: Hiperión, 1985.
MOLINA	Molina, Alfonso. *Poesía revolucionaria del Perú*. 2d ed. Lima: Ediciones América Latina, 1965.
MONDRA	Mondragón, Sergio. *República de poetas*. México: Martín Casillas, 1985.
MONSI	Monsiváis, Carlos. *La poesía mexicana del siglo XX*. México: Empresas Editoriales, 1966.
MORA	Morales, José Luis. *Poesía afroantillana y negrista*. Río Piedras: Editorial Universitaria de Puerto Rico, 1976.
ORTEGA	Ortega, Julio. *Antología de la poesía hispanoamericana actual*. México: Siglo XXI, 1987.
PADRON	Rodríguez Padrón, Jorge. *Antología de poesía hispanoamericana actual,1915-1980*. Madrid: Espasa Calpe, 1984.
PAZ	Paz, Octavio, et al. *Poesía en movimiento: México 1915- 1966*. Mexico: Siglo XXI, 1987.
PERU	Albareda, Ginés de, and Francisco Garfias, comps. *Antología de la poesía hispanoamericana: Perú*. Madrid: Biblioteca Nueva, 1963.
QUEZA	Quezada, Jaime. *Poesía joven de Chile*. México: Siglo XXI, 1973.
QUIROS	Quirós, Juan. *Índice de la poesía boliviana contemporánea*. 2d ed. La Paz: Editorial Gisbert, 1983.
REYES	Reyes, Sandra. *One More Stripe to the Tiger: A Selection of Contemporary Chilean Poetry and Fiction*. Fayetteville: University of Arkansas Press, 1989.
ROAL	Rodríguez, Armando. *Antología de la poesía latinoamericana*. 5th ed. México: Editores Mexicanos Unidos, 1983.
RUANO	Ruano, Manuel. *Y la espiga será por fin espiga*. Lima: Ediciones Consejo de Integración Cultural, 1986.
SALAS	González Salas, Carlos. *La poesía femenina contemporánea en Mexico, 1941-1968*. Ciudad Victoria, Tamaulipas, México: Instituto Tamaulipeco de Cultura, 1989.
SALVA	Argueta, Manlio. *Poesía de El Salvador*. San José, EDUCA, 1983.
SCARPA	Scarpa, Roque Esteban. *Antología de la poesía chilena contemporánea*. Madrid: Gredos, 1968.
SCHUL	Schulman, Iván A., and Evelyn Picón Salas, comps. *Poesía modernista hispanoamericana y española*. Madrid: Taurus, 1986.
SEGURA	Segura Méndez, Manuel. *La poesía en Costa Rica*. San José: Editorial Costa Rica, 1963.

SENSE	Albornoz, Aurora, and Julio Rodríguez Luis. *Sensemayá: la poesía negra en el mundo hispanohablante.* Madrid: Editorial Orígenes, 1980.
SONETO	*Antología del soneto hispanoamericano.* Managua: Editorial Nueva Nicaragua, 1988.
TAPIA	Tapia Gómez, Alfredo. *Primera antología de la poesía sexual latinoamericana.* Buenos Aires: Freeland, 1969.
TARN	Tarn, Nathaniel. *Con Cuba: An Anthology of Cuban Poetry of the Last 60 Years.* London: Goliard, 1969.
TOPS	Tapscott, Stephen. *Twentieth-Century Latin American Poetry: A Bilingual Anthology.* Austin: University of Texas Press, 1996.
TORO	Toro Montalvo, César. *Antología de la poesía peruana del siglo XX.* Lima: Ediciones Mabu, 1978.
URPILA	Moreira, Rubinstein. *Poesía compartida: 100 poetas actuales.* Montevideo: Ediciones La Urpila, 1993.
VALLE	Vallejos, Roque. *Antología crítica de la poesía paraguaya contemporánea.* Asunción: Don Bosco, 1968.
VEIRA	Veiravé, Alfredo. *Los poetas del 40.* Buenos Aires: Capítulo, 1986.
VILLE	Villegas, Juan. *Antología de la nueva poesía femenina chilena.* Santiago: Editorial La Noria, 1985.
VILLOR	Villordo, Oscar Hermes. *50 años de poesía argentina contemporánea, 1930-1980.* Buenos Aires: Revista de Cultura, 1985.
VOCES	Lagos, Ramiro. *Voces femeninas del mundo hispánico: poesía.* 2d ed. Madrid: Centro de Estudios Poéticos Hispanos, 1991.
VOLCAN	Murguía, Alejandro, and Barbara Paschke, comps. *Volcán: Poems from Central America; A Bilingual Anthology.* San Francisco: City Lights Books, 1983.
WHITE	White, Stephen F. *Poets of Chile: A Bilingual Anthology, 1965-1985.* Greensboro, N.C.: Unicorn Press, 1986.
ZAID	Zaid, Gabriel. *Asamblea de poetas jóvenes de México.* México: Siglo XXI, 1980.

Country Codes
Países y sus Códigos

Argentina	AR
Bolivia	BO
Chile	CH
Colombia	CO
Costa Rica	CR
Cuba	CU
Dominican Republic	DR
Ecuador	EC
El Salvador	ES
Guatemala	GU
Honduras	HO
Mexico	ME
Nicaragua	NI
Panama	PN
Paraguay	PA
Peru	PE
Puerto Rico	PR
Uruguay	UR
Venezuela	VE

Author Index

The Author Index provides access to all poems under each author's full name as found in the anthologies indexed. In addition, the country of origin and dates of each author—unfortunately not always available— follow his or her name, and if he or she uses a pseudonym it is also indicated. When the title is in a language other than the poem it is indicated thus: "Walking Around (Span.)," and conversely, when the title is ambiguous as to the language the poem is written on, it will say: "Ágape. *Vallejo*" in the original Spanish, and "Agape (Eng.). *Vallejo*," in the translation. At times there will be poems which are part of a series and that will also be indicated parenthetically as, for example: "El anochecer (Cromos). *Arciniegas.*" After each poem a code is given for the anthologies in which it appears: for example, "*IBARBOUROU, JUANA de.* UR. 1895-1979. *El fuerte lazo.* CAILL, TAPIA." Whenever there have been discrepancies between anthologies on spelling of names or on dates, an effort has been made to establish the most reliable source. A list of anthologies and their codes is on pages xiii through xvii, and a list of countries with their codes is on page xix.

Indice de Autores

Este índice provée acceso a todos los poemas de cada autor que se han encontrado en las antologías examinadas. Se da aquí el nombre completo del o de la poeta seguido de su país de origen y fechas —lamentablemente, éstas no se han podido obtener en todos los casos. Cuando el lenguaje del título no sea el mismo del poema se aclarará de la siguiente manera: "Walking Around (Span.)," y del mismo modo si el título es ambiguo en cuanto al idioma en que el poema está escrito dirá : "Ágape. *Vallejo*", en el original en español, y "Agape (Eng.) *Vallejo*" en la traducción."
Ocasionalmente habrá poemas que son parte de una serie con un nombre genérico y estos llevarán a seguir del título, en un paréntesis, el nombre de la serie. Por ejemplo, "El anochecer (Cromos) *Arciniegas*." Después de cada poema se da la sigla de la antología en que aparece: por ejemplo, "*IBARBOUROU, JUANA de.* UR. 1895-1979 *El fuerte lazo.* "CAILL, TAPIA". También se indica si usa seudónimo. En caso de discrepancias acerca de la ortografía de los nombres o las fechas entre las distintas antologías, se ha tratado de usar las más fidedignas. La lista de antologías con sus códigos aparece en las páginas xiii a xvii, y una lista de países con sus siglas en la página xix.

ÁBALOS, CARMEN. CH. 1921- .
Azogue para el espejo. ARTE.
ABELLA CAPRILE, MARGARITA. AR. 1901-1960.
Alba. GINAR.
Las luciérnagas. VILLOR.
Poema del Río de la Plata. BAEZA.
ABRIL, XAVIER. PE. 1905- .
Amanecer. CAILL.
Canto de la ciudad y del hombre moderno. CAILL.
Dialéctica de la rosa. CAILL.
Elegía a lo perdido y ya borrado del tiempo. CAILL., LIBRO.
Elegía oscura en el viejo tono de Jorge Manrique. CAILL.
Eternidad de la rosa. CAILL.
Exaltación de las materias elementales. TAPIA.

Intimidad. LIBRO.
Naturaleza. LIBRO.
Poema de Siberia. CAILL.
Poema del sueño dormido. LIBRO.
Poemas. PERU.
Sentimiento del hombre y del surco. CAILL.
ABRIL ROJAS, GILBERTO. CO. 1946- .
The Apartheid. ABRIL.
Calle del árbol. ABRIL.
Demagogia. ABRIL.
Duodécimo. ABRIL.
Poema de madrugada. ABRIL.
Salvador Allende. ABRIL.
ACEVES, RAÚL. ME. 1951- .
Consejos al indiferente (Frag.). ZAID.
ACOSTA, AGUSTÍN. CU. 1886-1979
Arena de oro. CAILL.
Las carretas de la noche. BAEZA, CAILL.
Castigo. CAILL, ROAL.
Desbordamiento. CAILL.
La espiga tronchada. CAILL.
Ex libris. CAILL.
Mediodía en el campo. CAILL.
ACOSTA, MARIO ANTONIO. ES.
Juan Chacón. ALEGRI.
ACOSTA BELLO, ARNALDO. VE. 1931- .
Caeré sobre el polvo. ESCA.
No se puede decir que el sol es bello. ESCA.
Paseo. ESCA.
Recuento. ESCA.
ACUÑA, CARLOS. CH. 1889- .
Flauta rústica. GINCHI.
Vendimia. GINCHI.
ADÁN, MARTÍN (Rafael de la Fuente Benavides). ME. 1908-1984.
Andante. LIBRO.
Arpeggio e quanto gli segue. LIBRO.
Bala. LIBRO.
Brano con morbidezza. LIBRO.
Declamato come in coda. CAILL, ORTEGA.
Diario de poeta. LIBRO.
Digitazione. LIBRO.
In promptu. LIBRO.
Julio. ORTEGA.
Lección de la rosa verdadera. PERU.
La mano desasida (Frag.). ORTEGA.
Mary caracol. LIBRO.
Mi Darío. LIBRO.
Narciso al Leteo. CAILL.
Ottava ripresa. ORTEGA.
Pezzo scherzevole inopinato. CAILL.
Quarta ripresa. ORTEGA.
Quinta ripresa. LIBRO.
Ritornello. LIBRO.
Senza tempo, affrettando ad libitum. LIBRO.
Sesta ripresa. ORTEGA.
Studio. LIBRO.

Terza ripresa. LIBRO.
ADOUM, JORGE ENRIQUE. EC. 1926- .
El ahogado. PADRON.
Casi como Dios. PADRON.
Condecoración y ascenso. DONOSO, MARQUE.
Corazonada. PADRON.
El desenterrado. PADRON.
Epitafio del extranjero vivo. PADRON.
Estirpe de conquistador. PADRON.
Fundación de la ciudad. PADRON.
El hombre de mi tiempo en el Café de la Gare. PADRON.
It Was the Lark, bichito, no Nightingale (Span.). PADRON.
Medals and Promotion. MARQUE.
Nostalgia de la caverna. PADRON.
Pasadología. MARQUE.
Pastology. MARQUE.
Pequeño drama Noh. PADRON.
Vamos a perder el paraíso. FIERRO.
Velorio de una excepción. PADRON.
AGOSÍN, MARJORIE. CH. 1955- .
A la Viola Parra. VILLE.
Autos sin retratos. LAGOS, VOCES.
Cartas. VILLE.
Crónicas. VILLE.
Curriculum Vitae. VILLE.
The Dance. TOPS.
La danza. TOPS, VILLE.
Familias. REYES.
Families. REYES.
Menses. VILLE.
No juzguéis. VILLE.
Triunfo. VILLE.
AGOSTINI de del RÍO, AMELIA. PR. 1896-
Los negros. MORA.
AGUDELO, WILLIAM. CO. 1943- .
A Uhz (Frag.). BOCCA.
Ante la ventanilla. ABRIL.
Belle de jour. SALAS.
Concierto de jazz. ABRIL.
Eduardo. ABRIL.
En donde se habla de cómo se recogen fondos . . . DONOSO.
Joaquín-chiquito el payador. ABRIL.
Papá-Joaquín. ABRIL.
AGUDO, MARÍA ELENA. AR. -1952.
Gozos de la mujer que va a ser madre. VILLOR.
El marinero. VILLOR.
AGÜERO, ANTONIO ESTEBAN. AR. 1917-1970.
Mediodía. VILLOR.
AGÜERO CHAVES, ARTURO. CR. 1907- .
Romance de la majestad sencilla. SEGURA.
AGUIAR, ADRIANO M. PR. 1864-1912.
Laetitia in umbra. TAPIA.
AGUILAR, LUIS MIGUEL. ME. 1956-
Cesare Pavese. GENERA.
Cuatro vilanelas. GENERA.
Huapango. GENERA.

Osip Mandelstam. GENERA.
Ricardo, testigo. GENERA.
Vilanela. ZAID.
AGUILAR, MARCO. CR. 1944- .
Canción amargamente. DONOSO.
AGUILAR, MERCEDES M.
Declaración de paz. SALAS.
Para que me oigas. SALAS.
Podría. SALAS.
Retrato. SALAS.
AGUILAR MORA, JORGE. ME. 1946- .
Cuando conocí a Roland Barthes (Frags.). COHEN.
AGUIRRE, JULIO. UR.
Le daban tierra. GINURU.
Renacimiento. GINURU.
AGUIRRE, MIRTA. CO. 1912-1980.
Cantares del mal de amores. CAILL.
Certidumbre. CAILL.
Encuentro. BOCPA.
Este camino. CAILL.
Poema de la verdad profunda. CAILL.
Soneto. SONETO.
Todo puede venir. CAILL.
AGUIRRE, RAÚL GUSTAVO. AR. 1927-1983.
Todavía. VILLOR.
AGUIRRE, SAÚL. CO. 1919- .
Muerte. GINCO.
AGUIRRE ACHA, JOSÉ. BO. 1877-1941.
¡Salve, oh patria! BEDRE.
AGURTO VIGNEAUX, FRANCISCA. CH. 1955- .
Desesperanza. VILLE.
Intento al padre. VILLE.
Poema. VILLE.
AGUSTINI, DELMIRA. UR. 1886-1914.
Las alas (Frags.). CEAL, MODER.
Las alas. TOPS.
Amor. GINURU.
Another Breed. FLORES.
Another Race. TOPS.
El royo. CEAL.
La barca milagrosa. GINURU, ROAL, TOPS.
El cisne. CEAL, MODER, TAPIA.
La cita. ROAL, TAPIA.
Cuentas falsas. GINURU.
Día nuestro. CEAL.
Elegías dulces. CAILL, GINURU.
En el camino. CEAL.
En tus ojos. CEAL.
La estatua. MODER.
Explosión. CAILL, GINURU, MODER, SONETO.
Fiera de amor. CEAL, MODER.
Lo inefable. BAEZA, CAILL, CEAL, FLORES, GINURU, MODER, ROAL, TOPS.
The Ineffable. FLORES, TOPS.
Íntima. CEAL.
El intruso. CEAL, TAPIA.
Luz púrpura (con tu retrato). CEAL.

Mi musa triste. CEAL.
Mi plinto. CEAL.
The Miraculous Ship. TOPS.
Mis amores. CAILL, GINURU, MODER.
Mis ídolos. CEAL.
Misterio: ven. CEAL.
La musa. MODER.
Nocturno. CAILL, CEAL, GINURU.
Ofrendando el libro: a Eros. CEAL, MODER.
¡Oh, tú! CEAL.
Otra estirpe. CAILL, CEAL, FLORES, GINURU, TAPIA, TOPS.
Plegaria. CAILL, CEAL, GINURU, MODER.
Los relicarios dulces. CAILL, CEAL, GINURU.
La sed. CAILL, GINURU.
Selene. CEAL.
Serpentina. CEAL.
Supremo idilio. CEAL.
El surtidor de oro. LAGOS, VOCES.
Tres pétalos a tu perfil. CEAL.
Tu boca. CEAL, MODER.
Tú dormías. CEAL.
El vampiro. CEAL, MODER.
Visión. BOCPA, CAILL, CEAL, GINURU, MODER, TOPS.
Vision (Eng.). TOPS.
The Wings. TOPS.
AHUMADA, GEMINA. CH. 1951- .
104. CORSSE.
Gris. CORSSE.
Pensamiento dos. CORSSE.
Pensamiento uno. CORSSE.
Una mano enlutada distrae. CORSSE.
Voces I. CORSSE.
AIRALDI, ZELMIRA. AR. 1934- .
La araña juega el verso de Lugones. URPILA.
Mariposas. URPILA.
Tiempo. URPILA.
ALABAU, MAGALY. CU. 1945- .
A mi que he conocido. CATO.
Ahí voy. CATO.
Aquí. CATO.
Entré al lugar más frío. CATO.
Tengo miedo. CATO.
ÁLAMO, MARTA. AR. 1937- .
Cuerpopiel para un poema. TAPIA.
ALARCÓN, ABEL. BO. 1881-1954.
La abadesa. BEDRE.
Pascua. BEDRE.
ALARDÍN, CARMEN. ME. 1935- .
Concomitancia. LAGOS, VOCES.
Estrellas apagadas. SALAS.
Muerte cotidiana. LAGOS, VOCES.
Nuevo día. SALAS.
Para decir azul. SALAS.
Por culpa de la ausencia. LAGOS, VOCES.
Preludio. SALAS.
Que calle el árbol. SALAS.

ALAS, CLAUDIO de (Jorge Escobar Uribe). CO. 1886-1917.
Con los ojos azules. ROAL.
La escena del teatro. ROAL.
Madre. SONETO.
ALBARADO SÁNCHEZ, JOSÉ (*Vicente Azar).* PE. 1913- .
El tiempo (Frag.). PERU.
ALCALDE, ALFONSO. CH. 1921- .
El ahorcado. CALA.
Habíamos nacido el uno para el otro. CALA.
Las lluvias del Arcángel San Miguel. CALA.
Variaciones sobre el tema del amor. ARTE.
ALCIDES, RAFAEL. CU. 1933- .
All That Winter, All That Spring. TARN.
La clase. ARAY.
Conclusiones acerca de la muerte. ARAY.
La doble imagen. ARAY.
Ésta no es una carta para abrir. TARN.
Hemos padecido la manía de creer. TARN.
A List of Things Hands Can Do. TARN.
Lista de cosas que saben hacer las manos. ARAY, TARN.
La pata de palo. ARAY.
This Is Not a Letter to Be Opened. TARN.
Vida de Clemente. ARAY.
ALCOCER, PAULA. ME. 1920- .
Amarte es ir en sueños. SALAS.
Epitafio para una rosa. SALAS.
Poema del destierro. SALAS.
Soledad. SALAS.
Vía crusis. SALAS.
ALEGRÍA, CIRO. PE. 1909-1967.
El poema inacabable. PERU.
ALEGRÍA, CLARIBEL. ES. 1928- .
Aunque dure un instante. SALVA.
Carta al tiempo. BAEZA.
Creí pasar mi tiempo. FLORES.
En la playa. FLORES.
Eramos tres. TOPS.
Evasión. SALVA.
Everything is Normal in Our Courtyard. VOLCAN.
Hacia la edad jurásica. BOCPA, TOPS.
I Thought to Spend My Time. FLORES.
La mujer del río Sumpul. ALEGRI.
On the Beach. FLORES.
Pequeña patria. LAGOS, VOCES.
Soy espejo. SALVA.
Todo es normal en nuestro patio. VOLCAN.
Toward the Jurasic Age. TOPS.
We Were Three. TOPS.
Y soñé que era un árbol. SALVA.
ALEGRÍA, FERNANDO. CH. 1918- .
La caída de un obispo. REYES.
Donde lloran los valientes. REYES.
The Fall of a Bishop. REYES.
Where Brave Men Weep. REYES.
ALEMÁN, HUGO. EC. 1902-1983.
Vencimiento. TAPIA.

ALEMÁN, LAURA ELENA. ME. 1915-1964.
Calle del sueño o Esclavitud de la muerte. SALAS.
Gozoso sueño. SALAS.
Hablo para aquellos. SALAS.
Sueño. SALAS.
Te amé realidad. SALAS.
El zopilote. SALAS.
ALFARO, OSCAR. BO. 1923-1963.
El borriquillo. QUIROS.
Burrito botánico. BEDRE.
El chapaco alzado. BEDRE.
El día. QUIROS.
La hormiguita novia. QUIROS.
El loro. QUIROS.
La muerte del genio. BEDRE.
El pájaro revolucionario. BEDRE.
Pescador. QUIROS.
Ruiseñor telegrafista. QUIROS.
El sapo. QUIROS.
Una jaula de armonías. QUIROS.
Viaje al pasado. QUIROS.
ALFARO COOPER, JOSÉ MARÍA. CR. 1861-1939.
La abuela. SEGURA.
La epopeya de la cruz (Frag.). SEGURA.
ALFONSECA, MIGUEL. DR. 1942- .
A los que tratan de imponer el bozal. BOCCA.
Ésta es nuestra tierra. DONOSO.
ALLENDE, PAULA de. ME.
Detrás de la mirada. SALAS.
Esta hora. SALAS.
ALLER, ÁNGEL. UR.
Infantina muerta. GINURU.
ALLIENDE LUCO, JOAQUÍN. CH. 1935- .
Anotaciones en la arena. ARTE.
Buen propósito. ARTE.
No sabe el trapecista. ARTE.
Voluntad regia. ARTE.
ALLOCATI, BEATRIZ OLGA. AR. 1935-
Fraternidad del sonido. URPILA.
El rosario. URPILA.
La victoria. URPILA.
ALOMA, ORLANDO. CU. 1942- .
El ángel militante. TARN.
The Militant Angel. TARN.
El pobre amor. DONOSO.
ALONSO, MARÍA LUISA. VE. 1936- .
A la espalda de Orión. ESCA.
Arrecia la galerna. ESCA.
Glosa del ancestro. ESCA.
Jazmines. ESCA.
ALONSO AMIEVA, ANA MARÍA. ME.
Espina. SALAS.
Rosa de sangre. SALAS.
Treinta monedas. SALAS.
ALTAMIRANO, EDGAR. ME. 1953- .
Para Victoria Mendoza. ZAID.

ALVARADO, HECTOR. EC.
El beato. BOCCA.
ALVARENGA, MARTIN. AR. 1941- .
El Quijote. BOCCA.
ÁLVAREZ, CARLOS ALBERTO. AR.
Canción paranaense. VEIRA.
Entre Ríos, verso a verso. VEIRA.
Jacarandá. VEIRA.
Río quedado. VEIRA.
ÁLVAREZ, GRISELDA. ME. 1918- .
Anatomía superficial. SALAS.
Hombro. SALAS.
Letanía erótica para la paz (Frag.). SALAS.
Oreja. SALAS.
Pecho. SALAS.
Voz. SALAS.
ÁLVAREZ, LUIS FERNANDO. VE. 1901-1952.
Acto de profesión nocturna. MEDINA.
Ceremonias ante la muerte de la cigarra. MEDINA.
La extranjera. CAILL.
Poema número 6. MEDINA.
Soledad. CAILL.
ÁLVAREZ, SOLEDAD. DR. 1950- .
Arte poética. LAGOS, VOCES.
Clases de política. LAGOS, VOCES.
Génesis. LAGOS, VOCES.
ÁLVAREZ AVENDAÑO, PATRICIA. ME. 1954- .
La historia coincidió. ZAID.
ÁLVAREZ BRAVO, ARMANDO. CU. 1938- .
Lezama de una vez. CATO.
ÁLVAREZ de LUGO, ELADIO. VE. 1887-1959.
Norma. SONETO.
ÁLVAREZ HENAO, ENRIQUE. CO. 1871-1914.
Los tres ladrones. GINCO, ROAL.
AMAURO, RODRIGO. CH. 1918- .
Permanencia. GINCHI.
AMELLER RAMALLO, JULIO. BO. 1914- .
Un día. BEDRE.
Romance de las delanteras. BEDRE.
AMIGHETTI, FRANCISCO. CR. 1907- .
Nocturno. SEGURA.
Sirenas. SEGURA.
AMOR, GUADALUPE. ME. 1920- .
Círculo de angustia (Frag.). SALAS.
Décimas a Dios. ROAL.
Décimas al polvo. MONSI.
Entiendo que mi polvo. CAILL.
Mis ojos de observar. CAILL.
Son mis viejas raíces. MONSI.
Yo soy mi casa (Frag.). SALAS.
Yo tenía unas alas . . . CAILL.
AMORÍM, ENRIQUE. UR. 1900-1960.
Cementerio en el campo. CAILL, GINURU.
Crepúsculo en el río. GINURU.
Esta rara mujer. SONETO.
Romance. GINURU.

AMORTEGUI, OCTAVIO. CO. 1901- .
Mar afuera. GINCO.
ANAYA, JOSÉ VICENTE. ME. 1947- .
En el pinar. COHEN.
Historia prehistoria. COHEN.
Porque Safo se regocija en el cuerpo de su lago (Frag.). COHEN.
Soledad. COHEN.
ANDRADE CORDERO, CÉSAR. EC. 1904- .
Virtud de la mujer transida de cielo. CAILL.
ÁNGELI, HÉCTOR MIGUEL. AR. 1930- .
Amor. VILLOR.
Tu balcón. VILLOR.
La vaca verde. BAEZA.
ANGUITA, EDUARDO. CH. 1914-1992.
De cinco poemas. SCARPA.
Dos rostros se reúnen en el amor. GINCHI.
Pintura de María Valencia. SCARPA.
El poliedro y el mar. SCARPA.
Soneto para Alicia. SCARPA.
Tengo miedo. SCARPA.
El tiempo de Verónica. GINCHI.
Venus en el pudridero. ARTE, SCARPA.
El verdadero momento. SCARPA.
El verdadero rostro. SCARPA.
La visita. ARTE, CALA.
ANÓN. BOLIVIA.
Canto de libertad. FIERRO.
ANÓN. CHILE.
Bandos marciales emitidos por la junta militar de Chile. MARQUE.
Proclamations Issued by the Chilean Military. MARQUE.
ANÓN. COLOMBIA.
Colombia masacrada. MARQUE.
Colombia Massacred. MARQUE.
ANÓN. EL SALVADOR.
Canto autobiográfico de un combatiente salvadoreño. ALEGRI.
ANÓN. NICARAGUA.
La cortina del país natal. MARQUE.
The Curtain of the Native Land. MARQUE.
ANÓN. de VALLEGRANDE. CO.
Aspectos familiares. BEDRE.
Ausencias y recuerdos. BEDRE.
Cantos de cuna. BEDRE.
Despedidas. BEDRE.
Expresiones y respuestas de mujeres. BEDRE.
Fiestas, satíricas y picarescas. BEDRE.
Guapezas y jactancias. BEDRE.
Patrióticas. BEDRE.
Religiosas. BEDRE.
Las rogativas (Frags.). BEDRE.
Sentenciosas y morales. BEDRE
ANTILLÓN, ANA. CR. 1934- .
Antro de fuego. SEGURA.
Arriba, llega, alcanza. DONOSO.
Si pudieras nacer en mis dos senos. BOCPA, CAILL.
ANZOÁTEGUI, IGNACIO B. AR. 1905- .
El emperador vuelve del destierro. GINAR.

APPPLEYARD, JOSÉ LUIS. PA. 1927- .
A Magui, mi perra. VALLE.
Colofón. VALLE.
El tiempo. VALLE.
Tú, del sur. BAEZA.
Yo. VALLE.
ARAMAYO, OMAR. PE. 1947- .
Axial. TORO.
La hormiga. RUANO.
Magia. TORO.
Mi abuela. TORO.
Paisaje. TORO.
Perinhó. RUANO.
Toro de infancia. RUANO.
ARANA, FELIPE. PR. 1902-1962.
Seña Chencha. MORA.
ARANA, VETURIÁN. ME. 1959- .
Otra vez sobre el camino. ZAID.
ARANCIBIA HERRERA, MARIO. BO. 1938- .
Noche tercera. BEDRE.
ARANEDA, MIGUEL. CH. 1952- .
El canto de un grillo. ARTE.
ARANGO, DANIEL. CO. 1920- .
Canto a Heine. GINCO.
ARANGO, GONZALO. CO. 1932- .
Tu ombligo, capital del mundo. TAPIA.
ARAUZ B., CARLOS. EC. 1928- .
Relato no.1. DONOSO.
ARAY, EDMUNDO. VE. 1936- .
Administración de personal. FIERRO.
Asdrubal, mi primo. RUANO.
Astronauta II. ESCA.
De mi ausencia en los ríos. ESCA.
Esto leo a mi hija. DONOSO, MARQUE.
El hombre sólo escucha la voz antigua. ESCA.
I Read This to My Daughter. MARQUE.
Let's Go. MARQUE.
No es necesio recordar. ESCA.
Seven Fifty Five. MARQUE.
Siete y cincuenta y cinco. MARQUE.
Sin título. MARQUE.
Yo monto en el Pequod. RUANO.
ARBELAEZ, FERNANDO. CO. 1924- .
Nocturno. GINCO.
ARBELECHE, JORGE. UR. 1943- .
Carta a Borges. URPILA.
ARCE, HOMERO. CH. 1901-1977
Elegía. ARTE.
ARCE NAVARRO, LUIS ENRIQUE. CR. 1952- .
A mi patria. COSTA.
Búsqueda. COSTA.
Campesino. COSTA.
Como ausente. COSTA.
Con furia. COSTA.
En un camposanto. COSTA.
Manera de recibirnos. COSTA.

Recuerdos. COSTA.
Salutación de partida. COSTA.
Te vi. COSTA.
Yo hablo. COSTA.
ARCIA, JUAN E. VE. 1872-1931.
Amanecer. SONETO.
ARCINIEGAS, ISMAEL ENRIQUE. CO. 1865-1939.
El anochecer (Cromos). GINCO.
El bajo Magdalena (Cromos, Acuarelas). CAILL, GINCO.
El baño. CAILL.
Bohemia. ROAL.
En Colonia. CAILL.
En el brocal (Cromos). GINCO.
En el silencio. CAILL.
En la playa (Cromos). GINCO.
La flauta del pastor. CAILL.
Las garzas (Cromos). GINCO.
Gris (Cromos). GINCO.
Mina (Cromos). GINCO.
Mediodía (Cromos). GINCO.
El niño y la estrella. GINCO.
Pensativa (Cromos). GINCO.
El poeta bohemio. SONETO.
El reproche (Cromos). GINCO, ROAL.
El trapiche. BAEZA.
ARDUZ, WALTER. BO. 1934- .
Fervor. BEDRE.
Guerrero frustrado. BEDRE.
ARECO de GAÑI, NAIR. UR.
Día a día. URPILA.
Era una cúspide. URPILA.
Inquietud. URPILA.
ARELLANO, JORGE EDUARDO. NI. 1946- .
Elegía. CARDE.
En Rivas, Nicaragua. CARDE.
Epitafio de Ran Runnels. CARDE.
Nota en una tarjeta de Navidad. CARDE.
O quan te memoren virgo. CARDE.
Página de la infancia. CARDE.
Pesadilla y/o realidad. CARDE.
ARENAS, BRAULIO. CH. 1913-1988.
A las bellas alucinadas. CALA.
El arcancielo. GINCHI.
Cáceres. BACIU.
La casa fantasma. ARTE, CALA.
El corazón. BACIU.
El Cristo pobre. ARTE.
Detalles. ARTE.
Día a día. BACIU.
Dibujo. ARTE.
En el valle milagroso en donde mi infancia. CALA.
Exigencia siempre. ARTE.
El éxtasis. CALA.
Hechos diversos. BACIU.
Juegos de dormitorio. BACIU.
Nuevos pormenores. ARTE.

Poema de memoria. BACIU.
Retrato. CALA.
Sade. BACIU.
San Juan de la Cruz. ARTE.
La silenciosa. ARTE.
Tantas lunas. BACIU.
ARÉVALO, MARTA de. UR.
Ahora. URPILA.
Por eso. URPILA.
ARÉVALO, REYES GILBERTO. ES. 1948- .
Todo hecho de amor. SALVA.
Una manera de morir. SALVA.
ARÉVALO MARTÍNEZ, RAFAEL. GU. 1884-1975.
Color. CAILL.
Dispuesta. CAILL.
Dos niños. CAILL.
Hay que vivir como el soldado. CAILL.
Locura. CAILL.
Lujo. CAILL.
Mi vida es un recuerdo. CAILL.
Oración al Señor. CAILL.
Ropa limpia. BAEZA, CAILL.
Sancho Panza contemporáneo. ROAL.
El señor que lo veía. CAILL.
Sensación de un dolor. CAILL.
Sueño de ventura. CAILL.
ARGUEDAS URBINA, SOL. CR. 1921- .
Desdoblamiento. SEGURA.
ARGÜELLO, MANUEL E.B. PA. 1925- .
La tierra del silencio. VALLE.
ARGÜELLO, SANTIAGO. NI. 1872-1940.
Nunca, nunca, nunca. CALA.
Veritas. CAILL.
ARGUETA, MANLIO. ES. 1935- .
Birth control (Span.). CEA, SALVA.
Cárcel. CEA, SALVA.
Los cazadores de mariposas. CEA.
Declaración de amor. CEA, SALVA.
Derby por favor. CEA.
Distintas formas de morir. CEA.
Dos Antonias. CEA.
Los elefantes. CEA.
Entrevista. SALVA.
Feliz Navidad. CEA.
Los garrobos. SALVA.
Hora de la comida. CEA.
Infancia 1942. SALVA.
Los lagartos. CEA.
Los lagartos, los niños y el kwashiorkor. CEA.
El paraíso. CEA.
El poeta. CEA.
Poética 1980. SALVA.
Post-card. CEA.
Promesa. CEA, SALVA.
¿Quién que no es romántico? SALVA.
Recuerdo a la muerte de Bernardo. CEA.

Requiem por un poeta. CEA.
Sobre un ramo de rosas que te ofrecí. CEA.
Texacuangos. ALEGRI.
El zoológico de caballos. CEA.
ARIAS, ALEJANDRO C. UR. 1811- .
Ciudad interior. GINURU.
Vuelo. GINURU.
ARIAS, OLGA. ME. 1923- .
El hombre que se llamaba esperanza. SALAS.
Riqueza. URPILA.
El saludo. BOCPA.
Tiempo. URPILA.
ARIDJIS, HOMERO. ME. 1940- .
A los nombres secretos. COHEN.
A veces uno toca un cuerpo. PAZ.
Al fondo de tu imagen. ORTEGA.
El aliento es el dios. COHEN.
La altura arde. DEBI.
Amo tu confusión. COHEN.
Angeles se sientan. DEBI.
Antes del reino. PAZ.
Aquí entre barcas. DEBI.
Así se concentra para el sueño. DEBI.
Buenos días a los seres. ORTEGA.
El caballo que viene como fuego. DEBI.
Cae la lluvia. TOPS.
El canto bajo la bruma. COHEN, ORTEGA.
Carta de México. TOPS.
Construyo tu alabanza. MONSI.
Creación. MONDRA.
Cuando la sombra. DEBI.
De mente en mente vas tú sola. COHEN.
Decomposition with Laughter. TOPS.
Déjame entrar a tu íntimo alfabeto. COHEN.
Descomposición con risa. TOPS.
Desencapsulamiento. MONDRA.
El día separado por sus sombras. COHEN.
Dije si la luz fuera compacta como mi mano. PAZ.
Donde el ensoñado y el soñado. PAZ.
Emiliano Zapata. MONDRA.
En su despertar el hombre. ORTEGA.
Entras al cuarto oscuro. COHEN.
Entre las gotas de la lluvia. DEBI.
Epitafio para un poeta. TOPS.
Epitaph for a Poet. TOPS.
Es tu nombre. COHEN, MONSI, PAZ.
Hombre. MONDRA.
How Poor a Thing Is Man. MONDRA.
Kid Azteca. ORTEGA.
Letter from Mexico. TOPS.
Más allá de las columnas. DEBI.
Más rápido que el pensamiento. DEBI, ORTEGA, PAZ.
Mi mujer en primavera. PAZ.
Mirándola dormir (Frag.). PAZ.
La palabra. MONDRA.
Perséfone (Frag.). TAPIA.

The Poem. TOPS.
El poema. TOPS.
Por fuera estás dormida y por adentro sueñas. PAZ.
Propósitos. MONDRA.
Putas en el templo. COHEN.
The Rain is Falling. TOPS.
Salir de la mujer es separarse. TOPS.
Sueño de recomposición. MONDRA.
Sus ojos beben del azul. ORTEGA.
Te amo ahí contra el muro. DEBI, PAZ.
To Emerge from a Woman Is to Become Separate. TOPS.
Todo quiere volar. COHEN.
Turista de 1934. MONDRA.
El verano. ORTEGA.
Y la luz entra al hombre. DEBI.
Y todas las cosas que a mi amor. DEBI.
Zapata. COHEN.
ARISTEGUIETA, JEAN. VE. 1922-1977.
A ti, poesía. MEDINA.
Canto de fuego a Venezuela (Frags.). BAEZA.
Catedral del alba. MEDINA.
Los indios. LAGOS, VOCES.
Mi poesía. MEDINA.
Piedras contra la escriba (Frag.). BOCPA.
Poemas inéditos. URPILA.
ARMAND, OCTAVIO. CU. 1946- .
A buen entendedor, pocas palabras. TOPS.
Another Poetics. TOPS.
Braille for Left Hand. TOPS.
Braille para mano izquierda. TOPS.
Poem with Skin. TOPS.
Poema con piedra. CATO.
Poema con piel. TOPS.
Otra poética. TOPS.
Soneto. TOPS.
Sonnet. TOPS.
Tacto. CATO.
Tengo algo que decir me digo. CATO.
A Word to the Wise. TOPS.
ARMANI, HORACIO. AR. 1925- .
Canción final. BAEZA.
El peso de una mano. VILLOR.
Vivir aquí. VILLOR.
ARMAS CHITTY, JOSÉ ANTONIO de. VE. 1908- .
Canto a Tolstoy. MEDINA.
Mediodía. MEDINA.
Salmo a una mariposa. MEDINA.
ARMIJO, ROBERTO. ES. 1937- .
A Nicolás Vaptzarov. CEA.
A Oswaldo Escobar Velado. CEA, SALVA.
A Patricio Lumumba. VOLCAN.
A Rabindranath, al cumplir sus doce años. CEA.
Canción en voz baja. SALVA.
En la distancia mi patria. CEA.
Epístola a T. P. Mechin. ALEGRI.
Homenaje a mi padre. CEA, SALVA.

Si yo fuera otro. CEA.
Soneto a Teresa. SALVA.
To Patrice Lumumba. VOLCAN.
ARMIJOS, GUSTAVO. PE. 1952- .
365/El rostro implacable. TORO.
Los candiles de la arquitectura. TORO.
El fracaso del protagonista. TORO.
Testamento. TORO.
AROSTEGUI ARCE, CARLOS. BO. 1914- .
Barrilete. BEDRE.
Cuento. BEDRE.
Encargo. BEDRE.
Soledad. BEDRE.
AROZARENA, MARCELINO. CU. 1912- .
Canción negra sin color. SENSE.
Caridá. MANSOU, MORA, SENSE.
La comparsa del majá. MORA.
Cumbelé macumbelé. MORA.
Liturgia etiópica. MORA.
ARRAIZ, ANTONIO. VE. 1903-1962.
Balada nupcial. CAILL.
Canto de mineros. CAILL.
Cuando las barcas crujientes. MEDINA.
Cuando los veteranos. CAILL.
El extranjero. CAILL.
Reza tú. MEDINA.
Transición. MEDINA.
ARRANGOIZ, PABLO. ME. 1952- .
Viaje de Mondrian en aeroplano. ZAID.
ARREOLA, JUAN JOSÉ. ME. 1918- .
La caverna. PAZ.
Cervidos. PAZ.
Dama de pensamientos. PAZ.
Elegía. PAZ.
Metamórfosis. PAZ.
El sapo. PAZ.
Telemaquia. PAZ.
ARRIARÁN, AMANDA. BO. 1938- .
Piel. BEDRE.
ARRIETA, RAFAEL ALBERTO. AR. 1889-1968.
Ante una página en blanco. CAILL, GINAR.
Canción ingenua. BAEZA.
La copa. CAILL, GINAR.
Cristalomancia. CAILL.
Dos retratos. CAILL.
En un cementerio abandonado. CAILL.
Hito. CAILL, GINAR.
Instante. VILLOR.
Interior. CAILL, GINAR.
Lied. CAILL, ROAL.
La medalla. CAILL.
La preferida. CAILL, ROAL.
Revelación. CAILL, GINAR.
El río seco. CAILL.
Las sombras. CAILL.
El sueño. CAILL.

To Be (Span.). CAILL.
La visión optimista. CAILL.
La voz ausente. BAEZA, CAILL, GINAR.
ARRIOLA, OSMUNDO. GU. 1881-1939.
Los pobres indiecitos. BAEZA.
ARTECHE, JUAN MIGUEL. CH. 1994- .
Los árboles desnudan. ARTE.
Madrugada. ARTE.
Tambor. ARTE.
ARTECHE, MIGUEL. CH. 1926- .
El adiós. ARTE.
El agua. ARTE, CALA.
La bicicleta. ARTE.
Bicicleta abandonada en la lluvia. SCARPA.
El café. ARTE, CALA, SCARPA.
Castilla. SCARPA.
Comedor. BAEZA, CALA, SCARPA.
Cuando se fue Magdalena. ARTE.
Desengaños. ARTE.
Dormid, dulces amantes. CAILL.
Égloga de invierno. CAILL.
El epiléptico. ARTE.
Estaciones fugitivas. CAILL, GINCHI.
Gaviota muerta. CAILL.
Golf. SCARPA.
Gólgota. ARTE, CALA.
I Know That You Are Here. REYES.
El joven torturado. ARTE.
Los que llamaron a la muerte. ARTE.
Nos mostraron los pies del Cristo Bizantino. CALA.
Para que estemos menos solos. ARTE.
Primera invocación. SCARPA.
Quevedo habla de sus llagas. SCARPA.
Retrato de una estudiante. CALA.
Segunda invocación. SCARPA.
Tercera invocación. SCARPA.
El vuelo. SCARPA.
Yo sé que en esta lámpara. REYES.
ARTECONA de THOMPSON, MARÍA LUISA. PA. 1927- .
En silencio. VALLE.
Espacio desolado. VALLE.
Hombre. VALLE.
ARTEL, JORGE. CO. 1909- .
Bullerengue. GINCO.
Danza, mulata. MANSOU, TAPIA.
Negro soy. MANSOU, SENSE.
Sensualidad negra. GINCO.
Velorio del boga adolescente. BAEZA.
ARTIEDA, FERNANDO. EC. 1945- .
El regreso. BOCCA.
ARTURO, AURELIO. CO. 1906- .
Canción de la noche callada. ORTEGA.
Clima. CAILL, GINCO.
Interludio. CAILL.
Morada al sur. CAILL.
Nodriza. ORTEGA.

Rapsodia de Saulo. CAILL, ORTEGA.
ARVELO LARRIVA, ALFREDO. VE. 1883-1934.
Lámpara votiva. ROAL.
ARVELO LARRIVA, ENRIQUETA. VE. 1901-1963.
Exclamaciones para salmodiar el paisaje. CAILL.
Glosas fugaces. MEDINA.
Líneas de primera lluvia. CAILL.
Palabra. MEDINA.
Siembra. MEDINA.
Venado en tregua. CAILL.
ARVELO TORREALBA, JESÚS. VE. 1905- .
Cantas. BAEZA.
Glosa. MEDINA.
Glosa. MEDINA.
ARVIDE, ISABEL. ME. 1951- .
Mi mano en tu reino. ZAID.
ARZARELLO, SOFÍA. UR. 1905- .
Lo imposible. GINURU.
El mar. GINURU.
La tangente. GINURU.
ARZE de la ZERDA, JAIME. BO. 1924- .
Poemas. BEDRE.
ASAI, JUAN MANUEL. ME. 1954- .
Amigos. ZAID.
ASIAIN, AURELIO. ME. 1960- .
Tentado. ZAID.
ASTORGA, IRMA. CH. 1920- .
Poema. GINCHI.
ASTRADA, ETELVINA. AR. 1930- .
Golpeando. LAGOS.
Salve, El Salvador. ALEGRI.
Soy materia. VOCES.
ASTURIAS, MIGUEL ÁNGEL. GU. 1899-1974
Gozo de sílabas felices. CAILL.
Los indios bajan de Mixco. CAILL.
Invierno. BAEZA.
Letanías del desterrado. FIERRO.
Marimba tocada por indios. CAILL.
Meditación frente al lago Titicaca. CAILL.
Nochebuena en América. CAILL.
Sol de invierno. CAILL.
Tu ne quaesieris scire nefas. SONETO.
AUGIER, ÁNGEL J. CU. 1910- .
Ansiedad. CAILL.
Cálida, exacta, musical palmera. SONETO.
Canción infantil del día . . . CAILL.
Homenaje a la rosa. CAILL.
Tiempo muerto (cañaveral). CAILL.
Viernes. CAILL.
AULICINO, JORGE. AR. 1949- .
Abuelos. BOCCA.
AURA, ALEJANDRO. ME. 1944- .
Cada vez que un pájaro cantaba. MONDRA.
En la estación de Querétaro. COHEN.
Epitafio. MONDRA.
Las máscaras. MONDRA.

Mi hermano mayor. COHEN.
Un muchacho que puede amar (Frag.). MONDRA.
Nada más contigo. MONDRA.
No en vano. MONDRA.
No hay salida. MONDRA.
Que la ciudad sea principio y fin. COHEN.
El sueño de la ciudad. COHEN.
Verso. MONDRA.
Volver a casa. MONDRA.
AVELEYRA, TERESA. ME.
Dique. SALAS.
Hipocampos. SALAS.
Mar de otoño. SALAS.
Telar submarino. SALAS.
ÁVILA, DIANA. CR. 1952- .
Cuando el espejo. BOCCA.
Noctancia. BOCCA.
Toda la noche. BOCCA.
ÁVILA, SILVIA MERCEDES. BO. 1941- .
Carta a Leonardo. QUIROS.
Del ídolo y su sombra. QUIROS.
Poema. BEDRE.
Por los túneles. BEDRE.
Tu nominas los sueños. QUIROS.
ÁVILA ECHAZU, EDGAR. BO. 1932- .
Elegía a Carl Gustav Jung. QUIROS.
Oda ocasional. BEDRE.
ÁVILA JIMENEZ, ANTONIO. BO. 1898-1965.
A Genevieve. QUIROS.
Atardecer. QUIROS.
Barro inútil. BEDRE, QUIROS.
Bruma. QUIROS.
Campesina. QUIROS.
La catedral. BEDRE.
Los cisnes negros. QUIROS.
Comprimido del tiempo. QUIROS.
Cuarteto de Dusseldorf. QUIROS.
De la conciencia vegetal. QUIROS.
El día está nublado. QUIROS.
Dicen que murió un día. BEDRE.
Fragmento del quinteto de Schumann. QUIROS.
Generación. QUIROS.
Hay luz de estrellas muertas. QUIROS.
He llegado por fin. QUIROS.
Las horas desnudas. BEDRE.
Javel. QUIROS.
Mi país. QUIROS.
El misterio. QUIROS.
Morella. QUIROS.
La niña y el arpa. QUIROS.
Primavera. QUIROS.
Puna. QUIROS.
Síntesis. QUIROS.
Y un saúz. QUIROS.
AVREU FELIPPE, JOSÉ. CU. 1947- .
El camino de Mitilene. CATO.

De vez en cuando corremos por la orilla. CATO.
AYALA, JOSÉ LUIS. PE. 1944- .
Celebración del universo. TORO.
Juanita pankara. TORO.
Llueve en el Perú. TORO.
AYARZA de HERRERA, EMILIA. CO. 1920-1966.
Jaula de espejos o la conciencia. LAGOS, VOCES.
Testamento (Frags.). ARBEL.
AYESTARÁN, LAURO. UR. 1913-1966.
Adán. GINURU.
AYLLON TERÁN, ELIODORO. BO. 1930- .
Pido la palabra. BEDRE.
AYMARA, DIONISIO. VE. 1928- .
Eternidades. ESCA.
Humano poderío. ESCA.
Niégate, si esto quieres. ESCA.
No hay tregua. ESCA.
El testigo. ESCA.
AYUSO, JUAN JOSÉ. PE. 1940- .
Canción. DONOSO.
AZCONA CRANWELL, ELIZABETH. AR. 1933- .
Cuando no se da más de tanto vivir. VILLOR.
Si el espacio es distancia. VILLOR.
AZOFEIFA, ISAAC FELIPE. CR. 1912- .
Digno delante del día azul. SEGURA.
Rosas en los estanques. SEGURA.

BADANO, ARIEL. UR. 1920- .
Introducción al dolor. GINURU.
Otoño. GINURU.
BAEZA FLORES, ALBERTO. CH. 1914- .
En París, este invierno. ARTE.
Mientras gira el tiempo. ARTE.
Pasión suprema. TAPIA.
Place du Tertre. ARTE.
Técnica. ARTE.
Un día me dirán. ARTE.
BALDIVIESO, ENRIQUE. BO. 1901-1957.
Sonatina (a la manera de Darío). BEDRE.
BALLAGAS, EMILIO. CU. 1910-1954.
A un clavel. CAILL.
Actitud. MANSOU, MORA, SENSE.
El baile del papalote. MORA.
Comparsa habanera. CAILL, MORA, SENSE.
De como Dios disfraza su ternura. CAILL.
De otro modo. BAEZA, JIMEN.
Elegía de María Belén Chacón. CAILL, JIMEN, MANSOU, MORA, SENSE.
Elegía sin nombre. CAILL.
Huir. CAILL, JIMEN, ROAL.
Lavandera con negrito. MORA, SENSE.
No lloréis más, delfines de la fuente. CAILL.
Nocturno y elegía. CAILL, JIMEN.
Nombres negros en el son. MORA, SENSE.
Para dormir a un negrito. SENSE.
Piano. MANSOU, MORA.
Poema. SENSE.

Poema de la jícara. CAILL.
Pregón. SENSE.
Rumba. SENSE.
Sentidos. CAILL.
Solo de maracas. SENSE.
Soneto agonizante. JIMEN.
Soneto sin palabras. CAILL, SONETO.
Viento de la luz de junio. CAILL, JIMEN, ROAL.
Víspera. CAILL.
La voz penitencial. JIMEN.
BALLESTEROS, MANUEL. ME. 1952- .
Yacer. ZAID.
BALLIVIÁN, RAFAEL. BO. 1897-1963.
En homenaje a Ricardo Jaimes Freyre. BEDRE.
La muerte del cartujo. BEDRE.
Quietismo pastoril. BEDRE.
BALLON, EMMA ALINA. BO. 1912- .
Soneto. BEDRE.
Soneto de la rosa. BEDRE.
BALP, ENRIQUE. ME. 1956- .
Estancia. ZAID.
BALSA DONATTI, CAMILO. VE. 1927- .
Meditación en torno a lo pequeño. ESCA.
Rosita en flor. ESCA.
La simiente. ESCA.
La soledad. ESCA.
BALSECA FRANCO, FERNANDO. EC. 1962- .
Carta abierta a lucecita. BOCCA.
BALSEIRO, JOSÉ AGUSTÍN. PR. 1900- .
A orilla, a orilla del mar. CAILL.
Apunte autobiográfico. CAILL.
Poesía antillana. MORA.
Ritornello. ROAL.
La trompeta negra. MORA.
BANCHS, ENRIQUE. AR. 1888-1968.
El aguilucho. FERNAN.
La alondra. FERNAN.
Balada del puñado de sol. CAILL.
Balbuceo. BAEZA, CAILL, FERNAN, ROAL.
Los bienes. CAILL, VILLOR.
Canción. ROAL.
Cancioncilla. BAEZA, CAILL, GINAR.
Carretero. CAILL.
Como es de amantes necesaria usanza. CAILL.
Doblan a muerto (soneto). CAILL, GINAR.
Elogio de una lluvia. CAILL, GINAR.
En la tarde. CAILL.
Entra la aurora en el jardín. CAILL.
Imagen. CAILL, GINAR.
Imagen. SONETO.
Mester de clerecía. FERNAN.
Romance de cautivo. CAILL.
Romance de la bella. CAILL, GINAR.
Romance de la preñadita. CAILL, GINAR.
La soledad. CAILL.
Sonetos. CAILL, ROAL.

Tornasolando el flanco. CAILL, VILLOR.
La urna. FERNAN.
BAÑUELOS, JUAN. ME. 1932- .
Anacreóntica. PAZ.
Ariadna. DEBI.
Brasa desnuda. MONDRA.
Coitus non interruptus. MONDRA.
Con la lluvia. DEBI.
Conversaciones. DEBI.
Densa luz del trópico. MONDRA.
Desierto de los leones. MONSI.
Dogs. MARQUE.
Donde sólo se habla de amor. PAZ.
En Vietnam las púas gotean nubes de corderos. MARQUE.
Esta noche y sus viejos nómadas de blanco. PAZ.
Esto es la otra parte. DEBI.
Frases. FIERRO.
Fusil, hoja que conmueve a todo el árbol. MARQUE.
A Gun, the Leaf that Moves the Entire Tree. MARQUE.
Ídolos. MONDRA.
In Vietnam the Thorns Drip Clouds of Lambs. MARQUE.
Lección del oscuro. MONDRA.
Leopardo insomne. MONSI.
El mapa. DEBI.
Perros. MARQUE.
Postal desde Acapulco. MONDRA.
Re)cámara de diputados. MONDRA.
Sala de cine. DEBI.
Sitios. MONSI.
Viento de diamantes. PAZ.
Vivo, eso sucede. DONOSO.
BAÑUELOS, RAÚL. ME. 1954- .
Poema. ZAID.
BAQUERO, GASTÓN. CU. 1916- .
Epicedio para Lezama. CATO.
Palabras escritas en la arena por un inocente. CAILL.
Testamento del pez. CATO.
BARBA JACOB, PORFIRIO. CO. 1880-1942.
Canción de la vida profunda. CAILL, GINCO, ROAL.
Canción ligera. GINCO.
La dama de los cabellos ardientes. CAILL.
Elegía de septiembre. GINCO.
Estancias. CAILL.
La estrella de la tarde. CAILL.
Futuro. BAEZA.
Futuro. CAILL.
Lamentación de octubre. ROAL.
Nueva canción de la vida profunda. CAILL.
BARBACHANO, LILIA. ME. 1958- .
Aldebarán. ZAID.
BARBIERI, VICENTE. AR. 1903-1956.
Árbol uno y trino. CAILL.
Autorretrato de perfil. VEIRA.
La balada del río Salado. CAILL, FERNAN, VILLOR.
Confín y envío. CAILL.
Donde lo pisa el ganado. CAILL, GINAR.

Donde lo pisa el ganado (Frag.). BAEZA.
Escama de oro, ala de plata. CAILL.
El hospital. VEIRA.
Letanías ejemplares modo angélico. VEIRA.
Modo angélico. CAILL.
Poema. VEIRA.
Silbido en el oeste. CAILL.
BARCO, VICTOR E. del. BO. 1944- .
Grito de América. BEDRE.
BARDESIO VILA, ORFILA CELIA. UR. 1922- .
Al sexo de un caballo. TAPIA.
La doncella. CAILL.
Las manos de la adolescente. CAILL.
El rapto de la adolescente. CAILL, GINURU.
BAREIRO SAGUIER, RUBÉN. PA. 1930- .
Despertar. VALLE.
Lecho de mar. VALLE.
Para inventar los árboles. VALLE.
Sarmientos. VALLE.
BARELLA J. IRIARTE, CARLOS. CH. 1892- .
El suicidio de las rosas. BAEZA.
BARNET, MIGUEL. CU. 1940- .
Ágata, la mayor. ARAY.
Caminando la ciudad. RUANO.
Che. FIERRO.
Con pies de gato. RUANO.
Del mapa del tiempo. RUANO.
Ebbo para los esclavos. MANSOU.
En Cristo. ARAY.
Epitafio. ARAY, FIERRO, TARN.
Epitaph. TARN.
Errata. TARN.
Fe de erratas. TARN.
Habanera I. RUANO.
Habanera II. RUANO.
Hasta ahora. ARAY.
La huida. ARAY, SENSE.
José Agripino. ARAY.
Mito. MANSOU.
Ochosí. SENSE.
Palabras. RUANO.
Revolución. DONOSO.
La sagrada familia. ARAY.
SOS. RUANO.
Uno sabe. ARAY.
BARONI de BARRENECHE, ELSA. UR.
¡Ah! Verdirroja tierra. URPILA.
Ella la fuerte. URPILA.
Mordaza. URPILA.
BARQUERO, EFRAÍN. CH. 1930- .
Aquí y allá. ARTE.
La compañera. ARTE, SCARPA.
Los condenados. SCARPA.
El descanso. SCARPA.
El invitado. SCARPA.
Mi amada está tejiendo. SCARPA.

La miel heredada. SCARPA.
Mimbre y poesía. ARTE, SCARPA.
Río de mi infancia. CALA.
Sinfonía de los trenes. CALA.
Tierra china. SCARPA.
Yo te beso al irme. CAILL.
BARREDA, ERNESTO MARIO. AR. 1883-1958.
El malón. SONETO.
BARREDA, OCTAVIO G. ME. 1897-1964.
Dios, vénganos tu paz. MONSI.
Quedaré dentro de ti. MONSI.
Sonetos a la virgen. MONSI.
Tú tenías. MONSI.
BARRENECHEA, JULIO. CH. 1906-1979.
El amor asesinado. SCARPA.
El ángel recuperado. SCARPA.
Canto de vida y muerte. ARTE.
Círculo. SCARPA.
Ciudad perdida. ARTE.
Columpios. GINCHI.
Diario morir. SCARPA.
La dicha. SCARPA.
El divisado. SCARPA.
Dueñas de casa. ARTE, SCARPA.
Escuela nueva en Carahue. ARTE, SCARPA.
Esfuerzo hacia la muerte. SCARPA.
Esquina con flauta. GINCHI, SCARPA.
El harinero. GINCHI.
He visto viejos troncos. ARTE.
Muchacha durmiendo. CAILL.
La niña del arpa. BAEZA.
Ronda de vírgenes muertas. CAILL.
Rumor del mundo. SCARPA.
Solitario el pastor. CAILL.
Solo de Buenos Aires. SCARPA.
Vida secreta. CAILL.
BARRERA, CLAUDIO. HO. 1911- .
La danza caribe del Yancunú. MANSOU, SENSE.
Ha de pasar. BAEZA.
La playa desolada. DONOSO.
BARRIENTOS, RAÚL. CH. 1942- .
Dies Irae. ARTE.
BARRIOS CRUZ, LUIS. VE.1898-1968.
Acto. SONETO.
BARROETA, JOSÉ. VE. 1942- .
Arte de anochecer. ESCA.
As de sol. ESCA.
Bosques de Dios. ESCA.
Huerto de leche. ESCA.
BARROSO, BENITA C. CU. 1938- .
Fruto de la experiencia. CATO.
BARTOLOMÉ, EFRAÍN. ME. 1950- .
Casa de los monos. GENERA.
Lluvia ácida. GENERA.
La piedra frente al mar. GENERA.
BASSO MAGLIO, VICENTE. UR. 1980-1961.

Aptitud constante. CAILL, GINURU.
Canción de la delicadeza. CAILL.
Canción de la hora de partir. CAILL.
Canción de los pequeños círculos y de los grandes. CAILL.
Canción del orfebre. CAILL.
Canción del predestinado. CAILL, GINURU.
Canción del vaso herido. CAILL, GINURU.
Cántico del día. CAILL.
Hacia la piedra verde. CAILL.
Sentido de la pubertad. GINURU.
Sostén de la dulzura. CAILL.
BASUALTO, ALEJANDRA. CH. 1944- .
1954. VILLE.
Acecho. CORSSE.
Dibuja. VILLE.
Elegía. VILLE.
Está en ti. VILLE.
Fantasmas de Nueva Inglaterra. VILLE.
Guayacán. ARTE.
Lluvia. VILLE.
Mujer 1. CORSSE.
Mujer 5. CORSSE.
Mujer 6. CORSSE.
Mujer I. CORSSE.
La noche se hunde sordamente. VILLE.
Pasos. VILLE.
El poeta. CORSSE.
Puerto. VILLE.
Soy la inesperada ante el umbral. VILLE.
Velorio. CORSSE.
Ventanas. VILLE.
La verdadera historia de Joaquín Mira. VILLE.
Viaje. VILLE.
BAYLEY, EDGAR. AR. 1919- .
A ser otro. FERNAN.
Alguna llama. FERNAN.
Andanza para habitar. VEIRA.
Casa del hombre. FERNAN.
El hombre moderno. VEIRA.
Ligera liviana libre. VILLOR.
Martes de carnaval. FERNAN.
Pepe. FERNAN.
Poeta en la ciudad. FERNAN, VEIRA.
BAYONA POSADA, DANIEL. CO. 1887-1920.
Plegaria rústica. GINCO.
BAYONA POSADA, JORGE. CO. 1888-1948.
Memento mei. GINCO.
BAYONA POSADA, NICOLÁS. CO. 1899-1963.
Soneto rojo. GINCO.
BAZIL, OSVALDO. DR. 1884-1942.
Pequeño nocturno. BAEZA.
BECCO, HORACIO JORGE. AR. 1924- .
El valle de la luna azul. BAEZA.
BECERRA, JOSÉ CARLOS. ME. 1936-1970.
El azar de las perforaciones. PAZ.
Declaración de otoño. ORTEGA.

La mujer del cuadro. PAZ.
No ha sido el ruido de la noche. ORTEGA.
El pequeño César. ORTEGA.
Relación de los hechos. PAZ.
BEDREGAL, GONZALO. BO. 1914- .
Illimani. Trino y uno. BEDRE.
Meditación del plenilunio. BEDRE.
No ser el que soy sino el que quiero. BEDRE.
Rubayat de regocijo. BEDRE.
BEDREGAL, JUAN FRANCISCO. BO. 1884-1944.
Al árbol. BEDRE.
Al asno. BEDRE.
Himno al verso. BEDRE.
Paisaje de puna. BEDRE.
BEDREGAL, YOLANDA. BO. 1918- .
Alegato impaciente. QUIROS.
Alegato inútil. BEDRE.
Ángelus. QUIROS.
Antífona. BEDRE.
Bajamar. BEDRE.
Baladita de la araña fea. QUIROS.
Canto al soldado desconocido. LAGOS, VOCES.
Confidencia a mi alma. QUIROS.
Convocatoria siete. BEDRE.
Elegía humilde. BOCPA, QUIROS.
Final (Frag.). TAPIA.
Flujo. BEDRE, QUIROS.
Frente a mi retrato. QUIROS.
Fuga. QUIROS.
Holocausto. BEDRE, QUIROS.
Imprecación. BEDRE.
Invitación al viaje. QUIROS.
Mar absoluto. BEDRE.
Nocturno de lágrimas. BAEZA.
Nocturno en Dios. QUIROS.
Pleamar. BEDRE.
¿Quién? QUIROS.
Reflujo. BEDRE, QUIROS.
Renunciamiento. CAILL.
Resaca. BEDRE.
Salada savia. QUIROS.
Sed. QUIROS.
Sombra. QUIROS.
Tus manos. QUIROS.
Viaje inútil. CAILL, QUIROS.
BEDREGAL GARCÍA, GUILLERMO. BO. 1954-1974.
Corina. QUIROS.
Fin de fiesta. BEDRE.
Me han convocado. QUIROS.
Me voy a entender en tu memoria. QUIROS.
No haber nacido jamás. QUIROS.
Vísperas de ayer. QUIROS.
BEDREGAL ITURRI, ALVARO. BO. 1921- .
Tú . . . Yo . . . BEDRE.
BELEVÁN, ENRIQUETA. PE. 1944- .
Detrás de un parabrisas. VOCES.

Para encontrarte en alguna plaza de Lima. BOCPA.
Perdidos entre los muros. VOCES.
BELLI, CARLOS GERMÁN. PE. 1927- .
A Filis. PADRON.
¡Abajo las lonjas! PADRON, TOPS.
El aire, suelo y agua. PADRON.
Alimenticios bolos. PADRON.
Amanuense. MOLINA, RUANO.
Boda de la pluma y la letra. PADRON.
Canción en alabanza del bolo alimenticio. LIBRO.
Canción primera. LIBRO.
La cara de mis hijas. ORTEGA.
Cepo de Lima. ORTEGA, PADRON.
Los contenidos. LIBRO.
Cuando el espíritu no habla. PADRON, RUANO.
Una desconocida voz. TOPS.
Donde empieza la gordura. PADRON.
Down with the Money-Exchange. TOPS.
En el coto de la mente. LIBRO, ORTEGA.
En primavera. PADRON.
Expansión sonora biliar. LIBRO.
Father, Mother. TOPS.
Las fórmulas mágicas. RUANO.
El hi de aire. LIBRO.
My Parents, Know It Well. TOPS.
¡Oh alimenticio bolo! LIBRO, PADRON.
¡Oh alma mía empedrada! PADRON.
¡Oh hada cibernética! ORTEGA, PADRON.
¡Oh padres sabedlo bien! ORTEGA, TOPS.
Papá, mamá. DONOSO, LIBRO, ORTEGA, TOPS.
Plexiglás. LIBRO, MOLINA.
Poema. ORTEGA, LIBRO.
Poema. LIBRO.
¿Por qué me han mudado? TOPS.
Que muy pronto mañana. PADRON.
La ración. MOLINA.
Robot sublunar. ORTEGA.
Segregación no. 1. ORTEGA, TOPS.
Segregation #1. TOPS.
Sextina de los desiguales. ORTEGA, PADRON.
La tortilla. LIBRO.
An Unknown Voice. TOPS.
Usted, bocaza. LIBRO.
Villanela. RUANO.
Why Have They Moved Me? TOPS.
Yo en nada ya me fío. LIBRO.
BELLI, GIOCONDA. NI. 1948- .
Canto al nuevo tiempo (Frag.). FLORES.
Dáteme poema. LAGOS, VOCES.
Free country: July 19, 1979. VOLCAN.
Huelga. VOLCAN.
Obligaciones del poeta. VOLCAN.
Obligations of the Poet. VOLCAN.
Patria libre: 19 de julio de 1979. VOLCAN.
Quiero escribir un niño. LAGOS, VOCES.
Song to the New Day. FLORES.

Strike. VOLCAN.
Te busco en la fuerza del futuro. BOCPA.
BELLINGHAUSEN, HERMANN. ME. 1953- .
La cosa. ZAID.
BELTRÁN, NEFTALI. ME. 1916- .
Al sueño. CAILL.
Carta a María Lara. CAILL, MONSI.
Dondequiera que voy. CAILL.
Soledad enemiga. MONSI.
Una ciudad sumergida . . . MONSI.
BELTRÁN GUERRERO, LUIS. VE. 1914- .
Memoria de tus manos. MEDINA.
Oda al amor. MEDINA.
BENAROS, LEÓN. AR. 1915- .
El desvalido. CAILL, GINAR.
El espejo. CAILL.
Hombre de pie. VEIRA.
Ideario supersticioso. CAILL.
Invierno de familias. CAILL.
La pierna de Rimbaud. VEIRA.
Ya me ausento de este mundo. VEIRA.
BENAVIDES, WASHINGTON. UR. 1930- .
En la caja. FIERRO.
Prójimo. FIERRO.
La realidad. FIERRO.
BENDEZÚ, FRANCISCO. PE. 1928- .
Epístola mágica. LIBRO.
Máscaras. LIBRO.
Misterio y melancolía de una calle. LIBRO.
Nocturno de Santiago. LIBRO.
Nostalgia de lo infinito. LIBRO.
BENEDETTI, MARIO. UR. 1920- .
A Roque. ALEGRI.
Against Drawbridges. MARQUE.
Burning the Ships. MARQUE.
Con permiso. MARQUE, TOPS.
Contra los puentes levadizos. MARQUE.
Habanera. DONOSO.
Holocaust. MARQUE.
Holocausto. MARQUE.
Quemar las naves. MARQUE.
Señas del Che. FIERRO.
Todos conspiramos. TOPS.
We All Conspire. TOPS.
With Your Permission. MARQUE, TOPS.
BENÍTEZ, CÉSAR. ME. 1928- .
El santo. GENERA.
BENÍTEZ, SILVIA ADRIANA. AR. 1961- .
Enfrentamientos. URPILA.
Imagen de juguetes. URPILA.
Mi poesía, la vida. URPILA.
BERARDO, LUCIA. AR.
Ternura. TAPIA.
BERENGUER, AMANDA. UR. 1924- .
Circunstancia 65. DONOSO.
Creciente. ORTEGA.

Embarcación. ORTEGA.
Fuerza mayor. LAGOS, VOCES.
Identidad de ciertas frutas. ORTEGA.
Limo. ORTEGA.
Orillas. ORTEGA.
Paisaje. BOCPA, ORTEGA.
Suficiente mavilla. ORTEGA.
Tarea doméstica. BOCPA.
Los totales ojos. ORTEGA.
Valor valores. ORTEGA.
Viaje. FIERRO.
BERENGUER, CARMEN. CH. 1946- .
A media asta (Frags.). CORSSE.
Acerca de fantasmas y otras yerbas. VILLE.
Acto I. VILLE.
Acto V. Autoconfinamiento. VILLE.
Acto XI. VILLE.
Día 13. VILLE.
Día 16. VILLE.
Día 26. VILLE.
Día 27. VILLE.
Día 34. VILLE.
Día 44. VILLE.
Día 45. VILLE.
La gata sobre la fonola helada. VILLE.
Huellas de siglo. CORSSE.
Independencia. VILLE.
Mujer. VILLE.
El rostro de la calle. VILLE.
Undécimo día. VILLE.
Vigésimo primer día. VILLE.
Vigésimo primer día, noche. VILLE.
BERMAN, SABINA. ME. 1956- .
Con rabia, amor. ZAID.
BERMÚDEZ, HORACIO. NI. 1938- .
Los guerrilleros. CARDE.
BERNAL, JOSÉ LUIS. ME. 1950- .
De profundis. COHEN.
Dios. COHEN.
Edificio Condesa. COHEN.
En la universidad abierta. COHEN.
Flash. COHEN.
Por tí los hemiciclos de mi fuego. COHEN.
Y dios mismo (si es dios) lo confirmará. COHEN.
BERNÁRDEZ, FRANCISCO LUIS. AR. 1900-1978.
El canto. GINAR.
Estar enamorado. CAILL, FERNAN, GINAR, JIMEN, VILLOR.
La lágrima. GINAR.
La lluvia. CAILL.
El mar. JIMEN.
Las nubes. CAILL.
Oración a Nuestra Señora de Buenos Aires. CAILL, GINAR.
Oración por el alma de un niño montañés. BAEZA, CAILL, JIMEN.
Responso en bronce mayor. CAILL.
El silencio. GINAR.
Soneto. BAEZA, CAILL.

Soneto de la encarnación. CAILL, JIMEN.
Soneto de la unidad del alma. CAILL.
Soneto del amor victorioso. JIMEN, SONETO.
Soneto interior. CAILL.
Sonetos nocturnos. CAILL.
Versos de la semana mayor. CAILL.
BERNÁRDEZ, JUAN CARLOS. UR.
Fin de orgía. GINURU.
El gallo. GINURU.
BEROES, JUAN. VE. 1917-1975.
A las estrellas. MEDINA.
A los días. MEDINA.
Pregúntale a ese mar. SONETO.
BERRETA GALLI, ZOLA C. UR. 1908- .
Un color más. URPILA.
Fatum. URPILA.
Preguntando por mí. URPILA.
BERTHIN AMENGUAL, FERNANDO. BO. 1929-1969.
Carta al portero Fortunato Ortega. BEDRE.
BERTOLÉ, EMILIA. AR. 1901-1949.
Mis manos ciertas veces. GINAR.
BIAGIONI, AMELIA. AR. 1916- .
La llave. BAEZA.
La túnica. VILLOR.
BIANQUI, MATILDE. UR.
Ah, querías ser un poco fúnebre. LAGOS, VOCES.
BIGNOZZI, JUANA. AR. 1938- .
Mujer de cierto orden. BOCPA.
BILBAO, JOSÉ ANTONIO. PA. 1919- .
Dame una rosa. VALLE.
Gracias por la palabra. VALLE.
Resumen. VALLE.
BINVIGNAT, FERNANDO. CH. 1902-1977.
La muerte de la paloma. ARTE.
Nocturno. GINCHI.
La ola. GINCHI.
BIRRI, FERNANDO. AR. 1925- .
Los llamados. BAEZA.
BLANCO, ALBERTO. ME. 1951- .
A precio de silencio. COHEN.
Abandono. COHEN.
Amor de Chichén-Itzá. MONDRA.
La bella suicida. MONDRA.
Buenos deseos. MONDRA.
Caminos de papel. MONDRA.
Canción de agosto. MONDRA.
Canción de diciembre. MONDRA.
Canción de julio. MONDRA.
Canción de junio. MONDRA.
Canción de marzo. MONDRA.
Canción de mayo. MONDRA.
Canción de noviembre. MONDRA.
Canción de octubre. MONDRA.
Coda. COHEN.
Con un pie en la tierra. GENERA.
Conversación. ORTEGA.

Del nuevo desorden musical. GENERA.
Día del fanático. GENERA.
Los dos soles. ORTEGA.
En el país de un mejor conocimiento. MONDRA.
Enseñanzas de Atlihuayán. MONDRA.
Un escéptico Noé. COHEN, ZAID.
Faldas de tierra. MONDRA.
El fin de las etiquetas. ORTEGA.
El largo camino hacia ti (Frag.). ORTEGA.
La mesa puesta. COHEN.
Música de cámara. MONDRA.
No hay paraíso sin animales. MONDRA.
Un pequeño mensaje. COHEN.
Poema visto en el ventilador de un motel. MONDRA.
La sal de la tierra. ORTEGA.
Su majestad. ORTEGA.
Tarde de teatro. ORTEGA.
Tiro al blanco. COHEN.
Tríptico blanco. MONDRA.

BLANCO, ANDRÉS ELOY. VE. 1897-1955.
A un año de tu luz. MEDINA.
Angelitos negros. BAEZA, MANSOU.
Coloquio bajo el laurel. ROAL.
Coplas del amor viajero. CAILL.
La hija de Jairo. CAILL.
La hilandera. ROAL.
Píntame angelitos negros. SENSE.
La que no vuelve. SONETO.
La renuncia. BAEZA.
Silencio. MEDINA.

BLANCO, JOSÉ JOAQUÍN. ME. 1951- .
La palabra tú. GENERA.

BLANCO, YOLANDA. NI. 1954- .
Nicaragua. Metros. VOCES.

BLANCO FOMBONA, RUFINO. VE. 1874-1944.
Bolívar en los Andes. ROAL.
Los carbunclos trágicos. CAILL.
Carta a la primavera. CAILL.
Corazón adentro. CAILL, ROAL.
Explicación. ROAL.
La vida. CAILL.
La visión. SONETO.

BLIXEN, HYALMAR. UR.
Mis recuerdos. URPILA.

BLOMBERG, HÉCTOR PEDRO. AR. 1890-1955.
Crepúsculo en el puerto. SONETO.
Las dulces muertes. ROAL.
La griega del antro. TAPIA.
La reina del mercado. ROAL.

BOCCANERA, JORGE ALEJANDRO. AR. 1952- .
Está escrito. BOCCA, ZAID.

BOIDO, GUILLERMO. AR. 1941- .
Artesanía. BOCCA.
Deja vu. BOCCA.
Infancia. BOCCA.
Subdesarrollo. BOCCA.

BOLA de NIEVE (Ignacio Villa). VE. 1911-1960.
Calota ta mori. MORA.
Drumi, Mobila. MORA, SENSE.
BOLAÑO, ROBERTO. CH. 1943- .
Enséñame a bailar. BOCCA.
Un resplandor en la mejilla. ARTE.
BOLAÑOS, LIGIA. CR.
Como una hoja. ROAL.
BOLAÑOS GUERRA, SANTIAGO. ME. 1952- .
Claire. ZAID.
BOLLO, SARAH. UR. 1906- .
Apariciones sobre el estanque. CAILL, GINURU.
Balada del recuerdo y del encuentro. CAILL.
Canción por la casa de ventanas cerradas. CAILL, GINURU.
Confidencia con voz muy secreta. CAILL.
Regreso al mundo cada día. CAILL.
Súbita muerte. CAILL, GINURU.
Tres elegías de los árboles. Mis testigos. CAILL.
BOLTON, CARLOS. CH. 1917- .
El buen encerador. ARTE.
Más allá. ARTE.
El otoño de los pájaros. ARTE.
BONELLS ROVIRA, DAVID. CO. 1945- .
Geraldine. ABRIL.
Las horas de este día. ABRIL.
Nocturna elegía. ABRIL.
Poema de hojalata. ABRIL.
Poema incómodo. ABRIL.
Poema tristísimo. ABRIL.
BONIFAZ NUÑO, RUBÉN. ME. 1923- .
Amiga a la que amo. DEBI, MONSI.
Año por año. ORTEGA.
Arden las hachas turbias. MONSI.
Así he recordado. DEBI.
Cansados de esperar. ORTEGA.
Centímetro a centímetro. MONSI.
Cha cha cha bailemos. MONSI.
Como rumor de muchedumbre. MONSI.
Concha, ruina del mar. DEBI.
Diferentes bajo el mismo nombre. ORTEGA.
Entre sordas piedras. DEBI.
Fuego de pobres. MONSI, PAZ.
Las gentes que viajan. ORTEGA.
Georgette. DEBI.
Hay noches. DEBI.
Lentamente has llegado. MONSI.
Lloro encadenado. CAILL.
Más allá del halo de las llamas. DEBI.
El mediodía descargó sus redes. DEBI.
No prevalecerá la limosnera. PAZ.
Noche mortal y combatiente. PAZ.
Oleaje manso de las cosas. DEBI.
Pues tal vez. DEBI.
¿Qué soledad hiriente? MONSI.
Recostado en su placer. ORTEGA.
Si acaso te encontrara. MONSI.

Siete de espadas. PAZ.
Teresa. CAILL.
Tierra lejos, joya del naufragio. ORTEGA.
Tigre la sed. MONSI.
Vestida de plata. DEBI.
Volaron águilas, leones. PAZ.
Yo miro esto. PAZ.
Yo no recuerdo. DEBI.
BORDA FERGUSSON, ALFONSO. CO.
Rondel campestre. TAPIA.
BORDA LEAÑO, HÉCTOR. BO. 1927- .
El águila negra. QUIROS.
Café . . . Café . . . QUIROS.
Celda no. 5. BEDRE.
Mineros. QUIROS.
Pequeña muerte. QUIROS.
BORDAO, RAFAEL. CU. 1951- .
El acecho. CATO.
Catarsis. CATO.
Instrucciones para un joven poeta. CATO.
Oración del exilio. CATO.
Rescate. CATO.
BORGES, CARLOS. VE. 1867-1932.
Bodas negras. ROAL.
BORGES, JORGE LUIS. AR. 1899-1986.
A un poeta sajón. DOORS.
Antelación de amor. ROAL.
Arrabal. FERNAN.
Ars Poetica. TOPS.
Arte poética. JIMEN, TOPS.
Barrio Norte. FERNAN.
Barrio reconquistado. JIMEN.
Calle desconocida. CAILL, GINAR.
Casas como ángeles. TOPS.
Casi juicio final. JIMEN.
La cierva blanca. VILLOR.
Conjectural Poem. TOPS.
Despedida. DOORS.
Dulcia linquimus arva. CAILL, FERNAN, GINAR.
Elogio de la sombra. JIMEN.
Emerson. FERNAN.
En Villa Alvear. BAEZA.
Everness. TOPS.
Everness (Span.) TOPS.
La fundación mítica de Buenos Aires. FERNAN, JIMEN, TOPS.
La fundación mitológica de Buenos Aires. CAILL, GINAR.
El general Quiroga va en coche al muere. FERNAN.
Houses like Angels. TOPS.
Inscripción en cualquier sepulcro. JIMEN.
Jactancia de quietud. FERNAN.
Límites. FERNAN, JIMEN.
Límites. VILLOR.
Limits. TOPS.
La luna. VILLOR.
Mañana. FERNAN.
Manuscrito hallado en un libro de Joseph Conrad. ROAL.

El mar. TOPS.
Mateo, XXV, 30. FERNAN.
Milonga de los morenos. MANSOU.
The Mythical Founding of Buenos Aires. TOPS.
La noche cíclica. JIMEN.
El oro de los tigres. JIMEN.
The Other Tiger. TOPS.
El otro tigre. TOPS.
A Page to commemorate Colonel Suárez, Victor at Junín. DOORS.
Página para recordar al Coronel Suárez, Vencedor en Junín. DOORS.
Parting. DOORS.
Un patio. FERNAN, GINAR, TOPS.
Patio (Eng.). TOPS.
Poem of the Gifts. TOPS.
Poema conjetural. JIMEN, TOPS.
Poema de los dones. JIMEN, TOPS.
The Sea. TOPS.
Spinoza. JIMEN, TOPS.
Spinoza (Eng.). TOPS.
To a Saxon Poet. DOORS.
BORQUEZ SOLAR, ANTONIO. CH. 1874-1938.
Los carpinteros. GINCHI.
El cuchillo. GINCHI.
BORRERO, DULCE MARÍA. CU. 1883-1945.
Visión azul. SONETO.
BORRERO, JUANA. CU. 1877-1896.
Apolo. SONETO.
Barcos que pasan. CAILL.
Las hijas de Ran. CAILL.
Íntima. CAILL.
Última rima. CAILL.
BOSCH, VELIA. VE. 1930- .
Advenimiento de la sombra. ESCA.
Delmira. ESCA.
Ésta es la región de las piedras. ESCA.
Muchachita negra. ESCA.
BOSCO, EDUARDO JORGE. AR.
Arte poética. VEIRA.
Payadores. VEIRA.
Soneto de los amantes. VEIRA.
BOTI, REGINO E. CU. 1878-1958.
En la magia del crepúsculo. SONETO.
BOTTO APARICIO, ADELMO. UR.
Canto de la madre. GINURU.
La muerte. GINURU.
BOULLOSA, CARMEN. ME. 1954- .
Abierta (Frags.). MONDRA.
El bebedero. MONDRA.
Cacería de grillos. COHEN.
Carta al lobo. GENERA.
Desnudos. COHEN, MONDRA.
Golpe en un ojo. MONDRA.
La hermana muerta. MONDRA, ZAID.
Ingle de piedra. COHEN.
El piso uniforme y limpio. COHEN.
Silencio. MONDRA.

Vena. MONDRA.
BRACAMONTE, ALFREDO T. AR. 1929- .
Sádica danzarina. TAPIA.
BRACHO, CORAL. ME. 1951- .
De sus ojos ornados de arenas vítreas. COHEN.
Deja que esparzan su humedad de batracios. COHEN.
En esta oscura mezquita tibia. COHEN, GENERA, ORTEGA.
Sobre las mesas: el destello. ZAID.
Tus lindes: grietas que me develan. GENERA.
BRAÑAS, CÉSAR. GU. 1899- .
Miércoles de ceniza. BAEZA.
BRANDY, CARLOS. UR. 1923- .
En la materia viva, no en la piedra. GINURU.
Furiosamente vuelves ¡Oh triste edad perdida! CAILL, GINURU.
La mano triste. CAILL.
Soledad. CAILL.
Tu cuerpo se ha hecho hiedra. CAILL.
Yo soy tu cuerpo. CAILL, GINURU.
BRAVO, VICTOR. VE. 1949- .
Poema. BOCCA.
BRENES MESÉN, ROBERTO. CR. 1874-1947.
Inquietud. ROAL.
El pastor. BAEZA, SONETO.
BRITO, EUGENIA. CH. 1950- .
Guión de los reencuentros fragmentados. CORSSE.
Guión del pensamiento desdibujado. CORSSE.
Guión para un destino y su esperanza. CORSSE.
Milagros. CORSSE.
Parque Central. CORSSE.
Proposiciones. CORSSE.
El texto blanco (Frag.). CORSSE.
BRULL, MARIANO. CU. 1891- .1956.
A la rosa desconocida. JIMEN, ROAL.
La bien aparecida. CAILL.
Desnudo. CAILL, JIMEN.
Epístola. CAILL.
Epitafio a la rosa. CAILL, JIMEN.
Granada. JIMEN, ROAL.
Grano de polvo. CAILL.
Menos. CAILL.
El niño y la luna. CAILL, JIMEN.
Ojos niños. CAILL.
Por el ir del río. CAILL.
Soneto de otoño. SONETO.
Tiempo en pena. CAILL, JIMEN.
Verde halago. JIMEN.
Víspera. CAILL, JIMEN.
BRUM, BLANCA LUZ. UR.
Poema. BAEZA.
BRUZZONE de BLOCH, OLGA. BO. 1910- .
Alumbramiento. BEDRE.
Poema del hijo sin padre. BEDRE.
BUENO, LEONCIO. PE. 1921- .
Perú, ésta es tu hora. MOLINA.
BUENO, RAÚL. PE. 1944- .
Obertura. TORO.

BUESA, JOSE ANGEL. CU. 1910-1982.
La dama de las perlas. TAPIA.
Las ruinas en el atardecer. BAEZA.
BUFANO, ALBERTO R. AR. 1895-1950.
El enigma. GINAR.
Soledad. BAEZA.
BUIL, JOSÉ. ME. 1953- .
Carta patria. ZAID.
BULA PIRIZ, ROBERTO. UR.
La nueva aurora. GINURU.
BURGOS, ELQUI. PE. 1946- .
Cazador de espejismos. TORO.
Eros el cisne comenta presente de O. Paz. TORO.
Voluntad de héroe. TORO.
BURGOS, JOSÉ JOAQUÍN. VE. 1933- .
La mujer. ESCA.
Presencia. ESCA.
El silencio. ESCA.
BURGOS, JULIA de. PR. 1916-1953.
A Julia de Burgos. FLORES, LAGOS, TOPS, VOCES.
Ay ay ay, de la grifa negra. MANSOU, MORA, SENSE.
Call Out My Number. MARZAN.
Confesión del sí y del no. CAILL.
Dadme mi número. MARZAN.
Pentachromatic. MARZAN.
Pentacromía. MARZAN.
Poem of the Intimate Agony. MARZAN.
Poem to My Death. TOPS.
Poem with the Final Tune. MARZAN.
Poema con la tonada última. MARZAN.
Poema de la íntima agonía. MARZAN.
Poema detenido en un amanecer. BOCPA.
Poema para mi muerte. TOPS.
Río Grande de Loíza. MARZAN.
Rio Grande de Loiza (Eng.). MARZAN.
To Julia de Burgos. FLORES, TOPS.
Yo misma fui mi ruta. CAILL.
BUSTAMANTE, CARLOS. ES. 1891-1952.
La anemia de tu muerte. CEA, SALVA.
Eclipse. CEA.
Llanto. CEA.
Lumen. CEA.
Mi caso. CEA, SALVA.
Rondo. CEA.
Soneto. CEA.
Tu pie desnudo. CEA.
BUSTAMANTE, CECILIA. PE. 1932- .
Aquí es la tierra. LAGOS, VOCES.
Declaración de la madre. BOCPA.
BUSTAMANTE, ERNESTO. AR.
El divino marqués. TAPIA.
Sodoma. TAPIA.
BUSTAMANTE, GUILLERMO. CO. 1947- .
Relato. BOCCA.
BUSTAMANTE Y BALLIVIÁN, ENRIQUE. PE. 1984-1917.
Elogio. CAILL, PERU.

Los morochucos. CAILL.
Oroya. CAILL, PERU.
El poste. CAILL.
Quenas. PERU.
BUSTOS, DANIEL. BO. 1915- .
Versión onírica. BEDRE.
BYRNE, BONIFACIO. CU. 1861-1936.
Analogías. CAILL.
¿Cuál sería . . .? CAILL, ROAL.
Mi bandera. CAILL.
Los muebles. CAILL.
BYRNE, ROSSANA. CH. 1950- .
Anaranjado. CORSSE.
El árbol. CORSSE.
Manzanillones. ARTE, CORSSE.
Niña antigua. ARTE.
Pasatiempo. CORSSE.
Puertas de comedor. CORSSE.
Rosado. CORSSE.
Taxi. CORSSE.
Turquesa. CORSSE.

CABALLERO, RAÚL. ME. 1952- .
La generación de la cerveza. ZAID.
CABAÑAS, ESTEBAN. PA. 1937- .
La esfinge. VALLE.
Poema. VALLE.
Poema. VALLE.
Poema. VALLE.
Yo rechacé el silencio. VALLE.
CABRAL, MANUEL del. DR. 1907- .
Aire durando. JIMEN, ROAL.
Aire negro. SENSE.
Amuleto de hueso. CAILL.
Buche afuera. MORA.
La carga. JIMEN, ROAL.
Colasa con ron. CAILL, MORA.
Colasa con rumba. MORA.
Compadre Mon en Haití (Frags.). MORA.
Habla compadre Mon. RUANO.
El herrero. MORA.
Huésped súbito. JIMEN.
Letra. JIMEN, ROAL.
La mano de Onán se queja. JIMEN, ROAL.
Mina negra. MORA.
Mendiga de tus ladrones. RUANO.
El mueble. JIMEN, ROAL.
Negro siempre. MANSOU.
Negro sin nada en tu casa. BAEZA, JIMEN, MORA, ROAL, SENSE.
Negro sin risa. SENSE.
Negro sin zapatos. SENSE.
Pancho. CAILL.
El polvito. MORA.
Primera aventura. MORA, TAPIA.
Pulula. MORA.
Un recado de Mon para Bolívar. JIMEN.

El revolucionario. MORA.
Ritos. MORA.
Segunda aventura. MORA.
Sexo cumpliendo. TAPIA.
Trago. CAILL, MORA.
Trópico picapedrero. MANSOU, MORA.
Trópico suelto. MANSOU, MORA, SENSE.
Última etapa en Haití. MORA.
La voz crece en la carne. RUANO.
Voz de tierra. MORA.
CABRALES, JULIO. NI. 1944- .
El espectro de la rosa. CARDE.
CABRALES, LUIS ALBERTO. NI. 1901- .
Camposanto rural. CARDE.
Cifras. CARDE.
Desolado canto. CARDE.
Entretien con Joaquín Pasos. CARDE.
Piches entre la luna y las nubes. CARDE.
Stanza. CARDE.
CABRERA, JOSÉ ANTONIO. CR. 1956- .
Costa Rica. COSTA.
Genocidio. COSTA.
No hay invierno. COSTA.
Nos están matando. COSTA.
Nos quedó más sangre. COSTA.
Nosotros. COSTA.
Los octubres se construyen. COSTA.
Para empezar. COSTA.
Pérdida de todos los contactos. COSTA.
El poeta. COSTA.
Pueblo acosado. COSTA.
¿Usted quiere encontrar la vida? COSTA.
Usted se va. COSTA.
Verano. COSTA.
CABRERA, RAFAEL. ES.
Azrael. ROAL.
CABRERA, SARANDY. UR 1922- .
A propósito de un arpa antigua. FIERRO.
La familia. GINURU.
La muerte de mi padre. GINURU.
CABRERA CARRASCO, MANUEL J. CH. 1935- .
Cuando Dios creó los cielos. URPILA.
El dios antiguo dijo. URPILA.
En la antigüedad. URPILA.
Es hora. URPILA.
Radiografía. URPILA.
CABRISAS, HILARIÓN. CU. 1883-1939.
El enigma supremo. BAEZA.
CÁCERES, ESTHER de. UR. 1903- .
Canto de la transfiguración. CAILL, GINURU.
Inéditos. CAILL, GINURU.
Pasa el viento. CAILL, GINURU.
Poema. CAILL, GINURU.
Poema. CAILL.
Poema de la resurrección. CAILL.
CÁCERES, JORGE. CH. 1923-1949.

El abrazo del oso. BACIU.
Justine. BACIU.
Max Ernst. BACIU.
Mi amigo Benjamín Péret. BACIU.
Nube pública. BACIU.
Palabras a radar. BACIU.
Paul Klee. ARTE.
Poema. ARTE, GINCHI.
Un tornasol. ARTE.
CÁCERES, OMAR. CH. 1906-1943.
Azul deshabitado. ARTE, GINCHI.
Iluminación del yo. GINCHI.
CADENAS, RAFAEL. VE. 1930- .
Ars poética. ORTEGA.
Bungalow. ORTEGA.
Carro por puesto. ESCA.
Espero una canción distinta. FIERRO.
Fracaso. ORTEGA.
Realidad. ESCA.
Voz. ESCA, ORTEGA.
You. ESCA.
CAICEDO Y ROJAS, JOSÉ. CO. 1816-1898.
El primer baño. ROAL.
CAJINA VEGA, MARIO. NI. 1929- .
Cartel. CARDE.
CALDERÓN, ALFONSO. CH. 1930- .
Emily Dickinson. ARTE.
Helena. ARTE.
Henri Rousseau, el aduanero. ARTE.
Leyenda. ARTE.
Tardes de verano. ARTE.
CALDERÓN, GERMAINE. ME. 1950- .
A todos. COHEN.
Con los puños caídos. COHEN.
De espaldas. COHEN.
En el punto central de la ira. COHEN.
Es como. COHEN.
El hemisferio ignoto de tu piel. COHEN.
O como amuleto. COHEN.
CALDERÓN, ISAURA. ME.
Canciones desesperadas. SALAS.
Esa mar tan encendida. SALAS.
Flor de sueños. SALAS.
Media muerte no más. SALAS.
Lo que soy. SALAS.
Se me deshoja. SALAS.
CALDERÓN, MARIO. ME. 1951- .
Primavera. ZAID.
CALDERÓN, TERESA. CH. 1955- .
A diez rounds. VILLE.
Ambigüedad del signo lingüístico. VILLE.
Ardid. VILLE.
Asuntos de la memoria. CORSSE.
Chaplin. ARTE.
Code of Waters. WHITE.
Código de aguas. ARTE, VILLE, WHITE.

De las aves sin nombre. WHITE.
Deducciones. WHITE.
Deductions. WHITE.
Desde el fondo de tí y arrodillado. CORSSE.
Escritura. VILLE.
Estado de sitio. CORSSE.
Exilio. CORSSE.
Face to Face in Another Time. WHITE.
Guerrilla doméstica. CORSSE.
I Never Realized. WHITE.
Informe. VILLE.
Monopolio. VILLE.
Nosce te ipsum. VILLE.
Nunca supe. WHITE.
Of the Nameless Birds. WHITE.
Paisaje doméstico. VILLE.
Para no confundirte. VILLE.
Para que mañana te cuente otro. VILLE.
Puro suceder de miradas anteriores. WHITE.
El tiempo que todo lo destruye. WHITE.
The Time That Destroys Everything. WHITE.
Visitae non gratae. VILLE.
CALDERÓN, VENANCIO. CR.
En la tumba de mi madre. ROAL.
CALDERÓN LUGONES, EDUARDO. BO. 1894-1952.
El chango. BEDRE.
Palabras sobre el viento. BEDRE.
El violín. BEDRE.
CALOU, JUAN. AR. 1885-1923.
Oración ancestral. GINAR.
CALVETTI, JORGE. AR. 1916- .
La basura. RUANO, VEIRA, VILLOR.
Glosa I. VILLOR.
Habla el alma de Juan Lavalle. VEIRA.
Maimará. RUANO, VEIRA.
Sueño y vigilia de una región de América. RUANO.
CALVILLO, MANUEL. ME. 1918- .
Epístola. CAILL.
Libro del emigrante (Frag.). MONSI.
CALVIMONTES Y C., JORGE. BO. 1930- .
Retiro voluntario (Frags.). BEDRE.
CALVIÑO CITRO, MARY ROSA. AR.
Madurez. URPILA.
Mutación. URPILA.
CALVO, CÉSAR. PE. 1940- .
Carta de Federico García Lorca. MOLINA.
El cetro de los jóvenes (Frag.). BOCCA.
Diario de campaña. TORO.
Fábula. TORO.
La luna del cantor. TORO.
Ojo de estatua. TORO.
Oración de la víspera. DONOSO.
Reloj de arena. TORO.
Venid a ver el cuarto del poeta. TORO.
CALVO, MARCELO. BO. 1928- .
América profunda. BEDRE.

CALZADILLA, JUAN. VE. 1931- .
Ciudadano libre. DONOSO.
Cubrir la duda con un mantel de fiesta. ESCA.
Cuento. ESCA.
Los métodos necesarios. FIERRO.
Las montañas. ESCA.
Requisitoria de los trajes vacíos. ESCA.
CAMACHO RAMÍREZ, ARTURO. CO. 1910- .
Bamba. MANSOU, SENSE.
Comienzo de la sangre. CAILL, GINCO.
CAMARGO FERREIRA, EDMUNDO. BO. 1936-1964.
Batanes de la pena. QUIROS.
El mar. QUIROS.
Oficio. QUIROS.
Población subterránea. QUIROS.
Poética. QUIROS.
Raíces. BEDRE, QUIROS.
Salutación. BEDRE.
Tránsito de huesos. BEDRE, QUIROS.
CAMARILLO de PEREYRA, MARÍA ENRIQUETA. ME. 1872-1968.
Al mar. BOCPA, SALAS.
Aspiración sencilla. CAILL.
Cuando parte el amor. CAILL.
Danza. SALAS.
Letanía. SALAS.
Paisaje. SALAS.
Pasó por mi puerta. CAILL.
Sad Song (Span.). SALAS.
¡Salve! SALAS.
Torno a mi dolor. SALAS.
Vana invitación. CAILL.
Vano afán. CAILL.
CAMARLINGHI, JOSÉ. BO. 1928- .
La musa vesánica (Frags.). BEDRE.
CAMERATI, VIOLETA. CH. 1922- .
Carnaval de Venecia. CORSSE.
Conozco el preciso instante. CORSSE.
Gitana de Modigliani. CORSSE.
Inmigrantes. CORSSE.
El jardín de los Finzi-Contini. CORSSE.
Río Maule. CORSSE.
La última cena. CORSSE.
Ventana. CORSSE.
CAMERON, JUAN. CH. 1947- .
Beach. WHITE.
Cachorro. ARTE.
Cuando se acabe. WHITE.
Heráclito. WHITE.
Heraclitus. WHITE.
La hora señalada. WHITE.
Imperfect Preterite. WHITE.
Jureles. ARTE.
One More Stripe to the Tiger. REYES.
Playa. WHITE.
Pretérito imperfecto. WHITE.
Route Seven. WHITE.

Ruta siete. WHITE.
The Signaled Hour. WHITE.
Subway. WHITE.
Subway (Eng.). WHITE.
Trilce. ARTE.
Una raya más al tigre. REYES.
When It's Over. WHITE.
CAMÍN, ALFONSO. CU. 1890-1982.
Carbones. MANSOU.
Macorina. SENSE.
El negro Pasamajá (Frags.). SENSE.
CAMINO, MIGUEL A. AR. 1877-1944.
Añoranza. GINAR.
Chacayalera. GINAR.
CAMPAÑA, ANTONIO. CH. 1922- .
El Adonis tatuado. GINCHI.
CAMPERO ECHAZU, OCTAVIO. BO. 1900-1970.
Amancaya. QUIROS.
Árbol. BEDRE.
Balada del amor imposible. QUIROS.
Copla. BEDRE.
El coplero anónimo. BEDRE.
De camino. QUIROS.
Fiebre. BEDRE.
Madre. BEDRE.
Mientras cae la lluvia. BEDRE.
Misa campestre. QUIROS.
Navidad. QUIROS.
Pastorela. QUIROS.
Plaga. QUIROS.
Porque van diez años. BEDRE, QUIROS.
Primavera. QUIROS.
Ruth. QUIROS.
Ser como el arroyo. QUIROS.
La siega. QUIROS.
La simiente. BEDRE.
Sonaja de noche buena. BEDRE.
El tinajero. BEDRE.
Tránsito. QUIROS.
¡Vos me darís otro! QUIROS.
CAMPINS, ROLANDO. CU. 1940- .
Vidalida la bantú. SENSE.
CAMPOS, JAVIER. CH. 1947- .
Desta orilla del corazón. ARTE.
La última fotografía. ARTE.
CAMPOS, MARCO ANTONIO. ME. 1949- .
Ayer, si mal no recuerdo. COHEN.
Los Campos. MONDRA.
El cielo y el infierno. COHEN.
Creación del poeta o malinterpretación. COHEN.
Declaración de inicio. MONDRA.
Un día de otoño. MONDRA.
En el velorio de Clodia. COHEN.
En un burdel de Atenas. MONDRA.
Esa voz en El Pireo. COHEN.
He nevado tanto. COHEN.

Llegada a Roma. MONDRA.
Mi odio. COHEN.
Mis hermanos se fueron. MONDRA.
Pasó el diluvio. MONDRA.
Phlebas the Phoenician. MONDRA.
Qué ha sido de mis amigos. MONDRA.
Tarde de palomas. MONDRA.
Última. MONDRA.
Wiedersehen. MONDRA.
CAMPOS CERVERA, HERIB. PA. 1908-1953.
Un hombre frente al mar. JIMEN, ROAL.
Palabras del hombre secreto. JIMEN, ROAL.
Pequeña letanía en voz baja. JIMEN.
Un puñado de tierra. JIMEN, VALLE.
Rancho orejano. CAILL.
Regresán un día. VALLE.
Sembrador. JIMEN.
CANALES, TIRSO. ES. 1933- .
Alma histórica. SALVA.
City of San Salvador. VOLCAN.
Ciudad de San Salvador. SALVA, VOLCAN.
Hablo de Farabundo. ALEGRI, SALVA.
Hora del desayuno. SALVA.
Nocturne for Freedom. VOLCAN.
Nocturno por la libertad. VOLCAN.
Los verdugos. SALVA.
CAÑAS, ALBERTO F. CR. 1917- .
El beso. SEGURA.
CAÑAS, HERNÁN. CH. 1910- .
Oda en honor de la espiga. GINCHI.
Pronta mejoría para Oscar Castro (Frag.). BAEZA.
CANÉ, LUIS. AR. 1897-1957.
Romance de la niña negra. BAEZA, MANSOU, ROAL, SENSE.
Soneto. SONETO.
CANEDO REYES, JORGE. BO. 1905- .
Un huanaco. BEDRE.
CANELAS LÓPEZ, JAIME. BO. 1927-1961.
Canción de la mujer del valle. BEDRE.
Encuentro. QUIROS.
Permanencia. QUIROS.
Por la raíz al sueño. QUIROS.
Renunciamiento. QUIROS.
Tal vez llamo la muerte. QUIROS.
Transfiguraciones. BEDRE.
Vida que dejaste, padre. QUIROS.
CANO, BLANCA ESTELA. ME. 1959- .
Las seis de la tarde. ZAID.
CANTADORI DINTRANS, FERNANDO RAÚL. AR 1949- .
La carne y el hueso. URPILA.
Ciruja. URPILA.
Las crucifixiones. URPILA.
En una catedral gótica. URPILA.
CANTONI, CÉSAR E. AR 1951- .
Cementerio descubierto en Puan. KOFMAN.
Las columnas ceden. KOFMAN.
Discurso. KOFMAN.

Pobre Job, sentado sobre las cenizas. KOFMAN.
CANZANI D., ARIEL. AR. 1928- .
Como si fuera un rito. TAPIA.
Inicio de la muerte. TAPIA.
Tengo la noche. TAPIA.
CAPDEVILA, ARTURO. AR. 1889-1967.
Aulio Gelio. CAILL.
Baltasar. CAILL.
Canción de la bailarina negra. MANSOU.
En vano. BAEZA, CAILL, SONETO.
Letanías del deseo. GINAR.
Me acerqué a la fiesta. CAILL.
Nocturno a Job. CAILL, GINAR.
Nocturno de la sabiduría. ROAL.
Pórtico de Melpómene (Frag.). CAILL, VILLOR.
El que quiera la paz. CAILL.
Romance de la casa de Trejo. ROAL.
Romance del mar azul. CAILL.
Santificado sea. CAILL.
CAPRILES, JUAN. BO. 1890-1953.
Alas y cumbres. QUIROS.
Alma parens. BEDRE.
Aria di sortita. QUIROS.
Correspondencia. QUIROS.
En el insomnio. BEDRE.
Flores de inquietud. BEDRE, QUIROS.
La hora lúgubre. BEDRE, QUIROS.
Mitológica. QUIROS.
Refugio. BEDRE.
El soneto. BEDRE, QUIROS.
La tarde en la montaña. BEDRE.
Unamuno. BEDRE.
Véspero heleno. QUIROS.
Vigilia. BEDRE.
CAPUTI, LUIS ALBERTO. UR. 1915- .
Como si en flor divina me llagara. GINURU.
El niño de agua. GINURU.
CARABALLO, ALBERTO. UR. 1946- .
Es el tiempo de la astucia. BOCCA.
CARDENAL, ERNESTO. NI. 1925- .
2 a.m. (Eng.). DOORS.
2 A.M. Es la hora del oficio. DOORS, ORTEGA.
Acuarela. CEAL.
Al perderte yo a ti. PADRON.
Amanecer. CARDE.
Los automóviles van y vienen. PADRON.
Ayer te vi en la calle. PADRON.
Behind the Monastery. DOORS.
Bienaventurado el hombre (Salmo I). CEAL.
Canto Nacional (Frag.). CARDE.
Los chayules. CEAL, PADRON.
Como latas de cerveza vacías. ORTEGA, PADRON, TOPS.
Coplas a la muerte de Merton. CEAL.
Detrás del monasterio. DOORS.
Ecología. VOLCAN.
Ecology. VOLCAN.

Economía de Tahuantinsuyo. ORTEGA.
En el lago de Nicaragua. PADRON.
En Pascua resucitan las cigarras. CEAL.
Epigramas (Frags.). CEAL.
Epitafio para la tumba de Adolfo Báez Bone. DOORS.
Epitaph for the Tomb of Adolfo Báez Bone. DOORS.
El estrecho dudoso (Frag.). PADRON.
Ha venido la primavera. DOORS.
Había un nicaragüense. CEAL.
Hay un lugar. PADRON.
La hora cero. MARQUE, FIERRO.
La hora cero (Frag.). FIERRO.
La hora cero (Frag.). FIERRO.
Los insectos acuáticos. DOORS.
Kayanerenhkowa. CEAL.
León. TOPS.
Leon (Eng.). TOPS.
Lights. TOPS.
Like Empty Beer Cans. TOPS.
Long-Legged Aquatic Insects. DOORS.
Luces. TOPS.
Marcha triunfal. CEAL.
Me contaron. DOORS.
La noche. PADRON.
Oración por Marilyn Monroe. CEAL, DONOSO, PADRON, TOPS.
Poema. CEAL.
Prayer for Marilyn Monroe. TOPS.
Psalm 5. MARQUE, TOPS.
Psalm 36. MARQUE.
Psalm 48. MARQUE.
Salmo 5. ALEGRI, MARQUE, ORTEGA, TOPS.
Salmo 36. MARQUE.
Salmo 48. MARQUE.
Salmo 136. PADRON.
El secreto de Machu-Picchu. RUANO.
Someone Told Me. DOORS.
Spring Has Come. DOORS.
Sus acciones son como el heno de los campos. CEAL.
Uno se despierta. DOORS.
Visión de la ventanilla azul. VOLCAN.
Vision from the Small Blue Window. VOLCAN.
Waking Up. DOORS.
Zero Hour. MARQUE.

CÁRDENAS, GUADALUPE. ME. 1938- .
Compulsión. SALAS.
No volveré la mirada. SALAS.
Sueño. SALAS.

CÁRDENAS, ROLANDO. CH. 1933- .
Edelweiss. ARTE.
El hombre cotidiano. ARTE.
Overend (Span.). DONOSO.

CÁRDENAS, VICTOR MANUEL. ME. 1952- .
Poema. ZAID.

CÁRDENAS PEÑA, JOSÉ. ME. 1918- .1963.
Abre otra vez tu cuerpo. MONSI.
Cuando vengas, amor. MONSI.

CARDONA PEÑA, ALFREDO. CR. 1917- .
Acto nupcial (Frag.). TAPIA.
Lectura de Virgilio. CAILL.
La patria del poema. CAILL.
Petrarca: Canción I. CAILL.
CARDONA TORRICO, ALCIRA. BO. 1926- .
Apóstrofe. QUIROS.
Carcajada de estaño. BEDRE, LAGOS, QUIROS, VOCES.
Cielo. QUIROS.
Con un largo sollozo. BEDRE.
De tanto andar por inconexas formas. QUIROS.
Desde el negro lagar de los olvidos. QUIROS.
Llanto de abismos. QUIROS.
Mi voz. QUIROS.
Pesca. QUIROS.
Por el filo de un sueño. QUIROS.
Rosas. QUIROS.
Santos Mayta. QUIROS.
Temática del mar. BEDRE.
Timonero. QUIROS.
La última parábola. QUIROS.
La ventana colgada. BEDRE.
Y ahora soy nadie. QUIROS.
Yo era a veces un grito nunca oído. QUIROS.
Yo respondo. QUIROS.
CARDOZA Y ARAGÓN, LUIS. GU. 1904- .
Canto a la soledad. CAILL.
Dame, ¡Oh muerte! CAILL.
Sol, aguamar y palmeras. CAILL.
Soledad de la fisiología. CAILL.
CARDOZO, LUBIO. VE. 1938- .
Codicia. ESCA.
Es necesio conocer el acertijo. ESCA.
Fanal. ESCA.
CARIAS, ALEJANDRO. VE. 1883-1918.
El buey. SONETO.
CARIAS, JULIO. VE. 1890-1912.
A un rosal. SONETO.
CARMAGNOLA de MEDINA, GLADYS. PR. 1939- .
Pre-requiem. LAGOS, VOCES.
CARMENATE, ERNESTO. CU. 1925- .
Donde sus finas lanzas rompe el cielo. CATO.
Libertad. CATO.
Los libros. CATO.
Poema sin título. CATO.
Profecía del polvo. CATO.
CARNEIRO, CRISTINA. UR. 1948- .
Aspectos de la rosa. ORTEGA.
Cuando aquellos que ustedes aman. ORTEGA.
La peste. ORTEGA.
Sobre el buen salvaje. BOCCA, ORTEGA.
CARO, PEDRO. DR. 1946- .
Definición. BOCCA.
CARO, VÍCTOR. CO.1877-1944.
In memoriam. GINCO.
CAROLY, MARY. EC.

Bandera. LAGOS, VOCES.
CARPENTIER, ALEJO. CU. 1904-1980.
Canción. MANSOU, MORA, SENSE.
Liturgia. MANSOU, MORA, SENSE.
CARRANZA, EDUARDO. CO. 1913-1985.
Azul de ti. JIMEN, ROAL.
Dadme más vino. CAILL.
Elegía a Maruja Simmonds. CAILL.
Espacio de mi voz. CAILL.
Espejo del aroma (soneto). CAILL.
El extranjero. JIMEN.
Habitantes del milagro. JIMEN.
La niña de los jardines. CAILL, GINCO.
El olvidado. GINCO.
Regreso con islas y jazmín. JIMEN.
Rima. JIMEN.
El sitio de mi sueño. CAILL.
El sol de los venados. JIMEN, ROAL.
Soneto a Teresa. BAEZA, CAILL.
Soneto con una salvedad. CAILL, JIMEN, ROAL, SONETO.
Tema de fuego y mar. JIMEN.
CARRANZA, MARÍA MERCEDES. CO. 1945- .
Babel y usted. ABRIL.
Brilla pero no da esplendor. ABRIL.
Exclusivo. ABRIL.
Fuerza, canejo, sufra y no llore. ABRIL.
Métale cabeza. ABRIL.
El oficio de vestirse. BOCPA.
Quién lo creyera. ABRIL.
Salmodia, sin gracia ni ritmo. ABRIL.
CARRASCO, NORMA. ME.
Desembarco de tropas en Líbano. SALAS.
Inaprendida, apenas. SALAS.
Situaciones. LAGOS, VOCES.
Tu mano está en mi mano. SALAS.
CARRASCO PEÑA, MARÍA ROSA. CH.
La casa desierta. URPILA.
Mirada interior. URPILA.
La roca y yo. URPILA.
Tejedora del tiempo. URPILA.
CARRASQUILLO, PEDRO. PR. 1910-1954.
En la finca de Juan Balgas. MORA.
La negrita de la costa. MORA.
CARREÑO, MADA. ME.
La fuente. SALAS.
La lluvia. SALAS.
El mar. SALAS.
CARRERA, ARTURO. AR. 1948- .
Oro. ORTEGA.
CARRERA ANDRADE, JORGE. EC. 1903-1978.
La alquimia vital. CAILL.
Biografía para uso de los pájaros. CAILL, JIMEN.
Cartel electoral del verde. CAILL.
The Clock. TOPS.
De nada sirve la isla. CAILL.
Defensa del domingo. CAILL.

Domingo. TOPS.
Expedición al país de la canela. SONETO.
Historia contemporánea. JIMEN.
El hombre del Ecuador bajo la torre Eiffel. JIMEN, ROAL.
Juan sin Cielo. JIMEN.
Morada terrestre. CAILL.
Nada nos pertenece. CAILL.
Niña de Panamá. MANSOU, SENSE.
El objeto y su sombra. CAILL, JIMEN.
The Perfect Life. TOPS.
Promesa del Río Guayas. BAEZA, CAILL.
El reloj. TOPS.
Second Life of My Mother. TOPS.
Segunda vida de mi madre. TOPS.
Señales. CAILL.
Señas del parque Sutro. CAILL.
Soledad de las ciudades. CAILL.
Transfiguración de la lluvia. TOPS.
Transfiguration of the Rain. TOPS.
Versión de la tierra. JIMEN, ROAL.
Viaje. CAILL.
Vida perfecta. BAEZA, CAILL, TOPS.
CARRERA de WEVER, MARGARITA. GU.
Poemas para estos días de sangre. LAGOS, VOCES.
CARRETO, HÉCTOR. ME. 1953- .
Apariciones de René Magritte/Tango. COHEN.
La casa de Allende número 5. GENERA.
El extranjero. COHEN.
Otoño de 1976. ZAID.
Utopía. GENERA.
Venecia. COHEN.
Ver Chicago y después morir. COHEN.
¿Volver a Itaca? (Frags.). COHEN.
CARRIEGO, EVARISTO. AR. 1883-1912.
El alma del suburbio. FERNAN.
El casamiento. FERNAN.
La costurerita que dio aquel mal paso. SONETO.
Despojo de fábrica. ROAL.
Después del olvido. ROAL.
La dulce voz que oímos todos los días. GINAR.
Has vuelto. CAILL, FERNAN, GINAR.
Hay que cuidarla mucho, hermana, mucho. CAILL.
Revelación. TAPIA.
La silla que ahora nadie ocupa. CAILL, GINAR.
Tu secreto. BAEZA.
CARRILLO, ENRIQUE A. PE. 1875-1936.
El sillón vacío. PERU.
El trópico triste. PERU.
CARRILLO, JOSÉ MIGUEL. ME. 1954- .
Avitaminosis. ZAID.
CARRILLO, LOURDES. ME. 1956- .
Monodiálogo. ZAID.
CARRIÓN, ALEJANDRO. EC. 1915- .
Buen año. CAILL.
Canción de la cosecha. CAILL.
Dulce niñera rubia de los sueños. CAILL.

Sequía. CAILL.
La sirena y Ulises. CAILL.
Yo no sé si tu voz. CAILL.
CARRIÓN, JOSÉ FRANCISCO. CH. 1938- .
Vestigios. ARTE.
CARTAGENA PORTALATÍN, AÍDA. DR. 1918- .
La casa. LAGOS, VOCES.
CARTAÑA, LUIS. CU. 1942- .
Canto al hombre del presente. CATO.
De la imaginación. CATO.
Segunda pequeña cantata de caguabo. CATO.
CARTOSIO, EMMA de. AR. 1928- .
Los conspiradores. DONOSO.
CARVAJAL, MARIO. CO. 1896- .
Después del combate con el ángel. GINCO.
Égloga cristiana. GINCO.
Reclamo de la lumbre de Dios. GINCO.
CARVAJAL, ROGELIO. ME. 1955- .
Hay una seda que no quiere dormirse. BOCCA.
Siempre yo. ZAID.
CASAL, JULIAN del. CU. 1863-1893.
A mi madre. CAILL.
La agonía de Petronio. MODER.
Las alamedas. MODER.
El te. MODER.
El camino de Damasco. CAILL.
La cólera del infante. CAILL.
Crepuscular. CAILL, MODER.
Día de fiesta. ROAL.
Elena. MODER.
En el campo. CAILL, MODER.
Flores. MODER.
Flores de éter. MODER.
Las horas. SONETO.
Mis amores. MODER.
Neurosis. MODER.
Nihilismo. CAILL.
Nostalgias. MODER.
Páginas de vida. CAILL.
Paisaje de verano. CAILL.
Paisaje espiritual. MODER.
Pax animae. CAILL.
Recuerdos de la infancia. CAILL.
Rondeles. CAILL.
Sourimono. MODER.
Tardes de lluvia. MODER.
Una maja. MODER.
Vespertino. MODER.
CASAL, JULIO J. UR 1889-1954.
Aquel color. CAILL.
Árbol. CAILL, GINURU.
Después. CAILL.
Eras de lluvia. CAILL.
Ha muerto el bosque. CAILL.
La hiedra. CAILL.
El humo viajero. BAEZA, CAILL, GINURU.

Nuestras horas. CAILL.
Otoño. CAILL, GINURU.
Poemas. CAILL.
Poemas. GINURU.
Ruego. CAILL.
CASAL, SELVA. UR.
Más próximos a la muerte. URPILA.
Nosotros somos fantasmas. URPILA.
CASANOVA, CECILIA. CU. 1926- .
Angeles y demonios. ARTE.
Gatos. ARTE.
Juntos. ARTE.
Plumas. ARTE.
Preparativos. ARTE.
Totoral. ARTE.
CASANUEVA, SOFIA. CH.
Deseo. TAPIA.
CASAR, EDUARDO. ME 1952- .
Amor y con secuencia. ZAID.
CASARAVILLA LEMOS, ENRIQUE. UR. 1889-1967.
Aroma desnudo. CAILL.
Cántico asombroso. CAILL.
En lo oscuro de la senda. CAILL.
En medio de la selva, con asombro. CAILL.
Estremecimiento del recuerdo. TAPIA.
Júbilo viviente. CAILL.
Miseria de las quintas. GINURU.
Ruego. CAILL, GINURU.
Salmo melancólico. CAILL.
Signo. GINURU.
CASAS ARAUJO, JULIO. UR.
El nadador. GINURU.
Relente. GINURU.
CASAS CASTAÑEDA, VICENTE. CO. 1886- .
Los ojos de mi madre. GINCO.
CASAUS, VICTOR. CU. 1944- .
Advertisement. TARN.
Anuncio de solicitud. TARN.
Barbara. BOCCA.
Epitafio de Dios. TARN.
Epitaph for God. TARN.
Sobre el daño que hacen las hostias. DONOSO.
A Story. TARN.
Una historia. TARN.
CASTAÑEDA, FRANCISCO. ME. 1953- .
La duda metódica. ZAID.
CASTAÑEDA ARAGÓN, GREGORIO. CO. 1886- .
Canción para el niño que nació en el mar. GINCO.
CASTAÑO, ANA. ME. 1956- .
Poema. ZAID.
CASTAÑÓN, ADOLFO. ME. 1952- .
Perdí vasto campo. ZAID.
CASTELLANOS, DORA. CO. 1926- .
Algún día. BAEZA.
Trigo humano. LAGOS, VOCES.
CASTELLANOS, FRANCISCO JOSÉ. ME. 1959- .

Sunset (Span.). ZAID.
CASTELLANOS, ROSARIO. ME. 1925-1974.
A fiesta. BOCPA.
A los danzantes de las ferias. CAILL.
Agonía fuera del muro. PAZ.
Ajedrez. DEBI.
Amanecer. MONSI.
Amor. PAZ.
Aporía del bailarín. DEBI.
Ciudad bajo el relámpago. MONSI.
Lo cotidiano. DEBI, PAZ, SALAS.
Daily Round of the Spinster. FLORES.
Destino. MONSI, PAZ, SALAS.
Distancia del amigo. CAILL.
Dos meditaciones. CAILL, PAZ.
Esperanza. DEBI.
Esta tierra. DEBI.
Estrofas en la playa II. DEBI.
Falsa elegía. PAZ, SALAS.
Jornada de la soltera. FLORES, MONSI.
Lamentación de Dido. CAILL, MONSI, SALAS.
Malinche. LAGOS, VOCES.
Meditación en el umbral. FLORES.
Meditation at the Threshold. FLORES.
Misterio gozoso. MONSI.
Misterios gozosos. SALAS.
Monólogo de la extranjera. MONSI.
The Other. TOPS.
El otro. BOCPA, TOPS.
Una palabra para el heredero. CAILL.
A Palm Tree. TOPS.
Una palmera. CAILL, TOPS.
Poesía no eres tú. TOPS.
Presencia. PAZ.
Quinta de recreo. DEBI.
Relato del augur. MONSI.
El resplandor del ser. SALAS.
El retorno. TOPS.
The Return. TOPS.
Se habla de Gabriel. FLORES.
Silencio acerca de una piedra antigua. CAILL, SALAS.
Speaking of Gabriel. FLORES.
Toda la primavera. DEBI.
Toma de conciencia. DEBI.
La velada del sapo. DEBI, MONSI, PAZ.
You Are Not Poetry. TOPS.
CASTELLANOS MOYA, HORACIO. ES. 1957- .
Floración. SALVA.
Poemas: las pertenencias. SALVA.
CASTELLANOS de RÍOS, ADA. BO. 1926- .
No me encasillen. BEDRE.
CASTILLA, MANUEL J. AR. 1918-1980.
Amantes bajo la lluvia. VEIRA.
La casa. VILLOR.
Evangelina Gutiérrez. VEIRA.
Juan del aserradero. VEIRA, VILLOR.

Poema 16. VEIRA.
CASTILLO, ARNOLD. PE. 1942- .
Cantares de Lydia (Frag.). TORO.
Caracol. TORO.
Libélulas. TORO.
Manzana. TORO.
Tomate. TORO.
CASTILLO, EDUARDO. CO. 1889-1938.
Indecisión. BAEZA.
Nochebuena romántica. GINCO.
Plegaria a Jesús. GINCO.
Sugestión. GINCO.
CASTILLO, OTTO RENE. GU. 1936-1967.
Amphitheater of Love. VOLCAN.
Apolitical Intellectuals. MARQUE.
Collective Voice. VOLCAN.
Elegy. VOLCAN.
Elogio. VOLCAN.
Informe de una justicia. MARQUE.
Intelectuales apolíticos. MARQUE.
October. VOLCAN.
Octubre. VOLCAN.
Oración por el alma de la patria. VOLCAN.
Paraninfo del amor. VOLCAN.
Prayer for the Soul of My country. VOLCAN.
Report of an Injustice. MARQUE.
Revolución. MARQUE.
Revolution. MARQUE.
Viudo del mundo. DONOSO, MARQUE.
Voz colectiva. VOLCAN.
Widowed of the World. MARQUE.
CASTILLO, RICARDO. ME. 1954- .
Autogol. GENERA.
El chipote. COHEN.
Es cuestión de lastres que nos dejan los días. COHEN.
Las nalgas. GENERA, ZAID.
Oda a las ganas. GENERA.
El pelícano. COHEN.
Pin uno, pin dos. GENERA.
El poeta del jardín. COHEN, GENERA.
El que no es cabrón no es hombre. COHEN.
Tarjeta de navidad. COHEN.
CASTILLO MARTÍN, AMELIA del. CU.
Después de tanta vida. LAGOS, VOCES.
Isla. CATO.
El mar, el viento y el pinar. CATO.
Por una vez. CATO.
Regreso. CATO.
El suyo. CATO.
CASTIÑEIRA de DIOS, JOSÉ LUIS. AR. 1920- .
De la aurora recién nacida. GINAR.
CASTORRIVAS, RICARDO. ES. 1938- .
Bitter Sonnet to a Cup of Coffee. VOLCAN.
Consagración de la tortilla de maíz. VOLCAN.
Consecration of the Corn Tortilla. VOLCAN.
Soneto amargo a la taza de café. VOLCAN.

CASTRILLO, MARIO. ES. 1950- .
Cartas a Carola. SALVA.
CASTRILLO, PRIMO. BO. 1896- .
Árbol. QUIROS.
Arcano. QUIROS.
Arenal. QUIROS.
Cabrero. QUIROS.
Ciudad. QUIROS.
Copla de San Isidro. QUIROS.
En los cuatro caminos. QUIROS.
Epílogo de la fiesta. BEDRE.
Fórmula. QUIROS.
Fragancia. QUIROS.
Invisible. QUIROS.
El jazz. QUIROS.
El mar canta mi sueño. QUIROS.
Mi pueblo. QUIROS.
Mi puerto. BEDRE.
Mi tiempo. QUIROS.
Noche de pavor. QUIROS.
Olvidar. BEDRE.
Pan. QUIROS.
¿Qué será? QUIROS.
Selva. QUIROS.
Sicuri. QUIROS.
Sueño y realidad. BEDRE.
Voz de Aymara. QUIROS.
CASTRO, DOLORES. ME. 1923- .
La Corona rota. SALAS.
Destino. BOCPA.
Invierno en el camino. SALAS.
Nada sabe decir. SALAS.
Poema del hijo. SALAS.
Rebaño. SALAS.
Sequía. SALAS.
Vino la hoz. SALAS.
CASTRO, JOSÉ ANTONIO. VE. 1930- .
Cabello suelto. ESCA.
Las flores ultrajadas. ESCA.
O para ver a Hiponángela. ESCA.
Quita de mí esta brizna. ESCA.
CASTRO, MANUEL de. UR. 1896- .
Canción por la niña que ha de volver. GINURU.
Fuga elegíaca. GINURU.
Instante. GINURU.
CASTRO, OSCAR. CH. 1910-1947.
Alfonsina en el mar—Muerte de Alfonsina Storni. GINCHI.
La cabra. ARTE, BAEZA, CAILL.
La clara confidencia. SCARPA.
Coloquio de flauta y viento. CAILL, SCARPA.
Fuga mojada. CAILL, SCARPA.
Instante. SCARPA.
El llamado—Muerte de Alfonsina. GINCHI.
Luto irreal. CALA.
Pequeña elegía. ARTE, SCARPA.
Poema de la tierra. CALA.

Raíz del canto. CAILL, SCARPA.
El retorno—La muerte de Alfonsina. GINCHI.
Romance de barco y junco. ARTE.
Romance del vendedor de canciones. SCARPA.
Sermón de los trigales. SCARPA.
Soneto noveno. SCARPA.
Soneto séptimo. SCARPA.
Tarde presente en otra tarde. CAILL.
Tiempo deshojado. CALA.
CASTRO, VÍCTOR. CH. 1920- .
Palabras sólo palabras al oído. ARTE.
Retornos. ARTE.
CASTRO RÍOS, ANDRÉS. PR. 1942- .
For Nothing. MARZAN.
Palabras para recordar a la abuela. MARZAN.
Para nada. MARZAN.
Words to Remind Me of Grandmother. MARZAN.
CASTRO SAAVEDRA, CARLOS. CO. 1924- .
A través de la sombra. ARBEL.
Agua ciega. ARBEL.
El desocupado. ARBEL.
Epitafio. ARBEL.
Eres de vino y de bisontes. ARBEL.
Los labriegos ocultos. ARBEL.
Mar de tierra. ARBEL.
Maternidad. GINCO.
Melancolía de las banderas. ARBEL.
Plegaria desde América (Frags.). BAEZA.
Sólo su cuerpo dulce. DONOSO, TAPIA.
Los versos y los días. ARBEL.
CASTRORRIVAS, RICARDO. ES. 1938- .
Canción del hermano menor. SALVA.
Cuidado con las consignas. SALVA.
CAZASOLA MENDOZA, MATILDE. BO. 1942- .
Cordura. QUIROS.
Los cuerpos (Frags.). LAGOS, VOCES.
Los cuerpos (Frags.). BEDRE.
¿De dónde habré sacado tu nombre? QUIROS.
Dos poemas para el tío Germán. BEDRE.
Los oscuros. BEDRE.
¿Quién ha alzado ese sombrero? QUIROS.
CAZÓN VERA, FERNANDO. EC. 1935- .
Yo no he venido a vencer. DONOSO.
CAZORLA, ROBERTO. CU.
A una perra abandonada. CATO.
Una cantidad de mi. CATO.
Es el quejido. CATO.
La mañana es una trampa. CATO.
Mientras mi cuerpo. CATO.
CEA, JOSÉ ROBERTO. ES. 1939- .
Acto seguido. CEA.
Algo sobre Margarita. CEA.
Conjuro entre hierbas sin nombre. CEA, SALVA.
Crónica de una muchacha salvadoreña. CEA.
Crónica salvadoreña. CEA, SALVA.
En el corto-circuito de mi abuela o cuando se la acabaron las pilas. CEA.

En el lugar de los hechos. SALVA.
Entrada a la razón. CEA.
Homenaje a tu cuerpo. CEA.
Instrucciones para un joven . . . CEA, SALVA.
Invocación a la ciudad perdida. CEA.
Mientras hacemos el amor. CEA.
El potrero. CEA.
Recordando las primeras de cambio o el noviazgo. CEA.
Reposo de tinieblas. CEA.
Ritual del que recibe. ALEGRI.
Yo, el brujo. CEA, SALVA.
CEDRÓN, JOSÉ ANTONIO. AR. 1945- .
Situación. BOCCA.
La tierra sin segundos. BOCCA.
CENTENO GÜELL, FERNANDO. CR. 1904- .
Donadora de gracia. SEGURA.
Oración de la sombra. SEGURA.
CERDA, OMAR. CH. 1914- .
Autorretrato. GINCHI.
Caballo del tiempo. GINCHI.
CERMEÑO SANTOS. NI. 1903- .
Funeral en Oldbank. MANSOU.
El pájaro de fuego. MANSOU.
Palos de mayo en Bluefields. MANSOU.
CERRUTO, OSCAR. BO. 1912-1981.
El agua que nos sigue. QUIROS.
Altiplano. QUIROS.
Cantar. BEDRE.
Cantar. BEDRE.
Cántico traspasado. QUIROS.
Canto a la heredad entrañable. QUIROS.
Casa de Baudelaire. QUIROS.
Casa de Beethoven. QUIROS.
Casa de Lope. QUIROS.
Cuerda en el vacío. QUIROS.
Los dioses oriundos. QUIROS.
Dócil soledad. CAILL.
Estrella segregada. QUIROS.
La gloria. BEDRE.
J. J. Guerra. QUIROS.
Lamentación de la desconsolada. BEDRE, CAILL.
El miedo. QUIROS.
La muerte. QUIROS.
La muerte permanece. BEDRE.
Nada invada nada. QUIROS.
La noche. QUIROS.
Patria de sal cautiva. ORTEGA, QUIROS.
Pequeña balada en la muerte de mi hermana. CAILL, QUIROS.
Persona subrepticia. ORTEGA.
Poco antes nada, y poco después humo. ORTEGA, QUIROS.
Poema. CAILL.
Poética. BEDRE.
El pozo verbal. ORTEGA.
Que van a dar a la noche. ORTEGA.
El rayo contradictor. QUIROS.
El resplandeciente. QUIROS.

Ricardo Jaimes Freyre. QUIROS.
Romance de los rumores. CAILL.
Tamayo. QUIROS.
CERVANTES, FRANCISCO. ME. 1938- .
Hablando entre dos aguas. PAZ.
Mambrú. PAZ.
El olor del estipendio. PAZ.
CESELLI, JUAN JOSÉ. AR. 1909-1982.
Cuarto encantamiento de la 10a ceremonia. TAPIA.
El paíso desenterrado. TAPIA.
Primera revelación de la 19a ceremonia. TAPIA.
Segunda revelación de la 20a ceremonia. TAPIA.
CÉSPED, MANUEL. BO. 1874-1932.
La abeja. QUIROS.
Copo de nieve. QUIROS.
De mi cosecha. BEDRE.
Las hermanas golondrinas. QUIROS.
Madreselva. QUIROS.
Oración final. QUIROS.
Vaso de agua. QUIROS.
CÉSPEDES, ÁNGEL MARÍA. CO. 1892-1956.
De tarde. GINCO.
CÉSPEDES BARBERI, GERMÁN. BO. 1916- .
Romance del amor cobarde. BEDRE.
CHACÓN NARDI, RAFAELA. CU. 1926- .
Chapultepec. CAILL.
Cuatro poemas breves. CAILL.
Elegía minúscula. CAILL.
Isla, peñasco verde. CAILL.
Llévame, amor, contigo. CAILL.
Poema a Cuba desde lejos. CAILL.
Por ese adiós. CAILL.
Soneto. BAEZA, SONETO.
Soneto del pañuelo blanco. CAILL.
CHAMPOURCIN, ERNESTINA de. ME. 1905- .
Poemas ausentes. SALAS.
Romancillos del amor de Dios. SALAS.
Soledad. SALAS.
Soledades. SALAS.
CHAPOCHNIK, JOSÉ. CH. 1932- .
Ana Frank. URPILA.
La espera. URPILA.
Han caído las hojas. URPILA.
Varsovia 1943. URPILA.
CHARIARSE, LEOPOLDO. PE. 1928- .
El ausente. LIBRO.
Cazador de fantasmas. LIBRO.
La esfinge. LIBRO.
El espejo. LIBRO.
Habla el invierno. LIBRO.
La huerta. LIBRO.
Identidad. LIBRO.
Luna de agosto. LIBRO.
Mañana. LIBRO.
Las playas desiertas. LIBRO.
Poema. LIBRO.

Rojos tejados. LIBRO.
Sobre el puente del río. LIBRO.
Tithonus a la aurora. LIBRO.
CHARLO NICHE, ZAPICAN. UR. 1968- .
Estaba la mar durmiendo. URPILA.
Noche. URPILA.
CHARRY LARA, FERNANDO. CO. 1920.
Llegar en silencio. CAILL.
Nocturno lejanía. CAILL.
Retorno. GINCO., CAILL.
CHASE, ALFONSO. CR. 1945.
Los milagros posibles. BOCCA.
CHAVES, MARIO. PE. 1900- .
La montaña. PERU.
CHÁVEZ, SERGIO. ME. 1958- .
Frente a mí. ZAID.
CHÁVEZ PADRÓN, MARTHA. ME.
A mi madre Josefina Padrón de Chavez. SALAS.
Al final del vivir. SALAS.
En una tarde. SALAS.
Jacques Martain. SALAS.
Sé que curvo mi salto presentido. SALAS.
CHIOINO, JOSÉ. PE. 1900- .
La curva del camino. PERU.
Es en vano. PERU.
CHIRINO, OTÓN. VE. 1920- .
Palabra. ESCA.
Parábola de las cosas pequeñas. ESCA.
Todo aquello era absurdo. ESCA.
Yo que vengo de esas heredades. ESCA.
CHIRVECHES, ARMANDO. BO. 1882-1925.
Mi abuela. BEDRE.
Primavera. BEDRE.
CHOCANO, JOSÉ SANTOS. PE. 1875-1934.
Ahí no más. CAILL, PERU.
El amor de las selvas. CAILL, PERU.
Aremos en el mar. CAILL.
Bajando la cuesta. CAILL.
Blasón. CAILL, MODER, PERU, ROAL, SONETO, TOPS.
Los caballos de los conquistadores. MODER, PERU, ROAL.
La canción del camino. MODER, PERU.
Ciudad dormida. CAILL.
De viaje. BAEZA, PERU.
The Dream of the Caiman. TOPS.
The Dream of the Condor. TOPS.
La epopeya del mar. ROAL.
El idilio de los volcanes. ROAL.
La iguana. CAILL.
Indignación. TOPS.
Indignation. TOPS.
Íntima. CAILL.
La magnolia. CAILL, MODER.
El maíz. CAILL.
A Manifesto. TOPS.
Nocturno número 1. PERU.
Nostalgia. CAILL, MODER, PERU.

Notas del alma indígena. MODER.
Las orquídeas. MODER.
Las orquídeas. CAILL.
La puna. CAILL.
¡Quién sabe! BAEZA, CAILL, TOPS.
Los ríos. CAILL.
Sensación de olor. CAILL, PERU.
El sol y la luna. ROAL.
El sueño del boa. CAILL.
El sueño del caimán. CAILL, MODER, TOPS.
El sueño del cóndor. CAILL, TOPS.
Tríptico criollo: El charro. CAILL, MODER.
Tríptico criollo: El gaucho. CAILL, MODER.
Tríptico criollo: El llanero. CAILL, MODER.
Tríptico heroico. CAILL.
La tristeza del inca. ROAL.
Troquel. MODER.
La última visión (a la memoria de Rubén Darío). PERU.
Los volcanes. MODER, TOPS.
The Volcanoes. TOPS.
Who Knows? TOPS.
CHOQUE, JAIME. BO. 1927- .
Interrogantes. BEDRE.
Piedra. BEDRE.
CHOUHY AGUIRRE, ANA MARÍA. AR. 1918-1945.
Canción. CAILL.
El curso de agua. VILLOR.
Danaide. CAILL.
¡Oh juventud! CAILL.
Soneto. BOCPA, CAILL, VEIRA.
Soneto. BOCPA, VEIRA, VILLOR.
Soneto a Charles Dickens. VEIRA.
Soneto de amor. VEIRA.
Soneto de la muerte. CAILL, VEIRA.
Soneto del dolor. CAILL, GINAR.
CHUMACERO, ALÍ. ME. 1918- .
A una flor inmersa. MONSI, PAZ.
Alabanza secreta. ORTEGA, PAZ.
Amor es mar. DEBI.
Chumacero Alí. ROAL.
De cuerpo presente. CAILL, ROAL.
Diálogo con un retrato. CAILL, DEBI.
Elegía del marino. DEBI, MONSI.
En la orilla del silencio. DEBI.
El hijo natural. PAZ.
Jardín de ceniza. DEBI.
Monólogo del viudo. MONSI, ORTEGA, PAZ.
La noche del suicida. CAILL, MONSI.
Los ojos verdes. DEBI, ORTEGA, PAZ.
El orbe de la danza. PAZ.
Poema de amorosa raíz. MONSI, ORTEGA, PAZ.
Prosa del solitario. DEBI.
El proscrito. ORTEGA.
Responso del peregrino. MONSI, PAZ.
Salón de baile. MONSI, ORTEGA, PAZ.
Vacaciones del soltero. DEBI.

El viaje de la tribu. MONSI.
CID, TEÓFILO. CH. 1914-1964.
El bar de los pobres. ARTE.
Collage. PERU.
Nostálgicas mansiones. BACIU.
Venus Vitrix. BACIU, GINCHI.
CIFUENTES SEPÚLVEDA, JOAQUÍN. CH. 1900-1929.
Amada. BAEZA, GINCHI.
El hijo. GINCHI.
Mi perro y yo. ARTE.
CILLONIZ, ANTONIO. PE. 1944- .
Cielo envenenado: una visión terrena. TORO.
Después de caminar cierto tiempo hacia el este. TORO.
En el patrimonio familiar. TORO.
Oficios. TORO.
Por lo común. TORO.
Subversión. TORO.
CISNEROS, ANTONIO. PE. 1942-1989.
A una dama muerta. PADRON, RUANO, TOPS.
Antiguo Perú. PADRON.
La araña cuelga demasiado lejos. ORTEGA, PADRON, TOPS.
El arco iris. ORTEGA.
El cementerio de Vilcashuamán. ORTEGA.
Chronicle of Chapi, 1965. MARQUE.
Los conquistadores muertos. PADRON.
Crónica de Chapi, 1965. MARQUE, RUANO.
Crónica de Lima. TORO.
Cuando el diablo me rondaba. TORO.
Después de corregir las pruebas de Amaru en la imprenta, 1967. PADRON.
Dos sobre literatura. RUANO.
Dos soledades. Hampton Court. PADRON, TOPS, TORO.
En el 62 las aves marinas hambrientas. TORO.
Homenaje a Armando Manzanero (Arte poética 31). TORO.
I. M. Lucho Hernández. ORTEGA.
In memoriam. MARQUE.
In Memoriam (Eng.). MARQUE.
Karl Marx Died 1883 Aged 65 (Span.). MARQUE, ORTEGA, PADRON, RUANO, TOPS.
Karl Marx Died 1883 Aged 65. MARQUE, TOPS.
Loneliness. TOPS.
Medir y pesar las diferencias a este lado del canal. ORTEGA.
Naturaleza muerta en Innsbrucker Strasse. RUANO.
Otra muerte del Niño Jesús. PADRON.
Paracas. PADRON, TORO.
Poema sobre Jonás. DONOSO, TORO.
El Rey Lear. TORO.
Sobre el lugar común. TORO.
The Spider Hangs too Far from the Ground. TOPS.
To a Dead Lady. TOPS.
Tranvía nocturno. PADRON.
Una madre habla de su muchacho. PADRON.
Una muchachita en domingo. PADRON.
Una muerte del Niño Jesús. PADRON.
Y antes que el olvido. PADRON.
CISNEROS, LUIS BENJAMÍN. CO. 1837-1904.
Los jazmines. ROAL.
CISNEROS, LUIS FERNÁN. PE. 1882-1954.

Muñeca limeña (last verse only). BAEZA.
Puerto. PERU.
Rincón de los tristes: Sol. PERU.
CLAROS, ANTONIO. PE. 1939- .
La ceniza. TORO.
Creerás que siempre. TORO.
Hemos arrastrado el cadáver de una primavera. TORO.
Por esta calle que se prolonga hacia el silencio. TORO.
CLAROS LAFUENTE, JORGE. BO. 1925- .
Lágrima de estaño. BEDRE.
CLAVIJO, UVA A. CU. 1944- .
Cuando regreso del poema. CATO.
Del horizonte hacia afuera. CATO.
Denombrando. CATO.
Si me precisas. CATO.
Y este terco corazón. CATO.
CLAVIJO PÉREZ, ELENA. CU. 1958- .
Evocando sobre el crepúsculo. CATO.
La guerra. CATO.
Madrigadas de evocaciones. CATO.
Pensando sola al filo de la tarde. CATO.
Sensaciones. CATO.
COBO BORDA, JUAN GUSTAVO. CO. 1948- .
Autógrafo. PADRON.
Colombia es una tierra de leones. ORTEGA.
Comarca apática. PADRON.
Conjuro. ABRIL.
Daguerrotipo. ABRIL.
Dos ejercicios retóricos. ORTEGA.
Ejercicios retóricos. PADRON.
Erótica. PADRON.
Fechas que siempre vuelven. BOCCA.
Heine. ORTEGA.
Leyendo a Conrad. PADRON.
Nuestra herencia. PADRON.
Ofrenda en el altar del bolero. ORTEGA.
Poética. ABRIL, PADRON.
Prólogo. BOCCA.
Rey en el exilio. PADRON.
Rue de Matignon, 3. PADRON.
Salario del poeta. ABRIL.
Salón de té. ORTEGA.
Sobre la épica I. ABRIL, BOCCA.
Tierra caliente. ABRIL.
Una parábola acerca de Scott. PADRON.
Viejos maestros. ORTEGA.
CODINA, NORBERTO. VE. 1951- .
En el primer día. BOCCA.
COHEN, SANDRO. ME. 1953- .
Autobiografía del infiel. GENERA.
El peso de la memoria. ZAID.
COLLADO, GLORIA. ME. 1940- .
Domingo estamos. SALAS.
Oh rutina. SALAS.
Punto y coma. SALAS.
Sin llegar a los otros. SALAS.

Subir la eternidad. SALAS.
COLLINS BUNSTER, CARLOS. CH. 1912- .
Desconocida. BAEZA, TAPIA.
COLOMBANI, HELI. VE. 1932- .
Es hora de que hablemos. ESCA.
Esta terrible sed. ESCA.
El hombre es una H. ESCA.
Por las rendijas. ESCA.
COLOMBO, MARÍA del CARMEN. AR. 1950- .
El regreso. BOCCA.
Tercera persona del plural. BOCCA.
COLON PELLOT, CARMEN. PR. 1911- .
Canto a la raza mulata. MORA.
Motivos de envidia mulata. MORA.
COMESAÑA, MARIÁNGELES. ME. 1948- .
Ciudad gallina gris. COHEN.
Por unos minutos. COHEN.
CONDARCO MORALES, RAMIRO A. BO. 1927- .
Ansioso de aletear. BEDRE.
Madrigal. BEDRE.
Oración final. BEDRE.
Soneto. BEDRE.
CONITZER, JUAN. BO. 1949- .
Poema en once cantos. BEDRE.
CONTARDO, LUIS FELIPE. CH. 1880-1921.
Ángelus de Nazaret. GINCHI.
En el lago de Genezareth. CAILL.
Hacia Betania. CAILL.
Misterium sacrum. CAILL.
Mysterium sacro. GINCHI.
Retablo. CAILL, GINCHI.
Rincón isleño. CAILL, GINCHI.
CONTE, ANTONIO. CU. 1944- .
Afiche rojo. DONOSO.
CONTRERAS, FÉLIX. CU. 1939- .
Despianada. DONOSO.
CONTRERAS, FRANCISCO. CH. 1877-1932.
Brujas. CAILL, GINCHI.
Carne triste. GINCHI.
Las crisantemas. ARTE.
Encanto de la lluvia. GINCHI.
Luna de la patria. CAILL.
CONTRERAS, RAÚL. ES. 1896- .
Aleluya. CEA.
La dama gris. CEA, SALVA.
Danza de las horas. CEA.
Penumbra. CEA.
Sed. CEA.
Vértigo. CEA.
El viaje inútil. CEA, SALVA.
CONTRERAS VEGA, MARIO. CH. 1947- .
Oficio. ARTE.
Pequeño nocturno. ARTE.
Sólo yo, Señor. ARTE.
CORCUERA, ARTURO. PE. 1935- .
Cow-boy y fábula de Buffalo Bill. MARQUE.

Cowboy and Fable of Buffalo Bill. MARQUE.
Edad de oro. TORO.
Fábula de Tom y Jerry. MARQUE.
Fábula del canario. TORO.
Fábula del espantajo. TORO.
Fábula del gallo que se convirtió en veleta. TORO.
Fábula del lobo feroz. MARQUE.
Fábula del viento y la manzana. TORO.
Fábula y caricatura del sapo. TORO.
Fábula y semblanza del saltamontes. TORO.
Fierce Wolf: A Fable. MARQUE.
Preguntas de Javier el adivino. TORO.
Primavera triunfante. MOLINA.
Rosa. RUANO.
Las sirenas y las estaciones. TORO.
Sonatina de Eguren desde la penumbra. RUANO.
Tarzán y el paraíso perdido. RUANO.
Tom and Jerry: A Fable. MARQUE.
CORDERO ESPINOZA, JACINTO. EC. 1925- .
Poema para el hijo del hombre. DONOSO.
CÓRDOVA ITURBURU, CAYETANO. AR. 1902- .
Balada marinera. CAILL.
La bandera. CAILL, GINAR.
La muerte entre los cerros. CAILL.
Muertes. CAILL.
Nocturno. CAILL.
La tristeza. BAEZA, GINAR.
El viajero. CAILL, GINAR.
CÓRDOVA JUST, ARTURO. ME. 1952- .
Alambique. ZAID.
CORONADO, MARTÍN. AR. 1850-1919.
A una rosa. SONETO.
El cantar de los cantares (Frag.). TAPIA.
El libertino (Frag.). TAPIA.
CORONEL URTECHO, JOSÉ. NI. 1906-1994.
Autoretrato. DOORS.
Barbería. DOORS.
Barbershop. DOORS.
La cazadora. SONETO.
Ciudad Quesada. CARDE.
Discurso sobre Azorín para ser traducido en lengua nahual. CARDE.
Febrero en La Azucena. CARDE.
Hipótesis de tu cuerpo. JIMEN.
Idilio en cuatro endechas. BAEZA.
Luna de palo. DOORS.
Nihil novum. JIMEN, ROAL.
No volverá el pasado. VOLCAN.
Oda a Rubén Darío. JIMEN.
The Past Will Not Return. VOLCAN.
Pequeña biografía de mi mujer. CARDE.
Pequeña oda a tío Coyote. JIMEN, ROAL.
San Carlos. DOORS.
San Carlos (Eng.). DOORS.
Self-Portrait. DOORS.
El tigre está en la niña. JIMEN.
Wooden Moon. DOORS.

CORONIL HARTMANN, ALFREDO. VE. 1943- .
Alerta para el hombre. ESCA.
Canto por un abuelo. ESCA.
Dilo. ESCA.
Oficio de tus manos. ESCA.
Trabajo para el viento. ESCA.
CORREA, CARLOS RENE. CH. 1914- .
Caminos en soledad. ARTE.
Comienza la luz (Frags.). GINCHI.
Ultimo hueso. ARTE.
CORREA, EDUARDO. CO. 1916- .
La flecha. GINCO.
CORRETJER, JUAN ANTONIO. PR. 1908-1985.
Calabozo. MARZAN.
El convoy. MARZAN.
The Convoy. MARZAN.
In Jail. MARZAN.
El leñero (Frag.). MORA.
La noche de San Pedro. MORA.
CORSSEN, INGE. CH. 1939- .
Bonsai: sobre la mortalidad y las estaciones. CORSSE.
Canto del soldado desconocido. CORSSE.
Centroamérica. CORSSE.
Círculo de Uganda. ARTE.
Colinas furtivas. CORSSE.
Cuencas de Orongo. ARTE.
De amonitas y catedrales de piedra: Atacama. ARTE.
En un cielo rural. CORSSE.
Iconografía bajo los cedros. CORSSE.
Laguna del Inca. CORSSE.
Narciso. CORSSE.
Porque el lenguaje es un síntoma. CORSSE.
Tikal. CORSSE.
Tristán de Cunha. ARTE.
CORTAZAR, CARMEN. ME.
Légamo. SALAS.
Playa. SALAS.
Poemas del mar y del cansancio. SALAS.
CORTÉS, ALFONSO. NI. 1893- .
Aire. BAEZA, CARDE.
Almas sucias. CARDE.
Ángelus. CARDE.
Ararat. CAILL.
La canción del espacio. CARDE, TOPS.
La danza de los astros. CARDE.
En el sendero. CARDE.
La flor del fruto. CAILL.
Fuga de otoño. CARDE.
La gran plegaria. CAILL, TOPS.
Pasos. CARDE.
La piedra viva. CAILL.
Las tres hermanas. CAILL, SONETO.
Ventana. CAILL, CARDE.
Verano. CARDE.
CORTÉS, SALVADOR. ME. 1957- .
Blanquinegro. ZAID.

CORTÉS BARGALLO, LUIS. ME. 1952- .
Bitácora de los colores (Frag.). ZAID.
Oración de los poetas. GENERA.
Oración del poder. GENERA.
CORTÍNEZ, CARLOS. CH. 1934- .
Aquí hay algún error. REYES.
There's Been a Slight Mistake. REYES.
COS CAUSSE, JESÚS. CU. 1945- .
Abel. ARAY.
Addio Emma. ARAY.
Carta para un viejo poeta. ARAY.
Día de Reyes. ARAY.
Fiesta familiar. ARAY.
Homenaje (a José María Heredia). ARAY, BOCCA.
Mirando fotos. BOCCA.
Tía Tula. ARAY.
COSSIO SALINAS, HECTOR. BO. 1929-1972.
Apuntes para una biografía de mi madre. BEDRE.
Hablo de ti. BEDRE.
Pasión. BEDRE.
Sonetos de humildad. BEDRE, QUIROS.
Tengo los pies sobre tu amante esfera. QUIROS.
Vida. QUIROS.
COSTA DU RELS, ADOLFO. BO. 1891-1980.
Canción. BEDRE.
Soneto. BEDRE.
Vacíos. BEDRE.
COTE LAMUS, EDUARDO. CO. 1928- .
Poema imposible. GINCO.
COTTO, JUAN. ES. 1900-1936.
Árbol con niños. CEA.
Balada del primer amor. CEA, SALVA.
Canto de eternidad. CEA, SALVA.
Epístola a León Felipe. CEA, SALVA.
Foot-ball. CEA.
Nocturno en Pátzcuaro. CEA.
Pinos. CEA, SALVA.
Signos. CEA, SALVA.
Tercetos de Cuscatlán. CEA, SALVA.
Tolstoi. CEA, SALVA.
Universo menor. CEA.
CRAVIOTO, ALFONSO. ME. 1884-1955.
El bachiller. ROAL.
Lo que me dijo Sor Juana. ROAL.
CRESPI, MARIO ESTEBAN. UR.
Aviso. GINURU.
CRESPO, LUIS ALBERTO. VE. 1941- .
La casa de aquí. ESCA.
Char. PADRON.
Costumbres. PADRON.
Cuarto. PADRON.
Herencias. PADRON.
Las hojas por las entradas. PADRON.
Mi parecido. PADRON.
No me muevo. PADRON.
No nos movamos. PADRON.

Para volver. ESCA.
Pesadilla. PADRON.
¿Qué pájaro es ése aquél? PADRON.
Si hablo. PADRON.
Tierra que halamos. PADRON.
Viento. ESCA.
Ya es hora dice la Tijúa. ESCA.
CRISTÓBAL, JUAN. PE. 1941- .
El osario de los inocentes. TORO.
CROSS, ELSA. ME. 1946- .
Amor el más oscuro. SALAS.
El artesano. SALAS.
Camino por el atrio. MONDRA.
Cigarras. BOCPA.
La dama de la torre. COHEN.
De bacantes. LAGOS, VOCES.
Ditirambo. COHEN.
Epifanía. MONDRA.
Equilibrismo. MONDRA.
Éramos heridas abiertas. MONDRA.
Festejo. COHEN.
Hiedra. MONDRA.
Kali. MONDRA.
Nada de tus prestigios santos. MONDRA.
Naxos. SALAS.
Noche. SALAS.
Nosotros. SALAS.
Rodeados de los cerros como murallas. MONDRA.
Sri Nityananda Mandir. MONDRA.
Tu cara raspaba. MONDRA.
CRUCHAGA SANTA MARÍA, ÁNGEL. CH. 1893-1968.
Acuarela. SCARPA.
Afán del corazón. SCARPA.
El amor junto al mar. ARTE, BAEZA, SCARPA.
El aroma tenaz. CALA, SCARPA.
Avión. CAILL, GINCHI.
Canto a Chile. CAILL.
Canto al Bío-Bío (Butanlebu). SCARPA.
El canto de los mares solos. CALA, CAILL.
El canto del humo. CAILL.
La despedida del sol. CAILL.
Ella pasó, Señor. SCARPA.
En el éxtasis. ARTE, GINCHI, SCARPA.
Es amor. CAILL.
La evocación de Job. CAILL, GINCHI.
Himno al arroz. CALA.
Himno para algunas maderas. SCARPA.
Muerte de noche. SCARPA.
La muerte suya. CAILL, CALA.
Mujer antigua. CAILL, GINCHI.
La oración del ciego. ARTE.
Presencia del Sur. CAILL.
Presentimiento del último día. CAILL, GINCHI.
Rama de boj. CALA.
Retorno. ARTE.
Los rincones. CAILL.

Santa Maravilla. CAILL, GINCHI.
Sueño. SCARPA.
La venida de Jesús. CAILL, GINCHI.
CRUCHAGA de WALKER, ROSA. CH. 1933- .
Avenida la paz. ARTE.
Como madre un amigo. SCARPA.
La flor de la pluma. ARTE.
Menta. ARTE.
Mester de menesteres. ARTE.
Micro-pila cementerio. ARTE.
Miedo. SCARPA.
Nieves de Josephine Baker. ARTE.
Niño ciego. SCARPA.
Por encima. SCARPA.
Ramas sin fondo. SCARPA.
Reses. SCARPA.
CUADRA, MANOLO. NI. 1907-1957.
A Don Rubén Darío. CARDE.
Decires del indio que buscaba trigo. ROAL.
Elegía simplista. CARDE.
Jardín cercado. SONETO.
Perfil. CARDE.
Único poema del mar. MANSOU.
CUADRA, PABLO ANTONIO. NI. 1914- .
Albarda. JIMEN.
Ánades. CARDE.
El ángel. JIMEN.
El aserradero de la danta. CARDE.
Autosoneto. SONETO.
The Birth of the Sun. TOPS.
Las bodas de Cifar. CARDE.
Caballos en lago. TOPS.
El cacao. ORTEGA.
Catalino Flores. CARDE.
El dormido. CARDE.
En el calor de agosto. CARDE.
El esclavo bueno. MANSOU.
Escrito en una piedra del camino cuando la primera erupción. CARDE.
Escrito junto a una flor azul. ORTEGA.
La estrella vespertina. TOPS.
The Evening Star. TOPS.
Himno nacional: en vísperas de la luz. CARDE.
Horses in the Lake. TOPS.
Introducción a la tierra prometida. CAILL.
Juana Fonseca. CARDE.
Lejano recuerdo criollo. JIMEN.
Manuscript in a Bottle. TOPS.
Manuscrito en una botella. TOPS.
Las muchachas. CARDE.
El nacimiento del sol. JIMEN, ROAL, TOPS.
El negro. MANSOU, SENSE.
La noche es una mujer desconocida. JIMEN, ROAL.
Oda fluvial. CAILL.
Patria de tercera. JIMEN.
La pirámide de Quetzalcoatl. CARDE.
Poema del momento extranjero. CARDE.

Rostros de muchachas mirándose en el río. ORTEGA.
La rufiana. CARDE.
Tomasito, el Cuque. CARDE.
Una nueva cerámica india. ORTEGA.
Urna con perfil político. JIMEN, ORTEGA, ROAL.
El viejo motor de aeroplano. CARDE.
CUADRA, ROBERTO. NI. 1940- .
¿Cuándo? CARDE.
Enma. CARDE.
Tipitapa. CARDE.
CUÉLLAR, JOSÉ MARÍA. ES. 1942-1981.
1932. CEA.
Acabo de partir de mí mismo. CEA.
Cosas del amor. CEA.
Crónicas de infancia. CEA, SALVA.
Elegía. CEA.
En toda la ciudad no hay nadie que se despida. SALVA.
Hasta la victoria final. SALVA.
CUÉLLAR, MARGARITO. ME. 1956- .
José Carlos muere en las cercanías de San Vito dei Normandi. GENERA.
CUESTA, JORGE. ME. 1903-1942.
Canto a un dios mineral. MONSI.
¡Cómo esquiva el amor la sed remota! MONSI.
De otro fue la palabra, antes que mía. MONSI.
No aquél que goza, frágil y ligero. MONSI.
Paraíso encontrado. MONSI.
Soneto. SONETO.
Una palabra oscura. MONSI.
CUETO FERNANDINI, CARLOS. PE. 1913- .
Poema. PERU.
CUNHA, JUAN. UR. 1910-1985.
A caballo. JIMEN.
A mi espalda. JIMEN, ROAL.
Con una hoz un fierro algún martillo. FIERRO.
Cuando reímos amándonos ríe el planeta. JIMEN.
De cosa en cosa. ORTEGA.
Décimas finales. ORTEGA.
Guitarreos. JIMEN, ROAL.
Lejos la ciudad lejos . . . JIMEN.
Muerte. CAILL, GINURU.
Poco después desde otro lado. JIMEN, ROAL.
Poema I. CAILL, GINURU.
Poema IX. CAILL, GINURU.
Romanza. CAILL, GINURU.
Silueta al alba. CAILL, GINURU.
CURBELO, RICARDO B. CU. 1928- .
Poema de los años. BAEZA.
CUZA MALÉ, BELKIS. CU. 1942- .
Así están los poetas en sus tristes retratos. TARN.
Deadly Woman. TARN.
Devoción de Teresa de Cepeda. CATO.
Los fotogénicos. CATO.
Mujer brava que casó con Dios. BOCCA, LAGOS, VOCES.
Oh, mi Rimbaud. CATO.
Thus the Poets in Their Sad Likenesses. TARN.
Una mujer fatal. TARN.

D'AQUINO, ALFONSO. ME. 1959- .
Insistencia. ZAID.
D'LEÓN, OMAR. NI. 1929- .
9. CARDE.
33. CARDE.
37. CARDE.
40. CARDE.
58. CARDE.
71. CARDE.
130. CARDE.
DALTON, ROQUE. ES. 1935-1975.
A Manuel José Arce. CEA.
Act. VOLCAN.
Acta. VOLCAN.
Al General Martínez. CEA.
Algunas nostalgias. DOORS.
El alma nacional. SALVA.
Alta hora de la noche. SALVA.
Ars Poetica. TOPS.
Arte poética. TOPS.
At the Bottom. DOORS.
Buscándome líos. TOPS.
Carlos Jurado. CEA.
Como tú. SALVA.
Los culpables. CEA.
De nuevo la cárcel. DOORS.
De un revolucionio a J. L. Borges. TOPS.
El descanso del guerrero. SALVA, PADRON, TOPS.
Despertarse. CEA.
Dos guerrilleros griegos: un viejo y un traidor. MARQUE.
Estudio con algo de tedio. SALVA.
Los extranjeros. ORTEGA.
From a Revolutiony to J. L. Borges. TOPS.
El gran despecho. DONOSO, DOORS, ORTEGA, SALVA.
Hora de la ceniza. SALVA.
Hotel German American. CEA.
Jail Again. DOORS.
José Matías Delgado. CEA.
Jubilant Poem. VOLCAN.
Karl Marx. MARQUE.
Karl Marx (Eng.). MARQUE.
Lejos está mi patria. PADRON.
Llaves de la salvaje inocencia. CEA, PADRON.
Los locos. CEA, SALVA.
Looking for Trouble. TOPS.
María Tecum. SALVA.
La memoria. PADRON.
OAS. MARQUE.
OEA. MARQUE.
On Headaches. MARQUE.
Otra muerta. PADRON.
El otro mundo. CEA.
Para un mejor amor. ORTEGA, VOLCAN.
La pequeña burguesía. TOPS.
Permiso para lavarme. PADRON.

The Petty Bourgeoisie. TOPS.
Poem of Love. VOLCAN.
Poema de amor. SALVA, VOLCAN.
Poema jubiloso. PADRON, VOLCAN.
Poema personal. CEA.
Poems in Law to Lisa. CEA.
Los policías y los guardias. SALVA.
Preparar la próxima hora. FIERRO.
El príncipe de bruces. CEA.
Rito para que nazca una flor en la gran pirámide. CEA.
La segura mano de Dios. ALEGRI.
Sobre dolores de cabeza. MARQUE.
Soldier's Rest. TOPS.
Some Nostalgias. DOORS.
Taberna (Frags.). CEA, PADRON.
Toward a Better Love. VOLCAN.
Two Greek Guerrillas: An Old Man and . . . MARQUE.
El vanidoso. PADRON, SALVA.
Ya ves cómo. PADRON.
Yo estudiaba en el extranjero en 1953. PADRON.

DAMAR, SALVADOR. ME 1952- .
A veces. ZAID.

DANKE, JACOBO. CH. 1903- .
Romance del bermellón y del verde. GINCHI.
Solo. CAILL, GINCHI.

DARÍO, RUBÉN. NI. 1867-1916.
A Amado Nervo. MODER.
A Juan Ramón Jiménez. MODER.
A Margarita Debayle. CEAL.
A Phocas el campesino. CAILL.
A Roosevelt. BAEZA, CEAL, MODER, TOPS.
Agencia. MODER.
Allá lejos. BAEZA, CAILL, CEAL.
Ama tu ritmo. MODER.
Autumnal (Span.). MODER.
Blasón. CEAL, MODER.
Canción de otoño en primavera. CAILL, CEAL, MODER, ROAL.
Cantos de vida y esperanza. CAILL.
Caracol. CEAL, MODER, TOPS.
Carne, celeste carne de la mujer. CEAL, MODER, TAPIA.
La Cartuja. CAILL, MODER.
Caupolicán. MODER.
El cisne. MODER, TOPS.
Los cisnes. CAILL, MODER.
Coloquio de los centauros. CEAL, MODER.
De invierno. MODER.
De otoño. CAILL, MODER.
Divina Psiquis, dulce miposa. CAILL, CEAL, MODER.
La dulzura del ángelus. CAILL, CEAL, SONETO.
Eheu. CAILL, MODER.
En las constelaciones. MODER.
Era un aire suave. CAILL, CEAL, MODER, ROAL, TOPS.
Lo fatal. CAILL, CEAL, MODER, TOPS.
Fatality. TOPS.
Filosofía. CEAL.
La hembra del pavo real. TAPIA.

I Seek a Form. TOPS.
Intermezzo tropical. Mediodía. CAILL.
It Was a Gentle Air. TOPS.
Leda. CEAL.
Letanía de nuestro señor Don Quijote. CAILL, CEAL.
Marcha triunfal. CEAL, ROAL.
Mediodía. CEAL.
Melancolía. CEAL, MODER.
Metempsicosis. MODER.
Mía. MODER, TAPIA.
Los motivos del lobo. CEAL, ROAL.
Nicaraguan Triptych. TOPS.
La negra Dominga. MANSOU, SENSE.
Nocturne. TOPS.
Nocturno. BAEZA, CAILL, MODER.
Nocturno. CAILL.
La página blanca. CEAL.
El país del sol. MODER.
Poema del otoño. CAILL, MODER.
Primaveral. TOPS.
Prosas profanas. TAPIA.
El reino interior. CAILL, MODER.
Revelación. MODER.
Salutación del optimista. CAILL.
The Seashell. TOPS.
Sinfonía en gris mayor. CAILL, CEAL.
Sonatina. CAILL, CEAL, MODER, ROAL, TOPS.
Sonatina (Eng.). TOPS.
El soneto de trece versos. CEAL.
Spes. CAILL.
Springtime. TOPS.
The Swan. TOPS.
Tarde del trópico. TOPS.
To Roosevelt. TOPS.
¡Torres de Dios! ¡Poetas! MODER.
Tríptico de Nicaragua. TOPS.
Tropical Afternoon. TOPS.
Tutecotzimi. CAILL.
Venus. MODER.
Verlaine (Responso). CAILL, MODER.
Versos de otoño. BAEZA.
Vesperal. CEAL.
Walt Whitman. MODER.
Yo persigo una forma. CEAL, MODER, TOPS.
Yo soy aquél que ayer nomás decía. CEAL, MODER.
DAUBON, JOSÉ ANTONIO. PR. 1840-1922.
El negro José. MORA.
DÁVALOS, RENE. PA. 1945-1968.
Al hermano. VALLE.
Joven poeta. VALLE.
DÁVILA, ANGELA MARÍA. PR. 1944- .
Ante tanta visión. ORTEGA.
Cercanamente lejos. ORTEGA.
Homenaje. ORTEGA.
El largo día del hambre. ORTEGA.
DÁVILA, JOSÉ ANTONIO. PR. 1899-1941.

Escombro. CAILL.
Para Isolda. CAILL.
Yerba mora. BAEZA, TAPIA.
DÁVILA, VIRGILIO. PR. 1869-1943.
Corazón de la montaña. CAILL.
No des tu tierra al extraño. CAILL.
La palma real. CAILL.
DÁVILA ANDRADE, CÉSAR. EC. 1925- .
Boletín y elegía de las mitas (Frag.). DONOSO.
Después de nosotros. BAEZA.
DAZA DAZA, DIOMEDES. CO.
Todo tiempo futuro será mejor. BOCCA.
DAZA GUEVARA, ARGENIS. VE. 1939- .
El comienzo. ESCA.
Del jardín hay memoria. ESCA.
Perdida en reflexiones. ESCA.
Soliloquio. ESCA.
DE SOLA, OTTO. VE. 1910- .
El caballo del volcán. MEDINA.
Cuerpo en el trópico. MEDINA.
No son los graves muertos. MEDINA.
DEBRAVO, JORGE. CR. 1938-1967.
Digo. DONOSO.
DELANO, BARBARA. CH. 1961- .
Fotografía I. VILLE.
Fotografía II. VILLE.
Fotografía III. VILLE.
Fotografía V. VILLE.
Multitudes en Santiago. VILLE.
Tiempos de repliegue. VILLE.
Los viajantes. VILLE.
El viaje. VILLE.
DELAVAL, ALICIA. ME.
Cobardía. SALAS.
El extraño juego. SALAS.
Grijalva. SALAS.
DELFINO, AUGUSTO MARIO. UR. 1906.
Descubrimiento. GINURU.
Suspensión de la luna. GINURU.
DELGADO, JOSÉ MARÍA. UR. 1884-1954.
A Artigas. GINURU.
Canto del amador impenitente (Frag.). TAPIA.
DELGADO, WASHINGTON. PE. 1926- .
Un camino equivocado. BAEZA.
Héroe del pueblo. MOLINA.
Para vivir mañana. DONOSO, MOLINA.
Los pensamientos puros. MOLINA.
Sabiduría humana. MOLINA.
DELMAR, FERNANDO. ME. 1953- .
El amor como pesca. ZAID.
Pintura. BOCPA.
DELMAR, MEIRA (Olga Chams Eljach). CO. 1926- .
Presencia en el olvido. LAGOS, VOCES.
Tú ya no tienes rostro. BAEZA.
Vencimiento. CAILL.
Verde-mar. GINCO.

DELMONTE PONCE de LEÓN, HORTENSIA. CU. 1921- .
Bendita palabra. CATO.
Despedida. CATO.
Dulce cautiverio. CATO.
Romance hispano-árabe. CATO.
DELOS, FEDERICO, BO. 1921- .
Plegaria secreta. BEDRE.
DENIZ, GERARDO. ME. 1934- .
Avivanza. ORTEGA.
Eléata. ORTEGA.
Ignorancia. ORTEGA.
Inquisición. ORTEGA.
Madrigal séptimo. ORTEGA.
Meditar. ORTEGA.
Nutación. ORTEGA.
Promiscuos (Span.). ORTEGA.
DERBEZ, ALAIN. ME. 1956.
C.b. (a Jaime Gil de Biedma). GENERA.
Como un pequeño ojo que mira hacia la muerte. GENERA.
Poema. ZAID.
Primer texto de misoginia. GENERA.
Ultima canción de la tierra. GENERA.
DESIDERATO, ADRIÁN. AR. 1949- .
Boceto de Ingmar Bergman. BOCCA.
Conejos de opio. BOCCA.
El pájaro y la bala. BOCCA.
DESSUS, LUIS FELIPE. PR. 1875-1920.
Gesto indiano. MORA.
Indiana. MORA.
DEVOTO, DANIEL J. AR. 1910- .
Fábula de Nausicaa infinita. CAILL.
Fábula de Tántalo y Midas, reyes. CAILL.
Tres inscripciones sobre la noche. CAILL.
DÍAZ, LEOPOLDO. AR. 1862-1947.
A una soñada Paplios. CAILL.
El Amazonas. CAILL, GINAR.
El ánfora. CAILL, GINAR.
La caza. CAILL.
Los conquistadores. SONETO.
Inscripción funeraria. CAILL, GINAR.
Leda. CAILL, GINAR.
Parsifal. CAILL, GINAR.
Patria. GINAR.
Símbolo. CAILL.
Soneto castellano. GINAR.
Walkyria. CAILL, GINAR.
DÍAZ, MERCEDES. ME.
Aniversario. SALAS.
DÍAZ CASANUEVA, HUMBERTO. CH. 1907- .
Atrancad las puertas. CALA.
El aventurero de Saba. CAILL, GINCHI.
La Bella Durmiente. CAILL, CALA, GINCHI.
Cauce de la vida. ARTE, CAILL, GINCHI.
Contigo. SCARPA.
Hija. SCARPA.
La hija vertiginosa. CAILL, GINCHI.

La intolerable unión de los despojos. JIMEN.
No soy el mismo. SCARPA.
Los penitenciales (Frag.). JIMEN, ROAL.
Requiem (Frags.). ARTE.
Retorno. CALA.
El sol ciego (Fragmento no. X). ARTE.
Tentativa de soledad. SCARPA.
La visión. CAILL, CALA, GINCHI, JIMEN, ROAL.
DÍAZ CASTRO, TANIA. CO. 1939- .
Todos me van a tener que oír. BOCPA.
DÍAZ DIOCARETZ, MYRIAM. CH. 1951- .
De una postulante a víctima inocente. VILLE.
Encadenada. VILLE.
Mordaza del paisaje. VILLE.
Mujer nuestra de cada día. VILLE.
Pero qué difícil ha sido hablar. VILLE.
Rompecabezas. VILLE.
Vengo. VILLE.
Vigilia con los ojos cerrados. VILLE.
VII. VILLE.
VIII. VILLE.
DÍAZ HERRERA, JORGE. PE. 1941- .
A quien nos dejó solos sin el más leve aviso. RUANO.
Crisis de imaginación. RUANO.
Entre guitarreros y guitarras. RUANO.
El poeta frente a dos ventanas. RUANO.
Suele estar siempre con nosotros. RUANO.
El viejo pelicano. RUANO.
DÍAZ MARTÍNEZ, MANUEL. CU. 1936- .
Ancient History. TARN.
Historia muy vieja. TARN.
Ofelia en la lluvia. TARN.
Ophelia in the Rain. TARN.
DÍAZ MIRÓN, SALVADOR. ME. 1853- .1928.
A ella. CAILL, DEBI.
A Gloria. CAILL, ROAL.
A los héroes sin nombre. DEBI.
A. M. CAILL.
Al chorro del estanque. CAILL.
Asonancias. DEBI.
Dentro de una esmeralda. CAILL.
Deseos. TAPIA.
Ejemplo. CAILL, SONETO.
El fantasma. CAILL.
Música fúnebre. DEBI.
La nube. DEBI.
La oración del preso. ROAL.
Paisaje. DEBI.
Pinceladas. DEBI.
Redemptio. CAILL.
Sursum. CAILL.
Toque. CAILL.
Victor Hugo. CAILL.
Vigilia y sueño. TAPIA.
Voces interiores. CAILL.
DÍAZ MUÑOZ, ROBERTO. CU. 1942- .

Caza menor. ARAY.
Consonancia. ARAY.
La gruta. ARAY.
Hombre solo. ARAY.
La isla. ARAY.
Palabras hacia donde estás. ARAY.
Los viajes. ARAY.
DÍAZ de TONNA, BELTA. UR. 1932- .
No gimas . . . URPILA.
Tú me diste, Jesús. URPILA.
DÍAZ VARIN, STELLA. CH.
Ven de la luz, hijo. ARTE.
DÍAZ Y ASTETE, ÁLVARO. BO. 1947- .
Poemas cortos. BEDRE.
DIEGO, ELISEO. CU. 1920- .
El color rojo. ORTEGA.
Como a un Dios. ORTEGA.
Difficulties of an Equilibrist. TARN.
Donde nunca jamás se lo imaginan. ARAY.
En esta sola, en esta única tarde. TARN.
Fragment. TARN.
Fragmento. TARN.
Inscripción. ORTEGA.
La muchacha. ORTEGA.
On This Single, This One and Only Afternoon. TARN.
Otra vez el equilibrista. ARAY.
La pausa. ARAY.
El pobre. ORTEGA.
El primer discurso. ORTEGA.
Riesgos del equilibrista. ARAY, TARN.
El sitio en que tan bien se está. ARAY.
Los tintes ocres, verdes, plateados. ORTEGA.
Todo el ingenuo disfraz, toda la dicha. ARAY, TARN.
Una ascensión en La Habana. ARAY.
El viejo payaso a su hijo. ARAY.
Vienen noticias del atroz invierno. SONETO.
The Whole Ingenuous Disguise, The Whole of Happiness. TARN.
Y cuando, en fin, todo está dicho. ARAY.
DIEGO, JOSÉ de. PR. 1867-1918.
La canción del múcaro. CAILL.
Portorriqueñismo. CAILL.
DIEGO PADRÓ, JOSÉ I. de. PR. 1896-1975.
Breves epistólicos a Proclo. MARZAN.
Epistoly Briefs to Proclus. MARZAN.
DÍEZ CANSECO, JOSÉ. PE. 1904-1949.
Aleluya de la media zamba. PERU.
DÍEZ de MEDINA, EDUARDO. BO. 1881-1955.
Acuarela. BEDRE.
DÍEZ de MEDINA, FERNANDO. BO. 1908- .
Despedida. BEDRE.
Nacimiento de la columna dórica. BEDRE.
DÍEZ de MEDINA, LUCIO. BO. 1900-1960.
Ansia. BEDRE.
Exaltación. BEDRE.
Khantuta heráldica. BEDRE.
Mi madre. BEDRE.

Mi vaso. BEDRE.
Nobleza. BEDRE.
La Paz, reina del collao. BEDRE.
Pórtico. BEDRE.
DOBLES, FABIÁN. CR. 1918- .
Ven del prodigio. SEGURA.
DOBLES SEGREDA, GONZALO. CR. 1904- .
Añoranzas. SEGURA.
Gris. BAEZA.
DOBLES YZAGUIRRE, JULIETA. CR. 1943- .
De faldas y otras prisiones. LAGOS, VOCES.
La hora. BOCPA.
DOMÍNGUEZ, DELIA. CH. 1934- .
Caballo en llamaradas. LAGOS, VOCES.
Contactos. ARTE.
Ésta es la casa. ARTE.
Life Is in the Street. REYES.
La vida está en la calle. REYES.
DOMÍNGUEZ, RAMIRO. PA. 1929- .
Las cuatro fases del luisón. VALLE.
Poema. VALLE.
DOMÍNGUEZ CHARRO, FRANCISCO. DR. 1918-1943.
Viejo negro del puerto. MORA.
DONDO, OSVALDO HORACIO. AR. 1902-1962.
Esta hora vencida. CAILL.
La palma del silencio. CAILL, GINAR.
Recóndita y secreta. CAILL.
Tomo mi voz y la levanto. CAILL.
DONOSO, FRANCISCO. CH. 1896- .
El largo silbido. CAILL, GINCHI.
Lluvia. GINCHI.
Madrugada campesina. CAILL.
Olor a jazmín. CAILL.
Pirata. CAILL.
DONOSO, JOSÉ. CH. 1924-1996.
Julia Came. REYES.
Subió a decirnos. REYES.
DONOSO PAREJA, MIGUEL. EC. 1931- .
¿Dónde podré depositar . . . TAPIA.
DORESTE, ARTURO. CU. 1895- .
Hogar. BAEZA.
DROGUETT ALFARO, LUIS. CH. 1922- .
Augurio. ARTE.
¿Dónde quedará nuestra constancia? ARTE.
DUBLE URRUTIA, DIEGO. CH. 1877-1967.
El caracol. GINCHI.
En el fondo del lago. CALA.
Epílogo. CALA.
Fontana cándida. CAILL, GINCHI.
La procesión de San Pedro (Frags.). ARTE.
DUJVNE ORTIZ, ALICIA. AR. 1939- .
La burbuja. LAGOS, VOCES.
La mano. LAGOS, VOCES.
DURÁN, CLAUDIO. CH. 1945- .
A la vida. ARTE.
Los dioses en el café. PAZ.

La lluvia. PAZ.
Tríptico. ARTE.
DURÁN, MANUEL. ME. 1925- .
Las piedras. PAZ.
Los puentes. PAZ.
El viento. PAZ.
DURÁN BÖGER, LUCIANO. BO. 1904- .
Batintín. QUIROS.
La canción del carretero. QUIROS.
Este decir nuestro. QUIROS.
Mi origen y mi destino. BEDRE.
Nochebuena. QUIROS.
Paisaje, sangre y espíritu del Beni (Frag.). QUIROS.
Silencios. QUIROS.
DURAND, MERCEDES. ES. 1933- .
Ellos cayeron en las escalinatas. VOLCAN.
Jazz asintáxico. (Frag.). BOCPA.
Requiem for the Sumpul. VOLCAN.
Requiem para el Sumpul. VOLCAN.
They Fell on the Stairway. VOLCAN.
Vengo del viento. LAGOS, VOCES.
DUTRA VIEYTO, ETHEL. UR.
Pasión y muerte de Miguel Hernández. URPILA.
DUVERRAN, RAFAEL ÁNGEL. CR.
De ángel salvaje (Frag.). SEGURA.

ECHAVARRÍA, ROGELIO. CO. 1926- .
Seguro de su sombra. ARBEL, GINCO.
ECHAZÚ NAVAJAS, ROBERTO. BO. 1937- .
En el mar. QUIROS.
Gabriel Sebastián. BEDRE, QUIROS.
Hombres que la patria. QUIROS.
Si todos nos abandonáramos. QUIROS.
Tríptico del hombre y la tierra. BEDRE.
Tú eres pura. QUIROS.
ECHEVERRI MEJÍA, OSCAR. CO. 1918- .
El espejo. BAEZA.
El poeta canta a su muerte. GINCO.
ECHEVERRÍA, AQUILEO J. CR. 1866-1909.
Acuarela. CAILL.
En febrero. CAILL.
Mi musa. CAILL.
ECHEVERRÍA LORIA, ARTURO. CR. 1909- .
La pregunta. SEGURA.
EGUILUZ, LUISA. CH. 1935- .
Bailes. CORSSE.
De manera que. CORSSE.
Muerte en Venecia. CORSSE.
Narciso. CORSSE.
La noche. CORSSE.
Red. CORSSE.
Santa María Maggiore. CORSSE.
Zapato. CORSSE.
EGUREN, JOSÉ MARÍA. PE. 1882-1942.
Los alcotanes. BACIU, CAILL, PERU.
El andarín de la noche. BACIU, MODER.

Las bodas vienesas. MODER, PERU.
El bote viejo. MODER.
Canción cubista. MODER.
La canción del regreso. MODER.
El cuarto cerrado. PERU.
La dama i. MODER.
The Dead. TOPS.
El dominó. MODER.
El duque. CAILL.
Favila. MODER.
The Girls of the Light. TOPS.
Lied III. CAILL, MODER.
Lied V. MODER.
Marcha fúnebre de una Marionnette. MODER.
Marginal. CAILL, ROAL.
Los muertos. TOPS.
La niña de la garza. CAILL.
La niña de la lámpara azul. MODER, ROAL.
Las niñas de luz. TOPS.
Noche I. CAILL.
Nocturno. MODER.
La oración de la cometa. CAILL, PERU.
Pedro de acero. BACIU.
La Pensativa. CAILL, MODER.
Peregrín cazador de figuras. MODER, TOPS.
Peregrin, Wandering Hunter of Faces. TOPS.
Los reyes rojos. MODER.
La ronda de espadas. BACIU, CAILL.
La Tarda. PERU.
Las torres. CAILL. TOPS.
The Towers. TOPS.
Véspera. CAILL.

EIELSON, JORGE EDUARDO. PE. 1924- .
A un ciervo otra vez herido. LIBRO.
Albergo del sole. ORTEGA.
Doble diamante. LIBRO, ORTEGA.
Escultura de palabras para una plaza de Roma. LIBRO.
Foro romano. LIBRO.
Habitación en llamas. ORTEGA.
Impromptu. LIBRO.
Librería enterrada. ORTEGA.
Misterio. LIBRO.
Nocturno terrenal. LIBRO.
Parque para un hombre dormido. LIBRO, ORTEGA.
Piano de otro mundo. ORTEGA.
Poesía. LIBRO.
Primavera de fuego y ceniza en el cine Rex de Roma. LIBRO.
Retrato. LIBRO.
Serenata. LIBRO.
Ultimo reino. LIBRO.
Valle Giulia. LIBRO.
Variaciones en torno a un vaso de agua. LIBRO.
Via Veneto. LIBRO.

ELECTORAT, MAURICIO. CH. 1960- .
All Night Long by Train, All Night Long. WHITE.
Ciudad satélite. WHITE.

For Armando Rubio. WHITE.
El matadero. WHITE.
Para Armando Rubio. WHITE.
El retorno. WHITE.
The Return. WHITE.
Satellite City. WHITE.
The Slaughterhouse. WHITE.
Toda la noche en tren, toda la noche. WHITE.
EMBRY, EDUARDO. CH. 1938- .
Parece mentira. DONOSO.
ENRÍQUEZ, ALBERTO. ME. 1950- .
Casa de cambio. COHEN.
Chubasco de segundas partes en la menor. COHEN.
Del ser a solas. ZAID.
Destiempo. COHEN.
Fatiga azul de marinero. COHEN.
Juegos. COHEN.
Prohibido el paso. COHEN.
ENRÍQUEZ, RAFAEL AMÉRICO. DR. 1899- .
Canción de cuna. CAILL.
Diez doncellas. CAILL.
Ozama. BAEZA, CAILL.
EPPLE, JUAN ARMANDO. CH. 1946- .
A vuelo de pájaro. ARTE.
Pasaporte. ARTE.
ESCALANTE, EVODIO. ME. 1946- .
Cristal en Tlatelolco. COHEN.
Inexistencias. MONDRA.
Nocturno. COHEN.
Pequeña biografía. MONDRA.
Responso por el tigre. COHEN.
ESCALONA, EUNICE. VE. 1950- .
De espalda a las campanas. ESCA.
Dos poemas. ESCA.
Oh descubierto día. ESCA.
Secreto a voces. ESCA.
ESCALONA ESCALONA, JOSÉ ANTONIO. VE. 1917- .
Debajo de los árboles secretos. MEDINA.
Elegía de la soledad. MEDINA.
Río secreto. MEDINA.
Soledad triunfante. SONETO.
ESCOBAR, ALBERTO. PE. 1929- .
Florencia y tu recuerdo. CAILL.
Poema al corazón. CAILL.
Poética. CAILL.
ESCOBAR, EDUARDO. CO. 1942- .
Como las gotas de agua. DOORS.
Like Waterdrops. DOORS.
Para contar. DOORS.
To Say That. DOORS.
ESCOBAR, FROILÁN. CU. 1944- .
Murumacas. TARN.
Worries. TARN.
ESCOBAR, ZOILO. CH. 1877- .
Mar, sol y viento. GINCHI.
ESCOBAR GALINDO, DAVID. ES. 1943- .

Ahora y en la hora. URPILA.
Duelo ceremonial por la violencia. CEA.
Ejercicio espiritual. URPILA.
La noche diurna. URPILA.
ESCOBAR VELADO, OSWALDO. ES. 1919-1961.
Amo los exilios. CEA.
Canto a mi lengua. CEA.
Contesto tu carta vieja amiga. CEA.
Contra canto a Sonsonate. CEA.
Del dolor cotidiano. CEA, SALVA.
Elegía a la viva muerte de Urania. CEA.
Elegía infinita. CEA.
Huéspedes desahuciados. CEA, SALVA.
Moriré . . . morirá. CEA, SALVA.
Muerte de un héroe en el hospital. SALVA.
Patria exacta. CEA, SALVA.
Poema a Victor Manuel Marín. SALVA.
Regalo para el niño. SALVA.
Romance de las dos mujeres. SALVA.
Tekij. CEA.
ESCUDERO, GONZALO. EC. 1903- .
Hombre de América. CAILL.
Memoria de la transparencia. CAILL.
ESPADA, JOAQUÍN. BO. 1899- .
La vicuña. BEDRE.
ESPAÑA, ARISTÓTELES. CH. 1955- .
Apuntes. WHITE.
Arrival. WHITE.
Beyond Torture. WHITE.
The Blindfold. WHITE.
Caminos. WHITE.
Engranajes. WHITE.
Un especie de canto. WHITE.
Hell and Solitude. WHITE.
Infierno y soledad. WHITE.
Intimate. WHITE.
Intimo. WHITE.
A Kind of Song. WHITE.
Leaving. WHITE.
Llegada. WHITE.
La lluvia tiene ojos. ARTE.
Más allá de la tortura. WHITE.
No Greater Pain Beneath the Trees. WHITE.
No hay más dolor bajo los árboles. WHITE.
Notes. WHITE.
Partida. WHITE.
Qué hacer en esta hora. WHITE.
Roads. WHITE.
La venda. ARTE, WHITE.
What Should I Do Now? WHITE.
Wire Meshes. WHITE.
ESPINASA, JOSÉ MARÍA. ME. 1957- .
Poema. ZAID.
ESPINASA, TATIANA. ME. 1959- .
Poema. ZAID.
ESPINEL, ILEANA. EC. 1933- .

Dislate octavo. BOCPA.
Frenesí. TAPIA.
Página suelta. LAGOS, VOCES.
ESPINO, ALFREDO. ES. 1900-1928.
Un árbol del camino. CEA.
Después de la lluvia. CEA.
El estero. CEA.
Idilio bárbaro. CEA.
Madrugada. CEA.
Mañanita en los cerros. CEA, SALVA.
El nido. CEA.
Los ojos de los bueyes. CEA, SALVA.
ESPINOSA de PÉREZ, MATILDE. CO. 1915- .
Los hombres penumbrosos. LAGOS, VOCES.
ESPINOSA Y SALDAÑA, ADÁN (Juan del Carpio). PE. 1885- .
Rejonero imperial. PERU.
ESPINOZA, PEDRO PABLO. NI. 1929- .
XXVIII. CARDE.
XXXIV. CARDE.
XXXVII. CARDE.
Poema 100. CARDE.
ESPINOZA SÁNCHEZ, JORGE. PE. 1953- .
Can (Historia de un perro). TORO.
La estación de nuestro amor. TORO.
Oráculo. TORO.
ESQUINCA, JORGE. ME. 1957- .
Parvadas. GENERA.
ESTENGER, RAFAEL. CU. 1899- .
Coloquio. MORA.
Leyenda del cimarrón. MORA.
ESTENSSORO, MARÍA VIRGINIA. BO. 1905-1970.
Canto al hijo. BEDRE.
Llamada. TAPIA.
Requiem. BEDRE.
ESTENSSORO de SALINAS, QUICA. BO. 1911- .
Clamor a la América. BEDRE.
ESTRADA, GENARO. ME. 1887-1937.
Fondo. CAILL.
Retorno al mar. CAILL.
ESTRADA, RAFAEL. CR. 1901-1934.
Atardecer. CAILL.
Canción. CAILL.
Huellas. CAILL.
Soldados mexicanos. CAILL.
ESTRADA SÁINZ, MILENA. BO. 1918- .
Luciérnaga. BEDRE.
Picaflor. BEDRE.
Plenitud. BEDRE.
Pulsera de dalias. BEDRE.
ESTRADA Y AYALA de RAMÍREZ, AURORA. EC. 1901- .
De tiniebla. CAILL.
Epístola al amado (Frag.). TAPIA.
El hombre que pasa. TAPIA.
El poema de la casa en ruinas. CAILL.
ESTRÁZULAS, ENRIQUE. UR. 1942- .
Sobre el hambre. BOCCA.

Tango para Cortázar. BOCCA.
ESTRELLA, OMAR. BO. 1908- .
Descubrimiento del sol nativo. BEDRE.
ESTRELLA, ULISES. EC. 1940- .
Al toro por las astas. BOCCA.
ESTRELLA GUTIÉRREZ, FERMÍN. AR. 1900- .
Celeste esfera. CAILL, GINAR.
El delta. CAILL, GINAR.
Elegía. CAILL.
Soneto de la soledad y la esperanza. BAEZA.
ETCHEBARNE, MIGUEL DOMINGO. AR. 1915- .
El canto. CAILL, GINAR.
La estancia de Martín chico. CAILL.
Sangre que desmenuza su corola. CAILL.
¿Y cuando me haya muerto? CAILL.
ETCHENIQUE, NIRA. AR. 1925- .
Sin amor. TAPIA.
ETCHEVERRY, JORGE. CH. 1945- .
Ethnical blues. ARTE.

FABANI, ANA TERESA. AR. 1923-1948.
Cava la lluvia su perfil de arena. CAILL.
Crece la luz y crece la mañana. CAILL.
Despierta . . . escucha . . . ya la noche llega. CAILL.
La noche todavía no se ha ido. CAILL.
Qué sabes tú quién es, y qué ha pasado. CAILL.
Seré yo acaso, tiempo que pasó. CAILL.
Si nada te quedara, cuerpo mío. CAILL.
FÁBREGAS, DEMETRIO. PN.
Llanto mudo. ROAL.
FACAL, ANGEL. UR. 1901- .
Breve historial de las gravosas rapsodias. TAPIA.
Potra de los cuatro vientos. TAPIA.
Rapsodia de la primavera fogosa y el otoño apagado. TAPIA.
Rapsodia del ojo peligroso del aprendiz de sacristán. TAPIA.
FAGET, ROLANDO. UR. 1941- .
Pero ésta es la ciudad. BOCCA.
FAJARDO de PERELMAN, LETICIA. BO. 1920- .
Tomasito mamani. BEDRE.
FALCO, ÁNGEL. UR. 1885- .
La leyenda del patriarca (Frag.). GINURU.
FALCO, LIBER. UR. 1909-1956.
Canto a Rafael Barret. GINURU.
Oración de la desesperanza. GINURU.
FALCONI, JOSÉ. ME. 1954- .
Crónica. ZAID.
FARIÑA, SOLEDAD. CH. 1943- .
Alfa. CORSSE.
Aún no es tiempo. CORSSE.
Cual pintar cual primer. CORSSE.
Todo tranquilo, inmóvil. CORSSE.
FARIÑA NÚÑEZ, ELOY. PR. 1885-1929.
Vuelo de flamencos. CAILL.
FE, MARINA. ME. 1951- .
Duelo. ZAID.
FEIJÓO, SAMUEL. CU. 1914- .

Beth - el. CAILL.
La canción del hombre en la muerte. TARN.
¿Dónde puedo acariciar . . . ? CAILL.
En la muerte por fuego de Gladys. TARN.
On the Death by Fire of Gladys. TARN.
Recuento. SONETO.
The Song of Man at Death. TARN.
FEMAT, LEÓN. ME. 1955- .
Poema. ZAID.
FERIA, LINA de. CU. 1945- .
Cuando mi vejez. ARAY, TARN.
Cuando mis papeles. TARN.
El cubano del poema. LAGOS, VOCES.
Del escribano y su invención. ARAY.
Ha vendido sus cartas. BOCPA.
Humedece tus dedos. ARAY.
La parentela. ARAY.
Poema. BOCPA.
Poema para la mujer que habla sola . . . ARAY.
When My Old Age. TARN.
When My Papers. TARN.
FERNÁNDEZ, ÁNGEL JOSÉ. ME. 1953- .
Acuse de recibo. COHEN.
Elegía entre mar y sombra para Angélica Prieto. COHEN.
Instauración de Cortés, el soberano. COHEN.
Para ocultarse en lo mismo (Frag.). COHEN.
La purga. COHEN.
Telegrama con respuesta incluída. COHEN.
Yo no inventé nada. ZAID.
FERNÁNDEZ, ENRIQUE. NI. 1923- .
Soneto de la muerte. SONETO.
FERNÁNDEZ, FRANCISCO. de ASÍS. NI. 1945- .
A Rubén. CARDE.
La calle Sacramento. CARDE.
Epigramas. CARDE.
Estas vacaciones hemos visitado los dos. CARDE.
Mi primo Chale. CARDE.
FERNÁNDEZ, HERCILIA. BO. 1857-1929.
Al porvenir. BEDRE.
El humo y la llama. BEDRE.
FERNÁNDEZ, HERIBERTO. PR. 1902-1927.
Añoranzas. BAEZA.
FERNÁNDEZ, MACEDONIO. AR. 1874-1952.
Amor se fue. FERNAN.
Creía yo. FERNAN, JIMEN.
Cuando nuestro dolor fingese ajeno. JIMEN.
Elena Bellamuerte. FERNAN, JIMEN.
Hay un morir. JIMEN.
Poema al astro de luz memorial. FERNAN, JIMEN.
Suave encantamiento. FERNAN, JIMEN.
FERNÁNDEZ, MIGUEL ÁNGEL. PA. 1938- .
Dadme. VALLE, DONOSO.
De las palabras y la poesía. VALLE.
El marinero borracho. VALLE.
Sueño de Dios. VALLE.
FERNÁNDEZ, OTTO. CU. 1934- .

Amanecer en Moscú. ARAY.
De otro árbol. ARAY.
En el parque. ARAY.
Palabras al burócrata. ARAY.
Para salvar a María. ARAY.
Sobre un recuerdo. ARAY.
FERNÁNDEZ, PABLO ARMANDO. CU. 1930- .
Arte poética. ORTEGA.
Birth of Eggo. TARN.
De hombre a muerte. ARAY.
Delación. ARAY.
En la ciudad extranjera, Carin. ARAY.
Epifanía. DONOSO.
Floromilo. FIERRO.
Infancia de Abel. ARAY.
Islands. TARN.
Islas. TARN.
Lo sé de cierto porque lo tengo visto. ORTEGA.
Nacimiento de Eggo. TARN.
El otro Adán. ORTEGA.
Para la victoria final. FIERRO.
Los pies de Humberto Lamote. ARAY.
El poeta a los días de su padre. ARAY.
Quimérica cordura. ARAY.
Reencuentro con Abel. ARAY.
Rendición de Eshu. MANSOU, SENSE, TARN.
Surrender of Eshu. TARN.
Vigil cuidoso que a verdad obliga. SONETO.
FERNÁNDEZ, RUTH. AR.
Un llanto verde sobre la patria. LAGOS, VOCES.
FERNÁNDEZ CALVIMONTE, WALTER. BO. 1914-1954.
Insomnio del corazón. BEDRE.
Romance de las caricias. BEDRE, TAPIA.
FERNÁNDEZ de CARRASCO, ROSA. BO. 1918- .
Danza de amor. BEDRE.
Por culpa de una abeja. BEDRE.
FERNÁNDEZ CHERICIÁN, DAVID. CU. 1940- .
Adios, madrina. ARAY.
Buscapié: la poesía. ARAY.
Camaguey, 30 November 1966. TARN.
Camaguey, noviembre 30 del 66. TARN.
Classified Section. MARQUE.
Éxodo. ARAY.
Geometría dinámica. ARAY.
Hipótesis. ARAY.
Infancia. ARAY.
Inventio. TARN.
Inventory. TARN.
On the Third World. MARQUE.
Respecto del Tercer Mundo. MARQUE.
Sección de anuncios clasificados. MARQUE.
Sobre la muerte. ARAY.
A Song of Peace. MARQUE.
Toda la vida, abuelo. ARAY.
Una canción de paz. MARQUE, ARAY.
FERNÁNDEZ ESPIRO, DIEGO. AR. 1872-1912.

Don Quijote. SONETO.
FERNÁNDEZ MORENO, BALDOMERO. AR. 1886-1950.
A un ancla vieja (Río Uruguay). CAILL.
Algún día serás. CAILL, GINAR.
Los amantes. TAPIA.
Brío cacterístico. FERNAN.
Canción de luna. VILLOR.
Crepúsculo. FERNAN.
Crepúsculo argentino. FERNAN.
Décimas a la vida. FERNAN.
A una amiga desaparecida hace tiempo. FERNAN.
A una cajiga. FERNAN.
A una mujer que evocaba el mar. SONETO.
Al parque Lezama. CAILL.
Fraternidad. FERNAN.
Habla la madre castellana. FERNAN.
La herrada. FERNAN.
Infancia. FERNAN.
Inicial de oro. CAILL, FERNAN, GINAR.
Le digo a un sauce. CAILL, GINAR.
El pecho yo he tenido. CAILL, FERNAN, GINAR.
Propósito. CAILL.
Regreso. CAILL, FERNAN, GINAR.
Romance de las esmeraldas de Cortés. FERNAN.
Romance de palomas. CAILL, GINAR.
Seguidillas personales. CAILL.
Setenta balcones y ninguna flor. BAEZA, VILLOR.
Sin presumir. CAILL, GINAR.
Soneto de tus vísceras. FERNAN.
La torre más alta. FERNAN.
Valle-Inclán y el viento. CAILL, GINAR.
Ventanas. BAEZA.
Vida. FERNAN.
Yo. CAILL, GINAR.
FERNÁNDEZ MORENO, CÉSAR. AR. 1919-1985.
La angustia. VEIRA.
Argentino hasta la muerte (Frag.). FERNAN, ORTEGA.
Laguna de Chascomús. VEIRA.
Lluvia. SONETO.
El padre golpea a su hija. VEIRA.
Las sienes. VEIRA.
Tarde. GINAR, VEIRA.
Whisky and Soda (Span.). VEIRA.
Y bueno soy argentino (Frag.). VEIRA.
FERNÁNDEZ NARANJO, NICOLÁS. BO. 1905-1972.
Canto a La Paz. BEDRE.
FERNÁNDEZ RETAMAR, ROBERTO. CU. 1930- .
Being Asked about the Persians. TARN.
Canción. CAILL.
La ceiba y el dorado viento. CAILL.
Deber y derecho de escribir. ARAY.
La despedida. PADRON.
Detrás de una ventana. ARAY, PADRON.
En este atardecer. PADRON.
Epitafio de un invasor. FIERRO, MARQUE.
Epitaph for an Invader. MARQUE.

Es bueno recordar. MARQUE.
Es mejor encender un cirio que maldecir la oscuridad. MARQUE.
Felices los normales. ARAY, ORTEGA, TARN.
Los feos. ARAY, DOORS.
El fuego junto al mar. DONOSO.
Haydée. RUANO.
Un hombre y una mujer. ORTEGA, TARN.
How Lucky They Are, The Normal Ones. TARN.
Idiomas, velámenes, espumas. PADRON.
Los increíbles. PADRON.
It Would be Nice to Deserve this Epitaph. MARQUE.
It's Better to Light a Candle. MARQUE.
J.G.E. ARAY.
Jovellanos. ARAY.
Juana. ORTEGA, PADRON.
Le preguntan por los persas. ARAY, FIERRO, PADRON, TARN.
A Man and a Woman. TARN.
Ninguna palabra te hace justicia. FIERRO.
El otro. ORTEGA.
Oyendo un disco de Benny More. ARAY, PADRON.
Palacio cotidiano. CAILL.
Pelo como historia. PADRON.
Pio Tai. ARAY.
Por un instante. ORTEGA.
El privilegio de mirar morir. PADRON.
Que veremos arder. ARAY.
Querría ser. ARAY.
Revolución nuestra, amor nuestro. ARAY.
Sería bueno merecer este epitafio. MARQUE.
Sonata for Surviving Those Days and Piano. DOORS.
Sonata para pasar esos días y piano. ARAY, DOORS.
Sonetos para la esperanza. SONETO.
SOS. RUANO.
Toco tus bordes. PADRON.
The Uglies. DOORS.
Usted tenía razón, Tallet. ARAY, DOORS, ORTEGA.
Venecia: qué en ti busca. RUANO.
Vivo con una mujer de color. MANSOU.
We Do Well to Remember. MARQUE.
¿Y Fernández? PADRON.
You Were Right, Tallet. DOORS.

FERNÁNDEZ SPENCER, ANTONIO. DR. 1922- .
Bajo los árboles. CAILL.
Este vivir cotidiano. CAILL.
El muerto en el mar. CAILL.
El niño que cantaba. CAILL.
No quiero que mi verso cante. CAILL.
Sobre la tierra. CAILL.
La tumba de Pedro. BAEZA.

FERNANDO, FRANCISCO. ME. 1957- .
Retrato. ZAID.

FERRARI, AMÉRICO. PE. 1929- .
De tiempo, acento, muerte y caridad. LIBRO.
Esclavo anda en busca de fuente de calor. LIBRO.
La metamórfosis de la evidencia (Frags.). LIBRO.
Se despide y saluda de paso al futuro pasado. LIBRO.

FERRÉ, ROSARIO. PR. 1942- .
Envío. FLORES.
Envoi. FLORES.
Fábula de la garza desangrada. ORTEGA.
La luna ofendida. LAGOS, VOCES.
FERREIRO, ADOLFO M. PA. 1948- .
Mascarada. VALLE.
Poema 14. BOCCA.
FERREIRO, ALFREDO MARIO. UR. 1899- .
El árbol taciturno. GINURU.
La encomienda negra. BAEZA, GINURU.
El grito de las cosas. GINURU.
Lavando nubes. GINURU.
FERREIRO, OSCAR. PA. 1922- .
Al son del saxo. VALLE.
Jonás de Gethefer. VALLE.
Todo lo que sufrimos. VALLE.
FERRER, GUILLERMO. VE. 1930- .
A pleno sol. ESCA.
Los días de silencio. ESCA.
La noche. ESCA.
Se fueron mis amigos. ESCA.
FERRER, JOSÉ MIGUEL. VE. 1906-1969.
Balada de la extranjera. CAILL.
Episodios del ahorcado y el sicomoro. MEDINA.
Estampas de una ciudad antigua. CAILL.
Nocturno del pecado. CAILL.
Prólogo para una cita con la muerte. MEDINA.
Un retrato para el hombre. MEDINA.
La sombra nace en el cielo. Canto último. CAILL.
Sonetos blancos para la rosa roja. CAILL.
FERRER de ARRELLAGA, RENÉE. PR. 1944- .
No soy como quisiera. LAGOS, VOCES.
FERRERO, MARIO. CH. 1920- .
A Miguel Hernández. ARTE.
Soneto casi humano. ARTE.
Viaje con una lámpara. CAILL, GINCHI.
FERRETIS, SELMA. ME.
Aventura. SALAS.
FERREYRA BASSO, JUAN G. AR. 1910- .
El cuerpo me lleva. CAILL.
Jinete derribado. CAILL, GINAR.
La poesía (soneto). CAILL, GINAR.
Presentimiento. CAILL.
Primavera (soneto). CAILL.
Tránsito. CAILL.
El viento. CAILL, GINAR.
FIALLO, FABIO. DR. 1866-1942.
En el atrio. CAILL.
For Ever (Span.). CAILL.
La garra de un chacal. CAILL.
Plenilunio. CAILL, ROAL.
Las rosas de mi rosal. CAILL.
Vibraciones. CAILL.
FIERRO, HUMBERTO. EC. 1890-1931.
La tristeza del ángelus. CAILL.

FIGUEIRA, GASTÓN. UR. 1905- .
Balada a Rabindranath Tagore. GINURU.
Balada de la voz de los niños. GINURU.
Balada del poeta vagabundo. GINURU.
Soledad. GINURU.
FIGUEREDO, ÁLVARO. UR. 1908-1966.
Exaltación de Bartolomé Hidalgo. GINURU.
El toro estaba muerto. GINURU.
FIGUEREDO, JOSÉ MÁXIMO. UR. 1930- .
Atardeciendo. URPILA.
Tarde soledosa. URPILA.
Vagando. URPILA.
Verano. URPILA.
FIGUEROA, FERNANDO. ME. 1955- .
Sorpresa. ZAID.
FINCK, ESTELA. AR.
A los seres fríos. URPILA.
Las calles del amor. URPILA.
FINOT, ALFONSO. BO. 1918- .
Pequeñuelo. BEDRE.
FINOT, EMILIO. BO. 1882-1914.
Al pasar. BEDRE.
Los jardines. BEDRE.
Para la tumba soy un extraño. BEDRE.
Sé digno. BEDRE.
FLAX, HJALMAR. PR. 1942- .
Art. MARZAN.
Arte. MARZAN.
Litoral. MARZAN.
Littoral. MARZAN.
FLORES, MARCO ANTONIO. GU. 1937- .
De la cárcel. MARQUE.
De la madre. MARQUE.
El guerrero Kekchi. DONOSO, VOLCAN.
Habana 59. MARQUE.
Havana 59. MARQUE.
Mother. MARQUE.
On Jail. MARQUE.
Quiché warrior. VOLCAN.
FLORES, MIGUEL ÁNGEL. ME. 1948- .
Canción del río. COHEN.
Contra suberna. COHEN.
La jornada avanza. COHEN.
La mujer que amaba. COHEN.
No las ruinas sino el baldío sentimiento. COHEN.
Oscurecido de ti. COHEN.
Plegaria. COHEN.
Postales. COHEN.
Rockaway Beach (Span.). COHEN.
FLORES AGUIRRE, JESÚS. ME. 1905- .
Los cantos del maíz. BAEZA.
FLORES CASTRO, MARIANO. ME. 1948- .
A Robert Lowell. COHEN.
Arribo a Shanghai, 1927. COHEN.
La bailarina. COHEN.
Bumerang roto. COHEN.

Desierto atestado. COHEN.
Floración. COHEN.
Homenaje a Lezama Lima. COHEN.
Inferno. COHEN.
Roma blues. COHEN.
Si la noche la desata. COHEN.
FLORES SAAVEDRA, MARY. BO. 1935- .
Ahora. BEDRE.
Biografía. QUIROS.
Es cierto, caminante. BEDRE.
Hijo. QUIROS.
Inasible. QUIROS.
Mensaje. QUIROS.
Norte. QUIROS.
Soneto. QUIROS.
Viento. LAGOS, VOCES.
FLOREZ, JULIO. CO. 1867-1923.
¿En qué piensas? ROAL.
Fulminado. CAILL.
Gotas de ajenjo. CAILL.
La gran tristeza. CAILL.
Idilio eterno. CAILL, ROAL.
La lágrima del diablo. CAILL.
Resurrecciones. SONETO.
Reto. ROAL.
FLORIÁN, MARIO. PE. 1917- .
La aguja del campesino. CAILL.
Canción vegetal. PERU.
Dolor musical de Cajamarca. CAILL.
Haylli augural. MOLINA.
La humanidad en la cuesta. CAILL.
Marcha al jumento. CAILL.
Pututo llamador. MOLINA.
Siega. PERU.
Sustento de agua dulce. CAILL.
FLORIT, EUGENIO. CU. 1903- .
El aire triste. JIMEN.
El alto gris. JIMEN.
Ansia de dioses. CATO, JIMEN.
Campo. JIMEN, ROAL.
Canción. CAILL.
Casi soneto. CAILL.
La compañera. JIMEN.
De seis pétalos. CAILL.
Del silencio. CAILL.
Desde la nieve. CATO.
Elegía para tu ausencia. TOPS.
Elegy for Your Absence. TOPS.
Estrofas a una estatua. BAEZA, CAILL, JIMEN.
Mar. JIMEN, ROAL.
Mar en la canción. Caracola. CAILL.
Martirio de San Sebastián. CAILL, CATO, JIMEN, TOPS.
The Martyrdom of Saint Sebastian. TOPS.
La niebla. CATO.
El niño de la montaña. CAILL.
Nocturno. CAILL.

Nocturno II. JIMEN.
Las preguntas. CAILL.
The Present Evening. TOPS.
Que estás en los cielos. CAILL.
Retrato. CAILL.
La señal. CAILL.
Soneto. JIMEN, ROAL.
Tarde presente. TOPS.
FLORIT, JUAN. CH. 1900-1981.
Un gato muere en Pomaire. ARTE.
FOLGAROLAS, ALEJANDRO. ME. 1951- .
Eco lacustre. ZAID.
FOMBONA PACHANO, JACINTO. VE. 1901-1951.
Balada del granado verde. CAILL.
Las buenas palabras. CAILL.
La carreta. CAILL.
Cristo. CAILL.
Danza de la llave perdida. MEDINA.
Hacia el crepúsculo. CAILL.
Infancia. MEDINA.
Mater dolorosa. CAILL.
Mensaje a la Metrópoli intacta. MEDINA.
El misterio. CAILL.
Playas caribes (itinerario de la Grace Line). CAILL.
San José. CAILL.
Sueño. CAILL.
FONSECA VIERA, HAÍR G. UR. 1927- .
A la escondida. URPILA.
Caracolito. URPILA.
Marinero. URPILA.
Sueños. URPILA.
FONTAINE TALAVERA, ARTURO. CH. 1952- .
Los Cloisters. ARTE.
FONTANA, JAIME. HO. 1922- .
Canción marina en el pinar. CAILL.
Canción para después. CAILL.
Marcalino. CAILL.
FOPPA, ALAÍDE. GU. -1980
Canción de cuna. SALAS.
Destierro. LAGOS, VOCES.
Diálogo con el hijo mayor. ROAL.
Herida. SALAS.
Niño convaleciente. SALAS.
Nocturno. SALAS.
Si fuera árbol. SALAS.
Un sueño. SALAS.
FORERO, MANUEL JOSÉ. CO. 1902- .
Fugitiva. GINCO.
FORERO, PABLO E. CO. 1922- .
Muerte en mis raíces. ARBEL.
FOX LOCKERT, LUCÍA. PE 1930- .
En la morgue. BOCPA.
FRAIRE, ISABEL. ME. 1936- .
8½. PAZ.
Aún en vida un halo oscuro te rodeaba. PAZ.
Como un inmenso pétalo. SALAS.

Doblaron en el viento. PAZ, SALAS.
La guitarra tenía un sonido ácido. PAZ.
Poema. BOCPA.
Poema. SALAS.
Sólo esta luz (Frag.). LAGOS, VOCES.
Sólo esta luz (Frag.). SALAS.
Sólo esta luz (Frag.). SALAS.
Sólo esta luz (Frag.). SALAS.
FRANCIS, SUSANA. ME. 1930- .
A Dios. SALAS.
A ti. SALAS.
Carta a mí. SALAS.
Desde la cárcel de piel. SALAS.
Mi casa. SALAS.
FRANCO, LUIS LEOPOLDO. AR. 1898- .
Aprisco. CAILL.
El buey. CAILL.
Hilaritas. CAILL, GINAR.
El maestro Ramón. CAILL.
Mi amigo el albañil, hombre alegre. CAILL.
Mozas de cántaro. CAILL, GINAR.
La sangre de la guitarra. VILLOR.
FRANZANI, VICTOR. CH. 1916-1983.
Panorámica. ARTE.
Tránsito. ARTE.
FREDA, TERESA CARMEN. AR.
Magia. URPILA.
El rostro grabado. URPILA.
FREIDEMBERG, DANIEL. AR. 1945- .
De repente en la noche pienso en mi madre. BOCCA.
Recapitulaciones de Phillippe Marlowe. BOCCA.
FRESCO, ANA MARÍA. UR.
Cántaro de luz. URPILA.
La cometa. URPILA.
Gaviota. URPILA.
FRUGONI, EMILIO. ME. 1880- .
El canto de los nadadores. CAILL, GINURU.
Las chimeneas. CAILL.
Meditación. CAILL.
Pálida mors. CAILL, GINURU.
FUENTE, CARMEN de la. ME.
Clavel de sombras. SALAS.
Habitación marina. SALAS.
Lucero abril. SALAS.
El mágico amor. SALAS.
Los viajes infinitos de la noche. SALAS.
FUENTES IBAÑEZ, MOISÉS. BO. 1918- .
Paisaje. BEDRE.
Romance. BEDRE.
FUENTES RODRÍGUEZ, LUIS. BO. 1932- .
Canción de amor a América. BEDRE.
Elegía. BEDRE.
FUGELLIE, ASTRID. CH. 1949- .
América carinegra (Círculo ocre). CORSSE.
Cueca (Círculo rítmico). CORSSE.
El forastero (Círculo fálsico). CORSSE.

La huida (Círculo Y). CORSSE.
La negra fiesta de la creación. CORSSE.
FULLEDA LEÓN, GERARDO. CU. 1942- .
Un hombre. TARN.
A Man. TARN.
FULLER, AMANDA. CH.
Heridas. URPILA.
Huellas de mi padre. URPILA.
Intuición. URPILA.
FUTORANSKY, LUISA. 1939- .
Mester de hechicería. BOCPA.
Pero en un instante. BOCPA.

GAETE NIETO del RIO, CARMEN. CH. 1937- .
El reto del Beatnik. ARTE.
GAITÁN DURÁN, JORGE. CO. 1924-1962.
Amantes. ARBEL, ORTEGA, TAPIA.
Buscón. ARBEL.
Cada palabra. ARBEL.
Canícula. ARBEL.
De repente la música. ARBEL.
Esta ciudad es nuestra. ARBEL.
Estrofa al alba del 14 de septiembre de 1959. ARBEL.
Ética. ARBEL.
Fuente en Cucauta. ARBEL.
El guerrero. ARBEL, DONOSO.
Hacia el cadalso. ARBEL.
Hecha polvo. ARBEL.
El infierno. ARBEL.
El instante. ARBEL.
Luz de mis ojos. ARBEL.
Marcha fúnebre. ARBEL.
Momentos nocturnos. ARBEL.
No pudo la muerte vencerme. ARBEL.
Oda a los muertos. GINCO.
Por la sombra del valle. ARBEL.
Presencia del hombre. CAILL.
Quiero. ARBEL.
Quiero apenas. ARBEL.
El regreso. ARBEL, ORTEGA.
Se juntan desnudos. ARBEL, ORTEGA, TAPIA.
Sé que estoy vivo. ARBEL, SONETO.
Si mañana despierto. ARBEL.
Siesta. ARBEL, ORTEGA.
Sospecho un signo. ARBEL.
Tal es su privilegio. ARBEL.
La tierra que era mía. ARBEL.
Valle de Cucuta. ARBEL.
¡Vengan cumplidas moscas! ARBEL.
Verano uvas río. ARBEL.
Veré esa cara. ARBEL.
GALÁN, RAÚL. AR. 1913-1963.
Colla muerto en el ingenio. VILLOR.
Las coplas del último día. VEIRA.
Elegía cuarta discurso. VEIRA.
Prólogo. VEIRA.

GALAZ, ALICIA. CH. 1929- .
Aquí tu afán, ésta tu vanidad. BOCPA.
Hembrimasoquismo. LAGOS, VOCES.
La muerte gorda. BOCPA.
GALEAS, TULIO. HO. 1946- .
Veo mi patria. BOCCA.
GALICIA, DARÍO. ME. 1954- .
Edipo mira. ZAID.
GALINDO, ELI. VE. 1947- .
Bajo los escombros de Babel. ESCA.
Llevamos en nosotros el río. ESCA.
Ralo. ESCA.
Solo. ESCA.
GALL, CARY. CU. 1941- .
Tendré un traje de novia. BAEZA.
GALLEGOS, MARÍA. CR. 1953- .
La mujer que conduce el coche. LAGOS, VOCES.
GALLIANO, ALINA. CU. 1950- .
A tientas. CATO.
GALLINAL HEBERT, ELINA CASTELLANOS de. UR.
Me defiendes Señor. GINURU.
Noche ceñida. GINURU.
GALO HERRERO, GUSTAVO. CU. 1918- .
Tierra superada. BAEZA.
GALVÁN, KYRA. ME. 1956- .
Bitácora. MONDRA.
Contradicciones ideológicas al lavar un plato. FLORES, GENERA, MONDRA, ZAID.
Cuatro A. MONDRA.
Cuatro B. MONDRA.
Dador de vida. MONDRA.
Diez B. MONDRA.
Dos B. MONDRA.
La falla de San Andrés. MONDRA.
Geschichtsunterricht (Span.). MONDRA.
Ideological Contradictions in Washing a Dish. FLORES.
Mala fortuna. LAGOS, VOCES.
Ocho B. MONDRA.
Siete B. MONDRA.
Uno A. MONDRA.
GALVÁN, MIGUEL ÁNGEL. ME. 1955- .
La belleza. ZAID.
GÁLVEZ, JOSÉ. PE. 1885- .
Los bueyes. PERU.
El caballo de paso. PERU.
Plenitud. PERU.
Sonatina. PERU.
Tardes floridas. CAILL, PERU.
GÁLVEZ, MANUEL. AR. 1882-1962.
Aldea triste. GINAR.
GANDOLFO, MIRTHA LIDIA. UR. 1922- .
Desde un día. BOCPA.
La ninfa blanca. GINURU.
GANGOTENA, ALFREDO. EC. 1904-1945.
A zaga tuya pasó de lo remoto a lo escondido. CAILL.
Tempestad secreta. CAILL.
GARAY, MARÍA CONSUELO. AR.

Imantación. TAPIA.
GARCÉS ÁLAMO, RAFAEL. VE. 1891-1926.
Elogio del lirio. SONETO.
GARCÉS LARREA, CRISTÓBAL. EC.
Bogotá, alta y sombría. RUANO.
Guayaquil. RUANO.
GARCÍA, JORDI. ME. 1956-1979.
Tres variantes sobre un mismo deseo. ZAID.
GARCÍA, RAÚL JAVIER. NI. 1938- .
Exhortación fraternal. CARDE.
No podemos detenernos. CARDE.
Yo tampoco comprendo. CARDE.
GARCÍA, SERAFÍN J. UR. 1910- .
Romance de muerte y vida. GINURU.
GARCÍA, VICTOR EDUARDO. ME. 1954- .
Travesía nocturna. ZAID.
GARCÍA CALDERÓN, VENTURA. PE. 1885-1959.
La carta que no escribí. PERU, ROAL.
Nada más. BAEZA.
Pegaso. PERU.
GARCÍA DÍAZ, EUGENIO. CH. 1930- .
No he vuelto a Carahue (Frags.). ARTE.
GARCÍA ESCOBAR, RAFAEL. PN.
¿Dónde estás? ROAL.
GARCÍA LAVIANA, GASPAR. NI.
A los terratenientes. VOLCAN.
For the Land Barons. VOLCAN.
Meditación en el lago. VOLCAN.
Meditation on the Lake. VOLCAN.
GARCÍA MAFFLA, JAIME. CO. 1944- .
A la mesa. ABRIL.
Ayer mañana. ABRIL.
Un condenado. ABRIL.
El indecible juego. ABRIL.
Morir lleva un nombre. ABRIL.
No todo. ABRIL.
Si contemplas. ABRIL.
Sólamente la luz. ABRIL.
GARCÍA MARRUZ, FINA. CU. 1923- .
Afueras de arroyo naranjo. SONETO.
La demente en la puerta de la iglesia. LAGOS, VOCES.
El mediodía. CAILL, TARN.
Nacimiento de la fe. CAILL.
Noon. TARN.
Privilegio tristísimo y ardiente. CAILL.
GARCÍA PRADA, CARLOS. CO. 1898- .
Mudanza. TAPIA.
Tentación. TAPIA.
Tus senos. TAPIA.
GARCÍA RIVERA, AMBROSIO. BO. 1925- .
Estaban solas. BEDRE.
Viejo muro. BEDRE.
GARCÍA ROBLES, VICTOR. AR. 1933- .
Know Ye What Happens Amidst Copious Tears. MARQUE.
Sepa lo que pasa a lágrima viva. MARQUE.
GARCÍA SARAVI, GUSTAVO. AR. 1920- .

Habla el último indio. VILLOR.
GARCÍA TERRÉS, JAIME. ME. 1924- .
La bruja. MONSI, PAZ.
La calle. DEBI.
Cantar de Valparaiso. PAZ, MONSI.
Destiempo. DEBI.
Destierro. PAZ.
Estamos condenados. DEBI.
Éste era un rey. MONSI.
La fuente oscura. PAZ.
Funerales (Frag.). DEBI.
El hermano menor. DEBI.
Idilio. DEBI.
Una invocación (Guanabara). MONSI, PAZ.
Ipanema. MONSI, PAZ.
Jarcia. DEBI.
Letanías profanas. MONSI, PAZ.
Más. MONSI.
Una palabra más. DEBI.
Un pórtico. DEBI.
Sobre los muertos. DEBI.
Las tinieblas de Job. PAZ.
Toque del alba. MONSI, PAZ.
Umbral del hijo. MONSI.
GARCÍA VESPA, HERNANDO. BO. 1927- .
A la hora del crepúsculo. BEDRE.
Poema del hombre y de la tierra. BEDRE.
Los ríos peregrinos. BEDRE.
GARDUÑO, LIRIO. ME. 1960- .
Diariamente. ZAID.
GARDUÑO, RAÚL. ME. 1945- .
Callejón. COHEN.
Canción. COHEN.
Instancia. COHEN.
Pista en las aguas. COHEN.
Poema. COHEN.
GARIBALDI, CARLOS ALBERTO. UR. 1909- .
Reconocimiento. GINURU.
GARNICA, BLANCA. BO. 1946- .
C'est la vie (Span.).QUIROS.
Cadena. QUIROS.
La carta. BEDRE.
Debo hablar en pasado. QUIROS.
Yo no sé. BEDRE.
GARRIDO, GILBERTO. CO. 1887- .
Azul del campo tierno. GINCO.
GARRIDO, JOAQUÍN. ME. 1952- .
Wanted. ZAID.
GARRIDO MALAVER, JULIO. PE. 1909- .
Escritura para el tiempo. MOLINA.
GARZÓN CÉSPEDES, FRANCISCO. CU. 1947- .
Amor. ARAY.
La calidad. ARAY.
Con cada disparo. ARAY.
Despedida a un guerrillero. ARAY.
En los escombros. ARAY.

Epitafio. ARAY.
Maniobra. BOCCA.
No es sólo. ARAY, BOCCA.
GAVIDIA, FRANCISCO. ES. 1863-1955.
A Centro América. CEA.
Los abuelos y los nietos. SALVA.
Apolo. CEA.
La calle. CEA, SALVA.
La defensa de pan. CEA.
Estancias. CEA.
La hoja en blanco. CEA.
La ofrenda del bramán. CAILL, CEA.
Las palabras de oro de la reina. ROAL.
Romanza. CAILL.
Soneto. CAILL, CEA.
GAZTELÚ GORRITI, ÁNGEL. CU. 1914- .
Acuarela. CATO.
Garza. CATO.
Nardo. CATO.
Nocturno. CAILL.
Parábola. CAILL.
Rosa. CATO.
Signo. CAILL.
Sinsonte. CATO.
Soneto. CATO.
Soneto. CATO.
GEADA, RITA. CU. 1934- .
Doblemente desterrados. CATO.
Hacia el diálogo del humo. CATO.
Renovado crepúsculo. CATO.
GELMAN, JUAN. AR. 1930- .
Algiers. MARQUE.
Argelia. FIERRO, MARQUE.
Arte poética. PADRON.
Bellezas. ORTEGA.
Costumbres. DOORS.
Crónicas. ALEGRI.
Customs. DOORS.
Deeds. DOORS.
Épocas. MARQUE, TOPS.
Epochs. MARQUE, TOPS.
Estás. PADRON.
Estos poemas. ORTEGA.
Eyes. MARQUE, TOPS.
Fidel. DONOSO, FIERRO.
The Game We Play. DOORS.
Habana revisited (Span.). ORTEGA.
Hechos. DOORS.
Historia. MARQUE, TOPS.
History. MARQUE, TOPS.
Homenajes. ORTEGA.
El juego en que andamos. DOORS, ORTEGA.
Lamento por la cucharita de Sammy McCoy. PADRON.
Límites. ORTEGA.
Nieves. ORTEGA.
Los ojos. MARQUE, TOPS.

Opiniones. FIERRO.
Reconocimientos. ORTEGA.
Relaciones. ORTEGA.
Soneto. PADRON.
Teoría sobre Daniela Rocca. ORTEGA.
La victoria. DOORS.
Victory. DOORS.
Yo también escribo cuentos. PADRON.
GENTA, EDGARDO UBALDO. UR. 1894- .
Asómate a ti mismo. GINURU.
Los ojos. GINURU.
GENTA, ESTRELLA. UR.
Las raíces. GINURU.
Te dejo las palabras. GINURU.
GERBASI, VICENTE. VE. 1913-1992.
Ámbito de la angustia. JIMEN, ROAL.
Ante la puerta antigua de la noche. JIMEN, MEDINA.
El árbol y la madre. CAILL.
Los asombros puros. ORTEGA.
Bosque de música. JIMEN, ROAL.
La casa de mi infancia. CAILL.
Cielos matinales. CAILL.
Crepúsculo de soledad. MEDINA, ORTEGA.
Dictado de la noche. CAILL.
En el fondo forestal del día. CAILL, JIMEN, MEDINA.
En las salinas de Zipaquira. CAILL.
Escritos en la piedra. JIMEN.
Mi padre el inmigrante (Frags.). ROAL.
Los niños. ORTEGA.
Paso del tiempo. ORTEGA.
Realidad de la noche. ORTEGA.
Rostros campesinos. CAILL.
Soledad del día. CAILL.
Soledad marina. CAILL.
Tablero de ajedrez. CAILL, JIMEN.
Tiempo equinoccial. CAILL.
GERVITZ, GLORIA. ME. 1943- .
Fragmento de ventana (Frags.). MONDRA.
Shajit (Frags.). COHEN.
GIANNUZZI, JOAQUÍN. AR. 1924- .
Negación en el valle. VILLOR.
Uvas rosadas. VILLOR.
GIBSON, PERCY. PE. 1890- .
Invocación a Luisa. PERU.
GIL, ANTONIO. CH. 1954- .
El reino de los cielos. PERU.
Silencio de quien. ARTE.
GIOVANETTI VIOLA, HUGO. UR. 1948- .
Desiderata. BOCCA.
La sombra fisurada. BOCCA.
GIRONDO, OLIVERIO. AR. 1891-1967.
A mí. FERNAN, JIMEN.
Aparición urbana. JIMEN.
Aridandantemente. CEAL.
Biarritz. CEAL.
Calle de las sierpes. BACIU, FERNAN, JIMEN.

Campo nuestro (Frag.). FERNAN, JIMEN.
Cansancio (Frags.). CEAL.
Comunión plenaria. CEAL.
Croquis en la arena. BACIU, CEAL.
Derrumbe. CAILL.
Dicotomía incruenta. CEAL.
Dietética. CEAL.
Ejecutoria del miasma. CAILL.
Ella. CEAL.
Es la baba. JIMEN.
Exvoto. CEAL.
Gratitud. CEAL.
Hay que buscarlo. CEAL.
Hazaña. CEAL.
Insomnio. BAEZA.
Lago Mayor. JIMEN.
Lo que esperamos. JIMEN.
Maspleonasmo. CEAL.
La mezcla. CEAL.
Miércoles Santo. CEAL.
Milonga. BACIU, CEAL.
Nocturno 1. CEAL.
Nocturno 4. FERNAN.
Nocturno II. CEAL.
Otro nocturno. JIMEN.
Paisaje bretón. FERNAN.
Poema 12. VILLOR.
Predilección evanescente. CEAL.
El puro no. CEAL.
Recién entonces. FERNAN.
Salvamento. CAILL.
Siesta. VILLOR.
Testimonial. CEAL.
Toledo. GINAR.
Topatumba. CEAL.
Tríptico. CAILL.
Tropos. JIMEN.
Venecia. CEAL.
Verona. CEAL.
Visita. CAILL.
Vuelo sin orillas. CAILL, CEAL.
Yo no sé nada. CEAL.
Yolleo. CEAL.
GIRRI, ALBERTO. AR. 1918- .
A Thomas de Quincey. CAILL.
Abril. FERNAN.
El agradecido. VEIRA.
Arte poética. FERNAN, ORTEGA, VEIRA.
Círculo. FERNAN.
Elegía de la costa. FERNAN, ORTEGA.
Es un hermano. VILLOR.
El examen. BAEZA.
El infiel. VEIRA.
Llamamiento. ORTEGA.
Museo: por fuera lo cambiante, por dentro evasión. VEIRA.
El ojo. ORTEGA.

Pascal. ORTEGA.
Passeggiatrice. TAPIA.
El que se va sonriente. VILLOR.
Visitantes ilustres. ORTEGA.
GOCHEZ FERNÁNDEZ, DELFY. ES. 1958- .
Soy feliz. LAGOS, VOCES.
GOCHEZ SOSA, RAFAEL. ES. 1927- .
A pesar de las uñas. SALVA.
Amigos, mi hija no está muerta. SALVA.
Discursito para negar que todo tiempo. SALVA.
Ficha de turismo. SALVA.
GODOY, EMMA. ME. 1918- .
Elegía de tu nombre y mi nombre. SALAS.
La espera. SALAS.
Para estar conmigo. SALAS.
Un poema de amor. CAILL.
Poema de la angustia. CAILL.
Poemas del vencido y del glorioso. SALAS.
Regreso. SALAS.
Selva en el templo. SALAS.
Señora de la muerte. SALAS.
Sinfonía litúrgica (Frag.). SALAS.
La voz inútil. SALAS.
GODOY, MIGUEL ÁNGEL. CH. 1946- .
Estancias. ARTE.
Muchas veces nos encontramos. ARTE.
GODOY GODOY, ELIANA. CH.
Chile. URPILA.
Con luz y sombra. URPILA.
Hoy. URPILA.
Quisiera. URPILA.
GOLDSACK, HUGO. CH. 1914- .
Historia para una noche de neblina. ARTE.
El infierno. GINCHI.
GÓMEZ, ADOLFO LEÓN. CO.
Nuestros nombres. ROAL.
GÓMEZ, ALARICO. VE. 1922-1954.
Del ritmo. MEDINA.
El viejo tema de la muerte. MEDINA.
GÓMEZ, ALEXIS. DR. 1950- .
Arte poética. ORTEGA.
Observatorio del Washington Square. ORTEGA.
Los pasos comunicantes. ORTEGA.
Paúl Giudicelli. ORTEGA.
GÓMEZ, ANA ILCE. NI. 1945- .
Carta. BOCCA.
Estoy sola ahora. BOCPA.
Los signos del zodíaco. BOCCA.
Singer 63. BOCCA.
Una mujer amada. BOCPA.
GÓMEZ, JULIÁN. ME. 1946- .
Reclamo del varón a la doncella. BOCCA.
GÓMEZ, LIVIO. PE. 1933- .
A quien hay que darle un "girón" de orejas. TORO.
A su debido tiempo cada cosa. TORO.
A un alumno desatento. TORO.

Epigrama. TORO.
Poema monográfico. TORO.
Posdata para Luisa Valente. TORO.
Sombra de reyes magos. TORO.
Son ellos. MOLINA.
GÓMEZ, MIGUEL ÁNGEL. AR. 1911-1959.
Llama del aire. CAILL.
No, no dudes. CAILL, GINAR.
Vaivén. CAILL.
GÓMEZ CORNEJO, CARLOS. BO. 1904- .
Fruto de servidumbre. BEDRE.
Ocaso de la hilandera. BEDRE.
Virgen del Titikaka. BAEZA.
GÓMEZ CORREA, ENRIQUE. CH. 1915- .
El adiós. ARTE.
El buen sentido. CAILL.
Entre el diablo y el océano. BACIU.
El espectro de René Magritte. ARTE.
Espectro del amor. CAILL.
Jacques Hérold la sonnerie ne marche pas (Span.). BACIU.
El lobo habla a sus perros. BACIU.
La marca de fuego. CAILL.
Las metamórfosis. CAILL, GINCHI.
El meteoro. CAILL.
Reencuentro y pérdida de la mandrágora. BACIU.
La viuda. ARTE.
GÓMEZ JAIME, ALFREDO. CO. 1878- .
Azul. GINCO.
El gallo. GINCO.
Titánica. BAEZA.
GÓMEZ KEMP, VICENTE. CU. 1914- .
Fuego con fuego. MORA.
Luna negra. MORA, SENSE.
Rumba de tumba y dale. MORA.
Son con punta. MORA, SENSE.
GÓMEZ LÍBANO, ALFONSO. CH. 1918- .
Población de la noche. GINCHI.
GÓMEZ MEJÍA, CARMEN de. CO.
Sonidos. VOCES.
GÓMEZ RESTREPO, ANTONIO. CO. 1869-1947.
Los ojos. SONETO.
GÓMEZ ROJAS, DOMINGO. CH. 1896-1920.
Autorretrato. GINCHI.
Divinidad. GINCHI.
Elegía. ARTE, GINCHI.
Miserere. ARTE, GINCHI.
GÓMEZ SANJURJO, JOSÉ MARÍA. PA. 1930- .
Ahora desde lejos. VALLE.
Poema. VALLE.
Poema. VALLE.
GÓNGORA, RIGOBERTO. ES. 1951- .
Somos eternos. SALVA.
GONZÁLEZ, ÁNGEL CUSTODIO. CH. 1917- .
Bástenle, amor, la entera servidumbre. ARTE.
Biografía. SCARPA.
Poeta, bajo el nimbo. SCARPA.

Ráfaga desde un mar. SCARPA.
Regreso. ARTE.
Testimonio de los pájaros. SCARPA.
GONZÁLEZ, EMILIANO. ME. 1955- .
La musa. ZAID.
GONZÁLEZ, JUAN MANUEL. VE. 1924- .
Canción de las piedras humildes. MEDINA.
Corza del crepúsculo. CAILL.
Salmo de las bestias en reposo. MEDINA.
Salmo de los niños entre las sombras. MEDINA.
GONZÁLEZ, LUIS FELIPE. ME. 1956- .
Después del tiempo. ZAID.
GONZÁLEZ, NICOLÁS AUGUSTO. EC. 1858-1918.
El lunar. SONETO.
GONZÁLEZ, OTTO RAÚL. GU. 1921- .
El abrazo. CAILL.
Azáleas. MONDRA.
Cantigas para Joan Baez. DONOSO.
Es un misterio. MONDRA.
Estancias eróticas. MONDRA.
Haydée. MONDRA.
El hecho material de encender una hoguera. CAILL.
Mirando a Velia. MONDRA.
No es el acero. MONDRA.
Oh, la serenidad. MONDRA.
La paz. MONDRA.
Procedimientos fáciles para obtener oro. MONDRA.
Todos los ríos nacen en un bosque encantado. CAILL.
Tu pecho. MONDRA.
Una garza. MONDRA.
GONZÁLEZ, PEDRO ANTONIO. CH. 1863-1903.
Asteroide 13. CAILL.
Mi vela. CAILL, GINCHI.
Occidentales (Frag.). GINCHI.
Voces de otra espera. CAILL.
GONZÁLEZ ALFONZO, WILSON. UR. 1945- .
Abuelo. URPILA.
Tiempo y espejos. URPILA.
GONZÁLEZ BASTÍAS, JORGE. CH. 1879-1950.
Égloga del camino. GINCHI.
Elegía sencilla. GINCHI.
Metamórfosis. GINCHI.
Pascua triste. GINCHI.
Vertiente de la roca. ARTE.
GONZÁLEZ BRAVO, ANTONIO. BO. 1885-1962.
A la estrella de la tarde. BEDRE.
Brindis. BEDRE.
Mariposa de oro. BEDRE.
GONZÁLEZ CAMARGO, JOAQUÍN. CO.
Estudiando. ROAL.
GONZÁLEZ CANALE, AURELIO. PA. 1943- .
Poemas de amor. URPILA.
GONZÁLEZ CARVALHO, JOSÉ. AR. 1900-1957.
Los adolescentes. VILLOR.
Amor. VILLOR.
Comprobaciones. CAILL, GINAR.

GONZÁLEZ CASTILLO, JOSÉ. AR. 1885-1937.
Prosaísmo. SONETO.
GONZÁLEZ de LEÓN, FRANCISCO. ME. 1862-1945.
Asueto. MONSI.
Ceniza. MONSI.
Cristiana. MONSI.
Inicial. MONSI.
Íntegro. MONSI.
Los murciélagos. MONSI.
Parroquial. MONSI.
GONZÁLEZ DURÁN, LAURA. ME. 1952- .
Poema. ZAID.
GONZÁLEZ GUERRERO, FRANCISCO. ME. 1889- .
Fuente. CAILL.
Regreso. CAILL.
GONZÁLEZ LANUZA, EDUARDO. AR. 1900-1983.
A una música ya otra vez vivida. CAILL.
Al olvido. CAILL.
Dos cielos. CAILL.
Mar enlunecido. CAILL.
Nocturno de la gota de agua. CAILL, GINAR.
Oda a la alegría (Frag.).VILLOR.
Poema para ser grabado en un disco de gramófono. CAILL, GINAR.
Soneto. VILLOR.
La veleta. BAEZA.
GONZÁLEZ de LEÓN, JORGE. ME. 1952- .
Poema. ZAID.
GONZÁLEZ MARTÍNEZ, ENRIQUE. ME. 1871-1952.
A veces una hoja desprendida. DEBI, MONSI.
El alma en fuga. CAILL.
El áspid. CAILL.
Busca en todas las cosas. MODER.
Canción de locura y llanto. CAILL.
Casa con dos puertas. BAEZA, MONSI.
La cita. MODER.
Como hermana y hermano. MONSI, TOPS.
Cruzas por estas páginas. MONSI.
Cuando sepas hallar una sonrisa. MONSI, ROAL.
Danza elefantina. MONSI.
Desnudez. DEBI.
La despedida. CAILL.
El desterrado del sueño. MONSI.
Dolor. TOPS.
Dolor, si por acaso. MONSI.
En voz baja. DEBI.
Éramos cuatro. DEBI.
Escala de ausencia. CAILL.
Estancias. CAILL, MODER.
Un fantasma. MODER.
La hilandera. MONSI.
Hortus conclusos. DEBI.
Imágenes. DEBI.
Intus. CAILL.
Irás sobre la vida de las cosas. CAILL, MODER, MONSI.
El jardín que sueña. MONSI.
Last Journey. TOPS.

Like Sister and Brother. TOPS.
Mañana los poetas. MODER.
Marina. MONSI.
Mi amigo el silencio. MODER.
Muerte de amor. MONSI.
Murga de media noche. DEBI.
El néctar de Apam. DEBI, TOPS.
The Nectar of Apam. TOPS.
El nuevo Narciso. MONSI.
Onda. CAILL.
Pain. TOPS.
Parábola del huésped sin nombre. MONSI.
La plegaria de la roca estéril. CAILL.
Póstuma imagen. DEBI.
Principio y fin del mar. MONSI.
Psalle et sille. CAILL, MODER.
Radiograma. DEBI.
Regreso. DEBI.
Romance del muerto vivo. MODER.
El romero alucinado. CAILL.
Rústica. TAPIA.
Silenter. MODER.
Soledad tardía. CAILL.
El sonido X. CAILL.
T.S.H. DEBI.
Tarde reminiscente. DEBI.
Las tres cosas del Romero. MODER.
Tuércele el cuello al cisne. CAILL, DEBI, MODER, MONSI, ROAL, SONETO, TOPS.
Último viaje. CAILL, TOPS.
Una vieja tristeza. MONSI.
Vae soli. CAILL.
La ventana. TOPS.
Viejo lebrel. MONSI.
Vienes a mi. MONSI.
Viento sagrado. CAILL, MODER.
Week-end. DEBI.
The Window. TOPS.
Wring the Swan's Neck. TOPS.
GONZÁLEZ O., MARÍA EUGENIA. PE.
Yo he visto la tristeza. ROAL.
GONZÁLEZ PENELAS, WALTER. UR. 1915- .
Evoco la dulzura de tu rostro en la tarde. GINURU.
Me aventuro en la noche. GINURU.
Uno tiene su muerte de días habituales. GINURU.
GONZÁLEZ POGGY, URUGUAY. UR. 1915- .
Otoño. GINURU.
GONZÁLEZ PRADA, MANUEL. PE. 1848-1918.
Al amor. CAILL, SONETO.
Los caballos blancos. CAILL.
Coplas. CAILL.
Cosmopolitismo. CAILL.
Cuartetos persas. CAILL.
Laude. CAILL.
El mitayo. CAILL.
Placeres de la soledad. ROAL.
Rispetto. CAILL.

Ritmo soñado. CAILL.
Rondel. CAILL.
Soledad. CAILL.
Triolet. CAILL.
Vivir y morir. CAILL, ROAL.
GONZÁLEZ REAL, OSVALDO. PA. 1942- .
A Gagarin, cosmonauta. VALLE.
Angel terrible y bello. VALLE.
GONZÁLEZ ROJO, ENRIQUE. ME. 1899-1939.
Estudio en cristal. CAILL.
Gracia de la fuente. CAILL.
Mar del amanecer. CAILL.
Los volcanes. CAILL.
GONZÁLEZ TUÑÓN, RAÚL. AR. 1905-1974.
Amparo Mom, 1940. BAEZA.
Eche veinte centavos. CAILL, GINAR.
Epitafio para la tumba del poeta desconocido. FERNAN.
Escrito sobre una mesa de Montparnasse. FERNAN.
Marionnettes 4. ROAL.
Relato de un viaje. FERNAN.
La señorita muerta. CAILL.
GONZÁLEZ URÍZAR, FERNANDO. CH. 1922- .
Ahora eres el mar. ARTE.
Qué somos, Dios, qué somos. ARTE.
GONZÁLEZ VIGIL, RICARDO. PE 1948- .
Confiando. TORO.
Nada como verte correr. TORO.
Verano, 1965. TORO.
Y la vida familiar. TORO.
GONZÁLEZ-CRUZ, LUIS F. CU. 1943- .
Al regreso. CATO.
Correspondencia. CATO.
Frente al espejo. CATO.
Incitación. CATO.
Uni-verso. CATO.
GORDILLO, FERNANDO. NI. 1940-1967.
Epigramas. CARDE.
Mi amigo. CARDE.
El precio de una Patria. CARDE.
¿Qué sé yo de Dios? CARDE.
Vida. SONETO.
GOROSTIZA, JOSÉ. ME. 1901-1973.
Acuario. DEBI, MONSI, PAZ.
Agua, no huyas. MONSI.
Cantarcillo. DEBI.
Death without End (Frags.). TOPS.
Dibujos sobre un puerto. PAZ.
Elegía. TOPS.
Elegy. TOPS.
El enfermo. DEBI.
Espejo no. DEBI, JIMEN.
Fireflies. TOPS.
Lección de ojos. Panorama. DEBI.
Luciérnagas. TOPS.
Muerte sin fin (Frags.). CAILL, DEBI, JIMEN, MONSI, PAZ, ROAL, TOPS.
La orilla del mar. CAILL, DEBI, JIMEN.

Otoño. CAILL.
Pausas I. PAZ.
Pausas II. DEBI, JIMEN, PAZ.
Presencia y fuga (Frag.). MONSI, SONETO.
¿Quién me compra una naranja? CAILL, DEBI, MONSI, TOPS.
Romance. CAILL.
Who Will Buy Me an Orange? TOPS.
Se alegra el mar. CAILL, MONSI.
GOTTBERG, CARLOS. VE. 1926- .
El adolescente. ESCA.
Como el viento o como el hombre. MEDINA.
Contra la soledad. ESCA.
Cuerpo de la lluvia. MEDINA.
Dibujo de un caballo. MEDINA.
Muere mi padre. ESCA.
Poema al poema. MEDINA.
Solicitud de un nombre para este día. ESCA.
Tercer día. MEDINA.
GRAMCKO, IDA. VE. 1924- .
Cementerio judío (Praga). MEDINA.
El cuervo. MEDINA.
Hora de Dios. TAPIA.
Metáfora increíble. LAGOS, VOCES.
Poema. CAILL.
GRANADO, JAVIER del. BO. 1913- .
Canto a Cochabamba. BEDRE.
Hogueras de San Juan. BEDRE.
El lago. QUIROS.
La montaña. QUIROS.
El río. QUIROS.
La selva. QUIROS.
El valle. QUIROS.
La vicuña. QUIROS.
GRANATA, MARÍA. AR. 1923- .
La campana. BAEZA.
Elección del amante. LAGOS, VOCES.
Hablo de un bosque hermético. BOCPA.
Itinerario. CAILL, GINAR.
Muerte del adolescente. CAILL, VILLOR.
Poemas con caballos rojos. LAGOS, VOCES.
La sombra. CAILL, GINAR.
Transfiguración. CAILL.
GRAVINA TELLECHEA, MARÍA F. UR.
Alguna decisión bajo este techo. LAGOS, VOCES.
GRAVINO, AMADEO. AR. 1945- .
A vuelo de pájaro. KOFMAN.
Después de todo. KOFMAN.
Martes. KOFMAN.
Recordando. KOFMAN.
GREIFF, LEÓN de. CO. 1895-1976.
Arieta. TAPIA.
Arieta. ARBEL.
Balada del mar no visto, ritmada en versos diversos. JIMEN.
Balada del tiempo perdido. JIMEN, ROAL.
Canción de Melusina. CAILL.
Canciones en prosa. ARBEL.

Fanfarria en Sol Mayor. ARBEL.
Música de cámara y al aire libre. JIMEN.
Pues si el amor huyó. BAEZA.
Relato de Claudio Monteflavo. ARBEL.
Relato de Harald el oscuro. CAILL.
Relato de Sergio Stepansky. CAILL, GINCO, JIMEN.
Ritornelo. CAILL, GINCO, TAPIA.
Sonatina en re menor. ARBEL.
Soneto. SONETO.
GREVE, ESCILDA. CH. 1916- .
La mano del viento. ARTE.
Multitudes. ARTE.
GRILLO, MAX. CO. 1868-1949.
La última visión. GINCO.
GRIMAL, IVONNE. CH. 1939- .
Allá siempre los pinos. CORSSE.
Instantes. CORSSE.
Laberinto. CORSSE.
El madero. CORSSE.
Mirlo. CORSSE.
Noche tierra. CORSSE.
Oigo llorar. ARTE.
GRUTTER, VIRGINIA. CR. 1929- .
Ahueco las almohadas. SEGURA.
GUADAMUZ, CARLOS JOSÉ. NI.
A Flower. VOLCAN.
Una flor. VOLCAN.
GUARDIA, MIGUEL. ME. 1924- .
Despedida. MONSI.
Duda. MONSI.
El retorno. MONSI.
GUEDEZ, JESÚS ENRIQUE. VE. 1931- .
La amistad de las cosas. ESCA.
Nadie puede impedir que estas maderas. ESCA.
Reveron. ESCA.
GUELERMAN, JOSÉ. AR. 1916- .
Pueblo. URPILA.
Tiwanaku. URPILA.
GUERRA, AMALIA. ME. 1920- .
Cundiricus Tsitsiqui flor hechizada. SALAS.
GUERRA, FÉLIX. CU. 1939- .
Ésta es mi querido siglo. TARN.
This Is the Century That I Love. TARN.
GUERRA, JOSÉ EDUARDO. BO. 1893-1953.
A lo largo del arduo caminar. QUIROS.
Camino que se tuerce. QUIROS.
Como un romero. BEDRE.
Con alas alevosas. BEDRE.
Con cálida emoción. QUIROS.
En el jardín de la contemplación. BEDRE.
En tantas cosas puse mi fe. BEDRE.
Es el hombre un hombre doble. BEDRE, QUIROS.
Este tu inútil caminar. QUIROS.
Fui por el autoanálisis. QUIROS.
Indias Occidentales. BEDRE.
Jugué todos mis sueños. QUIROS.

Mi corazón que se lanza. QUIROS.
Nocturno. BEDRE, QUIROS.
La soledad. BEDRE.
Subsistía mi amor de la niñez. BEDRE.
Todo mi ser. BEDRE.
Tus ambiciones quedarán. QUIROS.
GUERRA GUTIÉRREZ, ALBERTO. BO. 1930- .
Canción de cuna para el niño minero. BEDRE.
Mi casa. BEDRE.
GUERRA TRIGUEROS, ALBERTO. NI. 1898-1950.
Bajo el látigo. CEA.
La canción de las cosas vulgares. CEA, SALVA.
Carta de amor a la ramera. CEA.
Un día más. CEA.
Soledad. CEA.
GUERRERO, LILA. AR.
Jugábamos desnudos. BOCPA.
GUEVARA, ERNESTO (Che). AR. 1928-1967.
Canto a Fidel. TOPS.
Song to Fidel. TOPS.
GUEVARA, LUIS CAMILO. VE. 1937- .
De mirar arriba. ESCA.
El desconcierto. ESCA.
El hallazgo raudo y la eternidad. ESCA.
La presa. ESCA.
GUEVARA, PABLO. PE. 1930- .
Mentadas de madre. ORTEGA.
La reina del celuloide (carta final). ORTEGA.
Vals de viejas, vals de abejas. ORTEGA.
Volátiles, reptiles, batracios. RUANO.
GUILLÉN, ALBERTO. PE. 1899-1935.
El cazador de moscas. PERU.
La flecha del parto. PERU.
GUILLÉN, NICOLÁS. CU. 1902-1989.
Abril sus flores abría. CEAL.
El abuelo. CEAL, MORA.
Acana. CEAL.
Adivinanzas. CEAL.
Angela Davis. MARQUE.
Angela Davis (Eng.). MARQUE.
El apellido; elegía familiar. DOORS, MANSOU, TOPS.
Arte poética. CEAL.
Aumento. CEAL.
Balada de los dos abuelos. ARAY, CAILL, CEAL, JIMEN, MANSOU, MORA, SENSE.
Balada del güije. MORA, SENSE.
Bares. TOPS.
Bars. TOPS.
Búcate plata. CEAL, SENSE.
Buena salud. CEAL.
Burgueses. ARAY.
Caminando. CEAL.
Caña. BAEZA, SENSE.
Canción de cuna para despertar a un negrito. MORA.
La canción del bongó. CAILL, CEAL, MORA, SENSE.
Canto negro. CAILL, MORA, SENSE.
Che comandante. ARAY, DONOSO.

Che Guevara. SONETO.
Crecen altas las flores. MARQUE.
Dos niños. MORA.
Ébano real. ARAY, CAILL.
Elegía a Emmett Till. MANSOU.
Elegía a Jesús Menéndez. ARAY, CEAL.
Está bien. MORA.
La estrella polar. ARAY.
The Flowers Grow High. MARQUE.
Fusilamiento. JIMEN.
Futuro. CEAL.
Guitarra. CEAL, JIMEN, ROAL.
Hay que tené boluntá. CEAL.
I Have. MARQUE.
Iba yo por un camino. CAILL, JIMEN.
José Ramón Cantaliso. CEAL.
Justicia. CEAL.
Un largo lagarto verde. CEAL.
Lectura de domingo. MARQUE.
Llegada. ARAY, JIMEN, SENSE.
Luna. ARAY.
Madrigal. CEAL, TAPIA.
Madrigal. SENSE, TAPIA.
Madrigal. SENSE.
Maracas. SENSE.
Martí. ROAL.
Mi chiquita. CEAL.
Mi patria es dulce. CEAL.
Motivos de son. MORA.
Mujer nueva. CEAL, MORA, SENSE.
Mulata. CEAL, SENSE.
La muralla. JIMEN.
My Last Name. TOPS.
Nadie. CEAL.
The Name: Family Elegy. DOORS.
Negro Bembón. CEAL, SENSE.
Un negro canta en Nueva York. MORA.
El negro mar. MORA.
No sé por qué piensas tú. CAILL, CEAL, JIMEN.
Oradores. ARAY.
Palabras en el trópico. MORA.
Palma sola. CEAL.
Pequeña oda a un negro boxeador cubano. TOPS.
Un poema de amor. ARAY.
Pregón. SENSE.
Problemas del subdesarrollo. JIMEN.
Prólogo. CEAL.
Reloj. ARAY.
Rumba. SENSE, TAPIA.
Sabás. SENSE.
Se acabó. ARAY, CEAL.
Secuestro de la mujer de Antonio. CAILL.
Sensemayá (Canto para matar a una culebra). CAILL, CEAL, JIMEN, MANSOU, MORA, SENSE.
Si tú supiera. CEAL, SENSE.
Sigue. BAEZA, CEAL.

Small Ode to a Black Cuban Boxer. TOPS.
Soldado, aprende a tirar. CEAL.
Son de la palma. CAILL.
Son número seis. CAILL, CEAL, JIMEN, MANSOU, SENSE.
Sudor y látigo. CAILL.
El sueño. ARAY.
Sunday Reading. MARQUE.
La tarde pidiendo amor. ARAY.
Tengo. CEAL, MARQUE, SENSE.
Tú no sabe inglé. CEAL.
Turiguanó. CAILL.
Velorio de Papá Montero. CAILL, MORA, SENSE.
Vine en un barco negrero. MORA.
West Indies LTD. (Frag.). CEAL, SENSE.
GUILLÉN, ORLANDO. ME. 1945- .
Segunda canción. BOCCA.
Vade retro Satanás. BOCCA.
GUILLERMO, JUAN. ME. 1953- .
Eroticón I. ZAID.
GÜIRALDES, RICARDO. AR. 1886-1927.
Al hombre que pasó. FERNAN, GINAR.
He puesto mis labios. FERNAN.
Infinito. FERNAN.
Ladrido. FERNAN.
Pampa. FERNAN.
Poema. FERNAN.
Quietud. FERNAN.
Recuerdos. FERNAN.
Tango. FERNAN.
GUIRAO, RAMÓN. CU. 1908-1949.
Bailadora de rumba. MANSOU, MORA, SENSE.
Canto negro de ronda. MORA.
E negro etá basilón. MORA.
Eco de mi ser. CAILL.
Estampa de San Lázaro. MORA.
Gallo. CAILL.
Poema. CAILL.
Retrato. CAILL.
Rumbera. CAILL, MANSOU.
Sexteto (Guitarra-tres). CAILL, MORA, SENSE.
Soledad. CAILL.
Tú y yo. CAILL.
GUTIÉRREZ, ALFONSO RENE. ME. 1952- .
Omnibus de medianoche. ZAID.
GUTIÉRREZ, CARLOS MARÍA. UR. 1926- .
03:15am/-4° MARQUE.
3:15 AM/-4° (Eng.). MARQUE.
Cartilla cívica. MARQUE.
Condiciones objetivas. MARQUE.
Objective conditions. MARQUE.
Piedra blanca sobre piedra blanca. MARQUE.
Voting Instructions. MARQUE.
White Stone on White Stone. MARQUE.
GUTIÉRREZ, ERNESTO. NI. 1929- .
Aedas y tiranos. CARDE.
El exilado. CARDE.

Mi país es tan pequeño. CARDE.
La Mosquitia. CARDE.
Oh patria, mi patria. CARDE.
GUTIÉRREZ HERMOSILLO, ALFONSO. ME. 1905-1935.
Carta a un amigo difunto (Voz del agonizante). CAILL, MONSI.
Greta Garbo. MONSI.
Tratado del duro arbitrio. MONSI.
GUTIÉRREZ MANGEL, JOAQUÍN. CR. 1918- .
Canción de cuna para despertar a un niño. SEGURA.
GUTIÉRREZ NÁJERA, MANUEL. ME. 1859-1895.
A la corregidora. CAILL, MODER.
A un triste. MODER.
Al pie de un sicomoro. DEBI.
De blanco. CAILL, DEBI, MODER.
Después. CAILL.
La duquesa Job. CAILL, MODER, ROAL.
En un cromo. DEBI.
Mariposas. CAILL, DEBI.
Mimí. DEBI.
Mis enlutadas. CAILL, DEBI, MODER, ROAL.
Non omnis mori. CAILL, MODER.
Ondas muertas. CAILL, DEBI, MODER.
Para el corpiño. CAILL.
Para entonces. CAILL, MODER.
Para un menú. MODER.
Pax animae. CAILL.
La serenata de Schubert. CAILL.
Última necat. MODER.
Versos de álbum. ROAL.
GUTIÉRREZ ROCA, GLORIA. BO. 1932- .
Ejecutoria. BEDRE.
GUTIÉRREZ VEGA, HUGO. ME. 1934- .
A Julio Herrera y Reissig, viajero en su torre. PADRON.
La estación destructora. PADRON.
Finale. PADRON.
Las ineptitudes de la inepta cultura. PADRON.
A Mexican crazy Jane (Span.). PADRON.
Nota roja. PADRON.
El pontífice. PADRON.
GUZMÁN, BENJAMÍN. BO. 1874-1931.
Patria. BEDRE.
Tu nombre. BEDRE.
Vivir humano. BEDRE.
GUZMÁN, ERNESTO A. CH. 1877- .
Agua de riego. CAILL, GINCHI.
La fiesta del campo. CAILL.
Jesús. CAILL, GINCHI.
Las malas palabras. CAILL, GINCHI.
GUZMÁN, FÉLIX. VE. 1933- .
Cuando retornes de tu ausencia, dime. ESCA.
De estas palabras que me cercan. ESCA.
Memoria del náufrago. ESCA.
Segundo poema de la muerte. ESCA.
GUZMÁN ARAUJO, ROBERTO. ME. 1911- .
A la orilla del río de la muerte. CAILL.
El amor y la muerte. CAILL.

GUZMÁN CRUCHAGA, JUAN. CH. 1895-1979.
Alta sombra. CAILL.
Ante el mar. SCARPA.
Árboles equivocados. CAILL.
Balada. CAILL.
La balada del príncipe solo. SCARPA.
Canción. ARTE, CAILL, CALA, GINCHI, SCARPA.
Cantar. ARTE, CALA.
Casi. ARTE.
Cuatro caminos. GINCHI.
Danza de la ceniza. CAILL.
Danza del viento. GINCHI.
¿De dónde llega? ARTE.
Doy por ganado. ARTE.
Invierno. CALA.
Mis ángeles. CALA.
Momento. CAILL, GINCHI, SCARPA.
Otoño. CAILL.
Plegaria. SCARPA.
Por las calles borrosas. SCARPA.
Presencia. ARTE.
Presencia. CAILL.
Romance del agua dormida. SCARPA.
Ronda. CAILL.
Rosa de humo. CAILL.
Rosa nocturna. ARTE.
Sinceridad. SCARPA.
Soledad. SCARPA.
Soledad. CAILL.
Terremoto. ARTE.
Yo tenía un anillo. ARTE.
GUZMÁN LÓPEZ, ALBERTO. BO. 1915- .
Canto al valle (Frags.). BEDRE.
GUZMÁN TÉLLEZ, ROBERTO. BO. 1895-1957.
Altiplano andino. BEDRE.
Ante el recuerdo. BEDRE.
El gato. BEDRE.

HAHN, OSCAR. CH. 1938- .
Adolfo Hitler medita en el problema judío. ORTEGA.
Un ahogado pensativo a veces desciende. ORTEGA.
Buenas noches. PADRON.
Cafiche de la muerte. ARTE.
El centro del dormitorio. REYES, WHITE.
City on Fire. WHITE.
Ciudad en llamas. WHITE.
Cuerpo de todas mis sombras. ARTE.
De tal manera mi corazón enflaquece. PADRON.
Death Is Sitting at the Foot of My Bed. TOPS, WHITE.
Don Juan. REYES.
Don Juan (Eng.). REYES.
Ecología del espíritu. PADRON.
En la vía pública. ARTE.
Escrito con tiza. ARTE, PADRON.
Eso sería todo. PADRON.
Fotografía. WHITE.

Gladiolas by the Sea. REYES.
Gladioli by the Sea. TOPS.
Gladiolos junto al mar. REYES, TOPS.
Heartbreak Hotel. WHITE.
El hombre. TOPS.
Hotel de las nostalgias. WHITE.
In the Center of the Bedroom. WHITE.
In the Middle of the Bedroom. REYES.
Invocación al lenguaje. PADRON.
Little Ghosts. WHITE.
Man. TOPS.
Movimiento perpetuo. ARTE, PADRON.
La muerte está sentada a los pies de mi cama. ARTE, TOPS, WHITE.
El muerto en incendio. ARTE.
Ningún lugar está aquí o está ahí. PADRON.
Noche oscura del ojo. ORTEGA.
O púrpura nevada o nieve roja. PADRON.
Paisaje ocular. PADRON.
Pequeños fantasmas. ARTE, WHITE.
Photograph. WHITE.
La reencnación de los carniceros. CALA, ORTEGA, WHITE.
Reincarnation of the Butchers. WHITE.
El reposo del guerrero. ARTE.
Restricción de los desplazamientos nocturnos. PADRON.
Sábana de arriba. ARTE.
Televidente. ARTE, WHITE.
Tractatus de sortilegiis. ORTEGA, PADRON.
Visión de Hiroshima. CALA, DONOSO, TOPS, WHITE.
Vision of Hiroshima. TOPS, WHITE.
Watching T.V. WHITE.
¿Y ahora qué? ARTE.
HALLEY MORA, MARIO. PA. 1927- .
Ellos. VALLE.
Ruego. VALLE.
Yo. VALLE.
HEGUI VELAZCO, JOSÉ PEDRO. UR.
El arriero de la claridad. GINURU.
La voz. GINURU.
HELBERG, HEINRICH. PE.
Libertad. TORO.
Poème pour la métaphysique. TORO.
Sí o no. TORO.
Sueño (de Poemas para soñar). TORO.
HENDERSON, CARLOS. PE. 1940- .
A Marco. TORO.
Los peces y el poema. TORO.
Los puentes. TORO.
Retrato de salón. TORO.
HENRÍQUEZ, ENRIQUE. DR. 1859-1940.
Epitalamio. CAILL.
Never More (Span.). CAILL.
Nocturno. CAILL.
HERAUD, JAVIER. PE. 1942-1963.
Alabanza de los días destrucción y elogio de las sombras. MARQUE.
Ars Poetica. MARQUE.
The Art of Poetry. DOORS.

Arte poética. BOCCA, DOORS, MARQUE.
Destrucción de las sombras. TORO.
Fragmento de poema especial. MOLINA.
A Guerrilla's Word. MARQUE.
In Praise of Days Destruction and Eulogy . . . MARQUE.
Lo difícil que es separar el otoño. BOCCA.
El nuevo viaje. MOLINA.
Palabra de guerrillero. DOORS, FIERRO, MARQUE, MOLINA, TORO.
El río. TORO.
Verano. TORO.
Word of the Guerrilla Fighter. DOORS.
Yo no me río de la muerte. DONOSO.
Yo nunca. TORO.
HEREDIA, JOSÉ RAMÓN. VE. 1900-1987.
Medio día sobre el mundo. MEDINA.
Vueltas en círculo de una mesa de botillería. MEDINA.
HEREDIA, MERCEDES de. BO. 1910-1968.
Canto al indio. BEDRE.
Imploración. BEDRE.
Salmo absoluto (Frags.). BEDRE.
HERNÁNDEZ, ALFONSO. ES. 1948- .
A la sombra de una muchacha en flor. SALVA.
Después de la jornada. SALVA.
Farabundo Martí. SALVA.
Mercedes cae. SALVA.
Poesía en armas. ALEGRI.
HERNÁNDEZ, DAVID. ES. 1955- .
Frío de mi país. SALVA.
Segundo poema para Claudia. SALVA.
HERNÁNDEZ, EFRÉN. ME. 1904-1958.
Primer ofrecimiento. MONSI.
HERNÁNDEZ, ELVIRA. CH. 1949- .
8 del presente. CORSSE.
Día 1 del mes de la montaña. CORSSE.
Día 9. CORSSE.
Día 12 del mes de la montaña. CORSSE.
Día 15 del mes del mar. CORSSE.
Día 30 del mes del mar. CORSSE.
El día juega ajedrez con la noche. CORSSE.
Día sin lluvia. CORSSE.
Días desesperanzadores. CORSSE.
Días y noches paradojales. CORSSE.
Llegaron los días del veranito . . . CORSSE.
Nadie ha dicho. VILLE.
Último día del mes del corazón. CORSSE.
HERNÁNDEZ, FRANCISCO. ME. 1946- .
La belle époque. COHEN.
Fade Out (Span.). COHEN.
Graffiti. COHEN.
Haiku. COHEN.
Negativo. COHEN.
Para el álbum familiar. COHEN.
Penúltimo homenaje a José Lezama Lima. (Frag.). COHEN.
Postal con ojos de cenzontle. COHEN.
Postal de la guerra florida. COHEN.
Postal de Labná. COHEN.

Postal de Lesbia. COHEN.
Postal de Madrid. COHEN.
Postal de Tepoztlán. COHEN.
Textos criminales. COHEN.
HERNÁNDEZ, GASPAR OCTAVIO. PN. 1893-1918.
Canto a la bandera. CAILL.
Ego sum. CAILL.
HERNÁNDEZ, JOSÉ ALFREDO. PE. 1910- .
Ancianito ñorbo. PERU.
Incitación a la tristeza. CAILL.
El otoño de las palabras cortas. CAILL.
Poema en recuerdo de una muchacha del campo. CAILL.
HERNÁNDEZ, JUAN JOSÉ. AR. 1931- .
La garza. VILLOR.
Una mañana. VILLOR.
HERNÁNDEZ, LUIS. PE. 1941- .
A un aria de Haendel. TORO.
Apolo azul. TORO.
Canción para Wolfang Goethe. TORO.
Chanson d'amour. TORO.
Como se friega al genio. TORO.
En bateau. TORO.
Erik Satie. TORO.
Ezra Pound: cenizas y cilicios. TORO.
Fragmento. TORO.
Historia de la música. TORO.
Leo. TORO.
Preguntas. TORO.
Tauro. TORO.
HERNÁNDEZ, OSCAR. ME. 1955- .
Espectáculos. ZAID.
HERNÁNDEZ, RAFAEL. CU. 1948- .
Canción esperanzada. ARAY.
Marcha del aire. ARAY.
El mayor. ARAY.
Nocturno de Moscú (Frag.). BOCCA.
El padre. ARAY.
Pasatiempo. ARAY.
Una estrella en la frente. ARAY.
El viejo. ARAY.
HERNÁNDEZ, RICARDO. ME. 1958- .
Carta de una admiradora de John Lennon. GENERA.
Krisis. GENERA.
HERNÁNDEZ, SERGIO. CH. 1931- .
El canceroso. ARTE.
Está bien. ARTE.
Ultimo deseo. ARTE.
HERNÁNDEZ ÁLVAREZ, FREDDY. VE. 1949- .
La idea terrible. ESCA.
Pájaros. ESCA.
Paraguachoa. ESCA.
Si acaso vienen por nosotros. ESCA.
HERNÁNDEZ AQUINO, LUIS. PR. 1907- .
El día presentido. CAILL.
Infante del sueño. CAILL.
Mito. CAILL.

Última soledad. CAILL.
Visitante nocturno. BAEZA.
HERNÁNDEZ B., MANUEL. CO.
Origen. DONOSO.
HERNÁNDEZ CAMPOS, JORGE. ME. 1921- .
Diciembre. MONSI.
El presidente. MONSI, PAZ.
La sobremesa. MONSI.
Tú eres piedra. MONSI.
Vuelve flecha de amor. MONSI.
HERNÁNDEZ CATÁ, ALFONSO. CU. 1885-1940.
Rumba. MORA.
San Francisco de Asís. ROAL.
Son. MANSOU, MORA, SENSE.
HERNÁNDEZ CRUZ, VÍCTOR. PR. 1949- .
African Things. MARZAN.
Cosas africanas. MARZAN.
Tienes que llevar las puntas encendidas. MARZAN.
You Gotta Have Your Tips on Fire. MARZAN.
HERNÁNDEZ D'JESÚS, ENRIQUE. VE. 1947- .
Ahora. ESCA.
Las ciudades blancas de mi abuelo. ESCA.
Mi entierro. ESCA.
La última vez que estuve en su casa. ESCA.
HERNÁNDEZ FRANCO, TOMAS. DR. 1904-1952.
El banquete de negros, en el muelle de la noche. SENSE.
Banquete de negros. MANSOU.
Optimismo. BAEZA.
Salutación a Pancho Alegría capitán de goleta. MORA.
Yelidá. MORA.
Yelidá (un antes). MANSOU.
HERNÁNDEZ POBLANNO, GABRIELA. ME. 1962- .
Lo diré mañana. ZAID.
HERNÁNDEZ RIVERA, SERGIO ENRIQUE. CU. 1921- .
Diálogo. BAEZA.
HERRERA, DARÍO. PN. 1870-1914.
Campestre. CAILL.
Diana (Salón de París). CAILL.
HERRERA, EARLE. VE. 1949- .
El deseo de los pájaros. ESCA.
Huellas. ESCA.
El poeta. ESCA.
La rosa sobre la roca. ESCA.
HERRERA, FLAVIO. GU. 1895- .1968.
Envío. BAEZA.
La mujer de cristal. CAILL.
HERRERA, RICARDO H. AR. 1949- .
La experiencia poética. ORTEGA.
HERRERA, SILVIA. UR. 1922- .
Baja tu mano, Dios. GINURU.
Mariposas. GINURU.
HERRERA, VLADIMIR. PE. 1950- .
Escena. TORO.
Ultima parte del oficio. ¿Poesía? TORO.
HERRERA Y REISSIG, JULIO. UR. 1875-1910.
El abrazo pitagórico. MODER.

El alba. BAEZA, MODER.
Alba gris. TOPS.
El almuerzo. CAILL.
Amor sádico. GINURU, SONETO.
Claroscuro. CAILL, GINURU.
Color de sueño. BAEZA, GINURU.
Consagración. TAPIA.
El cura. CAILL, MODER.
Decoración heráldica. TOPS.
Desolación absurda. GINURU, MODER.
El despertar. CAILL, GINURU, MODER.
El domingo. CAILL.
Emblema afrodisíaco. TAPIA.
El enojo. CAILL.
Epitalamio ancestral. MODER.
La estrella del destino. GINURU.
Fiat lux. TAPIA.
Fiesta popular de ultratumba. MODER.
La flauta. CAILL.
El granjero. MODER.
Grey Dawn. TOPS.
Heraldic Decoration. TOPS.
Idealidad exótica. MODER.
Idilio espectral. MODER.
La iglesia. MODER.
Julio. CAILL, MODER, TOPS.
July. TOPS.
La liga. CAILL.
Neurastenia. MODER.
Nirvana crepuscular. MODER.
La noche. GINURU, ROAL.
Octubre. CAILL, MODER.
Óleo brillante. CAILL.
Otoño. GINURU.
Recepción. GINURU.
El regreso. CAILL, GINURU.
El regreso. TOPS.
The Return. TOPS.
El sauce. TAPIA.
Solo verde-amarillo para flauta. MODER.
La sombra dolorosa. MODER, ROAL, TOPS.
The Sorrowful Shadow. TOPS.
Su majestad el tiempo. MODER.
La vuelta de los campos. CAILL, GINURU, MODER, ROAL.
HIDALGO, ALBERTO. PE. 1897-1967.
Ascensión. PERU.
Ayer. PERU.
Biografía de la palabra revolución. MOLINA.
Declaración de principios. TAPIA.
El edificio simplista. PERU.
Existencia del tiempo-todavía. CAILL.
Función de tu presencia lejana. TAPIA.
Partida de nacimiento. CAILL.
Las rocas. CAILL.
Ropa. DONOSO.
Ubicación de Lenín. MOLINA.

HIDALGO, ANTONIO VIVIANO. AR.
Ars poética. URPILA.
Áureo del almirante, 1492-1992. URPILA.
La innominada cruz. URPILA.
Poema I. URPILA.
HIDALGO, MARÍA LUISA. ME. 1918- .
El ángel angustioso (Frag.). SALAS.
HINOJOSA, FRANCISCO. ME. 1954- .
Robinson perseguido (Frag.). ZAID.
Robinson, perseguido. COHEN, GENERA.
HINOSTROZA, RODOLFO. PE. 1941- .
Abel. ORTEGA.
Al extranjero. RUANO, TORO.
Contra natura. ORTEGA, TORO.
Gámbito de rey. TORO.
Horacio. RUANO, TORO.
Nausicaa. TORO.
Nudo borromeo. RUANO.
El que regresa. TORO.
HOEFFLER, WALTER. CH. 1944- .
Bajo ciertas circunstancias. WHITE.
Beneath Each Stone. WHITE.
Debajo de cada piedra. WHITE.
Escribir. WHITE.
Hay alguien. WHITE.
I Wouldn't Be Able to Tell the Story. WHITE.
Is There Anyone. WHITE.
El lugar que habitas. WHITE.
No podría contar la historia. WHITE.
The Place You Inhabit. WHITE.
Sobreviviente. WHITE.
Survivor. WHITE.
To Write. WHITE.
Under Certain Circumstances. WHITE.
HOLGUÍN, ANDRÉS. CO. 1919- .
Nostalgia de la noche. GINCO.
HORTA de MERELLO, DELIA de. UR.
Forastero. URPILA.
Te pronuncio, adolescencia. URPILA.
HÜBNER BEZANILLA, JORGE. CH. 1892-1964.
Estatuas de los parques. ARTE.
La luz. GINCHI.
Las transformaciones. ARTE.
La venganza. GINCHI.
El viento. GINCHI.
HUERTA, DAVID. ME. 1949- .
Actos. MONDRA.
Amanecer. MONDRA.
Asedio. BOCCA.
Cuaderno de noviembre. MONDRA.
En los corredores de obligada penumbra. COHEN.
Escena de costumbres. COHEN.
Graffiti. MONDRA.
Humo de rosas. ORTEGA.
Index. MONDRA.
El joven deja de serlo. MONDRA.

La máquina biográfica. BOCCA, COHEN.
Nocturno. COHEN.
El ojo de noviembre ha tenido ahora extrañas costumbres. COHEN.
Predestinación de la tarde. MONDRA.
Residencia. COHEN.
Visitación. COHEN.

HUERTA, EFRAÍN. ME. 1914-1982.
Acerca de la melancolía. DEBI.
Alabama en flor. MANSOU.
Amenaza. DEBI.
Avenida Juárez. DEBI, MONSI.
Borrador para un testamento. ORTEGA.
Breve elegía. CAILL.
Cuarto canto de abandono. CAILL.
Declaración de odio. FIERRO, MONSI, ORTEGA, PAZ, TOPS.
Declaration of Hate. TOPS.
Elegía del aire. CAILL.
Esta región de ruina. DEBI.
Éste es un amor. DEBI, MONSI, TOPS.
Los fantasmas. DEBI.
Harlem negro. MANSOU.
Los hombres del alba. MONSI, PAZ, TOPS.
Lake Charles, La. SENSE.
Línea del alba. CAILL.
The Men of Dawn. TOPS.
La muchacha ebria. DEBI, PAZ.
Nocturno del Mississippi. MANSOU, SENSE.
Poema para un ballet. DEBI.
Problema del alma (Frag.). PAZ.
La rosa primitiva. CAILL.
Sierra de Guanajuato. ORTEGA.
Sílabas por el maxilar de Fraz Kafka. PAZ.
El Tajín. MONSI, PAZ.
This Is a Love. TOPS.
Verano. DONOSO.

HUERTAS OLIVERA, MARÍA OFELIA. UR.
Noche. URPILA.
Pronuncio: Mundo. URPILA.

HUEZO MIXCO, MIGUEL. ES. 1954- .
Para que lo entiendas de una vez. ALEGRI, SALVA.
Si la muerte. SALVA.

HUIDOBRO, PATRICIO. CH. 1933- .
Deslices del poder. ARTE.
¿Dónde está la palabra . . . ? ARTE.
Onirias (Frags.). ARTE.

HUIDOBRO, VICENTE. CH. 1893-1953.
Adios. CAILL, GINCHI.
Altazor. (Frags.). ARTE, JIMEN, TOPS.
Año nuevo. BACIU.
Ars Poetica. TOPS.
Arte poética. BAEZA, CAILL, DONOSO, GINCHI, JIMEN, SCARPA, TOPS.
Balada de lo que no vuelve. ARTE, CALA.
Balandro. CAILL.
Boca de corazón. CALA.
Cambio al horizonte. FIERRO.
Camino. SCARPA.

Canción de la muervida. CALA.
Canción de Marcelo Cielomar. ARTE.
El célebre océano. CAILL, GINCHI.
Contacto externo. CAILL, GINCHI.
Depart (Span.). JIMEN.
Edad negra. FIERRO.
Égloga. SCARPA.
Ella. ARTE, CALA.
Éramos los elegidos del Sol. CALA.
El espejo de agua. ARTE, JIMEN, SCARPA.
Exprés. BACIU, SCARPA.
Gare. CAILL.
Hijo. SCARPA.
Horizonte. CAILL, GINCHI, SCARPA.
HP. BACIU.
Madre. SCARPA.
Mañana. BACIU.
Marino. CAILL, GINCHI, JIMEN, SCARPA, TOPS.
Monument to the Sea. DOORS.
Monumento al mar. ARTE, CAILL, CALA, DOORS, GINCHI, SCARPA.
Naturaleza viva. CALA.
Niño. ARTE, SCARPA.
Noche. CAILL, JIMEN.
Las olas mecen el navío muerto. JIMEN.
Paisaje. BACIU.
Para llorar. CALA.
El paso del retorno. SCARPA.
Poema para hacer crecer los árboles. ARTE.
La poesía es un atentado celeste. DOORS, SCARPA, TOPS.
Poetry Is a Heavenly Crime. DOORS, TOPS.
Quiet Spaces. TOPS.
La raíz de la voz. JIMEN, ROAL.
Rincones sordos. TOPS.
Sailor. TOPS.
Los señores de la familia. ARTE.
Teléfono. BACIU.
Tenemos un cataclismo adentro. DOORS.
There Is a Cataclysm Inside Us. DOORS.
Vermouth. BACIU.
HURTADO, EDUARDO. ME. 1950- .
Canción para un insomne. ZAID.
HURTADO, EFRAÍN. VE. 1934-1978.
Aguafuerte. BAEZA.
Aniquilado. ESCA.
Boras. ESCA.
Señor viento. ESCA.
HURTADO, RUBENÁNGEL. VE. 1923-1974.
Cuando yo. ESCA.
Ese claro recinto. ESCA.
Otra soledad. ESCA.
Poema del niño mutilo. ESCA.

IBÁÑEZ, JAIME. CO. 1919- .
Colina cerca a Tunja. GINCO.
IBÁÑEZ, JOSÉ MIGUEL. CH. 1936- .
Adolescentes. SCARPA.

Aire. SCARPA.
Autobiografía. SCARPA.
Canto 10. ARTE.
Madre. SCARPA.
Mañana. SCARPA.
Soy tan pobre que me quedo dormido. SCARPA.
Te presienten cercano. SCARPA.
Tú eres Dios. SCARPA.
Verte. SCARPA.
Viaje. SCARPA.
IBÁÑEZ, ROBERTO. UR. 1907- .
Los ahogados descienden. CAILL.
Canción de lejanía. GINURU.
Diálogo de las vísperas. GINURU.
La frontera (Eurídice a Orfeo). CAILL.
La gaviota muerta. CAILL, GINURU.
Memoria del amor que no quiso nacer. CAILL.
Narciso ciego. CAILL.
Narciso estéril. CAILL.
Narciso heroico. CAILL.
Parábola. CAILL.
Parábola del poema. GINURU.
El payaso. CAILL.
La primavera de los muertos. GINURU.
El prisionero. CAILL.
El surtidor y la sombra. GINURU.
Variaciones de la desconocida. CAILL.
Vestal marina. CAILL.
Viaje por los huesos. CAILL.
Ya. CAILL.
IBÁÑEZ, SARA de. UR. 1910-1971.
Atalaya (La batalla). JIMEN.
Balada de la extraña fuente. CAILL.
Clamor guerrero. CAILL.
Con melodioso lirio y diestras sales. GINURU.
De los vivos. BOCPA.
De los vivos. GINURU.
Dejome Dios ver su cara. CAILL.
The Empty Page. TOPS.
I Cannot. TOPS.
Isla en el mar. CAILL, GINURU.
Isla en la luz. CAILL, GINURU, JIMEN, ROAL, SONETO, TOPS.
Isla en la tierra. CAILL, GINURU, JIMEN, ROAL, TOPS.
Island in the Earth. TOPS.
Island in the Light. TOPS.
Liras. CAILL, GINURU.
No puedo. JIMEN, ROAL, TOPS.
La página vacía. JIMEN, ROAL, TOPS.
Los pálidos. CAILL.
Tú, esperando mi sombra. BAEZA.
Tú, por mi pensamiento. JIMEN, TOPS.
You, for My Meditation. TOPS.
Las voces. GINURU.
IBÁÑEZ IGLESIAS, SOLVEIG. UR.
Espíritu Santo. URPILA.
Lejos. URPILA.

Por el humo. URPILA.
IBARBOUROU, JUANA de (Juanita Fernández Morales). UR. 1895-1970.
El afilador. CAILL.
Camino de la cita. BOCPA.
Conte. GINURU.
Cenizas. CAILL.
El ciprés. GINURU.
La cita. TAPIA.
Como la primavera. CAILL.
Corazón dolido de sueños. CAILL.
Despecho. ROAL.
Despertar. CAILL.
Día de felicidad sin causa. CAILL.
El dulce milagro. GINURU.
Encuentro. CAILL.
Estío. CAILL.
El forjador. GINURU.
El fuerte lazo. CAILL, TAPIA, TOPS.
La higuera. GINURU.
La hora. BOCPA, CAILL, GINURU, TAPIA, TOPS.
The Hour. TOPS.
La inquietud fugaz. CAILL, GINURU.
Life-Hook. TOPS.
Mar de jacinto. CAILL.
Millonarios. CAILL.
¡Mujer! FLORES, LAGOS, VOCES, TOPS.
El nido. CAILL, GINURU.
Noche de lluvia. BAEZA, CAILL, GINURU, TOPS.
Olor frutal. GINURU.
Rainy Night. TOPS.
Raíz salvaje. CAILL, GINURU, TOPS.
Rebel. FLORES.
Rebelde. CAILL, FLORES, SONETO.
Romance en verde difuso. GINURU.
La rosa de los vientos. GINURU.
Salvaje. CAILL, ROAL.
The Strong Bond. TOPS.
La tarde. CAILL, ROAL.
Te doy mi alma. TAPIA.
Tiempo. BAEZA, GINURU.
Un día. GINURU.
Vida aldeana. CAILL, ROAL.
Vida-garfio. CAILL, GINURU, LAGOS, ROAL, TOPS, VOCES.
Wild Root. TOPS.
¡Woman! FLORES, TOPS.
IBARGOYEN ISLAS, SAÚL. UR. 1930- .
Antes. MONDRA.
Biografía. MONDRA
Ciclo del buen burgués. DONOSO.
Descubrimiento de una golondrina. MONDRA.
Nuevo octubre. MONDRA.
Prédica. MONDRA.
Quiero saber de tu sonrisa. MONDRA.
ICAZA, FRANCISCO A. de. ME. 1863-1925.
La canción del camino. CAILL.
Estancias. CAILL.

Jardín escondido. CAILL.
Paisaje de sol. CAILL, SONETO.
Preludio. CAILL.
Rincón del parque. CAILL.
Tonos del paisaje: de acero. CAILL.
Tonos del paisaje: de cobre. CAILL.
Tonos del paisaje: de oro. CAILL.
Tonos del paisaje: de plata. CAILL.
IGLESIAS, AUGUSTO. CH. 1895- .
Romance de ciego. GINCHI.
ILLESCAS, CARLOS. GU. 1918- .
A plena luz. MONDRA.
Breve lied. MONDRA.
El día es una sombra. MONDRA.
Han dicho. MONDRA.
Hombre y lluvia, uno son. MONDRA.
Invocación. MONDRA.
Lo sabe la bordona. MONDRA.
¿Me quiero? MONDRA.
Mordámosle la mano. MONDRA.
No soy facineroso. MONDRA.
Octosílabos de pie quebrado. MONDRA.
¿Quién . . . ? MONDRA.
¿Quién secó? MONDRA.
Requiem del obsceno. MONDRA.
Respóndeme mamá. MONDRA.
Salve Señor. MONDRA.
Sectaria. MONDRA.
Si quieres. MONDRA.
Testamento de Warhall. MONDRA.
Vía láctea. MONDRA.
Yo te amo Maritornes. MONDRA.
INCHÁUSTEGUI CABRAL, HÉCTOR. DR. 1912-1979.
Canción suave de los burros de mi pueblo. CAILL.
Matanza de noria. CAILL.
La muchacha del camino. CAILL.
Preocupación del vivir. CAILL.
INFUSINO, JORGE. AR. 1954- .
Ésta es la cuestión. KOFMAN.
Helplessness (Span.). KOFMAN.
Los puntos de siempre. KOFMAN.
Respuesta de amor. KOFMAN.
INSAUSTI, RAFAEL ÁNGEL. VE. 1916-1978.
De pie, sobre la sombra. MEDINA.
Muro invisible. MEDINA.
Oración a la tierra. MEDINA.
Sobre el pecho, unos pasos. MEDINA.
IPUCHE, PEDRO LEANDRO. UR. 1889-1976.
Entre las guitarras. GINURU.
Júbilo nocturno. GINURU.
Tierra celeste. GINURU.
IRAHETA SANTOS, JULIO. ES. 1940- .
Memorias de la cárcel. SALVA.
El poeta y la esposa. SALVA.
ISERN SETUAIN, SILVIA SUSANA. AR.
Infierno de cuatro estaciones. URPILA.

Moviola. URPILA.
ISLA, CARLOS. ME. 1945- .
Autorretrato. COHEN.
Autoviuda. COHEN.
Dios es mi copiloto. COHEN.
Lozano. COHEN.
Mucho ojo. COHEN.
Nocturno voluntario. COHEN.
Notas para un horóscopo. COHEN.
El pseudónimo de la selva. COHEN.
Ser Jorge Cuesta. COHEN.
Sobrenombre. COHEN.
Vela arde. COHEN.
ISTARU, ANA. CR. 1960- .
Viene volando un tiempo de cañones. LAGOS, VOCES.
IZA, ANA MARÍA. EC. 1941- .
El costal de las sombras vació todo su frío. LAGOS, VOCES.
El habitante de las praderas rumiantes. BOCPA.
El viento no sabe leer. LAGOS, VOCES.
IZQUIERDO, CARMEN. CH. 1920- .
Jueves. ARTE.
Noche de hospital. ARTE.

JACQUEZ, ELÍAS. ME. 1957- .
Plegaria al corazón. ZAID.
JAEN, MANUEL. VE. 1896-1954.
Cita en la tarde. SONETO.
JAIMES FREYRE, RAÚL. BO. 1886-1970.
La biblioteca. BEDRE.
La celda. BEDRE.
No soy el mismo. BEDRE.
Tierras del Potosí. BEDRE.
JAIMES FREYRE, RICARDO. BO. 1866-1933.
Aeternum vale. CAILL, MODER, QUIROS, TOPS.
El alba. TOPS.
Alma antigua. CAILL.
Los antepasados (Frag.). BEDRE, CAILL.
El camino de los cisnes. BEDRE, MODER.
Canción de la primavera. QUIROS.
El canto del graal. QUIROS.
El canto del mal. QUIROS.
Crepúsculo. QUIROS.
Cristo. QUIROS.
Los cuervos. QUIROS.
The Dawn. TOPS.
Deja que empolve tu cabeza blonda. QUIROS.
Desde la frágil barca. QUIROS.
Los elfos. MODER, QUIROS.
Entre la fronda. BEDRE, SONETO.
Eros. MODER.
La espada. QUIROS.
Eternal Farewell. TOPS.
Las hadas. CAILL, QUIROS.
El hermano pintor. BEDRE, CAILL.
Los héroes. CAILL, MODER, QUIROS.
El hospitalario. QUIROS.

Je meurs ou je m'attache (Span.). CAILL.
Lo fugaz. BEDRE, MODER, QUIROS.
Lustral. MODER, QUIROS.
Medioevales. BEDRE.
El misionero. CAILL.
La muerte del héroe. BEDRE, MODER.
La noche. QUIROS.
Rosa ideal. MODER.
Rusia. MODER, BEDRE.
The Sad Voices. TOPS.
Siempre. BEDRE, CAILL, MODER, QUIROS, ROAL.
Siempre. BEDRE, QUIROS.
Sombra. BEDRE.
Tú no sabes cuánto sufro. ROAL.
Venus errante. CAILL, QUIROS.
Las voces tristes. CAILL, MODER, TOPS.
Voz extraña. QUIROS.
El Walhalla. MODER, QUIROS.

JAMÍS, FAYAD. ME. 1930- 1988.
Abrí la verja de hierro. ARAY.
Auschwitz no fue el jardín de mi infancia. FIERRO.
Carta. ARAY.
Un entierro. ARAY.
Ese sitio. ARAY.
Fíjate cómo ha pasado el tiempo. ARAY.
The Milky Way. TARN.
Monsieur Peret, lo leo. ARAY.
No hables mierda. TARN.
Para colocar en la cueva de los mochuelos. ARAY.
Poem in Nanking. TARN.
Poema en Nanking. TARN.
Por esta libertad. FIERRO, ORTEGA.
Por una bufanda perdida. ARAY.
Problemas del oficio. ARAY.
¿Qué es para usted la poesía? DONOSO.
Quema las piedras. ARAY.
Shut Up You Shit. TARN.
Vagabundo del alba. ORTEGA.
La vía láctea. TARN.
Yo había aprendido de los viejos. ARAY.

JARA, MAX. CH. 1886-1965.
El agua. CAILL.
Agua viva. GINCHI.
Ojitos de pena. ARTE, BAEZA, CAILL, GINCHI.
La puesta del sol. CAILL.
Tonada sin gracia. CAILL.
Yerbas Buenas. CAILL, GINCHI.

JARA, VÍCTOR. CH. 1935-1973.
Estadio Chile. TOPS.
Estadio Chile (Eng.). TOPS.

JARAMILLO ESCOBAR, JAIME. CO. 1935- .
Apólogo del paraíso. ABRIL.
El camino de la ofensa. ABRIL.
El canto de Caín. ABRIL.
Conversación con W. W. ABRIL.
Los huyentes. ABRIL.

JARAMILLO LEVI, ENRIQUE. PN. 1944- .
Bruja. COHEN.
Cada vez que veo esta sed. COHEN.
Escenas. COHEN.
Fugas y engranajes. COHEN.
Invención. COHEN.
Profecía latente. COHEN.
Ruinas. COHEN.
JARAMILLO MEZA, JUAN BAUTISTA. CO. 1892- .
Al Tequendama. GINCO.
JAUCH, EMMA. CH. 1915- .
Aromo. ARTE.
Balada para una niña. ARTE.
JENKINS DOBLES, EDUARDO. CR. 1926- .
Del mar. SEGURA.
JEREZ VALERO, ERNESTO. VE. 1923- .
El hombre va. MEDINA.
Hoy. MEDINA.
Luto. ESCA.
Mi antigua soledad se está muriendo. ESCA.
Palabras al buey. ESCA.
Poema de tu voz. ESCA.
JEREZ-VALERO, ELIO. VE. 1928- .
Adrede vivo. ESCA.
La casa del poeta. ESCA.
El hombre. ESCA.
Visión. ESCA.
JESUALDO (Jesualdo Sosa). UR. 1905- .
De las canciones humanas sin tiempo. GINURU.
JIJENA SÁNCHEZ, RAFAEL. AR. 1904- .
Infancia. GINAR.
La resentida. GINAR.
JIMÉNEZ, LILIAM. ES. 1923- .
Los militares. LAGOS, VOCES.
JIMÉNEZ, MARCO ANTONIO. ME. 1958- .
Bajo el último papel carbón. ZAID.
Otro es nuestro calor humano. GENERA.
JIMÉNEZ, MAX. CR. 1900-1947.
Contrastes. MANSOU.
En las aguas de los ríos. SEGURA.
Rumbera. MANSOU.
JIMÉNEZ BORJA, JOSÉ. PE. 1903- .
Canción de los velámenes. PERU.
JIMÉNEZ CANOSSA, SALVADOR. CR. 1922- .
Balada del amor que nace. SEGURA.
JIMÉNEZ SIERRA, ELISIO. VE. 1919- .
Églogas del río Tocuyo. MEDINA.
Fantasía de verano. MEDINA.
JOBET, JORGE. CH.
Las brujas. CALA.
Descripción de la enamorada. CALA.
Un pájaro menos. CALA.
Las pipas. CALA.
JODOROWSKY, RAQUEL. CH. 1937- .
Aquí estamos. FLORES.
Barrio adentro. CAILL.

¿Dónde se han ido . . . ? MONDRA.
Los futuros suicidas. CAILL.
Germinación. CAILL, GINCHI.
La gran madre gorda universal. MONDRA.
El guardián. MONDRA.
Here We Are. FLORES.
El hombre es un animal que ríe. FLORES, LAGOS, VOCES.
I Do Not Relate. FLORES.
Jazz. MONDRA.
Letra para música profunda. MONDRA.
Man Is an Animal that Laughs. FLORES.
Mensaje. MONDRA.
No hay los buenos ni los malos poetas. BOCPA.
No me relaciono. FLORES.
Poema. MONDRA.
Secret. FLORES.
El secreto. FLORES.
Solo de laúd. MONDRA.
La venganza. MONDRA.
JONÁS (pseud.). CH. 1940- .
El angel caído. ARTE.
El espantapájaros. ARTE.
Peregrina. ARTE.
JONES B., ENRIQUE. CH. 1920- .
Pájaro circular. GINCHI.
JONQUIÈRES, EDUARDO. AR. 1918- .
A otra cosa. FERNAN.
Al pie de la noche. VEIRA.
Alba. VEIRA.
Dispersiones. FERNAN.
¿Dónde quedó el hombre? CAILL, GINAR.
Fuga. VEIRA.
Los jóvenes. FERNAN.
La madeja devanada. CAILL.
Memorias del sediento. CAILL.
Mirada adentro. CAILL.
Muerte de la luna. CAILL.
Otoño. VEIRA.
Para un retrato de John Keats. VEIRA.
Los vientos del sur. CAILL.
JORDANA, ELENA. AR. 1934- .
Amo las migas de pan. MONDRA.
Doce de diciembre en la villa. MONDRA.
Ese hombrecito. MONDRA.
La maga de oz. MONDRA.
Mares, muelles y nómadas navegantes. MONDRA.
Suena el despertador. MONDRA.
Tango. FLORES, MONDRA, LAGOS, VOCES.
Tango (Eng.). FLORES.
JUÁREZ, HILDEBRANDO. ES. 1939- .
Variaciones sobre un tema de Prevert. SALVA.
JUÁREZ, SALVADOR. ES. 1946- .
Tres mujeres. SALVA.
Yo soy. SALVA.
JUÁRROZ, ROBERTO. AR. 1925- .
A Laura. VILLOR.

La caridad del hueco. PADRON.
Cómo amar lo imperfecto. VILLOR.
Cuando cesa una cosa. PADRON.
Desgarrar el papel. PADRON.
Edificar una sola vez. PADRON.
En alguna parte hay un hombre. DOORS, TOPS.
En el reino cifrado. PADRON.
Entre tu nombre y el mío. PADRON.
A Fly is Walking Head Downward. DOORS.
Hago un pozo. PADRON.
Hay puntos de silencio rodeando el corazón. TOPS.
Hay que caer. PADRON.
Inventar el regreso. PADRON.
It's Raining onto Thought. DOORS.
Life Draws a Tree. TOPS.
Look First at the Air and Its Black Element Which Never Stops. TOPS.
Llueve sobre el pensamiento. DOORS.
Una mosca anda cabeza abajo. DOORS.
No hay regreso. PADRON.
La piedra es un regazo. PADRON.
Poblar un bosque con árboles. PADRON.
Poesía vertical 1. ORTEGA.
¿Sobre qué lado se apoya? PADRON.
Somewhere There's a Man. DOORS, TOPS.
Su propia transparencia. PADRON.
There Are Points of Silence Circling the Heart. TOPS.
Toda palabra llama. PADRON.
Véase primero el aire y su elemento negro que no cesa. TOPS.
La vida dibuja un árbol. TOPS.

KAMENSZAIN, TAMARA. AR. 1947- .
Burbuja, pez o mariposa. ORTEGA.
Hoyo. ORTEGA.
Los no. ORTEGA.
Por el hilo de saliva. ORTEGA.
Se interna sigilosa. ORTEGA.
Vitral es el ojo dibujado. ORTEGA
KATARI, RAMÓN. BO. 1901- .
Alegoría trascendente para Franz Tamayo (Frags.). BEDRE.
KAVLIN, ALICIA AND SUSANA. BO. 1951- .
Niños desnudos. BEDRE.
KEMPFF MERCADO, ENRIQUE. BO. 1920- .
Infancia. BEDRE.
El mantón. BEDRE.
KEOSEYAN, NELLY. ME. 1956- .
Canto a la cierva. MONDRA.
La luz de la ceniza. COHEN.
Mujeres nocturnas. MONDRA.
Narciso. COHEN.
Noche, lago de fuego. COHEN.
Para inventar lo irredimible. COHEN.
KOFMAN, FERNANDO. AR. 1947- .
Canto del agua a medianoche. KOFMAN.
El ciego. KOFMAN.
El río Luján. KOFMAN.
La viuda. KOFMAN.

KORSI, DEMETRIO. AR. 1899-1957.
Canción de la campana de la cárcel. ROAL.
Incidente de cumbia. CAILL, MANSOU, SENSE.
José el tamborero. CAILL.
Juego de congos. MANSOU.
New York. CAILL.
Una visión de Panamá. CAILL.
KOZER, JOSÉ. CU. 1940- .
Abraham Marcus Materim. CATO, PADRON.
Abuelo sometía sus proposiciones. PADRON.
Apego de lo nosotros. PADRON.
Divertimento. CATO, PADRON.
Éste es el libro de los salmos. CATO, PADRON.
El filósofo Mo Tse. PADRON.
Hago historia. CATO, PADRON.
Kafka. PADRON.
Madame Chu (al amanecer). PADRON.
Muertes del rey David. PADRON.
Nupcias. PADRON.
Recomendaciones a mi hijo varón que está por nacer. PADRON.
Romanticismo. PADRON.
Zen. CATO, PADRON.
KRAUZE, ETHEL. ME. 1954- .
La antorcha de Elías. MONDRA.
Diálogo. MONDRA.
Este oficio. MONDRA.
El fuego de Quevedo. MONDRA.
Humeaba el Monte Sinaí. MONDRA.
Imaginando. MONDRA.
Para cantar. MONDRA.
Poema. ZAID.

LABASTIDA, JAIME. ME. 1939- .
Ciudad bajo la lluvia. PAZ.
Despierta la ciudad. DONOSO.
Música contra la tormenta. PAZ.
LAGO GONZÁLEZ, DAVID. CU. 1950- .
Aditamentos. CATO.
Aire frío. CATO.
Camagüey. CATO.
Metajíbaro. CATO.
La víspera. CATO.
LAGOS, RAMIRO. CO. 1922- .
Al regreso de tus ojos. LETONA.
Anti-soneto. LETONA.
Cita con tus ojos. LETONA.
Espejo roto. LETONA.
Héme aquí sintiéndome oso pardo. LETONA.
Otra vez. LETONA.
Poema en el césped. LETONA.
LAGOS LISBOA, JERÓNIMO. CH. 1883- .
El árbol. GINCHI.
Ceniza y humo. BAEZA.
Claridad nocturna. GINCHI.
Senda de gracia. GINCHI.
Tarde. GINCHI.

LAINEZ, DANIEL. HO. 1914-1959.
Canto a la rumbera porteña. TAPIA.
LAIR, CLARA. PR. 1895-1973.
Arras. CAILL.
Nocturno 27. CAILL.
Pardo Adonis. MORA.
LAMADRID, LUCAS. CU.
Hombre ideal. CATO.
Rock Video. CATO.
Simplificación de Eros. CATO.
Trayecto del asombro. CATO.
LAMAS, SARANELLY de. EC. 1933- .
El viaje. BOCPA.
LAMEDA, ALI. VE. 1923- .
Las nieves perpetuas. MEDINA.
Ritual de la primavera. MEDINA.
LANGAGNE, EDUARDO. ME. 1952- .
Los amantes. MONDRA.
Consecuencias. MONDRA.
Descubrimientos. MONDRA, ZAID.
Explicaciones. MONDRA.
La golarenda sorva. MONDRA.
Oficios. MONDRA.
Paisaje con barcarola. MONDRA.
Paisaje por una victoria. MONDRA.
Percusiones. GENERA, MONDRA.
Piedras. GENERA, MONDRA.
Poema encontrado en un rincón. MONDRA.
Recorridos. MONDRA.
Romance anónimo. MONDRA.
Una vez lo dije. MONDRA.
Vivo con una mujer que vive. MONDRA.
LANGE, NORAH. AR. 1906- .
Mientras miraba a un niño. GINAR.
LANGER, ERNESTO. CH. 1956- .
El pensamiento descansa. ARTE.
Yo quisiera. ARTE.
LANZA, JUAN. CH. 1925- .
Quinteto (Frag.). GINCHI.
LANZONE, ENZO NALDO. AR. 1927- .
Destino de poeta. URPILA.
Esa noche. URPILA.
Milagro. URPILA.
LARA, JESÚS. BO. 1898- .1980.
Estaba escrito. BEDRE.
Flor de loto. BEDRE.
Jarahuí. BAEZA.
Maya. BEDRE.
Renacer. BEDRE.
Tiempo florido. BEDRE.
Wayño. BEDRE.
LARA, OMAR. CH. 1941- .
Acoso. ARTE.
Andén. ARTE, QUEZA.
Asedio. WHITE.
The Birds Have Gone. WHITE.

Captured City. WHITE.
Los centros de la tierra. QUEZA.
Ciudad tomada. WHITE.
Deseos. WHITE.
Los días del poeta. WHITE.
El enemigo. QUEZA.
Fotografía. QUEZA, WHITE.
Gestos. QUEZA.
Jugada maestra. QUEZA.
Landscape. WHITE.
Malas palabras para Violeta Parra. QUEZA.
La medida de tus fuerzas. BOCCA.
Paisaje. WHITE.
Los pájaros se han ido. WHITE.
La pareja. QUEZA.
Photograph. WHITE.
Poderío. QUEZA.
The Poet's Days. WHITE.
Siege. WHITE.
Vallejo. ARTE, BOCCA.
Vuelvo a tu redil. QUEZA.
Wishing. WHITE.
Yo no puedo vivir en la ignorancia. BOCCA.
LARA LÓPEZ, MARIO. BO. 1927- .
El tiempo subterráneo. BEDRE.
LARMIG, EDUARDO. PR.
El poeta ciego. ROAL.
LARRAHONA KÄSTEN, ALFONSO. CH. 1931- .
Lo que quise y he sido. URPILA.
Mi pozo. URPILA.
País ausente. URPILA.
Venía. URPILA.
LARRETA, ENRIQUE. AR. 1875-1961.
Ávila. GINAR.
La corrida. SONETO.
Lo divino. GINAR.
Granada. GINAR.
Las moradas, de Santa Teresa. GINAR.
Preludio Número 2. GINAR.
Primer amor. GINAR.
LARROSA, MARA. ME. 1956- .
Espaldas negras. ZAID.
LARROSA, VERA. ME. 1957- .
Boca azul. ZAID.
LARS, CLAUDIA (Carmen Brannon Beers De Samayoa Chinchilla). ES. 1899-1974.
Casa sobre tu pecho. CEA.
Ciudad bajo mi voz. SALVA.
Dibujo de la fuga. CEA.
Dibujo de la mujer que llega. TOPS.
Los dos reinos. CEA.
En un lugar del alma. BAEZA.
Evocación de Gabriela Mistral. TOPS.
Instante y elegía de un marino. CEA, CAILL.
Niño. CAILL.
Palabras de la nueva mujer. LAGOS, VOCES.
Porque soy vagabunda. CAILL.

Recollection of Gabriela Mistral. TOPS.
Romance del romancero gitano. ROAL.
Sketch of the Frontier Woman. TOPS.
Sobre rosas y hombres (poema tercero). BOCPA.
LASTRA, FERNANDO de la. CH. 1932- .
Conversar. ARTE.
Es relojero. ARTE.
La lejana ciudad. ARTE.
LASTRA, PEDRO. CH. 1932.
Informe para los extranjeros. ARTE.
Puentes levadizos. ARTE.
Ya hablaremos de nuestra juventud. ARTE.
LATORRE, CARLOS. AR. 1916- .
Hágalo. BACIU.
La inconquistable. BACIU.
Seramérica. BACIU.
LAUER, MIRKO. PE. 1947- .
Los Angeles. TORO.
En la noche de occidente. TORO.
In caelum et in infernum canis. TORO.
Ligero viento sobre el barrio de los ricos. DONOSO.
El producto/El nombre del producto. TORO.
Sobre un lugar común francés, italiano. TORO.
Sobre vivir. ORTEGA.
LAVÍN CERDA, HERNÁN. CH. 1939- .
Acuerdo de paz. QUEZA.
Ahora cuelgas. REYES.
Arte neurótica. DONOSO.
El astrobotánico. ARTE.
La autocrítica. QUEZA.
Begonias. REYES.
Begonias (Eng.). REYES.
Better the Fire. REYES.
La calavera. REYES.
Con fondo de ángeles. QUEZA.
Destierro. REYES.
Dios. QUEZA.
Eliminen los aplausos. QUEZA.
Eva. QUEZA.
El helicóptero. ARTE.
Mejor el fuego. REYES.
La muerte. ARTE.
Nieve. QUEZA.
Now You Hang Like a Broken Necklace. REYES.
The Skull. REYES.
Soberana Reina del Cielo, ayúdame. QUEZA.
La sombra. ARTE.
Unearthing. REYES.
La vida es así. QUEZA.
Ya no eres el hombre. QUEZA.
LÁZARO, FELIPE. CU. 1948- .
Despedida del asombro. CATO.
Epigrama desterrado. CATO.
Poema errante. CATO.
Tiempo de exilio. CATO.
LAZO MARTÍ, FRANCISCO. VE. 1864-1909.

Silva criolla. Invitación. CAILL.
LEDESMA, ROBERTO. AR. 1901-1966.
El canto de la torcaz. CAILL.
En otro tiempo. BAEZA, VILLOR.
La mirada desnuda. VILLOR.
Morada. CAILL.
Nunca. GINAR.
Rancho. CAILL.
Renunciamiento. SONETO.
Sequía. CAILL.
Sierra. CAILL.
Sur. CAILL.
Tierra de cielo. CAILL.
Tu cuarto. GINAR.
Tu voz. GINAR.
LEDUC, RENATO. ME. 1898- .
Aquí se habla del tiempo perdido. MONSI.
Aquí se transcribe la copia que mis oídos. MONSI.
Los buzos diamantistas. MONSI.
Cine. MONSI.
Credo. MONSI.
Epístola a una dama que nunca conoció elefantes. MONSI.
Epístola a una dama que nunca en su vida conoció elefantes. PAZ.
Inútil divagación sobre el retorno. PAZ.
Invocación a la Virgen de Guadalupe. MONSI, PAZ.
El mar. MONSI.
Soneto del tiempo. SONETO.
Temas. PAZ.
LEGUÍA Y MARTÍNEZ, GERMÁN. PE. 1861-1920.
Mi sol. SONETO.
LEIVA, RAÚL. GU. 1916- .
El agua. CAILL.
El aire. CAILL.
Ángel y deseo. CAILL.
Con la pureza de una fuente. CAILL.
Mundo indígena (last verse only). BAEZA.
La noche es una amante. CAILL.
Oscuro amor. CAILL.
La sed de amor. CAILL.
LEÓN, CARLOS AUGUSTO. VE. 1914- .
El caballo blanco. MEDINA.
Meditaciones sobre la poesía. CAILL.
La niña de la calavera. MEDINA.
¿Será la madurez esta tristeza . . . ? MEDINA.
Y ya no quedará sino un pozo muy negro. CAILL.
LEÓN, ELEAZAR. VE. 1946- .
Duración del amor. ESCA.
Hombre como un árbol. ESCA.
Jardín que nadie ve. ESCA.
Tiempo. ESCA.
LEÓN, MIGUEL ÁNGEL. EC. 1900-1942.
Hiperestesia. TAPIA.
LEÓN GUEVARA, ADELIS. VE. 1939- .
Décimas de la superstición llanera: El ánima sola. ESCA.
Décimas de la superstición llanera: La bola de fuego. ESCA.
Décimas de la superstición llanera: La llorona. ESCA.

Décimas de la superstición llanera: El silbón. ESCA.
Glosa. ESCA.
Patrafanía. ESCA.
LERENA ACEVEDO, ANDRÉS HÉCTOR. UR. 1895-1920.
Abre bien la ventana. GINURU.
No me mires así. GINURU.
El reloj de sol. GINURU.
LERIVEREND, PABLO. CU. 1907- .
Edifiqué una casa. CATO.
Está llamando un pedacito. CATO.
La forastera. CATO.
El vendedor de molinetes. CATO.
LETONA, RENÉ. GU. 1951- .
¡Cómo se agita! LETONA.
Cuando pases la mano. LETONA.
Hay noches que . . . LETONA.
Mantener una holgura. LETONA.
Un monde. LETONA.
No es el verano. LETONA.
¡Qué bien descansa! LETONA.
Si como decían. LETONA.
Subastador de la esperanza. LETONA.
¿Vendréis, rostros . . . ? LETONA.
LEWIN, TERESA de. AR. 1936- .
Yo me parezco a tu queja. TAPIA.
LEZAMA de TORRE, JOSÉ LUIS. ME. 1952- .
Recuerdo. ZAID.
LEZAMA LIMA, JOSÉ. CU. 1912-1976.
Ah, que tú escapes. JIMEN, ORTEGA, ROAL, TOPS.
Ah, That You Escape. TOPS.
Ahora penetra. ARAY.
Aparece Quevedo. ARAY.
Call of the Desirous. TOPS.
El coche musical. ARAY.
A Dark Meadow Invites Me. TOPS.
Dime, pregúntame. TARN.
Fragmentos de la noche. TOPS.
The Fragments of the Night. TOPS.
Hai kai en gerundio. ORTEGA.
El invisible arco de viñales (Frag.). JIMEN.
Llamado del deseoso. JIMEN, TARN, TOPS.
Minerva define el mar. JIMEN.
Nacimiento de La Habana. CAILL.
Noche insular: jardines invisibles. ORTEGA.
An Obscure Meadow Lures Me. TARN.
Una oscura pradera me convida. JIMEN, ORTEGA, ROAL, TARN.
El pabellón del vacío. ORTEGA.
Portrait of José Cemí (from the novel *Paradiso*). TOPS.
Un puente. Un gran puente. ARAY.
Rapsodia para el mulo. JIMEN, TOPS.
Retrato de José Cemí (de la novela *Paradiso*). TOPS.
Rhapsody for the Mule. TOPS.
La rueda. ARAY.
San Juan de Patmos ante la puerta latina. CAILL.
Las siete alegorías. ORTEGA.
Summons of the Desirer. TARN.

Tell Me, Ask Me. TARN.
Venturas criollas. JIMEN, SONETO.
Visita de Baltasar Gracián. ARAY.
LEZCANO, MARÍA JOSÉ. UR. 1971- .
Así me siento. URPILA.
Un poema sin nombre. URPILA.
Tormenta. URPILA.
Tres tiempos. URPILA.
LHAYA, PEDRO. VE. 1921- .
Aútshi y Wanülü. ESCA.
Cerca del mar. ESCA.
De la sombra no me quites nada. MEDINA.
Día negro. ESCA.
Enigma de la mujer. ESCA.
Escribiré tu nombre. ESCA.
Los Judas. MEDINA.
No entiendo nada. MEDINA.
LICON, CELIA. ME.
Ensueño. SALAS.
Flor y trigo. SALAS.
Hojas secas. SALAS.
Nace mi voz. SALAS.
Soledad. SALAS.
Sombría voz. SALAS.
Ternura. SALAS.
LIGUORI, FRANCISCO. ME. 1917- .
Día, mes y año. MONDRA.
Un egregio nacional. MONDRA.
Epitafio a Agustín Lara. MONDRA.
Ex abruptos. MONDRA.
Idiotape. MONDRA.
Inflación y deflación. MONDRA.
Sentencia canónica. MONDRA.
Tríptico del cansado oficio. MONDRA.
Viejo maestro. MONDRA.
¡Viva el cambio! MONDRA.
Ya se rumora. MONDRA.
LIHN, ENRIQUE. CH. 1929-1988.
Alicia en el país de las pesadillas. RUANO.
Amistades. PADRON.
Apología y condenación de las ramblas. PADRON.
Barro. ORTEGA, TOPS.
Beata Beatrix. PADRON.
Carne de insomnio. ORTEGA.
La casa del Ello. PADRON.
Celeste hija de la tierra. CALA.
Cementerio de Punta Arenas. CALA, DOORS, TOPS.
Cemetery in Punta Arenas. TOPS.
The Dark Room. TOPS.
De lo mismo. RUANO.
La despedida. CALA.
Elegía a Carlos de Rokha. SCARPA.
Elegía a Ernesto Che Gueva. DONOSO.
En qué no se parecen. PADRON.
Escombro. REYES.
Europeans. MARQUE.

Europeos. MARQUE.
Gallo. DOORS, PADRON.
Graveyard at Punta Arenas. DOORS.
Hoy murió Carlos Faz. CALA, SCARPA.
La invasión. FIERRO.
Leones del novecientos. REYES.
Lions of the Nineteenth Century. REYES.
Lo que has de ser. GINCHI.
Marta Kuhn-Weber. PADRON.
Mayor. SCARPA.
Memories of Marriage. TOPS.
Monólogo del viejo con la muerte. CALA, SCARPA.
Mud. TOPS.
Nada que ver en la mirada. REYES.
Nothing to See at a Glance. REYES.
Nunca salí del horroroso Chile. ORTEGA, PADRON.
Los peregrinos de Emaús. RUANO.
La pieza oscura. ORTEGA, PADRON, TOPS.
Poe. PADRON.
Porque escribí. ORTEGA, PADRON.
Recuerdos de matrimonio. TOPS.
Revolución. TOPS.
Revolution. TOPS.
Rooster. DOORS.
Trash. REYES.
Una nota estridente. ORTEGA.
La vejez de Narciso. CALA, GINCHI.
LIMA QUINTANA, HAMLET. AR. 1923- .
Del cuerpo en otro cuerpo. TAPIA.
Se llega allí por el preciso instante. TAPIA.
LIMÓN, MERCEDES. CU. 1952- .
A la soledad. CATO.
Ahí. CATO.
Hombre sin adjetivos. CATO.
Pegado siempre. CATO.
Piquín. CATO.
LINDO, HUGO. ES. 1917-1985.
Amiga, amada. BAEZA, TAPIA.
De la poesía. CEA.
Dejad, pués, que sucumba. CEA.
Frontera de la voz. CEA.
Ha muerto un niño. CEA, SALVA.
Invierno del Nahual. CEA, SALVA.
No era ilusión. CAILL.
No es deserción. CEA.
El poema fallido. CEA.
Trenos del desamparado. CEA.
LINDO, ROGER. ES. 1955- .
De un tirón. SALVA.
El muñeco. SALVA.
LIRA, MIGUEL N. ME. 1905-1961.
Corrido de Domingo Arenas. CAILL.
Rumba. MANSOU, SENSE.
LIRA, RODRIGO. CH. 1949-1981.
Ars Poetique (Eng.). WHITE.
Ars poetique (Span.).WHITE.

Cada uno de nosotros. ARTE.
Primera confesión (Frag.). ARTE.
LIRA SOSA, JOSÉ. VE. 1930- .
Designio. ESCA.
Fábula para revelar el misterio. ESCA.
Retorno a la penumbra. ESCA.
Sed de demencia. ESCA.
LISBOA, VENANCIO. CH. 1916- .
Apuntes para un poema. ARTE.
Arribo a la tierra. SCARPA.
Balada a un amigo muerto. ARTE, SCARPA.
El huerto dolorido. SCARPA.
Naturalezas muertas. GINCHI.
Nocturno. SCARPA.
Teopatía. SCARPA.
LISCANO, JUAN. VE. 1915- .
A puertas cerradas. PADRON.
Cáncer. PADRON.
La casa habitada. CAILL.
Cresta. PADRON.
Cuerpo del sueño. CAILL.
La doble flor. CAILL.
Elegía. CAILL.
Elogio. TAPIA.
Eterna juventud. CAILL.
Génesis. TAPIA.
Humano amor. CAILL.
Metamórfosis. PADRON.
Música inaudita. CAILL.
Nocturno IV. CAILL.
La realidad es ahí. PADRON.
Sequía. CAILL.
Tiempos de amor. MEDINA.
Tierra muerta de sed. MEDINA.
Variaciones sobre un tema de amor. CAILL.
El viaje. PADRON.
Viviente soledad. MEDINA.
LIST, EDGAR. ME. 1949- .
Aeronautas. MONDRA.
LIVIA TORINO, JOSÉ. PE. 1947- .
El falo encantado. TORO.
LIZALDE, EDUARDO. ME. 1929- .
Grande es el odio (Frag.). DONOSO.
LIZARDO, PEDRO FRANCISCO. VE. 1920- .
Círculos del hombre. MEDINA.
Poema desnudo. MEDINA.
El tiempo derramado. MEDINA.
LIZARZABURU, MARTHA. EC. 1944- .
Palabra de ternura inmóvil. VOCES.
LLAMBÍAS de ACEVEDO, ALFONSO. UR.
Advenimiento y muerte de doncel. GINURU.
LLANES, MANUEL. DR. 1899- .
El fuego. BAEZA.
LLANOS, ANTONIO. CO. 1905- .
Casa paterna. CAILL, GINCO.
LLANOS ALLENDE, VICTORIO. PR. 1897- .

Canto africano. MORA.
Como pintan a los negros. MORA.
Cuento de Baquiné. MORA.
Cuento negro. MORA.
La negra Cora. MORA.
Toromandinga. MORA.
Yo soy el negrito Ñénguere. MORA.
LLERAS RESTREPO de OSPINA, ISABEL. CO. 1911- .
El camarín del Carmen. GINCO.
LLERENA, JOSÉ ALFREDO. EC. 1912- .
Refugio en verano. CAILL.
Retorno. CAILL.
La yegua blanca y su potrito. CAILL.
LLERENA BLANCO, EDITH. CU. 1936- .
Un abril cualquiera. LETONA.
El almario. LETONA.
El ave interior. LETONA.
Canto a España (Frag.). CATO.
Casablanca. CATO.
Celos. LAGOS, VOCES.
Un corazón de verdad. LETONA.
Desde siempre. LETONA.
Las flautas y el aire. LETONA.
Ira. CATO.
La muerte y el aguacero. LETONA.
No es posible. LETONA.
Nostalgia. CATO.
Sed. LETONA.
Sortilegios del otoño. LETONA.
Visita de Dios. LETONA.
LLINAS, JULIO. AR. 1929- .
Ciudadano. BACIU.
Ella aguda alguna cosa. TAPIA.
El gran mal. BACIU.
Hambres. BACIU.
Muertes. BACIU.
El pabellón de los ilustres. BACIU.
Ventana. BACIU.
LLONA, MARÍA TERESA. PE.
El remanso. PERU.
LLONA, NUMA POMPILIO. EC. 1832-1907.
Amor. ROAL.
LLORENS TORRES, LUIS. PR. 1878-1944.
Amor sin amor. MARZAN.
Bolívar. BAEZA, CAILL, ROAL, SONETO.
La canción de las Antillas. CAILL.
Copla mulata. MORA, SENSE.
Imperialismo yanqui. FIERRO.
Love without Love. MARZAN.
Maceo (Eng.). MARZAN.
Maceo (Sonetos sinfónicos). CAILL, MARZAN.
La negra. MANSOU, MORA, SENSE.
El negro. MORA.
Rapsodia criolla. CAILL.
LOCKWARD, CLEMENTE A. DR. 1904- .
Era núbil. TAPIA.

LOCKWARD TILES, ANTONIO. DR. 1943- .
El hombre de las islas. BOCCA.
LOLO, EDUARDO. CU. 1945- .
Ana. TARN.
Anna. TARN.
If You Get Up. TARN.
Si Ud. se levanta. TARN.
LOMUTO, JORGE. AR.
Adiós al tren. URPILA.
Alfonsina. URPILA.
Epitafio final. URPILA.
LONDOÑO, VÍCTOR MANUEL. CO. 1877-1936.
Al colibrí. GINCO.
Ambición. CAILL.
La vejez del sátiro. TAPIA.
LÓPEZ, AGUSTÍN D. CU.
A José Martí, el poeta. CATO.
A nuestra lengua. CATO.
Me escuece la memoria. CATO.
Mi estrofa. CATO.
Soneto a mi esposa. CATO.
LÓPEZ, CÉSAR. CU. 1933- .
Cuando alguien muere. TARN.
I Can't Talk About Him. TARN.
Marco para un retrato en la familia. ARAY.
No puedo hablar de él. TARN.
Primer libro de la ciudad (Frag.). ARAY.
¿Qué le ocurrió? TARN.
What Happened to Her? TARN.
When a Man Dies. TARN.
LÓPEZ, LUIS CARLOS. CO. 1883-1950.
A mi ciudad natal. CAILL, GINCO.
Cuarto de hora. SONETO.
Hongos de la riba. CAILL.
Noche de pueblo. CAILL.
Pasas. CAILL.
Toque de oración. BAEZA.
Versos a la luna. CAILL.
LÓPEZ, MAEVE. UR.
Poema. BOCCA.
LOPEZ, NILA. PA. 1954- .
Revirtiendo. LAGOS, VOCES.
Una fábrica de domingos. LAGOS, VOCES.
LÓPEZ, RAFAEL. ME. 1873-1943.
La bestia de oro. MONSI.
La cuarentena. CAILL.
La emoción de la nieve. CAILL.
El Ixtacihuatl. CAILL.
El jardín claro. CAILL.
Maximiliano. CAILL.
Salomé. MONSI.
Venus suspensa. CAILL.
LÓPEZ ACUÑA, DANIEL. ME. 1954- .
Andante. COHEN.
Caja del sol. COHEN.
Claroscuro. COHEN.

Comer la tierra. COHEN.
Manuscrito hallado en Pompeya dentro de una vasija. COHEN.
El mundo de Cristina. COHEN.
Pentimento. COHEN.
Postales. COHEN.
Viaje a Oaxaca. ZAID.
LÓPEZ COLOMÉ, PURA. ME. 1952- .
Atemporal. GENERA.
Castres. ZAID.
LÓPEZ LÓPEZ, JOAQUÍN. PR. 1900-1942.
La Negra Macomba. MORA.
LÓPEZ MERINO, FRANCISCO. AR. 1904-1928.
Ángelus. CAILL, GINAR.
Estancias del agua especular. CAILL.
Ligeia. GINAR.
Soneto. CAILL.
LÓPEZ MIJARES, ANTONIO. ME. 1951- .
Artaud. ZAID.
LÓPEZ MORALES, EDUARDO. CU. 1939- .
De los felices ingenios. ARAY.
Luis de la Puente Uceda. ARAY.
Oda a la revolución. ARAY.
LÓPEZ NARVÁEZ, CARLOS. CO. 1897- .
A Jesucristo. GINCO.
LÓPEZ SAAVEDRA, JOSÉ CARLOS. UR. 1963- .
Con asombro. URPILA.
Hacia el vacío. URPILA.
Misiva. URPILA.
Oración. MORA, SENSE.
Yo y la muerte. URPILA.
LÓPEZ SURIA, VIOLETA. PR. 1926- .
Armando Martínez, de color. MANSOU.
Cactus. MORA.
Calypso. MORA.
La piel pegada al alma. MORA, SENSE.
LÓPEZ TENA, ANA MARÍA de. ME. 1919- .
A una rosa. SALAS.
La canción del árbol. SALAS.
Humana. SALAS.
Lluvia. SALAS.
Olvido. SALAS.
Tarde. SALAS.
LÓPEZ VALLECILLOS, ÍTALO. ES. 1932- .
Arriba, abajo. SALVA.
Cancioncilla. CEA.
Ciego afán. CEA.
Corazón te pareces a las grandes ciudades. CEA.
Difícil. CEA.
Mañana. SALVA.
Mediodía. CEA.
Mientras me llevan esposado. CEA.
Paternidad. SALVA.
Puro asombro. CEA.
Tiempo de recorrer caminos. CEA.
Visita. CEA.
Y voy y vengo incierto. CEA.

LÓPEZ VELARDE, RAMÓN. ME. 1888-1921.
A las vírgenes. MONSI.
Anima adoratriz. MONSI.
Ants. TOPS.
Baleful Return. TOPS.
Boca flexible, ávida. DEBI.
El campanero. MONSI.
El candil. PAZ.
Como las esferas. DEBI.
Cuaresmal. MONSI.
Del pueblo natal. SONETO.
Día 13. MONSI, PAZ.
Domingos de provincia. TOPS.
Elogio a Fuensanta. DEBI.
Hermana, hazme llorar. MONSI.
Hormigas. CAILL, DEBI, MONSI, JIMEN, PAZ, ROAL, TOPS.
Hoy, como nunca. MONSI.
Humildemente. CAILL, JIMEN, PAZ.
La mancha de púrpura. DEBI, MONSI.
Me estás vedada tú. MONSI.
El mendigo. MONSI.
Mi corazón se amerita. BAEZA, CAILL, MONSI, PAZ.
Mi prima Agueda. DEBI, JIMEN, MONSI, PAZ, TOPS.
Mi villa. CAILL.
My cousin Agueda. TOPS.
No me condenes. DEBI, MONSI.
Nuestras vidas son péndulos. MONSI.
Para tus dedos ágiles y finos. DEBI.
Pobrecilla sonámbula. CAILL.
Provincial Sundays. TOPS.
Que sea para bien. CAILL.
¿Qué será lo que espero? CAILL.
El retorno maléfico. DEBI, MONSI, PAZ, TOPS.
Ser una casta pequeñez. CAILL, MONSI.
Si soltera agonizas. MONSI.
El son del corazón. DEBI.
Suave patria. CAILL, JIMEN, MONSI, ROAL.
El sueño de los guantes negros. DEBI, PAZ.
Te honro en el espanto. MONSI.
La tejedora. CAILL, MONSI.
Tenías un rebozo de seda. DEBI.
Tierra mojada. CAILL, DEBI, JIMEN, MONSI, PAZ, ROAL, TOPS.
Todo. PAZ, MONSI.
Treinta y tres. MONSI.
Tus dientes. DEBI, MONSI.
Wet Earth. TOPS.
LÓPEZ VIDAURRE, REINALDO. BO. 1917-1973.
Balsa. BEDRE.
Los sapos. BEDRE.
LORA, JUAN JOSÉ. PE. 1902- .
Cabaretrín. PERU.
LORA Y LORA, JOSÉ E. PE. 1885-1908.
Piedad. PERU.
Rubén Darío. PERU.
LORCA, CAROLINA. CH. 1954- .
Como por ejemplo. VILLE.

Escena matinal. VILLE.
Mi locura poseyendo tu ojo izquierdo. VILLE.
LORENZO, SYLVIA. CO.
Soneto del retorno. LAGOS, VOCES.
LOSADA, BENITO RAÚL. VE. 1923- .
Ávila de medianoche. MEDINA.
Cuando miréis como al acaso. MEDINA.
LOYNAZ, DULCE MARÍA. CU. 1902- .
Agua escondida. CAILL.
Arpa. CAILL.
Canto a la tierra. CAILL.
Cuando vayamos al mar. CAILL.
Cyrina. CAILL.
Deseo. TAPIA.
Espejismo. CAILL.
Isla. CAILL.
Marinero de rostro oscuro. CAILL.
La selva. CAILL.
Señor que lo quisiste. CAILL.
Soneto. SONETO.
Tiempo. BAEZA.
LOYNAZ Y MUÑOZ, ENRIQUE. CU. 1904- .
Entre los lirios. CAILL.
He venido a buscar. CAILL.
El pescador. CAILL.
LOZANO, ORIETTA. CO. 1956- .
Eros. LAGOS, VOCES.
LOZANO Y LOZANO, JUAN. CO. 1902- .
La catedral de Colonia. GINCO.
La entrega. TAPIA.
El secreto. BAEZA, TAPIA.
La voz de la amada. GINCO.
LUGO, SAMUEL. PR. 1905- .
Lengua de pájaro. BAEZA.
LUGONES, LEOPOLDO. AR. 1874-1938.
A los Andes. GINAR.
A Buenos Aires. CAILL, FERNAN.
A los gauchos. MODER.
A Histeria. MODER.
A ti. CAILL.
A ti única. BAEZA.
Adagio. GINAR.
Alma venturosa. SONETO.
La blanca soledad. FERNAN, MODER, TOPS.
Camelia. GINAR.
El Canto. GINAR.
El canto de la angustia. MODER.
Los celos del sacerdote. TAPIA.
Las cigarras. CAILL.
Cisnes negros. CAILL.
Claridad triunfante. BAEZA.
Crepúsculos del jardín. CAILL.
Delectación morosa. FERNAN, MODER, TOPS.
Divagación lunar. MODER.
El dorador. GINAR.
Emoción aldeana. CAILL, MODER.

Endecha. CAILL.
Gray Waves. TOPS.
Himno a la luna. GINAR.
El himno de las torres (Frags.). MODER.
Historia de mi muerte. MODER.
Holocausto. MODER.
Indulgence. TOPS.
Los ínfimos. MODER.
El jilguero. MODER.
La joven esposa. CAILL.
León cautivo. VILLOR.
Lied de la estrella marina. CAILL.
Lied del secreto dichoso. CAILL.
Luna campestre. MODER.
Melancolía. GINAR.
El nido ausente. MODER, ROAL.
Oceánida. MODER, ROAL.
Olas grises. GINAR, TOPS.
Paisajes. CAILL.
La palmera. GINAR, MODER.
El pañuelo (A Javier de Viana). CAILL.
Paseo sentimental. CAILL.
Rain Psalm. TOPS.
El reo. FERNAN.
Ronda de los enanos. ROAL.
Salmo pluvial. CAILL, FERNAN, MODER, VILLOR, TOPS.
Serenata I. CAILL.
Silencio. GINAR.
El solterón. MODER.
La única. CAILL.
Venus victa. TAPIA.
La voz contra la roca (Frags.). MODER.
White Solitude. TOPS.
Ya . . . GINAR.
LUISI, LUISA. UR.
Agonía. GINURU.
Yo soy la piedra inmóvil. GINURU.
LUJÁN, FERNANDO. CR. 1912- .
Pescador. SEGURA.
LUKSIC, LUIS. BO. 1910- .
Soy dueño del tiempo. BEDRE.
LUNA, CONCHA. ME. 1945- .
Dos poemas. SALAS.
Primer espacio. SALAS.
LUNA, VIOLETA. EC. 1943- .
Búsqueda. BOCPA.
Cantos de temor y de blasfemia (Frags.). LAGOS, VOCES.
LUQUE MUÑOZ, HENRY. CO. 1944- .
Cortometraje. BOCCA.
Curso de estética. ABRIL.
Encuentro. ABRIL.
F. ABRIL.
H. ABRIL.
Informes. ABRIL.
Noticia. ABRIL.
Poema. ABRIL.

Viejo poema. ABRIL.

MACEDO, JUAN CARLOS. UR. 1943- .
Asunto personal. BOCCA.
Copernicana. BOCCA.
MACFIELD, DAVID. NI. 1936- .
A David Tejada Peralta. CARDE.
Black is Black (Span.). VOLCAN.
Black is Black. VOLCAN.
Cuando el equipo de León. CARDE, MANSOU.
El día es azul arriba. CARDE.
Grato es recordar. CARDE.
No hay nada en la ciudad. CARDE.
Uníos. CARDE.
Zoologías para hoy. CARDE.
MACHADO de ARNAO, LUZ. VE. 1916- .
Crepúsculo. MEDINA.
Elegía por el alma de las palabras. LAGOS, VOCES.
Embriaguez de la muerte. MEDINA.
El reconocimiento. CAILL.
Y otro día. MEDINA.
MACÍAS, ELVA. ME. 1944- .
Abuso de paciencia. MONDRA.
Adán y Eva sin nostalgia del paraíso perdido. COHEN.
Ala de sol. COHEN, MONDRA.
El arca de Noé. MONDRA.
Ascenso a San Cristóbal. COHEN, MONDRA.
Ausencia del unicornio. MONDRA.
Bajo un árbol. COHEN.
Bei Ta Ho. COHEN.
Breve fundamento para una ciudad. LAGOS, VOCES.
Canícula. MONDRA.
Freudiano. COHEN.
Frío destello. COHEN.
El gallo en el balcón. COHEN.
Hansel y Gretel. COHEN.
Hoy. COHEN.
El insomnio perfecto o el conjuro de la bella durmiente. COHEN.
Irreverencia. MONDRA.
El juego. COHEN, MONDRA.
Nostalgia. MONDRA.
El orante. COHEN, MONDRA.
Palenque. MONDRA.
Para que nada nos sorprenda. COHEN.
Los pasos del que viene. MONDRA.
Poemas desde Pekín. SALAS.
Que nada nos sorprenda. MONDRA.
Solicitud. BOCPA.
Tot. MONDRA.
Trovadoresco. COHEN.
Viajante. MONDRA.
Viendo partir las horas . . . MONDRA.
MADARIAGA, FRANCISCO. AR. 1927- .
Apariciones. ORTEGA.
Carta de enero. ORTEGA.
La negra y el calmante. TAPIA.

El nuevo testamento. ORTEGA.
Palmares colorados. ORTEGA.
El paraíso al revés. ORTEGA.
MAESO TOGNOCHI, CARLOS. UR. 1894-1925.
No se mueve mi corazón sin tu justa armonía. GINURU.
Profundidad del día y de la noche. GINURU.
MAGALLANES, MANUEL VICENTE. VE. 1922- .
En el umbral del canto. ESCA.
Horizonte de la espiga. ESCA.
Nada podrá la soledad. ESCA.
Los nombres inventados. ESCA.
MAGALLANES MOURE, MANUEL. CH. 1924-1978.
Adoración. CALA, GINCHI, TAPIA.
Alma mía. CAILL.
Amor. CALA, CAILL.
Ansiedad. TAPIA.
Apaisement. ARTE, BAEZA, CAILL, GINCHI.
Aquella tarde. TAPIA.
El barco viejo. CALA.
Los bueyes. GINCHI.
Luna de la medianoche. CAILL.
El manantial. CAILL.
Por la orilla de la mar. CAILL, CALA.
¿Recuerdas? ARTE, CAILL, CALA, GINCHI, SONETO.
El vendimiador a su amada. CAILL.
MAGALLÓN, MARÍA. ME. 1926- .
Aquí descansa. SALAS.
Deja el laurel. SALAS.
Para vivir contigo. SALAS.
Saetas. SALAS.
MAGRI, VALERIANO. UR.
Las cañadas. GINURU.
Los talas. GINURU.
MAIA, CIRCE. UR. 1932- .
Mito amazónico. BOCPA.
Sonidos. BOCPA.
MAIRENA, MARTÍN. UR. 1947- .
Poema. URPILA.
Señor, no la castigues. URPILA.
Y vio que su señor se resignaba. URPILA.
MALDONADO, HAYDEE. GU. 1921- .
Desorden especial. MONDRA.
Funeral. MONDRA.
Habitación. MONDRA.
Joven viajera. MONDRA.
Lentes de contacto. MONDRA.
Luz y sombra. MONDRA.
Necias amapolas. MONDRA.
Refugio. MONDRA.
Señales. MONDRA.
MALDONADO, RICARDO. ME. 1954- .
Institutio. ZAID.
MALINOW, INÉS. AR.
Allá van por el aire. TAPIA.
Amor cayendo. TAPIA.
MANERO, MERCEDES. ME.

¿A dónde? SALAS.
MANRIQUE CABRERA, FRANCISCO. PR. 1908- .
Canción rítmica. MANSOU.
Ritmo antillano. MANSOU, MORA, SENSE.
Zapatea negro. SENSE.
MANSILLA, SERGIO. CH. 1958- .
Amor. WHITE.
Ánimas errantes. WHITE.
Atardecer en Changüitad. WHITE.
Cauquil. WHITE.
Cauquil (Eng.). WHITE.
Dusk in Changüitad. WHITE.
Leaving. WHITE.
Life. WHITE.
Love. WHITE.
Partida. WHITE.
Tiempo. WHITE.
Time. WHITE.
La vida. WHITE.
Wandering Souls. WHITE.
MANSOUR, MONICA. AR. 1946- .
El amor entre nosotros agazapado. MONDRA.
Necesitaría un solo verso para ti. MONDRA.
Otros árboles. MONDRA.
Por tí se me han ido tantos barcos. MONDRA.
Silencios de tierra y otros árboles. MONDRA.
MAPLES ARCE, MANUEL. ME. 1900- .
80 H.P. DEBI.
Canción desde un aeroplano. DEBI, PAZ.
España, 1936. MONSI.
Fundación del olvido. DEBI.
Memorial de la sangre. DEBI, MONSI.
Partida. DEBI.
Prisma. DEBI, MONSI, PAZ.
Revolución. MONSI.
Urbe (Frag.). PAZ.
Verano. DEBI.
Y nada de hojas secas. CAILL.
MAQUIEIRA, DIEGO. CH. 1953- .
The Chicken Coop. WHITE.
El gallinero. WHITE.
I Blew up the Virgin of My Legs. WHITE.
Me sacaron por la cara. WHITE.
Me volé la virgen de mis piernas. WHITE.
Nadie sabe lo que yo hablo. WHITE.
No One Knows What I'm Talking About. WHITE.
They Dragged Me Out by My Face. WHITE.
Tu gran amor. WHITE.
Tus amiguitos eran unos perros. WHITE.
Your Great Love. WHITE.
Your Little Friends Were a Bunch of Dogs. WHITE.
MAR, MARÍA del (Angela Molt). ME. 1909- .
En tu soledad. SALAS.
Meditación. SALAS.
Música de su voz. SALAS.
Vida en mi muerte (Frag.). SALAS.

MARASSO, ARTURO. AR. 1890- .
La figura. CAILL, GINAR.
Luz en la noche. CAILL.
Medianoche. CAILL.
Sé que yo hubiera sido. CAILL, GINAR.
La velada. BAEZA.
MARCHENA, JULIÁN. CR. 1894- .
El olvido. BAEZA.
MARECHAL, LEOPOLDO. AR. 1900-1970.
A un domador de caballos. GINAR, JIMEN, VILLOR.
Abuelo cantabro. CAILL.
Cortejo. CAILL, GINAR, JIMEN.
De la adolescente. JIMEN.
De la cordura. JIMEN.
De Sophia. CAILL.
Del adiós a la guerra. FERNAN, JIMEN.
Del amor navegante. GINAR, JIMEN, VILLOR.
Del corazón arroquelado. SONETO.
Del hombre, su color, su sonido y su muerte. CAILL.
Descubrimiento de la patria. FERNAN.
Envío. CAILL.
La erótica (Frag.). TAPIA.
Introducción a la oda. CAILL.
Niña de encabritado corazón. FERNAN.
Poema sin título. BAEZA.
Primer encuentro con amor. CAILL.
Primera canción elbitense. JIMEN.
El viaje de la primavera. CAILL.
MARGENAT, HUGO. PR. 1933-1957.
Living Poetry. MARZAN.
La mirada certera. MARZAN.
Poética viva. MARZAN.
Tu aire de mi aire. MARZAN.
The Well-Aimed Stare. MARZAN.
Your Air of My Air. MARZAN.
MARÍN, LUIS ALFONSO. ME. 1953- .
Poema. ZAID.
MARÍN, RICARDO. CH. 1916.
Sobre la piedra. GINCHI.
MARÍN MEDEROS, THELVIA. CU. 1926- .
El don de no saber. BOCPA.
Elegía por mis caminos muertos. BAEZA.
MARINELLO, JUAN (pseud.). CU. 1898- .1977.
Yo sé que ha de llegar un día. ROAL.
MARIO, JOSÉ. CU. 1940- .
Anti-climax. CATO.
Raya en el techo del amor. DONOSO.
Segundo poema a C. CATO.
MARIO, LUIS. CU. 1935- .
Juana de Ibarbourou. URPILA.
Lo invicto. URPILA.
Prófugo de la sal. URPILA.
MÁRMOL, LUIS ENRIQUE. VE. 1897-1926.
El extranjero. CAILL.
Hoy tengo un ansia. CAILL.
Una mujer me llena de luz. CAILL.

MÁRMOL, MATILDE. VE. 1921- .
Balada de los insectos. ESCA.
Diariamente. ESCA.
Nocturno. ESCA.
Ofrenda uno. ESCA.
Poema. ESCA.
MÁRQUEZ, ENRIQUE. CU. 1952- .
E. P. quiere morir. CATO.
Fear of Words (Span.). CATO.
G.B. CATO.
Visitación de la lluvia. CATO.
MÁRQUEZ, SELVA. UR. 1903- .
A los otros. GINURU.
Lamentaciones. GINURU.
MARQUINA, MAURICIO. ES. 1946- .
Un afiche que refresca la memoria. CEA.
Criaturas fosforescentes. Niños. CEA.
Escuchando los ruidos de tu cuerpo. CEA.
Me basta la palabra. SALVA.
Un monólogo inconcluso. CEA.
Obscenidades para hacer en casa. CEA.
Rosas rojas para una dama triste. CEA.
Sueño de infancia. CEA.
MARRÉ, LUIS. CU. 1929- .
And There Was a Ranch in Hell. TARN.
Antielegía. ARAY.
Asalto al paraíso. ARAY.
Cabezazo con la muerte. ARAY.
Canción. ARAY.
Donde uno vive. ARAY.
En el paseo del prado. ARAY.
I Had in My Hand. TARN.
Mi infancia. ARAY.
Si me preguntan. ARAY.
Tenía en mi mano. TARN.
Y también hube una estancia en el infierno. TARN.
MARRERO, RAFAEL ENRIQUE. CU. 1914- .
Elegía en el tiempo. BAEZA.
MARTÁN GÓNGORA, HELCIAS. CO. 1920- .
Mujer negra. MANSOU.
Son de Jamaica. CAILL, MANSOU.
Sonetos españoles. GINCO.
MARTELL, CLAUDIO (Jaime F. Egusquiza). CU. 1956- .
A solas y caído. CATO.
Un gozo inefable. CATO.
Huellas. CATO.
No hay respuestas. CATO.
Radiante espesura. CATO.
MARTÍ, JOSÉ. CU. 1853-1895.
28 de noviembre. CAILL.
A los espacios. CAILL.
Académica. CEAL.
Al buen Pedro. CEAL.
Amor de ciudad grande. CEAL, MODER.
Banquete de tiranos. CEAL.
Bien: yo respeto. MODER.

Canto de Otoño. MODER.
Contra el verso retórico. TOPS.
Copa ciclópea. CEAL.
Copa con alas. CEAL, MODER.
Cultivo una rosa blanca. ROAL.
Dedicatoria. CEAL, MODER.
Dos patrias. MODER. TOPS.
Elogio del verso. CAILL.
Entre las flores del sueño. MODER.
El esclavo muerto. MANSOU, SENSE.
Flores del cielo. CEAL.
Hierro. CAILL, CEAL, MODER.
Homagno. CEAL, MODER.
Homagno audaz. CEAL.
I Dream Awake. TOPS.
Isla famosa. CAILL.
Mantilla andaluza. CEAL.
Mi caballero. CAILL.
Mi poesía. CEAL.
Mi reyecillo. CAILL.
Mis versos. CEAL, MODER.
Mis versos van revueltos. CAILL, CEAL.
Musa traviesa. CEAL, MODER.
No, música tenaz. CEAL.
The Opposite of Ornate and Rhetorical Poetry. TOPS.
Para Aragón en España. ROAL.
Penachos vívidos. MODER.
Poética. MODER.
Pollice verso (memoria de presidio). CEAL.
Pomona. CEAL, TAPIA.
Pórtico. CEAL.
Príncipe enano. CAILL. MODER.
Quieren ¡oh mi dolor! SONETO.
El rayo surca. MORA.
Sed de belleza. CEAL.
Siempre que hundo la mente en libros graves. MODER.
Simple Verses. TOPS.
Sueño despierto. TOPS.
Tórtola blanca. CEAL.
Two countries. TOPS.
Valle lozano. MODER.
Versos sencillos. CAILL, TOPS.
Yo sacé lo que en el pecho tengo. CEAL.
Yo soy un hombre sincero. CEAL, MODER.
Yugo y estrella. MODER.
Los zapaticos de Rosa. CAILL.
MARTÍN, CARLOS. CO. 1914- .
Retrato. GINCO.
MARTÍNEZ, DAVID. AR. 1921- .
Canto a Caa Cati (Frag.). VILLOR.
MARTÍNEZ, ERIK. CH. 1944- .
Sueños de la tarde sobre la tierra húmeda. ARTE.
MARTÍNEZ, GASTÓN ALEJANDRO. ME. 1956- .
Poema. ZAID.
MARTÍNEZ, ISABEL. EC.
Mutación. BOCPA.

MARTÍNEZ, JUAN LUIS. CH. 1942- .
Adolf Hitler y la metáfora del cuadrado. WHITE.
Adolph Hitler and the Metaphor of the Square. WHITE.
The Cheshire Cat. WHITE.
Fox terrier desaparece en la intersección de las avenidas. WHITE.
Fox Terrier Disappears at the Intersection. WHITE.
Fox terrier no desaparecido no reaparece. WHITE.
El gato de Cheshire. WHITE.
La identidad. WHITE.
The Identity. WHITE.
Non-Missing Fox Terrier Does Not Reappear. WHITE.
The Probable and Improbable Disappearance of a Cat. WHITE.
La probable e improbable desaparición de un gato. WHITE.
Tania Savich and the Phenomenology of the Round. WHITE.
Tania Savich y la fenomenología de lo redondo. WHITE.
El teorema del jardín. WHITE.
The Theorem of the Garden. WHITE.
MARTÍNEZ, LUIS MARÍA. PA. 1933- .
Así. VALLE.
Yo. VALLE.
MARTÍNEZ, URIEL. ME. 1953- .
Aquel cumpleaños. COHEN.
Las demasiadas escaleras. COHEN.
El incapaz contento. COHEN.
Nocturno murmullo. COHEN.
Los suicidas. ZAID.
El tejedor de milagros. COHEN.
El tranvía que habito. COHEN.
MARTÍNEZ, WALTER. HO.
Oil painting. VOLCAN.
Óleo. VOLCAN.
MARTÍNEZ ALBÍN, HOMERO. UR.
Paisaje expresivista. GINURU.
MARTÍNEZ ARENAS, JOAQUÍN. CH. 1914- .
Génesis del canto. GINCHI.
MARTÍNEZ CALDERA, MARIO. NI. 1958- .
Cálculos para de un salto imprescindible. RUANO.
El disfrazado. RUANO.
MARTÍNEZ ESTRADA, EZEQUIEL. AR. 1895-1964.
Ascensión. VILLOR.
Coplas de ciego. FERNAN.
Ezequiel Martínez Estrada. CAILL.
Felipe II. CAILL.
Humoresca quiroguiana. FERNAN.
El mate (Frags.). BAEZA, CAILL.
Miro tus ojos. FERNAN.
Pena. CAILL, GINAR.
Quiero quedarme. FERNAN.
Río de Plata. CAILL, GINAR.
Sueño. CAILL.
Tejes. FERNAN.
La vida es seria. SONETO.
Walt Whitman. CAILL, GINAR.
MARTÍNEZ HOWARD, ALFREDO. AR. 1909-1968.
Hombros de Adriana. VILLOR.
MARTÍNEZ LAMARQUE, CECILIA. ME. 1935- .

Poema. SALAS.
MARTÍNEZ LUJAN, DOMINGO. PE. 1875-1933.
Las hojas de la parra. PERU.
MARTÍNEZ MATOS, JOSÉ. CU. 1930- .
Che. ARAY.
Los conquistadores. ARAY.
Explicaciones. ARAY.
Honorato Rojas. ARAY.
Muerte de una abuela. ARAY.
Prólogo. ARAY.
Romeo y Julieta. ARAY.
Romeo y Julieta. ARAY.
Variaciones. ARAY.
Voluntario. ARAY.
MARTÍNEZ MUTIS, AURELIO. CO. 1885-1954.
Luz de alba. GINCO.
MARTÍNEZ RIVAS, CARLOS. NI. 1924- .
Ars poética. ORTEGA.
Beso para la mujer de Lot. ORTEGA.
Canción de cuna sin música. CARDE.
Eclesiastés. ORTEGA.
Managua-mayo. CARDE.
Memoria para el año viento inconstante. CARDE.
Los minnesinger de l'eau qui fait pschitt. CARDE.
No. CARDE.
Nota social. CARDE.
Port Morazan. VOLCAN.
Puerto Morazán. CARDE, VOLCAN.
La puesta en el sepulcro. CARDE.
Villancico. CARDE.
MARTÍNEZ SALGUERO, JAIME. BO. 1936- .
Agua 2. QUIROS.
Agua 10. QUIROS.
Aire 10. QUIROS.
Aire 13. QUIROS.
Coloquio con el tiempo. BEDRE.
Lluvia 4. QUIROS.
Montaña 11. QUIROS.
Nubes 11. QUIROS.
MARTÍNEZ VILLENA, RUBÉN. CU. 1899-1934.
El anhelo inútil. BAEZA.
Canción del sainete póstumo. CAILL.
El gigante. CAILL.
La medalla del soneto clásico. SONETO.
Paz callada. CAILL.
La pupila insomne. BAEZA.
Sinfonía urbana. CAILL.
MARTOS, MARCO. PE. 1942- .
Ajedrez. TORO.
Carpe diem. RUANO.
Casti connubi. TORO.
Contra Critias. TORO.
Daguerrotipo. RUANO.
Lima. TORO.
Muestra de arte rupestre. TORO.
Naranjita. TORO.

Sictus dicebamus hesterna die. BOCCA.
Varona y varón. RUANO.
MARZÁN, JULIO. PR. 1946- .
Epitafio. MARZAN.
Epitaph. MARZAN.
Friday Evening. MARZAN.
Graduación, 1965. MARZAN.
Graduation, 1965. MARZAN.
Viernes social. MARZAN.
MARZIALETTI M. de GASPARI, TERESA NÉLIDA. AR. 1940- .
Entrego. URPILA.
No quiero que el tiempo. URPILA.
Una mirada. REYES, URPILA.
MASSONI LUSBY, MARTA. UR. 1938- .
Cuando todo regrese a la palabra. URPILA.
Locura. URPILA.
MASSEY, MARY. UR. 1933- .
¿Podrías acaso? URPILA.
Y tú así. URPILA.
MASSIS, MAHFUD. CH. 1916- .
Ahora que te llamo Ágata. CAILL.
Búsqueda del príncipe degollado. CAILL.
La joven bestia. CAILL.
MASSONE, JUAN ANTONIO. CH. 1950- .
Este ser tú, acumulado. ARTE.
El ojo diluído. ARTE.
Tres es el número perfecto. ARTE.
MASTRETTA, ÁNGELES. ME. 1949- .
La pájara pinta. BOCPA.
MASTRONARDI, CARLOS. AR. 1900-1978.
Luz de provincia. CAILL, GINAR, VILLOR.
Romance con lejanías. VILLOR.
MATAMOROS, MERCEDES. CU. 1858-1906.
Anhelos. SONETO.
MATEO, ANDRÉS L. DR 1945- .
Portal de un mundo. BOCCA.
MATERÁN ALFONZO, ORLANDO. VE. 1942.
Coloquio con el hijo. ESCA.
Entre dos silencios. ESCA.
Me gusta andar con mi tristeza. ESCA.
Presencia. ESCA.
MATHIEW, SANTIAGO. AR.
Venezuela combatiente. DONOSO.
MATOS PAOLI, FRANCISCO. PR. 1915- .
Canto de la locura (Frag.). ORTEGA.
Madre, qué frio tengo. ORTEGA.
Pedro se llama. ORTEGA.
Porque soy el poeta. ORTEGA.
¿Y qué más da? ORTEGA.
Yo conocí. ORTEGA.
Yo estuve un día aquí. ORTEGA.
Yo no puedo. ORTEGA.
MATTE ALESSANDRI, ESTER. CH. 1920- .
Carta. ARTE.
Saint Michel. ARTE.
MATUTE, CARMEN. GU.

Entonces. VOCES.
MAYA, RAFAEL. CO. 1897- .
Allá lejos. CAILL, ARBEL.
Capitán de veinte años. CAILL.
Credo. ARBEL.
De nuevo, las fuentes. ARBEL.
Interior. CAILL.
Invitación a navegar. ARBEL, CAILL, GINCO.
El nocturno del alba. CAILL, GINCO.
Rosa entre rosas. BAEZA.
Viento. ARBEL.
MAYORGA RIVAS, RAMÓN. NI. 1862-1925.
Venus púdicas. SONETO.
MAZZEI, ÁNGEL. AR. 1920- .
Canción de paso. VILLOR.
Domingo. VILLOR.
MEDINA, DANTE. ME. 1954- .
A Marc Chagall. ZAID.
MEDINA, GENEROSO. UR. 1923- .
Égloga del niño. GINURU.
MEDINA, JOSÉ RAMÓN. VE. 1921- .
La aldea. CAILL.
Atardecer. CAILL.
Elegía. CAILL.
Infancia. CAILL.
MEDINA, RUBÉN. ME. 1954- .
Cómo desnudar a una mujer con un saxofón. GENERA.
Malamuerte. GENERA.
Los poetas ya no van a París. GENERA.
Príamo. GENERA.
MEDINA, SAMUEL WALTER. ME. 1953- .
Aerodúo-VI-T2-77. GENERA.
Oración del escritor estéril. GENERA.
MEDINA, SERGIO. VE. 1882-1933.
Fragilidad. SONETO.
MEDINACELI, CARLOS. BO. 1899-1949.
Crepúsculo campesino. BEDRE.
MEDINACELI, GUSTAVO. BO. 1923-1957.
Detén tu adolescencia. QUIROS.
Imagen y obsesión. QUIROS.
La mía Doña Ximena (Frags.). QUIROS.
La niña del sístole inconforme. QUIROS.
Poemas del lunes. BEDRE.
El poeta describe a preludio. QUIROS.
MEDIZA, ALBERTO. UR. 1942- .
Del instrumento necesario. BOCCA.
Epitafio para perros decapitados. TAPIA.
MEJÍA, EPIFANIO. CO. 1838-1913.
La muerte del novillo. ROAL.
MEJÍA, FELICIANO. PE. 1948- .
La avanzada. TORO.
La segunda verdad. TORO.
El zapato único. TORO.
MEJÍA, MARIO ALBERTO. ME. 1956- .
La abuela no conoce de licores. BOCCA.
En el inicio. BOCCA, ZAID.

MEJÍA SÁNCHEZ, ERNESTO. NI. 1923- .
El César y la carne. CARDE.
Crudelísima cruz. CAILL.
The Death of Somoza. VOLCAN.
Ensalmos y conjuros. CAILL.
Epitafio del desterrado. CARDE.
Las manchas del tigre. CARDE, PADRON.
Más que a mí la aborrezco. CAILL.
La muerte de Somoza. CARDE, VOLCAN.
La poesía. CAILL.
La sangre de su muchacho. CARDE.
El solitario. CAILL.
Los Somozas. CARDE.
Soneto. SONETO.
La vida espiritual. PADRON.
MELDIÚ, LÁZARA. ME.
Color. SALAS.
Tus ojos. SALAS.
MELÉNDEZ de ESPINOSA, JUANA. ME. 1914- .
Elegía. SALAS.
Estancia de la rosa. SALAS.
Este aire. SALAS.
Este correr. SALAS.
Yo bien quisiera. SALAS.
MELO, ENRIQUE AMADO. UR. 1942- .
Domingo. URPILA.
Ese tiempo. URPILA.
Instantánea. URPILA.
MEMET, JOSÉ MARÍA. CH. 1957- .
El abandonado. ARTE.
Bonne année. ARTE.
La misión de un hombre que respira. ARTE.
MENA, JUAN CARLOS. ME. 1956- .
Poema. ZAID.
MENARES, MARÍA CRISTINA. CH. 1914- .
Jazmín de María Carlota. GINCHI.
MENASSA, MIGUEL OSCAR. AR. 1940- .
Poema. URPILA.
MÉNDEZ, FRANCISCO. NI. 1908-1962.
Nocturno número 3. CAILL.
Nocturno número 4. CAILL.
Sangre en una piedra. CAILL.
MÉNDEZ CAMACHO, MIGUEL. CO. 1942- .
Don Pablo. ABRIL.
Escrito en la espalda de un árbol. ABRIL.
La formal. ABRIL.
Kampeones. ABRIL.
Lucrecia. ABRIL.
El mundo es verde. ABRIL.
Paula. ABRIL.
MÉNDEZ de la VEGA, LUZ. GU.
Tema bíblico. LAGOS, VOCES.
MENDÍA, CIRO. CO. 1894-1979.
Fantasía para un sábado sin límites. ARBEL.
Naturaleza muerta en amarillo. ARBEL.
MENDILAHARSÚ, JULIO RAÚL. UR. 1887-1924.

Hebreos. GINURU.
MENDIOLA, VICTOR MANUEL. ME. 1954- .
El anciano presiente aquella playa. COHEN.
Cada golpe en la vida debe ser. COHEN.
Cerca, muy cerca de la noche. COHEN.
Deja los asideros engañosos del muelle. COHEN.
Esas mañanas tiernas para entrar a la escuela. COHEN.
La eternidad del agua. ZAID.
Los hombres suaves tienen la voz fluyendo en agua. COHEN.
Inmóvil bajo el peso del espíritu. COHEN.
Me digo: mira el agua. COHEN.
Sobre el muelle del aire me corrompo. COHEN.
Toco sobre mi piel la entraña oscura. COHEN.
Una ola invade la región desierta. COHEN.
MENDIZÁBAL CAMACHO, CARLOS. BO. 1919- .
El cacto. BEDRE.
Calle tinera. BEDRE.
Los cerros. BEDRE.
El granizo. BEDRE.
El invierno. BEDRE.
MENDIZÁBAL SANTA CRUZ, LUIS. BO. 1907-1946.
El buho de alas rojas. BEDRE.
Estaño. BEDRE.
Sombras. BEDRE.
MENDOZA, HURTADO de. AR.
Equívoco gratuito. DONOSO.
MENDOZA, JAIME. BO. 1874-1939.
Lluvia. BEDRE.
Tiahuanacu (Frag.). BEDRE.
MENDOZA, RAFAEL. ES. 1943- .
Aclaración intencional de los derechos humanos. SALVA.
Derecho a casarse y fundar familia. SALVA.
El derecho a la propiedad. SALVA.
Las flores de cedro. SALVA.
Melodía de arrabal. ALEGRI.
MENDOZA SAGARZAZU, BEATRIZ. VE. 1926- .
Casa vegetal. ESCA.
Debussy. ESCA.
Mozart. ESCA.
Y un día vendrá. ESCA.
MENDOZA VARELA, EDUARDO. CO. 1918- .
Pastoral. GINCO.
MENEN DESLEAL, ÁLVARO. ES. 1931- .
Canto al ciudadano norteamericano número doscientos millones. CEA.
Ceremonia de izar la bandera en la Casa Blanca. CEA.
Cuídate del coleóptero. CEA.
Martin Luther King narra como la guardia. CEA.
Naturaleza del suelo en la R.F. de Alemania. CEA.
No escribas con el corazón. CEA.
Nota a una señora que me acusa de inmoral. CEA.
Oración que ayuda a bien condenarse a un tirano. CEA.
Recetas a una vieja burguesa para que sea feliz. CEA.
MENÉNDEZ, JUAN CARLOS. UR. -1929.
Voluptuosa. TAPIA.
MENÉNDEZ ALBERDI, ADOLFO. CU. 1909- .
Canción de lo imposible. BAEZA.

MENESES, VIDALUZ. NI. 1944- .
Cachikel woman. VOLCAN.
Mujer cachikel. VOLCAN.
La propia insurrección. LAGOS, VOCES.
MERCADO, GUILLERMO. PE. 1900- .
La procesión. PERU.
MERCURIO (Luis Zamora). BO. 1950- .
Dejadnos vivir. BEDRE.
El silencio. BEDRE.
MERETTA, JORGE. UR. 1940- .
Autorretrato. URPILA.
Lunes. URPILA.
Memoria corporal (Frag.). URPILA.
MERINO REYES, LUIS. CH. 1912- .
Dos sonetos de olvido. ARTE.
Hijos. GINCHI.
Saludo al mar. GINCHI.
MERLINO, SALVADOR. AR. 1903-1959.
Identidad. VILLOR.
MERODIO TAMES, MARÍA del CARMEN. ME. 1949- .
Ausencia. BOCCA.
Querido diario. BOCCA.
MESA SECO, MANUEL FRANCISCO. CH. 1925- .
Padre Lacunza. ARTE.
Se empieza a vivir. ARTE.
MEZA, CARLOS E. CO.
Jazmín solo. GINCO.
MEZA FUENTES, ROBERTO. CH. 1899- .
Canta mi corazón. GINCHI.
La niña que se fue a ver el mar. GINCHI.
MICHEL, CONCHA. ME. 1899- .
Dios, Nuestra Señora (Frag.). FLORES.
God, Our Lady (Frag.). FLORES.
MICHELENA, MARGARITA. ME. 1917- .
A las puertas de Sion. CAILL, MONSI.
La casa sin sueño. MONSI.
La desterrada. SALAS, PAZ.
Enigma de la rosa. CAILL.
Golpe en la piedra (Frag.). PAZ.
Hipótesis del vuelo. SALAS.
Inscripción fraternal. SALAS.
Monólogo del despierto (Frag.). PAZ.
Monólogos del despierto. SALAS.
Por el laurel difunto. MONSI.
El sueño del hombre. MONSI.
El velo centelleante. MONSI.
MICHELENA FORTOUL, RAFAEL. VE. 1894- .
Siempre. BAEZA.
MIER, RAYMUNDO. ME. 1953- .
Construcciones I. ZAID.
MIESES BURGOS, FRANKLIN. DR. 1907- .
Canción de la niña que iba sola. CAILL.
Canción de la voz florecida. CAILL.
Canción de los ojos que se fueron. CAILL.
Las dos rosas. CAILL.
Estrella matutina. CAILL.

Poema a la palma. BAEZA.
¿Qué serafín es éste? CAILL.
Rosa en vigilia. CAILL.
MILÁN, EDUARDO. UR. 1952- .
Brenda. BOCCA.
MILÁN, ELENA. ME.
El complicadísimo problema de como violar . . . LAGOS, VOCES.
La increíble y dulce historia de mi Don Juan. BOCPA.
MILLÁN, GONZALO. CH. 1947- .
1972. QUEZA.
A la siempreviva. BOCCA.
Los aros de hierro del triciclo. WHITE.
El automóvil. QUEZA.
Breaktime. REYES.
Cárcel. REYES.
Como un pez se me pierde tu rostro de mis aguas. ARTE.
Corner. WHITE.
Cornucopia. QUEZA.
Correspondencia. ARTE, REYES.
Disco de oro. QUEZA.
En blancas carrozas, viajamos. ARTE.
Eremita. QUEZA.
Espejos. ARTE.
Firing Squad. REYES.
El fusilado. REYES.
I Play Childish Songs with a Grimace on My Lips. WHITE.
The Iron Wheels of the Tricycle Without Tires. WHITE.
Los ladrones de uvas. BOCCA.
Mail. REYES.
Nadie. ARTE, WHITE.
No one. WHITE.
El paseo del sastre desnudo. ARTE, CALA.
La pausa. REYES.
Poem 13 from the City. WHITE.
Poem 20 from the City. WHITE.
Poem 48 from the City. WHITE.
Poem 60 from the City. WHITE.
Poema 13 de la ciudad. WHITE.
Poema 20 de la ciudad. WHITE.
Poema 48 de la ciudad. WHITE.
Poema 60 de la ciudad. WHITE.
Prison. REYES.
Propiedades. QUEZA.
Rincón. WHITE.
Si me abrieras el puño me hallarías . . . CALA.
Toco rondas infantiles con una mueca. BOCCA, QUEZA, WHITE.
Urna (4-IX-70). QUEZA.
El valor de la corchea es la octava parte. BOCCA, QUEZA.
Visión. WHITE.
Vision (Eng.). WHITE.
Y como una mala canción de moda te nombro. CALA, QUEZA.
MILLAS, JORGE. CH. 1917- .
Mar, soledad, eternidad. GINCHI.
MINELLI GONZÁLEZ, PABLO. UR. 1883- .
Causa y secreto. GINURU.
Las puertas. GINURU.

¿Sabes tú? BAEZA.
MIR, PEDRO. DR. 1913- .
Act I. MARQUE.
Act II. MARQUE.
Amén de mariposas. MARQUE.
Amen to Butterflies. MARQUE.
Contracanto a Walt Whitman. ORTEGA.
MIRANDA CASANOVA, HERNÁN. CH. 1941- .
Antes de que las manzanas maduren. QUEZA.
En mi pueblo natal, en el tiempo. BOCCA, QUEZA.
Escena. QUEZA.
Estamos en la ciudad. BOCCA, QUEZA.
Insectario. QUEZA.
Pronóstico meteorológico. BOCCA.
MIRÓ, CESAR. PE. 1905- .
Perfil de marinero en la ciudad. PERU.
MIRÓ, RICARDO. PN. 1883-1940.
La canción del marinero. CAILL.
Las garzas. CAILL.
El miedo de Don Juan. BAEZA.
Patria. ROAL.
Tardes sentimentales. CAILL.
La última gaviota. CAILL.
MISTRAL, GABRIELA (Lucila Godoy Alcayaga). CH. 1889-1957.
La abandonada. GINCHI, SCARPA.
Agua. CALA.
El agua. GINCHI.
The Alien. FLORES.
Almuerzo al sol. SCARPA.
Amo amor. ARTE, BAEZA, CAILL, SCARPA.
Apegado a mí. TOPS.
Ausencia. ARTE, CAILL.
Balada. CAILL, CALA, SCARPA.
Beber. CALA, SCARPA.
Bío-Bío. CALA.
Canción de la muerte. ARTE.
La casa. GINCHI, TOPS.
Close to Me. TOPS.
Cordillera. SCARPA.
Cosas. ARTE, CALA, JIMEN, SCARPA.
Credo. CAILL.
Decálogo del artista. TOPS.
Decalogue of the artist. TOPS.
Desolación. LAGOS, VOCES.
Despedida. SCARPA.
Dios lo quiere. JIMEN, SCARPA.
Dos ángeles. ARTE, SCARPA.
Elogio del aceite. ARTE.
Emigrada judía. FLORES.
Emigré Jewess. FLORES.
Encargos. SCARPA.
Éxtasis. CALA, CAILL.
La extranjera. ARTE, FLORES.
El fantasma. CALA.
Final Tree. TOPS.
La flor del aire. CALA, TOPS.

The Flower of Air. TOPS.
Gestos. CALA.
Gotas de hiel. CAILL.
Herramientas. SCARPA.
Hijo árbol. SCARPA.
The House. TOPS.
La huella. SCARPA.
Interrogaciones. CAILL, GINCHI.
Íntima. TAPIA, CAILL.
Islas australes. SCARPA.
Lago Llanquihue. BAEZA.
La maestra rural. SCARPA.
La manca. CALA.
Manos de obreros. FIERRO.
Meciendo. GINCHI.
La medianoche. ARTE, SCARPA.
Montañas mías. SCARPA.
Una mujer. TOPS.
El niño solo. SONETO.
Nocturno. ARTE, CAILL, GINCHI, SCARPA.
Nocturno de la consumación. GINCHI.
Nocturno de la derrota. GINCHI.
La otra. SCARPA.
País de la ausencia. ARTE.
La pajita. ARTE, GINCHI.
Una palabra. TOPS.
Pan. ARTE, CALA, JIMEN, SCARPA.
Patagonia. SCARPA.
Procesión india. SCARPA.
Puertas. CALA, JIMEN, SCARPA.
El ruego. CAILL, GINCHI, ROAL, SCARPA.
Sal. SCARPA.
Salto del Laja. ARTE, CALA.
Sol del trópico. GINCHI.
Los sonetos de la muerte. ARTE, BOCPA, CAILL, GINCHI, JIMEN, ROAL, SCARPA.
Sueño grande. CAILL, JIMEN, SCARPA.
El suplicio. CAILL.
Tenías que morir. TAPIA.
Todas íbamos a ser reinas. ARTE, CALA, JIMEN, SCARPA.
Tres árboles. ARTE, CAILL, SCARPA.
Tribulación. CAILL, GINCHI.
Ultimo árbol. JIMEN, TOPS.
Vergüenza. CAILL, ROAL, TAPIA.
Vieja. CALA.
A Woman. TOPS.
One Word. TOPS.

MITRE, EDUARDO. BO. 1943- .
Añoranza. QUIROS.
El ausente. QUIROS.
Carta. QUIROS.
Cita. BEDRE.
Cuerpos. QUIROS.
Olvido y piedra. QUIROS.
Poema. BEDRE.
Poema. BEDRE.
Pueblo. QUIROS.

Razón ardiente. ORTEGA.
El santo. QUIROS.
Trébol de cuatro hojas. QUIROS.
MIZÓN, LUIS. CH. 1942- .
El árbol arde y sueña. ARTE.
Cerca de mi ciudad desmemoriada. ARTE.
Desde el extremo de la mesa. ARTE.
La explosión del silencio. ARTE.
MOBILI, JORGE ENRIQUE. AR. 1927- .
Imperio. TAPIA.
MOGOLLÓN, JUAN ÁNGEL. VE. 1932- .
El paraíso perdido. ESCA.
Paso del estío. ESCA.
El revisor. ESCA.
Taza de té. ESCA.
MOISÉS, JUAN CARLOS. AR. 1954- .
Dos más dos. KOFMAN.
Las gaviotas. KOFMAN.
El ojo de mi caballo. KOFMAN.
Los ruidos en el agua. KOFMAN.
MOJICA, CONCHA. ME. 1908- .
Azul pueril. SALAS.
Centauro de ciclones. SALAS.
Violetas. SALAS.
MOLEIRO, RODOLFO. VE. 1898- .
Heredad. MEDINA.
Lar. CAILL.
Un país. MEDINA.
Paisaje con invocación. MEDINA.
Soneto. CAILL.
Tiene la llave. MEDINA.
Unánime. CAILL.
Viajero solo. CAILL.
MOLINA, ENRIQUE. AR. 1910- .
Águila de las lluvias. CAILL.
Alta marea (Frag.). FERNAN, TAPIA, VILLOR.
Amantes vagabundos. ORTEGA.
Archipiélagos lánguidos. CAILL.
As the Great Days Flow. TOPS.
La aventura. ORTEGA.
El canto de las furias. FERNAN.
Ciudadanía y calor. BACIU.
Como debe de ser. TOPS.
Días marineros. CAILL, FERNAN.
Dice adios el Pánuco. CAILL.
Dioses de América. VEIRA.
Ellos los muertos. BACIU.
En ruta. FERNAN, ORTEGA.
Exilio. CAILL, GINAR.
La habitación del tiempo. FERNAN.
Hoteles secretos. TAPIA.
Hue. MARQUE.
Hue (Eng.). MARQUE.
Hueco nocturno. MARQUE.
Información. MARQUE.
Information. MARQUE.

Maestro de ceremonias. BACIU.
Mensaje secreto. VEIRA.
Mientras corren los grandes días. TOPS, VEIRA.
Night Watch. MARQUE.
Rito acuático. ORTEGA.
Sentar cabeza. ORTEGA.
Temperaturas fijas. BACIU.
Una bahía en el Caribe. CAILL.
La vida prenatal. VILLOR.
Viejo hurón. BACIU.
The Way It Must Be. TOPS.
MOLINA, GERARDO. UR. 1938- .
Un corazón de panal. URPILA.
Nocturno. URPILA.
Permanencia. URPILA.
Tiempo. URPILA.
MOLINA, JAVIER. ME. 1942- .
La brisa dice que camina por la calle. COHEN.
Cruzamos puentes interminables. COHEN.
Dibujo. COHEN.
El domingo huele a tabaco, a tos. COHEN.
En este reposo. COHEN.
Hablar para decir la cintura. COHEN.
Homenaje a Ezra Pound. COHEN.
La miseria no es una palabra. COHEN.
Pintura. COHEN.
El sabe quién es todavía. COHEN.
Una bestia descomunal. COHEN.
MOLINA, JUAN RAMÓN. HO. 1875-1908.
La calavera del loco. ROAL.
En los esteros. CAILL.
Lúgubre fantasía. CAILL.
Metempsicosis. CAILL.
Pesca de sirenas. CAILL.
El río. ROAL.
Salutación a los poetas brasileños. CAILL.
Soneto. BAEZA.
Sursum. CAILL.
Tréboles de navidad. CAILL.
MOLINA, MIGUEL. ME. 1955-
Poema. ZAID.
MOLINA, PLÁCIDO. BO. 1875-1970.
De mi tierra. BEDRE.
MOLINA VENEGAS, PAZ. CH. 1945- .
Aconteceres como palacios. WHITE.
Belleza. CORSSE.
Condición y alarido. CORSSE.
Cosas de ciegos. WHITE.
Despacito. WHITE.
Empecinada. CORSSE.
Events Like Palaces. WHITE.
Fábula. CORSSE.
Go Slowly. WHITE.
Historia de ángeles (Frag.). VILLE.
Historia de ángeles (Frags.). ARTE.
Huída. VILLE.

Invocación. VILLE.
Libérame. VILLE.
Límite. CORSSE.
El llanto es una especie de ataúd. WHITE.
Memorias de un pájaro asustado. VILLE.
Movimiento. VILLE.
Noche. CORSSE.
The Scream is a Kind of Coffin. WHITE.
Sueño impropio. CORSSE.
Things of the Blind. WHITE.
Tu ira. WHITE.
Vicio. CORSSE.
La vieja dama. VILLE.
Your Anger. WHITE.
MOLINA VIANA, HUGO. BO. 1928- .
El caracol. BEDRE.
Cuna de mellizos. BEDRE.
En los nidos. BEDRE.
Escuela de pájaros. BEDRE.
MOLINARI, RICARDO E. AR. 1898- .
A Garcilaso. CAILL.
El aire desdeñoso. CAILL.
Allá en el oeste. FERNAN.
Cancionero del Príncipe de Vergara. CAILL, JIMEN.
Casida. CAILL.
Casida de la bailarina. CAILL.
Cinco canciones antiguas. CAILL, GINAR.
Cuando crezcan las hierbas. CAILL.
¿Dónde andará tu luz . . . ? CAILL, GINAR.
Elegía y casida a la muerte de un poeta español. CAILL.
Litle Ode to Melancholy. TOPS.
Oda. CAILL, JIMEN.
Oda a la melancolía. VILLOR.
Oda a la nostalgia. CAILL.
Oda a la sangre. CAILL, JIMEN.
Oda a una larga tristeza. FERNAN, JIMEN, TOPS.
Oda a una noche de invierno. JIMEN.
Oda al amor. BAEZA.
Oda al mes de noviembre junto al Río de la Plata. CAILL.
Oda al viento que mece las hojas en el Sur. JIMEN.
Oda de amor. CAILL, GINAR.
Oda tercera a la Pampa. FERNAN.
Ode to a Long Sorrow. TOPS.
Pequeña oda a la melancolía. JIMEN, TOPS.
Poem of the Girl from Velazquez. TOPS.
Poema de la niña velazqueña. FERNAN, JIMEN, TOPS.
Qué podrías entender. CAILL.
Soledades. JIMEN, SONETO.
Soneto a la rosa del alma. GINAR.
Una rosa para Stefan George. CAILL.
Yo quisiera ser feliz como un pie desnudo. CAILL, GINAR.
MOLLA, ROSANA. UR.
La angustia y la lluvia. URPILA.
Calle de sol al sur. URPILA.
Noviembre. URPILA.
MOLTEDO, ENNIO. CH. 1931- .

Experiencia. ARTE.
Muy dulce. ARTE.
MONCADA, JULIO. CH. 1919- .
Poema IV. GINCHI.
MONDACA, CARLOS R. CH. 1881-1928.
Cansancio. ROAL.
Elegía. CAILL.
Elegía civil. CAILL.
Juventud. GINCHI.
Lejana. ARTE.
Las letanías de la buena muerte. CAILL, GINCHI.
La luna entre dos árboles. CAILL.
El reloj. CAILL, GINCHI.
Soledad. CAILL.
MONDRAGÓN, MARGARITA. ME.
Se me han ido las horas. ROAL.
MONDRAGÓN, SERGIO. ME. 1935- .
A una dama recostada en mi pecho. MONDRA.
Bienaventuranza. MONDRA.
Bolero nocturnal. MONDRA.
Calor. PAZ.
Domingo. PAZ.
En una noche obscura. MONDRA.
Guru. PAZ.
Humanidad. MONDRA.
Imagen en el espejo. MONDRA.
Padmasana. PAZ.
Paisaje cubista. MONDRA.
La poesía del sol. PAZ.
Raíces. DONOSO.
Torre de Babel. MONDRA.
Urnas, moscas y cigarras. PAZ.
MONGE, CARLOS FRANCISCO. CR. 1951- .
La ciudad, y con el viento del norte. URPILA.
El poeta lee sus manuscritos. URPILA.
MONJE LANDÍVAR, MARY. BO. 1936- .
En este grifo. QUIROS.
No valía la pena. QUIROS.
¿Qué tal Mister? BEDRE, LAGOS, VOCES.
Tenías tanta soledad. QUIROS.
Tienes que oirme. BEDRE, QUIROS.
MONJE ROCA, JORGE. BO. 1925- .
Siringuero del Beni. BEDRE.
MONROY, ADRIANA. ME. 1954- .
Poema. ZAID.
MONROY, MARÍA EUGENIA. BO. 1944- .
Lapidada mi esperanza. BEDRE.
MONSALVO, SERGIO. ME. 1953- .
No te fíes. ZAID.
MONSREAL, AGUSTÍN. ME. 1941- .
Campo incendiado. COHEN.
Cantar sin designio (Frags.). COHEN.
De dientes para adentro. COHEN.
El destierro. COHEN.
Final feliz. COHEN.
Proposición. COHEN.

Temple. COHEN.
El tributo. COHEN.
MONTAGNE, EDMUNDO. UR. 1881-1941.
Destino. SONETO.
MONTANÉ, BRUNO. CH. 1957- .
Poema. BOCCA.
MONTEALEGRE, HERNÁN. CH. 1937- .
Destino de ángel. ARTE.
Sisifo. ARTE.
Tu poema. ARTE.
MONTEALEGRE, JORGE. CH. 1954- .
Alta poesía. ARTE.
Dialectos ajenos. ARTE.
Gallo. ARTE.
MONTEFORTE TOLEDO, MARIO. GU. 1911- .
Estación I-A. BAEZA.
MONTEJO, EUGENIO. VE. 1938- .
Los árboles. ESCA.
Los árboles de mi edad. ORTEGA.
Caracas. ORTEGA.
Creo en la vida. ORTEGA.
Elegía a la muerte de mi hermano Ricardo. ESCA.
El esclavo. ORTEGA.
Güigüe 1918. ESCA.
Letra profunda. ORTEGA.
Nocturno al lado de mi hijo. ESCA.
La vida. ORTEGA.
MONTEMAYOR, CARLOS. ME. 1947- .
Ahora, cuando la resurrección. COHEN.
Alef. COHEN.
Fiesta sobre las calles y las casas. COHEN.
El mediodía asciende. COHEN.
Oda quinta, rota. COHEN.
Pe. COHEN.
Shin. COHEN.
Una lluvia tenue, fría. COHEN.
MONTERO, JOSÉ ANTONIO. ME. 1936- .
Cuando acomete la comba sombría. MONSI.
MONTERO VEGA, ARTURO. CR.
Caminé en los caminos de la patria. SEGURA.
MONTES, HUGO. CH. 1926- .
Casa. ARTE.
El resto es nada. ARTE.
Vieja calle. ARTE.
MONTES, RENÉ. ME. 1954- .
Calle. ZAID.
MONTES de OCA, MARCO ANTONIO. ME. 1932- .
A bayoneta calada. DONOSO, FIERRO.
A marchas forzadas. DEBI.
Un arco voltaico. ORTEGA.
Atrás de la memoria. ORTEGA, PAZ.
Canción para celebrar lo que no muere. PAZ.
Contrapunto de la fe (Frag.). MONSI.
Corte transversal de la mañana. DEBI.
La despedida del bufón. ORTEGA, PAZ.
Diluvio claro. DEBI.

En el umbral de la plegaria. MONSI.
Entra en materia la materia. ORTEGA.
La fuerza del amor. CAILL.
Fundación del entusiasmo. CAILL.
El jardín que los dioses frecuentaron. MONSI, PAZ.
La luz en ristre. DEBI, ORTEGA, PAZ.
Mas he aquí al lince. PAZ.
Muchacha con sandía. DEBI.
Poema de la nueva mano. DEBI.
Ruina de la infame Babilonia. MONSI, ORTEGA.
Se agrieta el labio, nace la palabra. DEBI, PAZ.
Sí y no. DEBI.
El sol que no se alcanza. PAZ.
La vieja alianza. CAILL.
Vísperas. CAILL.
MONTOYA, ALBERTO ÁNGEL. CO. 1903.
Ana. BAEZA.
Octubre. GINCO.
Romance de estío. TAPIA.
Romance de la niña inocente. TAPIA.
MONTOYA TORO, JORGE. CO. 1924- .
Soledad en la noche. GINCO.
MONVEL, MARÍA. CH. 1897-1936.
En la primera comunión de mi hijo. GINCHI.
En un cuartito de hotel. TAPIA.
Es que yo era la luna. GINCHI.
Juega como los pájaros y el viento.[1] GINCHI.
Mi hija juega en el jardín. GINCHI.
La mujer que adoptó un hijo. ROAL.
Y para amarte así. BAEZA.
MOORE, ESTEBAN. AR. 1952- .
Abstenciones. KOFMAN.
El café. KOFMAN.
Con Bogey en Casablanca. KOFMAN.
Crónica. KOFMAN.
MOORE, SYLVIA. CH.
La solterona. GINCHI.
MORA, CARMEN de. ME. 1918- .
La agonía del pájaro. SALAS.
Pastoral. SALAS.
Poema citadino. SALAS.
MORA, LUIS MARÍA. CO. 1869-1936.
Oración a la nube. GINCO.
MORA, PABLO. ME. 1958- .
Poema. ZAID.
MORA, TULIO. PE. 1948- .
Acontecer de Cristóbal. RUANO.
Mitología (Frag.).TORO.
Se pierde pero se gana. TORO.
Somos los dioses. CAILL, TORO.
Sus ojos. TORO.
Temperatura del poeta bajo el mar /M.L. im. RUANO.
MORA MARTÍNEZ, SILVIA. CR.
A Emiliano. COSTA.

---

[1]Also attributed to Salvador Reyes.

A Felipa, mi madre. COSTA.
A mi abuelo Toribio, luz continua. COSTA.
A mi hija. COSTA.
Canción de tu piel. COSTA.
Canto despectivo a la muerte. COSTA.
Con tan sólo tus ojos. COSTA.
Cotidianeidad. COSTA.
Cuando se apaga la luz grande. COSTA.
Un eco enorme. COSTA.
Holocausto. COSTA.
Instante del asombro. COSTA.
Instante primero. COSTA.
Mañana, futuro del sol. COSTA.
O tu recuerdo. COSTA.
Por los caminos del tiempo. COSTA.
Soy libre. COSTA.
Toma este dolor. COSTA.
Y es que cae. COSTA.
MORÁBITO, FABIO. ME. 1955- .
A espaldas de la piedra. GENERA.
Bahía Kino. ZAID.
Canto del lote baldío. GENERA.
Cuarteto de Pompeya. GENERA.
MORADOR, FEDERICO. UR. 1896- .
La cruz. GINURU.
Puerto. GINURU.
MORALES, ARQUELES. GU. 1940- .
Homenaje a Xuan Dong. BOCCA.
MORALES, BELTRÁN. NI. 1946- .
Agencia. BOCCA.
Biblioteca. CARDE.
Consejos a un joven poeta. BOCCA.
Flash uno. CARDE.
Noche. CARDE.
Palabras a María. CARDE.
Petroleum (Span.). CARDE.
Yo hice el esfuerzo. DONOSO.
MORALES, DIONICIO. ME. 1943- .
Adagio. MONDRA.
Como una procesión de mariposas. MONDRA.
Eras toda la luz reunida. MONDRA.
Estos ojos. MONDRA.
Lenta es la noche. MONDRA.
No digas. MONDRA.
Pelliceriana. MONDRA.
Rima involuntaria. MONDRA.
El último naufragio. MONDRA.
Una mariposa en la luz. MONDRA.
Yo había dado mi corazón. MONDRA.
MORALES, MANUEL. PE. 1942- .
Al amigo napolitano entre botellas van y botellas vienen. TORO.
No busquen una patria. BOCCA.
Requiem para el sordomudo Jack Quintanilla. TORO.
Si tienes un amigo que toca tambor. BOCCA, TORO.
Usos son de la guerra. BOCCA.
Y se me ocurre pensar. TORO.

MORALES, RAÚL. CR.
Transparencia. SEGURA.
MORALES SANTOS, FRANCISCO. GU. 1940- .
El gran personaje. VOLCAN.
The Great Figure. VOLCAN.
MORALES Y SÁNCHEZ, ADOLFO de. BO. 1914- .
La misa eterna. BEDRE.
MORAN, DIANA. PN. 1938- .
Es ésa la imagen. DONOSO, LAGOS, VOCES.
Soberana presencia de la patria (Frag.). BOCPA.
MORE, ERNESTO. PE. 1900- .
El träumerei. BAEZA.
MOREIRA, RUBINSTEIN. UR.
Elegía por la muerte de mi madre. URPILA.
Poema abierto al señor presidente. URPILA.
MOREJÓN, NANCY. CU. 1944- .
The Achaeans. MARQUE.
Amor, ciudad atribuida. TOPS.
El amor también se desliza. TARN.
Los aqueos. MARQUE.
Black Woman. FLORES.
El café. ORTEGA.
Desilusión para Rubén Darío. TOPS.
Disillusion for Ruben Dario. TOPS.
Freedom Now. MARQUE.
Freedom Now (Span.). MARQUE.
Junto al golfo. ORTEGA.
Love, Attributed City. TOPS.
Love Slides Down the Sides. TARN.
Madre. ORTEGA, TOPS.
Mother. TOPS.
Mujer negra. FLORES, LAGOS, VOCES.
Los ojos de Eleggua. MANSOU, SENSE.
Parque Central, alguna gente (3:00 p.m.).TARN.
Piedra pulida. ORTEGA.
Puerto de La Habana. BOCPA.
Richard Brought His Flute. TOPS.
Richard trajo su flauta. TOPS.
Some People / Central Park. TARN.
MORENO JIMÉNEZ, DOMINGO. DR. 1894- .
Canto-grito. CAILL.
El haitiano. MANSOU.
Hora gris. BAEZA.
El poema de la hija reintegrada. CAILL.
Versos de amor y de misterio. TAPIA.
MORENO JIMÉNEZ, MANUEL. PE.
Los primeros pasos. PERU.
MORENO JIMENO, MANUEL. PE. 1913- .
Alexis Maximovich eres el fuego. MOLINA.
Los malditos. MOLINA.
MORENO MONROY, MIGUEL. CH. 1934- .
Lavandera. ARTE.
Requiem para una mesa. ARTE.
MORENO MORA, ALFONSO. EC. 1890-1940.
El viento. BAEZA.
MORENO TOSCANO, DIANA. ME. 1944-1966.

A lo lejos. SALAS.
Extraña. SALAS.
Informe para un psiquíatra (Frag.). SALAS.
Yo. SALAS.
MORENO VILLARREAL, JAIME. ME. 1956- .
Travesía. ZAID.
MORO, CÉSAR. (Alfredo Quispez Asín). PE. 1903-1956.
Abajo el trabajo. BACIU.
Aceite usado. LIBRO.
Amo el amor. LIBRO.
André Breton. BACIU.
El te de leer el porvenir. LIBRO.
Carta de amor. LIBRO, ORTEGA.
Contador. LIBRO.
Dioscuromaquia. ORTEGA.
Estrella fugaz. LIBRO.
El fuego y la poesía. ORTEGA.
Libertad igualdad. BACIU.
Límite glacial de los seres lentos. LIBRO.
Memorial a los tres reinos. LIBRO.
El mundo ilustrado. BACIU, LIBRO, ORTEGA.
El olor y la mirada. BACIU, LIBRO.
Piedra madre. LIBRO.
Silex of destiny (Span.). ORTEGA.
Temprano aún. LIBRO.
Viejo discípulo del aire. LIBRO.
Westphalen. BACIU.
MORO, LILLIAN. CU. 1946- .
En Etiopía. CATO.
Homenaje. CATO.
Precauciones. CATO.
Rómpete el pecho contra el mundo. CATO.
Un día más. CATO.
MOURE, EDMUNDO. CH. 1941- .
Aclaración. ARTE.
MOYA POSAS, DAVID. HO. 1920- .
Romance de la danza negra. MANSOU.
MUJICA, ENRIQUE. VE. 1945- .
Hay voces felices. ESCA.
Otra cosa. ESCA.
Un pájaro. ESCA.
Si alumbra enero mi muerte. ESCA.
Soles de agosto. ESCA.
MUNITA, MARTA de. CH. 1929- .
En el agua. ARTE.
Puertos. ARTE.
Respóndeme, Teresa. ARTE.
MUÑOZ, GABRIEL. VE. 1864-1908.
En el cementerio. SONETO.
MUÑOZ, GONZALO. CH. 1956- .
Abandonó su cuerpo al color. WHITE.
All of Him, the Blue Filigree of the Gaze. WHITE.
East (Selections). WHITE.
Este (Selecciones). WHITE.
Las manchas se deslizaban de arriba abajo en silencio. WHITE.
She Abandoned her Body to the Color. WHITE.

The Stains Slid from Top to Bottom. WHITE.
Todo él, la filigrana azul de la mirada. WHITE.
MUÑOZ, MARÍA ELENA. UR.
Oyendo a Debussy. GINURU.
MUÑOZ ASTUDILLO, MANUEL. CH. 1942- .
Domingo. URPILA.
Juego de naipes. URPILA.
Mi única patria es la noche. URPILA.
MUÑOZ LAGOS, MARINO. CH. 1925- .
La muerte sobre el trébol. ARTE.
MUÑOZ del MONTE, FRANCISCO. DR 1800-1868.
La mulata. MANSOU, MORA.
MUÑOZ SERÓN, ROSA BETTY. CH.
Canto a los pastores. VILLE.
Grito de una oveja descarriada. VILLE.
Oveja que defiende su posición. VILLE.
MURENA, HÉCTOR ÁLVAREZ. AR. 1923-1975.
Cuando beso. TAPIA.
En el silencio, en la noche. GINAR.
MURILLO, ROSARIO. NI.
Canción de Navidad. VOLCAN.
Canción de tiempos errantes. VOLCAN.
Christmas carol. VOLCAN.
I'm Going to Plant a Heart on the Earth. VOLCAN.
Song of Wandering Times. VOLCAN.
Voy a sembrar un corazón sobre la tierra. VOLCAN.
Yo, la mujer de barro. BOCPA, LAGOS, VOCES.
MURILLO, SALVADOR. NI. 1925- .
Palabras del general sandinista Manuel María Girón. CARDE.
MURILLO Y ALIAGA, RAÚL. BO. 1919- .
Antisoneto del guerrillero. BEDRE.
Antisoneto del hambre. BEDRE.
MUTIS, ALVARO. CO. 1923- .
Amén. DONOSO, TOPS.
Amen (Eng.). TOPS.
Un bel morir. ORTEGA.
Breve poema de viaje. ORTEGA.
Cada poema. DOORS, ORTEGA.
Canción del este. TOPS.
Cita. PADRON.
The Death of Matías Aldecoa. DOORS.
Del campo. GINCO, PADRON.
East Song. TOPS.
Every Poem. DOORS.
Exilio. ORTEGA.
Lied. PADRON.
Lied, 2. PADRON.
Lieder. ORTEGA.
La muerte de Matías Aldecoa. DOORS.
Una palabra. TOPS.
Poema de lástimas a la muerte de Marcel Proust. ORTEGA.
Sonata. TOPS.
Sonata (Eng.). TOPS.
Los trabajos perdidos. PADRON.
A Word. TOPS.

NADEREAU, EFRAÍN. CU. 1940- .
Dicen los viejos de antes. ARAY.
Elegía del recuerdo. ARAY.
El emigrante. ARAY.
La frente inmensa, diríase que infinita. ARAY.
No será siempre así. ARAY.
NAGLE, DIANA de. AR.
Algo queda. URPILA.
Libre. URPILA.
La palabra. URPILA.
NÁJAR, JORGE. PE. 1945- .
A tu memoria, Evelina que ya no existes. TORO.
Aeropuerto: Pucallpa. 2.05 pm. TORO.
Cuando te mudas en araña. TORO.
El secreto de los días. TORO.
NAJLIS, MICHELE. NI. 1946- .
Ahora que andas por los caminos. CARDE.
Al comienzo. CARDE, LAGOS, VOCES.
Cuando todo hiere en lo hondo. BOCPA.
Ya tú sabes que murió. CARDE.
NALÉ ROXLO, CONRADO. AR. 1898-1971.
A un lejano grillo. FERNAN, GINAR.
Amor. BAEZA, CAILL, GINAR.
Balada del jinete muerto. CAILL, GINAR.
Bienvenida. BAEZA.
Drama nocturno. CAILL.
Duo. CAILL.
El grillo. BAEZA, CAILL, FERNAN, GINAR, VILLOR.
Hoy. FERNAN.
Lo imprevisto. CAILL.
Se nos ha muerto un sueño. CAILL, GINAR.
Yo quisiera una sombra. CAILL, GINAR, VILLOR.
NANDINO, ELÍAS. ME. 1903- .
A un poeta difunto. MONSI.
El azul es el verde que se aleja. MONSI.
Décimas a mi muerte. MONSI.
En la sombra. CAILL.
Nocturno cuerpo. PAZ.
Nocturno difunto. PAZ.
Nocturno llanto. MONSI.
Poema desde la muerte. CAILL, MONSI.
Si hubieras sido tú. MONSI.
Tú no podrás a nadie enajenarte. MONSI.
Voz de mis soledades. CAILL, ROAL.
NARANJO, CARMEN. CR. 1930- .
Canciones de yerba y sol (Frags.). BOCPA.
Guerrilla. LAGOS, VOCES.
Mi guerrilla. Proclamas. LAGOS, VOCES.
NARANJO, REYNALDO. PE. 1937- .
Amada terrenal. MOLINA.
Simple motivo de la paz. MOLINA.
NATALIA, CARMEN. DR. 1917- .
Diálogo con mi alma. BAEZA.
NATERA, ALEJANDRO. VE. 1926- .
Balada a Luther King. ESCA.
Biografía de un pájaro. ESCA.

La historia del pez. ESCA.
La tarde es una niña. ESCA.
NAVA, THELMA. ME. 1932- .
Carta a Jacqueline. MONDRA.
Casi el verano. MONDRA, PAZ, SALAS.
Esbozo para empezar un amor. MONDRA.
Este hombre que va creciendo en Martí. BOCPA.
Fábula. DONOSO.
Irrealidad. LAGOS, VOCES.
Los locos. SALAS.
Mujer inconveniente. LAGOS, MONDRA, VOCES.
La orfandad del sueño. SALAS.
Para quien pretenda conocer a un poeta. MONDRA.
Petrópolis bajo la niebla. PAZ.
Las señales. MONDRA, PAZ.
Tenía razón Picasso. BOCPA.
Ulises. MONDRA.
Ven. MONDRA, PAZ, SALAS.
NAVARRO, ELIANA. CH. 1923- .
Huésped nocturno. BAEZA.
Las nubes. BOCPA.
La pasión según San Juan. ARTE.
Saetas. BOCPA.
NAVARRO, OSVALDO. CU. 1946- .
Los bueyes de mi abuelo. ARAY.
Como en aquellos días. ARAY.
De una costa a la otra. ARAY.
El niño jinete. ARAY.
El niño se sentó sobre un brasero. BOCCA.
La partida. ARAY.
Todo soldado tiene un nombre. BOCCA, ARAY.
NAVARRO, RUBÉN C. ME.
Carretero. ROAL.
NAVARRO, VICTOR MANUEL. ME. 1954- .
Homenaje a Tristán Tzara. ZAID.
NAVARRO HARRIS, HEDDY. CH. 1942- .
Acerca de aquellos hombres. VILLE.
Asombro por el hijo que viene. VILLE.
Campo santo. VILLE.
Carta. VILLE.
Casa. VILLE.
Comunicado 2. CORSSE.
Crónica (desde la cocina). VILLE.
Crónica (desde la piel). VILLE.
Epílogo. VILLE.
Informe I. CORSSE.
Informe 3. CORSSE.
Luego existo. VILLE.
Marsupial. VILLE.
Militancia. VILLE.
Proclama I. CORSSE.
Pudor. VILLE.
Quehaceres. VILLE.
Y tú. VILLE.
NAVARRO LUNA, MANUEL. CU. 1894-1966.
El ahogado. BAEZA.

NAVIA, RICARDO. CH. 1926- .
Morir, morir. GINCHI.
NAZOA, AQUILES. VE. 1920-1976.
Balada de Hans y Jenny. MEDINA.
Bañista. SONETO.
Puerto. MEDINA.
Unos niños. MEDINA.
Variaciones sobre un tema de Debussy. MEDINA.
NEBEL, FERNANDO. UR.
El ayer. GINURU.
Estampa. GINURU.
NEGRETE SALINAS, SERGIO. ME. 1959- .
Sangre de ballena en alta mar. ZAID.
NEGRO, JUAN. CH. 1906- .
Destino. GINCHI.
La lira. GINCHI.
NEGRONI MATTEI, FRANCISCO. PR. 1896-1937.
Baila la negra el son. MORA, SENSE.
NERUDA, PABLO (Neftalí Reyes). CH. 1904-1973.
A Emiliano Zapata con música de Tatanacho. CEAL.
Al sur del océano. CAILL.
Alberto Rojas Jiménez viene volando. ARTE, CAILL, GINCHI.
Algunas bestias. TOPS.
Alianza. CEAL.
Alturas de Macchu Picchu (Frags.). CEAL, TOPS.
América, I Do Not Call Your Name without Hope. TOPS.
América insurrecta (1800). FIERRO.
América, no invoco tu nombre en vano. TOPS.
Amor. GINCHI.
Amor América. GINCHI.
Angela adónica. ARTE, CAILL, CALA.
Apogeo del apio. CALA, SCARPA.
Aromos rubios en los campos de Loncoche. SCARPA.
Arte poética. CAILL, JIMEN, ROAL, SCARPA.
¡Ay! Mi ciudad perdida. SCARPA.
Bailando con los negros. MANSOU.
Barcarola. CAILL, CEAL, GINCHI, JIMEN, SCARPA.
Barrio sin luz. SCARPA.
Botánica. CALA.
Caballero solo. CEAL.
Canción del macho y de la hembra. TAPIA.
Cien sonetos de amor (Frags.). TOPS.
¡Cuándo de Chile . . . ! SCARPA.
De cita en invierno. SCARPA.
Dead Gallop. TOPS.
Débil del alba. JIMEN, ROAL.
Descubridores de Chile. CEAL.
¿Dónde está la Guillermina? CALA.
Educación del cacique. CALA, DONOSO.
En ti la tierra. TAPIA.
Entierro en el este. CAILL.
Entrada a la madera. CALA, GINCHI, SCARPA.
Esta iglesia no tiene. GINCHI.
Estación inmóvil. JIMEN.
Estatuto del vino. CALA, SCARPA.
Exilio. SCARPA.

Explico algunas cosas. CEAL, TOPS.
El fantasma del buque de carga. ARTE, CALA.
Farewell. CAILL, CEAL, SCARPA.
Las furias y las penas. CAILL, CEAL, DOORS.
Furies and Suffering. DOORS.
Galope muerto. TOPS.
Himno y regreso (1939). ARTE.
I'm Explaining a Few Things. TOPS.
El insecto. TAPIA.
Maestranzas de noche. GINCHI.
La mamadre. CALA.
Manuel Rodríguez. CEAL.
Mariposa de otoño. CALA.
El mes de junio se extendió de repente. SCARPA.
Nacimiento. SCARPA.
No hay olvido. ARTE, CAILL, CALA.
Nothing but Death. DOORS.
Oda a César Vallejo. TOPS.
Oda a Federco García Lorca. CAILL.
Oda a la alcachofa. SCARPA, GINCHI.
Oda a la cebolla. GINCHI.
Oda a la pereza. TOPS.
Oda a la sal. TOPS.
Oda a las aves de Chile. SCARPA.
Oda a los calcetines. JIMEN, TOPS.
Oda al día feliz. BAEZA.
Oda al niño de la liebre. ARTE.
Oda al tiempo. JIMEN.
Oda con un lamento. DOORS.
Ode to César Vallejo. TOPS.
Ode to Laziness. TOPS.
Ode to My Socks. TOPS.
Ode to Salt. TOPS.
Ode with a Lament. DOORS.
One Hundred Love Sonnets. TOPS.
El padre. CALA.
La pasajera de Capri. SCARPA.
Picasso. SCARPA.
Pido silencio. SCARPA.
La poesía. SCARPA.
Los poetas celestes. JIMEN.
La pregunta. CEAL.
El pueblo. FIERRO.
El pueblo victorioso. FIERRO.
Que despierte el leñador. ROAL.
Quiero volver al Sur. ARTE, CALA.
Regresó el caminante. CALA.
Reunión bajo las nuevas banderas. JIMEN.
Ritual de mis piernas. CEAL.
San Martín (1810). CEAL.
Severidad. TAPIA.
Sex. TAPIA.
El sobrino de Occidente. CALA.
Sólo la muerte. ARTE, CALA, CEAL, DOORS, JIMEN, SCARPA.
Some Beasts. TOPS.
Sonata y destrucciones. SCARPA.

Soneto LXXI. SONETO.
El sur del océano. CALA.
Tango del viudo. CALA.
Testamento I. CEAL.
Testamento II. CEAL.
Toqui Caupolicán. CEAL.
Tu risa. SCARPA.
Twenty Love Poems and a Song of Despair. Poem 1. TOPS.
Twenty Love Poems and a Song of Despair. Poem 7. TOPS.
Twenty Love Poems and a Song of Despair. Poem 20. TOPS.
Unidad. SCARPA.
United Fruit Co. TOPS.
La United Fruit Co. (Span.).TOPS.
Vegetaciones. GINCHI.
Veinte poemas de amor. Poema 1. CEAL, SCARPA, TAPIA, TOPS.
Veinte poemas de amor. Poema 5. JIMEN.
Veinte poemas de amor. Poema 6. SCARPA.
Veinte poemas de amor. Poema 7. TOPS.
Veinte poemas de amor. Poema 9. GINCHI.
Veinte poemas de amor. Poema 15. ARTE, SCARPA.
Veinte poemas de amor. Poema 20. BAEZA, CAILL, CEAL, GINCHI, JIMEN, SCARPA, TOPS.
La verdad. JIMEN.
La vida. JIMEN.
El viento en la isla. SCARPA.
El viento sobre Lincoln. SENSE.
Vuelve el otoño. ARTE.
Walking Around (Span.). CAILL, CEAL, JIMEN, SCARPA, TOPS.
Walking Around. TOPS.
NERVO, AMADO. ME. 1870-1919.
A Felipe II. MODER.
A Kempis. CAILL, MODER, ROAL.
A la católica majestad de Paul Verlaine. MODER.
El agua multiforme. DEBI.
Al Cristo. ROAL.
Al cruzar los caminos. MODER.
Andrógino. MODER.
Cobardía. BAEZA.
Como una mariposa. DEBI.
Deprecación a la nube. CAILL.
El día que me quieras. ROAL.
Diafanidad. MODER.
El dolor vencido. TOPS.
El don. TOPS.
Ectasy. TOPS.
En paz. CAILL.
Espacio y tiempo. MODER.
Evocación. CAILL.
Expectación. CAILL.
Éxtasis. TOPS.
Una flor del camino. DEBI.
The Gift. TOPS.
Glosa. CAILL.
Gratia plena. CAILL, MODER, ROAL.
Guadalupe. ROAL.
Heráclito. MODER.
Inmortalidad. CAILL.

Le trou noir. MODER.
Londres. DEBI.
La montaña. CAILL.
El muecín. DEBI.
Pasas por el abismo de mis tristezas. CAILL, DEBI, MODER.
Renunciación. MODER.
Revenge. TOPS.
Si me dan a escoger una tarde. DEBI.
Siempre. MODER.
Sonetino. SONETO.
Sorrow Vanquished. TOPS.
Venganza. TOPS.
La vieja llave. CAILL, MODER.
Viejo estribillo. CAILL.
Y tú esperando. MODER.

NERY NAVA, PAZ. BO. 1919- .
Invierno proletario. BEDRE.

NEWMAN VALENZUELA, JOSÉ. ME. 1950- .
Aviso. ZAID.

NIETO, BENIGNO S. CU. 1934- .
A Ernest Hemingway. CATO.
Ella, la dulzura misma. CATO.
Retrato de Miranda en la carraca. CATO.
El viento. CATO.

NIETO, LUIS. PE. 1910- .
Canción de libertad. MOLINA.
Canción para los héroes del pueblo. MOLINA.
¡Llueve tanto esta noche! CAILL.
La noche y sus andrajos. CAILL.
Para el día de tu silencio, amiga. CAILL.
Romance de la Domitila en el río. PERU.

NIETO, RICARDO. CO. 1878-1952.
Turris eburnea. GINCO.

NIETO CADENA, FERNANDO. EC. 1947- .
California Dancing Club. MONDRA.
Poema. BOCCA.
Un poema casi no sirve para nada. MONDRA.
Por tu mirada de niña siempre sorprendida en falta. MONDRA.
Si sólo fuese de ir sin más ni menos. MONDRA.
Soltar los canes. MONDRA.

NIGGEMANN, CLARA. CU. 1910- .
Carta a Juan Ramón Jiménez. CATO.
Carta a un almendro que nació en el tiempo. CATO, URPILA.
Mi verso y yo. CATO.
Rescatando recuerdos. URPILA.

NISTTAHUZ, JAIME. BO. 1942- .
Al toque de las estatuas. QUIROS.
Curriculum. QUIROS.
Epitafio para un poeta inédito. QUIROS.
Memorias de Laire. QUIROS.

NOBOA CAAMAÑO, ERNESTO. EC. 1889-1927.
Aria de olvido. CAILL.
Bíblica. CAILL.
Emoción vesperal. BAEZA, CAILL.
En la tarde de sol. CAILL.
Lobos de mar (En Bretaña). CAILL.

NOGUERAS, LUIS ROGELIO. CU. 1945.
The Brothers. TARN.
Café de noche. ARAY.
Cesare Pavese. BOCCA.
Cuerpo. ORTEGA.
Cumpleaños. BOCCA.
Dialéctica. ARAY.
Es lo mismo de siempre. TARN.
Los hermanos. ARAY, TARN.
Mujer saliendo del armario. ARAY.
Oración por el hijo que nunca va a nacer. ORTEGA.
P 4 R. ARAY.
Poema. ORTEGA.
Poema. ARAY.
The Same as Ever. TARN.
Un tesoro. ORTEGA.
NOLLA, OLGA. PR. 1938- .
El actor dobla una rodilla. BOCPA.
Manifiesto. VOCES.
NÓMEZ, NAÍN. CH. 1944- .
Después de un largo viaje. ARTE.
Especialistas en literatura y balística. ARTE.
NOVARO, BEATRIZ. ME. 1953- .
A Sylvia Plath. GENERA.
NOVARO, OCTAVIO. ME. 1910- .
El amor custodio. CAILL.
Invocación a Guillermo Apollinaire. CAILL.
NOVO, SALVADOR. ME. 1904-1974.
Al poema confío. MONSI.
Almanaque. PAZ.
El amigo ido. MONSI, DEBI.
Amor. MONSI.
Breve romance de ausencia. BAEZA, MONSI.
Las ciudades. MONSI, PAZ.
Cruz, el gañán. DEBI.
Del pasado remoto (Frags.). JIMEN.
Del pasado remoto (Frag.). PAZ.
Diluvio. JIMEN, MONSI, PAZ.
Elegía. CAILL, DEBI, JIMEN, MONSI.
Epifanía. PAZ.
Florido laude. MONSI.
Glosa completa en tres tiempos. CAILL.
Glosa incompleta en tres tiempos. MONSI, PAZ.
Hanon. PAZ.
La historia. JIMEN, PAZ, ROAL.
Hoy no lució la estrella. DEBI, MONSI.
Junto a tu cuerpo. CAILL, DEBI, JIMEN, MONSI, PAZ, ROAL, TAPIA.
El mar. MONSI.
Momento musical. DEBI, PAZ.
Naufragio. PAZ.
Never Ever. MONSI.
Ofrenda. MONSI.
Paisaje. DEBI.
La poesía. DEBI, MONSI.
La renovada muerte de la noche. DEBI, JIMEN, MONSI, PAZ, ROAL.
Retrato de niño. JIMEN, ROAL.

Roberto, el subteniente. PAZ.
Sol. DEBI.
Tú, yo mismo. MONSI, PAZ.
Viaje. MONSI.
Yo te escribiera. CAILL.
NÚÑEZ, ANA ROSA. CU. 1926- .
La presencia del mito. LAGOS, VOCES.
NÚÑEZ, FÉLIX ARMANDO. VE. 1897- .
Mensajes de las estaciones. MEDINA.
NÚÑEZ, SERAFINA. CU. 1913- .
A un ruiseñor amaneciendo. CAILL.
Estancia de lo eterno. CAILL.
NÚÑEZ OLANO, ANDRES. CU. 1900- .
El recuerdo. BAEZA.

OBALDIA, MARÍA OLIMPIA. PN. 1891- .
Espejismos. CAILL.
Oración de la esposa. CAILL.
Selvática. CAILL.
Yo quiero ser marinero. CAILL.
OBESO, CANDELARIO. CO. 1849-1884.
Arió. SENSE.
Canción der boga ausente. MANSOU, SENSE.
OBIOL, SALVADOR. AR.
Aproximaciones. TAPIA.
OBLIGADO, CARLOS. AR. 1890-1949.
Soneto. GINAR.
OBLIGADO, PEDRO MIGUEL. AR. 1890-1967.
La lluvia no dice nada. GINAR.
Melancolía. GINAR.
El molino de la estación. VILLOR.
No tiene importancia. BAEZA.
Soneto. VILLOR.
OBREGÓN, ROBERTO. GU. 1940- .
Aquella lumbre sin sueño. VOLCAN.
Los espantos. VOLCAN.
The Fears. VOLCAN.
That Sleepless Flame. VOLCAN.
OCAMPO, SILVINA. AR. 1903- .
Buenos Aires. GINAR.
Los caballos infinitos. CAILL, VILLOR.
De amor y de odio. VILLOR.
OCHART, LUZ IVONNE. PR. 1951- .
Te invitaría la noche de buen grado. BOCCA.
OCHOA, ENRIQUETA. ME. 1928- .
El desastre. SALAS.
La gracia. SALAS.
Qué sed mortal de Dios se desamarra en mi. LAGOS, VOCES.
Rabat. SALAS.
OCHOA LOPEZ, MORAVIA. PN. 1941- .
Aprendiendo a cantar. LAGOS, VOCES.
La historia de mi gente. BOCPA.
O'CONNOR D'ARLACH, ADHEMAR. BO. 1886-1908.
Funeraria. BEDRE.
O'CONNOR D'ARLACH, AMABLE. BO. 1888-1973.
Alba. BEDRE.

ODIO, EUNICE. CR. 1922-1974.
Carta a Carlos Pellicer. TOPS.
Creación. TOPS.
Creation. TOPS.
Integración de los padres. BOCPA.
Letter to Carlos Pellicer. TOPS.
Memory of My Private Childhood. TOPS.
Pequeña recepción a un amigo a su llegada a Panamá. BAEZA.
El polvo. LAGOS, VOCES.
Prólogo del tiempo que no está en sí. TOPS.
Prologue of a Time That Is Not Itself. TOPS.
Recuerdo de mi infancia privada. TOPS.
O'HARA GONZALES, EDGAR. PE. 1954- .
Datos. BOCCA.
Mabella. TORO.
Mientras una tórtola canta. BOCCA.
Tras la piel. BOCCA.
OJARA AGREDA, MARIO. BO. 1925- .
Musicalia. BEDRE.
OJEDA, JUAN. PE. 1944- .
Eleusis. TORO.
La noche. TORO.
Le soleil est dévenu noir. TORO.
Soliloquio. TORO.
Swedenborg. TORO.
Van Gogh en Arles. TORO.
OLIVA, CARLOS. ME. 1955- .
Andante exaltado. COHEN.
Baña tu pálido rostro. COHEN.
En otra ocasión será. COHEN.
Es el parto, lo abierto de lo sonoro. COHEN.
Quien tiene que decirle a su amiga que . . . COHEN, ZAID.
Renuévate sobre la misma obstinación. COHEN.
Té negro con diferentes bufandas. GENERA.
OLIVA, JORGE. CU. 1948- .
A la sombra de los portales. CATO.
Crónica de los pobres amantes. CATO.
El cuervo. CATO.
Positivamente 129 Perry Street. CATO.
OLIVA, OSCAR. ME. 1938- .
Buenos días. PAZ.
Habitada claridad. PAZ.
Mientras tomo una taza de café. PAZ.
Mussolini acaba con el sistema capitalista. MONDRA.
No está en ninguna parte. PAZ.
Notas históricas con un retrato de Ligia. MONDRA.
Rostro de la contemplación. PAZ.
El sufrimiento armado (1). ORTEGA.
El sufrimiento armado (2). ORTEGA.
OLIVARES, JOSÉ. NI. 1886- .
Del cancionero del lago. CAILL.
Mañana sin sol. CAILL.
OLIVARES FIGUEROA, RAFAEL. VE. 1893-1972.
A un diplomático. CAILL.
Ceguedad para los valores. CAILL.
Sátira intencionada. CAILL.

Sierpe familiar. CAILL.
Vida retirada. CAILL.
OLIVARI, NICOLÁS. AR. 1900-1966.
Canción ditirámbica a Villa Luro. GINAR.
Cuaterna vía. FERNAN.
La espera. FERNAN.
Hay un hombre solo. FERNAN.
Lied amargo. FERNAN.
Prólogo que no dice nada y me disculpa. FERNAN.
OLIVER, JUAN JOSÉ. ME. 1945- .
Cuatro. BOCCA.
Dos. BOCCA.
Tres. BOCCA.
Uno. BOCCA.
OLIVER LABRA, CARILDA. CU. 1924- .
Elegía por Mercedes. BAEZA.
Me desordeno, amor, me desordeno. SONETO.
Silencio. VOCES.
Venías cargando una palabra. VOCES.
OLIVEROS, ALEJANDRO. VE. 1948- .
Estación de trenes. BOCCA.
Señoras. BOCCA.
OLLE, CARMEN. PE. 1947- .
De noches de andrenalina (sic). LAGOS, VOCES.
OLMEDO, ALEJANDRO. ME. 1956- .
Ritos. ZAID.
OLMEDO LÓPEZ, EDUARDO. BO. 1927- .
Estas cosas que no quiero entender. BEDRE.
Soneto. BEDRE.
OQUENDO de AMAT, CARLOS. PE. 1901-1936.
Amberes. LIBRO.
Campo. LIBRO.
Cuarto de los espejos. LIBRO.
Film de los paisajes. DOORS, LIBRO.
Jardín. LIBRO.
Madhouse Poem. DOORS.
Madre. BAEZA, CAILL.
Mar. LIBRO.
Movie of the countryside. DOORS.
New York. LIBRO.
Poem. DOORS.
Poema. CAILL, DOORS.
Poema al lado del sueño. LIBRO.
Poema del manicomio. DOORS, LIBRO.
Recla. LIBRO.
ORÁA, FRANCISCO de. CU. 1929- .
Se le habla a un niño vietnamita. FIERRO.
ORÁA, PEDRO de. CU. 1931- .
Baragaño entra al espejo. ARAY.
La década estoica. ARAY.
En la constelación perecedera. ARAY.
New Poetics. TARN.
Nueva poética. TARN.
Paula el retorno. ARAY.
ORDÓÑEZ, ANDRÉS. ME. 1958- .
Jardín de la misericordia. ZAID.

ORDOÑEZ ARGÜELLO, ALBERTO. NI. 1913- .
Ruego a Jesús del Rescate. CARDE.
Soneto de la terrible corza. SONETO.
Última visita del poeta a su pueblo. CARDE.
ORESTES NIETO, MANUEL. PN. 1951- .
Estas calles que nadie habita. BOCCA.
ORGAZ, DÁMASO. CH. 1925- .
Tiempo. GINCHI.
ORIAS, GUIDO. BO. 1936- .
Extranjero en cuatro dimensiones. BEDRE.
ORIBE, EMILIO. UR. 1893- .
Adán (misterio). CAILL.
Alta y rubia. BAEZA.
El canto del cuadrante. CAILL.
¿Cuál es? CAILL.
El hondero. SONETO.
Las liras de la lámpara. CAILL, GINURU.
Mejor sería. CAILL.
Poema del reino. CAILL.
¿Quién? CAILL.
La rosa del sabio. GINURU, CAILL.
Vanidad de lo viable. CAILL.
OROZCO, OLGA. AR. 1920- .
A solas con la tierra. CAILL.
La abuela. VEIRA.
Cabalgata del tiempo. CAILL.
Desdoblamiento en máscara de todos. VEIRA.
Después de los días. BOCPA, CAILL.
Evangelina. VEIRA.
Habitación cerrada. CAILL, GINAR.
Lejos desde mi colina. CAILL.
Miss Havisham (Span.). TOPS.
Miss Havisham. TOPS.
Olga Orozco. ORTEGA, TOPS.
Olga Orozco (Eng.). TOPS.
Para hacer un talismán. LAGOS, VILLOR, VOCES, TOPS.
La realidad y el deseo. TOPS.
Reality and Desire. TOPS.
Un rostro en el otoño. CAILL.
To Make a Talisman. TOPS.
ORREGO, CARMEN. CH.
Ángel (Frag.). ARTE.
Ángel VI. ARTE.
Anunciación. ARTE.
ORRILLO, WINSTON. PE. 1941- .
Algún calor de gato. RUANO.
Cajamarca. TORO.
Un floripondio. RUANO, TORO
El huésped. TORO.
Mi perro. TORO.
El paraíso perdido. TORO.
Siento detrás de mí. RUANO.
Una herida tan dulce. RUANO.
ORTA RUIZ, JESÚS. CU. 1923- .
La palma. BAEZA.
ORTEGA, ARTURO. ME. 1954- .

Amanece. ZAID.
ORTEGA, JULIO. PE. 1942- .
Canción. TORO.
Informe para Isolda. TORO.
Mi padre. TORO.
Obertura. TORO.
Río al mar. TORO.
ORTEGA, ROBERTO DIEGO. ME. 1955- .
Apuntes para fijar el escenario. COHEN.
El otoño en tu cuerpo. COHEN.
Las palabras y las cosas. COHEN.
Regiones. COHEN.
Voladero. ZAID.
ORTEGA DÍAZ, ADOLFO. NI. 1895-1962.
Soneto lacustre. SONETO.
ORTIZ, ADALBERTO. EC. 1914- .
Breve historia nuestra. SENSE.
Contrapunto. TAPIA.
Contribución. MANSOU, SENSE.
Sinfonía bárbara. MANSOU.
Son del trópico. MANSOU.
La tunda para el negrito. SENSE.
ORTIZ, CARLOS. AR. 1870-1910.
El arado. GINAR.
ORTIZ, JUAN L. AR. 1897- .
Ah, mis amigos, habláis de rimas. VEIRA.
¿Cómo mirarán las nubes? VEIRA.
Ella. FERNAN.
En la noche un ruido de agua. FERNAN.
No era necesario. VILLOR.
¡Oh Marzo! VEIRA.
La paloma se queja. VEIRA.
El río. VEIRA.
Siesta. FERNAN.
Sobre el sitio baldío. FERNAN.
Yo adoro. FERNAN.
ORTIZ, LUIS GONZAGA. ME. 1835-1894.
El tálamo. TAPIA.
ORTIZ CHÁVEZ, HORMANDO. BO. 1896-1950.
Al mamore. BEDRE.
Para dormir. BEDRE.
ORTIZ de MONTELLANO, BERNARDO R. ME. 1899- .
El aire de la muerte. CAILL.
Canto diuturno. MONSI.
Cuando diseque el tiempo. CAILL.
Desnudo. MONSI.
Despedida. CAILL.
En donde se alaba lo inorgánico. MONSI.
Espíritu que nace de lo inerte. CAILL.
Himno a Hipnos. MONSI, PAZ.
Impresión. CAILL.
Letra muerta. MONSI.
Muerte de cielo azul. CAILL.
No la amante. CAILL.
Segundo sueño (Frag.). MONSI, PAZ.
Tiempo. MONSI.

ORTIZ PACHECO, NICOLÁS. BO. 1893-1953.
Confidencia. BEDRE.
Consuelo. BEDRE.
Elogio de las ojeras. BEDRE.
ORTIZ SANZ, FERNANDO. BO. 1914- .
Canto a la patria. BEDRE.
Carta del ahogado. QUIROS.
Nostalgia. QUIROS.
Prólogo al adiós. QUIROS.
Requiem para la muerte. QUIROS.
Rosa de los vientos. QUIROS.
El secreto. QUIROS.
Tentativa. BEDRE.
La voz desnuda. QUIROS.
ORTIZ SARALEGUI, JUVENAL. UR. 1907-1960.
A Julio Herrera y Reissig. CAILL.
Brizna de niña viva. CAILL.
Debajo de la flor. CAILL.
Luz colmada. CAILL, GINURU.
Niña de las campanas. CAILL.
Niña del asombro. CAILL.
Niña del silencio. CAILL, GINURU.
Sonetos del valle. CAILL, GINURU.
Suelo de su memoria florecido. CAILL, GINURU.
OSCAR, ARMANDO. DR. 1901- .
Derelicta. BAEZA.
OSORIO CANALES, RUBÉN. VE. 1935- .
Hemos ido rompiendo. ESCA.
Paisaje. ESCA.
Un punto negro. ESCA.
Soliloquio. ESCA.
Te he llevado a la roca. ESCA.
OSSANDÓN, FRANCISCA. CH. 1926- .
Restituyo orígenes. ARTE.
OSSÉS, ESTHER MARÍA. PN. 1914- .
La lluvia y el barco. BOCPA.
La luciérnaga. SONETO.
OSSORIO, GUSTAVO. CH. 1912-1949.
Espada y sombra. ARTE.
Imagen recobrada. GINCHI.
OSUNA, WILLIAM. VE. 1948- .
Claro tú. ESCA.
Oración. ESCA.
Los pesimistas. ESCA.
Vámonos. ESCA.
OTERO REICHE, RAÚL. BO. 1906-1976.
Cacería. QUIROS.
Canto al hombre de la selva. QUIROS.
La caramañola. QUIROS.
Eramos veintisiete. QUIROS.
Motivo. QUIROS.
Nido de ametralladoras. BEDRE.
Puesto de socorro. BEDRE.
La retirada. BEDRE.
Romanza del guitarrero. BEDRE.
Sol del Chaco. QUIROS.

Tarde de lluvias. QUIROS.
OTERO SILVA, MIGUEL. VE. 1908- .
El aire ya no es aire. SONETO.
El corrido del negro Lorenzo. MANSOU, SENSE.
Enterrar y callar. JIMEN, ROAL.
Hallazgo de la piedra. JIMEN.
Los hijos. JIMEN, ROAL.
El libertador. CAILL.
Niño campesino. BAEZA.
La segunda voz del coro es la del río. MEDINA.
Siembra. MEDINA, JIMEN.
Tres variaciones alrededor de la muerte. JIMEN, MEDINA.
OTHÓN, MANUEL JOSÉ. ME. 1858-1906.
A través de la lluvia. ROAL.
Ángelus domini. CAILL.
La campana. ROAL.
Envío. SONETO.
El himno de los bosques. CAILL.
Idilio salvaje. CAILL.
¡Madre! ROAL.
Paisajes. CAILL.
El perro. ROAL.
Poema de vida. CAILL.
La sementera. ROAL.
OVALLES, CAUPOLICÁN. VE. 1936- .
Mi padre ebrio. ESCA.
Será cuestión del diablo. ESCA.
Si alguien pretende. ESCA.
OVIERO, RAMÓN. PN. 1938- .
Nuevas admoniciones. DONOSO.
OWEN, GILBERTO. ME. 1905-1952.
Autorretrato o del subway. MONSI, PAZ.
Booz canta su amor. MONSI.
Booz ve dormir a Ruth. DEBI, MONSI.
Celos y muerte de Booz. DEBI.
Ciudad. DEBI.
De la ardua lección. MONSI.
Día veintisiete, Jacobo y el mar. DEBI.
Espera, octubre. MONSI.
Historia sagrada. PAZ.
Interior. DEBI, PAZ.
Madrigal por Medusa. MONSI.
Partía y moría. PAZ, DEBI.
Poética. PAZ.
El recuerdo. DEBI.
Remordimiento. DEBI.
Sindbad el varado. MONSI, PAZ.
Viento. PAZ.
OYARZÚN, LUIS. CH. 1920-1972.
La belleza perece y no dura. ARTE.
Hyde Park. GINCHI.
Interior. ARTE.
Olvido. ARTE.
Paciencia. ARTE.
St. James Park. GINCHI.
El vacío de un día. ARTE.

OYARZÚN, MILA. CH. 1912- .
Nada más. BOCPA.
Orden del corazón. GINCHI.
OYUELA, CALIXTO. AR. 1875-1935.
Fuego sagrado. SONETO.

PACHECO, ATHILANO. VE. 1933- .
Porción triste. TAPIA.
PACHECO, JOSÉ EMILIO. ME. 1939- .
1968. DEBI.
A la que murió en el mar. DEBI.
Aceleración de la historia. ORTEGA.
Ácida incertidumbre. DEBI.
Adiós, Canadá. DEBI.
Alta traición. ORTEGA, TOPS.
Árbol entre dos muros. MONSI.
Birds in the night. ORTEGA.
Boundaries. TOPS.
Casida. DEBI.
Cierra los ojos, mar. DEBI.
Ciudad maya comida por la selva. PADRON.
De algún tiempo a esta parte. PAZ.
Don de Heráclito. ORTEGA, PAZ.
Los elementos de la noche. MONSI.
An Enquiry concerning the Bat. TOPS.
La enredadera. PAZ.
El equilibrista. PADRON.
Es hoguera el poema. DEBI.
Escolio a Jorge Manrique. ORTEGA.
Escrito con tinta roja. DEBI.
Éxodo. MONSI.
La experiencia vivida. ORTEGA.
El fantasma. PADRON.
Fray Antonio de Guevara reflexiona. ORTEGA.
Garabato. ORTEGA.
H & C. PADRON.
High Treason. TOPS.
Los herederos. ORTEGA.
Homenaje a la cursilería. ORTEGA.
Hortus conclusos. MONSI.
Hoy, esta tarde. DEBI.
Idilio. DEBI.
Ile Saint-Louis. DEBI.
Indagación en torno del murciélago. TOPS.
Inscripciones. PAZ.
Job 18, 2. TOPS.
Job 18, 2 (Eng.).TOPS.
Leones. DEBI.
Límites. TOPS.
Mar que amanece. DEBI.
La materia deshecha. PADRON.
Nada altera el desastre. PAZ.
La noche nuestra interminable. PADRON.
O toi que j'eusse aimée. PADRON.
Las palabras de Buda. ORTEGA, PAZ.
Pez. DEBI.

Sangre y humo. DEBI, PAZ.
Sentido contrario. PADRON.
Ser sin estar (agosto, 1968). DEBI.
Sor Juana. PADRON.
Statu quo. DONOSO.
Tratado de la desesperación. PADRON.
Venecia. ORTEGA.
Y a mitad de la tarde. DEBI.

PACHECO ITURRIZAGA, AUGUSTO. BO. 1902- .
Bartolina Sisa. BEDRE.
Simona Josefa Manzaneda. BEDRE.

PADILLA, HEBERTO. CU. 1932- .
A José Lezama Lima. CATO.
A ratos esos malos pensamientos. CATO.
A veces. PADRON.
Andaba yo por Grecia. CATO, PADRON.
El árbol. FIERRO.
Autorretrato del otro. PADRON, TOPS.
Canción de un lado a otro. PADRON.
Como un animal. TARN.
De tiempo en tiempo, la guerra. PADRON.
Dicen los viejos bardos. TARN.
El discurso del método. ARAY.
Dones. ARAY.
En los poemas. CATO.
En tiempos difíciles. CATO, ORTEGA.
Escrito en América. FIERRO.
Fuera del juego. ORTEGA, PADRON.
Hábitos. PADRON.
Herencias. TOPS.
La hila. PADRON.
La hora. TARN.
The Hour. TARN.
El justo tiempo humano. FIERRO.
Legacies. TOPS.
Like an Animal. TARN.
El monólogo de Quevedo. PADRON.
No fue un poeta del porvenir. ORTEGA.
The Old Bards Say. TARN.
Para aconsejar a una dama. ARAY, PADRON.
Poética. ORTEGA.
Una pregunta a la escuela de Frankfurt. TOPS.
La promesa. TOPS.
The Promise. TOPS.
A Question for the Frankfurt School. TOPS.
El relevo. PADRON.
Renata. ARAY.
Retrato del poeta como un duende joven. PADRON.
Self-Portrait of the Other. TOPS.
Siempre he vivido en Cuba. ARAY.
El único poema. PADRON.

PADILLA, HUGO. ME. 1935- .
Del mar. MONSI.
Poema. MONSI.

PAGÁN, JUAN BAUTISTA. PR. 1907-1970.
Burundanga. MORA.

PAINE, ROBERTO. AR. 1916- .
Como si hubiera andado. VEIRA.
Ése que está en el Tigre como planta. VEIRA.
Mirábase las manos. CAILL, GINAR.
Sé que mi canto es vulnerable. VEIRA.
Última voluntad. VILLOR.
PALACIOS, MARÍA LUISA. AR. 1930- .
Dibujo. URPILA.
La nada. URPILA.
Quemazón. URPILA.
PALÉS MATOS, LUIS. PR. 1899-1959.
Los animales interiores. DOORS.
The Animals Within. DOORS.
Bombo. SENSE, CAILL.
Canción festiva para ser llorada. MANSOU, SENSE.
Danza negra. CAILL, JIMEN, MORA, SENSE.
Doorway to Time in Three Voices. MARZAN.
Elegía del Duque de la Mermelada. JIMEN, MANSOU, MARZAN, SENSE, TOPS.
Elegy for the Duke of Marmalade. MARZAN, TOPS.
Falsa canción de baquiné. DOORS, SENSE.
Intermedios del hombre blanco (Frags.). MORA.
Islas. SENSE.
Kalahari. MARZAN.
Kalahari (Eng.). MARZAN.
Lagarto verde. MANSOU, SENSE.
Lamento. CAILL, SENSE.
El llamado. JIMEN.
Majestad negra. CAILL, MANSOU, MORA, SENSE.
Mulata-Antilla. MANSOU, MORA, SENSE.
Ñam-ñam. MORA, SENSE.
Ñáñigo al cielo. CAILL, SENSE.
Neither This nor That. MARZAN.
Numen. CAILL, MORA, SENSE.
Placeres. MORA.
El pozo. MARZAN.
Preludio en boricua. JIMEN, SENSE.
Pueblo. BAEZA, JIMEN, ROAL, TOPS.
Pueblo (Eng.). TOPS.
Pueblo negro. CAILL, MANSOU, MORA, SENSE.
Puerta al tiempo en tres voces. JIMEN, MARZAN.
Ron. CAILL, MORA, SENSE.
Spurious Song for a Baquiné. DOORS.
Ten con ten. BAEZA, MARZAN, SENSE.
Topografía. JIMEN, ROAL.
The Well. MARZAN.
PALÉS MATOS, VICENTE. PR. 1903-1963.
Estampa. BAEZA.
La negra que me crió. MORA.
PALLAIS, AZARÍAS H. NI. 1885- .
Ardilla. CARDE.
Los caminos. CAILL.
La fiesta de los pintores. CARDE.
La leyenda dorada va por los siete planos. CARDE.
Missa solemnis in la. CARDE.
El soneto del lucero del alba. BAEZA.
PALMA, MARIGLORIA. PR. 1920- .

Raíz negra. MORA.
PALOMARES, RAMÓN. VE. 1935- .
Elegía a la muerte de mi padre. ESCA.
Un gavilán. ESCA.
El jugador. ESCA.
Night. DOORS.
El noche. DOORS.
Pequeña colina. ESCA.
PANTIGOSO, MANUEL. PE. 1936- .
Euforia. TORO.
Guirnaldas. TORO.
Variaciones sobre un tema horizontal. TORO.
PARAYMA, RAMÓN. VE. 1940- .
De como la muerte murió en mi cama. ESCA.
La fruta. ESCA.
El ojo. ESCA.
El pájaro de alambre. ESCA.
PARDO GARCÍA, GERMÁN. CO. 1902- .
A la gloria del amor. CAILL.
Un caballo en la sombra. CAILL.
Desolación de la primavera. CAILL.
Islas de sed. CAILL.
Mujer naturaleza. GINCO, CAILL.
Presencia de la muerte. GINCO.
Sabor de la tierra. SONETO.
Los sueños corpóreos. CAILL.
PAREDES, RIGOBERTO. HO.
Crónica de salón. VOLCAN.
Memorial. VOLCAN.
Memorial (Eng.). VOLCAN.
Salon Chronicle. VOLCAN.
PARERA, ISABEL. CU. 1952- .
Hoy. CATO.
Me he lavado tantas veces las manos. CATO.
Los poetas. CATO.
Prolongaré la calle. CATO.
Voces. CATO.
PARES, NURIA. ME. 1925- .
El banquete. SALAS.
Entrega. SALAS.
Esta voz. SALAS.
Sed. SALAS.
La semilla. SALAS.
PARODI URIARTE de PRUNELL, ESTHER. UR.
Plenitud. GINURU.
Seré un mazo fuerte de espigas morenas. GINURU.
PARRA, ARÍSTIDES. VE. 1914- .
Égloga de la cigarra. MEDINA.
El valle de los pinos. MEDINA.
Viento de soledad. MEDINA.
PARRA, EDUARDO. CH. 1943- .
Dónde vinimos a parar. ARTE.
Pequeño contratiempo justo a final de siglo (Frag.). ARTE.
PARRA, MANUEL de la. ME. 1878-1930.
La cisterna. CAILL.
Momento musical. CAILL.

Nocturno. CAILL.
PARRA, NICANOR. CH. 1914- .
Acta de independencia. CEAL.
Alguien detrás de mí. CEAL.
El anciano difícil. CALA.
Antes me parecía todo bien. DOORS.
El anti-Lázaro. CEAL.
Aromos. SCARPA.
Atención. SCARPA.
Autorretrato. CAILL, CALA, FIERRO.
Brindis a lo humano y a lo divino. CEAL.
Cambios. REYES.
Cambios de nombre. CEAL.
Canción. SCARPA.
Catalina Parra. CALA, SCARPA.
Coplas del vino. JIMEN.
Cronos. CEAL.
La cruz. CEAL.
Debajo de mi cama. REYES.
Defensa de Violeta Parra. CEAL.
Desvalijemos a este viejo verde. REYES.
Discurso fúnebre. ARTE, CALA.
La doncella y la muerte. CEAL.
Epitafio. CALA, JIMEN, ROAL.
Es olvido. CALA, CEAL, SCARPA.
Esto tiene que ser un cementerio. DOORS.
Everything Used to Look Good to Me. DOORS.
Frases. CEAL.
El galán imperfecto. CEAL.
The Great Enigma of Philosophy. REYES.
Hay un día feliz. ARTE, CAILL, CALA, CEAL, JIMEN, ROAL, SCARPA.
Un hombre. CALA.
I Jehovah Decree. DOORS.
I Move the Meeting Be Adjourned. TOPS.
Momias. TOPS.
La montaña rusa. TOPS.
Mummies. TOPS.
Inflación. CEAL.
Jubilación. CEAL.
Juegos infantiles. CEAL.
Let's Loot This Dirty Old Man. REYES.
Manchas en la pared. CALA.
Manifiesto. CEAL.
La mano de un joven muerto. BAEZA, CAILL, GINCHI.
Mariposa. CEAL.
Mil novecientos treinta. CALA, ORTEGA.
Momias. CEAL.
La montaña rusa. JIMEN.
The Nobel Prize. REYES.
Nocturno. CAILL, GINCHI.
Nota sobre la lección de la antipoesía. REYES.
A Note about the Reading of Antipoetry. REYES.
Noticiario 1957. CEAL.
Ojo con el evangelio de hoy. CEAL.
Padre nuestro. CEAL.
Piano Solo. TOPS.

Pido que se levante la sesión. CEAL, TOPS.
Poemas del Papa. CEAL.
Poesía Poesía todo Poesía. REYES.
La poesía terminó conmigo. CEAL.
Poetry Poetry All Is Poetry. REYES.
Preguntas a la hora del té. CEAL.
El Premio Nobel. REYES.
Proyecto de tren instantáneo entre Santiago y Puerto Montt. CEAL.
¿Qué gana un viejo con hacer gimnasia? REYES.
Rape. REYES.
Ritos. CEAL, JIMEN, SCARPA.
Roller coaster. TOPS.
Se canta al mar. CAILL, GINCHI.
Se me ocurren ideas luminosas. CEAL.
Ser o no ser. CEAL.
Siete. CEAL.
Sinfonía de cuna. SCARPA.
Soliloquio del individuo. JIMEN, ORTEGA.
Solo. CEAL, JIMEN.
Solo de piano. TOPS.
Supongamos que es un hombre perfecto. CEAL.
Test. CEAL.
This Has To Be a Cemetery. DOORS.
Trading. REYES.
La trampa. CALA, DOORS.
The Trap. DOORS.
Tres poesías. CEAL, SCARPA.
El túnel. JIMEN, ORTEGA, TOPS.
The Tunnel. TOPS.
Ultimo brindis. SCARPA.
Under My Bed. REYES.
La venganza del minero. CEAL.
El verdadero problema de la filosofía. REYES.
Versos sueltos. CEAL, JIMEN.
La víbora. CALA, DONOSO, TOPS.
Los vicios del mundo moderno. ARTE, CALA, CEAL, ORTEGA, SCARPA.
Vida de perros. SCARPA.
Violación. REYES.
The Viper. TOPS.
What Good Is It for an Old Man to Work Out in the Gym? REYES.
Yo Jehova decreto. DOORS.

PARRA, VIOLETA. CH. 1917-1967.
Gracias a la vida. ARTE, LAGOS, TOPS, VOCES.
Here's to Life. TOPS.

PARRA del RIEGO, JUAN. PE. 1894-1925.
A Walt Withman (sic). CAILL.
Besos. CAILL, PERU.
La danza de tu traje lila. CAILL.
Nocturno número seis. BAEZA, PERU.
Serenata de Zuray Zurita. CAILL.

PASEYRO, RICARDO. UR. 1927- .
El alma y su figura. CAILL.
Esta mujer. CAILL, GINURU.
El loco. CAILL.
Ser y no ser. CAILL.
Soneto de mi advenimiento. GINURU.

Soneto del amor perdido. CAILL, GINURU.
PASOS, JOAQUÍN. NI. 1915-1947.
Canto de guerra de las cosas. CARDE.
Cementerio. CARDE.
Coral de los mendigos. ORTEGA.
Desocupación pronta, y si es necesario violenta. CARDE, FIERRO.
Día. CARDE.
Dormida, me estás oyendo. CAILL.
India caída en el mercado. CARDE, ORTEGA.
El indio echado. CARDE.
Los indios ciegos. CARDE.
Los indios viejos. CAILL, ORTEGA.
Naturaleza muerta flor. SONETO.
Pequeño canto para bien parir. CAILL.
Raudal. CARDE.
Tormenta. CARDE.
La verdulera. CARDE.
PASTORI, LUIS. VE. 1921- .
10 y 30 PM. DONOSO.
Ausencia. MEDINA.
Balada de la cierva. MEDINA.
Regreso. MEDINA.
El silencio camina. CAILL.
Tiras tu barco de papel. CAILL.
Toros. MEDINA.
Ved esta carne. CAILL.
PASTORÍN, HÉCTOR R. UR. 1944- .
Requiem del mar. URPILA.
Versos a la deriva. URPILA.
PATIÑO, MARICRUZ. ME. 1950- .
Los amantes son siempre desterrados. MONDRA.
Con la cabeza busca. MONDRA.
De corte clásico. MONDRA.
Desde mi última reflexión conciente. MONDRA.
Estás en el rincón más apartado del estudio. MONDRA.
Horóscopo. MONDRA.
Tú, otro. MONDRA.
Voces. MONDRA.
Y como era mujer. MONDRA.
PATIÑO de MURILLO, BLANCA. BO. 1924- .
Bailarines. BEDRE.
La cantuta. BEDRE.
PAYÁN ARCHER, GUILLERMO. CO. 1921- .
Qué olvidado lucero. GINCO.
PAYERAS, MARIO. GU.
Tamborillo. VOLCAN.
Tamborillo (Eng.). VOLCAN.
PAZ, JESÚS. ME. 1954- .
Esta tarde. ZAID.
PAZ, NELSA. UR.
Infinito azul. URPILA.
Inmortalidad. URPILA.
PAZ, OCTAVIO. ME. 1914- .
Adiós a la casa. CAILL.
¿Águila o sol? MONSI.
Aparición. DEBI.

Aquí. DEBI, JIMEN, PAZ, ROAL, TOPS.
Árbol adentro. TOPS.
La arboleda. TOPS.
Arcos. CAILL, DEBI.
Between Going and Staying. TOPS.
Between What I See and What I Say . . . TOPS.
Blanco. DOORS.
Blanco (Eng.). DOORS.
Blanco (Frag.). DEBI.
Certainty. TOPS.
Certeza. JIMEN, TOPS.
Cima y gravedad. DEBI.
Conversación en un bar. DEBI.
Crepúsculo de la ciudad. MONSI.
Cuerpo a la vista. TAPIA.
Dama huasteca. BACIU, PAZ.
El desconocido. CAILL.
Elegía. MONSI.
Elegía interrumpida. MONSI.
En la calzada. DEBI.
Entre irse y quedarse. TOPS.
Entre lo que veo y digo . . . TOPS.
Epitafio de una vieja. JIMEN.
Escrito con tinta verde. DEBI.
Espejo. DEBI.
Fábula. DEBI.
The Grove. TOPS.
Hacia el poema. BACIU, JIMEN.
Here. TOPS.
Himno entre ruinas. DEBI, JIMEN, MONSI, ORTEGA, PAZ, TOPS.
Hymn among the Ruins. TOPS.
Inmóvil en la luz. MONSI.
Insomnio. CAILL.
Lago. TOPS.
Lake. TOPS.
Lectura de John Cage. DOORS.
Libertad bajo palabra. MONSI.
Luna silvestre. CAILL.
Madrugada. PAZ.
Madurai (Frags.). PAZ.
Mariposa de obsidiana. BACIU.
Más allá del amor. DEBI.
Mayúscula. PAZ.
Medianoche. CAILL.
México: Olimpiada de 1968. ORTEGA.
Misterio. TOPS.
Movimiento. MONSI.
Mystery. TOPS.
Native Stone. TOPS.
Niña. CAILL.
Noche de verano. CAILL.
Noche en claro. MONSI.
Nubes. CAILL.
Olvido. CAILL.
On Reading John Cage. DOORS.
El otro. JIMEN.

Las palabras. MONSI.
Piedra de sol. MONSI.
Piedra de sol (Frags.). ROAL.
Piedra nativa. TOPS.
Un poeta. BACIU, DEBI, JIMEN, PAZ.
Primavera a la vista. CAILL.
El prisionero (Homenaje a D.A.F. de Sade). BACIU, JIMEN.
Pueblo. JIMEN, TOPS.
La rama. DEBI.
El regreso. CAILL.
El sediento. CAILL.
Semillas para un himno. MONSI, ORTEGA.
Silencio. CAILL.
Sunyata. DEBI.
Trabajos del poeta (Frag.). PAZ.
A Tree Within. TOPS.
Tumba del poeta. DEBI.
Valle de México. BACIU, DEBI.
Viento, agua, piedra. TOPS.
Viento entero. JIMEN, PAZ.
Village. TOPS.
Visitas. CAILL, DEBI.
Vrindaban. PAZ.
Vuelta. ORTEGA.
Wind and Water and Stone. TOPS.
PAZ CASTILLO, FERNANDO. VE. 1893- .
La brisa del norte. CAILL.
Desde un paisaje. MEDINA.
Hacia el misterio. CAILL.
Hay luces entre los árboles. MEDINA.
La mujer que no vimos. CAILL.
Tarde de lluvia en el campo. CAILL.
Tarde del domingo. CAILL.
PAZ PAREDES, LORENA. ME. 1953- .
Estás conmigo amor. SALAS.
PAZ PAREDES, MARGARITA (Margarita Camacho Boquedano). ME. 1921-1980.
Adán en sombra. SALAS.
El despertar. SALAS.
Elegía del amor que no muere. SALAS.
Éxodo. SALAS.
Oración por la tierra. SALAS.
El otro paraíso. SALAS.
Los pasos solitarios. BAEZA.
Reencuentro con Don Quijote. BOCPA.
Solo yo. CAILL.
Vida, fría sepulturera. CAILL.
Yamilé. ROAL.
PAZ PAREDES, YAMILE. ME. 1943- .
Hoy me dueles, amor. SALAS.
PEDEMONTE, HUGO EMILIO. UR. 1923- .
A Segovia. GINURU.
Pasos del americano. GINURU.
Poema familiar. GINURU.
Recuerdo de Castilla. GINURU.
PEDRONI, JOSÉ. AR. 1899- .
Credo. VILLOR.

Cuando me ves así. VILLOR.
La cuna. BAEZA.
Maternidad (Frag.). BAEZA.
Quinta luna. GINAR.
PEDROSO, AMANDA. PA. 1955- .
Cópula. LAGOS, VOCES.
PEDROSO, REGINO. CU. 1896- .
Alegoría del Simbad íntimo. SONETO.
Canción del hilo de agua. CAILL.
Hermano negro. BAEZA, CAILL, MANSOU, MORA, SENSE.
Y lo nuestro es la tierra. CAILL.
PELLEGRINI, ALDO. AR. 1903-1973.
Alguien que despierta. VEIRA.
El canto en una mano el peligro en la otra. BACIU.
La certidumbre de existir. BACIU.
El corazón de todos los rostros. BACIU.
Encuentro. TAPIA.
Es decir. BACIU.
Un espectáculo más. BACIU.
La mujer transparente. BACIU.
Semblante acaecido. BACIU.
Sistema de obediencia. VEIRA.
Sustancia erótica. VEIRA.
PELLERRANO CASTRO, ARTURO. DR 1865-1916.
Criollas. CAILL.
PELLICER, CARLOS. ME. 1897-1976.
A la poesía. CAILL, TOPS.
Bajo el signo de la cruz. MONSI.
El canto del Usumacinta. MONSI.
Como un fauno marino. DEBI.
Con cuánta luz camino. MONSI.
Cuando el transatlántico pasaba. DEBI.
Deseos. CAILL, JIMEN, MONSI, PAZ, ROAL, TOPS.
Discurso por las flores. MONSI.
La dulce mina de estío. DEBI.
Elegía. MONSI.
En negro se desafina. DEBI.
Esquemas para una oda tropical. CAILL, JIMEN, PAZ.
Estrofa al viento de otoño. CAILL.
Las estrofas a José Martí. MONSI.
Estudio. DEBI, JIMEN, MONSI, PAZ, ROAL.
Estudio. MONSI, PAZ.
Estudio. DEBI, MONSI.
Estudios. PAZ, TOPS.
Flocks of Doves. TOPS.
Fragmentos. CAILL.
Grupos de palmeras. DEBI.
Grupos de palomas. DEBI, MONSI, PAZ, TOPS.
He olvidado mi nombre. DEBI, PAZ.
Hermano Sol, nuestro padre San Francisco. MONSI.
Hora de junio. DEBI.
Horas de junio. MONSI.
Invitación al paisaje. DEBI.
Nocturno. JIMEN, ROAL.
Oda a Salvador Novo. MONSI.
Pintado el cielo. DEBI.

Poema pródigo. CAILL, PAZ.
Que se cierre esa puerta. JIMEN, MONSI.
Rafael. MONSI.
El recuerdo. CAILL.
Recuerdos de Iza (un pueblecito). MONSI, PAZ.
Scherzo. DEBI.
Segador. MONSI.
Semana holandesa. PAZ.
Sembrador. DEBI.
Señor, haz que yo vea. DEBI.
Soneto. MONSI.
Soneto. MONSI.
Soneto. MONSI.
Soneto nocturno. MONSI.
Soneto postrero. MONSI.
Sonetos postreros. JIMEN, SONETO.
Studies. TOPS.
Tema para un nocturno. DEBI.
To Poetry. TOPS.
El viaje. MONSI.
Wishes. TOPS.
Ya nada tengo yo. DEBI.
PEÑA, EMILIA. ME. 1925- .
Cuando vuelvas la vista. SALAS.
Quizá cuando te mire. SALAS.
Tengo miedo de ser. SALAS.
Yo no te busco, Dios. SALAS.
PEÑA, HORACIO. NI. 1936- .
La Danza de la Muerte. CARDE.
Retrato de un desconocido. CARDE.
PEÑA BARRENECHEA, ENRIQUE. PE. 1905- .
Camino del hombre. BAEZA.
La noche larga. PERU.
Poetas muertos. PERU.
PEÑA BARRENECHEA, RICARDO. PE. 1893-1939.
Canción de cuna. PERU.
Discurso de la niña ausente. BAEZA, CAILL.
Discurso de la luna blanca. CAILL.
Discurso de los amantes. PERU.
PEÑA GUTIÉRREZ, JOAQUÍN. CO. 1950- .
A mi sobrinita. ABRIL.
Atraco. ABRIL.
Chile tu sangre Pablo. ABRIL.
Mañana es. ABRIL.
No hay razón. ABRIL.
No quiero. ABRIL.
Palabras para una mujer de ahora. ABRIL.
Pensar. ABRIL.
PEÑARANDA, CLAUDIO. BO. 1883-1921.
El alma del agua (Frags.). BEDRE.
De una pesadilla. BEDRE, QUIROS.
Elegía a Rubén Darío. QUIROS.
Oración por la paz. BEDRE.
El último rondel. QUIROS.
PEÑASCO, S. ALEJANDRO. UR. 1914- .
Callado río. GINURU.

PERALTA, ALEJANDRO. PE. 1899- .
Cántico. CAILL.
De pie. CAILL.
Karabotas. CAILL.
La pastora florida. CAILL, PERU.
PERALTA, BERTALICIA. PN. 1940- .
Cada día. DONOSO.
Dos amigos. BOCPA.
Introducción al estudio de las contradicciones. LAGOS, VOCES.
The Only Woman. FLORES.
Pena tan grande. FLORES.
Safo II. LAGOS, VOCES.
So Much Suffering. FLORES.
La única mujer. FLORES, LAGOS, VOCES.
PERALTA SORUCO, PEPITA. BO. 1931- .
Pal pueblo de Cotoga. BEDRE.
PEREDA, FERNANDO. UR. 1900- .
A un cantante muerto. GINURU.
La espada necesaria. GINURU.
Madrugada. GINURU.
La muerte entreabierta. GINURU.
Mundo. GINURU, CAILL.
El surtidor. GINURU, CAILL.
Trasmundo. GINURU, CAILL.
PEREDA VALDÉS, ILDEFONSO. UR. 1899- .
Canción de cuna para dormir a un negrito. SENSE.
Canto a los senos. TAPIA.
La guitarra de los negros. GINURU, MANSOU, SENSE.
La ronda catonga. GINURU, MANSOU, SENSE.
Superstición negra. GINURU, SENSE.
PEREIRA, GUSTAVO. VE. 1940- .
Ante el borde. ESCA.
Las flautas se entienden. ESCA.
Hay un tiempo. ESCA.
Por entre las islas. ESCA.
Somari. ESCA.
Zorba. BOCCA.
PEREIRA, UMBERTO. UR. 1923- .
Antonio Lussich. URPILA.
Molino de viento. URPILA.
Morir de amor. URPILA.
El templo. URPILA.
Torre del vigía. URPILA.
PÉREZ, AMADO AURELIO. ME. 1954- .
Circe. ZAID.
PÉREZ, ANA MERCEDES. VE. 1910- .
Frente a mí misma. SONETO.
Mujer del tercer mundo. LAGOS, VOCES.
Responso por un sueño. MEDINA.
Tedio. MEDINA.
PÉREZ, FLORIDOR. CH. 1937- .
Años después. ARTE.
Calbuco. QUEZA.
Carta familiar. ARTE.
La casa del inválido. QUEZA.
El crecimiento. QUEZA.

Donde crecimos. ARTE.
El inesperado. QUEZA.
Informe de los cazadores. QUEZA.
Navidad. QUEZA.
P.D. para la Cenicienta. QUEZA.
Paseo. QUEZA.
Sobremesa. QUEZA.
Week end, the end (Span.). QUEZA.
PÉREZ, HIDELBRANDO. PE. 1941- .
Danza de la muerte ebria. BOCCA.
Mutatis mutandis. BOCCA.
PÉREZ, MAX EFRAÍN. BO. 1928- .
Sol rojo de teoponte. BEDRE.
PÉREZ, UDÓN. VE. 1871-1926.
En la selva. CAILL.
Los toros. SONETO.
PÉREZ ALFONSECA, RICARDO. DR. 1892- .
Lo que importa. BAEZA.
PÉREZ del C. de CARVAJAL, EMMA. BO. 1888-1963.
Bibelot. BEDRE.
PÉREZ ESTRADA, FRANCISCO. NI. 1919- .
El entierro de un pobre. CARDE.
La María Martínez. CARDE.
PÉREZ HIDALGO, FRANCISCO JAVIER. CR. 1949- .
Fiesta del amor. COSTA.
Los hombres buenos. COSTA.
PÉREZ MARICEVICH, FRANCISCO. PA. 1939- .
La espiga turbulenta. VALLE.
El miedo. DONOSO, VALLE.
Poema 5. VALLE.
Poema 10. VALLE.
Tema antropológico. VALLE.
PÉREZ MARTÍN, NORMA. AR. 1932- .
Huacos. URPILA.
PÉREZ PERDOMO, FRANCISCO. VE. 1929- .
Aquella música. ESCA.
El hombre del gorro. ESCA.
El solitario. ESCA.
Sólo el sueño revela. ESCA.
Soy memoria. ESCA.
PÉREZ-SO, REYNALDO. VE. 1945- .
Como un pastor de cabras. ESCA.
Los que soñamos. ESCA.
Mi casa. ESCA.
Poemas. BOCCA.
Te di el alma mía. ESCA.
PEREZALONSO, CARLOS. NI. 1943- .
Alguien bebe y festeja esta noche en el barrio. CARDE.
Alrededor de la nave que cabecea. CARDE.
El otro rostro. CARDE.
El pueblo. CARDE.
PERI ROSSI, CRISTINA. UR. 1941-1983.
A veces ocurren milagros. ALEGRI.
Poema. BOCPA.
Poema. BOCCA.
Poema. BOCCA.

Virginia Woolf, etc. FLORES.
Virginia Woolf, etc. (Eng.).FLORES.
PERINO, NELLY de. UR.
Juego y pregunta. URPILA.
Morirá la flor. URPILA.
Tan en la luz. URPILA.
PEROZO NAVEDA, BLAS. VE. 1943- .
Será mejor pavós que no escribáis. BOCCA.
PERRY, DAVID. CH. 1896- .
Como un ciego. BAEZA.
PESCE, ELENA. UR.
Poema II. URPILA.
Poema IV. URPILA.
Poema X. URPILA.
PESSAGNO, NÉLIDA. AR.
Canto argentino. VOCES.
PETIT de MURAT, ULISES. AR. 1907- .
Antipoema. VEIRA.
Antipoema con muchachas. TAPIA.
Espléndida marea de lágrimas. VEIRA.
Nace la noche. VILLOR.
PEZOA VÉLIZ, CARLOS. CH. 1897-1908.
Al amor de la lumbre. CALA.
De vuelta de la pampa. CAILL.
Entierro de campo. CAILL, GINCHI.
Nada. ARTE, CAILL, ROAL.
El organillo. CAILL, CALA, GINCHI.
El perro vagabundo. ARTE, CALA.
El pintor pereza. CAILL, CALA.
Tarde en el hospital. ARTE, CAILL, CALA, ROAL.
PIAGGIO, EDDA. UR.
Modos de sombras. URPILA.
Regreso. URPILA.
Troncos. URPILA.
PICCATO, PEDRO. UR. 1907-1944.
En la noche, redes de aromas. GINURU.
Festejo. GINURU.
PICHARDO, FRANCISCO J. CU. 1873-1941.
Estrofa mía. SONETO.
PICHARDO, MANUEL SERAFÍN. CU. 1865-1937.
El último esclavo. MORA, SENSE.
PICHARDO MOYA, FELIPE. CU. 1892-1957.
La comparsa. MANSOU, MORA, SENSE.
Filosofía del bronce. MORA, SENSE.
El jíbaro. SONETO.
PICÓN FEBRES, GONZALO. VE. 1860-1918.
A una granada. SONETO.
PIEDRA, JOEL. ME. 1954- .
Canción de piedra. ZAID.
PIETRI, PEDRO JUAN. PR. 1944- .
Cine mudo. MARZAN.
The Night has Twenty-Four Hours. MARZAN.
La noche tiene veinticuatro horas. MARZAN.
Obituario puertorriqueño. MARQUE.
Puerto Rican Obituary. MARQUE.
Silent Movies. MARZAN.

Tírate tú primero. MARZAN.
You Jump First. MARZAN.
PIMENTEL, JORGE. PE. 1944- .
Balada para un caballo. RUANO, TORO.
Camino pedregoso. TORO.
Muerte natural (Frag.). BOCCA, RUANO, TORO.
Rimbaud en polvos azules. TORO.
PIÑA WILLIAMS, VÍCTOR HUGO. ME. -1958.
Variaciones sobre un tema garantizado. GENERA.
PINEDA, RAFAEL. VE. 1926-1966.
1926. MEDINA.
¿A quién llevan ahí? MEDINA.
El barrio en la colina. MEDINA.
PINTADO, JOSÉ MANUEL. ME. 1948- .
Las herencias. BOCCA.
Insomnio. BOCCA.
PINTO, ERNESTO. UR. 1908- .
Canción de la mano en los vientos. GINURU.
Canción de la rosa y el mantel. GINURU.
Canción de la rosa en las manos. GINURU.
Canción de la rosa en el viaje. GINURU.
Canción del alhelí dormido en tu cara. GINURU.
PINTO, JUAN. VE. 1943- .
Ciudad día (Frag.). BOCCA.
PINTO, MANUEL MARÍA. BO. 1872-1942.
Los ajusticiados. QUIROS.
Baudelaire. QUIROS.
Huankaras. BEDRE, QUIROS.
In illo tempore. QUIROS.
Letanía. QUIROS.
Pa - cha - mama. BEDRE.
Quia sunt. QUIROS.
Sicuris. CAILL.
PINTO SAUCEDO, FÉLIX. BO. 1922-1976.
Selénica. BEDRE.
PITA, JUANA ROSA. CU. 1939- .
Carta a mi isla. CATO.
El poema. CATO.
PITA RODRÍGUEZ, FÉLIX. CU. 1909- .
Because We Love Life. TARN.
Bernard de Maupoil. ARAY.
Cantata para la escuela de Huong Phuc. ARAY.
Gérard de Nerval. ARAY.
Mis favorables. ARAY.
Mutaciones. ARAY.
Porque amamos la vida. TARN.
William Blake. ARAY.
PITTY, DIMAS LIDIO. PN. 1941- .
In the Canal Zone. DONOSO.
PIWONKA, MARÍA ELVIRA. CH. 1915- .
Leve. GINCHI.
Zarza. BAEZA.
PIZARNIK, ALEJANDRA. AR. 1936-1972.
Ashes. TOPS.
The Awakening. TOPS.
Cenizas. TOPS.

El deseo de la palabra. ORTEGA.
El despertar. TOPS.
Dice que no sabe del miedo. ORTEGA.
Ella se desnuda en el paraíso. ORTEGA.
En esta noche, en este mundo. LAGOS, ORTEGA, VILLOR, VOCES.
Estos huesos brillando en la noche. ORTEGA.
Exile. TOPS.
Exilio. TOPS.
Explicar con palabras. ORTEGA.
Fragmentos para dominar el silencio. BOCPA.
Fronteras inútiles. ORTEGA.
Poem for the Father. TOPS.
Poema para el padre. TOPS.
El poema que no digo. ORTEGA.
Por un minuto de vida breve. ORTEGA.
Quién dejará de hundir su mano. ORTEGA.
Revelaciones. ORTEGA.
Salta con la camisa en llamas. ORTEGA.
Sólo la sed. ORTEGA.
Un sueño donde el silencio es de oro. BOCPA.
Los trabajos y las noches. VILLOR.
PLA, JOSEFINA. PA. 1909- .
Aprenderás que hay muertos. LAGOS, VOCES.
Concepción. VALLE.
Mi beso es muchedumbre. BOCPA.
El polvo enamorado. Poema I. VALLE.
El polvo enamorado. Poema II. VALLE.
Sembrad, enterradores, cara a la primavera. VALLE.
Soy. TAPIA.
Tan sólo. BOCPA.
Tus manos. VALLE.
PLACENCIA, ALFREDO R. ME. 1873-1930.
Ciego Dios. MONSI.
Con un poco de olvido. MONSI.
Cosas. MONSI.
El libro de Dios. MONSI.
Me habla la eternidad. MONSI.
Mi gran frío. MONSI.
El primer signo. MONSI.
San Pedro bendito. MONSI.
PLANCHART, ENRIQUE. VE. 1894-1953.
Amor. CAILL.
Cuarteto de cuerdas. MEDINA.
Nocturno. CAILL.
Ocaso. CAILL.
El retrato. MEDINA.
Tempestad. CAILL.
El vado. MEDINA.
POBLETE, VERÓNICA. CH. 1955- .
Arte poética. VILLE.
Como perros y gatos. VILLE.
POHLHAMMER, ERICK. CH. 1958- .
Los helicópteros. ARTE.
Me acuerdo cuando descubrí a Simón. ARTE.
Quiero irme. ARTE.
PONCE, MANUEL. ME. 1913- .

A una bondad relativa. MONSI.
Ifigenia fue arrebatada de la zarza. MONSI.
PONCE de LEÓN, ALBERTO. AR. 1916- .
Árbol continente. GINAR.
Elegía en tu muerte. CAILL, VEIRA.
Elegías nacidas del invierno. CAILL.
PORCHIA, ANTONIO. AR. 1886-1969.
Voces. BACIU.
PORTAL, MAGDA. PE. 1901-1989.
Abstracción. LAGOS, VOCES.
Liberación. LAGOS, VOCES.
Tragedia de estar la muerte lejos (Frags.). LAGOS, VOCES.
Vidrios de amor. PERU.
PORTOGALO, JOSÉ. AR. 1904-1973.
Canción. GINAR.
Los pájaros ciegos. VILLOR.
PORTUGAL, ANA MARÍA. PE. 1938- .
Era un tiempo. BOCPA.
PORTUONDO, JOSE ANTONIO. CU. 1911- .
Firulítico. MORA.
Lance de juruminga. MORA.
Mari Sabel. SENSE.
Rumba de la Negra Pancha. MORA.
POVEDA, JOSÉ MANUEL. CU. 1888-1926.
El epitafio. SONETO.
El grito abuelo. MANSOU, MORA, SENSE.
Julián del Casal. CAILL.
Luna de arrabal. CAILL.
Reliquia. BAEZA.
Serenata. CAILL.
PRADO, PEDRO. CH. 1886-1952.
El alba cuando asoma. SCARPA.
Amé el amor. CAILL.
La amistad es amor. SCARPA.
Ausencia. SCARPA.
Cabalgando por suave serranía. BAEZA, CAILL, GINCHI.
Camino de las horas. CAILL, GINCHI.
Canción. CALA.
Con un lento vagar. SCARPA.
Convaleciente. ARTE, SCARPA.
Cuando ahora tranquilo . . . SCARPA.
De qué mundo ignorado. GINCHI, SCARPA.
Las dunas. ARTE.
Los largos años. SCARPA.
Lázaro. ARTE.
La llave. ARTE.
Las manos. GINCHI.
Mi verso. SCARPA.
Oración al despertar. ARTE.
Los pájaros errantes. ARTE.
Para mejor amarte. SCARPA.
Preludio. ROAL.
¿Qué importa, di . . . ? CALA.
La rosa blanca. ARTE, CAILL, GINCHI, SCARPA.
La rosa desvelada. ROAL.
La rosa divina. SCARPA.

La rosa inalcanzable. SCARPA.
La rosa inefable. SCARPA.
Si el amor nos posee. CAILL.
Soneto VI. CALA.
Soneto XLII. CALA.
Tanto conozco esta ciudad. SCARPA.
Tránsito de la espina a la rosa. CAILL, GINCHI.
La última compañía. CALA.
El vilano. CAILL.
Yo soy aquél. SCARPA.
PRADO, PURA del. CU. 1931- .
Amo. TAPIA.
La dávida. BAEZA.
Monólogo de una exilada. LAGOS, VOCES.
PRÉNDEZ SALDÍAS, CARLOS. UR. 1892- .
Ausente. CAILL.
La canción del río. CAILL, GINCHI, ROAL.
Emilio Cortés. CAILL.
Está ahí, junto al árbol. CAILL.
Hombre. CAILL.
La máscara japonesa (soneto). CAILL.
María. BAEZA, GINCHI.
Niña de cara morena. ROAL.
Te recuerdo. CAILL.
Viento. ROAL.
PRIETO, IRENE. ME. 1945- .
Camino. SALAS.
Dividir con el paso. SALAS.
Ofrenda. SALAS.
Origen. SALAS.
PRUNELL ALZAIBAR, ELBIO. UR. 1898.
Ataduras. GINURU.
Tus distancias. GINURU.
PUBEN, JOSÉ. CO. 1936- .
La otra ventana. DONOSO.
PUENTES de OYENARD, SYLVIA MARLENE. UR. 1943- .
El giro de la tarde. URPILA.
Rosa exigida. URPILA.
Y como hubiera sido. URPILA.
PUGA de LOSADA, AMALIA. PE.
Íntima. PERU.
PUGLIA, TERESA. UR.
La fiebre entera. URPILA.
¿Qué hacen los que pueden hacer algo? URPILA.
PUHYOL, ESTHER. ME.
En tus pesares cautiva. SALAS.
Ha hablado la noche. SALAS.
Hasta tu herida. SALAS.
He apagado la luz. SALAS.
Vestida de adormidera. SALAS.
Vuelvo al calor de tu substancia. SALAS.
PUIG, SALVADOR. UR. 1939- .
Al comandante Ernesto Che Guevara. FIERRO.

QUERALES, RAMÓN. VE. 1939- .
Los signos de la furia (Frag.). FIERRO.

Esta casa llamada la paloma. ESCA.
Los nudos de la estirpe. ESCA.
Para que el olvido abrevie. ESCA.
Una creciente de recuerdos. ESCA.
Yo, mi escondite. ESCA.
QUEREMEL, ÁNGEL MIGUEL. VE. 1899-1939.
Cancioncilla de la niña tonta. CAILL.
Entierro del miliciano muerto en la guerra. CAILL.
Escultura para la fuente de un jardín no plantado. MEDINA.
Luto en el puerto. MEDINA.
Manifiesto del soldado que volvió. CAILL.
Paisaje. CAILL.
Romance de amor y de sangre. CAILL, TAPIA.
Voluntad para el sueño. CAILL, MEDINA.
QUESADA, JOSÉ LUIS. HO.
El amor incurable. VOLCAN.
The Incurable Love. VOLCAN.
QUESSEP, GIOVANNI. CO. 1939- .
Canto del extranjero. ORTEGA.
Con dura transparencia y dura sombra. ABRIL.
En el no ser de la memoria. ABRIL.
La impura claridad. ABRIL.
Lo que ignoramos. ABRIL.
Perdimos el amor necesario. ABRIL.
El ser no es una fábula. ABRIL.
Volviendo a la esperanza. ABRIL.
QUEZADA, JAIME. CH. 1942- .
El accidente. BOCCA, QUEZA.
Afanes. ARTE.
Al zoológico me llevan una mañana de domingo. BOCCA, QUEZA.
Antes de hoy mañana. QUEZA.
Así de cosas de arriba como de abajo. WHITE.
La casa de Natalia. QUEZA.
El cazador. QUEZA.
Chile limita al noreste con Bolivia. QUEZA.
El cometa Halley. WHITE.
Despertar. WHITE.
La fuga. ARTE, QUEZA.
Halley's Comet. WHITE.
La herencia. BOCCA, QUEZA.
Historia y otra historia. QUEZA.
La mujer adúltera. QUEZA.
No hace mucho estaba en un parque público. QUEZA.
La nostalgia tiene la forma de un tren. BOCCA.
Poem of the Forgotten Things. WHITE.
Poema de las cosas olvidadas. WHITE.
Primera comunión. QUEZA.
Retrato hablado. BOCCA, QUEZA.
Salmo. ARTE.
El silbo de los aires. WHITE.
La tentación. QUEZA.
Waking Up. WHITE.
The Way Things are Above and Below. WHITE.
Whistling in the Air. WHITE.
QUIJADA URÍAS, ALFONSO. ES. 1940- .
A las dos de la tarde. BOCCA, CEA.

Antes de la muerte. VOLCAN.
Aquellos que establecen leyes injustas. ALEGRI.
Before Death. VOLCAN.
Chronicle. VOLCAN.
La ciudad y la poesía. SALVA.
Crónica. VOLCAN.
El escarabajo. CEA.
Escrito en una viñeta de Lea & Perrins. CEA.
Los estados sobrenaturales. CEA.
Mi primer viaje en tren. SALVA.
Os dejé burlados. SALVA.
País hijo de . . . DONOSO.
Panfleto. SALVA.
Poemas. BOCCA.
Pretexto. CEA.
Se gratificará. SALVA.
Toda cabeza enferma. SALVA.
Todos los días. SALVA.
QUIJANO, ÁLVARO. ME. 1955- .
Poema. ZAID.
QUIÑONES, DELIA. GU.
March, Vigilant Fire. VOLCAN.
Marzo fuego de vigilia. VOLCAN.
Sílaba gris. LAGOS, VOCES.
QUIÑONES, ISABEL. ME. 1949- .
Entrada al jardín de las delicias. COHEN.
Extracción de la piedra de la locura. COHEN.
La lengua dócil se movía. COHEN.
Poema. BOCCA.
QUIÑONES, MARTA MAGALY. PR. 1945- .
Retratos de ciudad. VOCES.
QUINTANA, EDDIE. BO. 1942- .
Montaña y hombre. BEDRE.
QUINTERO ÁLVAREZ, ALBERTO. ME. 1914-1944.
Agua, serenado aljibe. CAILL.
Ante el mar. CAILL.
Marina de tus ojos. CAILL.
Un poco más, amor. CAILL.
QUIRARTE, VICENTE. ME. 1954- .
Amor constante. ZAID.
Los ángeles de sus manos. COHEN.
Elegía del delfín. COHEN.
Elogio de la calle. COHEN.
En este sol de hierba calcinada. COHEN.
En la anarquía del silencio todo poema es militante. GENERA.
Entonces despertar. COHEN.
Entonces mi mano eclipsa. COHEN.
Posdata para Filippo Lippi. GENERA.
Saint James Park (Span.). COHEN.
Su condición de ola. COHEN.
Una mujer y un hombre. GENERA.
QUIROGA, RENÉ ABRAHÁM. BO. 1930- .
Carnaval minero. BEDRE.
QUIROGA VARGAS, MARÍA. BO. 1898- .
La araña de la tristeza. BEDRE.
Inexorablemente. BEDRE.

Minero. BEDRE.
QUIRÓS, JUAN. BO. 1914- .
Detén tu fuga. BEDRE.
QUITEÑO, SERAFÍN. ES. 1903- .
Auto retrato. CEA.
En el país de la libertad. CEA.
Estatua viva de barro (Frag.). BAEZA, TAPIA.
Eva de arcilla. CEA, SALVA.
Flor de María. CEA.
Himno de amor a la mujer mestiza. CEA, SALVA.
Puerta. CEA.
Sonetos de la palabra: Poeta. CEA.
Tres canciones de Mictlan. CEA.

RADA, EDUARDO. PE. 1955- .
La gente la gente. LETONA.
RADILLO, TEÓFILO. CU. 1895- .
Bembé. MORA.
La canción del jigüe. MORA.
Sucumbento. MORA.
RAFIDE, MATÍAS. CH. 1926- .
Amaba el mar. ARTE.
Autobiografía minúscula. ARTE.
Idéntico regreso. CAILL.
Transeúnte negro. ARTE.
Tu ausencia solloza en mi corazón. CAILL, GINCHI.
RAMÍREZ, FRANCISCO. JAVIER. ME. 1953- .
Poema. ZAID.
RAMÍREZ, LIL MILAGRO. ES.
Awakening. VOLCAN.
Despertar. VOLCAN.
RAMÍREZ, LIVIO. HO. 1943- .
Arde como fiera. BOCCA.
RAMÍREZ, SIMÓN DARÍO. VE. 1930- .
He aquí mi nombre y su estatura. ESCA.
Lejano interior. ESCA.
Ruptura. ESCA.
Siempre rosa. ESCA.
RAMÍREZ ARGÜELLES, CARLOS. CO. 1917- .
Escucho mi corazón. ARBEL.
Habla la soledad. GINCO.
RAMÍREZ ESTRADA, EDGAR. EC. 1923- .
Derrumbe quinto. DONOSO.
RAMÍREZ GARCÍA, RAÚL. ME. 1955- .
Poética. ZAID.
RAMÍREZ MURZI, MARCO. VE. 1926- .
Balada del amor nuevo. ESCA.
Ciudad, 12 p.m. ESCA.
Estar solo. ESCA.
Recado para el ausente. ESCA.
Responso en el mes de julio. ESCA.
RAMÍREZ RUIZ, JUAN. PE. 1946- .
Dodecaedro. TORO.
Irma Gutiérrez (Aún sucede). TORO.
El júbilo. TORO.
Julio Polar. TORO.

RAMOS, MARÍA EUGENIA. HO. 1954- .
Memoria. VOCES.
Puerto ocupado. VOCES.
RAMOS SUCRE, JOSÉ ANTONIO. VE. 1890-1930.
El fugitivo. MEDINA.
Los gafos. MEDINA.
Isabel. MEDINA.
Lied. MEDINA.
El sopor. MEDINA.
Trance. BACIU.
RAMPONI, JORGE ENRIQUE. AR. 1907- .
Los ángeles del tiempo. VEIRA.
Corsario de tinieblas. VEIRA.
Poesía. CAILL, GINAR.
RAPPALINI, CESAR MÁXIMO. UR.
Donde sangran los faroles. GINURU.
RASCH ISLA, MIGUEL. CO. 1887-1953.
A un árbol naciente. GINCO.
El colibrí. GINCO.
RAUSKIN, J. A. PA. 1941- .
Hijo del sol. VALLE.
Oda. VALLE.
RAYO, JAIME. CH. 1916-1942.
La hora apartada. GINCHI.
RAZZETO, MARIO. PE. 1937- .
Crónica del extranjero. TORO.
Otoño. TORO.
Puente de los suspiros. TORO.
Smog. TORO.
La vida. TORO.
REBOLLEDO, EFRÉN. ME. 1877-1929.
Ante el ara. MONSI.
Ausencia. MONSI.
Los besos. MONSI.
Insomnio. MONSI.
Posesión. MONSI, TAPIA.
El soneto. SONETO.
Tú no sabes lo que es ser esclavo. MONSI.
El vampiro. MONSI.
Voto. MONSI.
RECAVARREN, CATALINA. PE.
Mis manos. PERU.
REDOLES, MAURICIO. CH. 1953- .
Del finao. ARTE.
Las encomiendas. ARTE.
REGA MOLINA, HORACIO. AR. 1899-1957.
A muchos (soneto). CAILL.
Carta a un domingo humilde. CAILL, GINAR.
La ciudad (Frag.). BAEZA.
El coche. CAILL.
El domingo se ha hecho. CAILL.
Historia. CAILL.
La lluvia. SONETO, VILLOR.
Momento. CAILL, VILLOR.
Muerte. CAILL.
Oda provincial (Frags.). CAILL.

Patria del campo. CAILL.
Trópico (soneto). CAILL.
El verso concluído. CAILL.
REMÓN VILLALBA, JOELY. CU. 1947- .
Defensa. CATO.
Un despertar. CATO.
Milagro. CATO.
Nostalgia. CATO.
Pecados. CATO.
REQUENI, ANTONIO. AR. 1930- .
La luz. VILLOR.
Piedra libre. VILLOR.
RESTREPO, EDGAR POE. CO. 1919- .
El caballero de la mano al pecho. GINCO.
RESTREPO, ELKIN. CO. 1942- .
De regreso a casa. ABRIL.
Donde el alma. ABRIL.
En el Centro. ABRIL.
Fue para un nuevo día. ABRIL.
Quizá ya no seré la sombra. ABRIL.
Todo torna a vivir. ABRIL.
Y como en el pasado. ABRIL.
REVUELTA HATUEY, FRANCISCO. CU. 1949- .
Adiós. CATO.
Amor. CATO.
Con tanto, con ese ruido. CATO.
Paloma. CATO.
Unus ego. CATO.
REYES, ALFONSO. ME. 1889-1959.
A Cuernavaca. MONSI.
La amenaza de la flor. BAEZA, DEBI, MONSI, TOPS.
Apenas. TOPS.
Arte poética. MONSI.
Berenguendén. CAILL.
Los caballos. MONSI.
Candombe porteño. MANSOU.
Cantata en la tumba de Federico García Lorca. MONSI.
Caravana. PAZ.
Castidad. DEBI.
Contraste y sueño. CAILL.
Cuatro soledades. CAILL.
El descastado. PAZ.
Diana. SONETO.
Envío. CAILL.
Gaviotas. CAILL.
Glosa de mi tierra. CAILL, MONSI.
Golfo de México. MONSI, PAZ.
Ifigenia cruel (Frag.). PAZ.
Llanto de Briseida. DEBI.
Madrid que cambias. DEBI.
El mal confitero. PAZ.
The Menace of the Flower. TOPS.
Monterrey Sun. TOPS.
Negra, no me importa. MANSOU.
Para un mordisco. PAZ.
Pesadilla. DEBI.

Río de olvido. CAILL.
Salambona. MONSI.
Salutación al romero. CAILL.
Scarcely . . . TOPS.
Silencio. CAILL.
Sol de Monterrey. TOPS.
Tarahumara Herbs. TOPS.
Tolvanera. DEBI.
La tonada de la sierva enemiga. CAILL.
Viento en el mar. DEBI.
Yerbas del tarahumara. MONSI, TOPS.
REYES, AURORA. ME.
Astro en camino. SALAS.
Canción del agua niña. SALAS.
Códice del olvido. SALAS.
La palabra inmóvil. SALAS.
REYES, CHELA. CH. 1904- .
Ruina. ARTE.
REYES, JAIME. ME. 1947- .
A pesar de la niebla. COHEN.
Bajo el filo de las inexorables alambradas (Frag.). BOCCA.
Desde la rama más alta de esta gloria. COHEN.
Memoria sea del fuego. COHEN.
Piedra cristalina. COHEN.
Poblador de oscura siembra. COHEN.
REYES, PAULA. AR.
Oficio. BOCPA.
Volver. BOCPA.
REYES, SALVADOR. CH. 1889-1970.
Antofagasta. CAILL.
Canto de amor. CAILL.
Evocación. CAILL, BAEZA, GINCHI.
Expedición. CAILL.
Juega como los pájaros y el viento.[2] CAILL.
Valparaíso. CAILL, GINCHI.
REYES de la JARA, KATHY. CH. 1949- .
La bestia. VILLE.
La felicidad. VILLE.
Presentimiento. VILLE.
REYES HEROLES, FEDERICO. ME. 1955- .
Todo era silencio. ZAID.
REYNA, BESSY. PA. 1942- .
Mientras tú. FLORES.
While You. FLORES.
REYNALDI, HORACIO FÉLIX. AR.
Súplica. URPILA.
REYNOLDS, GREGORIO. BO. 1882-1948.
Aquellas noches. BEDRE, QUIROS.
Arcanidad. QUIROS.
Augurios. QUIROS.
El caballero de la mano en el pecho. BEDRE.
Cronos. BEDRE, QUIROS, SONETO.
¿Cuándo? QUIROS.
Decadencia. QUIROS.

---

[2]Also attributed to María Monvel.

Gama de nieve. QUIROS.
Imposible. QUIROS.
Kempis. QUIROS.
La llama. BEDRE, CAILL, QUIROS.
Loa al rey de las quimeras. BEDRE.
Lunas. QUIROS.
Menta. BEDRE, QUIROS.
Ojos (Frags.). QUIROS.
Panteísmo. BEDRE.
Pecadora. QUIROS.
Silencio. QUIROS.
Tiahuanacu. QUIROS.
RIBERA CHEVREMONT, EVARISTO. PR. 1896-1976.
Baila Manuel. SENSE.
The Boy and the Lantern. MARZAN.
El carimbo. MORA.
La décima criolla. JIMEN.
Espuma. JIMEN, ROAL.
Los eucaliptos. JIMEN, ROAL, SONETO.
La forma. JIMEN.
Los hombres de blusas azules. JIMEN.
Morena. MORA.
La negra muele su grano. MORA, SENSE.
El negro tumba los cocos. MORA, SENSE.
El niño y el farol. JIMEN, MARZAN.
Ron de Jamaica. MORA.
RICO, CARMEN de. ME. 1911- .
El alma del maizal. SALAS.
Búsqueda. SALAS.
Cuando te vas. SALAS.
RIEDEMANN, CLEMENTE. CH. 1953- .
El árbol del mundo. WHITE.
El hombre de Leipzig. WHITE.
The Man from Leipzig. WHITE.
El sueño del Wekufe. WHITE.
The Tree of the World. WHITE.
Wekufe's Dream. WHITE.
RIESTRA, GLORIA. ME. 1929- .
Los ángeles. CAILL.
Aquí tenéis al Hombre. SALAS.
Cristo muerto. CAILL.
Media muerte. SALAS.
Mi ángel. SALAS.
Por rudos clavos. SALAS.
Soledad. CAILL.
RIGBY, CARLOS. NI. 1945- .
If I Were May. VOLCAN.
Lágrimas por una puta. CARDE.
Palabras del campesino en la inauguración del Palo de Mayo. CARDE.
Si yo fuera mayo. CARDE, MANSOU, SENSE, VOLCAN.
RINCÓN, OVIDIO. CO. 1915- .
A Cristo. CAILL, GINCO.
La rosa. CAILL.
RINCÓN CALCAGNO, GRACIELA. VE.
Mango. TAPIA.
Tala. TAPIA.

RÍOS, JUAN. PE. 1914- .
Canción de siempre. PERU.
RÍOS, JULIÁN BAUTISTA. ME. 1954- .
Poema. ZAID.
RÍOS, SOLEIDA. CU. 1950- .
Pájaro de la bruja. BOCPA.
RITTER AISLAN, EDUARDO. PN. 1916- .
Lied. BAEZA.
RIVAS, ANTONIO JOSÉ. HO. 1924- .
Retrato de mi perro. SONETO.
RIVAS, JOSÉ LUIS. ME. 1950- .
Una temporada de paraíso. GENERA.
RIVAS, PEDRO GEOFFROY. ES. 1908- .
Breve lamento. CEA.
Canto de primavera. CEA.
Danza ritual en honor de Chiconcoat. CEA.
Introito. CEA.
Justificación. CEA.
Primavera. CEA.
Primer coloquio. CEA.
Responso jubiloso. CEA.
Segundo coloquio. CEA.
Una canción de amor. CEA.
Vida, pasión y muerte del anti-hombre. CEA, SALVA.
RIVAS, REYNA. VE. 1922- .
Creo. ESCA.
Siempre. ESCA.
Sin edad ni memoria. ESCA.
Tiempo primero. ESCA.
RIVAS ALCOCER, LUIS. BO. 1927- .
Canción para el que duerme. BEDRE.
RIVAS GROOT, JOSÉ MARÍA. CO. 1863-1923.
La naturaleza. GINCO.
RIVERA, DIXIANA. CH. 1948- .
2 de Octubre. CORSSE.
Madrugada. CORSSE.
Palabra. CORSSE.
¿Quién sabe? CORSSE.
Tarea. CORSSE.
Tenéis permiso. CORSSE.
Variaciones sobre un poema de Jorge. CORSSE.
RIVERA, ETNAÍRIS. PR. 1949- .
Alto el mar. LETONA.
Aquel laberinto. LETONA.
Ariadna cruzó. LETONA.
La ciudad. LETONA.
Decirte qué, acaso. LETONA.
En primavera. LETONA.
Estoy en alta mar. LETONA.
I Pull Out of the Depths. MARZAN.
Por unos días. LETONA.
Saco del fondo profundo. MARZAN.
Se escucha la tarca. VOCES.
Sobre mi último aliento. LETONA.
Su infancia. LETONA.
RIVERA, HESNOR. VE. 1928- .

Ciudad joven del fuego. ESCA.
Deudos del júbilo. ESCA.
Horas de visita. ESCA.
La memoria en casa. ESCA.
Tiempo del delirio. ESCA.
RIVERA, JORGE B. AR.
Exilado de la noche. DONOSO.
RIVERA, JOSE EUSTASIO. CO. 1888-1928.
Adiós. BAEZA.
Atropellados por la Pampa suelta. SONETO.
La charca. GINCO.
La palmera. GINCO.
Persiguiendo el perfume del risueño retiro. CAILL.
Los potros. CAILL, ROAL.
Se llamaba Rigüey. TAPIA.
Tierra de promisión. CAILL.
El toro. CAILL.
RIVERA, RAÚL. CH.
Dulces chilenos. CALA.
Quilmo. CALA.
Remedios caseros. CALA.
Señoras chilenas. ARTE, CALA.
RIVERA, SILVIA TOMASA. ME. 1956- .
Qué diera yo por saber. GENERA.
La soledad es más que una palabra gastada. GENERA.
Los sueños del poeta. GENERA.
Te vi en el parque. GENERA.
RIVERA-AVILÉS, SOTERO. PR. 1933- .
Good Memory. MARZAN.
Mañana lluviosa. MARZAN.
Memoria fiel. MARZAN.
Rainy Morning. MARZAN.
RIVERA MADRID, JUAN MANUEL. ME. 1954- .
Quién sabe. ZAID.
RIVERA RODAS, OSCAR. BO. 1942- .
Al atardecer vendrán. QUIROS.
El mar y las piedras (Frags.). QUIROS.
Morada en vigilia. QUIROS.
Primer hijo. BEDRE.
Remembranzas ante la presencia de mi madre. BEDRE.
Saquearon nuevamente la casa. QUIROS.
Ya les dije lo que es mi país. QUIROS.
RIVERO, ISEL. CU. 1941- .
Nacimiento de Venus. CATO.
Newspaper Item. TARN.
Reseña. TARN.
RIVERO, RAÚL. CU. 1945- .
Cruz. ARAY.
El delegado llega. BOCCA.
Discúlpame esta leve distracción. BOCCA.
Mambi particular. ARAY.
Para llevlos conmigo. ARAY.
Poema. ARAY.
Prólogo. ARAY.
Reportaje. ARAY.
RIVERÓN HERNÁNDEZ, FRANCISCO. CU. 1918- .

A la décima cubana. BAEZA.
ROA BASTOS, AUGUSTO. PA. 1917- .
En la pequeña muerte de mi perro. VALLE.
Los hombres. VALLE.
Tríptico I. De los cuatro elementos. VALLE.
Tríptico II. De la descendencia. VALLE.
Triptico III. Del regreso. VALLE.
ROBLETO, OCTAVIO. NI. 1935- .
Epigrama. CARDE.
Muchacha asistiendo a una conferencia. CARDE.
La parábola. CARDE.
Soneto. SONETO.
ROCHA, BENJAMÍN. ME. 1956- .
Elegía. GENERA.
Elegía. GENERA.
ROCHA, LUIS. NI. 1942- .
Códice de la virginidad perdida (Frag.). TAPIA.
Parte del día. CARDE.
Sueño del optimista. CARDE.
Treinta veces treinta. CARDE.
ROCUANT, HERIBERTO. CH. 1920-1945.
El beso. GINCHI.
ROCUANT, MIGUEL LUIS. CH. 1877-1948.
Crepuscular. GINCHI.
RODAS, ANA MARÍA. GU.
Poemas de la izquierda erótica. LAGOS, VOCES.
RODÓ, JOSÉ ENRIQUE. UR. 1871-1917.
Lecturas. ROAL, SONETO.
RODÓ APARICIO, MARTA. BO. 1932- .
Canto al sauce. BEDRE.
RODRIGO, LUIS de. PE. 1904- .
Canción de amor de la malika (Frags.). PERU.
Charango. PERU.
RODRÍGUEZ, CARLOS CÉSAR. VE. 1922- .
Árbol bajo la lluvia. ESCA.
Barcelona. ESCA.
En la montaña. ESCA.
Invocación. ESCA.
RODRÍGUEZ, CÉSAR ATAHUALPA. PE. 1892- .
Tarde antigua. PERU.
RODRÍGUEZ, EFRÉN. ME. 1957- .
Pájaro. ZAID.
RODRÍGUEZ, ERNESTO LUIS. VE.
La garza. MEDINA.
Ruego a la Cruz de Mayo. MEDINA.
La venadita. MEDINA.
RODRÍGUEZ, JOSÉ CARLOS. PA. 1948- .
Poema. VALLE.
Poema de la hermana. VALLE.
RODRÍGUEZ, YAMANDÚ. UR. 1895-1957.
Hacia la luz. GINURU.
RODRÍGUEZ ALCALÁ, GUIDO. PA. 1944- .
Poema 3. BOCCA.
Poema III. VALLE.
Poema V. VALLE.
RODRÍGUEZ ALCALÁ, HUGO. PA. 1918- .

Amanecer. VALLE.
La casona (Villarrica). VALLE.
El mensajero. VALLE.
RODRÍGUEZ CÁRDENAS, MANUEL. VE. 1912- .
Elogio de la lluvia y tu cuerpo. MEDINA, TAPIA.
He encontrado tu nombre. MEDINA.
El manifesto de Can. MEDINA.
RODRÍGUEZ FRESE, MARCOS. PR. 1941- .
Beginning. MARZAN.
Comienzo. MARZAN.
Leit (Eng.). MARZAN.
Leit (Span.). MARZAN.
Lo necesario. MARZAN.
Piedra de Puerto Rico, piedra fluvial y alada. BOCCA.
What is Needed. MARZAN.
RODRÍGUEZ HERRERO, MANUEL. ME. 1951- .
Mi generación. ZAID.
RODRÍGUEZ MÉNDEZ, JOSÉ. CU. 1914- .
Poemas del Batey. SENSE.
Tres poemas históricos. MORA.
RODRÍGUEZ NIETZCHE, VICENTE. PR. 1942- .
As Yet. MARZAN.
Aún. MARZAN.
Mural. MARZAN.
Mural (Eng.). MARZAN.
Poem H. MARZAN.
Poema H. MARZAN.
RODRÍGUEZ PINTO, CARLOS. UR. 1895-1926.
Canto al cielo de América. CAILL.
La fiesta de los ojos. CAILL.
Límites. CAILL, GINURU.
Plenitud de la presencia. CAILL.
Poemas del niño loco y de la espada. CAILL, GINURU.
RODRÍGUEZ R. de AYESTARÁN, FLOR de MARÍA. UR. 1918- .
El durazno. URPILA.
En su tristeza augusta. URPILA.
Eva. URPILA.
Pienso. URPILA.
RODRÍGUEZ RIVERA, GUILLERMO. CU. 1943- .
Elegía por la ciudad. BOCCA.
Vida nueva. TARN.
Vita Nuova (Eng.). TARN.
RODRÍGUEZ SANTOS, JUSTO. CU. 1915- .
Confirmaciones. CATO.
Rumor perdido. CATO.
ROJAS, ARMANDO. PE. 1945- .
Canto del extranjero. TORO.
Para el principio del tiempo. TORO.
Pequeña música nocturna. TORO.
¿Qué sostiene tu cuerpo en el vacío? TORO.
Recordando a Homero al pie de las colinas. TORO.
ROJAS, ERVIN. BO. 1946- .
Y luego canto. BEDRE.
ROJAS, GONZALO. CH. 1916- .
A la salud de André Breton. CALA.
Adiós a Julio Cortázar. ORTEGA.

Al silencio. ARTE, BAEZA, CALA, PADRON, SCARPA.
Almohada de Quevedo. PADRON.
And to Be Born Here an Unnameable Feast. TOPS.
Arenga en el espejo. PADRON.
Bed with Mirrors. TOPS.
Cama con espejos. PADRON, TOPS.
Carbón. CALA, ORTEGA, SCARPA.
Chapter and Verse. TOPS.
Concierto. PADRON.
Contra la muerte. ORTEGA, REYES, SCARPA.
Crecimiento de Rodrigo Tomás. CAILL.
Los días van tan rápidos. PADRON.
El dinero. CAILL, GINCHI.
Escrito con L. REYES.
Estudiante baleado. FIERRO.
Figura mortal. PADRON.
Fosa con Paul Celan. PADRON.
Fragmentos (no. 4). ARTE.
Herejía. REYES.
Heresy. REYES.
In Opposition to Death. REYES.
It Is Written. REYES.
Leo en la nebulosa. SCARPA.
Mortal. ARTE.
Los niños. PADRON.
Numinoso. PADRON.
Orompello. CALA.
Oscuridad hermosa. CALA, SCARPA.
La palabra placer. PADRON.
La piedra. ORTEGA.
Playa con andróginos. PADRON.
Por Vallejo. PADRON.
¿Qué se ama cuando se ama? ARTE, CALA, ORTEGA, PADRON.
El recién nacido. ARTE.
Reversible. PADRON.
Someone Is Writing on the Wind. REYES.
El testigo. DONOSO.
Torreón del renegado. PADRON.
Transtierro. ARTE, ORTEGA.
Uno escribe en el viento. FIERRO, PADRON, REYES, SCARPA.
Vaticinios. FIERRO.
Versículos. REYES.
Una vez el azar se llamó Jorge Cáceres. CALA.
Versículos. TOPS.
Victrola vieja. SCARPA.
Written with L. REYES.
Y nacer aquí una fiesta innombrable. TOPS.
ROJAS, JORGE. CO. 1911- .
En su clara verdad. CAILL, GINCO.
Invasión de la noche. CAILL.
Parábola del nuevo mundo (Frag.). BAEZA.
Rosa de agua. SONETO.
Salmo de la triste desposada. CAILL.
Soledad. CAILL.
ROJAS, MANUEL. CH. 1896-1973.
Chañaral. CAILL, GINCHI.

Gusano. CAILL, GINCHI.
Poema de la mañana. CAILL.
La Serena. CAILL, GINCHI.
Soneto. SONETO.
Tu canción más honda. CAILL, GINCHI.
ROJAS, RICARDO. AR. 1882-1957.
Nocturno. SONETO.
Oración. GINAR, ROAL.
ROJAS, WALDO. CH. 1943- .
A este lado de la verdad. ARTE.
Ajedrez. CALA, WHITE.
Aquí se cierra el círculo. WHITE.
Calle. WHITE.
Chess. WHITE.
The Circle Closes Here. WHITE.
Fotografía al magnesio. QUEZA.
El grito. QUEZA.
Hotel de la Gare. WHITE.
Hotel de la Gare (Eng.). WHITE.
Malas artes. QUEZA.
No entregaremos la noche. WHITE.
No hay enemigo eterno. QUEZA.
Orquestado ángelus. BOCCA.
Pájaro en tierra. BOCCA.
La perpetración. QUEZA.
Príncipe de naipes. CALA.
Proustiana. QUEZA.
Rotterdam. WHITE.
Rotterdam (Eng.). WHITE.
Street. WHITE.
Todo tiende a cumplir un objetivo. QUEZA.
Ventana. CALA.
We will not hand over the night. WHITE.
ROJAS GUARDIA, PABLO. VE. 1909-1978.
Cancioncilla de Navidad. MEDINA.
Ebriedad en el Pacífico. MEDINA.
Enigma de la luz tropical. MEDINA.
ROJAS JIMÉNEZ, ALBERTO. CH. 1900-1934.
Carta océano. ARTE, CALA, GINCHI.
ROJAS JIMÉNEZ, OSCAR. VE. 1910- .
Canto a Edgar Allan Poe. MEDINA.
El canto de las tinieblas. CAILL.
Canto primero a la materia. CAILL, MEDINA.
La soledad que domina. CAILL.
Vieja canción que recuerda la infancia. CAILL.
Voz a tu silencio. MEDINA.
ROJAS PIÉROLA, RAMIRO. BO. 1954- .
Después del fuego. QUIROS.
Lázaro, levántate y anda. QUIROS.
Perseguido. QUIROS.
ROKHA, CARLOS de (pseud.). CH. 1920-1962.
Cascada de cepa. CALA.
Elegía. CALA.
Lávame fuerza oculta. CALA.
Salmo al prófugo. CALA.
Segunda agonía y alabanza. ARTE.

El viaje. ARTE.
ROKHA, PABLO de (Carlos Díaz Loyola). CH. 1894-1968.
A la herida antiquísima. SCARPA.
Ahora yo me acuerdo. CALA.
Apunte. GINCHI.
Campeonato de rayuela. CALA.
Canción de las tierras chilenas. BAEZA.
Canto del macho anciano (Frag.). CALA.
Círculo (Frags.). ARTE, CAILL, CALA, GINCHI, SCARPA.
Contesta tu figura. SCARPA.
El entierro de Pedro León Ugalde. FIERRO.
Epopeya de las comidas y las bebidas de Chile (Frags.). ARTE, CALA.
Genio y figura. SCARPA.
Mordido de canallas. SCARPA.
Poema sin nombre. SCARPA.
Prólogo (Frag.). GINCHI.
Rotología del poroto. CALA.
Soy el hombre casado. SCARPA.
Surlandia mar afuera. CAILL, FIERRO.
Tonada del iluminado. CAILL, GINCHI.
Winettgonía (Frag.). CALA.
Yo agarro la suerte. SCARPA.
ROKHA, WINETT de. CH. 1894-1951.
Cabeza de macho. GINCHI.
Desde Washington carta a la familia. GINCHI.
Rueda de fuego sin lágrimas. BAEZA.
ROMERO, ELVIO. PA. 1926- .
Aguafuerte. FIERRO.
Con la tierra en los labios. VALLE.
Morena toro. RUANO.
Muerte de Perurimá, cuentero, enredado . . . RUANO.
La muerte del indio. CAILL.
Noche. VALLE.
Nosotros los innombrables. VALLE.
Para todo trabajo. RUANO.
Poemas de Juan y John. RUANO.
Presento a Tacaxí. CAILL.
Quisiéramos. VALLE.
Ya en el camino. CAILL.
ROMUALDO, ALEJANDRO. PE. 1926.
A otra cosa. CAILL, MOLINA.
Ahí quisiera verlos. LIBRO.
Al pie de la esperanza. MOLINA.
Alto horario. CAILL.
Así estamos. MOLINA.
La batalla. LIBRO.
Belleza clásica. LIBRO.
El caballo o la piedra. ORTEGA.
Canto coral a Tupac Amaru, que es la libertad. CAILL, MOLINA, ORTEGA.
Como si fuera de día. RUANO.
De metal y de melancolía. ORTEGA.
Dios material. CAILL, MOLINA.
Disco rayado. LIBRO.
En señal de peligro. LIBRO.
Fácil es caminar sobre las aguas. LIBRO.
Largo tiempo oprimidos. DONOSO.

Narciso ciego. LIBRO.
Oh vitrina, divina transparencia. LIBRO.
Oración total. RUANO.
Paz sin cuartel. CAILL.
Poética. ORTEGA, RUANO.
Razones y proporciones. CAILL.
Si me quitan totalmente todo. ORTEGA.
El sol por salir. FIERRO.
Tambor de saudade. LIBRO.
Tanto peor para la realidad. LIBRO.
Tus ojos y los pájaros. RUANO.
El vigía. LIBRO.
ROSA, LEOPOLDO de la. CO. 1888- .
El lirio. GINCO.
ROSA-NIEVES, CESÁREO. PR. 1901-1974.
Allegro de Mapeyé. MORA.
Ebriedad eglógica. MORA.
Murió el pregón mulato. MORA.
Noble abolengo. MORA.
ROSALES, CÉSAR. AR. 1910-1973.
Alusión a un paisaje. CAILL.
La libertad. VILLOR.
Paisaje del deshielo. CAILL, GINAR.
ROSALES Y ROSALES, VICENTE. ES. 1894- .
Blasfemia. CEA, SALVA.
La canción sin palabras. CEA, SALVA.
Invierno. CEA, SALVA.
Mediodía. CEA, SALVA.
Queja en futuro imperfecto. CEA.
ROSARIO, AGUSTÍN del. PN. 1945- .
Cualquier lugar de la ciudad. BOCCA.
Paladar ordinario de luces. BOCCA.
ROSAS GALICIA, ROLANDO. ME. 1954- .
Anda mujer. COHEN.
Dejas de ser padre. COHEN.
En la hierba. COHEN.
Hoy ráscate el amor hasta la sangre. COHEN.
La muerte duele. COHEN.
Los pájaros marinos. ZAID.
Santo señor del musgo y del insecto. COHEN.
ROSAS MARCANO, JESÚS. VE. 1931- .
Como un caballo negro. ESCA.
El correo. ESCA.
Farallón. ESCA.
Galipán. ESCA.
Requiem para el samán. ESCA.
ROSE, GONZALO. PE. 1928- .
Al que ha de llegar. DONOSO.
Asesinado en el desierto. MOLINA.
Carta a Mía Teresa. MOLINA.
Consigna. MOLINA.
Salutación. MOLINA.
ROSENMANN TAUB, DAVID. CH. 1927- .
Achiras. ARTE.
Alborada poderosa. ARTE, SCARPA.
Conciencia con cuerpo. SCARPA.

Creación. SCARPA.
Égloga. ARTE. SCARPA.
La enredadera de júbilo. CAILL.
Gólgota. ARTE.
Hijo. SCARPA.
La plenitud. GINCHI.
Pórtico. SCARPA.
Requiem. SCARPA.
La taza de café. ARTE.
ROSPIGLIOSI, FÉLIX. BO. 1930- .
La casita de estuco. BEDRE.
Claro de luna. QUIROS.
La montaña viva. QUIROS.
Nocturno. BEDRE.
Tríptico. QUIROS.
ROSSLER, OSVALDO. AR. 1927- .
Salvación del ser. VILLOR.
ROXLO, CARLOS. UR.
Elegías. ROAL.
RUANO, MANUEL. AR. 1943- .
En aquella antigua tempestad de Turner. RUANO.
El gran banquete. RUANO.
Mirada de Brueghel. RUANO.
Oda salvaje para una vieja pistola Browning. BOCCA.
Para confiarme a tu cuerpo. RUANO.
RUANO, MARÍA de LOS ÁNGELES. GU. 1945- .
El cadáver. VOLCAN.
The corpse. VOLCAN.
RUBIO, ALBERTO. CH. 1928- .
La abuela. ARTE, CAILL, CALA, SCARPA.
Autorretrato retrospectivo. CAILL.
El celoso. ARTE, SCARPA.
Desciende, sol, desciende. SCARPA.
Durmiendo junto al río. CAILL.
La fila del regreso. CALA.
Filiaciones. SCARPA.
Mistela. CAILL.
Muralla por caerse. SCARPA.
Recóndito retorno. SCARPA.
Retrato de un viejo. CAILL.
Sandial. CAILL.
Señoriales señoras. ARTE, CAILL, CALA, SCARPA.
La sirena vibró. SCARPA.
Soneto. GINCHI.
La ventana ARTE, SCARPA.
RUBIO HUIDOBRO, ARMANDO. CH. 1955-1980.
Las abejas. ARTE.
Anonymous Biography. WHITE.
Biografía anónima. WHITE.
Confesiones. ARTE.
Los espejos. REYES.
Mirrors. REYES.
Renunciación. REYES.
Renunciation. REYES.
Surtidor. ARTE.
RUBIO MUÑOZ, JORGE. GU. 1898- .

El murciélago. TAPIA.
RUCABADO, JOSÉ SIMÓN. PN. -1926.
Pasional (Frag.). TAPIA.
RUEDA, EMMA. ME.
Falta una hoja. SALAS.
Fundamento del miedo. SALAS.
RUGAMA, LEONEL. NI. 1950-1970.
Biografía. CARDE.
Las casas quedaron llenas de humo. CARDE, VOLCAN.
De ida. CARDE.
The Houses Were Left Full of Smoke. VOLCAN.
El libro de la historia del "Che". CARDE.
La tierra es un satélite de la luna. BOCCA, CARDE.
RUGELES, MANUEL FELIPE. VE. 1904-1959.
Evocación geográfica de la isla de Margarita. CAILL.
Fuego de Dios. MEDINA.
Ofrecimiento al hijo, de la aldea perdida. MEDINA.
Pastor de los valles morenos. BAEZA.
El romance del Rey Miguel. MANSOU.
Ruina. MEDINA.
Voz de respuesta. SONETO.
RUIZ, AGUEDA. ME. 1938- .
Caracola. SALAS.
La enemiga. SALAS.
Poema. SALAS.
Tarde. SALAS.
RUIZ, BERNARDO. ME. 1953- .
Rara avis. ZAID.
RUIZ, DANIEL. AR. 1965- .
Diatribas. URPILA.
Morena es la tristeza. URPILA.
RUIZ, VÍCTOR. BO. 1897-1969.
Sonetos I. BEDRE.
RUIZ MERCADO, JOSÉ. ME. 1954- .
Un poema. ZAID.
RULO ESCORPIO (Jorge Enrique Valdez). BO. 1950- .
Voy a edificar. BEDRE.
RUSSELL, DORA ISELLA. UR. 1925- .
Desde mi. GINURU.
La frente inclinada. CAILL.
El pequeño don. GINURU.
Resplandor. BAEZA.
Soneto. GINURU.
Soneto. GINURU.
Soneto. CAILL.
Transición de la sangre. CAILL.
RUVALCABA, EUSEBIO. ME. 1951- .
Perversión. ZAID.
RUZO, DANIEL. PE. 1900- .
Mediodía. PERU.

SAA, ORLANDO. CU. 1925- .
De pie. CATO.
Meditación. CATO.
No tus cenizas. CATO.
Silencio. CATO.

Soledad compañera. CATO.
SAAVEDRA NOGALES, ALBERTO. BO. 1900- .
Romance de Potosí (Frags.). BEDRE.
SABAT ERCASTY, CARLOS. UR. 1887-1982.
Los adioses. CAILL, GINURU.
Los adioses (Frag.). SONETO.
Alegría del mar. CAILL, GINURU.
Cuando seas un alma. CAILL, GINURU.
Soneto. GINURU.
Sueño que estoy soñando. ROAL.
SABELLA, ANDRÉS. CH. 1912- .
A Carlos Pezoa Véliz. ARTE.
Autorretrato de estos años. ARTE.
Canción para una mujer que estuvo conmigo . . . TAPIA.
La pampa. ARTE.
Pequeña biografía de la pampa. GINCHI.
La silla. ARTE.
SABINES, JAIME. ME. 1926- .
A caballo. PAZ.
A estas horas, aquí. ORTEGA.
A la casa del día. PAZ.
Aleluya. PAZ.
Algo sobre la muerte del mayor Sabines. MONSI.
Amén. PADRON.
Los amorosos. DEBI, TOPS.
Ando buscando a un hombre. ORTEGA.
Así es. MONSI, PADRON.
Ay Tarumba, tú ya conoces el deseo. PADRON.
Caprichos: Uno DEBI.
Caprichos. TOPS.
Capriccios (Eng.). TOPS.
Con la flor del domingo. FIERRO.
Con los nervios saliéndome del cuerpo. DEBI.
Con tu amargura a cuestas. MONSI.
Cuando tengas ganas de morirte. PADRON.
De la esperanza. DOORS.
De la ilusión. DOORS.
De la muerte. DOORS.
De la noche. DOORS.
Del mito. DOORS.
Desde los cuerpos. DOORS.
Dos poemas breves. CAILL.
En este pueblo, Tarumba. DEBI.
En los ojos abiertos de los muertos. PAZ.
En qué pausado vértigo te encuentras. PADRON.
Entresol. TOPS.
Entresuelo. DEBI, MONSI, TOPS.
From the Bodies. DOORS.
Gira por su ecuador empobrecido. PADRON.
¿Hasta dónde entra el campo? DEBI.
Hay un modo. PADRON.
He aquí que estamos reunidos. MONSI, PAZ.
Horal. CAILL.
I Do Not Know It for Sure. TOPS.
I Have Eyes To See. DOORS.
If Someone Tells You It's Not for Sure. TOPS.

Lento, amargo animal. CAILL, MONSI.
The Lovers. TOPS.
Me tienes en tus manos. ORTEGA.
El mediodía en la calle. DEBI, PADRON.
Mi corazón me recuerda. ORTEGA.
Mi corazón nocturno. DEBI.
Miss X. PADRON.
Las montañas. DEBI.
No es nada de tu cuerpo. PADRON.
Oigo palomas. PAZ.
On Death. DOORS.
On Hope. DOORS.
On Illusion. DOORS.
On Myth. DOORS.
On Night. DOORS.
Pétalos quemados. DEBI.
Qué alegre el día. DEBI.
Recado a Rosario Castellanos. ORTEGA.
Si alguien te dice que no es cierto. PAZ, TOPS.
Siempre pensé que caminar. DEBI.
Sigue la muerte. PADRON.
Sitio de amor. CAILL.
Sobre los ojos. DEBI.
Sombra. No sé, la sombra. CAILL, DEBI.
Tarumba. PAZ.
Te puse una cabeza. PAZ.
Tengo ojos para ver. DOORS.
Tía Chofi. MONSI.
Tu cuerpo está a mi lado. DEBI.
Vamos a cantar. PAZ.
Vieja la noche. CAILL.
Yo no lo sé de cierto. DEBI, PAZ, TOPS.
SACERIO-GARI, ENRIQUE. CU. 1945- .
Berggasse 19. CATO.
Standard transmission (Span.). CATO.
Ya está. CATO.
SACOTO ARIAS, AUGUSTO. EC. 1907- .
A la comarca de los alhelíes. Eco y soneto. CAILL.
El velorio. CAILL.
Velorio del albañil. CAILL.
SADA, DANIEL. ME. 1953- .
La gloria de Matho. ZAID.
SÁENZ, CARLOS LUIS. CR. 1901- .
Arroyito. BAEZA.
SÁENZ, JAIME. BO. 1921-1986.
Bruckner. QUIROS.
Como el día. QUIROS.
Como una luz. DONOSO, QUIROS.
En las pródigas luces humedecidas. QUIROS.
Eres visible. QUIROS.
Estoy separado de mí (Frags.). BEDRE.
Has visto—te has visto. QUIROS.
Me voy al bosque. BEDRE, QUIROS.
Nadie ama. QUIROS.
La noche. ORTEGA.
Poema X. QUIROS.

Poema XI. QUIROS.
Que sea larga tu permanencia. QUIROS.
Tu recorrido en las calles. QUIROS.
Ven. QUIROS.
SÁENZ MORALES, RAMÓN. NI. 1885-1926.
Sin rojo. SONETO.
SAEZ BURGOS, JUAN. PR. 1943- .
Es esta tarde. MARZAN.
Ese poema. MARZAN.
That Poem. MARZAN.
SÁINZ, ANTONIO JOSÉ de. BO. 1893-1960.
La raza aymara. BEDRE.
Silencio. BEDRE.
SALADO, MINERVA. CU. 1944- .
Capricornio. BOCCA.
Encuentro con un caballero en nube. BOCPA.
Nota cultural. BOCCA.
Reportaje especial por el día internacional. BOCCA.
Ultima hora. Atacado el Moncada. BOCCA.
SALAS, FÉLIX ANGEL. CR. 1908- .
Sinfonía del camino. SEGURA.
SALAS, HORACIO. AR. 1938- .
Los conquistadores. RUANO.
Máscaras. RUANO.
SALAZAR, HUMBERTO. ME. 1959- .
Poema a un cucaracho. GENERA.
Regalo. GENERA.
SALAZAR, VÍCTOR. VE. 1940- .
Regreso. ESCA.
Sobre los días y las palabras se hace tarde. ESCA.
Todos sabían de la ternura. ESCA.
Yo aprendí a estar en ti. ESCA.
SALAZAR BONDY, SEBASTIÁN. PE. 1924-1965.
Close up (Span.). LIBRO.
Contra el reloj. LIBRO.
El corazón puesto a prueba (Vals criollo). CAILL.
La danza. LIBRO.
La libertad. FIERRO.
Listen Yankee (Span.). FIERRO.
Llamas de la pintura. LIBRO.
Máscara del que duerme. LIBRO.
Navidad del ausente. CAILL.
Olographic Testament. DOORS.
El poeta conoce la poesía. LIBRO.
Pregunto por la tierra perdida. DOORS.
Question for the Lost Land. DOORS.
Recado para un joven poeta. FIERRO, LIBRO.
El semblante. LIBRO.
Testamento ológrafo. DOORS, LIBRO.
Tres confesiones. CAILL.
El triunfo. CAILL.
SALAZAR MARTÍNEZ, FRANCISCO. VE. 1925- .
Diario íntimo. MEDINA.
Discurso en piedra para despertar. MEDINA.
SALAZAR TAMARIZ, HUGO. EC. 1926- .
Y trata de durar. DONOSO.

SALAZAR VALDÉS, HUGO. CO. 1924- .
Baile negro. MANSOU.
La negra María Teresa. MANSOU.
SALDAÑA, EXILIA. ME. 1946- .
Papalote. BOCPA.
SALMÓN, JORGE. ME. 1954- .
Encuentro. ZAID.
SALZANO, DANIEL. AR. 1941- .
Lo vi parado ahí. BOCCA.
Montgomery Clift. BOCCA.
SAMAYOA AGUILAR, CARLOS. GU. 1898- .
Indios tocando un son. BAEZA.
SAMPEDRO, JOSÉ de JESÚS. ME. 1950- .
Antes. COHEN.
Aprehensión. COHEN.
Associated Press comenta la noticia. COHEN.
Concierto. COHEN.
De siempre. COHEN.
Fotografía. COHEN.
Historia de Airam. GENERA.
Horario puntual. COHEN.
Humo. COHEN.
Joe y Marilyn. COHEN.
Oh Paul Celan. COHEN.
Panorama. COHEN.
Para la última. ZAID.
Reprise. COHEN.
Usted me jodió el mundo. GENERA.
SANABRIA VARELA, LEONEL. CR. 1954- .
Al fin del reposo. COSTA.
Amigos. COSTA.
El beso. COSTA.
Gracias. COSTA.
Hoy por mí. COSTA.
Lo no nacido. COSTA.
La palabra. COSTA.
Poesía asesinada. COSTA.
Recordándome. COSTA.
Sensación. COSTA.
SANANES, MARY-LU. VE. 1952- .
Poema. DONOSO.
SÁNCHEZ, MARÍA TERESA. NI. 1918- .
Me iré sin verte. CARDE.
La puerta. BOCPA, CARDE.
SÁNCHEZ, RUTILO. ES.
Pensamientos con amor. ALEGRI.
SÁNCHEZ-BOUDY, JOSÉ. CU. 1927- .
Agonia. CATO.
Canto a la palma real. CATO.
Greensboro duerme silencioso. CATO.
Llevadme allá. CATO.
SÁNCHEZ-GALARRAGA, GUSTAVO. CU. 1892-1934.
El cuento de las tres princesas. BAEZA.
SÁNCHEZ LEÓN, ABELARDO. PE. 1947- .
A la sombra de Calígula. TORO.
¿Creíste que te iba a dar la mano? TORO.

Del roce de nuestras piernas asomará. TORO.
El desdichado / de Gerard de Nerval. RUANO, TORO.
SÁNCHEZ LIHÓN, DANILO. PE. 1944- .
Acta. TORO.
Acta (Conquista). TORO.
SÁNCHEZ NEGRÓN, JOSÉ. VE. 1927- .
Desde mi cuarto veo las luces de la tarde. ESCA.
El portero de las rosas. ESCA.
Las voces minerales. ESCA.
SÁNCHEZ PELÁEZ, JUAN. VE. 1922- .
El cuerpo suicida. MEDINA.
Un día sera. ORTEGA.
Diálogo y recuerdo. MEDINA.
Escoges. ESCA.
Filiación oscura. ORTEGA.
Lo huidizo y lo permanente. ESCA.
No quiero hincharme con palabras. ESCA.
Obra de vigilancia. ESCA.
Por razones de odio. MEDINA.
Profundidad del amor. MEDINA, ORTEGA.
Transfiguración del amor. ESCA.
SANCHO CASTAÑEDA, EDUARDO. ES. 1948- .
De una vez por todas. SALVA.
Eres la continuación del tapial. SALVA.
Héroes, profetas. SALVA.
¿Qué es poesía? SALVA.
Siempre tuve. SALVA.
Verona. SALVA.
SANDER, CARLOS. CH. 1918- .
Noche en la Puerta del Sol. GINCHI.
SANDINO HERNÁNDEZ, ANTENOR. NI. 1898- .
Mi prima. SONETO.
SANDOVAL, ALEJANDRO. ME. 1957- .
La cautiva Paty. ZAID.
SANDOVAL, VÍCTOR. ME. 1929- .
Abril no es cruel. MONDRA.
Amar de vez en vez. MONDRA.
Arborea el horizonte. MONDRA.
Cuando toses de noche. MONDRA.
Los domingos el sol. MONDRA.
En la plaza. MONDRA.
En su montaña de San Francisco. MONDRA.
Flamea el sueño antes de apagar sus hecatombes. MONDRA.
Irene, Gabriela y Maritza en octubre. MONDRA.
No soy una pancarta. MONDRA.
La poesía. MONDRA.
¿Por qué el tedio? MONDRA.
¿Recuerdas aquel verano de Arrecifes? MONDRA.
Un ruiseñor abre la puerta. MONDRA.
Se contrarresta la violencia. MONDRA.
Una venada ciega en el jardín. MONDRA.
SANSAN, MARIANA. NI. 1929- .
Un cielo de paredes celestes. CARDE.
Cuando se comenzó. CARDE.
Entre el cerebro. CARDE.
He contribuido a hacer/a Dios. CARDE.

No son mis ojos. CARDE.
Señora de las flores. CARDE.
Todos somos. CARDE.
SANSORES, ROSARIO. ME.
Del pecado de amarte. TAPIA.
SANTA CRUZ GAMARRA, NICOMEDES. PE. 1925- .
El café. MANSOU.
Muerte en el ring. MANSOU.
Ritmos negros del Perú. SENSE.
SANTANA, FRANCISCO. CH. 1910- .
Quedo en ti si ya no vuelvo. GINCHI.
Ventana del sur. GINCHI.
Viento de la infancia. GINCHI.
SANTANDER, JORGE. CO. 1923- .
A vísperas. ARBEL.
La acera. ARBEL.
Hay varias ventanas. ARBEL.
Poema de la susceptibilidad del pan y del vino. ARBEL.
SANTANDER MORALES, EMMA. UR.
Canción de cuna para el hijo que no ha de venir. GINURU.
SANTIBÁÑEZ, CARLOS. ME. 1954- .
Descendimiento. COHEN.
Dormir ajeno. COHEN.
Era la playa. COHEN, ZAID.
Lo solemne siempre sí. COHEN.
¿Qué te tomas? COHEN.
SANTOS, FRANCISCO. NI. 1948- .
A la cajera del supermercado La Colonia. CARDE.
Chevron—Tipitapa. CARDE.
Chichigalpa. CARDE.
Leonel Rugama: RIP. CARDE.
Norma. CARDE.
Soy rico. CARDE.
SANTOS, MARIO. NI. 1947- .
Cuando escribo. CARDE.
En el atdecer. CARDE.
Guabina. CARDE.
Son los muchachos. CARDE.
Verano. CARDE.
SANTOS, NINFA. CR. 1916- .
Anacostia, Anacostia. SEGURA.
Mi corazón entre sauces. SEGURA.
SARDON, ADÁN. BO. 1902- .
Altiplano. BEDRE.
SARIGNANA-GONZÁLEZ, ARMANDO. ME. 1954- .
Obsesión. ZAID.
SASSONE, FELIPE. PE. 1884-1959.
Canción de primavera. PERU.
Fue en un jardín. SONETO.
Rondel cobarde. PERU.
Un verso claro y una pena oscura. PERU.
SASSONE, HELENA. VE. 1938- .
Ascenso. ESCA.
Instante. ESCA.
No todos los seres que pasan se alejan. ESCA.
Los ojos mudos de la esfinge. ESCA.

Trabajadores del mundo. ESCA.
SCARPA, ROQUE ESTEBAN. CH. 1914- .
Camarero de la soledad. ARTE.
Casandra. ARTE.
Dejo que esta mano te llore. ARTE.
El desterrado. CAILL, GINCHI.
Elegía romántica. ARTE, CAILL.
Leerán algún día. ARTE.
Ser furiosamente en absoluto río. ARTE.
Treno no querido. ARTE.
Variaciones de Adán. ARTE.
Vilano en la mano del aire. ARTE.
Yo he nacido, amor. CAILL, GINCHI.
SCHIAVO, HORACIO. AR. 1903- .
En provincia de cielo. CAILL.
La tempestad se desgaja. CAILL, GINAR.
SCHINCA, MILTON. UR. 1926- .
Aldeas de Vietnam. DONOSO.
SCHÖN, ELIZABETH. VE. 1921- .
Es oir la vertiente. ESCA.
Hay miedo. ESCA.
La plenitud de lo invisible. ESCA.
SCHOPF, FEDERICO. CH. 1940- .
Devoráos los unos a los otros. QUEZA.
El espía que regresó del frío. QUEZA.
Informe. QUEZA.
Isla. ARTE.
Matinée, vermouth y noche. QUEZA.
Mortandad cerca de los ángeles. ARTE, QUEZA.
La pira. QUEZA.
Sic transit gloria mundi. ARTE.
SCHULZE ANA, BEATRIZ. BO. 1929- .
A destiempo. BEDRE.
Al calor de tu amor. QUIROS.
Armonía gris. QUIROS.
Bandera rosa. BEDRE.
Canción de nochebuena. QUIROS.
En medio tono. QUIROS.
Mi escuelita. QUIROS.
Redención. QUIROS.
Su nombre. QUIROS.
Su voz. QUIROS.
Sus manos. QUIROS.
Sus ojos. QUIROS.
SCHVARTZMAN, MAURICIO. PA. 1939- .
Árbol grande. VALLE.
Poema. VALLE.
Poema. VALLE.
Poema. VALLE.
SCHWARTZ, PERLA. ME. 1956- .
Naufragio. ZAID.
SCORZA, MANUEL. PE. 1928-1983.
Cantando espero la mañana. MOLINA.
Canto a los mineros de Bolivia. MOLINA.
Epístola a los poetas que vendrán. MOLINA.
Pueblos amados. MOLINA.

SEGOVIA, FRANCISCO. ME. 1958- .
Clave. COHEN.
Huraña artesanía de la diosa. GENERA.
Infancia. COHEN.
Labios. COHEN.
Lobo. GENERA.
Poema. GENERA.
Sin sombra (meridianus daemon). COHEN, ZAID.
SEGOVIA, TOMÁS. ME. 1927- .
Anagnórisis (Frag.). ORTEGA.
Besos. PAZ.
Confesión. PAZ.
Desmesura. PAZ.
Dime mujer dónde escondes. PAZ.
Negrura. PAZ.
La que acoge y conforta. PAZ.
Secreto. PAZ.
Una blancura te inunda. PAZ.
SEGOVIA ALBAN, RAFAEL. ME. 1951- .
Poema. ZAID.
SEGREDO VIDALES, JULIANA. UR. 1953- .
Abril. URPILA.
Agosto. URPILA.
Ayer. URPILA.
Unos. URPILA.
SEGURA MÉNDEZ, RICARDO. CR. 1910- .
Sonetos. SEGURA.
SELVA, SALOMÓN de la. NI. 1893-1958.
Alejandro Hamilton. CARDE.
Ama a su pueblo. ROAL.
Pajaritos de barro. CAILL.
El soldado desconocido. Vergüenza. CAILL.
SENEGAL, HUMBERTO. CO. 1951- .
20 haikus. URPILA.
SEPÚLVEDA, FIDEL. CH. 1936- .
Curepto. ARTE.
SERAVILLE, DELIO. CO.
Epígrama funeriaro. GINCO.
SERRANO, FRANCISCO. ME. 1949- .
Abundancia. MONDRA.
Adhesión. MONDRA.
La alegría. MONDRA.
Alumbramiento. MONDRA.
El atanor. MONDRA.
Como el fuego. MONDRA.
Confianza. MONDRA.
Corrupción. MONDRA.
Corte longitudinal de dos figuras. MONDRA.
Entusiasmo. MONDRA.
El extranjero. MONDRA.
Gentileza. MONDRA.
Hacia el principio. MONDRA.
Minucia. MONDRA.
Modestia. MONDRA.
Plenitud. MONDRA.
Sangre fría. MONDRA.

Seguimiento. MONDRA.
Sobre el poder. MONDRA.
Sobre la familia. MONDRA.
Tras la huella. MONDRA.
Unidad. MONDRA.
Veinte años. MONDRA.
El viento. MONDRA.
SERRANO, PEDRO. ME. 1957- .
Qué denso se vuelve el tiempo. ZAID.
SERRANO, PIO E. CU. 1941- .
Acto poético. LETONA.
Como un espejo nos sorprende Septiembre. CATO.
Escrito en Coyoacán. LETONA.
Este anciano. LETONA.
Hundiéndose lentamente. CATO.
Mediodía. LETONA.
Mientras contemplo a mi gata Billy. CATO.
Paisaje después de la batalla. LETONA.
La palabra. LETONA.
Plaza Mayor. LETONA.
Tu palabra. LETONA.
La ventana de Azorín. LETONA.
Visita a Lezama Lima. CATO.
SERVÍN, ENRIQUE. ME. 1958- .
Poemas. ZAID.
SHELLEY, JAIME AUGUSTO. ME. 1937- .
Aforo # 0. MONDRA.
Aforo # 2. MONDRA.
Aforo # 3. MONDRA.
Aforo # 4. MONDRA.
Aforo # 5. MONDRA.
Aforo # 6. MONDRA.
Cabrones mundos. MONDRA.
El cerco. PAZ.
De algo sirve. MONDRA.
De muchos modos. MONDRA.
Eternidad de un instante. MONDRA.
Guía de la ciudad de México. MONDRA.
He allí la vida. MONDRA.
El limbo. MONDRA.
Occidental saxo. MONDRA.
Occidental saxo. PAZ.
Los pájaros. PAZ.
La piedad organizada. MONDRA.
Preventiva. MONDRA.
Primera concesión. DONOSO.
Prólogo: circunstancial. MONDRA.
SHIMOSE, PEDRO. BO. 1940- .
Anales de la piedra. QUIROS.
Arturo Borda, alias el loco Borda. BOCCA.
Biografía de mi padre. QUIROS.
Bolero de caballería. LETONA.
La casa de la moneda. LETONA, PADRON.
Ciego bastón. LETONA.
El conde Drácula sale de inspección. MARQUE.
Corpus Domini. QUIROS.

Count Dracula on an Inspection Tour. MARQUE.
Desnudo a la sanguina. LETONA.
Dilución del puñal. PADRON.
La doliente quimera. PADRON.
En la isla de Andros. QUIROS.
Epigrama pequeñoburgués superacademicorrealista. MARQUE.
Epitafio. QUIROS.
La esfera y el río. PADRON, QUIROS.
Los espejos llameantes. PADRON.
La felicidad se acaba. LETONA.
Hallstatt. PADRON.
Jardín de arena. PADRON.
Maquiavelo y las mujeres. PADRON.
Marietta Corsini. PADRON.
Me busco, vivo o muerto. QUIROS.
Mecánica de los cuerpos. LETONA, PADRON.
Medgar Evers. QUIROS.
A Midsummer Night's Dream. MARQUE.
La muerte del fuego. PADRON.
Mujer en guardia. LETONA.
Océano de savias. BEDRE.
Otoño en el Meditereráneo. QUIROS.
La patria y la distancia. QUIROS.
A Petty-Bourgeois . . . MARQUE.
Primavera, 6 a.m. QUIROS.
Quipus desatados. QUIROS.
Romance del valle. BEDRE.
Sueño de una noche de verano. MARQUE.
Tiwanaku. QUIROS.
SICILIA, JAVIER. ME. 1956- .
Despedida. GENERA.
Qué gélido contacto. ZAID.
Zazen. GENERA.
SIENNA, PEDRO. CH. 1893- .
Cuando cae el telón. CAILL, GINCHI.
Esta vieja herida. BAEZA, CAILL, GINCHI.
Mi pueblo. CAILL.
Sombra de idilio. GINCHI.
SIERRA, STELLA. PN. 1919- .
Captura de mi sueño. CAILL.
Libre y cautiva. SONETO.
Mujer, sexo dolido (Frag.). LAGOS, VOCES.
Presencia de tu ser. CAILL.
Siempre tu presente ausencia. CAILL.
El viento. CAILL.
SILEN, IVÁN. PR. 1944- .
A Teresa. MARZAN.
A veces estoy aburrido. MARQUE.
Los he mandado a llamar. MARQUE.
Homenaje a Vallejo (Frag.). BOCCA.
I Am Going to Write a Poem. MARQUE.
I Am Sometimes Bored. MARQUE.
I Sent for You. MARQUE.
Por qué no puedo escribir un poema sobre Lares. MARZAN.
To Teresa. MARZAN.
Voy a escribir un poema. MARQUE.

Why I Can't Write a Poem about Lares. MARZAN.
SILES GUEVARA, JUAN. BO. 1939- .
Balance. BEDRE.
Dolor II. BEDRE.
Interrogación. BEDRE.
Tu voz. BEDRE.
SILLER OBREGÓN, MAURICIO. ME. 1956- .
XXIV (De los poemas). ZAID.
SILVA, CARMEN P. de. GU.
El cenzontle. ROAL.
SILVA, CLARA. UR. 1908-1976.
Alguien llama a la puerta. BOCPA.
Las bodas. GINURU.
Cuando estás en mi cuerpo. GINURU, TAPIA.
Desde lo oscuro. GINURU.
Elegía. CAILL, GINURU.
Máscara. CAILL, GINURU.
Matrimonio. GINURU.
Memoria de la nada. CAILL, GINURU, LAGOS, VOCES.
Quién tira la primera piedra. BOCPA.
Yo soy aquella. GINURU.
SILVA, FERNANDO. NI. 1927- .
El Castillo. CARDE.
Epigrama. CARDE.
Invierno. CARDE.
Mister Thomas. CARDE.
La pesca. CARDE.
Los pescadores. CARDE.
Los piches. CARDE.
R/p. CARDE.
El silencio. CARDE.
Velorio. CARDE.
SILVA, JOSÉ ASUNCIÓN. CO. 1865-1896.
. . . ? . . . CEAL.
A veces, cuando en alta noche. CEAL.
Al oído del lector. CEAL.
Al pie de la estatua. CEAL.
Ars. MODER.
Avant-propos. CEAL.
Crepúsculo. CEAL, GINCO.
Crepúsculo. CEAL.
Crisálidas. CEAL.
Día de difuntos. CAILL, CEAL, MODER.
Don Juan de Covadonga. CEAL.
Egalité (Span.). MODER.
Filosofías. MODER.
Infancia. CEAL, MODER.
Juntos los dos. CEAL.
Lázaro. CEAL.
Luz de luna. CEAL.
Los maderos de San Juan. CAILL, CEAL, GINCO, MODER, ROAL.
El mal del siglo. CEAL, MODER.
Mariposas. MODER.
Midnight Dreams (Span.). CAILL, CEAL, MODER.
Muertos. CAILL, CEAL.
Nocturnos I. CAILL, GINCO, TAPIA.

Nocturnos II. GINCO.
Nocturnos III. CEAL, GINCO, MODER.
Obra humana. CEAL.
Paisaje tropical. CAILL, CEAL, MODER, SONETO.
Un poema. CEAL, MODER.
Poeta, di paso. CEAL, MODER.
Psicopatía. CEAL.
La respuesta de la tierra. CEAL, MODER.
Serenata. CEAL.
Sinfonía color de fresas de leche. MODER.
Vejeces. CAILL, CEAL, MODER.
La ventana. CEAL.
Las voces silenciosas. CEAL.
La voz de las cosas. CAILL, CEAL, MODER.
SILVA, JULIO. UR.
Las exequias de mi abuelo. GINURU.
SILVA, LINCOLN. PA. 1944- .
Oda. VALLE.
Oda raizal. VALLE.
SILVA, LUDOVICO. VE. 1937- .
Ángel de piedra. ESCA.
¡Boom!!! (Frag.). DONOSO.
Colores. ESCA.
El crucificado. ESCA.
No me hables de la muerte. ESCA.
Testamento para una muerte. ESCA.
SILVA, MEDARDO ÁNGEL. EC. 1899-1919.
El alma en los labios. CAILL.
Canción de tedio. CAILL.
Diálogo. CAILL.
Estancias. CAILL.
Inter umbra. ROAL.
El mendigo. CAILL.
Ofrenda a la muerte. SONETO.
Se va con algo mío. CAILL.
SILVA, VÍCTOR DOMINGO. CH. 1882- .
Elegía del indio que regresa. CAILL.
¿Nunca ya? GINCHI.
SILVA ACEVEDO, MANUEL. CH. 1942- .
A la manera de Apollinaire. WHITE.
A quién pueden servirle mis palabras. ARTE.
Abel. QUEZA.
Blue Danube. WHITE.
Chain Reaction. WHITE.
Contra natura. REYES.
Contrary To Nature. REYES.
Danubio azul. ARTE, WHITE.
Dream. REYES.
En el fondo del mar. ARTE.
A la Apollinaire. WHITE.
Lobos y ovejas. ORTEGA.
Me han roto el hueso más fino del oído. WHITE.
Off with the Poet's Head. REYES.
Pareja humana. BOCCA, QUEZA.
Que ruede la cabeza del poeta. REYES.
Reacción en cadena. WHITE.

Sueño. REYES.
They've Broken the Most Delicate Bone in My Ear. WHITE.
SILVA BELINZON, MARÍA CONCEPCIÓN. UR. 1901- .
Alfonsina Storni. GINURU.
El rostro que va conmigo. GINURU.
SILVA ESTRADA, ALFREDO. VE. 1933- .
En el canto del pájaro. ESCA.
Esto. ESCA.
Quinteto tres. ESCA.
Repetidas las aguas del origen. ESCA.
Variaciones. ESCA.
Vendimias. ESCA.
SILVA HUMERES, ANDRÉS. CH. 1883- .
Anhelo. GINCHI.
El suicida. GINCHI.
SILVA OSSA, MARÍA. CH. 1920- .
Ensoñación. ARTE.
Lazo. BOCPA.
Natividad del mar. ARTE, BOCPA.
SILVA SANGINES, MARGO. BO. 1923-1972.
No me invento un corazón. BEDRE.
Voy a inventar sueños. BEDRE.
SILVA-SANTISTEBAN, RICARDO. PE. 1941- .
Agua. TORO.
Fuego. TORO.
Noche de la materia. TORO.
Pluma y rosa. TORO.
Poiesis. TORO.
Soy guiado por el sol. CAILL, TORO.
SILVA VALDÉS, FERNÁN. UR. 1887-1975.
A un río. CAILL, GINURU.
Capitán de mis sombras. CAILL.
La carreta. CAILL.
Leyenda de la flor de ceibo. BAEZA, ROAL.
Mancha heroica. CAILL.
El nido. BAEZA, GINURU.
Patio criollo. CAILL.
El rancho. CAILL, GINURU.
Romance. GINURU.
Romance del viento blanco. CAILL, GINURU.
SIMPSON, MÁXIMO. AR. 1934- .
Revisión matutina. DONOSO.
SINAN, ROGELIO. PN. 1904- .
Angustia. CAILL.
Dolorosa. CAILL.
Ego sum lux. CAILL.
La hija de Jairo. CAILL.
Júbilo y súplica. CAILL.
Murano ya mi mente, hoja delgada. CAILL.
Los ojos de la calle bajo la lluvia. CAILL.
Presencia de la muerte. CAILL.
Presentimiento e invitación a la humildad. CAILL.
La sombra sobre el agua. CAILL.
Vigilia de la sangre. CAILL.
SMITH, DORA RAQUEL. PE.
Lucha. TAPIA.

SMITH, OCTAVIO. CU. 1921- .
Casa marina. CAILL.
El lento furor. CAILL.
Mar de la tarde. CAILL.
SOLA GONZÁLEZ, ALFONSO. AR. 1917- .
A Reynaldo Ros, poeta muerto. VEIRA.
Camina el poeta y no sabe. VEIRA.
Otoño. VEIRA.
SOLANA, RAFAEL. ME. 1915- .
Cerrad la luz. CAILL.
Envuelta en su purísimo vestido. CAILL.
Fue como haber tejido. CAILL.
Llamé a Heine. CAILL.
Por su esbelta belleza. CAILL.
SOLARI, ARMANDO. CH. 1921- .
Anunciación a María. GINCHI.
La fille aux cheveux de lin (Span.). GINCHI.
SOLARI CARLOS MARÍA. UR.
Despertar. GINURU.
Evocación. GINURU.
SOLARI ORMACHEA, TERESA. BO. 1898- .
Plegaria. BEDRE.
SOLÍS, ANA LUISA. ME. 1955- .
Toda la noche. ZAID.
SOLOGUREN, JAVIER. PE. 1921- .
A la sombra de las primicias. PADRON.
El amor y los cuerpos (Frag.). PADRON.
Ayer hoy. LIBRO.
Corola parva. PADRON.
El dardo. LIBRO, PADRON.
Dédalo dormido. LIBRO, PADRON.
Dos o tres experiencias de vacío. LIBRO, PADRON.
Elegía. PADRON.
Folios del enamorado y la muerte (Frags.). PADRON.
Fragilidad de las hojas. PADRON.
Fuego absorto. LIBRO.
Gravitación del retrato. LIBRO.
La hora. RUANO.
Memoria de Garcilaso el Inca. PADRON.
Museo. LIBRO.
Paisaje. LIBRO.
Recinto. LIBRO.
Surcando el aire oscuro (Frag.). LIBRO.
Tema garcileño. PADRON.
La visita del mar. LIBRO.
SORIANO BADANI, ARMANDO. BO. 1923- .
Cantares de la guitarra. BEDRE.
Illimani. BEDRE.
SOSA, RAFAEL. GU.
Guatemalan huipil. VOLCAN.
Huipil de Guatemala. VOLCAN.
SOSA, ROBERTO. HO. 1930- .
Arte espacial. ORTEGA.
Dibujo a pulso. ORTEGA, VOLCAN.
Esta luz que suscribo. ORTEGA.
Freehand Sketch. VOLCAN.

La muerte otra. VOLCAN.
The Other Death. VOLCAN.
Los pobres. VOLCAN.
The Poor. VOLCAN.
La yerba cortada por los campesinos. ORTEGA.
SOSA CHACÍN, JORGE. VE. 1934- .
Bienaventurados los perseguidos. ESCA.
Canción para cantar de noche. ESCA.
Canción que trata de la ceguera del hombre. ESCA.
Danos hoy nuestro pan de cada día. ESCA.
Séptima estación. ESCA.
SOSA de QUESADA, ARÍSTIDES. CU. 1908- .
El herrero. BAEZA.
SOTILLO, PEDRO. VE. 1902-1977.
Como en las copias de Montes. MEDINA.
La gracia excesiva. MEDINA.
Las tres promesas. MEDINA.
SOTO, CARMELINA. CO.
Imágenes de la muerte. LAGOS, VOCES.
SOTO BORDA, CLÍMACO. CO. 1870-1919.
El soneto profético. GINCO.
SPELUCÍN, ALCIDES. PE. 1896- .
Plegaria. PERU.
STORNI, ALFONSINA. AR. 1892-1938.
A Eros. TAPIA.
A Horacio Quiroga. CAILL.
Aching. FLORES.
Ancestral Weight. FLORES.
Ancestral Burden. TOPS.
Capricho. FERNAN.
Cara copiada. CAILL.
Carta lírica a otra mujer. GINAR, TOPS.
Círculos sin centro. CAILL.
El clamor. CAILL, GINAR, ROAL.
Cuadrados y ángulos. LAGOS, VOCES.
El divino amor. ROAL.
Dolor. FLORES, ROAL, TOPS, VILLOR.
El ensayo. CAILL.
Epitafio para mi tumba. CAILL.
Fiesta. CAIL, GINAR.
Forgetting. FLORES.
La garra blanca. TOPS.
Hombre pequeñito. CAILL, FLORES, LAGOS, VOCES.
I Am Going to Sleep. FLORES.
It Could Be. FLORES.
El león. ROAL.
Lyrical Letter to the Other Woman. TOPS.
Me at the Bottom of the Sea. TOPS.
Mi hermana. GINAR.
Olvido. FLORES.
La palabra. CAILL.
Palabras a Delmira Agustini. FLORES.
Perro y mar. CAILL.
Peso ancestral. FLORES, TOPS.
Poemas de amor. FERNAN.
Pudiera ser. CAILL, FLORES.

La que comprende. BAEZA, FLORES.
Regreso a la cordura. FERNAN, VILLOR.
Regreso en sueños. CAILL, GINAR.
El ruego. ROAL.
Sábado. CAILL, FERNAN.
Sapo y mar. BOCPA.
She Who Understands. FLORES.
Silencio. CAILL, GINAR.
Small Man. FLORES.
Sorrow. TOPS.
Soy. CAILL, FERNAN, GINAR.
Tiempo de esterilidad. BOCPA.
Tú me quieres blanca. BAEZA, CAILL, FLORES, GINAR, LAGOS, TAPIA, VOCES.
Tú, que nunca serás. FERNAN, SONETO.
Una. TAPIA.
Una vez más. CAILL, GINAR, TAPIA.
Voy a dormir. FLORES, TOPS.
Voz. CAILL.
The White Claw. TOPS.
Words for Delmira Agustini. FLORES.
Y la cabeza comenzó a arder. FERNAN.
Yo en el fondo del mar. TOPS.
You Would Have Me Immaculate. FLORES.
SUARDÍAZ, LUIS. CU. 1936- .
A Santiago de Cuba vuelvo después de tanto. ARAY.
Best Sellers. TARN.
Best Sellers (Span.). TARN.
Como si fuéramos los mismos. ARAY.
Cuadernos de clase. ARAY.
Despedida. DONOSO.
Encuentro con la nieve. ARAY.
Found. TARN.
Hallazgos. TARN.
Hipólito. ARAY.
Hoy doce de septiembre en Córdoba. TARN.
I'm Going to Sleep. TOPS.
Olla de presión. ARAY.
Recital. ARAY.
Teoría. ARAY.
Testigo de cargo. ARAY.
Today, the Twelfth of September, In Córdoba. TARN.
Una taza de te. ARAY.
El visitante. ARAY.
SUÁREZ, CLEMENTINA. HO. 1906-1991.
Combat. VOLCAN.
Combate. BOCPA, VOLCAN.
Poema del hombre y su esperanza. DONOSO.
Sin residencia. BOCPA.
Soy Scherezada. LAGOS, VOCES.
SUÁREZ, JAIME. ES.
Las calles de San Salvador. SALVA.
De nuevo usted señor. ALEGRI, SALVA.
Hay días. SALVA.
Porque cuando estoy triste no me importa el tiempo. SALVA.
SUÁREZ, JORGE. BO. 1932- .
A una hoja de papel. QUIROS.

Alfiletero. QUIROS.
Bandera. QUIROS.
Canción del cuerpo al alma. QUIROS.
Elegía a un recién nacido. QUIROS.
Infancia muerta. QUIROS.
Múltiplo de luna. QUIROS.
Soneto. QUIROS.
SUÁREZ, MARÍA del CARMEN. AR.
Cuando me he despertado. TAPIA.
SUÁREZ, NICOMEDES. BO. 1946- .
Las caras interiores. QUIROS.
El toro. QUIROS.
Una madrugada en La Paz. QUIROS.
Viaje. QUIROS.
El viejo Calixto. QUIROS.
SUÁREZ, ROMUALDO. CU. 1935- .
Poema de amor estudiantil. BAEZA.
SUÁREZ del REAL, EDUARDO. ME. 1959- .
Campanas. ZAID.
SUÁREZ QUEMAIN, JAIME. ES. 1950-1981.
A Collective Shot. VOLCAN.
Los dictadores. VOLCAN.
The Dictators. VOLCAN.
Un disparo colectivo. VOLCAN.
SUBERO, EFRAÍN. CO. 1931- .
Elegía de la flor amarilla. ESCA.
Lo que aquí digo. ESCA.
Orilla. ESCA.
Palabras para describir lo que aún queda. ESCA.
SUCRE, GUILLERMO. VE. 1933- .
Arboledas. ESCA.
Dísticos y trísticos. ESCA.
En el ocio. ESCA.
Entretextos. ESCA.
Y si al invisible reino llegas. ESCA.
SUI-YUN. PE. 1955- .
Canto y sueño a la caricia perdida. LAGOS, VOCES.
SUIFFET, NORMA. UR.
El carillón. URPILA.
El misterio. URPILA.
SURO, RUBÉN. DR. 1916- .
La rabiaca del haitiano. MORA.
SVANASCINI, OSVALDO. AR. 1920- .
Edificio de piernas rotas. CAILL, GINAR.
Permiso para tu retorno. CAILL.
Viaje hacia lo inconcluso. CAILL.
SWANSEY, BRUCE. ME. 1955- .
Sombras urbanas. ZAID.
SZPUMBERG, ALBERTO. AR. 1940- .
El guerrillero Marcos. DONOSO.
Postal de Yañez. BOCCA.

TABLADA, JOSÉ JUAN. ME. 1871-1945.
. . . ? . . . DEBI.
12 p.m. PAZ.
El alba en la gallera. JIMEN, PAZ, ROAL.

Alba mística. DEBI.
La araña. PAZ.
La bailadora. MONSI.
El bambú. PAZ.
La bella Otero. MONSI.
El burrito. PAZ.
El caballo del diablo. DEBI.
Canción de la mulata. MANSOU.
La cebra. DEBI.
Las cigarras. DEBI.
La conga. MANSOU, MONSI, SENSE.
La cruz del sur. BACIU, PAZ.
Día nublado. BACIU.
¿Dónde está el aeroplano? DEBI.
En Liliput. PAZ.
Los gansos. PAZ.
Garza. DEBI.
Guanábana. DEBI.
Haikais. JIMEN.
Heroísmo. DEBI.
Hojas secas. PAZ.
Hongo. DEBI, PAZ.
El ídolo en el atrio. PAZ.
Impresión de adolescencia. BACIU.
Impresión de La Habana. BACIU.
El insomnio. PAZ.
Ja . . . Ja . . . Ja . . . ! MONSI.
Jaikai. MANSOU.
Lawn Tennis. DEBI.
Li-Po. JIMEN, PAZ.
Libélula. PAZ.
El loro. JIMEN, PAZ, ROAL.
La luna. MONSI, PAZ.
Lunas marinas. DEBI.
Mariposa nocturna. PAZ.
Misa negra. MONSI.
El mono. PAZ.
Nocturno alterno. JIMEN, MONSI, PAZ.
Ónix. CAILL, MONSI.
Panorama. PAZ.
Parábola del sapo. MONSI.
El pavo real. PAZ.
Peces voladores. DEBI, MONSI, PAZ.
Los pijijes. CAILL, MONSI.
El puñal. BACIU, DEBI.
Quinta avenida. MONSI.
Sandía. DEBI, MONSI, PAZ.
Los sapos. PAZ, DEBI.
El saúz. MONSI, PAZ.
Talon rouge. BACIU.
La tortuga. PAZ.
Vuelos. PAZ.

Los zopilotes. MONSI.
TABORGA, MANUEL JESÚS. BO. 1939- .
Beni. BEDRE.
TABORGA de REQUENA, LOLA. BO. 1890- .
La casa. BEDRE.
Señor. BEDRE.
TACCONI., EMILIO CARLOS. UR. 1895- .
Manos ásperas. GINURU.
TAFUR, ALICIA. AR. 1962- .
El llamado. TAPIA.
La otra virgen. TAPIA.
TAIBO, BENITO. ME. 1960- .
Antes de tí, después de tí. ZAID.
TALLET, JOSÉ ZACARIAS. CU. 1893-1962.
Ella. CAILL.
Estrofas azules. CAILL.
Negro ripiera. MORA.
Proclama. CAILL.
Relapso. SONETO.
La rumba. CAILL, MANSOU, MORA, SENSE, TAPIA.
TAMAYO, FRANZ (FRANK). BO. 1879-1956.
A un aire irrespirable. QUIROS.
Adonais (A la muerte del hijo) (Frag.). BEDRE, QUIROS.
Al agua. QUIROS.
Balada de Claribel. CAILL, BEDRE, QUIROS.
Beethoven. BEDRE.
Canon. QUIROS.
Cobra un precio infinito. QUIROS.
Cota de malla. QUIROS.
En el sepulcro. QUIROS.
En husos de marfil. QUIROS.
Fessi rerum. QUIROS.
Habla Doris. QUIROS.
Habla Olimpo. BEDRE, QUIROS.
Habla Scopas. QUIROS.
Habla Werter. CAILL, QUIROS.
Las khantutas. BEDRE.
Luna que irisas. QUIROS.
Luz de la tarde. QUIROS.
El milagro de la lengua. CAILL.
Ni lloro trágico. QUIROS.
Nuevos Rubayat. BEDRE.
Para siempre. QUIROS.
Plañe en su alveo. QUIROS.
La Prometheida (Frags.). QUIROS.
Scherzo del bosque. CAILL.
Soneto en honor de Don Luis de Góngora. QUIROS.
Su letra está en la entraña. QUIROS.
Tendida como un arco. QUIROS.
Todo así es vano. QUIROS.
Todo el deseo. QUIROS.
El último huayño. BEDRE.

Unas auras sutiles. QUIROS.
La víbora invisible (Romance aymara). BEDRE, QUIROS.
Yo era en mi juventud. QUIROS.
TATTER, FEDERICO. CH. 1940- .
En la piedra. URPILA.
Éxtasis. URPILA.
Fotografía, URPILA.
Hombre. URPILA.
Humanidad. URPILA.
Instantes. URPILA.
Pueblo. URPILA.
Siembra lírica. URPILA.
TAVIRA, LUIS de. ME. 1948- .
Acto de fe. COHEN.
Impromptu reflejado. COHEN.
Judith y José. COHEN.
Memento por un angel exterminador. COHEN.
N.D.E. COHEN.
Salmo del destierro. COHEN.
Tarde de olvido. COHEN.
Tercia. COHEN.
Tu nombre fue de cristal. COHEN.
TEILLIER, JORGE. CH. 1935- .
Alegría. SCARPA.
El aromo. CAILL, SCARPA.
Bridge in the South. TOPS.
Cuento de la tarde. SCARPA.
Un desconocido. ARTE, SCARPA.
Despedida. ARTE, CALA.
Después de todo. REYES.
Los dominios perdidos. CALA.
Edad de oro. SCARPA.
En la secreta casa de la noche. ARTE, CALA.
Un jinete nocturno en el paisaje. CAILL.
Lewis Carroll (Span.). REYES.
Lewis Carroll. REYES.
La llave. CAILL, GINCHI.
Nieve de noche. CAILL.
No Sign of Life. TOPS.
Otoño secreto. CAILL.
Para hablar con los muertos. REYES.
Poema para René Guy Cadou. DONOSO.
El poeta de este mundo. CALA.
Portrait of My Father, Militant Communist. TOPS.
Puente en el Sur. CAILL, SCARPA, TOPS.
Retrato de mi padre, militante comunista. TOPS.
Sentado, en el fondo del patio. ARTE.
Sin señal de vida. TOPS.
Tierra de infancia. CAILL.
To Speak With the Dead. REYES.
El viento de los locos. ARTE.
El viento y el miedo golpean. SCARPA.

When All Is Said and Done. REYES.
TEJEDA, PATRICIA. CH. 1932- .
Nana del desierto. ARTE.
TEJEDA de TÁMEZ, ALTAIR. ME. 1922- .
La espera inútil. SALAS.
Fuensanta (Frag.). SALAS.
Mi padre. SALAS.
TEJERA, ALEJANDRO. ME. 1960- .
La luna. ZAID.
TEJERA, HUMBERTO. VE.
El canto de miel (Frag.). ROAL.
TELLEZ, FANOR. NI. 1944- .
After the Mardi Gras (Span.). BOCCA.
Casi al mediodía. BOCCA.
Miss Babian atendiendo en un bar de la costa. BOCCA, VOLCAN.
Miss Babian Tending Bar on the Atlantic Coast. VOLCAN.
TELLO, JAIME. CO.
Binomio. ARBEL.
Ecuación. ARBEL.
Modulor. ARBEL.
Paralelas. ARBEL.
Proyección hacia el pasado. ARBEL.
Serie de Fibonacci. ARBEL.
TENREIRO, SALVADOR. VE.
Detritus. BOCCA.
TERÁN, ANA ENRIQUETA. VE. 1919- .
Endechas a la soledad. MEDINA.
Infancia. MEDINA.
Junio. MEDINA.
TERÁN CAVERO, ANTONIO. BO. 1932- .
Guerra civil. BEDRE.
THEIN, GLADYS. CH. 1911- .
Aparición del mito. BOCPA.
THORNE, LOLA. PE.
La flecha del guerrero. LAGOS, VOCES.
TIEMPO, CESAR (Israel Zeitlin). AR. 1905- .
Arenga en la muerte de Jaim Najman Bialik. CAILL.
Llorando y cantando. CAILL.
Palabras a mamá. BAEZA.
El viento rubio. CAILL, GINAR.
TIZIANI, RUBÉN. AR.
La vieja amistad. DONOSO.
TLATELPAS, JOSÉ ME. 1953- .
Despertando. ZAID.
TOMÁS, CONSUELO. PN. 1957- .
Fotografía velada. LAGOS, VOCES.
Musa en extinción. LAGOS, VOCES.
TOMAT-GUIDO, FRANCISCO. AR. 1922- .
Filtros ceremoniosos. TAPIA.
Secreciones vibrantes. TAPIA.
TORIJA, JUAN OCTAVIO. ME. 1955- .
Ella muere. ZAID.

TORO, GRACIELA. CH. 1933- .
Es la hora de detener la luz. ARTE.
Melodía profunda. ARTE.
El viento deambula en la Pampa. ARTE.
TORO MONTALVO, CESAR. PE. 1947- .
La gitana dormida/texto del aroma. TORO.
Mimú niña madre de teteras y gorditas. TORO.
Pera. TORO.
TORREJÓN CARDOSO, EDMUNDO. BO. 1918- .
San Roque y la villa. BEDRE.
TORRES, ALDO. CH. 1910- .
Espacio negro. GINCHI.
Maderas de mi tierra. GINCHI.
TORRES, ANABEL. CO. 1948- .
Henchida como una jarra. LAGOS, VOCES.
TORRES, CARLOS ARTURO. CO. 1867-1911.
Himno de Apolo (Frags.). GINCO.
TORRES, DIEGO. BO. 1950- .
No puedo esperar porque he abandonado tu tiempo. BEDRE.
TORRES, VIRGILIO. ME. 1956- .
El hilo de Ariadna. ZAID.
TORRES BODET, JAIME. ME. 1902-1974.
Álamo. DEBI.
Amor. DEBI.
Andenes. DEBI.
Buzo. PAZ.
Canción de las voces serenas. MONSI.
Civilización. MONSI.
Continuidad. DEBI, MONSI.
Crepúsculo. DEBI.
Danza. PAZ.
La danza. CAILL.
Dédalo. PAZ, TOPS.
Despertador. DEBI.
Diamante. MONSI.
Espejo. CAILL.
Estrella. DEBI.
Éxodo. MONSI, TOPS.
Exodus. TOPS.
Fuente. MONSI.
Golondrina. DEBI.
Isla. DEBI.
Labyrinth. TOPS.
Lejos. DEBI.
Living. TOPS.
Manzana. CAILL, SONETO.
Marea. DEBI.
Mediodía. BAEZA.
Música. DEBI.
My country. TOPS.
Niños. DEBI.
Nocturno. MONSI.

Nunca. DEBI.
Otoño. DEBI.
El paraíso. DEBI.
Patria. TOPS.
Pórtico. PAZ.
Regreso. MONSI.
Reloj. CAILL.
Renuevo. DEBI.
Resumen. TOPS.
Romance. ROAL.
Ruptura. BAEZA, CAILL.
Saeta. MONSI.
Soledad. MONSI.
Soledades. CAILL.
La sombra. CAILL.
Summy. TOPS.
Vivir. TOPS.
TORRES CASTILLO, JORGE. EC. 1929- .
El escapulario. DONOSO.
TORRES de VIDAURRE, JOSÉ. PE. 1900- .
El fandango de cocharcas. PERU.
TORRES GUZMÁN, FLORENCIO. BO. 1927- .
Poema popular para un 27 de octubre sin policías. BEDRE.
TORRES RIOSECO, ARTURO. CH. 1897- .
Ausencia. CAILL.
Romance del Huaso Raimundo. GINCHI.
TORRES SÁNCHEZ, RAFAEL. ME. 1953- .
El día que abras la puerta. GENERA.
Poema. ZAID.
TORRES SANTIAGO, JOSÉ MANUEL. PR. 1940- .
Esos negros inmensos. MORA.
TORRI, JULIO. ME. 1889-1970.
A Circe. PAZ.
La conquista de la luna. PAZ.
De fusilamientos. PAZ.
La humildad premiada. PAZ.
El mal actor de sus emociones. PAZ.
Mujeres. PAZ.
La vida del campo. PAZ.
TOSCANO, CARMEN. ME. 1910- .
Aquella vez. CAILL, SALAS.
Hurto de presencia. CAILL.
Hurto de presencias. SALAS.
Mientras tú. CAILL.
Todo lo que una vez era posible. SALAS.
TREJO, ERNESTO. ME. 1950- .
Es tu nombre. COHEN.
Lo que sucedió. COHEN, ZAID.
Mi casa me habla. COHEN.
Todo. COHEN.
Y hay sal. COHEN.
TREJO VILLAFUERTE, ARTURO. ME. 1953- .

Aquella tarde. COHEN.
En los últimos días. COHEN.
Hoy es jueves. COHEN.
Malcolm Lowry. GENERA.
Onán. ZAID.
Recuento I. GENERA.
Soy peregrino de las circunstancias. COHEN.
Tus pasos se apoyan en mis pasos. COHEN.
TRIAS, ARTURO. PR. 1947- .
Act of Faith. MARZAN.
Acto de fe. MARZAN.
Ars Poetica (Eng.). MARZAN.
Arte poética. MARZAN.
Esta camisa. MARZAN.
This Shirt. MARZAN.
TRIVIÑO, JORGE. CH. 1959- .
Madrugada de la piedra. ARTE.
Los mares imponentes. ARTE.
TRUJILLO, CARLOS ALBERTO. CH. 1951- .
En esta pieza. ARTE.
El funeral. ARTE.
TRUJILLO, GABRIEL. ME. 1958- .
Benito Gámez hablándose a sí mismo frente al espejo. GENERA.
Guillermo de Nassau, príncipe de Orange. GENERA.
TRULLEN, GUADALUPE. UR.
Hombre en su paraíso. URPILA.
Tras una clara aurora. URPILA.
TURCIOS, FROILÁN. HO. 1878-1943.
Los coyolares. CAILL.
Isla de amor. CAILL.
Voz lejana. CAILL.
TURCIOS, SALVADOR. HO.
Bolívar. ROAL.
TURKELTAUB, DAVID. CH. 1936- .
Carta abierta. REYES.
Como el último bloque. REYES.
De pronto comprendí. REYES.
Death Interrupts Routine. REYES.
Geratevet. ARTE.
Las hormigas. ARTE.
Informe del tiempo. ARTE, REYES.
Like the Last Block. REYES.
La muerte interrumpe la rutina. REYES.
Newscast. REYES.
La poesía sirve para todo. REYES.
Poetry Is Good for Anything. REYES.
Suddenly I Understood. REYES.
Upturned Card. REYES.

UGARTE, MANUEL. PE. 1878-1971.
Superstición galante. ROAL.
ULACIA, MANUEL. ME. 1953- .

Cuerpo. ZAID.
ULLOA, YOLANDA. CU. 1948- .
Yoyontzin. BOCCA.
ULLOA BARRENECHEA, RICARDO. CR. 1928- .
Azul. SEGURA.
ULLOA ZAMORA, ALFONSO. CR. 1914- .
Canto a un árbol derribado. SEGURA.
Nocturno 1. SEGURA.
UMAÑA BERNAL, JOSÉ. CO. 1898- .
El halcón. CAILL.
Nocturno del adiós. CAILL, GINCO.
Vera Marloff. CAILL.
UMBRA, FACUNDO. ME. 1960- .
Apocalipsis (en siete tragos). ZAID.
UMPIERRE HERRERA, LUZ MARÍA. PR.
Oración ante una imagen derrumbada. LAGOS, VOCES.
UNDURRAGA, ANTONIO de. CH. 1912- .
Carta aérea a las gaviotas de Chile. CAILL, GINCHI.
Epitafios para el hombre de Indias. CAILL.
Fábulas adolescentes. CAILL.
Fábulas adolescentes. BAEZA.
Letanía a la golondrina. CAILL.
Pauta del pavo real. CAILL.
Pre—vida. CAILL.
Soliloquio inmemorial para Ana. ARTE.
Tiempo sumergido. CAILL.
Tránsito de la langosta. CAILL, GINCHI.
UNZUETA, MARIO. BO. 1905- .
Soneto. BEDRE.
URBACH, FEDERICO. CU. 1873-1931.
Regresiones. SONETO.
URBINA, LUIS G. ME. 1868-1934.
A solas. ROAL.
Así fue. BAEZA, CAILL.
La balada de la vuelta del juglar. CAILL.
El buey. CAILL.
El destino. SEGURA.
La elegía de mis manos. CAILL.
En el cielo. CAILL.
Humorismos tristes. SONETO.
Madrigal romántico. CAILL.
Mañana de sol. CAILL.
Nuestras vidas son los ríos. CAILL.
Puesta de sol. ROAL.
Y la miré partir. ROAL.
URDANETA, ISMAEL. VE. 1885-1928.
Herrumbre. SONETO.
URETA, ALBERTO J. PE. 1885- .
Baladas románticas. PERU.
Canciones ingenuas. Pobre amor. CAILL, PERU.
Elegías a la cabeza loca. CAILL.
Flores de saudade. CAILL.

Gris de invierno. PERU.
Nos buscamos en los ojos. CAILL.
Nos sentemos en el mismo banco. BAEZA.
Pobre amor. CAILL.
Romerías de ensueños. CAILL.
La tristeza sonriente. PERU.
URIARTE, IVÁN. NI. 1942- .
Bluefields. CARDE.
Cara de Mono. CARDE.
Muelle. CARDE, VOLCAN.
Pier. VOLCAN.
Rama. CARDE, VOLCAN.
Rama (Eng.). VOLCAN.
Río Escondido. CARDE.
URIBE, BASILIO. AR. 1916- .
Canto para los amantes. CAILL.
Corona de María. CAILL.
Una lejana tristeza. CAILL.
URIBE, DIEGO. CO. 1867-1921.
La casa desierta. GINCO.
URIBE, MARCELO. ME. 1953- .
En el desorden de señales animales de mi garganta. COHEN.
Poema. ZAID, COHEN.
URIBE, REBECA. ME.
Aquel tiempo, aquel recuerdo. SALAS.
Este café contigo. SALAS.
La tristeza sin causa. SALAS.
Tu retrato y yo. SALAS.
URIBE ARCE, ARMANDO. CH. 1933- .
Al buen amigo. SCARPA.
Un bello perfil significa. SCARPA.
Cómo desapareces. ARTE, SCARPA.
Cuando pienso en la música. ARTE, GINCHI, SCARPA.
Cuentan los hombres. ARTE, SCARPA.
Describo un día entero. ARTE.
Después de muerto. ARTE, SCARPA.
En el aire. CALA.
Es como una enfermedad. SCARPA.
He llorado leyendo novelas. ARTE.
Llego a la mesa y cierro los ojos. ARTE, CALA, SCARPA.
Niñez. ARTE.
Oh ruiseñor que existes. ARTE, SCARPA.
Oh sálvame de mi. CALA.
Particularmente. SCARPA.
Peinado como estoy. CALA.
Perdido en la floresta. ARTE, SCARPA.
Poemas. REYES.
Poems. REYES.
Soy pobre como la rata. ARTE, CALA, SCARPA.
La tarde es un amigo. SCARPA.
Tengo una rabia sin gusto a rabia. ARTE, SCARPA.
Los veinte años (Frags.). CALA.

URONDO, FRANCISCO. AR. 1930- .
Habana libre. DONOSO.
URQUIZA, CONCHA. ME. 1910-1945.
El apóstol. CAILL.
Caminos. SALAS.
Canción de junio. SALAS.
La canción intrascendente. SALAS.
Canciones. SALAS.
La cita. SALAS.
David. SALAS.
Del amor doloroso. SALAS.
Deleitoso canto desceñido (soneto). CAILL.
Dicha. CAILL.
Jezabel. SALAS.
Job. CAILL, SALAS, SONETO.
Nox. CAILL.
La oración en tercetos. SALAS.
Romance de la lluvia. CAILL, SALAS.
Sulamita. SALAS.
URTAZA, FEDERICO. ME. 1952- .
Poema. ZAID.
URZAGASTI, JESÚS. BO. 1941- .
A una provincia construida con árboles. QUIROS.
Alabanza número 2 al Gran Chaco. DONOSO, QUIROS.
Los árboles innominados. QUIROS.
Los campos olvidados. BEDRE, QUIROS.
En manos del destino estoy. ORTEGA.
La gran avería. BOCCA.
Horizonte luminoso. QUIROS.
La lluvia y los muertos. BOCCA.
Orana. QUIROS.
Perfil acuático de una provincia. QUIROS.
Los que desesperan. QUIROS.
Una estrella en el bosque. QUIROS.
El viajero en la noche. BEDRE, QUIROS.
Yerubia. ORTEGA.
USIGLI, RODOLFO. ME. 1905-1979.
Conversación desesperada. MONSI.
Fragmento. PAZ.
¿Qué será de mi amor? MONSI, PAZ.
Testamento. PAZ.
UTRERA, MIGUEL RAMÓN. VE. 1905-1993.
Eterna huida de su imagen. MEDINA.
He aquí su pureza. MEDINA.
Paisaje. MEDINA.

VACA CHÁVEZ, FABIÁN. BO. 1883-1943.
Criolla. BEDRE.
VALCÁRCEL, ALBERTO. PE. 1944- .
Coral a Pedro Vilca Apaza. TORO.
Dicotomía. TORO.
Poema (a Mónica antes de tiempo). TORO.

Siete. TORO.
VALCÁRCEL, GUSTAVO. PE. 1921- .
A José Carlos Mariátegui. MOLINA.
Celda. MOLINA.
Sonetos. CAILL.
VALDA CHAVARRÍA, AUGUSTO. BO. 1931-1962.
Paisaje. BEDRE.
VALDELOMAR, ABRAHÁM. PE. 1888-1919.
Abre el pozo. PERU, SONETO.
Blanca la novia. PERU.
El hermano ausente en la cena pascual. PERU.
Tristitia. BAEZA.
VALDÉS, ENRIQUE. CH. 1943- .
Estoy lejos. ARTE.
VALDÉS, HERNÁN. CH. 1934- .
Al mismo tiempo que. CALA.
Balada de los buenos deseos. CALA.
Cementerio judío. CALA.
Cuando asesinaron a Kennedy. CALA.
¿Dónde está ese pueblo? ARTE.
Donde viví. CALA.
¿Qué pasa los sábados? ARTE.
VALDÉS, NATASHA. CH. 1956- .
Cumpleaños. ARTE.
Diagonales. ARTE.
Escondite. ARTE.
Insondable. VILLE.
Lamento por la patria. VILLE.
Viajero. VILLE.
VALDÉS GINEBRA, ARMINDA. CU.
Almizcle. CATO.
Así es. CATO.
Desamparo. CATO.
Disertación acerca de mi nombre. CATO.
Dolor en geometría. CATO.
VALDIVIA, RITA. BO. 1947- .
Aullido poema octogonal. BOCPA.
VALENCIA, GERARDO. CO. 1911- .
Razón de amor. GINCO.
VALENCIA, GUILLERMO. CO. 1873-1943.
A Erasmo de Rotterdam. GINCO.
Anarkos. CAILL.
Los camellos. CAILL, GINCO, MODER, ROAL.
Cigüeñas blancas. CAILL, BAEZA, MODER.
Croquis. MODER.
Las dos cabezas: Judith y Holofernes. GINCO, MODER.
Las dos cabezas: la palabra de Dios. GINCO.
Las dos cabezas: Salomé y Joakanann. GINCO, MODER.
Hay un instante. MODER.
Leyendo a Silva. CAILL, MODER.
Nihil. MODER.
Palemón el Estilita. CAILL, MODER.

San Antonio y el centauro. CAILL.
La serie sustantiva. SONETO.
VALENCIA, URIEL. ES. 1940- .
Amor la lluvia de la muerte. SALVA.
¡Oh my baby pelirroja! (Span.).BOCCA.
VALERA MORA, VÍCTOR. VE. 1935- .
Incesante. ESCA.
Nuestro oficio. ESCA.
Sindicalizar fantasmas. ESCA.
Sueño uno. ESCA.
VALERO, AQUILES. VE. 1943- .
A dónde, ojos de polvo. ESCA.
Como debieran ser nuestros poemas. ESCA.
Dicotomía. ESCA.
Emma con guitarra. ESCA.
Poema de mis padres y de la casa. ESCA.
VALJALO, DAVID. CH. 1924- .
Antes de ti. LETONA.
Autorretrato. LETONA.
Como la lluvia, a solas. LETONA.
Destierro. LETONA.
Elegía interior. LETONA.
Monumento al obrero desconocido. LETONA.
Poema con después. LETONA.
El poeta asesinado. LETONA.
Siempre, otra vez. LETONA.
Soneto 2. CAILL, LETONA.
Soneto verde. LETONA.
VALLADARES, ARMANDO. CU. 1937- .
Canción de septiembre. CATO.
Lealtad. CATO.
No han podido. CATO.
Premonición. CATO.
Si yo pudiera. CATO.
VALLARINO, ROBERTO. ME. 1955- .
Acorde. MONDRA.
Antirepentimiento. MONDRA.
Aquí ya sólo brillan los guijarros. COHEN.
Berlín, 1980. MONDRA.
Ciclo sol COHEN.
Cuento. MONDRA.
Elección. MONDRA.
Elogio de la lluvia (Frag.). COHEN, ZAID.
En el espejo está la otra palabra. COHEN.
En el patio. COHEN.
Estacionamiento. COHEN.
Guijarros. MONDRA.
Hauptbahnhof. MONDRA.
Insomnio. MONDRA.
Marina. COHEN, MONDRA.
La memoria es un odio. COHEN.
La muchacha anarquista. GENERA.

Nieve en Hamburgo. MONDRA.
Nocturno. MONDRA.
La pedantería de Rimbaud. MONDRA.
Placer. MONDRA.
Puta. MONDRA.
Recuerdo lejano. MONDRA.
Simio. MONDRA.
El sofista. MONDRA.
Suicidio. CAILL.
Tradición. COHEN.
Trópico de sangre. COHEN.
Vertical. MONDRA.
Visión. MONDRA.
Visión vertiginosa. MONDRA.
VALLE, ALEJANDRO del. ME. 1954- .
Estos versos. ZAID.
VALLE, ÁNGELA. HO. 1927- .
Los desheredados. LAGOS, VOCES.
VALLE, CARMEN. PR. 1948- .
Glenn Miller's Music. MARZAN.
I'm Going to Break Out. MARZAN.
Lo vivido. MARZAN.
La música de Glenn Miller. MARZAN.
What Is Lived. MARZAN.
Yo me voy a largar. MARZAN.
VALLE, JOSÉ LUIS. ES. 1943- .
1974. SALVA.
Comunicado final. SALVA.
Razones para el asombro. SALVA.
VALLE, JUVENCIO (pseud). CH. 1905- .
A manera de prólogo. SCARPA.
Agua profunda. CALA, SCARPA.
Árbol del paraíso. CAILL, CALA.
Bosque. ARTE, CAILL, GINCHI.
Cantar de cantares. CALA.
Canto al agua. CALA, SCARPA.
Chile del Sur. CAILL, CALA, SCARPA.
Establecimiento de la maravilla. CAILL.
La flauta. BAEZA.
Frutal. GINCHI.
Guardabosque. CAILL.
Margarita Petunia. ARTE, CAILL, CALA, GINCHI.
El mondo. DONOSO.
La naranja. ARTE.
Un paso al día. SCARPA.
Una guirnalda para el vino. CALA.
Yo soy un carpintero. SCARPA.
VALLE, MARIO del. ME. 1945- .
A un teporocho. COHEN.
Embestida y declinante. COHEN.
El gran abismo. COHEN.
Historia en cinco actos. COHEN.

VALLE, POMPEYO del. HO. 1930- .
El deseo. TAPIA.
VALLE, RAFAEL HELIODORO. HO. 1891-1951.
Azul de Huejotzingo. CAILL.
Éxtasis humilde. CAILL.
Invocación a los abuelos. BAEZA.
VALLE, ROSAMEL del. CH. 1900-1963.
El amor mágico. ARTE, CALA.
Bar de los Apóstoles. CALA.
Cántico (Frag.). ARTE.
Cántico (Frags.). ARTE.
Un canto de amor para el corazón. SCARPA.
La casa apagada. CAILL.
Celebración de la muerte. CAILL.
Ceremonial del convidado. SCARPA.
Hay varias muertes. ARTE.
Himno. SCARPA.
Metamórfosis. CALA, SCARPA.
Orfeo (Frag.). ARTE.
Poemas. CAILL.
Santuario. CALA.
Transparencia de la sangre. SCARPA.
Viaje alrededor de la lámpara. CAILL.
Visita. ARTE.
Vivir o perecer. GINCHI.
Voluntad. SCARPA.
VALLE CASTILLO, JULIO. NI. 1953- .
Par avion correo aéreo air mail. BOCCA.
VALLE GOICOCHEA, LUIS. PE. 1910- .
Ofrenda. PERU.
VALLE SILVA, LUISA del. VE. 1902- .
Dulce tierra. MEDINA.
Raíces. MEDINA.
Simiente. MEDINA.
VALLEJO, CARLOS MARÍA de. UR. 1889-1946.
Itinerario. CAILL.
Romance de la jaca torda. CAILL.
Semanario. CAILL.
Supervivencia. CAILL, GINURU.
Tio vivo. Puerta del sol. GINURU.
VALLEJO, CÉSAR. PE. 1892-1938.
999 calorías. CEAL.
A mi hermano Miguel. PERU, TOPS.
Actitud de excelencia. CAILL.
Ágape. DOORS, JIMEN, TOPS.
Agape (Eng.). DOORS, TOPS.
Aldeana. CAILL, PERU, ROAL.
El alma que sufrió de ser su cuerpo. CEAL.
Altura y pelos. CEAL.
Anger. TOPS.
La araña. CEAL.
Ausente. CAILL.

The Black Messengers. TOPS.
Black Stone Lying on a White Stone. TOPS.
Bodas de hielo. CEAL.
El buen sentido. CEAL.
Capitulación. TAPIA.
La cena miserable. CAILL, CEAL.
La cólera que quiebra al hombre en niños. TOPS.
Confianza en el anteojo, no en el ojo. CEAL.
Considerando en frío, imparcialmente. CEAL, JIMEN.
Los dados eternos. CEAL.
La de a mil. CAILL, CEAL.
Los desgraciados. CEAL, DOORS.
Dios. ROAL.
Down to the Dregs. TOPS.
Ello es que el lugar donde me pongo. JIMEN.
En el momento en que el tenista. CEAL.
En la celda. DONOSO.
España, aparta de mi este cáliz. (Frags.). CAILL, CEAL, MOLINA, TOPS.
Espergesia. CEAL.
Estamos a catorce de julio. CEAL.
Fue domingo en las claras orejas de mi burro. CEAL, TOPS.
Hallazgo de la vida. JIMEN.
He encontrado a una niña. CEAL.
Heces. ROAL, TOPS.
Los heraldos negros. BAEZA, CAILL, CEAL, JIMEN, ROAL, TOPS.
Himno a los voluntarios de la república. MOLINA.
Un hombre pasa con un pan al hombro. CEAL, FIERRO, JIMEN, MOLINA, TOPS.
Hoy le ha entrado una astilla. CEAL.
Hoy me gusta la vida mucho menos. CEAL, JIMEN, TOPS.
I Am Going to Speak of Hope. DOORS.
I Am Going to Talk about Hope. TOPS.
Idilio muerto. CAILL, CEAL, JIMEN, PERU.
I'm Thinking of Your Sex. TOPS.
Imagen española de la muerte. JIMEN.
Intensidad y altura. CEAL.
It Was Sunday in the Fair Ears of My Burro. TOPS.
Madre, voy mañana a Santiago. BAEZA.
A Man Walks by with a Loaf of Bread on His Shoulder. TOPS.
Marcha nupcial. PERU.
Masa. (Frags.). CAILL, CEAL, FIERRO, JIMEN, MOLINA, TOPS.
Me viene, hay días, una gana ubérrima. CEAL, JIMEN.
Murmurando en inquietud, cruzo. CEAL.
Nómina de huesos. CEAL, PERU.
Los nueve monstruos., CAILL, CEAL, MOLINA.
¡Oh las cuatro paredes de la celda . . . ! CEAL.
Our Daily Bread. TOPS.
Palmas y guitarra. DOORS.
Palms and Guitar. DOORS.
El pan nuestro. JIMEN, TOPS.
París, octubre 1936. CEAL.
Los pasos lejanos. CAILL, PERU.
Piedra negra sobre una piedra blanca. CAILL, CEAL, JIMEN, SONETO, TOPS.

Pienso en tu sexo. CEAL, TOPS.
Poem to Be Read and Sung. TOPS.
Poema para ser leído y cantado. CEAL, TOPS.
Poemas humanos (Frag.). PERU.
El poeta a su amada. CEAL, ROAL.
Redoble fúnebre. ROAL.
La rueda del hambriento. CAILL, CEAL, PERU.
Samain diría el aire es quieto. CEAL.
Sermón sobre la muerte. CAILL.
Solía escribir con su dedo grande. CEAL, FIERRO, JIMEN.
Sombrero, abrigo, guantes. CEAL.
Stumble between Two Stars. DOORS.
Tahona estuosa de aquellos mis bizcochos. CEAL.
Tengo ahora 70 soles peruanos. CEAL.
To My Brother Miguel. TOPS.
Today I Like Life Much Less. TOPS.
Traspié entre dos estrellas. CEAL, DOORS, JIMEN.
Verano. CEAL.
La violencia de las horas. CEAL.
Voy a hablar de la esperanza. CEAL, DOORS, JIMEN, TOPS.
The Wretched of the Earth. DOORS.
Y si después de tantas palabras. CEAL.
Yuntas. CEAL.
VALLEJOS, ROQUE. PA. 1943- .
Hay veces. DONOSO.
Parábola de la resurrección. VALLE.
Poema. VALLE.
Poema. VALLE.
Poema 6. VALLE.
Poema 11. VALLE.
Poema 12. VALLE.
VALVERDE, SALVADOR. BO.
Mayo. ROAL.
VANASCO, ALBERTO. AR. 1925- .
Rabia del sexo. TAPIA.
VARALLANOS, JOSÉ. PE. 1905- .
El hombre del Ande que asesinó su esperanza. PERU.
VARELA, BLANCA. PE. 1926- .
Alba. LIBRO.
Baila conmigo. LIBRO.
Bodas. LIBRO, ORTEGA.
Canto villano. ORTEGA.
Las cosas. COHEN.
El día. LIBRO.
En el espejo. LIBRO.
Encontré. LIBRO.
Flores para el oído. LIBRO.
Historia de sombras. BOCPA.
Imagen. COHEN.
Invierno y fuga. ORTEGA.
Luz corriente. LIBRO.
Máscara de algún dios. LIBRO.

Media voz. LIBRO.
Monsieur Monod no sabe cantar. ORTEGA.
No estar. LIBRO.
El observador. LIBRO.
Paisaje. COHEN.
Los pasos. LIBRO.
Poderes mágicos. LIBRO.
Reino del agua. COHEN.
Reja. LIBRO.
Secreto de familia. LIBRO.
Siempre. LIBRO.
El sueño. LIBRO.
Una ventana. LIBRO.
Y de pronto la vida. LAGOS, VOCES.
VARELA, BLANCA LUZ. ME. 1956- .
Del fuego. GENERA, ZAID.
VARELA, LUIS ALBERTO. UR. 1914- .
El entierro del conde de Orgaz. GINURU.
Para un encuentro con María Eugenia Vaz Ferreira. GINURU.
VARGAS, RAFAEL. ME. 1954- .
Conversaciones. ZAID.
John Berryman. GENERA.
Susana San Juan. GENERA.
VARGAS, ROBERTO. NI. 1941- .
Chile. VOLCAN.
Chile (Eng.). VOLCAN.
VARGAS OSORIO, TOMÁS. CO. 1908- .
Corazón. CAILL, GINCO.
Cuando no exista la lágrima. CAILL.
De regreso de la muerte. CAILL.
Diálogo. CAILL.
El poeta sueña a su patria. CAILL.
Vano azul. CAILL.
VARINIA, FRIDA. ME. 1960- .
Poema. ZAID.
VARONA, DORA. PE.
Por un camino de aire. LAGOS, VOCES.
VARONA, ENRIQUE JOSÉ. CU. 1849-1933.
¡Ciencia! SONETO.
Dos voces en la sombra. ROAL.
VÁSQUEZ, ELIANA. CH. 1930- .
La catedral del bosque. CORSSE.
¿Dónde está tu domingo? CORSSE.
Junio. CORSSE.
Llueve sal. CORSSE.
Lluvia. CORSSE.
Novenas. CORSSE.
¿Quién vive en el espejo? CORSSE.
Tejido. CORSSE.
VÁSQUEZ MÉNDEZ, GONZALO. BO. 1927- .
Acaso el hombre. BEDRE.
Adolescencia. QUIROS.

Dimensión de tu presencia. QUIROS.
Está aquí. QUIROS.
Este darse de golpes. BEDRE.
Este mi sentimiento. QUIROS.
Hacia la bruma. QUIROS.
Integración. QUIROS.
Padre mío. BEDRE.
Rebaso de mi propio territorio. BEDRE.
Tu muerte. QUIROS.
VASSEUR, ALVARO ARMANDO. UR. 1878-1960.
Cantos del otro yo. CAILL, GINURU.
Heroica. CAILL.
Plenilunio de sangre. CAILL.
Solitudo. CAILL, GINURU.
VAZ, MARÍA DOLORES. UR. 1919- .
Como el árbol. URPILA.
Espejismo. URPILA.
Espejos interiores. URPILA.
VAZ FERREIRA, MARÍA EUGENIA. UR. 1880-1924.
El ataúd flotante. CAILL, GINURU.
Barcarola de un escéptico. CAILL.
El cazador y la estrella. CAILL.
Desde la celda. CAILL, GINURU, ROAL.
La estrella misteriosa. BAEZA, CAILL, GINURU, SONETO.
Fantasía del desvelo. CAILL, GINURU.
Holocausto. TAPIA.
El regreso. CAILL, GINURU.
Unico poema. CAILL, GINURU.
VAZ MENDOZA, HUMBERTO. UR. 1920- .
A una golondrina. URPILA.
Exaltación. URPILA.
Soneto fábula. URPILA.
VÁZQUEZ, RAFAEL. CO. 1899- .
Cervantes. GINCO.
Selva de mármol. CAILL.
VÁZQUEZ, YEPES. CO.
Judith. ROAL.
VEGA, ANTONIO. UR.
Romance de la angustia. GINURU.
VEGA, CARLOS. AR. 1898-1938.
Con cariño y con pena. BAEZA.
VEGA, DANIEL de la. CH. 1892-1971.
El bordado inconcluso. ROAL.
Ceniza y cera. GINCHI.
Cuando tú llegues. CAILL.
El mensaje. GINCHI.
Ofrenda a Jesús. CAILL.
Las palabras. ARTE, GINCHI.
Pedazos de una canción. BAEZA, CAILL.
Remember (Span.). ARTE.
VEGA, JOSÉ LUIS. PR. 1948- .
Brotherhood. MARZAN.

Condiciones. MARZAN.
Conditions. MARZAN.
Erotic Suite. MARZAN.
Hermandad. MARZAN.
Poemamor (Frag.). MARZAN.
Poemlove (Frag.). MARZAN.
Suite erótica. MARZAN.
VEGA, JOSÉ LUIS de la. ME. 1951- .
Poema. ZAID.
VEGA, JULIO de la. BO. 1924- .
Así nació la patria de los sueños. QUIROS.
Canción de la nueva luna. QUIROS.
Canción de los derechos humanos. QUIROS.
Descubrimiento del grillo. BEDRE.
Escena en Betania. BEDRE.
Impromptus de mi infancia en Santa Cruz. QUIROS.
Los pinos de Roma. QUIROS.
Profeta se necesita. BEDRE.
¿Quién es Ninoskha Méndez? QUIROS.
Solo. QUIROS.
El techo. QUIROS.
Temperatura ambiente. QUIROS.
Trópico pobre. BEDRE.
VEGA, VIRGINIA. CH. 1954- .
La cama. VILLE.
La ciudad incompleta. VILLE.
Mis siete días. VILLE.
La mujer de la esquina. VILLE.
Seis días. VILLE.
Soledad comparativa. VILLE.
VEGA de ALBA, GLORIA. UR.
Espejo de la fuente. URPILA.
El momento. URPILA.
Tuyutí. URPILA.
VEIRAVÉ, ALFREDO. AR. 1928- .
Boceto de la Gioconda. VILLOR.
El iris del ojo. VILLOR.
VELASCO, ISABEL. CH. 1937- .
Al hijo que no tuve. ARTE.
Compartiendo nubes. ARTE.
Perdí todo regalo. ARTE.
VELÁSQUEZ, ALBERTO. GU. 1891- .
Elegía del madrigal que se quedó desnudo. CAILL.
VELÁSQUEZ, LUCILA. VE. 1928- .
Contra un muro de cantos. MEDINA.
Elegía a El Tocuyo. BOCPA, MEDINA.
Responso de los días. MEDINA.
VELÁZQUEZ, JAIME GERARDO. ME. 1952.
Notas sin música. ZAID.
VELEZ RAPP, JORGE. BO.
Altiplano. BEDRE.
VENEGAS FILARDO, PASCUAL. VE. 1911- .

La noche circula entre mis pasos. MEDINA.
VERA, ELENA. VE. 1939- .
Abisal. ESCA.
Celacanto. ESCA.
El extraño. ESCA.
Habitantes. ESCA.
Máscaras. ESCA.
Saludos. ESCA.
VERA, LUIS ROBERTO. CH. 1947- .
La escritura en la pared. COHEN.
Luz de obsidiana. COHEN.
La luz sostiene el eco (Frags.). COHEN.
Patio interior. COHEN.
VERÁSTEGUI, ENRIQUE. PE. 1950- .
Datzibao. TORO.
Good-by Lady Splendor (Span.). BOCCA, TORO.
Salmo. TORO.
Si te quedas en mi país. TORO.
VERDESOTO de ROMO, RAQUEL. EC.
El nuevo sacrificio. LAGOS, VOCES.
La palabra rebelde. LAGOS, VOCES.
Una gota de sangre. LAGOS, VOCES.
VERDIE, JULIO. UR.
Narciso. GINURU.
Plenitud. GINURU.
VESTRINI, MIYO. VE. 1938- .
Cada vez que oscurece. ESCA.
Hacíamos votos . . . ESCA.
La tristeza. ESCA.
VIAL, SARA. CH. 1931- .
En tí el primer amor. ARTE.
Manuel Rodríguez. ARTE.
VIAÑA, JOSÉ ENRIQUE. BO. 1899-1969.
Mancha. BEDRE.
Obreros. BEDRE.
La palliri. BEDRE.
Romance de la casona. BEDRE.
Se escribe en el ala del viento. BEDRE.
VICARIO, VICTORIANO. CH. 1911-1966.
Égloga inicial. BAEZA, CAILL, GINCHI.
Introducción al olvido. CAILL, GINCHI.
Odisea. GINCHI.
Segundo silencio. ARTE.
La soledad y el humo. CAILL.
VICTORIA, LAURA. CO. 1908- .
Adiós. GINCO.
En secreto (Frag.). LAGOS, TAPIA, VOCES.
VICUÑA, CECILIA. CH. 1948- .
Amada amiga. VILLE.
The Ideal Woman. FLORES.
Manera en que descubrí las dos clases de muerte. BOCPA.
La mujer ideal. FLORES, LAGOS, VOCES.

Obscenidades de un caracol. BOCCA.
Retrato físico. VILLE.
El traspié de la doctrina. VILLE.
VICUÑA, JOSÉ ENRIQUE. BO. 1905- .
Perro negro. BAEZA.
VICUÑA, JOSÉ MIGUEL. CH. 1920- .
Canto a la muerte. ARTE.
Clara sombra. GINCHI.
El hombre de Cro-Magnon se desperеza. BAEZA.
VICUÑA, LEONORA. CH. 1952- .
Despedida. VILLE.
Elvis Presley. VILLE.
Mujeres. VILLE.
Nadie ama a nadie. VILLE.
Ultima sopa. VILLE.
Vigilia. VILLE.
VICUÑA, MIGUEL. CH. 1948- .
Morgendammerungslied. ARTE.
Primero de noviembre 1976. ARTE.
VICUÑA CIFUENTES, JULIO. CH. 1861-1936.
El asno. ARTE, CAILL, ROAL.
Aún es tiempo que venga. GINCHI.
Huéspedes eternos. GINCHI.
La mimosita. ROAL.
La ocasión. GINCHI.
La perfecta alegría. CAILL, GINCHI.
Visita de pésame. ARTE.
VIDALES, LUIS. CO. 1904- .
Cuadrito de movimiento. CAILL, GINCO.
Exactitud de la muerte. CAILL.
El paseo. CAILL.
Poema de la piedra. CAILL.
VIDT, DANIEL D. UR. 1920- .
Canto a Delmira Agustini. GINURU.
¿De dónde vienes, arroyo? GINURU.
VIEIRA, MARUJA. CO. 1922- .
Letras de arena. CAILL.
Más que nunca. CAILL.
Siempre. CAILL.
Tiempo definido. CAILL, GINCO, LAGOS, VOCES.
Una palabra. CAILL.
VIEYRA, ANTONIO. CH. 1948- .
Desnudemos el rostro. REYES.
Inútil explorar. REYES.
Let Us Take off Our Masks. REYES.
Recorrer todo el camino. REYES.
Running Down the Same Road. REYES.
Useless to explore. REYES.
VIGNIER, MARTA. CU. 1923- .
Descuido. BAEZA.
VILA, CRISTIAN. CH. 1955- .
Canto (Frag.). ARTE.

Código mayor. ARTE.
VILARIÑO, IDEA. UR. 1920- .
En este mundo (Frag.). GINURU.
Everything Is Very Simple. FLORES.
In Order to Say It. FLORES.
Más soledad. ORTEGA.
Nadie. ORTEGA.
No hay nadie. FLORES.
El ojo. ORTEGA.
Para decirlo. FLORES.
Paraíso perdido. BOCPA, ORTEGA.
Pasar. ORTEGA.
Playa Girón. DONOSO.
Pobre mundo. FIERRO.
Qué fue la vida. ORTEGA.
Se está solo. BOCPA.
The Siren. FLORES.
La sirena. FLORES.
There's Nobody. FLORES.
Todo es muy simple. FLORES.
Ya no. LAGOS, VOCES.
VILAS, IRENE. AR. 1947- .
La espera. URPILA.
Lagos de Palermo. URPILA
Tú y yo, Buenos Aires. URPILA.
VILELA, LUIS FELIPE. BO. 1908-1963.
Clamor. BEDRE.
El colla. BEDRE, QUIROS.
Nocturno. QUIROS.
Paisaje de exilio. QUIROS.
Preludio. BEDRE.
Primavera. QUIROS.
Romancillo de la angustia. BEDRE.
Soledad. QUIROS.
VILLA, MARIO J. PE. 1913- .
Tácita voz. PERU.
VILLA-GÓMEZ, GUIDO. BO. 1917-1968.
Mar y cordillera. BEDRE.
Primer cuento de Navidad. BEDRE.
Requiem para la madre de todos. BEDRE.
VILLAFAÑE, CARLOS. CO. 1882- .
Emoción de la tarde. GINCO.
La síntesis. GINCO.
VILLAFUERTE, OVIDIO. ES. 1943- .
Canción de amor a la patria. SALVA.
VILLAGRA MARSAL, CARLOS. PA. 1932- .
Cacería. VALLE.
Carta a Simón Bolívar. VALLE.
VILLALOBOS, HÉCTOR GUILLERMO. VE. 1911- .
Canto del superviviente. MEDINA.
Glosa pastoril. MEDINA.
Imágenes de la muerte. MEDINA.

VILLALOBOS, ROSENDO. BO. 1859-1940.
Al libertador en 1938. BEDRE.
Lágrimas. BEDRE.
Madrigal. BEDRE.
Sonrisas y lágrimas. BEDRE.
La victoria. BEDRE.
VILLANUEVA, SALVADOR. PR. 1947- .
Maybe You Cannot comprehend. MARZAN.
O. MARZAN.
O (Eng). MARZAN.
Quizás tú no comprendas. MARZAN.
VILLAR, AMADO. AR. 1899-1954.
Desierto. GINAR.
Jefe moro fusilado. GINAR.
VILLAR BUCETA, MARÍA. CO. 1899-1977.
La mañana. BOCPA.
Nostalgia. SONETO.
VILLARINO, MARÍA de. AR. 1905- .
Alma extendida. GINAR, CAILL.
Vida retirada. CAILL.
VILLARREAL, JOSÉ JAVIER. ME. 1959- .
Al servicio de la nueva reina. GENERA.
VILLARROEL, ALEJANDRA. CH. 1965- .
El abuelo. VILLE.
Días desconocidos. VILLE.
VILLARROEL PARIS, J.M. VE. 1932- .
Canto segundo. ESCA.
Dos gotas. ESCA.
Elegía a mi padre. ESCA.
El gran incendio. ESCA.
La muerte me espera . . . ESCA.
Soisola. ESCA.
VILLARRONDA, GUILLERMO. CU. 1912- .
El mar sentado. BAEZA.
VILLASEÑOR, ABRAHÁM. CH. 1938- .
Infidelidad. ARTE.
Matemáticas. ARTE.
VILLATORO, JOSÉ LUIS. GU. 1932- .
Elegía por el joven cadáver. VOLCAN.
Elegy for the Young corpse. VOLCAN.
VILLAURRUTIA, XAVIER. ME. 1903-1950.
Aire. CAILL.
Amor condusse noi ad una morte. MONSI.
Amplificaciones. CAILL, DEBI.
Cementerio en la nieve. CAILL, PAZ.
Cuadro. DEBI.
Décima muerte. CAILL.
Estancias nocturnas. DEBI.
Estatua. DEBI.
Inventar la verdad. JIMEN, ROAL.
Los Ángeles Nocturne. TOPS.
Muerte en el frío. CAILL, PAZ.

Nocturna rosa. CAILL, MONSI, PAZ, ROAL.
Nocturne. TOPS.
Nocturne of the Statue. TOPS.
Nocturno. MONSI, TOPS.
Nocturno amor. JIMEN, MONSI, PAZ, ROAL.
Nocturno de la alcoba. DEBI.
Nocturno de la estatua. DEBI, JIMEN, MONSI, PAZ, TOPS.
Nocturno de los ángeles. MONSI, TOPS.
Nocturno en que habla la muerte DEBI, MONSI.
Nocturno en que nada se oye. CAILL, JIMEN, MONSI, PAZ.
Nocturno eterno. DEBI, MONSI, PAZ.
Nocturno mar. CAILL, MONSI, PAZ.
Nocturno muerto. JIMEN, PAZ, ROAL, SONETO.
Nocturno preso. DEBI.
Nocturno rosa. JIMEN, ROAL.
Nocturno sueño. PAZ.
North Carolina Blues. MANSOU.
Nuestro amor. TOPS.
Our Love. TOPS.
Poesía. CAILL, MONSI, PAZ, TOPS.
Poetry. TOPS.
Qué prueba (Frag.). BAEZA.
Reflejos. DEBI.
Soneto de la esperanza. DEBI.
Suite del insomnio: Silbatos. DEBI.
Suite del insomnio: Tranvías. DEBI.
VILLEGAS, AQUILINO. CO. 1879-1940.
Rondel. GINCO.
VILLEGAS, SAMUEL. VE. 1932- .
La creación. ESCA.
Eppur si muove. ESCA.
Mandato no. 6. ESCA.
VILLORDO, OSCAR HERMES. AR. 1929- .
La inocencia. BAEZA.
VINDERMAN, PAULINA. AR. 1944- .
Isla Tortuga. KOFMAN.
Me iré en junio. KOFMAN.
Regreso de viaje. KOFMAN.
VISCARRA FABRE, GUILLERMO. BO. 1901- .
Canción de cuna. BEDRE.
Cordillera de sangre. BEDRE.
En este país de petrificados llantos. QUIROS.
En la curva delgada. BEDRE.
Epitafio para el amigo poeta. QUIROS.
Evocación de la ciudad de La Paz. QUIROS.
Oruro. QUIROS.
Paisaje andino. BEDRE.
El poeta. BEDRE, QUIROS.
Rainer Maria Rilke, el hombre de los campanarios. QUIROS.
El santo de la rosa. BEDRE.
Soledades . . . soledades. QUIROS.
El viento y las novelas. QUIROS.

Yo. QUIROS.
VISCARRA MONJE, HUMBERTO. BO. 1898-1969.
Áridamente gris. BEDRE.
La ausencia. BEDRE.
Canto a la ciudad de La Paz. BEDRE.
Como el paisaje. BEDRE.
De siempre. BEDRE.
El molle. BEDRE.
Reminiscencia oscura. BEDRE.
VITALE, IDA. UR. 1928- .
Cambios. CAILL.
Día acabado. CAILL.
Este mundo. BOCPA.
Fiesta propia. CAILL, GINURU.
Final de fiesta. BOCPA, CAILL, GINURU.
Obligaciones diarias. GINURU, LAGOS, VOCES.
Paso a paso. GINURU.
Pesadilla. DONOSO.
El pozo. CAILL.
El puente. LAGOS, VOCES.
Ultimas noticias / bloqueo. FIERRO.
VITIER, CINTIO. CU. 1921- .
A la poesía. ORTEGA.
Adoración. PADRON.
El aire, aquí. ARAY.
Apuntes cañeros. La mano. PADRON.
El barco. CAILL.
El bosque de Birnam. PADRON.
Cántico nuevo. PADRON.
Clodomira. ARAY.
Como el fuego. CAILL.
Confesión. ORTEGA, PADRON.
El desposeído. TARN.
El enorme asunto. CAILL.
The Dispossessed. TARN.
En el instante (soneto). CAILL.
En Xochimilco. PADRON.
Entretiempo. CAILL.
Envío. ORTEGA.
Estamos. ARAY.
Los fríos barrios. PADRON.
Los juegos. PADRON.
The Light on Cayo Hueso. TARN.
Lo nupcial. PADRON.
Lugares comunes. ORTEGA.
La luz del Cayo. TARN.
Nicodemus Speaking. TARN.
Las nieves de antaño. ARAY.
No me pidas. ARAY.
The Notice. DOORS.
La Noticia. ARAY, DOORS.
La Palabra. DOORS.

Palabras a la aridez. PADRON.
Palabras de Nicodemo. TARN.
Piedra de rayos. PADRON.
Un placer. CAILL.
Poesía, hambre. ORTEGA.
El poeta. ARAY.
El portal. PADRON.
El rostro (Frag.). FIERRO.
Suite de un trabajo productivo: Ángeles de Alquizar. ARAY.
Suite de un trabajo productivo: Aquella ceiba. ARAY.
Suite de un trabajo productivo: Cello al mediodía. ARAY.
Suite de un trabajo productivo: El deshije. ARAY.
Suite de un trabajo productivo: Despertar. ARAY.
Suite de un trabajo productivo: Final. ARAY.
Suite de un trabajo productivo: Liberación. ARAY.
Suite de un trabajo productivo: Trabajo. ARAY.
Ultimo epitalamio. SONETO.
Viet-Nam. ARAY.
The Word. DOORS.
VITUREIRA, CIPRIANO SANTIAGO. UR. 1907-1977.
La nube. GINURU.
VIZARDI, LIGIO. DR. 1895- .
Cuando ya no me quieras. BAEZA.
VIZCARRA MONJE, HUMBERTO. BO. 1898- .
El amauta. BAEZA.
VIZCARRONDO, CARMELINA. PR. 1906- .
Loíza aldea. MORA.
Quién sabe. BAEZA.
VIZCARRONDO, FORTUNATO. PR. 1896- .
Alborada. MORA.
El baniqué. MORA.
El cangrejero. MORA.
Mal de ojo. MORA.
La mulata. MORA.
¿Y tu agüela, a'onde ejtá? CAILL, MANSOU, MORA.
VOCOS LESCANO, JORGE. AR. 1924- .
Bellas son las palabras CAILL, GINAR.
Eres, vas siendo. CAILL, GINAR.
La poesía. VILLOR.
Soneto de la muerte fiel. CAILL.
Y va por los cabellos. CAILL.
Y va por los cabellos. VILLOR.
VOLKOW, VERÓNICA. ME. 1955- .
A la sor Juana desconocida. COHEN, GENERA.
Al amante desconocido. COHEN.
Autorretrato muerta. COHEN, GENERA.
El inicio. MONDRA.
La lavandera. COHEN.
Micenas. COHEN.
Paisaje interior. GENERA.
Popocatépetl. GENERA.
Si se viera amanecer. ZAID.

Tiempo. COHEN.
Tu caricia. COHEN.
El viaje. GENERA.
Yo ya no sé decir esa palabra. COHEN.
VULGARIN, AGUSTÍN. EC. 1930- .
El simio y su carta. DONOSO.

WAGNER, ESTELA LÍA. AR. 1943- .
Mundo de mi cuerpo. TAPIA.
Zooamor. TAPIA.
WALSH, MARÍA ELENA. AR. 1930- .
Arte poética. BOCPA, VILLOR.
Asunción de la poesía. VILLOR.
El caballo muerto. CAILL.
Diciembre. GINAR.
La forma. BAEZA.
Juancito volador. FERNAN.
Oración a la propaganda. FIERRO, LAGOS, VOCES.
La vaca estudiosa. FERNAN.
Verídica balada de la flor de madera. CAILL.
WATANABE, JOSÉ. PE. 1946- .
Canción melancólica del pescador dominical. BOCCA.
Consejos para las muchachas. TORO.
Cuatro muchachas alrededor de una manzana. TORO.
Poema trágico con dudosos logros cómicos. TORO.
El rapto de la amada Sabina. BOCCA.
Tampoco entrarás por el ojo de una llave. TORO.
WAYAR, JUAN JOSÉ. BO. 1930- .
Lata de sardinas. BEDRE.
Yo soy el pueblo. BEDRE.
WELDER, OLIVER. CH. 1944- .
Advertencia. QUEZA.
Autobiografía. QUEZA.
Bitácora. BOCCA, QUEZA.
Credenciales. BOCCA, QUEZA.
Fotografía. QUEZA.
Las intenciones. QUEZA.
Me hubiera gustado quedarme aquí. QUEZA.
Statu quo. QUEZA.
WESTPHALEN, EMILIO ADOLFO von. PE. 1910- .
Abolición de la muerte. BACIU.
Un árbol se eleva. LIBRO.
César Moro. BACIU.
Diafanidad de alboradas. LIBRO.
He dejado descansar. LIBRO, ORTEGA.
Las ínsulas extrañas. BACIU.
La mañana alza el río. ORTEGA.
No es válida esta sombra. LIBRO.
No te has fijado. LIBRO.
Poema inútil. LIBRO.
Te he seguido. LIBRO.
Términos de comparación. LIBRO.

Una cabeza humana. LIBRO, ORTEGA.
WHITELOW, GUILLERMO. AR. 1925- .
Arco de Jano. VILLOR.
WIESSE, MARÍA. PE.
Música de la noche. PERU.
WIETHÜCHTER, BLANCA. BO. 1947- .
Camino al fuego. QUIROS.
Como un eco. QUIROS.
Conciliación. QUIROS.
Himno al estar. QUIROS.
Un instante. QUIROS.
Siempre. BEDRE.
Surtido de enigmas. QUIROS.
WIEZEL, ELSA. PA. 1927- .
De virazón. LAGOS, VOCES.
WILCOCK, JUAN RODOLFO. AR. 1919-1978.
El augurio. FERNAN.
Canción. FERNAN.
Canción. FERNAN.
¡Cómo tarda en llegar . . . ! FERNAN.
En el Tigre. VILLOR.
El enamorado. VILLOR.
La imagen en la lluvia. BAEZA.
Invocación al pasado. FERNAN.
Jardín botánico. VEIRA.
Oda. GINAR.
La ofrenda. GINAR.
El poema muerto. VEIRA.
Primera canción. VEIRA.
Sexto soneto. VILLOR.
Tercer poema. FERNAN.
Viaje por mar, o La paloma de Ararat. VEIRA.
Villa Barberini. VEIRA.
WONG, OSCAR. ME. 1948- .
Abajo el diapasón, el piano. COHEN.
Ah, pero el gusano. COHEN.
Alusión segunda. COHEN.
Asfixiante, seca a golpes. COHEN.
En mi pueblo habita el sol. COHEN.
Hablábamos de Chiapas. COHEN.
El papel, la pluma. COHEN.
Primera alusión. COHEN.
Se colmaron de asombros. COHEN.
Te prefiero distante. COHEN.
WYLD OSPINA, CARLOS. GU. 1891-1956.
La carreta tropical. CAILL.
Los caseríos. CAILL.
La ciudad de las perpetuas rosas (Antigua Guate.). CAILL.
El convento. CAILL.
La edad de las áureas espigas. CAILL.
Visiones antiguas (Frag.). CAILL.

XAMMAR, LUIS FABIO. PE. 1911-1947.
El abrazo bueno. CAILL.
Alta niebla. CAILL.
Diálogo. CAILL.
Elogio del agua. CAILL.
En el puquial. BAEZA, TAPIA.
En la cruz del camino. PERU.
La luna, taza de leche. PERU.
El mar. CAILL.
Murió la cholita ufana. PERU.
La niebla. CAILL.
Paréntesis de la voz perdida. CAILL.
El retrato. CAILL, PERU.
El secreto. CAILL.
Tiempo. CAILL.
Tres poemas de serranía. CAILL.
XENES, NIEVES. CU. 1859-1915.
Julio. SONETO.
XIRAU ICAZA, JOAQUIN. ME. 1950-1976.
Poema. ZAID.

YACOVSKI, RUBÉN. UR. 1930- .
Comprueba tu fuego. DONOSO.
YAÑEZ, ADRIANA. ME. 1954- .
Poema. ZAID.
YAÑEZ, LUIS. PE. 1931- .
Arte poética. MOLINA.
Será un viaje de tren. MOLINA.
YAÑEZ, RICARDO. ME. 1948- .
Cena. COHEN.
Dios. COHEN.
En el zumo de una lima, al morderla. COHEN.
En la ciudad, al centro de la estrellada noche. COHEN.
Giro la perilla abro. COHEN.
Madre eterna. COHEN.
Nada. COHEN.
Un poema. COHEN.
Un simio era el hombre. COHEN.
Tu verga ordena mis caderas. COHEN.
YAÑEZ COSSIO, ALICIA. EC. 1929- .
La mujer es un mito. LAGOS, VOCES.
YARZA, PÁLMENES. VE. 1916- .
Cuando me vaya. MEDINA.
Este buey de nostalgia. LAGOS, VOCES.
Inercia. MEDINA.
Verano. MEDINA.
YEPES BOSCÁN, GUILLERMO. VE. 1942- .
Mientras miro tus huesos tomar brillo. ESCA.
YEROVI, LEONIDAS N. PE. 1878-1917.
Recóndita. PERU.
YEROVI, NICOLÁS. PE. 1951- .
Para los próximos caminos del Inca. TORO.

YLLESCAS, EDWIN. NI. 1941- .
Colón y Cementerio. CARDE.
Fiestas de San Juan. CARDE.
Garibaldi en Nicaragua. CARDE.
San Juan de Limay. CARDE.
Suyo sinceramente. CARDE.
Una muchacha que soñaba. CARDE.
YRARRAZAVAL, RENATO. CH. 1937- .
Canto. ARTE.
Insecto. ARTE.
Luz. ARTE.
Paisaje. ARTE.
Pensamiento. ARTE.
Rosa de la muerte. ARTE.
Solitude. ARTE.

ZABALA, IRIS M. PR. 1936- .
Ayer murió una paloma. BOCPA.
ZAID, GABRIEL. ME. 1934- .
A su amada madrugadora. PAZ.
Acata la hermosura. PAZ.
Alucinaciones. DEBI.
Asolador. DEBI.
Campo nudista. ORTEGA.
Canción. DEBI.
Canción de seguimiento. ORTEGA, TOPS.
Circe. PAZ, TOPS.
Circe (Eng.). TOPS.
Claridad furiosa. ORTEGA, TOPS.
Cloister. TOPS.
Cuervos. ORTEGA.
Elegía por una luz entreabierta (Frag.). MONSI, PAZ.
Elogio de lo mismo. ORTEGA.
A Furious Clarity. TOPS.
Gacela. DEBI, ORTEGA.
Ipanema. ORTEGA.
Lectura de Shakespeare (Soneto 66). ORTEGA.
Lejos. DEBI.
Maidenform. DEBI.
Mortal Practice. TOPS.
Nacimiento de Eva. PAZ.
Nacimiento de Venus. DEBI, PAZ.
Noche de luna. PAZ.
La ofrenda. PAZ.
Oleajes. PAZ.
Oleajes. DEBI.
Pastoral. PAZ.
Plaza labrada. DEBI.
Práctica mortal. ORTEGA, PAZ, TOPS.
Ráfagas. DEBI, ORTEGA.
Reloj de sol. ORTEGA, PAZ.
Reloj del sol. TOPS.

Resplandor último. PAZ.
Semáforos. PAZ.
Song of Pursuit. TOPS.
Sundial. TOPS.
Transformaciones. ORTEGA.
Tumulto. DEBI, PAZ.
ZAMBELLI, HUGO. CH. 1926- .
Un mundo tuyo y mío. ARTE.
Pero después de todo. ARTE.
ZAMBRANO COLMENARES, EDUARDO. VE. 1935- .
La casa de los fantasmas. ESCA.
Desequilibrio. ESCA.
En la pradera. ESCA.
Miedo. ESCA.
ZAMBRANO WIMER, ESPERANZA. ME. 1907- .
Sonetos del amor ensimiasmado (sic). SALAS.
ZAMORA, DAISY. NI. 1950- .
Carta a una hermana que vive en un país lejano. VOLCAN.
Cuando regresemos. VOLCAN.
Era una escuadra desperdigada. LAGOS, VOCES.
Letter to a sister who lives in a distant country. VOLCAN.
When we return. VOLCAN.
ZAMUDIO, ADELA. BO. 1854-1928.
El hombre. FLORES.
Loca de hierro (Frag.). BEDRE.
Manhood. FLORES.
Nacer hombre. BEDRE, FLORES.
Nubes y vientos. BEDRE.
Peregrinando. BEDRE.
¿Quo vadis? BEDRE.
To Be Born Male. FLORES.
ZAPATA PRILL, NORAH. BO. 1945- .
Aquí, calladamente. BEDRE.
De la campana al bronce. LAGOS, VOCES.
De las estrellas y el silencio. BEDRE.
Diálogo en el acuario. QUIROS.
Diciembre treinta. QUIROS.
Los hongos mueren sin huellas. QUIROS.
Recuadro. QUIROS.
Siempre. BEDRE.
ZARRILLI, HUMBERTO. UR. 1898-1956.
El buey. GINURU.
Cántico a la imagen de la presente ausencia. GINURU.
Cántico de la hora muerta. CAILL.
Cántico del amor distraído. CAILL.
Cántico por la redención del día. CAILL.
Cántico por mi imagen que aún no es mía. CAILL.
Eras la que en pudor. GINURU.
No llores. GINURU.
Pon aceite en mi lámpara. GINURU.
ZAVALA, IRIS M. PR. 1936- .
Duelo I. MARQUE.

El gran mamut. LAGOS, VOCES.
I'll Never Know Your Face. MARQUE.
Lament I. MARQUE.
Nunca conoceré tu rostro. MARQUE.
Palabras y palabras. MARQUE.
Words Words. MARQUE.
ZAVALETA MERCADO, RENÉ. BO. 1930- .
Cordillera. BEDRE.
Final. BEDRE.
Lago. BEDRE.
Linaje. BEDRE.
Raíz perdida. BEDRE.
ZEGARRA DÍAZ CANSECO, GLORIA. PE. 1937- .
Geografía íntima. BOCPA.
ZELAYA, AZUCENA. PA. 1921- .
Evasión. TAPIA.
ZELLER, LUDWIG. CH. 1927- .
En la mina de sal. ARTE.
Paloma que se sueña. ARTE.
Sílaba incandescente del deseo (Frag.). ARTE.
Ultimo puerto del Capitán Cook. ARTE.
ZENNER, WALLY. AR.
Magnificat. GINAR.
ZEPEDA, ERACLIO. ME. 1937- .
¡Aquí nadie puede cantar! MONDRA.
Asela. PAZ.
Balada. MONDRA.
Correo. MONDRA.
Cosecha comunal. MONDRA.
Cuarto sol. MONDRA.
¡Nadie hable de la muerte! MONDRA.
Recuerdo. MONDRA.
Río de cien piedras. MONDRA.
Sangre en espera. MONDRA.
ZEVALLOS ANTEZANA, ENRIQUE. BO. 1892-1968.
La vida siempre es buena. BEDRE.
Vitalidad. BEDRE.
ZIMBALDO, ADRIÁN. AR. 1959- .
A primera sangre. URPILA.
Nadie supo de mí. URPILA.
ZITO LIMA, VICENTE. AR.
Ella. TAPIA.
Espera. TAPIA.
ZONDEK, VERÓNICA. CH. 1953- .
La miseria del ojo. CORSSE.
ZUAZO PRECHT, GLORIA. BO. 1932- .
Bibelot. BEDRE.
Reino alado. BEDRE.
Las tejedoras del alba. BEDRE.
ZUÑIGA, OLIVIA. ME. 1916- .
Carta a un padre asesinado. SALAS.
ZUÑIGA SEGURA, CARLOS. PE. 1942- .

Bueyes de ceniza. TORO.
Jardín de párpados. TORO.
Luz lúnula. TORO.
Para dibujar ruiseñores con escamas. TORO.
ZURITA, RAÚL. CH. 1951- .
CIII. WHITE.
CIII (Eng.). WHITE.
A las inmaculadas llanuras. WHITE.
Areas verdes. REYES.
Aún abandonados florecerían. TOPS.
The Beaches of Chile X. WHITE.
Como un sueño. WHITE.
Las cordilleras del Duce (Frag.). ORTEGA.
Las cordilleras del Duce (Frag.). WHITE.
The cordilleras of Il Duce. WHITE.
El desierto de Atacama. ORTEGA.
El desierto de Atacama (Frags.). ARTE.
Las espejeantes playas. TOPS, WHITE.
Esplendor en el viento. TOPS.
Even Forsaken They'd Flower. TOPS.
Green Areas. REYES.
Like a Dream. WHITE.
The March of the Cordilleras. TOPS.
La marcha de las cordilleras. TOPS.
The New Life. WHITE.
Nieves del Aconcagua. WHITE.
Pastoral de Chile (Frags.). ARTE.
Las playas de Chile X. WHITE.
The Radiant Beaches. WHITE.
Snows of Aconcagua. WHITE.
The Sparkling Beaches. TOPS.
Splendor in the Wind. TOPS.
To the Immaculate Plains. WHITE.
Las utopías. WHITE.
The Utopias. WHITE.
VI. WHITE.
VI. WHITE.
La vida nueva. WHITE.

Title Index

The Title Index gives the poem title, author's last name, and anthology code in that order: e.g., "Nocturno. *Arbeláez.* GINCO." When a title varies in different anthologies it is listed separately under each variation: e.g. Jorge Luis Borges' "La fundación mítica de Buenos Aires" appears also as "La fundación mitológica de Buenos Aires" and so is listed twice. When the title is in a language other than the poem it is clarified in the following manner "Walking Around (Span.). *Neruda.* CAILL, CEAL, JIMEN, SCARPA;" when a translation of a poem is listed, it is noted in this manner: "Agape (Eng.). *Vallejo.* DOORS." If one knows the title of a poem, this is the place to look for the author and location.

Indice de Títulos

En este índice se encuentra el título del poema, apellido del autor, y sigla de la antología en que se encuentra, en el siguiente orden:,"Nocturno. *Arbeláez.* GINCO". Cuando un título varía en distintas antologías aparecerá en todas las variantes: ej. "La fundación mítica de Buenos Aires" aparece asimismo como "La fundación mitológica de Buenos Aires" y así aparecerá dos veces. Cuando el lenguaje del título y el del poema difieran se aclarará de esta manera: "Walking Around (Span.). *Neruda.* CAILL, CEAL, JIMEN, SCARPA." Un poema que aparece en español y en la traducción al inglés se hará notar de la siguiente forma: "Ágape. *Vallejo.* DOORS", será: Agape (Eng.). *Vallejo.* DOORS. Si se conoce el título de un poema, es acá donde se debe buscar el autor y el libro dónde encontrarlo.

. . . ? . . . *Silva.* CEAL
. . . ? . . . *Tablada.* DEBI.
03:15am/-4°. *Gutiérrez.* MARQUE.
10 y 30 PM. *Pastori.* DONOSO.
104. *Ahumada.* CORSSE.
12 p.m. *Tablada.* PAZ.
130. *D'León.* CARDE.
1926. *Pineda.* MEDINA.
1932. *Cuéllar.* CEA.
1954. *Basualto.* VILLE.
1968. *Pacheco.* DEBI.
1972. *Millán.* QUEZA.
1974. *Valle.* SALVA.
2 a.m. It Is the Hour of the Night Service. *Cardenal.* DOORS.
2 A.M. Es la hora del oficio. *Cardenal.* DOORS, ORTEGA.
2 de Octubre. *Rivera.* CORSSE.
20 haikus. *Senegal.* URPILA.
28 de noviembre. *Martí.* CAILL.
33. *D'León.* CARDE.
365/El rostro implacable. *Armijos.* TORO.
37. *D'León.* CARDE.

3:15 AM/-4°. (Eng.). *Gutiérrez.* MARQUE.
40. *D'León.* CARDE.
58. *D'León.* CARDE.
71. *D'León.* CARDE.
8 1/2. *Fraire.* PAZ.
8 del presente. *Hernández.* CORSSE.
80 H.P. *Maples Arce.* DEBI.
9. *D'León.* CARDE.
999 calorías. *Vallejo.* CEAL.
VI. *Zurita.* TOPS, WHITE.
VI. *Zurita.* (Eng.). TOPS, WHITE.
VII. *Díaz Diocaretz.* VILLE.
VIII. *Díaz Diocaretz.* VILLE.
XXIV. (De los poemas) *Siller Obregón.* ZAID.
XXVIII. *Espinoza.* CARDENAL.
XXXIV. *Espinoza.* CARDENAL.
XXXVII. *Espinoza.* CARDENAL.
CIII. Zurita. WHITE.
CIII. (Eng.). Zurita. WHITE.
A Amado Nervo. *Darío.* MODER.
A Artigas. *Delgado.* GINURU.
A bayoneta calada. *Montes de Oca.* DONOSO, FIERRO.
A buen entendedor; pocas palabras. *Armand.* TOPS.
A Buenos Aires. *Lugones* CAILL, FERNAN.
A caballo. *Cunha.* JIMEN.
A caballo. *Sabines.* PAZ.
A Carlos Pezoa Véliz. *Sabella.* ARTE.
A Centro América. *Gavidia.* CEA.
A Circe. *Torri.* PAZ.
A Cristo. *Rincón.* CAILL, GINCO.
A Cuernavaca. *Reyes.* MONSI.
A David Tejada Peralta. *Macfield.* CARDE.
A destiempo. *Schulze Arana.* BEDRE.
A diez rounds. *Calderón.* VILLE.
A Dios. *Francis.* SALAS.
A Don Rubén Darío. *Cuadra.* CARDE.
¿A dónde? *Manero.* SALAS.
A dónde, ojos de polvo. *Valero.* ESCA.
A ella. *Díaz Mirón.* CAILL, DEBI.
A Emiliano. *Mora Martínez.* COSTA.
A Emiliano Zapata con música de Tatanacho. *Neruda.* CEAL.
A Erasmo de Rotterdam. *Valencia.* GINCO.
A Ernest Hemingway. *Nieto.* CATO.
A Eros. *Storni.* TAPIA.
A espaldas de la piedra. *Morábito.* GENERA.
A estas horas, aquí. *Sabines.* ORTEGA.
A este lado de la verdad. *Rojas.* ARTE.
A Felipa, mi madre. *Mora Martínez.* COSTA.
A Felipe II. *Nervo.* MODER.
A fiesta. *Castellanos.* BOCPA.
A Filis. *Belli.* PADRON.
A Gagarin, cosmonauta. *González Real.* VALLE.
A Garcilaso. *Molinari.* CAILL.
A Genevieve. *Avila Jiménez.* QUIROS.
A Gloria. *Díaz Mirón.* CAILL, ROAL.
A Histeria. *Lugones.* MODER.
A Horacio Quiroga. *Storni.* CAILL.
A Jesucristo. *López Narváez.* GINCO.
A José Carlos Mariátegui. *Valcárcel.* MOLINA.

A José Lezama Lima. *Padilla.* CATO.
A José Martí, el poeta. *López.* CATO.
A Juan Ramón Jiménez. *Darío.* MODER.
A Julia de Burgos. *Burgos.* FLORES, LAGOS, VOCES.
A Julio Herrera y Reissig. *Ortiz Saralegui.* CAILL.
A Julio Herrera y Reissig, viajero en su torre. *Gutiérrez Vega.* PADRON.
A Kempis. *Nervo.* CAILL, MODER, ROAL.
A la cajera del supermercado La Colonia. *Santos.* CARDE.
A la casa del día. *Sabines.* PAZ.
A la católica majestad de Paul Verlaine. *Nervo.* MODER.
A la comarca de los alhelíes. Eco y soneto. *Sacoto Arias.* CAILL.
A la corregidora. *Gutiérrez Nájera.* CAILL, MODER.
A la décima cubana. *Riverón Hernández.* BAEZA.
A la escondida. *Fonseca Viera.* URPILA.
A la espalda de Orión. *Alonso.* ESCA.
A la estrella de la tarde. *González Bravo.* BEDRE.
A la gloria del amor. *Pardo García.* CAILL.
A la herida antiquísima. *Rokha.* SCARPA.
A la hora del crepúsculo. *Garcia Vespa.* BEDRE.
A la manera de Apollinaire. *Silva Acevedo.* WHITE.
A la mesa. *García Maffla.* ABRIL.
A la orilla del río de la muerte. *Guzmán Araujo.* CAILL.
A la poesía. *Vitier.* ORTEGA.
A la poesía. *Pellicer.* CAILL, TOPS.
A la que murió en el mar. *Pacheco.* DEBI.
A la rosa desconocida. *Brull.* JIMEN, ROAL.
A la salud de André Breton. *Rojas.* CALA.
A la siempreviva. *Millán.* BOCCA.
A la soledad. *Limón.* CATO.
A la sombra de Calígula. *Sánchez León.* TORO.
A la sombra de los portales. *Oliva.* CATO.
A la sombra de una muchacha en flor. *Hernández.* SALVA.
A la sombra de las primicias. *Sologuren.* PADRON.
A la sor Juana desconocida. *Volkow.* COHEN, GENERA.
A la vida. *Durán.* ARTE.
A la Viola Parra. *Agosín.* VILLE.
A las bellas alucinadas. *Arenas.* CALA.
A las dos de la tarde. *Quijada Urías.* BOCCA, CEA.
A las estrellas. *Beroes.* MEDINA.
A las inmaculadas llanuras. *Zurita.* WHITE.
A las puertas de Sion. *Michelena.* CAILL, MONSI.
A las vírgenes. *López Velarde.* MONSI.
A Laura. *Juárroz.* VILLOR.
A lo largo del arduo caminar. *Guerra.* QUIROS.
A lo lejos. *Moreno Toscano.* SALAS.
A los Andes. *Lugones.* GINAR.
A los danzantes de las ferias. *Castellanos.* CAILL.
A los días. *Beroes.* MEDINA.
A los espacios. *Martí.* CAILL.
A los gauchos. *Lugones.* MODER.
A los héroes sin nombre. *Díaz Mirón.* DEBI.
A los nombres secretos. *Aridjis.* COHEN.
A los otros. *Márquez.* GINURU.
A los que tratan de imponer el bozal. *Alfonseca.* BOCCA.
A los seres fríos. *Finck.* URPILA.
A los terratenientes. *García Laviana.* VOLCAN.
A Magui, mi perra. *Appleyard.* VALLE.
A manera de prólogo. *Valle.* SCARPA.

A Manuel José Arce. *Dalton.* CEA.
A Marc Chagall. *Medina.* ZAID.
A marchas forzadas. *Montes de Oca.* DEBI.
A Marco. *Henderson.* TORO.
A Margarita Debayle. *Darío.* CEAL.
A media asta (Frags.). *Berenguer.* CORSSE.
A mí. *Girondo.* FERNAN, JIMEN.
A mi abuelo Toribio, luz continua. *Mora Martínez.* COSTA.
A mi ciudad natal. *López.* CAILL, GINCO.
A mi espalda. *Cunha.* JIMEN, ROAL.
A mi hermano Miguel. *Vallejo.* PERU, TOPS.
A mi hija. *Mora Martínez.* COSTA.
A mi madre. *Casal.* CAILL.
A mi madre Josefina Padrón de Chavez. *Chávez Padrón.* SALAS.
A mi patria. *Arce Navarro.* COSTA.
A mi que he conocido. *Alabau.* CATO.
A mi sobrinita. *Peña Gutiérrez.* ABRIL.
A Miguel Hernández. *Ferrero.* ARTE.
A muchos (soneto.*). Rega Molina.* CAILL.
A Nicolás Vaptzarov. *Armijo.* CEA.
A nuestra lengua. *López.* CATO.
A orilla, a orilla del mar. *Balseiro.* CAILL.
A Oswaldo Escobar Velado. *Armijo.* CEA, SALVA.
A otra cosa. *Jonquières.* FERNAN.
A otra cosa. *Romualdo.* CAILL, MOLINA.
A Patricio Lumumba. *Armijo.* VOLCAN.
A pesar de la niebla. *Reyes.* COHEN.
A pesar de las uñas. *Gochez Sosa.* SALVA.
A Phocas el campesino. *Darío.* CAILL.
A plena luz. *Illescas.* MONDRA.
A pleno sol. *Ferrer.* ESCA.
A precio de silencio. *Blanco.* COHEN.
A primera sangre. *Zimbaldo.* URPILA.
A propósito de un arpa antigua. *Cabrera.* FIERRO.
A puertas cerradas. *Liscano.* PADRON.
A quien hay que darle un "girón" de orejas. *Gómez.* TORO.
¿A quién llevan ahí? *Pineda.* MEDINA.
A quien nos dejó solos sin el más leve aviso. *Díaz Herrera.* RUANO.
A quién pueden servirle mis palabras. *Silva Acevedo.* ARTE.
A Rabindranath, al cumplir sus doce años. *Armijo.* CEA.
A ratos esos malos pensamientos. *Padilla.* CATO.
A Reynaldo Ros, poeta muerto. *Sola González.* VEIRA.
A Robert Lowell. *Flores Castro.* COHEN.
A Roosevelt. *Darío.* BAEZA, CEAL, MODER, TOPS.
A Roque. *Benedetti.* ALEGRI.
A Rubén. *Fernández.* CARDE.
A Santiago de Cuba vuelvo después de tanto. *Suardíaz.* ARAY.
A Segovia. *Pedemonte.* GINURU.
A ser otro. *Bayley.* FERNAN.
A solas. *Urbina.* ROAL.
A solas con la tierra. *Orozco.* CAILL.
A solas y caído. *Martell.* CATO.
A su amada madrugadora. *Zaid.* PAZ.
A su debido tiempo cada cosa. *Gómez.* TORO.
A Sylvia Plath. *Novaro.* GENERA.
A Teresa. *Silén.* MARZAN.
A Thomas de Quincey. *Girri.* CAILL.
A ti. *Lugones.* CAILL.
A ti. *Francis.* SALAS.

A ti única. *Lugones.* BAEZA.
A ti, poesía. *Aristeguieta.* MEDINA.
A tientas. *Galliano.* CATO.
A todos. *Calderón.* COHEN.
A través de la lluvia. *Othón.* ROAL.
A través de la sombra. *Castro Saavedra.* ARBEL.
A tu memoria, Evelina que ya no existes. *Nájar.* TORO.
A Uhz (Frag.). *Agudelo.* BOCCA.
A un aire irrespirable. *Tamayo.* QUIROS.
A un alumno desatento. *Gómez.* TORO.
A un ancla vieja (Río Uruguay). *Fernández Moreno.* CAILL.
A un año de tu luz. *Blanco.* MEDINA.
A un árbol naciente. *Rasch Isla.* GINCO.
A un aria de Handel. *Hernández.* TORO.
A un cantante muerto. *Pereda.* GINURU.
A un ciervo otra vez herido. *Eielson.* LIBRO.
A un clavel. *Ballagas.* CAILL.
A un diplomático. *Olivares Figueroa.* CAILL.
A un domador de caballos. *Marechal.* GINAR, JIMEN, VILLOR.
A un lejano grillo. *Nalé Roxlo.* FERNAN, GINAR.
A un poeta difunto. *Nandino.* MONSI.
A un poeta sajón. *Borges.* DOORS.
A un río. *Silva Valdés.* CAILL, GINURU.
A un rosal. *Carias.* SONETO.
A un ruiseñor amaneciendo. *Núñez.* CAILL.
A un teporocho. *Valle.* COHEN.
A un triste. *Gutiérrez Nájera.* MODER.
A una amiga desaparecida hace tiempo. *Fernández Moreno.* FERNAN.
A una bondad relativa. *Ponce.* MONSI.
A una cajiga. *Fernández Moreno.* FERNAN.
A una dama muerta. *Cisneros.* PADRON, RUANO, TOPS.
A una dama recostada en mi pecho. *Mondragón.* MONDRA.
A una flor inmersa. *Chumacero.* MONSI, PAZ.
A una golondrina. *Vaz Mendoza.* URPILA.
A una granada. *Picón Febres.* SONETO.
A una hoja de papel. *Suárez.* QUIROS.
A una mujer que evocaba el mar. *Fernández Moreno.* SONETO.
A una música ya otra vez vivida. *González Lanuza.* CAILL.
A una perra abandonada. *Cazorla.* CATO.
A una provincia construida con árboles. *Urzagasti.* QUIROS.
A una rosa. *López Tena.* SALAS.
A una rosa. *Coronado.* SONETO.
A una soñada Paplios. *Díaz.* CAILL.
A veces. *Damar.* ZAID.
A veces. *Padilla.* PADRON.
A veces estoy aburrido. *Silén.* MARQUE.
A veces ocurren milagros. *Peri Rossi.* ALEGRI.
A veces una hoja desprendida. *González Martínez.* DEBI, MONSI.
A veces uno toca un cuerpo. *Aridjis.* PAZ.
A veces, cuando en alta noche. *Silva.* CEAL.
A vísperas. *Santander.* ARBEL.
A vuelo de pájaro. *Epple.* ARTE.
A vuelo de pájaro. *Gravino.* KOFMAN.
A Walt Withman (sic). *Parra del Riego.* CAILL.
A zaga tuya paso de lo remoto a lo escondido. *Gangotena.* CAILL.
A.M. *Díaz Mirón.* CAILL.
La abadesa. *Alarcón.* BEDRE.
Abajo el diapasón, el piano. *Wong.* COHEN.

Abajo el trabajo. *Moro*. BACIU.
¡Abajo las lonjas! *Belli*. PADRON, TOPS.
La abandonada. *Mistral*. GINCHI, SCARPA.
El abandonado. *Memet*. ARTE.
Abandono. *Blanco*. COHEN.
Abandonó su cuerpo al color. *Muñoz*. WHITE.
La abeja. *Cesped*. QUIROS.
Las abejas. *Rubio Huidobro*. ARTE.
Abel. *Hinostroza*. ORTEGA.
Abel. *Silva Acevedo*. QUEZA.
Abel. *Cos Causse*. ARAY.
Abierta (Frags.). *Boullosa*. MONDRA.
Abisal. *Vera*. ESCA.
Abolición de la muerte. *Westphalen*. BACIU.
Abraham Marcus Materim. *Kozer*. CATO, PADRON.
El abrazo. *González*. CAILL.
El abrazo bueno. *Xammar*. CAILL.
El abrazo del oso. *Cáceres*. BACIU.
El abrazo pitagórico. *Herrera y Reissig*. MODER.
Abre bien la ventana. *Lerena Acevedo*. GINURU.
Abre el pozo. *Valdelomar*. PERU, SONETO.
Abre otra vez tu cuerpo. *Cárdenas Peña*. MONSI.
Abrí la verja de hierro. *Jamís*. ARAY.
Abril. *Girri*. FERNAN.
Abril. *Segredo Vidales*. URPILA.
Un abril cualquiera. *Llerena Blanco*. LETONA.
Abril no es cruel. *Sandoval*. MONDRA.
Abril sus flores abría. *Guillén*. CEAL.
Abstenciones. *Moore*. KOFMAN.
Abstracción. *Portal*. LAGOS, VOCES.
La abuela. *Rubio*. ARTE, CAILL, CALA, SCARPA.
La abuela. *Orozco*. VEIRA.
La abuela. *Alfaro Cooper*. SEGURA.
La abuela no conoce de licores. *Mejía*. BOCCA.
Abuelo. *González Alfonzo*. URPILA.
El abuelo. *Guillén*. CEAL, MORA.
El abuelo. *Villarroel*. VILLE.
Abuelo cantabro. *Marechal*. CAILL.
Abuelo sometía sus proposiciones. *Kozer*. PADRON.
Abuelos. *Aulicino*. BOCCA.
Los abuelos y los nietos. *Gavidia*. SALVA.
Abundancia. *Serrano*. MONDRA.
Abuso de paciencia. *Macías*. MONDRA.
Acabo de partir de mí mismo. *Cuéllar*. CEA.
Académica. *Martí*. CEAL.
Acana. *Guillén*. CEAL.
Acaso el hombre. *Vásquez Méndez*. BEDRE.
Acata la hermosura. *Zaid*. PAZ.
El accidente. *Quezada*. BOCCA, QUEZA.
El acecho. *Bordao*. CATO.
Acecho. *Basualto*. CORSSE.
Aceite usado. *Moro*. LIBRO.
Aceleración de la historia. *Pacheco*. ORTEGA.
La acera. *Santander*. ARBEL.
Acerca de aquellos hombres. *Navarro Harris*. VILLE.
Acerca de fantasmas y otras yerbas. *Berenguer*. VILLE.
Acerca de la melancolía. *Huerta*. DEBI.
The Achaeans. *Morejón*. MARQUE.
Aching. *Storni*. FLORES.

Achiras. *Rosenmann Taub*. ARTE.
Acida incertidumbre. *Pacheco*. DEBI.
Aclaración. *Moure*. ARTE.
Aclaración intencional de los derechos humanos. *Mendoza*. SALVA.
Acontecer de Cristóbal. *Mora*. RUANO.
Aconteceres como palacios. *Molina Venegas*. WHITE.
Acorde. *Vallarino*. MONDRA.
Acoso. *Lara*. ARTE.
Act. *Dalton*. VOLCAN.
Act I. *Mir*. MARQUE.
Act II. *Mir*. MARQUE.
Act of Faith. *Trías*. MARZAN.
Acta. *Dalton*. VOLCAN.
Acta. *Sánchez Lihón*. TORO.
Acta (Conquista). *Sánchez Lihón*. TORO.
Acta de independencia. *Parra*. CEAL.
Actitud. *Ballagas*. MANSOU, MORA, SENSE.
Actitud de excelencia. *Vallejo*. CAILL.
Acto. *Barrios Cruz*. SONETO.
Acto de fe. *Tavira*. COHEN.
Acto de fe. *Trías*. MARZAN.
Acto de profesión nocturna. *Alvarez*. MEDINA.
Acto I. *Berenguer*. VILLE.
Acto nupcial (Frag.). *Cardona Peña*. TAPIA.
Acto poético. *Serrano*. LETONA.
Acto seguido. *Cea*. CEA.
Acto V Autoconfinamiento. *Berenguer*. VILLE.
Acto XI. *Berenguer*. VILLE.
El actor dobla una rodilla. *Nolla*. BOCPA.
Actos. *Huerta*. MONDRA.
Acuarela. *Cardenal*. CEAL.
Acuarela. *Cruchaga Santa María*. SCARPA.
Acuarela. *Díez de Medina*. BEDRE.
Acuarela. *Echeverría*. CAILL.
Acuarela. *Gaztelú Gorriti*. CATO.
Acuario. *Gorostiza*. DEBI, MONSI, PAZ.
Acuerdo de paz. *Lavín Cerda*. QUEZA.
Acuse de recibo. *Fernández*. COHEN.
Adagio. *Lugones*. GINAR.
Adagio. *Morales*. MONDRA.
Adán. *Ayestarán*. GINURU.
Adán (misterio). *Oribe*. CAILL.
Adán en sombra. *Paz Paredes*. SALAS.
Adán y Eva sin nostalgia del paraíso perdido. *Macías*. COHEN.
Addio Emma. *Cos Causse*. ARAY.
Adhesión. *Serrano*. MONDRA.
Adiós. *Rivera*. BAEZA.
Adiós. *Victoria*. GINCO
El adiós. *Gómez Correa*. ARTE.
El adiós. *Arteche*. ARTE.
Adiós. *Revuelta Hatuey*. CATO.
Adiós. *Huidobro*. CAILL, GINCHI.
Adiós a Julio Cortázar. *Rojas*. ORTEGA.
Adiós a la casa. *Paz*. CAILL.
Adiós al tren. *Lomuto*. URPILA.
Adiós, Canadá. *Pacheco*. DEBI.
Adiós, madrina. *Fernández Cherician*. ARAY.
Los adioses. *Sabat Ercasty*. CAILL, GINURU.

Los adioses (Frag.). *Sabat Ercasty*. SONETO.
Aditamentos. *Lago González*. CATO.
Adivinanzas. *Guillén*. CEAL.
Administración de personal. *Aray*. FIERRO.
Adolescencia. *Vásquez Méndez*. QUIROS.
El adolescente. *Gottberg*. ESCA.
Los adolescentes. *González Carvalho*. VILLOR.
Adolescentes. *Ibáñez*. SCARPA.
Adolf Hitler y la metáfora del cuadrado. *Martínez*. WHITE.
Adolfo Hitler medita en el problema judío. *Hahn*. ORTEGA.
Adolph Hitler and the Metaphor of the Square. *Martínez*. WHITE.
Adonais (A la muerte del hijo) (Frag.). *Tamayo*. BEDRE, QUIROS.
El Adonis tatuado. *Campaña*. GINCHI.
Adoración. *Magallanes Moure*. CALA, GINCHI, TAPIA.
Adoración. *Vitier*. PADRON.
Adrede vivo. *Jerez-Valero*. ESCA.
Advenimiento de la sombra. *Bosch*. ESCA.
Advenimiento y muerte de doncel. *Llambías de Acevedo*. GINURU.
Advertencia. *Welder*. QUEZA.
Advertisement. *Casaus*. TARN.
Aedas y tiranos. *Gutiérrez*. CARDE.
Aerodúo-VI-T2-77. *Medina*. GENERA.
Aeronautas. *List*. MONDRA.
Aeropuerto: Pucallpa. 2.05 pm. *Nájar*. TORO.
Aeternum vale. *Jaimes Freyre*. CAILL, MODER, QUIROS, TOPS.
Afán del corazón. *Cruchaga Santa María*. SCARPA.
Afanes. *Quezada*. ARTE.
Un afiche que refresca la memoria. *Marquina*. CEA.
Afiche rojo. *Conte*. DONOSO.
El afilador. *Ibarbourou*. CAILL.
Aforo # 0. *Shelley*. MONDRA.
Aforo # 2. *Shelley*. MONDRA.
Aforo # 3. *Shelley*. MONDRA.
Aforo # 4. *Shelley*. MONDRA.
Aforo # 5. *Shelley*. MONDRA.
Aforo # 6. *Shelley*. MONDRA.
African Things. *Hernández Cruz*. MARZAN.
After the Mardi Gras. (Span.). *Tellez*. BOCCA.
Afueras de arroyo naranjo. *García Marruz*. SONETO.
Against Drawbridges. *Benedetti*. MARQUE.
Ágape. *Vallejo*. DOORS, JIMEN, TOPS.
Agape (Eng.). *Vallejo*. DOORS, TOPS.
Ágata, la mayor. *Barnet*. ARAY.
Agencia. *Darío*. MODER.
Agencia. *Morales*. BOCCA.
Agonía. *Luisi*. GINURU.
Agonía. *Sánchez-Boudy*. CATO.
La agonía de Petronio. *Casal*. MODER.
La agonía del pájaro. *Mora*. SALAS.
Agonía fuera del muro. *Castellanos*. PAZ.
Agosto. *Segredo Vidales*. URPILA.
El agradecido. *Girri*. VEIRA.
El agua. *Arteche*. ARTE, CALA.
El agua. *Jara*. CAILL.
El agua. *Leiva*. CAILL.
Agua. *Mistral*. CALA.
El agua. *Mistral*. GINCHI.
Agua. *Silva-Santisteban*. TORO.
Agua 2. *Martínez Salguero*. QUIROS.

Agua 10. *Martínez Salguero*. QUIROS.
Agua ciega. *Castro Saavedra*. ARBEL.
Agua de riego. *Guzmán*. CAILL, GINCHI.
Agua escondida. *Loynaz*. CAILL.
El agua multiforme. *Nervo*. DEBI.
Agua profunda. *Valle*. CALA, SCARPA.
El agua que nos sigue. *Cerruto*. QUIROS.
Agua viva. *Jara*. GINCHI.
Agua, no huyas. *Gorostiza*. MONSI.
Agua, serenado aljibe. *Quintero Alvarez*. CAILL.
Aguafuerte. *Hurtado*. BAEZA.
Aguafuerte. *Romero*. FIERRO.
Águila de las lluvias. *Molina*. CAILL.
El águila negra. *Borda Leaño*. QUIROS.
¿Águila o sol? Paz. MONSI.
El aguilucho. *Banchs*. FERNAN.
La aguja del campesino. *Florián*. CAILL.
Ah, mis amigos, habláis de rimas. *Ortiz*. VEIRA.
Ah, pero el gusano. *Wong*. COHEN.
Ah, que tú escapes. *Lezama Lima*. JIMEN, ORTEGA, ROAL, TOPS.
Ah, querías ser un poco fúnebre. *Bianqui*. LAGOS, VOCES.
Ah, That You Escape. *Lezama Lima*. TOPS.
¡Ah! Verdirroja tierra. *Baroni de Barreneche*. URPILA.
Ahí. *Limón*. CATO.
Ahí no más. *Chocano*. CAILL, PERU.
Ahí quisiera verlos. *Romualdo*. LIBRO.
Ahí voy. *Alabau*. CATO.
El ahogado. *Adoum*. PADRON.
El ahogado. *Navarro Luna*. BAEZA.
Un ahogado pensativo a veces desciende. *Hahn*. ORTEGA.
Los ahogados descienden. *Ibáñez*. CAILL.
Ahora. *Arévalo*. URPILA.
Ahora. *Flores Saavedra*. BEDRE.
Ahora. *Hernández d'Jesús*. ESCA.
Ahora, cuando la resurrección. *Montemayor*. COHEN.
Ahora cuelgas. *Lavín Cerda*. REYES.
Ahora desde lejos. *Gómez Sanjurjo*. VALLE.
Ahora eres el mar. *González Urizar*. ARTE.
Ahora penetra. *Lezama Lima*. ARAY.
Ahora que andas por los caminos. *Najlis*. CARDE.
Ahora que te llamo Agata. *Massís*. CAILL.
Ahora y en la hora. *Escobar Galindo*. URPILA.
Ahora yo me acuerdo. *Rokha*. CALA.
El ahorcado. *Alcalde*. CALA.
Ahueco las almohadas. *Grutter*. SEGURA.
Aire. *Cortés*. BAEZA, CARDE.
Aire. *Ibáñez*. SCARPA.
El aire. *Leiva*. CAILL.
Aire. *Villaurrutia*. CAILL.
Aire 10. *Martínez Salguero*. QUIROS.
Aire 13. *Martínez Salguero*. QUIROS.
El aire, aquí. *Vitier*. ARAY.
El aire de la muerte. *Ortiz de Montellano*. CAILL.
El aire desdeñoso. *Molinari*. CAILL.
Aire durando. *Cabral*. JIMEN, ROAL.
Aire frío. *Lago González*. CATO.
Aire negro. *Cabral*. SENSE.
El aire, suelo y agua. *Belli*. PADRON.

El aire triste. *Florit.* JIMEN.
El aire ya no es aire. *Otero Silva.* SONETO.
Ajedrez. *Castellanos.* DEBI.
Ajedrez. *Martos.* TORO.
Ajedrez. *Rojas.* CALA, WHITE.
Los ajusticiados. *Pinto.* QUIROS.
Al agua. *Tamayo.* QUIROS.
Al amante desconocido. *Volkow.* COHEN.
Al amigo napolitano entre botellas van y botellas vienen. *Morales.* TORO.
Al amor. *González Prada.* CAILL, SONETO.
Al amor de la lumbre. *Pezoa Véliz.* CALA.
Al árbol. *Bedregal.* BEDRE.
Al asno. *Bedregal.* BEDRE.
Al atardecer vendrán. *Rivera Rodas.* QUIROS.
Al buen amigo. *Uribe Arce.* SCARPA.
Al buen Pedro. *Martí.* CEAL.
Al calor de tu amor. *Schulze Arana.* QUIROS.
Al chorro del estanque. *Díaz Mirón.* CAILL.
Al colibrí. *Londoño.* GINCO.
Al comandante Ernesto Che Guevara. *Puig.* FIERRO.
Al comienzo. *Najlis.* CARDE, LAGOS, VOCES.
Al Cristo. Nervo. ROAL.
Al cruzar los caminos. *Nervo.* MODER.
Al extranjero. *Hinostroza.* RUANO, TORO.
Al fin del reposo. *Sanabria Varela.* COSTA.
Al final del vivir. *Chávez Padrón.* SALAS.
Al fondo de tu imagen. *Aridjis.* ORTEGA.
Al General Martínez. *Dalton.* CEA.
Al hermano. *Dávalos.* VALLE.
Al hijo que no tuve. *Velasco.* ARTE.
Al hombre que pasó. *Güiraldes.* FERNAN, GINAR.
Al libertador en 1938. *Villalobos.* BEDRE.
Al mamore. *Ortiz Chavez.* BEDRE.
Al mar. *Camarillo de Pereyra.* BOCPA, SALAS.
Al mismo tiempo que . . . *Valdés.* CALA.
Al oído del lector. *Silva.* CEAL.
Al olvido. *González Lanuza.* CAILL.
Al parque Lezama. *Fernández Moreno.* CAILL.
Al pasar. *Finot.* BEDRE.
Al perderte yo a ti. *Cardenal.* PADRON.
Al pie de la esperanza. *Romualdo.* MOLINA.
Al pie de la estatua. *Silva.* CEAL.
Al pie de la noche. *Jonquières.* VEIRA.
Al pie de un sicomoro. *Gutiérrez Nájera.* DEBI.
Al poema confío. *Novo.* MONSI.
Al porvenir. *Fernández.* BEDRE.
Al que ha de llegar. *Rose.* DONOSO.
Al regreso. *González-Cruz.* CATO.
Al regreso de tus ojos. *Lagos.* LETONA.
Al servicio de la nueva reina. *Villarreal.* GENERA.
Al sexo de un caballo. *Bardesio Vila.* TAPIA.
Al silencio. *Rojas.* ARTE, BAEZA, CALA, PADRON, SCARPA.
Al son del saxo. *Ferreiro.* VALLE.
Al sueño. *Beltrán.* CAILL.
Al sur del océano. *Neruda.* CAILL.
Al Tequendama. *Jaramillo Meza.* GINCO.
Al toque de las estatuas. *Nisttahuz.* QUIROS.
Al toro por las astas. Estrella. BOCCA.
Al zoológico me llevan una mañana de domingo. *Quezada.* BOCCA, QUEZA.

Ala de sol. *Macías*. COHEN, MONDRA.
Alabama en flor. *Huerta*. MANSOU.
Alabanza de los días destrucción y elogio de las sombras. *Heraud*. MARQUE.
Alabanza número 2 al Gran Chaco. *Urzagasti*. DONOSO, QUIROS.
Alabanza secreta. *Chumacero*. ORTEGA, PAZ.
Alambique. *Córdova Just*. ZAID.
Las alamedas. *Casal*. MODER.
Alamo. *Torres Bodet*. DEBI.
Las alas. *Agustini*. TOPS.
Las alas (Frags.). *Agustini*. CEAL, MODER.
Alas y cumbres. *Capriles*. QUIROS.
Alba. *Abella Caprile*. GINAR.
El alba. *Herrera y Reissig*. BAEZA, MODER.
El alba. *Jaimes Freyre*. TOPS.
Alba. *Jonquières*. VEIRA.
Alba. *O'Connor D'Arlach*. BEDRE.
Alba. *Varela*. LIBRO.
El alba cuando asoma. *Prado*. SCARPA.
El alba en la gallera. *Tablada*. JIMEN, PAZ, ROAL.
Alba gris. *Herrera y Reissig*. TOPS.
Alba mística. *Tablada*. DEBI.
Albarda. *Cuadra*. JIMEN.
Albergo del sole. *Eielson*. ORTEGA.
Alberto Rojas Jiménez viene volando. *Neruda*. ARTE, CAILL, GINCHI.
Alborada. *Vizcarrondo*. MORA.
Alborada poderosa. *Rosenmann Taub*. ARTE, SCARPA.
Los alcotanes. *Eguren*. BACIU, CAILL, PERU.
La aldea. *Medina*. CAILL.
Aldea triste. *Gálvez*. GINAR.
Aldeana. *Vallejo*. CAILL, PERU, ROAL.
Aldeas de Vietnam. *Schinca*. DONOSO.
Aldebarán. *Barbachano*. ZAID.
Alef. *Montemayor*. COHEN.
Alegato impaciente. *Bedregal*. QUIROS.
Alegato inútil. *Bedregal*. BEDRE.
Alegoría del Simbad íntimo. *Pedroso*. SONETO.
Alegoría trascendente para Franz Tamayo (Frags.). *Katari*. BEDRE.
La alegría. *Serrano*. MONDRA
Alegría. *Teillier*. SCARPA.
Alegría del mar. *Sabat Ercasty*. CAILL, GINURU.
Alejandro Hamilton. *Selva*. CARDE.
Aleluya. *Contreras*. CEA.
Aleluya. *Sabines*. PAZ.
Aleluya de la medio zamba. *Diez Canseco*. PERU.
Alerta para el hombre. *Coronil Hartmann*. ESCA.
Alexis Maximovich eres el fuego. *Moreno Jimeno*. MOLINA.
Alfa. *Fariña*. CORSSE.
Alfiletero. *Suárez*. QUIROS.
Alfonsina. *Lomuto*. URPILA.
Alfonsina en el mar—Muerte de Alfonsina Storni. *Castro*. GINCHI.
Alfonsina Storni. *Silva Belinzon*. GINURU.
Algiers. *Gelman*. MARQUE.
Algo queda. *Nagle*. URPILA.
Algo sobre la muerte del mayor Sabines. *Sabines*. MONSI.
Algo sobre Margarita. *Cea*. CEA.
Alguien bebe y festeja esta noche en el barrio. *Perezalonso*. CARDE.
Alguien detrás de mí. *Parra*. CEAL.
Alguien llama a la puerta. *Silva*. BOCPA.

Alguien que despierta. *Pellegrini.* VEIRA.
Algún calor de gato. *Orrillo.* RUANO.
Algún día. *Castellanos.* BAEZA.
Algún día serás. *Fernández Moreno.* CAILL, GINAR.
Alguna decisión bajo este techo. *Gravina Tellechea.* LAGOS, VOCES.
Alguna llama. *Bayley.* FERNAN.
Algunas bestias. *Neruda.* TOPS.
Algunas nostalgias. *Dalton.* DOORS.
Alianza. *Neruda.* CEAL.
Alicia en el país de las pesadillas. *Lihn.* RUANO.
The Alien. *Mistral.* FLORES.
El aliento es el dios. *Aridjis.* COHEN.
Alimenticios bolos. *Belli.* PADRON.
All Night Long by Train, All Night Long. *Electorat.* WHITE.
All of Him, the Blue Filigree of the Gaze. *Muñoz.* WHITE.
All That Winter, All That Spring. *Alcides.* TARN.
Allá en el oeste. *Molinari.* FERNAN.
Allá lejos. *Darío.* BAEZA, CEAL, CAILL.
Allá lejos. *Maya.* ARBEL, CAILL.
Allá siempre los pinos. *Grimal.* CORSSE.
Allá van por el aire. *Malinow.* TAPIA.
Allegro de Mapeyé. *Rosa-Nieves.* MORA.
Alma antigua. *Jaimes Freyre.* CAILL.
El alma del agua (Frags.). *Peñaranda.* BEDRE.
El alma del maizal. *Rico.* SALAS.
El alma del suburbio. *Carriego.* FERNAN.
El alma en fuga. *González Martínez.* CAILL.
El alma en los labios. *Silva.* CAILL.
Alma extendida. *Villarino.* CAILL, GINAR.
Alma histórica. *Canales.* SALVA.
Alma mía. *Magallanes Moure.* CAILL.
El alma nacional. *Dalton.* SALVA.
Alma parens. *Capriles.* BEDRE.
El alma que sufrió de ser su cuerpo. *Vallejo.* CEAL.
Alma venturosa. *Lugones.* SONETO.
El alma y su figura. *Paseyro.* CAILL.
Almanaque. *Novo.* PAZ.
El almario. *Llerena Blanco.* LETONA.
Almas sucias. *Cortés.* CARDE.
Almizcle. *Valdés Ginebra.* CATO.
Almohada de Quevedo. *Rojas.* PADRON.
El almuerzo. *Herrera y Reissig.* CAILL.
Almuerzo al sol. *Mistral.* SCARPA.
La alondra. *Banchs.* FERNAN.
La alquimia vital. *Carrera Andrade.* CAILL.
Alrededor de la nave que cabecea. *Perezalonso.* CARDE.
Alta hora de la noche. *Dalton.* SALVA.
Alta marea (Frag.). *Molina.* FERNAN, TAPIA, VILLOR.
Alta niebla. *Xammar.* CAILL.
Alta poesía. *Montealegre.* ARTE.
Alta sombra. *Guzmán Cruchaga.* CAILL.
Alta traición. *Pacheco.* ORTEGA, TOPS.
Alta y rubia. *Oribe.* BAEZA.
Altazor. *Huidobro.* JIMEN.
Altazor (Frags.). *Huidobro.* TOPS.
Altazor (Frags. del Canto IV). *Huidobro.* ARTE.
Altazor (Frags.). (Eng.). *Huidobro.* TOPS.
Altiplano. *Cerruto.* QUIROS.
Altiplano. *Sardón.* BEDRE.

Altiplano. *Vélez Rapp*. BEDRE.
Altiplano andino. *Guzmán Tellez*. BEDRE.
Alto el mar. *Rivera*. LETONA.
El alto gris. *Florit*. JIMEN.
Alto horario. *Romualdo*. CAILL.
La altura arde. *Aridjis*. DEBI.
Altura y pelos. *Vallejo*. CEAL.
Alturas de Macchu Picchu (Frags.). *Neruda*. CEAL, TOPS.
Alucinaciones. *Zaid*. DEBI.
Alumbramiento. *Bruzzone de Bloch*. BEDRE.
Alumbramiento. *Serrano*. MONDRA
Alusión a un paisaje. *Rosales*. CAILL.
Alusión segunda. *Wong*. COHEN.
Ama a su pueblo. *Selva*. ROAL.
Ama tu ritmo. *Darío*. MODER.
Amaba el mar. *Rafide*. ARTE.
Amada. *Cifuentes Sepúlveda*. BAEZA, GINCHI.
Amada amiga. *Vicuña*. VILLE.
Amada terrenal. *Naranjo*. MOLINA.
Amancaya. *Campero Echazú*. QUIROS.
Amanece. *Ortega*. ZAID.
Amanecer. *Abril*. CAILL.
Amanecer. *Arcia*. SONETO.
Amanecer. *Cardenal*. CARDE.
Amanecer. *Castellanos*. MONSI.
Amanecer. *Huerta*. MONDRA.
Amanecer. *Rodríguez Alcalá*. VALLE.
Amanecer en Moscú. *Fernández*. ARAY.
Los amantes. *Fernández Moreno*. TAPIA.
Amantes. *Gaitán Durán*. ARBEL, ORTEGA, TAPIA.
Los amantes. *Langagne*. MONDRA.
Amantes bajo la lluvia. *Castilla*. VEIRA.
Los amantes son siempre desterrados. *Patiño*. MONDRA.
Amantes vagabundos. *Molina*. ORTEGA.
Amanuense. *Belli*. MOLINA, RUANO.
Amar de vez en vez. *Sandoval*. MONDRA.
Amarte es ir en sueños. *Alcocer*. SALAS.
El amauta. *Vizcarra Monje*. BAEZA.
El Amazonas. *Díaz*. CAILL, GINAR.
Amberes. *Oquendo de Amat*. LIBRO.
Ambición. *Londoño*. CAILL.
Ambigüedad del signo lingüístico. Calderón. VILLE.
Ambito de la angustia. Gerbasi. JIMEN, ROAL.
Amé el amor. *Prado*. CAILL.
Amén. *Mutis*. DONOSO.
Amén. *Sabines*. PADRON.
Amén de mariposas. *Mir*. MARQUE.
Amen to Butterflies. *Mir*. MARQUE.
Amenaza. *Huerta*. DEBI.
La amenaza de la flor. *Reyes*. BAEZA, DEBI, MONSI, TOPS.
América carinegra (Círculo ocre). *Fugellie*. CORSSE.
America, I Do Not Call Your Name without Hope. *Neruda*. TOPS.
América insurrecta (1800). *Neruda*. FIERRO.
América, no invoco tu nombre en vano. *Neruda*. TOPS.
América profunda. *Calvo*. BEDRE.
Amiga a la que amo. *Bonifaz Nuño*. DEBI, MONSI.
Amiga, amada. *Lindo*. BAEZA, TAPIA.
El amigo ido. *Novo*. DEBI, MONSI.

Amigos. *Asai*. ZAID.
Amigos. *Sanabria Varela*. COSTA.
Amigos, mi hija no está muerta. *Gochez Sosa*. SALVA.
La amistad de las cosas. *Guedez*. ESCA.
La amistad es amor. *Prado*. SCARPA.
Amistades. *Lihn*. PADRON.
Amo. *Prado*. TAPIA.
Amo amor. *Mistral*. ARTE, BAEZA, CAILL, SCARPA.
Amo el amor. *Moro*. LIBRO.
Amo las migas de pan. *Jordana*. MONDRA.
Amo los exilios. *Escobar Velado*. CEA.
Amo tu confusión. *Aridjis*. COHEN.
Amor. *Agustini*. GINURU.
Amor. *Angeli*. VILLOR.
Amor. *Castellanos*. PAZ.
Amor. *Garzón Céspedes*. ARAY.
Amor. *González Carvalho*. VILLOR.
Amor. *Llona*. ROAL.
Amor. *Magallanes Moure*. CAILL, CALA.
Amor. *Mansilla*. WHITE.
Amor. *Nalé Roxlo*. BAEZA, CAILL, GINAR.
Amor. *Neruda*. GINCHI.
Amor. *Novo*. MONSI.
Amor. *Planchart*. CAILL.
Amor. *Revuelta Hatuey*. CATO.
Amor. *Torres Bodet*. DEBI.
Amor América. *Neruda*. GINCHI.
El amor asesinado. *Barrenechea*. SCARPA.
Amor cayendo. *Malinow*. TAPIA.
Amor, ciudad atribuida. *Morejón*. TOPS.
El amor como pesca. *Delmar*. ZAID.
Amor condusse noi ad una morte. *Villaurrutia*. MONSI.
Amor constante. *Quirarte*. ZAID.
El amor custodio. *Novaro*. CAILL.
Amor de Chichén-Itzá. *Blanco*. MONDRA.
Amor de ciudad grande. *Martí*. CEAL, MODER.
El amor de las selvas. *Chocano*. CAILL, PERU.
Amor el más oscuro. *Cross*. SALAS.
El amor entre nosotros agazapado. *Mansour*. MONDRA.
Amor es mar. *Chumacero*. DEBI.
El amor incurable. *Quesada*. VOLCAN.
El amor junto al mar. *Cruchaga Santa María*. ARTE, BAEZA, SCARPA.
Amor la lluvia de la muerte. *Valencia*. SALVA.
El amor mágico. *Valle*. ARTE, CALA.
Amor sádico. *Herrera y Reissig*. GINURU, SONETO.
Amor se fué. *Fernández*. FERNAN.
Amor sin amor. *Lloréns Torres*. MARZAN.
El amor también se desliza. *Morejón*. TARN.
Amor y con secuencia. *Casar*. ZAID.
El amor y la muerte. *Guzmán Araujo*. CAILL.
El amor y los cuerpos (Frag.). *Sologuren*. PADRON.
Los amorosos. *Sabines*. DEBI, TOPS.
Amparo Mom, 1940. *González Tuñón*. BAEZA.
Amphitheater of Love. *Castillo*. VOLCAN.
Amplificaciones. *Villaurrutia*. CAILL, DEBI.
Amuleto de hueso. *Cabral*. CAILL.
Ana. *Lolo*. TARN.
Ana. *Montoya*. BAEZA.
Ana Frank. *Chapochnik*. URPILA.

Anacostia, Anacostia. *Santos*. SEGURA.
Anacreóntica. *Bañuelos*. PAZ.
Anades. *Cuadra*. CARDE.
Anagnórisis (Frag.). *Segovia*. ORTEGA.
Anales de la piedra. *Shimose*. QUIROS.
Analogías. *Byrne*. CAILL.
Anaranjado. *Byrne*. CORSSE.
Anarkos. *Valencia*. CAILL.
Anatomía superficial. *Alvarez*. SALAS.
Ancestral Burden. *Storni*. TOPS.
Ancestral Weight. *Storni*. FLORES.
Ancianito ñorbo. *Hernández*. PERU.
El anciano difícil. *Parra*. CALA.
El anciano presiente aquella playa. *Mendiola*. COHEN.
Ancient History. *Díaz Martínez*. TARN.
And There Was a Ranch in Hell. *Marré*. TARN.
Anda mujer. *Rosas Galicia*. COHEN.
Andaba yo por Grecia. *Padilla*. CATO, PADRON.
Andante. *Adán*. LIBRO.
Andante. *López Acuña*. COHEN.
Andante exaltado. *Oliva*. COHEN.
Andanza para habitar. *Bayley*. VEIRA.
El andarín de la noche. *Eguren*. BACIU, MODER.
Andén. *Lara*. ARTE, QUEZA.
Andenes. *Torres Bodet*. DEBI.
Ando buscando a un hombre. *Sabines*. ORTEGA.
André Breton. *Moro*. BACIU.
Andrógino. *Nervo*. MODER.
La anemia de tu muerte. *Bustamante*. CEA, SALVA.
El ánfora. *Díaz*. CAILL, GINAR.
El ángel. *Cuadra*. JIMEN.
Ángel (Frag.). *Orrego*. ARTE.
Ángel VI. *Orrego*. ARTE.
El ángel angustioso (Frag.). *Hidalgo*. SALAS.
El ángel caído. *Jonás*. ARTE.
Ángel de piedra. *Silva*. ESCA.
El ángel militante. *Alomá*. TARN.
El ángel recuperado. *Barrenechea*. SCARPA.
Ángel terrible y bello. *González Real*. VALLE.
Ángel y deseo. *Leiva*. CAILL.
Angela adónica. *Neruda*. ARTE, CAILL, CALA.
Angela Davis. *Guillén*. MARQUE.
Angela Davis (Eng.). *Guillén*. MARQUE.
Los Angeles. *Lauer*. TORO.
Los Angeles. *Riestra*. CAILL.
Los Angeles Nocturne (Eng.). *Villaurrutia*. TOPS.
Los ángeles de sus manos. *Quirarte*. COHEN.
Los ángeles del tiempo. *Ramponi*. VEIRA.
Ángeles se sientan. *Aridjis*. DEBI.
Ángeles y demonios. *Casanova*. ARTE.
Angelitos negros. *Blanco*. BAEZA, MANSOU.
Angclus. *Bedregal*. QUIROS.
Angelus. *Cortés*. CARDE.
Angelus. *López Merino*. CAILL, GINAR.
Angelus de Nazaret. *Contardo*. GINCHI.
Angelus domini. *Othón*. CAILL.
Anger. *Vallejo*. TOPS.
La angustia. *Fernández Moreno*. VEIRA.

Angustia. *Sinán.* CAILL.
La angustia y la lluvia. *Molla.* URPILA.
Anhelo. *Silva Humeres.* GINCHI.
El anhelo inútil. *Martínez Villena.* BAEZA.
Anhelos. *Matamoros.* SONETO.
Anima adoratriz. *López Velarde.* MONSI.
Los animales interiores. *Palés Matos.* DOORS.
The Animals Within. *Palés Matos.* DOORS.
Animas errantes. *Mansilla.* WHITE.
Aniquilado. *Hurtado.* ESCA.
Aniversario. *Díaz.* SALAS.
Anna. *Lolo.* TARN.
Año nuevo. *Huidobro.* BACIU.
Año por año. *Bonifaz Nuño.* ORTEGA.
El anochecer (Cromos.). *Arciniegas.* GINCO.
Anonymous Biography. *Rubio Huidobro.* WHITE
Añoranza. *Camino.* GINAR.
Añoranza. *Mitre.* QUIROS.
Añoranzas. *Dobles Segreda.* SEGURA.
Añoranzas. *Fernández.* BAEZA.
Años después. *Pérez.* ARTE.
Anotaciones en la arena. *Alliende Luco.* ARTE.
Another Breed. *Agustini.* FLORES.
Another Poetics. *Armand.* TOPS.
Another Race. *Agustini.* TOPS.
Ansia. *Díez de Medina.* BEDRE.
Ansia de dioses. *Florit.* CATO, JIMEN.
Ansiedad. *Augier.* CAILL.
Ansiedad. *Magallanes Moure.* TAPIA.
Ansioso de aletear. *Condarco Morales.* BEDRE.
Ante el ara. *Rebolledo.* MONSI.
Ante el borde. *Pereira.* ESCA.
Ante el mar. *Guzmán Cruchaga.* SCARPA.
Ante el mar. *Quintero Alvarez.* CAILL.
Ante el recuerdo. *Guzmán Tellez.* BEDRE.
Ante la puerta antigua de la noche. *Gerbasi.* JIMEN, MEDINA.
Ante la ventanilla. *Agudelo.* ABRIL.
Ante tanta visión. *Dávila.* ORTEGA.
Ante una página en blanco. *Arrieta.* CAILL, GINAR.
Antelación de amor. *Borges.* ROAL.
Los antepasados (Frag.). *Jaimes Freyre.* BEDRE, CAILL.
Antes. *Ibargoyen Islas.* MONDRA.
Antes. *Sampedro.* COHEN.
Antes de hoy mañana. *Quezada.* QUEZA.
Antes de la muerte. *Quijada Urías.* VOLCAN.
Antes de que las manzanas maduren. *Miranda Casanova.* QUEZA.
Antes de ti. *Valjalo.* LETONA.
Antes de tí, después de tí. *Taibo.* ZAID.
Antes del reino. *Aridjis.* PAZ.
Antes me parecía todo bien. *Parra.* DOORS.
Anti-Climax. *Mario.* CATO.
El anti-Lázaro. *Parra.* CEAL.
Anti-soneto. *Lagos.* LETONA.
Antiarrepentimiento. *Vallarino.* MONDRA.
Antielegía. *Marré.* ARAY.
Antífona. *Bedregal.* BEDRE.
Antiguo Perú. *Cisneros.* PADRON.
Antipoema. *Petit de Murat.* VEIRA.
Antipoema con muchachas. *Petit de Murat.* TAPIA.

Antisoneto del guerrillero. *Murillo y Aliaga*. BEDRE.
Antisoneto del hambre. *Murillo y Aliaga*. BEDRE.
Antofagasta. *Reyes*. CAILL.
Antonio Lussich. *Pereira*. URPILA.
La antorcha de Elías. *Krauze*. MONDRA.
Antro de fuego. *Antillón*. SEGURA.
Ants. *López Velarde*. TOPS.
Anunciación. *Orrego*. ARTE.
Anunciación a María. *Solari*. GINCHI.
Anuncio de solicitud. *Casaus*. TARN.
Apaisement. *Magallanes Moure*. ARTE, BAEZA, CAILL, GINCHI.
Aparece Quevedo. *Lezama Lima*. ARAY.
Aparición. *Paz*. DEBI.
Aparición del mito. *Thein*. BOCPA.
Aparición urbana. *Girondo*. JIMEN.
Apariciones. *Madariaga*. ORTEGA.
Apariciones de René Magritte/Tango. *Carreto*. COHEN.
Apariciones sobre el estanque. *Bollo*. CAILL, GINURU.
The Apartheid. *Abril Rojas*. ABRIL.
Apegado a mí. *Mistral*. TOPS.
Apego de lo nosotros. *Kozer*. PADRON.
El apellido; elegía familiar. *Guillén*. DOORS, MANSOU, TOPS.
Apenas. *Reyes*. TOPS.
Apocalipsis (en siete tragos). *Umbra*. ZAID.
Apogeo del apio. *Neruda*. CALA, SCARPA.
Apolitical Intellectuals. *Castillo*. MARQUE.
Apolo. *Borrero*. SONETO.
Apolo. *Gavidia*. CEA.
Apolo azul. *Hernández*. TORO.
Apología y condenación de las ramblas. *Lihn*. PADRON.
Apólogo del paraíso. *Jaramillo Escobar*. ABRIL.
Aporía del bailarín. *Castellanos*. DEBI.
El apóstol. *Urquiza*. CAILL.
Apóstrofe. *Cardona Torrico*. QUIROS.
Aprehension. *Sampedro*. COHEN.
Aprenderás que hay muertos. *Pla*. LAGOS, VOCES.
Aprendiendo a cantar. *Ochoa López*. LAGOS, VOCES.
Aprisco. *Franco*. CAILL.
Aproximaciones. *Obiol*. TAPIA.
Aptitud constante. *Basso Maglio*. CAILL, GINURU.
Apunte. *Rokha*. GINCHI.
Apunte autobiográfico. *Balseiro*. CAILL.
Apuntes. *España*. WHITE.
Apuntes cañeros. La mano. *Vitier*. PADRON.
Apuntes para fijar el escenario. *Ortega*. COHEN.
Apuntes para un poema. *Lisboa*. ARTE.
Apuntes para una biografía de mi madre. *Cossio Salinas*. BEDRE.
Aquel color. *Casal*. CAILL.
Aquel cumpleaños. *Martínez*. COHEN.
Aquel laberinto. *Rivera*. LETONA.
Aquel tiempo, aquel recuerdo. *Uribe*. SALAS.
Aquella lumbre sin sueño. *Obregón*. VOLCAN.
Aquella música. *Pérez Perdomo*. ESCA.
Aquella tarde. *Magallanes Moure*. TAPIA.
Aquella tarde. *Trejo Villafuerte*. COHEN.
Aquella vez. *Toscano*. CAILL, SALAS.
Aquellas noches. *Reynolds*. BEDRE, QUIROS.
Aquellos que establecen leyes injustas. *Quijada Urías*. ALEGRI.

Los aqueos. *Morejón.* MARQUE.
Aquí. *Alabau.* CATO.
Aquí. *Paz.* DEBI, JIMEN, PAZ, ROAL, TOPS.
Aquí, calladamente. *Zapata Prill.* BEDRE.
Aquí descansa. *Magallón.* SALAS.
Aquí entre barcas. *Aridjis.* DEBI.
Aquí es la tierra. *Bustamante.* LAGOS, VOCES.
Aquí estamos. *Jodorowsky.* FLORES.
Aquí hay algún error. *Cortínez.* REYES.
¡Aquí nadie puede cantar! *Zepeda.* MONDRA.
Aquí se cierra el círculo. *Rojas.* WHITE.
Aquí se habla del tiempo perdido. *Leduc.* MONSI.
Aquí se transcribe la copia que mis oídos . . . *Leduc.* MONSI.
Aquí tenéis al Hombre. *Riestra.* SALAS.
Aquí tu afán, ésta tu vanidad. *Galaz.* BOCPA.
Aquí y allá. *Barquero.* ARTE.
Aquí ya sólo brillan los guijarros. *Vallarino.* COHEN.
El arado. *Ortiz.* GINAR.
La araña. *Tablada.* PAZ.
La araña. *Vallejo.* CEAL.
La araña cuelga demasiado lejos. *Cisneros.* ORTEGA, PADRON, TOPS.
La araña de la tristeza. *Quiroga Vargas.* BEDRE.
La araña juega el verso de Lugones. *Airaldi.* URPILA.
Ararat. *Cortés.* CAILL.
El árbol. *Byrne.* CORSSE.
Árbol. *Campero Echazú.* BEDRE.
Árbol. *Casal.* CAILL, GINURU.
Árbol. *Castrillo.* QUIROS.
El árbol. *Lagos Lisboa.* GINCHI.
El árbol. *Padilla.* FIERRO.
Árbol adentro. *Paz.* TOPS.
El árbol arde y sueña. *Mizón.* ARTE.
Árbol bajo la lluvia. *Rodríguez.* ESCA.
Árbol con niños. *Cotto.* CEA.
Árbol continente. *Ponce de León.* GINAR.
Un árbol del camino. *Espino.* CEA.
El árbol del mundo. *Riedemann.* WHITE.
Árbol del paraíso. *Valle.* CAILL, CALA.
Árbol entre dos muros. *Pacheco.* MONSI.
Árbol grande. *Schvartzman.* VALLE.
Un árbol se eleva. *Westphalen.* LIBRO.
El árbol taciturno. *Ferreiro.* GINURU.
Árbol uno y trino. *Barbieri.* CAILL.
El árbol y la madre. *Gerbasi.* CAILL.
La arboleda. *Paz.* TOPS.
Arboledas. *Sucre.* ESCA.
Los árboles. *Montejo.* ESCA.
Los árboles de mi edad. *Montejo.* ORTEGA.
Los árboles desnudan. *Arteche.* ARTE.
Árboles equivocados. *Guzmán Cruchaga.* CAILL.
Los árboles innominados. *Urzagasti.* QUIROS.
Arborea el horizonte. *Sandoval.* MONDRA.
El arca de Noé. *Macías.* MONDRA.
El arcancielo. *Arenas.* GINCHI.
Arcanidad. *Reynolds.* QUIROS.
Arcano. *Castrillo.* QUIROS.
Archipiélagos lánguidos. *Molina.* CAILL.
Arco de Jano. *Whitelow.* VILLOR.
El arco iris. *Cisneros.* ORTEGA.

Un arco voltaico. *Montes de Oca*. ORTEGA.
Arcos. *Paz*. CAILL, DEBI.
Arde como fiera. *Ramírez*. BOCCA.
Arden las hachas turbias. *Bonifaz Nuño*. MONSI.
Ardid. *Calderón*. VILLE.
Ardilla. *Pallais*. CARDE.
Areas verdes. *Zurita*. REYES.
Aremos en el mar. *Chocano*. CAILL.
Arena de oro. *Acosta*. CAILL.
Arenal. *Castrillo*. QUIROS.
Arenga en el espejo. *Rojas*. PADRON.
Arenga en la muerte de Jaim Najman Bialik. *Tiempo*. CAILL.
Argelia. *Gelman*. FIERRO, MARQUE.
Argentino hasta la muerte (Frag.). *Fernández Moreno*. FERNAN, ORTEGA.
Aria de olvido. *Noboa Caamaño*. CAILL.
Aria di sortita. *Capriles*. QUIROS.
Ariadna. *Bañuelos*. DEBI.
Ariadna cruzó. *Rivera*. LETONA.
Aridamente gris. *Viscarra Monje*. BEDRE.
Aridandantemente. *Girondo*. CEAL.
Arieta. *Greiff*. TAPIA.
Arieta. *Greiff*. ARBEL.
Arió. *Obeso*. SENSE.
Armando Martínez, de color. *López Suria*. MANSOU.
Armonía gris. *Schulze Arana*. QUIROS.
Aroma desnudo. *Casaravilla Lemos*. CAILL.
El aroma tenaz. *Cruchaga Santa María*. CALA, SCARPA.
Aromo. *Jauch*. ARTE.
El aromo. *Teillier*. CAILL, SCARPA.
Aromos. *Parra*. SCARPA.
Aromos rubios en los campos de Loncoche. *Neruda*. SCARPA.
Los aros de hierro del triciclo. *Millán*. WHITE.
Arpa. *Loynaz*. CAILL.
Arpeggio e quanto gli segue. *Adán*. LIBRO.
Arrabal. *Borges*. FERNAN.
Arras. *Lair*. CAILL.
Arrecia la galerna. *Alonso*. ESCA.
Arriba, abajo. *López Vallecillos*. SALVA.
Arriba, llega, alcanza. *Antillón*. DONOSO.
Arribo a la tierra. *Lisboa*. SCARPA.
Arribo a Shanghai, 1920. *Flores Castro*. COHEN.
El arriero de la claridad. *Hegui Velazco*. GINURU.
Arrival. *España*. WHITE.
Arroyito. Sáenz. BAEZA.
El arroyo. *Agustini*. CEAL.
Ars. *Silva*. MODER.
Ars Poetica. *Borges*. TOPS.
Ars poética. *Cadenas*. ORTEGA.
Ars Poetica (Eng.). *Dalton*. TOPS
Ars Poetica. *Heraud*. (Eng.). MARQUE.
Ars poética. *Hidalgo*. URPILA.
Ars Poetica. *Huidobro*. (Eng.). TOPS.
Ars poética. *Martínez Rivas*. ORTEGA.
Ars Poetica (Eng.). *Trías*. MARZAN.
Ars poetique. *Lira*. WHITE.
Ars Poetique (Eng.). *Lira*. WHITE.
Art. *Flax*. MARZAN.
The Art of Poetry. *Heraud*. DOORS.

Artaud. *López Mijares*. ZAID.
El arte. *Casal*. MODER.
Arte. *Flax*. MARZAN.
Arte de anochecer. *Barroeta*. ESCA.
El arte de leer el porvenir. *Moro*. LIBRO.
Arte espacial. *Sosa*. ORTEGA.
Arte neurótica. *Lavín Cerda*. DONOSO.
Arte poética. *Alvarez*. LAGOS, VOCES.
Arte poética. *Borges*. JIMEN, TOPS.
Arte poética. *Bosco*. VEIRA.
Arte Poética. *Dalton*. TOPS.
Arte poética. *Fernández*. ORTEGA.
Arte poética. *Gelman*. PADRON.
Arte poética. *Girri*. FERNAN, ORTEGA, VEIRA.
Arte poética. *Gómez*. ORTEGA.
Arte poética. *Guillén*. CEAL.
Arte poética. *Heraud*. BOCCA, DOORS, MARQUE.
Arte poética. *Huidobro*., BAEZA, CAILL, DONOSO, GINCHI, JIMEN, SCARPA, TOPS.
Arte poética. *Neruda*. CAILL, JIMEN, ROAL, SCARPA.
Arte poética. *Poblete*. VILLE.
Arte poética. *Reyes*. MONSI.
Arte poética. *Trías*. MARZAN.
Arte poética. *Walsh*. BOCPA, VILLOR.
Arte poética. *Yáñez*. MOLINA.
Artesanía. *Boido*. BOCCA.
El artesano. *Cross*. SALAS.
Arturo Borda, alias el loco Borda. *Shimose*. BOCCA.
As de sol. *Barroeta*. ESCA.
As the Great Days Flow. *Molina*. TOPS.
As Yet. *Rodríguez Nietzche*. MARZAN.
Asalto al paraíso. *Marré*. ARAY.
Ascensión. *Hidalgo*. PERU.
Ascensión. *Martínez Estrada*. VILLOR.
Una ascensión en La Habana. *Diego*. ARAY.
Ascenso. *Sassone*. ESCA.
Ascenso a San Cristóbal. *Macías*. COHEN, MONDRA.
Asdrúbal, mi primo. *Aray*. RUANO.
Asedio. *Huerta*. BOCCA.
Asedio. *Lara*. WHITE.
Asela. *Zepeda*. PAZ.
El aserradero de la danta. *Cuadra*. CARDE.
Asesinado en el desierto. *Rose*. MOLINA.
Asfixiante, seca a golpes. *Wong*. COHEN.
Ashes. *Pizarnik*. TOPS.
Así. *Martínez*. VALLE.
Así de cosas de arriba como de abajo. *Quezada*. WHITE.
Así es. *Sabines*. MONSI, PADRON.
Así es. *Valdés Ginebra*. CATO.
Así estamos. *Romualdo*. MOLINA.
Así están los poetas en sus tristes retratos. *Cuza Malé*. TARN.
Así fué. *Urbina*. BAEZA, CAILL.
Así he recordado. *Bonifaz Nuño*. DEBI.
Así me siento. *Lezcano*. URPILA.
Así nació la patria de los sueños. *Vega*. QUIROS.
Así se concentra para el sueño. *Aridjis*. DEBI.
El asno. *Vicuña Cifuentes*. ARTE, CAILL, ROAL.
Asolador. *Zaid*. DEBI.
Asómate a ti mismo. *Genta*. GINURU.
Asombro por el hijo que viene. *Navarro Harris*. VILLE.

Los asombros puros. *Gerbasi.* ORTEGA.
Asonancias. *Díaz Mirón.* DEBI.
Aspectos de la rosa. *Carneiro.* ORTEGA.
Aspectos familiares. *Anón. de Vallegrande.* BEDRE.
El áspid. *González Martínez.* CAILL.
Aspiración sencilla. *Camarillo de Pereyra.* CAILL.
Associated Press comenta la noticia. *Sampedro.* COHEN.
Asteroide 13. *González.* CAILL.
Astro en camino. *Reyes.* SALAS.
El astrobotánico. *Lavín Cerda.* ARTE.
Astronauta II. *Aray.* ESCA.
Asueto. *González de León.* MONSI.
Asunción de la poesía. *Walsh.* VILLOR.
Asunto personal. *Macedo.* BOCCA.
Asuntos de la memoria. *Calderón.* CORSSE.
At the Bottom. *Dalton.* DOORS.
Ataduras. *Prunell Alzaibar.* GINURU.
Atalaya (La batalla). *Ibáñez.* JIMEN.
El atanor. *Serrano.* MONDRA.
Atardecer. *Avila Jiménez.* QUIROS.
Atardecer. *Estrada.* CAILL.
Atardecer. *Medina.* CAILL.
Atardecer en Changüitad. *Mansilla.* WHITE.
Atardeciendo. *Figueredo.* URPILA.
El ataúd flotante. *Vaz Ferreira.* CAILL, GINURU.
Atemporal. *López Colomé.* GENERA.
Atención. *Parra.* SCARPA.
Atraco. *Peña Gutiérrez.* ABRIL.
Atrancad las puertas. *Díaz Casanueva.* CALA.
Atrás de la memoria. *Montes de Oca.* ORTEGA, PAZ.
Atropellados por la Pampa suelta. *Rivera.* SONETO.
El augurio. *Wilcock.* FERNAN.
Augurio. *Droguett Alfaro.* ARTE.
Augurios. *Reynolds.* QUIROS.
Aulio Gelio. *Capdevila.* CAILL.
Aullido poema octogonal. *Valdivia.* BOCPA.
Aumento. *Guillén.* CEAL.
Aún. *Rodríguez Nietzche.* MARZAN.
Aún abandonados florecerían. *Zurita.* TOPS.
Aún en vida un halo oscuro te rodeaba. *Fraire.* PAZ.
Aún es tiempo que venga. *Vicuña Cifuentes.* GINCHI.
Aún no es tiempo. *Fariña.* CORSSE.
Aunque dure un instante. *Alegría.* SALVA.
Unas auras sutiles. *Tamayo.* QUIROS.
Aureo del almirante, 1492-1992. *Hidalgo.* URPILA.
Auschwitz no fué el jardín de mi infancia. *Jamís.* FIERRO.
Ausencia. *Merodio Tames.* BOCCA.
Ausencia. *Mistral.* ARTE, CAILL.
Ausencia. *Pastori.* MEDINA.
Ausencia. *Prado.* SCARPA.
Ausencia. *Rebolledo.* MONSI.
Ausencia. *Torres Rioseco.* CAILL.
La ausencia. *Viscarra Monje.* BEDRE.
Ausencia del unicornio. *Macías.* MONDRA.
Ausencias y recuerdos. *Anón. de Vallegrande.* BEDRE.
El ausente. *Chariarse.* LIBRO.
El ausente. *Mitre.* QUIROS.
Ausente. *Prendez Saldías.* CAILL.

Ausente. *Vallejo.* CAILL.
Auto retrato. *Quiteño.* CEA.
Autobiografía. *Ibáñez.* SCARPA.
Autobiografía. *Welder.* QUEZA.
Autobiografía del infiel. *Cohen.* GENERA.
Autobiografía minúscula. *Rafide.* ARTE.
La autocrítica. *Lavín Cerda.* QUEZA.
Autogol. *Castillo.* GENERA.
Autógrafo. *Cobo Borda.* PADRON.
El automóvil. *Millán.* QUEZA.
Los automóviles van y vienen. *Cardenal.* PADRON.
Autoretrato. *Coronel Urtecho.* DOORS.
Autorretrato. *Cerdá.* GINCHI.
Autorretrato. *Gómez Rojas.* GINCHI.
Autorretrato. *Isla.* COHEN.
Autorretrato. *Meretta.* URPILA.
Autorretrato. *Parra.* CAILL, CALA, FIERRO.
Autorretrato. *Valjalo.* LETONA.
Autorretrato de estos años. *Sabella.* ARTE.
Autorretrato de perfil. *Barbieri.* VEIRA.
Autorretrato del otro. *Padilla.* PADRON, TOPS.
Autorretrato muerta. *Volkow.* COHEN, GENERA.
Autorretrato o del subway. *Owen.* MONSI, PAZ.
Autorretrato retrospectivo. *Rubio.* CAILL.
Autos sin retratos. *Agosín.* LAGOS, VOCES.
Autosoneto. *Cuadra.* SONETO.
Autoviuda. *Isla.* COHEN.
Aútshi y Wanülü. *Lhaya.* ESCA.
Autumnal (Span.). *Darío.* MODER.
Avant-propos. *Silva.* CEAL.
La avanzada. *Mejía.* TORO.
El ave interior. *Llerena Blanco.* LETONA.
Avenida Juárez. *Huerta.* DEBI, MONSI.
Avenida la paz. *Cruchaga de Walker.* ARTE.
Aventura. *Ferretis.* SALAS.
La aventura. *Molina.* ORTEGA.
El aventurero de Saba. *Díaz Casanueva.* CAILL, GINCHI.
Avila. *Larreta.* GINAR.
Avila de medianoche. *Losada.* MEDINA.
Avión. *Cruchaga Santa María.* CAILL, GINCHI.
Aviso. *Crespi.* GINURU.
Aviso. *Newman Valenzuela.* ZAID.
Avitaminosis. *Carrillo.* ZAID.
Avivanza. *Deniz.* ORTEGA.
The Awakening. *Pizarnik.* TOPS.
Awakening. *Ramírez.* VOLCAN.
Axial. *Aramayo.* TORO.
Ay ay ay, de la grifa negra. *Burgos.* MANSOU, MORA, SENSE.
¡Ay! Mi ciudad perdida. *Neruda.* SCARPA.
Ay Tarumba, tú ya conoces el deseo. *Sabines.* PADRON.
Ayer. *Hidalgo.* PERU.
El ayer. *Nebel.* GINURU.
Ayer. *Segredo Vidales.* URPILA.
Ayer hoy. *Sologuren.* LIBRO.
Ayer mañana. *García Maffla.* ABRIL.
Ayer murió una paloma. *Zabala.* BOCPA.
Ayer, si mal no recuerdo. *Campos.* COHEN.
Ayer te vi en la calle. *Cardenal.* PADRON.
Azáleas. *González.* MONDRA.

El azar de las perforaciones. *Becerra.* PAZ.
Azogue para el espejo. *Abalos.* ARTE.
Azrael. *Cabrera.* ROAL.
Azul. *Gómez Jaime.* GINCO.
Azul. *Ulloa Barrenechea.* SEGURA.
Azul de Huejotzingo. *Valle.* CAILL.
Azul de ti. *Carranza.* JIMEN, ROAL.
Azul del campo tierno. *Garrido.* GINCO.
Azul deshabitado. *Cáceres.* ARTE, GINCHI.
El azul es el verde que se aleja. *Nandino.* MONSI.
Azul pueril. *Mojica.* SALAS.

Babel y usted. *Carranza.* ABRIL.
El bachiller. *Cravioto.* ROAL.
Una bahía en el Caribe. *Molina.* CAILL.
Bahía Kino. *Morábito.* ZAID.
Baila conmigo. *Varela.* LIBRO.
Baila la negra el son. *Negroni Mattei.* MORA, SENSE.
Baila Manuel. *Ribera Chevremont.* SENSE.
La bailadora. *Tablada.* MONSI.
Bailadora de rumba. *Guirao.* MANSOU, MORA, SENSE.
Bailando con los negros. *Neruda.* MANSOU.
La bailarina. *Flores Castro.* COHEN.
Bailarines. *Patiño de Murillo.* BEDRE.
El baile del papalote. *Ballagas.* MORA.
Baile negro. *Salazar Valdés.* MANSOU.
Bailes. *Eguiluz.* CORSSE.
Baja tu mano, Dios. *Herrera.* GINURU.
Bajamar. *Bedregal.* BEDRE.
Bajando la cuesta. *Chocano.* CAILL.
Bajo ciertas circunstancias. *Hoeffler.* WHITE.
Bajo el filo de las inexorables alambradas (Frag.). *Reyes.* BOCCA.
Bajo el látigo. *Guerra Trigueros.* CEA.
Bajo el signo de la cruz. *Pellicer.* MONSI.
Bajo el último papel carbón. *Jiménez.* ZAID.
Bajo los árboles. *Fernández Spencer.* CAILL.
Bajo los escombros de Babel. *Galindo.* ESCA.
El bajo Magdalena (Cromos, Acuarelas). *Arciniegas.* CAILL, GINCO.
Bajo un árbol. *Macías.* COHEN.
Bala. *Adán.* LIBRO.
Balada. *Guzmán Cruchaga.* CAILL.
Balada. *Mistral.* CAILL, CALA, SCARPA.
Balada. *Zepeda.* MONDRA.
Balada a Luther King. *Natera.* ESCA.
Balada a Rabindranath Tagore. *Figueira.* GINURU.
Balada a un amigo muerto. *Lisboa.* ARTE, SCARPA.
Balada de Claribel. *Tamayo.* BEDRE, CAILL, QUIROS.
Balada de Hans y Jenny. *Nazoa.* MEDINA.
Balada de la cierva. *Pastori.* MEDINA.
Balada de la extraña fuente. *Ibáñez.* CAILL.
Balada de la extranjera. *Ferrer.* CAILL.
Balada de la voz de los niños. *Figueira.* GINURU.
La balada de la vuelta del juglar. *Urbina.* CAILL.
Balada de los buenos deseos. *Valdés.* CALA.
Balada de los dos abuelos. *Guillén.* ARAY, CAILL, CEAL, JIMEN, MANSOU, MORA, SENSE.
Balada de los insectos. *Mármol.* ESCA.
Balada del amor imposible. *Campero Echazú.* QUIROS.
Balada del amor nuevo. *Ramírez Murzi.* ESCA.

Balada del amor que nace. *Jiménez Canossa*. SEGURA.
Balada del granado verde. *Fombona Pachano*. CAILL.
Balada del güije. *Guillén.* MORA, SENSE.
Balada del jinete muerto. *Nalé Roxlo*. CAILL, GINAR.
Balada del mar no visto, ritmada en versos diversos. *Greiff.* JIMEN.
Balada del poeta vagabundo. *Figueira.* GINURU.
Balada del primer amor. *Cotto*. CEA, SALVA.
La balada del príncipe solo. *Guzmán Cruchaga*. SCARPA.
Balada del puñado de sol. *Banchs*. CAILL.
Balada del recuerdo y del encuentro. *Bollo*. CAILL.
La balada del río Salado. *Barbieri*. CAILL, FERNAN, VILLOR.
Balada del tiempo perdido. *Greiff.* JIMEN, ROAL.
Balada marinera. *Córdova Iturburu*. CAILL.
Balada nupcial. *Arráiz*. CAILL.
Balada para un caballo. *Pimentel*. RUANO, TORO.
Balada para una niña. *Jauch*. ARTE.
Baladas románticas. *Ureta*. PERU.
Baladita de la araña fea. *Bedregal*. QUIROS.
Balance. *Siles Guevara.* BEDRE.
Balandro. *Huidobro*. CAILL.
Balbuceo. *Banchs*. BAEZA, CAILL, FERNAN, ROAL.
Baleful Return. *López Velarde*. TOPS.
Balsa. *López Vidaurre*. BEDRE.
Baltasar. *Capdevila*. CAILL.
Bamba. *Camacho Ramírez.* MANSOU, SENSE.
El bambú. *Tablada.* PAZ.
Baña tu pálido rostro. *Oliva*. COHEN.
Bandera. *Caroly*. LAGOS, VOCES.
La bandera. *Córdova Iturburu*. CAILL, GINAR.
Bandera. *Suárez.* QUIROS.
Bandera rosa. *Schulze Arana*. BEDRE.
Bandos marciales emitidos por la junta militar de Chile. *Anón. Chile*. MARQUE.
El baniqué. *Vizcarrondo*. MORA.
Bañista. *Nazoa.* SONETO.
El baño. *Arciniegas*. CAILL.
El banquete. *Pares.* SALAS.
Banquete de negros. *Hernández Franco*. MANSOU.
El banquete de negros, en el muelle de la noche. *Hernández Franco*. SENSE.
Banquete de tiranos. *Martí*. CEAL.
Bar de los Apóstoles. *Valle*. CALA.
El bar de los pobres. *Cid.* ARTE
Baragaño entra al espejo. *Oraá.* ARAY.
Barbara. *Casaus*. BOCCA.
Barbería. *Coronel Urtecho*. DOORS.
Barbershop. *Coronel Urtecho*. DOORS.
La barca milagrosa. *Agustini.* GINURU, ROAL, TOPS.
Barcarola. *Neruda*. CAILL, CEAL, GINCHI, JIMEN, SCARPA.
Barcarola de un escéptico. *Vaz Ferreira*. CAILL.
Barcelona. *Rodríguez*. ESCA.
El barco. *Vitier*. CAILL.
El barco viejo. *Magallanes Moure*. CALA.
Barcos que pasan. *Borrero*. CAILL.
Bares. *Guillén*. TOPS.
Barrilete. *Aróstegui Arce*. BEDRE.
Barrio adentro. *Jodorowsky*. CAILL.
Barrio característico. *Fernández Moreno*. FERNAN.
El barrio en la colina. *Pineda.* MEDINA.
Barrio Norte. *Borges*. FERNAN.
Barrio reconquistado. *Borges*. JIMEN.

Barrio sin luz. *Neruda.* SCARPA.
Barro. *Lihn.* ORTEGA, TOPS.
Barro inútil. *Avila Jiménez.* BEDRE, QUIROS.
Bars. *Guillén.* TOPS.
Bartolina Sisa. *Pacheco Iturrizaga.* BEDRE.
Bástenle, amor, la entera servidumbre. *González.* ARTE.
La basura. *Calvetti.* RUANO, VEIRA, VILLOR.
La batalla. *Romualdo.* LIBRO.
Batanes de la pena. *Camargo Ferreira.* QUIROS.
Batintín. *Durán Böger.* QUIROS.
Baudelaire. *Pinto.* QUIROS.
Beach. *Camerón.* WHITE.
The Beaches of Chile X. *Zurita.* WHITE.
Beata Beatrix. *Lihn.* PADRON.
El beato. *Alvarado.* BOCCA.
El bebedero. *Boullosa.* MONDRA.
Beber. *Mistral.* CALA, SCARPA.
Because We Love Life. *Pita Rodríguez.* TARN.
Beethoven. *Tamayo.* BEDRE.
Before Death. *Quijada Urías.* VOLCAN.
Beginning. *Rodríguez Frese.* MARZAN.
Begonias. *Lavín Cerda.* REYES.
Begonias (Eng.). *Lavín Cerda.* REYES.
Behind the Monastery. *Cardenal.* DOORS.
Bei Ta Ho. *Macías.* COHEN.
Being Asked about the Persians. *Fernández Retamar.* TARN.
Un bel morir. *Mutis.* ORTEGA.
La Bella Durmiente. *Díaz Casanueva.* CAILL, CALA, GINCHI.
La bella Otero. *Tablada.* MONSI.
La bella suicida. *Blanco.* MONDRA.
Bellas son las palabras. *Vocos Lescano.* CAILL, GINAR.
Belle de jour. *Agudelo.* ABRIL.
La belle epoque. *Hernández.* COHEN.
La belleza. *Galván.* ZAID.
Belleza. *Molina Venegas.* CORSSE.
Belleza clásica. *Romualdo.* LIBRO.
La belleza perece y no dura. *Oyarzún.* ARTE.
Bellezas. *Gelman.* ORTEGA.
Un bello perfil significa. *Uribe Arce.* SCARPA.
Bembé. *Radillo.* MORA.
Bendita palabra. *Delmonte Ponce de León.* CATO.
Beneath each Stone. *Hoeffler.* WHITE.
Beni. *Taborga.* BEDRE.
Benito Gámez hablándose a sí mismo frente al espejo. *Trujillo.* GENERA.
Berenguendén. *Reyes.* CAILL.
Berggasse 19. *Sacerio-Gari.* CATO.
Berlín, 1980. *Vallarino.* MONDRA.
Bernard de Maupoil. *Pita Rodríguez.* ARAY.
El beso. *Cañas.* SEGURA.
El beso. *Rocuant.* GINCHI.
El beso. *Sanabria Varela.* COSTA.
Beso para la mujer de Lot. *Martínez Rivas.* ORTEGA.
Besos. *Parra del Riego.* CAILL, PERU.
Los besos. *Rebolledo.* MONSI.
Besos. *Segovia.* PAZ.
Best Sellers. *Suardíaz.* TARN.
Best Sellers (Span.). *Suardíaz.* TARN.
La bestia. *Reyes de la Jara.* VILLE.

La bestia de oro. *López.* MONSI.
Una bestia descomunal. *Molina.* COHEN.
Beth - el. *Feijóo.* CAILL.
Better the Fire. *Lavín Cerda.* REYES.
Between Going and Staying. *Paz.* TOPS.
Between What I See and What I Say. *Paz.* TOPS.
Beyond Torture. *España.* WHITE.
Biarritz. *Girondo.* CEAL.
Bibelot. *Pérez del C. de Carvajal.* BEDRE.
Bibelot. *Zuazo Precht.* BEDRE.
Bíblica. *Noboa Caamaño.* CAILL.
La biblioteca. *Jaimes Freyre.* BEDRE.
Biblioteca. *Morales.* CARDE.
La bicicleta. *Arteche.* ARTE.
Bicicleta abandonada en la lluvia. *Arteche.* SCARPA.
La bien aparecida. *Brull.* CAILL.
Bien: yo respeto. *Martí.* MODER.
Bienaventurado el hombre (Salmo I.). *Cardenal.* CEAL.
Bienaventurados los perseguidos. *Sosa Chacín.* ESCA.
Bienaventuranza. *Mondragón.* MONDRA.
Los bienes. *Banchs.* CAILL, VILLOR.
Bienvenida. *Nalé Roxlo.* BAEZA.
Binomio. *Tello.* ARBEL.
Bío-Bío. *Mistral.* CALA.
Biografía. *Flores Saavedra.* QUIROS.
Biografía. *González.* SCARPA.
Biografía. *Ibargoyen Islas.* MONDRA.
Biografía. *Rugama.* CARDE.
Biografía anónima. *Rubio Huidobro.* WHITE.
Biografía de la palabra revolución. *Hidalgo.* MOLINA.
Biografía de mi padre. *Shimose.* QUIROS.
Biografía de un pájaro. *Natera.* ESCA.
Biografía para uso de los pájaros. *Carrera Andrade.* CAILL, JIMEN.
The Birds Have Gone. *Lara.* WHITE.
Birds in the Night (Span.). *Pacheco.* ORTEGA.
Birth Control (Span.). *Argueta.* CEA, SALVA.
Birth of Eggo. *Fernández.* TARN.
The Birth of the Sun. *Cuadra.* TOPS.
Bitácora. *Galván.* MONDRA.
Bitácora. *Welder.* QUEZA.
Bitácora de los colores (Frag.). *Cortés Bargalló.* ZAID.
Bitter Sonnet to a Cup of Coffee. *Castorrivas.* VOLCAN.
Black is Black. *MacField.* VOLCAN.
Black is Black (Span.). *MacField.* VOLCAN.
The Black Messengers. *Vallejo.* TOPS.
Black Stone Lying on a White Stone. *Vallejo.* TOPS.
Black Woman. *Morejón.* FLORES.
Blanca la novia. *Valdelomar.* PERU.
La blanca soledad. *Lugones.* FERNAN, MODER, TOPS.
Blanco. *Paz.* DOORS.
Blanco (Eng.). *Paz.* DOORS.
Blanco (Frag.). *Paz.* DEBI.
Una blancura te inunda. *Segovia.* PAZ.
Blanquinegro. *Cortés.* ZAID.
Blasfemia. *Rosales y Rosales.* CEA, SALVA.
Blasón. *Chocano.* CAILL, MODER, PERU, ROAL, SONETO, TOPS.
Blasón. *Darío.* CEAL, MODER.
The Blindfold. *España.* WHITE.
Blue Danube. *Silva Acevedo.* WHITE.

Bluefields. *Uriarte*. CARDE.
Boca azul. *Larrosa*. ZAID.
Boca de corazón. *Huidobro*. CALA.
Boca flexible, ávida. *López Velarde*. DEBI.
Boceto de Ingmar Bergman. *Desiderato*. BOCCA.
Boceto de la Gioconda. *Veiravé*. VILLOR.
Boda de la pluma y la letra. *Belli*. PADRON.
Las bodas. *Silva*. GINURU.
Bodas. *Varela*. LIBRO, ORTEGA.
Las bodas de Cifar. *Cuadra*. CARDE.
Bodas de hielo. *Vallejo*. CEAL.
Bodas negras. *Borges*. ROAL.
Las bodas vienesas. *Eguren*. MODER, PERU.
Bogotá, alta y sombría. *Garcés Larrea*. RUANO.
Bohemia. *Arciniegas*. ROAL.
Bolero de caballería. *Shimose*. LETONA.
Bolero nocturnal. *Mondragón*. MONDRA.
Boletín y elegía de las mitas (Frag.). *Dávila Andrade*. DONOSO.
Bolívar. *Lloréns Torres*. BAEZA, CAILL, ROAL, SONETO.
Bolívar. *Turcios*. ROAL.
Bolívar en los Andes. *Blanco Fombona*. ROAL.
Bombo. *Palés Matos*. CAILL, SENSE.
Bonne année. *Memet*. ARTE.
Bonsai: sobre la mortalidad y las estaciones. *Corssen*. CORSSE.
¡Boom!!! (Frag.). *Silva*. DONOSO.
Booz canta su amor. *Owen*. MONSI.
Booz ve dormir a Ruth. *Owen*. DEBI, MONSI.
Boras. *Hurtado*. ESCA.
El bordado inconcluso. *Vega*. ROAL.
Borrador para un testamento. *Huerta*. ORTEGA.
El borriquillo. *Alfaro*. QUIROS.
Bosque. *Valle*. ARTE, CAILL, GINCHI.
El bosque de Birnam. *Vitier*. PADRON.
Bosque de música. *Gerbasi*. JIMEN, ROAL.
Bosques de Dios. *Barroeta*. ESCA.
Botánica. *Neruda*. CALA.
El bote viejo. *Eguren*. MODER.
Boundaries. *Pacheco*. TOPS.
The Boy and the Lantern. *Ribera Chevremont*. MARZAN.
Braille for Left Hand. *Armand*. TOPS.
Braille para mano izquierda. *Armand*. TOPS.
Brano con morbidezza. *Adán*. LIBRO.
Brasa desnuda. *Bañuelos*. MONDRA.
Breaktime. *Millán*. REYES.
Brenda. *Milán*. BOCCA.
Breve elegía. *Huerta*. CAILL.
Breve fundamento para una ciudad. *Macías*. LAGOS, VOCES.
Breve historia nuestra. *Ortiz*. SENSE.
Breve historial de las gravosas rapsodias . . . *Facal*. TAPIA.
Breve lamento. *Rivas*. CEA.
Breve lied. *Illescas*. MONDRA.
Breve poema de viaje. *Mutis*. ORTEGA.
Breve romance de ausencia. *Novo*. BAEZA, MONSI.
Breves epistólicos a Proclo. *Diego Padró*. MARZAN.
Bridge in the South. *Teillier*. TOPS.
Brilla pero no da esplendor. *Carranza*. ABRIL.
Brindis. *González Bravo*. BEDRE.
Brindis a lo humano y a lo divino. *Parra*. CEAL.

La brisa del norte. *Paz Castillo*. CAILL.
La brisa dice que camina por la calle. *Molina*. COHEN.
Brizna de niña viva. *Ortiz Saralegui*. CAILL.
Brotherhood. *Vega*. MARZAN.
The Brothers. *Nogueras*. TARN.
Bruckner. *Sáenz*. QUIROS.
La bruja. *García Terrés*. MONSI, PAZ.
Bruja. *Jaramillo Levi*. COHEN.
Brujas. *Contreras*. CAILL, GINCHI.
Las brujas. *Jobet*. CALA.
Bruma. *Avila Jiménez*. QUIROS.
Búcate plata. *Guillén*. CEAL, SENSE.
Buche afuera. *Cabral*. MORA.
Buen año. *Carrión*. CAILL.
El buen encerador. *Bolton*. ARTE.
Buen propósito. *Alliende Luco*. ARTE.
El buen sentido. *Gómez Correa*. CAILL.
El buen sentido. *Vallejo*. CEAL.
Buena salud. *Guillén*. CEAL.
Buenas noches. *Hahn*. PADRON.
Las buenas palabras. *Fombona Pachano*. CAILL.
Buenos Aires. *Ocampo*. GINAR.
Buenos deseos. *Blanco*. MONDRA.
Buenos días. *Oliva*. PAZ.
Buenos días a los seres. *Aridjis*. ORTEGA.
El buey. *Carias*. SONETO.
El buey. *Franco*. CAILL.
El buey. *Urbina*. CAILL.
El buey. *Zarrilli*. GINURU.
Los bueyes. *Gálvez*. PERU.
Los bueyes. *Magallanes Moure*. GINCHI.
Bueyes de ceniza. *Zúñiga Segura*. TORO.
Los bueyes de mi abuelo. *Navarro*. ARAY.
El buho de alas rojas. *Mendizábal Santa Cruz*. BEDRE.
Bullerengue. *Artel*. GINCO.
Bumerang roto. *Flores Castro*. COHEN.
Bungalow. *Cadenas*. ORTEGA.
La burbuja. *Dujvne Ortiz*. LAGOS, VOCES.
Burbuja, pez o mariposa. *Kamenszain*. ORTEGA.
Burgueses. *Guillén*. ARAY.
Burning the Ships. *Benedetti*. MARQUE.
El burrito. *Tablada*. PAZ.
Burrito botánico. *Alfaro*. BEDRE.
Burundanga. *Pagán*. MORA.
Busca en todas las cosas. *González Martínez*. MODER.
Buscándome líos. *Dalton*. TOPS.
Buscapié: la poesía. *Fernández Cherición*. ARAY.
Buscón. *Gaitán Durán*. ARBEL.
Búsqueda. *Arce Navarro*. COSTA.
Búsqueda. *Luna*. BOCPA.
Búsqueda. *Rico*. SALAS.
Búsqueda del príncipe degollado. *Massís*. CAILL.
Buzo. *Torres Bodet*. PAZ.
Los buzos diamantistas. *Leduc*. MONSI.

C'est la vie. . . (Span.).*Garnica*. QUIROS.
C.b. (a Jaime Gil de Biedma). *Derbez*. GENERA.
Cabalgando por suave serranía. *Prado*. BAEZA, CAILL, GINCHI.
Cabalgata del tiempo. *Orozco*. CAILL.

El caballero de la mano al pecho. *Restrepo*. GINCO.
El caballero de la mano en el pecho. *Reynolds*. BEDRE.
Caballero solo. *Neruda*. CEAL.
El caballo blanco. *León*. MEDINA.
El caballo de paso. *Gálvez*. PERU.
El caballo del diablo. *Tablada*. DEBI.
Caballo del tiempo. *Cerdá*. GINCHI.
El caballo del volcán. *De Sola*. MEDINA.
Un caballo en la sombra. *Pardo García*. CAILL.
Caballo en llamaradas. *Domínguez*. LAGOS, VOCES.
El caballo muerto. *Walsh*. CAILL.
El caballo o la piedra. *Romualdo*. ORTEGA.
El caballo que viene como fuego. *Aridjis*. DEBI.
Los caballos. *Reyes*. MONSI.
Los caballos blancos. *González Prada*. CAILL.
Los caballos de los conquistadores. *Chocano*. MODER, PERU, ROAL.
Caballos en el lago. *Cuadra*. TOPS.
Los caballos infinitos. *Ocampo*. CAILL, VILLOR.
Cabaretrín. *Lora*. PERU.
Cabello suelto. *Castro*. ESCA.
Cabeza de macho. *Rokha*. GINCHI.
Una cabeza humana. *Westphalen*. LIBRO, ORTEGA.
Cabezazo con la muerte. *Marré*. ARAY.
La cabra. *Castro*. ARTE, BAEZA, CAILL.
Cabrero. *Castrillo*. QUIROS.
Cabrones mundos. *Shelley*. MONDRA.
El cacao. *Cuadra*. ORTEGA.
Cáceres. *Arenas*. BACIU.
Cacería. *Otero Reiche*. QUIROS.
Cacería. *Villagra Marsal*. VALLE.
Cacería de grillos. *Boullosa*. COHEN.
Cachikel Woman. *Meneses*. VOLCAN.
Cachorro. *Camerón*. ARTE.
El cacto. *Mendizábal Camacho*. BEDRE.
Cactus. *López Suria*. MORA.
Cada día. *Peralta*. DONOSO.
Cada golpe en la vida debe ser. *Mendiola*. COHEN.
Cada palabra. *Gaitán Durán*. ARBEL.
Cada poema. *Mutis*. DOORS, ORTEGA.
Cada uno de nosotros. *Lira*. ARTE.
Cada vez que oscurece. *Vestrini*. ESCA.
Cada vez que un pájaro cantaba. *Aura*. MONDRA.
Cada vez que veo esta sed. *Jaramillo Levi*. COHEN.
El cadáver. *Ruano*. VOLCAN.
Cadena. *Garnica*. QUIROS.
Cae la lluvia. *Aridjis*. TOPS.
Caeré sobre el polvo. *Acosta Bello*. ESCA.
El café. *Arteche*. ARTE, CALA, SCARPA.
El café. *Moore*. KOFMAN.
El café. *Morejón*. ORTEGA.
El café. *Santa Cruz Gamarra*. MANSOU.
Café de noche. *Nogueras*. ARAY.
Café . . . café . . . *Borda Leaño*. QUIROS.
Cafiche de la muerte. *Hahn*. ARTE.
La caída de un obispo. *Alegría*. REYES.
Caja del sol. *López Acuña*. COHEN.
Cajamarca. *Orrillo*. TORO.
Calabozo. *Corretjer*. MARZAN.

La calavera. *Lavín Cerda*. REYES.
La calavera del loco. *Molina*. ROAL.
Calbuco. *Pérez*. QUEZA.
Cálculos para dar un salto imprescindible. *Martínez Caldera*. RUANO.
Cálida, exacta, musical palmera. *Augier*. SONETO.
La calidad. *Garzón Céspedes*. ARAY.
California Dancing Club. *Nieto Cadena*. MONDRA.
Call of the Desirous. *Lezama Lima*. TOPS.
Call Out My Number. *Burgos*. MARZAN.
Callado río. *Peñasco*. GINURU.
La calle. *García Terrés*. DEBI.
La calle. *Gavidia*. CEA, SALVA.
Calle. *Montes*. ZAID.
Calle. *Rojas*. WHITE.
Calle de las sierpes. *Girondo*. BACIU, FERNAN, JIMEN.
Calle de sol al sur. *Molla*. URPILA.
Calle del árbol. *Abril Rojas*. ABRIL.
Calle del sueño o Esclavitud de la muerte. *Alemán*. SALAS.
Calle desconocida. *Borges*. CAILL, GINAR.
La calle Sacramento. *Fernández*. CARDE.
Calle tinera. *Mendizábal Camacho*. BEDRE.
Callejón. Garduño. COHEN.
Las calles de San Salvador. *Suárez*. SALVA.
Las calles del amor. *Finck*. URPILA.
Calor. *Mondragón*. PAZ.
Calota ta mori. *Bola de Nieve*. MORA.
Calypso. López *Suria*. MORA.
La cama. *Vega*. VILLE.
Cama con espejos. *Rojas*. PADRON.
Camagüey. *Lago González*. CATO.
Camaguey, 30 November 1966. *Fernández Cherición*. TARN.
Camaguey, noviembre 30 del 66. *Fernández Cherición*. TARN.
Camarero de la soledad. *Scarpa*. ARTE.
El camarín del Carmen. *Lleras Restrepo de Ospina*. GINCO.
Cambio al horizonte. *Huidobro*. FIERRO.
Cambios. *Parra*. REYES.
Cambios. *Vitale*. CAILL.
Cambios de nombre. *Parra*. CEAL.
Camelia. *Lugones*. GINAR.
Los camellos. *Valencia*. CAILL, GINCO, MODER, ROAL.
Camina el poeta y no sabe. *Sola González*. VEIRA.
Caminando. *Guillén*. CEAL.
Caminando la ciudad. *Barnet*. RUANO.
Caminé en los caminos de la patria. *Montero Vega*. SEGURA.
Camino. *Huidobro*. SCARPA.
Camino. *Prieto*. SALAS.
Camino al fuego. *Wiethüchter*. QUIROS.
El camino de Damasco. *Casal*. CAILL.
Camino de la cita. *Ibarbourou*. BOCPA.
El camino de la ofensa. *Jaramillo Escobar*. ABRIL.
Camino de las horas. *Prado*. CAILL, GINCHI.
El camino de los cisnes. *Jaimes Freyre* BEDRE, MODER.
El camino de Mitilene. *Avreu Felippe*. CATO.
Camino del hombre. *Peña Barrenechea*. BAEZA.
Un camino equivocado. *Delgado*. BAEZA.
Camino pedregoso. *Pimentel*. TORO.
Camino por el atrio. *Cross*. MONDRA.
Camino que se tuerce. *Guerra*. QUIROS.
Caminos. *España*. WHITE.

Los caminos. *Pallais.* CAILL.
Caminos. *Urquiza.* SALAS.
Caminos de papel. *Blanco.* MONDRA.
Caminos en soledad. *Correa.* ARTE.
La campana. *Granata.* BAEZA.
La campana. *Othón.* ROAL.
Campanas. *Suárez del Real.* ZAID.
El campanero. *López Velarde.* MONSI.
Campeonato de rayuela. *Rokha.* CALA.
Campesina. *Avila Jiménez.* QUIROS.
Campesino. *Arce Navarro.* COSTA.
Campestre. *Herrera.* CAILL.
Campo. *Florit.* JIMEN, ROAL.
Campo. *Oquendo de Amat.* LIBRO.
Campo incendiado. *Monsreal.* COHEN.
Campo nudista. *Zaid.* ORTEGA.
Campo nuestro (Frag.). *Girondo.* FERNAN, JIMEN.
Campo santo. *Navarro Harris.* VILLE.
Los Campos. *Campos.* MONDRA.
Los campos olvidados. *Urzagasti.* BEDRE, QUIROS.
Camposanto rural. *Cabrales.* CARDE.
Can (Historia de un perro.). *Espinoza Sánchez.* TORO.
Caña. *Guillén.* BAEZA, SENSE.
Las cañadas. *Magri.* GINURU.
Cáncer. *Liscano.* PADRON.
El canceroso. *Hernández.* ARTE.
Canción. *Ayuso.* DONOSO.
Canción. *Banchs.* ROAL.
Canción. *Carpentier.* MANSOU, MORA, SENSE.
Canción. *Chouhy Aguirre.* CAILL.
Canción. *Costa du Rels.* BEDRE.
Canción. *Estrada.* CAILL.
Canción. *Fernández Retamar.* CAILL.
Canción. *Florit.* CAILL.
Canción. *Garduño.* COHEN.
Canción. *Guzmán Cruchaga.* ARTE, CAILL, CALA, GINCHI, SCARPA.
Canción. *Marré.* ARAY.
Canción. *Ortega.* TORO.
Canción. *Parra.* SCARPA.
Canción. *Portogalo.* GINAR.
Canción. *Prado.* CALA.
Canción. *Wilcock.* FERNAN.
Canción. *Wilcock.* FERNAN.
Canción. *Zaid.* DEBI.
Canción amargamente. *Aguilar.* DONOSO.
Canción cubista. *Eguren.* MODER.
Canción de agosto. *Blanco.* MONDRA.
Una canción de amor. *Rivas.* CEA.
Canción de amor a América. *Fuentes Rodríguez.* BEDRE.
Canción de amor a la patria. *Villafuerte.* SALVA.
Canción de amor de la malika (Frags.). *Rodrigo.* PERU.
Canción de cuna. *Enríquez.* CAILL.
Canción de cuna. *Foppa.* SALAS.
Canción de cuna. *Peña Barrenechea.* PERU.
Canción de cuna. *Viscarra Fabre.* BEDRE.
Canción de cuna para despertar a un negrito. *Guillén.* MORA.
Canción de cuna para despertar a un niño. *Gutiérrez Mangel.* SEGURA.
Canción de cuna para dormir a un negrito. *Pereda Valdés.* SENSE.

Canción de cuna para el hijo que no ha de venir. *Santander Morales*. GINURU.
Canción de cuna para el niño minero. *Guerra Gutiérrez*. BEDRE.
Canción de cuna sin música. *Martínez Rivas*. CARDE.
Canción de diciembre. *Blanco*. MONDRA.
Canción de julio. *Blanco*. MONDRA.
Canción de junio. *Blanco*. MONDRA.
Canción de junio. *Urquiza*. SALAS.
Canción de la bailarina negra. *Capdevila*. MANSOU.
Canción de la campana de la cárcel. *Korsi*. ROAL.
Canción de la cosecha. *Carrión*. CAILL.
Canción de la delicadeza. *Basso Maglio*. CAILL.
Canción de la hora de partir. *Basso Maglio*. CAILL.
Canción de la mano en los vientos. *Pinto*. GINURU.
Canción de la muerte. *Mistral*. ARTE.
Canción de la muervida. *Huidobro*. CALA.
Canción de la mulata. *Tablada*. MANSOU.
Canción de la mujer del valle. *Canelas López*. BEDRE.
Canción de la niña que iba sola. *Mieses Burgos*. CAILL.
Canción de la noche callada. *Arturo*. ORTEGA.
Canción de la nueva luna. *Vega*. QUIROS.
Canción de la primavera. *Jaimes Freyre*. QUIROS.
Canción de la rosa y el mantel. *Pinto*. GINURU.
Canción de la rosa en las manos. *Pinto*. GINURU.
Canción de la rosa en el viaje. *Pinto*. GINURU.
Canción de la vida profunda. *Barba Jacob*. CAILL, GINCO, ROAL.
Canción de la voz florecida. *Mieses Burgos*. CAILL.
La canción de las Antillas. *Lloréns Torres*. CAILL.
La canción de las cosas vulgares. *Guerra Trigueros*. CEA, SALVA
Canción de las piedras humildes. *González*. MEDINA.
Canción de las tierras chilenas. *Rokha*. BAEZA.
Canción de las voces serenas. *Torres Bodet*. MONSI.
Canción de lejanía. *Ibáñez*. GINURU.
Canción de libertad. *Nieto*. MOLINA.
Canción de lo imposible. *Menéndez Alberdi*. BAEZA.
Canción de locura y llanto. *González Martínez*. CAILL.
Canción de los derechos humanos. *Vega*. QUIROS.
Canción de los ojos que se fueron. *Mieses Burgos*. CAILL.
Canción de los pequeños círculos y de los grandes . . . *Basso Maglio*. CAILL.
Canción de los velámenes. *Jiménez Borja*. PERU.
Canción de luna. *Fernández Moreno*. VILLOR.
Canción de Marcelo Cielomar. *Huidobro*. ARTE.
Canción de marzo. *Blanco*. MONDRA.
Canción de mayo. *Blanco*. MONDRA.
Canción de Melusina. *Greiff*. CAILL.
Canción de Navidad. *Murillo*. VOLCAN.
Canción de nochebuena. *Schulze Arana*. QUIROS.
Canción de noviembre. *Blanco*. MONDRA.
Canción de octubre. *Blanco*. MONDRA.
Canción de otoño en primavera. *Darío*. CAILL, CEAL, MODER, ROAL.
Canción de paso. *Mazzei*. VILLOR.
Una canción de paz. *Fernández Cherición*. ARAY, MARQUE.
Canción de piedra. *Piedra*. ZAID.
Canción de primavera. *Sassone*. PERU.
Canción de seguimiento. *Zaid*. ORTEGA, TOPS.
Canción de septiembre. *Valladares*. CATO.
Canción de siempre. *Ríos*. PERU.
Canción de tedio. *Silva*. CAILL.
Canción de tiempos errantes. *Murillo*. VOLCAN.
Canción de tu piel. *Mora Martínez*. COSTA.

Canción de un lado a otro. *Padilla*. PADRON.
Canción del agua niña. *Reyes*. SALAS.
Canción del alhelí dormido en tu cara. *Pinto*. GINURU.
La canción del árbol. *López Tena*. SALAS.
La canción del bongó. *Guillén*. CAILL, CEAL, MORA, SENSE.
La canción del camino. *Chocano*. MODER, PERU.
La canción del camino. *Icaza*. CAILL.
La canción del carretero. *Durán Böger*. QUIROS.
Canción del cuerpo al alma. *Suárez*. QUIROS.
La canción del espacio. *Cortés*. CARDE, TOPS.
Canción del hermano menor. *Castrorrivas*. SALVA.
Canción del hilo de agua. *Pedroso*. CAILL.
La canción del hombre en la muerte. *Feijóo*. TARN.
La canción del jigüe. *Radillo*. MORA.
Canción del macho y de la hembra. *Neruda*. TAPIA.
La canción del marinero. *Miró*. CAILL.
La canción del múcaro. *Diego*. CAILL.
Canción del orfebre. *Basso Maglio*. CAILL.
Canción del predestinado. *Basso Maglio*. CAILL. GINURU.
La canción del regreso. Eguren. MODER.
La canción del río. *Prendez Saldías*. CAILL, GINCHI, ROAL.
Canción del río. *Flores*. COHEN.
Canción del sainete póstumo. *Martínez Villena*. CAILL.
Canción del vaso herido. *Basso Maglio*. CAILL, GINURU.
Canción der boga ausente. *Obeso*. MANSOU, SENSE.
Canción desde un aeroplano. *Maples Arce*. DEBI, PAZ.
Canción ditirámbica a Villa Luro. *Olivari*. GINAR.
Canción en alabanza del bolo alimenticio. *Belli*. LIBRO.
Canción en voz baja. *Armijo*. SALVA.
Canción esperanzada. *Hernández*. ARAY.
Canción festiva para ser llorada. *Palés Matos*. MANSOU, SENSE.
Canción final. *Armani*. BAEZA.
Canción infantil del día . . . *Augier*. CAILL.
Canción ingenua. *Arrieta*. BAEZA.
La canción intrascendente. *Urquiza*. SALAS.
Canción ligera. *Barba Jacob*. GINCO.
Canción marina en el pinar. *Fontana*. CAILL.
Canción melancólica del pescador dominical. *Watanabe*. BOCCA.
Canción negra sin color. *Arozarena*. SENSE.
Canción para cantar de noche. *Sosa Chacín*. ESCA.
Canción para celebrar lo que no muere. *Montes de Oca*. PAZ.
Canción para después. *Fontana*. CAILL.
Canción para el niño que nació en el mar. *Castañeda Aragón*. GINCO.
Canción para el que duerme. *Rivas Alcocer*. BEDRE.
Canción para los héroes del pueblo. *Nieto*. MOLINA.
Canción para un insomne. *Hurtado*. ZAID.
Canción para una mujer que estuvo conmigo . . . *Sabella*. TAPIA.
Canción para Wolfang Goethe. *Hernández*. TORO.
Canción paranaense. *Alvarez*. VEIRA.
Canción por la casa de ventanas cerradas. *Bollo*. CAILL, GINURU.
Canción por la niña que ha de volver. *Castro*. GINURU.
Canción primera. *Belli*. LIBRO.
Canción que trata de la ceguera del hombre. *Sosa Chacín*. ESCA.
Canción rítmica. *Manrique Cabrera*. MANSOU.
La canción sin palabras. *Rosales y Rosales*. CEA, SALVA.
Canción suave de los burros de mi pueblo. *Incháustegui Cabral*. CAILL.
Canción vegetal. *Florián*. PERU.
Cancioncilla. *Banchs*. BAEZA, CAILL, GINAR.

Cancioncilla. *López Vallecillos*. CEA.
Cancioncilla de Navidad. *Rojas Guardia*. MEDINA.
Cancioncilla de la niña tonta. *Queremel*. CAILL.
Cancionero del Príncipe de Vergara. *Molinari*. CAILL, JIMEN.
Canciones. *Urquiza*. SALAS.
Canciones de yerba y sol (Frags.). *Naranjo*. BOCPA.
Canciones desesperadas. *Calderón*. SALAS.
Canciones en prosa. *Greiff*. ARBEL.
Canciones ingenuas. Pobre amor. *Ureta*. CAILL, PERU.
El candil. *López Velarde*. PAZ.
Los candiles de la arquitectura. *Armijos*. TORO.
Candombe porteño. *Reyes*. MANSOU.
El cangrejero. *Vizcarrondo*. MORA.
Canícula. *Gaitán Durán*. ARBEL.
Canícula. *Macías*. MONDRA.
Canon. *Tamayo*. QUIROS.
Cansados de esperar. *Bonifaz Nuño*. ORTEGA.
Cansancio (Frags.). *Girondo*. CEAL.
Cansancio. *Mondaca*. ROAL.
Canta mi corazón. *Meza Fuentes*. GINCHI.
Cantando espero la mañana. *Scorza*. MOLINA.
Cantar. *Guzmán Cruchaga*. ARTE, CALA.
Cantar. *Cerruto*. BEDRE.
Cantar. *Cerruto*. BEDRE.
Cantar de cantares. *Valle*. CALA.
El cantar de los cantares (Frag.). *Coronado*. TAPIA.
Cantar de Valparaíso. *García Terrés*. MONSI, PAZ.
Cantar sin designio (Frags.). *Monsreal*. COHEN.
Cantarcillo. *Gorostiza*. DEBI.
Cantares de la guitarra. *Soriano Badani*. BEDRE.
Cantares de Lydia (Frag.). *Castillo*. TORO.
Cantares del mal de amores. *Aguirre*. CAILL.
Cántaro de luz. *Fresco*. URPILA.
Cantas. *Arvelo Torrealba*. BAEZA.
Cantata en la tumba de Federico García Lorca. *Reyes*. MONSI.
Cantata para la escuela de Huong Phuc. *Pita Rodríguez*. ARAY.
Cántico. *Peralta*. CAILL.
Cántico (Frag.). *Valle*. ARTE.
Cántico (Frags.). *Valle*. ARTE.
Cántico a la imagen de la presente ausencia. *Zarrilli*. GINURU.
Cántico asombroso. *Casaravilla Lemos*. CAILL.
Cántico de la hora muerta. *Zarrilli*. CAILL.
Cántico del amor distraído. *Zarrilli*. CAILL.
Cántico del día. *Basso Maglio*. CAILL.
Cántico nuevo. *Vitier*. PADRON.
Cántico por la redención del día. *Zarrilli*. CAILL.
Cántico por mi imagen que aún no es mía. *Zarrilli*. CAILL.
Cántico traspasado. *Cerruto*. QUIROS.
Una cantidad de mi. *Cazorla*. CATO.
Cantigas para Joan Baez. *González*. DONOSO.
El canto. *Bernárdez*. GINAR.
El canto. *Etchebarne*. CAILL, GINAR.
El canto. *Lugones*. GINAR.
Canto (Frag.). *Vila*. ARTE.
Canto. *Yrarrázaval*. ARTE.
Canto 10. *Ibáñez*. ARTE.
Canto a Caa Cati (Frag.). *Martínez*. VILLOR.
Canto a Chile. *Cruchaga Santa María*. CAILL.
Canto a Cochabamba. *Granado*. BEDRE.

Canto a Delmira Agustini. *Vidart*. GINURU.
Canto a Edgar Allan Poe. *Rojas Jiménez*. MEDINA.
Canto a España (Frag.). *Llerena Blanco*. CATO.
Canto a Fidel. *Guevara*. TOPS.
Canto a Heine. *Arango*. GINCO.
Canto a la bandera. *Hernández*. CAILL.
Canto a la cierva. *Keoseyán*. MONDRA.
Canto a la ciudad de La Paz. *Viscarra Monje*. BEDRE.
Canto a la heredad entrañable. *Cerruto*. QUIROS.
Canto a la muerte. *Vicuña*. ARTE.
Canto a la palma real. *Sánchez-Boudy*. CATO.
Canto a la patria. *Ortiz Sanz*. BEDRE.
Canto a La Paz. *Fernández Naranjo*. BEDRE.
Canto a la raza mulata. *Colón Pellot*. MORA.
Canto a la rumbera porteña. *Laínez*. TAPIA.
Canto a la soledad. *Cardoza y Aragón*. CAILL.
Canto a la tierra. *Loynaz*. CAILL.
Canto a los mineros de Bolivia. *Scorza*. MOLINA.
Canto a los pastores. *Muñoz Serón*. VILLE.
Canto a los senos. *Pereda Valdés*. TAPIA.
Canto a mi lengua. *Escobar Velado*. CEA.
Canto a Rafael Barret. *Falco*. GINURU.
Canto a Tolstoy. *Armas Chitty*. MEDINA.
Canto a un árbol derribado. *Ulloa Zamora*. SEGURA.
Canto a un dios mineral. *Cuesta*. MONSI.
Canto africano. *Llanos Allende*. MORA.
Canto al agua. *Valle*. CALA, SCARPA.
Canto al Bío-Bío (Butanlebu). *Cruchaga Santa María*. SCARPA.
Canto al cielo de América. *Rodríguez Pinto*. CAILL.
Canto al ciudadano norteamericano número doscientos millones. *Menén Desleal*. CEA.
Canto al hijo. *Estenssoro*. BEDRE.
Canto al hombre del presente. *Cartaña*. CATO.
Canto al hombre de la selva. *Otero Reiche*. QUIROS.
Canto al indio. *Heredia*. BEDRE.
Canto al nuevo tiempo (Frag.). *Belli*. FLORES.
Canto al sauce. *Rodó Aparicio*. BEDRE.
Canto al soldado desconocido. *Bedregal*. LAGOS, VOCES.
Canto al valle (Frags.). *Guzmán López*. BEDRE.
Canto argentino. *Pesssagno*. VOCES.
Canto autobiográfico de un combatiente salvadoreño. *Anón., Salvador*. ALEGRI.
El canto bajo la bruma. *Aridjis*. COHEN, ORTEGA.
Canto coral a Tupac Amaru, que es la libertad. *Romualdo*. CAILL, MOLINA, ORTEGA.
Canto de amor. *Reyes*. CAILL.
Un canto de amor para el corazón. *Valle*. SCARPA.
El canto de Caín. *Jaramillo Escobar*. ABRIL.
Canto de eternidad. *Cotto*. CEA, SALVA.
Canto de fuego a Venezuela (Frags.). *Aristeguieta*. BAEZA.
Canto de guerra de las cosas. *Pasos*. CARDE.
El canto de la torcaz. *Ledesma*. CAILL.
El canto de la angustia. *Lugones*. MODER.
Canto de la ciudad y del hombre moderno. *Abril*. CAILL.
Canto de la locura (Frag.). *Matos Paoli*. ORTEGA.
Canto de la madre. *Botto Aparicio*. GINURU.
Canto de la transfiguración. *Cáceres*. CAILL, GINURU.
El canto de las furias. *Molina*. FERNAN.
El canto de las tinieblas. *Rojas Jiménez*. CAILL.
Canto de libertad. *Anon., Bolivia*. FIERRO.
El canto de los mares solos. *Cruchaga Santa María*. CAILL, CALA.

El canto de los nadadores. *Frugoni.* CAILL, GINURU.
Canto de marineros. *Arráiz.* CAILL.
El canto de miel (Frag.). *Tejera.* ROAL.
Canto de Otoño. *Martí.* MODER.
Canto de primavera. *Rivas.* CEA.
El canto de un grillo. *Araneda.* ARTE.
Canto de vida y muerte. *Barrenechea.* ARTE.
Canto del agua a medianoche. *Kofman.* KOFMAN.
Canto del amador impenitente (Frag.). *Delgado.* TAPIA.
El canto del cuadrante. *Oribe.* CAILL.
Canto del extranjero. *Quessep.* ORTEGA.
Canto del extranjero. *Rojas.* TORO.
El canto del graal. *Jaimes Freyre.* QUIROS.
El canto del humo. *Cruchaga Santa María.* CAILL.
Canto del lote baldío. *Morábito.* GENERA.
Canto del macho anciano (Frag.). *Rokha.* CALA.
El canto del mal. *Jaimes Freyre.* QUIROS.
Canto del soldado desconocido. *Corssen.* CORSSE.
Canto del superviviente. *Villalobos.* MEDINA.
El canto del Usumacinta. *Pellicer.* MONSI.
Canto despectivo a la muerte. *Mora Martínez.* COSTA.
Canto diuturno. *Ortiz de Montellano.* MONSI.
El canto en una mano el peligro en la otra. *Pellegrini.* BACIU.
Canto-grito. *Moreno Jiménez.* CAILL.
Canto Nacional. *Cardenal.* CARDE.
Canto negro. *Guillén.* CAILL, MORA, SENSE.
Canto negro de ronda. *Guirao.* MORA.
Canto para los amantes. *Uribe.* CAILL.
Canto por un abuelo. *Coronil Hartmann.* ESCA.
Canto primero a la materia. *Rojas Jiménez.* CAILL, MEDINA.
Canto segundo. *Villarroel París.* ESCA.
Canto villano. *Varela.* ORTEGA.
Canto y sueño a la caricia perdida. *Sui-Yun.* LAGOS, VOCES.
Cantos de cuna. *Anón. de Vallegrande.* BEDRE.
Cantos de temor y de blasfemia (Frags.). *Luna.* LAGOS, VOCES.
Cantos de vida y esperanza. *Darío.* CAILL.
Los cantos del maíz. *Flores Aguirre.* BAEZA.
Cantos del otro yo. *Vasseur.* CAILL, GINURU.
La cantuta. *Patiño de Murillo.* BEDRE.
Capitán de mis sombras. *Silva Valdés.* CAILL.
Capitán de veinte años. *Maya.* CAILL.
Capitulación. *Vallejo.* TAPIA.
Capriccios (Eng.). Sabines. TOPS.
Capricho. *Storni.* FERNAN.
Caprichos. *Sabines.* TOPS.
Caprichos: Uno. *Sabines.* DEBI.
Capricornio. *Salado.* BOCCA.
Captura de mi sueño. *Sierra.* CAILL.
Captured City. *Lara.* WHITE.
Cara copiada. *Storni.* CAILL.
La cara de mis hijas. *Belli.* ORTEGA.
Cara de Mono. *Uriarte.* CARDE.
Caracas. *Montejo.* ORTEGA.
Caracol. *Castillo.* TORO.
Caracol. *Darío.* CEAL, MODER, TOPS
El caracol. *Dublé Urrutia.* GINCHI.
El caracol. *Molina Viana.* BEDRE.
Caracola. *Ruiz.* SALAS.
Caracolito. *Fonseca Viera.* URPILA.

La caramañola. *Otero Reiche*. QUIROS.
Las caras interiores. *Suárez*. QUIROS.
Caravana. *Reyes*. PAZ.
Carbón. *Rojas*. CALA, ORTEGA, SCARPA.
Carbones. *Camín*. MANSOU.
Los carbunclos trágicos. *Blanco Fombona*. CAILL.
Carcajada de estaño. *Cardona Torrico*. BEDRE, LAGOS, QUIROS, VOCES.
Cárcel. *Argueta*. CEA, SALVA.
Cárcel. *Millán*. REYES.
La carga. *Cabral*. JIMEN, ROAL.
Caridá. *Arozarena*. MANSOU, MORA, SENSE.
La caridad del hueco. *Juárroz*. PADRON.
El carimbo. *Ribera Chevremont*. MORA.
Carlos Jurado. *Dalton*. CEA.
Carnaval de Venecia. *Camerati*. CORSSE.
Carnaval minero. *Quiroga*. BEDRE.
Carne de insomnio. *Lihn*. ORTEGA.
Carne triste. *Contreras*. GINCHI.
La carne y el hueso. *Cantadori Dintrans*. URPILA.
Carne, celeste carne de la mujer. *Darío*. CEAL, MODER, TAPIA.
Caronte. *Ibarbourou*. GINURU.
Carpe diem. *Martos*. RUANO.
Los carpinteros. *Borquez Solar*. GINCHI.
La carreta. *Fombona Pachano*. CAILL.
La carreta. *Silva Valdés*. CAILL.
La carreta tropical. *Wyld Ospina*. CAILL.
Las carretas de la noche. *Acosta*. BAEZA, CAILL.
Carretero. *Banchs*. CAILL.
Carretero. *Navarro*. ROAL.
El carrillón. *Suiffet*. URPILA.
Carro por puesto. *Cadenas*. ESCA.
La carta. *Garnica*. BEDRE.
Carta. *Gómez*. BOCCA.
Carta. *Jamís*. ARAY.
Carta. *Matte Alessandri*. ARTE.
Carta. *Mitre*. QUIROS.
Carta. *Navarro Harris*. VILLE.
Carta a Borges. *Arbeleche*. URPILA.
Carta a Jacqueline. *Nava*. MONDRA.
Carta a Juan Ramón Jiménez. *Niggemann*. CATO.
Carta a la primavera. *Blanco Fombona*. CAILL.
Carta a Leonardo. *Avila*. QUIROS.
Carta a María Lara. *Beltrán*. CAILL, MONSI.
Carta a María Teresa. *Rose*. MOLINA.
Carta a mí. *Francis*. SALAS.
Carta a mi isla. *Pita*. CATO.
Carta a Simón Bolívar. *Villagra Marsal*. VALLE.
Carta a un almendro que nació en el tiempo. *Niggemann*. CATO, URPILA.
Carta a un amigo difunto (Voz del agonizante). *Gutiérrez Hermosillo*. CAILL, MONSI.
Carta a un domingo humilde. *Rega Molina*. CAILL, GINAR.
Carta a un padre asesinado. *Zúñiga*. SALAS.
Carta a una hermana que vive en un país lejano. *Zamora*. VOLCAN.
Carta abierta. *Turkeltaub*. REYES.
Carta abierta a lucecita. *Balseca Franco*. BOCCA.
Carta aérea a las gaviotas de Chile. *Undurraga*. CAILL, GINCHI.
Carta al lobo. *Boullosa*. GENERA.
Carta al portero Fortunato Ortega. *Berthin Amengual*. BEDRE.
Carta al tiempo. *Alegría*. BAEZA.

Carta de amor. *Moro.* LIBRO, ORTEGA.
Carta de amor a la ramera. *Guerra Trigueros.* CEA.
Carta de enero. *Madariaga.* ORTEGA.
Carta de Federico García Lorca. *Calvo.* MOLINA.
Carta de México. *Aridjis.* TOPS.
Carta de una admiradora de John Lennon. *Hernández.* GENERA.
Carta del ahogado. *Ortiz Sanz.* QUIROS.
Carta familiar. *Pérez.* ARTE.
Carta lírica a otra mujer. *Storni.* GINAR, TOPS.
Carta océano. *Rojas Jiménez.* ARTE, CALA, GINCHI.
Carta para un viejo poeta. *Cos Causse.* ARAY.
Carta patria. *Buil.* ZAID.
La carta que no escribí. *García Calderón.* PERU, ROAL.
Cartas. *Agosín.* VILLE.
Cartas a Carola. *Castrillo.* SALVA.
Cartel. *Cajina Vega.* CARDE.
Cartel electoral del verde. *Carrera Andrade.* CAILL.
Cartilla cívica. *Gutiérrez.* MARQUE.
La Cartuja. *Darío.* CAILL, MODER.
La casa. *Cartagena Portalatín.* LAGOS, VOCES.
La casa. *Castilla.* VILLOR.
La casa. *Mistral.* GINCHI, TOPS.
Casa. *Montes.* ARTE.
Casa. *Navarro Harris.* VILLE.
La casa. *Taborga de Requena.* BEDRE.
La casa apagada. *Valle.* CAILL.
Casa con dos puertas. *González Martínez.* BAEZA, MONSI.
La casa de Allende número 5. *Carreto.* GENERA.
La casa de aquí. *Crespo.* ESCA.
Casa de Baudelaire. *Cerruto.* QUIROS.
Casa de Beethoven. *Cerruto.* QUIROS.
Casa de cambio. *Enríquez.* COHEN.
La casa de la moneda. *Shimose.* LETONA, PADRON.
Casa de Lope. *Cerruto.* QUIROS.
La casa de los fantasmas. *Zambrano Colmenares.* ESCA.
Casa de los monos. *Bartolomé.* GENERA.
La casa de mi infancia. *Gerbasi.* CAILL.
La casa de Natalia. *Quezada.* QUEZA.
La casa del Ello. *Lihn.* PADRON.
Casa del hombre. *Bayley.* FERNAN.
La casa del inválido. *Pérez.* QUEZA.
La casa del poeta. *Jerez-Valero.* ESCA.
La casa desierta. *Carrasco Peña.* URPILA.
La casa desierta. *Uribe.* GINCO.
La casa fantasma. *Arenas.* ARTE, CALA.
La casa habitada. *Liscano.* CAILL.
Casa marina. *Smith.* CAILL.
Casa paterna. *Llanos.* CAILL, GINCO.
La casa sin sueño. *Michelena.* MONSI.
Casa sobre tu pecho. *Lars.* CEA.
Casa vegetal. *Mendoza Sagarzazu.* ESCA.
Casablanca. *Llerena Blanco.* CATO.
El casamiento. *Carriego.* FERNAN.
Casandra. *Scarpa.* ARTE.
Casas como ángeles. *Borges.* TOPS.
Las casas quedaron llenas de humo. *Rugama.* CARDE, VOLCAN.
Cascada de cepa. *Rokha.* CALA.
Los caseríos. *Wyld Ospina.* CAILL.
Casi. *Guzmán Cruchaga.* ARTE.

Casi al mediodía. *Tellez*. BOCCA.
Casi como Dios. *Adoum*. PADRON.
Casi el verano. *Nava*. MONDRA, PAZ, SALAS.
Casi juicio final. *Borges*. JIMEN.
Casi soneto. *Florit*. CAILL.
Casida. *Molinari*. CAILL.
Casida. *Pacheco*. DEBI.
Casida de la bailarina. *Molinari*. CAILL.
La casita de estuco. *Rospigliosi*. BEDRE.
La casona (Villarrica). *Rodríguez Alcalá*. VALLE.
Casti connubi. *Martos*. TORO.
Castidad. *Reyes*. DEBI.
Castigo. *Acosta*. CAILL, ROAL.
Castilla. *Arteche*. SCARPA.
El Castillo. *Silva*. CARDE.
Castres. *López Colomé*. ZAID.
Catalina Parra. *Parra*. CALA, SCARPA.
Catalino Flores. *Cuadra*. CARDE.
Catarsis. *Bordao*. CATO.
La catedral. *Avila Jiménez*. BEDRE.
La catedral de Colonia. *Lozano y Lozano*. GINCO.
La catedral del bosque. *Vásquez*. CORSSE.
Catedral del alba. *Aristeguieta*. MEDINA.
Cauce de la vida. *Díaz Casanueva*. ARTE, CAILL, GINCHI.
Caupolicán. *Darío*. MODER.
Cauquil. *Mansilla*. WHITE.
Cauquil (Eng.). *Mansilla*. WHITE.
Causa y secreto. *Minelli González*. GINURU.
La cautiva Paty. *Sandoval*. ZAID.
Cava la lluvia su perfil de arena. *Fabani*. CAILL.
La caverna. *Arreola*. PAZ.
La caza. *Díaz*. CAILL.
Caza menor. *Díaz Muñoz*. ARAY.
El cazador. *Quezada*. QUEZA.
Cazador de espejismos. *Burgos*. TORO.
Cazador de fantasmas. *Chariarse*. LIBRO.
El cazador de moscas. *Guillén*. PERU.
El cazador y la estrella. *Vaz Ferreira*. CAILL.
La cazadora. *Coronel Urtecho*. SONETO.
Los cazadores de mariposas. *Argueta*. CEA.
La cebra. *Tablada*. DEBI.
Ceguedad para los valores. *Olivares Figueroa*. CAILL.
La ceiba y el dorado viento. *Fernández Retamar*. CAILL.
Celacanto. *Vera*. ESCA.
La celda. *Jaimes Freyre*. BEDRE.
Celda. *Valcárcel*. MOLINA.
Celda no. 5. *Borda Leaño*. BEDRE.
Celebración de la muerte. *Valle*. CAILL.
Celebración del universo. *Ayala*. TORO.
El célebre océano. *Huidobro*. CAILL, GINCHI.
Celeste esfera. *Estrella Gutiérrez*. CAILL, GINAR.
Celeste hija de la tierra. *Lihn*. CALA.
Celos. *Llerena Blanco*. LAGOS, VOCES.
Los celos del sacerdote. *Lugones*. TAPIA.
Celos y muerte de Booz. *Owen*. DEBI.
El celoso. *Rubio*. ARTE, SCARPA.
Cemetery in Punta Arenas. *Lihn*. TOPS.
Cementerio. *Pasos*. CARDE.

El cementerio de Vilcashuamán. *Cisneros*. ORTEGA.
Cementerio de Punta Arenas. *Lihn*. CALA, DOORS, TOPS.
Cementerio descubierto en Puan. *Cantoni*. KOFMAN.
Cementerio en el campo. *Amorím*. CAILL, GINURU.
Cementerio en la nieve. *Villaurrutia*. CAILL, PAZ.
Cementerio judío. *Valdés*. CALA.
Cementerio judío (Praga). *Gramcko*. MEDINA.
Cena. *Yañez*. COHEN.
La ceniza. *Claros*. TORO.
Ceniza. *González de León*. MONSI.
Ceniza y cera. *Vega*. GINCHI.
Ceniza y humo. *Lagos Lisboa*. BAEZA.
Cenizas. *Ibarbourou*. CAILL.
Cenizas. *Pizarnik*. TOPS.
Centauro de ciclones. *Mojica*. SALAS.
Centímetro a centímetro. *Bonifaz Nuño*. MONSI.
El centro del dormitorio. *Hahn*. REYES, WHITE.
Centroamérica. *Corssen*. CORSSE.
Los centros de la tierra. *Lara*. QUEZA.
El cenzontle. *Silva*. ROAL.
Cepo de Lima. *Belli*. ORTEGA, PADRON.
Cerca de mi ciudad desmemoriada. *Mizón*. ARTE.
Cerca del mar. *Lhaya*. ESCA.
Cerca, muy cerca de la noche. *Mendiola*. COHEN.
Cercanamente lejos. *Dávila*. ORTEGA.
El cerco. *Shelley*. PAZ.
Ceremonia de izar la bandera en la Casa Blanca. *Menén Desleal*. CEA.
Ceremonial del convidado. *Valle*. SCARPA.
Ceremonias ante la muerte de la cigarra. *Alvarez*. MEDINA.
Cerrad la luz. *Solana*. CAILL.
Los cerros. *Mendizábal Camacho*. BEDRE.
Certeza. *Paz*. JIMEN, TOPS.
Certainty. *Paz*. TOPS.
Certidumbre. *Aguirre*. CAILL.
La certidumbre de existir. *Pellegrini*. BACIU.
Cervantes. *Vázquez*. GINCO.
Cervidos. *Arreola*. PAZ.
César Moro. *Westphalen*. BACIU.
El César y la carne. *Mejía Sánchez*. CARDE.
Cesare Pavese. *Aguilar*. GENERA.
Cesare Pavese. *Nogueras*. BOCCA.
El cetro de los jóvenes (Frag.). *Calvo*. BOCCA.
Cha cha cha bailemos. *Bonifaz Nuño*. MONSI.
Chacayalera. *Camino*. GINAR.
Chain Reaction. *Silva Acevedo*. WHITE.
Chañaral. *Rojas*. CAILL, GINCHI.
Chanson d'amour. *Hernández*. TORO.
El chapaco alzado. *Alfaro*. BEDRE.
Chaplin. *Calderón*. ARTE.
Chapultepec. *Chacón Nardi*. CAILL.
Char. *Crespo*. PADRON.
El charango. *Calderón Lugones*. BEDRE.
Charango. *Rodrigo*. PERU.
La charca. *Rivera*. GINCO.
Los chayules. *Cardenal*. CEAL, PADRON.
Che. *Barnet*. FIERRO.
Che. *Martínez Matos*. ARAY.
Che comandante. *Guillén*. ARAY, DONOSO.
Che Guevara. *Guillén*. SONETO.

The Cheshire Cat. *Martínez*. WHITE.
Chess. *Rojas*. WHITE.
Chevron—Tipitapa. *Santos*. CARDE.
Chichigalpa. *Santos*. CARDE.
The Chicken Coop. *Maquieira*. WHITE.
Chile. *Godoy Godoy*. URPILA.
Chile. *Vargas*. VOLCAN.
Chile (Eng.). *Vargas*. VOLCAN.
Chile del Sur. *Valle*. CAILL, CALA, SCARPA.
Chile limita al noreste con Bolivia. *Quezada*. QUEZA.
Chile tu sangre Pablo. *Peña Gutiérrez*. ABRIL.
Las chimeneas. *Frugoni*. CAILL.
El chipote. *Castillo*. COHEN.
Christmas Carol. *Murillo*. VOLCAN.
Chronicle. *Quijada Urías*. VOLCAN.
Chronicle of Chapi, 1965. *Cisneros*. MARQUE.
Chubasco de segundas partes en la menor. *Enríquez*. COHEN.
Chumacero Alí. *Chumacero*. ROAL.
Ciclo del buen burgués. *Ibargoyen Islas*. DONOSO.
Ciclo solar. *Vallarino*. COHEN.
El ciego. *Kofman*. KOFMAN.
Ciego afán. *López Vallecillos*. CEA.
Ciego bastón. *Shimose*. LETONA.
Ciego Dios. *Placencia*. MONSI.
Cielo. *Cardona Torrico*. QUIROS.
Un cielo de paredes celestes. *Sansón*. CARDE.
Cielo envenenado: una visión terrena. *Cillóniz*. TORO.
El cielo y el infierno. *Campos*. COHEN.
Cielos matinales. *Gerbasi*. CAILL.
Cien sonetos de amor (Frags.). *Neruda*. TOPS
¡Ciencia! *Varona*. SONETO.
Cierra los ojos, mar. *Pacheco*. DEBI.
La cierva blanca. *Borges*. VILLOR.
Cifras. *Cabrales*. CARDE.
Cigarras. *Cross*. BOCPA.
Las cigarras. *Lugones*. CAILL.
Las cigarras. *Tablada*. DEBI.
Cigüeñas blancas. *Valencia*. BAEZA, CAILL, MODER.
Cima y gravedad. *Paz*. DEBI.
Cinco canciones antiguas. *Molinari*. CAILL, GINAR.
Cine. *Leduc*. MONSI.
Cine mudo. *Pietri*. MARZAN.
El ciprés. *Ibarbourou*. GINURU.
Circe. *Pérez*. ZAID.
Circe. *Zaid*. PAZ, TOPS.
Circe (Eng.). *Zaid*. TOPS.
The Circle Closes Here. *Rojas*. WHITE.
Círculo. *Barrenechea*. SCARPA.
Círculo. *Girri*. FERNAN.
Círculo (Frags.). *Rokha*. ARTE, CAILL, CALA, GINCHI, SCARPA.
Círculo de angustia (Frag.). *Amor*. SALAS.
Círculo de Uganda. *Corssen*. ARTE.
Círculos del hombre. *Lizardo*. MEDINA.
Círculos sin centro. *Storni*. CAILL.
Circunstancia 65. *Berenguer*. DONOSO.
Ciruja. *Cantadori Dintrans*. URPILA.
El cisne. *Agustini*. CEAL, MODER, TAPIA.
El cisne. *Darío*. MODER, TOPS.

Los cisnes. *Darío.* CAILL, MODER.
Los cisnes negros. *Avila Jiménez.* QUIROS.
Cisnes negros. *Lugones.* CAILL.
La cisterna. *Parra.* CAILL.
La cita. *Agustini.* ROAL, TAPIA.
La cita. *Ibarbourou.* TAPIA.
La cita. *González Martínez.* MODER.
Cita. *Mitre.* BEDRE.
Cita. *Mutis.* PADRON.
La cita. *Urquiza.* SALAS.
Cita con tus ojos. *Lagos.* LETONA.
Cita en la tarde. *Jaen.* SONETO.
City of San Salvador. *Canales.* VOLCAN.
City on Fire. *Hahn.* WHITE.
Ciudad. *Castrillo.* QUIROS.
Ciudad. *Owen.* DEBI.
La ciudad. *Rivera.* LETONA.
Ciudad, 12 p.m. *Ramírez Murzi.* ESCA.
La ciudad (Frag.). *Rega Molina.* BAEZA.
Ciudad bajo el relámpago. *Castellanos.* MONSI.
Ciudad bajo la lluvia. *Labastida.* PAZ.
Ciudad bajo mi voz. *Lars.* SALVA.
La ciudad de las perpetuas rosas (Antigua Guate.). *Wyld Ospina.* CAILL.
Ciudad de San Salvador. *Canales.* SALVA, VOLCAN.
Ciudad día (Frag.). *Pinto.* BOCCA.
Ciudad dormida. *Chocano.* CAILL.
Ciudad en llamas. *Hahn.* WHITE.
Ciudad gallina gris. *Comesaña.* COHEN.
La ciudad incompleta. *Vega.* VILLE.
Ciudad interior. *Arias.* GINURU.
Ciudad joven del fuego. *Rivera.* ESCA.
Ciudad maya comida por la selva. *Pacheco.* PADRON.
Ciudad perdida. *Barrenechea.* ARTE.
Ciudad Quesada. *Coronel Urtecho.* CARDE.
Ciudad satélite. *Electorat.* WHITE.
Una ciudad sumergida . . . *Beltrán.* MONSI.
Ciudad tomada. *Lara.* WHITE.
La ciudad y la poesía. *Quijada Urías.* SALVA.
La ciudad, y con el viento del norte. *Monge.* URPILA.
Ciudadanía y calor. *Molina.* BACIU.
Ciudadano. *Llinás.* BACIU.
Ciudadano libre. *Calzadilla.* DONOSO.
Las ciudades. *Novo.* MONSI, PAZ.
Las ciudades blancas de mi abuelo. *Hernández d'Jesús.* ESCA.
Civilización. *Torres Bodet.* MONSI.
Claire. *Bolaños Guerra.* ZAID.
El clamor. *Storni.* CAILL, GINAR, ROAL.
Clamor. *Vilela.* BEDRE.
Clamor a la América. *Estenssoro de Salinas.* BEDRE.
Clamor guerrero. *Ibáñez.* CAILL.
La clara confidencia. *Castro.* SCARPA.
Clara sombra. *Vicuña.* GINCHI.
Claridad furiosa. *Zaid.* ORTEGA, TOPS.
Claridad nocturna. *Lagos Lisboa.* GINCHI.
Claridad triunfante. *Lugones.* BAEZA.
Claro de luna. *Rospigliosi.* QUIROS.
Claro tú. *Osuna.* ESCA.
Claroscuro. *Herrera y Reissig.* CAILL, GINURU.
Claroscuro. *López Acuña.* COHEN.

La clase. *Alcides*. ARAY.
Clases de política. *Alvarez*. LAGOS, VOCES.
Classified Section. *Fernández Chericián*. MARQUE.
Claustro. *Zaid*. TOPS.
Clave. *Segovia*. COHEN.
Clavel de sombras. *Fuente*. SALAS.
Clima. *Arturo*. CAILL, GINCO.
The Clock. *Carrera Andrade*. TOPS.
Clodomira. *Vitier*. ARAY.
Cloister. *Zaid*. TOPS.
Los Cloisters. *Fontaine Talavera*. ARTE.
Close to Me. *Mistral*. TOPS.
Close up (Span.). *Salazar Bondy*. LIBRO.
Cobardía. *Delaval*. SALAS.
Cobardía. *Nervo*. BAEZA.
Cobra un precio infinito. *Tamayo*. QUIROS.
El coche. *Rega Molina*. CAILL.
El coche musical. *Lezama Lima*. ARAY.
Coda. *Blanco*. COHEN.
Code of Waters. *Calderón*. WHITE.
Códice de la virginidad perdida (Frag.). *Rocha*. TAPIA.
Códice del olvido. *Reyes*. SALAS.
Codicia. *Cardozo*. ESCA.
Código de aguas. *Calderón*. ARTE, VILLE, WHITE.
Código mayor. *Vila*. ARTE.
Coitus non interruptus. *Bañuelos*. MONDRA.
Colasa con ron. *Cabral*. CAILL, MORA.
Colasa con rumba. *Cabral*. MORA.
La cólera del infante. *Casal*. CAILL.
El colibrí. *Rasch Isla*. GINCO.
Colina cerca a Tunja. *Ibáñez*. GINCO.
Colinas furtivas. *Corssen*. CORSSE.
El colla. *Vilela*. BEDRE, QUIROS.
Colla muerto en el ingenio. *Galán*. VILLOR.
Collage. *Cid*. PERU.
A Collective Shot. *Suárez Quemain*. VOLCAN.
Collective Voice. *Castillo*. VOLCAN.
Colofón. *Appleyard*. VALLE.
Colombia es una tierra de leones. *Cobo Borda*. ORTEGA.
Colombia masacrada. *Anón., Colombia*. MARQUE.
Colombia Massacred. *Anón., Colombia*. MARQUE.
Colón y Cementerio. *Yllescas*. CARDE.
Coloquio. *Esténger*. MORA.
Coloquio bajo el laurel. *Blanco*. ROAL.
Coloquio con el hijo. *Materán Alfonzo*. ESCA.
Coloquio con el tiempo. *Martínez Salguero*. BEDRE.
Coloquio de los centauros. *Darío*. CEAL, MODER.
Coloquio de flauta y viento. *Castro*. CAILL, SCARPA.
Color. *Arévalo Martínez*. CAILL.
Color. *Meldiu*. SALAS.
Color de sueño. *Herrera y Reissig*. BAEZA, GINURU.
Un color más. *Berreta Galli*. URPILA.
El color rojo. *Diego*. ORTEGA.
Colores. *Silva*. ESCA.
Las columnas ceden. *Cantoni*. KOFMAN.
Columpios. *Barrenechea*. GINCHI.
Comarca apática. *Cobo Borda*. PADRON.
Combat. *Suárez*. VOLCAN.

Combate. *Suárez.* BOCPA, VOLCAN.
Comedor. *Arteche.* BAEZA, CALA, SCARPA.
Comer la tierra. *López Acuña.* COHEN.
La cometa. *Fresco.* URPILA.
El cometa Halley. *Quezada.* WHITE.
Comienza la luz (Frags.). *Correa.* GINCHI.
El comienzo. *Daza Guevara.* ESCA.
Comienzo. *Rodríguez Frese.* MARZAN.
Comienzo de la sangre. *Camacho Ramírez.* CAILL, GINCO.
Como a un Dios. *Diego.* ORTEGA.
Cómo amar lo imperfecto. *Juárroz.* VILLOR.
Como ausente. *Arce Navarro.* COSTA.
Como debe de ser. *Molina.* TOPS.
Como debieran ser nuestros poemas. *Valero.* ESCA.
Cómo desapareces. *Uribe Arce.* ARTE, SCARPA.
Cómo desnudar a una mujer con un saxofón. *Medina.* GENERA.
Como el árbol. *Vaz.* URPILA.
Como el día. *Sáenz.* QUIROS.
Como el fuego. *Serrano.* MONDRA.
Como el fuego. *Vitier.* CAILL.
Como el paisaje. *Viscarra Monje.* BEDRE.
Como el último bloque. *Turkeltaub.* REYES.
Como el viento o como el hombre. *Gottberg.* MEDINA.
Como en aquellos días. *Navarro.* ARAY.
Como en las copias de Montes. *Sotillo.* MEDINA.
Como es de amantes necesaria usanza. *Banchs.* CAILL.
¡Cómo esquiva el amor la sed remota! *Cuesta.* MONSI.
Como hermana y hermano. *González Martínez.* MONSI, TOPS
Como la lluvia, a solas. *Valjalo.* LETONA.
Como la primavera. *Ibarbourou.* CAILL.
Como las esferas. *López Velarde.* DEBI.
Como las gotas de agua. *Escobar.* DOORS.
Como latas de cerveza vacías. *Cardenal.* ORTEGA, PADRON, TOPS.
Como madre un amigo. *Cruchaga de Walker.* SCARPA.
¿Cómo mirarán las nubes? *Ortiz.* VEIRA.
Como perros y gatos. *Poblete.* VILLE.
Como pintan a los negros. *Llanos Allende.* MORA.
Como por ejemplo. *Lorca.* VILLE.
Como rumor de muchedumbre. *Bonifaz Nuño.* MONSI.
¡Cómo se agita . . . ! *Letona.* LETONA.
Como se friega al genio. *Hernández.* TORO.
Como si en flor divina me llagara. *Caputi.* GINURU.
Como si fuera de día. *Romualdo.* RUANO.
Como si fuera un rito. *Canzani D.* TAPIA.
Como si fuéramos los mismos. *Suardíaz.* ARAY.
Como si hubiera andado. *Paine.* VEIRA.
¡Cómo tarda en llegar . . . ! *Wilcock.* FERNAN.
Como tú. *Dalton.* SALVA.
Como un animal. *Padilla.* TARN.
Como un caballo negro. *Rosas Marcano.* ESCA.
Como un ciego. *Perry.* BAEZA.
Como un eco. *Wiethüchter.* QUIROS.
Como un espejo nos sorprende Septiembre. *Serrano.* CATO.
Como un fauno marino. *Pellicer.* DEBI.
Como un inmenso pétalo. *Fraire.* SALAS.
Como un pastor de cabras. *Pérez-So.* ESCA.
Como un pequeño ojo que mira hacia la muerte. *Derbez.* GENERA.
Como un pez se me pierde tu rostro de mis aguas. *Millán.* ARTE.
Como un romero. *Guerra.* BEDRE.

Como un sueño. *Zurita.* WHITE.
Como una hoja. *Bolaños.* ROAL.
Como una luz. *Sáenz.* DONOSO, QUIROS.
Como una mariposa. *Nervo.* DEBI.
Como una procesión de mariposas. *Morales.* MONDRA.
Compadre Mon en Haití (Frags.). *Cabral.* MORA.
La compañera. *Barquero.* ARTE, SCARPA.
La compañera. *Florit.* JIMEN.
La comparsa. *Pichardo Moya.* MANSOU, MORA, SENSE.
La comparsa del majá. *Arozarena.* MORA.
Comparsa habanera. *Ballagas.* CAILL, MORA, SENSE.
Compartiendo nubes. *Velasco.* ARTE.
El complicadísimo problema de como violar . . . *Milán.* LAGOS, VOCES.
Comprimido del tiempo. *Avila Jiménez.* QUIROS.
Comprobaciones. *González Carvalho.* CAILL, GINAR.
Comprueba tu fuego. *Yacovski.* DONOSO.
Compulsión. *Cárdenas.* SALAS.
Comunicado 2. *Navarro Harris.* CORSSE.
Comunicado final. *Valle.* SALVA.
Comunión plenaria. *Girondo.* CEAL.
Con alas alevosas. *Guerra.* BEDRE.
Con asombro. *López Saavedra.* URPILA.
Con Bogey en Casablanca. *Moore.* KOFMAN.
Con cada disparo. *Garzón Céspedes.* ARAY.
Con cálida emoción. *Guerra.* QUIROS.
Con cariño y con pena. *Vega.* BAEZA.
Con cuánta luz camino. *Pellicer.* MONSI.
Con dura transparencia y dura sombra. *Quessep.* ABRIL.
Con fondo de ángeles. *Lavín Cerda.* QUEZA.
Con furia. *Arce Navarro.* COSTA.
Con la cabeza busca. *Patiño.* MONDRA.
Con la flor del domingo. *Sabines.* FIERRO.
Con la lluvia. *Bañuelos.* DEBI.
Con la pureza de una fuente. *Leiva.* CAILL.
Con la tierra en los labios. *Romero.* VALLE.
Con los nervios saliéndome del cuerpo. *Sabines.* DEBI.
Con los ojos azules. *Alas.* ROAL.
Con los puños caídos. *Calderón.* COHEN.
Con luz y sombra. *Godoy Godoy.* URPILA.
Con melodioso lirio y diestras sales. *Ibáñez.* GINURU.
Con permiso. *Benedetti.* MARQUE.
Con pies de gato. *Barnet.* RUANO.
Con rabia, amor. *Berman.* ZAID.
Con tan sólo tus ojos. *Mora Martínez.* COSTA.
Con tanto, con ese ruido. *Revuelta Hatuey.* CATO.
Con tu amargura a cuestas. *Sabines.* MONSI.
Con un largo sollozo. *Cardona Torrico.* BEDRE.
Con un lento vagar . . . *Prado.* SCARPA.
Con un pie en la tierra. *Blanco.* GENERA.
Con un poco de olvido. *Placencia.* MONSI.
Con una hoz un fierro algún martillo. *Cunha.* FIERRO.
Concepción. *Pla.* VALLE.
Concha, ruina del mar. *Bonifaz Nuño.* DEBI.
Conciencia con cuerpo. *Rosenmann Taub.* SCARPA.
Concierto. *Rojas.* PADRON.
Concierto. *Sampedro.* COHEN.
Concierto de jazz. *Agudelo.* ABRIL.
Conciliación. *Wiethüchter.* QUIROS.

Conclusiones acerca de la muerte. *Alcides*. ARAY.
Concomitancia. *Alardín.* LAGOS, VOCES.
El conde Drácula sale de inspección. *Shimose*. MARQUE.
Condecoración y ascenso. *Adoum.* DONOSO, MARQUE.
Un condenado. *García Maffla.* ABRIL.
Los condenados. *Barquero*. SCARPA.
Condición y alarido. *Molina Venegas*. CORSSE.
Condiciones. *Vega*. MARZAN.
Condiciones objetivas. *Gutiérrez*. MARQUE.
Conditions. *Vega*. MARZAN.
Conejos de opio. *Desiderato*. BOCCA.
Confesión. *Segovia.* PAZ.
Confesión. *Vitier.* ORTEGA, PADRON.
Confesión del sí y del no. *Burgos*. CAILL.
Confesiones. *Rubio Huidobro*. ARTE.
Confiando. *González Vigil*. TORO.
Confianza. *Serrano.* MONDRA.
Confianza en el anteojo, no en el ojo. *Vallejo*. CEAL.
Confidencia. *Ortiz Pacheco*. BEDRE.
Confidencia a mi alma. *Bedregal*. QUIROS.
Confidencia con voz muy secreta. *Bollo.* CAILL.
Confín y envío. *Barbieri*. CAILL.
Confirmaciones. *Rodríguez Santos*. CATO.
La conga. *Tablada*. MANSOU, MONSI, SENSE.
Conjectural Poem. *Borges*. TOPS.
Conjuro. *Cobo Borda.* ABRIL.
Conjuro entre hierbas sin nombre. *Cea.* CEA, SALVA.
Conozco el preciso instante. *Camerati*. CORSSE.
La conquista de la luna. *Torri*. PAZ.
Los conquistadores. *Díaz*. SONETO.
Los conquistadores. *Martínez Matos.* ARAY.
Los conquistadores. *Salas.* RUANO.
Los conquistadores muertos. *Cisneros*. PADRON.
Consagración. *Herrera y Reissig*. TAPIA.
Consagración de la tortilla de maíz. *Castorrivas*. VOLCAN.
Consecration of the Corn Tortilla. *Castorrivas*. VOLCAN.
Consecuencias. *Langagne*. MONDRA.
Consejos a un joven poeta. *Morales*. BOCCA.
Consejos al indiferente (Frag.). *Aceves.* ZAID.
Consejos para las muchachas. *Watanabe*. TORO.
Considerando en frío, imparcialmente. *Vallejo*. CEAL, JIMEN.
Consigna. *Rose.* MOLINA.
Consonancia. *Díaz Muñoz*. ARAY.
Los conspiradores. *Cartosio*. DONOSO.
Construcciones I. *Mier*. ZAID.
Construyo tu alabanza. *Aridjis*. MONSI.
Consuelo. *Ortiz Pacheco*. BEDRE.
Contacto externo. *Huidobro*. CAILL, GINCHI.
Contactos. *Domínguez*. ARTE.
Contador. *Moro*. LIBRO.
Los contenidos. *Belli*. LIBRO.
Contesta tu figura. *Rokha.* SCARPA.
Contesto tu carta vieja amiga. *Escobar Velado*. CEA.
Contigo. *Díaz Casanueva*. SCARPA.
Continuidad. *Torres Bodet*. DEBI, MONSI.
Contra canto a Sonsonate. *Escobar Velado*. CEA.
Contra Critias. *Martos*. TORO.
Contra el reloj. *Salazar Bondy*. LIBRO.
Contra el verso retórico. *Martí.* TOPS.

Contra la muerte. *Rojas*. ORTEGA, REYES, SCARPA.
Contra la soledad. *Gottberg*. ESCA.
Contra los puentes levadizos. *Benedetti*. MARQUE.
Contra natura. *Hinostroza*. ORTEGA, TORO.
Contra natura. *Silva Acevedo*. REYES.
Contra suberna. *Flores*. COHEN.
Contra un muro de cantos. *Velásquez*. MEDINA.
Contracanto a Walt Whitman. *Mir*. ORTEGA.
Contradicciones ideológicas al lavar un plato. *Galván*. FLORES, GENERA, MONDRA, ZAID.
Contrapunto. *Ortiz*. TAPIA.
Contrapunto de la fe (Frag.). *Montes de Oca*. MONSI.
Contrary to Nature. *Silva Acevedo*. REYES.
Contraste y sueño. *Reyes*. CAILL.
Contrastes. *Jiménez*. MANSOU.
Contribución. *Ortiz*. MANSOU, SENSE.
Convaleciente. *Prado*. ARTE, SCARPA.
El convento. *Wyld Ospina*. CAILL.
Conversación. *Blanco*. ORTEGA.
Conversación con W. W. *Jaramillo Escobar*. ABRIL.
Conversación desesperada. *Usigli*. MONSI.
Conversación en un bar. *Paz*. DEBI.
Conversaciones. *Bañuelos*. DEBI.
Conversaciones. *Vargas*. ZAID.
Conversar. *Lastra*. ARTE.
Convocatoria siete. *Bedregal*. BEDRE.
El convoy. *Corretjer*. MARZAN.
The Convoy. *Corretjer*. MARZAN.
La copa. *Arrieta*. CAILL, GINAR.
Copa ciclópea. *Martí*. CEAL.
Copa con alas. *Martí*. CEAL, MODER
Copernicana. *Macedo*. BOCCA.
Copla. *Campero Echazú*. BEDRE.
Copla de San Isidro. *Castrillo*. QUIROS.
Copla mulata. *Lloréns Torres*. MORA, SENSE.
Coplas. *González Prada*. CAILL.
Coplas a la muerte de Merton. *Cardenal*. CEAL.
Coplas de ciego. *Martínez Estrada*. FERNAN.
Coplas del amor viajero. *Blanco*. CAILL.
Las coplas del último día. *Galán*. VEIRA.
Coplas del vino. *Parra*. JIMEN.
El coplero anónimo. *Campero Echazú*. BEDRE.
Copo de nieve. *Cesped*. QUIROS.
Cópula. *Pedroso*. LAGOS, VOCES.
Coral a Pedro Vilca Apaza. *Valcárcel*. TORO.
Coral de los mendigos. *Pasos*. ORTEGA.
Corazón. *Vargas Osorio*. CAILL, GINCO.
El corazón. *Arenas*. BACIU.
Corazón adentro. *Blanco Fombona*. CAILL, ROAL.
Corazón de la montaña. *Dávila*. CAILL.
Un corazón de panal. *Molina*. URPILA.
El corazón de todos los rostros. *Pellegrini*. BACIU.
Un corazón de verdad. *Llerena Blanco*. LETONA.
Corazón dolido de sueños. *Ibarbourou*. CAILL.
El corazón puesto a prueba (Vals criollo). *Salazar Bondy*. CAILL.
Corazón te pareces a las grandes ciudades. *López Vallecillos*. CEA.
Corazonada. *Adoum*. PADRON.
Cordillera. *Mistral*. SCARPA.
Cordillera. *Zavaleta Mercado*. BEDRE.

Cordillera de sangre. *Viscarra Fabre.* BEDRE.
Las cordilleras del Duce (Frag.). *Zurita.* ORTEGA.
Las cordilleras del Duce (Frag.). *Zurita.* WHITE.
The Cordilleras of Il Duce. *Zurita.* WHITE.
Cordura. *Cazasola.* QUIROS.
Corina. *Bedregal García.* QUIROS.
Corner. *Millán.* WHITE.
Cornucopia. *Millán.* QUEZA.
Corola parva. *Sologuren.* PADRON.
Corona de María. *Uribe.* CAILL.
La corona rota. *Castro.* SALAS.
The Corpse. *Ruano.* VOLCAN.
Corpus Domini. *Shimose.* QUIROS.
El correo. *Rosas Marcano.* ESCA.
Correo. *Zepeda.* MONDRA.
Correspondencia. *Capriles.* QUIROS.
Correspondencia. *González-Cruz.* CATO.
Correspondencia. *Millán.* ARTE, REYES.
La corrida. *Larreta.* SONETO.
Corrido de Domingo Arenas. *Lira.* CAILL.
El corrido del negro Lorenzo. *Otero Silva.* MANSOU, SENSE.
Corrupción. *Serrano.* MONDRA.
Corsario de tinieblas. *Ramponi.* VEIRA.
Corte longitudinal de dos figuras . . . *Serrano.* MONDRA.
Corte transversal de la mañana. *Montes de Oca.* DEBI.
Cortejo. *Marechal.* CAILL, GINAR, JIMEN.
La cortina del país natal. *Anón., Nicaragua.* MARQUE.
Cortometraje. *Luque Muñoz.* BOCCA.
Corza del crepúsculo. *González.* CAILL.
La cosa. *Bellinghausen.* ZAID.
Cosas. *Mistral.* ARTE, CALA, JIMEN, SCARPA.
Cosas. *Placencia.* MONSI.
Las cosas. *Varela.* COHEN.
Cosas africanas. *Hernández Cruz.* MARZAN.
Cosas de ciegos. *Molina Venegas.* WHITE.
Cosas del amor. *Cuéllar.* CEA.
Cosecha comunal. *Zepeda.* MONDRA.
Cosmopolitismo. *González Prada.* CAILL.
Costa Rica. *Cabrera.* COSTA.
El costal de las sombras vació todo su frío. *Iza.* LAGOS, VOCES.
Costumbres. *Crespo.* PADRON.
Costumbres. *Gelman.* DOORS.
La costurerita que dio aquel mal paso. *Carriego.* SONETO.
Cota de malla. *Tamayo.* QUIROS.
Cotidianeidad. *Mora Martínez.* COSTA.
Count Dracula on an Inspection Tour. *Shimose.* MARQUE.
Cow-boy y fábula de Buffalo Bill. *Corcuera.* MARQUE.
Cowboy and Fable of Buffalo Bill. *Corcuera.* MARQUE.
Los coyolares. *Turcios.* CAILL.
Creación. *Aridjis.* MONDRA.
Creación. *Rosenmann Taub.* SCARPA.
La creación. *Villegas.* ESCA.
Creación del poeta o malinterpretación. *Campos.* COHEN.
Crece la luz y crece la mañana. *Fabani.* CAILL.
Crecen altas las flores. *Guillén.* MARQUE.
Creciente. *Berenguer.* ORTEGA.
Una creciente de recuerdos. *Querales.* ESCA.
El crecimiento. *Pérez.* QUEZA.
Crecimiento de Rodrigo Tomás. *Rojas.* CAILL.

Credenciales. *Welder*. BOCCA, QUEZA.
Credo. *Leduc*. MONSI.
Credo. *Maya*. ARBEL.
Credo. *Mistral.* CAILL.
Credo. *Pedroni.* VILLOR.
Creerás que siempre. *Claros*. TORO.
Creí pasar mi tiempo. *Alegría*. FLORES.
Creía yo. *Fernández*. FERNAN, JIMEN.
¿Creíste que te iba a dar la mano? *Sánchez León*. TORO.
Creo. *Rivas*. ESCA.
Creo en la vida. *Montejo*. ORTEGA.
Crepuscular. *Casal*. CAILL, MODER.
Crepuscular. *Rocuant*. GINCHI.
Crepúsculo. *Fernández Moreno*. FERNAN.
Crepúsculo. *Jaimes Freyre*. QUIROS.
Crepúsculo. *Machado de Arnao*. MEDINA.
Crepúsculo. *Silva*. CEAL, GINCO.
Crepúsculo. *Silva*. CEAL.
Crepúsculo. *Torres Bodet*. DEBI.
Crepúsculo argentino. *Fernández Moreno*. FERNAN.
Crepúsculo campesino. *Medinaceli*. BEDRE.
Crepúsculo de la ciudad. *Paz.* MONSI.
Crepúsculo de soledad. *Gerbasi*. MEDINA, ORTEGA.
Crepúsculo en el río. *Amorím.* GINURU.
Crepúsculo en el puerto. *Blomberg*. SONETO.
Crepúsculos del jardín. *Lugones*. CAILL.
Cresta. *Liscano*. PADRON.
Criaturas fosforescentes. Niños. *Marquina*. CEA.
Criolla. *Vaca Chávez*. BEDRE.
Criollas. *Pellerrano Castro*. CAILL.
Crisálidas. *Silva*. CEAL.
Las crisantemas. *Contreras.* ARTE.
Crisis de imaginación. *Díaz Herrera*. RUANO.
Cristal en Tlatelolco. *Escalante*. COHEN.
Cristalomancia. *Arrieta*. CAILL.
Cristiana. *González de León*. MONSI.
Cristo. *Fombona Pachano*. CAILL.
Cristo. *Jaimes Freyre*. QUIROS.
Cristo muerto. *Riestra.* CAILL.
El Cristo pobre. *Arenas*. ARTE.
Crónica. *Falconi*. ZAID.
Crónica. *Moore.* KOFMAN.
Crónica. *Quijada Urías*. VOLCAN.
Crónica (desde la cocina). *Navarro Harris*. VILLE.
Crónica (desde la piel). *Navarro Harris*. VILLE.
Crónica de Chapi, 1965. *Cisneros*. MARQUE, RUANO.
Crónica de Lima. *Cisneros.* TORO.
Crónica de los pobres amantes. *Oliva*. CATO.
Crónica de salón. *Paredes*. VOLCAN.
Crónica de una muchacha salvadoreña. *Cea.* CEA.
Crónica del extranjero. *Razzeto*. TORO.
Crónica salvadoreña. *Cea*. CEA, SALVA.
Crónicas. *Agosín*. VILLE.
Crónicas. *Gelman.* ALEGRI.
Crónicas de infancia. *Cuéllar*. CEA, SALVA.
Cronos. *Parra.* CEAL.
Cronos. *Reynolds*. BEDRE, QUIROS, SONETO.
Croquis. *Valencia.* MODER.

Croquis en la arena. *Girondo*. BACIU, CEAL.
El crucificado. *Silva*. ESCA.
Las crucifixiones. *Cantadori Dintrans*. URPILA.
Crudelísima cruz. *Mejía Sánchez*. CAILL.
La cruz. *Morador*. GINURU.
La cruz. *Parra*. CEAL.
Cruz. *Rivero*. ARAY.
La cruz del sur. *Tablada*. BACIU, PAZ.
Cruz, el gañán. *Novo*. DEBI.
Cruzamos puentes interminables. *Molina*. COHEN.
Cruzas por estas páginas. *González Martínez*. MONSI.
Cuaderno de noviembre. *Huerta*. MONDRA.
Cuadernos de clase. *Suardíaz*. ARAY.
Cuadrados y ángulos. *Storni*. LAGOS, VOCES.
Cuadrito de movimiento. *Vidales*. CAILL, GINCO.
Cuadro. *Villaurrutia*. DEBI.
¿Cuál es? *Oribe*. CAILL.
Cual pintar cual primer. *Fariña*. CORSSE.
¿Cuál sería . . . ? *Byrne*. CAILL, ROAL.
Cualquier lugar de la ciudad. *Rosario*. BOCCA.
¿Cuándo? *Cuadra*. CARDE.
¿Cuándo? *Reynolds*. QUIROS.
Cuando acomete la comba sombría. *Montero*. MONSI.
Cuando ahora tranquilo . . . *Prado*. SCARPA.
Cuando alguien muere. *López*. TARN.
Cuando aquellos que ustedes aman. *Carneiro*. ORTEGA.
Cuando asesinaron a Kennedy. *Valdés*. CALA.
Cuando beso. *Murena*. TAPIA.
Cuando cae el telón. *Sienna*. CAILL, GINCHI.
Cuando cesa una cosa. *Juárroz*. PADRON.
Cuando conocí a Roland Barthes (Frags.). *Aguilar Mora*. COHEN.
Cuando crezcan las hierbas. *Molinari*. CAILL.
¡Cuándo de Chile . . . ! *Neruda*. SCARPA.
Cuando Dios creó los cielos. *Cabrera Carrasco*. URPILA.
Cuando diseque el tiempo. *Ortiz de Montellano*. CAILL.
Cuando el diablo me rondaba. *Cisneros*. TORO.
Cuando el equipo de León. *MacField*. CARDE, MANSOU.
Cuando el espejo. *Avila*. BOCCA.
Cuando el espíritu no habla. *Belli*. PADRON, RUANO.
Cuando el transatlántico pasaba. *Pellicer*. DEBI.
Cuando escribo. *Santos*. CARDE.
Cuando estás en mi cuerpo. *Silva*. GINURU, TAPIA.
Cuando la sombra. *Aridjis*. DEBI.
Cuando las barcas crujientes. *Arráiz*. MEDINA.
Cuando los veteranos. *Arráiz*. CAILL.
Cuando me he despertado. *Suárez*. TAPIA.
Cuando me vaya. *Yarza*. MEDINA.
Cuando me ves así. *Pedroni*. VILLOR.
Cuando mi vejez. *Feria*. ARAY, TARN.
Cuando miréis como al acaso. *Losada*. MEDINA.
Cuando mis papeles. *Feria*. TARN.
Cuando no exista la lágrima. *Vargas Osorio*. CAILL.
Cuando no se da más de tanto vivir. *Azcona Cranwell*. VILLOR.
Cuando nuestro dolor fíngese ajeno. *Fernández*. JIMEN.
Cuando parte el amor. *Camarillo de Pereyra*. CAILL.
Cuando pases la mano. *Letona*. LETONA.
Cuando pienso en la música. *Uribe Arce*. ARTE, GINCHI, SCARPA.
Cuando regresemos. *Zamora*. VOLCAN.
Cuando regreso del poema. *Clavijo*. CATO.

Cuando reímos amándonos ríe el planeta. *Cunha*. JIMEN.
Cuando retornes de tu ausencia, dime. *Guzmán*. ESCA.
Cuando se acabe. *Camerón*. WHITE.
Cuando se apaga la luz grande. *Mora Martínez*. COSTA.
Cuando se comenzó. *Sansón*. CARDE.
Cuando se fué Magdalena. *Arteche*. ARTE.
Cuando seas un alma. *Sabat Ercasty*. CAILL, GINURU.
Cuando sepas hallar una sonrisa. *González Martínez*. MONSI, ROAL.
Cuando te mudas en araña. *Nájar*. TORO.
Cuando te vas. *Rico*. SALAS.
Cuando tengas ganas de morirte. *Sabines*. PADRON.
Cuando todo hiere en lo hondo. *Najlis*. BOCPA.
Cuando todo regrese a la palabra. *Massaroni Lusby*. URPILA.
Cuando toses de noche. *Sandoval*. MONDRA.
Cuando tú llegues. *Vega*. CAILL.
Cuando vayamos al mar. *Loynaz*. CAILL.
Cuando vengas, amor. *Cárdenas Peña*. MONSI.
Cuando vuelvas la vista. *Peña*. SALAS.
Cuando ya no me quieras. *Vizardi*. BAEZA.
Cuando yo. *Hurtado*. ESCA.
La cuarentena. *López*. CAILL.
Cuaresmal. *López Velarde*. MONSI.
Cuarteto de cuerdas. *Planchart*. MEDINA.
Cuarteto de Dusseldorf. *Avila Jiménez*. QUIROS.
Cuarteto de Pompeya. *Morábito*. GENERA.
Cuartetos persas. *González Prada*. CAILL.
Cuarto. *Crespo*. PADRON.
Cuarto canto de abandono. *Huerta*. CAILL.
El cuarto cerrado. *Eguren*. PERU.
Cuarto de hora. *López*. SONETO.
Cuarto de los espejos. *Oquendo de Amat*. LIBRO.
Cuarto encantamiento de la 10a. ceremonia. *Ceselli*. TAPIA.
Cuarto sol. *Zepeda*. MONDRA.
Cuaterna vía. *Olivari*. FERNAN.
Cuatro. *Oliver*. BOCCA.
Cuatro A. *Galván*. MONDRA.
Cuatro B. *Galván*. MONDRA.
Cuatro caminos. *Guzmán Cruchaga*. GINCHI.
Las cuatro fases del luisón. *Domínguez*. VALLE.
Cuatro muchachas alrededor de una manzana. *Watanabe*. TORO.
Cuatro poemas breves. *Chacón Nardi*. CAILL.
Cuatro soledades. *Reyes*. CAILL.
Cuatro vilanelas. *Aguilar*. GENERA.
El cubano del poema. *Feria*. LAGOS, VOCES.
Cubrir la duda con un mantel de fiesta. *Calzadilla*. ESCA.
El cuchillo. *Borquez Solar*. GINCHI.
Cueca (Círculo rítmico). *Fugellie*. CORSSE.
Cuencas de Orongo. *Corssen*. ARTE.
Cuentan los hombres. *Uribe Arce*. ARTE, SCARPA.
Cuentas falsas. *Agustini*. GINURU.
Cuento. *Aróstegui Arce*. BEDRE.
Cuento. *Calzadilla*. ESCA.
Cuento. *Vallarino*. MONDRA.
Cuento de Baquiné. *Llanos Allende*. MORA.
El cuento de las tres princesas. *Sanchez-Galarraga*. BAEZA.
Cuento de la tarde. *Teillier*. SCARPA.
Cuento negro. *Llanos Allende*. MORA.
Cuerda en el vacío. *Cerruto*. QUIROS.

Cuerpo. *Nogueras*. ORTEGA.
Cuerpo. *Ulacia*. ZAID.
Cuerpo a la vista. *Paz.* TAPIA.
Cuerpo de la lluvia. *Gottberg*. MEDINA.
Cuerpo de todas mis sombras. *Hahn.* ARTE.
Cuerpo del sueño. *Liscano*. CAILL.
Cuerpo en el trópico. *De Sola*. MEDINA.
El cuerpo me lleva. *Ferreyra Basso*. CAILL.
El cuerpo suicida. *Sánchez Peláez*. MEDINA.
Cuerpopiel para un poema. *Alamo.* TAPIA.
Cuerpos. *Mitre*. QUIROS.
Los cuerpos (Frags.). *Cazasola Mendoza*. LAGOS, VOCES.
Los cuerpos (Frags.). *Cazasola Mendoza*. BEDRE.
El cuervo. *Gramcko*. MEDINA.
El cuervo. *Oliva.* CATO.
Los cuervos. *Jaimes Freyre*. QUIROS.
Cuervos. *Zaid.* ORTEGA.
Cuidado con las consignas. *Castrorrivas*. SALVA.
Cuídate del coleóptero. *Menén Desleal.* CEA.
Los culpables. *Dalton*. CEA.
Cultivo una rosa blanca. *Martí.* ROAL.
Cumbelé macumbelé. *Arozarena*. MORA.
Cumpleaños. *Nogueras*. BOCCA.
Cumpleaños. *Valdés.* ARTE.
La cuna. *Pedroni*. BAEZA.
Cuna de mellizos. *Molina Viana*. BEDRE.
Cundiricus Tsitsiqui flor hechizada. *Guerra*. SALAS.
El cura. *Herrera y Reissig.* CAILL, MODER.
Curepto. *Sepúlveda.* ARTE.
Curriculum. *Nisttahuz*. QUIROS.
Curriculum Vitae. *Agosín.* VILLE.
El curso de agua. *Chouhy Aguirre*. VILLOR.
Curso de estética. *Luque Muñoz.* ABRIL.
The Curtain of the Native Land. *Anón., Nicaragua*. MARQUE.
La curva del camino. *Chioino*. PERU.
Customs. *Gelman.* DOORS.
Cyrina. *Loynaz*. CAILL.

Dadme. *Fernández*., DONOSO, VALLE.
Dadme más vino. *Carranza*. CAILL.
Dadme mi número. *Burgos.* MARZAN.
Dador de vida. *Galván*. MONDRA.
Los dados eternos. *Vallejo.* CEAL.
Daguerrotipo. *Cobo Borda*. ABRIL.
Daguerrotipo. *Martos*. RUANO.
Daily Round of the Spinster. *Castellanos*. FLORES.
La dama de la torre. *Cross.* COHEN.
La dama de las perlas. *Buesa.* TAPIA.
La dama de los cabellos ardientes. *Barba Jacob*. CAILL.
Dama de pensamientos. *Arreola*. PAZ.
La dama gris. *Contreras.* CEA, SALVA.
Dama huasteca. *Paz.* BACIU, PAZ.
La dama i. *Eguren*. MODER.
Dame una rosa. *Bilbao.* VALLE.
Dame, ¡Oh muerte! *Cardoza y Aragón*. CAILL.
Danaide. *Chouhy Aguirre.* CAILL.
The Dance. *Agosín*. TOPS.
Danos hoy nuestro pan de cada día. *Sosa Chacín*. ESCA.
Danubio azul. *Silva Acevedo*. ARTE, WHITE.

La danza. *Agosín*. TOPS, VILLE.
Danza. *Camarillo de Pereyra*. SALAS.
La danza. *Salazar Bondy*. LIBRO.
Danza. *Torres Bodet*. PAZ.
La danza. *Torres Bodet*. CAILL.
La danza caribe del Yancunú. *Barrera*. MANSOU, SENSE.
Danza de amor. *Fernández de Carrasco*. BEDRE.
Danza de la ceniza. *Guzmán Cruchaga*. CAILL.
Danza de la llave perdida. *Fombona Pachano*. MEDINA.
La danza de la muerte. *Peña*. CARDE.
Danza de la muerte ebria. *Pérez*. BOCCA.
Danza de las horas. *Contreras*. CEA.
La danza de los astros. *Cortés*. CARDE.
La danza de tu traje lila. *Parra del Riego*. CAILL.
Danza del viento. *Guzmán Cruchaga*. GINCHI.
Danza elefantina. *González Martínez*. MONSI.
Danza negra. *Palés Matos*. CAILL, JIMEN, MORA, SENSE.
Danza ritual en honor de Chiconcoat. *Rivas*. CEA.
Danza, mulata. *Artel*. MANSOU, TAPIA.
El dardo. *Sologuren*. LIBRO, PADRON.
A Dark Meadow Invites Me. *Lezama Lima*. TOPS.
The Dark Room. *Belli*. TOPS.
Dáteme poema. *Belli*. LAGOS, VOCES.
Datos. *O'Hara Gonzales*. BOCCA.
Datzibao. *Verástegui*. TORO.
David. *Urquiza*. SALAS.
La dávida. *Prado*. BAEZA.
The Dawn. *Jaimes Freyre*. TOPS.
La de a mil. *Vallejo*. CEAL, CAILL.
De algo sirve. *Shelley*. MONDRA.
De algún tiempo a esta parte. *Pacheco*. PAZ.
De amonitas y catedrales de piedra: Atacama. *Corssen*. ARTE.
De amor y de odio. *Ocampo*. VILLOR.
De ángel salvaje (Frag.). *Duverrán*. SEGURA.
De bacantes. *Cross*. LAGOS, VOCES.
De blanco. *Gutiérrez Nájera*. CAILL, DEBI, MODER.
De camino. *Campero Echazú*. QUIROS.
De cinco poemas. *Anguita*. SCARPA.
De cita en invierno. *Neruda*. SCARPA.
De como Dios disfraza su ternura. *Ballagas*. CAILL.
De como la muerte murió en mi cama. *Parayma*. ESCA.
De corte clásico. *Patiño*. MONDRA.
De cosa en cosa. *Cunha*. ORTEGA.
De cuerpo presente. *Chumacero*. CAILL, ROAL.
De dientes para adentro. *Monsreal*. COHEN.
¿De dónde habré sacado tu nombre? *Cazasola*. QUIROS.
¿De dónde llega? *Guzmán Cruchaga*. ARTE.
¿De dónde vienes, arroyo? *Vidart*. GINURU.
De espalda a las campanas. *Escalona*. ESCA.
De espaldas. *Calderón*. COHEN.
De estas palabras que me cercan. *Guzmán*. ESCA.
De faldas y otras prisiones. *Dobles Yzaguirre*. LAGOS, VOCES.
De fusilamientos. *Torri*. PAZ.
De hombre a muerte. *Fernández*. ARAY.
De ida. *Rugama*. CARDE.
De invierno. *Darío*. MODER.
De la adolescente. *Marechal*. JIMEN.
De la ardua lección. *Owen*. MONSI.

De la aurora recién nacida. *Castiñeira de Dios*. GINAR.
De la campana al bronce. *Zapata Prill*. LAGOS, VOCES.
De la cárcel. *Flores*. MARQUE.
De la conciencia vegetal. *Avila Jiménez*. QUIROS.
De la cordura. *Marechal*. JIMEN.
De la esperanza. *Sabines*. DOORS.
De la ilusión. *Sabines*. DOORS.
De la imaginación. *Cartaña*. CATO.
De la madre. *Flores*. MARQUE.
De la muerte. *Sabines*. DOORS.
De la noche. *Sabines*. DOORS.
De la poesía. *Lindo*. CEA.
De la sombra no me quites nada. *Lhaya*. MEDINA.
De las aves sin nombre. *Calderón*. WHITE.
De las canciones humanas sin tiempo. *Jesualdo*. GINURU.
De las estrellas y el silencio. *Zapata Prill*. BEDRE.
De las palabras y la poesía. *Fernández*. VALLE.
De lo mismo. *Lihn*. RUANO.
De los felices ingenios. *López Morales*. ARAY.
De los vivos. *Ibáñez*. BOCPA.
De los vivos. *Ibáñez*. GINURU.
De manera que. *Eguiluz*. CORSSE.
De mente en mente vas tú sola. *Aridjis*. COHEN.
De metal y de melancolía. *Romualdo*. ORTEGA.
De mi ausencia en los ríos. *Aray*. ESCA.
De mi cosecha. *Cesped*. BEDRE.
De mi tierra. *Molina*. BEDRE.
De mirar arriba. *Guevara*. ESCA.
De muchos modos. *Shelley*. MONDRA.
De nada sirve la isla. *Carrera Andrade*. CAILL.
De noches de andrenalina (sic). *Ollé*. LAGOS, VOCES.
De nuevo la cárcel. *Dalton*. DOORS.
De nuevo usted señor. *Suárez*. ALEGRI, SALVA.
De nuevo, las fuentes. *Maya*. ARBEL.
De otoño. *Darío*. CAILL, MODER.
De otro árbol. *Fernández*. ARAY.
De otro fué la palabra, antes que mía. *Cuesta*. MONSI.
De otro modo. *Ballagas*. JIMEN, BAEZA.
De pie. *Peralta*. CAILL.
De pie. *Saa*. CATO.
De pie, sobre la sombra. *Insausti*. MEDINA.
De profundis. *Bernal*. COHEN.
De pronto comprendí. *Turkeltaub*. REYES.
De qué mundo ignorado. *Prado*. GINCHI, SCARPA.
De regreso a casa. *Restrepo*. ABRIL.
De regreso de la muerte. *Vargas Osorio*. CAILL.
De repente en la noche pienso en mi madre. *Freidemberg*. BOCCA.
De repente la música. *Gaitán Durán*. ARBEL.
De seis pétalos. *Florit*. CAILL.
De siempre. *Sampedro*. COHEN.
De siempre. *Viscarra Monje*. BEDRE.
De Sophia. *Marechal*. CAILL.
De sus ojos ornados de arenas vítreas. *Bracho*. COHEN.
De tal manera mi corazón enflaquece. *Hahn*. PADRON.
De tanto andar por inconexas formas. *Cardona Torrico*. QUIROS.
De tarde. *Céspedes*. GINCO.
De tiempo, acento, muerte y caridad. *Ferrari*. LIBRO.
De tiempo en tiempo, la guerra. *Padilla*. PADRON.
De tiniebla. *Estrada y Ayala de Ramírez*. CAILL.

De un revolucionario a J. L. Borges. *Dalton*. TOPS.
De un tirón. *Lindo*. SALVA.
De una costa a la otra. *Navarro*. ARAY.
De una pesadilla. *Peñaranda*. BEDRE, QUIROS.
De una postulante a víctima inocente. *Díaz Diocaretz*. VILLE.
De una vez por todas. *Sancho Castañeda*. SALVA.
De vez en cuando corremos por la orilla. *Avreu Felippe*. CATO.
De viaje. *Chocano*. BAEZA, PERU.
De virazón. *Wiezel*. LAGOS, VOCES.
De vuelta de la pampa. *Pezoa Véliz*. CAILL.
The Dead. *Eguren*. TOPS.
Dead Gallop. *Neruda*. TOPS.
Deadly Woman. *Cuza Malé*. TARN.
Death Interrupts Routine. *Turkeltaub*. REYES.
Death Is Sitting at the Foot of My Bed. *Hahn*. TOPS, WHITE.
The Death of Matías Aldecoa. *Mutis*. DOORS.
The Death of Somoza. *Mejía Sánchez*. VOLCAN.
Death without End. (Frag.). *Gorostiza*. TOPS.
Debajo de cada piedra. *Hoeffler*. WHITE.
Debajo de la flor. *Ortiz Saralegui*. CAILL.
Debajo de los árboles secretos. *Escalona Escalona*. MEDINA.
Debajo de mi cama. *Parra*. REYES.
Deber y derecho de escribir. *Fernández Retamar*. ARAY.
Débil del alba. *Neruda*. JIMEN, ROAL.
Debo hablar en pasado. *Garnica*. QUIROS.
Debussy. *Mendoza Sagarzazu*. ESCA.
La década estoica. Oraá. ARAY.
Decadencia. *Reynolds*. QUIROS.
Decálogo del artista. *Mistral*. TOPS.
Decalogue of the Artist. *Mistral*. TOPS.
La décima criolla. *Ribera Chevremont*. JIMEN.
Décima muerte. *Villaurrutia*. CAILL.
Décimas a Dios. *Amor*. ROAL.
Décimas a la vida. *Fernández Moreno*. FERNAN.
Décimas a mi muerte. *Nandino*. MONSI.
Décimas al polvo. *Amor*. MONSI.
Décimas de la superstición llanera: El ánima sola. *León Guevara*. ESCA.
Décimas de la superstición llanera: La bola de fuego. *León Guevara*. ESCA.
Décimas de la superstición llanera: La llorona. *León Guevara*. ESCA.
Décimas de la superstición llanera: El silbón. *León Guevara*. ESCA.
Décimas finales. *Cunha*. ORTEGA.
Decires del indio que buscaba trigo. *Cuadra*. ROAL.
Decirte qué, acaso. *Rivera*. LETONA.
Declamato come in coda. *Adán*. CAILL, ORTEGA.
Declaración de amor. *Argueta*. CEA, SALVA.
Declaración de inicio. *Campos*. MONDRA.
Declaración de la madre. *Bustamante*. BOCPA.
Declaración de odio. *Huerta*. FIERRO, MONSI, ORTEGA, PAZ, TOPS.
Declaración de otoño. *Becerra*. ORTEGA.
Declaración de paz. *Aguilar*. SALAS.
Declaración de principios. *Hidalgo*. TAPIA.
Declaration of Hate. *Huerta*. TOPS.
Decomposition with Laughter. *Aridjis*. TOPS.
Decoración heráldica. *Herrera y Reissig*. TOPS
Dédalo. *Torres Bodet*. PAZ, TOPS.
Dédalo dormido. *Sologuren*. LIBRO, PADRON.
Dedicatoria. *Martí*. CEAL, MODER.
Deducciones. *Calderón*. WHITE.

Deductions. *Calderón*. WHITE.
Deeds. *Gelman*. DOORS.
Defensa. *Remón Villalba*. CATO.
La defensa de pan. *Gavidia*. CEA.
Defensa de Violeta Parra. *Parra*. CEAL.
Defensa del domingo. *Carrera Andrade*. CAILL.
Definición. *Caro*. BOCCA.
Deja el laurel. *Magallón*. SALAS.
Deja los asideros engañosos del muelle. *Mendiola*. COHEN.
Deja que empolve tu cabeza blonda. *Jaimes Freyre*. QUIROS.
Deja que esparzan su humedad de batracios. *Bracho*. COHEN.
Deja vu. *Boido*. BOCCA.
Dejad, pués, que sucumba. *Lindo*. CEA.
Dejadnos vivir. *Mercurio*. BEDRE.
Déjame entrar a tu íntimo alfabeto. *Aridjis*. COHEN.
Dejas de ser padre. *Rosas Galicia*. COHEN.
Dejo que esta mano te llore. *Scarpa*. ARTE.
Dejome Dios ver su cara. *Ibáñez*. CAILL.
Del adiós a la guerra. *Marechal*. FERNAN, JIMEN.
Del amor doloroso. *Urquiza*. SALAS.
Del amor navegante. *Marechal*. GINAR, JIMEN, VILLOR.
Del campo. *Mutis*. GINCO, PADRON.
Del cancionero del lago. *Olivares*. CAILL.
Del corazón arroquelado. *Marechal*. SONETO.
Del cuerpo en otro cuerpo. *Lima Quintana*. TAPIA.
Del dolor cotidiano. *Escobar Velado*. CEA, SALVA.
Del escribano y su invención. *Feria*. ARAY.
Del finao. *Redoles*. ARTE.
Del fuego. *Varela*. GENERA, ZAID.
Del hombre, su color, su sonido y su muerte. *Marechal*. CAILL.
Del horizonte hacia afuera. *Clavijo*. CATO.
Del ídolo y su sombra. *Ávila*. QUIROS.
Del instrumento necesario. *Mediza*. BOCCA.
Del jardín hay memoria. *Daza Guevara*. ESCA.
Del mapa del tiempo. *Barnet*. RUANO.
Del mar. *Jenkins Dobles*. SEGURA.
Del mar. *Padilla*. MONSI.
Del mito. *Sabines*. DOORS.
Del nuevo desorden musical. *Blanco*. GENERA.
Del pasado remoto (Frags.). *Novo*. JIMEN.
Del pasado remoto (Frag.). *Novo*. PAZ.
Del pecado de amarte. *Sansores*. TAPIA.
Del pueblo natal. *López Velarde*. SONETO.
Del ritmo. *Gómez*. MEDINA.
Del roce de nuestras piernas asomará. *Sánchez León*. TORO.
Del ser a solas. *Enríquez*. ZAID.
Del silencio. *Florit*. CAILL.
Delación. *Fernández*. ARAY.
Delectación morosa. *Lugones*. FERNAN, MODER, TOPS.
El delegado llega. *Rivero*. BOCCA.
Deleitoso canto desceñido (soneto). *Urquiza*. CAILL.
Delmira. *Bosch*. ESCA.
El delta. *Estrella Gutiérrez*. CAILL, GINAR.
Demagogia. *Abril Rojas*. ABRIL.
Las demasiadas escaleras. *Martínez*. COHEN.
La demente en la puerta de la iglesia. *García Marruz*. LAGOS, VOCES.
Denombrando. *Clavijo*. CATO.
Densa luz del trópico. *Bañuelos*. MONDRA.
Dentro de una esmeralda. *Díaz Mirón*. CAILL.

Depart. *Huidobro*. JIMEN.
Deprecación a la nube. *Nervo*. CAILL.
Derby por favor. *Argueta*. CEA.
Derecho a casarse y fundar familia. *Mendoza*. SALVA.
El derecho a la propiedad. *Mendoza*. SALVA.
Derelicta. *Oscar*. BAEZA.
Derrumbe. *Girondo*. CAILL.
Derrumbe quinto. *Ramírez Estrada*. DONOSO.
Desamparo. *Valdes Ginebra*. CATO.
El desastre. *Ochoa*. SALAS.
Desbordamiento. *Acosta*. CAILL.
El descanso. *Barquero*. SCARPA.
El descanso del guerrero. *Dalton*. PADRON, SALVA, TOPS.
El descastado. *Reyes*. PAZ.
Descendimiento. *Santibáñez*. COHEN.
Desciende, sol, desciende. *Rubio*. SCARPA.
Descomposición con risa. *Aridjis*. TOPS.
El desconcierto. *Guevara*. ESCA.
Desconocida. *Collins Bunster*. BAEZA, TAPIA.
Una desconocida voz. *Belli*. TOPS.
El desconocido. *Paz*. CAILL.
Un desconocido. *Teillier*. ARTE, SCARPA.
Describo un día entero. *Uribe Arce*. ARTE.
Descripción de la enamorada. *Jobet*. CALA.
Descubridores de Chile. *Neruda*. CEAL.
Descubrimiento. *Delfino*. GINURU.
Descubrimiento de la patria. *Marechal*. FERNAN.
Descubrimiento de una golondrina. *Ibargoyen Islas*. MONDRA.
Descubrimiento del grillo. *Vega*. BEDRE.
Descubrimiento del solar nativo. *Estrella*. BEDRE.
Descubrimientos. *Langagne*. MONDRA, ZAID.
Descuido. *Vignier*. BAEZA.
Desde el extremo de la mesa. *Mizón*. ARTE.
Desde el fondo de tí y arrodillado. *Calderón*. CORSSE.
Desde el negro lagar de los olvidos. *Cardona Torrico*. QUIROS.
Desde la cárcel de piel. *Francis*. SALAS.
Desde la celda. *Vaz Ferreira*. CAILL, GINURU, ROAL.
Desde la frágil barca. *Jaimes Freyre*. QUIROS.
Desde la nieve. *Florit*. CATO.
Desde la rama más alta de esta gloria. *Reyes*. COHEN.
Desde lo oscuro. *Silva*. GINURU.
Desde los cuerpos. *Sabines*. DOORS.
Desde mi. *Russell*. GINURU.
Desde mi cuarto veo las luces de la tarde. *Sánchez Negrón*. ESCA.
Desde mi última reflexión conciente. *Patiño*. MONDRA.
Desde siempre. *Llerena Blanco*. LETONA.
Desde un día. *Gandolfo*. BOCPA.
Desde un paisaje. *Paz Castillo*. MEDINA.
Desde Washington carta a la familia. *Rokha*. GINCHI.
El desdichado / de Gerard de Nerval. *Sánchez León*. RUANO, TORO.
Desdoblamiento. *Arguedas Urbina*. SEGURA.
Desdoblamiento en máscara de todos. *Orozco*. VEIRA.
Desembarco de tropas en Líbano. *Carrasco*. SALAS.
Desencapsulamiento. *Aridjis*. MONDRA.
Desengaños. *Arteche*. ARTE.
El desenterrado. *Adoum*. PADRON.
Deseo. *Casanueva*. TAPIA.
Deseo. *Loynaz*. TAPIA.

El deseo. *Valle.* TAPIA.
El deseo de la palabra. *Pizarnik.* ORTEGA.
El deseo de los pájaros. *Herrera.* ESCA.
Deseos. *Lara.* WHITE.
Deseos. *Pellicer.* CAILL, JIMEN, MONSI, PAZ, ROAL, TOPS.
Desequilibrio. *Zambrano Colmenares.* ESCA.
Desesperanza. *Agurto Vigneaux.* VILLE.
Desgarrar el papel. *Juárroz.* PADRON.
Los desgraciados. *Vallejo.* CEAL, DOORS.
Los desheredados. *Valle.* LAGOS, VOCES.
Desiderata. *Giovanetti Viola.* BOCCA.
Desierto. *Villar.* GINAR.
Desierto atestado. *Flores Castro.* COHEN.
El desierto de Atacama. *Zurita.* ORTEGA.
El desierto de Atacama (Frags.). *Zurita.* ARTE.
Desierto de los leones. *Bañuelos.* MONSI.
Designio. *Lira Sosa.* ESCA.
Desilusión para Rubén Darío. *Morejón.* TOPS.
Deslices del poder. *Huidobro.* ARTE.
Desmesura. *Segovia.* PAZ.
Desnudemos el rostro. *Vieyra.* REYES.
Desnudez. *González Martínez.* DEBI.
Desnudo. *Brull.* CAILL, JIMEN.
Desnudo. *Ortiz de Montellano.* MONSI.
Desnudo a la sanguina. *Shimose.* LETONA.
Desnudos. *Boullosa.* COHEN, MONDRA.
Desocupación pronta, y si es necesario violenta. *Pasos.* CARDE, FIERRO.
El desocupado. *Castro Saavedra.* ARBEL.
Desolación. *Mistral.* LAGOS, VOCES.
Desolación absurda. *Herrera y Reissig.* GINURU, MODER.
Desolación de la primavera. *Pardo García.* CAILL.
Desolado canto. *Cabrales.* CARDE.
Desorden especial. *Maldonado.* MONDRA.
Despacito. *Molina Venegas.* WHITE.
Despecho. *Ibarbourou.* ROAL.
Despedida. *Borges.* DOORS.
Despedida. *Delmonte Ponce de León.* CATO.
Despedida. *Díez de Medina.* BEDRE.
La despedida. *Fernández Retamar.* PADRON.
La despedida. *González Martínez.* CAILL.
Despedida. *Guardia.* MONSI.
La despedida. *Lihn.* CALA.
Despedida. *Mistral.* SCARPA.
Despedida. *Ortiz de Montellano.* CAILL.
Despedida. *Sicilia.* GENERA.
Despedida. *Suardíaz.* DONOSO.
Despedida. *Teillier.* ARTE, CALA.
Despedida. *Vicuña.* VILLE.
Despedida a un guerrillero. *Garzón Céspedes.* ARAY.
La despedida del bufón. *Montes de Oca.* ORTEGA, PAZ.
La despedida del sol. *Cruchaga Santa María.* CAILL.
Despedida del asombro. *Lázaro.* CATO.
Despedidas. *Anón. de Vallegrande.* BEDRE.
Despertador. *Torres Bodet.* DEBI.
Despertando. *Tlatelpas.* ZAID.
Despertar. *Bareiro Saguier.* VALLE.
El despertar. *Herrera y Reissig.* CAILL, GINURU, MODER.
Despertar. *Ibarbourou.* CAILL.
El despertar. *Paz Paredes.* SALAS.

El despertar. *Pizarnik.* TOPS.
Despertar. *Quezada.* WHITE.
Despertar. *Ramírez.* VOLCAN.
Un despertar. *Remón Villalba.* CATO.
Despertar. *Solari.* GINURU.
Despertarse. *Dalton.* CEA.
Despianada. *Contreras.* DONOSO.
Despierta . . . escucha . . . ya la noche llega. *Fabani.* CAILL.
Despierta la ciudad. *Labastida.* DONOSO.
Despojo de fábrica. *Carriego.* ROAL.
El desposeído. *Vitier.* TARN.
Después. *Casal.* CAILL.
Después. *Gutiérrez Nájera.* CAILL.
Después de caminar cierto tiempo hacia el este. *Cillóniz.* TORO.
Después de corregir las pruebas de Amaru en la imprenta, 1967. *Cisneros.* PADRON.
Después de la jornada. *Hernández.* SALVA.
Después de la lluvia. *Espino.* CEA.
Después de los días. *Orozco.* BOCPA, CAILL.
Después de muerto. *Uribe Arce.* ARTE, SCARPA.
Después de nosotros. *Dávila Andrade.* BAEZA.
Después de tanta vida. *Castillo Martín.* LAGOS, VOCES.
Después de todo. *Gravino.* KOFMAN.
Después de todo. *Teillier.* REYES.
Después de un largo viaje. *Nómez.* ARTE.
Después del combate con el ángel. *Carvajal.* GINCO.
Después del fuego. *Rojas Piérola.* QUIROS.
Después del olvido. *Carriego.* ROAL.
Después del tiempo. *González.* ZAID.
Desta orilla del corazón. *Campos.* ARTE.
La desterrada. *Michelena.* PAZ, SALAS.
El desterrado. *Scarpa.* CAILL, GINCHI.
El desterrado del sueño. *González Martínez.* MONSI.
Destiempo. *Enríquez.* COHEN.
Destiempo. *García Terrés.* DEBI.
Destierro. *Foppa.* LAGOS, VOCES.
Destierro. *García Terrés.* PAZ.
Destierro. *Lavín Cerda.* REYES.
El destierro. *Monsreal.* COHEN.
Destierro. *Valjalo.* LETONA.
Destino. *Castellanos.* MONSI, PAZ, SALAS.
Destino. *Castro.* BOCPA.
Destino. *Negro.* GINCHI.
Destino. *Montagne.* SONETO.
El destino. *Urbina.* SEGURA.
Destino de ángel. *Montealegre.* ARTE.
Destino de poeta. *Lanzone.* URPILA.
Destrucción de las sombras. *Heraud.* TORO.
El desvalido. *Benarós.* CAILL, GINAR
Desvalijemos a este viejo verde. *Parra.* REYES.
Detalles. *Arenas.* ARTE.
Detén tu adolescencia. *Medinaceli.* QUIROS.
Detén tu fuga. *Quirós.* BEDRE.
Detrás de la mirada. *Allende.* SALAS.
Detrás de un parabrisas. *Beleván.* VOCES.
Detrás de una ventana. *Fernández Retamar.* ARAY, PADRON.
Detrás del monasterio. *Cardenal.* DOORS.
Detritus. *Tenreiro.* BOCCA.
Deudos del júbilo. *Rivera.* ESCA.

Devoción de Teresa de Cepeda. *Cuza Malé*. CATO.
Devoráos los unos a los otros. *Schopf*. QUEZA.
El día. *Alfaro*. QUIROS.
Un día. *Ameller Ramallo*. BEDRE.
Un día. *Ibarbourou*. GINURU.
Día. *Pasos*. CARDE.
El día. *Varela*. LIBRO.
Día 1 del mes de la montaña. *Hernández*. CORSSE.
Día 9. *Hernández*. CORSSE.
Día 12 del mes de la montaña. *Hernández*. CORSSE.
Día 13. *López Velarde*. MONSI, PAZ.
Día 15 del mes del mar. *Hernández*. CORSSE.
Día 16. *Berenguer*. VILLE.
Día 26. *Berenguer*. VILLE.
Día 27. *Berenguer*. VILLE.
Día 30 del mes del mar. *Hernández*. CORSSE.
Día 34. *Berenguer*. VILLE.
Día 44. *Berenguer*. VILLE.
Día 45. *Berenguer*. VILLE.
Día a día. *Areco de Gañi*. URPILA.
Día a día. *Arenas*. BACIU.
Día acabado. *Vitale*. CAILL.
Día de difuntos. *Silva*. CAILL, CEAL, MODER.
Día de felicidad sin causa. *Ibarbourou*. CAILL.
Día de fiesta. *Casal*. ROAL.
Un día de otoño. *Campos*. MONDRA.
Día de Reyes. *Cos Causse*. ARAY.
Día del fanático. *Blanco*. GENERA.
El día es azul arriba. *MacField*. CARDE.
El día es una sombra. *Illescas*. MONDRA.
El día está nublado. *Avila Jiménez*. QUIROS.
El día juega ajedrez con la noche. *Hernández*. CORSSE.
Un día más. *Guerra Trigueros*. CEA.
Un día más. *Moro*. CATO.
Un día me dirán. *Baeza Flores*. ARTE.
Día negro. *Lhaya*. ESCA.
Día nublado. *Tablada*. BACIU.
Día nuestro. *Agustini*. CEAL.
El día presentido. *Hernández Aquino*. CAILL.
El día que abras la puerta. *Torres Sánchez*. GENERA.
El día que me quieras. *Nervo*. ROAL.
Un día sea. *Sánchez Peláez*. ORTEGA.
El día separado por sus sombras. *Aridjis*. COHEN.
Día, mes y año. *Liguori*. MONDRA.
Día sin lluvia. *Hernández*. CORSSE.
Día veintisiete, Jacobo y el mar. *Owen*. DEBI.
Diafanidad. *Nervo*. MODER.
Diafanidad de alboradas. *Westphalen*. LIBRO.
Diagonales. *Valdés*. ARTE.
Dialéctica. *Nogueras*. ARAY.
Dialéctica de la rosa. *Abril*. CAILL.
Dialectos ajenos. *Montealegre*. ARTE.
Diálogo. *Hernández Rivera*. BAEZA.
Diálogo. *Krauze*. MONDRA.
Diálogo. *Silva*. CAILL.
Diálogo. *Vargas Osorio*. CAILL.
Diálogo. *Xammar*. CAILL.
Diálogo con el hijo mayor. *Foppa*. ROAL.
Diálogo con mi alma. *Natalia*. BAEZA.

Diálogo con un retrato. *Chumacero.* CAILL, DEBI.
Diálogo de las vísperas. *Ibáñez.* GINURU.
Diálogo en el acuario. *Zapata Prill.* QUIROS.
Diálogo y recuerdo. *Sánchez Peláez.* MEDINA.
Diamante. *Torres Bodet.* MONSI.
Diana. *Reyes.* SONETO.
Diana (Salón de París). *Herrera.* CAILL.
Diariamente. *Garduño.* ZAID.
Diariamente. *Mármol.* ESCA
Diario de campaña. *Calvo.* TORO.
Diario de poeta. *Adán.* LIBRO.
Diario íntimo. *Salazar Martínez.* MEDINA.
Diario morir. *Barrenechea.* SCARPA.
Los días de silencio. *Ferrer.* ESCA.
Los días del poeta. *Lara.* WHITE.
Días desconocidos. *Villarroel.* VILLE.
Días desesperanzadores. *Hernández.* CORSSE.
Días marineros. *Molina.* CAILL, FERNAN.
Los días van tan rápidos. *Rojas.* PADRON.
Días y noches paradojales. *Hernández.* CORSSE.
Diatribas. *Ruiz.* URPILA.
Dibuja. *Basualto.* VILLE.
Dibujo. *Arenas.* ARTE.
Dibujo. *Molina.* COHEN.
Dibujo. *Palacios.* URPILA.
Dibujo a pulso. *Sosa.* ORTEGA, VOLCAN.
Dibujo de la fuga. *Lars.* CEA.
Dibujo de la mujer que llega. *Lars.* TOPS.
Dibujo dc un caballo. *Gottberg.* MEDINA.
Dibujos sobre un puerto. *Gorostiza.* PAZ.
Dice adios el Pánuco. *Molina.* CAILL.
Dice que no sabe del miedo. *Pizarnik.* ORTEGA.
Dicen los viejos bardos. *Padilla.* TARN.
Dicen los viejos de antes. *Nadereau.* ARAY.
Dicen que murió un día. *Ávila Jiménez.* BEDRE.
La dicha. *Barrenechea.* SCARPA.
Dicha. *Urquiza.* CAILL.
Diciembre. *Hernández Campos.* MONSI.
Diciembre. *Walsh.* GINAR.
Diciembre treinta. *Zapata Prill.* QUIROS.
Dicotomía. *Valcárcel.* TORO.
Dicotomía. *Valero.* ESCA.
Dicotomía incruenta. *Girondo.* CEAL.
Dictado de la nochc. *Gerbasi.* CAILL.
Los dictadores. *Suárez Quemain.* VOLCAN.
The Dictators. *Suárez Quemain.* VOLCAN.
Dies Irae. *Barrientos.* ARTE.
Dietética. *Girondo.* CEAL.
Diez B. *Galván.* MONDRA.
Diez doncellas. *Enríquez.* CAILL.
Diferentes bajo el mismo nombre. *Bonifaz Nuño.* ORTEGA.
Difficulties of an Equilibrist. *Diego.* TARN.
Difícil. *López Vallecillos.* CEA.
Digitazione. *Adán.* LIBRO.
Digno delante del día azul. *Azofeifa.* SEGURA.
Digo. *Debravo.* DONOSO.
Dije si la luz fuera compacta como mi mano. *Aridjis.* PAZ.
Dilo. *Coronil Hartmann.* ESCA.

Dilución del puñal. *Shimose.* PADRON.
Diluvio. *Novo.* JIMEN, MONSI, PAZ.
Diluvio claro. *Montes de Oca.* DEBI.
Dime mujer dónde escondes. *Segovia.* PAZ.
Dime, pregúntame. *Lezama Lima.* TARN.
Dimensión de tu presencia. *Vásquez Méndez.* QUIROS.
El dinero. *Rojas.* CAILL, GINCHI.
Dios. *Bernal.* COHEN.
Dios. *Lavín Cerda.* QUEZA.
Dios. *Vallejo.* ROAL.
Dios. *Yañez.* COHEN.
El dios antiguo dijo. *Cabrera Carrasco.* URPILA.
Dios es mi copiloto. *Isla.* COHEN.
Dios lo quiere. *Mistral.* JIMEN, SCARPA.
Dios material. *Romualdo.* CAILL, MOLINA.
Dios, Nuestra Señora (Frag.). *Michel.* FLORES.
Dios, vénganos tu paz. *Barreda.* MONSI.
Dioscuromaquia. *Moro.* ORTEGA.
Dioses de América. *Molina.* VEIRA.
Los dioses en el café. *Durán.* PAZ.
Los dioses oriundos. *Cerruto.* QUIROS.
Dique. *Aveleyra.* SALAS.
Disco de oro. *Millán.* QUEZA.
Disco rayado. *Romualdo.* LIBRO.
Discúlpame esta leve distracción. *Rivero.* BOCCA.
Discursito para negar que todo tiempo. *Gochez Sosa.* SALVA.
Discurso. *Cantoni.* KOFMAN.
Discurso de la luna blanca. *Peña Barrenechea.* CAILL.
Discurso de la niña ausente. *Peña Barrenechea.* BAEZA, CAILL.
Discurso de los amantes. *Peña Barrenechea.* PERU.
El discurso del método. *Padilla.* ARAY.
Discurso en piedra para despertar. *Salazar Martínez.* MEDINA.
Discurso fúnebre. *Parra.* ARTE, CALA.
Discurso por las flores. *Pellicer.* MONSI.
Discurso sobre Azorín para ser traducido en lengua nahual. *Coronel Urtecho.* CARDE.
Disertación acerca de mi nombre. *Valdes Ginebra.* CATO.
El disfrazado. *Martínez Caldera.* RUANO.
Disillusion for Ruben Dario. *Morejón.* TOPS.
Dislate octavo. *Espinel.* BOCPA.
Un disparo colectivo. *Suárez Quemain.* VOLCAN.
Dispersiones. *Jonquières.* FERNAN.
The Dispossessed. *Vitier.* TARN.
Dispuesta. *Arévalo Martínez.* CAILL.
Distancia del amigo. *Castellanos.* CAILL.
Dísticos y trísticos. *Sucre.* ESCA.
Distintas formas de morir. *Argueta.* CEA.
Ditirambo. *Cross.* COHEN.
Divagación lunar. *Lugones.* MODER.
Divertimento. *Kozer.* CATO, PADRON.
Dividir con el paso. *Prieto.* SALAS.
Divina Psiquis, dulce mariposa. *Darío.* CAILL, CEAL, MODER.
Divinidad. *Gómez Rojas.* GINCHI.
El divino amor. *Storni.* ROAL.
El divino marqués. *Bustamante.* TAPIA.
El divisado. *Barrenechea.* SCARPA.
Doblan a muerto (soneto). *Banchs.* CAILL, GINAR.
Doblaron en el viento. *Fraire.* PAZ, SALAS.
Doble diamante. *Eielson.* LIBRO, ORTEGA.
La doble flor. *Liscano.* CAILL.

La doble imagen. *Alcides.* ARAY.
Doblemente desterrados. *Geada.* CATO.
Doce de diciembre en la villa. *Jordana.* MONDRA.
Dócil soledad. *Cerruto.* CAILL.
Dodecaedro. *Ramírez Ruiz.* TORO.
Dogs. *Bañuelos.* MARQUE.
La doliente quimera. *Shimose.* PADRON.
Dolor. *González Martínez.* TOPS.
Dolor. *Storni.* FLORES, ROAL, TOPS, VILLOR.
Dolor en geometría. *Valdes Ginebra.* CATO.
Dolor II. *Siles Guevara.* BEDRE.
Dolor musical de Cajamarca. *Florián.* CAILL.
Dolor, si por acaso. *González Martínez.* MONSI.
El dolor vencido. *Nervo.* TOPS.
Dolorosa. *Sinán.* CAILL.
Domingo. *Carrera Andrade.* TOPS.
El domingo. *Herrera y Reissig.* CAILL.
Domingo. *Mazzei.* VILLOR.
Domingo. *Melo.* URPILA.
Domingo. *Mondragón.* PAZ.
Domingo. *Muñoz Astudillo.* URPILA.
Domingo estamos. *Collado.* SALAS.
El domingo huele a tabaco, a tos. *Molina.* COHEN.
El domingo se ha hecho. *Rega Molina.* CAILL.
Domingos de provincia. *López Velarde.* TOPS.
Los domingos el sol. *Sandoval.* MONDRA.
Los dominios perdidos. *Teillier.* CALA.
El dominó. *Eguren.* MODER.
Don de Heráclito. *Pacheco.* ORTEGA, PAZ.
El don. *Nervo.* TOPS.
El don de no saber. *Marín Mederos.* BOCPA.
Don Juan. *Hahn.* REYES.
Don Juan (Eng.). *Hahn.* REYES.
Don Juan de Covadonga. *Silva.* CEAL.
Don Pablo. *Méndez Camacho.* ABRIL.
Don Quijote. *Fernández Espiro.* SONETO.
Donadora de gracia. *Centeno Güell.* SEGURA.
La doncella. *Bardesio Vila.* CAILL.
La doncella y la muerte. *Parra.* CEAL.
¿Dónde andará tu luz . . . ? *Molinari.* CAILL, GINAR.
Donde crecimos. *Pérez.* ARTE.
Donde el alma. *Restrepo.* ABRIL.
Donde el ensoñado y el soñado. *Aridjis.* PAZ.
Donde empieza la gordura. *Belli.* PADRON.
Dónde está el aeroplano. *Tablada.* DEBI.
Dónde está ese pueblo. *Valdés.* ARTE.
¿Dónde está la palabra . . . ? *Huidobro.* ARTE.
Dónde está tu domingo. *Vásquez.* CORSSE.
¿Dónde estará la Guillermina? *Neruda.* CALA.
¿Dónde estás? *Garcia Escobar.* ROAL.
Donde lloran los valientes. *Alegría.* REYES.
Donde lo pisa el ganado (Frag.). *Barbieri.* CAILL, GINAR.
Donde lo pisa el ganado (Frag.). *Barbieri.* BAEZA.
Donde nunca jamás se lo imaginan. *Diego.* ARAY.
¿Dónde podré depositar . . . ? *Donoso Pareja.* TAPIA.
¿Dónde puedo acariciar . . . ? *Feijóo.* CAILL.
¿Dónde quedará nuestra constancia? *Droguett Alfaro.* ARTE.
¿Dónde quedó el hombre? *Jonquières.* CAILL, GINAR.

Donde sangran los faroles. *Rappalini.* GINURU.
¿Dónde se han ido . . . ? *Jodorowsky.* MONDRA.
Donde sólo se habla de amor. *Bañuelos.* PAZ.
Donde sus finas lanzas rompe el cielo. *Carmenate.* CATO.
Donde uno vive. *Marré.* ARAY.
Donde vinimos a parar. *Parra.* ARTE.
Donde viví. *Valdés.* CALA.
Dondequiera que voy. *Beltrán.* CAILL.
Dones. *Padilla.* ARAY.
Doorway to Time in Three Voices. *Palés Matos.* MARZAN.
El dorador. *Lugones.* GINAR.
Dormid, dulces amantes. *Arteche.* CAILL.
Dormida, me estás oyendo. *Pasos.* CAILL.
El dormido. *Cuadra.* CARDE.
Dormir ajeno. *Santibáñez.* COHEN.
Dos. *Oliver.* BOCCA.
Dos amigos. *Peralta.* BOCPA.
Dos ángeles. *Mistral.* ARTE, SCARPA.
Dos Antonias. *Argueta.* CEA.
Dos B. *Galván.* MONDRA.
Las dos cabezas: Judith y Holofernes. *Valencia.* GINCO, MODER.
Las dos cabezas: la palabra de Dios. *Valencia.* GINCO.
Las dos cabezas: Salomé y Joakanann. *Valencia.* GINCO, MODER.
Dos cielos. *González Lanuza.* CAILL.
Dos ejercicios retóricos. *Cobo Borda.* ORTEGA.
Dos gotas. *Villarroel París.* ESCA.
Dos guerrilleros griegos: un viejo y un traidor. *Dalton.* MARQUE.
Dos más dos. *Moisés.* KOFMAN.
Dos meditaciones. *Castellanos.* CAILL, PAZ.
Dos niños. *Arévalo Martínez.* CAILL.
Dos niños. *Guillén.* MORA.
Dos o tres experiencias de vacío. *Sologuren.* LIBRO, PADRON.
Dos patrias. *Martí.* MODER, TOPS.
Dos poemas. *Escalona.* ESCA.
Dos poemas. *Luna.* SALAS.
Dos poemas breves. *Sabines.* CAILL.
Dos poemas para el tío Germán. *Cazasola Mendoza.* BEDRE.
Los dos reinos. *Lars.* CEA.
Dos retratos. *Arrieta.* CAILL.
Las dos rosas. *Mieses Burgos.* CAILL.
Dos rostros se reúnen en el amor. *Anguita.* GINCHI.
Dos sobre literatura. *Cisneros.* RUANO.
Dos soledades. Hampton Court. *Cisneros.* PADRON, TOPS, TORO.
Los dos soles. *Blanco.* ORTEGA.
Dos sonetos de olvido. *Merino Reyes.* ARTE.
Dos voces en la sombra. *Varona.* ROAL.
Down to the Dregs. *Vallejo.* TOPS.
Down with the Money-Exchange. *Belli.* TOPS.
Doy por ganado. *Guzmán Cruchaga.* ARTE.
Drama nocturno. *Nalé Roxlo.* CAILL.
Dream. *Silva Acevedo.* REYES.
The Dream of the Caiman. *Chocano.* TOPS.
The Dream of the Condor. *Chocano.* TOPS.
Drumi, Mobila. *Bola de Nieve.* MORA, SENSE.
Duda. *Guardia.* MONSI.
La duda metódica. *Castañeda.* ZAID.
Duelo. *Fe.* ZAID.
Duelo ceremonial por la violencia. *Escobar Galindo.* CEA.
Duelo I. *Zavala.* MARQUE.

Dueñas de casa. *Barrenechea.* ARTE, SCARPA.
Dulce cautiverio. *Delmonte Ponce de León.* CATO.
La dulce marina de estío. *Pellicer.* DEBI.
El dulce milagro. *Ibarbourou.* GINURU.
Dulce niñera rubia de los sueños. *Carrión.* CAILL.
Dulce tierra. *Valle Silva.* MEDINA.
La dulce voz que oímos todos los días. *Carriego.* GINAR.
Dulces chilenos. *Rivera.* CALA.
Las dulces muertes. *Blomberg.* ROAL.
Dulcia linquimus arva. *Borges.* CAILL, FERNAN, GINAR.
La dulzura del ángelus. *Darío.* CAILL, CEAL, SONETO.
Las dunas. *Prado.* ARTE.
Duo. *Nalé Roxlo.* CAILL.
Duodécimo. *Abril Rojas.* ABRIL.
El duque. *Eguren.* CAILL.
La duquesa Job. *Gutiérrez Nájera.* CAILL, MODER, ROAL.
Duración del amor. *León.* ESCA.
El durazno. *Rodriguez R. de Ayestarán.* URPILA.
Durmiendo junto al río. *Rubio.* CAILL.
Dusk in Changüitad. *Mansilla.* WHITE.

E negro etá basilón. *Guirao.* MORA.
E. P. quiere morir. *Márquez.* CATO.
East (Selections). *Muñoz.* WHITE.
Ebano real. *Guillén.* ARAY, CAILL.
Ebbo para los esclavos. *Barnet.* MANSOU.
Ebriedad eglógica. *Rosa-Nieves.* MORA.
Ebriedad en el Pacífico. *Rojas Guardia.* MEDINA.
Eche veinte centavos. *González Tuñón.* CAILL, GINAR.
Eclesiastés. *Martínez Rivas.* ORTEGA.
Eclipse. *Bustamante.* CEA.
Eco de mi ser. *Guirao.* CAILL.
Un eco enorme. *Mora Martínez.* COSTA.
Eco lacustre. *Folgarolas.* ZAID.
Ecología. *Cardenal.* VOLCAN.
Ecología del espíritu. *Hahn.* PADRON.
Ecology. *Cardenal.* VOLCAN.
Economía de Tahuantinsuyo. *Cardenal.* ORTEGA.
Ecstasy. *Nervo.* TOPS.
Ecuación. *Tello.* ARBEL.
La edad de las áureas espigas. *Wyld Ospina.* CAILL.
Edad de oro. *Corcuera.* TORO.
Edad de oro. *Teillier.* SCARPA.
Edad negra. *Huidobro.* FIERRO.
Edelweiss. *Cárdenas.* ARTE.
Edificar una sola vez. *Juárroz.* PADRON.
Edificio Condesa. *Bernal.* COHEN.
Edificio de piernas rotas. *Svanascini.* CAILL, GINAR.
El edificio simplista. *Hidalgo.* PERU.
Edifiqué una casa. *LeRiverend.* CATO.
Edipo mira. *Galicia.* ZAID.
Eduardo. *Agudelo.* ABRIL.
Educación del cacique. *Neruda.* CALA, DONOSO.
Egalité (Span.). *Silva.* MODER.
Égloga. *Huidobro.* SCARPA.
Égloga. *Rosenmann Taub.* ARTE, SCARPA.
Égloga cristiana. Carvajal. GINCO.
Égloga de invierno. *Arteche.* CAILL.

Égloga de la cigarra. *Parra.* MEDINA.
Égloga del camino. *González Bastías.* GINCHI.
Égloga del niño. *Medina.* GINURU.
Égloga inicial. *Vicario.* BAEZA, CAILL, GINCHI.
Églogas del río Tocuyo. *Jiménez Sierra.* MEDINA.
Ego sum. *Hernández.* CAILL.
Ego sum lux. *Sinán.* CAILL.
Un egregio nacional. *Liguori.* MONDRA.
Eheu. *Darío.* CAILL, MODER.
Ejecutoria. *Gutiérrez Roca.* BEDRE.
Ejecutoria del miasma. *Girondo.* CAILL.
Ejemplo. *Díaz Mirón.* CAILL, SONETO.
Ejercicio espiritual. *Escobar Galindo.* URPILA.
Ejercicios retóricos. *Cobo Borda.* PADRON.
Eléata. *Deniz.* ORTEGA.
Elección. *Vallarino.* MONDRA.
Elección del amante. *Granata.* LAGOS, VOCES.
Los elefantes. *Argueta.* CEA.
Elegía. *Arce.* ARTE.
Elegía. *Arellano.* CARDE.
Elegía. *Arreola.* PAZ.
Elegía. *Basualto.* VILLE.
Elegía. *Cuéllar.* CEA.
Elegía. *Estrella Gutiérrez.* CAILL.
Elegía. *Fuentes Rodríguez.* BEDRE.
Elegía. *Gómez Rojas.* ARTE, GINCHI.
Elegía. *Gorostiza.* TOPS.
Elegía. *Liscano.* CAILL.
Elegía. *Medina.* CAILL.
Elegía. *Meléndez de Espinosa.* SALAS.
Elegía. *Mondaca.* CAILL.
Elegía. *Novo.* CAILL, DEBI, JIMEN, MONSI.
Elegía. *Paz.* MONSI.
Elegía. *Pellicer.* MONSI.
Elegía. *Rocha.* GENERA.
Elegía. *Rocha.* GENERA.
Elegía. *Rokha.* CALA.
Elegía. *Silva.* CAILL, GINUR.
Elegía. *Sologuren.* PADRON.
Elegía a Carl Gustav Jung. *Avila Echazu.* QUIROS.
Elegía a Carlos de Rokha. *Lihn.* SCARPA.
Elegía a El Tocuyo. *Velásquez.* BOCPA, MEDINA.
Elegía a Emmett Till. *Guillén.* MANSOU.
Elegía a Ernesto Che Guevara. *Lihn.* DONOSO.
Elegía a Jesús Menéndez. *Guillén.* ARAY, CEAL.
Elegía a la muerte de mi hermano Ricardo. *Montejo.* ESCA.
Elegía a la muerte de mi padre. *Palomares.* ESCA.
Elegía a la viva muerte de Urania. *Escobar Velado.* CEA.
Elegía a lo perdido y ya borrado del tiempo. *Abril.* CAILL, LIBRO.
Elegía a Maruja Simmonds. *Carranza.* CAILL.
Elegía a mi padre. *Villarroel París.* ESCA.
Elegía a Rubén Darío. *Peñaranda.* QUIROS.
Elegía a un recién nacido. *Suárez.* QUIROS.
Elegía civil. *Mondaca.* CAILL.
Elegía cuarta discurso. *Galán.* VEIRA.
Elegía de la costa. *Girri.* FERNAN, ORTEGA.
Elegía de la flor amarilla. *Subero.* ESCA.
Elegía de la soledad. *Escalona Escalona.* MEDINA.
Elegía de María Belén Chacón. *Ballagas.* CAILL, JIMEN, MANSOU, MORA, SENSE.

La elegía de mis manos. *Urbina.* CAILL.
Elegía de septiembre. *Barba Jacob.* GINCO.
Elegía de tu nombre y mi nombre. *Godoy.* SALAS.
Elegía del aire. *Huerta.* CAILL.
Elegía del amor que no muere. *Paz Paredes.* SALAS.
Elegía del delfín. *Quirarte.* COHEN.
Elegía del Duque de la Mermelada. *Palés Matos.* JIMEN, MANSOU, MARZAN, SENSE, TOPS.
Elegía del indio que regresa. *Silva.* CAILL.
Elegía del madrigal que se quedó desnudo. *Velásquez.* CAILL.
Elegía del marino. *Chumacero.* DEBI, MONSI.
Elegía del recuerdo. *Nadereau.* ARAY.
Elegía en el tiempo. *Marrero.* BAEZA.
Elegía en tu muerte. *Ponce de León.* CAILL, VEIRA.
Elegía entre mar y sombra para Angélica Prieto. *Fernández.* COHEN.
Elegía humilde. *Bedregal.* BOCPA, QUIROS.
Elegía infinita. *Escobar Velado.* CEA.
Elegía interior. *Valjalo.* LETONA.
Elegía interrumpida. *Paz.* MONSI.
Elegía minúscula. *Chacón Nardi.* CAILL.
Elegía oscura en el viejo tono de Jorge Manrique. *Abril.* CAILL.
Elegía para tu ausencia. *Florit.* TOPS.
Elegía por el alma de las palabras. *Machado de Arnao.* LAGOS, VOCES.
Elegía por el joven cadáver. *Villatoro.* VOLCAN.
Elegía por la ciudad. *Rodríguez Rivera.* BOCCA.
Elegía por la muerte de mi madre. *Moreira.* URPILA.
Elegía por Mercedes. *Oliver Labra.* BAEZA.
Elegía por mis caminos muertos. *Marín Mederos.* BAEZA.
Elegía por una luz entreabierta (Frag.). *Zaid.* MONSI, PAZ.
Elegía romántica. *Scarpa.* ARTE, CAILL.
Elegía sencilla. *González Bastías.* GINCHI.
Elegía simplista. *Cuadra.* CARDE.
Elegía sin nombre. *Ballagas.* CAILL.
Elegía y casida a la muerte de un poeta español. *Molinari.* CAILL.
Elegías. *Roxlo.* ROAL.
Elegías a la cabeza loca. *Ureta.* CAILL.
Elegías dulces. *Agustini.* CAILL, GINURU.
Elegías nacidas del invierno. *Ponce de León.* CAILL.
Elegy. *Castillo.* VOLCAN.
Elegy. *Gorostiza.* TOPS.
Elegy for the Duke of Marmalade. *Palés Matos.* MARZAN, TOPS.
Elegy for the Young Corpse. *Villatoro.* VOLCAN.
Elegy for Your Absence. *Florit.* TOPS.
Los elementos de la noche. *Pacheco.* MONSI.
Elena. *Casal.* MODER.
Elena Bellamuerte. *Fernández.* FERNAN, JIMEN.
Eleusis. *Ojeda.* TORO.
Los elfos. *Jaimes Freyre.* MODER, QUIROS.
Eliminen los aplausos. *Lavín Cerda.* QUEZA.
Ella. *Girondo.* CEAL.
Ella. *Huidobro.* ARTE, CALA.
Ella. *Ortiz.* FERNAN.
Ella. *Tallet.* CAILL.
Ella. *Zito Lima.* TAPIA.
Ella aguarda alguna cosa. *Llinás.* TAPIA.
Ella, la dulzura misma. *Nieto.* CATO.
Ella la fuerte. *Baroni de Barreneche.* URPILA.
Ella muere. *Torija.* ZAID.
Ella pasó, Señor. *Cruchaga Santa María.* SCARPA.

Ella se desnuda en el paraíso. *Pizarnik.* ORTEGA.
Ello es que el lugar donde me pongo. *Vallejo.* JIMEN.
Ellos. *Halley Mora.* VALLE.
Ellos cayeron en las escalinatas. *Durand.* VOLCAN.
Ellos los muertos. *Molina.* BACIU.
Elogio. *Bustamante y Ballivián.* CAILL, PERU.
Elogio. *Castillo.* VOLCAN.
Elogio. *Liscano.* TAPIA.
Elogio a Fuensanta. *López Velarde.* DEBI.
Elogio de la calle. *Quirarte.* COHEN.
Elogio de la lluvia y tu cuerpo. *Rodríguez Cárdenas.* MEDINA, TAPIA.
Elogio de la lluvia (Frag.). *Vallarino.* COHEN, ZAID.
Elogio de la sombra. *Borges.* JIMEN.
Elogio de las ojeras. *Ortiz Pacheco.* BEDRE.
Elogio de lo mismo. *Zaid.* ORTEGA.
Elogio de una lluvia. *Banchs.* CAILL, GINAR.
Elogio del aceite. *Mistral.* ARTE.
Elogio del agua. *Xammar.* CAILL.
Elogio del lirio. *Garcés Alamo.* SONETO.
Elogio del verso. *Martí.* CAILL.
Elvis Presley. *Vicuña.* VILLE.
Embarcación. *Berenguer.* ORTEGA.
Embestida y declinante. *Valle.* COHEN.
Emblema afrodisíaco. *Herrera y Reissig.* TAPIA.
Embriaguez de la muerte. *Machado de Arnao.* MEDINA.
Emerson. *Borges.* FERNAN.
Emigrada judía. *Mistral.* FLORES.
El emigrante. *Nadereau.* ARAY.
Emigré Jewess. *Mistral.* FLORES.
Emiliano Zapata. *Aridjis.* MONDRA.
Emilio Cortés. *Prendez Saldías.* CAILL.
Emily Dickinson. *Calderón.* ARTE.
Emma con guitarra. *Valero.* ESCA.
Emoción aldeana. *Lugones.* CAILL, MODER.
La emoción de la nieve. *López.* CAILL.
Emoción de la tarde. *Villafañe.* GINCO.
Emoción vesperal. *Noboa Caamaño.* BAEZA, CAILL.
Empecinada. *Molina Venegas.* CORSSE.
El emperador vuelve del destierro. *Anzoátegui.* GINAR.
The Empty Page. *Ibañez.* TOPS.
En alguna parte hay un hombre. *Juárroz.* DOORS, TOPS.
En aquella antigua tempestad de Turner. *Ruano.* RUANO.
En bateau. *Hernández.* TORO.
En blancas carrozas, viajamos. *Millán.* ARTE.
En cada rincón hay una lira. *Tatter.* URPILA
En Colonia. *Arciniegas.* CAILL.
En Cristo. *Barnet.* ARAY.
En donde se alaba lo inorgánico. *Ortiz de Montellano.* MONSI.
En donde se habla de cómo se recogen fondos . . . *Agudelo.* DONOSO.
En el 62 las aves marinas hambrientas. *Cisneros.* TORO.
En el agua. *Munita.* ARTE.
En el aire . . . *Uribe Arce.* CALA.
En el atardecer. *Santos.* CARDE.
En el atrio. *Fiallo.* CAILL.
En el brocal (Cromos). *Arciniegas.* GINCO.
En el calor de agosto. *Cuadra.* CARDE.
En el camino. *Agustini.* CEAL.
En el campo. *Casal.* CAILL, MODER.
En el canto del pájaro. *Silva Estrada.* ESCA.

En el cementerio. *Muñoz.* SONETO.
En el Centro. *Restrepo.* ABRIL.
En el cielo. *Urbina.* CAILL.
En el corto-circuito de mi abuela o cuando se la acabaron las pilas. *Cea.* CEA.
En el coto de la mente. *Belli.* LIBRO, ORTEGA.
En el desorden de señales animales de mi garganta. *Uribe.* COHEN.
En el espejo. *Varela.* LIBRO.
En el espejo está la otra palabra. *Vallarino.* COHEN.
En el éxtasis. *Cruchaga Santa María.* ARTE, GINCHI, SCARPA.
En el fondo del lago. *Dublé Urrutia.* CALA.
En el fondo del mar. *Silva Acevedo.* ARTE.
En el fondo forestal del día. *Gerbasi.* CAILL, JIMEN, MEDINA.
En el inicio. *Mejía.* BOCCA, ZAID.
En el insomnio. *Capriles.* BEDRE.
En el instante (soneto). *Vitier.* CAILL.
En el jardín de la contemplación. *Guerra.* BEDRE.
En el lago de Genezareth. *Contardo.* CAILL.
En el lago de Nicaragua. *Cardenal.* PADRON.
En el lugar de los hechos. *Cea.* SALVA.
En el mar. *Echazu Navajas.* QUIROS.
En el momento en que el tenista. *Vallejo.* CEAL.
En el no ser de la memoria. *Quessep.* ABRIL.
En el ocio. *Sucre.* ESCA.
En el país de la libertad. *Quiteño.* CEA.
En el país de un mejor conocimiento. *Blanco.* MONDRA.
En el parque. *Fernández.* ARAY.
En el paseo del prado. *Marré.* ARAY.
En el patio. *Vallarino.* COHEN.
En el patrimonio familiar. *Cillóniz.* TORO.
En el pinar. *Anaya.* COHEN.
En el primer día. *Codina.* BOCCA.
En el punto central de la ira. *Calderón.* COHEN.
En el puquial. *Xammar.* BAEZA, TAPIA.
En el reino cifrado. *Juárroz.* PADRON.
En el sendero. *Cortés.* CARDE.
En el sepulcro. *Tamayo.* QUIROS.
En el silencio. *Arciniegas.* CAILL.
En el silencio, en la noche. *Murena.* GINAR.
En el Tigre. *Wilcock.* VILLOR.
En el umbral de la plegaria. *Montes de Oca.* MONSI.
En el umbral del canto. *Magallanes.* ESCA.
En el valle milagroso en donde mi infancia. *Arenas.* CALA.
En el velorio de Clodia. *Campos.* COHEN.
En el zumo de una lima, al morderla. *Yañez.* COHEN.
En esta noche, en este mundo. *Pizarnik.* LAGOS, ORTEGA, VILLOR, VOCES.
En esta oscura mezquita tibia. *Bracho.* COHEN, GENERA, ORTEGA.
En esta pieza. *Trujillo.* ARTE.
En esta sola, en esta única tarde. *Diego.* TARN.
En este atardecer. *Fernández Retamar.* PADRON.
En este grifo. *Monje Landívar.* QUIROS.
En este mundo (Frag.). *Vilariño.* GINURU.
En este país de petrificados llantos. *Viscarra Fabre.* QUIROS.
En este pueblo, Tarumba. *Sabines.* DEBI.
En este reposo. *Molina.* COHEN.
En este solar de hierba calcinada. *Quirarte.* COHEN.
En Etiopía. *Moro.* CATO.
En febrero. *Echeverría.* CAILL.
En homenaje a Ricardo Jaimes Freyre. *Ballivián.* BEDRE.

En husos de marfil. *Tamayo*. QUIROS.
En la anarquía del silencio todo poema es militante. *Quirarte*. GENERA.
En la antigüedad. *Cabrera Carrasco*. URPILA.
En la caja. *Benavides*. FIERRO.
En la calzada. *Paz*. DEBI.
En la celda. *Vallejo*. DONOSO.
En la ciudad extranjera, Carin. *Fernández*. ARAY.
En la ciudad, al centro de la estrellada noche. *Yañez*. COHEN.
En la constelación perecedera. *Oraá*. ARAY.
En la cruz del camino. *Xammar*. PERU.
En la curva delgada. *Viscarra Fabre*. BEDRE.
En la distancia mi patria. *Armijo*. CEA.
En la estación de Querétaro. *Aura*. COHEN.
En la finca de Juan Balgas. *Carrasquillo*. MORA.
En la hierba. *Rosas Galicia*. COHEN.
En la isla de Andros. *Shimose*. QUIROS.
En la magia del crepúsculo. *Boti*. SONETO.
En la materia viva, no en la piedra. *Brandy*. GINURU.
En la mina de sal. *Zeller*. ARTE.
En la montaña. *Rodríguez*. ESCA.
En la morgue. *Fox Lockert*. BOCPA.
En la muerte por fuego de Gladys. *Feijóo*. TARN.
En la noche de occidente. *Lauer*. TORO.
En la noche, redes de aromas. *Piccato*. GINURU.
En la noche un ruido de agua. *Ortiz*. FERNAN.
En la orilla del silencio. *Chumacero*. DEBI.
En la pequeña muerte de mi perro. *Roa Bastos*. VALLE.
En la piedra. *Tatter*. URPILA
En la playa. *Alegría*. FLORES.
En la playa (Cromos). *Arciniegas*. GINCO.
En la plaza. *Sandoval*. MONDRA.
En la pradera. *Zambrano Colmenares*. ESCA.
En la primera comunión de mi hijo. *Monvel*. GINCHI.
En la secreta casa de la noche. *Teillier*. ARTE, CALA.
En la selva. *Pérez*. CAILL.
En la sombra. *Nandino*. CAILL.
En la tarde. *Banchs*. CAILL.
En la tarde de sol. *Noboa Caamaño*. CAILL.
En la tumba de mi madre. *Calderón*. ROAL.
En la universidad abierta. *Bernal*. COHEN.
En la vía pública. *Hahn*. ARTE.
En las aguas de los ríos. *Jiménez*. SEGURA.
En las constelaciones. *Darío*. MODER.
En las pródigas luces humedecidas. *Sáenz*. QUIROS.
En las salinas de Zipaquira. *Gerbasi*. CAILL.
En Liliput. *Tablada*. PAZ.
En lo oscuro de la senda. *Casaravilla Lemos*. CAILL.
En los corredores de obligada penumbra. *Huerta*. COHEN.
En los cuatro caminos. *Castrillo*. QUIROS.
En los escombros. *Garzón Céspedes*. ARAY.
En los esteros. *Molina*. CAILL.
En los nidos. *Molina Viana*. BEDRE.
En los ojos abiertos de los muertos. *Sabines*. PAZ.
En los poemas. *Padilla*. CATO.
En los últimos días. *Trejo Villafuerte*. COHEN.
En manos del destino estoy. *Urzagasti*. ORTEGA.
En medio de la selva, con asombro. *Casaravilla Lemos*. CAILL.
En medio tono. *Schulze Arana*. QUIROS.
En mi pueblo habita el sol. *Wong*. COHEN.

En mi pueblo natal, en el tiempo. *Miranda Casanova*. BOCCA, QUEZA.
En negro se desafina. *Pellicer*. DEBI.
En otra ocasión será. *Oliva*. COHEN.
En otro tiempo. *Ledesma*. BAEZA, VILLOR.
En París, este invierno. *Baeza Flores*. ARTE.
En Pascua resucitan las cigarras. *Cardenal*. CEAL.
En paz. *Nervo*. CAILL.
En primavera. *Belli*. PADRON.
En primavera. *Rivera*. LETONA.
En provincia de cielo. *Schiavo*. CAILL.
En qué no se parecen . . . *Lihn*. PADRON.
En qué pausado vértigo te encuentras. *Sabines*. PADRON.
¿En qué piensas? *Florez*. ROAL.
En Rivas, Nicaragua. *Arellano*. CARDE.
En ruta. *Molina*. FERNAN, ORTEGA.
En secreto (Frag.). *Victoria*. LAGOS, TAPIA, VOCES.
En señal de peligro. *Romualdo*. LIBRO.
En silencio. *Artecona de Thompson*. VALLE.
En su clara verdad. *Rojas*. CAILL, GINCO.
En su despertar el hombre. *Aridjis*. ORTEGA.
En su montaña de San Francisco. *Sandoval*. MONDRA.
En su tristeza augusta. *Rodriguez R. de Ayestarán*. URPILA.
En tantas cosas puse mi fe. *Guerra*. BEDRE.
En tí el primer amor. *Vial*. ARTE.
En tí la tierra. *Neruda*. TAPIA.
En tiempos difíciles. *Padilla*. CATO, ORTEGA.
En toda la ciudad no hay nadie que se despida. *Cuéllar*. SALVA.
En tu soledad. *Mar*. SALAS.
En tus ojos. *Agustini*. CEAL.
En tus pesares cautiva. *Puhyol*. SALAS.
En un burdel de Atenas. *Campos*. MONDRA.
En un camposanto. *Arce Navarro*. COSTA.
En un cementerio abandonado. *Arrieta*. CAILL.
En un cielo rural. *Corssen*. CORSSE.
En un cromo. *Gutiérrez Nájera*. DEBI.
En un cuartito de hotel. *Monvel*. TAPIA.
En un lugar del alma. *Lars*. BAEZA.
En una catedral gótica. *Cantadori Dintrans*. URPILA.
En una noche obscura. *Mondragón*. MONDRA.
En una tarde. *Chávez Padrón*. SALAS.
En vano. *Capdevila*. BAEZA, CAILL, SONETO.
En Vietnam las púas gotean nubes de corderos. *Bañuelos*. MARQUE.
En Villa Alvear. *Borges*. BAEZA.
En voz baja. *González Martínez*. DEBI.
En Xochimilco. *Vitier*. PADRON.
El enamorado. *Wilcock*. VILLOR.
Encadenada. *Díaz Diocaretz*. VILLE.
Encanto de la lluvia. *Contreras*. GINCHI.
Encargo. *Aróstegui Arce*. BEDRE.
Encargos. *Mistral*. SCARPA.
La encomienda negra. *Ferreiro*. BAEZA, GINURU.
Las encomiendas. *Redoles*. ARTE.
Encontré. *Varela*. LIBRO.
Encuentro. *Aguirre*. BOCPA.
Encuentro. *Canelas López*. QUIROS.
Encuentro. *Ibarbourou*. CAILL.
Encuentro. *Luque Muñoz*. ABRIL.
Encuentro. *Pellegrini*. TAPIA.

Encuentro. *Salmón.* ZAID.
Encuentro con la nieve. *Suardíaz.* ARAY.
Encuentro con un caballero en nube. *Salado.* BOCPA.
Endecha. *Lugones.* CAILL.
Endechas a la soledad. *Terán.* MEDINA.
La enemiga. *Ruiz.* SALAS.
El enemigo. *Lara.* QUEZA.
El enfermo. *Gorostiza.* DEBI.
Enfrentamientos. *Benítez.* URPILA.
Engranajes. *España.* WHITE.
El enigma. *Bufano.* GINAR.
Enigma de la luz tropical. *Rojas Guardia.* MEDINA.
Enigma de la mujer. *Lhaya.* ESCA.
Enigma de la rosa. *Michelena.* CAILL.
El enigma supremo. *Cabrisas.* BAEZA.
Enma. *Cuadra.* CARDE.
El enojo. *Herrera y Reissig.* CAILL.
El enorme asunto. *Vitier.* CAILL.
An Enquiry Concerning the Bat. *Pacheco.* TOPS.
La enredadera. *Pacheco.* PAZ.
La enredadera de júbilo. *Rosenmann Taub.* CAILL.
Ensalmos y conjuros. *Mejía Sánchez.* CAILL.
El ensayo. *Storni.* CAILL.
Enséñame a bailar. *Bolaño.* BOCCA.
Enseñanzas de Atlihuayán. *Blanco.* MONDRA.
Ensoñación. *Silva Ossa.* ARTE.
Ensueño. *Licón.* SALAS.
Enterrar y callar. *Otero Silva.* JIMEN, ROAL.
Entiendo que mi polvo. *Amor.* CAILL.
Un entierro. *Jamís.* ARAY.
Entierro de campo. *Pezoa Véliz.* CAILL, GINCHI.
El entierro de Pedro León Ugalde. *Rokha.* FIERRO.
El entierro de un pobre. *Pérez Estrada.* CARDE.
El entierro del Conde de Orgaz. *Varela.* GINURU.
Entierro del miliciano muerto en la guerra. *Queremel.* CAILL.
Entierro en el este. *Neruda.* CAILL.
Entonces. *Matute.* VOCES.
Entonces despertar. *Quirarte.* COHEN.
Entonces mi mano eclipsa. *Quirarte.* COHEN.
Entra en materia la materia. *Montes de Oca.* ORTEGA.
Entra la aurora en el jardín. *Banchs.* CAILL.
Entrada a la madera. *Neruda.* CALA, GINCHI, SCARPA.
Entrada a la razón. *Cea.* CEA.
Entrada al jardín de las delicias. *Quiñones.* COHEN.
Entras al cuarto oscuro. *Aridjis.* COHEN.
Entré al lugar más frío. *Alabau.* CATO.
Entre dos silencios. *Materán Alfonzo.* ESCA.
Entre el cerebro. *Sansón.* CARDE.
Entre el diablo y el océano. *Gómez Correa.* BACIU.
Entre guitarreros y guitarras. *Díaz Herrera.* RUANO.
Entre irse y quedarse. *Paz.* TOPS.
Entre la fronda. *Jaimes Freyre.* BEDRE, SONETO.
Entre las flores del sueño. *Martí.* MODER.
Entre las gotas de la lluvia. *Aridjis.* DEBI.
Entre las guitarras. *Ipuche.* GINURU.
Entre lo que veo y digo. *Paz.* TOPS.
Entre los lirios. *Loynaz y Muñoz.* CAILL.
Entre Ríos, verso a verso. *Alvarez.* VEIRA.
Entre sordas piedras. *Bonifaz Nuño.* DEBI.

Entre tu nombre y el mío. *Juárroz.* PADRON.
La entrega. *Lozano y Lozano.* TAPIA.
Entrega. *Pares.* SALAS.
Entrego. *Marzialetti M. de Gaspari.* URPILA.
Entresol. *Sabines.* TOPS.
Entresuelo. *Sabines.* DEBI, MONSI, TOPS.
Entretextos. *Sucre.* ESCA.
Entretiempo. *Vitier.* CAILL.
Entretien con Joaquín Pasos. *Cabrales.* CARDE.
Entrevista. *Argueta.* SALVA.
Entusiasmo. *Serrano.* MONDRA.
Envío. *Ferré.* FLORES.
Envío. *Herrera.* BAEZA.
Envío. *Marechal.* CAILL.
Envío. *Othón.* SONETO.
Envío. *Reyes.* CAILL.
Envío. *Vitier.* ORTEGA.
Envoi. *Ferré.* FLORES.
Envuelta en su purísimo vestido. *Solana.* CAILL.
Epicedio para Lezama. *Baquero.* CATO.
Epifanía. *Cross.* MONDRA.
Epifanía. *Fernández.* DONOSO.
Epifanía. *Novo.* PAZ.
Epigrama. *Gómez.* TORO.
Epigrama. *Robleto.* CARDE.
Epigrama. *Silva.* CARDE.
Epigrama desterrado. *Lázaro.* CATO.
Epígrama funerario. *Seraville.* GINCO.
Epigrama pequeñoburgués superacademicorrealista. *Shimose.* MARQUE.
Epigramas. *Gordillo.* CARDE.
Epigramas (Frags.). *Cardenal.* CEAL.
Epigramas. *Fernández.* CARDE.
El epiléptico. *Arteche.* ARTE.
Epílogo. *Dublé Urrutia.* CALA.
Epílogo. *Navarro Harris.* VILLE.
Epílogo de la fiesta. *Castrillo.* BEDRE.
Episodios del ahorcado y el sicomoro. *Ferrer.* MEDINA.
Epístola. *Brull.* CAILL.
Epístola. *Calvillo.* CAILL.
Epístola a León Felipe. *Cotto.* CEA, SALVA.
Epístola a los poetas que vendrán. *Scorza.* MOLINA.
Epístola a T. P. Mechin. *Armijo.* ALEGRI.
Epístola a una dama que nunca conoció elefantes. *Leduc.* MONSI.
Epístola a una dama que nunca en su vida conoció elefantes. *Leduc.* PAZ.
Epístola al amado (Frag.). *Estrada y Ayala de Ramírez.* TAPIA.
Epístola mágica. *Bendezu.* LIBRO.
Epistolary Briefs to Proclus. *Diego Padró.* MARZAN.
Epitafio. *Aura.* MONDRA.
Epitafio. *Barnet.* ARAY, FIERRO, TARN.
Epitafio. *Castro Saavedra.* ARBEL.
Epitafio. *Garzón Céspedes.* ARAY.
Epitafio. *Marzán.* MARZAN.
Epitafio. *Parra.* CALA, JIMEN, ROAL.
El epitafio. *Poveda.* SONETO.
Epitafio. *Shimose.* QUIROS.
Epitafio a Agustín Lara. *Liguori.* MONDRA.
Epitafio a la rosa. *Brull.* CAILL, JIMEN.
Epitafio de Dios. *Casaus.* TARN.

Epitafio de Ran Runnels. *Arellano*. CARDE.
Epitafio de un invasor. *Fernández Retamar*. FIERRO, MARQUE.
Epitafio de una vieja. *Paz*. JIMEN.
Epitafio del desterrado. *Mejía Sánchez*. CARDE.
Epitafio del extranjero vivo. *Adoum*. PADRON.
Epitafio final. *Lomuto*. URPILA.
Epitafio para el amigo poeta. *Viscarra Fabre*. QUIROS.
Epitafio para la tumba de Adolfo Báez Bone. *Cardenal*. DOORS.
Epitafio para la tumba del poeta desconocido. *González Tuñón*. FERNAN.
Epitafio para mi tumba. *Storni*. CAILL.
Epitafio para perros decapitados. *Mediza*. TAPIA.
Epitafio para un poeta. *Aridjis*. TOPS.
Epitafio para un poeta inédito. *Nisttahuz*. QUIROS.
Epitafio para una rosa. *Alcocer*. SALAS.
Epitafios para el hombre de Indias. *Undurraga*. CAILL.
Epitalamio. *Henriquez*. CAILL.
Epitalamio ancestral. *Herrera y Reissig*. MODER.
Epitaph. *Barnet*. TARN.
Epitaph. *Marzán*. MARZAN.
Epitaph for an Invader. *Fernández Retamar*. MARQUE.
Epitaph for God. *Casaus*. TARN.
Epitaph for the Tomb of Adolfo Báez Bone. *Cardenal*. DOORS.
Epocas. *Gelman*. MARQUE, TOPS.
Epochs. *Gelman*. MARQUE, TOPS.
La epopeya de la cruz (Frag.). *Alfaro Cooper*. SEGURA.
Epopeya de las comidas y las bebidas de Chile (Frags.). *Rokha*. ARTE, CALA.
La epopeya del mar. *Chocano*. ROAL.
Eppur si muove. *Villegas*. ESCA.
Equilibrismo. *Cross*. MONDRA.
El equilibrista. *Pacheco*. PADRON.
Equívoco gratuito. *Mendoza*. DONOSO.
Era la playa. *Santibáñez*. COHEN, ZAID.
Era núbil. *Lockward*. TAPIA.
Era un aire suave. *Darío*. CAILL, CEAL, MODER, ROAL, TOPS.
Era un tiempo. *Portugal*. BOCPA.
Era una cúspide. *Areco de Gañi*. URPILA.
Era una escuadra desperdigada. *Zamora*. LAGOS, VOCES.
Eramos cuatro. *González Martínez*. DEBI.
Eramos heridas abiertas. *Cross*. MONDRA.
Eramos los elegidos del Sol. *Huidobro*. CALA.
Eramos veintisiete. *Otero Reiche*. QUIROS.
Eras de lluvia. *Casal*. CAILL.
Eras la que en pudor . . . *Zarrilli*. GINURU.
Eras toda la luz reunida. *Morales*. MONDRA.
Eremita. *Millán*. QUEZA.
Eres de vino y de bisontes. *Castro Saavedra*. ARBEL.
Eres la continuación del tapial. *Sancho Castañeda*. SALVA.
Eres visible. *Sáenz*. QUIROS.
Eres, vas siendo. *Vocos Lescano*. CAILL, GINAR.
Erik Satie. *Hernández*. TORO.
Eros. *Jaimes Freyre*. MODER.
Eros. *Lozano*. LAGOS, VOCES.
Eros el cisne comenta presente de O. Paz. *Burgos*. TORO.
Erotic Suite. *Vega*. MARZAN.
Erótica. *Cobo Borda*. PADRON.
La erótica (Frag.). *Marechal*. TAPIA.
Eroticón I. *Guillermo*. ZAID.
Errata. *Barnet*. TARN.
Es amor. *Cruchaga Santa María*. CAILL.

Es bueno recordar. *Fernández Retamar*. MARQUE.
Es cierto, caminante. *Flores Saavedra*. BEDRE.
Es como. . . *Calderón*. COHEN.
Es como una enfermedad. *Uribe Arce*. SCARPA.
Es cuestión de lastres que nos dejan los días. *Castillo*. COHEN.
Es decir. *Pellegrini*. BACIU.
Es el hombre un hombre doble. *Guerra*. BEDRE, QUIROS.
Es el parto, lo abierto de lo sonoro. *Oliva*. COHEN.
Es el quejido. *Cazorla*. CATO.
Es el tiempo de la astucia. *Caraballo*. BOCCA.
Es en vano. *Chioino*. PERU.
Es ésa la imagen. *Morán*. DONOSO, LAGOS, VOCES.
Es esta tarde. *Sáez Burgos*. MARZAN.
Es hoguera el poema. *Pacheco*. DEBI.
Es hora. *Cabrera Carrasco*. URPILA.
Es hora de que hablemos. *Colombani*. ESCA.
Es la baba. *Girondo*. JIMEN.
Es la hora de detener la luz. *Toro*. ARTE.
Es lo mismo de siempre. *Nogueras*. TARN.
Es mejor encender un cirio que maldecir la oscuridad. *Fernández Retamar*. MARQUE.
Es necesario conocer el acertijo. *Cardozo*. ESCA.
Es oir la vertiente. *Schön*. ESCA.
Es olvido. *Parra*. CALA, CEAL, SCARPA.
Es que yo era la luna. *Monvel*. GINCHI.
Es relojero. *Lastra*. ARTE.
Es tu nombre. *Aridjis*. COHEN, MONSI, PAZ.
Es tu nombre. *Trejo*. COHEN.
Es un hermano. *Girri*. VILLOR.
Es un misterio. *González*. MONDRA.
Esa mar tan encedida (sic). *Calderón*. SALAS.
Esa noche. *Lanzone*. URPILA.
Esa voz en El Pireo. *Campos*. COHEN.
Esas mañanas tiernas para entrar a la escuela. *Mendiola*. COHEN.
Esbozo para empezar un amor. *Nava*. MONDRA.
Escala de ausencia. *González Martínez*. CAILL.
Escama de oro, ala de plata. *Barbieri*. CAILL.
El escapulario. *Torres Castillo*. DONOSO.
El escarabajo. *Quijada Urías*. CEA.
Escena. *Herrera*. TORO.
Escena. *Miranda Casanova*. QUEZA.
Escena de costumbres. *Huerta*. COHEN.
La escena del teatro. *Alas*. ROAL.
Escena en Betania. *Vega*. BEDRE.
Escena matinal. *Lorca*. VILLE.
Escenas. *Jaramillo Levi*. COHEN.
Un escéptico Noé. *Blanco*. COHEN, ZAID.
El esclavo. *Montejo*. ORTEGA.
Esclavo anda en busca de fuente de calor y piensa que . . . *Ferrari*. LIBRO.
El esclavo bueno. *Cuadra*. MANSOU.
El esclavo muerto. *Martí*. MANSOU, SENSE.
Escoges. *Sánchez Peláez*. ESCA.
Escolio a Jorge Manrique. *Pacheco*. ORTEGA.
Escombro. *Dávila*. CAILL.
Escombro. *Lihn*. REYES.
Escondite. *Valdés*. ARTE.
Escribir. *Hoeffler*. WHITE.
Escribiré tu nombre. *Lhaya*. ESCA.
Escrito con L. *Rojas*. REYES.

Escrito con tinta roja. *Pacheco.* DEBI.
Escrito con tinta verde. *Paz.* DEBI.
Escrito con tiza. *Hahn.* ARTE, PADRON.
Escrito en América. *Padilla.* FIERRO.
Escrito en Coyoacán. *Serrano.* LETONA.
Escrito en la espalda de un árbol. *Méndez Camacho.* ABRIL.
Escrito en una piedra del camino cuando la primera erupción. *Cuadra.* CARDE.
Escrito en una viñeta de Lea & Perrins. *Quijada Urías.* CEA.
Escrito junto a una flor azul. *Cuadra.* ORTEGA.
Escrito sobre una mesa de Montparnasse. *González Tuñón.* FERNAN.
Escritos en la piedra. *Gerbasi.* JIMEN.
Escritura. *Calderón.* VILLE.
La escritura en la pared. *Vera.* COHEN.
Escritura para el tiempo. *Garrido Malaver.* MOLINA.
Escuchando los ruidos de tu cuerpo. *Marquina.* CEA.
Escucho mi corazón. *Ramírez Argüelles.* ARBEL.
Escuela de pájaros. *Molina Viana.* BEDRE.
Escuela nueva en Carahue. *Barrenechea.* ARTE, SCARPA.
Escultura de palabras para una plaza de Roma. *Eielson.* LIBRO.
Escultura para la fuente de un jardín no plantado. *Queremel.* MEDINA.
Ese claro recinto. *Hurtado.* ESCA.
Ese hombrecito. *Jordana.* MONDRA.
Ese poema. *Sáez Burgos.* MARZAN.
Ése que está en el Tigre como planta. *Paine.* VEIRA.
Ese sitio. *Jamís.* ARAY.
Ese tiempo. *Melo.* URPILA.
La esfera y el río. *Shimose.* PADRON, QUIROS.
La esfinge. *Cabañas.* VALLE.
La esfinge. *Chariarse.* LIBRO.
Esfuerzo hacia la muerte. *Barrenechea.* SCARPA.
Eso sería todo. *Hahn.* PADRON.
Esos negros inmensos. *Torres Santiago.* MORA.
Espacio de mi voz. *Carranza.* CAILL.
Espacio desolado. *Artecona de Thompson.* VALLE.
Espacio negro. *Torres.* GINCHI.
Espacio y tiempo. *Nervo.* MODER.
La espada. *Jaimes Freyre.* QUIROS.
La espada necesaria. *Pereda.* GINURU.
Espada y sombra. *Ossorio.* ARTE.
Espaldas negras. *Larrosa.* ZAID.
España, 1936. *Maples Arce.* MONSI.
España, aparta de mi este cáliz (Frags.). *Vallejo.* CAILL, CEAL, MOLINA, TOPS.
El espantapájaros. *Jonás.* ARTE.
Los espantos. *Obregón.* VOLCAN.
Especialistas en literatura y balística. *Nómez.* ARTE.
Un especie de canto. *España.* WHITE.
Un espectáculo más. *Pellegrini.* BACIU.
Espectáculos. *Hernández.* ZAID.
El espectro de la rosa. *Cabrales.* CARDE.
El espectro de René Magritte. *Gómez Correa.* ARTE.
Espectro del amor. *Gómez Correa.* CAILL.
Las espejeantes playas. *Zurita.* TOPS, WHITE.
Espejismo. *Loynaz.* CAILL.
Espejismo. *Vaz.* URPILA.
Espejismos. *Obaldía.* CAILL.
El espejo. *Benarós.* CAILL.
El espejo. *Chariarse.* LIBRO.
El espejo. *Echeverri Mejía.* BAEZA.
Espejo. *Paz.* DEBI.

Espejo. *Torres Bodet*. CAILL.
El espejo de agua. *Huidobro*. ARTE, JIMEN, SCARPA.
Espejo de la fuente. *Vega de Alba*. URPILA.
Espejo del aroma (soneto). *Carranza*. CAILL.
Espejo no. *Gorostiza*. DEBI, JIMEN.
Espejo roto. *Lagos*. LETONA.
Espejos. *Millán*. ARTE.
Los espejos. *Rubio Huidobro*. REYES.
Espejos interiores. *Vaz*. URPILA.
Los espejos llameantes. *Shimose*. PADRON.
La espera. *Chapochnik*. URPILA.
La espera. *Godoy*. SALAS.
La espera. *Olivari*. FERNAN.
La espera. *Vilas*. URPILA.
Espera. *Zito Lima*. TAPIA.
La espera inútil. *Tejeda de Tamez*. SALAS.
Espera, octubre. *Owen*. MONSI.
Esperanza. *Castellanos*. DEBI.
Espergesia. *Vallejo*. CEAL.
Espero una canción distinta. *Cadenas*. FIERRO.
El espía que regresó del frío. *Schopf*. QUEZA.
La espiga tronchada. *Acosta*. CAILL.
La espiga turbulenta. *Pérez Maricevich*. VALLE.
Espina. *Alonso Amieva*. SALAS.
Espíritu que nace de lo inerte. *Ortiz de Montellano*. CAILL.
Espíritu Santo. *Ibáñez Iglesias*. URPILA.
Espléndida marea de lágrimas. *Petit de Murat*. VEIRA.
Esplendor en el viento. *Zurita*. TOPS.
Espuma. *Ribera Chevremont*. JIMEN. ROAL.
Esquemas para una oda tropical. *Pellicer*. CAILL, JIMEN, PAZ.
Esquina con flauta. *Barrenechea*. GINCHI, SCARPA.
Está ahí, junto al árbol. *Prendez Saldías*. CAILL.
Está aquí. *Vásquez Méndez*. QUIROS.
Está bien. *Guillén*. MORA.
Está bien. *Hernández*. ARTE.
Esta camisa. *Trías*. MARZAN.
Esta casa llamada la paloma. *Querales*. ESCA.
Esta ciudad es nuestra. *Gaitán Durán*. ARBEL.
Está en ti. *Basualto*. VILLE.
Ésta es la casa. *Domínguez*. ARTE.
Ésta es la cuestión. *Infusino*. KOFMAN.
Ésta es la región de las piedras. *Bosch*. ESCA.
Ésta es nuestra tierra. *Alfonseca*. DONOSO.
Está escrito. *Boccanera*. BOCCA, ZAID.
Esta hora. *Allende*. SALAS.
Esta hora vencida. *Dondo*. CAILL.
Esta iglesia no tiene. *Neruda*. GINCHI.
Está llamando un pedacito. *LeRiverend*. CATO.
Esta luz que suscribo. *Sosa*. ORTEGA.
Esta mujer. *Paseyro*. CAILL, GINURU.
Esta no es una carta para abrir. *Alcides*. TARN.
Esta noche y sus viejos nómadas de blanco. *Bañuelos*. PAZ.
Esta rara mujer. *Amorím*. SONETO.
Esta región de ruina. *Huerta*. DEBI.
Esta tarde. *Paz*. ZAID.
Esta terrible sed. *Colombani*. ESCA.
Esta tierra. *Castellanos*. DEBI.
Esta vieja herida. *Sienna*. BAEZA, CAILL, GINCHI.

Esta voz. *Pares*. SALAS.
Estaba escrito. *Lara*. BEDRE.
Estaba la mar durmiendo. *Charlo Niche*. URPILA.
Estaban solas. *García Rivera*. BEDRE.
Establecimiento de la maravilla. *Valle*. CAILL.
La estación de nuestro amor. *Espinoza Sánchez*. TORO.
Estación de trenes. *Oliveros*. BOCCA.
La estación destructora. *Gutiérrez Vega*. PADRON.
Estación I-A. *Monteforte Toledo*. BAEZA.
Estación inmóvil. *Neruda*. JIMEN.
Estacionamiento. *Vallarino*. COHEN.
Estaciones fugitivas. *Arteche*. CAILL, GINCHI.
Estadio Chile. *Jara*. TOPS.
Estadio Chile (Eng.). *Jara*. TOPS.
Estado de sitio. *Calderón*. CORSSE.
Los estados sobrenaturales. *Quijada Urías*. CEA.
Estamos. *Vitier*. ARAY.
Estamos a catorce de julio. *Vallejo*. CEAL.
Estamos condenados. *García Terrés*. DEBI.
Estamos en la ciudad. *Miranda Casanova*. BOCCA, QUEZA.
Estampa. *Nebel*. GINURU.
Estampa. *Palés Matos*. BAEZA.
Estampa de San Lázaro. *Guirao*. MORA.
Estampas de una ciudad antigua. *Ferrer*. CAILL.
Estancia. *Balp*. ZAID.
La estancia de Martín chico. *Etchebarne*. CAILL.
Estancia de la rosa. *Meléndez de Espinosa*. SALAS.
Estancia de lo eterno. *Núñez*. CAILL.
Estancias. *Barba Jacob*. CAILL.
Estancias. *Gavidia*. CEA.
Estancias. *Godoy*. ARTE.
Estancias. *González Martínez*. CAILL, MODER.
Estancias. *Icaza*. CAILL.
Estancias. *Silva*. CAILL.
Estancias del agua especular. *López Merino*. CAILL.
Estancias eróticas. *González*. MONDRA.
Estancias nocturnas. *Villaurrutia*. DEBI.
Estaño. *Mendizábal Santa Cruz*. BEDRE.
Estar enamorado. *Bernárdez*. CAILL, FERNAN, GINAR, JIMEN, VILLOR.
Estar solo. *Ramírez Murzi*. ESCA.
Estás. *Gelman*. PADRON.
Estas calles que nadie habita. *Orestes Nieto*. BOCCA.
Estás conmigo amor. *Paz Paredes*. SALAS.
Estas cosas que no quiero entender. *Olmedo López*. BEDRE.
Estás en el rincón más apartado del estudio. *Patiño*. MONDRA.
Estas vacaciones hemos visitado los dos. *Fernández*. CARDE.
La estatua. *Agustini*. MODER.
Estatua. *Villaurrutia*. DEBI.
Estatua viva de barro (Frag.). *Quiteño*. BAEZA, TAPIA.
Estatuas de los parques. *Hübner Bezanilla*. ARTE.
Estatuto del vino. *Neruda*. CALA, SCARPA.
Este (Selecciones). *Muñoz*. WHITE.
Este aire. *Meléndez de Espinosa*. SALAS.
Este anciano. *Serrano*. LETONA.
Este buey de nostalgia. *Yarza*. LAGOS, VOCES.
Este café contigo. *Uribe*. SALAS.
Este camino. *Aguirre*. CAILL.
Este correr. *Meléndez de Espinosa*. SALAS.
Este darse de golpes. *Vásquez Méndez*. BEDRE.

Este decir nuestro. *Durán Böger*. QUIROS.
Éste era un rey. *García Terrés*. MONSI.
Éste es el libro de los salmos. *Kozer*. CATO, PADRON.
Éste es mi querido siglo. *Guerra*. TARN.
Éste es un amor. *Huerta*. DEBI, MONSI, TOPS.
Este hombre que va creciendo en Martí. *Nava*. BOCPA.
Este mi sentimiento. *Vásquez Méndez*. QUIROS.
Este mundo. *Vitale*. BOCPA.
Este oficio. *Krauze*. MONDRA.
Este ser tú, acumulado. *Massone*. ARTE.
Este tu inútil caminar. *Guerra*. QUIROS.
Este vivir cotidiano. *Fernández Spencer*. CAILL.
El estero. *Espino*. CEA.
Estío. *Ibarbourou*. CAILL.
Estirpe de conquistador. *Adoum*. PADRON.
Esto. *Silva Estrada*. ESCA.
Esto es la otra parte. *Bañuelos*. DEBI.
Esto leo a mi hija. *Aray*. DONOSO, MARQUE.
Esto tiene que ser un cementerio. *Parra*. DOORS.
Estos huesos brillando en la noche. *Pizarnik*. ORTEGA.
Estos ojos. *Morales*. MONDRA.
Estos poemas. *Gelman*. ORTEGA.
Estos versos. *Valle*. ZAID.
Estoy en alta mar. *Rivera*. LETONA.
Estoy lejos. *Valdés*. ARTE.
Estoy separado de mí (Frags.). *Sáenz*. BEDRE.
Estoy sola ahora. *Gómez*. BOCPA.
El estrecho dudoso (Frag.). *Cardenal*. PADRON.
Estrella. *Torres Bodet*. DEBI.
La estrella de la tarde. *Barba Jacob*. CAILL.
La estrella del destino. *Herrera y Reissig*. GINURU.
Una estrella en la frente. *Hernández*. ARAY.
Una estrella en el bosque. *Urzagasti*. QUIROS.
Estrella fugaz. *Moro*. LIBRO.
Estrella matutina. *Mieses Burgos*. CAILL.
La estrella misteriosa. *Vaz Ferreira*. BAEZA, CAILL, GINURU, SONETO.
La estrella polar. *Guillén*. ARAY.
Estrella segregada. *Cerruto*. QUIROS.
La estrella vespertina. *Cuadra*. TOPS.
Estrellas apagadas. *Alardín*. SALAS.
Estremecimiento del recuerdo. *Casaravilla Lemos*. TAPIA.
Estrofa al alba del 14 de septiembre de 1959. *Gaitán Durán*. ARBEL.
Estrofa al viento de otoño. *Pellicer*. CAILL.
Estrofa mía. *Pichardo*. SONETO.
Las estrofas a José Martí. *Pellicer*. MONSI.
Estrofas a una estatua. *Florit*. BAEZA, CAILL, JIMEN.
Estrofas azules. *Tallet*. CAILL.
Estrofas en la playa II. *Castellanos*. DEBI.
Estudiando. *González Camargo*. ROAL.
Estudiante baleado. *Rojas*. FIERRO.
Estudio. *Pellicer*. DEBI, JIMEN, MONSI, PAZ, ROAL.
Estudio. *Pellicer*. MONSI, PAZ.
Estudio. *Pellicer*. DEBI, MONSI.
Estudio con algo de tedio. *Dalton*. SALVA.
Estudio en cristal. *González Rojo*. CAILL.
Estudios. *Pellicer*. PAZ, TOPS.
Eterna huida de su imagen. *Utrera*. MEDINA.
Eterna juventud. *Liscano*. CAILL.

Eternal Farewell. *Jaimes Freyre*. TOPS
La eternidad del agua. *Mendiola*. ZAID.
Eternidad de la rosa. *Abril.* CAILL.
Eternidad de un instante. *Shelley.* MONDRA.
Eternidades. *Aymará*. ESCA.
Ethnical blues. *Etcheverry*. ARTE.
Etica. *Gaitán Durán*. ARBEL.
Los eucaliptos. *Ribera Chevremont*. JIMEN, ROAL, SONETO.
Euforia. *Pantigoso.* TORO.
Europeans. *Lihn.* MARQUE.
Europeos. *Lihn*. MARQUE.
Eva. *Lavín Cerda*. QUEZA.
Eva. *Rodriguez R. de Ayestarán.* URPILA.
Eva de arcilla. *Quiteño*. CEA, SALVA.
Evangelina. *Gutiérrez. Castilla*. VEIRA.
Evangelina. *Orozco*. VEIRA.
Evasión. *Alegría.* SALVA.
Evasión. *Zelaya*. TAPIA.
Even Forsaken They'd Flower. *Zurita*. TOPS.
The Evening Star. *Cuadra.* TOPS.
Events Like Palaces. *Molina Venegas*. WHITE.
Everness (Span.). *Borges*. TOPS.
Everness. *Borges*. TOPS.
Every Poem. *Mutis*. DOORS.
Everything Is Normal in Our Courtyard. *Alegría.* VOLCAN.
Everything Is Very Simple. *Vilariño.* FLORES.
Everything Used to Look Good to Me. *Parra*. DOORS.
Evocación. *Nervo*. CAILL.
Evocación. *Reyes*. BAEZA, CAILL, GINCHI.
Evocación. *Solari.* GINURU.
Evocación de Gabriela Mistral. *Lars.* TOPS.
La evocación de Job. *Cruchaga Santa María*. CAILL, GINCHI.
Evocación de la ciudad de La Paz. *Viscarra Fabre*. QUIROS.
Evocación geográfica de la isla de Margarita. *Rugeles*. CAILL.
Evocando sobre el crepúsculo. *Clavijo Pérez*. CATO.
Evoco la dulzura de tu rostro en la tarde. *González Penelas*. GINURU.
Ex abruptos. *Liguori*. MONDRA.
Ex libris. *Acosta.* CAILL.
Exactitud de la muerte. *Vidales*. CAILL.
Exaltación. *Díez de Medina*. BEDRE.
Exaltación. *Vaz Mendoza*. URPILA.
Exaltación de Bartolomé Hidalgo. *Figueredo*. GINURU.
Exaltación de las materias elementales. *Abril*. TAPIA.
El examen. *Girri.* BAEZA.
Exclamaciones para salmodiar el paisaje. *Arvelo Larriva*. CAILL.
Exclusivo. *Carranza.* ABRIL.
Las exequias de mi abuelo. *Silva*. GINURU.
Exhortación fraternal. *García*. CARDE.
Exigencia siempre. *Arenas.* ARTE.
El exilado. *Gutiérrez*. CARDE.
Exilado de la noche. *Rivera.* DONOSO.
Exile. *Pizarnik*. TOPS.
Exilio. *Calderón*. CORSSE.
Exilio. *Molina*. CAILL, GINAR.
Exilio. *Mutis*. ORTEGA.
Exilio. *Neruda*. SCARPA.
Exilio. *Pizarnik.* TOPS.
Éxodo. *Fernández Chericián*. ARAY.
Éxodo. *Pacheco*. MONSI.

Éxodo. *Paz Paredes*. SALAS.
Éxodo. *Torres Bodet*. MONSI, TOPS.
Exodus. *Torres Bodet*. TOPS.
Expansión sonora biliar. *Belli*. LIBRO.
Expectación. *Nervo*. CAILL.
Expedición. *Reyes*. CAILL.
Expedición al país de la canela. *Carrera Andrade*. SONETO.
Experiencia. *Moltedo*. ARTE.
La experiencia poética. *Herrera*. ORTEGA.
La experiencia vivida. *Pacheco*. ORTEGA.
Explicación. *Blanco Fombona*. ROAL.
Explicaciones. *Langagne*. MONDRA.
Explicaciones. *Martínez Matos*. ARAY.
Explicar con palabras. *Pizarnik*. ORTEGA.
Explico algunas cosas. *Neruda*. CEAL, TOPS.
Explosión. *Agustini*. CAILL, GINURU, MODER, SONETO.
La explosión del silencio. *Mizón*. ARTE.
Exprés. *Huidobro*. BACIU, SCARPA
Expresiones y respuestas de mujeres. *Anón. de Vallegrande*. BEDRE.
El éxtasis. *Arenas*. CALA.
Éxtasis. *Mistral*. CAILL, CALA.
Éxtasis. *Nervo*. TOPS.
Éxtasis. *Tatter*. URPILA.
Éxtasis humilde. *Valle*. CAILL.
Extracción de la piedra de la locura. *Quiñones*. COHEN.
Extraña. *Moreno Toscano*. SALAS.
La extranjera. *Alvarez*. CAILL.
La extranjera. *Mistral*. ARTE, FLORES.
El extranjero. *Arráiz*. CAILL.
El extranjero. *Carranza*. JIMEN.
El extranjero. *Carreto*. COHEN.
El extranjero. *Mármol*. CAILL.
El extranjero. *Serrano*. MONDRA.
Extranjero en cuatro dimensiones. *Orías*. BEDRE.
Los extranjeros. *Dalton*. ORTEGA.
El extraño. *Vera*. ESCA.
El extraño juego. *Delaval*. SALAS.
Exvoto. *Girondo*. CEAL.
Eyes. *Gelman*. MARQUE, TOPS.
Ezequiel Martínez Estrada. *Martínez Estrada*. CAILL.
Ezra Pound: cenizas y cilicios. *Hernández*. TORO.

F. *Luque Muñoz*. ABRIL.
Una fábrica de domingos. *López*. LAGOS, VOCES.
Fábula. *Calvo*. TORO.
Fábula. *Molina Venegas*. CORSSE.
Fábula. *Nava*. DONOSO.
Fábula. *Paz*. DEBI.
Fábula de la garza desangrada. *Ferré*. ORTEGA.
Fábula de Nausicaa infinita. *Devoto*. CAILL.
Fábula de Tántalo y Midas, reyes. *Devoto*. CAILL.
Fábula de Tom y Jerry. *Corcuera*. MARQUE.
Fábula del canario. *Corcuera*. TORO.
Fábula del espantajo. *Corcuera*. TORO.
Fábula del gallo que se convirtió en veleta. *Corcuera*. TORO.
Fábula del lobo feroz. *Corcuera*. MARQUE.
Fábula del viento y la manzana. *Corcuera*. TORO.
Fábula para revelar el misterio. *Lira Sosa*. ESCA.

Fábula y caricatura del sapo. *Corcuera*. TORO.
Fábula y semblanza del saltamontes. *Corcuera*. TORO.
Fábulas adolescentes. *Undurraga*. CAILL.
Fábulas adolescentes. *Undurraga*. BAEZA.
Face to Face in Another Time. *Calderón*. WHITE.
Fácil es caminar sobre las aguas. *Romualdo*. LIBRO.
Fade Out (Span.). *Hernández*. COHEN.
Faldas de tierra. *Blanco*. MONDRA.
The Fall of a Bishop. *Alegría*. REYES.
La falla de San Andrés. *Galván*. MONDRA.
El falo encantado. *Livia Torino*. TORO.
Falsa canción de baquiné. *Palés Matos*. DOORS, SENSE.
Falsa elegía. *Castellanos*. PAZ, SALAS.
Falta una hoja. *Rueda*. SALAS.
La familia. *Cabrera*. GINURU.
Familias. *Agosín*. REYES.
Families. *Agosín*. REYES.
Fanal. *Cardozo*. ESCA.
El fandango de Cocharcas. *Torres de Vidaurre*. PERU.
Fanfarria en Sol Mayor. *Greiff*. ARBEL.
Fantasía de verano. *Jiménez Sierra*. MEDINA.
Fantasía del desvelo. *Vaz Ferreira*. CAILL, GINURU.
Fantasía para un sábado sin límites. *Mendía*. ARBEL.
El fantasma. *Díaz Mirón*. CAILL.
Un fantasma. *González Martínez*. MODER.
El fantasma. *Mistral*. CALA.
El fantasma. *Pacheco*. PADRON.
El fantasma del buque de carga. *Neruda*. ARTE, CALA.
Los fantasmas. *Huerta*. DEBI.
Fantasmas de Nueva Inglaterra. *Basualto*. VILLE.
Farabundo Martí. *Hernández*. SALVA.
Farallón. *Rosas Marcano*. ESCA.
Farewell. *Neruda*. CAILL, CEAL, SCARPA.
Fatality. *Darío*. TOPS.
Father, Mother. *Belli*. TOPS.
Fatiga azul de marinero. *Enríquez*. COHEN.
Fatum. *Berreta Galli*. URPILA.
Favila. *Eguren*. MODER.
Fe de erratas. *Barnet*. TARN.
Fear of Words (Span.). *Márquez*. CATO.
The Fears. *Obregón*. VOLCAN.
Febrero en La Azucena. *Coronel Urtecho*. CARDE.
Fechas que siempre vuelven. Cobo Borda. BOCCA.
Felices los normales. *Fernández Retamar*. ARAY, ORTEGA, TARN.
La felicidad. *Reyes de la Jara*. VILLE.
La felicidad se acaba. *Shimose*. LETONA.
Felipe II. *Martínez Estrada*. CAILL.
Feliz Navidad. *Argueta*. CEA.
Los feos. *Fernández Retamar*. ARAY, DOORS.
Fervor. *Arduz*. BEDRE.
Fessi rerum. *Tamayo*. QUIROS.
Festejo. *Cross*. COHEN.
Festejo. *Piccato*. GINURU.
Fiat lux. *Herrera y Reissig*. TAPIA.
Ficha de turismo. *Gochez Sosa*. SALVA.
Fidel. *Gelman*. DONOSO, FIERRO.
Fiebre. *Campero Echazú*. BEDRE.
La fiebre entera. *Puglia*. URPILA.
Fiera de amor. *Agustini*. CEAL, MODER.

Fierce Wolf: A Fable. *Corcuera.* MARQUE.
Fiesta. *Storni.* CAILL, GINAR.
La fiesta de los ojos. *Rodríguez Pinto.* CAILL.
La fiesta de los pintores. *Pallais.* CARDE.
Fiesta del amor. *Pérez Hidalgo.* COSTA.
La fiesta del campo. *Guzmán.* CAILL.
Fiesta familiar. *Cos Causse.* ARAY.
Fiesta popular de ultratumba. *Herrera y Reissig.* MODER.
Fiesta propia. *Vitale.* CAILL, GINURU.
Fiesta sobre las calles y las casas. *Montemayor.* COHEN.
Fiestas de San Juan. *Yllescas.* CARDE.
Fiestas, satíricas y picarescas. *Anón. de Vallegrande.* BEDRE.
La figura. *Marasso.* CAILL, GINAR.
Figura mortal. *Rojas.* PADRON.
Fíjate cómo ha pasado el tiempo. *Jamís.* ARAY.
La fila del regreso. *Rubio.* CALA.
Filiación oscura. *Sánchez Peláez.* ORTEGA.
Filiaciones. *Rubio.* SCARPA.
La fille aux cheveux de lin (Span.). *Solari.* GINCHI.
Film de los paisajes. *Oquendo de Amat.* DOORS, LIBRO.
Filosofía. *Darío.* CEAL.
Filosofía del bronce. *Pichardo Moya.* MORA, SENSE.
Filosofías. *Silva.* MODER.
El filósofo Mo Tse. *Kozer.* PADRON.
Filtros ceremoniosos. *Tomat-Guido.* TAPIA.
Fin de fiesta. *Bedregal García.* BEDRE.
El fin de las etiquetas. *Blanco.* ORTEGA.
Fin de orgía. *Bernárdez.* GINURU.
Final (Frag.). *Bedregal.* TAPIA.
Final. *Zavaleta Mercado.* BEDRE.
Final de fiesta. *Vitale.* BOCPA, CAILL, GINURU.
Final feliz. *Monsreal.* COHEN.
Final Tree. *Mistral.* TOPS.
Finale. *Gutiérrez Vega.* PADRON.
Fireflies. *Gorostiza.* TOPS.
Firing Squad. *Millán.* REYES.
Firulítico. *Portuondo.* MORA.
Flamea el sueño antes de apagar sus hecatombes. *Sandoval.* MONDRA.
Flash. *Bernal.* COHEN.
Flash uno. *Morales.* CARDE.
La flauta. *Herrera y Reissig.* CAILL.
La flauta. *Valle.* BAEZA.
La flauta del pastor. *Arciniegas.* CAILL.
Flauta rústica. *Acuña.* GINCHI.
Las flautas se entienden. *Pereira.* ESCA.
Las flautas y el aire. *Llerena Blanco.* LETONA.
La flecha. *Correa.* GINCO.
La flecha del guerrero. *Thorne.* LAGOS, VOCES.
La flecha del parto. *Guillén.* PERU.
Flocks of Doves. *Pellicer.* TOPS.
Una flor. *Guadamuz.* VOLCAN
La flor de la pluma. *Cruchaga de Walker.* ARTE.
Flor de loto. *Lara.* BEDRE.
Flor de María. *Quiteño.* CEA.
Flor de sueños. *Calderón.* SALAS.
La flor del aire. *Mistral.* CALA, TOPS.
Una flor del camino. *Nervo.* DEBI.
La flor del fruto. *Cortés.* CAILL.

Flor y trigo. *Licón*. SALAS.
Floración. *Castellanos Moya*. SALVA.
Floración. *Flores Castro*. COHEN.
Florencia y tu recuerdo. *Escobar*. CAILL.
Flores. *Casal*. MODER.
Las flores de cedro. *Mendoza*. SALVA.
Flores de éter. *Casal*. MODER.
Flores de inquietud. *Capriles*. BEDRE, QUIROS.
Flores de saudade. *Ureta*. CAILL.
Flores del cielo. *Martí*. CEAL.
Flores para el oído. *Varela*. LIBRO.
Las flores ultrajadas. *Castro*. ESCA.
Florido laude. *Novo*. MONSI.
Un floripondio. *Orrillo*. RUANO, TORO.
Floromilo. *Fernández*. FIERRO.
A Flower. *Guadamuz*. VOLCAN.
The Flower of Air. *Mistral*. TOPS.
The Flowers Grow High. *Guillén*. MARQUE.
Flujo. *Bedregal*. BEDRE, QUIROS.
A Fly is Walking Head Downward. *Juárroz*. DOORS.
Folios del enamorado y la muerte (Frags.). *Sologuren*. PADRON.
Fondo. *Estrada*. CAILL.
Fontana cándida. *Dublé Urrutia*. CAILL, GINCHI.
Foot-ball. *Cotto*. CEA.
For Armando Rubio. *Electorat*. WHITE.
For Ever (Span.). *Fiallo*. CAILL.
For Nothing. *Castro Ríos*. MARZAN.
For the Land Barons. *García Laviana*. VOLCAN.
La forastera. *LeRiverend*. CATO.
El forastero (Círculo fálsico). *Fugellie*. CORSSE.
Forastero. *Horta de Merello*. URPILA.
Forgetting. *Storni*. FLORES.
El forjador. *Ibarbourou*. GINURU.
La forma. *Ribera Chevremont*. JIMEN.
La forma. *Walsh*. BAEZA.
La formal. *Méndez Camacho*. ABRIL.
Fórmula. *Castrillo*. QUIROS.
Las fórmulas mágicas. *Belli*. RUANO.
Foro romano. *Eielson*. LIBRO.
Fosa con Paul Celan. *Rojas*. PADRON.
Los fotogénicos. *Cuza Malé*. CATO.
Fotografía. *Hahn*. WHITE.
Fotografía. *Lara*. QUEZA, WHITE.
Fotografía. *Sampedro*. COHEN.
Fotografía. *Tatter*. URPILA.
Fotografía. *Welder*. BOCCA, QUEZA.
Fotografía al magnesio. *Rojas*. QUEZA.
Fotografía I. *Délano*. VILLE.
Fotografía II. *Délano*. VILLE.
Fotografía III. *Délano*. VILLE.
Fotografía V. *Délano*. VILLE.
Fotografía velada. *Tomás*. LAGOS, VOCES.
Found. *Suardíaz*. TARN.
Fox terrier desaparece en la intersección de las avenidas . . . *Martínez*. WHITE.
Fox Terrier Disappears at the Intersection. *Martínez*. WHITE.
Fox terrier no desaparecido no reaparece. *Martínez*. WHITE.
Fracaso. *Cadenas*. ORTEGA.
El fracaso del protagonista. *Armijos*. TORO.
Fragancia. *Castrillo*. QUIROS.

Fragilidad. *Medina*. SONETO.
Fragilidad de las hojas. *Sologuren*. PADRON.
Fragment. *Diego*. TARN.
Fragmento. *Diego*. TARN.
Fragmento. *Hernández*. TORO.
Fragmento. *Usigli*. PAZ.
Fragmento de poema especial. *Heraud*. MOLINA.
Fragmento de ventana (Frags.). *Gervitz*. MONDRA.
Fragmento del quinteto de Schumann. *Avila Jiménez*. QUIROS.
Fragmentos. *Pellicer*. CAILL.
Fragmentos (no. 4). *Rojas*. ARTE.
Los fragmentos de la noche. *Lezama Lima*. TOPS.
Fragmentos para dominar el silencio. *Pizarnik*. BOCPA.
The Fragments of the Night. *Lezama Lima*. TOPS.
Frases. *Bañuelos*. FIERRO.
Frases. *Parra*. CEAL.
Fraternidad. *Fernández Moreno*. FERNAN.
Fraternidad del sonido. *Allocati*. URPILA.
Fray Antonio de Guevara reflexiona. *Pacheco*. ORTEGA.
Free country: July 19, 1979. *Belli*. VOLCAN.
Freedom Now. *Morejón*. MARQUE.
Freedom Now (Span.). *Morejón*. MARQUE.
Freehand Sketch. *Sosa*. VOLCAN.
Frenesí. *Espinel*. TAPIA.
Frente a mí. *Chávez*. ZAID.
Frente a mí misma. *Pérez*. SONETO.
Frente a mi retrato. *Bedregal*. QUIROS.
Frente al espejo. *González-Cruz*. CATO.
La frente inclinada. *Russell*. CAILL.
La frente inmensa, diríase que infinita. *Nadereau*. ARAY.
Freudiano. *Macías*. COHEN.
Friday Evening. *Marzán*. MARZAN.
Frío de mi país. *Hernández*. SALVA.
Frío destello. *Macías*. COHEN.
Los fríos barrios. *Vitier*. PADRON.
From a Revolutionary to J.L. Borges. *Dalton*. TOPS.
From the Bodies. *Sabines*. DOORS.
La frontera (Eurídice a Orfeo). *Ibáñez*. CAILL.
Frontera de la voz. *Lindo*. CEA.
Fronteras inútiles. *Pizarnik*. ORTEGA.
La fruta. *Parayma*. ESCA.
Frutal. *Valle*. GINCHI.
Fruto de la experiencia. *Barroso*. CATO.
Fruto de servidumbre. *Gómez Cornejo*. BEDRE.
Fué como haber tejido. *Solana*. CAILL.
Fué domingo en las claras orejas de mi burro. *Vallejo*. CEAL, TOPS.
Fué en un jardín. *Sassone*. SONETO.
Fué para un nuevo día. *Restrepo*. ABRIL.
El fuego. *Llanes*. BAEZA.
Fuego. *Silva-Santisteban*. TORO.
Fuego absorto. *Sologuren*. LIBRO.
Fuego con fuego. *Gómez Kemp*. MORA.
Fuego de Dios. *Rugeles*. MEDINA.
Fuego de pobres. *Bonifaz Nuño*. MONSI, PAZ.
El fuego de Quevedo. *Krauze*. MONDRA.
El fuego junto al mar. *Fernández Retamar*. DONOSO.
Fuego sagrado. *Oyuela*. SONETO.
El fuego y la poesía. *Moro*. ORTEGA.

Fuensanta (Frag.). *Tejeda de Tamez*. SALAS.
La fuente. *Carreño*. SALAS.
Fuente. *González Guerrero*. CAILL.
Fuente. *Torres Bodet*. MONSI.
Fuente en Cucauta. *Gaitán Durán*. ARBEL.
La fuente oscura. *García Terrés*. PAZ.
Fuera del juego. *Padilla*. ORTEGA, PADRON.
El fuerte lazo. *Ibarbourou*. CAILL, TAPIA, TOPS.
La fuerza del amor. *Montes de Oca*. CAILL.
Fuerza mayor. *Berenguer*. LAGOS, VOCES.
Fuerza, canejo, sufra y no llore. *Carranza*. ABRIL.
Fuga. *Bedregal*. QUIROS.
Fuga. *Jonquières*. VEIRA.
La fuga. *Quezada*. ARTE, QUEZA.
Fuga de otoño. *Cortés*. CARDE.
Fuga elegíaca. *Castro*. GINURU.
Fuga mojada. *Castro*. CAILL, SCARPA.
Fugas y engranajes. *Jaramillo Levi*. COHEN.
Fugitiva. *Forero*. GINCO.
El fugitivo. *Ramos Sucre*. MEDINA.
Fuí por el autoanálisis. *Guerra*. QUIROS.
Fulminado. *Florez*. CAILL.
Función de tu presencia lejana. *Hidalgo*. TAPIA.
Fundación de la ciudad. *Adoum*. PADRON.
Fundación del entusiasmo. *Montes de Oca*. CAILL.
Fundación del olvido. *Maples Arce*. DEBI.
La fundación mitológica de Buenos Aires. *Borges*. CAILL, GINAR.
La fundación mítica de Buenos Aires. *Borges*. FERNAN, JIMEN, TOPS.
Fundamento del miedo. *Rueda*. SALAS.
Funeral. *Maldonado*. MONDRA.
El funeral. *Trujillo*. ARTE.
Funeral en Oldbank. *Cermeño*. MANSOU.
Funerales (Frag.). *García Terrés*. DEBI.
Funeraria. *O'Connor D'Arlach*. BEDRE.
Las furias y las penas. *Neruda*. CAILL, CEAL, DOORS.
Furies and Suffering. *Neruda*. DOORS.
Furiosamente vuelves, ¡Oh triste edad perdida! *Brandy*. CAILL, GINURU.
A Furious Clarity. *Zaid*. TOPS.
Fusil, hoja que conmueve a todo el árbol. *Bañuelos*. MARQUE.
El fusilado. *Millán*. REYES.
Fusilamiento. *Guillén*. JIMEN.
Futuro. *Barba Jacob*. BAEZA.
Futuro. *Barba Jacob*. CAILL.
Futuro. *Guillén*. CEAL.
Los futuros suicidas. *Jodorowsky*. CAILL.

G. B. *Márquez*. CATO.
Gabriel Sebastián. *Echazu Navajas*. BEDRE, QUIROS.
Gacela. *Zaid*. DEBI, ORTEGA.
Los gafos. *Ramos Sucre*. MEDINA.
El galán imperfecto. *Parra*. CEAL.
Galipán. *Rosas Marcano*. ESCA.
El gallinero. *Maquieira*. WHITE.
El gallo. *Bernárdez*. GINURU.
El gallo. *Gómez Jaime*. GINCO.
Gallo. *Guirao*. CAILL.
Gallo. *Lihn*. DOORS, PADRON.
Gallo. *Montealegre*. ARTE.
El gallo en el balcón. *Macías*. COHEN.

Galope muerto. *Neruda.* TOPS.
Gama de nieve. *Reynolds.* QUIROS.
Gámbito de rey. *Hinostroza.* TORO.
The Game We Play. *Gelman.* DOORS.
Los gansos. *Tablada.* PAZ.
Garabato. *Pacheco.* ORTEGA.
Gare. *Huidobro.* CAILL.
Garibaldi en Nicaragua. *Yllescas.* CARDE.
La garra blanca. *Storni.* TOPS.
La garra de un chacal. *Fiallo.* CAILL.
Los garrobos. *Argueta.* SALVA.
Garza. *Gaztelú Gorriti.* CATO.
Una garza. *González.* MONDRA.
La garza. *Hernández.* VILLOR.
La garza. *Rodríguez.* MEDINA.
Garza. *Tablada.* DEBI.
Las garzas. *Miró.* CAILL.
Las garzas (Cromos). *Arciniegas.* GINCO.
La gata sobre la fonola helada. *Berenguer.* VILLE.
El gato. *Guzmán Tellez.* BEDRE.
El gato de Cheshire. *Martínez.* WHITE.
Un gato muere en Pomaire. *Florit.* ARTE.
Gatos. *Casanova.* ARTE.
Un gavilán. *Palomares.* ESCA.
Gaviota. *Fresco.* URPILA.
Gaviota muerta. *Arteche.* CAILL.
La gaviota muerta. *Ibáñez.* CAILL, GINURU.
Las gaviotas. *Moisés.* KOFMAN.
Gaviotas. *Reyes.* CAILL.
Generación. *Avila Jiménez.* QUIROS.
La generación de la cerveza. *Caballero.* ZAID.
El general Quiroga va en coche al muere. *Borges.* FERNAN.
Génesis. *Alvarez.* LAGOS, VOCES.
Génesis. *Liscano.* TAPIA.
Génesis del canto. *Martínez Arenas.* GINCHI.
Genio y figura. *Rokha.* SCARPA.
Genocidio. *Cabrera.* COSTA.
La gente la gente. *Rada.* LETONA.
Las gentes que viajan. *Bonifaz Nuño.* ORTEGA.
Gentileza. *Serrano.* MONDRA.
Geografía íntima. *Zegarra Díaz Canseco.* BOCPA.
Geometría dinámica. *Fernández Cherición.* ARAY.
Georgette. *Bonifaz Nuño.* DEBI.
Geraldine. *Bonells Rovira.* ABRIL.
Gérard de Nerval. *Pita Rodríguez.* ARAY.
Geratevet. *Turkeltaub.* ARTE.
Germinación. *Jodorowsky.* CAILL, GINCHI.
Geschichtsunterricht. *Galván.* MONDRA.
Gestos. *Lara.* QUEZA.
Gestos. *Mistral.* CALA.
The Gift. *Nervo.* TOPS.
El gigante. *Martínez Villena.* CAILL.
Gira por su ecuador empobrecido. *Sabines.* PADRON.
The Girls of the Light. *Eguren.* TOPS.
El giro de la tarde. *Puentes de Oyenard.* URPILA.
Giro la perilla abro. *Yañez.* COHEN.
Gitana de Modigliani. *Camerati.* CORSSE.
La gitana dormida/texto del aroma. *Toro Montalvo.* TORO.

Gladiolas by the Sea. *Hahn.* REYES.
Gladioli by the Sea. *Hahn.* TOPS.
Gladiolos junto al mar. *Hahn.* REYES, TOPS.
Glenn Miller's Music. *Valle.* MARZAN.
La gloria. *Cerruto.* BEDRE.
La gloria de Matho. *Sada.* ZAID.
Glosa. *Arvelo Torrealba.* MEDINA.
Glosa. *Arvelo Torrealba.* MEDINA.
Glosa. *León Guevara.* ESCA.
Glosa. *Nervo.* CAILL.
Glosa completa en tres tiempos. *Novo.* CAILL.
Glosa de mi tierra. *Reyes.* CAILL, MONSI.
Glosa del ancestro. *Alonso.* ESCA.
Glosa I. *Calvetti.* VILLOR.
Glosa incompleta en tres tiempos. *Novo.* MONSI, PAZ.
Glosa pastoril. *Villalobos.* MEDINA.
Glosas fugaces. *Arvelo Larriva.* MEDINA.
Go Slowly. *Molina Venegas.* WHITE.
God, Our Lady (Frag.). *Michel.* FLORES.
La golarenda sorva. *Langagne.* MONDRA.
Golf. *Arteche.* SCARPA.
Golfo de México. *Reyes.* MONSI, PAZ.
Gólgota. *Arteche.* ARTE, CALA.
Gólgota. *Rosenmann Taub.* ARTE.
Golondrina. *Torres Bodet.* DEBI.
Golpe en la piedra (Frag.). *Michelena.* PAZ.
Golpe en un ojo. *Boullosa.* MONDRA.
Golpeando. *Astrada.* LAGOS.
Good Memory. *Rivera-Avilés.* MARZAN.
Good-by Lady Splendor (Span.). *Verástegui.* BOCCA, TORO.
Una gota de sangre. *Verdesoto de Romo.* LAGOS, VOCES.
Gotas de ajenjo. *Florez.* CAILL.
Gotas de hiel. *Mistral.* CAILL.
Gozo de sílabas felices. *Asturias.* CAILL.
Un gozo inefable. *Martell.* CATO.
Gozos de la mujer que va a ser madre. *Agudo.* VILLOR.
Gozoso sueño. *Alemán.* SALAS.
La gracia. *Ochoa.* SALAS.
Gracia de la fuente. *González Rojo.* CAILL.
La gracia excesiva. *Sotillo.* MEDINA.
Gracias. *Sanabria Varela.* COSTA.
Gracias a la vida. *Parra.* ARTE, LAGOS, VOCES.
Gracias por la palabra. *Bilbao.* VALLE.
Graduación, 1965. *Marzán.* MARZAN.
Graduation, 1965. *Marzán.* MARZAN.
Graffiti. *Hernández.* COHEN.
Graffiti. *Huerta.* MONDRA.
El gran abismo. *Valle.* COHEN.
La gran avería. *Urzagasti.* BOCCA.
El gran banquete. *Ruano.* RUANO.
El gran despecho. *Dalton.* DONOSO, DOORS, ORTEGA, SALVA.
El gran incendio. *Villarroel París.* ESCA.
La gran madre gorda universal. *Jodorowsky.* MONDRA.
El gran mal. *Llinás.* BACIU.
El gran mamut. *Zavala.* LAGOS, VOCES.
El gran personaje. *Morales Santos.* VOLCAN.
La gran plegaria. *Cortés.* CAILL, TOPS.
La gran tristeza. *Florez.* CAILL.
Granada. *Brull.* JIMEN, ROAL.

Granada. *Larreta.* GINAR.
Grande es el odio (Frag.). *Lizalde.* DONOSO.
El granizo. *Mendizábal Camacho.* BEDRE.
El granjero. *Herrera y Reissig.* MODER.
Grano de polvo. *Brull.* CAILL.
Gratia plena. *Nervo.* CAILL, MODER, ROAL.
Gratitud. *Girondo.* CEAL.
Grato es recordar. *MacField.* CARDE.
Graveyard at Punta Arenas. *Lihn.* DOORS.
Gravitación del retrato. *Sologuren.* LIBRO.
Gray Waves. *Lugones.* TOPS.
The Great Enigma of Philosophy. *Parra.* REYES.
The Great Figure. *Morales Santos.* VOLCAN.
Great Prayer. *Cortés.* TOPS.
Green Areas. *Zurita.* REYES.
Greensboro duerme silencioso. *Sánchez-Boudy.* CATO.
Greta Garbo. *Gutiérrez Hermosillo.* MONSI.
Grey Dawn. *Herrera y Reissig.* TOPS.
La griega del antro. *Blomberg.* TAPIA.
Grijalva. *Delaval.* SALAS.
El grillo. *Nalé Roxlo.* BAEZA, CAILL, FERNAN, GINAR, VILLOR.
Gris. *Ahumada.* CORSSE.
Gris. *Dobles Segreda.* BAEZA.
Gris (Cromos). *Arciniegas.* GINCO.
Gris de invierno. *Ureta.* PERU.
El grito. *Rojas.* QUEZA.
El grito abuelo. *Poveda.* MANSOU, MORA, SENSE.
Grito de América. *Barco.* BEDRE.
El grito de las cosas. *Ferreiro.* GINURU.
Grito de una oveja descarriada. *Muñoz Serón.* VILLE.
The Grove. *Paz.* TOPS.
Grupos de palmeras. *Pellicer.* DEBI.
Grupos de palomas. *Pellicer.* DEBI, MONSI, PAZ, TOPS.
La gruta. *Díaz Muñoz.* ARAY.
Guabina. *Santos.* CARDE.
Guadalupe. *Nervo.* ROAL.
Guanábana. *Tablada.* DEBI.
Guapezas y jactancias. *Anón. de Vallegrande.* BEDRE.
Guardabosque. *Valle.* CAILL.
El guardián. *Jodorowsky.* MONDRA.
Guatemalan huipil. *Sosa.* VOLCAN.
Guayacán. *Basualto.* ARTE.
Guayaquil. *Garcés Larrea.* RUANO.
La guerra. *Clavijo Pérez.* CATO.
Guerra civil. *Terán Cavero.* BEDRE.
El guerrero. *Gaitán Durán.* ARBEL, DONOSO.
Guerrero frustrado. *Arduz.* BEDRE.
El guerrero Kekchi. *Flores.* DONOSO, VOLCAN.
Guerrilla. *Naranjo.* LAGOS, VOCES.
Guerrilla doméstica. *Calderón.* CORSSE.
A Guerrilla's Word. *Heraud.* MARQUE.
El guerrillero Marcos. *Szpumberg.* DONOSO.
Los guerrilleros. *Bermúdez.* CARDE.
Guía de la ciudad de México. *Shelley.* MONDRA.
Güigüe 1918. *Montejo.* ESCA.
Guijarros. *Vallarino.* MONDRA.
Guillermo de Nassau, príncipe de Orange . . . *Trujillo.* GENERA.
Guión de los reencuentros fragmentados. *Brito.* CORSSE.

Guión del pensamiento desdibujado. *Brito.* CORSSE.
Guión para un destino y su esperanza. *Brito.* CORSSE.
Una guirnalda para el vino. *Valle.* CALA.
Guirnaldas. *Pantigoso.* TORO.
Guitarra. *Guillén.* CEAL, JIMEN, ROAL.
La guitarra de los negros. *Pereda Valdés.* GINURU, MANSOU, SENSE.
La guitarra tenía un sonido ácido. *Fraire.* PAZ.
Guitarreos. *Cunha.* JIMEN, ROAL.
A Gun, the Leaf that Moves the Entire Tree. *Bañuelos.* MARQUE.
Guru. *Mondragón.* PAZ.
Gusano. *Rojas.* CAILL, GINCHI.

H. *Luque Muñoz.* ABRIL.
H & C. *Pacheco.* PADRON.
Ha de pasar. *Barrera.* BAEZA.
Ha hablado la noche. *Puhyol.* SALAS.
Ha muerto el bosque. *Casal.* CAILL.
Ha muerto un niño. *Lindo.* CEA, SALVA.
Ha vendido sus cartas. *Feria.* BOCPA.
Ha venido la primavera. *Cardenal.* DOORS.
Habana 59. *Flores.* MARQUE.
Habana libre. *Urondo.* DONOSO.
Habana Revisited (Span.). *Gelman.* ORTEGA.
Habanera. *Benedetti.* DONOSO.
Habanera I. *Barnet.* RUANO.
Habanera II. *Barnet.* RUANO.
Había un nicaragüense. *Cardenal.* CEAL.
Habíamos nacido el uno para el otro. *Alcalde.* CALA.
Habitación. *Maldonado.* MONDRA.
Habitación cerrada. *Orozco.* CAILL, GINAR.
La habitación del tiempo. *Molina.* FERNAN.
Habitación en llamas. *Eielson.* ORTEGA.
Habitación marina. *Fuente.* SALAS.
Habitada claridad. *Oliva.* PAZ.
El habitante de las praderas rumiantes. *Iza.* BOCPA.
Habitantes. *Vera.* ESCA.
Habitantes del milagro. *Carranza.* JIMEN.
Hábitos. *Padilla.* PADRON.
Habla compadre Mon. *Cabral.* RUANO.
Habla Doris. *Tamayo.* QUIROS.
Habla el alma de Juan Lavalle. *Calvetti.* VEIRA.
Habla el invierno. *Chariarse.* LIBRO.
Habla el último indio. *García Saraví.* VILLOR.
Habla la madre castellana. *Fernández Moreno.* FERNAN.
Habla la soledad. *Ramírez Argüelles.* GINCO.
Habla Olimpo. *Tamayo.* BEDRE, QUIROS.
Habla Scopas. *Tamayo.* QUIROS.
Habla Werter. *Tamayo.* CAILL, QUIROS.
Hablábamos de Chiapas. *Wong.* COHEN.
Hablando entre dos aguas. *Cervantes.* PAZ.
Hablar para decir la cintura. *Molina.* COHEN.
Hablo de Farabundo. *Canales.* ALEGRI, SALVA.
Hablo de ti. *Cossio Salinas.* BEDRE.
Hablo de un bosque hermético. *Granata.* BOCPA.
Hablo para aquellos. *Alemán.* SALAS.
Hacia Betania. *Contardo.* CAILL.
Hacia el cadalso. *Gaitán Durán.* ARBEL.
Hacia el crepúsculo. *Fombona Pachano.* CAILL.
Hacia el diálogo del humo. *Geada.* CATO.

Hacia el misterio. *Paz Castillo.* CAILL.
Hacia el poema. *Paz.* BACIU, JIMEN.
Hacia el principio. *Serrano.* MONDRA.
Hacia el vacío. *López Saavedra.* URPILA.
Hacia la bruma. *Vásquez Méndez.* QUIROS.
Hacia la edad jurásica. *Alegría.* BOCPA.
Hacia la luz. *Rodríguez.* GINURU.
Hacia la piedra verde. *Basso Maglio.* CAILL.
Hacíamos votos . . . *Vestrini.* ESCA.
Las hadas. *Jaimes Freyre.* CAILL, QUIROS.
Hágalo. *Latorre.* BACIU.
Hago historia. *Kozer.* CATO, PADRON.
Hago un pozo. *Juárroz.* PADRON.
Hai kai en gerundio. *Lezama Lima.* ORTEGA.
Haikais. *Tablada.* JIMEN.
Haiku. *Hernández.* COHEN.
El haitiano. *Moreno Jiménez.* MANSOU.
El halcón. *Umaña Bernal.* CAILL.
Hallazgo de la piedra. *Otero Silva.* JIMEN.
Hallazgo de la vida. *Vallejo.* JIMEN.
El hallazgo raudo y la eternidad. *Guevara.* ESCA.
Hallazgos. *Suardíaz.* TARN.
Halley's Comet. *Quezada.* WHITE.
Hallstatt. *Shimose.* PADRON.
Hambres. *Llinás.* BACIU.
Han caído las hojas. *Chapochnik.* URPILA.
Han dicho. *Illescas.* MONDRA.
Hanon. *Novo.* PAZ.
Hansel y Gretel. *Macías.* COHEN.
El harinero. *Barrenechea.* GINCHI.
Harlem negro. *Huerta.* MANSOU.
Has visto - te has visto. *Sáenz.* QUIROS.
Has vuelto. *Carriego.* CAILL, FERNAN, GINAR.
Hasta ahora. *Barnet.* ARAY.
¿Hasta dónde entra el campo? *Sabines.* DEBI.
Hasta la victoria final. *Cuéllar.* SALVA.
Hasta tu herida. *Puhyol.* SALAS.
Hauptbahnhof. *Vallarino.* MONDRA.
Havana 59. *Flores.* MARQUE.
Hay alguien. *Hoeffler.* WHITE.
Hay días. *Suárez.* SALVA.
Hay luces entre los árboles. *Paz Castillo.* MEDINA.
Hay luz de estrellas muertas. *Avila Jiménez.* QUIROS.
Hay miedo. *Schön.* ESCA.
Hay noches. *Bonifaz Nuño.* DEBI.
Hay noches que . . . *Letona.* LETONA.
Hay puntos de silencio rodeando el corazón. *Juarróz.* TOPS.
Hay que buscarlo. *Girondo.* CEAL.
Hay que caer. *Juárroz.* PADRON.
Hay que cuidarla mucho, hermana, mucho. *Carriego.* CAILL.
Hay que tené boluntá. *Guillén.* CEAL.
Hay que vivir como el soldado. *Arévalo Martínez.* CAILL.
Hay un día feliz. *Parra.* ARTE, CAILL, CALA, CEAL, JIMEN, ROAL, SCARPA.
Hay un hombre solo . . . *Olivari.* FERNAN.
Hay un instante. *Valencia.* MODER.
Hay un lugar. *Cardenal.* PADRON.
Hay un modo. *Sabines.* PADRON.
Hay un morir. *Fernández.* JIMEN.

Hay un tiempo. *Pereira.* ESCA.
Hay una seda que no quiere dormirse. *Carvajal.* BOCCA.
Hay varias muertes. *Valle.* ARTE.
Hay varias ventanas. *Santander.* ARBEL.
Hay veces. *Vallejos.* DONOSO.
Hay voces felices. *Mujica.* ESCA.
Haydée. *Fernández Retamar.* RUANO.
Haydée. *González.* MONDRA.
Haylli augural. *Florián.* MOLINA.
Hazaña. *Girondo.* CEAL.
He allí la vida. *Shelley.* MONDRA.
He apagado la luz. *Puhyol.* SALAS.
He aquí mi nombre y su estatura. *Ramírez.* ESCA.
He aquí que estamos reunidos. *Sabines.* MONSI, PAZ.
He aquí su pureza. *Utrera.* MEDINA.
He contribuido a hacer/a Dios. *Sansón.* CARDE.
He dejado descansar. *Westphalen.* LIBRO, ORTEGA.
He encontrado a una niña. *Vallejo.* CEAL.
He encontrado tu nombre. *Rodríguez Cárdenas.* MEDINA.
He llegado por fin. *Avila Jiménez.* QUIROS.
He llorado leyendo novelas. *Uribe Arce.* ARTE.
Los he mandado a llamar. *Silén.* MARQUE.
He nevado tanto. *Campos.* COHEN.
He olvidado mi nombre. *Pellicer.* DEBI, PAZ.
He puesto mis labios . . . *Güiraldes.* FERNAN.
He venido a buscar. *Loynaz y Muñoz.* CAILL.
He visto viejos troncos. *Barrenechea.* ARTE.
Heartbreak Hotel. *Hahn.* WHITE.
Hebreos. *Mendilaharsu.* GINURU.
Heces. *Vallejo.* ROAL, TOPS.
Hecha polvo. *Gaitán Durán.* ARBEL.
El hecho material de encender una hoguera. *González.* CAILL.
Hechos. *Gelman.* DOORS.
Hechos diversos. *Arenas.* BACIU.
The Heights of Macchu Picchu. (Frags.). *Neruda.* TOPS.
Heine. *Cobo Borda.* ORTEGA.
Helena. *Calderón.* ARTE.
El helicóptero. *Lavín Cerda.* ARTE.
Los helicópteros. *Pohlhammer.* ARTE.
Hell and Solitude. *España.* WHITE.
Helplessness. *Infusino.* KOFMAN.
La hembra del pavo real. *Darío.* TAPIA.
Hembrimasoquismo. *Galaz.* LAGOS, VOCES.
Héme aquí sintiéndome oso pardo. *Lagos.* LETONA.
El hemisferio ignoto de tu piel. *Calderón.* COHEN.
Hemos arrastrado el cadáver de una primavera. *Claros.* TORO.
Hemos ido rompiendo. *Osorio Canales.* ESCA.
Hemos padecido la manía de creer. *Alcides.* TARN.
Henchida como una jarra. *Torres.* LAGOS, VOCES.
Henri Rousseau, el aduanero. *Calderón.* ARTE.
Heráclito. *Camerón.* WHITE.
Heráclito. *Nervo.* MODER.
Heraclitus. *Camerón.* WHITE.
Heraldic Decoration. *Herrera y Reissig.* TOPS.
Los heraldos negros. *Vallejo.* BAEZA, CAILL, CEAL, JIMEN, ROAL, TOPS.
Here. *Paz.* TOPS.
Here We Are. *Jodorowsky.* FLORES.
Heredad. *Moleiro.* MEDINA.
Los herederos. *Pacheco.* ORTEGA.

Herejía. *Rojas*. REYES.
La herencia. *Quezada.* BOCCA, QUEZA.
Herencias. *Crespo*. PADRON.
Herencias. *Padilla.* TOPS.
Las herencias. *Pintado.* BOCCA.
Heresy. *Rojas*. REYES.
Herida. *Foppa.* SALAS.
Una herida tan dulce. *Orrillo.* RUANO.
Heridas. *Fuller*. URPILA.
La hermana muerta. *Boullosa*. MONDRA, ZAID.
Hermana, hazme llorar. *López Velarde*. MONSI.
Las hermanas golondrinas. *Cesped.* QUIROS.
Hermandad. *Vega.* MARZAN.
El hermano ausente en la cena pascual. *Valdelomar*. PERU.
El hermano menor. *García Terrés*. DEBI.
Hermano negro. *Pedroso*. BAEZA, CAILL, MANSOU, MORA, SENSE.
El hermano pintor. *Jaimes Freyre.* BEDRE, CAILL.
Hermano Sol, nuestro padre San Francisco. *Pellicer*. MONSI.
Los hermanos. *Nogueras*. ARAY, TARN.
Héroe del pueblo. *Delgado*. MOLINA.
Los héroes. *Jaimes Freyre*. CAILL, MODER, QUIROS.
Héroes, profetas. *Sancho Castañeda*. SALVA.
Heroica. *Vasseur.* CAILL.
Heroísmo. *Tablada.* DEBI.
La herrada. *Fernández Moreno*. FERNAN.
Herramientas. *Mistral.* SCARPA.
El herrero. *Cabral*. MORA.
El herrero. *Sosa de Quesada*. BAEZA.
Herrumbre. *Urdaneta*. SONETO.
El hi de aire. *Belli.* LIBRO.
La hiedra. *Casal.* CAILL.
Hiedra. *Cross.* MONDRA.
Hierro. *Martí*. CAILL, CEAL, MODER.
High Treason. *Pacheco.* TOPS.
La higuera. *Ibarbourou.* GINURU.
Hija. *Díaz Casanueva*. SCARPA.
La hija de Jairo. *Blanco.* CAILL.
La hija de Jairo. *Sinán*. CAILL.
La hija vertiginosa. *Díaz Casanueva*. CAILL, GINCHI.
Las hijas de Ran. *Borrero*. CAILL.
El hijo. *Cifuentes Sepúlveda*. GINCHI.
Hijo. *Flores Saavedra*. QUIROS.
Hijo. *Huidobro*. SCARPA.
Hijo. *Rosenmann Taub.* SCARPA.
Hijo árbol. *Mistral.* SCARPA.
Hijo del sol. *Rauskin.* VALLE.
El hijo natural. *Chumacero.* PAZ.
Hijos. *Merino Reyes*. GINCHI.
Los hijos. *Otero Silva*. JIMEN, ROAL.
La hila. *Padilla*. PADRON.
La hilandera. *Blanco.* ROAL.
La hilandera. *González Martínez*. MONSI.
Hilaritas. *Franco*. CAILL, GINAR.
El hilo de Ariadna. *Torres*. ZAID.
Himno. *Valle*. SCARPA.
Himno a Hipnos. *Ortiz de Montellano*. MONSI, PAZ.
Himno a la luna. *Lugones.* GINAR.
Himno a los voluntarios de la república. *Vallejo*. MOLINA.

Himno al arroz. *Cruchaga Santa María.* CALA.
Himno al estar. *Wiethüchter.* QUIROS.
Himno al verso. *Bedregal.* BEDRE.
Himno de amor a la mujer mestiza. *Quiteño.* CEA, SALVA.
Himno de Apolo (Frags.). *Torres.* GINCO.
El himno de las torres (Frags.). *Lugones.* MODER.
El himno de los bosques. *Othón.* CAILL.
Himno entre ruinas. *Paz.* DEBI, JIMEN, MONSI, ORTEGA, PAZ, TOPS.
Himno nacional: en vísperas de la luz. *Cuadra.* CARDE.
Himno para algunas maderas. *Cruchaga Santa María.* SCARPA.
Himno y regreso (1939). *Neruda.* ARTE.
Hiperestesia. *León.* TAPIA.
Hipocampos. *Aveleyra.* SALAS.
Hipólito. *Suardíaz.* ARAY.
Hipótesis. *Fernández Chericián.* ARAY.
Hipótesis de tu cuerpo. *Coronel Urtecho.* JIMEN.
Hipótesis del vuelo. *Michelena.* SALAS.
Una historia. *Casaus.* TARN.
Historia. *Gelman.* MARQUE, TOPS.
La historia. *Novo.* JIMEN, PAZ, ROAL.
Historia. *Rega Molina.* CAILL.
La historia coincidió. *Alvarez Avendaño.* ZAID.
Historia contemporánea. *Carrera Andrade.* JIMEN.
La historia de mi gente. *Ochoa López.* BOCPA.
Historia de Airam. *Sampedro.* GENERA.
Historia de ángeles (Frag.). *Molina Venegas.* VILLE.
Historia de ángeles (Frags.). *Molina Venegas.* ARTE.
Historia de la música. *Hernández.* TORO.
Historia de mi muerte. *Lugones.* MODER.
Historia de sombras. *Varela.* BOCPA.
La historia del pez. *Natera.* ESCA.
Historia en cinco actos. *Valle.* COHEN.
Historia muy vieja. *Díaz Martínez.* TARN.
Historia para una noche de neblina. *Goldsack.* ARTE.
Historia prehistoria. *Anaya.* COHEN.
Historia sagrada. *Owen.* PAZ.
Historia y otra historia. *Quezada.* QUEZA.
History. *Gelman.* MARQUE, TOPS.
Hito. *Arrieta.* CAILL, GINAR.
Hogar. *Doreste.* BAEZA.
Hogueras de San Juan. *Granado.* BEDRE.
La hoja en blanco. *Gavidia.* CEA.
Las hojas de la parra. *Martínez Luján.* PERU.
Las hojas por las entradas. *Crespo.* PADRON.
Hojas secas. *Licón.* SALAS.
Hojas secas. *Tablada.* PAZ.
Holocaust. *Benedetti.* MARQUE.
Holocausto. *Bedregal.* BEDRE, QUIROS.
Holocausto. *Benedetti.* MARQUE.
Holocausto. *Lugones.* MODER.
Holocausto. *Mora Martínez.* COSTA.
Holocausto. *Vaz Ferreira.* TAPIA.
Homagno. *Martí.* CEAL, MODER.
Homagno audaz. *Martí.* CEAL.
Hombre. *Aridjis.* MONDRA.
Hombre. *Artecona de Thompson.* VALLE.
Un hombre. *Fulleda León.* TARN.
El hombre. *Hahn.* TOPS.
El hombre. *Jerez-Valero.* ESCA.

Un hombre. *Parra*. CALA.
Hombre. *Prendez Saldías*. CAILL.
Hombre. *Tatter*. URPILA.
El hombre. *Zamudio*. FLORES.
Hombre como un árbol. *León*. ESCA.
El hombre cotidiano. *Cárdenas*. ARTE.
Hombre de América. *Escudero*. CAILL.
El hombre de Cro-Magnon se despereza. *Vicuña*. BAEZA.
El hombre de las islas. *Lockward Artiles*. BOCCA.
El hombre de Leipzig. *Riedemann*. WHITE.
El hombre de mi tiempo en el Café de la Gare. *Adoum*. PADRON.
Hombre de pie. *Benarós*. VEIRA.
El hombre del Ande que asesinó su esperanza. *Varallanos*. PERU.
El hombre del Ecuador bajo la torre Eiffel. *Carrera Andrade*. JIMEN, ROAL.
El hombre del gorro. *Pérez Perdomo*. ESCA.
Hombre en su paraíso. *Trullén*. URPILA.
El hombre es un animal que ríe. *Jodorowsky*. FLORES, LAGOS, VOCES.
El hombre es una H. *Colombani*. ESCA.
Un hombre frente al mar. *Campos Cervera*. JIMEN, ROAL.
Hombre ideal. *Lamadrid*. CATO.
El hombre moderno. *Bayley*. VEIRA.
Un hombre pasa con un pan al hombro. *Vallejo*. CEAL, FIERRO, JIMEN, MOLINA, TOPS.
Hombre pequeñito. *Storni*. CAILL, FLORES, LAGOS, VOCES.
El hombre que pasa. *Estrada y Ayala de Ramírez*. TAPIA.
El hombre que se llamaba esperanza. *Arias*. SALAS.
Hombre sin adjetivos. *Limón*. CATO.
Hombre solo. *Díaz Muñoz*. ARAY.
El hombre sólo escucha la voz antigua. *Aray*. ESCA.
El hombre va. *Jérez Valero*. MEDINA.
Hombre y lluvia, uno son. *Illescas*. MONDRA.
Un hombre y una mujer. *Fernández Retamar*. ORTEGA, TARN.
Los hombres. *Roa Bastos*. VALLE.
Los hombres buenos. *Pérez Hidalgo*. COSTA.
Los hombres de blusas azules. *Ribera Chevremont*. JIMEN.
Los hombres del alba. *Huerta*. MONSI, PAZ, TOPS.
Los hombres penumbrosos. *Espinosa de Pérez*. LAGOS, VOCES.
Hombres que la patria. *Echazu Navajas*. QUIROS.
Los hombres suaves tienen la voz fluyendo en agua. *Mendiola*. COHEN.
Hombro. *Alvarez*. SALAS.
Hombros de Adriana. *Martínez Howard*. VILLOR.
Homenaje. *Dávila*. ORTEGA.
Homenaje. *Moro*. CATO.
Homenaje (a José María Heredia). *Cos Causse*. ARAY, BOCCA.
Homenaje a Armando Manzanero (Arte poética 31). *Cisneros*. TORO.
Homenaje a Ezra Pound. *Molina*. COHEN.
Homenaje a la cursilería. *Pacheco*. ORTEGA.
Homenaje a la rosa. *Augier*. CAILL.
Homenaje a Lezama Lima. *Flores Castro*. COHEN.
Homenaje a mi padre. *Armijo*. CEA, SALVA.
Homenaje a Tristán Tzara. *Navarro*. ZAID.
Homenaje a tu cuerpo. *Cea*. CEA.
Homenaje a Vallejo (Frag.). *Silén*. BOCCA.
Homenaje a Xuan Dong. *Morales*. BOCCA.
Homenajes. *Gelman*. ORTEGA.
El hondero. *Oribe*. SONETO.
Hongo. *Tablada*. DEBI, PAZ.
Hongos de la riba. *López*. CAILL.
Los hongos mueren sin huellas. *Zapata Prill*. QUIROS.

Honorato Rojas. *Martínez Matos*. ARAY.
Horses in the Lake. *Cuadra*. TOPS.
La hora. *Dobles Yzaguirre*. BOCPA.
La hora. *Ibarbourou*. BOCPA, CAILL, GINURU, TAPIA, TOPS.
La hora. *Padilla*. TARN.
La hora. *Sologuren*. RUANO.
La hora apartada. *Rayo*. GINCHI.
La hora cero. *Cardenal*. FIERRO, MARQUE.
La hora cero (Frag.). *Cardenal*. FIERRO.
La hora cero (Frag.). *Cardenal*. FIERRO.
Hora de Dios. *Gramcko*. TAPIA.
Hora de junio. *Pellicer*. DEBI.
Hora de la ceniza. *Dalton*. SALVA.
Hora de la comida. *Argueta*. CEA.
Hora del desayuno. *Canales*. SALVA.
Hora gris. *Moreno Jiménez*. BAEZA.
La hora lúgubre. *Capriles*. BEDRE, QUIROS.
La hora señalada. *Camerón*. WHITE.
Horacio. *Hinostroza*. RUANO, TORO.
Horal. *Sabines*. CAILL.
Horario puntual. *Sampedro*. COHEN.
Las horas. *Casal*. SONETO.
Las horas de este día. *Bonells Rovira*. ABRIL.
Horas de junio. *Pellicer*. MONSI.
Horas de visita. *Rivera*. ESCA.
Las horas desnudas. *Avila Jiménez*. BEDRE.
Horizonte. *Huidobro*. CAILL, GINCHI, SCARPA.
Horizonte de la espiga. *Magallanes*. ESCA.
Horizonte luminoso. *Urzagasti*. QUIROS.
La hormiga. *Aramayo*. RUANO.
Hormigas. *López Velarde*. CAILL, DEBI, JIMEN, MONSI, PAZ, ROAL, TOPS.
Las hormigas. *Turkeltaub*. ARTE.
La hormiguita novia. *Alfaro*. QUIROS.
Horóscopo. *Patiño*. MONDRA.
Hortus conclusos. *González Martínez*. DEBI.
Hortus conclusos. *Pacheco*. MONSI.
El hospital. *Barbieri*. VEIRA.
El hospitalario. *Jaimes Freyre*. QUIROS.
Hotel de la Gare. *Rojas*. WHITE.
Hotel de la Gare (Eng.). *Rojas*. WHITE.
Hotel de las nostalgias. *Hahn*. WHITE.
Hotel German American. *Dalton*. CEA.
Hoteles secretos. *Molina*. TAPIA.
The Hour. *Ibarbourou*. TOPS.
The Hour. *Padilla*. TARN.
The House. *Mistral*. TOPS.
Houses Like Angels. *Borges*. TOPS.
The Houses Were Left Full of Smoke. *Rugama*. VOLCAN.
How Lucky They Are, The Normal Ones. *Fernández Retamar*. TARN.
How Poor a Thing is Man. *Aridjis*. MONDRA.
Hoy. *Godoy Godoy*. URPILA.
Hoy. *Jérez Valero*. MEDINA.
Hoy. *Macías*. COHEN.
Hoy. *Nalé Roxlo*. FERNAN.
Hoy. *Parera*. CATO.
Hoy, como nunca. *López Velarde*. MONSI.
Hoy doce de septiembre en Córdoba. *Suardíaz*. TARN.
Hoy es jueves. *Trejo Villafuerte*. COHEN.
Hoy, esta tarde. *Pacheco*. DEBI.

Hoy le ha entrado una astilla. *Vallejo.* CEAL.
Hoy me dueles, amor. *Paz Paredes.* SALAS.
Hoy me gusta la vida mucho menos. *Vallejo.* CEAL, JIMEN, TOPS.
Hoy murió Carlos Faz. *Lihn.* CALA, SCARPA.
Hoy no lució la estrella . . . *Novo.* DEBI, MONSI.
Hoy por mí. *Sanabria Varela.* COSTA.
Hoy ráscate el amor hasta la sangre. *Rosas Galicia.* COHEN.
Hoy tengo un ansia. *Mármol.* CAILL.
Hoyo. *Kamenszain.* ORTEGA.
HP. *Huidobro.* BACIU.
Huacos. *Pérez Martín.* URPILA.
Un huanaco. *Canedo Reyes.* BEDRE.
Huankaras. *Pinto.* BEDRE, QUIROS.
Huapango. *Aguilar.* GENERA.
Hue. *Molina.* MARQUE.
Hue (Eng.). *Molina.* MARQUE.
Hueco nocturno. *Molina.* MARQUE.
Huelga. *Belli.* VOLCAN.
La huella. *Mistral.* SCARPA.
Huellas. *Estrada.* CAILL.
Huellas. *Herrera.* ESCA.
Huellas. *Martell.* CATO.
Huellas de mi padre. *Fuller.* URPILA.
Huellas de siglo. *Berenguer.* CORSSE.
La huerta. *Chariarse.* LIBRO.
Huerto de leche. *Barroeta.* ESCA.
El huerto dolorido. *Lisboa.* SCARPA.
El huésped. *Orrillo.* TORO.
Huésped nocturno. *Navarro.* BAEZA.
Huésped súbito. *Cabral.* JIMEN.
Huéspedes desahuciados. *Escobar Velado.* CEA, SALVA.
Huéspedes eternos. *Vicuña Cifuentes.* GINCHI.
La huída. *Barnet.* ARAY, SENSE.
Huída. *Molina Venegas.* VILLE.
La huida (Círculo Y). *Fugellie.* CORSSE.
Huipil de Guatemala. *Sosa.* VOLCAN.
Huir. *Ballagas.* CAILL, JIMEN, ROAL.
Humana. *López Tena.* SALAS.
Humanidad. *Mondragón.* MONDRA.
Humanidad. *Tatter.* URPILA.
La humanidad en la cuesta. *Florián.* CAILL.
Humano amor. *Liscano.* CAILL.
Humano poderío. *Aymará.* ESCA.
Humeaba el Monte Sinaí. *Krauze.* MONDRA.
Humedece tus dedos. *Feria.* ARAY.
La humildad premiada. *Torri.* PAZ.
Humildemente. *López Velarde.* CAILL, JIMEN, PAZ.
Humo. *Sampedro.* COHEN.
Humo de rosas. *Huerta.* ORTEGA.
El humo viajero. *Casal.* BAEZA, CAILL, GINURU.
El humo y la llama. *Fernández.* BEDRE.
Humoresca quiroguiana. *Martínez Estrada.* FERNAN.
Humorismos tristes. *Urbina.* SONETO.
Hundiéndose lentamente. *Serrano.* CATO.
Huraña artesanía de la diosa. *Segovia.* GENERA.
Hurto de presencia. *Toscano.* CAILL.
Hurto de presencias. *Toscano.* SALAS.
Los huyentes. *Jaramillo Escobar.* ABRIL.

Hyde Park. *Oyarzún.* GINCHI.
Hymn among the Ruins. *Paz.* TOPS.

I Am Going to Sleep. *Storni.* FLORES.
I Am Going to Speak of Hope. *Vallejo.* DOORS.
I Am Going to Talk About Hope. *Vallejo.* TOPS.
I Am Going to Write a Poem. *Silén.* MARQUE.
I Am Sometimes Bored. *Silén.* MARQUE.
I Blew Up the Virgin of My Legs. *Maquieira.* WHITE.
I Cannot. *Ibañez.* TOPS.
I Can't Talk About Him. *López.* TARN.
I Do Not Know It for Sure. *Sabines.* TOPS.
I Do Not Relate. *Jodorowsky.* FLORES.
I Dream Awake. *Martí.* TOPS
I Had in My Hand. *Marré.* TARN.
I Have. *Guillén.* MARQUE.
I Have Eyes To See. *Sabines.* DOORS.
I Jehovah Decree. *Parra.* DOORS.
I Know That You Are Here. *Arteche.* REYES.
I. M. Lucho Hernández. *Cisneros.* ORTEGA.
I Move the Meeting Be Adjourned. *Parra.* TOPS.
I Never Realized. *Calderón.* WHITE.
I Play Childish Songs with a Grimace on My Lips. *Millán.* WHITE.
I Pull out of the Depths. *Rivera.* MARZAN.
I Read This to my Daughter. *Aray.* MARQUE.
I Seek a Form. *Darío.* TOPS.
I Sent for You. *Silén.* MARQUE.
I Thought to Spend My Time. *Alegría.* FLORES.
I Wouldn't be Able to Tell the Story. *Hoeffler.* WHITE.
Iba yo por un camino. *Guillén.* CAILL, JIMEN.
Iconografía bajo los cedros. *Corssen.* CORSSE.
La idea terrible. *Hernández Alvarez.* ESCA.
The Ideal Woman. *Vicuña.* FLORES.
Idealidad exótica. *Herrera y Reissig.* MODER.
Ideario supersticioso. *Benarós.* CAILL.
Idéntico regreso. *Rafide.* CAILL.
Identidad. *Chariarse.* LIBRO.
La identidad. *Martínez.* WHITE.
Identidad. *Merlino.* VILLOR.
Identidad de ciertas frutas. *Berenguer.* ORTEGA.
The Identity. *Martínez.* WHITE.
Ideological Contradictions in Washing a Dish. *Galván.* FLORES.
Idilio. *García Terrés.* DEBI.
Idilio. *Pacheco.* DEBI.
Idilio bárbaro. *Espino.* CEA.
El idilio de los volcanes. *Chocano.* ROAL.
Idilio en cuatro endechas. *Coronel Urtecho.* BAEZA.
Idilio espectral. *Herrera y Reissig.* MODER.
Idilio eterno. *Florez.* CAILL, ROAL.
Idilio muerto. *Vallejo.* CAILL, CEAL, JIMEN, PERU.
Idilio salvaje. *Othón.* CAILL.
Idiomas, velámenes, espumas. *Fernández Retamar.* PADRON.
Idiotape. *Liguori.* MONDRA.
El ídolo en el atrio. *Tablada.* PAZ.
Idolos. *Bañuelos.* MONDRA.
If I Were May. *Rigby.* VOLCAN.
If Someone Tells You It's Not for Sure, *Sabines.* TOPS.
If You Get Up. *Lolo.* TARN.
Ifigenia cruel (Frag.). *Reyes.* PAZ.

Ifigenia fué arrebatada de la zarza. *Ponce*. MONSI.
La iglesia. *Herrera y Reissig*. MODER.
Ignorancia. *Deniz*. ORTEGA.
La iguana. *Chocano*. CAILL.
Ile Saint-Louis. *Pacheco*. DEBI.
I'll Never Know Your Face. *Zavala*. MARQUE.
Illimani. *Soriano Badani*. BEDRE.
Illimani. Trino y uno. *Bedregal*. BEDRE.
Iluminación del yo. *Cáceres*. GINCHI.
I'm Explaining a Few Things. *Neruda*. TOPS.
I'm Going to Break Out. *Valle*. MARZAN.
I'm Going to Plant a Heart on the Earth. *Murillo*. VOLCAN.
I'm Going to Sleep. *Storni*. TOPS.
I'm Thinking of Your Sex. *Vallejo*. TOPS
Imagen. *Banchs*. CAILL, GINAR.
Imagen. *Banchs*. SONETO.
Imagen. *Varela*. COHEN.
Imagen de juguetes. *Benítez*. URPILA.
Imagen en el espejo. *Mondragón*. MONDRA.
La imagen en la lluvia. *Wilcock*. BAEZA.
Imagen española de la muerte. *Vallejo*. JIMEN.
Imagen recobrada. *Ossorio*. GINCHI.
Imagen y obsesión. *Medinaceli*. QUIROS.
Imágenes. *González Martínez*. DEBI.
Imágenes de la muerte. *Soto*. LAGOS, VOCES.
Imágenes de la muerte. *Villalobos*. MEDINA.
Imaginando. *Krauze*. MONDRA.
Imantación. *Garay*. TAPIA.
Imperfect Preterite. *Camerón*. WHITE.
Imperialismo yanqui. *Lloréns Torres*. FIERRO.
Imperio. *Mobili*. TAPIA.
Imploración. *Heredia*. BEDRE.
Imposible. *Reynolds*. QUIROS.
Imprecación. *Bedregal*. BEDRE.
Impresión. *Ortiz de Montellano*. CAILL.
Impresión de adolescencia. *Tablada*. BACIU.
Impresión de La Habana. *Tablada*. BACIU.
Impromptu. *Eielson*. LIBRO.
Impromptu reflejado. *Tavira*. COHEN.
Impromptus de mi infancia en Santa Cruz. *Vega*. QUIROS.
La impura claridad. *Quessep*. ABRIL.
In caelum et in infernum canis . . . *Lauer*. TORO.
In illo tempore. *Pinto*. QUIROS.
In Jail. *Corretjer*. MARZAN.
In memoriam. *Caro*. GINCO.
In memoriam. *Cisneros*. MARQUE.
In Memoriam (Eng.). *Cisneros*. MARQUE.
In Opposition to Death. *Rojas*. REYES.
In Order to Say It. *Vilariño*. FLORES.
In Praise of Days Destruction and Eulogy . . . *Heraud*. MARQUE.
In promptu. *Adán*. LIBRO.
In the Canal Zone. *Pitty*. DONOSO.
In the Center of the Bedroom. *Hahn*. WHITE.
In the Middle of the Bedroom. *Hahn*. REYES.
In Vietnam the Thorns Drip Clouds of Lambs. *Bañuelos*. MARQUE.
Inaprendida, apenas. *Carrasco*. SALAS.
Inasible. *Flores Saavedra*. QUIROS.
El incapaz contento. *Martínez*. COHEN.

Incesante. *Valera Mora*. ESCA.
Incidente de cumbia. *Korsi*. CAILL, MANSOU, SENSE.
Incitación. *González-Cruz*. CATO.
Incitación a la tristeza. *Hernández*. CAILL.
La inconquistable. *Latorre*. BACIU.
La increíble y dulce historia de mi Don Juan. *Milán*. BOCPA.
Los increíbles. *Fernández Retamar*. PADRON.
The Incurable Love. *Quesada*. VOLCAN.
Indagación en torno del murciélago. *Pacheco*. TOPS.
El indecible juego. *García Maffla*. ABRIL.
Indecisión. *Castillo*. BAEZA.
Independencia. *Berenguer*. VILLE.
Index. *Huerta*. MONDRA.
India caída en el mercado. *Pasos*. CARDE, ORTEGA.
Indiana. *Dessús*. MORA.
Indias Occidentales. *Guerra*. BEDRE.
Indignación. *Chocano*. TOPS.
Indignation. *Chocano*. TOPS.
El indio echado. *Pasos*. CARDE.
Los indios. *Aristeguieta*. LAGOS, VOCES.
Los indios bajan de Mixco. *Asturias*. CAILL.
Los indios ciegos. *Pasos*. CARDE.
Indios tocando un son. *Samayoa Aguilar*. BAEZA.
Los indios viejos. *Pasos*. CAILL, ORTEGA.
Indulgence. *Lugones*. TOPS.
Inéditos. *Cáceres*. CAILL, GINURU.
The Ineffable. *Agustini*. FLORES.
Las ineptitudes de la inepta cultura. *Gutiérrez Vega*. PADRON.
Inercia. *Yarza*. MEDINA.
El inesperado. *Pérez*. QUEZA.
Inexistencias. *Escalante*. MONDRA.
Inexorablemente. *Quiroga Vargas*. BEDRE.
Infancia. *Boido*. BOCCA.
Infancia. *Fernández Cherición*. ARAY.
Infancia. *Fernández Moreno*. FERNAN.
Infancia. *Fombona Pachano*. MEDINA.
Infancia. *Jijena Sánchez*. GINAR.
Infancia. *Kempff Mercado*. BEDRE.
Infancia. *Medina*. CAILL.
Infancia. *Segovia*. COHEN.
Infancia. *Silva*. CEAL, MODER.
Infancia. *Terán*. MEDINA.
Infancia 1942. *Argueta*. SALVA.
Infancia de Abel. *Fernández*. ARAY.
Infancia muerta. *Suárez*. QUIROS.
Infante del sueño. *Hernández Aquino*. CAILL.
Infantina muerta. *Aller*. GINURU.
Inferno. *Flores Castro*. COHEN.
Infidelidad. *Villaseñor*. ARTE.
El infiel. *Girri*. VEIRA.
El infierno. *Gaitán Durán*. ARBEL.
El infierno. *Goldsack*. GINCHI.
Infierno de cuatro estaciones. *Isern Setuain*. URPILA.
Infierno y soledad. *España*. WHITE.
Los ínfimos. *Lugones*. MODER.
Infinito. *Güiraldes*. FERNAN.
Infinito azul. *Paz*. URPILA.
Inflación. *Parra*. CEAL.
Inflación y deflación. *Liguori*. MONDRA.

Información. *Molina*. MARQUE.
Information. *Molina*. MARQUE.
Informe. *Calderón*. VILLE.
Informe. *Schopf*. QUEZA.
Informe I. *Navarro Harris*. CORSSE.
Informe 3. *Navarro Harris*. CORSSE.
Informe de los cazadores. *Pérez*. QUEZA.
Informe de una justicia. *Castillo*. MARQUE.
Informe del tiempo. *Turkeltaub*. ARTE, REYES.
Informe para Isolda. *Ortega*. TORO.
Informe para los extranjeros. *Lastra*. ARTE.
Informe para un psiquíatra (Frag.). *Moreno Toscano*. SALAS.
Informes. *Luque Muñoz*. ABRIL.
Ingle de piedra. *Boullosa*. COHEN.
Inicial. *González de León*. MONSI.
Inicial de oro. *Fernández Moreno*. CAILL, FERNAN, GINAR.
El inicio. *Volkow*. MONDRA.
Inicio de la muerte. *Canzani D*. TAPIA.
Inmigrantes. *Camerati*. CORSSE.
Inmortalidad. *Nervo*. CAILL.
Inmortalidad. *Paz*. URPILA.
Inmóvil bajo el peso del espíritu. *Mendiola*. COHEN.
Inmóvil en la luz. *Paz*. MONSI.
La innominada cruz. *Hidalgo*. URPILA.
La inocencia. *Villordo*. BAEZA.
Inquietud. *Areco de Gañi*. URPILA.
Inquietud. *Brenes Mesén*. ROAL.
La inquietud fugaz. *Ibarbourou*. CAILL, FERNAN, GINURU.
Inquisición. *Deniz*. ORTEGA.
Inscripción. *Diego*. ORTEGA.
Inscripción en cualquier sepulcro. *Borges*. JIMEN.
Inscripción fraternal. *Michelena*. SALAS.
Inscripción funeraria. *Díaz*. CAILL, GINAR.
Inscripciones. *Pacheco*. PAZ.
Insectario. *Miranda Casanova*. QUEZA.
El insecto. *Neruda*. TAPIA.
Insecto. *Yrarrázaval*. ARTE.
Los insectos acuáticos. *Cardenal*. DOORS.
Insistencia. *D'Aquino*. ZAID.
Insomnio. *Girondo*. BAEZA.
Insomnio. *Paz*. CAILL.
Insomnio. *Pintado*. BOCCA.
Insomnio. *Rebolledo*. MONSI.
El insomnio. *Tablada*. PAZ.
Insomnio. *Vallarino*. MONDRA.
Insomnio del corazón. *Fernández Calvimonte*. BEDRE.
El insomnio perfecto o el conjuro de la bella durmiente. *Macías*. COHEN.
Insondable. *Valdés*. VILLE.
Instancia. *Garduño*. COHEN.
Instantánea. *Melo*. URPILA.
Instante. *Arrieta*. VILLOR.
Instante. *Castro*. SCARPA.
Instante. *Castro*. GINURU.
El instante. *Gaitán Durán*. ARBEL.
Instante. *Sassone*. ESCA.
Un instante. *Wiethüchter*. QUIROS.
Instante del asombro. *Mora Martínez*. COSTA.
Instante primero. *Mora Martínez*. COSTA.

Instante y elegía de un marino. *Lars.* CAILL, CEA.
Instantes. *Grimal.* CORSSE.
Instantes. *Tatter.* URPILA.
Instauración de Cortés, el soberano. *Fernández.* COHEN.
Institutio. *Maldonado.* ZAID.
Instrucciones para un joven . . . *Cea.* CEA, SALVA.
Instrucciones para un joven poeta. *Bordao.* CATO.
Las ínsulas extrañas. *Westphalen.* BACIU.
Integración. *Vásquez Méndez.* QUIROS.
Integración de los padres. *Odio.* BOCPA.
Integro. *González de León.* MONSI.
Intelectuales apolíticos. *Castillo.* MARQUE.
Las intenciones. *Welder.* QUEZA.
Intensidad y altura. *Vallejo.* CEAL.
Intento al padre. *Agurto Vigneaux.* VILLE.
Inter umbra. *Silva.* ROAL.
Interior. *Arrieta.* CAILL, GINAR.
Interior. *Maya.* CAILL.
Interior. *Owen.* DEBI, PAZ
Interior. *Oyarzún.* ARTE.
Interludio. *Arturo.* CAILL.
Intermedios del hombre blanco (Frags.). *Palés Matos.* MORA.
Intermezzo tropical. Mediodía. *Darío.* CAILL.
Interrogación. *Siles Guevara.* BEDRE.
Interrogaciones. *Mistral.* CAILL, GINCHI.
Interrogantes. *Choque.* BEDRE.
Intima. *Agustini.* CEAL.
Intima. *Borrero.* CAILL.
Intima. *Chocano.* CAILL.
Intima. *Mistral.* CAILL, TAPIA.
Intima. *Puga de Losada.* PERU.
Intimate. *España.* WHITE.
Intimidad. *Abril.* LIBRO.
Intimo. *España.* WHITE.
La intolerable unión de los despojos. *Díaz Casanueva.* JIMEN.
Introducción a la oda. *Marechal.* CAILL.
Introducción a la tierra prometida. *Cuadra.* CAILL.
Introducción al dolor. *Badano.* GINURU.
Introducción al estudio de las contradicciones. *Peralta.* LAGOS, VOCES.
Introducción al olvido. *Vicario.* CAILL, GINCHI.
Introito. *Rivas.* CEA.
El intruso. *Agustini.* CEAL, TAPIA.
Intuición. *Fuller.* URPILA.
Intus. *González Martínez.* CAILL.
Inútil divagación sobre el retorno. *Leduc.* PAZ.
Inútil explorar. *Vieyra.* REYES.
La invasión. *Lihn.* FIERRO.
Invasión de la noche. *Rojas.* CAILL.
Invención. *Jaramillo Levi.* COHEN.
Inventar el regreso. *Juárroz.* PADRON.
Inventar la verdad. *Villaurrutia.* JIMEN, ROAL.
Inventario. *Fernández Chericián.* TARN.
Inventory. *Fernández Chericián.* TARN.
Invierno. *Asturias.* BAEZA.
Invierno. *Guzmán Cruchaga.* CALA.
El invierno. *Mendizábal Camacho.* BEDRE.
Invierno. *Rosales y Rosales.* CEA, SALVA.
Invierno. *Silva.* CARDE.
Invierno de familias. *Benarós.* CAILL.

Invierno del Nahual. *Lindo.* CEA, SALVA.
Invierno en el camino. *Castro.* SALAS.
Invierno proletario. *Nery Nava.* BEDRE.
Invierno y fuga. *Varela.* ORTEGA.
Invisible. *Castrillo.* QUIROS.
El invisible arco de viñales (Frag.). *Lezama Lima.* JIMEN.
Invitación a navegar. *Maya.* ARBEL, CAILL, GINCO.
Invitación al paisaje. *Pellicer.* DEBI.
Invitación al viaje. *Bedregal.* QUIROS.
El invitado. *Barquero.* SCARPA.
Invocación. *Illescas.* MONDRA.
Invocación. *Molina Venegas.* VILLE.
Invocación. *Rodríguez.* ESCA.
Invocación a Guillermo Apollinaire. *Novaro.* CAILL.
Invocación a la ciudad perdida. *Cea.* CEA.
Invocación a la Virgen de Guadalupe. *Leduc.* MONSI, PAZ.
Invocación a los abuelos. *Valle.* BAEZA.
Invocación a Luisa. *Gibson.* PERU.
Invocación al lenguaje. *Hahn.* PADRON.
Invocación al pasado. *Wilcock.* FERNAN.
Una invocación (Guanabara). *García Terrés.* MONSI, PAZ.
Ipanema. *García Terrés.* MONSI, PAZ.
Ipanema. *Zaid.* ORTEGA.
Ira. *Llerena Blanco.* CATO.
Irás sobre la vida de las cosas. *González Martínez.* CAILL, MODER, MONSI.
Irene, Gabriela y Maritza en octubre. *Sandoval.* MONDRA.
El iris del ojo. *Veiravé.* VILLOR.
Irma Gutiérrez (Aún sucede). *Ramírez Ruiz.* TORO.
The Iron Wheels of the Tricycle Without Tires and a Scraping Nail. *Millán.* WHITE.
Irrealidad. *Nava.* LAGOS, VOCES.
Irreverencia. *Macías.* MONDRA.
Is There Anyone. *Hoeffler.* WHITE.
Isabel. *Ramos Sucre.* MEDINA.
Isla. *Castillo Martín.* CATO.
La isla. *Díaz Muñoz.* ARAY.
Isla. *Loynaz.* CAILL.
Isla. *Torres Bodet.* DEBI.
Isla de amor. *Turcios.* CAILL.
Isla en el mar. *Ibáñez.* CAILL, GINURU.
Isla en la luz. *Ibáñez.* CAILL, GINURU, JIMEN, ROAL, SONETO, TOPS.
Isla en la tierra. *Ibáñez.* CAILL, GINURU, JIMEN, ROAL, TOPS.
Isla famosa. *Martí.* CAILL.
Isla, peñasco verde. *Chacón Nardi.* CAILL.
Isla Tortuga. *Vinderman.* KOFMAN.
Island in the Earth. *Ibañez.* TOPS.
Island in the Light. *Ibañez.* TOPS.
Islands. *Fernández.* TARN.
Islas. *Fernández.* TARN.
Islas. *Palés Matos.* SENSE.
Islas australes. *Mistral.* SCARPA.
Islas de sed. *Pardo García.* CAILL.
It Could Be. *Storni.* FLORES.
It Is Written. *Rojas.* REYES.
It Was a Gentle Air. *Darío.* TOPS.
It Was Sunday in the Fair Ears of My Burro. *Vallejo.* TOPS.
It Was the Lark, bichito, No Nightingale (Span.). *Adoum.* PADRON.
It Would Be Nice to Deserve this Epitaph. *Fernández Retamar.* MARQUE.
It's Better to Light a Candle . . . *Fernández Retamar.* MARQUE.

It's Raining onto Thought. *Juárroz*. DOORS.
Itinerario. *Granata.* CAILL, GINAR.
Itinerario. *Vallejo*. CAILL.
El Ixtacihuatl. *López*. CAILL.

J. J. Guerra. *Cerruto*. QUIROS.
J.G.E. *Fernández Retamar*. ARAY.
¡Ja . . . Ja . . . Ja . . . ! *Tablada*. MONSI.
Jacarandá. *Alvarez.* VEIRA.
Jacques Hérold la sonnerie ne marche pas (Span.). *Gómez Correa*. BACIU.
Jacques Martain. *Chávez Padrón*. SALAS.
Jactancia de quietud. *Borges*. FERNAN.
Jaikai. *Tablada.* MANSOU.
Jail Again. *Dalton*. DOORS.
Jarahuí. *Lara.* BAEZA.
Jarcia. *García Terrés*. DEBI.
Jardín. *Oquendo de Amat.* LIBRO.
Jardín botánico. *Wilcock*. VEIRA.
Jardín cercado. *Cuadra.* SONETO.
El jardín claro. *López*. CAILL.
Jardín de arena. *Shimose*. PADRON.
Jardín de ceniza. *Chumacero.* DEBI.
Jardín de la misericordia. *Ordóñez.* ZAID.
El jardín de los Finzi-Contini. *Camerati*. CORSSE.
Jardín de párpados. *Zúñiga Segura*. TORO.
Jardín escondido. *Icaza*. CAILL.
El jardín que los dioses frecuentaron. *Montes de Oca.* MONSI, PAZ.
Jardín que nadie ve. *León*. ESCA.
El jardín que sueña. *González Martínez*. MONSI.
Jardín secreto. *Bollo.* CAILL.
Los jardines. *Finot.* BEDRE.
Una jaula de armonías. *Alfaro.* QUIROS.
Jaula de espejos o la conciencia. *Ayarza de Herrera*. LAGOS, VOCES.
Javel. *Avila Jiménez*. QUIROS.
Jazmín de María Carlota. *Menares*. GINCHI.
Jazmín solo. *Meza*. GINCO.
Jazmines. *Alonso*. ESCA.
Los jazmines. *Cisneros*. ROAL.
El jazz. *Castrillo*. QUIROS.
Jazz. *Jodorowsky.* MONDRA.
Jazz asintáxico (Frag.). *Durand*. BOCPA.
Je meurs ou je m'attache (Span.). *Jaimes Freyre*. CAILL.
Jefe moro fusilado. *Villar.* GINAR.
Jesús. *Guzmán*. CAILL, GINCHI.
Jezabel. *Urquiza*. SALAS.
El jíbaro. *Pichardo Moya*. SONETO.
El jilguero. *Lugones*. MODER.
Jinete derribado. *Ferreyra Basso*. CAILL, GINAR.
Un jinete nocturno en el paisaje. *Teillier.* CAILL.
Joaquín-chiquito el payador. *Agudelo.* ABRIL.
Job. *Urquiza*. CAILL, SALAS, SONETO.
Job 18, 2. *Pacheco*. TOPS.
Job 18, 2 (Eng.). Pacheco. TOPS.
Joe y Marilyn. *Sampedro*. COHEN.
John Berryman. *Vargas*. GENERA.
Jonás de Gethefer. *Ferreiro*. VALLE.
La jornada avanza. *Flores*. COHEN.
Jornada de la soltera. *Castellanos*. FLORES, MONSI.
José Agripino. *Barnet.* ARAY.

José Carlos muere en las cercanías de San Vito dei Normandi. *Cuéllar*. GENERA.
José el tamborero. *Korsi.* CAILL.
José Matías Delgado. *Dalton.* CEA.
José Ramón Cantaliso. *Guillén.* CEAL.
Jovellanos. *Fernández Retamar*. ARAY.
La joven bestia. *Massís*. CAILL.
El joven deja de serlo. *Huerta*. MONDRA.
La joven esposa. *Lugones.* CAILL.
Joven poeta. *Dávalos*. VALLE.
El joven torturado. *Arteche.* ARTE.
Joven viajera. *Maldonado*. MONDRA.
Los jóvenes. *Jonquières*. FERNAN.
Juan Chacón. *Acosta.* ALEGRI.
Juan del aserradero. *Castilla.* VEIRA, VILLOR.
Juan sin Cielo. *Carrera Andrade.* JIMEN.
Juana. *Fernández Retamar.* ORTEGA, PADRON.
Juana de Ibarbourou. *Mario.* URPILA.
Juana Fonseca. *Cuadra*. CARDE.
Juancito volador. *Walsh.* FERNAN.
Juanita pankara. *Ayala.* TORO.
Jubilación. *Parra*. CEAL.
Jubilant Poem. *Dalton.* VOLCAN.
El júbilo. *Ramírez Ruiz.* TORO.
Júbilo nocturno. *Ipuche*. GINURU.
Júbilo viviente. *Casaravilla Lemos*. CAILL.
Júbilo y súplica. *Sinán.* CAILL.
Los Judas. *Lhaya*. MEDINA.
Judith. *Vázquez Yepes*. ROAL.
Judith y José. *Tavira*. COHEN.
Juega como los pájaros y el viento. *Monvel.*[1] GINCHI.
Juega como los pájaros y el viento. *Reyes.*[2] CAILL.
El juego. *Macías*. COHEN, MONDRA.
Juego de congos. *Korsi*. MANSOU.
Juego de naipes. *Muñoz Astudillo*. URPILA.
El juego en que andamos. *Gelman.* DOORS, ORTEGA.
Juego y pregunta. *Perino.* URPILA.
Juegos. *Enríquez*. COHEN.
Los juegos. *Vitier*. PADRON.
Juegos de dormitorio. *Arenas*. BACIU.
Juegos infantiles. *Parra*. CEAL.
Jueves. *Izquierdo*. ARTE.
Jugábamos desnudos. *Guerrero.* BOCPA.
Jugada maestra. *Lara.* QUEZA.
El jugador. *Palomares.* ESCA.
Jugué todos mis sueños. *Guerra.* QUIROS.
Julia Came. *Donoso*. REYES.
Julián del Casal. *Poveda*. CAILL.
Julio. *Adán*. ORTEGA.
Julio. *Herrera y Reissig*. CAILL, MODER, TOPS.
Julio. *Xenes*. SONETO.
Julio Polar. *Ramírez Ruiz*. TORO.
July. *Herrera y Reissig.* TOPS.
Junio. *Terán*. MEDINA.
Junio. *Vásquez*. CORSSE.
Junto a tu cuerpo. *Novo.* CAILL, DEBI, JIMEN, MONSI, PAZ, ROAL, TAPIA.
Junto al golfo. *Morejón*. ORTEGA.
Juntos. *Casanova*. ARTE.
Juntos los dos. *Silva*. CEAL.

Jureles. *Camerón*. ARTE.
Justicia. *Guillén*. CEAL.
Justificación. *Rivas*. CEA.
Justine. *Cáceres*. BACIU.
El justo tiempo humano. *Padilla*. FIERRO.
Juventud. *Mondaca*. GINCHI.

Kafka. *Kozer*. PADRON.
Kalahari. *Palés Matos*. MARZAN.
Kalahari (Eng.). *Palés Matos*. MARZAN.
Kali. *Cross*. MONDRA.
Kampeones. *Méndez Camacho*. ABRIL.
Karabotas. *Peralta*. CAILL.
Karl Marx. *Dalton*. MARQUE.
Karl Marx (Eng.). *Dalton*. MARQUE.
Karl Marx Died 1883 Aged 65 (Span.). *Cisneros*. MARQUE, ORTEGA PADRON, RUANO, TOPS.
Karl Marx Died 1883 Aged 65. *Cisneros*. MARQUE, TOPS.
Kayanerenhkowa. *Cardenal*. CEAL.
Kempis. *Reynolds*. QUIROS.
Khantuta heráldica. *Díez de Medina*. BEDRE.
Las khantutas. *Tamayo*. BEDRE.
Kid Azteca. *Aridjis*. ORTEGA.
A Kind of Song. *España*. WHITE.
Know Ye What Happens Amidst Copious Tears and with Four-Letter Words. *García Robles*. MARQUE.
Krisis. *Hernández*. GENERA.

Laberinto. *Grimal*. CORSSE.
Labios. *Segovia*. COHEN.
Los labriegos ocultos. *Castro Saavedra*. ARBEL.
Labyrinth. *Torres Bodet*. TOPS.
Ladrido. *Güiraldes*. FERNAN.
Los ladrones de uvas. *Millán*. BOCCA.
Laetitia in umbra. *Aguiar*. TAPIA.
Lagarto verde. *Palés Matos*. MANSOU, SENSE.
Los lagartos. *Argueta*. CEA.
Los lagartos, los niños y el kwashiorkor. *Argueta*. CEA.
El lago. *Granado*. QUIROS.
Lago. *Paz*. TOPS.
Lago. *Zavaleta Mercado*. BEDRE.
Lago Llanquihue. Mistral. BAEZA.
Lago Mayor. *Girondo*. JIMEN.
Lagos de Palermo. *Vilas*. URPILA.
La lágrima. *Bernárdez*. GINAR.
Lágrima de estaño. Claros Lafuente. BEDRE.
La lágrima del diablo. *Florez*. CAILL.
Lágrimas. *Villalobos*. BEDRE.
Lágrimas por una puta. *Rigby*. CARDE.
Laguna de Chascomús. *Fernández Moreno*. VEIRA.
Laguna del Inca. *Corssen*. CORSSE.
Lake. *Paz*. TOPS.
Lake Charles, La. *Huerta*. SENSE.
Lament I. *Zavala*. MARQUE.
Lamentación de Dido. *Castellanos*. CAILL, MONSI, SALAS.
Lamentación de la desconsolada. *Cerruto*. BEDRE, CAILL.
Lamentación de octubre. *Barba Jacob*. ROAL.
Lamentaciones. *Márquez*. GINURU.
Lamento. *Palés Matos*. CAILL, SENSE.
Lamento por el sicomoro de Tommy Derk. *Gelman*. PADRON.

Lamento por la cucharita de Sammy McCoy. *Gelman*. PADRON.
Lamento por la patria. *Valdés*. VILLE.
Lámpara votiva. *Arvelo Larriva*. ROAL.
Lance de juruminga. *Portuondo*. MORA.
Landscape. *Lara*. WHITE.
Lapidada mi esperanza. *Monroy*. BEDRE.
Lar. *Moleiro*. CAILL.
El largo camino hacia ti (Frag.). *Blanco*. ORTEGA.
El largo día del hambre. *Dávila*. ORTEGA.
Un largo lagarto verde. *Guillén*. CEAL.
El largo silbido. *Donoso*. CAILL, GINCHI.
Largo tiempo oprimidos. *Romualdo*. DONOSO.
Los largos años. *Prado*. SCARPA.
Last Journey. *González Martínez*. TOPS.
Lata de sardinas. *Wayar*. BEDRE.
Laude. *González Prada*. CAILL.
Lávame fuerza oculta. *Rokha*. CALA.
Lavandera. *Moreno Monroy*. ARTE.
La lavandera. *Volkow*. COHEN.
Lavandera con negrito. *Ballagas*. MORA, SENSE.
Lavando nubes. *Ferreiro*. GINURU.
Lawn Tennis. *Tablada*. DEBI.
Lázaro. *Prado*. ARTE.
Lázaro. *Silva*. CEAL.
Lázaro, levántate y anda. *Rojas Piérola*. QUIROS.
Lazo. *Silva Ossa*. BOCPA.
Le daban tierra. *Aguirre*. GINURU.
Le digo a un sauce. *Fernández Moreno*. CAILL, GINAR.
Le preguntaron por los persas. *Fernández Retamar*. ARAY, FIERRO, PADRON, TARN.
Le trou noir. *Nervo*. MODER.
Lealtad. *Valladares*. CATO.
Leaving. *España*. WHITE.
Leaving. *Mansilla*. WHITE.
Lección de la rosa verdadera. *Adán*. PERU.
Lección de ojos. Panorama. *Gorostiza*. DEBI.
Lección del oscuro. *Bañuelos*. MONDRA.
Lecho de mar. *Bareiro Saguier*. VALLE.
Lectura de domingo. *Guillén*. MARQUE.
Lectura de John Cage. *Paz*. DOORS.
Lectura de Shakespeare (Soneto 66). *Zaid*. ORTEGA.
Lectura de Virgilio. *Cardona Peña*. CAILL.
Lecturas. *Rodo*. ROAL, SONETO.
Leda. *Díaz*. CAILL, GINAR.
Leda. *Darío*. CEAL.
Leerán algún día. *Scarpa*. ARTE.
Legacies. *Padilla*. TOPS.
Légamo. *Cortázar*. SALAS.
Leit (Eng.). *Rodríguez Frese*. MARZAN.
Leit (Span.). *Rodríguez Frese*. MARZAN.
Lejana. *Mondaca*. ARTE.
La lejana ciudad. *Lastra*. ARTE.
Una lejana tristeza. *Uribe*. CAILL.
Lejano interior. *Ramírez*. ESCA.
Lejano recuerdo criollo. *Cuadra*. JIMEN.
Lejos. *Ibáñez Iglesias*. URPILA.
Lejos. *Torres Bodet*. DEBI.
Lejos. *Zaid*. DEBI.
Lejos desde mi colina. *Orozco*. CAILL.

Lejos está mi patria. *Dalton.* PADRON.
Lejos la ciudad lejos . . . *Cunha.* JIMEN.
El leñero (Frag.). *Corretjer.* MORA.
Lengua de pájaro. *Lugo.* BAEZA.
La lengua dócil se movía. *Quiñones.* COHEN.
Lenta es la noche. *Morales.* MONDRA.
Lentamente has llegado. *Bonifaz Nuño.* MONSI.
Lentes de contacto. *Maldonado.* MONDRA.
El lento furor. *Smith.* CAILL.
Lento, amargo animal. *Sabines.* CAILL, MONSI.
Leo. *Hernández.* TORO.
Leo en la nebulosa. *Rojas.* SCARPA.
León. *Cardenal.* TOPS.
León (Eng.). *Cardenal.* TOPS.
El león. *Storni.* ROAL.
León cautivo. *Lugones.* VILLOR.
Leonel Rugama: RIP. *Santos.* CARDE.
Leones. *Pacheco.* DEBI.
Leones del novecientos. *Lihn.* REYES.
Leopardo insomne. *Bañuelos.* MONSI.
Let Us Take off Our Masks. *Vieyra.* REYES.
Let's Go. *Aray.* MARQUE.
Let's Loot This Dirty Old Man. *Parra.* REYES.
Letanía. *Camarillo de Pereyra.* SALAS.
Letanía. *Pinto.* QUIROS.
Letanía a la golondrina. *Undurraga.* CAILL.
Letanía de nuestro señor Don Quijote. *Darío.* CAILL, CEAL.
Letanía erótica para la paz (Frag.). *Alvarez.* SALAS.
Las letanías de la buena muerte. *Mondaca.* CAILL, GINCHI.
Letanías del deseo. *Capdevila.* GINAR.
Letanías del desterrado. *Asturias.* FIERRO.
Letanías ejemplares modo angélico. *Barbieri.* VEIRA.
Letanías profanas. *García Terrés.* MONSI, PAZ.
Letra. *Cabral.* JIMEN, ROAL.
Letra muerta. *Ortiz de Montellano.* MONSI.
Letra para música profunda. *Jodorowsky.* MONDRA.
Letra profunda. *Montejo.* ORTEGA.
Letras de arena. *Vieira.* CAILL.
Letter from Mexico. *Aridjis.* TOPS.
Letter to a Sister Who Lives in a Distant Country. *Zamora.* VOLCAN.
Leve. *Piwonka.* GINCHI.
Lewis Carroll (Span.). *Teillier.* REYES.
Lewis Carroll (Eng.). *Teillier.* REYES.
Leyenda. *Calderón.* ARTE.
Leyenda de la flor de ceibo. *Silva Valdés.* BAEZA, ROAL.
Leyenda del cimarrón. *Esténger.* MORA.
La leyenda del patriarca (Frag.). *Falco.* GINURU.
La leyenda dorada va por los siete planos. *Pallais.* CARDE.
Leyendo a Conrad. *Cobo Borda.* PADRON.
Leyendo a Silva. *Valencia.* CAILL, MODER.
Lezama de una vez. *Alvarez Bravo.* CATO.
Li-Po. *Tablada.* JIMEN, PAZ.
Libélula. *Tablada.* PAZ.
Libélulas. *Castillo.* TORO.
Liberación. *Portal.* LAGOS, VOCES.
Libérame. *Molina Venegas.* VILLE.
Libertad. *Carmenate.* CATO.
Libertad. *Helberg.* TORO.
La libertad. *Rosales.* VILLOR.

La libertad. *Salazar Bondy*. FIERRO.
Libertad bajo palabra. *Paz*. MONSI.
Libertad—igualdad. *Moro*. BACIU.
El libertador. *Otero Silva*. CAILL.
El libertino (Frag.). *Coronado*. TAPIA.
Libre. *Nagle*. URPILA.
Libre y cautiva. *Sierra*. SONETO.
Librería enterrada. *Eielson*. ORTEGA.
El libro de Dios. *Placencia*. MONSI.
El libro de la historia del "Che". *Rugama*. CARDE.
Libro del emigrante (Frag.). *Calvillo*. MONSI.
Los libros. *Carmenate*. CATO.
Lied. *Arrieta*. CAILL, ROAL.
Lied. *Mutis*. PADRON.
Lied. *Ramos Sucre*. MEDINA.
Lied. *Ritter Aislan*. BAEZA.
Lied amargo. *Olivari*. FERNAN.
Lied de la estrella marina. *Lugones*. CAILL.
Lied del secreto dichoso. *Lugones*. CAILL.
Lied, 2. *Mutis*. PADRON.
Lied III. *Eguren*. CAILL, MODER.
Lied V. *Eguren*. MODER.
Life. *Mansilla*. WHITE.
Life-Hook. *Ibarbourou*. TOPS.
Life Draws a Tree. *Juarróz*. TOPS.
Life Is in the Street. *Domínguez*. REYES.
La liga. *Herrera y Reissig*. CAILL.
Ligeia. *López Merino*. GINAR.
Ligera liviana libre. *Bayley*. VILLOR.
Ligero viento sobre el barrio de los ricos. *Lauer*. DONOSO.
The Light on Cayo Hueso. *Vitier*. TARN.
Lights. *Cardenal*. TOPS.
Like a Dream. *Zurita*. WHITE.
Like an Animal. *Padilla*. TARN.
Like Empty Beer Cans. *Cardenal*. TOPS.
Like Sister and Brother. *González Martínez*. TOPS
Like the Last Block. *Turkeltaub*. REYES.
Like Waterdrops. *Escobar*. DOORS.
Lima. *Martos*. TORO.
El limbo. *Shelley*. MONDRA.
Límite. *Molina Venegas*. CORSSE.
Límite glacial de los seres lentos. *Moro*. LIBRO.
Límites. *Borges*. FERNAN, JIMEN.
Límites. *Borges*. TOPS, VILLOR.
Límites. *Gelman*. ORTEGA.
Límites. *Pacheco*. TOPS.
Límites. *Rodríguez Pinto*. CAILL, GINURU.
Limo. *Berenguer*. ORTEGA.
Linaje. *Zavaleta Mercado*. BEDRE.
Línea del alba. *Huerta*. CAILL.
Líneas de primera lluvia. *Arvelo Larriva*. CAILL.
Lions of the Nineteenth Century. *Lihn*. REYES.
La lira. *Negro*. GINCHI.
Liras. *Ibáñez*. CAILL, GINURU.
Las liras de la lámpara. *Oribe*. CAILL, GINURU.
El lirio. *Rosa*. GINCO.
A List of Things Hands Can Do. *Alcides*. TARN.
Lista de cosas que saben hacer las manos. *Alcides*. ARAY, TARN.

Listen Yankee (Span.). *Salazar Bondy*. FIERRO.
Litany of the Little Bourgeois. *Parra.* TOPS.
Litoral. *Flax*. MARZAN.
Little Ghosts. *Hahn.* WHITE.
Little Ode to Melancholy. *Molinari.* TOPS
Littoral. *Flax*. MARZAN.
Liturgia. *Carpentier*. MANSOU, MORA, SENSE.
Liturgia etiópica. *Arozarena.* MORA.
Living. *Torres Bodet.* TOPS.
Living Poetry. *Margenat.* MARZAN.
La llama. *Reynolds*. BEDRE, CAILL, QUIROS.
Llama del aire. *Gómez.* CAILL.
El llamado. *Tafur.* TAPIA.
El llamado. *Palés Matos*. JIMEN.
El llamado—Muerte de Alfonsina. *Castro*. GINCHI.
Llamado del deseoso. *Lezama Lima*. JIMEN, TARN, TOPS.
Los llamados. *Birri*. BAEZA.
Llamamiento. *Girri.* ORTEGA.
Llamarada. *Estenssoro*. TAPIA.
Llamas de la pintura. *Salazar Bondy*. LIBRO.
Llamé a Heine. *Solana*. CAILL.
Llanto. *Bustamante*. CEA.
Llanto de abismos. *Cardona Torrico.* QUIROS.
Llanto de Briseida. *Reyes*. DEBI.
El llanto es una especie de ataúd. *Molina Venegas*. WHITE.
Llanto mudo. *Fábregas*. ROAL.
Un llanto verde sobre la patria. *Fernández*. LAGOS, VOCES.
La llave. *Biagioni*. BAEZA.
La llave. *Prado*. ARTE.
La llave. *Teillier*. CAILL, GINCHI.
Llaves de la salvaje inocencia. *Dalton*. CEA, PADRON.
Llegada. *España*. WHITE.
Llegada. *Guillén*. ARAY, JIMEN, SENSE.
Llegada a Roma. *Campos*. MONDRA.
Llegar en silencio. *Charry Lara*. CAILL.
Llegaron los días del veranito . . . *Hernández*. CORSSE.
Llego a la mesa y cierro los ojos. *Uribe Arce*. ARTE, CALA, SCARPA.
Llevadme allá. *Sánchez-Boudy*. CATO.
Llévame, amor, contigo. *Chacón Nardi*. CAILL.
Llevamos en nosotros el río. *Galindo*. ESCA.
Llorando y cantando. *Tiempo*. CAILL.
Lloro encadenado. *Bonifaz Nuño*. CAILL.
Llueve en el Perú. *Ayala*. TORO.
Llueve sal. *Vásquez*. CORSSE.
Llueve sobre el pensamiento. *Juárroz*. DOORS.
¡Llueve tanto esta noche . . . ! *Nieto*. CAILL.
Lluvia. *Basualto*. VILLE.
La lluvia. *Bernárdez*. CAILL.
La lluvia. *Carreño*. SALAS.
Lluvia. *Donoso*. GINCHI.
La lluvia. *Durán*. PAZ.
Lluvia. *Fernández Moreno*. SONETO.
Lluvia. *López Tena*. SALAS.
Lluvia. *Mendoza*. BEDRE.
La lluvia. *Rega Molina*. SONETO, VILLOR.
Lluvia. *Vásquez*. CORSSE.
Lluvia 4. *Martínez Salguero*. QUIROS.
Lluvia ácida. *Bartolomé*. GENERA.
La lluvia no dice nada. *Obligado*. GINAR.

Una lluvia tenue, fría. *Montemayor*. COHEN.
La lluvia tiene ojos. *España*. ARTE.
La lluvia y el barco. *Osses*. BOCPA.
La lluvia y los muertos. *Urzagasti*. BOCCA.
Las lluvias del Arcángel San Miguel. *Alcalde*. CALA.
Lo cotidiano. *Castellanos*. DEBI, PAZ, SALAS.
Lo difícil que es separar el otoño. *Heraud*. BOCCA.
Lo diré mañana. *Hernández Poblanno*. ZAID.
Lo divino. *Larreta*. GINAR.
Lo fatal. *Darío*. CAILL, CEAL, MODER, TOPS.
Lo fugaz. *Jaimes Freyre*. BEDRE, MODER, QUIROS.
Lo huidizo y lo permanente. *Sánchez Peláez*. ESCA.
Lo imposible. *Arzarello*. GINURU.
Lo imprevisto. *Nalé Roxlo*. CAILL.
Lo inefable. *Agustini*. BAEZA, CAILL, CEAL, FLORES, GINURU, MODER, ROAL, TOPS.
The Ineffable. *Agustini*. TOPS.
Lo invicto. *Mario*. URPILA.
Lo necesario. *Rodríguez Frese*. MARZAN.
Lo no nacido. *Sanabria Varela*. COSTA.
Lo nupcial. *Vitier*. PADRON.
Lo que aquí digo. *Subero*. ESCA.
Lo que esperamos. *Girondo*. JIMEN.
Lo que has de ser. *Lihn*. GINCHI.
Lo que ignoramos. *Quessep*. ABRIL.
Lo que importa. *Pérez Alfonseca*. BAEZA.
Lo que me dijo Sor Juana. *Cravioto*. ROAL.
Lo que quise y he sido. *Larrahona Kästen*. URPILA.
Lo que soy. *Calderón*. SALAS.
Lo que sucedió. *Trejo*. COHEN, ZAID.
Lo sabe la bordona. *Illescas*. MONDRA.
Lo sé de cierto porque lo tengo visto. *Fernández*. ORTEGA.
Lo solemne siempre sí. *Santibáñez*. COHEN.
Lo vi parado ahí. *Salzano*. BOCCA.
Lo vivido. *Valle*. MARZAN.
Loa al rey de las quimeras. *Reynolds*. BEDRE.
Lobo. *Segovia*. GENERA.
El lobo habla a sus perros. *Gómez Correa*. BACIU.
Lobos de mar (En Bretaña). *Noboa Caamaño*. CAILL.
Lobos y ovejas. *Silva Acevedo*. ORTEGA.
Loca de hierro (Frag.). *Zamudio*. BEDRE.
El loco. *Paseyro*. CAILL.
Los locos. *Dalton*. CEA, SALVA.
Los locos. *Nava*. SALAS.
Locura. *Arévalo Martínez*. CAILL.
Locura. *Massaroni Lusby*. URPILA.
Loíza aldea. *Vizcarrondo*. MORA.
Londres. *Nervo*. DEBI.
Loneliness. Hampton Court. *Cisneros*. TOPS.
Long-Legged Aquatic Insects. *Cardenal*. DOORS.
Look First at the Air and Its Black Element Which Never Stops. *Juarróz*. TOPS.
Looking for Trouble. *Dalton*. TOPS.
El loro. *Alfaro*. QUIROS.
El loro. *Tablada*. JIMEN, PAZ, ROAL.
Love. *Mansilla*. WHITE.
Love, Attributed City. *Morejón*. TOPS.
Love Slides Down the Sides. *Morejón*. TARN.
Love without Love. *Lloréns Torres*. MARZAN.
The Lovers. *Sabines*. TOPS.

Lozano. *Isla*. COHEN.
Lucero abril. *Fuente*. SALAS.
Luces. *Cardenal*. TOPS.
Lucha. *Smith*. TAPIA.
Luciérnaga. *Estrada Sáinz*. BEDRE.
La luciérnaga. *Osses*. SONETO.
Las luciérnagas. *Abella Caprile*. VILLOR.
Las luciérnagas. *Gorostiza*. TOPS.
Lucrecia. *Méndez Camacho*. ABRIL.
Luego existo. *Navarro Harris*. VILLE.
El lugar que habitas. *Hoeffler*. WHITE.
Lugares comunes. *Vitier*. ORTEGA.
Lúgubre fantasía. *Molina*. CAILL.
Luis de la Puente Uceda. *López Morales*. ARAY.
Lujo. *Arévalo Martínez*. CAILL.
Lumen. *Bustamante*. CEA.
La luna. *Borges*. VILLOR.
Luna. *Guillén*. ARAY.
La luna. *Tablada*. MONSI, PAZ.
La luna. *Tejera*. ZAID.
Luna campestre. *Lugones*. MODER.
Luna de agosto. *Chariarse*. LIBRO.
Luna de arrabal. *Poveda*. CAILL.
Luna de la medianoche. *Magallanes Moure*. CAILL.
Luna de la patria. *Contreras*. CAILL.
Luna de palo. *Coronel Urtecho*. DOORS.
La luna del cantor. *Calvo*. TORO.
La luna entre dos árboles. *Mondaca*. CAILL.
Luna negra. *Gómez Kemp*. MORA, SENSE.
La luna ofendida. *Ferré*. LAGOS, VOCES.
Luna que irisas. *Tamayo*. QUIROS.
Luna silvestre. *Paz*. CAILL.
La luna, taza de leche. *Xammar*. PERU.
El lunar. *González*. SONETO.
Lunas. *Reynolds*. QUIROS.
Lunas marinas. *Tablada*. DEBI.
Lunes. *Meretta*. URPILA.
Lustral. *Jaimes Freyre*. MODER, QUIROS.
Luto. *Jérez Valero*. ESCA.
Luto en el puerto. *Queremel*. MEDINA.
Luto irreal. *Castro*. CALA.
La luz. *Hübner Bezanilla*. GINCHI.
La luz. *Requeni*. VILLOR.
Luz. *Yrarrázaval*. ARTE.
Luz colmada. *Ortiz Saralegui*. CAILL, GINURU.
Luz corriente. *Varela*. LIBRO.
Luz de alba. *Martínez Mutis*. GINCO.
La luz de la ceniza. *Keoseyán*. COHEN.
Luz de la tarde. *Tamayo*. QUIROS.
Luz de luna. *Silva*. CEAL.
Luz de mis ojos. *Gaitán Durán*. ARBEL.
Luz de obsidiana. *Vera*. COHEN.
Luz de provincia. *Mastronardi*. CAILL, GINAR, VILLOR.
La luz del Cayo. *Vitier*. TARN.
Luz en la noche. *Marasso*. CAILL.
La luz en ristre. *Montes de Oca*. DEBI, ORTEGA, PAZ.
Luz lúnula. *Zúñiga Segura*. TORO.
Luz púrpura (con tu retrato). *Agustini*. CEAL.
La luz sostiene el eco (Frags.). *Vera*. COHEN.

Luz y sombra. *Maldonado.* MONDRA.
Lyrical Letter to the Other Woman. *Storni.* TOPS.

Mabella. *O'Hara Gonzales.* TORO.
Maceo (Eng.). *Lloréns Torres.* MARZAN.
Maceo (Sonetos sinfónicos). *Lloréns Torres.* CAILL, MARZAN.
Macorina. *Camín.* SENSE.
Madame Chu (al amanecer). *Kozer.* PADRON.
La madeja devanada. *Jonquières.* CAILL.
Maderas de mi tierra. *Torres.* GINCHI.
El madero. *Grimal.* CORSSE.
Los maderos de San Juan. *Silva.* CAILL, CEAL, GINCO, MODER, ROAL.
Madhouse Poem. *Oquendo de Amat.* DOORS.
Madre. *Alas.* SONETO.
Madre. *Campero Echazú.* BEDRE.
Madre. *Huidobro.* SCARPA.
Madre. *Ibáñez.* SCARPA.
Madre. *Morejón.* ORTEGA, TOPS.
Madre. *Oquendo de Amat.* BAEZA, CAILL.
¡Madre! *Othón.* ROAL.
Madre eterna. *Yañez.* COHEN.
Una madre habla de su muchacho. *Cisneros.* PADRON.
Madre, qué frio tengo. *Matos Paoli.* ORTEGA.
Madre, voy mañana a Santiago. *Vallejo.* BAEZA.
Madreselva. *Cesped.* QUIROS.
Madrid que cambias. *Reyes.* DEBI.
Madrigadas de evocaciones. *Clavijo Pérez.* CATO.
Madrigal. *Condarco Morales.* BEDRE.
Madrigal. *Guillén.* CEAL, TAPIA.
Madrigal. *Guillén.* SENSE, TAPIA.
Madrigal. *Guillén.* SENSE.
Madrigal. *Villalobos.* BEDRE.
Madrigal por Medusa. *Owen.* MONSI.
Madrigal romántico. *Urbina.* CAILL.
Madrigal séptimo. *Deniz.* ORTEGA.
Madrugada. *Arteche.* ARTE.
Madrugada. *Espino.* CEA.
Madrugada. *Paz.* PAZ.
Madrugada. *Pereda.* GINURU.
Madrugada. *Rivera.* CORSSE.
Madrugada campesina. *Donoso.* CAILL.
Madrugada de la piedra. *Triviño.* ARTE.
Una madrugada en La Paz. *Suárez.* QUIROS.
Madurai (Frags.). *Paz.* PAZ.
Madurez. *Calviño Citro.* URPILA.
La maestra rural. *Mistral.* SCARPA.
Maestranzas de noche. *Neruda.* GINCHI.
Maestro de ceremonias. *Molina.* BACIU.
El maestro Ramón. *Franco.* CAILL.
La maga de oz. *Jordana.* MONDRA.
Magia. *Aramayo.* TORO.
Magia. *Freda.* URPILA.
El mágico amor. *Fuente.* SALAS.
Magnificat. *Zenner.* GINAR.
La magnolia. *Chocano.* CAILL, MODER.
Maidenform. *Zaid.* DEBI.
Mail. *Millán.* REYES.
Maimará. *Calvetti.* RUANO, VEIRA.

El maíz. *Chocano*. CAILL.
Una maja. *Casal*. MODER.
Majestad negra. *Palés Matos*. CAILL, MANSOU, MORA, SENSE.
El mal actor de sus emociones. *Torri*. PAZ.
El mal confitero. *Reyes*. PAZ.
Mal de ojo. *Vizcarrondo*. MORA.
El mal del siglo. *Silva*. CEAL, MODER.
Mala fortuna. *Galván*. LAGOS, VOCES.
Malamuerte. *Medina*. GENERA.
Malas artes. *Rojas*. QUEZA.
Las malas palabras. *Guzmán*. CAILL, GINCHI.
Malas palabras para Violeta Parra. *Lara*. QUEZA.
Malcolm Lowry. *Trejo Villafuerte*. GENERA.
Los malditos. *Moreno Jimeno*. MOLINA.
Malinche. *Castellanos*. LAGOS, VOCES.
El malón. *Barreda*. SONETO.
La mamadre. *Neruda*. CALA.
Mambi particular. *Rivero*. ARAY.
Mambrú. *Cervantes*. PAZ.
A Man. *Fulleda León*. TARN.
Man. *Hahn*. TOPS.
A Man and a Woman. *Fernández Retamar*. TARN.
The Man from Leipzig. *Riedemann*. WHITE.
Man Is an Animal that Laughs. *Jodorowsky*. FLORES.
Managua-mayo. *Martínez Rivas*. CARDE.
Mañana. *Borges*. FERNAN.
Mañana. *Chariarse*. LIBRO.
Una mañana. *Hernández*. VILLOR.
Mañana. *Huidobro*. BACIU.
Mañana. *Ibáñez*. SCARPA.
Mañana. *López Vallecillos*. SALVA.
La mañana. *Villar Buceta*. BOCPA.
La mañana alza el río. *Westphalen*. ORTEGA.
Mañana de sol. *Urbina*. CAILL.
Mañana es. *Peña Gutiérrez*. ABRIL.
La mañana es una trampa. *Cazorla*. CATO.
Mañana, futuro del sol. *Mora Martínez*. COSTA.
Mañana lluviosa. *Rivera-Avilés*. MARZAN.
Mañana los poetas. *González Martínez*. MODER.
Mañana sin sol. *Olivares*. CAILL.
Mañanita en los cerros. *Espino*. CEA, SALVA.
El manantial. *Magallanes Moure*. CAILL.
La manca. *Mistral*. CALA.
Mancha. *Viaña*. BEDRE.
La mancha de púrpura. *López Velarde*. DEBI, MONSI.
Mancha heroica. *Silva Valdés*. CAILL.
Las manchas del tigre. *Mejía Sánchez*. CARDE, PADRON.
Manchas en la pared. *Parra*. CALA.
Las manchas se deslizaban de arriba abajo en silencio. *Muñoz*. WHITE.
Mandato no. 6. *Villegas*. ESCA.
Una manera de morir. *Arévalo*. SALVA.
Manera de recibirnos. *Arce Navarro*. COSTA.
Manera en que descubrí las dos clases de muerte. *Vicuña*. BOCPA.
Mango. *Rincón Calcagno*. TAPIA.
Manhood. *Zamudio*. FLORES.
A Manifesto. *Chocano*. TOPS.
El manifesto de Can. *Rodríguez Cárdenas*. MEDINA.
Manifiesto. *Nolla*. VOCES.
Manifiesto. *Parra*. CEAL.

Manifiesto del soldado que volvió. *Queremel*. CAILL.
Maniobra. *Garzón Céspedes*. BOCCA.
La mano. *Dujvne Ortiz*. LAGOS, VOCES.
La mano de Onán se queja. *Cabral*. JIMEN, ROAL.
La mano de un joven muerto. *Parra*. BAEZA, CAILL, GINCHI.
La mano del viento. *Greve*. ARTE.
La mano desasida (Frag.). *Adán*. ORTEGA.
Una mano enlutada distrae. *Ahumada*. CORSSE.
La mano triste. *Brandy*. CAILL.
Las manos. *Prado*. GINCHI.
Manos ásperas. *Tacconi*. GINURU.
Las manos de la adolescente. *Bardesio Vila*. CAILL.
Manos de obreros. *Mistral*. FIERRO.
Mantener una holgura. *Letona*. LETONA.
Mantilla andaluza. *Martí*. CEAL.
El mantón. *Kempff Mercado*. BEDRE.
Manuel Rodríguez. *Neruda*. CEAL.
Manuel Rodríguez. *Vial*. ARTE.
Manuscript in a Bottle. *Cuadra*. TOPS.
Manuscrito en una botella. *Cuadra*. TOPS.
Manuscrito hallado en un libro de Joseph Conrad. *Borges*. ROAL.
Manuscrito hallado en Pompeya dentro de una vasija. *López Acuña*. COHEN.
Manzana. *Castillo*. TORO.
Manzana. *Torres Bodet*. CAILL, SONETO.
Manzanillones. *Byrne*. ARTE, CORSSE.
El mapa. *Bañuelos*. DEBI.
Maquiavelo y las mujeres. *Shimose*. PADRON.
La máquina biográfica. *Huerta*. BOCCA, COHEN.
El mar. *Arzarello*. GINURU.
El mar. *Bernárdez*. JIMEN.
El mar. *Borges*. TOPS.
El mar. *Camargo Ferreira*. QUIROS.
El mar. *Carreño*. SALAS.
Mar. *Florit*. JIMEN, ROAL.
El mar. *Leduc*. MONSI.
El mar. *Novo*. MONSI.
Mar. *Oquendo de Amat*. LIBRO.
El mar. *Xammar*. CAILL.
Mar absoluto. *Bedregal*. BEDRE.
Mar afuera. *Amortegui*. GINCO.
El mar canta mi sueño. *Castrillo*. QUIROS.
Mar de jacinto. *Ibarbourou*. CAILL.
Mar de la tarde. *Smith*. CAILL.
Mar de otoño. *Aveleyra*. SALAS.
Mar de tierra. *Castro Saavedra*. ARBEL.
Mar del amanecer. *González Rojo*. CAILL.
Mar en la canción. *Caracola*. *Florit*. CAILL.
Mar enlunecido. *González Lanuza*. CAILL.
Mar que amanece. *Pacheco*. DEBI.
El mar sentado. *Villarronda*. BAEZA.
Mar y caracol. *Adán*. LIBRO.
Mar y cordillera. *Villa-Gómez*. BEDRE.
El mar y las piedras (Frags.). *Rivera Rodas*. QUIROS.
El mar, el viento y el pinar. *Castillo Martín*. CATO.
Mar, sol y viento. *Escobar*. GINCHI.
Mar, soledad, eternidad. *Millas*. GINCHI.
Maracas. *Guillén*. SENSE.
La marca de fuego. *Gómez Correa*. CAILL.

Marcalino. *Fontana.* CAILL.
March, Vigilant Fire. *Quiñones.* VOLCAN.
The Marach of the Cordilleras. *Zurita.* TOPS.
Marcha al jumento. *Florián.* CAILL.
La marcha de las cordilleras. *Zurita.* TOPS.
Marcha del aire. *Hernández.* ARAY.
Marcha fúnebre. *Gaitán Durán.* ARBEL.
Marcha fúnebre de una Marionnette. *Eguren.* MODER.
Marcha nupcial. *Vallejo.* PERU.
Marcha triunfal. *Cardenal.* CEAL.
Marcha triunfal. *Darío.* ROAL, CEAL.
Marco para un retrato en la familia. *López.* ARAY.
Marea. *Torres Bodet.* DEBI.
Los mares imponentes. *Triviño.* ARTE.
Mares, muelles y nómadas navegantes. *Jordana.* MONDRA.
Margarita Petunia. *Valle.* ARTE, CAILL, CALA, GINCHI.
Marginal. *Eguren.* CAILL, ROAL.
Mari Sabel. *Portuondo.* SENSE.
La María Martínez. *Pérez Estrada.* CARDE.
María Tecum. *Dalton.* SALVA.
Marietta Corsini. *Shimose.* PADRON.
Marimba tocada por indios. *Asturias.* CAILL.
Marina. *González Martínez.* MONSI.
Marina. *Vallarino.* COHEN, MONDRA.
Marina (Cromos). *Arciniegas.* GINCO.
Marina de tus ojos. *Quintero Alvarez.* CAILL.
Marina negra. *Cabral.* MORA.
El marinero. *Agudo.* VILLOR.
Marinero. *Fonseca Viera.* URPILA.
El marinero borracho. *Fernández.* VALLE.
Marinero de rostro oscuro. *Loynaz.* CAILL.
Marino. *Huidobro.* CAILL, GINCHI, JIMEN, SCARPA, TOPS.
Marionnettes 4. *González Tuñón.* ROAL.
Mariposa. *Parra.* CEAL.
Mariposa de obsidiana. *Paz.* BACIU.
Mariposa de oro. *González Bravo.* BEDRE.
Mariposa de otoño. *Neruda.* CALA.
Una mariposa en la luz. *Morales.* MONDRA.
Mariposa nocturna. *Tablada.* PAZ.
Mariposas. *Airaldi.* URPILA.
Mariposas. *Gutiérrez Nájera.* CAILL, DEBI.
Mariposas. *Herrera.* GINURU.
Mariposas. *Silva.* MODER.
Marsupial. *Navarro Harris.* VILLE.
Marta Kuhn-Weber. *Lihn.* PADRON.
Martes. *Gravino.* KOFMAN.
Martes de carnaval. *Bayley.* FERNAN.
Martí. *Guillén.* ROAL.
Martin Luther King narra como la guardia. *Menén Desleal.* CEA.
Martirio de San Sebastián. *Florit.* CAILL, CATO, JIMEN, TOPS.
Martyrdom of Saint Sebastian. *Florit.* TOPS.
Marzo fuego de vigilia. *Quiñones.* VOLCAN.
Más. *García Terrés.* MONSI.
Más allá. *Bolton.* ARTE.
Más allá de la tortura. *España.* WHITE.
Más allá de las columnas. *Aridjis.* DEBI.
Más allá del amor. *Paz.* DEBI.
Más allá del halo de las llamas. *Bonifaz Nuño.* DEBI.
Mas he aquí al lince. *Montes de Oca.* PAZ.

Más próximos a la muerte. *Casal.* URPILA.
Más que a mí la aborrezco. *Mejía Sánchez.* CAILL.
Más que nunca. *Vieira.* CAILL.
Más rápido que el pensamiento. *Aridjis.* DEBI, ORTEGA, PAZ.
Más soledad. *Vilariño.* ORTEGA.
Masa. *Vallejo* (Frags.). CAILL, CEAL, FIERRO, JIMEN, MOLINA, TOPS.
Máscara. *Silva.* CAILL, GINURU.
Máscara de algún dios. *Varela.* LIBRO.
Máscara del que duerme. *Salazar Bondy.* LIBRO.
La máscara japonesa (soneto). *Prendez Saldías.* CAILL.
Mascarada. *Ferreiro.* VALLE.
Las máscaras. *Aura.* MONDRA.
Máscaras. *Bendezu.* LIBRO.
Máscaras. *Salas.* RUANO.
Máscaras. *Vera.* ESCA.
Maspleonasmo. *Girondo.* CEAL.
Mass. *Vallejo.* TOPS.
El matadero. *Electorat.* WHITE.
Matanza de noria. *Incháustegui Cabral.* CAILL.
El mate (Frags.). *Martínez Estrada.* BAEZA, CAILL.
Matemáticas. *Villaseñor.* ARTE.
Mateo, XXV, 30. *Borges.* FERNAN.
Mater dolorosa. *Fombona Pachano.* CAILL.
La materia deshecha. *Pacheco.* PADRON.
Maternidad. *Castro Saavedra.* GINCO.
Maternidad (Frag.). *Pedroni.* BAEZA.
Matinée, vermouth y noche. *Schopf.* QUEZA.
Matrimonio. *Silva.* GINURU.
Max Ernst. *Cáceres.* BACIU.
Maximiliano. *López.* CAILL.
Maya. *Lara.* BEDRE.
Maybe You Cannot Comprehend. *Villanueva.* MARZAN.
Mayo. *Valverde.* ROAL.
El mayor. *Hernández.* ARAY.
Mayor. *Lihn.* SCARPA.
Mayúscula. *Paz.* PAZ.
Me at the Bottom of the Sea. *Storni.* TOPS.
Me acerqué a la fiesta. *Capdevila.* CAILL.
Me acuerdo cuando descubri a Simón. *Pohlhammer.* ARTE.
Me aventuro en la noche. *González Penelas.* GINURU.
Me basta la palabra. *Marquina.* SALVA.
Me busco, vivo o muerto. *Shimose.* QUIROS.
Me contaron. *Cardenal.* DOORS.
Me defiendes Señor. *Gallinal Hebert.* GINURU.
Me desordeno, amor, me desordeno. *Oliver Labra.* SONETO.
Me digo: mira el agua. *Mendiola.* COHEN.
Me escuece la memoria. *López.* CATO.
Me estás vedada tú. *López Velarde.* MONSI.
Me gusta andar con mi tristeza. *Materán Alfonzo.* ESCA.
Me habla la eternidad. *Placencia.* MONSI.
Me han convocado. *Bedregal García.* QUIROS.
Me han roto el hueso más fino del oído. *Silva Acevedo.* WHITE.
Me he lavado tantas veces las manos. *Parera.* CATO.
Me hubiera gustado quedarme aquí. *Welder.* QUEZA.
Me iré en junio. *Vinderman.* KOFMAN.
Me iré sin verte. *Sánchez.* CARDE.
¿Me quiero? *Illescas.* MONDRA.
Me sacaron por la cara. *Maquieira.* WHITE.

Me tienes en tus manos. *Sabines*. ORTEGA.
Me viene, hay días, una gana ubérrima. *Vallejo*. CEAL, JIMEN.
Me volé la virgen de mis piernas. *Maquieira*. WHITE.
Me voy a entender en tu memoria. *Bedregal García*. QUIROS.
Me voy al bosque. *Sáenz*. BEDRE, QUIROS.
Mecánica de los cuerpos. *Shimose*. LETONA, PADRON.
Meciendo. *Mistral*. GINCHI.
La medalla. *Arrieta*. CAILL.
La medalla del soneto clásico. *Martínez Villena*. SONETO.
Medals and Promotion. *Adoum*. MARQUE.
Medgar Evers. *Shimose*. QUIROS.
Media muerte. *Riestra*. SALAS.
Media muerte no más. *Calderón*. SALAS.
Media voz. *Varela*. LIBRO.
Medianoche. *Marasso*. CAILL.
La medianoche. *Mistral*. ARTE, SCARPA.
Medianoche. *Paz*. CAILL.
La medida de tus fuerzas. *Lara*. BOCCA.
Medio día sobre el mundo. *Heredia*. MEDINA.
Mediodía. *Agüero*. VILLOR.
Mediodía. *Armas Chitty*. MEDINA.
Mediodía. *Darío*. CEAL.
El mediodía. *García Marruz*. CAILL, TARN.
Mediodía. *López Vallecillos*. CEA.
Mediodía. *Rosales y Rosales*. CEA, SALVA.
Mediodía. *Ruzo*. PERU.
Mediodía. *Serrano*. LETONA.
Mediodía. *Torres Bodet*. BAEZA.
Mediodía (Cromos). *Arciniegas*. GINCO.
El mediodía asciende. *Montemayor*. COHEN.
El mediodía descargó sus redes. *Bonifaz Nuño*. DEBI.
El mediodía en la calle. *Sabines*. DEBI, PADRON.
Mediodía en el campo. *Acosta*. CAILL.
Medioevales. *Jaimes Freyre*. BEDRE.
Medir y pesar las diferencias a este lado del canal. *Cisneros*. ORTEGA.
Meditación. *Frugoni*. CAILL.
Meditación. *Mar*. SALAS.
Meditación. *Saa*. CATO.
Meditación del plenilunio. *Bedregal*. BEDRE.
Meditación en el lago. *García Laviana*. VOLCAN.
Meditación en el umbral. *Castellanos*. FLORES.
Meditación en torno a lo pequeño. *Balsa Donatti*. ESCA.
Meditación frente al lago Titicaca. *Asturias*. CAILL.
Meditaciones sobre la poesía. *León*. CAILL.
Meditar. *Deniz*. ORTEGA.
Meditation at the Threshold. *Castellanos*. FLORES.
Meditation on the Lake. *García Laviana*. VOLCAN.
Mejor el fuego. *Lavín Cerda*. REYES.
Mejor sería. *Oribe*. CAILL.
Melancolía. *Darío*. CEAL, MODER.
Melancolía. *Lugones*. GINAR.
Melancolía. *Obligado*. GINAR.
Melancolía de las banderas. *Castro Saavedra*. ARBEL.
Melodía de arrabal. *Mendoza*. ALEGRI.
Melodía profunda. *Toro*. ARTE.
Memento mei. *Bayona Posada*. GINCO.
Memento por un ángel exterminador. *Tavira*. COHEN.
La memoria. *Dalton*. PADRON.
Memoria. *Ramos*. VOCES.

Memoria corporal (Frag.). *Meretta.* URPILA.
Memoria de Garcilaso el Inca. *Sologuren.* PADRON.
Memoria de la nada. *Silva.* CAILL, GINURU, LAGOS, VOCES.
Memoria de la transparencia. *Escudero.* CAILL.
Memoria de tus manos. *Beltrán Guerrero.* MEDINA.
Memoria del amor que no quiso nacer. *Ibáñez.* CAILL.
Memoria del náufrago. *Guzmán.* ESCA.
La memoria en casa. *Rivera.* ESCA.
La memoria es un odio. *Vallarino.* COHEN.
Memoria fiel. *Rivera-Avilés.* MARZAN.
Memoria para el año viento inconstante. *Martínez Rivas.* CARDE.
Memoria sea del fuego. *Reyes.* COHEN.
Memorial. *Paredes.* VOLCAN.
Memorial (Eng.). *Paredes.* VOLCAN.
Memorial a los tres reinos. *Moro.* LIBRO.
Memorial de la sangre. *Maples Arce.* DEBI, MONSI.
Memorias de la cárcel. *Iraheta Santos.* SALVA.
Memorias de Laire. *Nisttahuz.* QUIROS.
Memorias de un pájaro asustado. *Molina Venegas.* VILLE.
Memorias del sediento. *Jonquières.* CAILL.
Memories of Marriage. *Lihn.* TOPS
The Men of Dawn. *Huerta.* TOPS.
The Menace of the Flower. *Reyes.* TOPS.
Mendiga de tus ladrones. *Cabral.* RUANO.
El mendigo. *López Velarde.* MONSI.
El mendigo. *Silva.* CAILL.
Menos. *Brull.* CAILL.
Mensaje. *Flores Saavedra.* QUIROS.
Mensaje. *Jodorowsky.* MONDRA.
El mensaje. *Vega.* GINCHI.
Mensaje a la Metrópoli intacta. *Fombona Pachano.* MEDINA.
Mensaje secreto. *Molina.* VEIRA.
El mensajero. *Rodríguez Alcalá.* VALLE.
Mensajes de las estaciones. *Núñez.* MEDINA.
Menses. *Agosín.* VILLE.
Menta. *Cruchaga de Walker.* ARTE.
Menta. *Reynolds.* BEDRE, QUIROS.
Mentadas de madre. *Guevara.* ORTEGA.
Mercedes cae. *Hernández.* SALVA.
El mes de junio se extendió de repente. *Neruda.* SCARPA.
La mesa puesta. *Blanco.* COHEN.
Mester de clerecía. *Banchs.* FERNAN.
Mester de hechicería. *Futoransky.* BOCPA.
Mester de menesteres. *Cruchaga de Walker.* ARTE.
Metáfora increíble. *Gramcko.* LAGOS, VOCES.
Metajíbaro. *Lago González.* CATO.
Métale cabeza. *Carranza.* ABRIL.
Metamórfosis. *Arreola.* PAZ.
Las metamórfosis. *Gómez Correa.* CAILL, GINCHI.
Metamórfosis. *González Bastías.* GINCHI.
Metamórfosis. *Liscano.* PADRON.
Metamórfosis. *Valle.* CALA, SCARPA.
La metamórfosis de la evidencia (Frags.). *Ferrari.* LIBRO.
Metempsicosis. *Darío.* MODER.
Metempsicosis. *Molina.* CAILL.
El meteoro. *Gómez Correa.* CAILL.
Los métodos necesarios. *Calzadilla.* FIERRO.
A Mexican Crazy Jane (Span.). *Gutiérrez Vega.* PADRON.

México: Olimpiada de 1968. *Paz.* ORTEGA.
La mezcla. *Girondo.* CEAL.
Mi abuela. *Aramayo.* TORO.
Mi abuela. *Chirveches.* BEDRE.
Mi amada está tejiendo. *Barquero.* SCARPA.
Mi amigo. *Gordillo.* CARDE.
Mi amigo Benjamín Péret. *Cáceres.* BACIU.
Mi amigo el albañil, hombre alegre. *Franco.* CAILL.
Mi amigo el silencio. *González Martínez.* MODER.
Mi ángel. *Riestra.* SALAS.
Mi antigua soledad se está muriendo. *Jérez Valero.* ESCA.
Mi bandera. *Byrne.* CAILL.
Mi beso es muchedumbre. *Pla.* BOCPA.
Mi caballero. *Martí.* CAILL.
Mi casa. *Francis.* SALAS.
Mi casa. *Guerra Gutiérrez.* BEDRE.
Mi casa. *Pérez-So.* ESCA.
Mi casa me habla. *Trejo.* COHEN.
Mi caso. *Bustamante.* CEA, SALVA.
Mi chiquita. *Guillén.* CEAL.
Mi corazón entre sauces. *Santos.* SEGURA.
Mi corazón me recuerda. *Sabines.* ORTEGA.
Mi corazón nocturno. *Sabines.* DEBI.
Mi corazón que se lanzara. *Guerra.* QUIROS.
Mi corazón se amerita. *López Velarde.* BAEZA, CAILL, MONSI, PAZ.
Mi Darío. *Adán.* LIBRO.
Mi entierro. *Hernández d'Jesús.* ESCA.
Mi escuelita. *Schulze Arana.* QUIROS.
Mi estrofa. *López.* CATO.
Mi generación. *Rodríguez Herrero.* ZAID.
Mi gran frío. *Placencia.* MONSI.
Mi guerrilla. Proclamas. *Naranjo.* LAGOS, VOCES.
Mi hermana. *Storni.* GINAR.
Mi hermano mayor. *Aura.* COHEN.
Mi hija juega en el jardín. *Monvel.* GINCHI.
Mi infancia. *Marré.* ARAY.
Mi locura poseyendo tu ojo izquierdo. *Lorca.* VILLE.
Mi madre. *Díez de Medina.* BEDRE.
Mi mano en tu reino. *Arvide.* ZAID.
Mi mujer en primavera. *Aridjis.* PAZ.
Mi musa. *Echeverría.* CAILL.
Mi musa triste. *Agustini.* CEAL.
Mi odio. *Campos.* COHEN.
Mi origen y mi destino. *Durán Böger.* BEDRE.
Mi padre. *Ortega.* TORO.
Mi padre. *Tejeda de Tamez.* SALAS.
Mi padre ebrio. *Ovalles.* ESCA.
Mi padre el inmigrante (Frags.). *Gerbasi.* ROAL.
Mi país. *Ávila Jiménez.* QUIROS.
Mi país es tan pequeño. *Gutiérrez.* CARDE.
Mi parecido. *Crespo.* PADRON.
Mi patria es dulce. *Guillén.* CEAL.
Mi perro. *Orrillo.* TORO.
Mi perro y yo. *Cifuentes Sepúlveda.* ARTE.
Mi plinto. *Agustini.* CEAL.
Mi poesía. *Aristeguieta.* MEDINA.
Mi poesía. *Martí.* CEAL.
Mi poesía, la vida. *Benítez.* URPILA.
Mi pozo. *Larrahona Kästen.* URPILA.

Mi prima. *Sandino Hernández*. SONETO.
Mi prima Agueda. *López Velarde*. DEBI, JIMEN, MONSI, PAZ, TOPS.
Mi primer viaje en tren. *Quijada Urías*. SALVA.
Mi primo Chale. *Fernández*. CARDE.
Mi pueblo. *Castrillo*. QUIROS.
Mi pueblo. *Sienna*. CAILL.
Mi puerto. *Castrillo*. BEDRE.
Mi reyecillo. *Martí*. CAILL.
Mi sol. *Leguía y Martínez*. SONETO.
Mi tiempo. *Castrillo*. QUIROS.
Mi única patria es la noche. *Muñoz Astudillo*. URPILA.
Mi vaso. *Díez de Medina*. BEDRE.
Mi vela. *González*. CAILL, GINCHI.
Mi verso. *Prado*. SCARPA.
Mi verso y yo. *Niggemann*. CATO.
Mi vida es un recuerdo. *Arévalo Martínez*. CAILL.
Mi villa. *López Velarde*. CAILL.
Mi voz. *Cardona Torrico*. QUIROS.
Mía. *Darío*. MODER, TAPIA.
Mía. *Prendez Saldías*. BAEZA, GINCHI.
La mía Doña Ximena (Frags.). *Medinaceli*. QUIROS.
Micenas. *Volkow*. COHEN.
Micro-pila cementerio. *Cruchaga de Walker*. ARTE.
Midnight Dreams (Span.). *Silva*. CAILL, CEAL, MODER.
A Midsummer Night's Dream. *Shimose*. MARQUE.
El miedo. *Cerruto*. QUIROS.
Miedo. *Cruchaga de Walker*. SCARPA.
El miedo. *Pérez Maricevich*. DONOSO, VALLE.
Miedo. *Zambrano Colmenares*. ESCA.
El miedo de Don Juan. *Miró*. BAEZA.
La miel heredada. *Barquero*. SCARPA.
Mientras cae la lluvia. *Campero Echazú*. BEDRE.
Mientras contemplo a mi gata Billy. *Serrano*. CATO.
Mientras corren los grandes días. *Molina*. TOPS, VEIRA.
Mientras gira el tiempo. *Baeza Flores*. ARTE.
Mientras hacemos el amor. *Cea*. CEA.
Mientras me llevan esposado. *López Vallecillos*. CEA.
Mientras mi cuerpo. *Cazorla*. CATO.
Mientras miraba a un niño. *Lange*. GINAR.
Mientras miro tus huesos tomar brillo. *Yepes Boscán*. ESCA.
Mientras tomo una taza de café. *Oliva*. PAZ.
Mientras tú. *Reyna*. FLORES.
Mientras tú. *Toscano*. CAILL.
Mientras una tórtola canta. *O'Hara Gonzales*. BOCCA.
Miércoles de ceniza. *Brañas*. BAEZA.
Miércoles Santo. *Girondo*. CEAL.
Mil novecientos treinta. *Parra*. CALA, ORTEGA.
Milagro. *Lanzone*. URPILA.
Milagro. *Remón Villalba*. CATO.
El milagro de la lengua. *Tamayo*. CAILL.
Milagros. *Brito*. CORSSE.
Los milagros posibles. *Chase*. BOCCA.
Militancia. *Navarro Harris*. VILLE.
The Militant Angel. *Alomá*. TARN.
Los militares. *Jimenez*. LAGOS, VOCES.
The Milky Way. *Jamís*. TARN.
Millonarios. *Ibarbourou*. CAILL.
Milonga. *Girondo*. BACIU, CEAL.

Milonga de los morenos. *Borges*. MANSOU.
Mimbre y poesía. *Barquero*. ARTE, SCARPA.
Mimí. *Gutiérrez Nájera*. DEBI.
La mimosita. *Vicuña Cifuentes*. ROAL.
Mimú niña madre de teteras y gorditas. *Toro Montalvo*. TORO.
Minero. *Quiroga Vargas*. BEDRE.
Mineros. *Borda Leaño*. QUIROS.
Minerva define el mar. *Lezama Lima*. JIMEN.
Los minnesinger de l'eau qui fait pschitt. *Martínez Rivas*. CARDE.
Minucia. *Serrano*. MONDRA.
Mirábase las manos. *Paine*. CAILL, GINAR.
The Miraculous Ship. *Agustini*. TOPS.
Una mirada. *Marzialetti M. de Gaspari*. REYES, URPILA.
Mirada adentro. *Jonquières*. CAILL.
La mirada certera. *Margenat*. MARZAN.
Mirada de Brueghel. *Ruano*. RUANO.
La mirada desnuda. *Ledesma*. VILLOR.
Mirada interior. *Carrasco Peña*. URPILA.
Mirando a Velia. *González*. MONDRA.
Mirando fotos. *Cos Causse*. BOCCA.
Mirándola dormir (Frag.). *Aridjis*. PAZ.
Mirlo. *Grimal*. CORSSE.
Miro tus ojos. *Martínez Estrada*. FERNAN.
Mirrors. *Rubio Huidobro*. REYES.
Mis amores. *Agustini*. CAILL, GINURU, MODER.
Mis amores. *Casal*. MODER.
Mis ángeles. *Guzmán Cruchaga*. CALA.
Mis enlutadas. *Gutiérrez Nájera*. CAILL, DEBI, MODER, ROAL.
Mis favorables. *Pita Rodríguez*. ARAY.
Mis hermanos se fueron. *Campos*. MONDRA.
Mis ídolos. *Agustini*. CEAL.
Mis manos. *Recavarren*. PERU.
Mis manos ciertas veces. *Bertolé*. GINAR.
Mis ojos de observar. *Amor*. CAILL.
Mis recuerdos. *Blixen*. URPILA.
Mis siete días. *Vega*. VILLE.
Mis versos. *Martí*. CEAL, MODER.
Mis versos van revueltos. *Martí*. CAILL, CEAL.
Misa campestre. *Campero Echazú*. QUIROS.
La misa eterna. *Morales y Sánchez*. BEDRE.
Misa negra. *Tablada*. MONSI.
Miserere. *Gómez Rojas*. ARTE, GINCHI.
Miseria de las quintas. *Casaravilla Lemos*. GINURU.
La miseria del ojo. *Zondek*. CORSSE.
La miseria no es una palabra. *Molina*. COHEN.
La misión de un hombre que respira. *Memet*. ARTE.
El misionero. *Jaimes Freyre*. CAILL.
Misiva. *López Saavedra*. URPILA.
Miss Babian atendiendo en un bar de la costa . . . *Tellez*. BOCCA, VOLCAN.
Miss Babian Tending Bar on the Atlantic Coast. *Tellez*. VOLCAN.
Miss X. *Sabines*. PADRON.
Missa solemnis in la. *Pallais*. CARDE.
Mistela. *Rubio*. CAILL.
Mister Thomas. *Silva*. CARDE.
El misterio. *Avila Jiménez*. QUIROS.
Misterio. *Eielson*. LIBRO.
El misterio. *Fombona Pachano*. CAILL.
Misterio. *Paz*. TOPS.
El misterio. *Suiffet*. URPILA.

Misterio gozoso. *Castellanos*. MONSI.
Misterio y melancolía de una calle. *Bendezu*. LIBRO.
Misterio: ven. *Agustini*. CEAL.
Misterios gozosos. *Castellanos*. SALAS.
Misterium sacrum. *Contardo*. CAILL.
El mitayo. *González Prada*. CAILL.
Mito. *Barnet*. MANSOU.
Mito. *Hernández Aquino*. CAILL.
Mito amazónico. *Maia*. BOCPA.
Mitología (Frag.). *Mora*. TORO.
Mitológica. *Capriles*. QUIROS.
Modestia. *Serrano*. MONDRA.
Modo angélico. *Barbieri*. CAILL.
Modos de sombras. *Piaggio*. URPILA.
Modulor. *Tello*. ARBEL.
El molino de la estación. *Obligado*. VILLOR.
Molino de viento. *Pereira*. URPILA.
El molle. *Viscarra Monje*. BEDRE.
Momento. *Guzmán Cruchaga*. CAILL, GINCHI, SCARPA.
Momento. *Rega Molina*. CAILL, VILLOR.
El momento. *Vega de Alba*. URPILA.
Momento musical. *Novo*. DEBI, PAZ.
Momento musical. *Parra*. CAILL.
Momentos nocturnos. *Gaitán Durán*. ARBEL.
Momias. *Parra*. CEAL, TOPS.
Un monde. *Letona*. LETONA.
El mondo. *Valle*. DONOSO.
El mono. *Tablada*. PAZ.
Monodiálogo. *Carrillo*. ZAID.
El monólogo de Quevedo. *Padilla*. PADRON.
Monólogo de la extranjera. *Castellanos*. MONSI.
Monólogo de una exilada. *Prado*. LAGOS, VOCES.
Monólogo del despierto (Frag.). *Michelena*. PAZ.
Monólogo del viejo con la muerte. *Lihn*. CALA, SCARPA.
Monólogo del viudo. *Chumacero*. MONSI, ORTEGA, PAZ.
Un monólogo inconcluso. *Marquina*. CEA.
Monólogos del despierto. *Michelena*. SALAS.
Monopolio. *Calderón*. VILLE.
Monsieur Monod no sabe cantar. *Varela*. ORTEGA.
Monsieur Peret, lo leo. *Jamís*. ARAY.
La montaña. *Nervo*. CAILL.
La montaña. *Chaves*. PERU.
La montaña. *Granado*. QUIROS.
Montaña 11. *Martínez Salguero*. QUIROS.
La montaña rusa. *Parra*. JIMEN, TOPS.
La montaña viva. *Rospigliosi*. QUIROS.
Montaña y hombre. *Quintana*. BEDRE.
Las montañas. *Calzadilla*. ESCA.
Las montañas. *Sabines*. DEBI.
Montañas mías. *Mistral*. SCARPA.
Monterrey Sun. *Reyes*. TOPS.
Montgomery Clift. *Salzano*. BOCCA.
Monument to the Sea. *Huidobro*. DOORS.
Monumento al mar. *Huidobro*. ARTE, CAILL, CALA, DOORS, GINCHI, SCARPA.
Monumento al obrero desconocido. *Valjalo*. LETONA.
Morada. *Ledesma*. CAILL.
Morada al sur. *Arturo*. CAILL.
Morada en vigilia. *Rivera Rodas*. QUIROS.

Morada terrestre. *Carrera Andrade*. CAILL.
Las moradas, de Santa Teresa. *Larreta*. GINAR.
Mordámosle la mano. *Illescas*. MONDRA.
Mordaza. *Baroni de Barreneche*. URPILA.
Mordaza del paisaje. *Díaz Diocaretz*. VILLE.
Mordido de canallas. *Rokha*. SCARPA.
Morella. *Avila Jiménez*. QUIROS.
Morena. *Ribera Chevremont*. MORA.
Morena es la tristeza. *Ruiz*. URPILA.
Morena toro. *Romero*. RUANO.
Morgendammerungslied. *Vicuña*. ARTE.
Morir de amor. *Pereira*. URPILA.
Morir lleva un nombre. *García Maffla*. ABRIL.
Morir, morir. *Navia*. GINCHI.
Morirá la flor. *Perino*. URPILA.
Moriré . . . morirá. *Escobar Velado*. CEA, SALVA.
Los morochucos. *Bustamante y Ballivián*. CAILL.
Mortal. *Rojas*. ARTE.
Mortal Practice. *Zaid*. TOPS.
Mortandad cerca de los ángeles. *Schopf*. ARTE, QUEZA.
Una mosca anda cabeza abajo. *Juárroz*. DOORS.
La Mosquitia. *Gutiérrez*. CARDE.
Mother. *Flores*. MARQUE.
Mother. *Morejón*. TOPS.
Motivo. *Otero Reiche*. QUIROS.
Motivos de envidia mulata. *Colón Pellot*. MORA.
Motivos de son. *Guillén*. MORA.
Los motivos del lobo. *Darío*. CEAL, ROAL.
Movie of the Countryside. *Oquendo de Amat*. DOORS.
Movimiento. *Molina Venegas*. VILLE.
Movimiento. *Paz*. MONSI.
Movimiento perpetuo. *Hahn*. ARTE, PADRON.
Moviola. *Isern Setuain*. URPILA.
Mozart. *Mendoza Sagarzazu*. ESCA.
Mozas de cántaro. *Franco*. CAILL, GINAR.
La muchacha. *Diego*. ORTEGA.
La muchacha anarquista. *Vallarino*. GENERA.
Muchacha asistiendo a una conferencia. *Robleto*. CARDE.
Muchacha con sandía. *Montes de Oca*. DEBI.
La muchacha del camino. *Incháustegui Cabral*. CAILL.
Muchacha durmiendo. *Barrenechea*. CAILL.
La muchacha ebria. *Huerta*. DEBI, PAZ.
Una muchacha que soñaba. *Yllescas*. CARDE.
Las muchachas. *Cuadra*. CARDE.
Una muchachita en domingo. *Cisneros*. PADRON.
Muchachita negra. *Bosch*. ESCA.
Un muchacho que puede amar (Frag.). *Aura*. MONDRA.
Muchas veces nos encontramos. *Godoy*. ARTE.
Mucho ojo. *Isla*. COHEN.
Mud. *Lihn*. TOPS.
Mudanza. *García Prada*. TAPIA.
El mueble. *Cabral*. JIMEN, ROAL.
Los muebles. *Byrne*. CAILL.
El muecín. *Nervo*. DEBI.
Muelle. *Uriarte*. CARDE, VOLCAN.
Muere mi padre. *Gottberg*. ESCA.
Muerte. *Aguirre*. GINCO.
La muerte. *Botto Aparicio*. GINURU.
La muerte. *Cerruto*. QUIROS.

Muerte. *Cunha.* CAILL, GINURU.
La muerte. *Lavín Cerda.* ARTE.
Muerte. *Rega Molina.* CAILL.
Muerte cotidiana. *Alardín.* LAGOS, VOCES.
Muerte de amor. *González Martínez.* MONSI.
Muerte de cielo azul. *Ortiz de Montellano.* CAILL.
La muerte de la paloma. *Binvignat.* ARTE.
Muerte de la luna. *Jonquières.* CAILL.
La muerte de Matías Aldecoa. *Mutis.* DOORS.
La muerte de mi padre. *Cabrera.* GINURU.
Muerte de noche. *Cruchaga Santa María.* SCARPA.
Muerte de Perurimá, cuentero, enredado . . . *Romero.* RUANO.
La muerte de Somoza. *Mejía Sánchez.* CARDE, VOLCAN.
Muerte de un héroe en el hospital. *Escobar Velado.* SALVA.
Muerte de una abuela. *Martínez Matos.* ARAY.
Muerte del adolescente. *Granata.* CAILL, VILLOR.
La muerte del cartujo. *Ballivián.* BEDRE.
La muerte del fuego. *Shimose.* PADRON.
La muerte del genio. *Alfaro.* BEDRE.
La muerte del héroe. *Jaimes Freyre.* BEDRE, MODER.
La muerte del indio. *Romero.* CAILL.
Una muerte del Niño Jesús. *Cisneros.* PADRON.
La muerte del novillo. *Mejía.* ROAL.
La muerte duele. *Rosas Galicia.* COHEN.
Muerte en el frío. *Villaurrutia.* CAILL, PAZ.
Muerte en el ring. *Santa Cruz Gamarra.* MANSOU.
Muerte en mis raíces. *Forero.* ARBEL.
Muerte en Venecia. *Eguiluz.* CORSSE.
La muerte entreabierta. *Pereda.* GINURU.
La muerte entre los cerros. *Córdova Iturburu.* CAILL.
La muerte está sentada a los pies de mi cama. *Hahn.* ARTE, TOPS, WHITE.
La muerte gorda. *Galaz.* BOCPA.
La muerte interrumpe la rutina. *Turkeltaub.* REYES.
La muerte me espera . . . *Villarroel París.* ESCA.
Muerte natural (Frag.). *Pimentel.* BOCCA, RUANO, TORO.
La muerte otra. *Sosa.* VOLCAN.
La muerte permanece. *Cerruto.* BEDRE.
Muerte sin fin (Frags.). *Gorostiza.* CAILL, DEBI, JIMEN, MONSI, PAZ, ROAL, TOPS.
La muerte sobre el trébol. *Muñoz Lagos.* ARTE.
La muerte suya. *Cruchaga Santa María.* CAILL, CALA.
La muerte y el aguacero. *Llerena Blanco.* LETONA.
Muertes. *Córdova Iturburu.* CAILL.
Muertes. *Llinás.* BACIU.
Muertes del rey David. *Kozer.* PADRON.
El muerto en el mar. *Fernández Spencer.* CAILL.
El muerto en incendio. *Hahn.* ARTE.
Los muertos. *Eguren.* TOPS.
Muertos. *Silva.* CAILL, CEAL.
Muestra de arte rupestre. *Martos.* TORO.
Mujer 1. *Basualto.* CORSSE.
Mujer 5. *Basualto.* CORSSE.
Mujer 6. *Basualto.* CORSSE.
Mujer I. *Basualto.* CORSSE.
Mujer. *Berenguer.* VILLE.
La mujer. *Burgos.* ESCA.
Mujer. *Ibarbourou.* FLORES, LAGOS, TOPS, VOCES.
Una mujer. *Mistral.* TOPS.
La mujer adúltera. *Quezada.* QUEZA.

Una mujer amada. *Gómez.* BOCPA.
Mujer antigua. *Cruchaga Santa María.* CAILL, GINCHI.
Mujer brava que casó con Dios. *Cuza Malé.* BOCCA, LAGOS, VOCES.
Mujer cachikel. *Meneses.* VOLCAN.
Mujer de cierto orden. *Bignozzi.* BOCPA.
La mujer de cristal. *Herrera.* CAILL.
La mujer de la esquina. *Vega.* VILLE.
La mujer del cuadro. *Becerra.* PAZ.
La mujer del río Sumpul. *Alegría.* ALEGRI.
Mujer del tercer mundo. *Pérez.* LAGOS, VOCES.
Mujer en guardia. *Shimose.* LETONA.
La mujer es un mito. *Yáñez Cossio.* LAGOS, VOCES.
Una mujer fatal. *Cuza Malé.* TARN.
La mujer ideal. *Vicuña.* FLORES, LAGOS, VOCES.
Mujer inconveniente. *Nava.* LAGOS, MONDRA, VOCES.
Una mujer me llena de luz. *Mármol.* CAILL.
Mujer naturaleza. *Pardo García.* CAILL, GINCO.
Mujer negra. *Martán Góngora.* MANSOU.
Mujer negra. *Morejón.* FLORES, LAGOS, VOCES.
Mujer nuestra de cada día. *Díaz Diocaretz.* VILLE.
Mujer nueva. *Guillén.* CEAL, MORA, SENSE.
La mujer que adoptó un hijo. *Monvel.* ROAL.
La mujer que amaba. *Flores.* COHEN.
La mujer que conduce el coche. *Gallegos.* LAGOS, VOCES.
La mujer que no vimos. *Paz Castillo.* CAILL.
Mujer saliendo del armario. *Nogueras.* ARAY.
Mujer, sexo dolido (Frag.). *Sierra.* LAGOS, VOCES.
La mujer transparente. *Pellegrini.* BACIU.
Una mujer y un hombre. *Quirarte.* GENERA.
Mujeres. *Torri.* PAZ.
Mujeres. *Vicuña.* VILLE.
Mujeres nocturnas. *Keoseyán.* MONDRA.
Mulata. *Guillén.* CEAL, SENSE.
La mulata. *Muñoz del Monte.* MANSOU, MORA.
La mulata. *Vizcarrondo.* MORA.
Mulata-Antilla. *Palés Matos.* MANSOU, MORA, SENSE.
Múltiplo de luna. *Suárez.* QUIROS.
Multitudes. *Greve.* ARTE.
Multitudes en Santiago. *Délano.* VILLE.
Mummies. *Parra.* TOPS.
Mundo. *Pereda.* CAILL, GINURU.
El mundo de Cristina. *López Acuña.* COHEN.
Mundo de mi cuerpo. *Wagner.* TAPIA.
El mundo es verde. *Méndez Camacho.* ABRIL.
El mundo ilustrado. *Moro.* BACIU, LIBRO, ORTEGA.
Mundo indígena (last verse only). *Leiva.* BAEZA.
Un mundo tuyo y mío. *Zambelli.* ARTE.
Muñeca limeña (last verse only). *Cisneros.* BAEZA.
El muñeco. *Lindo.* SALVA.
Mural. *Rodríguez Nietzche.* MARZAN.
Mural (Eng.). *Rodríguez Nietzche.* MARZAN.
La muralla. *Guillén.* JIMEN.
Muralla por caerse. *Rubio.* SCARPA.
Murano ya mi mente, hoja delgada. *Sinán.* CAILL.
El murciélago. *Rubio Muñoz.* TAPIA.
Los murciélagos. *González de León.* MONSI.
Murga de media noche. *González Martínez.* DEBI.
Murió el pregón mulato. *Rosa-Nieves.* MORA.
Murió la cholita ufana. *Xammar.* PERU.

Murmurando en inquietud, cruzo. *Vallejo*. CEAL.
Muro invisible. *Insausti*. MEDINA.
Murumacas. *Escobar*. TARN.
La musa. *Agustini*. MODER.
La musa. *González*. ZAID.
Musa en extinción. *Tomás*. LAGOS, VOCES.
Musa traviesa. *Martí*. CEAL, MODER.
La musa vesánica (Frags.). *Camarlinghi*. BEDRE.
Museo. *Sologuren*. LIBRO.
Museo: por fuera lo cambiante, por dentro evasión. *Girri*. VEIRA.
Música. *Torres Bodet*. DEBI.
Música contra la tormenta. *Labastida*. PAZ.
Música de cámara. *Blanco*. MONDRA.
Música de cámara y al aire libre. *Greiff*. JIMEN.
La música de Glenn Miller. *Valle*. MARZAN.
Música de la noche. *Wiesse*. PERU.
Música de su voz. *Mar*. SALAS.
Música fúnebre. *Díaz Mirón*. DEBI.
Música inaudita. *Liscano*. CAILL.
Musicalia. *Ojara Agreda*. BEDRE.
Mussolini acaba con el sistema capitalista. *Oliva*. MONDRA.
Mutación. *Calviño Citro*. URPILA.
Mutación. *Martínez*. BOCPA.
Mutaciones. *Pita Rodríguez*. ARAY.
Mutatis mutandis. *Pérez*. BOCCA.
Muy dulce. *Moltedo*. ARTE.
My Country. *Torres Bodet*. TOPS.
My Cousin Agueda. *López Velarde*. TOPS.
My Last Name. *Guillén*. TOPS.
My Parents, Know It Well. *Belli*. TOPS.
Mysterium sacro. *Contardo*. GINCHI.
Mystery. *Paz*. TOPS.
The Mythical Founding of Buenos Aires. *Borges*. TOPS.

Nace la noche. *Petit de Murat*. VILLOR.
Nace mi voz. *Licón*. SALAS.
Nacer hombre. *Zamudio*. BEDRE, FLORES.
Nacimiento. *Neruda*. SCARPA.
El nacimiento del sol. *Cuadra*. JIMEN, ROAL, TOPS.
Nacimiento de Eggo. *Fernández*. TARN.
Nacimiento de Eva. *Zaid*. PAZ.
Nacimiento de la columna dórica. *Díez de Medina*. BEDRE.
Nacimiento de la fe. *García Marruz*. CAILL.
Nacimiento de La Habana. *Lezama Lima*. CAILL.
Nacimiento de Venus. *Rivero*. CATO.
Nacimiento de Venus. *Zaid*. DEBI. PAZ.
La nada. *Palacios*. URPILA.
Nada. *Pezoa Véliz*. ARTE, CAILL, ROAL
Nada. *Yañez*. COHEN.
Nada altera el desastre. *Pacheco*. PAZ.
Nada como verte correr. *González Vigil*. TORO.
Nada de tus prestigios santos. *Cross*. MONDRA.
Nada invada nada. *Cerruto*. QUIROS.
Nada más. *García Calderón*. BAEZA.
Nada más. *Oyarzún*. BOCPA.
Nada más contigo. *Aura*. MONDRA.
Nada nos pertenece. *Carrera Andrade*. CAILL.
Nada podrá la soledad. *Magallanes*. ESCA.

Nada que ver en la mirada. *Lihn*. REYES.
Nada sabe decir. *Castro*. SALAS.
El nadador. *Casas Araujo*. GINURU.
Nadie. *Guillén*. CEAL.
Nadie. *Millán*. ARTE, WHITE.
Nadie. *Vilariño*. ORTEGA.
Nadie ama. *Sáenz*. QUIROS.
Nadie ama a nadie. *Vicuña*. VILLE.
Nadie ha dicho. *Hernández*. VILLE.
¡Nadie hable de la muerte! *Zepeda*. MONDRA.
Nadie puede impedir que estas maderas. *Guedez*. ESCA.
Nadie sabe lo que yo hablo. *Maquieira*. WHITE.
Nadie supo de mí. *Zimbaldo*. URPILA.
Las nalgas. *Castillo*. GENERA, ZAID.
Ñam-ñam. *Palés Matos*. MORA, SENSE.
The Name: Family Elegy. *Guillén*. DOORS.
Nana del desierto. *Tejeda*. ARTE.
Ñáñigo al cielo. *Palés Matos*. CAILL, SENSE.
La naranja. *Valle*. ARTE.
Naranjita. *Martos*. TORO.
Narciso. *Corssen*. CORSSE.
Narciso. *Eguiluz*. CORSSE.
Narciso. *Keoseyán*. COHEN.
Narciso. *Verdie*. GINURU.
Narciso al Leteo. *Adán*. CAILL.
Narciso ciego. *Ibáñez*. CAILL.
Narciso ciego. *Romualdo*. LIBRO.
Narciso estéril. *Ibáñez*. CAILL.
Narciso heroico. *Ibáñez*. CAILL.
Nardo. *Gaztelú Gorriti*. CATO.
Native Stone. *Paz*. TOPS.
Natividad del mar. *Silva Ossa*. ARTE, BOCPA.
Naturaleza. *Abril*. LIBRO.
La naturaleza. *Rivas Groot*. GINCO.
Naturaleza del suelo en la R.F. de Alemania. *Menén Desleal*. CEA.
Naturaleza muerta en amarillo. *Mendía*. ARBEL.
Naturaleza muerta en Innsbrucker Strasse. *Cisneros*. RUANO.
Naturaleza muerta flor. *Pasos*. SONETO.
Naturaleza viva. *Huidobro*. CALA.
Naturalezas muertas. *Lisboa*. GINCHI.
Naufragio. *Novo*. PAZ.
Naufragio. *Schwartz*. ZAID.
Nausicaa. *Hinostroza*. TORO.
Navidad. *Campero Echazú*. QUIROS.
Navidad. *Pérez*. QUEZA.
Navidad del ausente. *Salazar Bondy*. CAILL.
Naxos. *Cross*. SALAS.
NDE. *Tavira*. COHEN.
Necesitaría un solo verso para tí. *Mansour*. MONDRA.
Necias amapolas. *Maldonado*. MONDRA.
El néctar de Apam. *González Martínez*. DEBI, TOPS.
The Nectar of Apam. *González Martínez*. TOPS.
Negación en el valle. *Giannuzzi*. VILLOR.
Negativo. *Hernández*. COHEN.
La negra. *Lloréns Torres*. MANSOU, MORA, SENSE.
La negra Cora. *Llanos Allende*. MORA.
La negra Dominga. *Darío*. MANSOU, SENSE.
La negra fiesta de la creación. *Fugellie*. CORSSE.
La negra Macomba. *López López*. MORA.

La negra María Teresa. *Salazar Valdés*. MANSOU.
La negra muele su grano. *Ribera Chevremont*. MORA, SENSE.
La negra que me crió. *Palés Matos*. MORA.
La negra y el calmante. *Madariaga*. TAPIA.
Negra, no me importa. *Reyes*. MANSOU.
La negrita de la costa. *Carrasquillo*. MORA.
El negro. *Cuadra*. MANSOU, SENSE.
El negro. *Lloréns Torres*. MORA.
Negro Bembón. *Guillén*. CEAL, SENSE.
Un negro canta en Nueva York. *Guillén*. MORA.
El negro José. *Daubón*. MORA.
El negro mar. *Guillén*. MORA.
El negro Pasamajá (Frags.). *Camín*. SENSE.
Negro ripiera. *Tallet*. MORA.
Negro siempre. *Cabral*. MANSOU.
Negro sin nada en tu casa. *Cabral*. BAEZA, JIMEN, MORA, ROAL, SENSE.
Negro sin risa. *Cabral*. SENSE.
Negro sin zapatos. *Cabral*. SENSE.
Negro soy. *Artel*. MANSOU, SENSE.
El negro tumba los cocos. *Ribera Chevremont*. MORA, SENSE.
Los negros. *Agostini de del Río*. MORA.
Negrura. *Segovia*. PAZ.
Neither This nor That. *Palés Matos*. MARZAN.
Neurastenia. *Herrera y Reissig*. MODER.
Neurosis. *Casal*. MODER.
Never Ever. *Novo*. MONSI.
Never More. (Span.). *Henriquez*. CAILL.
The New Life. *Zurita*. WHITE.
New Poetics. *Oraá*. TARN.
New York. *Korsi*. CAILL.
New York. *Oquendo de Amat*. LIBRO.
Newscast. *Turkeltaub*. REYES.
Newspaper Item. *Rivero*. TARN.
Ni lloro trágico. *Tamayo*. QUIROS.
Nicaragua. Metros. *Blanco*. VOCES.
Nicaraguan Triptych. *Darío*. TOPS.
Nicodemus Speaking. *Vitier*. TARN.
El nido. *Espino*. CEA.
El nido. *Ibarbourou*. CAILL, GINURU.
El nido. *Silva Valdés*. BAEZA, GINURU.
El nido ausente. *Lugones*. MODER, ROAL.
Nido de ametralladoras. *Otero Reiche*. BEDRE.
La niebla. *Florit*. CATO.
La niebla. *Xammar*. CAILL.
Niégate, si esto quieres. *Aymará*. ESCA.
Nieve. *Lavín Cerda*. QUEZA.
Nieve de noche. *Teillier*. CAILL.
Nieve en Hamburgo. *Vallarino*. MONDRA.
Nieves. *Gelman*. ORTEGA.
Las nieves de antaño. *Vitier*. ARAY.
Nieves de Josephine Baker. *Cruchaga de Walker*. ARTE.
Nieves del Aconcagua. *Zurita*. WHITE.
Las nieves perpetuas. *Lameda*. MEDINA.
Night. *Palomares*. DOORS.
The Night Has Twenty-Four Hours. *Pietri*. MARZAN.
Night Watch. *Molina*. MARQUE.
Nihil. *Valencia*. MODER.
Nihil novum. *Coronel Urtecho*. JIMEN, ROAL.

Nihilismo. *Casal*. CAILL.
Niña. *Paz*. CAILL.
Niña antigua. *Byrne*. ARTE.
Niña de cara morena. *Prendez Saldías*. ROAL.
Niña de encabritado corazón. *Marechal*. FERNAN.
La niña de la calavera. *León*. MEDINA.
La niña de la garza. *Eguren*. CAILL.
La niña de la lámpara azul. *Eguren*. MODER, ROAL.
Niña de las campanas. *Ortiz Saralegui*. CAILL.
La niña de los jardines. *Carranza*. CAILL, GINCO.
Niña de Panamá. *Carrera Andrade*. MANSOU, SENSE.
La niña del arpa. *Barrenechea*. BAEZA.
Niña del asombro. *Ortiz Saralegui*. CAILL.
Niña del silencio. *Ortiz Saralegui*. CAILL, GINURU.
La niña del sístole inconforme. *Medinaceli*. QUIROS.
La niña que se fué a ver el mar. *Meza Fuentes*. GINCHI.
La niña y el arpa. *Avila Jiménez*. QUIROS.
Las niñas de luz. *Eguren*. TOPS.
Unos niños. *Nazoa*. MEDINA.
Niñez. *Uribe Arce*. ARTE.
La ninfa blanca. *Gandolfo*. GINURU.
Ningún lugar está aquí o está ahí. *Hahn*. PADRON.
Ninguna palabra te hace justicia. *Fernández Retamar*. FIERRO.
Niño. *Huidobro*. ARTE, SCARPA.
Niño. *Lars*. CAILL.
Niño campesino. *Otero Silva*. BAEZA.
Niño ciego. *Cruchaga de Walker*. SCARPA.
Niño convaleciente. *Foppa*. SALAS.
El niño de agua. *Caputi*. GINURU.
El niño de la montaña. *Florit*. CAILL.
El niño jinete. *Navarro*. ARAY.
El niño que cantaba. *Fernández Spencer*. CAILL.
El niño se sentó sobre un brasero. *Navarro*. BOCCA.
El niño solo. *Mistral*. SONETO.
El niño y el farol. *Ribera Chevremont*. JIMEN, MARZAN.
El niño y la estrella. *Arciniegas*. GINCO.
El niño y la luna. *Brull*. CAILL, JIMEN.
Los niños. *Gerbasi*. ORTEGA.
Los niños. *Rojas*. PADRON.
Niños. *Torres Bodet*. DEBI.
Niños desnudos. *Kavlin*. BEDRE.
Nirvana crepuscular. *Herrera y Reissig*. MODER.
Los no. *Kamenszain*. ORTEGA.
No. *Martínez Rivas*. CARDE.
No aquél que goza, frágil y ligero. *Cuesta*. MONSI.
No busquen una patria. *Morales*. BOCCA.
No des tu tierra al extraño. *Dávila*. CAILL.
No digas. *Morales*. MONDRA.
No en vano. *Aura*. MONDRA.
No entiendo nada. *Lhaya*. MEDINA.
No entregaremos la noche. *Rojas*. WHITE.
No era ilusión. *Lindo*. CAILL.
No era necesario. *Ortiz*. VILLOR.
No es deserción. *Lindo*. CEA.
No es el acero. *González*. MONDRA.
No es el verano. *Letona*. LETONA.
No es nada de tu cuerpo. *Sabines*. PADRON.
No es necesario recordar. *Aray*. ESCA.
No es posible. *Llerena Blanco*. LETONA.

No es sólo. *Garzón Céspedes*. BOCCA.
No es válida esta sombra. *Westphalen*. LIBRO.
No escribas con el corazón. *Menén Desleal*. CEA.
No ése sólo. *Garzón Céspedes*. ARAY.
No está en ninguna parte. *Oliva*. PAZ.
No estar. *Varela*. LIBRO.
No fué un poeta del porvenir. *Padilla*. ORTEGA.
No gimas . . . *Díaz de Tonna*. URPILA.
No Greater Pain beneath the Trees. *España*. WHITE.
No ha sido el ruido de la noche. *Becerra*. ORTEGA.
No haber nacido jamás. *Bedregal García*. QUIROS.
No hables mierda. *Jamís*. TARN.
No hace mucho estaba en un parque público. *Quezada*. QUEZA.
No han podido. *Valladares*. CATO.
No hay enemigo eterno. *Rojas*. QUEZA.
No hay invierno. *Cabrera*. COSTA.
No hay los buenos ni los malos poetas. *Jodorowsky*. BOCPA.
No hay más dolor bajo los árboles. *España*. WHITE.
No hay nada en la ciudad. *MacField*. CARDE.
No hay nadie. *Vilariño*. FLORES.
No hay olvido. *Neruda*. ARTE, CAILL, CALA.
No hay paraíso sin animales. *Blanco*. MONDRA.
No hay razón. *Peña Gutiérrez*. ABRIL.
No hay regreso. *Juárroz*. PADRON.
No hay respuestas. *Martell*. CATO.
No hay salida. *Aura*. MONDRA.
No hay tregua. *Aymará*. ESCA.
No he vuelto a Carahue (Frags.). *García Díaz*. ARTE.
No juzguéis. *Agosín*. VILLE.
No la amante. *Ortiz de Montellano*. CAILL.
No las ruinas sino el baldío sentimiento. *Flores*. COHEN.
No lloréis más, delfines de la fuente. *Ballagas*. CAILL.
No llores. *Zarrilli*. GINURU.
No me condenes. *López Velarde*. DEBI, MONSI.
No me encasillen. *Castellanos de Ríos*. BEDRE.
No me hables de la muerte. *Silva*. ESCA.
No me invento un corazón. *Silva Sangines*. BEDRE.
No me mires así. *Lerena Acevedo*. GINURU.
No me muevo. *Crespo*. PADRON.
No me pidas. *Vitier*. ARAY.
No me relaciono. *Jodorowsky*. FLORES.
No, música tenaz. *Martí*. CEAL.
No, no dudes. *Gómez*. CAILL, GINAR.
No nos movamos. *Crespo*. PADRON.
No one. *Millán*. WHITE.
No One Knows what I'm Talking About. *Maquieira*. WHITE.
No podemos detenernos. *García*. CARDE.
No podría contar la historia. *Hoeffler*. WHITE.
No prevalecerá la limosnera. *Bonifaz Nuño*. PAZ.
No pudo la muerte vencerme. *Gaitán Durán*. ARBEL.
No puedo. *Ibáñez*. JIMEN, ROAL, TOPS.
No puedo esperar porque he abandonado tu tiempo. *Torres*. BEDRE.
No puedo hablar de él. *López*. TARN.
No quiero. *Peña Gutiérrez*. ABRIL.
No quiero hincharme con palabras. *Sánchez Peláez*. ESCA.
No quiero que el tiempo. *Marzialetti M. de Gaspari*. URPILA.
No quiero que mi verso cante. *Fernández Spencer*. CAILL.
No sabe el trapecista. *Alliende Luco*. ARTE.

No se mueve mi corazón sin tu justa armonía. *Maeso Tognochi*. GINURU.
No sé por qué piensas tú . . . *Guillén*. CAILL, CEAL, JIMEN.
No se puede decir que el sol es bello. *Acosta Bello*. ESCA.
No ser el que soy sino el que quiero. *Bedregal*. BEDRE.
No será siempre así. *Nadereau*. ARAY.
No Sign of Life. *Teillier*. TOPS.
No son los graves muertos. *De Sola*. MEDINA.
No son mis ojos. *Sansón*. CARDE.
No soy como quisiera. *Ferrer de Arrellaga*. LAGOS, VOCES.
No soy el mismo. *Díaz Casanueva*. SCARPA.
No soy el mismo. *Jaimes Freyre*. BEDRE.
No soy facineroso. *Illescas*. MONDRA.
No soy una pancarta. *Sandoval*. MONDRA.
No te fíes. *Monsalvo*. ZAID.
No te has fijado. *Westphalen*. LIBRO.
No tiene importancia. *Obligado*. BAEZA.
No todo. *García Maffla*. ABRIL.
No todos los seres que pasan se alejan. *Sassone*. ESCA.
No tus cenizas. *Saa*. CATO.
No valía la pena. *Monje Landívar*. QUIROS.
No volverá el pasado. *Coronel Urtecho*. VOLCAN.
No volveré la mirada. *Cárdenas*. SALAS.
The Nobel Prize. *Parra*. REYES.
Noble abolengo. *Rosa-Nieves*. MORA.
Nobleza. *Díez de Medina*. BEDRE.
La noche. *Cardenal*. PADRON.
La noche. *Cerruto*. QUIROS.
Noche. *Charlo Niche*. URPILA.
Noche. *Cross*. SALAS.
La nochc. *Eguiluz*. CORSSE.
La noche. *Ferrer*. ESCA.
La noche. *Herrera y Reissig*. GINURU, ROAL.
Noche. *Huertas Olivera*. URPILA.
Noche. *Huidobro*. CAILL, JIMEN.
La noche. *Jaimes Freyre*. QUIROS.
Noche. *Molina Venegas*. CORSSE.
Noche. *Morales*. CARDE.
La noche. *Ojeda*. TORO.
El noche. *Palomares*. DOORS.
Noche. *Romero*. VALLE.
La noche. *Sáenz*. ORTEGA.
Noche I. *Eguren*. CAILL.
Noche ceñida. *Gallinal Hebert*. GINURU.
La noche cíclica. *Borges*. JIMEN.
La noche circula entre mis pasos. *Venegas Filardo*. MEDINA.
Noche de hospital. *Izquierdo*. ARTE.
Noche de la materia. *Silva-Santisteban*. TORO.
Noche de lluvia. *Ibarbourou*. BAEZA, CAILL, GINURU, TOPS.
Noche de luna. *Zaid*. PAZ.
Noche de pavor. *Castrillo*. QUIROS.
Noche de pueblo. *López*. CAILL.
La noche de San Pedro. *Corretjer*. MORA.
Noche de verano. *Paz*. CAILL.
La noche del suicida. *Chumacero*. CAILL, MONSI.
La noche diurna. *Escobar Galindo*. URPILA.
Noche en claro. *Paz*. MONSI.
Noche en la Puerta del Sol. *Sander*. GINCHI.
La noche es una amante. *Leiva*. CAILL.
La noche es una mujer desconocida. *Cuadra*. JIMEN, ROAL.

Noche insular: jardines invisibles. *Lezama Lima.* ORTEGA.
Noche, lago de fuego. *Keoseyán.* COHEN.
La noche larga. *Peña Barrenechea.* PERU.
Noche mortal y combatiente. *Bonifaz Nuño.* PAZ.
La noche nuestra interminable. *Pacheco.* PADRON.
Noche oscura del ojo. *Hahn.* ORTEGA.
La noche se hunde sordamente. *Basualto.* VILLE.
Noche tercera. *Arancibia Herrera.* BEDRE.
La noche tiene veinticuatro horas. *Pietri.* MARZAN.
Noche tierra. *Grimal.* CORSSE.
La noche todavía no se ha ido. *Fabani.* CAILL.
La noche y sus andrajos. *Nieto.* CAILL.
Nochebuena. *Durán Böger.* QUIROS.
Nochebuena en América. *Asturias.* CAILL.
Nochebuena romántica. *Castillo.* GINCO.
Noctancia. *Avila.* BOCCA.
Nocturna elegía. *Bonells Rovira.* ABRIL.
Nocturna rosa. *Villaurrutia.* CAILL, MONSI, PAZ, ROAL.
Nocturne. *Darío.* TOPS
Nocturne. *Villaurrutia.* TOPS.
Nocturne for Freedom. *Canales.* VOLCAN.
Nocturne of the Statue. *Villaurrutia.* TOPS.
Nocturno. *Agustini.* CAILL, CEAL, GINURU.
Nocturno. *Amighetti.* SEGURA.
Nocturno. *Arbeláez.* GINCO.
Nocturno. *Binvignat.* GINCHI.
Nocturno. *Córdova Iturburu.* CAILL.
Nocturno. *Darío.* BAEZA, CAILL, MODER.
Nocturno. *Darío.* CAILL.
Nocturno. *Eguren.* MODER.
Nocturno. *Escalante.* COHEN
Nocturno. *Florit.* CAILL.
Nocturno. *Foppa.* SALAS.
Nocturno. *Gaztelú Gorriti.* CAILL.
Nocturno. *Guerra.* BEDRE, QUIROS.
Nocturno. *Henriquez.* CAILL.
Nocturno. *Huerta.* COHEN
Nocturno. *Huerta.* COHEN.
Nocturno. *Lisboa.* SCARPA.
Nocturno. *Mármol.* ESCA.
Nocturno. *Mistral.* ARTE, CAILL, GINCHI, SCARPA.
Nocturno. *Molina.* URPILA.
Nocturno. *Parra.* CAILL, GINCHI.
Nocturno. *Parra.* CAILL.
Nocturno. *Pellicer.* JIMEN, ROAL.
Nocturno. *Planchart.* CAILL.
Nocturno. *Rojas.* SONETO.
Nocturno. *Rospigliosi.* BEDRE.
Nocturno. *Torres Bodet.* MONSI.
Nocturno. *Vallarino.* MONDRA.
Nocturno. *Vilela.* QUIROS.
Nocturno. *Villaurrutia.* MONSI, TOPS.
Nocturno 1. *Girondo.* CEAL.
Nocturno 1. *Ulloa Zamora.* SEGURA.
Nocturno 4. *Girondo.* FERNAN.
Nocturno 27. *Lair.* CAILL.
Nocturno a Job. *Capdevila.* CAILL, GINAR.
Nocturno al lado de mi hijo. *Montejo.* ESCA.

Nocturno alterno. *Tablada.* JIMEN, MONSI, PAZ.
Nocturno amor. *Villaurrutia.* JIMEN, MONSI, PAZ, ROAL.
Nocturno cuerpo. *Nandino.* PAZ.
Nocturno de la alcoba. *Villaurrutia.* DEBI.
Nocturno de la consumación. *Mistral.* GINCHI.
Nocturno de la derrota. *Mistral.* GINCHI.
Nocturno de la estatua. *Villaurrutia* DEBI, JIMEN, MONSI, PAZ.
Nocturno de la gota de agua. *González Lanuza.* CAILL, GINAR.
Nocturno de la sabiduría. *Capdevila.* ROAL.
Nocturno de la estatua. *Villaurrutia.* TOPS.
Nocturno de lágrimas. *Bedregal.* BAEZA.
Nocturno de los ángeles. *Villaurrutia.* MONSI.
Nocturno de Los Angeles. *Villaurrutia.* TOPS.
Nocturno de Moscú (Frag.). *Hernández.* BOCCA.
Nocturno de Santiago. *Bendezu.* LIBRO.
Nocturno del adiós. *Umaña Bernal.* CAILL, GINCO.
El nocturno del alba. *Maya.* CAILL, GINCO.
Nocturno del Mississippi. *Huerta.* MANSOU, SENSE.
Nocturno del pecado. *Ferrer.* CAILL.
Nocturno difunto. *Nandino.* PAZ.
Nocturno en Dios. *Bedregal.* QUIROS.
Nocturno en Patzcuaro. *Cotto.* CEA.
Nocturno en que habla la muerte. *Villaurrutia.* DEBI, MONSI.
Nocturno en que nada se oye. *Villaurrutia.* CAILL, JIMEN, MONSI, PAZ.
Nocturno eterno. *Villaurrutia* DEBI, MONSI, PAZ.
Nocturno II. *Florit.* JIMEN.
Nocturno II. *Girondo.* CEAL.
Nocturno IV. *Liscano.* CAILL.
Nocturno lejanía. *Charry Lara.* CAILL.
Nocturno llanto. *Nandino.* MONSI.
Nocturno mar. *Villaurrutia.* CAILL, MONSI, PAZ
Nocturno muerto. *Villaurrutia.* JIMEN, PAZ, ROAL, SONETO.
Nocturno murmullo. *Martínez.* COHEN.
Nocturno número 1. *Chocano.* PERU.
Nocturno número 3. *Méndez.* CAILL.
Nocturno número 4. *Méndez.* CAILL.
Nocturno número seis. *Parra del Riego.* BAEZA, PERU.
Nocturno por la libertad. *Canales.* VOLCAN.
Nocturno preso. *Villaurrutia.* DEBI.
Nocturno rosa. *Villaurrutia.* JIMEN, ROAL.
Nocturno sueño. *Villaurrutia.* PAZ.
Nocturno terrenal. *Eielson.* LIBRO.
Nocturno voluntario. *Isla.* COHEN.
Nocturno y elegía. *Ballagas.* CAILL, JIMEN.
Nocturnos I. *Silva.* CAILL, GINCO, TAPIA.
Nocturnos II. *Silva.* GINCO.
Nocturnos III. *Silva.* CEAL, GINCO, MODER.
Nodriza. *Arturo.* ORTEGA.
Los nombres inventados. *Magallanes.* ESCA.
Nombres negros en el son. *Ballagas.* MORA, SENSE.
Nómina de huesos. *Vallejo.* CEAL, PERU.
Non omnis moriar. *Gutiérrez Nájera.* CAILL, MODER.
Non-Missing Fox Terrier Does Not Reappear. *Martínez.* WHITE.
Noon. *García Marruz.* TARN.
Norma. *Santos.* CARDE.
Norma. *Alvarez de Lugo.* SONETO.
Norte. *Flores Saavedra.* QUIROS.
North Carolina Blues. *Villaurrutia.* MANSOU.
Nos buscamos en los ojos. *Ureta.* CAILL.

Nos están matando. *Cabrera.* COSTA.
Nos mostraron los pies del Cristo Bizantino. *Arteche.* CALA.
Nos quedó más sangre. *Cabrera.* COSTA.
Nos sentaremos en el mismo banco. *Ureta.* BAEZA.
Nosce te ipsum. *Calderón.* VILLE.
Nosotros. *Cabrera.* COSTA.
Nosotros. *Cross.* SALAS.
Nosotros los innombrables. *Romero.* VALLE.
Nosotros somos fantasmas. *Casal.* URPILA.
Nostalgia. *Chocano.* CAILL, MODER, PERU.
Nostalgia. *Llerena Blanco.* CATO.
Nostalgia. *Macías.* MONDRA.
Nostalgia. *Ortiz Sanz.* QUIROS.
Nostalgia. *Remón Villalba.* CATO.
Nostalgia. *Villar Buceta.* SONETO.
Nostalgia de la caverna. *Adoum.* PADRON.
Nostalgia de la noche. *Holguín.* GINCO.
Nostalgia de lo infinito. *Bendezu.* LIBRO.
La nostalgia tiene la forma de un tren. *Quezada.* BOCCA.
Nostalgias. *Casal.* MODER.
Nostálgicas mansiones. *Cid.* BACIU.
Nota a una señora que me acusa de inmoral. *Menén Desleal.* CEA.
Nota cultural. *Salado.* BOCCA.
Nota en una tarjeta de Navidad. *Arellano.* CARDE.
Una nota estridente. *Lihn.* ORTEGA
Nota roja. *Gutiérrez Vega.* PADRON.
Nota sobre la lección de la antipoesía. *Parra.* REYES.
Nota social. *Martínez Rivas.* CARDE.
Notas del alma indígena. *Chocano.* MODER.
Notas históricas con un retrato de Ligia. *Oliva.* MONDRA.
Notas para un horóscopo. *Isla.* COHEN.
Notas sin música. *Velázquez.* ZAID.
A Note about the Reading of Antipoetry. *Parra.* REYES.
Notes. *España.* WHITE.
Nothing but Death. *Neruda.* DOORS.
Nothing to See at a Glance. *Lihn.* REYES.
The Notice. *Vitier.* DOORS.
Noticia. *Luque Muñoz.* ABRIL.
La Noticia. *Vitier.* ARAY, DOORS.
Noticiario 1957. *Parra.* CEAL.
Novenas. *Vásquez.* CORSSE.
Noviembre. *Molla.* URPILA.
Now You Hang Like a Broken Necklace. *Lavín Cerda.* REYES.
Nox. *Urquiza.* CAILL.
La nube. *Díaz Mirón.* DEBI.
La nube. *Vitureira.* GINURU.
Nube pública. *Cáceres.* BACIU.
Las nubes. *Bernárdez.* CAILL.
Las nubes. *Navarro.* BOCPA.
Nubes. *Paz.* CAILL.
Nubes 11. *Martínez Salguero.* QUIROS.
Nubes y vientos. *Zamudio.* BEDRE.
Nudo borromeo. *Hinostroza.* RUANO.
Los nudos de la estirpe. *Querales.* ESCA.
Nuestra herencia. *Cobo Borda.* PADRON.
Nuestras horas. *Casal.* CAILL.
Nuestras vidas son los ríos. *Urbina.* CAILL.
Nuestras vidas son péndulos. *López Velarde.* MONSI.

Nuestro amor. *Villaurrutia.* TOPS.
Nuestro oficio. *Valera Mora.* ESCA.
Nuestros nombres. *Gómez.* ROAL.
La nueva aurora. *Bula Piriz.* GINURU.
Nueva canción de la vida profunda. *Barba Jacob.* CAILL.
Una nueva cerámica india. *Cuadra.* ORTEGA
Nueva poética. *Oraá.* TARN.
Nuevas admoniciones. *Oviero.* DONOSO.
Los nueve monstruos. *Vallejo.* CAILL, CEAL, MOLINA.
Nuevo día. *Alardín.* SALAS.
El nuevo Narciso. *González Martínez.* MONSI.
Nuevo octubre. *Ibargoyen Islas.* MONDRA.
El nuevo sacrificio. *Verdesoto de Romo.* LAGOS, VOCES.
El nuevo testamento. *Madariaga.* ORTEGA.
El nuevo viaje. *Heraud.* MOLINA.
Nuevos pormenores. *Arenas.* ARTE.
Nuevos Rubayat. *Tamayo.* BEDRE.
Numen. *Palés Matos.* CAILL, MORA, SENSE.
Numinoso. *Rojas.* PADRON.
Nunca. *Ledesma.* GINAR.
Nunca. *Torres Bodet.* DEBI.
Nunca conoceré tu rostro. *Zavala.* MARQUE.
Nunca salí del horroroso Chile. *Lihn.* ORTEGA, PADRON.
Nunca supe. *Calderón.* WHITE.
¿Nunca ya? *Silva.* GINCHI.
Nunca, nunca, nunca. *Argüello.* CAILL.
Nupcias. *Kozer.* PADRON.
Nutación. *Deniz.* ORTEGA.

O. *Villanueva.* MARZAN.
O (Eng.). *Villanueva.* MARZAN.
O como amuleto. *Calderón.* COHEN.
O para ver a Hiponángela. *Castro.* ESCA.
O púrpura nevada o nieve roja. *Hahn.* PADRON.
O quan te memoren virgo. *Arellano.* CARDE.
O toi que j'eusse aimée (Span.). *Pacheco.* PADRON.
O tu recuerdo. *Mora Martínez.* COSTA.
OAS. *Dalton.* MARQUE.
Obertura. *Bueno.* TORO.
Obertura. *Ortega.* TORO.
Obituario puertorriqueño. *Pietri.* MARQUE.
Objective Conditions. *Gutiérrez.* MARQUE.
El objeto y su sombra. *Carrera Andrade.* CAILL, JIMEN
Obligaciones del poeta. *Belli.* VOLCAN.
Obligaciones diarias. *Vitale.* GINURU, LAGOS, VOCES.
Obligations of the Poet. *Belli.* VOLCAN.
Obra de vigilancia. *Sánchez Peláez.* ESCA.
Obra humana. *Silva.* CEAL.
Obreros. *Viaña.* BEDRE.
Obscenidades de un caracol. *Vicuña.* BOCCA.
Obscenidades para hacer en casa. *Marquina.* CEA.
An Obscure Meadow Lures Me. *Lezama Lima.* TARN.
El observador. *Varela.* LIBRO.
Observatorio del Washington Square. *Gómez.* ORTEGA.
Obsesión. *Sarignana-González.* ZAID.
La ocasión. *Vicuña Cifuentes.* GINCHI.
Ocaso. *Planchart.* CAILL.
Ocaso de la hilandera. *Gómez Cornejo.* BEDRE.
Occidental saxo. *Shelley.* MONDRA.

Occidental saxo. *Shelley*. PAZ.
Occidentales (Frag.). *González*. GINCHI.
Oceánida. *Lugones*. MODER, ROAL.
Océano de savias. *Shimose*. BEDRE.
Ocho B. *Galván*. MONDRA.
Ochosí. *Barnet*. SENSE.
October. *Castillo*. VOLCAN.
Octosílabos de pie quebrado. *Illescas*. MONDRA.
Octubre. *Castillo*. VOLCAN.
Octubre. *Herrera y Reissig*. CAILL, MODER.
Octubre. *Montoya*. GINCO.
Los octubres se construyen. *Cabrera*. COSTA.
Oda. *Molinari*. CAILL, JIMEN.
Oda. *Rauskin*. VALLE.
Oda. *Silva*. VALLE.
Oda. *Wilcock*. GINAR.
Oda a César Vallejo. *Neruda*. TOPS.
Oda a Federico García Lorca. *Neruda*. CAILL.
Oda a la alcachofa. *Neruda*. GINCHI, SCARPA.
Oda a la alegría (Frag.). *González Lanuza*. VILLOR.
Oda a la cebolla. *Neruda*. GINCHI.
Oda a la melancolía. *Molinari*. VILLOR.
Oda a la nostalgia. *Molinari*. CAILL.
Oda a la pereza. *Neruda*. TOPS.
Oda a la revolución. *López Morales*. ARAY.
Oda a la sal. *Neruda*. TOPS.
Oda a la sangre. *Molinari*. CAILL, JIMEN.
Oda a las aves de Chile. *Neruda*. SCARPA.
Oda a las ganas. *Castillo*. GENERA.
Oda a los calcetines. *Neruda*. JIMEN, TOPS.
Oda a los muertos. *Gaitán Durán*. GINCO.
Oda a Rubén Darío. *Coronel Urtecho*. JIMEN.
Oda a Salvador Novo. *Pellicer*. MONSI.
Oda a una larga tristeza. *Molinari*. FERNAN, JIMEN, TOPS.
Oda a una noche de invierno. *Molinari*. JIMEN.
Oda al amor. *Beltrán Guerrero*. MEDINA.
Oda al amor. *Molinari*. BAEZA.
Oda al día feliz. *Neruda*. BAEZA.
Oda al mes de noviembre junto al Río de la Plata. *Molinari*. CAILL.
Oda al niño de la liebre. *Neruda*. ARTE.
Oda al tiempo. *Neruda*. JIMEN.
Oda al viento que mece las hojas en el sur. *Molinari*. JIMEN.
Oda con un lamento. *Neruda*. DOORS.
Oda de amor. *Molinari*. CAILL, GINAR.
Oda en honor de la espiga. *Cañas*. GINCHI.
Oda fluvial. *Cuadra*. CAILL.
Oda ocasional. *Avila Echazu*. BEDRE.
Oda provincial (Frags.). *Rega Molina*. CAILL.
Oda quinta, rota. *Montemayor*. COHEN.
Oda raizal. *Silva*. VALLE.
Oda salvaje para una vieja pistola Browning. *Ruano*. BOCCA.
Oda tercera a la Pampa. *Molinari*. FERNAN.
Ode to a Long Sorrow. *Molinari*. TOPS.
Ode to Cesar Vallejo. *Neruda*. TOPS.
Ode to Laziness. *Neruda*. TOPS.
Ode to My Socks. *Neruda*. TOPS.
Ode to Salt. *Neruda*. TOPS.
Ode with a Lament. *Neruda*. DOORS.

Odisea. *Vicario.* GINCHI.
OEA. *Dalton.* MARQUE.
Of the Nameless Birds. *Calderón.* WHITE.
Ofelia en la lluvia. *Díaz Martínez.* TARN.
Off with the Poet's Head. *Silva Acevedo.* REYES.
Oficio. *Camargo Ferreira.* QUIROS.
Oficio. *Contreras Vega.* ARTE.
Oficio. *Reyes.* BOCPA.
Oficio de tus manos. *Coronil Hartmann.* ESCA.
El oficio de vestirse. *Carranza.* BOCPA.
Oficios. *Cillóniz.* TORO.
Oficios. *Langagne.* MONDRA.
Ofrecimiento al hijo, de la aldea perdida. *Rugeles.* MEDINA.
Ofrenda. *Novo.* MONSI.
Ofrenda. *Prieto.* SALAS.
Ofrenda. *Valle Goicochea.* PERU.
La ofrenda. *Wilcock.* GINAR.
La ofrenda. *Zaid.* PAZ.
Ofrenda a Jesús. *Vega.* CAILL.
Ofrenda a la muerte. *Silva.* SONETO.
La ofrenda del bramán. *Gavidia.* CAILL, CEA.
Ofrenda en el altar del bolero. *Cobo Borda.* ORTEGA.
Ofrenda uno. *Mármol.* ESCA.
Ofrendando el libro: a Eros. *Agustini.* CEAL, MODER.
¡Oh alimenticio bolo! *Belli.* LIBRO, PADRON.
¡Oh alma mía empedrada! *Belli.* PADRON.
Oh descubierto día. *Escalona.* ESCA.
¡Oh hada cibernética! *Belli.* ORTEGA, PADRON.
¡Oh juventud! *Chouhy Aguirre.* CAILL.
Oh, la serenidad. *González.* MONDRA.
¡Oh las cuatro paredes de la celda . . . *Vallejo.* CEAL.
¡Oh Marzo! *Ortiz.* VEIRA.
Oh, mi Rimbaud. *Cuza Malé.* CATO.
¡Oh my baby pelirroja! *Valencia.* BOCCA.
¡Oh padres sabedlo bien! *Belli.* ORTEGA.
Oh patria, mi patria. *Gutiérrez.* CARDE.
¡Oh Padres, sabedlo bien! *Belli.* TOPS.
Oh Paul Celan. *Sampedro.* COHEN.
Oh ruiseñor que existes. *Uribe Arce.* ARTE, SCARPA.
Oh rutina. *Collado.* SALAS.
Oh sálvame de mi. *Uribe Arce.* CALA.
¡Oh, tú! *Agustini.* CEAL.
Oh vitrina, divina transparencia. *Romualdo.* LIBRO.
Oigo llorar. *Grimal.* ARTE.
Oigo palomas. *Sabines.* PAZ.
Oil Painting. *Martínez.* VOLCAN.
Ojitos de pena. *Jara.* ARTE, BAEZA, CAILL, GINCHI.
El ojo. *Girri.* ORTEGA.
El ojo. *Parayma.* ESCA.
El ojo. *Vilariño.* ORTEGA.
Ojo con el evangelio de hoy. *Parra.* CEAL.
Ojo de estatua. *Calvo.* TORO.
El ojo de mi caballo. *Moisés.* KOFMAN.
El ojo de noviembre ha tenido ahora extrañas costumbres. *Huerta.* COHEN.
El ojo diluído. *Massone.* ARTE.
Los ojos. *Gelman.* MARQUE, TOPS.
Los ojos. *Genta.* GINURU.
Los ojos. *Gómez Restrepo.* SONETO.
Ojos (Frags.). *Reynolds.* QUIROS.

Los ojos de Eleggua. *Morejón*. MANSOU, SENSE.
Los ojos de la calle bajo la lluvia. *Sinán*. CAILL.
Los ojos de los bueyes. *Espino*. CEA, SALVA.
Los ojos de mi madre. *Casas Castañeda*. GINCO.
Los ojos mudos de la esfinge. *Sassone*. ESCA.
Ojos niños. *Brull*. CAILL.
Los ojos verdes. *Chumacero*. DEBI, ORTEGA, PAZ.
La ola. *Binvignat*. GINCHI.
Una ola invade la región desierta. *Mendiola*. COHEN.
Olas grises. *Lugones*. GINAR, TOPS
Las olas mecen el navío muerto. *Huidobro*. JIMEN.
The Old Bards Say. *Padilla*. TARN.
Oleaje manso de las cosas. *Bonifaz Nuño*. DEBI.
Oleajes. *Zaid*. PAZ.
Oleajes. *Zaid*. DEBI.
Oleo. *Martínez*. VOLCAN.
Oleo brillante. *Herrera y Reissig*. CAILL.
Olga Orozco. *Orozco*. ORTEGA.
Olla de presión. *Suardíaz*. ARAY.
Olographic Testament. *Salazar Bondy*. DOORS.
Olor a jazmín. *Donoso*. CAILL.
El olor del estipendio. *Cervantes*. PAZ.
Olor frutal. *Ibarbourou*. GINURU.
El olor y la mirada. *Moro*. BACIU, LIBRO.
El olvidado. *Carranza*. GINCO.
Olvidar. *Castrillo*. BEDRE.
Olvido. *López Tena*. SALAS.
El olvido. *Marchena*. BAEZA.
Olvido. *Oyarzún*. ARTE.
Olvido. *Paz*. CAILL.
Olvido. *Storni*. FLORES.
Olvido y piedra. *Mitre*. QUIROS.
Omnibus de medianoche. *Gutiérrez*. ZAID.
On Death. *Sabines*. DOORS.
On Headaches. *Dalton*. MARQUE.
On Hope. *Sabines*. DOORS.
On Illusion. *Sabines*. DOORS.
On Jail. *Flores*. MARQUE.
On Myth. *Sabines*. DOORS.
On Night. *Sabines*. DOORS.
On Reading John Cage. *Paz*. DOORS.
On the Beach. *Alegría*. FLORES.
On the Death by Fire of Gladys. *Feijóo*. TARN.
On the Third World. *Fernández Chericián*. MARQUE.
On This Single, This One and Only Afternoon. *Diego*. TARN.
Onán. *Trejo Villafuerte*. ZAID.
Onda. *González Martínez*. CAILL.
Ondas muertas. *Gutiérrez Nájera*. CAILL, DEBI, MODER.
One Hundred Love Sonnets. *Neruda*. TOPS.
One More Stripe to the Tiger. *Camerón*. REYES.
One Word. *Mistral*. TOPS.
Onirias (Frags.). *Huidobro*. ARTE.
Onix. *Tablada*. CAILL, MONSI.
The Only Woman. *Peralta*. FLORES.
Ophelia in the Rain. *Díaz Martínez*. TARN.
Opiniones. *Gelman*. FIERRO.
The Opposite of Ornate and Rhetorical Poetry. *Martí*. TOPS
Optimismo. *Hernández Franco*. BAEZA.

Oración. *López Suria*. MORA, SENSE.
Oración. *Osuna*. ESCA.
Oración. *Rojas*. GINAR, ROAL.
Oración a la nube. *Mora*. GINCO.
Oración a la propaganda. *Walsh*. FIERRO, LAGOS, VOCES.
Oración a la tierra. *Insausti*. MEDINA.
Oración a Nuestra Señora de Buenos Aires. *Bernárdez*. CAILL, GINAR.
Oración al despertar. *Prado*. ARTE.
Oración al Señor. *Arévalo Martínez*. CAILL.
Oración ancestral. *Calou*. GINAR.
Oración ante una imagen derrumbada. *Umpierre Herrera*. LAGOS, VOCES.
La oración de la cometa. *Eguren*. CAILL, PERU.
Oración de la desesperanza. *Falco*. GINURU.
Oración de la esposa. *Obaldía*. CAILL.
Oración de la sombra. *Centeno Güell*. SEGURA.
Oración de la víspera. *Calvo*. DONOSO.
Oración de los poetas. *Cortés Bargalló*. GENERA.
La oración del ciego. *Cruchaga Santa María*. ARTE.
La oración del preso. *Díaz Mirón*. ROAL.
Oración del escritor estéril. *Medina*. GENERA.
Oración del exilio. *Bordao*. CATO.
Oración del poder. *Cortés Bargalló*. GENERA.
La oración en tercetos. *Urquiza*. SALAS.
Oración final. *Cesped*. QUIROS.
Oración final. *Condarco Morales*. BEDRE.
Oración por el alma de la patria. *Castillo*. VOLCAN.
Oración por el alma de un niño montañés. *Bernárdez*. BAEZA, CAILL, JIMEN.
Oración por el hijo que nunca va a nacer. *Nogueras*. ORTEGA.
Oración por la paz. *Peñaranda*. BEDRE.
Oración por la tierra. *Paz Paredes*. SALAS.
Oración por Marilyn Monroe. *Cardenal*. CEAL, DONOSO, PADRON, TOPS.
Oración que ayuda a bien condenarse a un tirano. *Menén Desleal*. CEA.
Oración total. *Romualdo*. RUANO.
Oráculo. *Espinoza Sánchez*. TORO.
Oradores. *Guillén*. ARAY.
Orana. *Urzagasti*. QUIROS.
El orante. *Macías*. COHEN, MONDRA.
El orbe de la danza. *Chumacero*. PAZ.
Orden del corazón. *Oyarzún*. GINCHI.
Oreja. *Alvarez*. SALAS.
La orfandad del sueño. *Nava*. SALAS.
Orfeo (Frag.). *Valle*. ARTE.
El organillo. *Pezoa Véliz*. CAILL, CALA, GINCHI.
Origen. *Hernández B.* DONOSO.
Origen. *Prieto*. SALAS.
Orilla. *Subero*. ESCA.
La orilla del mar. *Gorostiza*. CAILL, DEBI, JIMEN.
Orillas. *Berenguer*. ORTEGA.
Oro. *Carrera*. ORTEGA.
El oro de los tigres. *Borges*. JIMEN.
Orompello. *Rojas*. CALA.
Oroya. *Bustamante y Ballivián*. CAILL, PERU.
Orquestado angelus. *Rojas*. BOCCA.
Las orquídeas. *Chocano*. MODER.
Las orquídeas. *Chocano*. CAILL.
Oruro. *Viscarra Fabre*. QUIROS.
Os dejaré burlados. *Quijada Urías*. SALVA.
El osario de los inocentes. *Cristóbal*. TORO.
Una oscura pradera me convida. *Lezama Lima*. JIMEN, ORTEGA, ROAL, TARN, TOPS.

Oscurecido de ti. *Flores*. COHEN.
Oscuridad hermosa. *Rojas*. CALA, SCARPA.
Oscuro amor. *Leiva*. CAILL.
Los oscuros. *Cazasola Mendoza*. BEDRE.
Osip Mandelstam. *Aguilar*. GENERA.
The Other. *Castellanos*. TOPS.
The Other Death. *Sosa*. VOLCAN.
The Other Tiger. *Borges*. TOPS.
Otoño. *Badano*. GINURU.
Otoño. *Casal*. CAILL, GINURU.
Otoño. *Casal*. CAILL.
Otoño. *González Poggy*. GINURU.
Otoño. *Gorostiza*. CAILL.
Otoño. *Guzmán Cruchaga*. CAILL.
Otoño. *Herrera y Reissig*. GINURU.
Otoño. *Jonquières*. VEIRA.
Otoño. *Razzeto*. TORO.
Otoño. *Sola González*. VEIRA.
Otoño. *Torres Bodet*. DEBI.
Otoño de 1976. *Carreto*. ZAID.
El otoño de las palabras cortas. *Hernández*. CAILL.
El otoño de los pájaros. *Bolton*. ARTE.
Otoño en el Meditereráneo. *Shimose*. QUIROS.
El otoño en tu cuerpo. *Ortega*. COHEN.
Otoño secreto. *Teillier*. CAILL.
La otra. *Mistral*. SCARPA.
Otra cosa. *Mujica*. ESCA.
Otra estirpe. *Agustini*. CAILL, CEAL, FLORES, GINURU, TAPIA, TOPS.
Otra muerta. *Dalton*. PADRON.
Otra muerte del Niño Jesús. *Cisneros*. PADRON.
Otra poética. *Armand*. TOPS.
Otra soledad. *Hurtado*. ESCA.
La otra ventana. *Pubén*. DONOSO.
Otra vez. *Lagos*. LETONA.
Otra vez el equilibrista. *Diego*. ARAY.
Otra vez sobre el camino. *Arana*. ZAID.
La otra virgen. *Tafur*. TAPIA.
El otro. *Castellanos*. BOCPA, TOPS.
El otro. *Fernández Retamar*. ORTEGA.
El otro. *Paz*. JIMEN.
El otro Adán. *Fernández*. ORTEGA.
Otro es nuestro calor humano. *Jiménez*. GENERA.
El otro mundo. *Dalton*. CEA.
Otro nocturno. *Girondo*. JIMEN.
El otro paraíso. *Paz Paredes*. SALAS.
El otro rostro. *Perezalonso*. CARDE.
El otro tigre. *Borges*. TOPS.
Otros árboles. *Mansour*. MONDRA.
Ottava ripresa. *Adán*. ORTEGA.
Our Daily Bread. *Vallejo*. TOPS.
Our Love. *Villaurrutia*. TOPS.
Oveja que defiende su posición. *Muñoz Serón*. VILLE.
Overend (Span.). *Cárdenas*. DONOSO.
Oyendo a Debussy. *Muñoz*. GINURU.
Oyendo un disco de Benny More. *Fernández Retamar*. ARAY, PADRON.
Ozama. *Enríquez*. BAEZA, CAILL.

P 4 R. *Nogueras*. ARAY.

P.D. para la Cenicienta. *Pérez.* QUEZA.
Pa - cha - mama. *Pinto.* BEDRE.
El pabellón de los ilustres. *Llinás.* BACIU.
El pabellón del vacío. *Lezama Lima.* ORTEGA.
Paciencia. *Oyarzún.* ARTE.
Padmasana. *Mondragón.* PAZ.
El padre. *Hernández.* ARAY.
El padre. *Neruda.* CALA.
El padre golpea a su hija. *Fernández Moreno.* VEIRA.
Padre Lacunza. *Mesa Seco.* ARTE.
Padre mío. *Vásquez Méndez.* BEDRE.
Padre nuestro. *Parra.* CEAL.
A Page to Commemorate Colonel Suárez, Victor at Junín. *Borges.* DOORS.
La página blanca. *Darío.* CEAL.
Página de la infancia. *Arellano.* CARDE.
Página para recordar al Coronel Suárez, Vencedor en Junín. *Borges.* DOORS.
Página suelta. *Espinel.* LAGOS, VOCES.
La página vacía. *Ibáñez.* JIMEN, ROAL, TOPS.
Páginas de vida. *Casal.* CAILL.
Pain. *González Martínez.* TOPS
Un país. *Moleiro.* MEDINA.
País ausente. *Larrahona Kästen.* URPILA.
País de la ausencia. *Mistral.* ARTE.
El país del sol. *Darío.* MODER.
País hijo de . . . *Quijada Urías.* DONOSO.
Paisaje. *Aramayo.* TORO.
Paisaje. *Berenguer.* BOCPA, ORTEGA.
Paisaje. *Camarillo de Pereyra.* SALAS.
Paisaje. *Díaz Mirón.* DEBI.
Paisaje. *Fuentes Ibañez.* BEDRE.
Paisaje. *Huidobro.* BACIU.
Paisaje. *Lara.* WHITE.
Paisaje. *Novo.* DEBI.
Paisaje. *Osorio Canales.* ESCA.
Paisaje. *Queremel.* CAILL.
Paisaje. *Sologuren.* LIBRO.
Paisaje. *Utrera.* MEDINA.
Paisaje. *Valda Chavarría.* BEDRE.
Paisaje. *Varela.* COHEN.
Paisaje. *Yrarrázaval.* ARTE.
Paisaje andino. *Viscarra Fabre.* BEDRE.
Paisaje bretón. *Girondo.* FERNAN.
Paisaje con barcarola. *Langagne.* MONDRA.
Paisaje con invocación. *Moleiro.* MEDINA.
Paisaje cubista. *Mondragón.* MONDRA.
Paisaje de exilio. *Vilela.* QUIROS.
Paisaje de puna. *Bedregal.* BEDRE.
Paisaje de sol. *Icaza.* CAILL, SONETO.
Paisaje de verano. *Casal.* CAILL.
Paisaje del deshielo. *Rosales.* CAILL, GINAR.
Paisaje después de la batalla. *Serrano.* LETONA.
Paisaje doméstico. *Calderón.* VILLE.
Paisaje espiritual. *Casal.* MODER.
Paisaje expresivista. *Martínez Albín.* GINURU.
Paisaje interior. *Volkow.* GENERA.
Paisaje ocular. *Hahn.* PADRON.
Paisaje por una victoria. *Langagne.* MONDRA.
Paisaje tropical. *Silva.* CAILL, CEAL, MODER, SONETO.
Paisaje, sangre y espíritu del Beni (Frag.). *Durán Böger.* QUIROS.

Paisajes. *Lugones*. CAILL.
Paisajes. *Othón*. CAILL.
La pájara pinta. *Mastretta*. BOCPA.
Pajaritos de barro. *Selva*. CAILL.
Un pájaro. *Mujica*. ESCA.
Pájaro. *Rodríguez*. ZAID.
Pájaro circular. *Jones B.* GINCHI.
El pájaro de alambre. *Parayma*. ESCA.
El pájaro de fuego. *Cermeño*. MANSOU.
Pájaro de la bruja. *Ríos*. BOCPA.
Pájaro en tierra. *Rojas*. BOCCA.
Un pájaro menos. *Jobet*. CALA.
El pájaro revolucionario. *Alfaro*. BEDRE.
El pájaro y la bala. *Desiderato*. BOCCA.
Pájaros. *Hernández Alvarez*. ESCA.
Los pájaros. *Shelley*. PAZ.
Los pájaros ciegos. *Portogalo*. VILLOR.
Los pájaros errantes. *Prado*. ARTE.
Los pájaros marinos. *Rosas Galicia*. ZAID.
Los pájaros se han ido. *Lara*. WHITE.
La pajita. *Mistral*. ARTE, GINCHI.
Pal pueblo de Cotoga. *Peralta Soruco*. BEDRE.
La palabra. *Aridjis*. MONDRA.
Palabra. *Arvelo Larriva*. MEDINA.
Palabra. *Chirino*. ESCA.
Una palabra. *Mistral*. TOPS.
La palabra. *Nagle*. URPILA.
Palabra. *Rivera*. CORSSE.
La palabra. *Sanabria Varela*. COSTA.
La palabra. *Serrano*. LETONA.
La palabra. *Storni*. CAILL.
Una palabra. *Vieira*. CAHILL.
La palabra. *Vitier*. DOORS.
Palabra de guerrillero. *Heraud*. DOORS, FIERRO, MARQUE, MOLINA, TORO.
Palabra de ternura inmóvil. *Lizarzaburu*. VOCES.
La palabra inmóvil. *Reyes*. SALAS.
Una palabra más. *García Terrés*. DEBI.
Una palabra oscura. *Cuesta*. MONSI.
Una palabra para el heredero. *Castellanos*. CAILL.
La palabra placer. *Rojas*. PADRON.
La palabra rebelde. *Verdesoto de Romo*. LAGOS, VOCES.
La palabra tú. *Blanco*. GENERA.
Palabras. *Barnet*. RUANO.
Las palabras. *Paz*. MONSI.
Las palabras. *Vega*. ARTE, GINCHI.
Palabras a Delmira Agustini. *Storni*. FLORES.
Palabras a la aridez. *Vitier*. PADRON.
Palabras a mamá. *Tiempo*. BAEZA.
Palabras a María. *Morales*. CARDE.
Palabras a radar. *Cáceres*. BACIU.
Palabras al buey. *Jérez Valero*. ESCA.
Palabras al burócrata. *Fernández*. ARAY.
Las palabras de Buda. *Pacheco*. ORTEGA, PAZ.
Las palabras de oro de la reina. *Gavidia*. ROAL.
Palabras de la nueva mujer. *Lars*. LAGOS, VOCES.
Palabras de Nicodemo. *Vitier*. TARN.
Palabras del campesino en la inauguración del Palo de Mayo. *Rigby*. CARDE.
Palabras del general sandinista Manuel María Girón. *Murillo*. CARDE.

Palabras del hombre secreto. *Campos Cervera*. JIMEN, ROAL.
Palabras en el trópico. *Guillén*. MORA.
Palabras escritas en la arena por un inocente. *Baquero*. CAILL.
Palabras hacia donde estás. *Díaz Muñoz*. ARAY.
Palabras para describir lo que aún queda. *Subero*. ESCA.
Palabras para recordar a la abuela. *Castro Ríos*. MARZAN.
Palabras para una mujer de ahora. *Peña Gutiérrez*. ABRIL.
Palabras sobre el viento. *Calderón Lugones*. BEDRE.
Palabras sólo palabras al oído. *Castro*. ARTE.
Las palabras y las cosas. *Ortega*. COHEN.
Palabras y palabras. *Zavala*. MARQUE.
Palacio cotidiano. *Fernández Retamar*. CAILL.
Paladar ordinario de luces. *Rosario*. BOCCA.
Palemón el Estilita. *Valencia*. CAILL, MODER.
Palenque. *Macías*. MONDRA.
Pálida mors. *Frugoni*. CAILL, GINURU.
Los pálidos. *Ibáñez*. CAILL.
La palliri. *Viaña*. BEDRE.
A Palm Tree. *Castellanos*. TOPS.
La palma. *Orta Ruiz*. BAEZA.
La palma del silencio. *Dondo*. CAILL, GINAR.
La palma real. *Dávila*. CAILL.
Palma sola. *Guillén*. CEAL.
Palmares colorados. *Madariaga*. ORTEGA.
Palmas y guitarra. *Vallejo*. DOORS.
Una palmera. *Castellanos*. CAILL, TOPS.
La palmera. *Lugones*. GINAR, MODER.
La palmera. *Rivera*. GINCO.
Palms and Guitar. *Vallejo*. DOORS.
Paloma. *Revuelta Hatuey*. CATO.
Paloma que se sueña. *Zeller*. ARTE.
La paloma se queja. *Ortiz*. VEIRA.
Palos de mayo en Bluefields. *Cermeño*. MANSOU.
Pampa. *Güiraldes*. FERNAN.
La pampa. *Sabella*. ARTE.
Pan. *Castrillo*. QUIROS.
Pan. *Mistral*. ARTE, CALA, JIMEN, SCARPA.
El pan nuestro. *Vallejo*. JIMEN, TOPS.
Pancho. *Cabral*. CAILL.
Panfleto. *Quijada Urías*. SALVA.
Panorama. *Sampedro*. COHEN.
Panorama. *Tablada*. PAZ.
Panorámica. *Franzani*. ARTE.
Panteísmo. *Reynolds*. BEDRE.
El pañuelo (A Javier de Viana). *Lugones*. CAILL.
Papá, mamá. *Belli*. DONOSO, LIBRO, ORTEGA, TOPS.
Papá-Joaquín. *Agudelo*. ABRIL.
Papalote. *Saldaña*. BOCPA.
El papel, la pluma. *Wong*. COHEN.
Par avion correo aéreo air mail. *Valle Castillo*. BOCCA.
Para aconsejar a una dama. *Padilla*. ARAY, PADRON.
Para Aragón en España. *Martí*. ROAL.
Para Armando Rubio. *Electorat*. WHITE.
Para cantar. *Krauze*. MONDRA.
Para colocar en la cueva de los mochuelos. *Jamís*. ARAY.
Para confiarme a tu cuerpo. *Ruano*. RUANO.
Para contar. *Escobar*. DOORS.
Para decir azul. *Alardín*. SALAS.
Para decirlo. *Vilariño*. FLORES.

Para dibujar ruiseñores con escamas. *Zúñiga Segura.* TORO.
Para dormir. *Ortiz Chavez.* BEDRE.
Para dormir a un negrito. *Ballagas.* SENSE.
Para el álbum familiar. *Hernández.* COHEN.
Para el corpiño. *Gutiérrez Nájera.* CAILL.
Para el día de tu silencio, amiga. *Nieto.* CAILL.
Para el principio del tiempo. *Rojas.* TORO.
Para empezar. *Cabrera.* COSTA.
Para encontrarte en alguna plaza de Lima. *Beleván.* BOCPA.
Para entonces. *Gutiérrez Nájera.* CAILL, MODER.
Para estar conmigo. *Godoy.* SALAS.
Para hablar con los muertos. *Teillier.* REYES.
Para hacer un talismán. *Orozco.* LAGOS, VILLOR, VOCES.
Para inventar lo irredimible. *Keoseyán.* COHEN.
Para inventar los árboles. *Bareiro Saguier.* VALLE.
Para Isolda. *Dávila.* CAILL.
Para la tumba soy un extraño. *Finot.* BEDRE.
Para la última. *Sampedro.* ZAID.
Para la victoria final. *Fernández.* FIERRO.
Para llevarlos conmigo. *Rivero.* ARAY.
Para llorar. *Huidobro.* CALA.
Para los próximos caminos del Inca. *Yerovi.* TORO.
Para mejor amarte. *Prado.* SCARPA.
Para nada. *Castro Ríos.* MARZAN.
Para no confundirte. *Calderón.* VILLE.
Para ocultarse en lo mismo (Frag.). *Fernández.* COHEN.
Para que el olvido abrevie. *Querales.* ESCA.
Para que estemos menos solos. *Arteche.* ARTE.
Para que lo entiendas de una vez. *Huezo Mixco.* ALEGRI, SALVA.
Para que mañana te cuente otro. *Calderón.* VILLE.
Para que me oigas. *Aguilar.* SALAS.
Para que nada nos sorprenda. *Macías.* COHEN.
Para quien pretenda conocer a un poeta. *Nava.* MONDRA.
Para salvar a María. *Fernández.* ARAY.
Para siempre. *Tamayo.* QUIROS.
Para todo trabajo. *Romero.* RUANO.
Para tus dedos ágiles y finos. *López Velarde.* DEBI.
Para un encuentro con María Eugenia Vaz Ferreira . . . *Varela.* GINURU.
Para un mejor amor. *Dalton.* ORTEGA, VOLCAN.
Para un menú. *Gutiérrez Nájera.* MODER.
Para un mordisco. *Reyes.* PAZ.
Para un retrato de John Keats. *Jonquières.* VEIRA.
Para Victoria Mendoza. *Altamirano.* ZAID.
Para vivir contigo. *Magallón.* SALAS.
Para vivir mañana. *Delgado.* DONOSO, MOLINA.
Para volver. *Crespo.* ESCA.
Parábola. *Gaztelú Gorriti.* CAILL.
Parábola. *Ibáñez.* CAILL.
La parábola. *Robleto.* CARDE.
Una parábola acerca de Scott. *Cobo Borda.* PADRON.
Parábola de la resurrección. *Vallejos.* VALLE.
Parábola de las cosas pequeñas. *Chirino.* ESCA.
Parábola del huésped sin nombre. *González Martínez.* MONSI.
Parábola del nuevo mundo (Frag.). *Rojas.* BAEZA.
Parábola del poema. *Ibáñez.* GINURU.
Parábola del sapo. *Tablada.* MONSI.
Paracas. *Cisneros.* PADRON, TORO.
Paraguachoa. *Hernández Alvarez.* ESCA.

El paraíso. *Argueta*. CEA.
El paraíso. *Torres Bodet*. DEBI.
El paraíso al revés. *Madariaga*. ORTEGA.
El paraíso desenterrado. *Ceselli*. TAPIA.
Paraíso encontrado. *Cuesta*. MONSI.
El paraíso perdido. *Mogollón*. ESCA.
El paraíso perdido. *Orrillo*. TORO.
Paraíso perdido. *Vilariño*. BOCPA, ORTEGA.
Paralelas. *Tello*. ARBEL.
Paraninfo del amor. *Castillo*. VOLCAN.
Pardo Adonis. *Lair*. MORA.
Parece mentira. *Embry*. DONOSO.
La pareja. *Lara*. QUEZA.
Pareja humana. *Silva Acevedo*. BOCCA, QUEZA.
La parentela. *Feria*. ARAY.
Paréntesis de la voz perdida. *Xammar*. CAILL.
París, octubre 1936. *Vallejo*. CEAL.
Parque Central. *Brito*. CORSSE.
Parque Central, alguna gente (3:00 p.m.). *Morejón*. TARN.
Parque para un hombre dormido. *Eielson*. LIBRO, ORTEGA.
Parroquial. *González de León*. MONSI.
Parsifal. *Díaz*. CAILL, GINAR
Parte del día. *Rocha*. CARDE.
Partía y moría. *Owen*. DEBI, PAZ.
Particularmente. *Uribe Arce*. SCARPA.
Partida. *España*. WHITE.
Partida. *Mansilla*. WHITE.
Partida. *Maples Arce*. DEBI.
La partida. *Navarro*. ARAY.
Partida de nacimiento. *Hidalgo*. CAILL.
Parting. *Borges*. DOORS.
Parvadas. *Esquinca*. GENERA.
Pasa el viento. *Cáceres*. CAILL, GINURU.
Pasadología. *Adoum*. MARQUE.
La pasajera de Capri. *Neruda*. SCARPA.
Pasaporte. *Epple*. ARTE.
Pasar. *Vilariño*. ORTEGA.
Pasas. *López*. CAILL.
Pasas por el abismo de mis tristezas. *Nervo*. CAILL, DEBI, MODER.
Pasatiempo. *Byrne*. CORSSE.
Pasatiempo. *Hernández*. ARAY.
Pascal. *Girri*. ORTEGA.
Pascua. *Alarcón*. BEDRE.
Pascua triste. *González Bastías*. GINCHI.
Paseo. *Acosta Bello*. ESCA.
Paseo. *Pérez*. QUEZA.
El paseo. *Vidales*. CAILL.
El paseo del sastre desnudo. *Millán*. ARTE, CALA.
Paseo sentimental. *Lugones*. CAILL.
Pasión. *Cossio Salinas*. BEDRE.
La pasión según San Juan. *Navarro*. ARTE.
Pasión suprema. *Baeza Flores*. TAPIA.
Pasión y muerte de Miguel Hernández. *Dutra Vieyto*. URPILA.
Pasional (Frag.). *Rucabado*. TAPIA.
Paso a paso. *Vitale*. GINURU.
Un paso al día. *Valle*. SCARPA.
Paso del estío. *Mogollón*. ESCA.
El paso del retorno. *Huidobro*. SCARPA.
Paso del tiempo. *Gerbasi*. ORTEGA.

Pasó el diluvio. *Campos*. MONDRA.
Pasó por mi puerta. *Camarillo de Pereyra*. CAILL.
Pasos. *Basualto*. VILLE.
Pasos. *Cortés*. CARDE.
Los pasos. *Varela*. LIBRO.
Los pasos comunicantes. *Gómez*. ORTEGA.
Pasos del americano. *Pedemonte*. GINURU.
Los pasos del que viene. *Macías*. MONDRA.
Los pasos lejanos. *Vallejo*. CAILL, PERU.
Los pasos solitarios. *Paz Paredes*. BAEZA.
Passeggiatrice. *Girri*. TAPIA.
The Past Will Not Return. *Coronel Urtecho*. VOLCAN.
Pastology. *Adoum*. MARQUE.
El pastor. *Brenes Mesén*. BAEZA, SONETO.
Pastor de los valles morenos. *Rugeles*. BAEZA.
La pastora florida. *Peralta*. CAILL, PERU.
Pastoral. *Mendoza Varela*. GINCO.
Pastoral. *Mora*. SALAS.
Pastoral. *Zaid*. PAZ.
Pastoral de Chile (Frags.). *Zurita*. ARTE.
Pastorela. *Campero Echazú*. QUIROS.
La pata de palo. *Alcides*. ARAY.
Patagonia. *Mistral*. SCARPA.
Paternidad. *López Vallecillos*. SALVA.
Un patio. *Borges*. FERNAN, GINAR, TOPS.
Patio. (Eng.). *Borges*. TOPS.
Patio criollo. *Silva Valdés*. CAILL.
Patio interior. *Vera*. COHEN.
Patrafanía. *León Guevara*. ESCA.
Patria. *Díaz*. GINAR.
Patria. *Guzmán*. BEDRE.
Patria. *Miró*. ROAL.
Patria. *Torres Bodet*. TOPS.
Patria de sal cautiva. *Cerruto*. ORTEGA, QUIROS.
Patria de tercera. *Cuadra*. JIMEN.
Patria del campo. *Rega Molina*. CAILL.
La patria del poema. *Cardona Peña*. CAILL.
Patria exacta. *Escobar Velado*. CEA, SALVA.
Patria libre: 19 de julio de 1979. *Belli*. VOLCAN.
La patria y la distancia. *Shimose*. QUIROS.
Patrióticas. *Anón. de Vallegrande*. BEDRE.
Paúl Giudicelli. *Gómez*. ORTEGA.
Paul Klee. *Cáceres*. ARTE.
Paula. *Méndez Camacho*. ABRIL.
Paula el retorno. *Oraá*. ARAY.
La pausa. *Diego*. ARAY.
La pausa. *Millán*. REYES.
Pausas I. *Gorostiza*. PAZ.
Pausas II. *Gorostiza*. DEBI, JIMEN, PAZ.
Pauta del pavo real. *Undurraga*. CAILL.
El pavo real. *Tablada*. PAZ.
Pax animae. *Casal*. CAILL.
Pax animae. *Gutiérrez Nájera*. CAILL.
Payadores. *Bosco*. VEIRA.
El payaso. *Ibáñez*. CAILL.
La paz. *González*. MONDRA.
Paz callada. *Martínez Villena*. CAILL.
Paz sin cuartel. *Romualdo*. CAILL.

La Paz, reina del collao. *Díez de Medina*. BEDRE.
Pe. *Montemayor*. COHEN.
Pecadora. *Reynolds*. QUIROS.
Pecados. *Remón Villalba*. CATO.
Peces voladores. *Tablada*. DEBI, MONSI, PAZ.
Los peces y el poema. *Henderson*. TORO.
Pecho. *Alvarez*. SALAS.
El pecho yo he tenido. *Fernández Moreno*. CAILL, FERNAN, GINAR.
La pedantería de Rimbaud. *Vallarino*. MONDRA.
Pedazos de una canción. *Vega*. BAEZA, CAILL.
Pedro de acero. *Eguren*. BACIU.
Pedro se llama. *Matos Paoli*. ORTEGA.
Pegado siempre. *Limón*. CATO.
Pegaso. *García Calderón*. PERU.
Peinado como estoy. *Uribe Arce*. CALA.
El pelícano. *Castillo*. COHEN.
Pelliceriana. *Morales*. MONDRA.
Pelo como historia. *Fernández Retamar*. PADRON.
Pena. *Martínez Estrada*. CAILL, GINAR.
Pena tan grande. *Peralta*. FLORES.
Penachos vívidos. *Martí*. MODER.
Los penitenciales (Frag.). *Díaz Casanueva*. JIMEN, ROAL.
Pensamiento. *Yrarrázaval*. ARTE.
Pensamiento dos. *Ahumada*. CORSSE.
Pensamiento uno. *Ahumada*. CORSSE
El pensamiento descansa. *Langer*. ARTE.
Pensamientos con amor. *Sánchez*. ALEGRI.
Los pensamientos puros. *Delgado*. MOLINA.
Pensando sola al filo de la tarde. *Clavijo Pérez*. CATO.
Pensar. *Peña Gutiérrez*. ABRIL.
La Pensativa. *Eguren*. CAILL, MODER.
Pensativa (Cromos.). *Arciniegas*. GINCO.
Pentachromatic. *Burgos*. MARZAN.
Pentacromía. *Burgos*. MARZAN.
Pentimento. *López Acuña*. COHEN.
Penúltimo homenaje a José Lezama Lima . . . (Frag.). *Hernández*. COHEN.
Penumbra. *Contreras*. CEA.
Pepe. *Bayley*. FERNAN.
Pequeña balada en la muerte de mi hermana. *Cerruto*. CAILL, QUIROS.
Pequeña biografía. *Escalante*. MONDRA.
Pequeña biografía de la pampa. *Sabella*. GINCHI.
Pequeña biografía de mi mujer. *Coronel Urtecho*. CARDE.
Pequeña burguesía. *Dalton*. TOPS.
Pequeña colina. *Palomares*. ESCA.
Pequeña elegía. *Castro*. ARTE, SCARPA.
Pequeña letanía en voz baja. *Campos Cervera*. JIMEN.
Pequeña muerte. *Borda Leaño*. QUIROS.
Pequeña música nocturna. *Rojas*. TORO.
Pequeña oda a la melancolía. *Molinari*. JIMEN, TOPS.
Pequeña oda a tío Coyote. *Coronel Urtecho*. JIMEN, ROAL.
Pequeña oda a un negro boxeador cubano. *Guillén*. TOPS.
Pequeña patria. *Alegría*. LAGOS, VOCES.
Pequeña recepción a un amigo a su llegada a Panamá. *Odio*. BAEZA.
El pequeño burgués. *Parra*. TOPS.
Pequeño canto para bien parir. *Pasos*. CAILL.
El pequeño César. *Becerra*. ORTEGA.
Pequeño contratiempo justo a final de siglo (Frag.). *Parra*. ARTE.
El pequeño don. *Russell*. GINURU.
Pequeño drama noh. *Adoum*. PADRON.

Un pequeño mensaje. *Blanco*. COHEN.
Pequeño nocturno. *Bazil*. BAEZA.
Pequeño nocturno. *Contreras Vega*. ARTE.
Pequeños fantasmas. *Hahn*. ARTE, WHITE.
Pequeñuelo. *Finot*. BEDRE.
Pera. *Toro Montalvo*. TORO.
Percusiones. *Langagne*. GENERA, MONDRA.
Perdí todo regalo. *Velasco*. ARTE.
Perdí vasto campo. *Castañón*. ZAID.
Pérdida de todos los contactos. *Cabrera*. COSTA.
Perdida en reflexiones. *Daza Guevara*. ESCA.
Perdido en la floresta. *Uribe Arce*. ARTE, SCARPA.
Perdidos entre los muros. *Beleván*. VOCES.
Perdimos el amor necesario. *Quessep*. ABRIL.
Peregrín, cazador de figuras. *Eguren*. MODER, TOPS
Peregrin, Wandering Hunter of Faces. *Eguren*. TOPS
Peregrina. *Jonás*. ARTE.
Peregrinando. *Zamudio*. BEDRE.
Los peregrinos de Emaús. *Lihn*. RUANO.
The Perfect Life. *Carrera Andrade*. TOPS.
La perfecta alegría. *Vicuña Cifuentes*. CAILL, GINCHI.
Perfil. *Cuadra*. CARDE.
Perfil acuático de una provincia. *Urzagasti*. QUIROS.
Perfil de marinero en la ciudad. *Miró*. PERU.
Perinhó. *Aramayo*. RUANO.
Permanencia. *Amauro*. GINCHI.
Permanencia. *Canelas López*. QUIROS.
Permanencia. *Molina*. URPILA.
Permiso para lavarme. *Dalton*. PADRON.
Permiso para tu retorno. *Svanascini*. CAILL.
Pero después de todo. *Zambelli*. ARTE.
Pero en un instante. *Futoransky*. BOCPA.
Pero ésta es la ciudad. *Faget*. BOCCA.
Pero qué difícil ha sido hablar. *Díaz Diocaretz*. VILLE.
La perpetración. *Rojas*. QUEZA.
El perro. *Othón*. ROAL.
Perro negro. *Vicuña*. BAEZA.
El perro vagabundo. *Pezoa Véliz*. ARTE, CALA.
Perro y mar. *Storni*. CAILL.
Perros. *Bañuelos*. MARQUE.
Persefone (Frag.). *Aridjis*. TAPIA.
Perseguido. *Rojas Piérola*. QUIROS.
Persiguiendo el perfume del risueño retiro. *Rivera*. CAILL.
Persona subrepticia. *Cerruto*. ORTEGA.
Perú, ésta es tu hora. *Bueno*. MOLINA.
Perversión. *Ruvalcaba*. ZAID.
Pesadilla. *Crespo*. PADRON.
Pesadilla. *Reyes*. DEBI.
Pesadilla. *Vitale*. DONOSO.
Pesadilla y/o realidad. *Arellano*. CARDE.
Pesca. *Cardona Torrico*. QUIROS.
La pesca. *Silva*. CARDE.
Pesca de sirenas. *Molina*. CAILL.
Pescador. *Alfaro*. QUIROS.
El pescador. *Loynaz y Muñoz*. CAILL.
Pescador. *Luján*. SEGURA.
Los pescadores. *Silva*. CARDE.
Los pesimistas. *Osuna*. ESCA.

Peso ancestral. *Storni*. FLORES, TOPS.
El peso de la memoria. *Cohen*. ZAID.
El peso de una mano. *Armani*. VILLOR.
La peste. *Carneiro*. ORTEGA.
Pétalos quemados. *Sabines*. DEBI.
Petrarca: Canción I. *Cardona Peña*. CAILL.
Petroleum. *Morales*. CARDE.
Petrópolis bajo la niebla. *Nava*. PAZ.
A Petty-Bourgeois . . . *Shimose*. MARQUE.
The Petty Bourgeoisie. *Dalton*. TOPS.
Pez. *Pacheco*. DEBI.
Pezzo scherzevole inopinato. *Adán*. CAILL.
Phlebas the Phoenician. *Campos*. MONDRA.
Photograph. *Hahn*. WHITE.
Photograph. *Lara*. WHITE.
Piano. *Ballagas*. MANSOU, MORA.
Piano de otro mundo. *Eielson*. ORTEGA.
Piano Solo. *Parra*. TOPS.
Picaflor. *Estrada Sáinz*. BEDRE.
Picasso. *Neruda*. SCARPA.
Los piches. *Silva*. CARDE.
Piches entre la luna y las nubes. *Cabrales*. CARDE.
Pido la palabra. *Ayllón Terán*. BEDRE.
Pido que se levante la sesión. *Parra*. CEAL, TOPS.
Pido silencio. *Neruda*. SCARPA.
Piedad. *Lora y Lora*. PERU.
La piedad organizada. *Shelley*. MONDRA.
La piedra. *Rojas*. ORTEGA.
Piedra. *Choque*. BEDRE.
Piedra blanca sobre piedra blanca. *Gutiérrez*. MARQUE.
Piedra cristalina. *Reyes*. COHEN.
Piedra de Puerto Rico, piedra fluvial y alada. *Rodríguez Frese*. BOCCA.
Piedra de rayos. *Vitier*. PADRON.
Piedra de sol. *Paz*. MONSI.
Piedra de sol (Frags.). *Paz*. ROAL.
La piedra es un regazo. *Juárroz*. PADRON.
La piedra frente al mar. *Bartolomé*. GENERA.
Piedra libre. *Requeni*. VILLOR.
Piedra madre. *Moro*. LIBRO.
Piedra nativa. *Paz*. TOPS.
Piedra negra sobre una piedra blanca. *Vallejo*. CAILL, CEAL, JIMEN, SONETO, TOPS.
Piedra pulida. *Morejón*. ORTEGA.
La piedra viva. *Cortés*. CAILL.
Las piedras. *Durán*. PAZ.
Piedras. *Langagne*. GENERA, MONDRA.
Piedras contra la escriba (Frag.). *Aristeguieta*. BOCPA.
Piel. *Arriarán*. BEDRE.
La piel pegada al alma. *López Suria*. MORA, SENSE.
Pienso. *Rodriguez R. de Ayestarán*. URPILA.
Pienso en tu sexo. *Vallejo*. CEAL, TOPS.
Pier. *Uriarte*. VOLCAN.
La pierna de Rimbaud. *Benarós*. VEIRA.
Los pies de Humberto Lamote. *Fernández*. ARAY.
La pieza oscura. *Lihn*. ORTEGA, PADRON. TOPS.
Los pijijes. *Tablada*. CAILL, MONSI.
Pin uno, pin dos. *Castillo*. GENERA.
Pinceladas. *Díaz Mirón*. DEBI.
Pinos. *Cotto*. CEA, SALVA.
Los pinos de Roma. *Vega*. QUIROS.

Pintado el cielo. *Pellicer*. DEBI.
Píntame angelitos negros. *Blanco*. SENSE.
El pintor pereza. *Pezoa Véliz*. CAILL, CALA.
Pintura. *Delmar*. BOCPA.
Pintura. *Molina*. COHEN.
Pintura de María Valencia. *Anguita*. SCARPA.
Pio Tai. *Fernández Retamar*. ARAY.
Las pipas. *Jobet*. CALA.
Piquín. *Limón*. CATO.
La pira. *Schopf*. QUEZA.
La pirámide de Quetzalcoatl. *Cuadra*. CARDE.
Pirata. *Donoso*. CAILL.
El piso uniforme y limpio. *Boullosa*. COHEN.
Pista en las aguas. *Garduño*. COHEN.
Place du Tertre. *Baeza Flores*. ARTE.
The Place You Inhabit. *Hoeffler*. WHITE.
Placer. *Vallarino*. MONDRA.
Un placer. *Vitier*. CAILL.
Placeres. *Palés Matos*. MORA.
Placeres de la soledad. *González Prada*. ROAL.
Plaga. *Campero Echazú*. QUIROS.
Plañe en su alveo. *Tamayo*. QUIROS.
Playa. *Camerón*. WHITE.
Playa. *Cortázar*. SALAS.
Playa con andróginos. *Rojas*. PADRON.
La playa desolada. *Barrera*. DONOSO.
Playa Girón. *Vilariño*. DONOSO.
Playas caribes (itinerario de la Grace Line). *Fombona Pachano*. CAILL.
Las playas de Chile X. *Zurita*. WHITE.
Las playas desiertas. *Chariarse*. LIBRO.
Plaza labrada. *Zaid*. DEBI.
Plaza Mayor. *Serrano*. LETONA.
Pleamar. *Bedregal*. BEDRE.
Plegaria. *Agustini*. CAILL, CEAL, GINURU, MODER.
Plegaria. *Flores*. COHEN.
Plegaria. *Guzmán Cruchaga*. SCARPA.
Plegaria. *Solari Ormachea*. BEDRE.
Plegaria. *Spelucin*. PERU.
Plegaria a Jesús. *Castillo*. GINCO.
Plegaria al corazón. *Jacquez*. ZAID.
La plegaria de la roca estéril. *González Martínez*. CAILL.
Plegaria desde América (Frags.). *Castro Saavedra*. BAEZA.
Plegaria rústica. *Bayona Posada*. GINCO.
Plegaria secreta. *Delos*. BEDRE.
Plenilunio. *Fiallo*. CAILL, ROAL.
Plenilunio de sangre. *Vasseur*. CAILL.
Plenitud. *Estrada Sáinz*. BEDRE.
Plenitud. *Gálvez*. PERU.
Plenitud. *Parodi Uriarte de Prunell*. GINURU.
La plenitud. *Rosenmann Taub*. GINCHI.
Plenitud. *Serrano*. MONDRA.
Plenitud. *Verdie*. GINURU.
Plenitud de la presencia. *Rodríguez Pinto*. CAILL.
La plenitud de lo invisible. *Schön*. ESCA.
Plexiglás. *Belli*. LIBRO, MOLINA.
Pluma y rosa. *Silva-Santisteban*. TORO.
Plumas. *Casanova*. ARTE.
Población de la noche. *Gómez Líbano*. GINCHI.

Población subterránea. *Camargo Ferreira.* QUIROS.
Poblador de oscura siembra. *Reyes.* COHEN.
Poblar un bosque con árboles. *Juárroz.* PADRON.
El pobre. *Diego.* ORTEGA.
El pobre amor. *Alomá.* DONOSO.
Pobre amor. *Ureta.* CAILL.
Pobre Job, sentado sobre las cenizas. *Cantoni.* KOFMAN.
Pobre mundo. *Vilariño.* FIERRO.
Pobrecilla sonámbula. *López Velarde.* CAILL.
Los pobres. *Sosa.* VOLCAN.
Los pobres indiecitos. *Arriola.* BAEZA.
Poco antes nada, y poco después humo. *Cerruto.* ORTEGA, QUIROS.
Poco después desde otro lado. *Cunha.* JIMEN, ROAL.
Un poco más, amor. *Quintero Alvarez.* CAILL.
Poderes mágicos. *Varela.* LIBRO.
Poderío. *Lara.* QUEZA.
Podría. *Aguilar.* SALAS.
¿Podrías acaso? *Massey.* URPILA.
Poe. *Lihn.* PADRON.
The Poem. *Aridjis.* TOPS.
Poem. *Oquendo de Amat.* DOORS.
Poem 13 from the City. *Millán.* WHITE.
Poem 20 from the City. *Millán.* WHITE.
Poem 48 from the City. *Millán.* WHITE.
Poem 60 from the City. *Millán.* WHITE.
Poem for the Father. *Pizarnik.* TOPS.
Poem H. *Rodríguez Nietzche.* MARZAN.
Poem in Nanking. *Jamís.* TARN.
Poem of Love. *Dalton.* VOLCAN.
Poem of the Forgotten Things. *Quezada.* WHITE.
Poem of the Gifts. *Borges.* TOPS.
Poem of the Girl from Velázquez. *Molinari.* TOPS.
Poem of the Intimate Agony. *Burgos.* MARZAN.
Poem to Be Read and Sung. *Vallejo.* TOPS.
Poem with Skin. *Armand.* TOPS.
Poem with the Final Tune. *Burgos.* MARZAN.
Poema. *Agurto Vigneaux.* VILLE.
El poema. *Aridjis.* TOPS.
Poema. *Astorga.* GINCHI.
Poema. *Avila.* BEDRE
Poema. *Ballagas.* SENSE.
Poema. *Bañuelos.* ZAID.
Poema. *Barbieri.* VEIRA.
Poema. *Belli.* LIBRO, ORTEGA.
Poema. *Belli.* LIBRO.
Poema. *Bravo.* BOCCA.
Poema. *Brum.* BAEZA.
Poema. *Cabañas.* VALLE.
Poema. *Cabañas.* VALLE.
Poema. *Cabañas.* VALLE.
Poema. *Cáceres.* ARTE, GINCHI.
Poema. *Cáceres.* CAILL, GINURU.
Poema. *Cáceres.* CAILL.
Poema. *Cardenal.* CEAL.
Poema. *Cárdenas.* ZAID.
Poema. *Castaño.* ZAID.
Poema. *Cerruto.* CAILL.
Poema. *Chariarse.* LIBRO.
Poema. *Derbez.* ZAID.

Poema. *Domínguez*. VALLE.
Poema. *Espinasa*. ZAID.
Poema. *Espinasa*. ZAID.
Poema. *Femat*. ZAID.
Poema. *Feria*. BOCPA.
Poema. *Fraire*. SALAS.
Poema. *Garduño*. COHEN.
Poema. *Gómez Sanjurjo*. VALLE.
Poema. *Gómez Sanjurjo*. VALLE.
Poema. *González de León*. ZAID
Poema. *González Durán*. ZAID.
Poema. *Gramcko*. CAILL.
Poema. *Güiraldes*. FERNAN.
Poema. *Guirao*. CAILL.
Poema. *Jodorowsky*. MONDRA.
Poema. *Krauze*. ZAID.
Poema. *López*. BOCCA.
Poema. *Luque Muñoz*. ABRIL.
Poema. *Mairena*. URPILA.
Poema. *Marín*. ZAID.
Poema. *Mármol*. ESCA.
Poema. *Martínez*. ZAID.
Poema. *Martínez Lamarque*. SALAS.
Poema. *Mena*. ZAID.
Poema. *Menassa*. URPILA.
Poema. *Mitre*. BEDRE.
Poema. *Mitre*. BEDRE.
Poema. *Molina*. ZAID.
Poema. *Monroy*. ZAID.
Poema. *Montané*. BOCCA.
Poema. *Mora*. ZAID.
Poema. *Nieto Cadena*. BOCCA.
Poema. *Nogueras*. ORTEGA.
Poema. *Nogueras*. ARAY.
Poema. *Oquendo de Amat*. CAILL, DOORS.
Poema. *Padilla*. MONSI.
Poema. *Peri Rossi*. BOCPA.
Poema. *Peri Rossi*. BOCCA.
Poema. *Peri Rossi*. BOCCA.
El poema. *Pita*. CATO.
Poema. *Quijano*. ZAID.
Poema. *Quiñones*. BOCCA.
Poema. *Ramírez*. ZAID.
Poema. *Ríos*. ZAID.
Poema. *Rivero*. ARAY.
Poema. *Rodríguez*. VALLE.
Poema. *Ruiz*. SALAS.
Un poema. *Ruiz Mercado*. ZAID.
Poema. *Sananes*. DONOSO.
Poema. *Schvartzman*. VALLE.
Poema. *Schvartzman*. VALLE.
Poema. *Schvartzman*. VALLE.
Poema. *Segovia*. GENERA.
Poema. *Segovia Albán*. ZAID.
Un poema. *Silva*. CEAL, MODER.
Poema. *Torres Sánchez*. ZAID.
Poema. *Uribe*. COHEN, ZAID.
Poema. *Urtaza*. ZAID.

Poema. *Vallejos.* VALLE.
Poema. *Vallejos.* VALLE.
Poema. *Varinia.* ZAID.
Poema. *Vega.* ZAID.
Poema. *Xirau Icaza.* ZAID.
Poema. *Yáñez.* ZAID.
Un poema. *Yañez.* COHEN.
Poema (a Mónica antes de tiempo). *Valcárcel.* TORO.
Poema 3. *Rodríguez Alcalá.* BOCCA.
Poema 5. *Pérez Maricevich.* VALLE.
Poema 6. *Vallejos.* VALLE.
Poema 10. *Pérez Maricevich.* VALLE.
Poema 11. *Pesce.* URPILA.
Poema 11. *Vallejos.* VALLE.
Poema 12. *Girondo.* VILLOR.
Poema 12. *Vallejos.* VALLE.
Poema 13 de la Ciudad. *Millán.* WHITE.
Poema 14. *Ferreiro.* BOCCA.
Poema 16. Castilla. VEIRA.
Poema 20 de la Ciudad. *Millán.* WHITE.
Poema 48 de la Ciudad. *Millán.* WHITE.
Poema 60 de la Ciudad. *Millán.* WHITE.
Poema 100. *Espinoza.* CARDE.
Poema I. *Cunha.* CAILL, GINURU.
Poema I. *Hidalgo.* URPILA
Poema III. *Rodríguez Alcalá.* VALLE.
Poema IV. *Moncada.* GINCHI.
Poema IV. *Pesce.* URPILA.
Poema IX. *Cunha.* CAILL, GINURU.
Poema a Cuba desde lejos. *Chacón Nardi.* CAILL.
Poema a la palma. *Mieses Burgos.* BAEZA.
Poema a un cucaracho. *Salazar.* GENERA.
Poema a Victor Manuel Marín. *Escobar Velado.* SALVA.
Poema abierto al señor presidente. *Moreira.* URPILA.
Poema al astro de luz memorial. *Fernández.* FERNAN, JIMEN.
Poema al corazón. *Escobar.* CAILL.
Poema al lado del sueño. *Oquendo de Amat.* LIBRO.
Poema al poema. *Gottberg.* MEDINA.
Un poema casi no sirve para nada. *Nieto Cadena.* MONDRA.
Poema citadino. *Mora.* SALAS.
Poema con después. *Valjalo.* LETONA.
Poema con la tonada última. *Burgos.* MARZAN.
Poema con piedra. *Armand.* CATO.
Poema con piel. *Armand.* TOPS.
Poema conjetural. *Borges.* JIMEN, TOPS.
Poema de amor. *Dalton.* SALVA, VOLCAN.
Un poema de amor. *Godoy.* CAILL.
Un poema de amor. *Guillén.* ARAY.
Poema de amor estudiantil. *Suárez.* BAEZA.
Poema de amorosa raíz. *Chumacero.* MONSI, ORTEGA, PAZ.
Poema de hojalata. *Bonells Rovira.* ABRIL.
Poema de la angustia. *Godoy.* CAILL.
El poema de la casa en ruinas. *Estrada y Ayala de Ramírez.* CAILL.
Poema de la hermana. *Rodríguez.* VALLE.
El poema de la hija reintegrada. *Moreno Jiménez.* CAILL.
Poema de la íntima agonía. *Burgos.* MARZAN.
Poema de la jícara. *Ballagas.* CAILL.
Poema de la mañana. *Rojas.* CAILL.
Poema de la niña velazqueña. *Molinari.* FERNAN, JIMEN, TOPS.

Poema de la nueva mano. *Montes de Oca.* DEBI.
Poema de la piedra. *Vidales.* CAILL.
Poema de la resurrección. *Cáceres.* CAILL.
Poema de la susceptibilidad del pan y del vino. *Santander.* ARBEL.
Poema de la tierra. *Castro.* CALA.
Poema de la verdad profunda. *Aguirre.* CAILL.
Poema de las cosas olvidadas. *Quezada.* WHITE.
Poema de lástimas a la muerte de Marcel Proust. *Mutis.* ORTEGA.
Poema de los años. *Curbelo.* BAEZA.
Poema de los dones. *Borges.* JIMEN, TOPS.
Poema de madrugada. *Abril Rojas.* ABRIL.
Poema de memoria. *Arenas.* BACIU.
Poema de mis padres y de la casa. *Valero.* ESCA.
Poema de Siberia. *Abril.* CAILL.
Poema de tu voz. *Jérez Valero.* ESCA.
Poema de vida. *Othón.* CAILL.
Poema del destierro. *Alcocer.* SALAS.
Poema del hijo. *Castro.* SALAS.
Poema del hijo sin padre. *Bruzzone de Bloch.* BEDRE.
Poema del hombre y de la tierra. *Garcia Vespa.* BEDRE.
Poema del hombre y su esperanza. *Suárez.* DONOSO.
Poema del manicomio. *Oquendo de Amat.* DOORS, LIBRO.
Poema del momento extranjero. *Cuadra.* CARDE.
Poema del niño mutilo. *Hurtado.* ESCA.
Poema del otoño. *Darío.* CAILL, MODER.
Poema del reino. *Oribe.* CAILL.
Poema del Río de la Plata. *Abella Caprile.* BAEZA.
Poema del sueño dormido. *Abril.* LIBRO.
Poema desde la muerte. *Nandino.* CAILL, MONSI.
Poema desnudo. *Lizardo.* MEDINA.
Poema detenido en un amanecer. *Burgos.* BOCPA.
Poema en el césped. *Lagos.* LETONA.
Poema en Nanking. *Jamís.* TARN.
Poema en once cantos. *Conitzer.* BEDRE.
Poema en recuerdo de una muchacha del campo. *Hernández.* CAILL.
Poema encontrado en un rincón. *Langagne.* MONDRA.
Poema errante. *Lázaro.* CATO.
El poema fallido. *Lindo.* CEA.
Poema familiar. *Pedemonte.* GINURU.
Poema H. *Rodríguez Nietzche.* MARZAN.
.Poema imposible. *Cote Lamus.* GINCO.
El poema inacabable. *Alegría.* PERU.
Poema incómodo. *Bonells Rovira.* ABRIL.
Poema inútil. *Westphalen.* LIBRO.
Poema jubiloso. *Dalton.* PADRON, VOLCAN.
Poema monográfico. *Gómez.* TORO.
El poema muerto. *Wilcock.* VEIRA.
Poema número 6. *Alvarez.* MEDINA.
Poema para el hijo del hombre. *Cordero Espinoza.* DONOSO.
Poema para el padre. *Pizarnik.* TOPS.
Poema para hacer crecer los árboles. *Huidobro.* ARTE.
Poema para la mujer que habla sola . . . *Feria.* ARAY.
Poema para René Guy Cadou. *Teillier.* DONOSO.
Poema para ser grabado en un disco de gramófono. *González Lanuza.* CAILL, GINAR
Poema para ser leído y cantado. *Vallejo.* CEAL, TOPS.
Poema para un ballet. *Huerta.* DEBI.
Poema personal. *Dalton.* CEA.
Poema popular para un 27 de octubre sin policías. *Torres Guzmán.* BEDRE.

Poema pródigo. *Pellicer*. CAILL, PAZ.
El poema que no digo. *Pizarnik*. ORTEGA.
Un poema sin nombre. *Lezcano*. URPILA.
Poema sin nombre. *Rokha*. SCARPA.
Poema sin título. *Carmenate*. CATO.
Poema sin título. *Marechal*. BAEZA.
Poema sobre Jonás. *Cisneros*. DONOSO, TORO.
Poema trágico con dudosos logros cómicos. *Watanabe*. TORO.
Poema tristísimo. *Bonells Rovira*. ABRIL.
Poema V. *Rodríguez Alcalá*. VALLE.
Poema visto en el ventilador de un motel. *Blanco*. MONDRA.
Poema X. *Pesce*. URPILA.
Poema X. *Sáenz*. QUIROS.
Poema XI. *Sáenz*. QUIROS.
Poemamor (Frag.). *Vega*. MARZAN.
Poemas. *Abril*. PERU.
Poemas. *Arze de la Zerda*. BEDRE.
Poemas. *Casal*. CAILL.
Poemas. *Casal*. GINURU.
Poemas. *Pérez-So*. BOCCA.
Poemas. *Quijada Urías*. BOCCA.
Poemas. *Servín*. ZAID.
Poemas. *Uribe Arce*. REYES.
Poemas. *Valle*. CAILL.
Poemas ausentes. *Champourcín*. SALAS.
Poemas con caballos rojos. *Granata*. LAGOS, VOCES.
Poemas cortos. *Díaz y Astete*. BEDRE.
Poemas de amor. *Storni*. FERNAN.
Poemas de amor. *González Canale*. URPILA.
Poemas de Juan y John. *Romero*. RUANO.
Poemas de la izquierda erótica. *Rodas*. LAGOS, VOCES.
Poemas del Batey. *Rodríguez Méndez*. SENSE.
Poemas del lunes. *Medinaceli*. BEDRE.
Poemas del mar y del cansancio. *Cortázar*. SALAS.
Poemas del niño loco y de la espada. *Rodríguez Pinto*. CAILL, GINURU.
Poemas del Papa. *Parra*. CEAL.
Poemas del vencido y del glorioso. *Godoy*. SALAS.
Poemas desde Pekín. *Macías*. SALAS.
Poemas humanos (Frag.). *Vallejo*. PERU.
Poemas inéditos. *Aristeguieta*. URPILA.
Poemas: las pertenencias. *Castellanos Moya*. SALVA.
Poemas para estos días de sangre. *Carrera*. LAGOS, VOCES.
Poème pour la métaphysique. *Helberg*. TORO.
Poemlove (Frag.). *Vega*. MARZAN.
Poems. *Uribe Arce*. REYES.
Poems in Law to Lisa. *Dalton*. CEA.
Poesía. *Eielson*. LIBRO.
La poesía. *Mejía Sánchez*. CAILL.
La poesía. *Neruda*. SCARPA.
La poesía. *Novo*. DEBI, MONSI.
Poesía. *Ramponi*. CAILL, GINAR.
La poesía. *Sandoval*. MONDRA.
Poesía. *Villaurrutia*. CAILL, MONSI, PAZ, TOPS.
La poesía. *Vocos Lescano*. VILLOR.
La poesía (soneto). *Ferreyra Basso*. CAILL, GINAR.
Poesía antillana. *Balseiro*. MORA.
Poesía asesinada. *Sanabria Varela*. COSTA.
La poesía del sol. *Mondragón*. PAZ.
Poesía en armas. *Hernández*. ALEGRI.

La poesía es un atentado celeste. *Huidobro*. DOORS, SCARPA, TOPS.
Poesía, hambre. *Vitier*. ORTEGA.
Poesía no eres tú. *Castellanos*. TOPS.
Poesía poesía todo poesía. *Parra*. REYES.
La poesía sirve para todo. *Turkeltaub*. REYES.
La poesía terminó conmigo. *Parra*. CEAL.
Poesía vertical 1. *Juárroz*. ORTEGA.
The Poet's Days. *Lara*. WHITE.
El poeta. *Argueta*. CEA.
El poeta. *Basualto*. CORSSE.
El poeta. *Cabrera*. COSTA.
El poeta. *Herrera*. ESCA.
Un poeta. *Paz*. BACIU, DEBI, JIMEN, PAZ.
El poeta. *Viscarra Fabre*. BEDRE, QUIROS.
El poeta. *Vitier*. ARAY.
El poeta a los días de su padre. *Fernández*. ARAY.
El poeta a su amada. *Vallejo*. CEAL, ROAL.
El poeta asesinado. *Valjalo*. LETONA.
Poeta, bajo el nimbo. *González*. SCARPA.
El poeta bohemio. *Arciniegas*. SONETO.
El poeta canta a su muerte. *Echeverri Mejía*. GINCO.
El poeta ciego. *Larmig*. ROAL.
El poeta conoce la poesía. *Salazar Bondy*. LIBRO.
El poeta de este mundo. *Teillier*. CALA.
El poeta del jardín. *Castillo*. COHEN, GENERA.
El poeta describe a preludio. *Medinaceli*. QUIROS.
Poeta, di paso. *Silva*. CEAL, MODER.
Poeta en la ciudad. *Bayley*. FERNAN, VEIRA.
El poeta frente a dos ventanas. *Díaz Herrera*. RUANO.
El poeta lee sus manuscritos. *Monge*. URPILA.
El poeta sueña a su patria. *Vargas Osorio*. CAILL.
El poeta y la esposa. *Iraheta Santos*. SALVA.
Los poetas. *Parera*. CATO.
Los poetas celestes. *Neruda*. JIMEN.
Poetas muertos. *Peña Barrenechea*. PERU.
Los poetas ya no van a París. *Medina*. GENERA.
Poética. *Camargo Ferreira*. QUIROS.
Poética. *Cerruto*. BEDRE.
Poética. *Cobo Borda*. ABRIL, PADRON.
Poética. *Escobar*. CAILL.
Poética. *Martí*. MODER.
Poética. *Owen*. PAZ.
Poética. *Padilla*. ORTEGA.
Poética. *Ramírez García*. ZAID.
Poética. *Romualdo*. ORTEGA, RUANO.
Poética 1980. *Argueta*. SALVA.
Poética viva. *Margenat*. MARZAN.
Poetry. *Villaurrutia*. TOPS.
Poetry Is a Heavenly Crime. *Huidobro*. DOORS, TOPS.
Poetry Is Good for Anything. *Turkeltaub*. REYES.
POETRY POETRY All Is Poetry. *Parra*. REYES.
Poiesis. *Silva-Santisteban*. TORO.
Los policías y los guardias. *Dalton*. SALVA.
El poliedro y el mar. *Anguita*. SCARPA.
Pollice verso (memoria de presidio). *Martí*. CEAL.
El polvito. *Cabral*. MORA.
El polvo. *Odio*. LAGOS, VOCES.
El polvo enamorado. Poema I. *Pla*. VALLE.

El polvo enamorado. Poema II. *Pla.* VALLE.
Pomona. *Martí.* CEAL, TAPIA.
Pon aceite en mi lámpara. *Zarrilli.* GINURU.
El pontífice. *Gutiérrez Vega.* PADRON.
The Poor. *Sosa.* VOLCAN.
Popocatépetl. *Volkow.* GENERA.
Por culpa de la ausencia. *Alardín.* LAGOS, VOCES.
Por culpa de una abeja. *Fernández de Carrasco.* BEDRE.
Por el filo de un sueño. *Cardona Torrico.* QUIROS.
Por el hilo de saliva. *Kamenszain.* ORTEGA.
Por el humo. *Ibáñez Iglesias.* URPILA.
Por el ir del río. *Brull.* CAILL.
Por el laurel difunto. *Michelena.* MONSI.
Por encima. *Cruchaga de Walker.* SCARPA.
Por entre las islas. *Pereira.* ESCA.
Por ese adiós. *Chacón Nardi.* CAILL.
Por eso. *Arévalo.* URPILA.
Por esta calle que se prolonga hacia el silencio. *Claros.* TORO.
Por esta libertad. *Jamís.* FIERRO, ORTEGA.
Por fuera estás dormida y por adentro sueñas. *Aridjis.* PAZ.
Por la orilla de la mar. *Magallanes Moure.* CAILL, CALA.
Por la raíz al sueño. *Canelas López.* QUIROS.
Por la sombra del valle. *Gaitán Durán.* ARBEL.
Por las calles borrosas. *Guzmán Cruchaga.* SCARPA.
Por las rendijas. *Colombani.* ESCA.
Por lo común. *Cillóniz.* TORO.
Por los caminos del tiempo. *Mora Martínez.* COSTA.
Por los túneles. *Avila.* BEDRE.
¿Por qué el tedio? *Sandoval.* MONDRA.
Por qué me han mudado. *Belli.* TOPS.
Por qué no puedo escribir un poema sobre Lares. *Silén.* MARZAN.
Por razones de odio. *Sánchez Peláez.* MEDINA.
Por rudos clavos. *Riestra.* SALAS.
Por su esbelta belleza. *Solana.* CAILL.
Por tí los hemiciclos de mi fuego. *Bernal.* COHEN.
Por tí se me han ido tantos barcos. *Mansour.* MONDRA.
Por tu mirada de niña siempre sorprendida en falta. *Nieto Cadena.* MONDRA.
Por un camino de aire. *Varona.* LAGOS, VOCES.
Por un instante. *Fernández Retamar.* ORTEGA.
Por un minuto de vida breve. *Pizarnik.* ORTEGA.
Por una bufanda perdida. *Jamís.* ARAY.
Por una vez. *Castillo Martín.* CATO.
Por unos días. *Rivera.* LETONA.
Por unos minutos. *Comesaña.* COHEN.
Por Vallejo. *Rojas.* PADRON.
Porción triste. *Pacheco.* TAPIA.
Porque amamos la vida. *Pita Rodríguez.* TARN.
Porque cuando estoy triste no me importa el tiempo. *Suárez.* SALVA.
Porque el lenguaje es un síntoma. *Corssen.* CORSSE.
Porque escribí. *Lihn.* ORTEGA, PADRON.
Porque Safo se regocija en el cuerpo de su lago (Frags.). *Anaya.* COHEN.
Porque soy el poeta. *Matos Paoli.* ORTEGA.
Porque soy vagabunda. *Lars.* CAILL.
Porque van diez años. *Campero Echazú.* BEDRE, QUIROS.
Port Morazan. *Martínez Rivas.* VOLCAN.
El portal. *Vitier.* PADRON.
Portal de un mundo. *Mateo.* BOCCA.
El portero de las rosas. *Sánchez Negrón.* ESCA.
Pórtico. *Díez de Medina.* BEDRE.

Un pórtico. *García Terrés*. DEBI.
Pórtico. *Martí*. CEAL.
Pórtico. *Rosenmann Taub*. SCARPA.
Pórtico. *Torres Bodet*. PAZ.
Pórtico de Melpómene (Frag.). *Capdevila*. CAILL, VILLOR.
Portorriqueñismo. *Diego*. CAILL.
Portrait of Jose Cemi (from the novel *Paradiso*.) *Lezama Lima*. TOPS.
Portrait of My Father, Militant Communist. *Teillier*. TOPS.
Posdata para Filippo Lippi. *Quirarte*. GENERA.
Posdata para Luisa Valente. *Gómez*. TORO.
Posesión. *Rebolledo*. MONSI, TAPIA.
Positivamente 129 Perry Street. *Oliva*. CATO.
Post-Card. *Argueta*. CEA.
Postal con ojos de cenzontle. *Hernández*. COHEN.
Postal de la guerra florida. *Hernández*. COHEN.
Postal de Labná. *Hernández*. COHEN.
Postal de Lesbia. *Hernández*. COHEN.
Postal de Madrid. *Hernández*. COHEN.
Postal de Tepoztlan. *Hernández*. COHEN.
Postal de Yañez. *Szpumberg*. BOCCA.
Postal desde Acapulco. *Bañuelos*. MONDRA.
Postales. *Flores*. COHEN.
Postales. *López Acuña*. COHEN.
El poste. *Bustamante y Ballivián*. CAILL.
Póstuma imagen. *González Martínez*. DEBI.
Potra de los cuatro vientos. *Facal*. TAPIA.
El potrero. *Cea*. CEA.
Los potros. *Rivera*. CAILL, ROAL.
El pozo. *Palés Matos*. MARZAN.
El pozo. *Vitale*. CAILL.
El pozo verbal. *Cerruto*. ORTEGA.
Práctica mortal. *Zaid*. ORTEGA, PAZ, TOPS.
Prayer for Marilyn Monroe. *Cardenal*. TOPS.
Prayer for the Soul of My Country. *Castillo*. VOLCAN.
Pre-requiem. *Carmagnola de Medina*. LAGOS, VOCES.
Pre-vida. *Undurraga*. CAILL.
Precauciones. *Moro*. CATO.
El precio de una Patria. *Gordillo*. CARDE.
Predestinación de la tarde. *Huerta*. MONDRA.
Prédica. *Ibargoyen Islas*. MONDRA.
Predilección evanescente. *Girondo*. CEAL.
La preferida. *Arrieta*. CAILL, ROAL.
Pregón. *Ballagas*. SENSE.
Pregón. *Guillén*. SENSE.
La pregunta. *Echeverría Loría*. SEGURA.
La pregunta. *Neruda*. CEAL.
Una pregunta a la escuela de Frankfurt. *Padilla*. TOPS.
Una pregunta a la escuela de Frankfort. *Padilla*. PADRON.
Pregúntale a ese mar. *Beroes*. SONETO.
Preguntando por mí. *Berreta Galli*. URPILA.
Las preguntas. *Florit*. CAILL.
Preguntas. *Hernández*. TORO.
Preguntas a la hora del té. *Parra*. CEAL.
Preguntas de Javier el adivino. *Corcuera*. TORO.
Pregunto por la tierra perdida. *Salazar Bondy*. DOORS.
Preludio. *Alardín*. SALAS.
Preludio. *Icaza*. CAILL.
Preludio. *Prado*. ROAL.

Preludio. *Vilela*. BEDRE.
Preludio en boricua. *Palés Matos*. JIMEN, SENSE.
Preludio Número 2. *Larreta*. GINAR.
El Premio Nobel. *Parra*. REYES.
Premonición. *Valladares*. CATO.
Preocupación del vivir. *Incháustegui Cabral*. CAILL.
Preparar la próxima hora. *Dalton*. FIERRO.
Preparativos. *Casanova*. ARTE.
La presa. *Guevara*. ESCA.
Presencia. *Burgos*. ESCA.
Presencia. *Castellanos*. PAZ.
Presencia. *Guzmán Cruchaga*. ARTE.
Presencia. *Guzmán Cruchaga*. CAILL.
Presencia. *Materán Alfonzo*. ESCA.
Presencia de la muerte. *Pardo García*. GINCO.
Presencia de la muerte. *Sinán*. CAILL.
Presencia de tu ser. *Sierra*. CAILL.
Presencia del hombre. *Gaitán Durán*. CAILL.
La presencia del mito. *Nuñez*. LAGOS, VOCES.
Presencia del Sur. *Cruchaga Santa María*. CAILL.
Presencia en el olvido. *Delmar*. LAGOS, VOCES.
Presencia y fuga (Frag.). *Gorostiza*. MONSI, SONETO.
The Present Evening. *Florit*. TOPS.
Presentimiento. *Ferreyra Basso*. CAILL.
Presentimiento. *Reyes de la Jara*. VILLE.
Presentimiento del último día. *Cruchaga Santa María*. CAILL, GINCHI.
Presentimiento e invitación a la humildad. *Sinán*. CAILL.
Presento a Tacaxí. *Romero*. CAILL.
El presidente. *Hernández Campos*. MONSI, PAZ.
Pretérito imperfecto. *Camerón*. WHITE.
Pretexto. *Quijada Urías*. CEA.
Preventiva. *Shelley*. MONDRA.
Príamo. *Medina*. GENERA.
Primavera. *Avila Jiménez*. QUIROS.
Primavera. *Calderón*. ZAID.
Primavera. *Campero Echazú*. QUIROS.
Primavera. *Chirveches*. BEDRE.
Primavera. *Rivas*. CEA.
Primavera. *Vilela*. QUIROS.
Primavera (soneto). *Ferreyra Basso*. CAILL.
Primavera, 6 a.m. *Shimose*. QUIROS.
Primavera a la vista. *Paz*. CAILL.
La primavera de los muertos. *Ibáñez*. GINURU.
Primavera de fuego y ceniza en el cine Rex de Roma. *Eielson*. LIBRO.
Primavera triunfante. *Corcuera*. MOLINA.
Primaveral. *Darío*. TOPS
Primer amor. *Larreta*. GINAR.
El primer baño. *Caicedo y Rojas*. ROAL.
Primer coloquio. *Rivas*. CEA.
Primer cuento de Navidad . . . *Villa-Gómez*. BEDRE.
El primer discurso. *Diego*. ORTEGA.
Primer encuentro con amor. *Marechal*. CAILL.
Primer espacio. *Luna*. SALAS.
Primer hijo. *Rivera Rodas*. BEDRE.
Primer libro de la ciudad (Frag.). *López*. ARAY.
Primer ofrecimiento. *Hernández*. MONSI.
El primer signo. *Placencia*. MONSI.
Primer texto de misoginia. *Derbez*. GENERA.
Primera alusión. *Wong*. COHEN.

Primera aventura. *Cabral.* MORA, TAPIA.
Primera canción. *Wilcock.* VEIRA.
Primera canción elbitense. *Marechal.* JIMEN.
Primera comunión. *Quezada.* QUEZA.
Primera concesión. *Shelley.* DONOSO.
Primera confesión (Frag.). *Lira.* ARTE.
Primera invocación. *Arteche.* SCARPA.
Primera revelación de la 19a ceremonia. *Ceselli.* TAPIA.
Primero de noviembre 1976. *Vicuña.* ARTE.
Los primeros pasos. *Moreno Jiménez.* PERU.
El príncipe de bruces. *Dalton.* CEA.
Príncipe de naipes. *Rojas.* CALA.
Príncipe enano. *Martí.* CAILL, MODER.
Principio y fin del mar. *González Martínez.* MONSI.
El prisionero. *Ibáñez.* CAILL.
El prisionero (Homenaje a D.A.F. de Sade). *Paz.* BACIU, JIMEN.
Prisma. *Maples Arce.* DEBI, MONSI, PAZ.
Prison. *Millán.* REYES.
El privilegio de mirar morir. *Fernández Retamar.* PADRON.
Privilegio tristísimo y ardiente. *García Marruz.* CAILL.
La probable e improbable desaparición de un gato . . . *Martínez.* WHITE.
The Probable and Improbable Disappearance of a Cat . . . *Martínez.* WHITE.
Problema del alma (Frag.). *Huerta.* PAZ.
Problemas del oficio. *Jamís.* ARAY.
Problemas del subdesarrollo. *Guillén.* JIMEN.
Procedimientos fáciles para obtener oro. *González.* MONDRA.
La procesión. *Mercado.* PERU.
La procesión de San Pedro (Frags.). *Dublé Urrutia.* ARTE.
Procesión india. *Mistral.* SCARPA.
Proclama. *Tallet.* CAILL.
Proclama I. *Navarro Harris.* CORSSE.
Proclamations Issued by the Chilean Military. *Anon. Chile.* MARQUE.
El producto/El nombre del producto. *Lauer.* TORO.
Profecía del polvo. *Carmenate.* CATO.
Profecía latente. *Jaramillo Levi.* COHEN.
Profeta se necesita. *Vega.* BEDRE.
Prófugo de la sal. *Mario.* URPILA.
Profundidad del amor. *Sánchez Peláez.* MEDINA, ORTEGA.
Profundidad del día y de la noche. *Maeso Tognochi.* GINURU.
Prohibido el paso. *Enríquez.* COHEN.
Prójimo. *Benavides.* FIERRO.
Prólogo. *Cobo Borda.* BOCCA.
Prólogo. *Galán.* VEIRA.
Prólogo. *Guillén.* CEAL.
Prólogo. *Martínez Matos.* ARAY.
Prólogo. *Rivero.* ARAY.
Prólogo (Frag.). *Rokha.* GINCHI.
Prólogo al adiós. *Ortiz Sanz.* QUIROS.
Prólogo: circunstancial. *Shelley.* MONDRA.
Prólogo para una cita con la muerte. *Ferrer.* MEDINA.
Prólogo que no dice nada y me disculpa. *Olivari.* FERNAN.
Prolongaré la calle. *Parera.* CATO.
Promesa. *Argueta.* CEA, SALVA.
La promesa. *Padilla.* TOPS.
Promesa del Río Guayas. *Carrera Andrade.* BAEZA, CAILL.
La Prometheida (Frags.). *Tamayo.* QUIROS.
Promiscuous (Span.). *Deniz.* ORTEGA.
The Promise. *Padilla.* TOPS.

Pronóstico meteorológico. *Miranda Casanova.* BOCCA.
Pronta mejoría para Oscar Castro (Frag.). *Cañas.* BAEZA.
Pronuncio: Mundo. *Huertas Olivera.* URPILA.
La propia insurrección. *Meneses.* LAGOS, VOCES.
Propiedades. *Millán.* QUEZA.
Proposición. *Monsreal.* COHEN.
Proposiciones. *Brito.* CORSSE.
Propósito. *Fernández Moreno.* CAILL.
Propósitos. *Aridjis.* MONDRA.
Prosa del solitario. *Chumacero.* DEBI.
Prosaísmo. *González Castillo.* SONETO.
Prosas profanas. *Darío.* TAPIA.
El proscrito. *Chumacero.* ORTEGA.
Proustiana. *Rojas.* QUEZA.
Provincial Sundays. *López Velarde.* TOPS.
Proyección hacia el pasado. *Tello.* ARBEL.
Proyecto de tren instantáneo entre Santiago y Puerto Montt. *Parra.* CEAL.
Psalle et sille. *González Martínez.* CAILL, MODER.
Psalm 5. *Cardenal.* MARQUE, TOPS.
Psalm 36. *Cardenal.* MARQUE.
Psalm 48. *Cardenal.* MARQUE.
El pseudónimo de la selva. *Isla.* COHEN.
Psicopatía. *Silva.* CEAL.
Pudiera ser. *Storni.* CAILL, FLORES.
Pudor. *Navarro Harris.* VILLE.
Pueblo. *Guelerman.* URPILA.
Pueblo. *Mitre.* QUIROS.
El pueblo. *Neruda.* FIERRO.
Pueblo. *Palés Matos.* BAEZA, JIMEN, ROAL, TOPS.
Pueblo (Eng.). *Palés Matos.* TOPS.
Pueblo. *Paz.* JIMEN, TOPS.
El pueblo. *Perezalonso.* CARDE.
Pueblo. *Tatter.* URPILA.
Pueblo acosado. *Cabrera.* COSTA.
Pueblo negro. *Palés Matos.* CAILL, MANSOU, MORA, SENSE.
El pueblo victorioso. *Neruda.* FIERRO.
Pueblos amados. *Scorza.* MOLINA.
El puente. *Vitale.* LAGOS, VOCES.
Puente de los suspiros. *Razzeto.* TORO.
Puente en el sur. *Teillier.* CAILL, SCARPA, TOPS.
Un puente. Un gran puente. *Lezama Lima.* ARAY.
Los puentes. *Durán.* PAZ.
Los puentes. *Henderson.* TORO.
Puentes levadizos. *Lastra.* ARTE.
Puerta. *Quiteño.* CEA.
La puerta. *Sánchez.* BOCPA, CARDE.
Puerta al tiempo en tres voces. *Palés Matos.* JIMEN, MARZAN.
Las puertas. *Minelli González.* GINURU.
Puertas. *Mistral.* CALA, JIMEN, SCARPA.
Puertas de comedor. *Byrne.* CORSSE.
Puerto. *Basualto.* VILLE.
Puerto. *Cisneros.* PERU.
Puerto. *Morador.* GINURU.
Puerto. *Nazoa.* MEDINA.
Puerto de La Habana. *Morejón.* BOCPA.
Puerto Morazán. *Martínez Rivas.* CARDE, VOLCAN.
Puerto ocupado. *Ramos.* VOCES.
Puerto Rican Obituary. *Pietri.* MARQUE.
Puertos. *Munita.* ARTE.

Pues si el amor huyó. *Greiff.* BAEZA.
Pues tal vez. *Bonifaz Nuño.* DEBI.
Puesta de sol. *Urbina.* ROAL.
La puesta del sol. *Jara.* CAILL.
La puesta en el sepulcro. *Martínez Rivas.* CARDE.
Puesto de socorro. *Otero Reiche.* BEDRE.
Pulsera de dalias. *Estrada Sáinz.* BEDRE.
Pulula. *Cabral.* MORA.
Puna. *Avila Jiménez.* QUIROS.
La puna. *Chocano.* CAILL.
Un puñado de tierra. *Campos Cervera.* JIMEN, VALLE.
El puñal. *Tablada.* BACIU, DEBI.
Un punto negro. *Osorio Canales.* ESCA.
Punto y coma. *Collado.* SALAS.
Los puntos de siempre. *Infusino.* KOFMAN.
La pupila insomne. *Martínez Villena.* BAEZA.
La purga. *Fernández.* COHEN.
Puro asombro. *López Vallecillos.* CEA.
El puro no. *Girondo.* CEAL.
Puro suceder de miradas anteriores. *Calderón.* WHITE.
Puta. *Vallarino.* MONDRA.
Putas en el templo. *Aridjis.* COHEN.
Pututo llamador. *Florián.* MOLINA.

Quarta ripresa. *Adán.* ORTEGA.
La que acoge y conforta. *Segovia.* PAZ.
Qué alegre el día. *Sabines.* DEBI.
¡Qué bien descansa . . . ! *Letona.* LETONA.
Que calle el árbol. *Alardín.* SALAS.
La que comprende. *Storni.* BAEZA, FLORES.
Qué denso se vuelve el tiempo. *Serrano.* ZAID.
Los que desesperan. *Urzagasti.* QUIROS.
Que despierte el leñador. *Neruda.* ROAL.
Qué diera yo por saber. *Rivera.* GENERA.
¿Qué es para usted la poesía? *Jamís.* DONOSO.
¿Qué es poesía? *Sancho Castañeda.* SALVA.
Que estás en los cielos. *Florit.* CAILL.
Qué fué la vida. *Vilariño.* ORTEGA.
¿Qué gana un viejo con hacer gimnasia? *Parra.* REYES.
Qué gélido contacto. *Sicilia.* ZAID.
Qué ha sido de mis amigos. *Campos.* MONDRA.
¿Qué hacen los que pueden hacer algo? *Puglia.* URPILA.
Qué hacer en esta hora. *España.* WHITE.
¿Qué importa, di . . . ? *Prado.* CALA.
Que la ciudad sea principio y fin. *Aura.* COHEN.
¿Qué le ocurrió? *López.* TARN.
Los que llamaron a la muerte. *Arteche.* ARTE.
Que muy pronto mañana. *Belli.* PADRON.
Que nada nos sorprenda. *Macías.* MONDRA.
El que no es cabrón no es hombre. *Castillo.* COHEN.
La que no vuelve. *Blanco.* SONETO.
Qué olvidado lucero. *Payan Archer.* GINCO.
¿Qué pájaro es ése aquél? *Crespo.* PADRON.
Qué pasa los sábados. *Valdés.* ARTE.
Qué podrías entender. *Molinari.* CAILL.
Qué prueba (Frag.). *Villaurrutia.* BAEZA.
El que quiera la paz. *Capdevila.* CAILL.
El que regresa. *Hinostroza.* TORO.

Que ruede la cabeza del poeta. *Silva Acevedo*. REYES.
Qué sabes tú quién es, y qué ha pasado. *Fabani*. CAILL.
¿Qué se ama cuando se ama? *Rojas*. ARTE, CALA, ORTEGA, PADRON.
Que se cierre esa puerta. *Pellicer*. JIMEN, MONSI.
El que se va sonriente. *Girri*. VILLOR.
¿Qué sé yo de Dios? *Gordillo*. CARDE.
Que sea larga tu permanencia. *Sáenz*. QUIROS.
Que sea para bien. *López Velarde*. CAILL.
Qué sed mortal de Dios se desamarra en mi. *Ochoa*. LAGOS, VOCES.
¿Qué será? *Castrillo*. QUIROS.
¿Qué será de mi amor? *Usigli*. MONSI, PAZ.
¿Qué será lo que espero? *López Velarde*. CAILL.
¿Qué serafín es éste? *Mieses Burgos*. CAILL.
¿Qué soledad hiriente? *Bonifaz Nuño*. MONSI.
Qué somos, Dios, qué somos. *González Urizar*. ARTE.
Los que soñamos. *Pérez-So*. ESCA.
¿Qué sostiene tu cuerpo en el vacío? *Rojas*. TORO.
¿Qué tal Mister? *Monje Landívar*. BEDRE, LAGOS, VOCES.
¿Qué te tomas? *Santibáñez*. COHEN.
Que van a dar a la noche. *Cerruto*. ORTEGA.
Que veremos arder. *Fernández Retamar*. ARAY.
Quedaré dentro de ti. *Barreda*. MONSI.
Quedo en ti si ya no vuelvo. *Santana*. GINCHI.
Quehaceres. *Navarro Harris*. VILLE.
Queja en futuro imperfecto. *Rosales y Rosales*. CEA.
Quema las piedras. *Jamís*. ARAY.
Quemar las naves. *Benedetti*. MARQUE.
Quemazón. *Palacios*. URPILA.
Quenas. *Bustamante y Ballivián*. PERU.
Querido diario. *Merodio Tames*. BOCCA.
Querría ser. *Fernández Retamar*. ARAY.
A Question for the Frankfurt School. *Padilla*. TOPS.
Question for the Lost Land. *Salazar Bondy*. DOORS.
Quevedo habla de sus llagas. *Arteche*. SCARPA.
Quia sunt. *Pinto*. QUIROS.
Quiché warrior. *Flores*. VOLCAN.
¿Quién? *Bedregal*. QUIROS.
¿Quién . . . ? *Illescas*. MONDRA.
¿Quién? *Oribe*. CAILL.
Quién dejará de hundir su mano. *Pizarnik*. ORTEGA.
¿Quién es Ninoskha Méndez? *Vega*. QUIROS.
¿Quién ha alzado ese sombrero? *Cazasola*. QUIROS.
Quién lo creyera. *Carranza*. ABRIL.
¿Quién me compra una naranja? *Gorostiza*. CAILL, DEBI, MONSI, TOPS.
¿Quién que no es romántico? *Argueta*. SALVA.
¡Quien sabe! *Chocano*. BAEZA, CAILL, TOPS.
¿Quién sabe? *Rivera*. CORSSE.
Quién sabe. *Rivera Madrid*. ZAID.
Quién sabe. *Vizcarrondo*. BAEZA.
¿Quién secó? *Illescas*. MONDRA.
Quien tiene que decirle a su amiga que . . . *Oliva*. COHEN, ZAID.
Quién tira la primera piedra. *Silva*. BOCPA.
¿Quién vive en el espejo? *Vásquez*. CORSSE.
Quieren ¡oh mi dolor! *Martí*. SONETO.
Quiero. *Gaitán Durán*. ARBEL.
Quiero apenas. *Gaitán Durán*. ARBEL.
Quiero escribir un niño. *Belli*. LAGOS, VOCES.
Quiero irme. *Pohlhammer*. ARTE.
Quiero quedarme. *Martínez Estrada*. FERNAN.

Quiero saber de tu sonrisa. *Ibargoyen Islas*. MONDRA.
Quiero volver al sur. *Neruda*. ARTE, CALA.
Quiet Spaces. *Huidobro*. TOPS.
Quietismo pastoril. *Ballivián*. BEDRE.
Quietud. *Güiraldes*. FERNAN.
El Quijote. *Alvarenga*. BOCCA.
Quilmo. *Rivera*. CALA.
Quimérica cordura. *Fernández*. ARAY.
Quinta avenida. *Tablada*. MONSI.
Quinta de recreo. *Castellanos*. DEBI.
Quinta luna. *Pedroni*. GINAR.
Quinta ripresa. *Adán*. LIBRO.
Quinteto (Frag.). *Lanza*. GINCHI.
Quinteto tres. *Silva Estrada*. ESCA.
Quipus desatados. *Shimose*. QUIROS.
Quisiera. *Godoy Godoy*. URPILA.
Quisiéramos. *Romero*. VALLE.
Quita de mí esta brizna. *Castro*. ESCA.
Quizá cuando te mire. *Peña*. SALAS.
Quizá ya no seré la sombra. *Restrepo*. ABRIL.
Quizás tú no comprendas. *Villanueva*. MARZAN.
¿Quo vadis? *Zamudio*. BEDRE.

R/p. *Silva*. CARDE.
Rabat. *Ochoa*. SALAS.
Rabia del sexo. *Vanasco*. TAPIA.
La rabiaca del haitiano. *Suro*. MORA.
La ración. *Belli*. MOLINA.
The Radiant Beaches. *Zurita*. WHITE.
Radiante espesura. *Martell*. CATO.
Radiografía. *Cabrera Carrasco*. URPILA.
Radiograma. *González Martínez*. DEBI.
Rafael. *Pellicer*. MONSI.
Ráfaga desde un mar. *González*. SCARPA.
Ráfagas. *Zaid*. DEBI, ORTEGA.
Raíces. *Camargo Ferreira*. BEDRE, QUIROS.
Las raíces. *Genta*. GINURU.
Raíces. *Mondragón*. DONOSO.
Raíces. *Valle Silva*. MEDINA.
The Rain Is Falling. *Aridjis*. TOPS.
Rain Psalm. *Lugones*. TOPS.
Rainer Maria Rilke, el hombre de los campanarios. *Viscarra Fabre*. QUIROS.
Rainy Morning. *Rivera-Avilés*. MARZAN.
Rainy Night. *Ibarbourou*. TOPS.
La raíz de la voz. *Huidobro*. JIMEN, ROAL.
Raíz del canto. *Castro*. CAILL, SCARPA.
Raíz negra. *Palma*. MORA.
Raíz perdida. *Zavaleta Mercado*. BEDRE.
Raíz salvaje. *Ibarbourou*. CAILL, GINURU, TOPS.
Ralo. *Galindo*. ESCA.
La rama. *Paz*. DEBI.
Rama. *Uriarte*. CARDE, VOLCAN.
Rama (Eng.). *Uriarte*. VOLCAN.
Rama de boj. *Cruchaga Santa María*. CALA.
Ramas sin fondo. *Cruchaga de Walker*. SCARPA.
Rancho. *Ledesma*. CAILL.
El rancho. *Silva Valdés*. CAILL, GINURU.
Rancho orejano. *Campos Cervera*. CAILL.

Rape. *Parra.* REYES.
Rapsodia criolla. *Lloréns Torres.* CAILL.
Rapsodia de la primavera fogosa y el otoño apagado. *Facal.* TAPIA.
Rapsodia de Saulo. *Arturo.* CAILL, ORTEGA.
Rapsodia del ojo peligroso del aprendiz de sacristán. *Facal.* TAPIA.
Rapsodia para el mulo. *Lezama Lima.* JIMEN, TOPS.
El rapto de la adolescente. *Bardesio Vila.* CAILL, GINURU.
El rapto de la amada Sabina. *Watanabe.* BOCCA.
Rara avis. *Ruiz.* ZAID.
Raudal. *Pasos.* CARDE.
Raya en el techo del amor. *Mario.* DONOSO.
Una raya más al tigre. *Camerón.* REYES.
El rayo contradictor. *Cerruto.* QUIROS.
El rayo surca. *Martí.* MORA.
La raza aymara. *Sainz.* BEDRE.
Razón ardiente. *Mitre.* ORTEGA.
Razón de amor. *Valencia.* GINCO.
Razones para el asombro. *Valle.* SALVA.
Razones y proporciones. *Romualdo.* CAILL.
Reacción en cadena. *Silva Acevedo.* WHITE.
La realidad. *Benavides.* FIERRO.
Realidad. *Cadenas.* ESCA.
Realidad de la noche. *Gerbasi.* ORTEGA.
La realidad es ahí. *Liscano.* PADRON.
Rebaño. *Castro.* SALAS.
Rebaso de mi propio territorio. *Vásquez Méndez.* BEDRE.
Rebel. *Ibarbourou.* FLORES.
Rebelde. *Ibarbourou.* CAILL, FLORES, SONETO.
Recado a Rosario Castellanos. *Sabines.* ORTEGA.
Un recado de Mon para Bolívar. *Cabral.* JIMEN.
Recado para el ausente. *Ramírez Murzi.* ESCA.
Recado para un joven poeta. *Salazar Bondy.* FIERRO, LIBRO.
Re)cámara de diputados. *Bañuelos.* MONDRA.
Recapitulaciones de Phillippe Marlowe. *Freidemberg.* BOCCA.
Recepción. *Herrera y Reissig.* GINURU.
Recetas a una vieja burguesa para que sea feliz. *Menén Desleal.* CEA.
Recién entonces. *Girondo.* FERNAN.
El recién nacido. *Rojas.* ARTE.
Recinto. *Sologuren.* LIBRO.
Recital. *Suardíaz.* ARAY.
Recla. *Oquendo de Amat.* LIBRO.
Reclamo de la lumbre de Dios. *Carvajal.* GINCO.
Reclamo del varón a la doncella. *Gómez.* BOCCA.
Recollection of Gabriela Mistral. *Lars.* TOPS.
Recomendaciones a mi hijo varón que está por nacer. *Kozer.* PADRON.
Recóndita. *Yerovi.* PERU.
Recóndita y secreta. *Dondo.* CAILL.
Recóndito retorno. *Rubio.* SCARPA.
Reconocimiento. *Garibaldi.* GINURU.
El reconocimiento. *Machado de Arnao.* CAILL.
Reconocimientos. *Gelman.* ORTEGA.
Recordando. *Gravino.* KOFMAN.
Recordando a Homero al pie de las colinas. *Rojas.* TORO.
Recordando las primeras de cambio o el noviazgo. *Cea.* CEA.
Recordándome. *Sanabria Varela.* COSTA.
Recorrer todo el camino. *Vieyra.* REYES.
Recorridos. *Langagne.* MONDRA.
Recostado en su placer. *Bonifaz Nuño.* ORTEGA.
Recuadro. *Zapata Prill.* QUIROS.

Recuento. *Acosta Bello*. ESCA.
Recuento. *Feijóo*. SONETO.
Recuento I. *Trejo Villafuerte*. GENERA.
¿Recuerdas? *Magallanes Moure*. ARTE, CAILL, CALA, GINCHI, SONETO.
¿Recuerdas aquel verano de arrecifes? *Sandoval*. MONDRA.
El recuerdo. *Núñez Olano*. BAEZA.
Recuerdo. *Lezama de la Torre*. ZAID.
El recuerdo. *Owen*. DEBI.
El recuerdo. *Pellicer*. CAILL.
Recuerdo. *Zepeda*. MONDRA.
Recuerdo a la muerte de Bernardo. *Argueta*. CEA.
Recuerdo de Castilla. *Pedemonte*. GINURU.
Recuerdo lejano. *Vallarino*. MONDRA.
Recuerdos. *Arce Navarro*. COSTA.
Recuerdos. *Güiraldes*. FERNAN.
Recuerdos de Iza (un pueblecito). *Pellicer*. MONSI, PAZ.
Recuerdos de la infancia. *Casal*. CAILL.
Recuerdos de matrimonio. *Lihn*. TOPS.
Red. *Eguiluz*. CORSSE.
Redemptio. *Díaz Mirón*. CAILL.
Redención. *Schulze Arana*. QUIROS.
Redoble fúnebre. *Vallejo*. ROAL.
La reencarnación de los carniceros. *Hahn*. CALA, ORTEGA, WHITE.
Reencuentro con Abel. *Fernández*. ARAY.
Reencuentro con Don Quijote. *Paz Paredes*. BOCPA.
Reencuentro y pérdida de la mandrágora. *Gómez Correa*. BACIU.
Reflejos. *Villaurrutia*. DEBI.
Reflujo. *Bedregal*. BEDRE, QUIROS.
Refugio. *Capriles*. BEDRE.
Refugio. *Maldonado*. MONDRA.
Refugio en verano. *Llerena*. CAILL.
Regalo. *Salazar*. GENERA.
Regalo para el niño. *Escobar Velado*. SALVA.
Regiones. *Ortega*. COHEN.
Regresarán un día. *Campos Cervera*. VALLE.
Regresiones. *Urbach*. SONETO.
El regreso. *Artieda*. BOCCA.
Regreso. *Castillo Martín*. CATO.
El regreso. *Colombo*. BOCCA.
Regreso. *Fernández Moreno*. CAILL, FERNAN, GINAR.
El regreso. *Gaitán Durán*. ARBEL, ORTEGA.
Regreso. *Godoy*. SALAS.
Regreso. *González*. ARTE.
Regreso. *González Guerrero*. CAILL.
Regreso. *González Martínez*. DEBI.
El regreso. *Herrera y Reissig*. CAILL, GINURU, TOPS.
Regreso. *Pastori*. MEDINA.
El regreso. *Paz*. CAILL.
Regreso. *Piaggio*. URPILA.
Regreso. *Salazar*. ESCA.
Regreso. *Torres Bodet*. MONSI.
El regreso. *Vaz Ferreira*. CAILL, GINURU.
Regreso a la cordura. *Storni*. FERNAN, VILLOR.
Regreso al mundo cada día. *Bollo*. CAILL.
Regreso con islas y jazmín. *Carranza*. JIMEN.
Regreso de viaje. *Vinderman*. KOFMAN.
Regresó el caminante. *Neruda*. CALA.
Regreso en sueños. *Storni*. CAILL, GINAR.

La reina del celuloide (carta final). *Guevara*. ORTEGA.
La reina del mercado. *Blomberg*. ROAL.
Reincarnation of the Butchers. *Hahn*. WHITE.
Reino alado. *Zuazo Precht*. BEDRE.
El reino de los cielos. *Gibson*. PERU.
Reino del agua. *Varela*. COHEN.
El reino interior. *Darío*. CAILL, MODER.
Reja. *Varela*. LIBRO.
Rejonero imperial. *Espinosa y Saldaña*. PERU.
Relación de los hechos. *Becerra*. PAZ.
Relaciones. *Gelman*. ORTEGA.
Relapso. *Tallet*. SONETO.
Relato. *Bustamante*. BOCCA.
Relato de Claudio Monteflavo. *Greiff*. ARBEL.
Relato de Harald el oscuro. *Greiff*. CAILL.
Relato de Sergio Stepansky. *Greiff*. CAILL, GINCO, JIMEN.
Relato de un viaje. *González Tuñón*. FERNAN.
Relato del augur. *Castellanos*. MONSI.
Relato no. 1. *Arauz B*. DONOSO.
Relente. *Casas Araujo*. GINURU.
El relevo. *Padilla*. PADRON.
Los relicarios dulces. *Agustini*. CAILL, CEAL, GINURU.
Religiosas. *Anón. de Vallegrande*. BEDRE.
Reliquia. *Poveda*. BAEZA.
El reloj. *Carrera Andrade*. TOPS.
Reloj. *Guillén*. ARAY.
El reloj. *Mondaca*. CAILL, GINCHI.
Reloj. *Torres Bodet*. CAILL.
Reloj de arena. *Calvo*. TORO.
El reloj de sol. *Lerena Acevedo*. GINURU.
Reloj de sol. *Zaid*. ORTEGA, PAZ, TOPS.
El remanso. *Llona*. PERU.
Remedios caseros. *Rivera*. CALA.
Remember. *Vega*. ARTE.
Remembranzas ante la presencia de mi madre. *Rivera Rodas*. BEDRE.
Reminiscencia oscura. *Viscarra Monje*. BEDRE.
Remordimiento. *Owen*. DEBI.
Renacer. *Lara*. BEDRE.
Renacimiento. *Aguirre*. GINURU.
Renata. *Padilla*. ARAY.
Rendición de Eshu. *Fernández*. MANSOU, SENSE, TARN.
La renovada muerte de la noche. *Novo*. DEBI, JIMEN, MONSI, ROAL, PAZ.
Renovado crepúsculo. *Geada*. CATO.
Renuévate sobre la misma obstinación. *Oliva*. COHEN.
Renuevo. *Torres Bodet*. DEBI.
La renuncia. *Blanco*. BAEZA.
Renunciación. *Nervo*. MODER.
Renunciación. *Rubio Huidobro*. REYES.
Renunciamiento. *Bedregal*. CAILL.
Renunciamiento. *Canelas López*. QUIROS.
Renunciamiento. *Ledesma*. SONETO.
Renunciation. *Rubio Huidobro*. REYES.
El reo. *Lugones*. FERNAN.
Repetidas las aguas del origen. *Silva Estrada*. ESCA.
Report of an Injustice. *Castillo*. MARQUE.
Reportaje. *Rivero*. ARAY.
Reportaje especial por el día internacional. *Salado*. BOCCA.
Reposo de tinieblas. *Cea*. CEA.
El reposo del guerrero. *Hahn*. ARTE.

Reprise. *Sampedro.* COHEN.
El reproche (Cromos.). *Arciniegas.* GINCO, ROAL.
Requiem. *Estenssoro.* BEDRE.
Requiem. *Rosenmann Taub.* SCARPA.
Requiem (Frags.). *Díaz Casanueva.* ARTE.
Requiem del mar. *Pastorín.* URPILA.
Requiem del obsceno. *Illescas.* MONDRA.
Requiem for the Sumpul. *Durand.* VOLCAN.
Requiem para el samán. *Rosas Marcano.* ESCA.
Requiem para el sordomudo Jack Quintanilla . . . *Morales.* TORO.
Requiem para el Sumpul. *Durand.* VOLCAN.
Requiem para la madre de todos. *Villa-Gómez.* BEDRE.
Requiem para la muerte. *Ortiz Sanz.* QUIROS.
Requiem para una mesa. *Moreno Monroy.* ARTE.
Requiem por un poeta. *Argueta.* CEA.
Requisitoria de los trajes vacíos. *Calzadilla.* ESCA.
Resaca. *Bedregal.* BEDRE.
Rescatando recuerdos. *Niggemann.* URPILA.
Rescate. *Bordao.* CATO.
Reseña. *Rivero.* TARN.
La resentida. *Jijena Sánchez.* GINAR.
Reses. *Cruchaga de Walker.* SCARPA.
Residencia. *Huerta.* COHEN.
Respecto del Tercer Mundo. *Fernández Cherición.* MARQUE.
El resplandeciente. *Cerruto.* QUIROS.
Resplandor. *Russell.* BAEZA.
El resplandor del ser. *Castellanos.* SALAS.
Un resplandor en la mejilla. *Bolaño.* ARTE.
Resplandor último. *Zaid.* PAZ.
Respóndeme mamá. *Illescas.* MONDRA.
Respóndeme, Teresa. *Munita.* ARTE.
Responso de los días. *Velásquez.* MEDINA.
Responso del peregrino. *Chumacero.* MONSI, PAZ.
Responso en bronce mayor. *Bernárdez.* CAILL.
Responso en el mes de julio. *Ramírez Murzi.* ESCA.
Responso jubiloso. *Rivas.* CEA.
Responso por el tigre. *Escalante.* COHEN.
Responso por un sueño. *Pérez.* MEDINA.
La respuesta de la tierra. *Silva.* CEAL, MODER.
Respuesta de amor. *Infusino.* KOFMAN.
Restituyo orígenes. *Ossandón.* ARTE.
El resto es nada. *Montes.* ARTE.
Restricción de los desplazamientos nocturnos. *Hahn.* PADRON.
Resumen. *Bilbao.* VALLE.
Resumen. *Torres Bodet.* TOPS.
Resurrecciones. *Florez.* SONETO.
Retablo. *Contardo.* CAILL, GINCHI.
La retirada. *Otero Reiche.* BEDRE.
Retiro voluntario (Frags.). *Calvimontes y C.* BEDRE.
Reto. *Florez.* ROAL.
El reto del Beatnik. *Gaete Nieto del Río.* ARTE.
El retorno. *Castellanos.* TOPS.
Retorno. *Charry Lara.* CAILL, GINCO.
Retorno. *Cruchaga Santa María.* ARTE.
Retorno. *Díaz Casanueva.* CALA.
El retorno. *Electorat.* WHITE.
El retorno. *Guardia.* MONSI.
Retorno. *Llerena.* CAILL.

El retorno - La muerte de Alfonsina. *Castro*. GINCHI.
Retorno a la penumbra. *Lira Sosa*. ESCA.
Retorno al mar. *Estrada*. CAILL.
El retorno maléfico. *López Velarde*. DEBI, MONSI, PAZ, TOPS.
Retornos. *Castro*. ARTE.
Retrato. *Aguilar*. SALAS.
Retrato. *Arenas*. CALA.
Retrato. *Eielson*. LIBRO.
Retrato. *Fernando*. ZAID.
Retrato. *Florit*. CAILL.
Retrato. *Guirao*. CAILL.
Retrato. *Martín*. GINCO.
El retrato. *Planchart*. MEDINA.
El retrato. *Xammar*. CAILL, PERU.
Retrato de José Cemí. (de la novela *Paradiso*.) *Lezama Lima*. TOPS.
Retrato de mi padre, militante comunista. *Teillier*. TOPS.
Retrato de mi perro. *Rivas*. SONETO.
Retrato de Miranda en la carraca. *Nieto*. CATO.
Retrato de niño. *Novo*. JIMEN, ROAL.
Retrato de salón. *Henderson*. TORO.
Retrato de un desconocido. *Peña*. CARDE.
Retrato de un viejo. *Rubio*. CAILL.
Retrato de una estudiante. *Arteche*. CALA.
Retrato del poeta como un duende joven. *Padilla*. PADRON.
Retrato físico. *Vicuña*. VILLE.
Retrato hablado. *Quezada*. BOCCA, QUEZA.
Un retrato para el hombre. *Ferrer*. MEDINA.
Retratos de ciudad. *Quiñones*. VOCES.
The Return. *Castellanos*. TOPS.
The Return. *Electorat*. WHITE.
The Return. *Herrera y Reissig*. TOPS.
Reunión bajo las nuevas banderas. *Neruda*. JIMEN.
Revelación. *Arrieta*. CAILL, GINAR.
Revelación. *Carriego*. TAPIA.
Revelación. *Darío*. MODER.
Revelaciones. *Pizarnik*. ORTEGA.
Revenge. *Nervo*. TOPS.
Reveron. *Guedez*. ESCA.
Reversible. *Rojas*. PADRON.
Revirtiendo. *López*. LAGOS, VOCES.
Revisión matutina. *Simpson*. DONOSO.
El revisor. *Mogollón*. ESCA.
Revolución. *Barnet*. DONOSO.
Revolución. *Castillo*. MARQUE.
Revolución. *Lihn*. TOPS.
Revolución. *Maples Arce*. MONSI.
Revolución nuestra, amor nuestro. *Fernández Retamar*. ARAY.
El revolucionario. *Cabral*. MORA.
Revolution. *Castillo*. MARQUE.
Revolution. *Lihn*. TOPS.
Rey en el exilio. *Cobo Borda*. PADRON.
El Rey Lear. *Cisneros*. TORO.
Los reyes rojos. *Eguren*. MODER.
Reza tú. *Arráiz*. MEDINA.
Rhapsody for the Mule. *Lezama Lima*. TOPS.
Ricardo Jaimes Freyre. *Cerruto*. QUIROS.
Ricardo, testigo. *Aguilar*. GENERA.
Richard Brought His Flute. *Morejón*. TOPS.
Richard trajo su flauta. *Morejón*. TOPS.

Riesgos del equilibrista. *Diego.* ARAY, TARN.
Rima. *Carranza.* JIMEN.
Rima involuntaria. *Morales.* MONDRA.
Rimbaud en polvos azules. *Pimentel.* TORO.
Rincón. *Millán.* WHITE.
Rincón de los tristes: Sol. *Cisneros.* PERU.
Rincón del parque. *Icaza.* CAILL.
Rincón isleño. *Contardo.* CAILL, GINCHI.
Los rincones. *Cruchaga Santa María.* CAILL.
Rincones sordos. *Huidobro.* TOPS.
El río. *Granado.* QUIROS.
El río. *Heraud.* TORO.
El río. *Molina.* ROAL.
El río. *Ortiz.* VEIRA.
Río al mar. *Ortega.* TORO.
Río de cien piedras. *Zepeda.* MONDRA.
Río de mi infancia. *Barquero.* CALA.
Río de olvido. *Reyes.* CAILL.
Río de Plata. *Martínez Estrada.* CAILL, GINAR.
Río Escondido. *Uriarte.* CARDE.
Río Grande de Loíza. *Burgos.* MARZAN.
Rio Grande de Loiza (Eng.). *Burgos.* MARZAN.
El río Luján. *Kofman.* KOFMAN.
Río Maule. *Camerati.* CORSSE.
Río quedado. *Alvarez.* VEIRA.
El río seco. *Arrieta.* CAILL.
Río secreto. *Escalona Escalona.* MEDINA.
Los ríos. *Chocano.* CAILL.
Los ríos peregrinos. *Garcia Vespa.* BEDRE.
Riqueza. *Arias.* URPILA.
Rispetto. *González Prada.* CAILL.
Ritmo antillano. *Manrique Cabrera.* MANSOU, MORA, SENSE.
Ritmo soñado. *González Prada.* CAILL.
Ritmos negros del Perú. *Santa Cruz Gamarra.* SENSE.
Rito acuático. *Molina.* ORTEGA.
Rito para que nazca una flor en la gran pirámide. *Dalton.* CEA.
Ritornelo. *Greiff.* CAILL, GINCO, TAPIA.
Ritornello. *Adán.* LIBRO.
Ritornello. *Balseiro.* ROAL.
Ritos. *Cabral.* MORA.
Ritos. *Olmedo.* ZAID.
Ritos. *Parra.* CEAL, JIMEN, SCARPA.
Ritual de la primavera. *Lameda.* MEDINA.
Ritual de mis piernas. *Neruda.* CEAL.
Ritual del que recibe. *Cea.* ALEGRI.
Roads. *España.* WHITE.
Roberto, el subteniente. *Novo.* PAZ.
Robinson, perseguido. *Hinojosa.* COHEN, GENERA.
Robinson perseguido (Frag.). *Hinojosa.* ZAID.
Robot sublunar. *Belli.* ORTEGA.
La roca y yo. *Carrasco Peña.* URPILA.
Las rocas. *Hidalgo.* CAILL.
Rock video. *Lamadrid.* CATO.
Rockaway Beach (Span.). *Flores.* COHEN.
Rodeados de los cerros como murallas. *Cross.* MONDRA.
Las rogativas (Frags.). *Anón. de Vallegrande.* BEDRE.
Rojos tejados. *Chariarse.* LIBRO.
Roller Coaster. *Parra.* TOPS.

Roma blues. *Flores Castro*. COHEN.
Romance. *Amorím*. GINURU.
Romance. *Gorostiza*. CAILL.
Romance. *Silva Valdés*. GINURU.
Romance. *Torres Bodet*. ROAL.
Romance anónimo. *Langagne*. MONDRA.
Romance con lejanías. *Mastronardi*. VILLOR.
Romance de amor y de sangre. *Queremel*. CAILL, TAPIA.
Romance de barco y junco. *Castro*. ARTE.
Romance de cautivo. *Banchs*. CAILL.
Romance de ciego. *Iglesias*. GINCHI.
Romance de estío. *Montoya*. TAPIA.
Romance de la angustia. *Vega*. GINURU.
Romance de la bella. *Banchs*. CAILL, GINAR.
Romance de la casa de Trejo. *Capdevila*. ROAL.
Romance de la casona. *Viaña*. BEDRE.
Romance de la danza negra. *Moya Posas*. MANSOU.
Romance de la Domitila en el río. *Nieto*. PERU.
Romance de la jaca torda. *Vallejo*. CAILL.
Romance de la lluvia. *Urquiza*. CAILL, SALAS.
Romance de la majestad sencilla. *Agüero Chaves*. SEGURA.
Romance de la niña inocente. *Montoya*. TAPIA.
Romance de la niña negra. *Cané*. BAEZA, MANSOU, ROAL, SENSE.
Romance de la preñadita. *Banchs*. CAILL, GINAR.
Romance de las caricias. *Fernández Calvimonte*. BEDRE, TAPIA.
Romance de las esmeraldas de Cortés. *Fernández Moreno*. FERNAN.
Romance de las delanteras. *Ameller Ramallo*. BEDRE.
Romance de las dos mujeres. *Escobar Velado*. SALVA.
Romance de los rumores. *Cerruto*. CAILL.
Romance de muerte y vida. *García*. GINURU.
Romance de palomas. *Fernández Moreno*. CAILL, GINAR.
Romance de Potosí (Frags.). *Saavedra Nogales*. BEDRE.
Romance del agua dormida. *Guzmán Cruchaga*. SCARPA.
Romance del amor cobarde. *Céspedes Barberi*. BEDRE.
Romance del bermellón y del verde. *Danke*. GINCHI.
Romance del Huaso Raimundo. *Torres Rioseco*. GINCHI.
Romance del mar azul. *Capdevila*. CAILL.
Romance del muerto vivo. *González Martínez*. MODER.
El romance del Rey Miguel. *Rugeles*. MANSOU.
Romance del romancero gitano. *Lars*. ROAL.
Romance del valle. *Shimose*. BEDRE.
Romance del vendedor de canciones. *Castro*. SCARPA.
Romance del viento blanco. *Silva Valdés*. CAILL, GINURU.
Romance en verde difuso. *Ibarbourou*. GINURU.
Romance hispano-árabe. *Delmonte Ponce de León*. CATO.
Romancillo de la angustia. *Vilela*. BEDRE.
Romancillos del amor de Dios. *Champourcín*. SALAS.
Romanticismo. *Kozer*. PADRON.
Romanza. *Cunha*. CAILL, GINURU.
Romanza. *Gavidia*. CAILL.
Romanza del guitarrero. *Otero Reiche*. BEDRE.
Romeo y Julieta. *Martínez Matos*. ARAY.
Romeo y Julieta. *Martínez Matos*. ARAY.
Romerías de ensueños. *Ureta*. CAILL.
El romero alucinado. *González Martínez*. CAILL.
Rompecabezas. *Díaz Diocaretz*. VILLE.
Rómpete el pecho contra el mundo. *Moro*. CATO.
Ron. *Palés Matos*. CAILL, MORA, SENSE.
Ron de Jamaica. *Ribera Chevremont*. MORA.

Ronda. *Guzmán Cruchaga*. CAILL.
La ronda catonga. *Pereda Valdés*. GINURU, MANSOU, SENSE.
La ronda de espadas. *Eguren*. BACIU, CAILL.
Ronda de los enanos. *Lugones*. ROAL.
Ronda de vírgenes muertas. *Barrenechea*. CAILL.
Rondel. *González Prada*. CAILL.
Rondel. *Villegas*. GINCO.
Rondel campestre. *Borda Fergusson*. TAPIA.
Rondel cobarde. *Sassone*. PERU.
Rondeles. *Casal*. CAILL.
Rondo. *Bustamante*. CEA.
Rooster. *Lihn*. DOORS.
Ropa. *Hidalgo*. DONOSO.
Ropa limpia. *Arévalo Martínez*. BAEZA, CAILL.
Rosa. *Corcuera*. RUANO.
Rosa. *Gaztelú Gorriti*. CATO.
La rosa. *Rincón*. CAILL.
La rosa blanca. *Prado*. ARTE, CAILL, GINCHI, SCARPA.
Rosa de agua. *Rojas*. SONETO.
Rosa de humo. *Guzmán Cruchaga*. CAILL.
Rosa de la muerte. *Yrarrázaval*. ARTE.
La rosa de los vientos. *Ibarbourou*. GINURU.
Rosa de los vientos. *Ortiz Sanz*. QUIROS.
Rosa de sangre. *Alonso Amieva*. SALAS.
La rosa del sabio. *Oribe*. CAILL, GINURU.
La rosa desvelada. *Prado*. ROAL.
La rosa divina. *Prado*. SCARPA.
Rosa en vigilia. *Mieses Burgos*. CAILL.
Rosa entre rosas. *Maya*. BAEZA.
Rosa exigida. *Puentes de Oyenard*. URPILA.
Rosa ideal. *Jaimes Freyre*. MODER.
La rosa inalcanzable. *Prado*. SCARPA.
La rosa inefable. *Prado*. SCARPA.
Rosa nocturna. *Guzmán Cruchaga*. ARTE.
Una rosa para Stefan George. *Molinari*. CAILL.
La rosa primitiva. *Huerta*. CAILL.
La rosa sobre la roca. *Herrera*. ESCA.
Rosado. *Byrne*. CORSSE.
El rosario. *Allocati*. URPILA.
Rosas. *Cardona Torrico*. QUIROS.
Las rosas de mi rosal. *Fiallo*. CAILL.
Rosas en los estanques. *Azofeifa*. SEGURA.
Rosas rojas para una dama triste. *Marquina*. CEA.
Rosita en flor. *Balsa Donatti*. ESCA.
El rostro (Frag.). *Vitier*. FIERRO.
El rostro de la calle. *Berenguer*. VILLE.
Rostro de la contemplación. *Oliva*. PAZ.
Un rostro en el otoño. *Orozco*. CAILL.
El rostro grabado. *Freda*. URPILA.
El rostro que va conmigo. *Silva Belinzon*. GINURU.
Rostros campesinos. *Gerbasi*. CAILL.
Rostros de muchachas mirándose en el río. *Cuadra*. ORTEGA.
Rotología del poroto. *Rokha*. CALA.
Rotterdam. *Rojas*. WHITE.
Rotterdam (Eng.). *Rojas*. WHITE.
Route Seven. *Camerón*. WHITE.
Rubayat de regocijo. *Bedregal*. BEDRE.
Rubén Darío. *Lora y Lora*. PERU.

Rue de Matignon, 3. *Cobo Borda.* PADRON.
La rueda. *Lezama Lima.* ARAY.
Rueda de fuego sin lágrimas. *Rokha.* BAEZA.
La rueda del hambriento. *Vallejo.* CAILL, CEAL, PERU.
Ruego. *Casal.* CAILL.
Ruego. *Casaravilla Lemos.* CAILL, GINURU.
El ruego. *Mistral.* CAILL, GINCHI, ROAL, SCARPA.
El ruego. *Storni.* ROAL.
Ruego. *Halley Mora.* VALLE.
Ruego a Jesús del Rescate. *Ordóñez Argüello.* CARDE.
Ruego a la Cruz de Mayo. *Rodríguez.* MEDINA.
La rufiana. *Cuadra.* CARDE.
Los ruidos en el agua. *Moisés.* KOFMAN.
Ruina. *Reyes.* ARTE.
Ruina. *Rugeles.* MEDINA.
Ruina de la infame Babilonia. *Montes de Oca.* MONSI, ORTEGA.
Ruinas. *Jaramillo Levi.* COHEN.
Las ruinas en el atardecer. *Buesa.* BAEZA.
Un ruiseñor abre la puerta. *Sandoval.* MONDRA.
Ruiseñor telegrafista. *Alfaro.* QUIROS.
Rumba. *Ballagas.* SENSE.
Rumba. *Guillén.* SENSE, TAPIA.
Rumba. *Hernández Catá.* MORA.
Rumba. *Lira.* MANSOU, SENSE.
La rumba. *Tallet.* CAILL, MANSOU, MORA, SENSE, TAPIA.
Rumba de la Negra Pancha. *Portuondo.* MORA.
Rumba de tumba y dale. *Gómez Kemp.* MORA.
Rumbera. *Guirao.* CAILL, MANSOU.
Rumbera. *Jiménez.* MANSOU.
Rumor del mundo. *Barrenechea.* SCARPA.
Rumor perdido. *Rodríguez Santos.* CATO.
Running down the Same Road. *Vieyra.* REYES.
Ruptura. *Ramírez.* ESCA.
Ruptura. *Torres Bodet.* BAEZA, CAILL.
Rusia. *Jaimes Freyre.* BEDRE, MODER.
Rústica. *González Martínez.* TAPIA.
Ruta siete. *Camerón.* WHITE.
Ruth. *Campero Echazú.* QUIROS.

Sábado. *Storni.* CAILL, FERNAN.
Sábana de arriba. *Hahn.* ARTE.
Sabás. *Guillén.* SENSE.
El sabe quién es todavía. *Molina.* COHEN.
¿Sabes tú? *Minelli González.* BAEZA.
Sabiduría humana. *Delgado.* MOLINA.
Sabor de la tierra. *Pardo García.* SONETO.
Saco del fondo profundo. *Rivera.* MARZAN.
Sad Song (Span.). *Camarillo de Pereyra.* SALAS.
The Sad Voices. *Jaimes Freyre.* TOPS.
Sade. *Arenas.* BACIU.
Sádica danzarina. *Bracamonte.* TAPIA.
Saeta. *Torres Bodet.* MONSI.
Saetas. *Magallón.* SALAS.
Saetas. *Navarro.* BOCPA.
Safo II. *Peralta.* LAGOS, VOCES.
La sagrada familia. *Barnet.* ARAY.
Sailor. *Huidobro.* TOPS.
Saint James Park (Span.). *Quirarte.* COHEN.
Saint Michel. *Matte Alessandri.* ARTE.

Sal. *Mistral.* SCARPA.
La sal de la tierra. *Blanco.* ORTEGA.
Sala de cine. *Bañuelos.* DEBI.
Salada savia. *Bedregal.* QUIROS.
Salambona. *Reyes.* MONSI.
Salario del poeta. *Cobo Borda.* ABRIL.
Salir de la mujer es separarse. *Aridjis.* TOPS.
Salmo. *Quezada.* ARTE.
Salmo. *Verástegui.* TORO.
Salmo 5. *Cardenal.* ALEGRI, MARQUE, ORTEGA, TOPS.
Salmo 36. *Cardenal.* MARQUE.
Salmo 48. *Cardenal.* MARQUE.
Salmo 136. *Cardenal.* PADRON.
Salmo a una mariposa. *Armas Chitty.* MEDINA.
Salmo absoluto (Frags.). *Heredia.* BEDRE.
Salmo al prófugo. *Rokha.* CALA.
Salmo de la triste desposada. *Rojas.* CAILL.
Salmo de las bestias en reposo. *González.* MEDINA.
Salmo de los niños entre las sombras. *González.* MEDINA.
Salmo del destierro. *Tavira.* COHEN.
Salmo melancólico. *Casaravilla Lemos.* CAILL.
Salmo pluvial. *Lugones.* CAILL, FERNAN, MODER, TOPS, VILLOR.
Salmodia, sin gracia ni ritmo. *Carranza.* ABRIL.
Salomé. *López.* MONSI.
Salon Chronicle. *Paredes.* VOLCAN.
Salón de baile. *Chumacero.* MONSI, ORTEGA, PAZ.
Salón de té. *Cobo Borda.* ORTEGA.
Salta con la camisa en llamas. *Pizarnik.* ORTEGA.
Salto del Laja. *Mistral.* ARTE, CALA.
El saludo. *Arias.* BOCPA.
Saludo al mar. *Merino Reyes.* GINCHI.
Saludos. *Vera.* ESCA.
Salutación. *Camargo Ferreira.* BEDRE.
Salutación. *Rose.* MOLINA.
Salutación a los poetas brasileños. *Molina.* CAILL.
Salutación a Pancho Alegría capitán de goleta. *Hernández Franco.* MORA.
Salutación al romero. *Reyes.* CAILL.
Salutación de partida. *Arce Navarro.* COSTA.
Salutación del optimista. *Darío.* CAILL.
Salvación del ser. *Rossler.* VILLOR.
Salvador Allende. *Abril Rojas.* ABRIL.
Salvaje. *Ibarbourou.* CAILL, ROAL.
Salvamento. *Girondo.* CAILL.
¡Salve! *Camarillo de Pereyra.* SALAS.
Salve, El Salvador. *Astrada.* ALEGRI.
¡Salve, oh patria! *Aguirre Acha.* BEDRE
Salve Señor. *Illescas.* MONDRA.
.Samain diría el aire es quieto. *Vallejo.* CEAL.
The Same as Ever. *Nogueras.* TARN.
San Antonio y el centauro. *Valencia.* CAILL.
San Carlos. *Coronel Urtecho.* DOORS.
San Carlos (Eng.). *Coronel Urtecho.* DOORS.
San Francisco de Asís. *Hernández Catá.* ROAL.
San José. *Fombona Pachano.* CAILL.
San Juan de la Cruz. *Arenas.* ARTE.
San Juan de Limay. *Yllescas.* CARDE.
San Juan de Patmos ante la puerta latina. *Lezama Lima.* CAILL.
San Martín (1810). *Neruda.* CEAL.

San Pedro bendito. *Placencia.* MONSI.
San Roque y la villa. *Torrejón Cardoso.* BEDRE.
Sancho Panza contemporáneo. *Arévalo Martínez.* ROAL.
Sandía. *Tablada.* DEBI, MONSI, PAZ.
Sandial. *Rubio.* CAILL.
Sangre de ballena en alta mar. *Negrete Salinas.* ZAID.
La sangre de la guitarra. *Franco.* VILLOR.
La sangre de su muchacho. *Mejía Sánchez.* CARDE.
Sangre en espera. *Zepeda.* MONDRA.
Sangre en una piedra. *Méndez.* CAILL.
Sangre fría. *Serrano.* MONDRA.
Sangre que desmenuza su corola. *Etchebarne.* CAILL.
Sangre y humo. *Pacheco.* DEBI, PAZ.
Santa Maravilla. *Cruchaga Santa María.* CAILL, GINCHI.
Santa María Maggiore. *Eguiluz.* CORSSE.
Santificado sea. *Capdevila.* CAILL.
El santo. *Benítez.* GENERA.
El santo. *Mitre.* QUIROS.
El santo de la rosa. *Viscarra Fabre.* BEDRE.
Santo señor del musgo y del insecto. *Rosas Galicia.* COHEN.
Santos Mayta. *Cardona Torrico.* QUIROS.
Santuario. *Valle.* CALA.
El sapo. *Alfaro.* QUIROS.
El sapo. *Arreola.* PAZ.
Sapo y mar. *Storni.* BOCPA.
Los sapos. *López Vidaurre.* BEDRE.
Los sapos. *Tablada.* DEBI, PAZ.
Saquearon nuevamente la casa. *Rivera Rodas.* QUIROS.
Sarmientos. *Bareiro Saguier.* VALLE.
Satellite City. *Electorat.* WHITE.
Sátira intencionada. *Olivares Figueroa.* CAILL.
El sauce. *Herrera y Reissig.* TAPIA.
El saúz. *Tablada.* MONSI, PAZ.
Scarcely. *Reyes.* TOPS.
Scherzo. *Pellicer.* DEBI.
Scherzo del bosque. *Tamayo.* CAILL.
The Scream Is a Kind of Coffin. *Molina Venegas.* WHITE.
Se acabó. *Guillén.* ARAY, CEAL.
Se agrieta el labio, nace la palabra. *Montes de Oca.* DEBI, PAZ.
Se alegra el mar. *Gorostiza.* CAILL, MONSI.
Se canta al mar. *Parra.* CAILL, GINCHI.
Se colmaron de asombros. *Wong.* COHEN.
Se contrarresta la violencia. *Sandoval.* MONDRA.
Se despide y saluda de paso al futuro pasado. *Ferrari.* LIBRO.
Sé digno. *Finot.* BEDRE.
Se empieza a vivir. *Mesa Seco.* ARTE.
Se escribe en el ala del viento. *Viaña.* BEDRE.
Se escucha la tarca. *Rivera.* VOCES.
Se está solo. *Vilariño.* BOCPA.
Se fueron mis amigos. *Ferrer.* ESCA.
Se gratificará. *Quijada Urías.* SALVA.
Se habla de Gabriel. *Castellanos.* FLORES.
Se interna sigilosa. *Kamenszain.* ORTEGA.
Se juntan desnudos. *Gaitán Durán.* ARBEL, ORTEGA, TAPIA.
Se le habla a un niño vietnamita. *Oraá.* FIERRO.
Se llamaba Rigüey. *Rivera.* TAPIA.
Se llega allí por el preciso instante. *Lima Quintana.* TAPIA.
Se me deshoja. *Calderón.* SALAS.
Se me han ido las horas. *Mondragón.* ROAL.

Se me ocurren ideas luminosas. *Parra.* CEAL.
Se nos ha muerto un sueño. *Nalé Roxlo.* CAILL, GINAR.
Se pierde pero se gana. *Mora.* TORO.
Sé que curvo mi salto presentido. *Chávez Padrón.* SALAS.
Sé que estoy vivo. *Gaitán Durán.* ARBEL, SONETO.
Sé que mi canto es vulnerable. *Paine.* VEIRA.
Sé que yo hubiera sido. *Marasso.* CAILL, GINAR.
Se va con algo mío. *Silva.* CAILL.
The Sea. *Borges.* TOPS.
The Seashell. *Darío.* TOPS.
Sección de anuncios clasificados. *Fernández Cherician.* MARQUE.
Second Life of My Mother. *Carrera Andrade.* TOPS.
Secreciones vibrantes. *Tomat-Guido.* TAPIA.
Secret. *Jodorowsky.* FLORES.
El secreto. *Jodorowsky.* FLORES.
El secreto. *Lozano y Lozano.* BAEZA, TAPIA.
El secreto. *Ortiz Sanz.* QUIROS.
Secreto. *Segovia.* PAZ.
El secreto. *Xammar.* CAILL.
Secreto a voces. *Escalona.* ESCA.
Secreto de familia. *Varela.* LIBRO.
El secreto de los días. *Nájar.* TORO.
El secreto de Machu-Picchu. *Cardenal.* RUANO.
Sectaria. *Illescas.* MONDRA.
Secuestro de la mujer de Antonio. *Guillén.* CAILL.
La sed. *Agustini.* CAILL, GINURU.
Sed. *Bedregal.* QUIROS.
Sed. *Contreras.* CEA.
Sed. *Llerena Blanco.* LETONA.
Sed. *Pares.* SALAS.
La sed de amor. *Leiva.* CAILL.
Sed de belleza. *Martí.* CEAL.
Sed de demencia. *Lira Sosa.* ESCA.
El sediento. *Paz.* CAILL.
Segador. *Pellicer.* MONSI.
Segregación no. 1. *Belli.* ORTEGA, TOPS.
Segregation #1. *Belli.* TOPS.
Seguidillas personales. *Fernández Moreno.* CAILL.
Seguimiento. *Serrano.* MONDRA.
Segunda agonía y alabanza. *Rokha.* ARTE.
Segunda aventura. *Cabral.* MORA.
Segunda canción. *Guillén.* BOCCA.
Segunda invocación. *Arteche.* SCARPA.
Segunda pequeña cantata de caguabo. *Cartaña.* CATO.
Segunda revelación de la 20° ceremonia. *Ceselli.* TAPIA.
La segunda verdad. *Mejía.* TORO.
Segunda vida de mi madre. *Carrera Andrade.* TOPS.
La segunda voz del coro es la del río. *Otero Silva.* MEDINA.
Segundo coloquio. *Rivas.* CEA.
Segundo poema a C. *Mario.* CATO.
Segundo poema de la muerte. *Guzmán.* ESCA.
Segundo poema para Claudia. *Hernández.* SALVA.
Segundo silencio. *Vicario.* ARTE.
Segundo sueño (Frag.). *Ortiz de Montellano.* MONSI, PAZ.
La segura mano de Dios. *Dalton.* ALEGRI.
Seguro de su sombra. *Echavarría.* ARBEL, GINCO.
Las seis de la tarde. *Cano.* ZAID.
Seis días. *Vega.* VILLE.

Selene. *Agustini.* CEAL.
Selénica. *Pinto Saucedo.* BEDRE.
Self-Portrait. *Coronel Urtecho.* DOORS.
Self-Portrait of the Other. *Padilla.* TOPS.
Selva. *Castrillo.* QUIROS.
La selva. *Granado.* QUIROS.
La selva. *Loynaz.* CAILL.
Selva de mármol. *Vázquez.* CAILL.
Selva en el templo. *Godoy.* SALAS.
Selvática. *Obaldía.* CAILL.
Semáforos. *Zaid.* PAZ.
Semana holandesa. *Pellicer.* PAZ.
Semanario. *Vallejo.* CAILL.
El semblante. *Salazar Bondy.* LIBRO.
Semblante acaecido. *Pellegrini.* BACIU.
Sembrad, enterradores, cara a la primavera. *Pla.* VALLE.
Sembrador. *Campos Cervera.* JIMEN.
Sembrador. *Pellicer.* DEBI.
La sementera. *Othón.* ROAL.
La semilla. *Pares.* SALAS.
Semillas para un himno. *Paz.* MONSI, ORTEGA.
Seña Chencha. *Arana.* MORA.
La señal. *Florit.* CAILL.
Señales. *Carrera Andrade.* CAILL.
Señales. *Maldonado.* MONDRA.
Las señales. *Nava.* MONDRA, PAZ.
Señas del Che. *Benedetti.* FIERRO.
Señas del parque Sutro. *Carrera Andrade.* CAILL.
Senda de gracia. *Lagos Lisboa.* GINCHI.
Señor. *Taborga de Requena.* BEDRE.
Señor, haz que yo vea. *Pellicer.* DEBI.
Señor, no la castigues. *Mairena.* URPILA.
Señor que lo quisiste. *Loynaz.* CAILL.
El señor que lo veía. *Arévalo Martínez.* CAILL.
Señor viento. *Hurtado.* ESCA.
Señora de la muerte. *Godoy.* SALAS.
Señora de las flores. *Sansón.* CARDE.
Señoras. *Oliveros.* BOCCA.
Señoras chilenas. *Rivera.* ARTE, CALA.
Los señores de la familia. *Huidobro.* ARTE.
Señoriales señoras. *Rubio.* ARTE, CAILL, CALA, SCARPA.
La señorita muerta. *González Tuñón.* CAILL.
Sensación. *Sanabria Varela.* COSTA.
Sensación de olor. *Chocano.* CAILL, PERU.
Sensación de un dolor. *Arévalo Martínez.* CAILL.
Sensaciones. *Clavijo Pérez.* CATO.
Sensemayá (Canto para matar a una culebra). *Guillén.* CAILL, CEAL, MANSOU, MORA, JIMEN, SENSE.
Sensualidad negra. *Artel.* GINCO.
Sentado, en el fondo del patio. *Teillier.* ARTE.
Sentar cabeza. *Molina.* ORTEGA.
Sentencia canónica. *Liguori.* MONDRA.
Sentenciosas y morales. *Anón. de Vallegrande.* BEDRE.
Sentido contrario. *Pacheco.* PADRON.
Sentido de la pubertad. *Basso Maglio.* GINURU.
Sentidos. *Ballagas.* CAILL.
Sentimiento del hombre y del surco. *Abril.* CAILL.
Senza tempo, affrettando ad libitum. *Adán.* LIBRO.
Sepa lo que pasa a lágrima viva. *García Robles.* MARQUE.

Séptima estación. *Sosa Chacín*. ESCA.
Sequía. *Carrión*. CAILL.
Sequía. *Castro*. SALAS.
Sequía. *Ledesma*. CAILL.
Sequía. *Liscano*. CAILL.
Ser como el arroyo. *Campero Echazú*. QUIROS.
Ser furiosamente en absoluto río. *Scarpa*. ARTE.
Ser Jorge Cuesta. *Isla*. COHEN.
El ser no es una fábula. *Quessep*. ABRIL.
Ser o no ser. *Parra*. CEAL.
Ser sin estar (agosto, 1968). *Pacheco*. DEBI.
Ser una casta pequeñez. *López Velarde*. CAILL, MONSI.
Ser y no ser. *Paseyro*. CAILL.
Será cuestión del diablo. *Ovalles*. ESCA.
¿Será la madurez esta tristeza . . . ? *León*. MEDINA.
Será mejor pavós que no escribáis. *Perozo Naveda*. BOCCA.
Será un viaje de tren. *Yáñez*. MOLINA.
Seramérica. *Latorre*. BACIU.
Seré un mazo fuerte de espigas morenas. *Parodi Uriarte de Prunell*. GINURU.
Seré yo acaso, tiempo que pasó. *Fabani*. CAILL.
La Serena. *Rojas*. CAILL, GINCHI.
Serenata. *Eielson*. LIBRO.
Serenata. *Poveda*. CAILL.
Serenata. *Silva*. CEAL.
Serenata I. *Lugones*. CAILL.
La serenata de Schubert. *Gutiérrez Nájera*. CAILL.
Serenata de Zuray Zurita. *Parra del Riego*. CAILL.
Sería bueno merecer este epitafio. *Fernández Retamar*. MARQUE.
Serie de Fibonacci. *Tello*. ARBEL.
La serie sustantiva. *Valencia*. SONETO.
Sermón de los trigales. *Castro*. SCARPA.
Sermón sobre la muerte. *Vallejo*. CAILL.
Serpentina. *Agustini*. CEAL.
Sesta ripresa. *Adán*. ORTEGA.
Setenta balcones y ninguna flor. *Fernández Moreno*. BAEZA, VILLOR.
Seven Fifty-Five. *Aray*. MARQUE.
Severidad. *Neruda*. TAPIA.
Sex. *Neruda*. TAPIA.
Sexo cumpliendo. *Cabral*. TAPIA.
Sexteto (Guitarra-tres). *Guirao*. CAILL, MORA, SENSE.
Sextina de los desiguales. *Belli*. ORTEGA, PADRON.
Sexto soneto. *Wilcock*. VILLOR.
Shajarit (Frags.). *Gervitz*. COHEN.
She Abandoned Her Body to the Color. *Muñoz*. WHITE.
She Who Understands. *Storni*. FLORES.
Shin. *Montemayor*. COHEN.
Shut up You Shit. *Jamís*. TARN.
Si acaso te encontrara. *Bonifaz Nuño*. MONSI.
Si acaso vienen por nosotros. *Hernández Alvarez*. ESCA.
Si alguien pretende. *Ovalles*. ESCA.
Si alguien te dice que no es cierto. *Sabines*. PAZ, TOPS.
Si alumbra enero mi muerte. *Mujica*. ESCA.
Si como decían. *Letona*. LETONA.
Si contemplas. *García Maffla*. ABRIL.
Si el amor nos posee. *Prado*. CAILL.
Si el espacio es distancia. *Azcona Cranwell*. VILLOR.
Si fuera árbol. *Foppa*. SALAS.
Si hablo. *Crespo*. PADRON.

Si hubieras sido tú. *Nandino*. MONSI.
Si la muerte. *Huezo Mixco*. SALVA.
Si la noche la desata. *Flores Castro*. COHEN.
Si mañana despierto. *Gaitán Durán*. ARBEL.
Si me abrieras el puño me hallarías. *Millán*. CALA.
Si me dan a escoger una tarde. *Nervo*. DEBI.
Si me precisas. *Clavijo*. CATO.
Si me preguntan. *Marré*. ARAY.
Si me quitaran totalmente todo. *Romualdo*. ORTEGA.
Si nada te quedara, cuerpo mío. *Fabani*. CAILL.
Sí o no. *Helberg*. TORO.
Si pudieras nacer en mis dos senos. *Antillón*. BOCPA, CAILL.
Si quieres. *Illescas*. MONDRA.
Si se viera amanecer. *Volkow*. ZAID.
Si sólo fuese de ir sin más ni menos. *Nieto Cadena*. MONDRA.
Si soltera agonizas. *López Velarde*. MONSI.
Si te quedas en mi país. *Verástegui*. TORO.
Si tienes un amigo que toca tambor. *Morales*. BOCCA, TORO.
Si todos nos abandonáramos. *Echazu Navajas*. QUIROS.
Si tú supiera . . . *Guillén*. CEAL, SENSE.
Si Ud. se levanta. *Lolo*. TARN.
Sí y no. *Montes de Oca*. DEBI.
Si yo fuera mayo. *Rigby*. CARDE, MANSOU, SENSE, VOLCAN.
Si yo fuera otro. *Armijo*. CEA.
Si yo pudiera. *Valladares*. CATO.
Sic transit gloria mundi. *Schopf*. ARTE.
Sictus dicebamus hesterna die. *Martos*. BOCCA.
Sicuri. *Castrillo*. QUIROS.
Sicuris. *Pinto*. CAILL.
La siega. *Campero Echazú*. QUIROS.
Siega. *Florián*. PERU.
Siege. *Lara*. WHITE.
Siembra. *Arvelo Larriva*. MEDINA.
Siembra. *Otero Silva*. JIMEN, MEDINA.
Siembra lírica. *Tatter*. URPILA.
Siempre. *Jaimes Freyre*. BEDRE, CAILL, MODER, QUIROS, ROAL.
Siempre. *Jaimes Freyre*. BEDRE, QUIROS.
Siempre. *Michelena Fortoul*. BAEZA.
Siempre. *Nervo*. MODER.
Siempre. *Rivas*. ESCA.
Siempre. *Varela*. LIBRO.
Siempre. *Vieira*. CAILL.
Siempre. *Wiethüchter*. BEDRE.
Siempre. *Zapata Prill*. BEDRE.
Siempre he vivido en Cuba. *Padilla*. ARAY.
Siempre pensé que caminar. *Sabines*. DEBI.
Siempre que hundo la mente en libros graves. *Martí*. MODER.
Siempre rosa. *Ramírez*. ESCA.
Siempre tu presente ausencia. *Sierra*. CAILL.
Siempre tuve. *Sancho Castañeda*. SALVA.
Siempre yo. *Carvajal*. ZAID.
Siempre, otra vez. *Valjalo*. LETONA.
Las sienes. *Fernández Moreno*. VEIRA.
Siento detrás de mí. *Orrillo*. RUANO.
Sierpe familiar. *Olivares Figueroa*. CAILL.
Sierra. *Ledesma*. CAILL.
Sierra de Guanajuato. *Huerta*. ORTEGA.
Siesta. *Gaitán Durán*. ARBEL, ORTEGA.
Siesta. *Girondo*. VILLOR.

Siesta. *Ortiz*. FERNAN.
Siete. *Parra*. CEAL.
Siete. *Valcárcel*. TORO.
Las siete alegorías. *Lezama Lima*. ORTEGA.
Siete B. *Galván*. MONDRA.
Siete de espadas. *Bonifaz Nuño*. PAZ.
Siete y cincuenta y cinco. *Aray*. MARQUE.
The Signaled Hour. *Camerón*. WHITE.
Signo. *Casaravilla Lemos*. GINURU.
Signo. *Gaztelú Gorriti*. CAILL.
Signos. *Cotto*. CEA, SALVA.
Los signos de la furia (Frag.). *Puig*. FIERRO.
Los signos del zodíaco. *Gómez*. BOCCA.
Sigue. *Guillén*. BAEZA, CEAL.
Sigue la muerte. *Sabines*. PADRON.
Sílaba gris. *Quiñones*. LAGOS, VOCES.
Sílaba incandescente del deseo (Frag.). *Zeller*. ARTE.
Sílabas por el maxilar de Fraz Kafka. *Huerta*. PAZ.
Silbido en el oeste. *Barbieri*. CAILL.
El silbo de los aires. *Quezada*. WHITE.
El silencio. *Bernárdez*. GINAR.
Silencio. *Blanco*. MEDINA.
Silencio. *Boullosa*. MONDRA.
El silencio. *Burgos*. ESCA.
Silencio. *Lugones*. GINAR.
El silencio. *Mercurio*. BEDRE.
Silencio. *Oliver Labra*. VOCES.
Silencio. *Paz*. CAILL.
Silencio. *Reyes*. CAILL.
Silencio. *Reynolds*. QUIROS.
Silencio. *Saa*. CATO.
Silencio. *Sainz*. BEDRE.
El silencio. *Silva*. CARDE.
Silencio. *Storni*. CAILL, GINAR.
Silencio acerca de una piedra antigua. *Castellanos*. CAILL, SALAS.
El silencio camina. *Pastori*. CAILL.
Silencio de quien. *Gil*. ARTE.
Silencios. *Durán Böger*. QUIROS.
Silencios de tierra y otros árboles. *Mansour*. MONDRA.
La silenciosa. *Arenas*. ARTE.
Silent Movies. *Pietri*. MARZAN.
Silenter. *González Martínez*. MODER.
Silex of destiny (Span.). *Moro*. ORTEGA.
La silla. *Sabella*. ARTE.
La silla que ahora nadie ocupa. *Carriego*. CAILL, GINAR.
El sillón vacío. *Carrillo*. PERU.
Silueta al alba. *Cunha*. CAILL, GINURU.
Silva criolla. Invitación. *Lazo Marti*. CAILL.
Símbolo. *Díaz*. CAILL.
La simiente. *Balsa Donatti*. ESCA.
La simiente. *Campero Echazú*. BEDRE.
Simiente. *Valle Silva*. MEDINA.
Simio. *Vallarino*. MONDRA.
Un simio era el hombre. *Yañez*. COHEN.
El simio y su carta. *Vulgarín*. DONOSO.
Simona Josefa Manzaneda. *Pacheco Iturrizaga*. BEDRE.
Simple motivo de la paz. *Naranjo*. MOLINA.
Simple Verses. *Martí*. TOPS.

Simplificación de Eros. *Lamadrid.* CATO.
Sin amor. *Etchenique.* TAPIA.
Sin edad ni memoria. *Rivas.* ESCA.
Sin llegar a los otros. *Collado.* SALAS.
Sin presumir. *Fernández Moreno.* CAILL, GINAR.
Sin residencia. *Suárez.* BOCPA.
Sin rojo. *Sáenz Morales.* SONETO.
Sin señal de vida. *Teillier.* TOPS.
Sin sombra (meridianus daemon). *Segovia.* COHEN, ZAID.
Sin título. *Aray.* MARQUE.
Sinceridad. *Guzmán Cruchaga.* SCARPA.
Sindbad el varado. *Owen.* MONSI, PAZ.
Sindicalizar fantasmas. *Valera Mora.* ESCA.
Sinfonía bárbara. *Ortiz.* MANSOU.
Sinfonía color de fresas de leche. *Silva.* MODER.
Sinfonía de cuna. *Parra.* SCARPA.
Sinfonía de los trenes. *Barquero.* CALA.
Sinfonía del camino. *Salas.* SEGURA.
Sinfonía en gris mayor. *Darío.* CAILL, CEAL.
Sinfonía litúrgica (Frag.). *Godoy.* SALAS.
Sinfonía urbana. *Martínez Villena.* CAILL.
Singer 63. *Gómez.* BOCCA.
Sinsonte. *Gaztelú Gorriti.* CATO.
Síntesis. *Avila Jiménez.* QUIROS.
La síntesis. *Villafañe.* GINCO.
The Siren. *Vilariño.* FLORES.
La sirena. *Vilariño.* FLORES.
La sirena vibró. *Rubio.* SCARPA.
La sirena y Ulises. *Carrión.* CAILL.
Sirenas. *Amighetti.* SEGURA.
Las sirenas y las estaciones. *Corcuera.* TORO.
Siringuero del Beni. *Monje Roca.* BEDRE.
Sisifo. *Montealegre.* ARTE.
Sistema de obediencia. *Pellegrini.* VEIRA.
Sitio de amor. *Sabines.* CAILL.
El sitio de mi sueño. *Carranza.* CAILL.
El sitio en que tan bien se está. *Diego.* ARAY.
Sitios. *Bañuelos.* MONSI.
Situación. *Cedrón.* BOCCA.
Situaciones. *Carranza.* LAGOS, VOCES.
Sketch of the Frontier Woman. *Lars.* TOPS.
The Skull. *Lavín Cerda.* REYES.
The Slaughterhouse. *Electorat.* WHITE.
Small Man. *Storni.* FLORES.
Small Ode to a Black Cuban Boxer. *Guillén.* TOPS.
Smog. *Razzeto.* TORO.
Snows of Aconcagua. *Zurita.* WHITE.
So Much Suffering. *Peralta.* FLORES.
Soberana presencia de la patria (Frag.). *Morán.* BOCPA.
Soberana Reina del Cielo, ayúdame. *Lavín Cerda.* QUEZA.
Sobre dolores de cabeza. *Dalton.* MARQUE.
Sobre el buen salvaje. *Carneiro.* BOCCA, ORTEGA.
Sobre el daño que hacen las hostias. *Casaus.* DONOSO.
Sobre el hambre. *Estrázulas.* BOCCA.
Sobre el lugar común. *Cisneros.* TORO.
Sobre el muelle del aire me corrompo. *Mendiola.* COHEN.
Sobre el pecho, unos pasos. *Insausti.* MEDINA.
Sobre el poder. *Serrano.* MONDRA.
Sobre el puente del río. *Chariarse.* LIBRO.

Sobre el sitio baldío. *Ortiz*. FERNAN.
Sobre la épica I. *Cobo Borda*. ABRIL, BOCCA.
Sobre la familia. *Serrano*. MONDRA.
Sobre la muerte. *Fernández Cherición*. ARAY.
Sobre la piedra. *Marín*. GINCHI.
Sobre la tierra. *Fernández Spencer*. CAILL.
Sobre las mesas: el destello. *Bracho*. ZAID.
Sobre los días y las palabras se hace tarde. *Salazar*. ESCA.
Sobre los muertos. *García Terrés*. DEBI.
Sobre los ojos. *Sabines*. DEBI.
Sobre mi último aliento. *Rivera*. LETONA.
¿Sobre qué lado se apoya? *Juárroz*. PADRON.
Sobre rosas y hombres (poema tercero). *Lars*. BOCPA.
Sobre un lugar común francés, italiano. *Lauer*. TORO.
Sobre un ramo de rosas que te ofrecí. *Argueta*. CEA.
Sobre un recuerdo. *Fernández*. ARAY.
Sobre vivir. *Lauer*. ORTEGA.
La sobremesa. *Hernández Campos*. MONSI.
Sobremesa. *Pérez*. QUEZA.
Sobrenombre. *Isla*. COHEN.
Sobreviviente. *Hoeffler*. WHITE.
El sobrino de Occidente. *Neruda*. CALA.
Sodoma. *Bustamante*. TAPIA.
El sofista. *Vallarino*. MONDRA.
Soisola. *Villarroel París*. ESCA.
Sol. *Novo*. DEBI.
El sol ciego (Frag. no. X). *Díaz Casanueva*. ARTE.
Sol de invierno. *Asturias*. CAILL.
Sol de Monterrey. *Reyes*. TOPS.
El sol de los venados. *Carranza*. JIMEN, ROAL.
Sol del Chaco. *Otero Reiche*. QUIROS.
Sol del trópico. *Mistral*. GINCHI.
El sol por salir. *Romualdo*. FIERRO.
El sol que no se alcanza. *Montes de Oca*. PAZ.
Sol rojo de teoponte. *Pérez*. BEDRE.
El sol y la luna. *Chocano*. ROAL.
Sol, aguamar y palmeras. *Cardoza y Aragón*. CAILL.
Sólamente la luz. *García Maffla*. ABRIL.
El soldado desconocido. Vergüenza. *Selva*. CAILL.
Soldado, aprende a tirar. *Guillén*. CEAL.
Soldados mexicanos. *Estrada*. CAILL.
Soldier's Rest. *Dalton*. TOPS.
Soledad. *Alcocer*. SALAS.
Soledad. *Alvarez*. CAILL.
Soledad. *Anaya*. COHEN.
Soledad. *Aróstegui Arce*. BEDRE.
La soledad. *Balsa Donatti*. ESCA.
La soledad. *Banchs*. CAILL.
Soledad. *Brandy*. CAILL.
Soledad. *Bufano*. BAEZA.
Soledad. *Champourcín*. SALAS.
Soledad. *Figueira*. GINURU.
Soledad. *González Prada*. CAILL.
La soledad. *Guerra*. BEDRE.
Soledad. *Guerra Trigueros*. CEA.
Soledad. *Guirao*. CAILL.
Soledad. *Guzmán Cruchaga*. CAILL.
Soledad. *Licón*. SALAS.

Soledad. *Mondaca.* CAILL.
Soledad. *Rojas.* CAILL.
Soledad. *Riestra.* CAILL.
Soledad. *Torres Bodet.* MONSI.
Soledad. *Vilela.* QUIROS.
Soledad compañera. *Saa.* CATO.
Soledad comparativa. *Vega.* VILLE.
Soledad de la fisiología. *Cardoza y Aragón.* CAILL.
Soledad de las ciudades. *Carrera Andrade.* CAILL.
Soledad del día. *Gerbasi.* CAILL.
Soledad en la noche. *Montoya Toro.* GINCO.
Soledad enemiga. *Beltrán.* MONSI.
La soledad es más que una palabra gastada. *Rivera.* GENERA.
Soledad marina. *Gerbasi.* CAILL.
La soledad que domina. *Rojas Jiménez.* CAILL.
Soledad tardía. *González Martínez.* CAILL.
Soledad triunfante. *Escalona Escalona.* SONETO.
La soledad y el humo. *Vicario.* CAILL.
Soledades. *Champourcín.* SALAS.
Soledades. *Molinari.* JIMEN, SONETO.
Soledades. *Torres Bodet.* CAILL.
Soledades . . . soledades. *Viscarra Fabre.* QUIROS.
Le soleil est dévenu noir. *Ojeda.* TORO.
Soles de agosto. *Mujica.* ESCA.
Solía escribir con su dedo grande. *Vallejo.* CEAL, FIERRO, JIMEN.
Solicitud. *Macías.* BOCPA.
Solicitud de un nombre para este día. *Gottberg.* ESCA.
Soliloquio. *Daza Guevara.* ESCA.
Soliloquio. *Ojeda.* TORO.
Soliloquio. *Osorio Canales.* ESCA.
Soliloquio del individuo. *Parra.* JIMEN, ORTEGA.
Soliloquio inmemorial para Ana. *Undurraga.* ARTE.
El solitario. *Mejía Sánchez.* CAILL.
El solitario. *Pérez Perdomo.* ESCA.
Solitario el pastor. *Barrenechea.* CAILL.
Solitude. *Yrarrázaval.* ARTE.
Solitudo. *Vasseur.* CAILL, GINURU.
Solo. *Danke.* CAILL, GINCHI.
Solo. *Galindo.* ESCA.
Solo. *Parra.* CEAL, JIMEN.
Solo. *Vega.* QUIROS.
Solo de Buenos Aires. *Barrenechea.* SCARPA.
Solo de laúd. *Jodorowsky.* MONDRA.
Solo de maracas. *Ballagas.* SENSE.
Solo de piano. *Parra.* TOPS.
Sólo el sueño revela. *Pérez Perdomo.* ESCA.
Sólo esta luz (Frag.). *Fraire.* LAGOS, VOCES.
Sólo esta luz (Frag.). *Fraire.* SALAS.
Sólo esta luz (Frag.). *Fraire.* SALAS.
Sólo esta luz (Frag.). *Fraire.* SALAS.
Sólo esta luz (Frag.). *Fraire.* SALAS.
Sólo la muerte. *Neruda.* ARTE, CALA, CEAL, DOORS, JIMEN, SCARPA
Sólo la sed. *Pizarnik.* ORTEGA.
Sólo su cuerpo dulce. *Castro Saavedra.* DONOSO, TAPIA.
Solo verde-amarillo para flauta. *Herrera y Reissig.* MODER.
Solo yo. *Paz Paredes.* CAILL.
Sólo yo, Señor. *Contreras Vega.* ARTE.
Soltar los canes. *Nieto Cadena.* MONDRA.
El solterón. *Lugones.* MODER.

La solterona. *Moore*. GINCHI.
Somari. *Pereira*. ESCA.
Sombra. *Bedregal*. QUIROS.
La sombra. *Granata*. CAILL, GINAR.
Sombra. *Jaimes Freyre*. BEDRE.
La sombra. *Lavín Cerda*. ARTE.
La sombra. *Torres Bodet*. CAILL.
Sombra de idilio. *Sienna*. GINCHI.
Sombra de reyes magos. *Gómez*. TORO.
La sombra dolorosa. *Herrera y Reissig*. MODER, ROAL, TOPS.
La sombra fisurada. *Giovanetti Viola*. BOCCA.
La sombra nace en el cielo. *Canto último*. Ferrer. CAILL.
Sombra. No sé, la sombra. *Sabines*. CAILL, DEBI.
La sombra sobre el agua. *Sinán*. CAILL.
Las sombras. *Arrieta*. CAILL.
Sombras. *Mendizábal Santa Cruz*. BEDRE.
Sombras urbanas. *Swansey*. ZAID.
Sombrero, abrigo, guantes. *Vallejo*. CEAL.
Sombría voz. *Licón*. SALAS.
Some Beasts. *Neruda*. TOPS.
Some Nostalgias. *Dalton*. DOORS.
Some People / Central Park. *Morejón*. TARN.
Someone Is Writing on the Wind. *Rojas*. REYES.
Someone Told Me. *Cardenal*. DOORS.
Somewhere There's a Man. *Juárroz*. DOORS, TOPS.
Somos eternos. *Góngora*. SALVA.
Somos los dioses. *Mora*. CAILL, TORO.
Los Somozas. *Mejía Sánchez*. CARDE.
Son. *Hernández Catá*. MANSOU, MORA, SENSE.
Son con punta. *Gómez Kemp*. MORA, SENSE.
Son de Jamaica. *Martán Góngora*. CAILL, MANSOU.
Son de la palma. *Guillén*. CAILL.
El son del corazón. *López Velarde*. DEBI.
Son del trópico. *Ortiz*. MANSOU.
Son ellos. *Gómez*. MOLINA.
Son los muchachos. *Santos*. CARDE.
Son mis viejas raíces. *Amor*. MONSI.
Son número seis. *Guillén*. CAILL, CEAL, JIMEN, MANSOU, SENSE.
Sonaja de noche buena. *Campero Echazú*. BEDRE.
Sonata for Surviving Those Days and Piano. *Fernández Retamar*. DOORS.
Sonata para pasar esos días y piano. *Fernández Retamar*. ARAY, DOORS.
Sonata y destrucciones. *Neruda*. SCARPA.
Sonatina. *Darío*. CAILL, CEAL, MODER, ROAL, TOPS.
Sonatina. (Eng.). *Darío*. TOPS.
Sonatina. *Gálvez*. PERU.
Sonatina (a la manera de Darío). *Baldivieso*. BEDRE.
Sonatina de Eguren desde la penumbra. *Corcuera*. RUANO.
Sonatina en re menor. *Greiff*. ARBEL.
Sonetino. *Nervo*. SONETO.
Soneto. *Aguirre*. SONETO.
Soneto. *Armand*. TOPS.
Soneto. *Ballon*. BEDRE.
Soneto. *Bernárdez*. BAEZA, CAILL.
Soneto. *Bustamante*. CEA.
Soneto. *Cané*. SONETO.
El soneto. *Capriles*. BEDRE, QUIROS.
Soneto. *Chacón Nardi*. BAEZA, SONETO.
Soneto. *Chouhy Aguirre*. BOCPA, CAILL, VEIRA.

Soneto. *Chouhy Aguirre*. BOCPA, VEIRA, VILLOR.
Soneto. *Condarco Morales*. BEDRE.
Soneto. *Costa du Rels*. BEDRE.
Soneto. *Cuesta*. SONETO.
Soneto. *Flores Saavedra*. QUIROS.
Soneto. *Florit*. JIMEN, ROAL.
Soneto. *Gavidia*. CAILL, CEA.
Soneto. *Gaztelú Gorriti*. CATO.
Soneto. *Gaztelú Gorriti*. CATO.
Soneto. *Gelman*. PADRON.
Soneto. *González Lanuza*. VILLOR.
Soneto. *Greiff*. SONETO.
Soneto. *Greiff*. SONETO.
Soneto. *López Merino*. CAILL.
Soneto. *Loynaz*. SONETO.
Soneto. *Mejía Sánchez*. SONETO.
Soneto. *Moleiro*. CAILL.
Soneto. *Molina*. BAEZA.
Soneto. *Obligado*. GINAR.
Soneto. *Obligado*. VILLOR.
Soneto. *Olmedo Lopez*. BEDRE.
Soneto. *Pellicer*. MONSI.
Soneto. *Pellicer*. MONSI.
Soneto. *Pellicer*. MONSI.
El soneto. *Rebolledo*. SONETO.
Soneto. *Robleto*. SONETO.
Soneto. *Rojas*. SONETO.
Soneto. *Rubio*. GINCHI.
Soneto. *Russell*. GINURU.
Soneto. *Russell*. GINURU.
Soneto. *Russell*. CAILL.
Soneto. *Sabat Ercasty*. GINURU.
Soneto. *Suárez*. QUIROS.
Soneto. *Unzueta*. BEDRE.
Soneto 2. *Valjalo*. CAILL, LETONA.
Soneto a Charles Dickens. *Chouhy Aguirre*. VEIRA.
Soneto a la rosa del alma. *Molinari*. GINAR.
Soneto a mi esposa. *López*. CATO.
Soneto a Teresa. *Armijo*. SALVA.
Soneto a Teresa. *Carranza*. BAEZA, CAILL.
Soneto agonizante. *Ballagas*. JIMEN.
Soneto amargo a la taza de café. *Castorrivas*. VOLCAN.
Soneto casi humano. *Ferrero*. ARTE.
Soneto castellano. *Díaz*. GINAR.
Soneto con una salvedad. *Carranza*. CAILL, JIMEN, ROAL, SONETO.
Soneto de amor. *Chouhy Aguirre*. VEIRA.
Soneto de la encarnación. *Bernárdez*. CAILL, JIMEN.
Soneto de la esperanza. *Villaurrutia*. DEBI.
Soneto de la muerte. *Chouhy Aguirre*. CAILL, VEIRA.
Soneto de la muerte. *Fernández*. SONETO.
Soneto de la muerte fiel. *Vocos Lescano*. CAILL.
Soneto de la rosa. *Ballon*. BEDRE.
Soneto de la soledad y la esperanza. *Estrella Gutiérrez*. BAEZA.
Soneto de la terrible corza. *Ordóñez Argüello*. SONETO.
Soneto de la unidad del alma. *Bernárdez*. CAILL.
Soneto de los amantes. *Bosco*. VEIRA.
Soneto de mi advenimiento. *Paseyro*. GINURU.
Soneto de otoño. *Brull*. SONETO.
El soneto de trece versos. *Darío*. CEAL.

Soneto de tus vísceras. *Fernández Moreno*. FERNAN.
Soneto del amor victorioso. *Bernárdez*. JIMEN, SONETO.
Soneto del amor perdido. *Paseyro*. CAILL, GINURU.
Soneto del dolor. *Chouhy Aguirre*. CAILL, GINAR.
El soneto del lucero del alba. *Pallais*. BAEZA.
Soneto del pañuelo blanco. *Chacón Nardi*. CAILL.
Soneto del retorno. *Lorenzo*. LAGOS, VOCES.
Soneto del tiempo. *Leduc*. SONETO.
Soneto en honor de Don Luis de Góngora. *Tamayo*. QUIROS.
Soneto fábula. *Vaz Mendoza*. URPILA.
Soneto interior. *Bernárdez*. CAILL.
Soneto lacustre. *Ortega Díaz*. SONETO.
Soneto LXXI. *Neruda*. SONETO.
Soneto nocturno. *Pellicer*. MONSI.
Soneto noveno. *Castro*. SCARPA.
Soneto para Alicia. *Anguita*. SCARPA.
Soneto postrero. *Pellicer*. MONSI.
El soneto profético. *Soto Borda*. GINCO.
Soneto rojo. *Bayona Posada*. GINCO.
Soneto séptimo. *Castro*. SCARPA.
Soneto sin palabras. *Ballagas*. CAILL, SONETO.
Soneto verde. *Valjalo*. LETONA.
Soneto VI. *Prado*. CALA.
Soneto XLII. *Prado*. CALA.
Sonetos. *Banchs*. CAILL, ROAL.
Sonetos. *Segura Méndez*. SEGURA.
Sonetos. *Valcárcel*. CAILL.
Sonetos a la virgen. *Barreda*. MONSI.
Sonetos blancos para la rosa roja. *Ferrer*. CAILL.
Los sonetos de la muerte. *Mistral*. ARTE, BOCPA, CAILL, GINCHI, JIMEN, ROAL, SCARPA.
Sonetos de humildad. *Cossio Salinas*. BEDRE, QUIROS.
Sonetos de la palabra: Poeta. *Quiteño*. CEA.
Sonetos del amor ensimiasmado (sic). *Zambrano Wimer*. SALAS.
Sonetos del valle. *Ortiz Saralegui*. CAILL, GINURU.
Sonetos españoles. *Martán Góngora*. GINCO.
Sonetos I. *Ruiz*. BEDRE.
Sonetos nocturnos. *Bernárdez*. CAILL.
Sonetos para la esperanza. *Fernández Retamar*. SONETO.
Sonetos postreros. *Pellicer*. JIMEN, SONETO.
The Song of Man at Death. *Feijóo*. TARN.
A Song of Peace. *Fernández Chericián*. MARQUE.
Song of Pursuit. *Zaid*. TOPS.
Song of Wandering Times. *Murillo*. VOLCAN.
Song to Fidel. *Guevara*. TOPS.
Song to the New Day. *Belli*. FLORES.
El sonido X. *González Martínez*. CAILL.
Sonidos. *Gómez Mejía*. VOCES.
Sonidos. *Maia*. BOCPA.
Sonnet. *Armand*. TOPS.
Sonrisas y lágrimas. *Villalobos*. BEDRE.
El sopor. *Ramos Sucre*. MEDINA.
Sor Juana. *Pacheco*. PADRON.
Sorpresa. *Figueroa*. ZAID.
Sorrow. *Storni*. TOPS.
Sorrow Vanquished. *Nervo*. TOPS.
The Sorrowful Shadow. *Herrera y Reissig*. TOPS.
Sortilegios del otoño. *Llerena Blanco*. LETONA.
SOS. *Barnet*. RUANO.

SOS. *Fernández Retamar.* RUANO.
Sospecho un signo. *Gaitán Durán.* ARBEL.
Sostén de la dulzura. *Basso Maglio.* CAILL.
Sourimono. *Casal.* MODER.
Soy. *Pla.* TAPIA.
Soy. *Storni.* CAILL, FERNAN, GINAR.
Soy dueño del tiempo. *Luksic.* BEDRE.
Soy el hombre casado. *Rokha.* SCARPA.
Soy espejo. *Alegría.* SALVA.
Soy feliz. *Gochez Fernández.* LAGOS, VOCES.
Soy guiado por el sol. *Silva-Santisteban.* CAILL, TORO.
Soy la inesperada ante el umbral. *Basualto.* VILLE.
Soy libre. *Mora Martínez.* COSTA.
Soy materia. *Astrada.* VOCES.
Soy memoria. *Pérez Perdomo.* ESCA.
Soy peregrino de las circunstancias. *Trejo Villafuerte.* COHEN.
Soy pobre como la rata. *Uribe Arce.* ARTE, CALA, SCARPA.
Soy rico. *Santos.* CARDE.
Soy Scherezada. *Suárez.* LAGOS, VOCES.
Soy tan pobre que me quedo dormido. *Ibáñez.* SCARPA.
Space Song. *Cortés.* TOPS.
Spain, Take This Cup from Me (Frags.). *Vallejo.* TOPS.
The Sparkling Beaches. *Zurita.* TOPS.
Speaking of Gabriel. *Castellanos.* FLORES.
Spes. *Darío.* CAILL.
The Spider Hangs too Far from the Ground. *Cisneros.* TOPS.
Spinoza. *Borges.* JIMEN, TOPS.
Spinoza (Eng.). *Borges.* TOPS.
Splendor in the Wind. *Zurita.* TOPS.
Spring Has Come. *Cardenal.* DOORS.
Springtime. *Darío.* TOPS.
Spurious Song for a Baquiné. *Palés Matos.* DOORS.
Sri Nityananda Mandir. *Cross.* MONDRA.
St. James Park. *Oyarzún.* GINCHI.
The Stains Slid from Top to Bottom. *Muñoz.* WHITE.
Standard Transmission (Span.). *Sacerio-Gari.* CATO.
Stanza. *Cabrales.* CARDE.
Statu quo. *Pacheco.* DONOSO.
Statu quo. *Welder.* QUEZA.
A Story. *Casaus.* TARN.
Street. *Rojas.* WHITE.
Strike. *Belli.* VOLCAN.
The Strong Bond. *Ibarbourou.* TOPS.
Studies. *Pellicer.* TOPS.
Studio. *Adán.* LIBRO.
Stumble Between Two Stars. *Vallejo.* DOORS.
Su condición de ola. *Quirarte.* COHEN.
Su infancia. *Rivera.* LETONA.
Su letra está en la entraña. *Tamayo.* QUIROS.
Su majestad. *Blanco.* ORTEGA.
Su majestad el tiempo. *Herrera y Reissig.* MODER.
Su nombre. *Schulze Arana.* QUIROS.
Su propia transparencia. *Juárroz.* PADRON.
Su voz. *Schulze Arana.* QUIROS.
Suave encantamiento. *Fernández.* FERNAN, JIMEN.
Suave patria. *López Velarde.* CAILL, JIMEN, MONSI, ROAL.
Subastador de la esperanza. *Letona.* LETONA.
Subdesarrollo. *Boido.* BOCCA.
Subió a decirnos. *Donoso.* REYES.

Subir la eternidad. *Collado.* SALAS.
Súbita muerte. *Bollo.* CAILL, GINURU.
Subsistía mi amor de la niñez. *Guerra.* BEDRE.
Subversión. *Cillóniz.* TORO.
Subway (Span.). *Camerón.* WHITE.
Subway. *Camerón.* WHITE.
Sucumbento. *Radillo.* MORA.
Suddenly I Understood. *Turkeltaub.* REYES.
Sudor y látigo. *Guillén.* CAILL.
Suele estar siempre con nosotros. *Díaz Herrera.* RUANO.
Suelo de su memoria florecido. *Ortiz Saralegui.* CAILL, GINURU.
Suena el despertador. *Jordana.* MONDRA.
Sueño. *Alemán.* SALAS.
El sueño. *Arrieta.* CAILL.
Sueño. *Cárdenas.* SALAS.
Sueño. *Cruchaga Santa María.* SCARPA.
Sueño. *Fombona Pachano.* CAILL.
Un sueño. *Foppa.* SALAS.
El sueño. *Guillén.* ARAY.
Sueño. *Martínez Estrada.* CAILL.
Sueño. *Silva Acevedo.* REYES.
El sueño. *Varela.* LIBRO.
Sueño (de Poemas para soñar). *Helberg.* TORO.
Sueño de Dios. *Fernández.* VALLE.
Sueño de infancia. *Marquina.* CEA.
El sueño de la ciudad. *Aura.* COHEN.
El sueño de los guantes negros. *López Velarde.* DEBI, PAZ.
Sueño de recomposición. *Aridjis.* MONDRA.
Sueño de una noche de verano. *Shimose.* MARQUE.
Sueño de ventura. *Arévalo Martínez.* CAILL.
El sueño del boa. *Chocano.* CAILL.
El sueño del caimán. *Chocano.* CAILL, MODER, TOPS.
El sueño del cóndor. *Chocano.* CAILL, TOPS.
El sueño del hombre. *Michelena.* MONSI.
Sueño del optimista. *Rocha.* CARDE.
El sueño del Wekufe. *Riedemann.* WHITE.
Sueño despierto. *Martí.* TOPS.
Un sueño donde el silencio es de oro. *Pizarnik.* BOCPA.
Sueño grande. *Mistral.* CAILL, JIMEN, SCARPA.
Sueño impropio. *Molina Venegas.* CORSSE.
Sueño que estoy soñando. *Sabat Ercasty.* ROAL.
Sueño uno. *Valera Mora.* ESCA.
Sueño y realidad. *Castrillo.* BEDRE.
Sueño y vigilia de una región de América. *Calvetti.* RUANO.
Sueños. *Fonseca Viera.* URPILA.
Los sueños corpóreos. *Pardo García.* CAILL.
Sueños de la tarde sobre la tierra húmeda. *Martínez.* ARTE.
Los sueños del poeta. *Rivera.* GENERA.
Suficiente maravilla. *Berenguer.* ORTEGA.
El sufrimiento armado (1). *Oliva.* ORTEGA.
El sufrimiento armado (2). *Oliva.* ORTEGA.
Sugestión. *Castillo.* GINCO.
El suicida. *Silva Humeres.* GINCHI.
Los suicidas. *Martínez.* ZAID.
Suicidio. *Vallarino.* CAILL.
El suicidio de las rosas. *Barella J. Iriarte.* BAEZA.
Suite de un trabajo productivo: Ángeles de Alquizar. *Vitier.* ARAY.
Suite de un trabajo productivo: Aquella ceiba. *Vitier.* ARAY.

Suite de un trabajo productivo: Cello al mediodía. *Vitier*. ARAY.
Suite de un trabajo productivo: El deshije. *Vitier*. ARAY.
Suite de un trabajo productivo: Despertar. *Vitier*. ARAY.
Suite de un trabajo productivo: Final. *Vitier*. ARAY.
Suite de un trabajo productivo: Liberación. *Vitier*. ARAY.
Suite de un trabajo productivo: Trabajo. *Vitier*. ARAY.
Suite del insomnio: Silbatos. *Villaurrutia*. DEBI.
Suite del insomnio: Tranvías. *Villaurrutia*. DEBI.
Suite erótica. *Vega*. MARZAN.
Sulamita. *Urquiza*. SALAS.
Summary. *Torres Bodet*. TOPS.
Summons of the Desirer. *Lezama Lima*. TARN.
Sunday. *Carrera Andrade*. TOPS.
Sunday Reading. *Guillén*. MARQUE.
Sundial. *Zaid*. TOPS.
Sunset. *Castellanos*. ZAID.
Sunyata. *Paz*. DEBI.
Superstición galante. *Ugarte*. ROAL.
Superstición negra. *Pereda Valdés*. GINURU, SENSE.
Supervivencia. *Vallejo*. CAILL, GINURU.
Súplica. *Reynaldi*. URPILA.
El suplicio. *Mistral*. CAILL.
Supongamos que es un hombre perfecto. *Parra*. CEAL.
Supremo idilio. *Agustini*. CEAL.
Sur. *Ledesma*. CAILL.
El sur del océano. *Neruda*. CALA.
Surcando el aire oscuro (Frag.). *Sologuren*. LIBRO.
Surlandia mar afuera. *Rokha*. CAILL, FIERRO.
Surrender of Eshu. *Fernández*. TARN.
Sursum. *Díaz Mirón*. CAILL.
Sursum. *Molina*. CAILL.
Surtido de enigmas. *Wiethüchter*. QUIROS.
El surtidor. *Pereda*. CAILL, GINURU.
Surtidor. *Rubio Huidobro*. ARTE.
El surtidor de oro. *Agustini*. LAGOS, VOCES.
El surtidor y la sombra. *Ibáñez*. GINURU.
Survivor. *Hoeffler*. WHITE.
Sus acciones son como el heno de los campos. *Cardenal*. CEAL.
Sus manos. *Schulze Arana*. QUIROS.
Sus ojos. *Mora*. TORO.
Sus ojos. *Schulze Arana*. QUIROS.
Sus ojos beben del azul. *Aridjis*. ORTEGA.
Susana San Juan. *Vargas*. GENERA.
Suspensión de la luna. *Delfino*. GINURU.
Sustancia erótica. *Pellegrini*. VEIRA.
Sustento de agua dulce. *Florián*. CAILL.
El suyo. *Castillo Martín*. CATO.
Suyo sinceramente. *Yllescas*. CARDE.
The Swan. *Darío*. TOPS.
Swedenborg. *Ojeda*. TORO.

T.S.H. *González Martínez*. DEBI.
Taberna (Frags.). *Dalton*. CEA, PADRON.
Tablero de ajedrez. *Gerbasi*. CAILL, JIMEN.
Tácita voz. *Villa*. PERU.
Tacto. *Armand*. CATO.
Tahona estuosa de aquellos mis bizcochos. *Vallejo*. CEAL.
El Tajín. *Huerta*. MONSI, PAZ
Tal es su privilegio. *Gaitán Durán*. ARBEL.

Tal vez llamo la muerte. *Canelas López*. QUIROS.
Tala. *Rincón Calcagno*. TAPIA.
El tálamo. *Ortiz*. TAPIA.
Los talas. *Magri*. GINURU.
Talon rouge. *Tablada*. BACIU.
Tamayo. *Cerruto*. QUIROS.
Tambor. *Arteche*. ARTE.
Tambor de saudade. *Romualdo*. LIBRO.
Tamborillo. *Payeras*. VOLCAN.
Tamborillo (Eng.). *Payeras*. VOLCAN.
Tampoco entrarás por el ojo de una llave. *Watanabe*. TORO.
Tan en la luz. *Perino*. URPILA.
Tan sólo. *Pla*. BOCPA.
La tangente. *Arzarello*. GINURU.
Tango. *Güiraldes*. FERNAN.
Tango. *Jordana*. FLORES, LAGOS, MONDRA, VOCES.
Tango (Eng.). *Jordana*. FLORES.
Tango del viudo. *Neruda*. CALA.
Tango para Cortázar. *Estrázulas*. BOCCA.
Tania Savich and the Phenomenology of the Round. *Martínez*. WHITE.
Tania Savich y la fenomenología de lo redondo. *Martínez*. WHITE.
Tantas lunas. *Arenas*. BACIU.
Tanto conozco esta ciudad . . . *Prado*. SCARPA.
Tanto peor para la realidad. *Romualdo*. LIBRO.
Tarahumara Herbs. *Reyes*. TOPS.
La Tarda. *Eguren*. PERU.
Tarde. *Fernández Moreno*. GINAR, VEIRA.
La tarde. *Ibarbourou*. CAILL, ROAL.
Tarde. *Lagos Lisboa*. GINCHI.
Tarde. *López Tena*. SALAS.
Tarde. *Ruiz*. SALAS.
Tarde antigua. *Rodríguez*. PERU.
Tarde de lluvia en el campo. *Paz Castillo*. CAILL.
Tarde de lluvias. *Otero Reiche*. QUIROS.
Tarde de olvido. *Tavira*. COHEN.
Tarde de palomas. *Campos*. MONDRA.
Tarde de teatro. *Blanco*. ORTEGA.
Tarde del domingo. *Paz Castillo*. CAILL.
Tarde del trópico. *Darío*. TOPS
Tarde en el hospital. *Pezoa Véliz*. ARTE, CAILL, CALA, ROA.
La tarde en la montaña. *Capriles*. BEDRE.
La tarde es un amigo. *Uribe Arce*. SCARPA.
La tarde es una niña. *Natera*. ESCA.
La tarde pidiendo amor. *Guillén*. ARAY.
Tarde presente. *Florit*. TOPS.
Tarde presente en otra tarde. *Castro*. CAILL.
Tarde reminiscente. *González Martínez*. DEBI.
Tarde soledosa. *Figueredo*. URPILA.
Tardes de lluvia. *Casal*. MODER.
Tardes de verano. *Calderón*. ARTE.
Tardes floridas. *Gálvez*. CAILL, PERU.
Tardes sentimentales. *Miró*. CAILL.
Tarea. *Rivera*. CORSSE.
Tarea doméstica. *Berenguer*. BOCPA.
Tarjeta de navidad. *Castillo*. COHEN.
Tarot. *Macías*. MONDRA.
Tarumba. *Sabines*. PAZ.
Tarzán y el paraíso perdido. *Corcuera*. RUANO.

Tauro. *Hernández.* TORO.
Taxi. *Byrne.* CORSSE.
La taza de café. *Rosenmann Taub.* ARTE.
Taza de té. *Mogollón.* ESCA.
Una taza de te. *Suardíaz.* ARAY.
Te amaré realidad. *Alemán.* SALAS.
Te amo ahí contra el muro. *Aridjis.* DEBI, PAZ.
Te busco en la fuerza del futuro. *Belli.* BOCPA.
Te dejo las palabras. *Genta.* GINURU.
Te di el alma mía. *Pérez-So.* ESCA.
Te doy mi alma. *Ibarbourou.* TAPIA.
Te he llevado a la roca. *Osorio Canales.* ESCA.
Te he seguido. *Westphalen.* LIBRO.
Te honro en el espanto. *López Velarde.* MONSI.
Te invitaría la noche de buen grado. *Ochart.* BOCCA.
Té negro con diferentes bufandas. *Oliva.* GENERA.
Te prefiero distante. *Wong.* COHEN.
Te presienten cercano. *Ibáñez.* SCARPA.
Te pronuncio, adolescencia. *Horta de Merello.* URPILA.
Te puse una cabeza. *Sabines.* PAZ.
Te recuerdo. *Prendez Saldías.* CAILL.
Te vi. *Arce Navarro.* COSTA.
Te vi en el parque. *Rivera.* GENERA.
El techo. *Vega.* QUIROS.
Técnica. *Baeza Flores.* ARTE.
Tedio. *Pérez.* MEDINA.
El tejedor de milagros. *Martínez.* COHEN.
La tejedora. *López Velarde.* CAILL, MONSI.
Tejedora del tiempo. *Carrasco Peña.* URPILA.
Las tejedoras del alba. *Zuazo Precht.* BEDRE.
Tejes. *Martínez Estrada.* FERNAN.
Tejido. *Vásquez.* CORSSE.
Tekij. *Escobar Velado.* CEA.
Telar submarino. *Aveleyra.* SALAS.
Teléfono. *Huidobro.* BACIU.
Telegrama con respuesta incluída. *Fernández.* COHEN.
Telemaquia. *Arreola.* PAZ.
Televidente. *Hahn.* ARTE, WHITE.
Tell Me, Ask Me. *Lezama Lima.* TARN.
Tema antropológico. *Pérez Maricevich.* VALLE.
Tema bíblico. *Méndez de la Vega.* LAGOS, VOCES.
Tema de fuego y mar. *Carranza.* JIMEN.
Tema garcileño. *Sologuren.* PADRON.
Tema para un nocturno. *Pellicer.* DEBI.
Temas. *Leduc.* PAZ.
Temática del mar. *Cardona Torrico.* BEDRE.
Temperatura ambiente. *Vega.* QUIROS.
Temperatura del poeta bajo el mar /M.L. im. *Mora.* RUANO.
Temperaturas fijas. *Molina.* BACIU.
Tempestad. *Planchart.* CAILL.
La tempestad se desgaja. *Schiavo.* CAILL, GINAR.
Tempestad secreta. *Gangotena.* CAILL.
Temple. *Monsreal.* COHEN.
El templo. *Pereira.* URPILA.
Una temporada de paraíso. *Rivas.* GENERA.
Temprano aún. *Moro.* LIBRO.
Ten con ten. *Palés Matos.* BAEZA, MARZAN, SENSE.
Tendida como un arco. *Tamayo.* QUIROS.
Tendré un traje de novia. *Gall.* BAEZA.

Tenéis permiso. *Rivera.* CORSSE.
Tenemos un cataclismo adentro. *Huidobro.* DOORS.
Tengo. *Guillén.* CEAL, MARQUE, SENSE.
Tengo ahora 70 soles peruanos. *Vallejo.* CEAL.
Tengo algo que decir me digo. *Armand.* CATO.
Tengo la noche. *Canzani D.* TAPIA.
Tengo los pies sobre tu amante esfera. *Cossio Salinas.* QUIROS.
Tengo miedo. *Alabau.* CATO.
Tengo miedo. *Anguita.* SCARPA.
Tengo miedo de ser. *Peña.* SALAS.
Tengo ojos para ver. *Sabines.* DOORS.
Tengo una rabia sin gusto a rabia. *Uribe Arce.* ARTE, SCARPA
Tenía en mi mano. *Marré.* TARN.
Tenía razón Picasso. *Nava.* BOCPA.
Tenías que morir. *Mistral.* TAPIA.
Tenías tanta soledad. *Monje Landívar.* QUIROS.
Tenías un rebozo de seda. *López Velarde.* DEBI.
Tentación. *García Prada.* TAPIA.
La tentación. *Quezada.* QUEZA.
Tentado. *Asiáin.* ZAID.
Tentativa. *Ortiz Sanz.* BEDRE.
Tentativa de soledad. *Díaz Casanueva.* SCARPA.
Teopatía. *Lisboa.* SCARPA.
El teorema del jardín. *Martínez.* WHITE.
Teoría. *Suardíaz.* ARAY.
Teoría sobre Daniela Rocca. *Gelman.* ORTEGA.
Tercer día. *Gottberg.* MEDINA.
Tercer poema. *Wilcock.* FERNAN.
Tercera invocación. *Arteche.* SCARPA.
Tercera persona del plural. *Colombo.* BOCCA.
Tercetos de Cuscatlán. *Cotto.* CEA, SALVA.
Tercia. *Tavira.* COHEN.
Teresa. *Bonifaz Nuño.* CAILL.
Términos de comparación. *Westphalen.* LIBRO.
Ternura. *Berardo.* TAPIA.
Ternura. *Licón.* SALAS.
Terremoto. *Guzmán Cruchaga.* ARTE.
Terza ripresa. *Adán.* LIBRO.
Un tesoro. *Nogueras.* ORTEGA.
Test. *Parra.* CEAL.
Testamento. *Armijos.* TORO.
Testamento. *Usigli.* PAZ.
Testamento (Frags.). *Ayarza de Herrera.* ARBEL.
Testamento de Warhall. *Illescas.* MONDRA.
Testamento del pez. *Baquero.* CATO.
Testamento I. *Neruda.* CEAL.
Testamento II. *Neruda.* CEAL.
Testamento ológrafo. *Salazar Bondy.* DOORS, LIBRO.
Testamento para una muerte. *Silva.* ESCA.
El testigo. *Aymará.* ESCA.
El testigo. *Rojas.* DONOSO.
Testigo de cargo. *Suardíaz.* ARAY.
Testimonial. *Girondo.* CEAL.
Testimonio de los pájaros. *González.* SCARPA.
Texacuangos. *Argueta.* ALEGRI.
El texto blanco (Frag.). *Brito.* CORSSE.
Textos criminales. *Hernández.* COHEN.
That Poem. *Sáez Burgos.* MARZAN.

That Sleepless Flame. *Obregón.* VOLCAN.
The Theorem of the Garden. *Martínez.* WHITE.
There Are Points of Silence Circling the Heart. *Juarróz.* TOPS.
There is a Cataclysm Inside Us. *Huidobro.* DOORS.
There's Been a Slight Mistake. *Cortínez.* REYES.
There's Nobody. *Vilariño.* FLORES.
They Dragged Me Out by My Face. *Maquieira.* WHITE.
They Fell on the Stairway. *Durand.* VOLCAN.
They've Broken the Most Delicate Bone in My Ear. *Silva Acevedo.* WHITE.
Things of the Blind. *Molina Venegas.* WHITE.
This Afternoon. *Sáez Burgos.* MARZAN.
This Has to Be a Cemetery. *Parra.* DOORS.
This Is a Love. *Huerta.* TOPS.
This Is not a Letter to be Opened. *Alcides.* TARN.
This Is the Century That I Love. *Guerra.* TARN.
This Shirt. *Trías.* MARZAN.
Thus the Poets in Their Sad Likenesses. *Cuza Malé.* TARN.
Tía Chofi. *Sabines.* MONSI.
Tía Tula. *Cos Causse.* ARAY.
Tiahuanacu. *Reynolds.* QUIROS.
Tiahuanacu (Frag.). *Mendoza.* BEDRE.
Tiempo. *Airaldi.* URPILA.
Tiempo. *Arias.* URPILA.
El tiempo. *Appleyard.* VALLE.
Tiempo. *Ibarbourou.* BAEZA, GINURU.
Tiempo. *León.* ESCA.
Tiempo. *Loynaz.* BAEZA.
Tiempo. *Mansilla.* WHITE.
Tiempo. *Molina.* URPILA.
Tiempo. *Orgaz.* GINCHI.
Tiempo. *Ortiz de Montellano.* MONSI.
Tiempo. *Volkow.* COHEN.
Tiempo. *Xammar.* CAILL.
El tiempo (Frag.). *Albarado Sánchez.* PERU.
Tiempo de esterilidad. *Storni.* BOCPA.
Tiempo de exilio. *Lázaro.* CATO.
Tiempo de recorrer caminos. *López Vallecillos.* CEA.
El tiempo de Verónica. *Anguita.* GINCHI.
Tiempo definido. *Vieira.* CAILL, GINCO, LAGOS, VOCES.
Tiempo del delirio. *Rivera.* ESCA.
El tiempo derramado. *Lizardo.* MEDINA.
Tiempo deshojado. *Castro.* CALA.
Tiempo en pena. *Brull.* CAILL, JIMEN.
Tiempo equinoccial. *Gerbasi.* CAILL.
Tiempo florido. *Lara.* BEDRE.
Tiempo muerto (cañaveral). *Augier.* CAILL.
Tiempo primero. *Rivas.* ESCA.
El tiempo que todo lo destruye. *Calderón.* WHITE.
El tiempo subterráneo. *Lara López.* BEDRE.
Tiempo sumergido. *Undurraga.* CAILL.
Tiempo y espejos. *González Alfonzo.* URPILA.
Tiempos de amor. *Liscano.* MEDINA.
Tiempos de repliegue. *Délano.* VILLE.
Tiene la llave. *Moleiro.* MEDINA.
Tienes que llevar las puntas encendidas. *Hernández Cruz.* MARZAN.
Tienes que oirme. *Monje Landívar.* BEDRE, QUIROS.
Tierra caliente. *Cobo Borda.* ABRIL.
Tierra celeste. *Ipuche.* GINURU.
Tierra china. *Barquero.* SCARPA.

Tierra de cielo. *Ledesma.* CAILL.
Tierra de infancia. *Teillier.* CAILL.
Tierra de promisión. *Rivera.* CAILL.
La tierra del silencio. *Argüello.* BOCCA, VALLE.
Tierra lejos, joya del naufragio. *Bonifaz Nuño.* ORTEGA.
Tierra mojada. *López Velarde.* CAILL, DEBI, JIMEN, MONSI, PAZ, ROAL, TOPS.
Tierra muerta de sed. *Liscano.* MEDINA.
La tierra que era mía. *Gaitán Durán.* ARBEL.
Tierra que halamos. *Crespo.* PADRON.
La tierra sin segundos. *Cedrón.* BOCCA.
Tierra superada. *Galo Herrero.* BAEZA.
Tierras del Potosí. *Jaimes Freyre.* BEDRE.
El tigre está en la niña. *Coronel Urtecho.* JIMEN.
Tigre la sed. *Bonifaz Nuño.* MONSI.
Tikal. *Corssen.* CORSSE.
Time. *Mansilla.* WHITE.
The Time That Destroys Everything. *Calderón.* WHITE.
Timonero. *Cardona Torrico.* QUIROS.
El tinajero. *Campero Echazú.* BEDRE.
Las tinieblas de Job. *García Terrés.* PAZ.
Los tintes ocres, verdes, plateados. *Diego.* ORTEGA.
Tio vivo. Puerta del sol. *Vallejo.* GINURU.
Tipitapa. *Cuadra.* CARDE.
Tiras tu barco de papel. *Pastori.* CAILL.
Tírate tú primero. *Pietri.* MARZAN.
Tiro al blanco. *Blanco.* COHEN.
Titánica. *Gómez Jaime.* BAEZA.
Tithonus a la aurora. *Chariarse.* LIBRO.
Tiwanaku. *Guelerman.* URPILA.
Tiwanaku. *Shimose.* QUIROS.
To a Dead Lady. *Cisneros.* TOPS.
To a Saxon Poet. *Borges.* DOORS.
To Be (Span.). *Arrieta.* CAILL.
To Be Born Male. *Zamudio.* FLORES.
To Emerge from a Woman Is to Become Separate. *Aridjis.* TOPS.
To Julia de Burgos. *Burgos.* FLORES.
To My Brother Miguel. *Vallejo.* TOPS.
To Patrice Lumumba. *Armijo.* VOLCAN.
To Poetry. *Pellicer.* TOPS.
To Roosevelt. *Darío.* TOPS
To Say That . . . *Escobar.* DOORS.
To Speak with the Dead. *Teillier.* REYES.
To Teresa. *Silén.* MARZAN.
To the Immaculate Plains. *Zurita.* WHITE.
To Write. *Hoeffler.* WHITE.
Toco rondas infantiles con una mueca. *Millán.* BOCCA, QUEZA, WHITE.
Toco sobre mi piel la entraña oscura. *Mendiola.* COHEN.
Toco tus bordes. *Fernández Retamar.* PADRON.
Toda cabeza enferma. *Quijada Urías.* SALVA.
Toda la noche. *Avila.* BOCCA.
Toda la noche. *Solís.* ZAID.
Toda la noche en tren, toda la noche. *Electorat.* WHITE.
Toda la primavera. *Castellanos.* DEBI.
Toda la vida, abuelo. *Fernández Chericián.* ARAY.
Toda palabra llama. *Juárroz.* PADRON.
Todas íbamos a ser reinas. *Mistral.* ARTE, CALA, JIMEN, SCARPA.
Todavía. *Aguirre.* VILLOR.
Today, the Twelfth of September, in Córdoba. *Suardíaz.* TARN.

Today I Like Life Much Less. *Vallejo*. TOPS.
Todo. *López Velarde*. MONSI, PAZ.
Todo. *Trejo*. COHEN.
Todo aquello era absurdo. *Chirino*. ESCA.
Todo así es vano. *Tamayo*. QUIROS.
Todo el deseo. *Tamayo*. QUIROS.
Todo el ingenuo disfraz, toda la dicha. *Diego*. ARAY, TARN.
Todo él, la filigrana azul de la mirada. *Muñoz*. WHITE.
Todo era silencio. *Reyes Heroles*. ZAID.
Todo es muy simple. *Vilariño*. FLORES.
Todo es normal en nuestro patio. *Alegría*. VOLCAN.
Todo hecho de amor. *Arévalo*. SALVA.
Todo lo que sufrimos. *Ferreiro*. VALLE.
Todo lo que una vez era posible. *Toscano*. SALAS.
Todo mi ser. *Guerra*. BEDRE.
Todo puede venir. *Aguirre*. CAILL.
Todo quiere volar. *Aridjis*. COHEN.
Todo soldado tiene un nombre. *Navarro*. ARAY, BOCCA.
Todo tiempo futuro será mejor. *Daza Daza*. BOCCA.
Todo tiende a cumplir un objetivo. *Rojas*. QUEZA.
Todo torna a vivir. *Restrepo*. ABRIL.
Todo tranquilo, inmóvil. *Fariña*. CORSSE.
Todos los días. *Quijada Urías*. SALVA.
Todos los ríos nacen en un bosque encantado. *González*. CAILL.
Todos me van a tener que oír. *Díaz Castro*. BOCPA.
Todos sabían de la ternura. *Salazar*. ESCA.
Todos somos. *Sansón*. CARDE.
Toledo. *Girondo*. GINAR.
Tolstoi. *Cotto*. CEA, SALVA.
Tolvanera. *Reyes*. DEBI.
Tom and Jerry: A Fable. *Corcuera*. MARQUE.
Toma de conciencia. *Castellanos*. DEBI.
Toma este dolor. *Mora Martínez*. COSTA.
Tomasito mamani. *Fajardo de Perelman*. BEDRE.
Tomasito, el Cuque. *Cuadra*. CARDE.
Tomate. *Castillo*. TORO.
Tomo mi voz y la levanto. *Dondo*. CAILL.
La tonada de la sierva enemiga. *Reyes*. CAILL.
Tonada del iluminado. *Rokha*. CAILL, GINCHI.
Tonada sin gracia. *Jara*. CAILL.
Tonos del paisaje: de acero. *Icaza*. CAILL.
Tonos del paisaje: de cobre. *Icaza*. CAILL.
Tonos del paisaje: de oro. *Icaza*. CAILL.
Tonos del paisaje: de plata. *Icaza*. CAILL.
Topatumba. *Girondo*. CEAL.
Topografía. *Palés Matos*. JIMEN, ROAL.
Toque. *Díaz Mirón*. CAILL.
Toque de oración. *López*. BAEZA.
Toque del alba. *García Terrés*. MONSI, PAZ.
Toqui Caupolicán. *Neruda*. CEAL.
Tormenta. *Lezcano*. URPILA.
Tormenta. *Pasos*. CARDE.
Un tornasol. *Cáceres*. ARTE, VILLOR.
Torno a mi dolor. *Camarillo de Pereyra*. SALAS.
El toro. *Rivera*. CAILL.
El toro. *Suárez*. QUIROS.
Toro de infancia. *Aramayo*. RUANO.
El toro estaba muerto. *Figueredo*. GINURU.
Toromandinga. *Llanos Allende*. MORA.

Toros. *Pastori.* MEDINA.
Los toros. *Pérez.* SONETO.
Torre de Babel. *Mondragón.* MONDRA.
Torre del vigía. *Pereira.* URPILA.
La torre más alta. *Fernández Moreno.* FERNAN.
Torreón del renegado. *Rojas.* PADRON.
Las torres. *Eguren.* CAILL, TOPS.
¡Torres de Dios! ¡Poetas! *Darío.* MODER.
La tortilla. *Belli.* LIBRO.
Tórtola blanca. *Martí.* CEAL.
La tortuga. *Tablada.* PAZ.
Los totales ojos. *Berenguer.* ORTEGA.
Totoral. *Casanova.* ARTE.
The Towers. *Eguren.* TOPS.
Toward a Better Love. *Dalton.* VOLCAN.
Trabajadores del mundo. *Sassone.* ESCA.
Trabajo para el viento. *Coronil Hartmann.* ESCA.
Trabajos del poeta (Frag). *Paz.* PAZ.
Los trabajos perdidos. *Mutis.* PADRON.
Los trabajos y las noches. *Pizarnik.* VILLOR.
Tractatus de sortilegiis. *Hahn.* ORTEGA, PADRON.
Tradición. *Vallarino.* COHEN.
Trading. *Parra.* REYES.
Tragedia de estar la muerte lejos (Frags.). *Portal.* LAGOS, VOCES.
Trago. *Cabral.* CAILL, MORA.
La trampa. *Parra.* CALA, DOORS.
Trance. *Ramos Sucre.* BACIU.
Transeúnte negro. *Rafide.* ARTE.
Transfiguración. *Granata.* CAILL.
Transfiguración de la lluvia. *Carrera Andrade.* TOPS.
Transfiguración del amor. *Sánchez Peláez.* ESCA.
Transfiguraciones. *Canelas López.* BEDRE.
Transfiguration of the Rain. *Carrera Andrade.* TOPS.
Las transformaciones. *Hübner Bezanilla.* ARTE.
Transformaciones. *Zaid.* ORTEGA.
Transición. *Arráiz.* MEDINA.
Transición de la sangre. *Russell.* CAILL.
Tránsito. *Campero Echazú.* QUIROS.
Tránsito. *Ferreyra Basso.* CAILL.
Tránsito. *Franzani.* ARTE.
Tránsito de huesos. *Camargo Ferreira.* BEDRE, QUIROS.
Tránsito de la espina a la rosa. *Prado.* CAILL, GINCHI.
Tránsito de la langosta. *Undurraga.* CAILL, GINCHI.
Transparencia. *Morales.* SEGURA.
Transparencia de la sangre. *Valle.* SCARPA.
Transtierro. *Rojas.* ARTE, ORTEGA.
Tranvía nocturno. *Cisneros.* PADRON.
El tranvía que habito. *Martínez.* COHEN.
The Trap. *Parra.* DOORS.
El trapiche. *Arciniegas.* BAEZA.
Tras la huella. *Serrano.* MONDRA.
Tras la piel. *O'Hara Gonzales.* BOCCA.
Tras una clara aurora. *Trullén.* URPILA.
Trash. *Lihn.* REYES.
Trasmundo. *Pereda.* CAILL, GINURU.
El traspié de la doctrina. *Vicuña.* VILLE.
Traspié entre dos estrellas. *Vallejo* CEAL, DOORS, JIMEN.
Tratado de la desesperación. *Pacheco.* PADRON.

Tratado del duro arbitrio. *Gutiérrez Hermosillo*. MONSI.
El träumerei. *More*. BAEZA.
Travesía. *Moreno Villarreal*. ZAID.
Travesía nocturna. *García*. ZAID.
Trayecto del asombro. *Lamadrid*. CATO.
Trébol de cuatro hojas. *Mitre*. QUIROS.
Tréboles de navidad. *Molina*. CAILL.
The Tree of the World. *Riedemann*. WHITE.
A Tree Within. *Paz*. TOPS.
Treinta monedas. *Alonso Amieva*. SALAS.
Treinta veces treinta. *Rocha*. CARDE.
Treinta y tres. *López Velarde*. MONSI.
Treno no querido. *Scarpa*. ARTE.
Trenos del desamparado. *Lindo*. CEA.
Tres. *Oliver*. BOCCA.
Tres árboles. *Mistral*. ARTE, CAILL, SCARPA.
Tres canciones de Mictlan. *Quiteño*. CEA.
Tres confesiones. *Salazar Bondy*. CAILL.
Las tres cosas del Romero. *González Martínez*. MODER.
Tres elegías de los árboles. Mis testigos. *Bollo*. CAILL.
Tres es el número perfecto. *Massone*. ARTE.
Las tres hermanas. *Cortés*. CAILL, SONETO.
Tres inscripciones sobre la noche. *Devoto*. CAILL.
Los tres ladrones. *Alvarez Henao*. GINCO, ROAL.
Tres mujeres. *Juarez*. SALVA.
Tres pétalos a tu perfil. *Agustini*. CEAL.
Tres poemas de serranía. *Xammar*. CAILL.
Tres poemas históricos. *Rodríguez Méndez*. MORA.
Tres poesías. *Parra*. CEAL, SCARPA.
Las tres promesas. *Sotillo*. MEDINA.
Tres tiempos. *Lezcano*. URPILA.
Tres variaciones alrededor de la muerte. *Otero Silva*. JIMEN, MEDINA.
Tres variantes sobre un mismo deseo. *García*. ZAID.
Tribulación. *Mistral*. CAILL, GINCHI.
El tributo. *Monsreal*. COHEN.
Trigo humano. *Castellanos*. LAGOS, VOCES.
Trilce. *Camerón*. ARTE.
Triolet. *González Prada*. CAILL.
Tríptico. *Durán*. ARTE.
Tríptico. *Girondo*. CAILL.
Tríptico. *Rospigliosi*. QUIROS.
Tríptico blanco. *Blanco*. MONDRA.
Tríptico criollo: El charro. *Chocano*. CAILL, MODER.
Tríptico criollo: El gaucho. *Chocano*. CAILL, MODER.
Tríptico criollo: El llanero. *Chocano*. CAILL, MODER.
Tríptico de Nicaragua. *Darío*. TOPS
Tríptico del cansado oficio. *Liguori*. MONDRA.
Tríptico del hombre y la tierra. *Echazu Navajas*. BEDRE.
Tríptico heroico. *Chocano*. CAILL.
Tríptico I. De los cuatro elementos. *Roa Bastos*. VALLE.
Tríptico II. De la descendencia. *Roa Bastos*. VALLE.
Tríptico III. Del regreso. *Roa Bastos*. VALLE.
Tristán de Cunha. *Corssen*. ARTE.
La tristeza. *Córdova Iturburu*. BAEZA, GINAR.
La tristeza. *Vestrini*. ESCA.
La tristeza del inca. *Chocano*. ROAL.
La tristeza del ángelus. *Fierro*. CAILL.
La tristeza sin causa. *Uribe*. SALAS.
La tristeza sonriente. *Ureta*. PERU.

Tristitia. *Valdelomar*. BAEZA.
Triunfo. *Agosín*. VILLE.
El triunfo. *Salazar Bondy*. CAILL.
La trompeta negra. *Balseiro*. MORA.
Troncos. *Piaggio*. URPILA.
Tropical Afternoon. *Darío*. TOPS
Trópico (soneto). *Rega Molina*. CAILL.
Trópico de sangre. *Vallarino*. COHEN.
Trópico picapedrero. *Cabral*. MANSOU, MORA.
Trópico pobre. Vega. BEDRE.
Trópico suelto. *Cabral*. MANSOU, MORA, SENSE.
El trópico triste. *Carrillo*. PERU.
Tropos. *Girondo*. JIMEN.
Troquel. *Chocano*. MODER.
Trovadoresco. *Macías*. COHEN.
Tú . . . Yo . . . *Bedregal Iturri*. BEDRE.
Tu aire de mi aire. *Margenat*. MARZAN.
Tu ausencia solloza en mi corazón. *Rafide*. CAILL, GINCHI.
Tu balcón. *Angeli*. VILLOR.
Tu boca. *Agustini*. CEAL, MODER.
Tu canción más honda. *Rojas*. CAILL, GINCHI.
Tu cara raspaba. *Cross*. MONDRA.
Tu caricia. *Volkow*. COHEN.
Tu cuarto. *Ledesma*. GINAR.
Tu cuerpo está a mi lado. *Sabines*. DEBI.
Tu cuerpo se ha hecho hiedra. *Brandy*. CAILL.
Tú, del sur. *Appleyard*. BAEZA.
Tú dormías. *Agustini*. CEAL.
Tú eres Dios. *Ibañez*. SCARPA.
Tú eres piedra. *Hernández Campos*. MONSI.
Tú eres pura. *Echazú Navajas*. QUIROS.
Tú, esperando mi sombra. *Ibáñez*. BAEZA.
Tu gran amor. *Maquieira*. WHITE
Tu ira. *Molina Venegas*. WHITE.
Tu mano está en mi mano. *Carrasco*. SALAS.
Tú me diste, Jesús. *Díaz de Tonna*. URPILA.
Tú me quieres blanca. *Storni*. BAEZA, CAILL, FLORES, GINAR, LAGOS, TAPIA, VOCES.
Tu muerte. *Vásquez Méndez*. QUIROS.
Tu ne quaesieris scire nefas. *Asturias*. SONETO.
Tú no podrás a nadie enajenarte. *Nandino*. MONSI.
Tú no sabe inglé. *Guillén*. CEAL.
Tú no sabes cuánto sufro. *Jaimes Freyre*. ROAL
Tú no sabes lo que es ser esclavo. *Rebolledo*. MONSI.
Tu nombre. *Guzmán*. BEDRE.
Tu nombre fué de cristal. *Tavira*. COHEN.
Tu nominas los sueños. *Avila*. QUIROS.
Tu ombligo, capital del mundo. *Arango*. TAPIA.
Tú, otro. *Patiño*. MONDRA.
Tu palabra. *Serrano*. LETONA.
Tu pecho. *González*. MONDRA.
Tu pie desnudo. *Bustamante*. CEA.
Tu poema. *Montealegre*. ARTE.
Tú, por mi pensamiento. *Ibáñez*. JIMEN, TOPS.
Tú, que nunca serás. *Storni*. FERNAN, SONETO.
Tu recorrido en las calles. *Sáenz*. QUIROS.
Tu retrato y yo. *Uribe*. SALAS.
Tu risa. *Neruda*. SCARPA.
Tu secreto. *Carriego*. BAEZA.

Tú tenías. *Barreda.* MONSI.
Tu verga ordena mis caderas. *Yañez.* COHEN.
Tu voz. *Ledesma.* GINAR.
Tu voz. *Siles Guevara.* BEDRE.
Tú y yo. *Guirao.* CAILL.
Tú y yo, Buenos Aires. *Vilas.* URPILA.
Tú ya no tienes rostro. *Delmar.* BAEZA
Tú, yo mismo. *Novo.* MONSI, PAZ.
Tuércele el cuello al cisne. *González Martínez.* CAILL, DEBI, MODER, MONSI, ROAL, SONETO, TOPS.
La tumba de Pedro. *Fernández Spencer.* BAEZA.
Tumba del poeta. *Paz.* DEBI.
Tumulto. *Zaid.* DEBI, PAZ.
La tunda para el negrito. *Ortiz.* SENSE.
El túnel. *Parra.* JIMEN, ORTEGA, TOPS.
La túnica. *Biagioni.* VILLOR.
The Tunnel. *Parra.* TOPS.
Turiguanó. *Guillén.* CAILL.
Turista de 1934. *Aridjis.* MONDRA.
Turquesa. *Byrne.* CORSSE.
Turris eburnea. *Nieto.* GINCO.
Tus ambiciones quedarán. *Guerra.* QUIROS.
Tus amiguitos eran unos perros. *Maquieira.* WHITE.
Tus dientes. *López Velarde.* DEBI, MONSI.
Tus distancias. *Prunell Alzaibar.* GINURU.
Tus lindes: grietas que me develan. *Bracho.* GENERA.
Tus manos. *Bedregal.* QUIROS.
Tus manos. *Pla.* VALLE.
Tus ojos. *Meldiu.* SALAS.
Tus ojos y los pájaros. *Romualdo.* RUANO.
Tus pasos se apoyan en mis pasos. *Trejo Villafuerte.* COHEN.
Tus senos. *García Prada.* TAPIA.
Tutecotzimi. *Darío.* CAILL.
Tuyutí. *Vega de Alba.* URPILA.
Two Countries. *Martí.* TOPS
Two Greek Guerrillas: An Old Man and . . . *Dalton.* MARQUE.

Ubicación de Lenín. *Hidalgo.* MOLINA.
The Uglies. *Fernández Retamar.* DOORS.
Ulises. *Nava.* MONDRA.
Ultima. *Campos.* MONDRA.
Ultima canción de la tierra. *Derbez.* GENERA.
La última cena. *Camerati.* CORSSE.
La última compañía. *Prado.* CALA.
Ultima etapa en Haití. *Cabral.* MORA.
La última fotografía. *Campos.* ARTE.
La última gaviota. *Miró.* CAILL.
Ultima hora. Atacado el Moncada. *Salado.* BOCCA.
Ultima necat. *Gutiérrez Nájera.* MODER.
La última parábola. *Cardona Torrico.* QUIROS.
Ultima parte del oficio. ¿Poesía? *Herrera.* TORO.
Ultima rima. *Borrero.* CAILL.
Ultima soledad. *Hernández Aquino.* CAILL.
Ultima sopa. *Vicuña.* VILLE.
La última vez que estuve en su casa. *Hernández d'Jesús.* ESCA.
La última visión. *Grillo.* GINCO.
La última visión (a la memoria de Rubén Darío). *Chocano.* PERU.
Ultima visita del poeta a su pueblo. *Ordóñez Argüello.* CARDE.
Ultima voluntad. *Paine.* VILLOR.

Ultimas noticias / bloqueo. *Vitale*. FIERRO.
Ultimo árbol. *Mistral*. JIMEN, TOPS.
Ultimo brindis. *Parra*. SCARPA.
Ultimo deseo. *Hernández*. ARTE.
Ultimo día del mes del corazón. *Hernández*. CORSSE.
Ultimo epitalamio. *Vitier*. SONETO.
El último esclavo. *Pichardo*. MORA, SENSE.
El último huayño. *Tamayo*. BEDRE.
Ultimo hueso. *Correa*. ARTE.
El último naufragio. *Morales*. MONDRA.
Ultimo puerto del Capitán Cook. *Zeller*. ARTE.
Ultimo reino. *Eielson*. LIBRO.
El último rondel. *Peñaranda*. QUIROS.
Ultimo viaje. *González Martínez*. CAILL, TOPS.
Umbral del hijo. *García Terrés*. MONSI.
Una. *Storni*. TAPIA.
Unamuno. *Capriles*. BEDRE.
Unánime. *Moleiro*. CAILL.
Undécimo día. *Berenguer*. VILLE.
Under Certain Circumstances. *Hoeffler*. WHITE.
Under My bed. *Parra*. REYES.
Unearthing. *Lavín Cerda*. REYES.
Uni-verso. *González-Cruz*. CATO.
La única. *Lugones*. CAILL.
La única mujer. *Peralta*. FLORES, LAGOS, VOCES.
El único poema. *Padilla*. PADRON.
Unico poema. *Vaz Ferreira*. CAILL, GINURU.
Unico poema del mar. *Cuadra*. MANSOU.
Unidad. *Neruda*. SCARPA.
Unidad. *Serrano*. MONDRA.
Uníos. *MacField*. CARDE.
United Fruit Co. *Neruda*. TOPS.
La United Fruit Co. (Span.). *Neruda*. TOPS.
Universo menor. *Cotto*. CEA.
An Unknown Voice. *Belli*. TOPS.
Uno. *Oliver*. BOCCA.
Uno A. *Galván*. MONDRA.
Uno escribe en el viento. *Rojas*. FIERRO, PADRON, REYES, SCARPA.
Uno sabe. *Barnet*. ARAY.
Uno se despierta. *Cardenal*. DOORS.
Uno tiene su muerte de días habituales. *González Penelas*. GINURU.
Unos. *Segredo Vidales*. URPILA.
Unus ego. *Revuelta Hatuey*. CATO.
Upturned Card. *Turkeltaub*. REYES.
Urbe (Frag.). *Maples Arce*. PAZ.
La urna. *Banchs*. FERNAN.
Urna (4-IX-70). *Millán*. QUEZA.
Urna con perfil político. *Cuadra*. JIMEN, ORTEGA, ROAL.
Urnas, moscas y cigarras. *Mondragón*. PAZ.
Useless to Explore. *Vieyra*. REYES.
Usos son de la guerra. *Morales*. BOCCA.
Usted me jodió el mundo. *Sampedro*. GENERA.
¿Usted quiere encontrar la vida? *Cabrera*. COSTA.
Usted se va. *Cabrera*. COSTA.
Usted tenía razón, Tallet. *Fernández Retamar*. ARAY, DOORS, ORTEGA.
Usted, bocaza. *Belli*. LIBRO.
Utopía. *Carreto*. GENERA.
Las utopías. *Zurita*. WHITE.

The Utopias. *Zurita*. WHITE.
Uvas rosadas. *Giannuzzi*. VILLOR.

La vaca estudiosa. *Walsh*. FERNAN.
La vaca verde. *Angeli*. BAEZA.
Vacaciones del soltero. *Chumacero*. DEBI.
El vacío de un día. *Oyarzún*. ARTE.
Vacíos. *Costa du Rels*. BEDRE.
Vade retro Satanás. *Guillén*. BOCCA.
El vado. *Planchart*. MEDINA.
Vae soli. *González Martínez*. CAILL.
Vagabundo del alba. *Jamís*. ORTEGA.
Vagando. *Figueredo*. URPILA.
Vaivén. *Gómez*. CAILL.
El valle. *Granado*. QUIROS.
Valle de Cucuta. *Gaitán Durán*. ARBEL.
El valle de la luna azul. *Becco*. BAEZA.
El valle de los pinos. *Parra*. MEDINA.
Valle de México. *Paz*. BACIU, DEBI.
Valle Giulia. *Eielson*. LIBRO.
Valle lozano. *Martí*. MODER.
Valle-Inclán y el viento. *Fernández Moreno*. CAILL, GINAR.
Vallejo. *Lara*. ARTE, BOCCA.
El valor de la corchea es la octava parte. *Millán*. BOCCA, QUEZA.
Valorar valores. *Berenguer*. ORTEGA.
Valparaíso. *Reyes*. CAILL, GINCHI.
Vals de viejas, vals de abejas. *Guevara*. ORTEGA.
Vámonos. *Osuna*. ESCA.
Vamos a cantar. *Sabines*. PAZ.
Vamos a perder el paraíso. *Adoum*. FIERRO.
El vampiro. *Agustini*. CEAL, MODER.
El vampiro. *Rebolledo*. MONSI.
Van Gogh en Arles. *Ojeda*. TORO.
Vana invitación. *Camarillo de Pereyra*. CAILL.
Vanidad de lo variable. *Oribe*. CAILL.
El vanidoso. *Dalton*. PADRON, SALVA.
Vano afán. *Camarillo de Pereyra*. CAILL.
Vano azul. *Vargas Osorio*. CAILL.
Variaciones. *Martínez Matos*. ARAY.
Variaciones. *Silva Estrada*. ESCA.
Variaciones de Adán. *Scarpa*. ARTE.
Variaciones de la desconocida. *Ibáñez*. CAILL.
Variaciones en torno a un vaso de agua. *Eielson*. LIBRO.
Variaciones sobre el tema del amor. *Alcalde*. ARTE.
Variaciones sobre un poema de Jorge. *Rivera*. CORSSE.
Variaciones sobre un tema de amor. *Liscano*. CAILL.
Variaciones sobre un tema de Debussy. *Nazoa*. MEDINA.
Variaciones sobre un tema de Prevert. *Juarez*. SALVA.
Variaciones sobre un tema garantizado. *Piña Williams*. GENERA.
Variaciones sobre un tema horizontal. *Pantigoso*. TORO.
Varona y varón. *Martos*. RUANO.
Varsovia 1943. *Chapochnik*. URPILA.
Vaso de agua. *Cesped*. QUIROS.
Vaticinios. *Rojas*. FIERRO.
Véase primero el aire y su elemento negro que no cesa. *Juarróz*. TOPS.
Ved esta carne. *Pastori*. CAILL.
Vegetaciones. *Neruda*. GINCHI.
Veinte años. *Serrano*. MONDRA.
Los veinte años (Frags.). *Uribe Arce*. CALA.

Veinte poemas de amor. Poema 1. *Neruda.* CEAL, SCARPA, TAPIA, TOPS.
Veinte poemas de amor. Poema 1 (Eng.). *Neruda.* TOPS.
Veinte poemas de amor. Poema 5. *Neruda.* JIMEN.
Veinte poemas de amor. Poema 6. *Neruda.* SCARPA.
Veinte poemas de amor. Poema 7. *Neruda.* TOPS.
Veinte poemas de amor. Poema 7. (Eng.). *Neruda.* TOPS.
Veinte poemas de amor. Poema 9. *Neruda.* GINCHI.
Veinte poemas de amor. Poema 15. *Neruda.* ARTE, SCARPA.
Veinte poemas de amor. Poema 20. *Neruda.* BAEZA, CAILL, CEAL, GINCHI, JIMEN, SCARPA.
Vejeces. *Silva.* CAILL, CEAL, MODER.
La vejez de Narciso. *Lihn.* CALA, GINCHI.
La vejez del sátiro. *Londoño.* CAILL, CEAL, TAPIA.
Vela arde. *Isla.* COHEN.
La velada. *Marasso.* BAEZA.
La velada del sapo. *Castellanos.* DEBI, MONSI, PAZ.
La veleta. *González Lanuza.* BAEZA.
El velo centelleante. *Michelena.* MONSI.
Velorio. *Basualto.* CORSSE.
El velorio. *Sacoto Arias.* CAILL.
Velorio. *Silva.* CARDE.
Velorio de Papá Montero. *Guillén.* CAILL, MORA, SENSE.
Velorio de una excepción. *Adoum.* PADRON.
Velorio del albañil. *Sacoto Arias.* CAILL.
Velorio del boga adolescente. *Artel.* BAEZA.
Ven. *Nava.* MONDRA, PAZ, SALAS.
Ven. *Sáenz.* QUIROS.
Ven de la luz, hijo. *Díaz Varín.* ARTE.
Ven del prodigio. *Dobles.* SEGURA.
Vena. *Boullosa.* MONDRA.
Una venada ciega en el jardín. *Sandoval.* MONDRA.
La venadita. *Rodríguez.* MEDINA.
Venado en tregua. *Arvelo Larriva.* CAILL.
Vencimiento. *Alemán.* TAPIA.
Vencimiento. *Delmar.* CAILL.
La venda. *España.* ARTE, WHITE.
El vendedor de molinetes. *LeRiverend.* CATO.
Vendimia. *Acuña.* GINCHI.
El vendimiador a su amada. *Magallanes Moure.* CAILL.
Vendimias. *Silva Estrada.* ESCA.
¿Vendréis, rostros . . . ? *Letona.* LETONA.
Venecia. *Carreto.* COHEN.
Venecia. *Girondo.* CEAL.
Venecia. *Pacheco.* ORTEGA.
Venecia: qué en ti busca. *Fernández Retamar.* RUANO.
Venezuela combatiente. *Mathiew.* DONOSO.
¡Vengan cumplidas moscas! *Gaitán Durán.* ARBEL.
La venganza. *Hübner Bezanilla.* GINCHI.
La venganza. *Jodorowsky.* MONDRA.
Venganza. *Nervo.* TOPS.
La venganza del minero. *Parra.* CEAL.
Vengo. *Díaz Diocaretz.* VILLE.
Vengo del viento. *Durand.* LAGOS, VOCES.
Venía. *Larrahona Kästen.* URPILA.
Venías cargando una palabra. *Oliver Labra.* VOCES.
Venid a ver el cuarto del poeta. *Calvo.* TORO.
La venida de Jesus. *Cruchaga Santa María.* CAILL, GINCHI.
Ventana. *Camerati.* CORSSE.
Ventana. *Cortés.* CAILL, CARDE.

La ventana. *González Martínez*. TOPS.
Ventana. *Llinás*. BACIU.
Ventana. *Rojas*. CALA.
La ventana. *Rubio*. ARTE, SCARPA.
La ventana. *Silva*. CEAL.
Una ventana. *Varela*. LIBRO.
La ventana colgada. *Cardona Torrico*. BEDRE.
La ventana de Azorín. *Serrano*. LETONA.
Ventana del sur. *Santana*. GINCHI.
Ventanas. *Basualto*. VILLE.
Ventanas. *Fernández Moreno*. BAEZA.
Venturas criollas. *Lezama Lima*. JIMEN, SONETO.
Venus. *Darío*. MODER.
Venus en el pudridero. *Anguita*. ARTE, SCARPA.
Venus errante. *Jaimes Freyre*. CAILL, QUIROS.
Venus púdicas. *Mayorga Rivas*. SONETO.
Venus suspensa. *López*. CAILL.
Venus victa. *Lugones*. TAPIA.
Venus Vitrix. *Cid*. BACIU, GINCHI.
Veo mi patria. *Galeas*. BOCCA.
Ver Chicago y después morir. *Carreto*. COHEN.
Vera Marloff. *Umaña Bernal*. CAILL.
El verano. *Aridjis*. ORTEGA.
Verano. *Cabrera*. COSTA.
Verano. *Cortés*. CARDE.
Verano. *Figueredo*. URPILA.
Verano. *Heraud*. TORO.
Verano. *Huerta*. DONOSO.
Verano. *Maples Arce*. DEBI.
Verano. *Santos*. CARDE.
Verano. *Vallejo*. CEAL.
Verano. *Yarza*. MEDINA.
Verano uvas río. *Gaitán Durán*. ARBEL.
Verano, 1965. *González Vigil*. TORO.
La verdad. *Neruda*. JIMEN.
La verdadera historia de Joaquín Mira. *Basualto*. VILLE.
El verdadero momento. *Anguita*. SCARPA.
El verdadero problema de la filosofía. *Parra*. REYES.
El verdadero rostro. *Anguita*. SCARPA.
Verde halago. *Brull*. JIMEN.
Verde-mar. *Delmar*. GINCO.
Los verdugos. *Canales*. SALVA.
La verdulera. *Pasos*. CARDE.
Veré esa cara. *Gaitán Durán*. ARBEL.
Vergüenza. *Mistral*. CAILL, ROAL, TAPIA.
Verídica balada de la flor de madera. *Walsh*. CAILL.
Veritas. *Argüello*. CAILL.
Verlaine (Responso). *Darío*. CAILL, MODER.
Vermouth. *Huidobro*. BACIU.
Verona. *Girondo*. CEAL.
Verona. *Sancho Castañeda*. SALVA.
Versículos. *Rojas*. REYES.
Versión de la tierra. *Carrera Andrade*. JIMEN, ROAL.
Versión onírica. *Bustos*. BEDRE.
Verso. *Aura*. MONDRA.
Un verso claro y una pena oscura. *Sassone*. PERU.
El verso concluído. *Rega Molina*. CAILL.
Versos a la deriva. *Pastorín*. URPILA.
Versos a la luna. *López*. CAILL.

Versos de álbum. *Gutiérrez Nájera.* ROAL.
Versos de amor y de misterio. *Moreno Jiménez.* TAPIA.
Versos de la semana mayor. *Bernárdez.* CAILL.
Versos de otoño. *Darío.* BAEZA.
Versos sencillos. *Martí.* CAILL, TOPS.
Versos sueltos. *Parra.* CEAL, JIMEN.
Los versos y los días. *Castro Saavedra.* ARBEL.
Verte. *Ibáñez.* SCARPA.
Vertical. *Vallarino.* MONDRA.
Vertiente de la roca. *González Bastías.* ARTE.
Vértigo. *Contreras.* CEA.
Véspera. *Eguren.* CAILL.
Vesperal. *Darío.* CEAL.
Véspero heleno. *Capriles.* QUIROS.
Vespertino. *Casal.* MODER.
Vestal marina. *Ibáñez.* CAILL.
Vestida de adormidera. *Puhyol.* SALAS.
Vestida de plata. *Bonifaz Nuño.* DEBI.
Vestigios. *Carrión.* ARTE.
Una vez el azar se llamó Jorge Cáceres. *Rojas.* CALA.
Una vez lo dije . . . *Langagne.* MONDRA.
Una vez más. *Storni.* CAILL, GINAR, TAPIA
Una vieja tristeza. *González Martínez.* MONSI.
Vía crusis. *Alcocer.* SALAS.
Vía láctea. *Illescas.* MONDRA.
La vía láctea. *Jamís.* TARN.
Via Veneto. *Eielson.* LIBRO.
Viajante. *Macías.* MONDRA.
Los viajantes. *Délano.* VILLE.
Viaje. *Basualto.* VILLE.
Viaje. *Berenguer.* FIERRO.
Viaje. *Carrera Andrade.* CAILL.
El viaje. *Délano.* VILLE.
Viaje. *Ibáñez.* SCARPA.
El viaje. *Lamas.* BOCPA.
El viaje. *Liscano.* PADRON.
Viaje. *Novo.* MONSI.
El viaje. *Pellicer.* MONSI.
Viaje. *Suárez.* QUIROS.
El viaje. *Volkow.* GENERA.
Viaje a Oaxaca. *López Acuña.* ZAID.
Viaje al pasado. *Alfaro.* QUIROS.
Viaje alrededor de la lámpara. *Valle.* CAILL.
Viaje con una lámpara. *Ferrero.* CAILL, GINCHI.
El viaje de la primavera. *Marechal.* CAILL.
El viaje de la tribu. *Chumacero.* MONSI.
Viaje de Mondrian en aeroplano. *Arrangoiz.* ZAID.
Viaje hacia lo inconcluso. *Svanascini.* CAILL.
El viaje inútil. *Contreras.* CEA, SALVA.
Viaje inútil. *Bedregal.* CAILL, QUIROS.
Viaje por los huesos. *Ibáñez.* CAILL.
Viaje por mar, o La paloma de Ararat. *Wilcock.* VEIRA.
El viajero. *Córdova Iturburu.* CAILL, GINAR.
Viajero. *Valdés.* VILLE.
El viajero en la noche. *Urzagasti.* BEDRE, QUIROS.
Viajero solo. *Moleiro.* CAILL.
Los viajes. *Díaz Muñoz.* ARAY.
Los viajes infinitos de la noche. *Fuente.* SALAS.

La víbora. *Parra*. CALA, DONOSO, TOPS.
La víbora invisible (Romance aymara). *Tamayo*. BEDRE, QUIROS.
Vibraciones. *Fiallo*. CAILL.
Vicio. *Molina Venegas*. CORSSE.
Los vicios del mundo moderno. *Parra*. ARTE, CALA, CEAL, ORTEGA, SCARPA.
Victor Hugo. *Díaz Mirón*. CAILL.
La victoria. *Allocati*. URPILA.
La victoria. *Gelman*. DOORS.
La victoria. *Villalobos*. BEDRE.
Victory. *Gelman*. DOORS.
Victrola vieja. *Rojas*. SCARPA.
La vicuña. *Espada*. BEDRE.
La vicuña. *Granado*. QUIROS.
La vida. *Blanco Fombona*. CAILL.
Vida. *Cossio Salinas*. QUIROS.
Vida. *Fernández Moreno*. FERNAN.
Vida. *Gordillo*. SONETO.
La vida. *Mansilla*. WHITE.
La vida. *Montejo*. ORTEGA.
La vida. *Neruda*. JIMEN.
La vida. *Razzeto*. TORO.
Vida aldeana. *Ibarbourou*. CAILL, ROAL.
Vida de Clemente. *Alcides*. ARAY.
Vida de perros. *Parra*. SCARPA.
La vida del campo. *Torri*. PAZ.
La vida dibuja un árbol. *Juarróz*. TOPS.
Vida en mi muerte (Frag.). *Mar*. SALAS.
La vida es así. *Lavín Cerda*. QUEZA.
La vida es seria. *Martínez Estrada*. SONETO.
La vida espiritual. *Mejía Sánchez*. PADRON.
La vida está en la calle. *Domínguez*. REYES.
Vida, fría sepulturera. *Paz Paredes*. CAILL.
Vida-garfio. *Ibarbourou*. CAILL, GINURU, LAGOS, ROAL, TOPS,VOCES.
Vida nueva. *Rodríguez Rivera*. TARN.
La vida nueva. *Zurita*. WHITE.
Vida, pasión y muerte del anti-hombre. *Rivas*. CEA, SALVA.
Vida perfecta. *Carrera Andrade*. BAEZA, CAILL, TOPS.
La vida prenatal. *Molina*. VILLOR.
Vida que dejaste, padre. *Canelas López*. QUIROS.
Vida retirada. *Olivares Figueroa*. CAILL.
Vida retirada. *Villarino*. CAILL.
Vida secreta. *Barrenechea*. CAILL.
La vida siempre es buena. *Zevallos Antezana*. BEDRE.
Vidalida la bantú. *Campins*. SENSE.
Vidrios de amor. *Portal*. PERU.
Vieja. *Mistral*. CALA.
La vieja alianza. *Montes de Oca*. CAILL.
La vieja amistad. *Tiziani*. DONOSO.
Vieja calle. *Montes*. ARTE.
Vieja canción que recuerda la infancia. *Rojas Jiménez*. CAILL.
La vieja dama. *Molina Venegas*. VILLE.
Vieja la noche. *Sabines*. CAILL.
La vieja llave. *Nervo*. CAILL, MODER.
El viejo. *Hernández*. ARAY.
El viejo Calixto. *Suárez*. QUIROS.
Viejo discípulo del aire. *Moro*. LIBRO.
Viejo estribillo. *Nervo*. CAILL.
Viejo hurón. *Molina*. BACIU.
Viejo lebrel. *González Martínez*. MONSI.

Viejo maestro. *Liguori*. MONDRA.
El viejo motor de aeroplano. *Cuadra*. CARDE.
Viejo muro. *García Rivera*. BEDRE.
Viejo negro del puerto. *Domínguez Charro*. MORA.
El viejo payaso a su hijo. *Diego*. ARAY.
El viejo pelicano. *Díaz Herrera*. RUANO.
Viejo poema. *Luque Muñoz*. ABRIL.
El viejo tema de la muerte. *Gómez*. MEDINA.
Viejos maestros. *Cobo Borda*. ORTEGA.
Viendo partir las horas . . . *Macías*. MONDRA.
Viene volando un tiempo de cañones. *Istarú*. LAGOS, VOCES.
Vienen noticias del atroz invierno. *Diego*. SONETO.
Vienes a mi. *González Martínez*. MONSI.
Viento. *Crespo*. ESCA.
El viento. *Durán*. PAZ.
El viento. *Ferreyra Basso*. CAILL, GINAR.
Viento. *Flores Saavedra*. LAGOS, VOCES.
El viento. *Hübner Bezanilla*. GINCHI.
Viento. *Maya*. ARBEL.
El viento. *Moreno Mora*. BAEZA.
El viento. *Nieto*. CATO.
Viento. *Owen*. PAZ.
Viento. *Prendez Saldías*. ROAL.
El viento. *Serrano*. MONDRA.
El viento. *Sierra*. CAILL.
Viento, agua, piedra. *Paz*. TOPS.
Viento de diamantes. *Bañuelos*. PAZ.
Viento de la infancia. *Santana*. GINCHI.
Viento de la luz de junio. *Ballagas*. CAILL, JIMEN, ROAL.
El viento de los locos. *Teillier*. ARTE.
Viento de soledad. *Parra*. MEDINA.
El viento deambula en la Pampa. *Toro*. ARTE.
Viento en el mar. *Reyes*. DEBI.
El viento en la isla. *Neruda*. SCARPA.
Viento entero. *Paz*. JIMEN, PAZ.
El viento no sabe leer. *Iza*. LAGOS, VOCES.
El viento rubio. *Tiempo*. CAILL, GINAR.
Viento sagrado. *González Martínez*. CAILL, MODER.
El viento sobre Lincoln. *Neruda*. SENSE.
El viento y el miedo golpean. *Teillier*. SCARPA.
El viento y las novelas. *Viscarra Fabre*. QUIROS.
Los vientos del sur. *Jonquières*. CAILL.
Viernes. *Augier*. CAILL.
Viernes social. *Marzán*. MARZAN.
Viet-Nam. *Vitier*. ARAY.
Vigésimo primer día. *Berenguer*. VILLE.
Vigésimo primer día, noche. *Berenguer*. VILLE.
El vigía. *Romualdo*. LIBRO.
Vigil cuidoso que a verdad obliga. *Fernández*. SONETO.
Vigilia. *Capriles*. BEDRE.
Vigilia. *Vicuña*. VILLE.
Vigilia con los ojos cerrados. *Díaz Diocaretz*. VILLE.
Vigilia de la sangre. *Sinán*. CAILL.
Vigilia y sueño. *Díaz Mirón*. TAPIA.
Vilanela. *Aguilar*. ZAID.
El vilano. *Prado*. CAILL.
Vilano en la mano del aire. *Scarpa*. ARTE.
Villa Barberini. *Wilcock*. VEIRA.

Village. *Paz.* TOPS.
Villancico. *Martínez Rivas.* CARDE.
Villanela. *Belli.* RUANO.
Vine en un barco negrero. *Guillén.* MORA.
Vino la hoz. *Castro.* SALAS.
Violación. *Parra.* REYES.
La violencia de las horas. *Vallejo.* CEAL.
Violetas. *Mojica.* SALAS.
El violín. *Calderón Lugones.* BEDRE.
The Viper. *Parra.* TOPS.
Virgen del Titikaka. *Gómez Cornejo.* BAEZA.
Virginia Woolf, etc. *Peri Rossi.* FLORES.
Virginia Woolf, etc. (Eng.). *Peri Rossi.* FLORES.
Virtud de la mujer transida de cielo. *Andrade Cordero.* CAILL.
Visión. *Agustini.* BOCPA, CAILL, CEAL, GINURU, MODER, TOPS.
Vision (Eng.). *Agustini.* TOPS.
La visión. *Blanco Fombona.* SONETO.
La visión. *Díaz Casanueva.* CAILL, CALA, GINCHI, JIMEN, ROAL.
Visión. *Jerez-Valero.* ESCA.
Visión. *Millán.* WHITE.
Vision (Eng.). *Millán.* WHITE.
Visión. *Vallarino.* MONDRA.
Visión azul. *Borrero.* SONETO.
Visión de Hiroshima. *Hahn.* CALA, DONOSO, TOPS, WHITE.
Visión de la ventanilla azul. *Cardenal.* VOLCAN.
Una visión de Panamá. *Korsi.* CAILL.
Vision from the Small Blue Window. *Cardenal.* VOLCAN.
Vision of Hiroshima. *Hahn.* TOPS, WHITE.
La visión optimista. *Arrieta.* CAILL.
Visión vertiginosa. *Vallarino.* MONDRA.
Visiones antiguas (Frag.). *Wyld Ospina.* CAILL.
La visita. *Anguita.* ARTE, CALA.
Visita. *Girondo.* CAILL.
Visita. *López Vallecillos.* CEA.
Visita. *Valle.* ARTE.
Visita a Lezama Lima. *Serrano.* CATO.
Visita de Baltasar Gracián. *Lezama Lima.* ARAY.
Visita de Dios. *Llerena Blanco.* LETONA.
Visita de pésame. *Vicuña Cifuentes.* ARTE.
La visita del mar. *Sologuren.* LIBRO.
Visitación. *Huerta.* COHEN.
Visitación de la lluvia. *Márquez.* CATO.
Visitae non gratae. *Calderón.* VILLE.
El visitante. *Suardíaz.* ARAY.
Visitante nocturno. *Hernández Aquino.* BAEZA.
Visitantes ilustres. *Girri.* ORTEGA.
Visitas. *Paz.* CAILL, DEBI.
Víspera. *Ballagas.* CAILL.
Víspera. *Brull.* CAILL, JIMEN.
La víspera. *Lago González.* CATO.
Vísperas. *Montes de Oca.* CAILL.
Vísperas de ayer. *Bedregal García.* QUIROS.
Vita Nuova (Eng.). *Rodríguez Rivera.* TARN.
Vitalidad. *Zevallos Antezana.* BEDRE.
Vitral es el ojo dibujado. *Kamenszain.* ORTEGA.
La viuda. *Gómez Correa.* ARTE.
La viuda. *Kofman.* KOFMAN.
Viudo del mundo. *Castillo.* DONOSO, MARQUE.
¡Viva el cambio! *Liguori.* MONDRA.

Viviente soledad. *Liscano*. MEDINA.
Vivir. *Torres Bodet*. TOPS.
Vivir aquí. *Armani*. VILLOR.
Vivir humano. *Guzmán*. BEDRE.
Vivir o perecer. *Valle*. GINCHI.
Vivir y morir. *González Prada*. CAILL, ROAL.
Vivo con una mujer de color. *Fernández Retamar*. MANSOU.
Vivo con una mujer que vive. *Langagne*. MONDRA.
Vivo, eso sucede. *Bañuelos*. DONOSO.
Las voces. *Ibáñez*. GINURU.
Voces. *Parera*. CATO.
Voces. *Patiño*. MONDRA.
Voces. *Porchia*. BACIU.
Voces de otra espera. *González*. CAILL.
Voces I. *Ahumada*. CORSSE.
Voces interiores. *Díaz Mirón*. CAILL.
Las voces minerales. *Sánchez Negrón*. ESCA.
Las voces silenciosas. *Silva*. CEAL.
Las voces tristes. *Jaimes Freyre*. CAILL, MODER, TOPS.
Voladero. *Ortega*. ZAID.
Volaron águilas, leones. *Bonifaz Nuño*. PAZ.
Volátiles, reptiles, batracios. *Guevara*. RUANO.
Los volcanes. *Chocano*. MODER, TOPS.
Los volcanes. *González Rojo*. CAILL.
The Volcanoes. *Chocano*. TOPS.
Voluntad. *Valle*. SCARPA.
Voluntad de héroe. *Burgos*. TORO.
Voluntad para el sueño. *Queremel*. CAILL, MEDINA.
Voluntad regia. *Alliende Luco*. ARTE.
Voluntario. *Martínez Matos*. ARAY.
Voluptuosa. *Menéndez*. TAPIA.
Volver. *Reyes*. BOCPA.
Volver a casa. *Aura*. MONDRA.
¿Volver a Itaca? (Frags.). *Carreto*. COHEN.
Volviendo a la esperanza. *Quessep*. ABRIL.
¡Vos me darís otro! *Campero Echazú*. QUIROS.
Voting Instructions. *Gutiérrez*. MARQUE.
Voto. *Rebolledo*. MONSI.
Voy a dormir. *Storni*. FLORES.
Voy a edificar. *Rulo Escorpio*. BEDRE.
Voy a escribir un poema. *Silén*. MARQUE.
Voy a hablar de la esperanza. *Vallejo* CEAL, DOORS, JIMEN, TOPS.
Voy a inventar sueños. *Silva Sangines*. BEDRE.
Voy a sembrar un corazón sobre la tierra. *Murillo*. VOLCAN.
Voz. *Alvarez*. SALAS.
Voz. *Cadenas*. ESCA, ORTEGA.
La voz. *Hegui Velazco*. GINURU.
Voz. *Storni*. CAILL.
Voz a tu silencio. *Rojas Jiménez*. MEDINA.
La voz ausente. *Arrieta*. BAEZA, CAILL, GINAR.
Voz colectiva. *Castillo*. VOLCAN.
La voz contra la roca (Frags.). *Lugones*. MODER.
La voz crece en la carne. *Cabral*. RUANO.
Voz de Aymara. *Castrillo*. QUIROS.
La voz de la amada. *Lozano y Lozano*. GINCO.
La voz de las cosas. *Silva*. CAILL, CEAL, MODER.
Voz de mis soledades. *Nandino*. CAILL, ROAL.
Voz de respuesta. *Rugeles*. SONETO.

Voz de tierra. *Cabral.* MORA.
La voz desnuda. *Ortiz Sanz*. QUIROS.
Voz extraña. *Jaimes Freyre*. QUIROS.
La voz inútil. *Godoy.* SALAS.
Voz lejana. *Turcios*. CAILL.
La voz penitencial. *Ballagas*. JIMEN.
Vrindaban. *Paz*. PAZ.
Vuelo. *Arias*. GINURU.
El vuelo. *Arteche*. SCARPA.
Vuelo de flamencos. *Fariña Núñez*. CAILL.
Vuelo sin orillas. *Girondo.* CAILL, CEAL.
Vuelos. *Tablada*. PAZ.
Vuelta. *Paz*. ORTEGA.
La vuelta de los campos. *Herrera y Reissig*. CAILL, GINURU, MODER, ROAL.
Vueltas en círculo de una mesa de botillería. *Heredia.* MEDINA.
Vuelve el otoño. *Neruda.* ARTE.
Vuelve flecha de amor. *Hernández Campos*. MONSI.
Vuelvo a tu redil. *Lara.* QUEZA.
Vuelvo al calor de tu substancia. *Puhyol*. SALAS.

Waking Up. *Cardenal*. DOORS.
Waking Up. *Quezada*. WHITE.
El Walhalla. *Jaimes Freyre*. MODER, QUIROS.
Walking Around. *Neruda*. TOPS.
Walking Around (Span.). *Neruda*. CAILL, CEAL, JIMEN, SCARPA, TOPS.
Walkyria. *Díaz*. CAILL, GINAR.
Walt Whitman. *Darío*. MODER.
Walt Whitman. *Martínez Estrada*. CAILL, GINAR.
Wandering Souls. *Mansilla*. WHITE.
Wanted. *Garrido*. ZAID.
Watching T.V. *Hahn*. WHITE.
The Way It Must Be. *Molina*. TOPS.
The Way Things Are Above and Below. *Quezada*. WHITE.
Wayño. *Lara.* BEDRE.
We Do Well to Remember. *Fernández Retamar*. MARQUE.
We Will Not Hand over the Night. *Rojas*. WHITE.
Week End, the End. *Pérez*. QUEZA.
Week-end. *González Martínez*. DEBI.
Wekufe's Dream. *Riedemann*. WHITE.
The Well. *Palés Matos*. MARZAN.
The Well-Aimed Stare. *Margenat*. MARZAN.
West Indies LTD. (Frag.). *Guillén*. CEAL, SENSE.
Westphalen. *Moro*. BACIU.
Wet Earth. *López Velarde*. TOPS
What Good Is It for an Old Man to Work Out in the Gym? *Parra.* REYES.
What Happened to Her. *López*. TARN.
What Is Lived. *Valle*. MARZAN.
What Is Needed. *Rodríguez Frese*. MARZAN.
What Should I do Now? *España.* WHITE.
When a Man Dies. *López*. TARN.
When All Is Said and Done. *Teillier*. REYES.
When It's Over. *Cámerón*. WHITE.
When My Old Age. *Feria*. TARN.
When My Papers. *Feria*. TARN.
When We Return. *Zamora*. VOLCAN.
Where Brave Men Weep. *Alegría.* REYES.
While You. *Reyna*. FLORES.
Whisky and Soda (Span.). *Fernández Moreno*. VEIRA.
Whistling in the Air. *Quezada*. WHITE.

The White Claw. *Storni.* TOPS.
White Stone on White Stone. *Gutiérrez.* MARQUE.
Who knows? *Chocano.* TOPS.
Who Will Buy Me an Orange? *Gorostiza.* TOPS.
The Whole Ingenuous Disguise, the Whole of Happiness. *Diego.* TARN.
Why Have They Moved Me? *Belli.* TOPS.
Why I Can't Write a Poem about Lares. *Silén.* MARZAN.
Widowed of the World. *Castillo.* MARQUE.
Wiedersehen. *Campos.* MONDRA.
Wild Root. *Ibarbourou.* TOPS.
William Blake. *Pita Rodríguez.* ARAY.
Wind and Water and Stone. *Paz.* TOPS.
The Window. *González Martínez.* TOPS.
Winettgonía (Frag.). *Rokha.* CALA.
The Wings. *Agustini.* TOPS.
Wire Meshes. *España.* WHITE.
Wishes. *Pellicer.* TOPS.
Wishing. *Lara.* WHITE.
With Your Permission. *Benedetti.* MARQUE.
Woman. *Ibarbourou.* FLORES, TOPS.
A Woman. *Mistral.* TOPS.
Wooden Moon. *Coronel Urtecho.* DOORS.
The Word. *Vitier.* DOORS.
Word of the Guerrilla Fighter. *Heraud.* DOORS.
A Word to the Wise. *Armand.* TOPS.
Words for Delmira Agustini. *Storni.* FLORES.
Words to Remind Me of Grandmother. *Castro Ríos.* MARZAN.
Words Words. *Zavala.* MARQUE.
Worries. *Escobar.* TARN.
The Wretched of the Earth. *Vallejo.* DOOR.
Wring the Swan's Neck. *González Martínez.* TOPS.
Written with L. *Rojas.* REYES.

Y a mitad de la tarde. *Pacheco.* DEBI.
¿Y ahora qué? *Hahn.* ARTE.
Y ahora soy nadie. *Cardona Torrico.* QUIROS.
Y antes que el olvido. *Cisneros.* PADRON.
Y bueno soy argentino (Frag.). *Fernández Moreno.* VEIRA.
Y como en el pasado. *Restrepo.* ABRIL.
Y como era mujer. *Patiño.* MONDRA.
Y como hubiera sido. *Puentes de Oyenard.* URPILA.
Y como una mala canción de moda te nombro. *Millán.* CALA, QUEZA.
¿Y cuando me haya muerto? *Etchebarne.* CAILL.
Y cuando, en fin, todo está dicho. *Diego.* ARAY.
Y de pronto la vida. *Varela.* LAGOS, VOCES.
Y dios mismo (si es dios) lo confirmará. *Bernal.* COHEN.
Y es que cae. *Mora Martínez.* COSTA.
Y este terco corazón. *Clavijo.* CATO.
¿Y Fernández? *Fernández Retamar.* PADRON.
Y hay sal. *Trejo.* COHEN.
Y la cabeza comenzó a arder. *Storni.* FERNAN.
Y la luz entra al hombre. *Aridjis.* DEBI.
Y la miré partir. *Urbina.* ROAL.
Y la vida familiar. *González Vigil.* TORO.
Y lo nuestro es la tierra. *Pedroso.* CAILL.
Y luego canto. *Rojas.* BEDRE.
Y nada de hojas secas. *Maples Arce.* CAILL.
Y otro día. *Machado de Arnao.* MEDINA.

Y para amarte así. *Monvel*. BAEZA.
¿Y qué más da? *Matos Paoli*. ORTEGA.
Y se me ocurre pensar. *Morales*. TORO.
Y si al invisible reino llegas. *Sucre*. ESCA.
Y si después de tantas palabras. *Vallejo*. CEAL.
Y soñé que era un árbol. *Alegría*. SALVA.
Y también hube una estancia en el infierno. *Marré*. TARN.
Y todas las cosas que a mi amor. *Aridjis*. DEBI.
Y trata de durar. *Salazar Tamariz*. DONOSO.
Y tú. *Navarro Harris*. VILLE.
¿Y tu agüela, a'onde ejtá? *Vizcarrondo*. CAILL, MANSOU, MORA.
Y tú así. *Massey*. URPILA.
Y tú esperando. *Nervo*. MODER.
Y un día vendrá. *Mendoza Sagarzazu*. ESCA.
Y un saúz. *Avila Jiménez*. QUIROS.
Y va por los cabellos. *Vocos Lescano*. CAILL.
Y va por los cabellos. *Vocos Lescano*. VILLOR.
Y vio que su señor se resignaba. *Mairena*. URPILA.
Y voy y vengo incierto. *López Vallecillos*. CEA.
Y ya no quedará sino un pozo muy negro. *León*. CAILL.
Ya. *Ibáñez*. CAILL.
Ya . . . *Lugones*. GINAR.
Ya en el camino. *Romero*. CAILL.
Ya es hora dice la Tijúa. *Crespo*. ESCA.
Ya está. *Sacerio-Gari*. CATO.
Ya hablaremos de nuestra juventud. *Lastra*. ARTE.
Ya les dije lo que es mi país. *Rivera Rodas*. QUIROS.
Ya me ausento de este mundo. *Benarós*. VEIRA.
Ya nada tengo yo. *Pellicer*. DEBI.
Ya no. *Vilariño*. LAGOS, VOCES.
Ya no eres el hombre. *Lavín Cerda*. QUEZA.
Ya se rumora. *Liguori*. MONDRA.
Ya tú sabes que murió. *Najlis*. CARDE.
Ya ves cómo. *Dalton*. PADRON.
Yacer. *Ballesteros*. ZAID.
Yamilé. *Paz Paredes*. ROAL.
La yegua blanca y su potrito. *Llerena*. CAILL.
Yelidá. *Hernández Franco*. MORA.
Yelidá (un antes). *Hernández Franco*. MANSOU.
La yerba cortada por los campesinos. *Sosa*. ORTEGA.
Yerba mora. *Dávila*. BAEZA, TAPIA.
Yerbas Buenas. *Jara*. CAILL, GINCHI.
Yerbas del tarahumara. *Reyes*. MONSI, TOPS.
Yerubia. *Urzagasti*. ORTEGA.
Yo. *Appleyard*. VALLE.
Yo. *Fernández Moreno*. CAILL, GINAR.
Yo. *Halley Mora*. VALLE.
Yo. *Martínez*. VALLE.
Yo. *Moreno Toscano*. SALAS.
Yo. *Viscarra Fabre*. QUIROS.
Yo adoro. *Ortiz*. FERNAN.
Yo agarro la suerte. *Rokha*. SCARPA.
Yo aprendí a estar en ti. *Salazar*. ESCA.
Yo bien quisiera. *Meléndez de Espinosa*. SALAS.
Yo conocí. *Matos Paoli*. ORTEGA.
Yo, el brujo. *Cea*. CEA, SALVA.
Yo en el fondo del mar. *Storni*. TOPS.
Yo en nada ya me fío. *Belli*. LIBRO.
Yo era a veces un grito nunca oído. *Cardona Torrico*. QUIROS.

Yo era en mi juventud. *Tamayo.* QUIROS.
Yo estudiaba en el extranjero en 1953. *Dalton.* PADRON.
Yo estuve un día aquí. *Matos Paoli.* ORTEGA.
Yo había aprendido de los viejos. *Jamís.* ARAY.
Yo había dado mi corazón. *Morales.* MONDRA.
Yo hablo. *Arce Navarro.* COSTA.
Yo he nacido, amor. *Scarpa.* CAILL, GINCHI.
Yo he visto la tristeza. *González O.* ROAL.
Yo hice el esfuerzo. *Morales.* DONOSO.
Yo Jehova decreto. *Parra.* DOORS.
Yo, la mujer de barro. *Murillo.* BOCPA, LAGOS, VOCES.
Yo me parezco a tu queja. *Lewin.* TAPIA.
Yo me voy a largar. *Valle.* MARZAN.
Yo, mi escondite. *Querales.* ESCA.
Yo miro esto. *Bonifaz Nuño.* PAZ.
Yo misma fuí mi ruta. *Burgos.* CAILL.
Yo monto en el Pequod. *Aray.* RUANO.
Yo no he venido a vencer. *Cazón Vera.* DONOSO.
Yo no inventé nada. *Fernández.* ZAID.
Yo no lo sé de cierto. *Sabines.* DEBI, PAZ, TOPS.
Yo no me río de la muerte. *Heraud.* DONOSO.
Yo no puedo. *Matos Paoli.* ORTEGA.
Yo no puedo vivir en la ignorancia. *Lara.* BOCCA.
Yo no recuerdo. *Bonifaz Nuño.* DEBI.
Yo no sé. *Garnica.* BEDRE.
Yo no sé nada. *Girondo.* CEAL.
Yo no sé si tu voz. *Carrión.* CAILL.
Yo no te busco, Dios. *Peña.* SALAS.
Yo nunca. *Heraud.* TORO.
Yo persigo una forma. *Darío.* CEAL, MODER, TOPS.
Yo que vengo de esas heredades. *Chirino.* ESCA.
Yo quiero ser marinero. *Obaldía.* CAILL.
Yo quisiera. *Langer.* ARTE.
Yo quisiera ser feliz como un pie desnudo. *Molinari.* CAILL, GINAR.
Yo quisiera una sombra. *Nalé Roxlo.* CAILL, GINAR, VILLOR.
Yo rechacé el silencio. *Cabañas.* VALLE.
Yo respondo. *Cardona Torrico.* QUIROS.
Yo sacaré lo que en el pecho tengo. *Martí.* CEAL.
Yo sé que en esta lámpara. *Arteche.* REYES.
Yo sé que ha de llegar un día. *Marinello.* ROAL.
Yo soy. *Juarez.* SALVA.
Yo soy aquél. *Prado.* SCARPA.
Yo soy aquél que ayer nomás decía. *Darío.* CEAL, MODER.
Yo soy aquélla. *Silva.* GINURU.
Yo soy el negrito Ñénguere. *Llanos Allende.* MORA.
Yo soy el pueblo. *Wayar.* BEDRE.
Yo soy la piedra inmóvil. *Luisi.* GINURU.
Yo soy mi casa (Frag.) *Amor.* SALAS.
Yo soy tu cuerpo. *Brandy.* CAILL, GINURU.
Yo soy un carpintero. *Valle.* SCARPA.
Yo soy un hombre sincero. *Martí.* CEAL, MODER.
Yo también escribo cuentos. *Gelman.* PADRON.
Yo tampoco comprendo. *García.* CARDE.
Yo te amo Maritornes. *Illescas.* MONDRA.
Yo te beso al irme. *Barquero.* CAILL.
Yo te escribiera. *Novo.* CAILL
Yo tenía un anillo. *Guzmán Cruchaga.* ARTE.
Yo tenía unas alas . . . *Amor.* CAILL.

Yo y la muerte. *López Saavedra*. URPILA.
Yo ya no sé decir esa palabra. *Volkow*. COHEN.
Yolleo. *Girondo*. CEAL.
You. *Cadenas*. ESCA.
You Are Not Poetry. *Castellanos*. TOPS.
You, for My Meditation. Ibañez. TOPS.
You Gotta Have Your Tips on Fire. *Hernández Cruz*. MARZAN.
You Jump First. *Pietri*. MARZAN.
You Wre Right, Tallet. *Fernández Retamar*. DOORS.
You Would Have Me Immaculate. *Storni*. FLORES.
Your Air of My Air. *Margenat*. MARZAN.
Your Anger. *Molina Venegas*. WHITE.
Your Great Love. *Maquieira*. WHITE.
Your Little Friends Were a Bunch of Dogs. *Maquieira*. WHITE.
Yoyontzin. *Ulloa*. BOCCA.
Yugo y estrella. *Martí*. MODER.
Yuntas. *Vallejo*. CEAL.

Zapata. *Aridjis*. COHEN.
Zapatea negro. *Manrique Cabrera*. SENSE.
Los zapaticos de Rosa. *Martí*. CAILL.
Zapato. *Eguiluz*. CORSSE.
El zapato único. *Mejía*. TORO.
Zarza. *Piwonka*. BAEZA.
Zazen. *Sicilia*. GENERA.
Zen. *Kozer*. CATO, PADRON.
Zero Hour. *Cardenal*. MARQUE.
Zooamor. *Wagner*. TAPIA.
Zoologías para hoy. *MacField*. CARDE.
El zoológico de caballos. *Argueta*. CEA.
El zopilote. *Alemán*. SALAS.
Los zopilotes. *Tablada*. MONSI.
Zorba. *Pereira*. BOCCA.

First Line Index

This index gives first line, author's last name, and title for each, poem e.g. '¡Cazador de venados! *Cuadra.* A Don Rubén Darío." Since the purpose of having a first line index is to recognize a poem by the way it begins, if it is labeled as another verse, or if there is a doubt as to whether it is in fact the beginning of the poem, it will be indicated that it is a fragment (Frag.). When the first line stops short of being a complete thought, or is too short to be recognizable, it will be completed by adding a slash and the first word, or words, in the second line that suffice to give it a clearer meaning, as in the following: "Acata/la norma." And, lastly, when the title and the first line are identical, to avoid unnecessary repetition only the first words of the title may be given. So if the title would be "Recorrer todo el camino," it would only say "Recorrer," and the author's name. This way once the first line is identified the user will turn to that word or words in the Title Index to find the whole title, the author, and the book that includes the poem. Authors' names will be italicized.

Indice de Primeros Versos

Este índice da el primer verso, apellido del autor, y título: por ejemplo, "¡Cazador de venados! *Cuadra.* A Don Rubén Darío". Como el propósito de tener un índice por primer verso es el de reconocer un poema por lo que dice cuando comienza, si se indica en la antología que éste no es el primer verso, o si existe alguna duda, se hará saber a continuación del título que es un fragmento (Frag.) del poema y no convendrá buscarlo de este modo. En caso de que el primer verso quede truncado y no resulte comprensible, se completará añadiendo unas palabras del siguiente verso: "Acata/la norma". Y, por último, cuando el título y el primer verso son idénticos y para evitar repeticiones innecesarias, se darán solamente las primeras palabras del título, como por ejemplo: si el título es "Recorrer todo el camino", se dará solamente "Recorrer", de modo que cuando el usuario ha identificado el primer verso podrá dirigirse al Indice de Títulos para encontrar el título completo, el nombre del autor, y el libro en el cual se encuentra el poema que busca. El nombre de los aurtores estará en letra cursiva.

2 A.M. Es la hora del oficio nocturno y la iglesia. *Cardenal.* 2 A.M.
2 a.m. It is the hour of the Night Service. *Cardenal.* 2 a.m.
3.000.000 es el precio de una Patria. *Gordillo.* El precio de una Patria.
40.000 habitantes en 1961. *Coronel Urtecho.* Ciudad Quesada.
464 6 y 20 nada dicen al mundo. *Cabrales.* Cifras.
El 5 de julio la Associated Press dio la noticia al mundo. *Tiempo.* Arenga en la muerte de Jaim Najman Bialik.
15 de octubre de 1874. *Hernández.* Una estrella en la frente.
500.000 azaleas vende este comerciante cada día. *Huerta.* Alabama en flor.
El 8 de julio de 1787 una mujer *Cáceres.* Justine.
8 de la mañana/demasiado pronto. *Mora.* Mitología (Frag.).
81/2 de la mañana/domingo. *Anón., Colombia.* Colombia masacrada.
8:30 a.m./Sunday. *Anón., Colombia.* Colombia Massacred.
999 calorías. *Vallejo.* 999 calorías.
A aquel hombre le pidieron su tiempo. *Padilla.* En tiempos difíciles
A Buenos Aires la fundaron dos veces. *Fernández Moreno.* Y bueno soy argentino. (Frag.).
A Buenos Aires la fundaron dos veces. *Fernández Moreno.* Argentino hasta la muerte (Frag.).

A caballo, Tarumba. *Sabines.* A caballo.
A cada momento dice el niño. *Pérez.* El crecimiento.
A ciegas, como un niño. *Este camino.* Aguirre.
A Coimbra van mis letras. *Cotto.* Epístola a León Felipe.
A como dé lugar pudren al hombre en vida. *Sosa.* Dibujo a pulso.
A contrapelo a contramano. *Adoum.* Pasadología.
A Cuernavaca voy, dulce retiro. *Reyes.* A Cuernavaca.
A deshijar nos vamos a la vega. *Vitier.* Suite de un trabajo productivo: El deshije.
A dónde quiere llegar ese hombre. *Eielson.* Valle Giulia.
¿A dónde va el amor? ¿Quién lo conoce? *Manero.* ¿A dónde ?
A Eduardo he preguntado por el barrio. *Suardíaz.* Como si fuéramos los mismos.
A él se le salía la muchacha y a la muchacha él. *Rojas.* Playa con andróginos.
A él/siempre le sobró rabia. *Peña Gutiérrez.* Chile tu sangre Pablo.
A espaldas de cualquier pregunta. *Calderón.* Nunca supe.
A esta época le salen plumas, no sueños. *Ruano.* Mirada de Brueghel.
A esta mesa no llegan/las hormigas. *Escobar Velado.* Huéspedes desahuciados.
A esta mujer la llaman puta. *Zito Lima.* Espera.
A este ardor que me punza a que despierte. *Varona.* ¡Ciencia!
A este lado de la Verdad. *Rojas.* A este lado
A éste señalo; miradlo bien. *Lhaya.* Los Judas.
A esto vine, al Torreón. *Rojas.* Torreón del renegado.
A esto vino al mundo el hombre, a combatir. *Rojas.* Versículos.
A flor de vida van los corazones. *Vaz Ferreira.* El cazador y la estrella.
A fuerza de hacer íntimas las palabras. *Montealegre.* Sísifo.
A hora y punto aquel lucero. *Moleiro.* Heredad.
A juzgar por el ruido de la fronda. *Reyes.* Diana.
A la cabeza de mis propios actos. *Vallejo.* Marcha nupcial.
A la caída del sol. *Magallanaes Moure.* Por la orilla de la mar.
A la cálida vida que transcurre canora. *López Velarde.* Hormigas.
A la casa del día entran gentes y cosas. *Sabines.* A la casa del día.
A la congoja de los pies alados. *Lauer.* Sobre un lugar común francés, italiano.
A la derecha se abre la luz. *Jones B.* Pájaro circular.
A la derecha/un sembradío. *Fugellie.* La huida (Círculo Y).
A la esencia errante de la flor decía. *Delmonte Ponce de León.* Bendita palabra.
A la herida antiquísima y universal que escondo. *Rokha.* A la herida antiquísima.
A la hora del crepúsculo todos los días pasa. *Le Riverend.* El vendedor de molinetes.
A la hora del crepúsculo. *Garcia Vespa.* A la hora.
A la hora en que a la tarde le aparecen ojeras. *Lugones.* Melancolía.
A la hora equidistante del pez amanecido. *Sinán.* La sombra sobre el agua.
A la hora que te pueda volver a poner de espaldas. *Casaus.* Anuncio de solicitud.
A la luz de mi lámpara. *Avila Jiménez.* Comprimido del tiempo.
A la luz del otoño. *Neruda.* Oda al niño de la liebre.
A la luz, difusa y fría de la aurora. *Jaimes Freyre.* El hospitalario.
A la mesa sentados a la tarde. *García Maffla.* A la mesa.
A la mitad de la jornada. *Vitier.* Suite de un trabajo productivo: Aquella ceiba.
A la mujer la comparo. *Anón. de Vallegrande.* Fiestas, satíricas y picarescas.
A la mujer los números miraron. *Storni.* Tiempo de esterilidad.
A la orilla de tu sexo en llamas. *Reyes.* Piedra cristalina.
A la orilla del mar, trágica y bella. *Gómez Jaime.* Titánica.
A la orilla del río Mico. *Uriarte.* Cara de mono.
A la orilla del río San Juan desemboca el río frío. *Cuadra.* Oda fluvial.
A la par que la vida, me llegaste. *Echeverri Mejía.* El poeta canta a su muerte.
A la Patagonia llaman. *Mistral.* Patagonia.
A la piedra en tu rostro. *Neruda.* Oda a César Vallejo.
A la poesía le preguntan cuánto/es dos más dos. *Moisés.* Dos más dos.
A la sombra del vértigo. *González Cruz.* Uni-verso.
A la sombra estelar de tus pestañas. *Lagos.* Cita con tus ojos.
A la tierra le es fácil florecer y se cubre. *Castellanos.* Quinta de recreo.
A la víbora, víbora de la mar. *Reyes.* Canción del agua niña.

A la Voz, dea y draga, ruge y gime. *Adán.* Brano con morbidezza.
A la vuelta de la esquina. *Mutis.* Canción del este.
A la yunta de toros de mi abuelo. *Navarro.* Los bueyes de mi abuelo.
A las caricias de la luz temprana. *González Prada.* Cuartetos persas.
A las diez de la noche en el Café de Inglaterra. *Paz.* Noche en claro.
A las diez en punto. *Sampedro.* Concierto.
A las tierras sin nombre y/sin números. *Neruda.* Vegetaciones.
A las tres y veinte como a las nueve y cuarenta y cuatro. *Paz.* Trabajos del poeta (Frag.).
¡A leyo! *Barnet.* Ebbo para los esclavos.
A lo largo del arduo caminar. *Guerra.* A lo largo.
A lo lejos/un hombre con un haz de leña. *Moreno Toscano.* A lo lejos.
A los amantes de las bellas letras. *Parra.* Cambios de nombre.
A los años de una edad. *Jodorowsky.* Germinación.
A los cuarenta Tommy Derk descubrió. *Gelman.* Lamento por el sicomoro de Tommy Derk.
A los espacios entregarme quiero. *Martí.* A los espacios.
A los hombres, a las mujeres. *Bañuelos.* Donde sólo se habla de amor.
A los jovenes aficionados. *Parra.* Atención.
A los locos no nos quedan bien los nombres. *Dalton.* Los locos.
A los nombres secretos/que el agua lleva. *Aridjis.* A los nombres secretos.
A los poetas de antes. *Cobo Borda.* Autógrafo.
A los primeros síntomas de primavera. *Parra.* Jubilación.
A medianoche corre su caballo. *Castellanos.* Ciudad bajo el relámpago.
A medianoche desperté. *Arteche.* El agua.
A medianoche el centinela alerta. *Castellanos.* Toma de conciencia.
A medio otoño, casi del olvido. *Lars.* Brasa sobre tu pecho.
A mi alrededor el aire se deshabita. *Huerta.* Asedio.
A mí los peces de colores. *Henderson.* Los peces y el poema.
A mi madre, y a la estatua de mi madre. *Ferré.* Envío.
A mi muchacha de noches. *Guillermo.* Eroticón I.
A mí no me den banderas. *Castro Saavedra.* Melancolía de las banderas.
A mí no me importa. *Anón. de Vallegrande.* Guapezas y jactancias.
A mi pobreza y a mi oficio pido cuentas. *Quijada Urías.* La ciudad y la poesía.
A mi que he conocido castigos largos, anchos. *Alabau.* A mí que he conocido.
A mi sobrinita/le quedan corticos *Peña Gutiérrez.* A mi sobrinita.
A mis cincuenta años hoy te traigo, hijo mio. *Rugeles.* Ofrecimiento al hijo, de la aldea perdida.
A mitad de mi fausto galanteo. *Herrera y Reissig.* El sauce.
A mitad del camino. *Paz.* El regreso.
A mitad del campo. *Flores.* Postales.
A mover mis manos entre el algodón de las nubes. *Bolaño.* Enséñame a bailar.
A nada puede compararse un cementerio en la nieve. *Villaurrutia.* Cementerio en la nieve.
A nadie debe alarmar que el horizonte *Deniz.* Meditar.
A niño tan dormido. *Mistral.* Sueño grande.
A nosotros nos trajo la cigüeña pero Cristo nació. *Pérez.* Navidad.
A pesar de la sala sucia y oscura. *González Tuñón.* Eche veinte centavos.
A pesar de que el sol. *Alegría.* Todo es normal en nuestro patio.
A pesar de tu nombre de pradera. *Maagallanes.* Los nombres inventados.
A pesar del dolor yo sé que guardo. *Fresco.* Cántaro de luz.
A plena luz; a hurto y sombra. *Illescas.* A plena luz.
¿A quién busco en la tierra de los pinos? *Rugeles.* Voz de respuesta.
A quién llamar en la casa vacía. *Pérez.* Años después.
A quién pueden servirle mis palabras. *Silva Acevedo.* A quien puedan.
¿A quién teme más el hombre? *Illescas.* Lo sabe la bordona.
A ratos/machacas rumbas con tus zapatos. *Cabral.* Trópico suelto.
A recorrer me dediqué esta tarde. *Parra.* Hay un día feliz.
A Segovia se entraba por el cielo. *Pedemonte.* A Segovia.
A solas con mi carne en el valle, separado/del deshonor. *Giannuzzi.* Negación en el valle.
A solas/entre mis manos trémulas. *Uribe.* Tu retrato y yo.
A su pregunta, yo sobre la piel. *Chumacero.* El hijo natural.
A ti, Espíritu Santo/a ti que enciendes. *Ibañez Iglesias.* Espíritu Santo.

A ti, ¡oh corazón! *Ulloa Barrenechea.* Azul.
A tierra de soledades. *Aller.* Infantina muerta.
A todo esto veo a nadie, pulso el peso. *Rojas.* Fosa con Paul Celan.
A todos que ninguno duerma sin comer. *Sosa Chacín.* Danos hoy nuestro pan de cada día.
A través de la fronda destellando. *Vitier.* Envío.
A través de la noche urbana de piedra y sequía. *Paz.* Visitas
A través de la ventana escucho un canto profundo. *Jaramillo Escobar.* El canto de Caín.
A través de los años te distingo. *Rega Molina.* Carta a un domingo humilde.
A través del aire el pino desdentado. *Bedregal García.* Fin de fiesta.
A tu lado/cuando arrecia la lluvia detrás de las paredes. *Oliva.* Habitada claridad.
A tu país, de flores y animales. *Villordo.* La inocencia.
A tus manos entrego nuevamente. *Coronil Hartmann.* Oficio de tus manos.
A un aire irrespirable. *Tamayo.* A un aire irrespirable.
A un año de tu luz, e iluminado. *Blanco.* A un año.
A un guerrillero. *Garzón Céspedes.* Despedida a un guerrillero.
A un hombre de docta ciencia. *Liguori.* Inflación y deflación.
A una soñada Paplios, lejana y misteriosa. *Díaz.* A una soñada Paplios
A uno no se le escapa porque sí la esperanza. *Astrada.* Salve, El Salvador.
A usted Madame le debo una explicación. *Henderson.* Retrato de salón.
A usted mi abuelo. *Barnet.* Epitafio.
A veces cuando siento que revivo. *Lagos.* Espejo roto.
A veces despertamos con una muerte a cuestas. *Nandino.* Poema desde la muerte.
A veces el viento del Sur resbala. *Neruda.* El viento sobre Lincoln.
A veces es necesario y forzoso. *Padilla.* A veces.
A veces estoy aburrido/y me entero. *Silén.* A veces
A veces, hecho de nada. *Reyes.* Apenas.
A veces las palabras se me vuelven espinas. *Lindo.* Frontera de la voz.
A veces me veo a mi mismo. *Silva.* El crucificado.
A veces robo al pasado ráfagas de infancia. *Galindo.* Solo.
A veces se la encuentra. *Florit.* La compañera.
A veces sólo era un llamado de arena en las ventanas. *Orozco.* Lejos desde mi colina.
A veces te hago diez alas. *Riverón Hernández.* A la décima cubana.
A veces te muestras. *Cross.* Epifanía.
A veces te sumerges, Poesía. *León.* Meditaciones sobre la poesía.
A veces un arpegio que a mi estancia *Castillo.* Sugestión.
A veces una nube que pasa; una imprecisa/voz. *Urbach.* Regresiones.
A veces uno toca un cuerpo y lo despierta. *Aridjis.* A veces uno.
A veces vengo a huir a la página que escribo. *Quijada Urías.* Panfleto.
A veces vuelvo por alguna calle. *Barbieri.* Poema.
A veces, cuando en alta noche tranquila. *Silva.* Nocturnos II.
A veces, cuanto en alta noche tranquila. *Silva.* A veces.
A veces, son aves en los oídos. *Damar.* A veces.
A veces, una hoja desprendida. *González Martínez.* A veces una hoja.
A veces/sin piedad me condenas. *Ceselli.* Primera revelación de la 19a ceremonia.
A vela delta/el cielo azul corteja. *Pereira.* Morir de amor.
¡A ver, a ver! *Illescas.* Yo te amo Maritornes.
A ver el tren que llega. *Nazoa.* Unos niños.
A Vivien Leigh la dejaron sola. *Martínez.* El tranvía que habito.
A William Shakespeare. *Garrido.* Wanted.
¡Aaauauaaa! ¡Aaauauaaa! *Corcuera.* Tarzán y el paraíso perdido.
Abadías de árboles, cencerros de la luz. *Bañuelos.* Desierto de los leones.
Abajo la ciudad. *Tejeda de Tamez.* La espera inútil.
Abajo de la quebrada. *Silva.* El silencio.
Abajo el diapasón, el piano. *Wong.* Abajo el diapasón.
Abajo hay un perro, dijo el niño. *Ahumada.* Una mano enlutada distrae.
Abandonada de ti/te llevo en mí. *Brito.* Parque Central.
Abandonados no verían las llanuras. *Zurita.* Aún abandonados florecerían.
Abandoné las sombras. *Girondo.* Vuelo sin orillas.
Abandono mi pueblo un día de invierno. *Quezada.* La nostalgia tiene la forma de un tren.

Abeja de mi tarde y de mi muerte. *Cruchaga Santa María.* Es amor.
Abel derramó su sangre en el comienzo. *Fernández Retamar.* Que veremos arder.
Abnegada es la mujer. *Liguori.* Día, mes y año.
Aborreced la suerte, cuya mano. *Gavidia.* La calle.
Above the spleen of the landscape. *Herrera y Reissig.* July.
Abra usted hoy cualquier cartera de cualquier mujer. *Lavín Cerda.* Arte neurótica.
Abracadabra/cada palabra. *Gómez.* Paúl Giudicelli.
Abraham Marcus Materim. *Kozer.* Abraham Marcus Materim.
Abramos un camino en el aire. *Pasos.* Los indios ciegos.
Abrasadora pasión/desconsolada y tardía. *Guzmán Cruchaga.* Balada.
Abraza los objetos, toma esta voz: la tarde. *Ortega.* Las palabras y las cosas.
Abrazo tu cintura de milenaria piedra. *Velásquez.* Elegía a El Tocuyo.
Abre bien la ventana, madre, que esta mañana. *Lerena Acevedo.* Abre bien la ventana.
Abre el pozo su boca, como vieja pupila. *Valdelomar.* Abre el pozo su boca.
Abre/la a/viola su cerradura. *Berenguer.* Valorar valores.
Abre. Éste es el hueco donde el amor se pudre. *Massís.* Ahora que te llamo Ágata.
Abre otra vez tu cuerpo, rosa virgen. *Cárdenas Peña.* Abre otra vez
Abre tus ojos de barro. *Pellegrini.* Alguien que despierta.
Abren el estuche de la voz de mirto. *Arvelo Larriva.* Glosas fugaces.
Abrí la verja de hierro. *Jamís.* Abrí la verja
Abría las salas. *Villaurrutia.* Nocturno sueño.
Abrías temporadas en que la primavera nos invade. *Montes de Oca.* El sol que no se alcanza.
Abrid, abrid las ramas. *Requeni.* La luz.
Abrieras joven, criptas de estío, soledoso. *Eielson.* Piano de otro mundo.
Abril cantó en mi oído con sus rosas y brisas. *Silva.* Diálogo.
Abril no es cruel sino prediluviano. *Sandoval.* Abril no es cruel.
Abril sus flores abría. *Guillén.* Abril sus flores.
Abril, luminoso y suave. *Segredo Vidales.* Abril.
Abrió ante los soldados portones la leyenda. *Vega.* Descubrimiento del grillo.
Abrió los ojos y salió el cuervo. *Aridjis.* Creación.
Abro la puerta, vuelvo a la misericordia. *Chumacera.* Monólogo del viudo.
Abro los ojos a una tarde añeja. *Rega Molina.* El coche.
Abro para el silencio la inercia. *Cortés.* Almas sucias.
Absurda la idea de que sólo puedo. *Fernández Retamar.* Deber y derecho de escribir.
Abuelas otoñales y las tías juveniles. *Rojas.* Proustiana.
Abuelo: Ayer, las riendas. *Marechal.* Abuelo cantabro.
Abuelo sometía sus proposiciones. *Kozer.* Abuelo sometía.
Abultadas/agitan/candorosas, hipócritas. *Shelley.* El limbo.
Aburrida de hablar siempre de Yo. *Jodorowsky.* Solo de laúd.
Acaban de elegirme Papa. *Parra.* Poemas del Papa
Acaricio tu piel/joven. *Morales.* El último naufragio.
Acaricio tus formas. *Shimose.* Mecánica de los cuerpos.
Acaso el hombre lleva. *Vásquez Méndez.* Acaso el hombre lleva.
Acaso el juego consista. *Calderón.* Ardid.
Acaso era necesario decir que las señales del amor. *Nava.* Las señales.
Acaso fue un marco de ilusión. *Agustini.* Visión.
Acaso te pareces a Cristina. *López Acuña.* El mundo de Cristina.
Acaso vengan otros hombres. *Guillén.* Futuro.
Acata la hermosura/y ríndete. *Zaid.* Acata la hermosura.
Acata/la norma. *Serrano.* Adhesión.
According to our Code of Honor. *Dalton.* From a Revolutionary to J.L. Borges.
According to the commandment. *Rojas.* Heresy.
El aceite más pausado que la lágrima y también más que la sangre. *Mistral.* Elogio del aceite.
Acerca del hombre que olvida. *Navarro Harris.* Acerca de aquellos hombres.
Acércate a esta lumbre, ala de plata. *Barbieri.* Escama de oro, ala de plata.
Acerqué a tus cóndores con que afinas los cielos. *Maeso Tognochi.* Profundidad del día y de la noche.
Achiras, achiras, granate bastión. *Rosenmann Taub.* Achiras.
Ácida incertidumbre que devora. *Pacheco.* Ácida incertidumbre

Ácimo pan y prematuro vino. *Cossio Salinas.* Pasión.
Aclarado perdón, ruego sin tacha. *Barbieri.* Letanías ejemplares modo angélico.
Aclarado perdón, ruego sin tacha. *Barbieri.* Modo angélico.
Acomodo mis penas como puedo. *García Terrés.* Jarcia.
Acompasada trama de hilos delicados. *Martínez Salguero.* Lluvia 4.
El acontecer diario era fácil y agradable. *Byrne.* Manzanillones.
Acorralado entre tus piernas lloro. *Meretta.* Memoria corporal (Frag.).
Acostado entre perros amarillos. *Valle.* A un teporocho.
Acre sabor de las tardes. *Leduc.* Aquí se transcribe la copia que mis oídos.
El acto de variar. *Deniz.* Nutación.
El acto simple de la araña. *Gerbasi.* En el fondo forestal del día.
Actualmente es difícil el contacto. *Poblete.* Como perros y gatos.
Una acuarela con un faisán y un ramo de crisantemos. *Cruchaga Santa María.* Acuarela.
Acuérdate del pan. *Vitale.* Obligaciones diarias.
Acúsome de haber hecho. *Fernández Moreno.* Décimas a la vida.
Ad Majorem Mortis Gloriam. *Peña.* La Danza de la Muerte.
Adán, padre mío, nombre mío olvidado. *Scarpa.* Variaciones de Adán.
Además de que sepamos que todo pasará. *Mario.* Segundo poema a C.
Adentro/fuera libertad arriba/abajo. *Helberg.* Libertad.
Adiós/a en donde está Dios. *Ortiz Sanz.* Tentativa.
Adiós a Mister Dickens, dulce flor. *Chouhy Aguirre.* Soneto a Charles Dickens.
Adiós digo al vecino/al hermano. *López Vallecillos.* Ciego afán.
Adiós, oh ruiseñor que aún en la umbría. *Ibáñez.* Narciso heroico.
Adioses/en los siete dolores de la noche. *Avila Jiménez.* Cuarteto de Dusseldorf.
Admito que no sé vivir sin el amor. *Garzón Céspedes.* Amor.
Adolezco de fútiles cariños. *García Terrés.* Idilio.
Adolfo, si en tus ojos o en los míos. *Pellicer.* Soneto.
Adónde, adónde, me lleváis, oh días. *Beroes.* A los días.
Adónde fueron, dí, tus madrileños. *Niggeman.* Carta a Juan Ramón Jiménez.
¿Adónde vas con tu mochila? *Córdova Iturburu.* El viajero.
Adoro las sombrías alamedas. *Casal.* Las alamedas.
Aduerma el rojo clavel. *Reyes.* Glosa de mi tierra.
Afloja tu cuerpo y descansa. *Schvartzman.* Poema.
África, África, África. *Ortiz.* Contribución.
Afrodita Luna, directora del plantel. *Carreto.* Utopía.
After having impressed young women. *Shimose.* A Petty-Bourgeois.
After the reception. *Rivero.* Newspaper Item.
The afternoon is sad and gray. *Tropical Afternoon.* Darío.
The afternoon, with light strokes. *Lugones.* Indulgence.
Afuera dicen que la muerte llueve. *Álvarez.* Letanía erótica para la paz (Frag.).
Afuera está la primavera inmunda. *Ocampo.* De amor y de odio.
Afuera un largo frío solitario. *Casas Araujo.* Relente.
Against the grain against the current. *Adoum.* Pastology.
Agarrado a los huesos/fértil para el dolor. *Lindo.* El poema fallido.
Ágata era la mayor de mis tías. *Barnet.* Ágata, la mayor.
Ágil escorza la rosa. *Abril.* Dialéctica de la rosa.
Agilísimo héroe. *Castellanos.* Aporía del bailarín.
Agitadas por el viento se mecen las negras ramas. *Jaimes Freyre.* La noche.
Agitando las manos hasta llegar. *Gutiérrez Vega.* La estación destructora.
Agoniza la luz. Sobre los verdes. *Casal.* Vespertino.
Agriada en mi belleza. *Molina Venegas.* Belleza.
El agua azul y limpia y cristalina. *Valle.* Canto al agua.
El agua de la llave lava los pecados del mundo. *Lavín Cerda.* Nieve.
El agua de la sombra nos desnuda. *Torres Bodet.* Buzo.
Agua de manos blandas y livianas. *Guzmán.* Agua de riego.
Agua, Dios, agua. *Anón. de Vallegrande.* Las rogativas (Frags.).
Agua dulce, franciscana. *Xammar.* Elogio del agua.
El agua en el estanque está dormida. *Mayorga Rivas.* Venus púdicas.
El agua es verde. Verde la próxima espesura. *Molina.* En los esteros.

El agua está tranquila. *Emoción de la tarde.* Villafañe.
El agua exorbitante está en mi boca. *Apariciones.* Madariaga.
Agua helada del estero. *Vega.* Pedazos de una canción.
El agua horada la piedra. *Paz.* Viento, agua, piedra.
¡Agua, no huyas de la sed, detente! *Gorostiza.* Agua, no huyas.
Agua profunda, ya, sola y dormida. *González Rojo.* Estudio en cristal.
Agua que es fragante espiga de yodo. *Martínez Salguero.* Agua 10.
Agua que muere. *Mitre.* Poema.
Agua, reserva, espejo. *Quintero Álvarez.* Agua, serenado aljibe.
Agua reverdecida, la palabra. *Chumacero.* El proscrito.
El agua simple de los linos trae tus sueños de la mano. *Ferrer.* Balada de la extranjera.
Agua tan quieta. ¡En cada amanecida! *Espino.* El estero.
El agua te hizo a imagen y semejanza suya. *Martán Góngora.* Mujer negra.
El agua toma siempre la forma de los vasos. *Nervo.* El agua multiforme.
El agua vierte, vierte, vierte. *González Bastias.* Vertiente de la roca.
Aguada de pasajeros. *Marré.* Asalto al paraíso.
Aguardaba prodigios; y llega. *Morales.* Agencia.
Aguas que van hacia la vida. *Bañuelos.* Frases.
Aguas quietas forzaron. *Svanascini.* Viaje hacia lo inconcluso.
Las aguas se cruzan en el llano. *Pineda.* ¿A quién llevan ahí?
El águila! Gritaban los niños sorprendidos. *Borda Leaño.* El águila negra.
Ah, agridulce naranjo de la vida *Martínez Salguero.* Coloquio con el tiempo.
Ah, cuándo vendrás, cuándo, hora adorable. *Ballagas.* Soneto agonizante.
Ah, de mi, el infinito. *Cantadori Dintrans.* La carne y el hueso.
Ah dueños de la cólera del miedo y la venganza. *Gelman.* Argelia.
¡Ah! estos días me duelen lo mismo que ataduras. *Prunell Alzaibar.* Ataduras.
Ah, if only the village were so small. *Molinari.* Poem of the Girl from Velázquez.
¡Ah, inexorable espanto! ¿Me dejarás? *Rokha.* Salmo al prófugo.
¡Ah! la corteza oscura de la tierra. *Baroni de Barreneche.* ¡Ah! Verdirroja tierra.
Ah la melancolía de las últimas rosas. *Icaza.* Jardín escondido.
Ah la tristeza larga. *Aguilar.* Canción amargamente.
Ah mi cuerpo impuro padecimiento. *Monsreal.* Cantar sin designio (Frags.).
¡Ah, mi lejano país! *Arrieta.* La voz ausente.
Ah mis amigos, habláis de rimas. *Ortiz.* Ah mis amigos.
Ah, mundo A la negra Juana. *Blanco.* Píntame angelitos negros.
¡Ah mundo! La negra Juana. *Blanco.* Angelitos negros.
Ah, no penséis que su voz/es un suspiro. *Guillén.* Martí.
¡Ah! Nunca más conocerá tu boca. *Mistral.* Tenías que morir.
Ah, nunca, nunca más la conocida/ternura. *Castellanos.* Misterios gozosos.
Ah, pero el gusano/repta. *Wong.* Ah, pero el gusano.
Ah, poetas, vengan a mi corte. *Sánchez León.* A la sombra de Calígula.
¡Ah, que estoy cansada! Me he reído tanto. *Ibarbourou.* Despecho.
Ah/qué pedazo de sol. *Guillén.* Pregón.
Ah, que tú escapes en el instante. *Lezama Lima.* Ah, que tú escapes.
Ah/querías ser un poco fúnebre. *Bianqui.* Ah/querías ser un poco fúnebre.
Ah, si el pueblo fuera tan pequeño. *Molinari.* Poema de la niña velazqueña.
¡Ah! si pudiera limpiar la higuera. *Heraud.* Lo difícil que es separar el otoño.
Ah, si se pudiera. *Paseyro.* Ser y no ser.
Ah si yo pudiera volverme curso de agua. *Chouhy Aguirre.* El curso de agua.
Ah, soy un pequeño cangrejo. *Galván.* Cuatro A.
Ah, taparse los ojos, variarse la mirada. *Jonquiéres.* Mirada adentro.
Ah, that you escape in the flash. *Lezama Lima.* Ah, That You Escape.
Ah, tu divina voz, Teresa. *Larreta.* Las moradas, de Santa Teresa.
Ah, tu respiración también esta ciudad invade. *Oyarzún.* Hyde Park.
Ah un espejo digo. *Yañez.* Giro la perilla abro.
¡Ah! Verano/siento tu piel caliente. *Rodríguez Alcalá.* Poema 3.
Ah viejo Simón aguarda. *Mathiew.* Venezuela combatiente.
Ahí donde la roca. *Macías.* Palenque.
Ahí estaba el cadáver, hermanos. *Ruano.* El cadáver.

Ahí estás con tu rostro vulgar. *González.* Biografía.
¡Ahí pasa! ¡Llamadla! ¡Es su costado! *Vallejo.* Imagen española de la muerte.
Ahí viene el Padre Lacunza. *Mesa Seco.* Padre Lacunza.
Ahí voy/a un hotel de cortinas estampadas. *Alabau.* Ahí voy.
Ahí, al matorral de las madreselvas. *Godoy.* Poemas del vencido y del glorioso.
Ahí/en la sima. *Heredia.* Salmo absoluto (Frags.).
Ahogad por Dios entre el sensible pecho. *Villalobos.* La victoria.
Los ahogados descienden, tumefactos y angélicos. *Ibáñez.* Los ahogados descienden
Ahora, amada/cuando incendiado. *Pe.* Montemayor.
Ahora busco el rostro que debes haber tenido. *Adoum.* Velorio de una excepción.
Ahora, Cristo, bájame los párpados. *Mistral.* Éxtasis.
Ahora, cuando la resurrección de esta noche prosigue. *Ahora, cuando la resurrección.* Montemayor.
Ahora cuelgas como un collar en ruinas. *Lavín Cerda.* Ahora cuelgas
Ahora deseas la luz debajo de la sombra. *Campaña.* El Adonis tatuado.
Ahora despertaría tan pálida, la niña. *Cunha.* Romanza.
Ahora el miedo. *Fernández.* Acuse de recibo.
Ahora entra aquí él, para mi propia sorpresa. *Fernández Retamar.* ¿Y Fernández?
Ahora, entre nosotros, aquí. *Vallejo.* Palmas y guitarra.
Ahora/esta mañana o mañana. *Castrillo.* En los cuatro caminos.
Ahora, mirando los ojos inmóviles del tiempo. *Chariarse.* Las playas desiertas.
Ahora estamos hundiéndonos lentamente en el fango. *Hahn.* Ecología del espíritu.
Ahora estás aquí. *Cabral.* Huésped súbito.
Ahora extraño a mi mujer cuando no estaba todavía. *O'Hara Gonzáles.* Mientras una tórtola cantaba.
Ahora lo hago por mi/perdiz. *Crespo.* Char.
Ahora me dejen tranquilo. *Neruda.* Pido silencio.
Ahora me miro por dentro. *Suárez.* Poema del hombre y su esperanza.
Ahora me mojo las manos con agua de la tierra. *Valle.* Guardabosque.
Ahora/mientras el río de obsidiana. *Alegría.* Aunque dure un instante.
Ahora no pedimos la palabra. *Morán.* Es ésa la imagen.
Ahora/perdone mi terror. *Díaz Diocaretz.* De una postulante a víctima inocente.
Ahora pongo imágenes en ti. *González Urrizar.* Ahora eres el mar.
Ahora puedes ver. *Molina.* Hueco nocturno.
Ahora puedo verme el cadáver, ahora puedo verme *Castillo.* El chipote.
Ahora que andas por los caminos de la Patria. *Najlis.* Ahora que andas.
Ahora que está el mar casi aceituno. *Ferrero.* Soneto casi humano.
Ahora que estamos cada vez más hartos. *Hernández.* Graffiti.
Ahora que estoy en lo alto de un pensamiento. *Garibaldi.* Reconocimiento.
Ahora que la muerte tiene quietas tus manos. *Guzmán.* Segundo poema de la muerte.
Ahora que mis manos. *Chumacero.* En la orilla del silencio.
Ahora que no añoro; ahora que no sueño. *Lair.* Arras.
Ahora que nos vamos a unas tierras lejanas. *Fernández Moreno.* Ventanas.
Ahora que oyes tu sangre. *Ibáñez.* Tú, esperando mi sombra.
Ahora que quizás, en un año de calma. *Lihn.* Porque escribí.
Ahora que tengo la edad de mis tristezas. *Arévalo.* Ahora.
Ahora quieren imponer el bozal. *Alfonseca.* A los que tratan de imponer el bozal.
Ahora rojo pálido veo, una cresta que apenas asoma. *Martos.* Sictus dicebamus hesterna die.
Ahora, se esconde en el río. *Lezama Lima.* Ahora penetra.
Ahora soy la balada tenue. *Clavijo Pérez.* Madrigadas de evocaciones.
Ahora te despiertas/y tu cuerpo te pesa. *Peña.* Retrato de un desconocido.
Ahora tengo sed y mi amante es el agua. *Carranza.* El olvidado.
Ahora todo me parece mal. *Parra.* Antes me parecía todo bien.
Ahora tú, Muerte/ven a mí. *Guillén.* La flecha del parto.
Ahora vas a oír, Natanael, a un hombre. *Owen.* De la ardua lección.
Ahora ven a la basura del día. *Huerta.* El joven deja de serlo.
Ahora veo que tu sangre salta. *Arteche.* El joven torturado.
Ahora viajo de incógnito por el haz de mis huesos. *Ibáñez.* Viaje por los huesos.
Ahora voy a aprenderme. *Mistral.* La abandonada.
Ahora y en la hora de nuestra muerte, amor. *Huerta.* Breve elegía.

Ahora y por siempre. *Aguilar.* Para que me oigas.
Ahora ya está la brisa por el aire dispersa. *Florit.* Del silencio.
Ahora yo me acuerdo de Licantén, orillas del Mataquito. *Rokha.* Ahora yo me acuerdo.
Ahueco las almohadas y espero tu cabeza. *Grutter.* Ahueco las almohadas.
El aire, aquí, ya no es el mismo. *Vitier.* El aire, aquí.
Aire de niño verde. *Castrillo.* Cabrero.
El aire de París guarde su extraña densidad. *Jamís.* Monsieur Peret, lo leo.
El aire desdeñoso. *Molinari.* El aire.
Aire/el aire/es la puerta sin raíces de ese cielo. *Ibáñez.* Aire/el aire.
El aire es tan tierno, lácteo; da dulzura. *Barba Jacob.* Estancias.
Aire/Escalera de inasible cristal. *Martínez Salguero.* Aire 10.
El aire está en reposo. Todo calla. *Michelena.* Hipótesis del vuelo.
El aire está espeso. *Martí.* Tórtola blanca.
Un aire frío despersó la gente. *Gorostiza.* Otoño.
El aire juega a las distancias. *Villaurrutia.* Aire.
Aire pintado. Un vuelo de jazmines. Un valle. *Quiteño.* Flor de María.
El aire que te roza me despoja. *Russell.* El pequeño don.
Aire que te rodea, careando la magia. *Huerta.* Elegía del aire.
Un aire siberiano recorre Europa. *Peri Rossi.* A veces ocurren milagros.
El aire, suelo y agua son testigos. *Belli.* El aire, suelo.
El aire tenía atado al cuello. *Solari.* Despertar.
Aire/y/agua. *Díaz Diocaretz.* Mordaza del paisaje.
El aire ya no es aire sino aliento. *Otero Silva.* El aire ya no es.
The air's heaviness in the dark room *Lihn.* The Dark Room.
Al abrir mi ventana. *Rodríguez Pinto.* La fiesta de los ojos.
Al acantilado/las aves regresan. *Eguren.* Véspera.
Al agua digo, al viento, ayer como hoy. *Tamayo.* Al agua digo.
Al agua le crecen grumos gelatinosos. *Silva Sangines.* No me invento un corazón.
Al agua verde he de volver un día. *Estrada.* Retorno al mar.
Al alba los gallos norteños. *Tablada.* El alba en la gallera.
Al alcanzar tu cuerpo llego a tu tierra. *Avreu Felippe.* El camino de Mitilene.
Al árbol sumido en el aire radioso. *Mogollón.* El paraíso perdido.
Al atardecer nos pasearemos. *Huidobro.* Paisaje.
Al atardecer vendrán a recoger nuestros cuerpos para enterrarlos. *Rivera Rodas.* Al atardecer.
Al borde de la vida. *Viscarra Fabre.* Yo.
Al borde estoy de herirme y escucharme. *Odio.* *Creación* (Frag.).
Al caer de la luz, mínima y quieta. *Contreras.* Vértigo.
Al caer la tarde una multitud de muertos. *Mansilla.* Animas errantes.
Al calor de la lumbre de tu abrazo. *González.* El abrazo.
Al campanazo del silencio. *Magallón.* Para vivir contigo.
Al caos me asomo. *Brull.* Víspera
Al cavar en el suelo de la ciudad antigua. *Darío.* Tutecotzimi
Al chorro del estanque abrí la llave. *Díaz Mirón.* Al chorro.
Al confín/yesca. *Paz.* Sunyata.
Al correr sobre el espejo. *Alonso.* Glosa del ancestro.
Al cruzar los caminos, el viajero decía. *Nervo.* Al cruzar los caminos.
Al descender sobre la mar tranquila. *Leguía y Martínez.* Mi sol.
Al despertar/me sorprendió la imagen que perdí ayer. *Varela.* Alba.
Al despuntar el estrellado coro. *Chocano.* El sueño del cóndor.
Al diáfano candor de un cielo vago. *Lugones.* Crepúsculos del jardín.
Al eco de las graves plegarias ancestrales. *Contreras.* Brujas.
Al ejército de sangre. *Wayar.* Yo soy el pueblo.
Al filo del medio día. *Nieto.* Romance de la Domitila en el río.
Al fin de la batalla. *Vallejo.* Masa (Frags.).
Al fin de todas las cosas, limitando el cielo y el mundo. *Cruchaga Santa María.* Sueño.
Al fin estoy contigo, tendido en la hojarasca. *Fontana.* Marcalino.
Al final de vivir, comprendo tanto. *Chávez Padrón.* Al final de vivir.
Al final sólo quedaba el idioma. *Cobo Borda.* Heine.
Al fondo de tu imagen no hay imagen. *Aridjis.* Al fondo de tu imagen

Al frente de un balcón, blanco y dorado. *Silva.* La ventana.
Al fuego de mi amor estás vedada. *Cuadra.* Jardín cercado.
Al golpe del oro solar. *Tablada.* Peces voladores.
Al hombre le vuelan la cabeza con una cimitarra. *Silva Acevedo.* Pareja humana.
Al huir del correr de mi sangre. *Silva-Santisteban.* Poiesis.
Al llegar la hora esperada. *Lugones.* La palmera.
Al maestro lo queríamos. *Marré.* Donde uno vive.
Al mirarme, Señor, te has apiadado. *Taborga de Requena.* Señor.
Al mundo lo nombramos en un ejercicio de diamante. *Rojas.* Numinoso.
Al nombre de los Adams, en Boston. *Selva.* Alejandro Hamilton.
Al norte el frío y su jazmín quebrado. *Ibáñez.* Isla en la tierra.
Al otro lado. *Armand.* Tacto.
Al pasar por debajo/de un árbol. *Parayma.* La fruta.
Al pasar por un pantión. *Anón. de Villagrande.* Aspectos familiares.
Al paso de los ladrones nocturnos. *Mutis.* Del campo.
Al pedir el boleto hay que "impostar" la voz. *Girondo.* Lago Mayor.
Al perderte yo a ti tú y yo hemos perdido. *Cardenal.* Al perderte.
Al pie de los tres álamos cimbreantes. *Magallanes Moure.* El manantial.
Al pie de un sicomoro la cuitada. *Gutiérrez Nájera.* Al pie de un sicomoro.
Al pie del monte, que medita y sueña. *Contreras.* Aleluya.
Al poema confío la pena de perderte. *Novo.* Al poema confío.
¡Al poeta, despídanlo! *Padilla.* Fuera del juego.
Al portón del presidio. *Martínez.* Oleo.
Al presente es el mar. *Ramírez.* He aquí mi nombre y su estatura.
Al principio fue la voz reiterada de la marea. *Bustos.* Versión onírica.
Al promediar la tarde de aquel día. *Lugones.* Alma venturosa.
Al que haya sido herido, al lastimado. *Hernández.* Primer ofrecimiento.
Al regreso/de tu última mirada. *Lagos.* Al regreso de tus ojos.
Al ruso Pipkin y al judío Levy. *Fernández Moreno.* Fraternidad.
Al Señor del Amor. *Sosa Chacín.* Canción que trata de la ceguera del hombre.
Al Señor que nos acoge en la sombra. *Sosa Chacín.* Canción para cantar de noche.
Al son de un suave y blando movimiento. *Hahn.* Movimiento perpetuo.
Al suelo se viene el cielo. *Álvarez.* Canción paranaense.
Al tibio magnetismo del regreso. *Condarco Morales.* Madrigal.
Al toro le quito la t. *González.* Procedimientos fáciles para obtener oro.
Al verte, amor, zurciendo la pobreza. *Suárez.* Bandera.
Al viejo primate, las nubes de incienso. *Gutiérrez Nájera.* A la corregidora.
Al volver de distante ribera. *Byrne.* Mi bandera.
Ala abolida en el espejo sin brillo. *Silva-Santisteban.* Pluma y rosa.
Ala de mariposa que se esfuma. *Medinaceli.* Imagen y obsesión.
Alameda de rectángulos azules. *Eguren.* Canción cubista.
Alanceada por tu canal certero. *Owen.* Ciudad.
Las alas, si, las alas, y el vuelo, si. *Arteche.* El vuelo.
El alba azul corría por los prados nocturnos. *Umaña Bernal.* Nocturno del adiós.
Alba, claro trino/mística azucena. *Gibson.* El reino de los cielos.
Alba: columna de nardos en el día. *Ibarbourou.* Despertar.
El alba cuando asoma por oriente. *Prado.* El alba cuando.
El alba, cuando asoma por Oriente. *Prado.* Camino de las horas.
Alba de añil vagando entre palomas. *Huerta.* Línea del alba.
Alba de plata en la indecisa luz. *Bollo.* Regreso al mundo cada día
Alba de turbio horizonte. *Fuentes Ibánez.* Romance.
Alba en sonrojos. *Nervo.* Sonetino.
El alba repartió el rocío en el lomo de la/hormiga. *Martínez Matos.* Voluntario.
Albañiles carretoneros improvisados pescadores. *Morejón.* Puerto de La Habana.
Albor. Iridiscencia. Geometría. Illimani. *Bedregal.* Trino y uno.
Albor: milagro en luz. *Donoso.* Madrugada campesina.
Alboroten los vientos tu undívaga melena. *Ballivián.* En homenaje a Ricardo Jaimes Freyre.
Album del sueño sobre mis ojos agrestes. *Santana.* Ventana del sur.
La alcachofa de tierno corazón. *Neruda.* Oda a la alcachofa.

Alcánzase el estado de ventura. *Ribera Chevremont.* La forma.
Alcé los brazos y la cruz humana. *Pellicer.* Bajo el signo de la cruz.
El alcoholismo es un mal. *Liguori.* ¡Viva el cambio!
Aldaba. *Macías.* Tarot.
La aldea se ha prendido flores de calabaza. *López López.* La negra Macomba.
Alegre, tranquilo. *González Rojo.* Mar del amanecer.
Alegría del canario. *Schulze Arana.* Mi escuelita.
¡Alegría del mar! *Sabat Ercasty.* ¡Alegría del mar!
La alegría/muy grande. *Serrano.* La alegría.
Alejada de los centros de la acción pudo ver el fulgor. *Muñoz.* Abandonó su cuerpo al color.
Alejandra/hoy ya tienes un mes. *Flores.* De la cárcel.
Alejandra/today you're already a month old. *Flores.* On Jail.
¡Aleluya! ¿Qué pasa? *Sabines.* Aleluya.
Alfa le digo. *Fariña.* Alfa le digo.
Algo así como un fantasma. *Calderón.* Para que mañana te cuente otro.
Algo de tí se escurre. *Vásquez Méndez.* Dimensión de tu presencia.
.Algo está ordenado, tu corazón, el mío. *Merino Reyes.* Dos sonetos de olvido.
Algo he visto yo en tus ojos. *Aguilar.* Huapango.
Algo me dicen tus ojos. *González Prada.* Triolet.
Algo quemaba en ti la desolación de la tarde. *Huerta.* La máquina biográfica.
Algo se muere en mí todos los días. *Florez.* Resurrecciones.
Algo se recuerda de los años. *García Terrés.* Destiempo.
Algo/yace en tu corazón. *Ortiz Sanz.* Nostalgia.
Alguien arrodillado busca el ojo justo. *Hernández.* Días desesperanzadores.
Alguien dejó mi sangre junto a la soledad. *Gottberg.* Contra la soledad.
Alguien dijo que Kasar Hauser era de origen divino. *Carreto.* El extranjero.
Alguien espera las sillas de este sueño. *Rojas.* El grito.
Alguien habla/ignoramos. *Calderón.* El hemisferio ignoto de tu piel.
Alguien los trajo a Palma. *Alegría.* Hacia la edad jurásica.
Alguien para tomarle el pelo. *Torres Castillo.* El escapulario.
Alguien ronda la voz con fingido abandono. *Bedregal.* ¿Quién?
Alguien se asoma a este espacio del mundo. *Baeza Flores.* Mientras gira el tiempo.
Alguien ve una montaña en el ojo ajeno. *Hernández.* Día 12 del mes de la montaña.
Algún día como en una canción. *Nájar.* El secreto de los días.
Algún día lo sabré. Este cuerpo que ha sido. *Castellanos.* Presencia.
Algún día serás un esqueleto. *Fernández Moreno.* Algún día serás.
Alguna vez, andando por la vida. *Storni.* El clamor.
Alguna vez te cansarás del mar. *Castellanos.* Esperanza.
Algunas uvas/impiden el paso de la mañana. *Lavín Cerda.* La sombra.
Algunos aseguran/que soy risa vegetal. *Macías.* Irreverencia.
Algunos no están tristes, son jóvenes. *Desiderato.* Conejos de opio.
Algunos somos lo suficientemente jóvenes. *Redoles.* Las encomiendas.
El aliento es el dios que la penetra. *Aridjis.* El aliento.
Alighieri, fíjate. *Rodríguez Rivera.* Vida nueva.
Alighieri, would you believe it. *Rodríguez Rivera.* Vita Nuova.
Alimenticios bolos son testigos. *Belli.* Alimenticios.
Alisia y Cloris abren de par en par la puerta. *Herrera y Reissig.* El despertar.
All night long the train. *Electorat.* All Night Long by Train, All Night Long.
All of a sudden the sky turned orange. *Lara.* Landscape.
All roads lead to this street looking at itself. *Rojas.* Street.
All that the night. *Villaurrutia.* Nocturne.
All that you have lost, they told me. *Pacheco.* Boundaries.
All that winter, all that spring, we went crazy. *Alcides.* All that winter.
All these women gathered around. *Hahn.* Don Juan.
Allá dentro, en el monte. *Guillén.* Acana.
Allá donde terminan las fronteras. *Paz.* Libertad bajo palabra.
Allá, en aquel paraje solitario del puerto. *Magallanes Moure.* El barco viejo.
Allá en Chichigalpa/yo vivía en una casa hospedaje. *Santos.* Chichigalpa.
Allá en el oeste, donde un río busca al mar mutilado. *Molinari.* Allá en el oeste.

Allá en el tiempo de oro cernido de diamantes. *Cruchaga Santa María.* Canto al Bío-Bío (Butanlebu).
Allá en la plaza del minero. *Torres Guzmán.* Poema popular para un 27 de octubre sin policías.
Allá lejos, la primavera andará despeinándose. *Rivas.* Primavera.
Allá siempre los pinos salpicados de lodo. *Grimal.* Allá siempre.
Allá va el equilibrista, imaginando. *Diego.* Riesgos del equilibrista.
Allá va la que fue mi amor. *Zurita.* Pastoral de Chile (Frags.).
Allá van por el aire/con un gesto. *Malinow.* Allá van por el aire.
Allí al cielo cristales da la fuente. *Ibáñez.* Narciso estéril.
Allí donde furiosos los pájaros devoran. *Mieses Burgos.* ¿Qué serafín es éste?
Allí en ese punto de la luz y la claridad. *Castrillo.* Mi pueblo.
Allí están/allí estaban. *Girondo.* Testimonial.
Allí quedaste, almendro. Tu lamento. *Niegemann.* Carta a un almendro que nació en el tiempo.
Allí veo al ojo del mar. *Vila.* Canto (Frag.).
Alma, alma lustral de mi vigilia. *Bedregal.* Confidencia a mi alma.
Un alma con el claustro desposada. *Larreta.* Ávila.
Alma extendida, grácil de llanura. *Villarino.* Alma extendida.
Alma mía, ahora en esta soledad. *Díaz Casanueva.* La Bella Durmiente.
Alma mía, pobre alma mía. *Magallanes Moure.* Alma mía.
Alma mía/que tornas al viejo lar. *Vaz Ferreira.* Barcarola de un escéptico.
Alma mía, ¿qué velas . . . ? *Vaz Ferreira.* Fantasía del desvelo.
Alma, no me digas nada. *Guzmán Cruchaga.* Canción.
Almas amigas y bellos/gimnastas. *Herrera y Reissig.* Recepción.
Alojado en tu cuerpo. *Orrillo.* El huésped.
Alone, with harsh marine aloneness. *Gorostiza.* Elegy.
Alquien en mí desde lo oscuro pide. *Silva.* Desde lo oscuro.
Alquien o algo está naciendo. *Fombona Pachano.* Mensaje a la Metrópoli intacta.
Alrededor de una luz que no se sabe de dónde viene. *Gómez Correa.* Las metamórfosis
Alrededor del alba. *Pacheco.* Casida.
Alrededor del fuego. *Colombo.* Tercera persona del plural.
Alta corza de piel nevada y fina. *Ordóñez Argüello.* Soneto de la terrible corza.
Alta la repentina/espuma de la náyade. *Escudero.* Memoria de la transparencia.
Alta la voz y animosa. *Borges.* Milonga de los morenos.
Alta, delgada, grácil. *Liscano.* Elogio.
Altas, doradas urnas en sus lechos de níquel. *Durán.* Los dioses en el café.
Altas proposiciones de lo estéril. *Odio.* Creación.
Altavoz de las palmeras. *Rodríguez Méndez.* Tres poemas históricos.
Altazor, ¿por qué perdiste tu primera serenidad? *Huidobro.* Altazor.
El Altiplano es inmensurable como un recuerdo. *Cerruto.* Altiplano.
Altivos, anchos, ambarinos y solos. *Jiménez Borja.* Canción de los velámenes.
Alto departamento que brilla allá en los cielos! *Rubio.* Señoriales señoras.
Alto el amor, surgía en mis desvelos. *Pardo García.* A la gloria del amor.
Alto el mar, su impulso sobre mi lengua. *Rivera.* Alto el mar
Alto/en el monte/donde crece el incansable pino. *Blanco.* Caminos de papel.
El alto manifiesto del rocío. *Cardona Peña.* Lectura de Virgilio.
¡Alto! muñones de centauro. *Fernández.* Instauración de Cortés, el soberano.
La altura arde/opresión y desnudez. *Aridjis.* La altura arde.
Alturas/y circulares/luces. *Cantadori Dintrans.* Alturas.
Alumbraron en la mesa los candiles. *Eguren.* El dominó.
Alza del pan origina nueva alza del pan. *Parra.* Inflación.
Alza la noche el salmo del olvido. *Chumacero.* La noche del suicida.
Alza su índice Jesús. *Lisboa.* El huerto dolorido.
Alzo mi copa en la tarde interior. *Correa.* Comienza la luz (Frags.).
Ama a su pueblo/ama a sus semejantes. *Selva.* Ama a su pueblo.
Ama tu ritmo y ritma tus acciones. *Darío.* Ama tu ritmo.
Amaba el mar como los/ríos. *Refide.* Amaba el mar.
Amábamos la luz adorábamos. *Cunha.* Poco después desde otro lado.
Amada cantinela, todavia. *Bueno.* Obertura.
Amada, en esta noche tú te has crucificado. *Vallejo.* El poeta a su amada.

Amada, es necesario que cuando estemos lejos. *Rega Molina.* La ciudad (Frag.).
Amada terrenal/mujer del hombre. *Naranjo.* Amada terrenal.
Amada, tu cuerpo. *Brandy.* Tu cuerpo se ha hecho hiedra.
Amada, ya es la hora/ya se acerca la aurora. *Valdelomar.* Blanca la novia.
Amalo/es el herido, el que redacta tus proclamas. *Padilla.* Escrito en América.
Amancaya, amancayita. *Campero Echazú.* Amancaya.
Amando/suspendido en la sombra. *Burgos.* Presencia.
Amanece en la pampa. Ya el lucero. *Arcia.* Amanecer.
Amanece y el campo alumbra con metralla su miseria. *Clavijo Pérez.* La guerra.
Amanece/y la ciudad recobra su memoria. *Ortega.* Amanece.
El amanecer del rencor que avanza sobre la noche. *Barrientos.* Dies Irae.
Amanecí triste el día de tu muerte, tía Chofi. *Sabines.* Tía Chofi.
Amanecía tu voz. *Torres Bodet.* Música.
Amaneciendo lejos aletea. *Espino.* Madrugada.
Amanecimos/con la mirada abierta. *Macías.* Breve fundamento para una ciudad.
Amaneció la luna en los trigales. *Jérez Valero.* Luto.
Amanezco con una cara de suicida. *Quezada.* Antes de hoy mañana.
Amante de las parras. *Zuazo Precht.* Bibelot.
Amante: no me lleves, si muero, al camposanto. *Ibarbourou.* Vida-garfio.
Amante tímida y pálida. *Peña Barrenechea.* Discurso de los amantes.
Los amantes fueron un día adolescentes. *Langagne.* Poema encontrado en un rincón.
Amantes, los sin memoria los de tallo vegetal. *Uribe.* Canto para los amantes.
Los amantes son siempre desterrados. *Patiño.* Los amantes.
Amar de vez en vez. *Sandoval.* Amar.
Amar es este tímido silencio. *Novo.* Amor.
Amar es prolongar el breve instante. *Villaurrutia.* Soneto de la esperanza.
Amar es una angustia, una pregunta. *Villaurrutia.* Amor condusse noi ad una morte (Span.).
Amar la vida es no tenerle apego. *Bedregal.* Meditación del plenilunio.
Amarás la belleza, que es la sombra de Dios. *Mistral.* Decálogo del artista.
Amarilla, sin caerse. *Fombona Pachano.* Infancia.
Amarillo cansado de la tarde. *Crepúsculo.* Torres Bodet.
Amarte y ser de ti: llorar en sueños. *Alcocer.* Amarte es ir en sueños.
Amasijo pequeño de esperanza pueblera. *Rospigliosi.* La casita de estuco.
Ambiguo/como una certeza olvidada. *Segovia.* Sin sombra (meridianus daemon).
Amé con mis entrañas y mis huesos. *López.* Soneto a mi esposa.
Amé el amor en la mujer que amara. *Prado.* Amé el amor.
Amé vivir en cielo inmaculado. *Anguita.* Soneto para Alicia.
Amenazas. Golpe tras golpe. *Valle.* Razones para el asombro.
América/aquí te dejo. *Scorza.* Cantando espero la mañana.
América/el mar que mece el gran barco. *Latorre.* Seramérica.
America, I do not call your name without hope. *Neruda.* America, I Do not Call Your Name . . .
América la eterna, bañada por dos mares. *Estenssoro de Salinas.* Clamor a la América.
América me vio nacer. *Barnet.* La huida.
América, no invoco tu nombre en vano. *Neruda.* América, no invoco.
Amiga a la que amo: no envejezcas. *Bonifaz Nuño.* Amiga a la que amo.
Amiga, amada, amante. *Lindo.* Amiga.
Amiga, compañera. *Nieto.* Canción de libertad.
Amiga que te vas. *López Velarde.* Si soltera agonizas.
Amigo/es maravilloso. *Luna.* Dos poemas.
Amigo, estoy leyendo sus antiguos versos. *Cisneros.* Dos soledades. París.
Amigo/he comprado esta palabra. *Ortiz Sanz.* Carta del ahogado.
Amigo mío verso, yerba amiga. *Fernández Retamar.* Sonetos para la esperanza.
Amigo/no me busques. *Ortiz Sanz.* La voz desnuda.
Amigos que un buen día me presentó la vida. *Peña Barrenechea.* Poetas muertos.
Amigos/venid temprano con las cartas vivas. *Sanaria Varela.* Amigos.
La amistad era pues esto. *Fernández Retamar.* El privilegio de mirar morir.
La amistad es amor en serenos estados. *Prado.* La amistad.
Una amistad hicieron mis abuelos. *Borges.* Dulcia linquimus arva.
Amo a tus criaturas, consuelo que nos diste. *Zarrilli.* Cántico del amor distraído.

Amo a un hombre de torso como tronco de árbol. *Prado.* Amo.
Amo cierta sombra y cierta luz que muy juntas. *Eielson.* Nocturno terrenal.
Amo el amor. *Moro.* El fuego y la poesía.
Amo el amor/el martes y no el miércoles. *Moro.* Amo el amor.
Amo el bronce, el cristal, las porcelanas. *Casal.* Mis amores.
Amo el trozo de tierra que tú eres. *Neruda.* Cien sonetos de amor (Frags.).
Amo la coronta de la manzana comida por ti. *Welder.* Bitácora
Amo la paz/porque amo a mi país. *Naranjo.* Simple motivo de la paz.
Amo la placidez de mi contemplativa/vida. *Villar Buceta.* Nostalgia
Amo la vida, amigos, amo las bellas cosas. *Barrenechea.* Canto de vida y muerte.
Amo las cosas pequeñas. *Balsa Donatti.* Meditación en torno a lo pequeño.
Amo las cosas que nunca tuve. *Mistral.* Cosas.
Amo las migas de pan y las manchas de vino sobre el mantel. *Jordana.* Amo las migas.
Amo los bares y tabernas. *Guillén.* Bares.
Amo los exilios/porque desde ellos *Escobar Velado.* Amo los exilios.
Amo mis huesos. *Cazasola Mendoza.* Los cuerpos (Frags.).
Amo pues esta casa declaradamente cierta y ciega. *Reyes.* Poblador de oscura siembra.
Amo tu confusión/los pájaros revueltos de tu lengua. *Aridjis.* Amo tu confusión.
Amor amor amor y se nombra al cuerpo. *Valle.* Cántico (Frags.).
Amor, amor, no llores. *Ibáñez.* Memoria del amor que no quiso nacer.
Amor de ti mi alma desdoblada. *Núñez.* Estancia de lo eterno.
Amor de virgen campesina. *Borda Fergusson.* Rondel campestre.
Amor, en estas noches luminosas de estío. *Molina.* Nocturno
El amor entre nosotros agazapado. *Mansour.* El amor entre nosotros.
Amor, eres en mí un claro hilo. *Nalé Roxlo.* Amor.
Amor es levantarse temprano a buscar trabajo. *Mendoza.* Derecho a casarse y fundar familia.
El amor es siempre ahora. *Alliende Luco.* Anotaciones en la arena.
Amor, fuera olvidarte como perder los ojos. *Reyes.* La palabra inmóvil.
Amor, inútil cauce. *Escalona Escalona.* Río secreto.
Amor, la noche estaba trágica y sollozante. *Agustini.* El intruso.
Amor, la sangre forma un riachuelo. *España.* Intimo.
El amor llegó a mi puerta. *Céspedes Barberi.* Romance del amor cobarde.
Amor, mañana tu gastado prestigio. *Siles Guevara.* Balance.
Amor me resucita y me da muerte. *González Martínez.* Muerte de amor.
Amor mío, si muero y tú no mueres. *Neruda.* Cien sonetos de amor (Frags.).
Amor que apenas hace un rato eras fruto. *Sologuren.* Elegía.
Amor que vida pones en mi muerte. *Magallanes Moure.* Amor.
Amor se fue; mientras duró. *Fernández.* Amor se fue.
El amor también se desliza por los costados. *Morejón.* El amor también.
Amor, una pregunta/te ha destrozado. *Neruda.* La pregunta.
El amor y la muerte. *Guzmán Araujo.* El amor.
El amor y las palabras se resienten. *Hoeffler.* Sobreviviente.
Amorosa materia milenaria. *Rojas Jiménez.* Canto primero a la materia.
Los amorosos callan. *Sabines.* Los amorosos.
Ana/naciste. *Lolo.* Ana.
Anacostia, Anacostia/pura. *Santos.* Anacostia.
La ancestral tajona. *Poveda.* El grito abuelo.
Ancianito ñorbo con claridad/de luna. *Hewrnández.* Ancianito.
El anciano presiente aquella playa. *Mendiola.* El anciano.
El anciano se mira al espejo. *Millán.* Poema 60 de La Ciudad.
El anciano se sienta al sol cada mañana. *Diego.* Todo el ingenuo disfraz, toda la dicha.
An ancient terror burns in things. *Molina.* As the Great Days Flow.
Ancla la noche en la ciudad. *Binvignat.* Nocturno.
Anclado en niebla se ilumina un rostro. *Molina Venegas.* Cosas de ciegos.
And after going/with our eyes closed. *Vision.* Millán.
And afterwards, here, in the dark bosom. *Huerta.* The Men of Dawn.
And four face down. *Turkeltaub.* Upturned Card.
And I danced submerged. *Agosín.* The Dance.
And it was then. *Pizarnik.* Poem for the Father.

And now the heart/overflows its beats. *Rodríguez Frese.* Beginning.
And on the third day I saw the butchers. *Hahn.* Reincarnation of the Butchers.
And the woman coughed up her entrails. *Mansilla.* Love.
And there the mountains began to move. *Zurita.* The March of the Cordilleras.
And there was a ranch in hell, where I met those friends. *Marré.* And There Was.
And tomorrow/tomorrow what will become of the faces. *Calderón.* Of the Nameless Birds.
And was it along this torpid muddy river. *Borges.* The Mythical founding of Buenos Aires.
Anda el silencio y anda. *Burgos.* El silencio.
Anda libre en el surco, bate el ala en el viento. *Mistral.* Amo amor.
Anda mi corazón dentro del bosque. *Escalona Escalona.* Debajo de los árboles secretos.
Anda mujer. *Rosas Galicia.* Anda mujer.
Andaba yo por Grecia. *Padilla.* Andaba yo.
Andar así es andar a ciegas. *Huerta.* El Tajín.
Andar querrán mis pasos la dorada/calle. *Quirarte.* Amor constante.
Andas sin rostro por mi sueño. *Casasl.* Otoño.
¡Ándate a un convento o enciérrate en una cueva! *Millán.* Eremita.
Andenes agobiados por la carga y descarga. *Bañuelos.* Sitios.
Andenes son las horas. *Torres Bodet.* Andenes son las horas.
The Andes are nothing for the cordilleras. *Zurita.* The Cordilleras of Il Duce.
Ando buscando a un hombre que se parezca a mí. *Sabines.* Ando buscando.
Ando más de una amapola, más de un lucero a pie. *Acosta Bello.* Paseo.
Ando por las calles desconociendo el mar excepcional. *Bayley.* Andanza para habitar.
Anduve, San Martín, tanto y de sitio en sitio. *Neruda.* San Martín (1810).
Ánfora insigne de la fiebre augusta. *Martínez Villena.* La medalla del soneto clásico.
Ánforas de cristal, airosas galas. *Chocano.* Las orquídeas.
El ángel del milagro me ha nombrado. *Ramponi.* Los ángeles del tiempo.
The angel descended on that country. *Alomá.* The Militant Angel.
El ángel descendió sobre aquel país. *Alomá.* El ángel militante.
Un ángel en el acueducto. *Lauer.* El producto/El nombre del producto.
Un ángel que se inclina doblando la cerviz. *Castro.* El retorno—La muerte de Alfonsina.
Un ángel se imagina que da vueltas. *Aura.* El sueño de la ciudad.
Ángel/ángel. *Rodríguez Pinto.* Límites.
Ángeles se sientan en la luz. *Aridjis.* Ángeles.
Anger which breaks a man into children. *Vallejo.* Anger.
Anguish exists. *Dalton.* Ars Poetica.
La angustia existe. *Dalton.* Arte poética.
Anillado marfil donde verse presa. *Moro.* Dioscuromaquia.
El aniquilamiento no ha sido siempre contemporáneo. *Lockward Artiles.* El hombre de las islas.
Anna born and legible down each flank. *Lolo.* Anna.
El año dio la vuelta. *Basualto.* Elegía.
El año noventa y cinco. *Pereira.* El templo.
Año nuevo en la sangre de los asesinados. *Rose.* Salutación.
Año por año, cada día/en este espejo se miraron. *Bonifaz Nuño.* Año por año.
El año que te conocí había muerto la tía del cuento. *Cuéllar.* Cosas del amor.
Anoche 24 de diciembre de 1966. *Ortega.* Informe para Isolda.
Anoche me dijiste: "Contemplemos la luna *Delfino.* Suspensión de la luna.
Anoche para mí era de día. *Remón Villalba.* Un despertar.
Anoche te he tocado y te he sentido. *Rojas.* Oscuridad hermosa.
Anoche unos sapitos. *Fonseca Viera.* A la escondida.
Anoche vino a mí, de terciopelo. *Herrera y Reissig.* Color de sueño.
Anoche, estando solo y ya medio dormido. *Silva.* Midnight Dreams.
Anoche, unos abriles granas capitularon. *Vallejo.* Capitulación.
Anoche/me vio llegar. *Sampedro.* De siempre.
Anochece sobre la línea del tranvía. *Cisneros.* Después de corregir las pruebas de Amaru en la imprenta, 1967.
Años atrás—cuando esos años no se llamaban así. *Lihn.* Beata Beatrix.
Los años suben como ramas a la punta. *Huidobro.* Tenemos un cataclismo adentro.
Años vendrán más tarde en que tu risa. *Ureta.* Gris de invierno.
Anque te busco. *Martell.* Huellas.

Ansia de dioses es el homenaje. *Florit.* Ansia de dioses.
Ansiosa, ansiosa, ansiosa. *Bedregal.* Final (Frag.).
Ansioso de aletear sobre una rampa. *Condarco Morales.* Ansioso.
Ante el lívido asombro de los huesos. *Padilla.* Poema.
Ante el mar, en la proa del navío. *Guzmán Cruchaga.* Ante el mar.
Ante el tribunal se dijo que la muerte no es. *Gaitán Durán.* Sospecho un signo.
Ante tanta visión de historia y prehistoria. *Dávila.* Ante tanta visión.
Anterior a tus casas, Dios te amaba. *Ocampo.* Buenos Aires.
Antes, a mi manera de niño, con mi asombro. *Valjalo.* Antes de ti.
Antes de dejar de respirar. *Hernández.* Ultimo deseo.
Antes de estar ahí. *Fox Lockert.* En la morgue.
Antes de la peluca y la casaca. *Neruda.* Amor América.
Antes de nacer. *Lisboa.* Arribo a la tierra.
Antes de nombrarte miento. *Martínez.* El incapaz contento.
Antes de que llegaran. *Molina.* Homenaje a Ezra Pound.
Antes de que mi sangre detuviera. *Silva Ossa.* Natividad del mar.
Antes de ti era el germen. *Ibáñez.* Autobiografía.
Antes de tú nacer, ya eras bosque. *Álvarez.* Ceremonias ante la muerte de la cigarra.
Antes del amor mis ojos nunca. *Martínez Arenas.* Génesis del canto.
Antes del reino/de las aldeas flotantes. *Aridjis.* Antes del reino.
Antes muy poco sabía de la muerte. *Escobar Velado.* Elegía infinita.
Antes que amaneciera nos encontramos juntos. *Castellanos.* Relato del augur.
Antes que caiga la noche total. *Parra.* Manchas en la pared.
Antes que el sueño (o el terror) tejiera/mitologías. *Borges.* El mar.
Antes que el viento fuera mar volcado. *Chumacero.* Poema de amorosa raíz.
Antes que la noche llegue a congelar el día. *Fraire.* Sólo esta luz (Frag.).
Antes que las nieblas descendieran. *Aridjis.* Epitafio para un poeta.
Antes que todo sea una pregunta. *Ibargoyen Islas.* Antes.
Antes que venderme para ignorarlos. *Rueda.* Falta una hoja.
La antigua noche danza su danza de ceniza. *Huerta.* Poema para un ballet.
Una antigua tira de boletos. *Millán.* Rincón.
Los antiguos poetas y los nuevos poetas. *Dalton.* Taberna (Frags.).
Los antiguos rodean el altar. *Cisneros.* Una muchachita en domingo.
Antofagasta es mi puerto y mi amor. *Castrillo.* Mi puerto.
Antonio, el Cenobiarca. *Valencia.* San Antonio y el centauro.
Antonius Block jugaba al ajedrez con la Muerte. *Rojas.* Ajedrez.
Antonius Block played chess with Death at seaside. *Rojas.* Chess.
Antorchas golpean, al compás de tu cuerpo oscurecido. *Ferrer.* Nocturno del pecado.
Apago un cigarro. *Barnet.* SOS.
Apáguese la negra fiesta de la creación. *Fugellie.* La negra fiesta de la creación.
Aparece de súbito. *Lamadrid.* Trayecto del asombro.
Aparece un letrero en los diarios. *Luque Muñoz.* Noticia.
Apareces/y desapareces. *Eielson.* Escultura de palabras para una plaza de Roma.
Aparta tus vivaces primaveras. *García Calderón.* La carta que no escribí.
Apartada—ya toda amor de olvido. *Brull.* A la rosa desconocida.
Apartaos de mí, que me ha arrancado. *Pares.* Entrega.
Apártate de los pesimistas. *Osuna.* Los pesimistas.
Apenas carne, casi toda vuelo. *Ibáñez.* La gaviota muerta.
Apenas rosa, apenas tallo leve. *Terán.* Infancia.
Apenas se durmieron los cebiles. *Galán.* Colla muerto en el ingenio.
Apenas si el silencio se triza por ahí. *Ortíz.* Siesta.
Apenas una hierba crecida en el crepúsculo. *Gottberg.* Cuerpo de la lluvia.
Aplausos y saludos de re-estreno. *Paredes.* Crónica de salón.
El apolo 2 costó más. *Rugama.* La tierra es un satélite de la luna.
Apolónida América. *Tamayo.* Canon.
Apoyado sobre los codos. *Galindo.* Ralo.
Applause and cheers for the opening. *Paredes.* Salon Chronicle.
Aprenderás que hay muertos diferentes. *Pla.* Aprenderás.
Apresada me veo en tus brazos. *Delmonte Ponce de León.* Dulce cautiverio.

Apretamos los dientes para gritar. *González Lanuza.* Oda a la alegría (Frag.).
Apuntaba mi dedo/como una maniobra de mi sangre. *Acosta Bello.* Recuento.
Apúrate, labrador/que ya ha llegado la hora. *Molina.* Tiempo.
Aquel color no se me quiere ir. *Casal.* Aquel color.
Aquel domingo en el parque de pelota. *Blanco.* Día del fanático.
Aquel espejo antiguo que traía. *Chariarse.* El espejo.
Aquel laberinto lame sus adoquines. *Rivera.* Aquel laberinto.
Aquel pájaro que vuela por primera vez. *Huidobro.* Marino.
Aquel pasado, enhébrase a los huesos. *Casaravilla Lemos.* Miseria de las quintas.
Aquél que nunca fue cosa. *Anón. de Vallegrande.* Sentenciosas y morales.
Aquel vuelo clandestino de noche. *Cardenal.* Luces.
Aquella bufanda color de oro viejo. *Jamís.* Por una bufanda perdida.
Aquella casa sentada en el tiempo. *Huidobro.* Niño.
Aquella comarca era. *Calvetti.* Sueño y vigilia de una región de América.
Aquella noche/eras como si. *Goldsack.* El infierno.
Aquella paloma. *Blanco.* Un pequeño mensaje.
Aquella tarde se habló del finao. *Redoles.* Del finao.
Aquella tarde/tan corta de mi historia. *Trejo Villafuerte.* Aquella tarde.
Aquella tarde única se ha quedado en mi alma. *Magallanes Moure.* Aquella tarde.
Aquella vez, mis besos. *Toscano.* Aquella vez.
Aquellas fiestas con entrechocar. *Millán.* 1972.
Aquello, tan hermoso. *Shelley.* Aforo # 6
Aquellos leños quietos en las noches de Atlántida. *Piaggio.* Modos de sombras.
Aquellos que establecen leyes. *Quijada Urías.* Aquellos.
Aquellos/que en los cuartos. *Alcalde.* Variaciones sobre el tema del amor.
Aquí, bajo este sol que me liberta. *Guzmán.* Jesús.
Aquí comienzo a amarte. *Cross.* Amor el más oscuro.
Aquí descanso yo: dice "Alfonsina". *Storni.* Epitafio para mi tumba.
Aquí, desde mi alma. *Ulloa Zamora.* Nocturno 1.
Aquí donde la tierra es menos tierra. *Bernárdez.* Soneto interior.
Aquí, donde pronto acaba. *Sanabria Varela.* Al fin del reposo.
Aquí el bufón no ríe. *Delano.* Fotografía I.
Aquí el sol es hojalata de bronce. *Fernández.* Telegrama con respuesta incluída.
Aquí, en esta orilla humilde del silencio. *Incháustegui Cabral.* Preocupación del vivir.
Aquí entre barcas. *Aridjis.* Aquí entre barcas.
Aquí entre las rocas empieza la tragedia. *Volkow.* Popocatépetl.
Aquí entre mi alma y lo ausente. *Donoso.* Olor a jazmín.
Aquí está, dura y tibia. *Valle Silva.* Simiente.
Aquí está el día, su corona de oro. *Rokha.* Elegía.
Aquí está el sol con su único ojo. *Paacheco.* De algún tiempo a esta parte.
Aquí está mi alma, con su extraña/insatisfacción. *Molina.* Como debe de ser.
Aquí estaba el rosal, aquí la reja. *Lomuto.* Epitafio final.
¡Aquí estamos! *Guillén.* Llegada.
Aquí estamos a solas construyendo la patria. *Viscarra Fabre.* Cordillera de sangre.
Aquí estamos las madres negras. *Jodorowsky.* Aquí estamos.
Aquí estamos Patria. *Arce Navarro.* A mi patria.
Aquí están escritos mi nacimiento y matrimonio. *Cisneros.* Crónica de Lima.
Aquí estás, en la tierra que me duele. *Michelena.* Por el laurel difunto.
Aquí estás madre, en la ciénaga misma. *Berenguer.* Acto XI.
Aquí estás, mar, ante las rosas de fuego. *Arteche.* Madrugada.
Aquí estoy en la tierra de la noche. *Escalona Escalona.* Soledad triunfante.
Aquí estoy, hacia el alba. *Jodorowsky.* Barrio adentro.
Aquí estoy otra vez de vuelta. *Hahn.* Televidente.
Aquí estoy siempre, madre. *Mora Martínez.* A Felipa, mi madre.
Aquí estoy, solo estoy, despedazado. *Martí.* Isla famosa.
Aquí estuve. Aquí estoy. *Pla.* El polvo enamorado. Poema I.
Aquí estuve mil años enterrado, los ecos. *Zeller.* En la mina de sal.
Aquí ha llovido cielo. *Cea.* Invocación a la ciudad perdida.
Aquí, junto al mar latino. *Darío.* Eheu.

Aquí la bucal gruta del semblante. *Belli.* Cuando el espíritu no habla.
Aquí la gracia desgrana. *León Guevara.* Décimas de la superstición llanera: La bola de fuego.
Aquí la luna es sólo una paloma. *Vicario.* Odisea.
Aquí/las sábanas y colchas son trincheras. *Alabau.* Aquí las sábanas.
Aquí llega el noche. *Palomares.* El noche.
Aquí, los oradores/algunos son campeones. *Guillén.* Oradores.
Aquí me revuelvo en el miedo. *Castellanos Moya.* Floración.
Aquí nació la lluvia entre higuerones. *Osses.* La lluvia y el barco.
¡Aquí nadie puede cantar! *Zepeda.* ¡Aquí nadie . . .!
Aquí no hay un celeste. *Quessep.* Lo que ignoramos.
Aquí no quedarán sino recuerdos. *Rivera.* La memoria en casa.
Aquí no tengo libros y cito de memoria sobre papel higiénico. *Gutiérrez.* Piedra blanca sobre piedra.
Aquí quedó la forma de tu huída. *Rojas.* Rosa de agua.
Aquí revienta un sol de libertad. *Pérez.* Sol rojo de teoponte.
Aquí se cierra el círculo. *Rojas.* Aquí se cierra.
Aquí/sentada en la orilla de la noche. *Luna.* Primer espacio.
Aquí sí que no puedo/nada, si no es. *Placencia.* El libro de Dios.
Aquí, sola esta noche. *Godoy.* La voz inútil.
Aquí te dejo este buchito de agua. *Dalton.* Rito para que nazca una flor en la gran pirámide.
Aquí tenéis al Hombre/uva en lagar. Cordero desollado. *Riestra.* Aquí tenéis.
Aquí tienes, mi Dios, esta existencia. *Ruiz.* Sonetos I.
Aquí tienes mi mano, la que se levantó. *Castellanos.* Misterio gozoso.
Aquí tienes mis muertos, Señor. *Placencia.* Con un poco de olvido.
Aquí todo, hasta el tiempo, se hace espacio. *Cortés.* Fuga de otoño.
Aquí un árbol de América. *Campero Echazú.* Árbol.
Aquí va pasando la vida. *Sánchez Negrón.* Desde mi cuarto veo las luces de la tarde.
Aquí viene el presuroso correo de las siembras. *Asturias.* Meditación frente al lago Titicaca.
Aquí vuelvo a decir *Morejón.* Amor, ciudad atribuida.
Aquí ya sólo brillan los guijarros. *Vallarino.* Aquí ya.
Aquí yace, extranjero, la divina. *Seraville.* Epigrama funerario.
Aquí yace Miss Havisham. *Orozco.* Miss Havisham.
La araña cuelga demasiado lejos de la tierra. *Cisneros.* La araña.
Arando/los sueños de artista. *Aramayo.* Toro de infancia.
Arauco desde el fondo de la historia. *Rojas.* El testigo.
Árbol antecesor, plural ramaje. *Barbieri.* Arbol uno y trino.
El árbol arde y sueña. *Mizón.* El árbol.
Árbol de todos mis soles. *Hahn.* Cuerpo de todas mis sombras.
Un árbol derribado no es un árbol. *Pérez.* Mutatis mutandis.
El árbol es un pensamiento de la tierra. *Ramponi.* Poesía.
Árbol fino/mi corazón. *Cáceres.* Poema.
Árbol grande/agujerearon tu territorio. *Schvartzman.* Árbol grande.
Árbol huracanado, violenta tierra viva. *Rosenmann Taub.* Hijo.
El árbol invernal se estampa. *Mistral.* Hijo árbol.
Un árbol se eleva hasta el extremo de los cielos. *Westphalen.* Un árbol se eleva.
El árbol tenía un letrero. *Ferreiro.* El árbol taciturno.
El árbol y su cielo. *Dibujo de la fuga.* Lars.
Un árbol y una calle. *Abril Rojas.* Calle del árbol.
El árbol, por la noche, se une más a la tierra. *León.* El caballo blanco.
Árbol, yo ya sabía que eras hermano mío. *Casal.* Árbol, yo ya sabía.
Arboladura recia, arboladura/del llanto. *Pérez.* Frente a mi misma.
Los árboles cambian. *Oquendo de Amat.* Jardín.
Los árboles de mi edad. *Montejo.* Los árboles.
Árboles de la plaza. *Bollo.* Tres elegías de los árboles. Mis testigos.
Los árboles desnudan la agonía de los cisnes. *Arteche.* Los árboles desnudan.
Los árboles pronto romperán sus amarras. *Oquendo de Amat.* New York.
Los árboles que no dan flores. *Silva Valdés.* El nido.
Los árboles talados. *Ávila Jiménez.* De la conciencia vegetal.
Árboles, casas, puentes: los fantasmas. *Huerta.* Los fantasmas.
Arborea el horizonte. *Sandoval.* Arborea.

Arcángel, loba, princesa, lumia, súcubo, estrella. *Tablada.* La bella Otero.
Un arco de luz. *Blanco.* Tríptico blanco.
Arco iris. *Carrera.* Oro
Un arco voltaico/une. *Montes de Oca.* Un arco voltaico
Arcos, iglesias, puentes, ciudades, cigarrillos. *Vallarino.* Visión vertiginosa.
Arde en las cosas un terror antiguo. *Molina.* Mientras corren los grandes días.
Ardemos en la memoria. *Agosín.* Familias.
Arden las hachas turbias. *Bonifaz Nuño.* Arden las hachas.
Ardía el combo celeste. *Estrada y Ayala de Ramírez.* Epístola al amado (Frag.).
Ardió el día como una rosa. *Gaitán Durán.* El instante.
Ardores, aromas y ritmos mantienes. *Tablada.* La bailadora.
Are you asking where I'm going with these sad faces. *Burgos.* Poem with the Final Tune
Arena alada de las dunas leves. *Prado.* Las dunas.
La arena dispersa cangrejos. *Gerbasi.* Soledad marina.
El arenal, ya libre, toda aridez devuelve. *Basso Maglio.* Hacia la piedra verde.
Aria celeste, fábula de espuma. *Michelena.* Enigma de la rosa.
Ariadna cruzó de un hemisferio al otro. *Rivera.* Ariadna.
Áridamente gris como la vida. *Viscarra Monje.* Áridamente.
Arisca como vicuña. *Gómez Cornejo.* Fruto de servidumbre.
Aristóteles vaciló durante años. *Suardíaz.* Cuadernos de clase.
Armando Martínez, aquel soldado. *López Suria.* Armando Martínez, de color.
Armónica fontana. *Schulze Arana.* Su voz.
Aroma de flores del mal, y fragancias. *Pinto.* Baudelaire.
El arquero, un paso al frente, imitación de la grulla en la quietud. *Kozer.* Zen.
Los arquitectos (que saben ser sutiles). *Molina Venegas.* Empecinada.
Arquitectura fiel del mundo. *Carrera Andrade.* El objeto y su sombra.
El arrabal es el reflejo. *Borges.* Arrabal.
El arrabal humano. *Vega.* Trópico pobre.
Arraigado a una tierra solitaria. *Ponce de León.* Arbol continente.
Arrancaste un pelo a la vida. *Novaro.* A Sylvia Plath.
Arrastrando mis alas de viejo. *Díaz Herrera.* El viejo pelicano.
Arrebatado el día fui al mercado. *Valera Mora.* Incesante.
Arrecia la galerna. *Alonso.* Arrecia la galerna.
Arrestado en su domicilio. *Calderón.* Informe.
Arriba, lejos de mis pies. *López Vallecillos.* Arriba, abajo.
Arriba, llega, alcanza en monotonía. *Antillón.* Arriba.
Arriba/gritando por las ramas. *Marré.* Cabezazo con la muerte.
Arrodillada en tu reja. *Sotillo.* Como en las copias de Montes.
Arroyito claro/de la azul colina. *Sáenz.* Arroyito claro.
Arrunyémbere-caúa. *Esténger.* Coloquio.
Arrurú, mi niño. *Anón. de Vallegrande.* Cantos de cuna.
Artigas fue en su homérica porfía. *Falco.* La leyenda del patriarca (Frag.).
As the choir of stars begins. *Chocano.* The Dream of the Condor.
Asciendo a la cruz. *Quezada.* Afanes.
Asdrubal, mi primo. *Aray.* Asdrubal.
Asegura el científico/que esta brisa voluble. *Maya.* Viento.
Asegura el Presidente. *Guillén.* Buena salud.
Asegurado sin tiempo, seguro. *Girri.* El que se va sonriente.
¡Aserrín ¡Aserrán! *Silva.* Los maderos de San Juan.
El asfalto doble. *Rafide.* Transeúnte negro.
Asfixiante, seca a golpes. *Wong.* Asfixiante
Así como del fondo de la música. *Paz.* Silencio.
Así como el árbol/en su primavera. *Vaz. Como el árbol.*
Así como pudo ser. *Calvetti.* Glosa I.
Así de la mañana de la fiebre. *Zavaleta Mercado.* Lago.
Así dirá la historia. *Huidobro.* Edad negra.
Así dulzura de la vida es. *Gelman.* Soneto.
Así eran las tardes de nuestra primera juventud. *Dalton.* La memoria.
Así eres molino de viento. *Huidobro.* Altazor (Frags.).

Así es mi compañera. *Barquero.* La compañera.
Así están los poetas en sus tristes retratos. *Cuza Malé. Así están.*
Así fue como el herrero. *Cabral.* Ritos.
Así he recordado de sueño—brazos. *Bonifaz Nuño.* Así he recordado.
Así las cosas/en mi patria. *Gochez Sosa.* Ficha de turismo.
Así mi paz, mi víscera inhumana. *Adán.* Studio.
Así, naturalmente, como si fuera tuya. *Zarrilli.* Cántico por mi imagen que aún no es mía.
Así pues tengo la piel. *Huerta.* Borrador para un testamento.
Así rezaste un día, con hondo desconsuelo. *Peñaranda.* Elegía a Rubén Darío.
Así se concentra para el sueño el deseo. *Aridjis.* Así se concentra para el sueño.
Así sin aires de pasión. *Martínez.* Así sin aires.
Así surges del agua/blanquísima. *Zaid.* Nacimiento de Venus.
Así te quiero. *Silva Acevedo.* A la manera de Apollinaire.
Así te ves mejor, crucificado. *Placencia.* Ciego Dios.
Asida de miradas toma el aire. *Flores Castro.* La bailarina.
Asida fuertemente al leño de la vida. *Bruzzone de Bloch.* Alumbramiento.
Asiento en las Ramblas por cinco pesetas. *Lihn.* Apología y condenación de las ramblas.
Asís, tu corazón era una poma. *Hernández Catá.* San Francisco de Asís.
Asisto a la hora del desastre. *Ochoa.* Qué sed mortal de Dios se desamarra en mi.
Asisto a la hora del desastre. *Ochoa.* El desastre.
Un asno de las sierras, bien sufrido. *Florián.* Marcha al jumento.
Asno de San José y del carbonero. *Incháustegui Cabral.* Canción suave de los burros de mi pueblo.
Un asno soy ahora. *Belli.* Sextina de los desiguales.
Asomado a la tapia de ladrillos. *Hernández.* La garza.
Asoman la cabeza por el solar vecino. *Durán.* Las piedras.
Asomas/entre el aire. *Sampedro.* Panorama.
Las aspas del ventilador. *Cobo Borda.* Leyendo a Conrad.
Asqueado de todo esto, me resisto a vivir. *Zaid.* Lectura de Shakespeare (Soneto 66).
Astas nevadas de ciervo. *Avila Jiménez.* Mi país.
Astillado contra la herida vegetal de su mirada. *Reyes.* Memoria sea del fuego.
Un astro brilla en el azul del cielo. *Arciniegas.* El niño y la estrella.
El astro que palpita bajo el vientre de México. *Vallarino.* Tradición.
Asumirás tu perfección primera. *Suárez.* Canción del cuerpo al alma.
Asustadiza gracia del poema. *Reyes.* Arte poética.
At any turn/an invisible angel. *Mutis.* East Song.
At dusk the multitude of the dead. *Mansilla.* Wandering Souls.
At the bottom of the sea. *Storni.* Me at the Bottom of the Sea
At the corner/of the lake and the river. *Coronel Urtecho.* San Carlos.
At the end of the battle. *Vallejo.* Mass (Frags.).
At the prison's gates. *Martínez.* Oil painting.
Atados a tenebrosas cláusulas. *Pérez Perdomo.* Sólo el sueño revela.
Atardece en la playa. En el río madura. *Castellanos.* Estrofas en la playa II.
Atardece. Sobre la flor. *Senegal.* 20 haikus.
Atención, éste es el júbilo, éste es el júbilo. *Ramírez Ruiz.* El júbilo.
Atracción de los sexos. *Garay.* Imantación.
Atraída al olor de tus aromas. *Urquiza.* Sulamita.
Atrancad las puertas, vestid de blanca saya. *Díaz Casanueva.* Atrancad las puertas.
Atravesamos muros. *Lara.* Poderío.
Atravesé el cementerio de la aldea. *Moreno Jiménez.* Hora gris.
Atravesé por todos los bosques. *Avila.* Poema.
Atropellados por la pampa suelta. *Rivera.* Los potros.
Atropellados por la pampa suelta. *Rivera.* Atropellados.
Augur ridículo. *Molina Venegas.* Aconteceres como palacios.
Aulio Gelio, feliz bajo Elio Adriano. *Capdevila.* Aulio Gelio.
Aumentan los atentados. *Guillén.* Aumento.
Aún/el pájaro. *Serrano.* Minucia.
Aún en vida un halo oscuro te rodeaba. *Fraire.* Aún en vida.
Aún es tiempo que venga la que he aguardado tanto. *Vicuña Cifuentes.* Aún es tiempo.
Aún ha vuelto el alba. Pero nadie se asoma. *Michelena.* Monólogo del despierto (Frag.).

Aún no podemos anunciar nuestra partida. *Camerón.* Cuando se acabe.
Aún no vino la guerra. *Mediza.* Del instrumento necesario.
Aún recuerdas la blanca escalerilla. *Molina.* La habitación del tiempo.
Aún se estremece y se yergue y amenaza. *Jaimes Freyre.* La muerte del héroe.
Aunque Ariadna no lo advierta. *Torres.* El hilo de Ariadna.
Aunque jamás se muda. *Tablada.* La tortuga.
Aunque la sucia huella de osados cosmonautas. *Pinto Saucedo.* Selénica.
Aunque los pies les sangraban. *Iglesias.* Romance de ciego.
Aunque no sé historia, o muy poca, yo soy. *Vitier.* Confesión.
Aunque nunca lo dije quiero decirlo ahora. *Guzmán Cruchaga.* Mis ángeles.
Aunque te lo parezca, no es inútil. *Fernández Chericián.* Buscapié: la poesía.
Aunque voy por tierra extraña. *Icaza.* La canción del camino.
Aunque ya había transpuesto. *Campero Echazú.* El tinajero.
Aura suprema, besa mi garganta helada. *Eielson.* Ultimo reino.
Unas auras sutiles. *Tamayo.* Unas auras sutiles.
Las auroras pálidas. *Jaimes Freyre.* El alba.
Auschwitz no fue el jardín de mi infancia. *Jamís.* Auschwitz no fue.
Ausencia de catorce años. *Torres Rioseco.* Ausencia.
La ausencia es una lejanía. *Gómez.* A un alumno desatento.
Ausente de este mundo. *Cuza Malé.* Devoción de Teresa de Cepeda.
¡Ausente! La mañana en que me vaya. *Vallejo.* ¡Ausente!
Ausente ya, la voz será impoluta. *Villa.* Tácita voz.
The author/under the title. *Mir.* Amen to Butterflies.
Un auto ha arrollado a la vieja sirviente. *Bedregal.* Elegía humilde.
El automóvil es celeste metálico y cromado. *Millán.* El automóvil.
Los automóviles van y vienen por la carretera. *Cardenal.* Los automóviles.
El autor/y bajo el título de. *Mir.* Amén de mariposas.
Avanza/con cautela/impecable. *Serrano.* Tras la huella.
Avanza ya, hijo mío, desde el vano. *Diego.* El viejo payaso a su hijo.
Avanzas desde un cielo donde la aurora nace. *León.* La niña de la calavera.
Ave de paso/fugaz viajera desconocida. *Chocano.* De viaje.
Ave María Dulcísima. *Lavín Cerda.* Con fondo de ángeles.
Un ave que pasa se lleva el cielo. *Aramayo.* Paisaje.
Aves de Chile, de plumaje negro. *Neruda.* Oda a las aves de Chile.
Aves de paso que en flotante hilera. *González Prada.* Rondel.
Avidez. El plumón del manantial se muere. *Yarza.* Verano.
Avisa a Osain que los hombres vienen. *Fernández.* Rendición de Eshu.
Awakened suddenly in dreams I heard him. *Zurita.* CIII.
Awaking muscle of a race asleep. *Lloréns Torres.* Maceo.
Las axilas del ángel huelen a promesa rota. *Molina Venegas.* Huída.
¡Ay, alazán, alazán! *Nalé Roxlo.* Balada del jinete muerto.
¡Ay! amigo mío, qué barcas del rey. *Molinari.* Cinco canciones antiguas.
Ay, ay, ay, mana Petrona. *Vizcarrondo.* Mal de ojo.
Ay ay ay, que soy grifa y pura negra. *Burgos.* Ay ay ay, de la grifa negra.
Ay berraco, barracuda, barracón. *Castrillo.* Noche de pavor.
¡Ay charango, charanguito! *Rodrigo.* Charango.
¡Ay, cómo huir de mí cuando estoy solo! *Santana.* Viento de la infancia.
¡Ay! cómo me hieres, puerta. *Amor.* Yo soy mi casa (Frag.).
¡Ay de aquél que fuera un día. *Vaz Ferreira.* Desde la celda.
Ay de ti, boca más terrible que la de los profetas. *Márquez.* Lamentaciones.
Ay guitarra que te entregas. *Franco.* La sangre de la guitarra.
Ay, guitarrero de raíces. *Otero Reiche.* Romanza del guitarrero.
Ay la distancia de tus ojos vivos. *Cardona Torrico.* Con un largo sollozo.
Ay más que sangre somos. *Cerruto.* Poco antes nada, y poco después humo.
¡Ay! material sin tasa del invierno. *Benarós.* Invierno de familias.
Ay, mi Chile del Sur, escuadra pura. *Valle.* Chile del Sur.
Ay mi más mimo mío. *Girondo.* Topatumba.
Ay mi perdida y clara transparencia. *Ayestarán.* Adán.
Ay, negra/si tú supiera. *Guillén.* Si tú supiera.

Ay niño mío. *Botto Aparicio.* Canto de la madre.
Ay, patria, patria, corazón de espada. *Pérez Maricevich.* La espiga turbulenta.
Ay que la tarde muere y mi corazón naufraga. *Ferreiro.* Al son del saxo.
¡Ay, qué pozo, qué miedo! *Vitale.* El pozo.
Ay, Rita, no te me arrime. *Lira.* Rumba.
Ay, Salambó, Salambona. *Reyes.* Salambona.
Ay, su ala vespertina, ala rosada. *Valcárcel.* Sonetos.
Ay, Tarumba, tú ya conoces el deseo. *Sabines.* Ay, Tarumba.
Ayé mi dijite negro. *Vizcarrondo.* ¿Y tu agüela, a'onde ejtá?
Ayer a cualquier hora/llamaron por teléfono a esta casa. *Zimbaldo.* Nadie supo de mí.
Ayer el vino sabía a nardos. *Valle.* Bar de los Apóstoles.
Ayer he recordado un día de claro invierno. *Rokha.* Puente en el Sur.
Ayer jugaba el mundo como un gato en tu falda. *Rokha.* Círculo (Frags.).
Ayer le vi pasar en suelta fuga. *Arvelo Larriva.* Venado en tregua.
Ayer llegó/traía para vestir mi corazón. *Schulze Arana.* A destiempo.
Ayer me alcanzaste. *Segredo Vidales.* Ayer.
Ayer mientras escribía otro poema. *García Robles.* Sepa lo que pasa a lágrima viva.
Ayer murió en el mar una gaviota. *Jobet.* Un pájaro menos.
Ayer murió una paloma. *Zabala.* Ayer.
Ayer salíamos lejos. *Crespo.* Viento.
Ayer sentí que la oda. *Neruda.* Oda a la pereza.
Ayer te vi en la calle, Myriam. *Cardenal.* Ayer te vi.
Ayer, si mal no recuerdo. *Campos.* Ayer, si mal.
Azar, por dulce sino de amargura. *Beltrán Guerrero.* Oda al amor.
Azrael, ángel negro y taciturno. *Cabrera.* Azrael.
Azul cobalto el cielo, gris la llanura. *Icaza.* Paisaje de sol.
Azul, el elfo azul. *Fuentes Rodríguez.* Elegía.
El azul es el verde que se aleja. *Nandino.* El azul es.
Azul plomizo/el mar. *Storni.* Sapo y mar.
El azul ventisquero se tiñó de granate. *Canedo Reyes.* Un huanaco.

La bahía/de escamas arce y oro. *Macías.* Bei Ta Ho.
Baila la negra el son/al ritmo. *Negroni Mattei.* Baila la negra.
Baila negro/afrolírico. *Manrique Cabrera.* Canción rítmica.
Baila para desaparecer. *Varela.* Baila conmigo.
Bailadora de guaguancó. *Guirao.* Bailadora de rumba.
Bailadora de guaguancó. *Guirao.* Rumbera.
Báilame una calle con casas rojas y azules. *Pereira.* Zorba.
Bailan tus negros, tus blancos, tus mestizos. *Pagán.* Burundanga.
Bailó, bailó, bailó. *Llanos Allende.* Toromandinga.
Baja la ribera inmóvil de secretos afluentes. *Bedregal.* Reflujo.
Baja tu mano, Dios. *Herrera.* Baja tu mano, Dios.
Baja y vil por elección y herencia. *Brito.* El texto blanco (Frag.).
Bajaba del auto con el par de senos. *O'Hara Gonzales.* Mabella.
Bajamos de la barcaza con las manos en alto. *España.* Llegada.
Bajando de la montaña. *Arciniegas.* El trapiche.
Bajé de la mina un día. *Parra.* La venganza del minero.
Bajo brillante niebla. *Eguren.* El bote viejo.
Bajo de esta cajiga o roble poderoso. *Fernández Moreno.* A una cajiga.
Bajo de mi ventana, la luna en los tejados. *Tablada.* Panorama.
Bajo de tus finas cejas enarcadas. *Vaca Chávez.* Criolla.
Bajo el azul del cielo de la América Hispana. *Lora y Lora.* Rubén Darío.
Bajo el azul, las torres. *Cotto.* Universo menor.
Bajo el casco de un potro, hacia el torrente. *Condarco Morales.* Soneto.
Bajo el cielorraso cargado de lluvias. *Crespo.* Costumbres.
Bajo el efecto de la marihuana. *Pérez.* Informe de los cazadores.
Bajo el manto de sombras de la primera noche. *Lloréns Torres.* La negra.
Bajo el mínimo imperio que el verano ha roído. *Pacheco.* Los elementos de la noche.
Bajo el oro vespertino. *Icaza.* Tonos del paisaje: de oro.

Bajo el óvalo de piel vieja. *Montes de Oca.* A marchas forzadas.
Bajo el peso del sol, el caserío. *Cisneros.* Rincón de los tristes: Sol.
Bajo el puente y al pie. *Valencia.* Croquis.
Bajo el silencio de la tarde. *Tatter.* Extasis.
Bajo el sol de la angustia. *Murillo y Aliaga.* Antisoneto del hambre.
Bajo esta vertical de luz del mediodía. *Parodi Uriarte de Prunell.* Plenitud.
Bajo este cielo de arena. *Cerruto.* La muerte.
Bajo la calma del sueño. *Lugones.* La blanca soledad.
Bajo la grave mirada. *Viaña.* Romance de la casona.
Bajo la grupa roja del sol. *Basualto.* Acecho.
Bajo la hora lívida y cansada. *Meldiu.* Tus ojos.
Bajo la llave azul de agua fría. *Suardíaz.* Olla de presión.
Bajo la luna y bajo el sol, en la maleza delirante. *Romualdo.* Tambor de saudade.
Bajo la luz brillante. *Perezalonso.* El otro rostro.
Bajo la madreselva que en la reja. *Herrera y Reissig.* El abrazo pitagórico.
Bajo la noche de enero. *Korsi.* Juego de congos.
Bajo la vidriera polícroma del cielo. *Estrada.* Atardecer.
Bajo las rocas pastan los olvidados. *Muñoz.* Este (Selecciones).
Bajo los arcos lentos, sombríos, de tu pórtico. *Arteche.* Egloga de invierno.
Bajo mis brazos, tu emoción quisiera. *Lagos Lisboa.* Senda de gracia.
Bajo tu forma/como un manantial. *Wietüchter.* Como un eco.
Bajo un abanico de naturaleza. *Carrasco Peña.* La roca y yo.
Bajo un cielo de pálida turquesa. *Gutiérrez.* La Mosquitia.
Una bala damdum terminó con la vida de Nube. *Hernández.* Krisis.
La ballena es sólo el sueño de un náufrago. *Bañuelos.* Con la lluvia.
Bálsamo todo, pedernal y espuma. *Barbieri.* Confín y envío.
Bamba, bamba, bamba. *Camacho Ramírez.* Bamba.
Baña tu soledad en la alegría. *González Martínez.* El desterrado del sueño.
Bañándome en el río Túmbez un cholo. *Molina.* Rito acuático.
Bandera negra. *Muñoz Astudillo.* Mi única patria es la noche.
Las banderas cantaron sus colores. *Borges.* Mañana.
El barbero del pueblo, que usa gorra de paja. *López.* Hongos de la riba.
La barca se alejaba. *Huidobro.* Depart.
Un barco por el cielo se desliza. *Blanco.* Los dos soles.
El barco, lentamente, por el canal marino. *Rincón isleño.* Contardo.
Barquilla pensativa. *Maidenform.* Zaid.
Barridos de luz los pies de esa muchedumbre. *Zurita.* Esplendor en el viento.
Barro, rencor inagotable. *Lihn.* Barro.
Basta ya de agonía. *Romualdo.* A otra cosa.
Bástenle, amor, la entera servidumbre. *González.* Bástenle, amor.
Bats have not heard a word. *Pacheco.* An Enquiry Concerning the Bat.
Batalla y sal qué mar tan engañado. *Pereda.* Mundo.
Bate la lluvia la vidriera. *Casal.* Tardes de lluvia.
Batintín del confín de mis venas. *Durán Böger.* Batintín.
Be not impatient if you see them make many millions. *Cardenal.* Psalm 36.
The beaches of Chile were nothing more. *Zurita.* The Radiant Beaches.
The beaches of Chile were only a nickname. *Zurita.* The Sparkling Beaches.
Bebe guare/de ojillos contraídos. *Agudelo.* Eduardo.
Bebo del agua limpia y clara del arroyo. *Ibarbourou.* Salvaje.
Bebo en un café. *Huidobro.* Vermouth.
Bebo otro trago. *Trejo Villafuerte.* Malcolm Lowry.
Because if you existed. *Castellanos.* You Are Not Poetry.
Because my country is beautiful. *Heraud.* A Guerrilla's Word.
Because my country is fair. *Heraud.* Word of the Guerrilla Fighter.
Because we breathe the same birds of sand. *Vega.* Brotherhood.
Because we love life. *Pita Rodríguez.* Because.
Before our human dream (or terror) wove/Mythologies. *Borges.* The Sea.
Before the mists descended. *Aridjis.* Epitaph for a Poet.
Behind the monastery, down by the road. *Cardenal.* Behind the monastery.

Being black's all the same/on whatever latitude. *MacField.* Black is Black.
Bella desconocida. Tu corazón de fruta. *Collins Bunster.* Desconocida.
Bella/estaba la Madre. *Durán Böger.* Nochebuena.
Bella la muerte al borde de un callado. *Cervantes.* Hablando entre dos aguas.
Bellas son las palabras que convoca. *Vocos Lescano.* Bellas son.
La belleza ligera. *Casaravilla Lemos.* Aroma desnudo.
La belleza perece y no dura. *Oyarzún.* La belleza.
La belleza se volvió insoportable. *Galván.* La belleza.
Bello amado mío. *Suárez.* Soy Scherezada.
El bello animal del sueño ya en desuso. *Adoum.* Estirpe de conquistador.
Un bello perfil significa. *Uribe Arce.* Un bello perfil.
Un bello sol, y en tu rostro. *Cerdá.* Caballo del tiempo.
Bellos paisajes de mi tierra. *González Rojo.* Los volcanes.
Los bellos solitarios, mis abuelos solemnes. *Gaitán Durán.* Oda a los muertos.
Bendícenos, el Padre. *Mistral.* Almuerzo al sol.
Benditos los que creen. Y mil veces. *Pinto.* In illo tempore.
Beneath each stone. *Hoeffler.* Beneath Each Stone.
Beneath the rocks the forgotten dead animal. *Muñoz.* East (Selections.).
Beni mío/y de todos los hombres. *Taborga.* Beni mío.
Bergman decía. *Desiderato.* Boceto de Ingmar Bergman.
El bermellón gritaba. *Girondo.* Salvamento.
El beso que no te dí. *Loynaz.* Tiempo.
El beso, canción inmóvil. *Cañas.* El beso.
Una bestia descomunal vencida. *Molina.* Una bestia.
La bestia es inmensa, esplendorosa. *Reyes de la Jara.* La bestia.
Beterraga escancia té jazmín. *Martos.* Carpe diem.
Between arid montains. *Paz.* Lake.
Between going and staying the day wavers. *Paz.* Between going.
Between me and the sunset, the whole of life. *Florit.* The Present Evening.
Between the whites (the near polar ones). *Fernández Retamar.* You were right, Tallet.
Between to live and to see. *Zaid.* Cloister.
Between what I see and what I say. *Paz.* Between What I See.
Bien: es lo que decíamos ahora. *Lindo.* De la poesía.
Bien le valió la aventura. *Osuna.* Claro tú.
Bien. Por fin hoy la poesía. *Illescas.* Invocación.
Bien pueden decir que es tarde. *Pasos.* El indio echado.
Bien que con mi gollete yo al duro cepo. *Belli.* La ración.
Bien sé que he de morir de alguna muerte. *Chouhy Aguirre.* Soneto.
Bien sea en la orilla del río que baja. *Mutis.* Cita.
Bien; ¡ya lo sé! la Muerte está sentada/a mis umbrales. *Martí.* Canto de Otoño.
Bien: yo respeto/a mi modo brutal. *Martí.* Bien.
Bienaventurado el hombre. *Cardenal.* Bienaventurado (Salmo I).
Bienaventurados los que padecen. *Chacín.* Bienaventurados los perseguidos.
Bienaventurados los propietarios de parásitos. *Mendoza.* El derecho a la propiedad.
Bienaventurados/los poetas. *Huerta.* Amenaza.
Bienvenido este amor en que consumo. *Nalé Roxlo.* Bienvenida.
Bienvenido, nuevo día. *Carrera Andrade.* Versión de la tierra.
Bilas vaselagá corire. *Belli.* Expansión sonora biliar.
The birds have gone and darken the sky. *Lara.* The birds.
Blanca de luna la quena. *Bustamante y Ballivián.* Quenas.
Blanca hierba, blancas ramas. *Basualto.* Fantasmas de Nueva Inglaterra.
Blanca, la rosa blanca. *Pinto.* Canción de la rosa y el mantel.
La blanca mesa puesta de esperanza. *Vitale.* Final de fiesta.
Blancas y azules, la ligera ronda. *Arciniegas.* El baño.
Blancas y finas, y en el manto apenas. *Díaz Mirón.* El fantasma.
Blanco/Si espuma/si paloma. *Peri Rossi.* Poema.
El blanco/te ha negado la lengua. *López Suria.* Cactus.
Blancos senos, redondos y desnudos. *Valencia.* Las dos cabezas: Judith y Holofernes.
Una blancura te inunda. *Segovia.* Una blancura.

The blind have eyes within. *Calderón.* Deductions.
The blindfold is a slice of darkness. *España.* The Blindfold.
El blues salió de los rincones. *Huerta.* Lake Charles, La.
Blurred in a whirlwind, a mighty cloud of dust. *Chocano.* Indignation.
La blusa entreabierta. *Cobo Borda.* Tierra caliente.
A boat with a cargo of peanuts. *Electorat.* For Armando Rubio.
Boca de las canciones y los besos. *Ibáñez.* Diálogo de las vísperas.
Boca, lágrimas, madera. *Guirao.* Sexteto (Guitarra-tres).
Boca perdida en el vaivén del tiempo. *Storni.* Regreso en sueños.
La bocamina se traga hombres. *Mendizábal Santa Cruz.* Estaño.
Body of a woman, white hills, white thighs. *Neruda.* Twenty Love Poems. Poem 1.
Bogey bebe en silencio. *Moore.* Con Bogey en Casablanca.
Bogotá, alta y sombría. *Garcés Larrea.* Bogotá.
Bohemia vesperal que se inaugura. *Soriano Badani.* Illimani.
La bomba dice:—¡Tombuctú! *Palés Matos.* Bombo.
Un bombero expone, a menudo. *Shelley.* Aforo # 0.
El bombo anuncia un mundo nuevo. *Castrillo.* El jazz.
Bombo, tambor y platillo. *Castrillo.* Sicuri.
A book remained at the edge of his dead waist. *Vallejo.* Spain, Take This Cup from Me (Frag.).
Bordeando las colinas por rutas desiguales. *Contardo.* Hacia Betania.
Los bordes blandos, redondos, de los dedos. *Lago González.* La víspera.
Borracho boxeador-estibador. *Sandoval.* En su montaña de San Francisco.
El borriquillo del cerro. *Alfaro.* El borriquillo.
Bosque de amor, pequeño paraíso. *Chacón Nardi.* Chapultepec.
Bosque de espumas talado. *Cerruto.* Patria de sal cautiva.
Un bosque de eucaliptos me recuerda. *Rubio.* Autorretrato retrospectivo.
El bosque no me deja ver el árbol. *Huerta.* Sierra de Guanajuato.
Bosque sonoro y verde. Scherzo del bosque. *Tamayo.* Bosque sonoro.
Bosque vedado/manantial que no cesa. *Cobo Borda.* Erótica.
Bosteza Dios y sueña. *Fernández.* Sueño de Dios.
Las botas de mi abuelo. *Pérez.* Calbuco.
El bote sin querer encender. *Martínez Rivas.* Puerto Morazán.
Un brasero volcado entre las tejas. *Hidalgo.* La innominada cruz.
El brazo azul de los vientos. *Sabella.* Pequeña biografía de la pampa.
Los brazos están pobres. *Cruchaga Santa María.* La muerte suya.
Los brazos se me han ido reduciendo. *Valdés Ginebra.* Desamparo.
Breakfast is drunk down. Damp earth. *Vallejo.* Our Daily Bread.
Breve dragón sin alas de figura. *Chocano.* La iguana.
Breve tregua de la noche de presa en la Ciudad. *Rojas.* Hotel de la Gare.
Breve flor amarilla. *Subero.* Elegía de la flor amarilla.
The brief truce, the night of prey. *Rojas.* Hotel de la Gare.
Brilla el agua/en mi piel. *Alegría.* Soy espejo.
Brilla en negro un sol. *Zavala.* Duelo I.
Brillaba en Salamanca un estudiante. *Gavidia.* Las palabras de oro de la reina.
Brilló el topo de oro. *Pacheco Iturrizaga.* Simona Josefa Manzaneda.
El brillo nómade del mundo. *Molina.* Hoteles secretos.
Brincando de gusto pasaba la acequia. *Jijena Sánchez.* Infancia.
Drindo, dijo un lenguaraz. *Parra.* Brindis a lo humano y a lo divino.
La brisa. *Abella Caprile.* Poema del Río de la Plata.
La brisa del Norte pasó sobre la fronda. *Paz Castillo.* La brisa del norte. Paz Castillo.
La brisa dice que camina. *Molina.* La brisa.
La brisa pasa/por el agua. *Mendoza Sagarzazu.* Debussy.
La brocha del árbol. *Coronel Urtecho.* Barbería.
Brota el maíz entre hojas relucientes. *Chocano.* El maíz.
Brotad, desde las breñas de granito. *Fernández Naranjo.* Canto a La Paz.
Brotado en las estrellas, del ojo de los bueyes. *Basso Maglio.* Cántico del día.
Un brote musical de primavera. *Schulze Arana.* Al calor de tu amor.
Brother, today I sit on the brick bench. *Vallejo.* To My Brother Miguel.
La bruja, le decían. *García Terrés.* La bruja.

La bruma espesa, eterna, para que olvide dónde. *Mistral.* Desolación.
Brumoso el ideal, la carne inerte. *Rosales y Rosales.* Invierno.
Brunas lejanías. *Eguren.* Las torres.
Bruto, partiendo el corazón de César. *Díaz Mirón.* Voces interiores.
Buscador de muy agudos ojos. *Padilla.* Retrato del poeta como un duende joven.
Búcate plata/búcate plata. *Guillén.* Búcate plata.
Buchón. *Rosas Marcano.* El correo.
Buena familia, sagrada familia. *Watanabe.* El rapto de la amada Sabina.
Buenas noches hermosa. *Hahn.* Buenas noches.
¡Buenas noches, señor Don Quijote! *Paz Paredes.* Buenas noches.
Bueno y para empezar digo la casa. *Cunha.* De cosa en cosa.
Buenos días a los seres/que son como un país. *Aridjis.* Buenos días.
Buenos días, don Mar, frontera entigua. *Merino Reyes.* Saludo al mar.
Buenos Días/teléfonos escritorios pinturas. *Oliva.* Buenos Días.
El buey de la colonia rumiaba. *Figueredo.* Exaltación de Bartolomé Hidalgo.
Buey que vi en mi niñez echando vaho un día. *Darío.* Allá lejos.
Los bueyes: hay que verlos al declinar el día. *Gálvez.* Los bueyes.
El buho de alas rojas. *Mendizábal Santa Cruz.* El buho.
Buitres y chacales se disputan. *Shimose.* Medgar Evers.
Bullets whip the air this last afternoon. *Borges.* Conjectural Poem.
Un buque de otro tiempo. *Rosas Marcano.* Farallón.
Burbuja, pez o mariposa mientras. *Kamenszain.* Burbuja.
Buried alive/in an infinite. *Torres Bodet.* Labyrinth.
El buril de la gloria grabó un nombre. *Guzmán.* Tu nombre.
Burlé tu león de cemento al cabo. *Coronel Urtecho.* Oda a Rubén Darío.
Burrito botánico. *Alfaro.* Burrito.
El burro aquél, humilde, melancólico. *Palés Matos.* Estampa.
Bury it. *Sabines.* On Death.
Busca en todas las cosas un alma y un sentido. *González Martínez.* Busca en todas.
Busca/incansable. *Boullosa.* Silencio.
Busca un lugar donde vivir. *Lara.* La medida de tus fuerzas.
Busca una malla rota. *Eguiluz.* Red.
Buscábamos un subsuelo donde vivir. *Lihn.* Recuerdos de matrimonio.
Buscad mi corazón. *Massís.* Búsqueda del príncipe degollado.
Buscaron al romper de la alborada. *González Martínez.* El alma en fuga.
Buscas la felicidad. *Shimose.* La felicidad se acaba.
Busqué la madera/fina de tu cuna. *Villa-Gómez.* Primer cuento de Navidad.
But if a child wins out against the gloomy animal. *Diego.* Fragment.
But what dream is this on whose shore they leave me. *Rojas.* We Will not Hand Over the Night.

Cabalgaban en la noche mis nostalgias. *Blixen.* Mis recuerdos.
Cabalgando por suave serranía. *Prado.* Cabalgando.
La caballería del enemigo carga. *Hernández.* El viejo.
Caballo del diablo/clavo de vidrio. *Tablada.* Caballo.
El caballo jadeante del antiguo volcán. *De Sola.* El caballo del volcán.
El caballo que viene como fuego. *Aridjis.* El caballo.
Los caballos bajan al amanecer. *Cuadra.* Caballos en el lago.
Caballos blancos/en la mar celeste. *Hahn.* El reposo del guerrero.
¡Los caballos eran fuertes! *Chocano.* Los caballos de los conquistadores.
Caballos/pulsación de mar y terca arena. *Vega.* Poema.
Cabe en la luz del cielo, en mi país. *Molinari.* Oda tercera a la Pampa.
Cabeceaban de sueño los terrones del rancho. *Campos Cervera.* Rancho orejano.
La cabellera del sol llega maniatada. *Luque Muñoz.* Poema.
Cabello suelto/te estás inmóvil en mis sueños. *Castro.* Cabello suelto.
Los cabellos del agua aún tienen memoria. *Arzarello.* La tangente.
La cabeza del toro colgada de un gancho. *Miranda Casanova.* Estamos en la ciudad.
Una cabeza dormida. *Jonquières.* Para un retrato de John Keats.
Una cabeza humana viene lenta desde el olvido. *Westphalen.* Una cabeza humana.
Una cabeza humana viene lenta desde el olvido. *Westphalen.* Las ínsulas extrañas.

La cabra suelta en el huerto. *Castro.* La cabra suelta.
La cacería comenzó cuando unas hienas. *Llinás.* El gran mal.
Cada bosque se alumbra con su propio racimo. *Suárez.* Múltiplo de luna.
Cada día con sus manazas de tiempo. *Peralta.* Cada día.
Cada día el mismo árbol rodeado. *Carrera Andrade.* Nada nos pertenece.
Cada día/los músculos de la cara. *Galván.* La falla de San Andrés.
Cada día me trae un vestido de sorpresas. *Huidobro.* La raíz de la voz.
Cada día te elijo. *Granata.* Elección del amante.
Cada día tenemos más salobre la saliva. *Bedregal.* Alegato inútil.
Cada esperanza tiene su memoria. *Quessep.* Con dura transparencia y dura sombra.
Cada golpe en la vida debe ser. *Mendiola.* Cada golpe.
Cada mañana/ensayaba su ascenso. *Sassone.* Ascenso.
Cada mañana, marido y mujer, sentados y limpios. *Martos.* Casti connubi.
Cada mañana/me levanto. *Padilla.* Hábitos.
Cada minuto de la vida debe/morder. *Álvarez de Lugo.* Norma.
Cada noche su canto. Cada noche. *Rodríguez Alcalá.* El mensajero.
Cada poema un pájaro que huye. *Mutis.* Cada poema.
Cada rosa gentil ayer nacida. *Nervo.* Éxtasis.
Cada ruina en nosotros es una resurrección. *Patiño.* De corte clásico.
Cada tarde/el amor de los enamorados. *Carreto.* Apariciones de René Magritte/Tango.
Cada tema entra alguna vez en el claroscuro de la palabra. *Huerta.* Index.
Cada uno de nosotros lleva un río. *Barquero.* Río de mi infancia.
Cada uno de nosotros. *Lira.* Cada uno.
Cada uno muere solo. *Cerruto.* Que van a dar a la noche.
Cada vez me cuesta más acostarme o levantarme. *Jordana.* La maga de oz.
Cada vez que abres. *Gómez.* A quien hay que darle un "girón" de orejas.
Cada vez que entra y sale. *Padilla.* El relevo.
Cada vez que oscurece. *Vestrini.* Cada vez.
Cada vez que regreso. *Parra.* Ritos.
Cada vez que un pájaro/cantaba. *Aura.* Cada vez que.
Cada volcán levanta su figura. *Chocano.* Los volcanes.
La cadena de las horas. *Campero Echazú.* Tránsito.
Cae el hermano del hermano. *Cabrera.* Genocidio.
Cae la lluvia, lenta. *Utrera.* Paisaje. XX
Cae la lluvia sobre junio. *Aridjis.* Cae la lluvia.
Cae la nieve negra de Anaxágoras desde Edgar Allan Poe. *Lihn.* Poe.
Cae la rosa, cae. *Chumacero.* A una flor inmersa.
Cae la tarde. Yo, sobre el lomo de mi caballo. *Chocano.* Bajando la cuesta.
Cae tu voz, flor tuya. *Ledesma.* Tu voz.
Cae una lluvia fina. *Pellegrini.* El corazón de todos los rostros.
Cae una lluvia torrencial. *Millán.* Poema 20 de la Ciudad.
Caemos de pronto del amor. *Millán.* Los aros de hierro del triciclo.
Caen los rostros a oscuras. *Michelena.* Monólogos del despierto.
Caeré sobre el polvo cegado por su brillo. *Acosta Bello.* Caeré sobre el polvo.
Cafetín con gramófono: fracturada armonía. *Reynolds.* Aquellas noches.
Caído está como siglos. Piensa. *Ferreyra Basso.* Jinete derribado.
Calabó y bambú. *Palés Matos.* Danza negra.
Calcáreas osamentas repujan los espejos de sándalo. *Corssen.* Colinas furtivas.
Calchas the magnanimous and wonderstruck relates. *Morejón.* The Achaeans.
Cálida, exacta, musical palmera. *Augier.* Cálida.
California, 11 de septiembre '73. *Vera.* La escritura en la pared.
Calla y déjame alcanzarte. *Zapata Prill.* Los hongos mueren sin huellas.
Callada noche de amor. *Lugones.* Endecha.
Callan los cuartos con sus azoteas. *Ballesteros.* Yacer.
Calle de sol al sur/cuando cada esquina. *Molla.* Calle de sol.
La calle está desierta: la noche fría. *Silva.* Serenata.
Las calles de Buenos Aires. *Reyes.* Candombe porteño.
Las calles de San Salvador. *Suárez.* Las calles.
Calles empedradas. *Cobo Borda.* Daguerrotipo.

Las calles están silenciosas. *Millán.* Nadie.
Calles silenciosas. *Moore.* El café.
La cama blanca, o la cama oscura. *Vega.* La cama.
Cambiaba, a cada momento/de color y de tristeza. *Torres Bodet.* Romance.
Cambio lola de 30. *Parra.* Cambios.
El cambio/produce. *Serrano.* Seguimiento.
Camina a mi lado, sobre el camino. *García.* No podemos detenernos.
Camina bajo el peso de mil atmósferas. *Mondragón.* Torre de Babel.
Camina, caminante. *Guillén.* Sigue.
Camina la cordillera. *Silva Valdés.* Romance del viento blanco.
Caminando, caminando. *Guillén.* Caminando.
Caminando sola, por ciudad extraña. *Parra.* Catalina Parra.
Caminante de mil caminos. *Chapochnik.* Varsovia 1943.
El caminante del desierto a la lejana estrella. *Ramírez.* Lejano interior.
Caminantes han sido mis hermanos. *Razzeto.* La vida.
Caminar por la vida como por encima del mar. *Westphalen.* Términos de comparación.
Caminar sin/saber por qué caminas. *Vaz.* Espejos interiores.
Caminar sobre el fuego. *Romualdo.* Fácil es caminar sobre las aguas.
Caminar sobre la nieve virgen. *Vallarino.* Nieve en Hamburgo.
Caminas por el prado, que está de primavera. *Reyes.* Salutación al romero.
Camino a la ventura. Monólogo. *Henríquez.* Never more (Span.)
Camino del silencio. *González Martínez.* Ultimo viaje.
Un camino equivocado es también un camino. *Delgado.* Un camino.
Camino hasta la huerta. *Macías.* Hoy.
Un camino infinito. *Volkow.* Paisaje interior.
Camino pedregoso que se alza ante mi vida. *Pimentel.* Camino pedregoso.
Camino por el atrio. *Cross.* Camino.
Camino por viejas revistas y encuentro astillas de Marilyn. *Luque Muñoz.* Cortometraje.
Camino que se tuerce a cada paso. *Guerra.* Camino.
El camino viene trazando en el aire. *Orrego.* Anunciación.
Caminos abandonados absortos en sí mismos. *Augier.* Tiempo muerto (cañaveral).
Caminos en soledad/bajo el cielo de mi tierra. *Correa.* Caminos en soledad.
Los caminos polvorientos y borrosos. *Fombona Pachano.* Hacia el crepúsculo.
Un camión que se aleja. *Cuadra.* Tipitapa.
Campana detenida en el aire. *Natera.* Biografía de un pájaro.
La campana/había dejado seis lágrimas. *Osorio Canales.* Paisaje.
El campanario. *Mesa Seco.* Se empieza a vivir.
Unas campanas celestes. *Mercurio.* El silencio.
Las campánulas hermosas. *Gutiérrez Nájera.* Para el corpiño.
Los campesinos hondureños traían el dinero. *Cardenal.* La hora cero (Frag.).
El campo ha de cerrar sus venas solitarias. *Gómez.* Vaivén.
Campos de Galilea, campos llenos de espigas. *Contardo.* Misterium sacrum.
Campos de Galilea, campos llenos de espigas. *Contardo.* Mysterium sacro.
Campos para morir, los de tus sienes. *Fernández Moreno.* Las sienes.
Un Campos, el dios. *Campos.* Los Campos.
Las cañas iban y venían. *Guillén.* Elegía a Jesús Menéndez.
Canasmoreña moruna. *Campero Echazú.* Sonaja de noche buena.
El canceroso/aunque con algunos dolores. *Hernández.* El canceroso.
Una canción de boda. *Welder.* Me hubiera gustado quedarme aquí.
La canción de la lluvia me sube a la garganta. *López Tena.* La canción del árbol.
Canción de la esperanza. *Bedregal.* Tus manos.
Canción de siempre y de todos. *Ríos.* Canción de siempre.
La canción del adormido cielo. *Eguren.* Lied V.
Canción del macho y de la hembra. *Neruda.* Canción del macho.
La canción va por agua por la senda del pozo. *Lugo.* Lengua de pájaro.
Cancioncita sorda, triste. *Reyes.* La tonada de la sierva enemiga.
Candén, cabú, macafú. *Vizcarrondo.* El cangrejero.
Cándida virgen, pudorosa y tierna. *Cisneros.* Los jazmines.
Cansada la pupila de mirar al abismo. *Rocuart.* Crepuscular.

Cansado/si/cansado. *Girondo.* Cansancio (Frags.).
Cansados de esperar erguimos. *Bonifaz Nuño.* Cansados de esperar.
Un cansancio de tarde arrebujado en frío. *Queremel.* Paisaje.
Canta con tu clavel frío, pastor. *Molinari.* A Garcilaso.
Canta en la punta del pino. *Paz.* La rama.
Canta, esclava mía, muévete. *Azcona Cranwell.* Cuando no se da más de tanto vivir.
Canta la fuente en el jardín. *Arciniegas.* El anochecer (Cromos).
Canta Lok en la oscura región desolada. *Jaimes Freyre.* El canto del mal.
Canta mi alma a mi Señor. *Zenner.* Magnificat.
Cantaba el mar. Rubor de rosa el iris. *Tamayo.* La Prometheida (Frags.).
Cantábamos hacia la noche. *Navarro.* De una costa a la otra.
Cantan los cocolos bajo las cocales. *Cabral.* Aire negro.
Cantar del agua del río. *Ibarbourou.* Estío.
Cantar intento la divina historia. *Alfaro Cooper.* La epopeya de la cruz (Frag.).
Cántaro gris, falda que no ríes. *Dobles Yzaguirre.* De faldas y otras prisiones.
Cantemos a la paloma de ala azul. *Quiteño.* Tres canciones de Mictlan.
Canto a los pájaros lejanos de la infancia. *Querales.* Una creciente de recuerdos.
Canto al mar con voz de hipérboles transido. *Cardona Torrico.* Temática del mar.
El canto bajo la bruma/alumbra en su vuelo. *Aridjis.* El canto.
El canto de los pájaros. *Hernández.* Postal de Labná.
Canto la atareada hormiga. *Lugones.* Los ínfimos.
Canto la luz fugaz, la luz perecedera. *Liscano.* Nocturno IV.
Canto las altas torres, gloria del siglo. *Lugones.* El himno de las torres (Frags.).
Canto un amor ni hallado ni perdido. *Sassone.* Un verso claro y una pena oscura.
El canto/la tarde y el misterio. *Puentes de Oyenard.* Rosa exigida.
Los cantos de los niños. *Uribe Arce.* Poemas.
Capitán de veinte años. *Maya.* Capitán.
Un Capitán G. N. que tiene su cuartel en una de estas/ciudades. *Silva.* Epigrama.
Caprichos de cristal, airosas galas. *Chocano.* Las orquídeas.
Capto la seña de una mano, y veo. *Cuesta.* Canto a un dios mineral.
El caracol arquitecto. *Molina Viana.* El caracol.
El caracol blanco en la playa vacío. *Quezada.* Poema de las cosas olvidadas.
Caracol de piedra en la montaña. *Volkow.* Micenas.
Caracolito dorado. *Fonseca Viera.* Caracolito.
Cargábamos madera. *El aserradero de la danta.* Cuadra.
Caricia fugitiva: ¿Por qué no te detienes? *Moreno Mora.* El viento.
La caridad del hueco que se llena. *Juárroz.* La caridad.
Caries y peines roto (sic). *Ferreiro.* Todo lo que sufrimos.
Cario amava la sua donna in gelosia. ¡Io amo, io amo! *Kozer.* Romanticismo.
Carl Gustav Jung recolectaba sueños. *Avila Echazú.* Elegía a Carl Gustav Jung.
Carlos Jurado es mi amigo llamado Carlos. *Dalton.* Carlos Jurado.
Carlos Manuel parecía el sol. *Hernández.* El padre.
¡Carne, celeste carne de la mujer! *Darío.* Carne, celeste carne.
Carne imperiosa, tierra superada. *Galo Herrero.* Tierra superada.
Carne suave, ya inerte. *Mora Martínez.* Canto despectivo a la muerte.
Carne transida, opaco ventanal de tristeza. *Pla.* Soy.
Caronte, yo seré un escándalo en tu barca. *Ibarbourou.* Caronte.
Caronte: yo seré un escándalo en tu barca. *Ibarbourou.* Rebelde.
Carpintero, haz un féretro pequeño. *Nalé Roxlo.* Se nos ha muerto un sueño.
Carreta de bueyes de marcha cansina. *Wyld Ospina.* La carreta tropical.
La carreta/del malojero. *Fombona Pachano.* La carreta.
La carreta vacía. *Mansour.* Otros árboles.
La carretera asfaltada. *Vizcarrondo.* Loíza aldea.
¡Carretero! ¡Carretero! *Durán Böger.* La canción del carretero.
La carta del amor, está jugada. *Perino.* Juego y pregunta.
Cartagena de Indias: tú que, a solas. *Chocano.* Ciudad dormida.
Las cartas de amor que escribí en mi infancia. *Sánchez Peláez.* Profundidad del amor.
La casa arada por los años. *Grimal.* Instantes.
Una casa/con algo de catacumba. *Lihn.* La casa del Ello.

La casa de Natalia tiene techo de tejas de barro. *Quezada.* La casa de Natalia.
La casa en el alba duerme. *Fombona Pachano.* Sueño.
La casa en ruinas, blanca, como una niña anciana. *Esstrada y Ayala de Ramírez.* El poema de la casa en ruinas.
¡La casa está sola! La antigua puerta. *Uribe.* La casa desierta.
Casa iluminada. *Torres Bodet.* Estrella.
Casa marina, iridiscente. *Smith.* Casa marina.
La casa no me espera, está conmigo. *Montes.* Casa.
Casa para vivir. *Arenas.* La casa fantasma.
Casa ruinosa, casa que se queja. *Taborga de Requena.* La casa.
La casa sale por la ventana, arrojada por la lámpara. *Owen.* Partía y moría.
Casas enfiladas, casas enfiladas. *Storni.* Cuadrados y ángulos.
Casas que corren como locas. *Villaurrutia.* Suite del insomnio: Tranvías.
Las casas, en la tarde de campo, con el viento. *Rosenmann Taub.* Égloga.
Cáscara y chácara. *Ballagas.* Solo de maracas.
Cascos duros de piedra. *Bustamante y Ballivián.* Los morochucos.
Cascos: sobre el asfalto mojado. *Cantadori Dintrans.* Ciruja.
¡Casera! *Ballagas.* Pregón.
Casi de madrugada, el pescador ha visto. *Loynaz y Muñoz.* El pescador.
Casi hallarte por fin, casi perderte. *Guzmán Cruchaga.* Casi.
Casi ninguna verdad. *Girri.* Pascal.
El casino sorbe las últimas gotas de crepúsculo. *Girondo.* Biarritz.
Castigada de continuo con memorias y olvidos. *Isern Setuain.* Moviola.
Castillo de interiores fortalezas. *Vega.* Solo.
Cataratas/pusieron en tus ojos. *Alemán.* Vencimiento.
Catedral de la sangre. Catedral deslumbrada. *Larreta.* Preludio Número 2.
La catedral del bosque por sus vitrales duerme. *Vásquez.* La catedral del bosque.
El caudillo es silencioso. *Cuadra.* Urna con perfil político.
Caupolicán recuerda. *Cruchaga Santa María.* Himno para algunas maderas.
Cauquil, Cauquil/el mar aúlla en la noche. *Mansilla.* Cauquil.
Cauquil, Cauquil/the sea howls in the night. *Mansilla.* Cauquil.
Cava la lluvia su perfil de arena. *Fabani.* Cava la lluvia.
¡Cazador de venados! ¡No te ofendas, maestro! *Cuadra.* A Don Rubén Darío.
El cazador/que dentro de mí. *Girri.* Llamamiento.
Los cazadores sin sus figuras. *Rubio.* Recóndito retorno.
Cebolla/luminosa redoma. *Neruda.* Oda a la cebolla.
Cededme, cuando yo muera. *Balseiro.* A orilla, a orilla del mar.
Cegado por el sol de las tinieblas. *Hahn.* Noche oscura del ojo.
Celeste esfera que a mirar me incitas. *Estrella Gutiérrez.* Celeste esfera.
Celos para que la Muerte. *Llerena Blanco.* Celos.
Ceñido por un manto de despojos. *Céspedes.* De tarde.
La ceniza es un poco el alma. *Gómez Correa.* Entre el diablo y el océano.
La ceniza tiene sus propias lámparas. *Claros.* La ceniza.
Ceniza y humo. Tu risa. *Lagos Lisboa.* Ceniza y humo.
¡Ceniza, qué libre danza! *Guzmán Cruchaga.* Danza de la ceniza.
Cenizas sobre el rostro. *Wong.* Alusión segunda.
Centellean los rieles. *Teillier.* Alegría.
Centelleante de ardor. *Isern Setuain.* Infierno de cuatro estaciones.
Centímetro a centímetro. *Bonifaz Nuño.* Centímetro.
Centinela del jardín. *Alonso.* Jazmines.
Centro América duerme. *Gavidia.* A Centro América.
A century has gone by. *Jodorowsky.* Secret.
Cerámicas del aire. *Pérez Martín.* Huacos.
Cerca de cada uno de nosotros hay alguien. *Guardia.* Duda.
Cerca de los navíos que regresan del mar lejano. *Lhaya.* Cerca del mar.
Cerca de mi ciudad desmemoriada. *Mizón.* Cerca de mi.
Cerca de mi vela que apenas alumbra. *González.* Mi vela.
Cerca del puerto de San Jorge. *Ordóñez Argüello.* Ultima visita del poeta a su pueblo.
Cerca que véote la mi muerte, cerca que te oigo. *Rojas.* Almohada de Quevedo.

Cerca, muy cerca de la noche tibia. *Mendiola.* Cerca, muy cerca.
Cercado estoy de luces y sonidos. *Paseyro.* Soneto de mi advenimiento.
Cercanamente lejos/de esta pequeña historia. *Dávila.* Cercanamente lejos.
Cercas de piedra coartan la llanura. *Arciniegas.* Gris (Cromos).
Cerebro de la noche, ojo dorado. *Eielson.* Parque para un hombre dormido.
Cerrá la luz Josefa cerrá la luz. *Perozo Naveda.* Será mejor pavós que no escribáis.
Cerrad la luz y el viento y el sonoro. *Solana.* Cerrad la luz.
Cerrar los ojos y en la bruma estéril. *Arrieta.* To Be.
Cerremos los párpados terrenos. *Martínez Estrada.* Sueño.
Cerró en silencio el portón de la viña. *Millán.* Los ladrones de uvas.
Certain days wash ashore from the sea. *Rivera-Avilés.* Good Memory.
Certero, como el que apunta al corazón dorado de la uva. *Nava.* Esbozo para empezar un amor.
La certeza de luz. *Wiethüchter.* Camino al fuego.
El César puso un impuesto más. *Mejía Sánchez.* El César y la carne.
Cha cha cha. Bailemos. Hiervan los ruidos. *Bonifaz Nuño.* Cha cha cha.
Chácara de aguamiel, luces en fila. *Florián.* Siega.
Chaco, perla legal del recuerdo. *Urzagasti.* Perfil acuático de una provincia.
El chalán, que es un negro musculoso y garboso. *Gálvez.* El caballo de paso.
Chaplin gesticula al borde de los portones. *Santander.* La acera.
El charango es el más hualaycho. *Calderón Lugones.* El charango.
Charon: I shall be a scandal on your ferry. *Ibarbourou.* Rebel.
Che, tú lo sabes todo. *Barnet.* Che.
Las chicas de Flores tienen los ojos dulces. *Girondo.* Exvoto.
Chichisbea la paja con el frío. *Avila Jiménez.* Puna.
Children of the world. *Vallejo.* Spain, Take This Cup from Me (Frag.).
The children's songs. *Uribe Arce.* Poems.
Chile está lejano y es mentira. *Zurita.* VI.
Chile is far away and is a lie. *Zurita.* VI.
Chile's distant and it's a lie. *Zurita.* VI.
Chillaron los pájaros. *Shelley.* Los pájaros.
¡Chimeneas/con que honda pavura! *Frugoni.* Las chimeneas.
Las chimeneas/en suspiros enormes. *Avila Jiménez.* Bruma.
La chiquita que yo tengo. *Guillén.* Mi chiquita.
El chismoso Noé, desde su arca. *Carranza.* Exclusivo.
La chispa Vue/la/plu/ma. *Shimose.* La muerte del fuego.
Cholita, tú por los montes. *Xammar.* Tres poemas de serranía.
Chorreando sus bruñidas densidades. *Cáceres.* Iluminación del yo.
La choza enclenque y parda lo acunaba en su puerta. *Otero Silva.* Niño campesino.
Chusín: acabo ahora. *Fernández Chericián.* Camaguey, noviembre 30 del 66.
Chusin: I've just come back. *Fernández Chericián.* Camaguey, 30 November 1966.
Ciegamente, ésta es la palabra. *Ossorio.* Imagen recobrada.
Ciegamente/te paras. *Serrano.* Veinte años.
Los ciegos tienen ojos hacia adentro. *Calderón.* Deducciones.
Los ciegos ven. *Hernández.* Postal con ojos de cenzontle.
El cielo canta. *Castrillo.* Olvidar.
El cielo de celajes se cubría. *Villalobos.* Madrigal.
Un cielo de paredes celestes. *Sansón.* Un cielo.
Cielo/dame tu pecho. *Escalona.* De espalda a las campanas.
Ciclo dcl hucrto, azul. *Mazzei.* Domingo.
El cielo es claro y hondo. *Cassas Araujo.* El nadador.
El cielo espejea entre los árboles. *Vidales.* El paseo.
Un cielo gris. Morados estandartes. *Casal.* Día de fiesta.
El cielo ha caído. *Corssen.* Laguna del Inca.
El cielo se desnuda. Curvas brutales, gritos. *Durán.* El viento.
El cielo vuelve a darte. *Casal.* Poemas.
El cielo y el mar, siendo paralelos. *Blanco.* Tiro al blanco.
El cielo y yo quedamos frente a frente. *Urbina.* En el cielo.
Los cielos no podrían navegar en sus manos como sedas. *Bardesio Vila.* La doncella.
Los cielos parecen propicios a pesar de la lluvia. *Whitelow.* Arco de Jano.

Cielos, siglos antes/de ahora. *Mitre.* Cita.
Cien caballos galopando permanecen en mi gruta. *Lozano.* Eros.
Ciencia del deseo, malas artes de la carne. *Rojas.* Malas artes.
Ciento veinte años tiene, ciento veinte. *Mistral.* Vieja.
Cierra los ojos, mar. *Pacheco.* Cierra los ojos.
Cierra los ojos y a oscuras piérdete. *Paz.* Olvido.
Cierra tu puerta bien. El sabio es sordo. *Capdevila.* Nocturno de la sabiduría.
Cierras los ojos. *Vallarino.* Acorde.
Cierro los ojos, sereno. *Lugones.* Lied de la estrella marina.
Cierro ojos. *Rafide.* Autobiografía minúscula
Cierto es lo que la noche me dice al oído del caballo. *Gerbasi.* Dictado de la noche.
Cierva/abro en mi sexo el misterio. *Keoseyán.* Canto a la cierva.
Las cigarras agitan. *Tablada.* Las cigarras.
Cigarras de oro llenan todo el polvo del día. *Basso Maglio.* Sostén de la dulzura.
Un cigarro en el vacío. *Huidobro.* Camino.
La cigüeña, la clásica cigüeña. *López.* Cuarto de hora.
Cincela, orfebre amigo, una ánfora de oro. *Díaz.* El ánfora.
Los cinematógrafos están solos. *Juarez.* Variaciones sobre un tema de Prevert.
Una cintura que ama, un pulso, tiembla al lado. *Fernández Retamar.* Canción.
¡Circe, diosa venerable! *Torri.* A Circe.
The circle closes here. *Rojas.* The Circle.
El cisne en la sombra parece de nieve. *Darío.* Leda.
Los cisnes negros del alma. *Ávila Jiménez.* Los cisnes.
La ciudad cada tarde se alumbraba. *Llerena Blanco.* Sortilegios del otoño.
La ciudad cargaba un túnel. *Rivera.* La ciudad.
Ciudad circuida de árboles oscuros. *Arias.* Ciudad interior.
La ciudad en la noche es un canto. *Cea.* Reposo de tinieblas.
La ciudad nos aguarda. *Galván.* Siete B.
La ciudad nos enclava, húmeda. *Monroy.* Poema.
La ciudad se ha mostrado espléndida. *Pinto.* Ciudad día (Frag.).
Ciudad secreta/cruza mi soledad tu nombre. *Calvillo.* Epístola.
Ciudad señera de la erguida zona. *Viscarra Monje.* Canto a la ciudad de La Paz.
Una ciudad sumergida en la noche. *Beltrán.* Una ciudad.
Ciudadano libre a un palmo por encima. *Calzadilla.* Ciudadano libre.
Ciudadanos del mundo. *Ayllón Terán.* Pido la palabra.
Clara estrella de la tarde. *González Bravo.* A la estrella de la tarde.
Clara, fina, vibrante. *Arrieta.* La copa.
Clara voz de mis mañanas. *Reyes.* Cuatro soledades.
Claras y tibias/deshechas y pobladas de lluvia. *Valle.* El gran abismo.
Claridad insondable. *González Lanuza.* Dos cielos.
Clarín recluso en el follaje, la luz del mediodía. *Otero Silva.* Los hijos.
Claro del laberinto, vientre de la piedra acumulada. *Oraá.* La década estoica.
Claro presentimiento. *Cruchaga Santa María.* Presentimiento del último día.
Claros los astros de diamantes. *Rokha.* Canción de las tierras chilenas.
Clasificada nazco como mujer. *Galaz.* Hembrimasoquismo.
Clave sonora o círculo el vuelo ya sin alas. *Vicuña.* Primero de noviembre 1976.
The clear form of your face. *Molina Venegas.* The Scream is a Kind of Coffin.
Clemente tenía ochenta años. *Alcides.* Vida de Clemente.
Clock/time's stone-mason. *Carrera Andrade.* The Clock.
Clocks out of order. *Pellicer.* Studies.
The clouds/are the exhaust of invisible automobiles. *Oquendo de Amat.* Movie of the Countryside.
Cobijando tu alegría. *Zaid.* Gacela.
Cobra un precio infinito. *Tamayo.* Cobra un precio.
Cobre la luz y el llanto hierro. *Villar.* Desierto.
Un coche de guagua. *Pérez.* La casa del inválido.
Cohete de larga vara. *Tablada.* El bambú.
Cojo la pluma y digo. *Martos.* Contra Critias.
Colasa: manteca inquieta. *Cabral.* Colasa con rumba.
Colasa: ola de pie. *Cabral.* Colasa con ron.

La cólera que quiebra al hombre en niños. *Vallejo.* La cólera que quiebra.
Colgué en sus labios el asombro. *Bañuelos.* Anacreóntica.
Colibrí cristalino del rocío. *Magallanes.* Nada podrá la soledad.
Colón no descubrió a esta mujer. *Langagne.* Descubrimientos.
El color rojo de los pueblos. *Diego.* El color rojo.
Unos colores muy limpios. *Silva.* Los pescadores.
Los colores parecen. *Baeza Flores.* Place du Tertre.
Colores: habitad cual repentinos iris. *Pardo García.* Los sueños corpóreos.
Colorless dawns. *Jaimes Freyre.* The Dawn.
El coloso detiene. *Vallarino.* Hauptbahnhof.
Columbro en solar entrecerrado. *Shelley.* Eternidad de un instante.
Las columnas ceden y el techo se hunde. *Cantoni.* Las columnas.
Columpios con niños al atardecer. *Barrenechea.* Columpios.
Comarcas del orgullo. *Russell.* La frente inclinada.
Come and feel, the old woman said. *Silva Acevedo.* Contrary to Nature.
Comen todas las frutas. *Jonquières.* Los jóvenes.
Comencé perdiendo las batallas. *Calderón.* Guerrilla doméstica.
Comí anoche con Beethoven. *Cortínez.* Aquí hay algún error.
Los comics bajan del avión. *Salado.* Nota cultural.
Comienzo. *Hernández d'Jesús.* Ahora.
El comienzo/el cimiento. *Paz.* Blanco.
Comienzo y recomienzo. Y no avanzo. *Paz.* ¿Águila o sol?
Common feelings/in common faces. *Torres Bodet.* Living.
Como a la vida que me doy me allano. *Merlino.* Identidad.
Como a un infante puro. *Díaz Casanueva.* Retorno.
Como abeja obstinada. *Lars.* Palabras de la nueva mujer.
¡Cómo abrasa la sal de esta amargura! *Carvajal.* Reclamo de la lumbre de Dios.
Cómo aislar los fragmentos de la noche. *Lezama Lima.* Los fragmentos de la noche.
Cómo amar lo imperfecto/si escuchamos a través de las cosas. *Juárroz.* Cómo amar.
Cómo andará el Humano sin su vida. *Adán.* Julio.
Como ansiosos de huir, con ademanes. *Planchart.* Tempestad.
Como aquel arquetipo de los hondos Erebos. *Bustamante.* Sodoma.
Como aquellos que habiéndolo cedido todo al destino. *Urzagasti.* El viajero en la noche.
Cómo atrever esta impura. *Ibáñez.* La página vacía.
Como callado afán que aún carcome. *Zúñiga.* Carta a un padre asesinado.
Como carne de cóndores hirvientes. *Hahn.* Cafiche de la muerte.
Como cenizas, como mares poblándose. *Neruda.* Galope muerto.
Como con pereza. *Pesce.* Poema 11.
Cómo crece tu lirio, Señor, oh, cómo crece. *Rosa.* El lirio.
Como cresta de gallo acuchillado. *Belli.* Cepo de Lima.
Como debieran ser nuestros poemas. *Valero.* Como debieran ser.
Como decían en otras partes. *Crespo.* La casa de aquí.
¿Cómo decir que amé? ¿Muestra mi pecho . . . ? *Planchart.* Amor.
Cómo desapareces, cómo no estás; te busco. *Uribe Arce.* Cómo desapareces.
Como dosel de seda luminoso. *Bedregal.* Paisaje de puna.
Cómo duele en la tarde tu elegía. *Benells Rovira.* Nocturna elegía.
Cómo duele esta historia arrastrada. *Molla.* La angustia y la lluvia.
Como ébano que soy, siento al costado. *Ortiz.* Contrapunto.
Como el día alimenta unos sueños. *Sáenz.* Como el día.
Como el fuego que algún antepasado. *Dondo.* Tomo mi voz y la levanto.
Como el paisaje está en el claro río. *Zarrilli.* Cántico a la imagen de la presente ausencia.
Como el paisaje, mi alma está en suspenso. *Viscarra Monje.* Como el paisaje.
Como el pino lento que señala una estrella. *Paz Castillo.* Hacia el misterio.
Como el pulso en mi brazo estás en mí. *Alegría.* El poema inacabable.
Como el relumbrar de un ojo en la oscuridad. *Molina Venegas.* Tu ira.
Como el sapo, el poeta. *Tablada.* Parábola del sapo.
Como el sol desde la tarde. *Zaid.* Semáforos.
Como el soldado de la anécdota. *Fernández Retamar.* Es mejor encender un cirio que maldecir la oscuridad.

Como el último bloque de concreto. *Turkeltaub.* Como el último.
Como en cualquier ciudad que se respete. *López.* Primer libro de la ciudad (Frag.).
Como en el centro de una nuez, oscuros. *Labastida.* Despierta la ciudad.
Como en un ancho regazo me acoge tu silencio. *Gaztelú Gorriti.* Nocturno.
Como en un ensueño estelar y errátil. *Calderón Lugones.* El violín.
¿Cómo eres sin mi amor? *Scarpa.* Elegía romántica.
Como es de amantes necesaria usanza. *Banchs.* La urna.
Como es de amantes necesaria usanza. *Banchs.* Como es de amantes.
¿Cómo es mi vida? ¿Existe mi vida? *Ojeda.* Le soleil est dévenu noir.
¿Cómo escribir ahora poesía? *Cobo Borda.* Poética.
Como escuchase un llanto, me paré en el repecho. *Mistral.* El niño solo.
¡Cómo esquiva el amor la sed remota! *Cuesta.* Cómo esquiva.
Cómo esquiva el amor la sed remota. *Cuesta.* Soneto.
Como estamos en medio de la vida. *Valero.* Dicotomía.
¿Cómo estarás ahora, vieja mía? *Castro Ríos.* Palabras para recordar a la abuela.
¡Cómo estás en tu negro calabozo de arcilla! *Silva.* Inter umbra.
Como extinguido trueno. *Cardona Torrico.* Y ahora soy nadie.
¡Cómo fatiga y cansa y me abruma! *González Prada.* Cosmopolitismo.
Como fetos emocionados con la idea. *Mario.* Raya en el techo del amor.
Como gira una esfera de diamantes. *Wilcock.* Invocación al pasado.
Como guitarra morena. *Queremel.* Romance de amor y de sangre.
Como habría que saludarte señor. *Cruchaga Santa María.* Himno al arroz.
¡Cómo he llegado a amar esta colina! *Vasseur.* Solitudo.
Como hermana y hermano/vamos los dos. *González Martínez.* Como hermana.
¡Cómo hondo llora el clarín en Cajamarca! *Florián.* Dolor musical de Cajamarca.
Como Jacob, bajo la noche muda. *Carvajal.* Después del combate con el ángel.
Como José el Tamborero. *Korsi.* José el tamborero.
Como la cabeza de Macbeth. *Schopf.* Sic transit gloria mundi.
Como la lluvia, a solas. *Valjalo.* Como la lluvia.
Como la luz del mar y de los cielos. *Blanco.* Su majestad.
Como la luz en su platino, vivo. *Barrenechea.* Vida secreta.
Como la Virgen del Carmen. *Pasos.* Pequeño canto para bien parir.
Como las gotas de agua resbalan por el muro. *Escobar.* Como las gotas.
Como las hazañas del fuego. *Carmenate.* Profecía del polvo.
Como las máscaras de la comedia del arte. *Kamenszain.* Los no.
Como las rondas de ángeles que Fra Angélico pintó junto al establo. *Cuadra.* En el calor de agosto.
Como latas de cerveza vacías y colillas. *Cardenal.* Como latas.
¿Cómo le ha ido, su merced? *Ureta.* Elegías a la cabeza loca.
¿Cómo leerme en coca? ¿Con qué ciencia? *Shimose.* Quipus desatados.
Como llagas arrastradas. *Moreno Jimeno.* Los malditos.
Como llegamos a la venta. *Greiff.* Relato de Claudio Monteflavo.
¡Cómo/llora/en silencio el espantajo! *Corcuera.* Fábula del espantajo.
Como los cortesanos de Luis XV. *Pacheco.* Leones.
Como luna, de pie junto a un alzado/cristal. *Carranza.* Espacio de mi voz.
Como madre un amigo se me ha muerto. *Cruchaga de Walter.* Como madre.
Como manchas amarillas en lo verde. *Rubio Huidobro.* Las abejas.
¿Cómo me busco en este recipiente? *Salazar Bondy.* Pregunto por la tierra perdida.
¡Cómo me echara a rodar! *Ballagas.* Huir.
Como mi raza, bailo, enmascarada. *Castellanos.* A los danzantes de las ferias.
Como mi ser en la rompiente. *Pastorín.* Requiem del mar.
¿Cómo mirarán las nubes ? *Ortiz.* ¿Cómo mirarán?
Como mujer caída. *Jonquières.* Muerte de la luna.
Como nada consigue siendo prudente. *El casamiento.* Carriego.
Como nevado volcán, firme y sereno. *Tejeda de Tamez.* Mi padre.
Como niño te vi, te veo ahora. *Nieto.* Turris eburnea.
¿Cómo no amarte, corazón de viento? *Marechal.* Primera canción elbitense.
Como no pudieron meterme en cintura. *Cea.* Acto seguido.
Cómo nombrar tu pálido reposo, tu piel. *Varela.* Reino del agua.
Como ocurre/por ejemplo. *Belli.* Poema.

Como pasan los días sobre el agua. *Zeller.* Paloma que se sueña.
Cómo pasas y vuelves. *Wilcock.* Canción.
Como perro que se muerde la cola. *Benells Rovira.* Las horas de este día.
Cómo pesan los muertos. *Alardín.* Por culpa de la ausencia.
Cómo puedo dejar la regalada. *Castillo.* Plegaria a Jesús.
¿Cómo quedan, Señor, durmiendo los suicidas? *Mistral.* Interrogaciones.
Como quien se tiende en la parte más verde del océano. *Cañas.* Oda en honor de la espiga.
Como quisiera quererte. *Piwonka.* Zarza.
Como rayos que parten al destierro. *Molina.* Dioses de América.
Como recoge, manantial rocío. *Villalobos.* Lágrimas.
Como río cortado a filo de hacha. *Ruiz.* La enemiga.
Cómo romper tu ausencia o tu silencio. *Brull.* Epístola.
Como rosadas flechas de aljabas de oro. *Casal.* Sourimono.
Como rumor de muchedumbre o ruido. *Bonifaz Nuño.* Como rumor.
¿Cómo sabrá el amor llevarte un día? *Marechal.* Del corazón arroquelado.
¡Cómo se agita aún entre tus manos! *Letona.* Cómo se agita.
Cómo se alejan de la noche umbría. *Fernández.* Al porvenir.
Cómo se llama el corazón lo augura. *Lugones.* Camelia.
¿Cómo se ve la tierra, Señor, desde tu trono? *Rodríguez Alcalá.* Poema III.
¿Cómo se verá todo desde tu red deshecha? *Oyarzún.* Interior.
Como si allí hubiese sufrido el mundo. *Sabella.* La pampa.
Como si el Ángel del Señor pasara. *Guzmán Crughaga.* Momento.
Como si en flor divina me llagara. *Caputi.* Como si en flor.
Como si fuera hoy, venías en tardes de verano. *Calderón.* Tardes de verano.
Como si fuera un rito. *Canzani D.* Como si fuera.
Como si hubiera andado por el tiempo llamándola. *Paine.* Como si hubiera.
Como si hubieran arrancado sin piedad su piel. *Ibáñez.* Colina cerca a Tunja.
Como si me quitase un sobretodo. *Hidalgo.* Ascensión.
Como si nuevamente caminaras con nosotros. *Nájar.* A tu memoria, Evelina que ya no existes.
Como si San Martín la mano pura. *Guillén.* Che Guevara.
Como si uno comenzara desde el primer instante. *Guzmán.* Memoria del náufrago.
Cómo sois parecida, Señora a quien yo amaba. *Costa du Rels.* Soneto.
Como sombra pegada contra el muro. *Bañuelos.* Ariadna.
Como sombra sin cuerpo el rasgo débil. *Colombani.* El hombre es una H.
Cómo tarda en llegar la primavera. *Wilcock.* Como tarda en llegar.
Como taza en que hierve. *Martí.* Penachos vívidos.
Como te lo dije entonces. *Sotillo.* Las tres promesas.
Cómo te recobré, Poesía. *Paz.* Luna silvestre.
Cómo te ríes del mar, hermano loco. *Bedregal.* Fuga.
Como todos los huéspedes mi hijo me estorbaba. *Castellanos.* Se habla de Gabriel.
Como un abrevadero de bestias indelebles. *Moro.* Westphalen.
Como un ángel en llamas. *Hurtado.* Ese claro recinto.
Como un ángel me vigilas. *Ceselli.* Segunda revelación de la 20a. ceremonia.
Como un animal. *Padilla.* Como un animal.
Como un árbol ardiendo en tierra firma. *Romualdo.* Al pie de la esperanza.
Como un bajel cargado de misteriosa sombra. *Forero.* Muerte en mis raíces.
Como un cántaro. *Serrano.* Unidad.
Como un centinela helado pregunto: ¿Quién se esconde? *Díaz Casanueva.* Requiem (Frags.).
Como un dios murió al tocar polvo. *Gaitán Durán.* Marcha fúnebre.
Como un fauno marino perseguí aquella ola. *Pellicer.* Como un fauno.
Como un índice. *Novo.* Hanon.
Como un inmenso pétalo de magnolia. *Fraire.* Como un inmenso.
Como un ir y venir de ola de mar. *Yerovi.* Recóndita.
Como un lento cangrejo me acerqué. *Langagne.* Romance anónimo.
Como un libro abro el día. *Gottberg.* Tercer día.
Como un makiritare. *Pereira.* Somari.
Como un marsupial/colgado a su mamá. *Navarro Harris.* Marsupial.
Como un meteoro capaz de resplandecer con luz propia. *Arreola.* Metamórfosis.
Como un milagro, siento que la vida. *Gómez Rojas.* Divinidad.

Como un modelo (para armar) nos han hablado. *Razzeto.* Crónica del extranjero.
Como un niño abandonado en el día de una tormenta. *Ramírez Argüelles.* Escucho mi corazón.
Como un pájaro enjaulado. *Lezcano.* Así me siento.
Como un pastor de cabras. *Pérez-So.* Como un pastor.
Como un piano de cola. *Moro.* André Breton.
Como un poeta que ha perdido la costumbre de su oficio. *Cobo Borda.* Dos ejercicios retóricos.
Como un toro solar, como un navío. *Fuente.* Clavel de sombras.
Como un valle del tiempo será la tarde aquella. *Carranza.* El sitio de mi sueño.
Como una agua que busca salida en una piedra. *Castro Saavedra.* Agua ciega.
Como una ala negra tendí mis cabellos. *Ibarbourou.* Como la primavera.
Como una cabellera me destrenzo. *Cruchaga Santa María.* El canto del humo.
Como una cinta azul hecha de encaje. *Ortiz Chavez.* Al mamore.
Como una crin de llamas arde el pasto del cerro. *Pacheco.* Porción triste.
Como una franja temblorosa, rota. *Miró.* La última gaviota.
Como una garza blanca. *Chacón Nardi.* Cuatro poemas breves.
Como una gran niebla ardida. *Rokha.* Poema sin nombre.
Como una lágrima caída. *Castiñeira de Dios.* De la aurora recién nacida.
Como una locomotora de exploración. *Vallejo.* Itinerario.
Como una mariposa se para en un espino. *Nervo.* Como una mariposa.
Como una procesión de mariposas. *Morales.* Como una procesión.
Como una quieta rama de asfodelo. *Chouhy Aguirre.* Danaide.
Como una rama inaudita. *Mora Martínez.* Canción de tu piel.
Como una sombra de la luz blanca del hielo. *Cárdenas.* Edelweiss.
Como una sopa amarga. *Vilariño.* Más soledad.
Como vientre rajado sangra el ocaso. *Casal.* Crepuscular.
Compañera del alma golondrina. *Armijo.* Canción en voz baja.
Compañera mía/reza tú por mí. *Arráiz.* Reza tú.
La compañera se ha venido más triste. *Gelman.* Nieves.
Compañero mío/caminando por la vía. *Berenguer.* El rostro de la calle.
¡Compañero! ¡Compañero! *Ballagas.* Actitud.
Compañero, tus ojos. *Marré.* Canción.
Compañeros a tierra: aquí quedamos. *Vitale.* Pesadilla.
Compañeros míos/yo cumplo mi papel. *Castillo.* Viudo del mundo.
Compañeros/I do my Job/Fighting. *Castillo.* Widowed of the World.
Compañeros: que antes de empezar. *Fernández Retamar.* Pio Tai.
Compararía a una bandada de queltehues. *Rokha.* Winettgonía (Frag.).
La comparsa del farol. *Ballagas.* Comparsa habanera.
Comparte el temor. Repite con un labio. *Armand.* Poema con piel.
Compartimos sólo un desastre lento. *Castellanos.* Falsa elegía.
Completamente. Además, ¡vida! *Vallejo.* Yuntas.
Comprueba tu fuego. *Yacovski.* Comprueba tu fuego.
Con abstraído aire de oficinista, grave. *Fernández Retamar.* La despedida.
Con ágil vuelo el colibrí desciende. *Rasch Isla.* El colibrí.
Con aire de fatiga entraba el mar. *Pacheco.* Idilio.
Con alas alevosas aventaron las furias. *Guerra.* Con alas alevosas.
Con apacible tono que no quiebra. *Rega Molina.* Oda provincial (Frags.).
Con blanca lona de esperanza henchida. *Fiallo.* Vibraciones.
Con cálida emoción—óleo lustral. *Guerra.* Con cálida emoción.
Con cariño y con pena. *Vega.* Con cariño.
Con cuánta luz camino. *Pellicer.* Con cuánta luz.
Con cuántas lágrimas me forjaste? *Portal.* Vidrios de amor.
Con dos delitos viviendo en tierra que no es la mía. *Cabral.* Primera aventura.
Con el círculo ecuatorial. *Guillén.* Mujer nueva.
Con el corazón no escribas. Sea mínima la dosis. *Menén Desleal.* No escribas con el corazón.
Con el recuerdo vago de las cosas. *Silva.* Infancia.
Con el rostro pegado a ras de tierra. *Lisboa.* Apuntes para un poema.
Con el silencio de las celestes esferas. *Siles Guevara.* Dolor II.
Con el tiempo. *Shelley.* Aforo # 4.
Con el traje raído por el aire. *Jonás.* El espantapájaros.

Con el triste corazón entre las manos. *Rojas Jiménez.* Canto a Edgar Allan Poe.
Con el trompo. *García Prada.* Tentación.
Con esta simple piel de ser humano. *Trullén.* Tras una clara aurora.
Con extender la mano. *Schön.* La plenitud de lo invisible.
Con gentileza/incansable. *Serrano.* Gentileza.
Con gusto dejaría de trabajar. *Tellez.* Casi al mediodía.
Con habre y hembra este hombre. *Adoum.* Epitafio del extranjero vivo.
Con jugos de los cerros carean hojas y espinas. *Magri.* Los talas.
Con la aurora estival rompe su coro. *Lugones.* Las cigarras.
Con la cabeza busca. *Patiño.* Con la cabeza busca.
Con la cabeza negra caída hacia adelante. *Storni.* La que comprende.
Con la flor del domingo ensartada en el pelo. *Sabines.* Con la flor.
Con la hoz lunar sobre los hombros. *Ibarbourou.* Corazón dolido de sueños.
Con la mística niebla por mortaja. *Alonso Amieva.* Rosa de sangre.
Con la planta imponderable. *López Velarde.* Pobrecilla sonámbula.
Con la pureza de una fuente antigua. *Leiva.* Con la pureza.
Con la superstición de mis condales. *Herrera y Reissig.* Emblema afrodisíaco.
Con la tarde/se cansaron los dos o tres colores del patio. *Borges.* Un patio.
Con la ternura cansada de un cine de segunda. *Quirarte.* Elegía del delfín.
Con la tinaja al cuadril. *Echeverría.* Acuarela.
Con la vista clavada sobre la copa. *Carriego.* La silla que ahora nadie ocupa.
Con la voz de otro tiempo, con la antigua voz pura. *Poveda.* Serenata.
Con los huesos que blanquean en la noche. *Cuadra.* Elegía simplista.
Con los nervios saliéndome del cuerpo como hilachas. *Sabines.* Con los nervios.
Con los ojos azules y los labios sensuales. *Alas.* Con los ojos.
Con los puños cerrados, dando tumbos, andábamos. *Córdova Iturburu.* Balada marinera.
Con los tejados negros de la aldea. *Asturias.* Gozo de sílabas felices.
Con majestad de semidiós, cansado. *Silva.* Al pie de la estatua.
Con mantos negros de cansado brillo. *Cermeño.* Funeral en Oldbank.
Con melodioso lirio y diestras sales. *Ibáñez.* Con melodioso.
Con membrillos maduros. *Ibarbourou.* Olor frutal.
Con mi huracán de pájaros celestes. *Riestra.* Soledad.
Con mi palabra amarga de realidad y asombro. *Silva.* Memoria de la nada.
Con mi pena tan grande. *Peralta.* Pena tan grande.
Con mi razón apenas, con mis dedos. *Neruda.* Entrada a la madera.
Con mis brazos fervientes y extendidos. *Wilcock.* El enamorado.
Con mochila y revólver. *Navarro.* La partida.
Con mucha voz cantar no sé. *Sassone.* Rondel cobarde.
Con mucho amor y cólera, con mucho miedo. *Fernández.* Quimérica cordura.
Con ojos te siguen huidiza. *Pedroni.* Quinta luna.
Con olor a humildad. *Arrieta.* Interior.
Con pausados vaivenes refrescando el estío. *Rivera.* La palmera.
Con petroleum/aviones guerreros han sido alimentados. *Morales.* Petroleum.
Con pie de pluma recorrí tu esfera. *Marechal.* De la cordura.
Con pompa de brahmánicas unciones. *Herrera y Reissig.* Epitalamio ancestral.
Con qué buen tino con qué buen tacto. *Burgos.* Cazador de espejismos.
Con qué lentitud pensada. *Vitier.* El barco.
¿Con qué llave de cábala han de abrirse tus arcas? *Valle.* Bosque.
Con qué seguro paso el mulo en el abismo. *Lezama Lima.* Rapsodia para el mulo.
Con qué similitud de pensamiento. *Mojica.* Centauro de ciclones.
Con queja de indio y grito de chombo. *Korsi.* Incidente de cumbia.
Con rabia, amor/casi casi a muerte. *Berman.* Con rabia, amor.
Con ramas de huarango/espantaban. *Cisneros.* Antiguo Perú.
Con ronco estruendo de huracán estalla. *Díaz.* Walkyria.
Con salvaje lujuria de pantera. *Granado.* La selva.
Con ser tan gigantesco, el mar, y amargo. *Owen.* El recuerdo.
Con siglos de estupor. *Sabines.* Así es.
Con su escolta de rancheros. *Nervo.* Guadalupe.
Con su estridente silbato los grillos. *Reynolds.* Silencio.

Con su mágica obra/el atardecer cae. *Palacios.* Quemazón.
Con su veste en color de serpentina. *Herrera y Reissig.* Nirvana crepuscular.
Con sus bailes en carnes costeó trajes. *Cruchaga de Walter.* Nieves de Josephine Baker.
Con sus nervudos brazos. *Estenssoro.* Llamarada.
Con sus pupilas de cobre. *Alfaro.* El sapo.
Con sus rubias cabelleras luminosas. *Jaimes Freyre.* Las hadas.
Con sus senos redondos y opulentos. *Facal.* Rapsodia del ojo peligroso del aprendiz de sacristán.
Con tanto inglé que tú sabía. *Guillén.* Tú no sabe inglé.
Con tanto ruido, mi amor. *Revuelta Hatuey.* Con tanto, con ese ruido.
Con todo respeto sombrero en mano. *Fernández Moreno.* La angustia.
Con trajes multicolores. *Patiño de Murillo.* Bailarines.
Con tu amargura a cuestas. *Sabines.* Con tu amargura.
Con un aire maligno de mujer y serpiente. *Valencia.* Las dos cabezas: Salomé y Joakanann.
Con un cadáver a cuestas/camino del cementerio. *Pezoa Véliz.* Entierro de campo.
Con un cordón de llanto en la mirada. *Alonso Amieva.* Treinta monedas.
Con un estruendo seco. *Romero.* Ya en el camino.
Con un fardo de distancias sobre el hombro. *Hidalgo.* Ubicación de Lenín.
Con un impulso detrás de mi lengua. *Odio.* El polvo.
Con un lento vagar ensimismado. *Prado.* Con un lento vagar.
Con un manso rumor de lentas aguas. *Ibáñez.* Las voces.
Con un salto de gacela magnífica. *Durán.* Los puentes.
Con un temblor de aguacero. *Campero Echazú.* De camino.
Con una gran fanfarria de roncos olifantes. *Molina.* Salutación a los poetas brasileños.
Con una hoz un fierro algún martillo. *Cunha.* Con una hoz.
Con una lámpara del crepúsculo hoy te has vestido. *Parra del Riego.* La danza de tu traje lila.
Con una navaja de luz le respiré. *Tomat-Guido.* Filtros ceremoniosos.
Con una tristeza de animal por su pareja muerta. *Jodorowsky.* El guardián.
Con vos quería hablar, hijo de la grandísima. *Hahn.* Invocación al lenguaje.
Concha, ruina del mar, bajel varado. *Bonifaz Nuño.* Concha, ruina del mar.
Conciencia del frutero campesino. *Torres Bodet.* Manzana.
Conciencia inconmovible florecida. *Bula Piriz.* La nueva aurora.
Un condenado es algo simple. *García Maffla.* Un condenado.
El Condesito de la Limonada. *Palés Matos.* Lagarto verde.
Las condiciones de la tragedia están dadas, y no faltan/los héroes. *Lihn.* Elegía a Ernesto Che Guevara.
Conejo: hermano tímido, mi maestro y filósofo. *Carrera Andrade.* Vida perfecta.
Confiando/en Ti/recogiéndome en Tu Silencio. *González Vigil.* Conejo.
Confianza en el anteojo, no en el ojo. *Vallejo.* Confianza.
Los confidentes hablan. *Fernández.* Delación.
Confieso eso sí/que a veces. *Lira.* Primera confesión (Frag.).
Congelados bajo las luces. *Blanco.* Canción de noviembre.
Conoce la voz del viento. *Camerati.* Río Maule.
¿Conocéis a la negra Dominga? *Darío.* La negra Dominga.
Conoces tu cuerpo esfera de la noche. *Eielson.* Doble diamante.
Conozco a Julio Polar. *Ramírez Ruiz.* Julio Polar.
Conozco algunos sueños femeninos. *Watanabe.* Consejos para las muchachas.
Conozco el frío y pienso en las calles de mi país. *Hernández.* Frío de mi país.
Conozco el habla de los hombres. *Castro.* Raíz del canto.
Conozco el preciso instante. *Camerati.* Conozco el preciso instante.
Conozco la azul laguna. *Guillén.* Arte poética.
Conozco un hombre que quiso ser pintor. *Rivero.* Reportaje.
Conserva sobre todo el don del entusiasmo. *Cravioto.* Lo que me dijo Sor Juana.
Considera, alma mía, esta textura. *Castellanos.* Dos meditaciones.
Considerad, muchachos/esta lengua. *Parra.* Autorretrato.
Considerando en frío, imparcialmente. *Vallejo.* Considerando.
Considerando la gravedad. *Calderón.* Estado de sitio.
Constancia de tu amor, aguas serenas. *Rincón.* A Cristo.
Constelación que en la penumbra irisa. *Abella Caprile.* Las luciérnagas.
Construye David Velásquez. *Pereira.* Molino de viento.

Construyo tu alabanza. *Aridjis.* Construyo tu alabanza.
Consuelo doy a los muertos de Vietnam. *Barquero.* Los condenados.
Consume este sentirte queriéndote. *Godoy Godoy.* Con luz y sombra.
Contador en un banco, aviador, dentista. *Moro.* Contador
Contemplo el origen de los días. *Wiethüchter.* Conciliación.
Contemplo en el tiempo fugaz. *Cuadra.* Rostros de muchachas mirándose en el río.
Contesta tu figura con un clavel ardiendo. *Rokha.* Contesta.
Contigo/pasa el gran sol por una/lámpara. *Díaz Casanueva.* Contigo.
Contra el verso retórico. *Martí.* Contra el verso.
Contra la luz un pájaro y la calle quedan quietos. *Sampedro.* Fotografía.
Contra suberna/así contra suberna. *Flores.* Contra suberna.
Contradicciones ideológicas al lavar un plato ¿No? *Galván.* Contradicciones.
Convaleciente, con mi herida abierta. *Prado.* Convaleciente.
Convencido de que existe otra forma de vivir. *Gutiérrez Vega.* Las ineptitudes de la inepta cultura.
El convento, de angostos ventanales. *Wyld Ospina.* El convento.
Conversar, conversar. *Lastra.* Conversar.
La copa de licor hierve y rebosa. *Coronado.* El libertino (Frag.).
Una copa con alas: quién la ha visto. *Martí.* Una copa con alas.
Copo de nieve, flor abuela, abuela de las flores. *Césped.* Copo de nieve.
La cópula es un árbol loco y triste. *Pedroso.* La cópula.
Cópulas Cúpulas. *Berenguer.* Mujer.
Cora, la negra Corá. *Llanos Allende.* La negra Cora.
Corales retorcidos. *Vera.* Abisal.
Corazón. *López Vallecillos.* Corazón te pareces a las grandes ciudades.
Corazón bajo la lluvia. *Urquiza.* Romance de la lluvia.
Corazón de hipotenusa. *Silén.* Homenaje a Vallejo (Frag.).
Corazón de la montaña. *Dávila.* Corazón.
Corazón, ¿De qué estrella ilusionada? *Guzmán Cruchaga.* Soledad.
Corazón del maíz/creador de la llovizna. *Castillo.* Paraninfo del amor.
Corazón del tiempo. Víctima que cuenta. *Mondaca.* El reloj.
Corazón, esta noche oye en mando divino. *Lair.* Nocturno 27.
El corazón no sabe a veces. *Hernández.* Ultimo día del mes del corazón.
El corazón que nunca me ha engañado. *Fernández Calvimonte.* Insomnio del corazón.
Corazón que bien se da. *Lugones.* Lied del secreto dichoso.
Corazón, viejo lebrel. *González Martínez.* Viejo lebrel.
Un corderillo te han robado. *Rugeles.* Pastor de los valles morenos.
Cordero tranquilo, cordero que paces. *Barba Jacob.* Elegía de septiembre.
La cordillera de los Andes. *Hernández.* Día 1 del mes de la montaña.
Cordillera de los Andes. *Mistral.* Cordillera de los Andes.
Una corona yo me haría. *Huidobro.* Exprés.
Coronado de sí el día extiende sus plumas. *Paz.* Himno entre ruinas.
The corpse was there, brothers and sisters. *Ruano.* The corpse was there.
Corralitos de pirca. *Camino.* Añoranza.
Corre con tarda mansedumbre el río. *Molina.* El río.
Corres entre la noche como una fuente ciega. *Michelena.* El sueño del hombre.
Corría/corría como un camaleón. *Parayma.* El ojo.
Una corriente de brazos y de espaldas. *Girondo.* Calle de las sierpes.
La corriente estaba muy fuerte. *Pasos.* Raudal.
El corro se aprieta friolento. *Vitier.* Los juegos.
Cortadas a capricho como hojas de claveles. *Martínez Luján.* Las hojas de la parra.
Cortina de los pilares. *Arciniegas.* En el silencio.
Corto reposo en sus manos. *Cardona Torrico.* Santos Mayta.
Cosas abandonadas de un pasado remoto. *Oscar.* Derelicta.
Las cosas que entran por el silencio. . . *Owen.* Interior.
Las cosas viejas, tristes, desteñidas. *Silva.* Vejeces.
Las costumbres han hecho de mí. *Calzadilla.* Los métodos necesarios.
La costurerita que dio aquel mal paso. *Carriego.* La costurerita.
Country of mine you don't exist. *Dalton.* At the Bottom.
La creación está de pie. *Montes de Oca.* La luz en ristre.

Creación y destrucción del mundo. *Burgos.* Eros el cisne comenta presente de O. Paz.
Crece la luz y crece la mañana. *Fabani.* Crece la luz.
Crece una bestia por dentro. *Carranza.* Quién lo creyera.
Crecí/para ti. *Ibarbourou.* El fuerte lazo.
Crecíamos sin detenernos ni un segundo siquiera. *Guevara.* El hallazgo raudo y la eternidad.
El creciente aire, fino, entre hierbas. *Mansilla.* Atardecer en Changüitad.
Creció en el útero fértil de la tierra. *Francis.* Mi casa.
Creció en mi frente un árbol. *Paz.* Árbol adentro.
Creerás que siempre he de contemplar ese diorama fabuloso del amor. *Claros.* Creerás.
Creeríase que la población. *Pellicer.* Recuerdos de Iza (un pueblecito).
Creí anoche al soñar. *Oribe.* Adán (misterio).
Creí pasar mi tiempo. *Alegría.* Creí pasar.
Creo en el dogma fiel de tus pupilas. *Leduc.* Credo.
Creo en la luz, que es pura, y en la tierra. *Pedroni.* Credo.
Creo en la resurrección de tu memoria. *Rivas.* Creo.
Creo en la vida bajo forma terrestre. *Montejo.* Creo en la vida.
Creo en mi corazón, ramo de aromas. *Mistral.* Credo.
Creo que todos somos culpables. *Ahumada.* Pensamiento dos.
Creo que ya vas a llegar y no eres tú. *Varinia.* Poema.
Un crepitar de cardos y cujíes. *Rodríguez.* Barcelona.
El crepúsculo. *Hernández.* Haiku.
Crepúsculo argentino sin campanas. *Fernández Moreno.* Crepúsculo argentino.
Crepúsculo de enero. *Donoso.* Pirata.
Crepúsculo del puerto. Sobre los malecones. *Noboa Caamaño.* Lobos de mar (En Bretaña).
Crespas olas adheridas a las crines. *Jaimes Freyre.* El camino de los cisnes.
Creyó primero en su muñeca. *Martínez Matos.* Muerte de una abuela.
Creyó, que entraba. *Kozer.* Nupcias.
Un crimen de cantáridas palpita. *Herrera y Reissig.* Octubre.
Cristales persistentes desgastan ámbitos. *Mier.* Construcciones I.
Cristalina presencia. *Vásquez Méndez.* Adolescencia.
Cristo de la corona y el madero. *Fombona Pachano.* Cristo.
Cristo, cerviz de noche: tu cabeza. *Arteche.* Gólgota.
Los cromáticos yates. *Hernández.* Canción para Wolfang Goethe.
Crucificada en la angustia. *Gómez Cornejo.* Ocaso de la hilandera.
Crudelísima cruz me están labrando. *Mejía Sánchez.* Crudelísima cruz.
El cruel ángelus inconsciente. *Cortés.* Ángelus.
Cruz de mi Sur, corona del rocío. *Gómez.* Llama del aire.
Cruzamos puentes interminables/caminamos. *Molina.* Cruzamos puentes.
Cruzas sobre estas páginas como sobre las olas. *González Martínez.* Cruzas sobre.
Cual al aire la araña, hila que hila. *Adán.* In promptu.
Cual dos frutos gemelos en una misma rama. *Arrieta.* Cristalomancia.
Cuál es la luz/cuál la sombra. *Varela.* Reja.
Cuál fue la tarde más amada. *Gálvez.* Tardes floridas.
Cual nidada de palomas, se acurruca. *Nervo.* El muecín.
Cual una cinta de plata. *Peñaranda.* El alma del agua (Frags.).
Cualquier hora es lo mismo. *Otero Reiche.* Puesto de socorro.
Cualquier pregunta/resbala sin remedio. *Ramos.* Puerto ocupado.
Cualquiera diría que yo iba a alguna parte. *Marzán.* Viernes social.
Cuán grata es la ilusión a cuyos lampos. *Díaz Mirón.* Sursum.
Cuando a buscarme vengas te llevarás mis huesos. *Frugoni.* Pálida mors.
Cuando a la inmensa flor del nuevo día. *Banchs.* Doblan a muerto (soneto).
Cuando a regiones, cuando a sacrificios. *Neruda.* Estatuto del vino.
Cuando abdicó del cetro la mano irresoluta. *Guerra.* Indias Occidentales.
Cuando abordás el autobús. *Cuéllar.* En toda la ciudad no hay nadie que se despida.
Cuando abrasado por la sed del alma. *Zamudio.* El hombre.
Cuando abril comenzaba a germinar. *Mendoza Sagarzazu.* Mozart.
Cuando acercas tus ojos a mi vida. *Casal.* La hiedra.
Cuando acomete la comba sombría. *Montero.* Cuando acomete.
Cuando ahora tranquilo te diviso. *Prado.* Cuando ahora.

Cuando al duraznero. *Becco.* El valle de la luna azul.
Cuando al final aquel "¡te amo!" *Camarillo de Pereyra.* ¡Salve!
Cuando al grito del hombre. *Cuadra.* Ánades.
Cuando al mirarme en el espejo. *Coronel Urtecho.* Autoretrato.
Cuando alguien habla del espíritu. *Delgado.* Sabiduría humana.
Cuando alguien muere. *López.* Cuando alguien muere.
Cuando amanezco, a veces. *Moro.* Precauciones.
Cuando anochece en Nicaragua la Casa Presidencial. *Cardenal.* La hora cero (Frag.).
Cuando ante el día apenas abierto yo me yergo, pálido. *Cunha.* Silueta al alba.
Cuando aparece el día. *Vallarino.* Ciclo solar.
Cuando aquellos que ustedes aman/estén por morir. *Carneiro.* Cuando aquellos.
Cuando arreciaron los dolores. *Neruda.* A Emiliano Zapata con música de Tatanacho.
Cuando aventando las páginas del ave. *Camargo Ferreira.* Raíces.
Cuando bebíamos las cervezas eran azules. *Cristóbal.* El osario de los inocentes.
Cuando beso/la oscura rosa. *Murena.* Cuando beso.
Cuando cada mañana. *Moro.* Un día más.
Cuando caían los verdes de los pinos. *Grimal.* El madero.
Cuando cambian de rostro/se desnudan. *Bañuelos.* Lección del oscuro.
Cuando cesa una cosa/tal vez no quede nada. *Juárroz.* Cuando cesa.
¿Cuándo comienza la primavera? *Agosín.* Cartas.
Cuando comprendas. *Chariarse.* Identidad.
Cuando corremos y caemos riéndonos. *Cunha.* Cuando corremos.
Cuando crezcan las hierbas a orillas del mar. *Molinari.* Cuando crezcan.
Cuándo, cuándo llegara el día. *Maya.* Invitación a navegar.
Cuando de mí no quede sino un árbol. *Otero Silva.* Siembra.
Cuando de noche, a solas, en tinieblas. *Nandino.* Nocturno cuerpo.
Cuando de nuestro amor la llama apasionada. *Silva.* El alma en los labios.
Cuando de repente en mitad de la vida llega una palabra. *Vieira.* Una palabra.
Cuando de repente en mitad de la vida llega una palabra. *Mutis.* Una palabra.
Cuando dejo de estar herido de palabras. *Rojas Jiménez.* Voz a tu silencio.
Cuando Dios creó los cielos y la tierra. *Cabrera Carrasco.* Cuando Dios creó.
Cuando diseque el tiempo mis palabras. *Ortiz de Montellano.* Cuando diseque.
Cuando disponía de una playa sin límites. *Bardesio Vila.* El rapto de la adolescente.
Cuando duermes, recobras el rostro sin pasado. *Liscano.* Cuerpo del sueño.
Cuando duermes recobras el rostro sin pasado. *Liscano.* Eterna juventud.
Cuando duermo—lejos—cuando la carne. *Bonifaz Nuño.* Lloro encadenado.
Cuando el ansia, como amarilla sombra. *Huerta.* Acerca de la melancolía.
Cuando el atardecer llegó a la isla de fuego. *Urzagasti.* Los árboles innominados.
Cuando el azul fragmento se detiene. *Canelas López.* Tal vez llamo la muerte.
Cuando el besar del vino hace saber al labio. . . *Anguita.* El poliedro y el mar.
Cuando el corazón está satisfecho. *Iza.* El habitante de las praderas rumiantes.
Cuando él descubrió la huella inefable de la luciérnaga. *Gómez Correa.* El espectro de René Magritte.
Cuando el eco de alada armonía. *Jaimes Freyre.* El canto del graal.
Cuando el equipo de León/fue campeón nacional. *MacField.* Cuando el equipo.
Cuando el espejo se quiebra. *Ávila.* Cuando el espejo.
Cuando el extraño peregrino dijo la parábola. *Robleto.* La parábola.
Cuando el hombre regresa de la calle. *Jérez Valero.* Hoy.
Cuando el mundo resuelva su oscuro mecanismo. *Vilela.* Clamor.
Cuando el niño subía a la montaña. *Florit.* El niño de la montaña.
Cuando el olvido crece como una paloma, te recuerdo. *Molinari.* Oda a una noche de invierno.
Cuando el rebaño va en la senda. *Cortés.* En el sendero.
Cuando el rito fue la razón de vivir. *Flores.* El guerrero Kekchi.
Cuando el sol encierra sus caballos de oro. *Machado de Arnao.* Crepúsculo.
Cuando el sol insular su faz asoma. *Borquez Solar.* Los carpinteros.
Cuando el transatlántico pasaba. *Pellicer.* Cuando el transatlántico.
Cuando el verano con hachas de fuego. *Rosales.* Paisaje del deshielo.
Cuando ella y yo nos ocultamos. *Teillier.* En la secreta casa de la noche.
Cuando en el río helado del espejo. *Ballagas.* La voz penitencial.

Cuando, en el tumulto de la Tierra. *Cortés.* Pasos.
Cuando en la aurora congelada. *Estrada.* Soldados mexicanos.
Cuando en la pantalla. *Agudelo.* Belle de jour.
Cuando en una oscura nave. *Urzagasti.* La gran avería.
Cuando encontré tus manos. *Gandolfo.* Desde un día.
Cuando enferma la niña todavía. *Silva.* Crisálidas
Cuando era niño. *Hernández.* Fade Out (Span.).
Cuando era pequeño escribía poemas con carbón de cocina. *Hernández.* Poesía en armas.
Cuando escribo/vivo. *Santos.* Cuando escribo.
Cuando esta frágil copa de mi vida. *Fiallo.* For Ever.
Cuando estás en mi cuerpo desangrado. *Silva.* Cuando estás.
Cuando estoy en el cielo. *Montealegre.* Destino de ángel.
Cuando fuí a la montaña. *Rodríguez.* En la montaña.
Cuando/hacia el alba o a la medianoche. *Vasseur.* Cantos del otro yo.
Cuando hayan salido del reloj todas las hormigas. *Pellicer.* Tema para un nocturno.
Cuando he perdido toda fe en el milagro. *Villaurrutia.* Muerte en el frío.
Cuando hería las aguas. *Krauze.* La antorcha de Elías.
Cuando inclina su cabeza. *Ortega.* Mi padre.
Cuando Joaquín Mira se presentó por primera vez. *Basualto.* La verdadera historia de Joaquín Mira.
Cuando la brisa barría apenas. *Dublé Urrutia.* El caracol.
Cuando la conocí. *Cea.* Crónica de una muchacha salvadoreña.
Cuando la conocí me amé a mi mismo. *Arévalo Martínez.* Mi vida es un recuerdo.
Cuando la esfera silenciosa deja de girar. *Semblante acaecido.* Pellegrini.
Cuando la espiga quedó truncada. *Acosta.* La espiga tronchada.
Cuando "la gran quemada" se produce. *Rokha.* Campeonato de rayuela.
Cuando la historia no se puede escribir con la pluma. *Hernández.* Farabundo Martí.
Cuando la luz se apaga ¿a dónde va la luz? *Cotto.* Signos.
Cuando la miro a veces, huele a infancia. *Camerati.* Ventana.
Cuando la muerte es inminente, la palabra. *Gaitán Durán.* Cada palabra.
Cuando la nieve de la muerte. *Mondaca.* Las letanías de la buena muerte.
Cuando la noche toma forma de ballena. *Fraire.* Sólo esta luz (Frag.).
Cuando la pena llena mi corazón. *Capriles.* En el insomnio.
Cuando La Prensa publicó mis primeros poemas. *García.* Yo tampoco comprendo.
Cuando la presencia del caos. *Chariarse.* La esfinge.
Cuando la sombra duerme su cuerpo se ilumina. *Aridjis.* Cuando la sombra.
Cuando la tierra era joven. *Rosas Marcano.* Como un caballo negro.
Cuando la vida, como fardo inmenso. *Casal.* El arte.
Cuando la voz es joven. *Jodorowsky.* Mensaje.
Cuando las amadas palabras cotidianas pierden su sentido. *Teillier.* Otoño secreto.
Cuando las barcas crujientes buscan los sórdidos puertos. *Arráiz.* Cuando las barcas.
Cuando le hablaba/suspensa se quedaba. *Olivari.* Cuaterna vía.
Cuando lejos, muy lejos, en hondos mares. *Florez.* Gotas de ajenjo.
Cuándo llegará el eco de esta lejana tristeza. *Uribe.* Una lejana tristeza.
Cuando llegó la Revolución. *Barnet.* Revolución.
Cuando llegue a su término mi historia. *Prado.* La última compañía.
Cuando llegue el momento. *Vega de Alba.* El momento.
Cuando llegue ese tiempo. *Melo.* Ese tiempo.
Cuando lleguéis a viejos, respetaréis la piedra. *Pasos.* Canto de guerra de las cosas.
Cuando los árboles se inflaman. *Quijano.* Poema.
Cuando los arroyos bruñen. *Castro.* Romance del vendedor de canciones.
Cuando los gringos llegaron a poner al día. *Canales.* Los verdugos.
Cuando los hombres alzan los hombros y pasan. *Villaurrutia.* Nocturno eterno.
Cuando los hombres se enfrentan. *Benítez.* Enfrentamientos.
Cuando los marineros de una-sola-pierna. *Mansilla.* Partida.
Cuando los nazis hicieron algo así. *Fernández Retamar.* Es bueno recordar.
Cuando los veteranos de horribles costurones. *Arráiz.* Cuando los veteranos.
Cuando me arrancaron los ojos recordé la infancia. *Cos Causse.* Abel.
Cuando me calce los botines negros. *Carreto.* Otoño de 1976.
Cuando me da la mano el que se fue. *Arteche.* El adiós.

Cuando me hagas tuya. *Rincón Calcagno.* Tala.
Cuando me he despertado en lechos únicos. *Suárez.* Cuando me he despertado.
Cuando me olvido de la muerte. *Walsh.* Diciembre.
Cuando me paro a contemplar. *Carranza.* Métale cabeza.
Cuando me sobrevenga. *López Velarde.* Humildemente.
Cuando me veo y toco. *Guillén.* Tengo.
Cuando me ves así, con estos ojos. *Pedroni.* Cuando me ves así.
Cuando mi pensamiento va hacia ti, se perfuma. *Darío.* Versos de otoño.
Cuando mi vejez detenga el tiempo. *Feria.* Cuando mi vejez.
Cuando miréis como al acaso. *Losada.* Cuando miréis.
Cuando miro mis manos las encuentro diminutas para tí. *Ferrer de Arrellaga.* No soy como quisiera.
Cuando miro mis versos. *Iza.* El viento no sabe leer.
Cuando mis papeles sean cosas para quemarlas. *Feria.* Cuando mis papeles.
Cuando mueren/por un instante. *Liscano.* Cresta.
Cuando nací, la guerra. *Chocano.* Íntima.
Cuando nací, sin sol, mi madre dijo . . .*Martí.* Yugo y estrella.
Cuando no escribo. *Shelley.* Aforo # 5.
Cuando para mí la poesía era un ejercicio de todas horas. *Fernández Spencer.* Bajo los árboles.
Cuando pasen las revoluciones sociales sobre el mundo. *Feijóo.* La canción del hombre en la muerte.
Cuando pasen los años y tú ya no recuerdes. *Curbelo.* Poema de los años.
Cuando pases la mano delicada. *Letona.* Cuando pases.
Cuando pesco/pescar quiero. *Santos.* Guabina.
Cuando pienso en la música. *Uribe Arce.* Cuando pienso.
Cuando pienso en tu amor, hallo sombría. *Puga de Losada.* Íntima.
Cuando, por fin, se gane la montaña. *Florián.* Haylli augural.
Cuando regresa a Itaca/la del cuerpo estoicamente insatisfecho. *Carreto.* ¿Volver a Itaca? (Frags.).
Cuando regresemos a nuestra antigua tierra. *Zamora.* Cuando regresemos.
Cuando regreso del poema. *Clavijo.* Cuando regreso.
Cuando repican al viento. *Campero Echazú.* Misa campestre.
Cuando retornes de tu ausencia, dime. *Guzmán.* Cuando retornes.
Cuando ríes al par que cuando lloras. *Cardona Torrico.* Cielo.
Cuando sacrificaban en el Templo Mayor. *Tablada.* Los zopilotes.
Cuando salió del Colegio y cumplió veintiún años. *Novo.* Roberto, el subteniente.
Cuando salió el cortejo, todo el frío. *Carrillo.* El sillón vacío.
Cuando se casan/la luna y el viento. *Aróstegui Arce.* Cuento.
Cuando se comenzó. *Sansón.* Cuando se comenzó.
Cuando se corte mi aliento. *Queremel.* Voluntad para el sueño.
Cuando se fue Magdalena. *Arteche.* Cuando se fue.
Cuando se pone el sol, cuando gimiendo. *O'Connor D'Arlach.* Funeraria.
Cuando se pone la gorra azul. *Fernández Retamar.* J.G.E.
Cuando se quita usted del labio el epíteto. *Deniz.* Ignorancia.
Cuando seas un alma. *Sabat Ercasty.* Cuando seas.
Cuando sepas hallar una sonrisa. *González Martínez.* Cuando sepas.
Cuando sepas que he muerto no pronuncies mi nombre. *Dalton.* Alta hora de la noche.
Cuando silvestre/paseo el tiempo. *Valcárcel.* Siete.
Cuando sonó la trompeta, estuvo/todo. *Neruda.* La United Fruit Co.
Cuando te mientes a ti mismo. *Lavín Cerda.* La autocrítica.
Cuando te mudas en araña, en mil formas diferentes. *Nájar.* Cuando te mudas.
Cuando te vas el mundo es el vacío. *Cartaña.* Segunda pequeña cantata de caguabo.
Cuando tengamos las manos. *Mora Martínez.* Mañana, futuro del sol.
Cuando tengas ganas de morirte. *Sabines.* Cuando tengas ganas.
¿Cuándo terminaréis con las palabras? *Pacheco.* Job 18. 2.
Cuando todavía no ha llegado la última hora de la tarde. *Incháustegui Cabral.* La muchacha del camino.
Cuando todavía no ha salido el sol. *Moisés.* Las gaviotas.
Cuando todo hiere en lo hondo. *Najlis.* Cuando todo hiere.
Cuando todo regrese a la palabra. *Massaroni Lusby.* Cuando todo regrese.
Cuando todos los ruidos y las voces. *Ortiz de Montellano.* Muerte de cielo azul.
Cuando todos reposan. *Mogollón.* El revisor.

Cuando todos se vayan. *Laavín Cerda.* Destierro.
Cuando toses de noche/en las maderas de tu cuarto. *Sandoval.* Cuando toses.
Cuando traigo mis cinco años. *Nebel.* El ayer.
Cuando trajo a su casa el pergamino. *Fernández.* Infancia de Abel.
Cuando tu boca me besa. *Prendez Saldías.* La máscara japonesa.
Cuando tú te quedes muda. *Blanco.* Silencio.
Cuando tumba una encina. *Córdova Iturburu.* Muertes.
Cuando tuve escarlatina, trasladaron mi cama. *Byrne.* Anaranjado.
Cuando tuve quince años cumplidos. *Neruda.* El sobrino de Occidente.
Cuando un hombre duerme al rayo del suelo. *Aura.* En la estación de Querétaro.
Cuando un hombre y una mujer que se han amado. *Molina.* Alta marea (Frag.).
Cuando un viento nupcial levantó sus solares pechos. *Díaz Casanueva.* Cauce de la vida.
Cuando vayamos al mar. *Loynaz.* Cuando vayamos.
Cuando veas que la lluvia cae. *Arteche.* Desengaños.
Cuando veás venir un/rayo, Niña. *Espinoza.* Poema 100.
Cuando vengas, amor, a consolarme. *Cárdenas Peña.* Cuando vengas.
Cuando vió mi poema Jonatás el Rabino. *Valencia.* Las dos cabezas: la palabra de Dios.
Cuando volví a aquel pueblo en que viví de niño. *Rokha.* El viaje.
Cuando vuelvas la vista hacia el pasado. *Peña.* Cuando vuelvas.
Cuando ya la resaca deje mi alma en la playa. *Bedregal.* Resaca.
Cuando ya no estás dispuesta a la batalla. *Cea.* Recordando las primeras de cambio o el noviazgo.
Cuando ya no me quieras. *Vizardi.* Cuando ya.
Cuando ya no me quieras. *Martínez Rivas.* La puesta en el sepulcro.
Cuando ya no se puede pensar más. *Gómez.* El viejo tema de la muerte.
Cuando yo era un poeta que me paseaba. *Padilla.* Canción de un lado a otro.
Cuando yo esté ya desaparecido y puro ¡oh Argentina! *Molinari.* Oda al mes de noviembre junto al Río de la Plata.
Cuando yo me haya ido/te seguirán amando. *Yarza.* Cuando me vaya.
Cuando yo muera, Señor, aquí en los fríos. *Sánchez-Boudy.* Llevadme allá.
Cuando yo muera/amor mío. *Hernández.* Para el álbum familiar.
Cuando yo toco el cuerpo de la noche. *Hurtado.* Cuando yo.
Cuando yo vuelva. *Valladares.* Premonición.
Cuánta carne/para mí solito. *Monsreal.* Campo incendiado.
Cuánta nieve, pastorcita! *Guzmán Cruchaga.* La balada del príncipe solo.
Cuántas fuentes existen, cuántas fuentes. *Maya.* De nuevo, las fuentes.
Cuántas niñas van a llevar tu nombre en lo adelante. *Fernández Retamar.* Haydée.
Cuántas veces de niño te vi/cruzar por mi alcoba. *Gaitán Durán.* ¡Vengan cumplidas moscas!
Cuántas veces la he visto cruzarse en mi camino. *Tallet.* Ella.
Cuántas veces nos ha parecido. *Sosa.* La yerba cortada por los campesinos.
Cuántas veces, soñando, en el regazo. *Estrella.* Descubrimiento del solar nativo.
Cuánto cuesta dar un grito. *Cabral.* Buche afuera.
Cuanto he tomado por victoria es sólo humo. *Cadenas.* Fracaso.
Cuanto puede el aire es/mostrarnos. *Eielson.* Retrato.
Cuánto recorrido desde el Campo de Marte. *Salado.* Encuentro con un caballero en nube.
Cuánto trabajo ella pasa. *Zamudio.* Nacer hombre.
¡Cuánto verso de amor cantado en vano! *Capdevila.* En vano.
Cuántos caballos en mi infancia. *Reyes.* Los caballos.
¡Cuántos días y cuánta sombra! *Molina.* En ruta.
Cuántos pasillos retorcidos, escaleras y toses. *Jamís.* Para colocar en la cueva de los mochuelos.
Un cuartito de hotel lindo y desconocido. *Monvel.* En un cuartito de hotel.
Un cuarto lleno de trastos viejos: una silla. *Miranda Casanova.* Escena.
Cuatro caminos frente a mi ventana. *Guzmán Cruchaga.* Cuatro caminos.
Cuatro elementos en guerra. *Marechal.* A un domador de caballos.
Cuba—ñáñigo y bachata. *Palés Matos.* Canción festiva para ser llorada.
El cubano del poema/no quiere la cama ni el consuelo. *Feria.* El cubano.
Cubierta de panes y miel. *Barroeta.* Bosques de Dios.
Cubierto con la cremosa ornamentación de los pasteles. *Millán.* Y como una mala canción de moda te nombro.
Cubre al vuelo una herida, una garganta. *Montemayor.* Alef.

Cucaracho: no te voy a hacer hoy un poema. *Salazar.* Poema a un cucaracho.
Una cuchara de madera. *Sacerio-Gari.* Standard transmission.
Cueca: Señora dicen que dónde. *Neruda.* Manuel Rodríguez.
Cuenta Pausanias/que Anacreonte. *Gutiérrez.* Aedas y tiranos.
Cuenta Sevilla que Don Juan, un día. *Miró.* El miedo de Don Juan.
Cuentan las bocas muertas que el hombre. *Fernández.* Nacimiento de Eggo.
Cuentan los hombres. *Uribe Arce.* Cuentan.
Cuentos como diamantes. *Larreta.* Granada.
Cuerda sobre un abismo. *Cross.* Equilibrismo.
Cuerpo de mujer, blancas colinas, muslos blancos. *Neruda.* Veinte poemas de amor. Poema 1.
El cuerpo me lleva, cabizbajo. *Ferreyra Basso.* El cuerpo me lleva.
El cuerpo que entregó el mar a la playa. *Adoum.* El ahogado.
El cuerpo se me quedó. *Llerena Blanco.* No es posible.
Los cuerpos se recuerdan en el tuyo. *Chumacero.* Elegía del marino.
Los cuervos agonizan al filo de la llama. *Shimose.* Hallstatt.
Los cuervos negros sufren hambre de carne rosa. *Agustini.* Cuentas falsas.
Cuesta arriba/el hablar acuesta. *Isla.* Ser Jorge Cuesta.
Cuídate, Claudia, cuando estés conmigo. *Cardenal.* Epigramas (Frags.).
Cuesta dar a luz una palabra. *Flores Saavedra.* Mensaje.
Cuídate del coleóptero, por su amenaza. *Menén Desleal.* Cuídate del coleóptero.
Cultivo una rosa blanca/en julio como en enero. *Martí.* Cultivo una rosa blanca.
La cumbia de la madrugada. *Bañuelos.* Re)cámara de diputados.
Cumplo a mediodía/con el buen precepto. *López Velarde.* Boca flexible, ávida.
Cuna. Barbero. Escuela. Libros. Tesis. Diploma. *Valencia.* La serie sustantiva.
Cunde el amanecer. *Huerta.* Amanecer.
Cunde la sombra azul de la montaña blanca. *Capriles.* La tarde en la montaña.
Cúpula cristalina de tu monte. *Godoy.* Sinfonía litúrgica (Frag.).
Las cúpulas cantaron toda la mañana. *Oquendo de Amat.* Amberes.
A cushion acused. *Parra.* Rape.
Custodiada por una vieja guardia. *Cid.* Nostálgicas mansiones.
A cyclone's satin light. *Vitier.* The Light on Cayo Hueso.

Da lo mismo mencionar esto Natalia. *Sampedro.*
Da vergüenza estar sola. El día entero. *Castellanos.* Jornada de la soltera.
Dad fe del vasallaje baldío. Media muerte. *García Terrés.* Las tinieblas de Job.
Dadme lo que no tuve. *Fernández.* Dadme.
Dadme más vino/yo quiero mi amor humano. *Carranza.* Dadme más vino.
Dadme tan sólo el punto en que descubra. *Cardona Torrico.* Yo respondo.
Dadme un punto de paz. Dadme tan solo. *Romualdo.* Paz sin cuartel.
El dador de la vida/el que está cerca y está lejos. *Novo.* Ofrenda.
Dador de vida y agua. *Galván.* Dador de vida.
Dagmaris alejándose en la playa. *Cos Causse.* Mirando fotos.
Dale la llave al viejo otoño. *Teillier.* La llave.
Dales la vuelta, cógelas del rabo. *Paz.* Las palabras.
La Dama gris, la de las manos finas. *Contreras.* La Dama gris.
La dama i, vagorosa. *Eguren.* La dama i.
La Dama, la Garzona, la Cualquiera. *Vicuña.* Mujeres.
Damas y caballeros/he tenido que abandonarlo todo. *Rigby.* Palabras del campesino en la inauguración del Palo de Mayo.
Dame el pan de tu viña, la morada. *Ortiz Saralegui.* A Julio Herrera y Reissig.
Dame la pipa, el pez o la mañana. *Ferreyra Basso.* La poesía.
Dame tiempo la voz con que sostenga. *Ferrari.* De tiempo, acento, muerte y caridad.
Dame tu paz y el poder de tu torre. *Arteche.* Primera invocación.
Dame tus manos puras; una gema. *Rebolledo.* Los besos.
Dame una rosa fresca y temblorosa. *Bilbao.* Dame una rosa.
Dame, ¡oh muerte! humilde reina del eclipse lúcido. *Cardoza y Aragón.* Dame, oh muerte.
Damita mía que vienes. *Peña Barrenechea.* Discurso de la niña ausente.
Damos otras recetas. *Rivera.* Remedios caseros.
Dan ganas de preguntar. *Otero Reiche.* Nido de ametralladoras.

Dando al viento que pasa sus armonías. *Peñaranda.* El último rondel.
Dando vueltas en el laberinto del subte. *Kofman.* El ciego.
Danza, mulata, danza. *Artel.* Danza.
Dandún, óyeme, dandún. *Rosenmann Taub.* Requiem.
Danza nocturna de cascos en la piedra. *Macías.* Los pasos del que viene.
Danzas alrededor de una osamenta. *Pérez.* Danza de la muerte ebria.
Dardea sus agujas de oro la mañana. *Blanco Fombona.* Bolívar en los Andes.
Daría cualquier cosa por cambiar mi tristeza. *Suárez.* Porque cuando estoy triste no me importa el tiempo.
Dark brown, distant. *Eguren.* The Towers.
A dark meadow invites me. *Lezama Lima.* A Dark Meadow Invites Me.
Das vinagre en la risa. *Bernal.* Dios.
Dáteme poema/No te me niegues como el niño juguetón. *Belli.* Dáteme poema.
Day and night, rain, the wind razes. *Obregón.* That Sleepless Flame.
Day at the beach. *Flax.* Littoral.
The day I can get on your back again. *Casaus.* Advertisement.
The day the two old women. *Morejón.* Richard Brought His Flute.
The day's going to come. *Vallejo.* The Wretched of the Earth.
De Africa llegó mi abuela. *Santa Cruz Gamarra.* Ritmos negros del Perú.
De algo/me sirve. *Shelley.* De algo sirve.
De alguna manera eres oscura. *Guillén.* Segunda canción.
De allí volaron las garzas. *Tejeda.* Nana del desierto.
De aquel castillo alado, aquel imperio. *Alcocer.* Epitafio para una rosa.
De aquel hombre me acuerdo. *Neruda.* El pueblo.
De aquel hondo tumulto de rocas primitivas. *Pellicer.* El canto del Usumacinta.
De aquél que más soldada ganó que un ballestero. *Pichardo Moya.* El jíbaro.
De aquélla mía. *Tavira.* Tarde de olvido.
¿De aquéllas no titubean los dientes? *Sánchez Lihón.* Acta (Conquista).
De aquellos ríos. *Díaz Herrera.* Suele estar siempre con nosotros.
De ayer estoy hablando, de las flores. *Molinari.* Soledades.
De cigüeñas la tímida bandada. *Valencia.* Cigüeñas blancas.
De color rojo pardo como el crúer. *Millán.* Propiedades.
De consumida sal y garganta en peligro. *Neruda.* Al sur del océano.
De consumida sal y garganta en peligro. *Neruda.* El sur del océano.
De corazón de res es más suave la carnada. *Silva.* La pesca.
De cuantas décadas velocísimas ninguna como la ópera. *Rojas.* Reversible.
De cuidar su hundido en la hamaca. *Crespo.* Herencias.
De Curepto/mire amigo. *Sepúlveda.* Curepto.
De demencia/de sólo sombras. *Yáñez.* Poema.
¿De dónde habré sacado tu nombre? *Cazasola.* ¿De dónde . . . ?
¿De dónde llega/patita ciega? *Guzmán Cruchaga.* ¿De dónde llega . . . ?
De dónde viene ese fulgor que baña. *López Merino.* Soneto.
¿De dónde vienes/arroyo? *Vidart.* ¿De dónde vienes?
De dónde, planta o rayo. *Neruda.* La pasajera de Capri.
De dos en dos. *Guillén.* Maracas.
De dos en dos subieron los niños la escalera. *Monvel.* En la primera comunión de mi hijo.
De duros troncos/y peñascales. *Eguren.* Los alcotanes.
De ello tan sólo me quedó una gema. *Poveda.* Reliquia.
De entre los enrejados antiguos. *Barnet.* Habanera I.
De esa historia yo fui el último fragmento. *Brito.* Guión para un destino y su esperanza.
De estas calles que ahondan el poniente. *Borges.* Límites.
De estatura mediana. *Parra.* Epitafio.
De este huele de noche. *López Acuña.* Andante.
De fuego y de cenizas nacieron los dioses. *Guerra.* Cundiricus Tsitsiqui flor hechizada.
De gorja son y rapidez los tiempos. *Martí.* Amor de ciudad grande.
De haberme atado el alma en la indigencia. *Calvimontes y C.* Retiro voluntario (Frags.).
De hinojos en el vientre de mi madre. *Montes de Oca.* Atrás de la memoria.
De horizonte hacia afuera, amor. *Clavijo.* Del horizonte hacia afuera.
De inclinación constante, diseminado. *Cabrera.* La familia.

De joven (de muy joven) tuvo un novio. *Casaus.* Una historia.
De la borrachera y la ilusión. *Fernández.* Un llanto verde sobre la patria.
De la casa más ilustre de Nicaragua. *Morales.* Biblioteca.
De la ciudad ascienden nubes, humo. *Chumacero.* Vacaciones del soltero.
De la dichosa edad en los albores. *Rodó.* Lecturas.
De la entraña más honda de la tierra. *Viscarra Fabre.* El poeta.
De la escarpada catedral al borde. *López Vidaurre.* Los sapos.
De la gran ciudad maya sobreviven/arcos. *Pacheco.* Ciudad maya comida por la selva.
De la historia de los vencedores. *Blanco.* Nicaragua. Metros.
De la jofaina Jannes sustrae. *Oliva.* Baña tu pálido rostro.
De la luz ha caído nuestra humilde semilla. *Lagos Lisboa.* El árbol.
De la mano de mi ángel invisible. *Riestra.* Mi ángel.
De la soledad. Una mujer camina sin rumbo. *Carranza.* Situaciones.
De la sombra no me quites nada. *Lhaya.* De la sombra.
De la uva exhausta de mis cinco sentidos. *Lair.* Pardo Adonis.
De la ventana cae la noche hecha pedazos. *Díaz Muñoz.* Hombre solo.
De las cumbres lejanas venía. *Jaimes Freyre.* Alma antigua.
De las más hondas raíces se me alargan tus manos. *Pla.* Tus manos.
De las plumas doradas. *Mora.* La agonía del pájaro.
¿De lila? Se aligeran tus contornos. *Sáenz Morales.* Sin rojo.
De lo contrario no se explicarían. *Parra.* Esto tiene que ser un cementerio.
De lo ligero de la madrugada. *Ribera Chevremont.* Espuma.
De lo mas fresco. *Corcuera.* Fábula y caricatura del sapo.
De lo que en el invierno vive tus ojos están hechos. *Ponce de León.* Elegías nacidas del invierno.
De lo que queda. *Ortiz Sanz.* Rosa de los vientos.
De los ángeles del cielo. *Anón. de Vallegrande.* Ausencias y recuerdos.
De los calderos en la luna baja y sus utensilios. *Lezama Lima.* Venturas criollas.
De mal gusto ejercer el odio. *Álvarez.* Clases de política.
De mantel en mantel la mesa dura. *Moreno Monroy.* Requiem para una mesa.
De Maracay a la Villa. *Fombona Pachano.* El misterio.
De mente en mente vas tú sola/hacia el silencio. *Aridjis.* De mente en mente.
De mi vida misteriosa. *Casal.* Rondeles.
De miradas polvorientas caídas al suelo. *Neruda.* Alianza.
De mis hijos puedo decirte que se parecen a mí. *López Vallecillos.* Paternidad.
De niño cuánto soñaba. *Corcuera.* Edad de oro.
De no sé dónde madre. *Aymará.* Eternidades.
De nuevo entre nosotros reparte el pan, el agua. *Lastra.* Informe para los extranjeros.
De nuevo la cárcel, fruta negra. *Dalton.* De nuevo la cárcel.
De nuevo llegamos a la casa. *Castro.* Retornos.
De nuevo. Si. De nuevo. *Coronel Urtecho.* Idilio en cuatro endechas.
De nuevo/de las más hondas brumas. *Herrera.* El deseo de los pájaros.
De Occidente la luz matizada. *Eguren.* Nocturno.
De once dóciles maneras. *Lauer.* En la noche de occidente.
De otro fue la palabra, antes que mía. *Cuesta.* De otro fue.
De pájaros que vuelan. *León Guevara.* Patrafanía.
De pena en pena cruza sus islas el amor. *Neruda.* Soneto LXXI.
De pequeña yo tenía conejos. *Vicuña.* Manera en que descubrí las dos clases de muerte.
De perfil de hoja parda. *Jonquières.* Otoño.
De pic como un cerezo sin cáscaras ni flores. *Neruda.* Severidad.
De pie, con su estatura de recuerdo. *Cuadra.* El ángel.
De pie en una barca detenida en medio del río. *Mutis.* Un bel morir.
De pie, junto a la vidriera de una tienda detenido. *D'León.* 37.
De pie sobre el pequeño muelle de Bluefields. *Uriarte.* Muelle.
De pie/sobre un dolor igual al tuyo. *Rospigliosi.* La montaña viva.
De placeres carnales el abuso. *Silva.* Filosofías.
De ponientes que engullo cotidiano. *Rubio.* Desciende, sol, desciende.
De pronto al campo se le había caído la sonrisa. *Carrión.* Sequía.
De pronto comprendí que me habían asesinado. *Turkeltaub.* De pronto comprendí.
De pronto crece una palmera en mi experiencia. *González Vigil.* Verano, 1965.

De pronto/en el inmenso ramaje del cenit. *Martínez Salguero.* Agua 2.
De pronto, en tu unidad te necesito. *Ferrer.* A pleno sol.
De pronto fue la oscuridad sobre el último día. *Velásquez.* Contra un muro de cantos.
De pronto he abierto la ventana. *Rubio.* La ventana.
De pronto/me doy cuenta que llevo en los bolsillos. *Contreras Vega.* Pequeño nocturno.
De pronto perdí todo contacto contigo. *Verástegui.* Datzibao.
De pronto sé que no puedo entrar en mi casa. *Zapata Prill.* De la campana al bronce.
De pronto sentí la clase. *Vitier.* Clodomira.
De pronto/suceden cosas tan extrañas. *Álvarez Bravo.* Lezama de una vez.
De pronto vendrá el viento. *Vitale.* Paso a paso.
De pulgada a pulgada, horizonte total. *Fuente.* Habitación marina.
De puntillas caminas por mis veinte sentidos. *Pastori.* Balada de la cierva.
De puro mirar el llano. *Arvelo Torrealba.* Cantas.
De qué agreste balada de la verde Inglaterra. *Borges.* La cierva blanca.
De qué angustias glaciales sin esperas. *Guzmán Tellez.* Ante el recuerdo.
De qué hermosura te llenas. *Fernández Moreno.* Romance de palomas.
De qué llora el niño. *Anón. de Vallegrande.* Religiosas.
De qué mundo ignorado habré venido. *Prado.* De qué mundo.
De qué mundo ignorado habré venido. *Prado.* Soneto XLII.
¿De qué se acuesta el hombre para morir ? *Rojas.* Fragmentos (no. 4).
¿De qué sirve amontonar palabras? *Mairena.* Poema.
De quién es este joven. *Villatoro.* Elegía por el joven cadáver.
De regreso a casa. *Restrepo.* De regreso.
De regreso del trabajo. *Vitier.* El poeta.
De repente la vida/se detiene. *Escobar Galindo.* Ejercicio espiritual.
De repente/cuando despierto en la mañana. *Carranza.* El oficio de vestirse.
De repente/encuentras en la calle. *Figueroa.* Sorpresa.
De rodillas ante alguna palabra. *Garduño.* Callejón.
De su ronco pecho. *Isla.* El pseudónimo de la selva.
De súbito respira uno mejor y el aire de la primavera. *Gaitán Durán.* Si mañana despierto.
De tanto andar por inconexas formas. *Cardona Torrico.* De tanto andar.
De tanto hablar de la soledad y muerte. *Barrenechea.* Dueñas de casa.
De tanto hablar/me ha salido una lengua. *Gómez.* Los pasos comunicantes.
De tanto hablar/quedáronse sin voces las cadenas. *Flores.* Habana 59.
De tanto llamar a tu puerta. *Monje Landívar.* Tienes que oirme.
De tanto quererte, mar. *Delmar.* Verde-mar.
De tarde sobre el lago vienen nubes tenues grises. *Cardenal.* Los chayules.
De ti a mi, mano a mano. *Martínez Estrada.* El mate (Frags.).
De ti—que por precoz y por soltera. *Torres Bodet.* Golondrina.
De ti sé casi nada. *Rocha.* Elegía.
De tiempo en tiempo. *Padilla.* De tiempo en tiempo, la guerra.
De tierras cuya desnudez llaman desolación. *Díaz Diocaretz.* Vengo.
De todas las casas. *Torres Bodet.* Niños.
De todas las marcas ésta es la más despavorida. *Rojas Piérola.* Perseguido.
De todo esto yo soy el único que parte. *Vallejo.* París, octubre 1936.
¡De todo te olvidas! Anoche dejaste . . . *Carriego.* Tu secreto.
De todos los placeres terrenales. *Mondragón.* Bienaventuranza.
De tu dolor no culpes a las rosas. *Cardona Torrico.* Rosas.
De tu foto. *Anaya.* Soledad.
De tus caderas a tus pies. *Neruda.* El insecto.
De tus manos gotean. *Guillén.* Madrigal.
De un país de leche y miel. *Tiempo.* Llorando y cantando.
De un tirón me hago el inaccesible. *Lindo.* De un tirón.
De un vago azul etéreo la infinita. *Reynolds.* Gama de nieve.
De una eternidad a otra voy contigo. *Shimose.* Romance del valle.
De una juvenil inocencia. *Darío.* El soneto de trece versos.
De una mirada huyo que me huye. *Segovia.* Negrura.
De una vez por todas, Mónica. *Sancho Castañeda.* De una vez por todas.
De usted no me quejo ahora. *Sanabria Varela.* Gracias.

De veras, aunque no sepamos nada, o no queremos enterarnos. *Oviero.* Nuevas admoniciones.
The dead grow more intractable every day. *Dalton.* Soldier's Rest.
The dead man's mother is buying flowers. *Quijada Urías.* Chronicle.
The dead mouths say that man. . . *Fernández.* Birth of Eggo.
The death of Somoza, like that of Foster. *Mejía Sánchez.* The Death of Somoza.
Debajo de cada piedra. *Hoeffler.* Debajo.
Debajo de la almohada. *Girondo.* Nocturno II.
Debajo de la flor está la niña. *Ortiz Saralegui.* Debajo de la flor.
Debajo de sus trenzas. *Solari.* La fille aux cheveux de lin.
Deberé encontrar algún lugar en la memoria. *Fugellie.* Cueca (Círculo rítmico).
Debería callarme el hocico. *Finale.* Gutiérrez Vega.
Debes llegar temprano al aeropuerto. *Cea.* Instrucciones para un joven.
Debí de haberte hablado en la mañana. *López Acuña.* Pentimento.
Debí haber amado los paraísos perdidos. *Ortega.* Obertura.
Débil veo el campo. *Berenguer.* Día 26.
Debo acostumbrarme a tu nombre. *Lara.* Acoso.
Debo/hablar en pasado/del sabor gris. *Garnica.* Debo hablar en pasado.
Debo juntar mis cosas para hacer el gran viaje. *Placencia.* Me habla la eternidad.
Decapitada rosa, prisma ciego. *Alcocer.* Poema del destierro.
Decía/para el aire viajero. *Greiff.* Arieta.
Decíame cantando mi niñera. *Barba Jacob.* La dama de los cabellos ardientes.
Decid cuando yo muera . . . (¡y el día esté lejano!) *Barba Jacob.* Futuro.
Decidme cuando, cómo, de qué lado. *Cunha.* Muerte.
La décima criolla—jalón del continente. *Ribera Chevremont.* La décima criolla.
Decir cuando yo muera . . . (¡y el día está lejano!) *Barba Jacob.* Futuro.
Decir no. *Vilariño.* La sirena.
Decirte qué, acaso el mar que no conoces. *Rivera.* Decirte qué, acaso.
Dedico este poema a la vida. *Cuza Malé.* Una mujer fatal.
Dedo en la cuerda del viento. *Mendizábal Camacho.* El cacto.
Dedos hechos en luz de enamorarte. *Franzani.* Tránsito.
Deep in the earth. *Díaz Martínez.* Ancient History.
Defendamos esa palabra. *Rosales.* La libertad.
Defiéndete de mí. *Shimose.* Mujer en guardia.
Definitiva sal, estás celada. *Lomuto.* Alfonsina.
Definitivamente. *Aguilar.* Declaración de paz.
Definitivamente no, señora mía. *Nava.* Mujer inconveniente.
El deja al acordeón el fin del mundo. *Huidobro.* Naturaleza viva.
¡Deja de llorar!—gritaron las mujeres. *Cuadra.* Las bodas de Cifar.
Deja el laurel allí. *Magallón.* Deja el laurel allí.
Deja los asideros engañosos del muelle. *Mendiola.* Deja los asideros.
Deja mirarte, cielo. *Navarro.* Las nubes.
Deja por última vez que mi tacto te sepa. *Cote Lamus.* Poema imposible.
Deja que empolve tu cabeza blonda. *Jaimes Freyre.* Je meurs ou je m'attache.
Deja que empolve tu cabeza blonda/oh, mi amada. *Jaimes Freyre.* Deja que empolve.
Deja que las moscas. *Mejor el fuego.* Lavín Cerda.
Deja tu pelo así—las ondas sueltas. *Valle.* El deseo.
Dejadlos con sus dólares, con sus billetes y su Wall Street. *Pedroso.* Y lo nuestro es la tierra.
Dejadme con mis fantasmas infatigables. *Lizardo.* El tiempo derramado.
¡Dejádme! No me digáis. *Márquez.* A los otros.
Déjame así. Mi corazón no pide. *Rega Molina.* A muchos.
Déjame con mi vaso repleto de absoluto. *Capriles.* Refugio.
Déjame de cierva, déjame escapada. *Cruchaga de Walker.* Miedo.
Déjame entrar a tu íntimo alfabeto. *Aridjis.* Déjame entrar.
Déjame estar así. *Saa.* Meditación.
Déjame reposar. *Sabines.* Algo sobre la muerte del mayor Sabines.
Dejamos tanto tiempo. *Gómez Sanjurjo.* Poema.
Dejar de ser espiga y brazo. *Sampedro.* Humo.
Dejaré que mi nombre se consuma. *Flores Saavedra.* Norte.
Dejaremos el cielo a las palomas. *Mateo.* Portal de un mundo.

Dejaron un pan en la mesa. *Mistral.* Pan.
Dejas de ser padre. *Rosas Galicia.* Dejas de ser padre.
Dejé mi cuerpo. *Krauze.* Este oficio.
Dejemos pasar el infinito. *Zurita.* El desierto de Atacama.
Dejemos pasar el infinito del Desierto de Atacama. *Zurita.* A las inmaculadas llanuras.
Déjenme solo ahora. *Morábito.* Canto del lote baldío.
Déjenme ver si veo, si adivino. *Díaz Muñoz.* Caza menor.
Déjese de cosas: usted toma mujer. *Cisneros.* El Rey Lear.
Dejo a los sindicatos/del cobre, del carbón y del salitre. *Neruda.* Testamento I.
Dejo crecer este bigote antiguo. *Fernández Retamar.* Pelo como historia.
Dejo de nuevo en poder de mis enemigos. *Trujillo.* Guillermo de Nassau, príncipe de Orange.
Dejo el anzuelo en el mar, 100 metros abajo. *Watanabe.* Canción melancólica del pescador dominical.
Dejo mi mano en el llamador de la puerta. *Montes de Oca.* Poema de la nueva mano.
Dejo mi sombra. *Salazar Bondy.* Testamento ológrafo.
Dejo mis viejos libros, recogidos. *Neruda.* Testamento II.
Dejó su casa, su familia. *Vallarino.* La muchacha anarquista.
Dejó un enervamiento en el collado. *Lagos Lisboa.* Tarde.
Dejome Dios ver su cara. *Ibáñez.* Dejome Dios.
Del aire al aire, como una red vacía. *Neruda.* Alturas de Macchu Picchu (Frags.).
Del aire soy, del aire, como todo mortal. *Rojas.* Mortal.
Del ancho mar sonoro fui un pez. *Molina.* Metempsicosis.
Del antiguo esplendor no queda nada. *Camerati.* El jardín de los Finzi-Contini.
Del camino en la margen verdeoscura. *Espino.* Un árbol del camino.
Del centro puro que los ruidos nunca. *Neruda.* Apogeo del apio.
Del Circo Roma los elefantes huyeron. *Argueta.* Los elefantes.
Del corredor oscuro de la muerte. *Hernández Aquino.* Infante del sueño.
Del hombre fugitivo. *Mistral.* La huella.
Del infernal abismo, con estruendoso vuelo. *Florez.* La lágrima del diablo.
Del lago al Sur, por extendido llano. *Pérez.* En la selva.
Del mar arriban ciertos días a la tierra. *Rivera-Avilés.* Memoria fiel.
Del mar que canta o de la selva de oro. *Díez de Medina.* La Paz, reina del collao.
Del nicho helado en que los hombres te pusieron. *Mistral.* Los sonetos de la muerte.
Del Norte trajo Almagro su arrugada centella. *Neruda.* Descubridores de Chile.
Del otro lado del agua. *Llerena Blanco.* Casablanca.
Del pasado remoto/sobre las grandes pirámides. *Novo.* Del pasado remoto (Frag.).
Del pecado de amarte no estoy arrepentida. *Sansores.* Del pecado.
Del roce de nuestras piernas asomará un varón o una hembra. *Sánchez León.* Del roce.
Del santo carmelita la música callada. *Bedregal.* Himno al verso.
Del seno apocalíptico del rojo mundo en llamas. *Peñaranda.* Oración por la paz.
Del ser a solas en la sal-ida donde la mirada. *Enríquez.* Del ser a solas.
Del silencio sobre el delirio. *Cueto Fernandini.* Poema.
Del sol a la lagartija. *González de León.* Poema.
Del sol del verano los rayos de fuego. *Zamudio.* Nubes y vientos.
Del sonido a la piedra y de la voz al sueño. *Ortiz de Montellano.* Segundo sueño (Frag.).
Del Sur dolorosamente lejos. *Millán.* Correspondencia.
Del tiempo vas cayendo. *Brandy.* Furiosamente vuelves, ¡Oh triste edad perdida!
Del trasfondo de un sueño la escapada/Filí-Melé. *Palés Matos.* Puerta al tiempo en tres voces.
Del tronco sale la rama. *Anón. de Vallegrande.* Expresiones y respuestas de mujeres.
Del valle/brota la voz del mirlo. *Castrillo.* Copla de San Isidro.
Del vaso funerario del mar a medianoche. *Bedregal.* Pleamar.
Del verano, roja y fría. *Tablada.* Sandía.
Del verbo hecho carne y de la luz amaneciendo. *Calvo.* América profunda.
La del volatinero hija pobre y pequeña. *Placencia.* El primer signo.
Una delgada niebla. *Gorostiza.* Luciérnagas.
Delgada sombra. *Huerta.* Residencia.
Los delincuentes modernos. *Parra.* Los vicios del mundo moderno.
Los delirios me han despertado los sentidos. *Gómez Correa.* Espectro del amor.
El demonio nos poseía. *Casanova.* Ángeles y demonios.

Demorado en la infancia, sobrenada. *Benarós.* Ideario supersticioso.
Demos la vuelta al cuatro y tendremos una silla. *López.* Revirtiendo.
Denso animal/arrodillado adentro. *Salazar Tamariz.* Y trata de durar.
Denso perfume, corteza. *Cerruto.* Romance de los rumores.
Dentro de este caparazón. *Valle.* Lo vivido.
Dentro de estos cuatro muros. *Novo.* Glosa completa en tres tiempos.
Dentro de estos cuatro muros. *Novo.* Glosa incompleta en tres tiempos.
Dentro de mí un niño baja las escaleras del esófago. *Ulacia.* Cuerpo.
Dentro de ti tu edad. *Neruda.* Oda al tiempo.
Deposito el abandono de mis tardes. *Ortega.* Regiones.
Derrama el gajo su esplendor de oro. *Airaldi.* Mariposas.
Desborda arrastrando. *Girri.* El ojo.
Descalza arena y mar desnudo. *Ballagas.* Elegía sin nombre.
Descalza viene, y apenas. *Gómez.* Del ritmo.
Descansa en paz. El mástil de tu pensar descuella. *Vásquez.* Cervantes.
Descansas en la tierra recostada. *Leiva.* El agua.
Descanse en tierra el cielo. *Romualdo.* Alto horario.
Desciende/soñándose/perverso. *Shimose.* Dilución del puñal.
Descienden taciturnas las tristezas. *Gutiérrez Nájera.* Mis enlutadas.
Desciendes por el río. *Mutis.* Lied, 2.
Una desconocida voz me dijo. *Belli.* Una desconocida voz.
Un desconocido nace de nuestro sueño. *Teillier.* Un desconocido.
Describo un día entero. *Uribe Arce.* Describo.
Descubrí el origen del meollo. *Marín.* Poema.
Descubro amargamente que los sueños. *Cerruto.* Ricardo Jaimes Freyre.
Descuelgo mi osamenta en las campanas del río. *Zimbaldo.* A primera sangre.
Desde adentro, desde adentro. *Alfaro.* Viaje al pasado.
Desde aquí donde veis tanta sombra caída. *Vicario.* Introducción al olvido.
Desde el agua temblorosa de un sueño. *Foppa.* Un sueño.
Desde el arco ojival de la portada. *Lozano y Lozano.* La catedral de Colonia.
Desde el balcón/el Pont de la Tournelle. *Pacheco.* Ile Saint-Louis.
Desde el balcón ruinoso de barandal antiguo. *Boti.* En la magia del crepúsculo.
Desde el Cerro de la Cruz de Mayo. *Yllescas.* San Juan de Limay.
Desde el extremo de la mesa. *Mizón.* Desde el extremo.
Desde el fondo de ti, y arrodillado. *Neruda.* Farewell.
Desde el fondo del sueño. *Ruiz.* Poema.
Desde el lecho por la mañana soñando despierto. *Arturo.* Interludio.
Desde el monte Falerno, lar de Horacio. *Vasseur.* Plenilunio de sangre.
Desde el negro lagar de los olvidos. *Cardona Torrico.* Desde el negro lagar.
Desde el otro lado de la mesa. *Rivera.* Tarea.
Desde el perfume en que te quiero tanto. *Hidalgo.* Declaración de principios.
Desde el silencio azul del horizonte dicto. *Maples Arce.* Fundación del olvido.
Desde el sillón de mando mi madre dijo: "Ha muerto". *Castellanos.* Malinche.
Desde el tiempo en que recorrí mi vivencia. *Bedregal García.* Vísperas de ayer.
Desde el umbral de un verso. *Bolaños.* Como una hoja.
Desde el vitral de mi balcón distingo. *Nervo.* Londres.
Desde el vuelo apacible de la nube. *Otero Silva.* La segunda voz del coro es la del río.
Desde esta distancia de 125 leguas de recuerdo. *Cuadra.* Lejano recuerdo criollo.
Desde esta noche a las siete. *Artel.* Velorio del boga adolescente.
Desde esta sala abandonada. *Lezcano.* Tres tiempos.
Desde esta soledad, junto a todas las cosas. *Liscano.* Viviente soledad.
Desde hace cincuenta años. *Vicuña.* La mujer ideal.
Desde hoy en adelante voy a ser reservado. *Fernández Moreno.* Propósito.
Desde la aurora/combaten dos reyes rojos. *Eguren.* Los reyes rojos.
Desde la azotea del edificio Tioga. *Medina.* Malamuerte.
Desde la escuela. *Guillén.* El apellido; elegía familiar.
Desde la exhalación de estos peces de mármol. *Bracho.* De sus ojos ornados de arenas vítreas.
Desde la frágil barca vi ya las dos riberas. *Jaimes Freyre.* Desde la frágil barca.
Desde la montaña. *Macías.* Ascenso a San Cristóbal.

Desde la nieve convertida en agua. *Florit.* Desde la nieve.
Desde la paz de su choza. *Lluvia.* Donoso.
Desde la plataforma del último vagón. *Mutis.* Breve poema de viaje.
Desde la primera vez comprendí que te iba a seguir. *Cisneros.* A una dama muerta.
Desde la tierra/sube la mesa hacia su tabla. *Lisboa.* Naturalezas muertas.
Desde la Torre de Vidrio veo las colinas. *Cisneros.* Medir y pesar las diferencias a este lado del canal.
Desde la tos ovoide, desde el agua. *Lara López.* El tiempo subterráneo.
Desde la ventana del hospital. *López Acuña.* Postales.
Desde las Lomas Heights. *Shelley.* Guía de la ciudad de México.
Desde las olas de mi frente. *Ortiz Sanz.* Requiem para la muerte.
Desde las seis está despierto el humo. *Carrera Andrade.* Historia contemporánea.
Desde las torres los falsos profetas predican. *Cardozo.* Fanal.
Desde lejos/como algo inesperado llegó. *Campos.* Esa voz en El Pireo.
Desde los arcos de mármol. *Montes de Oca.* Corte transversal de la mañana.
Desde los campamentos. *Bermúdez.* Los guerrilleros.
Desde los cerros viene a galope. *Alfaro.* El día.
Desde los cuerpos azules y negros. *Sabines.* Desde los cuerpos.
Desde los ojos nobles de león brillando al fondo de tus/barbas. *Dalton.* Karl Marx.
Desde los troncos hachados. *Vitier.* Suite de un trabajo productivo: Final.
Desde mi mundo trasnochado de estrellas. *Berthin Amengual.* Carta al portero Fortunato Ortega.
Desde mi oscuridad veo todo tu cuerpo. *Echavarría.* Seguro de su sombra.
Desde mi última reflexión conciente. *Patiño.* Desde mi última.
Desde mis gafas negras te he de ver. *Pellicer.* Elegía.
Desde París. *Armijo.* Epístola a T. P. Mechin.
Desde Pulteney Bridge, en Bath, miro la niebla. *García Terrés.* Destierro.
Desde que al perder el cuerpo te escondiste en el aire. *Nandino.* Nocturno difunto.
Desde que era muy niño saltaba de alegría. *Pallais.* Los caminos.
Desde que le salieron brazos a la espiga. *Artieda.* El regreso.
Desde que no persigo las dichas pasajeras. *Nervo.* La montaña.
Desde qué sepultados paredones de olvido. *Castro.* Fuga elegíaca.
Desde que un sol de guerra resplandece. *Ledesma.* El canto de la torcaz.
Desde su jaula. *Vallarino.* Simio.
Desde su permanencia sobre el óleo. *Vallarino.* La pedantería de Rimbaud.
Desde temprano/crece el agua entre la roja espalda. *Cisneros.* Paracas.
Desde tu bienvenida. *Ávila Jiménez.* El misterio.
Desdeña, artista euríndico. *Tamayo.* Cota de malla.
Desdicha es del presuroso ciervo, el cielo. *Eielson.* A un ciervo otra vez herido.
Desencajado, la pupila inquieta. *Arciniegas.* El poeta bohemio.
El deseo de volver a mí mismo. *Ferrer.* Los días de silencio.
El deseo es un ángel ignorado. *Leiva.* Ángel y deseo.
Un deseo terrible de no ser más. *Guzmán.* De estas palabras que me cercan.
Deseoso aquél que huye de su madre. *Lezama Lima.* Llamado del deseoso.
Deseoso es aquél que huye de su madre. *Lezama Lima.* Llamado del deseoso.
Desertor del olvido. *Wiezel.* De virazón.
Desgarraduras de cielo en el nacimiento de los dioses. *Shimose.* En la isla de Andros.
Desgarrar el papel al escribir. *Juárroz.* Desgarrar el papel.
Deshabitado el aire de su gesto. *Varela.* Imagen.
Deshabitado el viento, yo busqué la paloma. *Cabañas.* Poema.
Deshechas amapolas en mis dedos. *Massey.* Y tú así.
El desierto de Atacama son puros pastizales. *Zurita.* El desierto de Atacama (Frags.).
Desirous is one who gets away from his mother. *Lezama Lima.* Call of the Desirous.
Deslices del poder trizado por lo triste. *Huidobro.* Deslices del poder.
Desligados del cuerpo. *Mondragón.* Padmasana.
Deslumbradora de hermosura y gracia. *Fiallo.* En el atrio.
Desmantelada seas/esquiadora del trigo. *Undurraga.* Tránsito de la langosta.
Los desmayados ojos. *Reynolds.* Pecadora.
Un desmedido desborde de ocres horizontes. *Silva Sangines.* Voy a inventar sueños.

Desmelenada como un bálsamo sin augurio. *Fernández.* Elegía entre mar y sombra para Angélica Prieto.
Desnuda soledad que permaneces. *Licón.* Soledad.
Desnuda ya de los vestidos/convencionales. *Biagioni.* La túnica.
Desnudas, las raíces de la vida. *Shin.* Montemayor.
Desnudemos el rostro. *Vieyra.* Desnudemos el rostro.
Desnudo cielo azul de invierno, puro. *Paz.* Primavera a la vista.
Desnudo de las cosas, en el vientre. *Oliva.* Notas históricas con un retrato de Ligia.
Desnudo/llevando en cada miembro su trabajada/soledad. *Artecona de Thompson.* Hombre.
Despacio la noche me reintegra. *Montejo.* Nocturno al lado de mi hijo.
Despacio/por lágrimas/humedecido. *Lezcano.* Un poema sin nombre.
Despacito por las piedras. *Molina Venegas.* Despacito.
Despejado el sueño . . . todavía. *Castrillo.* Sueño y realidad.
Despertado de pronto en sueños lo oí. *Zurita.* CIII.
Despierta el nuevo día. *Tejeda de Tamez.* Fuensanta (Frag.).
Despierta, escucha, ya la noche llega. *Fabani.* Despierta . . . escucha . . .
Despierto en la noche lleno de palabras. *Charry Llara.* Llegar en silencio.
Despierto tendido sobre la cubierta del día que zarpa. *Rojas.* Poema de la mañana.
Despierto. Restablezco/mi vida. *Mármol.* Diariamente.
Desproporcionada. *Ramírez.* Poema.
Después de alzarle la falda al ruido. *Boullosa.* Desnudos.
Después de beber vino, durmiendo junto al río. *Rubio.* Durmiendo junto al río.
Después de clavar esa aguja. *Millán.* El paseo del sastre desnudo.
Despés de establecer un servicio de viajes de ida y vuelta. *Torri.* La conquista de la luna.
Después de haberme despojado de algunas inmundicias. *Lira Sosa.* Retorno a la penumbra.
Después de impresionar a las muchachas. *Shimose.* Epigrama pequeñoburgués superacademicorrealista.
Después de la cola de los días inevitables y vencidos. *Cabrera.* La muerte de mi padre.
Después de la lluvia. *Paz Castillo.* Tarde de lluvia en el campo.
Después de la recepción. *Rivero.* Reseña.
Después de las catástrofes, después de los motines. *Viscarra Fabre.* Evocación de la ciudad de La Paz.
Después de mucho, después de vagas leguas. *Neruda.* Sonata y destrucciones.
Después de muerto, hierbas, y después. *Uribe Arce.* Después de muerto.
Después de oscura noche. *Silva.* Las bodas.
Después de que sonríes. *Ibargoyen Islas.* Prédica.
Después de que sonríes. *Ibargoyen Islas.* Quiero saber de tu sonrisa.
Después de tanta vida me quedará en la palma. *Castillo Martín.* Después de tanta vida.
Después de tanto ambicionar ¿qué queda? *Estrella Gutiérrez.* Elegía.
Después de todo. *Teillier.* Después de todo.
Después de todo debemos contentarnos. *Gómez Correa.* El adiós.
Después de todo/elegí el exilio. *Vallarino.* Elección.
Después de todo, nada. *Escobar Galindo.* Ahora y en la hora.
Después de todo no hubiera valido la pena. *Vallarino.* Antiarrepentimiento.
Después de treinta años. *Rocha.* Treinta veces treinta.
Después de verse envuelto en los fragores del bautismo. *Casaus.* Sobre el daño que hacen las hostias.
Después del Quebracho Herrado. *Lugones.* El reo.
Después del tiempo que vivimos juntos. *González.* Después del tiempo.
Después que cierro puertas. *Vega.* El techo.
Después que se separan las manos. *Pellegrini.* El canto en una mano el peligro en la otra.
Después que yo me haya/ido aparentemente. *Casal.* Después.
Después/su padre/le escribió una carta. *Yllescas.* Suyo sinceramente.
Despunta por la rambla amarillenta. *Eguren.* La Tarde.
Desta orilla del corazón. *Campos.* Desta orilla.
Destaca/quien/emplea. *Serrano.* Abundancia.
Destapa una botella de aguardiente. *Quezada.* El cazador.
Destaparé mis ánforas de esencia. *Rebolledo.* Voto.
Destino de poeta/enamorarse de la luna. *Lanzone.* Destino de poeta.
Desvelos domésticos le nublan el día. *Hernández.* 8 del presente.

¡Detectives, venid! *Vega.* ¿Quién es Ninoskha Méndez?
Detén tu adolescencia. *Medinaceli.* Detén tu adolescencia.
¿Detenerme? ¿Cejar? ¡Vana congoja! *Díaz Mirón.* A.M.
Deténganse/a mirarla en la cesura. *Quiñones.* La lengua dócil se movía.
Detenida/encantada. *Piccato.* En la noche, redes de aromas.
Detente, niña-sombra, niña-araña. *Bendezú.* Misterio y melancolía de una calle.
Detrás de cada gran hombre. *Liguori.* Exabruptos.
Detrás de esa cortina. *Pereda.* A un cantante muerto.
Detrás de la realidad. *Brito.* Guión de los reencuentros fragmentados.
Detrás de mis palabras. *Guzmán Cruchaga.* Sinceridad.
Detrás de nuestros actos, como una piel. *Calvo.* Diario de campaña.
Detrás de tí, la niebla. *López Vallecillos.* Mañana.
Detrás de tí/un remolino de huérfanos pálidos. *Alegría.* Pequeña patria.
Detrás de un parabrisas/yo no busco el sol. *Beleván.* Detrás de un parabrisas.
Detrás del monasterio, junto al camino. *Cardenal.* Detrás del monasterio.
Devora el sol final restos ya inciertos. *Paz.* Crepúsculo de la ciudad.
Devuelve a la desnuda rama. *Tablada.* Mariposa nocturna.
Di la verdad. *Padilla.* Poética.
Di nunca tan amada flor de anhelo. *Chávez Padrón.* A mi madre Josefina Padrón de Chavez.
Di, di tú: para qué tantos amaneceres. *Kozer.* Apego de lo nosotros.
Di, misteriosa. *Tamayo.* Habla Werter.
Un día/abandonaremos/la ciudad de México. *Aura.* Volver a casa.
El día afila sus lanzas. *Cross.* Festejo.
Un día/con el corazón resucitado. *Ameller Ramallo.* Un día.
El día, con jadeante fatiga de labriego. *Lugones.* Paisajes.
Un día de estos me voy a transformar. *Díaz Castro.* Todos me van a tener que oír.
El día de los desventurados, el día pálido se asoma. *Neruda.* Débil del alba.
El día del chacal. *Cantadori Dintrans.* Las crucifixiones.
El día despliega su cuerpo transparente. *Paz.* Valle de México.
El día despuntaba con el trinar de los pájaros. *Hernández.* Después de la jornada.
Un día detuve la mirada en el suelo. *Pastorín.* Versos a la deriva.
Un día/Dios/me/asesinó. *Jodorowsky.* La venganza.
El día en que asesinaron a Kennedy. *Valdés.* Cuando asesinaron a Kennedy.
El día es azul arriba/y no hacen falta estrellas. *MacField.* El día es azul arriba.
El día es una sombra, ¿o sueño? *Illescas.* El día es una sombra.
El día está nublado. *Ávila Jiménez.* El día está nublado.
El día/está tan bello. *Segovia.* Confesión.
Un día estaré muerta, blanca como la nieve. *Storni.* Silencio.
Un día gané el umbral de la Embajada. *Gutiérrez.* El exilado.
El día hablando sobre las mujeres azules. *Delmar.* El amor como pesca.
El día hincha sus llamas. *Rosales y Rosales.* Mediodía.
Un día/la muerte. *Parayma.* De como la muerte murió en mi cama.
Un día llegan los hombres. *Fernández Spencer.* Este vivir cotidiano.
Un día llegarás. *Castellanos.* Algún día.
Un día los débiles abrirán lentamente las puertas. *Yrarrázabal.* Canto.
Un día/los intelectuales apolíticos. *Castillo.* Intelectuales apolíticos.
Un día los pájaros vuelan por debajo del agua. *Valle.* Santuario.
¡Un día más! *Guerra Trigueros.* Un día más.
Un día más, caído y sin aliento. *Banchs.* La alondra.
Un día me dirán que ya no sueñas. *Baeza Flores.* Un día me dirán.
El día moribundo recorre las calles. *Santibáñez.* Descendimiento.
Un día nos iremos/con las medias caídas. *Gravino.* Después de todo.
El día o la noche en que por fin lleguemos. *Benedetti.* Quemar las naves.
El día picotea/claros entre las trenzas. *Suárez.* Una madrugada en La Paz.
Día propicio: el sol se oculta. *Patiño.* Horóscopo.
El día que abras la puerta. *Torres Sánchez.* El día que abras la puerta.
El día que las dos viejas. *Morejón.* Richard trajo su flauta (Frag.).
El día que me quieras. *Nervo.* El día que me quieras.
El día que mi pelo corté. *Rada.* La gente la gente.

Un día que ya es historia. *Vega.* Así nació la patria de los sueños.
Un día que ya llega/desde la espalda de los Andes. *Valcárcel.* A José Carlos Mariátegui.
El día que yo logre dar un consonante. *González Martínez.* El sonido X.
Un día se concluye un asunto importante. *Díaz Muñoz.* Los viajes.
Un día se tiende sobre el cadáver de otro día. *Padilla.* Del mar.
El día separado por sus sombras. *Aridjis.* El día separado por sus sombras.
Un día seré libre, aún más libre que el viento. *Portal.* Liberación.
Un día sin ti y un año. *Zambrano Colmenares.* Desequilibrio.
Un día terremoto/un día ausencia. *Dávila.* El largo día del hambre.
Día tras día. *Galván.* Diez B.
Un día u otro. *Teillier.* Edad de oro.
El día vuelve. *Huidobro.* Onirias (Frags.).
Día y noche, llueva, arrase el viento. *Obregón.* Aquella lumbre sin sueño.
Diáfana luz posada en beso leve. *Rospigliosi.* Claro de luna.
Diafanidad de alboradas reflejas en múltiples espejos. *Westphalen.* Diafanidad de alboradas.
Un diamante ha tallado en su mirada. *Paseyro.* El loco.
Los días de leyenda en que me amabas. *Dalton.* María Tecum.
Días de tímido diluvio. *Macías.* Solicitud.
Los días me insultan al pasar, me apocan. *Gaitán Durán.* Tal es su privilegio.
Los días ordinarios se hacen labor en tus manos. *Varallanos.* El hombre del Ande que asesinó su esperanza.
Días pasan/días vienen. *Illescas.* Octosílabos de pie quebrado.
Los días van tan rápidos en la corriente oscura. *Rojas.* Los días van tan rápidos.
Dibuja con su gran dedo estrellado. *Basualto.* Dibuja.
Dice Briseida más o menos:¡Ay! *Reyes.* Llanto de Briseida.
Dice que no sabe del miedo de la muerte. *Pizarnik.* Dice que no sabe del miedo.
Dicen/aquí en Nanking. *Jamís.* Poema en Nanking.
Dicen, buen Pedro, que de mi murmuras. *Martí.* Al buen Pedro
Dicen los viejos de antes/que cuando alguien. *Nadereau.* Dicen los viejos de antes.
Dicen que en mayo aparece. *León Guevara.* Décimas de la superstición llanera: El silbón.
Dicen que fue un buen Presidente. *Dalton.* Al General Martínez.
Dicen que murió un día. *Ávila Jiménez.* Dicen que murió.
Dicen que trabajó en tres zafras. *Hipólito.* Suardíaz.
Dicen que vino del pueblo. *Guzmán Cruchaga.* Romance del agua dormida.
Dices que pronto nuestro amor ardiente . . . *Camarillo de Pereyra.* Cuando parte el amor.
Dices que todo lo que escribo es triste. *Licón.* Sombría voz.
La dicha de no hablarse cuando se ama tanto. *Pellicer.* Fragmentos.
Dichoso el árbol que es apenas sensitivo. *Darío.* Lo fatal.
Diciembre/Verano. *Abril Rojas.* Duodécimo.
Dicta el agobio su pesar. *Pacheco.* Hortus conclusos.
Los dictadores/deambulan entre sombras. *Suárez Quemain.* Los dictadores.
The dictators/go roving among shadows. *Suárez Quemain.* The Dictators.
Did the earth stretch out/until it cried? *Ibáñez.* You, for My Meditation.
Dientes de flores, cofia de rocío. *Storni.* Voy a dormir.
¡Dientes del sur! Caverna de aire vivo. *García Terrés.* Una invocación (Guanabara).
Diez generaciones de los míos. *Márquez.* Fear of Words.
Diferentes bajo el mismo nombre. *Bonifaz Nuño.* Diferentes.
Dígame mi labriego. *Martí.* Valle lozano.
Digamos claramente. *Rivas.* Segundo coloquio.
Digitales delicias gobiernan superficies. *Cabral.* Sexo cumpliendo.
Digno delante del día azul/estoy puro. *Azofeifa.* Digno delante del día azul.
Digo lo que me pasa, y miro. *Medinaceli.* Poemas del lunes.
Digo pan/y la mesa extiende su mantel. *Quezada.* Retrato hablado.
Digo que poseíste el mar. *Aguilar.* Retrato.
Digo que tu voz recorre el reverso de las cosas. *Uribe.* Poema.
Dije a mi mano: “Arranca las ortigas . . .” *Camarillo de Pereyra.* Vano afán.
Dije adiós. La alta noche cernidora de estrellas. *Chioino.* La curva del camino.
Dije si la luz fuera compacta como mi mano. *Aridjis.* Dije si la luz.
Dije yo en la Ciudad de la Yegua/Tordilla. *Marechal.* Descubrimiento de la patria.

Dijera el Tigre:—En todas partes hay/Sierra Maestra. *Rojas.* Vaticinios.
Dijimos que queríamos verlo. *Genta.* Los ojos.
Dijo a la blanca luna el asfodelo. *Díaz.* Símbolo.
Dijo el hombre a la Hilandera. *Blanco.* La hilandera.
Dijo ser napolitano. *Morales.* Al amigo napolitano entre botellas van y botellas vienen.
Dilo, cada vez que la sombra quiebra tu voz. *Coronil Hartmann.* Dilo.
Dimaggio no supo/conectar esa pelota. *Sampedro.* Joe y Marilyn.
Dime: cuando la noche, taciturna. *Florez.* ¿En qué piensas?
Dime mujer dónde escondes tu misterio. *Segovia.* Dime mujer dónde escondes.
Dime, pregúntame, susurra, di la brisa. *Lezama Lima.* Dime, pregúntame.
Dime si estás desamparada, poderosamente sola. *Undurraga.* Soliloquio inmemorial para Ana.
Dime tú algo más. *Martínez Rivas.* Beso para la mujer de Lot.
Dime/¿tú no temes a la muerte? *Eielson.* Albergo del sole.
El dios agua enciende las tardes de Chichén Itzá. *Grimal.* Noche tierra.
El dios antiguo dijo. *Cabrera Carrasco.* El dios antiguo dijo.
Dios, ese barbudo prestamista judío. *Cobo Borda.* Fechas que siempre vuelven.
Dios ignorante, vivo en la intrincada. *Gaitán Durán.* Luz de mis ojos.
Dios, invención admirable. *Amor.* Décimas a Dios.
Dios material y gran maestro nuestro. *Romualdo.* Dios material.
Dios mío, estoy llorando el ser que vivo. *Vallejo.* Los dados eternos.
Un Dios misterioso y extraño visita la selva. *Jaimes Freyre.* Aeternum vale.
Dios, ¿para qué pusiste la voz? *Ramírez Argüelles.* Habla la soledad.
Dios/reposado/en el séptimo día. *Castellanos.* Sunset.
Dios sigue haciendo piedras y animales. *Walsh.* La forma.
Dios te salve/celadora de luces. *Undurraga.* Letanía a la golondrina.
Dios tiene mucho menos idea. *Lavín Cerda.* Dios.
Dios, vénganos tu paz/antes que la gota de fuego nos corroa. *Barreda.* Dios, vénganos tu paz.
Dirán exactamente de Fidel. *Gelman.* Fidel.
Dirán un día. *Padilla.* No fue un poeta del porvenir.
Discrepo de la actitud del inocente. *Ahumada.* Pensamiento uno.
Disfuminas el bambú en la neblina. *Delmonte Ponce de León.* Despedida.
Un disparo podría provocar. *Boccanera.* Está escrito.
Dispuesta a que pase lo que el Señor quiera. *Arévalo Martínez.* Dispuesta.
Dispuesta de la luna en la enramada. *Airaldi.* La araña juega el verso de Lugones.
The distance that lies from here. *Storni.* Space Song.
La distancia que hay de aquí/a una estrella. *Cortés.* La canción del espacio.
Una distancia recorrida, una ciudad deshabitada. *Sáenz.* Poema XI.
Distancia refugiada sobre tubos de espuma. *Neruda.* El fantasma del buque de carga.
La distancia se cae de mis hombros. *Astorga.* Poema.
Distant from the centers of the action. *Muñóz.* She Abandoned Her Body to the Color.
Divagando en los círculos superiores y abstrusos. *Martínez Estrada.* Walt Whitman.
Dividir con el paso de la alegría. *Prieto.* Dividir con el paso.
Divina Psiquis, dulce mariposa invisible. *Darío.* Divina Psiquis.
Divino demonio, ¡oh Buenos Aires! *Capdevila.* Canción de la bailarina negra.
Dó está la enredadera que no tiende. *Díaz Mirón.* Toque.
Do you know what was waiting beyond those steps of the/harp. *Mutis.* Sonata.
Doblaron en el viento las mariposas fúnebres sus alas. *Fraire.* Doblaron en el viento.
Doble fulgor apenas móvil. *Tablada.* . . . ?. . .
Doblóse sobre el libro de las meditaciones. *Ballivián.* La muerte del cartujo.
Dóciles formas de entretenerte. *Pacheco.* Homenaje a la cursilería.
Doctor Gómez/vamos al mercado. *D'León.* 58.
Dolida Electra, enluta la noche campanarios. *Sinán.* Dolorosa.
El dolor nunca se escucha. *González Poggy.* Otoño.
Dolor, pues no me puedes. *Nervo.* El dolor vencido.
Dolor: ¡qué callado vienes! *Urbina.* La balada de la vuelta del juglar.
El dolor que está en mí, que va conmigo. *Chouhy Aguirre.* Soneto del dolor.
Dolor, si por acaso a llamar a mi puerta. *González Martínez.* Dolor, si por acaso.
Doménico Scalise/italiano del sur de la península. *Portogalo.* Los pájaros ciegos.
Dominga, mi negra conga. *Portuondo.* Lance de juruminga.

Un domingo/Epifanía no volvió más. *Novo.* Epifanía.
El domingo huele a tabaco, a tos. *Molina.* El domingo
Domingo por la mañana. *Mondragón.* Domingo.
El domingo se ha hecho para que yo recuerde. *Rega Molina.* El domingo se ha hecho.
El domingo se nubla o se despeja. *Vitier.* En el instante (soneto).
Los domingos el sol llega de pronto. *Sandoval.* Los domingos.
Don Alvaro de Cabrera ("died in 1299"). *Fontaine Talavera.* Los Cloisters.
Don Hernán Cortés tenía. *Fernández Moreno.* Romance de las esmeraldas de Cortés.
Don Juan de Covadonga, un calavera. *Silva.* Don Juan
Don Quijote dejó la jaca. *Jiménez.* Rumbera.
Doña Cleofilda me invitó a comer. *Rivera.* Quilmo.
Doncella azul de nórdico relieve. *Bustamante.* Rondo.
Una doncella rubia se enamora. *Parra.* La doncella y la muerte.
¿Dónde andará tu luz . . . ?*Molinari.* ¿Dónde . . . ?
Donde dice un gran barco blanco. *Barnet.* Fe de erratas.
¿Dónde? ¡Dios mío! ¿ dónde? *Ibáñez.* Canción de lejanía.
Donde el alma espera su recuerdo. *Restrepo.* Donde el alma
Donde el ensoñado y el soñado/van por un solo camino. *Aridjis.* Donde el ensoñado
Donde el Río de los Perfumes mueve sus ligeras llamas. *Molina.* Hue.
¿Dónde encontrar salida en este encierro? *Flores Saavedra.* Soneto.
¿Dónde está el aeroplano que no cesa en su vuelo? *Tablada.* ¿Dónde está?
¿Dónde está el precioso diálogo? *Feijóo.* ¿Dónde está?
¿Dónde está la palabra que me exprese? *Huidobro.* ¿Dónde está la palabra?
¿Dónde está tu domingo? *Vásquez.* ¿Dónde está tu domingo?
¿Dónde está y qué señal la hace conocida?*Machado de Arnao.* Elegía por el alma de las palabras.
¿Dónde está/esa palabra invisible? *Castrillo.* Invisible.
Donde estaba su casa sigue *Mistral.* Una mujer.
¿Dónde estáis, días en flor, joyas? *Cerruto.* Cántico traspasado.
¿Dónde están mis amigos, qué ciudad . . . ? *Ferrer.* Se fueron mis amigos.
¿Dónde estará la Guillermina? *Neruda.* ¿Dónde estará?
Dónde estará la niña/que en aquel lugarejo *López Velarde.* Nuestras vidas son péndulos.
¿Dónde estarán los otros? Dijeron que vendrían. *Argueta.* Cárcel.
Dónde estás que eres sombra. *Guzmán Araujo.* A la orilla del río de la muerte.
¿Dónde estás, amada mía? *García Escobar* ¿Dónde estás?
Donde este viento cálido detiene. *Losada.* Ávila de medianoche.
Donde nace entre árboles una familia de yeso. *Carrera Andrade.* Señas del parque Sutro.
¿Dónde podré depositar esta ternura? *Donoso Pareja.* ¿Dónde podré . . . ?
Dónde poner la vista. *Chumacero.* Chumacero Alí.
¿Dónde puedo acariciar el cuello de aquel venadito? *Feijóo.* ¿Dónde puedo . . . ?
¿Dónde quedará nuestra constancia? *Droguett Alfaro.* ¿Dónde quedará . . . ?
¿Dónde quedó el hombre? *Jonquières.* ¿Dónde quedó . . . ?
Donde quiera que voy va el silencio conmigo. *Beltrán.* Soledad enemiga.
Donde San Juan y Chacabuco se cruzan. *Borges.* Casas como ángeles.
¿Dónde se han ido los hombres que yo amé? *Jodorowsky.* ¿Dónde se han ido . . . ?
¿Dónde, sepulturero, está la oscura tumba? *Ferrer.* La sombra nace en el cielo. Canto último.
Donde sus finas lanzas rompe el cielo. *Carmenate.* Donde sus finas lanzas.
¿Dónde vas con la vista inflamada? *Varona.* Dos voces en la sombra.
Dónde vinimos a parar. *Parra.* Dónde vinimos.
Dondequiera que haya un duelo, estaré de parte del que/cae. *Arreola.* Telemaquia.
Dondequiera que voy va el silencio conmigo. *Beltrán.* Dondequiera.
Dones son tuyos patria de mi nombre. *Aristeguieta.* A ti, poesía.
Don't forget it, poet. *Padilla.* The Old Bards Say.
Un dorado perfume va por las calles. *Arbeláez.* Nocturno.
Dormías como un suspiro perdido en el espacio. *Espinoza Sánchez.* La estación de nuestro amor.
Dormido si, desnudo, acariciado. *Paz Paredes.* El otro paraíso.
Dormir pesadamente la mañana. *Fernández Moreno.* Vida.
Dormir. ¡Todos duermen solos . . . ! *Molinari.* Cancionero del Príncipe de Vergara.
Dormita sobre Melo/la tarde de verano. *Figueredo.* Verano.
Dos amigos por la vida andan. *Peralta.* Dos amigos.

Dos corzas asustadas. *García Prada.* Tus senos.
Dos cuerpos que se juntan desnudos. *Gaitán Durán.* Se juntan desnudos.
Dos gotas en su raíz. *Villarroel París.* Dos gotas en su raíz.
Dos hijos; mi esposa/que tiene el criterio. *Arévalo Martínez.* Dos niños.
Los dos hombres que amo son viciosos. *Larrosa.* Boca azul.
Dos lánguidos camellos, de elásticas cervices. *Valencia.* Los camellos.
Dos negros con dos guitarras. *Pereda Valdés.* La guitarra de los negros.
Dos niños, ramas de un mismo árbol. *Guillén.* Dos niños.
Dos ojos tristes se miran al espejo. *Tatter.* Instantes.
Dos patrias tengo yo: Cuba y la noche. *Martí.* Dos patrias.
Dos soledades en mi lado moran. *Obligado.* Soneto.
Dos sombreros de bruja. *Martínez.* Aquel cumpleaños.
Los dos tú y yo. *Malinow.* Amor cayendo.
Dos veces al año. *Girri.* Elegía de la costa.
Douarnenez, en un golpe de cubilete. *Girondo.* Paisaje bretón.
The dove burned in its whiteness. *Ibáñez.* Island in the Light.
Doy a los cuatro vientos los loores. *López Velarde.* Para tus dedos ágiles y finos.
Doy por ganado todo lo perdido. *Guzmán Cruchaga.* Doy por ganado.
Doy vueltas, vueltas, vueltas. *Romualdo.* En señal de peligro.
Dreaming, dreaming the night, the street, the stairway. *Villaurrutia.* Nocturne of the Statue.
Drómiti mi nengre. *Ballagas.* Para dormir a un negrito.
La druídica pompa de la selva se cubre. *Herrera y Reissig.* Otoño.
Dudando/el pensamiento. *Serrano.* Alumbramiento.
Dudosa pulcritud de sobresalto. *Barbieri.* El hospital.
Duele la carne salida de/la nada. *Díaz Casanueva.* Los penitenciales (Frag.).
Duelen los labios del pan. *Berenguer.* Vigésimo primer día.
Duerme aquí, Evangelina. *Orozco.* Evangelina.
Duerme, hijo mío, duerme. *Prado.* Canción.
Duerme. La curva de su casto pecho . . . *Gavidia.* Soneto.
Duerme una pócima sin viento en mi cadalso. *Corssen.* Canto del soldado desconocido.
Duérmete, futuro ciudadano de Nicaragua. *Martínez Rivas.* Canción de cuna sin música.
Duermo despierto debajo de la tierra. *Corcuera.* Sonatina de Eguren desde la penumbra.
Dulce bien. *Macías.* Ausencia del unicornio.
El dulce Caco clama entre sus joyas. *Eielson.* Serenata.
La dulce desdicha de la adolescencia. *Cobo borda.* Nuestra herencia.
Dulce es el olvido. *Hernández.* A un aria de Haendel.
Dulce es saber que el universo. *Aguirre.* Todavía.
Dulce fruto afelpado del verano. *Rodríguez R. de Ayestarán.* El durazno.
La dulce marina de estío. *Pellicer.* La dulce marina de estío.
Dulce saeta del liviano acento. *Sierra.* El viento.
Dulce señor del reino que enamora. *Núñez.* A un ruiseñor amaneciendo.
Dulce tierra. Mi tierra. *Valle Silva.* Dulce tierra.
Dulce vecina de la verde selva. *Parra.* Defensa de Violeta Parra.
La dulzura del ángelus matinal y divino. *Darío.* La dulzura.
Durante algún tiempo/vivió en León. *Yllescas.* Garibaldi en Nicaragua.
Durante doce años. *Rivero.* Cruz.
Durante estos largos años con sus lunas/sus inviernos. *Berenguer.* Acto V Autoconfinamiento.
Durante la enfermedad, se soñó cabalgando. *Cervantes.* El olor del estipendio.
Durante largos años estuve condenado a adorar. *Parra.* La víbora
Durante medio siglo la poesía fue. *Parra.* La montaña rusa.
Duras manos parecidas/a moluscos o alimañas. *Mistral.* Manos de obreros.
During that time I kept out of circumstances that were too full of/mystery. *Parra.* The Trap.
During the days of his life. *Lara.* The Poet's Days.
Duro con ella/duro. *Nieto Cadena.* Poema.

Each perfect rose that unfolded yesterday. *Nervo.* Ecstasy.
Each volcano lifts its profile. *Chocano.* The Volcanoes.
Earth offers its greeting, with a paternal kiss. *Herrera y Reissig.* The Return.
Ebrio de trementina y largos besos. *Neruda.* Veinte poemas de amor. Poema 9.

Echado al pie de la noche. *Jonquières.* Al pie de la noche.
Eche la muerte en su mochila y caminemos. *Cabrera.* ¿Usted quiere encontrar la vida?
Eclipsa la ciudad, Domnisol de Negroluto. *Carpentier.* Canción.
Un eco enorme gira y gira. *Mora Martínez.* Un eco enorme.
¿El eco la transpolarización de los espejos sumergidos? *Corssen.* Porque el lenguaje es un síntoma.
La edad del Cristo azul se me acongoja. *López Velarde.* Treinta y tres.
Una edad liviana, una edad absorta entre sus luces trémulas. *Medina.* Infancia.
Edades de fuego y de aire. *Paz.* Fábula.
Edgar Blackie, contrabajo negro. *Shelley.* Occidental saxo.
Edificar una sola vez un día totalmente claro. *Juárroz.* Edificar una sola vez.
Edifiqué una casa por mis manos. *Le Riverend.* Edifiqué una casa.
Efímero/ya me dirás mañana. *Valencia.* Amor la lluvia de la muerte.
Egual que agujas de un relos, puntual. *Meretta.* Lunes.
Eh, solitaria nube voladora. *Mora.* Oración a la nube.
Eh visorrey Eh Comendador. *Valcárcel.* Coral a Pedro Vilca Apaza.
Eh vos/tatacombo. *Girondo.* Yolleo.
Él habrá de buscarse. *Cobo Borda.* Prólogo.
Elástico oído en las edades. *Hegui Velazco.* El arriero de la claridad.
El elefante, cuando baila. *González Martínez.* Danza elefantina.
La elegida desciende, y en mis hombros. *Bonifaz Nuño.* Siete de espadas.
Elegiré una Piedra. *Campos Cervera.* Pequeña letanía en voz baja.
Un elemento de controversia. *Girri.* Arte poética.
Elena, que madura junto al río. *Torres Bodet.* Espejo.
Elevó, adusto, el sacerdote anciano. *Alarcón.* Pascua.
Eliminen los aplausos, las venias. *Lavín Cerda.* Eliminen los aplausos.
Ella anuda hilos entre los hombres. *Ortiz.* Ella.
Ella canta está cantando una vieja balada inglesa. *González.* Cantigas para Joan Baez.
Ella/cubanita durísima. *Oliva.* Crónica de los pobres amantes.
Ella daba dos pasos hacia adelante. *Huidobro.* Ella.
Ella descubre el roce el barniz de su cintura. *Sánchez Peláez.* Por razones de odio.
Ella despierta con la mañana. *Jobet.* Descripción de la enamorada.
Ella dice: Sus ojos suplicantes. *Magallanes Moure.* Ansiedad.
Ella está apenada, pero ansiosa. *Alcides.* La doble imagen.
Ella está de pie en su amplio balcón de solana. *Planchart.* El retrato.
Ella estaba con él . . . A su frente. *Silva.* Luz de luna.
Ella fue el alma de mis viejos cantos. *Blanco.* La que no vuelve.
Ella, la heroína de los infiernos. *Sánchez Peláez.* Transfiguración del amor.
Ella, la que yo hubiera amado tanto. *Bazil.* Pequeño nocturno.
Ella me dijo/lo usaron todo y después. *Berenguer.* A media asta (Frags.).
Ella mira pasar desde su lejanía las vanas estaciones. *Orozco.* La abuela.
Ella moja los labios en el vino de él. *Langagne.* Los amantes.
Ella que vio mujeres/como rosas heridas. *Baroni de Barreneche.* Ella la fuerte.
Ella ríe/en la dicha de ser. *Mitre.* Trébol de cuatro hojas.
Ella se desnuda en el paraíso. *Pizarnik.* Ella se desnuda.
Ella se encargaría de los niños. *Pérez.* Paseo.
Ella volvía alegremente. *Walsh.* Verídica balada de la flor de madera.
Ella y yo conversábamos al amor de una lumbre. *Rubio Muñoz.* El murciélago.
Ellas nombraron el oro. *Arenas.* Ellas nombraron el oro.
Ello es que el lugar donde me pongo/el pantalón. *Vallejo.* Ello es que el lugar.
Ellos cayeron en las escalinatas. *Durand.* Ellos cayeron.
Ellos, los enemigos nuestros de cada día. *Sosa.* La muerte otra.
Ellos no poseen dones. *Aristeguieta.* Piedras contra la escriba (Frag.).
Ellos parecen los ancianos tristes. *Cruchaga Santa María.* Los rincones.
Ellos se convidaban para reír. *Arenas.* Detalles.
Ellos son (por excelencia) treintones y con fe en el futuro. *Cisneros.* Naturaleza muerta en Innsbrucker Strasse.
Eludir la realidad durante treinta años. *Cobo Borda.* Ejercicios retóricos.
Embestida y declinante esta hoja es cruel. *Valle.* Embestida.
Embozado en su poncho de alborada. *Granado.* El valle.

Emergió de aguas tibias. *Hahn.* El hombre.
Emigramos a los bosques. *Cross.* De bacantes.
Empápame los ojos de belleza. *López Tena.* A una rosa.
Empapando de armonías. *Alfaro.* Una jaula de armonías.
Empeño manco este esforzarse en juntar palabras. *Westphalen.* Poema inútil.
Empeoran los días. *Valle.* 1974.
Empezaron por apretarle la cola a las palabras. *Nómez.* Especialistas en literatura y balística.
Empuñaduras, cornisas. *Bañuelos.* Conversaciones.
Emula de tu pie descalzo y frío. *Bustamante.* Tu pie desnudo.
En ademanes y caricias invisibles. *Maldonado.* Joven viajera.
En agosto fue el sol. *Terán Cavero.* Guerra civil.
En alguna corte perdida. *Mutis.* Lieder.
En alguna parte hay un hombre. *Juárroz.* En alguna parte.
En alguna respuesta respiro. *Yrarrázaval.* Solitude.
En Alquizar hay dos ángeles. *Vitier.* Suite de un trabajo productivo: Ángeles de Alquizar.
En alta roca. *Lhaya.* Escribiré tu nombre.
En amplio azul de soledosas cumbres. *Capriles.* Alas y cumbres.
En anónimos días mi vida transcurre. *Trujillo.* Benito Gámez hablándose a sí mismo.
En aquel tiempo en el Cuzco había hippies. *Cardenal.* El secreto de Machu-Picchu.
En aquel tiempo eran los hombres. *Aymará.* Humano poderío.
En arbolillos de luto cantando. *Sacoto Arias.* El velorio.
En Bluefields los negros crecen. *Uriarte.* Bluefields.
En cada hora, en cada/minuto silencioso. *Maya.* Credo.
En cada lecho tuyo, dulce valle. *Canelas López.* Encuentro.
En cada rayo de luz. *Materán Alfonzo.* Presencia.
En cada rincón hay una lira. *Tatter.* Siembra lírica.
En cada sitio los días regresan lejanos parecidos. *Jiménez.* Otro es nuestro calor humano.
En cajitas de cartón. *Molina Viana.* Cuna de mellizos.
En casa de José ¡qué ardido nardo! *Fombona Pachano.* San José.
En casa no llegamos a tener un piano. *Contreras.* Despiadada.
En Chile Sarmiento arde de cuerpo entero. *Moore.* Crónica.
En Coconut Island. *Cuadra.* Unico poema del mar.
En concierto de esferas y de espejos. *González Alfonzo.* Tiempo y espejos.
En cristales sin sombra aprisionada. *Pasos.* Naturaleza muerta flor.
En cualquier momento todo será definitivo. *Arévalo.* Una manera de morir.
En desmesuradas yemas. *Contreras.* Las crisantemas.
En desnudez intacta. *Abril.* Exaltación de las materias elementales.
En difícil amor y opuesta preferencia. *Bayley.* Poeta en la ciudad.
En dónde, Adonis, hallará tu boca. *Hernández Aquino.* Mito.
¿En dónde, Amor, hondo de ausencia? *Zambrano Wimer.* Sonetos del amor ensimiasmado (sic).
En donde aprenden a nacer las olas. *Ibáñez.* Vestal marina.
En donde Chile cansado. *Mistral.* Islas australes.
¿En dónde está la cicatriz? *Greve.* La mano del viento.
En dónde estarás ahora. *Luque Muñoz.* Viejo poema.
¿En dónde se queda suspensa la pregunta? *Echeverría Loría.* La pregunta.
En dulce charla de sobremesa. *Gutiérrez Nájera.* La duquesa Job.
En Ecbatana fue una vez. *Darío.* La hembra del pavo real.
En el acantilado de una roca. *Darío.* Revelación.
En el acoso del odio y del deseo. *Shelley.* Occidental saxo.
En el acto/decir la inmensa roca porosa. *Wiethüchter.* Un instante.
En el aire. *Uribe arce.* En el aire.
En el amanecer, era el teléfono. *Torres Bodet.* Despertador.
En el almario que custodian. *Llerena Blanco.* El almario.
En el amor todo cuenta. *Díaz Herrera.* Entre guitarreros y guitarras.
En el amor y en la cama. *Morales.* Usos son de la guerra.
En el amplio jardín del manicomio. *Finot.* Los jardines.
En el anfiteatro del silencio/poblado de mariscos. *Fraire.* Sólo esta luz (Frag.).
En el aprisco cálido y oliente. *Franco.* Aprisco.
En el aro ligero de la luna. *Fernández Moreno.* Canción de luna.

En el atardecer/las palmas de coco. *Santos.* En el atardecer.
En el balcón romántico de un castillo adormido. *Agustini.* Supremo idilio.
En el banquete del muelle. *Hernández Franco.* Banquete de negros.
En el banquete del muelle. *Hernández Franco.* El banquete de negros, en el muelle de la noche.
En el bar del British Club. *Paz.* Madurai (Frags.).
En el bosque, de aromas y de músicas lleno. *Chocano.* La magnolia.
En el brocal del pozo te vi un día. *Arciniegas.* En el brocal (Cromos).
En el campo las vacas. *Cáceres.* Mi amigo Benjamín Péret.
En El Castillo. A día y medio de San Carlos. *Silva.* El Castillo.
En el centro de sus dientes. *Garzón Céspedes.* No es sólo.
En el cielo velado de improviso. *Miró.* Las garzas.
En el comienzo/el silencio. *Serrano.* Hacia el principio.
En el Centro, y a una hora. *Restrepo.* En el Centro.
En el confín de la ribera opuesta. *Fariña Núñez.* Vuelo de flamencos.
En el corazón de nuestras montañas donde la vieja selva. *Cuadra.* Poema del momento extranjero.
En el cuarto del pueblo. *Villaurrutia.* Amplificaciones.
En el curvo cristal de mi locura. *González Martínez.* Imágenes.
En el desorden de señales animales de mi garganta. *Uribe.* En el desorden.
En el desván tendida y aferrada. *Facal.* Rapsodia de la primavera fogosa y el otoño apagado.
En el día del mar pacífico y helado. *Hernández.* Día 15 del mes del mar.
En el diáfano refugio de los ojos. *Mondragón.* Bolero nocturnal.
En el dintel del cielo llamó por fin la esquila. *Herrera y Reissig.* Claroscuro.
En el dolor y en la alegría. *Insausti.* Oración a la tierra.
En el edificio sagrado e invulnerable. *Hernández.* Espectáculos.
En el espejo está la otra palabra. *Vallarino.* En el espejo.
En el fondo de mi. *Artecona de Thompson.* En silencio.
En el fondo del alma. *Torres Bodet.* Reloj.
En el fondo del barranco. *Icaza.* Tonos del paisaje: de plata.
En el fondo del mar. *Storni.* Yo en el fondo del mar.
En el fondo del pecho estamos juntos. *Neruda.* Las furias y las penas.
En el fondo pobrecito mi general. *Dalton.* La segura mano de Dios.
En el frescor profundo de este valle tranquilo. *Castro.* Instante.
En el frío de la mañana. *Restrepo.* Todo torna a vivir.
En el gabinete del gran más allá. *Belli.* Boda de la pluma y la letra.
En el graznido de mi noche. *Valdivia.* Aullido poema octogonal.
En el hogar manda el silencio. *Corretjer.* El convoy
En el instante en que él abrió los brazos. *Calvo.* Reloj de arena.
En el jardín de la contemplación. *Guerra.* En el jardín.
En el jardín había unas magnolias curiosísimas. *Hahn.* Tractatus de sortilegiis.
En el jardín que parece un abismo. *Parra.* Mariposa.
En el lejano oeste de los sueños. *Camerón.* Ruta siete.
En el límite del alba mi pequeño país. *Cuadra.* Himno nacional: en vísperas.
En cl lodo empinada. *Lars.* Dibujo de la mujer que llega.
En el mar/los hombres colmados de tristeza. *Echazú Navajas.* En el mar.
En el mes de las lluvias, y por este/motivo. *Espino.* Mañanita en los cerros.
En el mirador de la fantasía. *Eguren.* Peregrín cazador de figuras.
En el momento en que el aliento se sacrifica. *Ollé.* De noches de andrenalina (sic).
En el momento en que el tenista lanza magistralmente. *Vallejo.* En el momento.
En el nombre del padre, del hijo y de la madre. *Romualdo.* Oración total.
En el nombre de los padres. *Mendoza.* Aclaración intencional de los derechos humanos.
En el otro momento de su avance se cierran tras él, las puertas. *Muñoz.* Todo él, la filigrana azul de la mirada.
En el pabellón de los santos, yo La Tirana. *Maquieira.* Nadie sabe lo que yo hablo.
En el país de las pesadillas, la pobre Alicia. *Lihn.* Alicia en el país de las pesadillas.
En el paisaje dorado y negro en que se asienta mi corazón. *Mondragón.* Humanidad.
En el Paraíso caben dos. *Guerrero.* Jugábamos desnudos.
En el paraíso tendrías que haberme enseñado. *Valdés.* Balada de los buenos deseos.
En el parque, extenuado bajo el sol que calcina. *Noboa Caamaño.* En la tarde de sol.
En el pasadizo luminoso. *Eguren.* La niña de la lámpara azul.

En el pasado/de obsesivo monólogo interior. *Gravino.* Recordando.
En el patio. *Vallarino.* En el patio.
En el puente de luz. *Macías.* Viajante.
En el puente de piedra que el musgo lento cubre. *Fierro.* La tristeza del ángelus.
En el regazo de la tarde triste. *Agustini.* El vampiro.
En el reino cifrado de la noche. *Juárroz.* En el reino.
En el sepulcro no hay bastante olvido. *Tamayo.* En el sepulcro.
En el sereno parque vela el viejo cuadrante. *Lerena Acevedo.* El reloj de sol.
En el silencio de la casa quedas. *Aray.* El hombre sólo escucha la voz antigua.
En el silencio de las flores se halla. *Cortés.* La flor del fruto.
En el sol de esta tarde hay algo más que luz. *Comesaña.* Por unos minutos.
En el sueño que sueña tu presencia. *Cárdenas.* Sueño
En el sur de los Estados Unidos. *Morejón.* Freedom Now.
En el té de jazmín. *Macías.* Poemas desde Pekín.
En el templo colmado de adoraciones graves. *Agustini.* Mis ídolos.
En el umbral de polvorosa puerta. *Valencia.* Anarkos.
En el umbral del corazón detiene. *Córdova Iturburu.* La tristeza.
En el valle de mis infancias. *Mistral.* Herramientas.
En el valle de "Ciudad Antigua". *Cuadra.* El viejo motor de aeroplano.
En el valle de Río Blanco. *Mistral.* Beber.
En el valle que rodean montañas de la infancia. *Gerbasi.* Escritos en la piedra.
En el verano de 1910 el cometa Halley. *Quezada.* El cometa Halley.
En el viejo sofá. *Reynolds.* Menta.
En el viento que enciende empalizadas de tunas. *Gerbasi.* Tiempo equinoccial.
En el vítreo esplendor del estanque. *Eguiluz.* Narciso.
En el zoo fantasmal. *Lagos.* Héme aquí sintiéndome oso pardo.
En el zumo de una lima, al morderla. *Yáñez.* En el zumo.
En esa calle estrecha y empinada. *Lleras Restrepo de Ospina.* El camarín del Carmen.
En ese teorema que empecé vivaz. *Moreno Jiménez.* Los primeros pasos.
En espera, tendida en la yerba. *Castro.* Sequía.
En esta casa no leen poesía. *Cabrera Carrasco.* Radiografía.
En esta esplendidez del cielo limpio. *Storni.* La garra blanca.
En esta hora amarga, como un sorbo de mares. *Mistral.* Tribulación.
En esta media noche. *Oquendo de Amat.* Cuarto de los espejos.
En esta noche en este mundo. *Pizarnik.* En esta noche.
En esta noche Ulises irá tarde a su casa. *Carrión.* La sirena y Ulises.
En esta pieza desde donde se ve la leña húmeda. *Trujillo.* En esta pieza.
En esta playa muere la ola de la música. *Reyes.* Valparaíso.
En esta presencia amarilla—entre dos lámparas—de la noche. *Torres Bodet.* Pórtico.
En esta silla donde el tiempo sueña. *Sabella.* La silla.
En esta tarde hostil bulle en mi mente. *Capriles.* La hora lúgubre.
En esta tienda de antigüedades entramos. *Feria.* Del escribano y su invención.
En esta tierra que resopla. *Alfonseca.* Ésta es nuestra tierra.
En esta tumba yace Pedro, el amigo mío. *Fernández Spencer.* La tumba de Pedro.
En esta tumba yacen los restos de Ran Runnels. *Arellano.* Epitafio de Ran Runnels.
En esta última carta usted ni habla. *Cos Causse.* Carta para un viejo poeta.
En este año hemos venido a desolar. *Carneiro.* La peste.
En este camposanto rural descansar quiero. *Cabrales.* Camposanto rural.
En este grifo/que vierte agua. *Monje Landívar.* En este grifo.
En este hemisferio/celeste. *Schvartzman.* Poema.
En este jardín/los mitos vuelven. *Oribe.* El canto del cuadrante.
En este lugar/el aire flota como la música. *Gravino.* A vuelo de pájaro.
En este mundo, con nadie. *Vilariño.* En este mundo (Frag.).
En este país de petrificados llantos. *Viscarra Fabre.* En este país.
En este páramo las cosas no tienen nombre. *Sáenz.* Bruckner.
En este pequeño cuadrado, lo de fuera. *Martínez.* Adolf Hitler y la metáfora del cuadrado.
En este pobre sueño de la vida. *Reyes.* Canto de amor.
En este pueblo, Tarumba. *Sabines.* En este pueblo.
En este reposo/la palabra posa su aroma. *Molina.* En este reposo.

En este retrato/hay un niño mirándome. *Novo.* Retrato de niño.
En este rincón, mano de piedra. *Calderón.* A diez rounds.
En este solar de hierba calcinada. *Quirarte.* En este solar.
En este sosegado apartamiento. *Othón.* El himno de los bosques.
En estos precisos momentos es bello. Por ejemplo. *Huerta.* Nocturno del Mississippi.
En estos últimos días la gracia de Dios cubrió. *Hernández Campos.* Diciembre.
En frío/cada paso tiene que arrastrar súbitamente. *Oliva.* Quien tiene que decirle a su amiga . . .
En Holanda me lavo las manos. *Pellicer.* Semana holandesa.
En hondones de arrecifes. *Llerena Blanco.* Un corazón de verdad.
En husos de marfil vellón de oro. *Tamayo.* En husos de marfil.
En invernales horas, mirad a Carolina. *Darío.* De invierno.
En la agónica gota de un reloj cuya máquina. *Usigli.* Testamento.
En la alameda donde crece el guineo. *Gómez Correa.* Reencuentro y pérdida de la mandrágora.
En la alta noche, frente de luna. *Santander Morales.* Canción de cuna para el hijo que no ha de venir.
En la altiva y vetusta Catedral de Toledo. *Fábregas.* Llanto mudo.
En la amorosa noche me aflijo. *Sabines.* De la noche.
En la antigüedad/los ovnis. *Cabrera Carrasco.* En la antigüedad.
En la antipoesía se busca la poesía, no la elocuencia. *Parra.* Nota sobre la lección de la antipoesía.
En la antiséptica Sala del Consejo se entronizó. *Lihn.* La invasión.
En la apacible alegría. *Pezoa Véliz.* De vuelta de la pampa.
En la arena dibujo tu nombre. *Orilla.* Subero.
En la arena/se ha bañado la sombra. *Eguren.* Favila.
En la árida tierra está la mitad, sólo la mitad. *Jonquières.* Fuga.
En la asimétrica comisura de la urbe. *Valdés.* Diagonales.
En la avenida Thornton, en Berkeley. *Quiñones.* Retratos de ciudad.
En la callada urbe de silencios evocaba. *Clavijo Pérez.* Evocando sobre el crepúsculo.
En la Calle-Avenida Ambato los narcotraficantes abalean. *Armijos.* Los candiles de la arquitectura.
En la Calzada más bien enorme de Jesús del Monte. *Diego.* El primer discurso.
En la cama/desde el extremo blanco de la página. *Peri Rossi.* Poema.
En la carreta/iba. *Casal.* El humo viajero.
En la casa de las bagatelas. *Eguren.* Las bodas vienesas.
En la celda, en lo sólido, también. *Vallejo.* En la celda.
En la celda oscura del enfermo. *Vargas.* Susana San Juan.
En la cepa secreta del raulí. *Neruda.* Toqui Caupolicán.
En la ciudad borracha. *Canales.* Ciudad de San Salvador.
En la ciudad del frío. *Aróstegui Arce.* Soledad.
En la ciudad frenética, en la acera. *Florián.* La aguja del campesino.
En la ciudad, al centro de la estrellada noche. *Yáñez.* En la ciudad.
En la constelación perecedera del almuerzo. *Oráa.* En la constelación.
En la contemplación está el ingenio del ser. *Espinoza.* XXVIII.
En la costa brava/suena la campana. *Eguren.* Lied III.
En la cruz del camino/ha expirado una senda. *Xammar.* En la cruz.
En la cumbre del monte. *Krauze.* Humeaba el Monte Sinaí.
En la curva delgada de las noches herméticas. *Viscarra Fabre.* En la curva.
En la cúspide radiante. *López Velarde.* El candil.
En la dehesa, sátiro; en el corral, asceta. *Vicuña Cifuentes.* El asno.
En la desierta oscuridad donde brota la sangre. *Maples Arce.* Memorial de la sangre.
En la desolada tarde/Claribel. *Tamayo.* Balada de Claribel.
En la distancia mi patria con su pequeño. *Armijo.* En la distancia.
En la dura noche cerrada. *Mistral.* El fantasma.
En la época en que escribía poesías. *Bignozzi.* Mujer de cierto orden.
En la eropsiquis plena de huéspedes entonces. *Girondo.* Hay que buscarlo.
En la escala de palos ponen penas. *Cruchaga de Walter.* La flor de la pluma.
En la esfera celeste de tus ojos. *Gorostiza.* Lección de ojos. Panorama.
En la estación, al margen del andén campesino. *Obligado.* El molino de la estación.
En la finca de Orencio López, llamada El Carmen. *Sabines.* Las montañas.
En la fruta que toco, en la que dejo. *Torres Bodet.* Fuente.
En la hierba. *Rosas Galicia.* En la hierba.
En la hora del gusano y de la hormiga. *Menén Desleal.* Nota a una señora que me acusa de inmoral.

En la hora del transnoche un perro. *Morales.* Noche.
En la hora oscura y amarguísima. *Alcocer.* Soledad.
En la isla en que detiene su esquife. *Darío.* Coloquio de los centauros.
En la isla ha entrado el ritmo. *Agostini de del Río.* Los negros.
En la llama del verano. *Lugones.* El jilguero.
En la luz disecada, lentamente. *Bendezú.* Nostalgia de lo infinito.
En la madrugada de hoy miércoles. *Rivera.* Madrugada.
En la mañana fresca ambulativa. *Wilcock.* Viaje por mar, o La paloma de Ararat.
En la mañana que llueve. *Rivera-Avilés.* Mañana lluviosa.
En la mano delgada y transparente. *Guzmán Cruchaga.* Rosa de humo.
En la materia viva, no en la piedra. *Brandy.* En la materia viva.
En la mirada del hidalgo austero. *Reynolds.* El caballero de la mano en el pecho.
En la mística escuela, en el murmullo. *Valle Goicochea.* Ofrenda.
En la monotonía del llano inmenso y magro. *Mendoza.* Tiahuanacu (Frag.).
En la Mosquitía/hay una playa ilímite de arena desolada. *Barrera.* La playa desolada.
En la muchedumbre de estrellas. *Perezalonso.* Alrededor de la nave que cabecea.
En la negrura soledad soñaba. *García Terrés.* Más.
En la noche. *Volkow.* Tiempo.
En la noche a tu lado. *Pizarnik.* Revelaciones.
En la noche balsámica, en la noche. *Arturo.* Canción de la noche callada.
En la noche desvelada estallan los colores. *Camerati.* Carnaval de Venecia.
En la noche llegas, en el día llegas. *Argueta.* Dos Antonias.
En la noche un ruido de agua. *Ortiz.* En la noche.
En la orilla contemplo. *Eguren.* Marginal.
En la orilla de tu casa. *Silva Ossa.* Lazo.
En la orilla del bosque. *Castrillo.* Arcano.
En la palabra habitan otros ruidos. *Cuesta.* Una palabra oscura.
En la palabra seca, informulada. *Bracho.* Sobre las mesas: el destello.
En la pieza canta un grillo. *Araneda.* El canto de un grillo. Araneda.
En la pieza contigua. *Hahn.* Fotografía.
En la pira que has erigido con sus retratos. *Schopf.* La pira.
En la piragua del mediodía. *Ibarbourou.* Día de felicidad sin causa.
En la playa he encontrado un caracol de oro. *Darío.* Caracol.
En la plaza, bajo los laureles de la India. *Sandoval.* En la plaza.
En la poca siesta del albergue. *Vitier.* Suite de un trabajo productivo: Cello al mediodía.
En la popa desierta del viejo barco. *Casal.* Páginas de vida.
En la rama el expuesto cadáver se pudría. *Díaz Mirón.* Ejemplo.
En la revista del colegio. *Méndez Camacho.* Kampeones.
En la sal: la madera y el vino. *Munita.* En el agua.
En la sala anatómica desierta. *González Camargo.* Estudiando.
En la síncopa está el gusto. *Deniz.* Avivanza.
En la soledad de las cavernas. *Chirino.* Todo aquello era absurdo.
En la solitaria mesa donde ceno. *Memet.* Bonne année.
En la sombra del sueño destruido. *Ossorio.* Espada y sombra.
En la sombra de tu imagen. *Remón Villalba.* Nostalgia.
En la sombra debajo de tierra. *Gutiérrez Nájera.* Ondas muertas.
En la tarde cuando se desvía la lluvia. *Calderón.* A todos.
En la tarde—en las horas del divino. *Silva.* Crepúsculo
En la tibia quietud de nuestra sala. *Lozano y Lozano.* El secreto.
En la tranquila ambigüedad de la memoria. *Jaramillo Levi.* Fugas y engranajes.
En la tranquila noche mis nostalgias amargas sufría. *Darío.* Venus.
En la ventanita redonda, todo es azul. *Cardenal.* Visión de la ventanilla azul.
En la vetusta construcción altiva. *Urdaneta.* Herrumbre.
En la vieja Colonia, en el oscuro. *Arciniegas.* En Colonia.
En la villa de María del Río Seco. *Lugones.* El canto.
En largos trenes de chirridos ebrios. *Jobet.* Las pipas.
En las altas murallas de ladrillos. *Rojas.* No hay enemigo eterno.
En las apenas nacidas. *Serrano.* Hundiéndose lentamente.
En las cajas torácicas. *Cazasola Mendoza.* Los cuerpos (Frags.).

En las caletas del norte viejos brujos. *Burgos.* Voluntad de héroe.
En las casas antiguas de esta ciudad las llaves del agua. *Pacheco.* H & C.
En las casas de las mujeres los hombres. *Zambrano Colmenares.* La casa de los fantasmas.
En las constelaciones Pitágoras leía. *Darío.* En las constelaciones.
En las divinas horas. *Pellicer.* El recuerdo.
En las migraciones de los claveles rojos. *Gervitz.* Fragmento de ventana (Frags.).
En las migraciones de los claveles rojos. *Gervitz.* Shajarit (Frags.).
En las noches de invierno, fumando en mi aposento. *Perry.* Como un ciego.
En las noches de lágrimas. *Bedregal.* Nocturno de lágrimas.
En las noches hay una estrella roja sobre el mar. *Rojas.* Chañaral.
En las noches mestizas que subían de la hierba. *Arturo.* Morada al sur.
En las pálidas tardes/yerran nubes tranquilas. *Darío.* Autumnal (Span.).
En las pródigas luces humedecidas. *Sáenz.* En las pródigas luces.
En las profundidades del mundo existen espacios. *Sáenz.* Poema X.
En las sombrías horas de esta noche de invierno. *Marasso.* La velada.
En las suaves montañas, ya la última huella. *Contardo.* Ángelus de Nazaret.
En las tardes abandonadas. *Jodorowsky.* Los futuros suicidas.
En las tardes de invierno. *Teillier.* Retrato de mi padre, militante comunista.
En las trémulas tierras que exhalan el verano. *Borges.* Manuscrito hallado en un libro de Joseph Conrad.
En las vedadas aguas cristalinas. *Belli.* En el coto de la mente.
En Lima cada cuadra tiene un nombre me dijeron. *Martos.* Lima.
En lo alto de esas cumbres agobiantes. *Girondo.* Campo nuestro (Frag.).
En lo alto del día. *Pacheco.* Éxodo.
En lo profundo de la selva añosa. *Silva.* Obra humana.
En lo recóndito/sólo luz que se encarna. *Carrasco Peña.* Mirada interior.
En los claros domingos de mi pueblo, es costumbre. *López Velarde.* Domingos de provincia.
En los corredores de obligada penumbra. *Huerta.* En los corredores.
En los días de su vida. *Lara.* Los días del poeta.
En los dientes, la mañana. *Guillén.* Adivinanzas.
En los domingos largos y ojerosos. *Cerruto.* Dócil soledad.
En los fértiles bosques solanchanos. *Turcios.* Los coyolares.
En los frescos lagares duerme el zumo oloroso. *Magallanes Moure.* El vendimiador a su amada.
En los fríos barrios de la muerte médica. *Vitier.* Los fríos barrios.
En los helados pensamientos, en las hojas turquí. *Sander.* Noche en la Puerta del Sol.
En los húmedos bosques, en otoño. *Silva.* Muertos.
En los jardines otoñales. *Eguren.* La Pensativa.
En los nidos y en las ramas. *Molina Viana.* En los nidos.
En los ojos abiertos de los muertos. *Sabines.* En los ojos abiertos.
En los patios de las casas juegan los niños. *Argueta.* Distintas formas de morir.
En los poemas que el poeta abre y cierra. *Padilla.* En los poemas.
En los principios del mundo os veo. *Cerruto.* Los dioses oriundos.
En los subterráneos del dominio inhabitado. *Sánchez Negrón.* Las voces minerales.
En los tiempos que corren. *Desiderato.* El pájaro y la bala.
En los últimos años los hombres y las cosas. *Rosario.* Cualquier lugar de la ciudad.
En los últimos días. *Trejo Villafuerte.* Enlos últimos días.
En manos del destino estoy pero no me corro. *Urzagasti.* En las manos del destino.
En mármoles pentélicos, en bloques de obsidiana. *González Martínez.* Silenter.
En medio de colores, sonidos, rostros. *Gerbasi.* Paso del tiempo.
En medio de este mundo, enseñoreada. *Berenguer.* Suficiente maravilla.
En medio de la siesta del patio de mi casa. *Rubio.* El celoso.
En medio de las aguas congeladas o hirvientes. Un puente. *Lezama Lima.* Un gran puente.
En medio de un silencio desierto. *Villaurrutia.* Nocturno en que nada se oye.
En mensaje de magnolias. *Castro.* Alfonsina en el mar—Muerte de Alfonsina Storni.
En México, en Chihuahua. *Novo.* Las ciudades.
En mi celda hay una flor. *Guadamuz.* Una flor.
En mi ciudad. *Comesaña.* Ciudad gallina gris.
En mi garganta residísteis. *Medina.* Egloga del niño.
Una en mí maté. *Mistral.* La otra.

En mi melena toma otro largo el tiempo. *Gaete Nieto Del Río.* El reto del Beatnik.
En mi mesa muerta, candelabros. *Eielson.* Poesía.
En mi pais la poesía ladra. *Verástegui.* Si te quedas en mi país.
En mi país, señor. *Suárez Quemain.* Un disparo colectivo.
En mi patria hecha para probar catapultas y trampas. *Poema jubiloso.* Dalton.
En mi patria la gente se ocupa de cultivar los muertos. *Thorne.* Thome. La flecha del guerrero.
En mi pueblo habita el sol. *Wong.* En mi pueblo.
En mi pueblo natal, en el tiempo. *Miranda Casanova.* En mi pueblo natal.
En mi silencio azul lleno de barcos. *Cruchaga Santa María.* El amor junto al mar.
En mi su voluntad no fue hermosura. *Castellanos.* El resplandor del ser.
En mi tardía latitud/agosto. *Jauch.* Aromo.
En mi tiempo la palabra envejece y el sueño también. *Campos.* Wiedersehen.
En mi ventana de aquí y en mi ventana de allá. *Barquero.* Aquí y allá.
En mis manos tengo ciruelas rojas y amarillas, centro-americanas. *D'León.* 130.
En mis sueños de amor ¡yo soy serpiente! *Agustini.* Serpentina.
En montañas me crié. *Mistral.* Montañas mías.
En negro se desafina. *Pellicer.* En negro se desafina.
En New Orleans gritó la trompeta negra. *Balseiro.* La trompeta negra.
En nombre de quienes lavan ropa ajena. *Dalton.* Acta.
En Norteamerica. *Guillén.* Elegía a Emmett Till.
En North Carolina/el aire nocturno. *Villaurrutia.* North Carolina Blues. (Span.).
En noviembre, mientras un frente polar. *Menén Desleal.* Canto al ciudadano norteamericano número doscientos millones.
En ocio de palmeras. *Fombona Pachano.* Playas caribes (itinerario de la Grace Line).
En oleaje caviloso digo. *García Terrés.* Letanías profanas.
En oro, bronce o acero. *Agustini.* Tres pétalos a tu perfil.
En otros astros, otros siglos. *Jonquières.* A otra cosa.
En otros países/podríamos crecer. *Gordillo.* Epigramas.
En palafrén moro que piafa sonoro. *Espinosa y Saldaña.* Rejonero imperial.
En Pascua resucitan las cigarras. *Cardenal.* En Pascua resucitan.
En plena calle me pregunto, donde. *Neruda.* Regresó el caminante.
En pleno/Caribe, el águila. *Urondo.* Habana libre.
En Popayán de piedra pensativa. *Carranza.* Elegía a Maruja Simmonds.
En Potosí: una máscara se ríe. *Shimose.* La casa de la moneda.
En presencia de yo te adoro. *Navarro.* Homenaje a Tristán Tzara.
En primavera toman con el té. *Rivera.* En primavera.
En provincia de cielo. *Schiavo.* En provincia de cielo.
En qué consiste el juego de la muerte preguntó. *Gelman.* Sammy McCoy.
En qué infinito tibio. *Ávila.* Carta a Leonardo.
En qué jardín del aire o terraza del viento. *Carranza.* La niña de los jardines.
En qué lancha las llevaron. *Cuadra.* Tomasito, el Cuque.
En qué momento te sobrevino el sueño, la luz. *Corssen.* De amonitas y catedrales de piedra.
En qué no se parecen la separación y la muerte. *Lihn.* En qué no se parecen.
¿En qué parte del Perú está Mario Luna? *Mora.* Temperatura del poeta bajo el mar/M.L. im.
En qué pausado vértigo te encuentras. *Sabines.* En qué pausado.
En qué punto del firmamento o suelo. *Belli.* Villanela.
En qué rincón de tu alcoba, ante qué espejo. *Mutis.* Poema de lástimas a la muerte de Marcel Proust.
¿En qué vena de piedra está ahora? *Meléndez de Espinosa.* Elegía.
En realidad habíamos nacido. *Alcalde.* Habíamos nacido el uno para el otro.
En realidad, los elefantes. *Leduc.* Epístola a una dama que nunca en su vida conoció elefantes.
En realidad, los elefantes. *Leduc.* Epístola a una dama que nunca conoció elefantes.
En realidad; un derrumbamiento de hielos amarillos. *Suardíaz.* Encuentro con la nieve.
En Rivas, Nicaragua/te vi. *Arellano.* En Rivas, Nicaragua.
En rodillas de viento galgo y huella. *Asturias.* Invierno.
En rueda está el silencio detenido. *Arteche.* Bicicleta abandonada en la lluvia.
En rueda está el silencio detenido. *Arteche.* La bicicleta.
En San José de Costa Rica donde ahora vivo. *Murillo.* Canción de tiempos errantes.
En Santiago de Chile. *Parra.* Cronos.

En septiembre por San Ubaldo se vieron más coyotes. *Cardenal.* Ecología.
En sólo tres brazadas entro en una zona. *Hurtado.* Boras.
En sólo una palabra hemos vivido. *Wilcock.* Oda.
En sombras la virgen india. *Lhaya.* Aútshi y Wanülü.
En son de paz. *Isla.* Lozano.
En su blancura lánguida dormita. *Garcés Alamo.* Elogio del lirio.
En su despertar el hombre. *Aridjis.* En su despertar.
En su dorada jaula he encerrado. *López.* Mi estrofa.
En su guante de hierro se ha posado un halcón. *Anzoátegui.* El emperador vuelve del destierro.
En su país de hierro vive el gran viejo. *Darío.* Walt Whitman.
En su palacio Somoza. *Rocha.* Sueño del optimista.
En su pizarra negra. *Tablada.* El insomnio
En su rincón oscuro se ha sentado. *Marechal.* El descanso.
En su secreta dársena de flores. *Marechal.* El viaje de la primavera.
En su tostada faz algo hay sombrío. *Chocano.* Tríptico criollo: El llanero.
En su tristeza augusta, amado mío. *Rodríguez R. de Ayestarán.* En su tristeza.
En sus nudos hay fuerzas misteriosas. *Chocano.* El sueño del boa.
En tal soledad de animales muertos. *Chariarse.* Habla el invierno.
En tantas cosas pongo mi fe, y en tantas veo. *Guerra.* En tantas cosas puse mi fe.
En tanto los manjares nos brindan su espíritu. *Yáñez.* Cena.
En tardes de ocio digerido. *Jaramillo Levi.* Escenas.
En ti ahora, mulata. *Palés Matos.* Mulata-Antilla.
En tí el primer amor, la blanca gorra. *Vial.* En tí el primer amor.
En ti estábamos, por ti fuimos. *Delgado.* A Artigas.
En ti he nacido frente a tu montaña. *Cruchaga Santa María.* Canto a Chile.
En ti. Recién nacida, la ternura. *Carrión.* Dulce niñera rubia de los sueños.
En tiempo húmedo. *Pellegrini.* Es decir.
En tierra sin señuelo, sin vallado. *Moleiro.* Soneto.
En todas las horas de la ausencia mis manos. *Moreno Jiménez.* Versos de amor y de misterio.
En todas partes hay flores. *Varela.* Flores para el oído.
En todo amor se escucha siempre. *Sologuren.* Memoria de Garcilaso el Inca.
En torno del fortín abandonado. *Otero Reiche.* La retirada.
En torres de cristal campanas de oro. *Tamayo.* Adonais (A la muerte del hijo) (Frag.).
En tren a San Salvador, aquel año. *Quijada Urías.* Mi primer viaje en tren.
En tropel fragoroso y desflecado. *Arrieta.* El río seco.
En tu alcoba techada de ensueños, haz derroche. *Agustini.* La cita.
En tu aposento tienes. *Silva.* Mariposas.
En tu camarín de plata. *Pinto.* Letanía.
En tu semblante de vegetal en reposo, joven mía. *Huerta.* Problema del alma (Frag.).
En tu sombrilla de huecos. *Feria.* Poema para la mujer que habla sola.
En tus aras quemé mi último incienso. *Othón.* Envío.
En tus ojos se aduerme sereno. *Meza Fuentes.* La niña que se fue a ver el mar.
En tus pesares cautiva/me volví crisálida. *Puhyol.* En tus pesares.
En un banco del Parque Forestal. *Parra.* Se me ocurren ideas luminosas.
En un banco público. *Jiménez.* Contrastes.
En un beato silencio el recinto vegeta. *Herrera y Reissig.* La iglesia.
En un burdel de Atenas, aquella tarde Dimitria me decía. *Campos.* En un burdel de Atenas.
En un cuello de escoba recorrían. *Jobet.* Las brujas.
En un fondo de diamante un tornasol es un fuego más. *Cáceres.* Un tornasol.
En un instante fragua y se rompe. *Vitale.* El puente.
En un libro de versos salpicado. *Gelman.* La victoria.
En un lugar del alma, entre muros de olvido. *Lars.* En un lugar del alma.
En un momento Isidro llegará con los panes. *Villarreal.* Al servicio de la nueva reina.
En un mundo sin tiempo ni distancia. *Jauch.* Balada para una niña.
En un país de blancos guerreros. *Natera.* Balada a Luther King.
En un recinto rosa, fragante a intimidad. *Augier.* Homenaje a la rosa.
En un rincón del apartamento una mujercita. *Sandoval.* La cautiva Paty.
En un rincón oscuro. *Fernández Moreno.* La herrada.
En un rincón profundo abandonada. *Fernández Moreno.* A un ancla vieja (Río Uruguay).

En una época lejana. *Prieto.* Origen.
En una grieta fosca del infierno. *Bernal.* Y dios mismo (si es dios) lo confirmará.
En una mano que perdió su anillo. *Thein.* Aparición del mito.
En una suavidad en que se ha roto. *Cotto.* Tercetos de Cuscatlán.
En una tarde cuando deudo triste. *Chávez.* En una tarde.
En una tierra antigua de olivos y cipreses. *Castellanos.* Distancia del amigo.
En una tierra que amasan potros de cinco años. *Marechal.* Poema sin título.
En una Universidad poco renombrada había un profesor. *Torri.* La humildad premiada.
En unas bajas islas de llanto y de corales. *Pardo García.* Islas de sed.
En unos ojos abiertos. *Zaid.* Canción.
En Vallauris en cada casa. *Neruda.* Picasso.
En vano ensayaríamos una voz que les recuerde algo. *Reyes.* El descastado.
En vano es mío/el humo. *Mitre.* El ausente.
En vano es mío/el humo. *Mitre.* Poema.
En vano hay un dulzor que suavemente nada entre la brisa. *Lauer.* Ligero viento sobre el barrio de los ricos.
En vano y uno el agua bulle. *Adán.* Narciso al Leteo.
En verdad, en verdad hablando. *Heraud.* Arte poética.
En verdad, hijos míos. *Campero Echazú.* La simiente.
En verdad, yo venía siempre relampagueante. *Ruano.* En aquella antigua tempestad de Turner.
En Xochimilco, ay. *Vitier.* En Xochimilco, ay.
El enamorado de todas las cosas. *Vicuña Cifuentes.* La perfecta alegría.
Los enanos en la arena. *Lugones.* Ronda de los enanos.
Encadenada/a la profesión de la palabra. *Díaz Diocaretz.* Encadenada.
Encadenaron la noche. *Bernárdez.* Responso en bronce mayor.
Encajada a mi voz, diáfana y sola. *Villarronda.* El mar sentado.
Encajado en la bélica armadura. *Fernández Espiro.* Don Quijote.
Encallecido privilegio este orgulloso sufrir. *Dalton.* Algunas nostalgias.
Encarnaciones/de cristal para las gargantas. *Reyes.* A pesar de la niebla.
¡Encarnasión! *Arozarena.* La comparsa del majá.
Encendida locura castellana. *Arévalo Martínez.* Locura.
Encendidos por ti y enamorados. *Cardona Peña.* Petrarca: Canción I.
Encima de la nieve está ahora mi casa. *Valdés.* Estoy lejos.
Encima de las anchas y duras hojas frías del tiempo llegas. *Molinari.* Pequeña oda a la melancolía.
El encuentro de una mano dilatada en el poniente. *Luque Muñoz.* H.
Encuentro distante, proporcional, privado. *Taibo.* Antes de tí, después de tí.
Endocarditis bacteriana. *Jacquez.* Plegaria al corazón.
El enemigo que me acompaña. *Tenreiro.* Detritus.
Enfebrecido por la humedad de un paisaje. *Oráa.* Baragaño entra al espejo.
Enfermo de leyenda y lejanía. *Nazoa.* Puerto.
Enfermo en Veracruz, recuerdo un día. *Neruda.* Quiero volver al Sur.
Enfrentándonos. *Suárez.* El toro.
Enfrente a la Comedia Francesa, está el Café. *Vallejo.* Sombrero, abrigo, guantes.
Enfrente una mujer teje junto a su radio. *Perezalonso.* Alguien bebe y festeja esta noche en el barrio.
Engastada en mis manos fulguraba. *Agustini.* Tú dormías.
Enhebrando dulzuras. *Piccato.* Festejo.
Enigma de andar solo. *Saa.* Soledad compañera.
Un enlutado día cae de las campanas. *Neruda.* Vuelve el otoño.
Enma es toda una mujer. *Cuadra.* Enma.
Enmarcada en rectángulo de sombras. *Bedregal.* Frente a mi retrato.
Enmarcado tu rostro en la distancia. *Fernando.* Retrato.
Enmetalados serafines que se incendian. *Montes de Oca.* Muchacha con sandía.
Enorme/el antifaz de los muertos se hunde. *Zondek.* La miseria del ojo.
Enorme tronco que arrastró la ola. *Chocano.* El sueño del caimán.
Enorme y santa Rusia, la tempestad te llama. *Jaimes Freyre.* Rusia.
Enorme y sólida/pero oscilante. *Paz.* La arboleda.
Enormous and solid/but swaying. *Paz.* The Grove.

Enormous tree-trunk crawling on the waves. *Chocano.* The Dream of the Caiman.
Enredado en las hebras del horóscopo ciego que me rige. *Ramponi.* Corsario de tinieblas.
Ensayé la palabra, su medida. *Mejía Sánchez.* Ensalmos y conjuros.
Enséñenme el retrato. *Gottberg.* El adolescente.
Enteramente rítmicos son los pausados pasos. *Pinto.* Huankaras.
Enterradla. *Sabines.* De la muerte.
Enterrado vivo/en un infinito. *Torres Bodet.* Dédalo.
La enterraron en la tumba familiar. *Paz.* Epitafio de una vieja.
Enterré tu pequeño cadáver de nardo torturado. *Rivas.* Responso jubiloso.
Entiendo que mi polvo esté cansado. *Amor.* Entiendo que mi polvo.
Entonces afluían las palabras. *Vitier.* La Palabra.
Entonces comenzó la fiesta de la sangre. *Cardona Peña.* Acto nupcial (Frag.).
Entonces/cuando yo no era nadie. *Matute.* Entonces.
Entonces elegiré un lecho de tierra herbosa. *Cillóniz.* Después de caminar cierto tiempo.
Entonces en la escala de la tierra he subido. *Neruda.* Alturas de Macchu Picchu. (Frag.).
Entonces fue que el Ángel se acercó desnudo y dijo. *Molina Venegas.* Historia de ángeles (Frag.).
Entonces había bellas flores. *Rocha.* Códice de la virginidad perdida (Frag.).
Entonces mi mano eclipsa. *Quirarte.* Entonces mi mano.
Entonces ya es seguro que estás muerto. *Diego.* Donde nunca jamás se lo imaginan.
Entra el ebrio marino. *Flores Castro.* Arribo a Shanghai, 1927.
Entra en materia la materia. *Montes de Oca.* Entra el ebrio.
Entra la aurora en el jardín: despierta. *Banchs.* Entra la aurora.
Entraba y salía de mí/acostumbrada a mi sombra. *Brull.* La bien aparecida
Entrado el sol en el poniente, un día. *Hidalgo.* Las rocas.
Entramos en un bosque furiosamente quemado, violentamente/abrasado. *Hahn.* El muerto en incendio.
Entrando en el Canal de las Bahamas. *Reyes.* Viento en el mar.
Entrando en la ciudad por alta mar. *Hahn.* Ciudad en llamas.
Entras al cuarto oscuro/como a un lecho de sueños. *Aridjis.* Entras al cuarto oscuro.
Entras en la arena. Un saludo inflado. Una venia elegante. *Montealegre.* Gallo.
Entraste/no hubo combate. *Milán.* Brenda.
Entre abandono calmado y mudo. *Alemán.* Sueño.
Entré al bosque y arriba de canto. *Guevara.* De mirar arriba.
Entré al lugar más frío. *Alabau.* Entré al lugar.
Entre anónimas sombras voy parada. *Cruchaga de Walker.* Micro-pila cementerio.
Entre aquel bosque insano. *Argüello.* Veritas.
Entre barrotes negros, la dorada melena. *Storni.* El león.
Entre bastidores van re-mirándose acicalándose. *Agudelo.* En donde se habla de cómo se recogen fondos.
Entre castillos de piedra cansada. *Neruda.* Exilio.
Entre dientes podridos y esparcidos. *Wayar.* Lata de sardinas.
Entre dos aguas voy al mar, sin tino. *Aveleyra.* Telar submarino.
Entre dos picaneadas. *Silva Valdés.* La carreta.
Entre dos troncos armados de espinas. *Diego.* Portorriqueñismo.
Entre el agua y la sombra, a orillas. *Sologuren.* Gravitación del retrato.
Entre el cerebro. *Sansón.* Entre el cerebro.
Entre el fulgor de la quema. *León Guevara.* Décimas de la superstición llanera: El ánima sola.
Entre el ocaso y yo, toda la vida. *Florit.* Tarde presente.
Entre el que avanza. *Fernández Cherician.* Geometría dinámica.
Entre el ramaje espeso. *Molina.* De mi tierra.
Entre el rio Imperial y el cielo de aguas. *Barrenechea.* Escuela nueva en Carahue.
Entre ese manto de niebla. *Rodríguez.* Hacia la luz.
Entre irse y quedarse duda el día. *Paz.* Entre irse y quedarse.
Entre la espada y la pared. *Carranza.* Fuerza, canejo, sufra y no llore.
Entre la realidad y el imposible. *Padilla.* El único poema.
Entre la rebelión y el miedo. *Boido.* Subdesarrollo.
Entre las barras de luz. *Tablada.* Impresión de adolescencia.
Entre las flores del patio. *Nogueras.* Un tesoro.
Entre las flores del sueño/oigo un silencio de playa. *Martí.* Entre las flores del sueño.

Entre las gotas de la lluvia. *Aridjis.* Entre las gotas.
Entre las luces se perdió el abismo. *Pacheco.* El equilibrista.
Entre las manos de mi madre anciana. *Chocano.* El sol y la luna.
Entre las olas, persiguiendo lo informe, quiero huir. *Oyarzún.* El vacío de un día.
Entre lo que veo y digo. *Paz.* Entre lo que veo.
Entre los bailarines y su danza. *Marechal.* De Sophia.
Entre los blancos a quienes, cuando son casi polares. *Fernández Retamar.* Usted tenía razón, Tallet.
Entre los gestos del mundo. *Mistral.* Puertas.
Entre los lirios no podría. *Loynaz y Muñoz.* Entre los lirios.
Entre los matorrales del silencio. *Maples Arce.* Urbe (Frag.).
Entre los temblorosos cocoteros. *Arciniegas.* El reproche (Cromos).
Entre mi amor y yo han de levantarse. *Borges.* Despedida.
Entre mi condición de animal manso y salvaje. *Gómez.* Observatorio del Washington Square.
Entre mis redes cayó una estrella. *Alfaro.* La muerte del genio.
Entre montañas áridas. *Paz.* Lago.
Entre mujeres alta ya, la niña. *Marechal.* De la adolescente.
Entre música y flores la Corte se divierte. *Reynolds.* Decadencia.
Entre otras cosas te digo. *Navarro Harris.* Carta.
Entre plumas que asustan, entre noches. *Neruda.* Alberto Rojas Jiménez viene volando.
Entre rosas de silencio. *Queremel.* Entierro del miliciano muerto en la guerra.
Entre sedas ariscas deslizándose. *Pacheco.* El fantasma.
Entre sombra y espacio, entre guarniciones y doncellas. *Neruda.* Arte poética.
Entre sordas piedras herrumbrosas. *Bonifaz Nuño.* Entre sordas piedras.
Entre tantos oficios ejerzo éste que no es mío. *Gelman.* Arte poética.
Entre todas las flores, señoras y señores. *Pellicer.* Discurso por las flores.
Entre todos escribieron el Libro, Rimbaud. *Rojas.* Concierto.
Entre tu nombre y el mío. *Juárroz.* Entre tu nombre y el mío.
Entre un cielo pálido. *Siller Obregón.* XXIV (De los poemas).
Entre un montón de huecas armaduras. *Reynolds.* Augurios.
Entre una y otra sábana o, aún más rápido que eso. *Rojas.* Los niños.
Entre vivir y pensar. *Zaid.* Claustro.
Entrégame, palabra. *Chirino.* Palabra.
Entrego mi lira/al viento. *Marzialetti M. de Gaspari.* Entrego mi lira.
Entrego mi vida como una acción de amor. *Berenguer.* Día 44.
Entretejiéndose con las aguas. *Pérez Perdomo.* Aquella música.
Entreteneos aquí con la esperanza. *Sabines.* De la esperanza.
Entristécese la noche. *Hernández.* Días y noches paradojales.
Entro en la Habana a un bar que le llaman "El Pastores". *Mario.* Anti-climax.
El entusiasmo. *Serrano.* El entusiasmo.
Envejece el dolor honradamente. *Badano.* Introducción al dolor.
Envuelta en sangre y polvo la jabalina. *Jaimes Freyre.* Los elfos.
Envuelta en su purísimo vestido. *Solana.* Envuelta.
Envueltas entre espumas diamantinas. *Borrero.* Las hijas de Ran.
Epitaph for a living marine. *Garzón Céspedes.* Epitafio.
Epoca que fue de sórdidas pasiones. *Álvarez Henao.* Los tres ladrones.
Era aindiado y calmoso. Se dio todo al pampero. *Oribe.* El hondero.
Era antes o después de la interminable. *Nava.* Tenía razón Picasso.
Era como amarrar un rayo por la punta. *Hernández.* El mayor.
Era dulce y adolescente como paloma en primavera. *Xammar.* El retrato.
Era el bosque nocturno. Con mis viejos. *Planchart.* El vado.
Era el caballero Francisco. El caballero sin fantasía. *Césped.* Las hermanas golondrinas.
Era el corazón de mi madre. *Molina.* La vida prenatal.
Era el crepúsculo de la iguana. *Neruda.* Algunas bestias.
Era el momento de la evasión. *Castillo Martín.* Por una vez.
Era el negro José de noble raza. *Daubón.* El negro José.
Era el país lejano de la música. *Delmar.* Vencimiento.
Era el sueño otra vez helado río. *Estrada.* Fondo.
Era el tiempo de la cosecha ardiente. *Fraire.* Sólo esta luz (Frag.).
Era el tiempo inmóvil de la flor del jacinto. *Rokha.* Rueda de fuego sin lágrimas.

Era en la corte de Oberón. *Capriles.* Aria di sortita.
Era en la infancia, en juncos y rocíos. *Barbieri.* La balada del río Salado.
Era en la primavera de los muertos. *Ibáñez.* La primavera de los muertos.
Era en las cenicientas postrimerías del otoño. *Prado.* Los pájaros errantes.
Era en otoño ¡ay! *Varela.* El entierro del Conde de Orgaz.
Era flor de tragedia, con sus claras pupilas. *Blomberg.* La griega del antro.
Era hermana de árboles. *Pérez Estrada.* La María Martínez.
Era invierno con nieve. *Alegría.* Eramos tres.
Era la época en que yo juraba. *Dalton.* Yo estudiaba en el extranjero en 1953.
Era la hora de la injuria la fugaz época de la maldición. *Dalton.* El príncipe de bruces.
Era la noche: en lóbrega laguna. *González Prada.* Rispetto.
Era la playa, con su azul absurdo. *Santibáñez.* Era la playa.
Era la rosa. Era mi mano. Era . . . *Ibáñez.* Parábola del poema.
Era la rosa. Era mi mano. *Ibáñez.* Parábola.
Era madre de todos. *Villa-Gómez.* Requiem para la madre de todos.
Era mi antepasado un patarino. *Tallet.* Relapso.
Era mi voz dormida y desolada. *Licón.* Nace mi voz.
Era por descostrumbre de la muerte por desmuerte. *Adoum.* Corazonada.
Era Preludio Ala de Ola. *Medinaceli.* El poeta describe a preludio.
Era sed de muchos años. *Nandino.* En la sombra.
Era su vientre mi pan de día y de noche. *Cartagena Portalatín.* La casa.
Era tan corto el camino. *Mar.* Meditación.
Era temprano aún para el alma poeta. *Mario.* Juana de Ibarbourou.
Era tu amor el único digno de mi tristeza. *Cruchaga Santa María.* En el éxtasis.
Era tu luz el giro de la tarde. *Puentes de Oyenard.* El giro de la tarde.
Era un aire suave, de pausados giros. *Darío.* Era un aire suave.
Era un animal romántico, dijo el orangután. *Silva Acevedo.* Danubio azul.
Era un árbol muy grande y muy fuerte. *Aramayo.* Perinhó.
Era un atril de frutos tu ropa de recuerdos. *Varela.* Para un encuentro con María Eugenia Vaz Ferreira.
Era un camino negro. *Chocano.* La canción del camino.
Era un cautivo beso enamorado. *Urbina.* Madrigal romántico.
Era un furor profético. *Dutra Vieyto.* Pasión y muerte de Miguel Hernández.
Era un niño todo rosa. *Mojica.* Azul pueril.
Era un pobre diablo que siempre venía. *Pezoa Véliz.* Nada.
Era un pobre fruto. *García Terrés.* El hermano menor.
Era un poeta lírico, grandioso y sibilino. *Silva.* La respuesta de la tierra.
Era un secreto/no pedí saberlo. *Pesce.* Poema X.
Era un tiempo alto y duradero. *Portugal.* Era un tiempo.
Era una cúspide filosa. *Areco de Gañi.* Era una cúspide.
Era una de esas tardes sin sentido. *Fernández Moreno.* Tarde.
Era una hoja. *Mora Martínez.* Instante del asombro.
Era viejo mi abuelo. *Silva.* Las exequias de mi abuelo.
Era víspera del día de reyes. *Cos Causse.* Día de Reyes.
Era yo quien estaba haciendo eso. *Lorca.* Mi locura poseyendo tu ojo izquierdo.
Era/tu silencio a mi lado. *Pérez Maricevich.* Poema 10.
Eramos como arbustos tronchados y marchitos. *Niggemann.* Mi verso y yo.
Eramos cuatro. *González Martínez.* La esperanza iba.
Eramos cuatro jóvenes poetas. *Marré.* En el paseo del prado.
Eramos heridas abiertas. *Cross.* Eramos heridas.
Eramos los elegidos del Sol. *Huidobro.* Eramos los elegidos.
Eramos millares. *Ortiz.* Breve historia nuestra.
Eramos tan pobres, oh hijo mío, tan pobres. *Nogueras.* Oración por el hijo que nunca va a nacer.
Eramos tres hermanos. Dijo una. *Arrieta.* Lied.
Eramos ya los innombrables. *Romero.* Nosotros los innombrables.
Eran las cuatro en la tierra. *Reyes.* Pesadilla.
Eran las diez en los relojes de las constelaciones. *Greve.* Multitudes.
Eran las dos de la mañana. *Alcides.* La pata de palo.
Eran los días plácidos. *Corssen.* En un cielo rural.

Eran los verdes días de algas y líquenes en sazón. *Tello.* Binomio.
Eran unas mañanas tan puras como ésta. *Villalobos.* Canto del superviviente.
Eras como el agua. *Villaurrutia.* Reflejos.
Eras de lluvia en el distante álamo. *Casal.* Poemas.
Eras de lluvia en el distante álamo. *Casal.* Eras de lluvia.
Eras de un mundo que yo odiaba. *Casaus.* Barbara.
Eras fuerte, corazón. *Ortega.* Canción.
Eras la que en pudor, irrevelada. *Zarrilli.* Eras.
Eras noche ese día. *Maldonado.* Lentes de contacto.
Eras tan niña, hermana. *Cerruto.* Pequeña balada en la muerte de mi hermana.
Eras toda la luz reunida. *Morales.* Eras toda la luz.
Erase que se era un animal en celo. *Martínez.* Las demasiadas escaleras.
Erase un hombre solo. *Welder.* Advertencia.
Erase una caverna de agua sombría el cielo. *Lugones.* Salmo pluvial.
Eres ceniza, fuego que apagado. *Beltrán.* Al sueño.
Eres como una hermana de aquella dulce Clara. *Bustamante y Ballivián.* Elogio.
Eres de esos poetas que no se mueren nunca. *Argueta.* ¿Quién que no es romántico?
Eres el gajo verde. *Tatter.* Hombre.
Eres el pan presente cada día. *Cossio Salinas.* Sonetos de humildad.
Eres en nuestra casa como un ángel custodio. *Tiempo.* Palabras a mamá.
Eres la compañía con quien hablo. *Villaurrutia.* Poesía.
Eres la mar profunda habitada de sorpresas. *Zepeda.* Asela.
Eres la rosa ideal. *Jaimes Freyre.* Rosa ideal.
Eres morena, y es tu sangre azúcar. *Ribera Chevremont.* Morena.
Eres, por lo escondida y transparente. *Vocos Lescano.* La poesía.
Eres todo un escándalo de vida. *Limón.* Ahí.
Eres todos los poemas ya dichos. *Jodorowsky.* Letra para música profunda.
Eres tú, eres quien. *Oráa.* Nueva poética.
Eres tú la que asomaba su rostro, en el atardecer. *Cruchaga Santa María.* Presencia del Sur.
Eres un pedazo de guitarra con las cuerdas rotas. *Mondragón.* Imagen en el espejo.
Erguida desde siempre. *Espinel.* Página suelta.
Erguidas las chimeneas. *Ávila Jiménez.* Javel.
Erik/bendita sea tu soledad. *Hernández.* Erik Satie.
Erik el muchacho noruego. *Hernández Franco.* Yelidá.
Erizadas ¿qué manos/van a cubrir mis ojos? *Pereda.* La muerte entreabierta.
Eros, I wish to guide you, blind Father. *Agustini.* Another Breed.
Eros, let me lead you, Blind Father. *Agustini.* Another Race.
Eros, yo quiero guiarte, Padre ciego. *Agustini.* Otra estirpe.
Eros: ¿acaso no sentiste nunca/piedad de las estatuas? *Plegaria.* Agustini.
Errantes brazos palpan la tierra labrantía. *Salazar Bondy.* Listen Yankee.
Es alegre el camino bajo las ramas. *Ibarbourou.* Camino de la cita.
Es algo formidable que vio la vieja raza. *Darío.* Caupolicán.
Es alta y es perfecta, de radiadas pupilas. *Storni.* Una.
Es alta y rubia. Por su espalda rosa. *Oribe.* Alta y rubia.
Es aquí donde reposa. *Calderón.* En la tumba de mi madre.
Es aquí donde se descubre. *Cerruto.* Cuerda en el vacío.
Es bello ser comunista. *Dalton.* Sobre dolores de cabeza.
Es bueno estar solo. *Ramírez Murzi.* Estar solo.
Es cierto, caminante. *Flores Saavedra.* Es cierto
Es cierto que estoy prisionero. *Lara.* El enemigo.
Es cierto que he venido de algún sitio. *Salazar Bondy.* El triunfo.
Es cierto/también nosotros tenemos. *Cárdenas.* Compulsión.
Es como decir que un pájaro se cansa. *Sanabria Varela.* Lo no nacido.
Es como un joven dios de la selva fragante. *Estrada y Ayala de Ramírez.* El hombre que pasa.
Es como una enfermedad. *Uribe Arce.* Es como una enfermedad.
Es como yo: lo siento con mi angustia y mi sangre. *Campos Cervera.* Un hombre frente al mar.
Es con voz de la Biblia o verso de Walt Whitman. *Darío.* A Roosevelt.
Es creciente, diríase. *Agustini.* Mi plinto.
Es cuestión de lastres que nos dejan los días. *Castillo.* Es cuestión de lastres.

Es de noche. En la sala silenciosa. *Chirveches.* Mi abuela.
Es difícil conocer el corazón de un poeta. *Nava.* Para quien pretenda conocer a un poeta.
Es dulce hablar a veces de las mujeres muertas. *Vega.* Remember.
Es el cura. Lo han visto las crestas silenciarias. *Herrera y Reissig.* El cura.
Es el destierro de la memoria. *Silva Estrada.* Vendimias.
Es el hambre. *Berenguer.* Vigésimo primer día, noche.
Es el hombre un hombre doble. *Guerra.* Es el hombre.
Es el momento del deseo. *Bañuelos.* Brasa desnuda.
Es el Paraíso al revés. *Madariaga.* El paraíso al revés.
Es el que quiere salir. *Lezama Lima.* Visita de Baltasar Gracián.
Es el secreto mediodía. *Paz.* Medianoche.
Es el tiempo de la astucia. *Caraballo.* Es el tiempo.
Es el único amor con tijeras selladas. *Valle.* Cántico (Frag.).
Es en la madrugada. *Paz.* Adios a la casa.
Es en vano que la ola rompa en roca. *Adán.* Ritornello.
Es en vano que pongas la mirada lejana. *Chioino.* Es en vano.
Es enero en las calles donde ruedan los gritos. *Morán.* Soberana presencia de la patria (Frag.).
Es ésta la doliente y escuálida figura. *Valencia.* Nihil.
Es esta tarde mientras llueve lo que me llega cerca. *Sáez Burgos.* Es esta tarde.
¿Es éste el pelotón segundo de combate? *Zepeda.* Correo.
Es fugaz la palabra que se agota. *González Cruz.* Correspondencia.
Es grato oirse llamar por su nombre. *Salazar Bondy.* Tres confesiones.
Es hoguera el poema/y no perdura. *Pacheco.* Es hoguera.
Es hora de que sé nuestra muerte. *Bernal.* De profundis.
Es hora ya de hablaros. *Colombani.* Es hora de que hablemos.
Es imposible tenderle una mano a esa ave migratoria. *Mejía.* La segunda verdad.
Es imposible, sin embargo . . . *Abalos.* Azogue para el espejo.
Es inútil, paloma. *Campos.* Pasó el diluvio.
Es la aurora en el lago. Pitahaya/enorme. *Ortega Díaz.* Soneto lacustre.
Es la baba *Girondo.* Es la baba.
Es la canción del sol de los tristes. *Rauskin.* Hijo del sol.
Es la cara de un niño transparente, azulosa. *Storni.* Cara copiada.
Es la fiesta sagrada del cielo de la Luna. *Pinto.* Sicuris.
Es la guitarra sonora. *Soriano Badani.* Cantares de la guitarra.
Es la hora de detener la luz. *Toro.* Es la hora.
Es la hora de las sombras. *Grimal.* Mirlo.
Es la hora de los espejos. *Basualto.* 1954.
Es la hora del trabajo. En la llanura. *Ortiz.* El arado.
Es la llama trémula. *Pacheco.* Sor Juana.
Es la mejor para darla al poema. *Arvelo Larriva.* Palabra.
Es la musa que anima a los poetas. *Castorrivas.* Soneto amargo a la taza de café.
Es la noche de amargura. *Eguren.* Noche I.
Es la noche/y aquél de melancólica sombra. *Gómez Líbano.* Población de la noche.
Es la Pampa hecha hombre: es un pedazo. *Chocano.* Tríptico criollo: El gaucho.
Es la puesta del sol, hora maravillosa. *Jara.* Es la puesta del sol.
Es la sangre que se alza, desplegada. *Wilcock.* Sexto soneto.
Es la siesta feliz entre los árboles. *Gaitán Durán.* Siesta.
Es la suprema floración del año. *Othón.* Poema de vida.
Es la tarde gris y triste. *Darío.* Tarde del trópico.
Es largo el frío. *Huerta.* Visitación.
Es lo mismo de siempre. *Fernández Retamar.* Oyendo un disco de Benny More.
Es mar la noche negra. *Galicia.* Edipo mira.
Es mar la noche negra. *Tablada.* La luna.
Es mármol, es cristal, es seda acaso. *Jaramillo Meza.* Al Tequendama.
Es mediodía. Brilla un mar de cosas. *López Vallecillos.* Mediodía.
Es mejor callar, hijo. *Materán Alfonzo.* Coloquio con el hijo.
Es mi alegría ver mis manos colmadas. *Arias.* Riqueza.
Es mi hijo el menor. El que tenga ojos de ver. *Cisneros.* Una madre habla de su muchacho.
Es mi poema la máquina consciente. *List.* Aeronautas.

Es Moneda y Seminario. *Oliver.* Tres.
Es necesario conocer el acertijo o entonces. *Cardozo.* Es necesario conocer.
Es negra, descendiente de rollizos. *Arana.* Seña Chencha.
Es no poco favor el que te debo a ti. *Campos Cervera.* Sembrador.
Es otoño. Estoy solo. Pienso en ti. Caen las hojas. *Obligado.* Melancolía.
Es para llorar que buscamos nuestros ojos. *Huidobro.* Para llorar.
Es porque un pajarito de la montaña ha hecho. *Espino.* El nido.
Es que alguna mañana despertamos. *Alardín.* Nuevo día.
Es que para nuestro Código de Honor. *Dalton.* De un revolucionario a J. L. Borges.
¿Es que puede existir algo antes de la nieve? me pregunto. *Teillier.* Nieve de noche.
Es que ya no eres lo que apenas eras. *Vocos Lescano.* Eres, vas siendo.
Es que yo era la luna. *Monvel.* Es que yo era la luna.
Es quién lava los platos. *Parra.* El verdadero problema de la filosofía.
Es relojero de relojes de arena. *Lastra.* Es relojero.
Es tan duro vivir aquí, tan largo. *Armani.* Vivir aquí.
Es tan lenta la agonía de aquél que ama. *Rokha.* Segunda agonía y alabanza.
Es tarde. El tren del norte ha pasado. *Teillier.* Cuento de la tarde.
Es tiempo que vuelvas. Silva criolla. *Lazo Martí.* Invitación.
Es todo lo que sé (Que es casi nada). *Aguilar.* Cuatro vilanelas.
Es todo lo que sé (Que es casi nada). *Aguilar.* Vilanela.
Es Toledo ciudad eclesiástica. *Reyes.* El mal confitero.
Es trágico porque es . . . si no fuera, sería. *Adán.* Diario de poeta.
Es tu clara quietud la que convierte. *Granata.* Transfiguración.
Es tu forma descendida. *Silva Santisteban.* Fuego.
Es tu nombre y es también diciembre. *Trejo.* Es tu nombre.
Es tu nombre y es también octubre. *Aridjis.* Es tu nombre.
Es tu presencia—ausente. *Sierra.* Siempre tu presente ausencia.
Es tu ritmo. *Revuelta Hatuey.* Adios.
Es tu voz/un extraño camino de álamos despierta. *Chariarse.* Sobre el puente del río.
Es un bizarro paladín; sonoro. *Gómez Jaime.* El gallo.
Es un error creer que las estrellas. *Parra.* Discurso fúnebre.
Es un fruto fraguado en floras muy febriles. *Orrillo.* Una herida tan dulce.
Es un hecho/innegable. *Serrano.* Modestia.
Es un hermano/el fanático huésped. *Girri.* Es un hermano.
Es un/misterio/de negro. *González.* Es un misterio.
Es un poco de luz, carbón y tierra. *Blanco.* Abandono.
Es un vuelo sereno, suave, amplio. A*lemán.* El zopilote.
Es una araña enorme que ya no anda. *Vallejo.* La araña.
Es una boca más la que he besado. *Storni.* Una vez más.
Es una enfermedad de indiferencia. *Mendizábal Santa Cruz.* Sombras.
Es una intensísima corriente. *Girondo.* Ella.
Es una lástima. *Shelley.* Aforo # 3.
Es una planta o una rama decapitada de improviso. *Rayo.* La hora apartada.
Es una tarde extraña: los arcos de los cielos. *Llerena.* Retorno.
Es ya la luz/verano. *Morales.* Pelliceriana.
Esa angustia perpetua de una mezcla de sí, no. *Carrasco.* Tu mano está en mi mano.
Esa calle pequeñita está llena de olores. *Lara.* Los centros de la tierra.
Esa cosa que es uno. *Bellinghausen.* La cosa.
Ésa es la verdulera. *Pasos.* La verdulera.
Ésa fue la última vez que regresé al pueblo. *Tello.* Proyección hacia el pasado.
Esa gente se cree que somos transparentes. *Lihn.* Europeos.
Esa luz en la noche. *Fernández Retamar.* Por un instante.
Esa mujer paseaba con su aroma. *Langagne.* Una vez lo dije.
Esa noche yo tenía que permanecer acostado sobre los muertos. *Marquina.* Sueño de infancia.
Esa palabra. *García Terrés.* Una palabra más.
Esa piedra ¿tiene que ver con él? *Gelman.* Relaciones.
Esa protesta sería ahogada una vez y otra. *Cross.* Nosotros.
Esa sed tiene garganta. *Rosenmann Taub.* Conciencia con cuerpo.
Ésa te conviene, la dama de pensamientos. No hace falta. *Arreola.* Dama de pensamientos.

Esas almas de narices torcidas. *Castrillo.* Voz de Aymara.
Esas mañanas tiernas para entrar a la escuela. *Mendiola.* Esas mañanas tiernas.
Esas muchachas que mi abuela llamaba las mataperros. *Mora.* Se pierde pero se gana.
Ésas que allí se ven, vagas cicatrices entre los campos. *Arreola.* Elegía.
Esbelta y ágil, la gentil vicuña. *Granado.* La vicuña.
La escala de Jacob. *Huidobro.* Año nuevo.
Escala sin final, cuadrante cero. *Flores Saavedra.* Inasible.
Escalar con euforia la pendiente. *Saa.* De pie.
Escamas de nácar blanco. *Gandolfo.* La ninfa blanca.
Escaramuzas de lloviznas. *Naranjo.* Guerrilla.
Escoges qué vibración para empezar. *Sánchez Peláez.* Escoges.
Escojo la voz más tenue. *Reyes.* Silencio.
Escóndeme a la muerte, amada. *Zambrano Colmenares.* Miedo.
Escondida cifra. *Wiethüchter.* Surtido de enigmas.
Escribe con la punta de las llamas. *Undurraga.* Fábulas adolescentes.
Escribe: Un hombre, allá en su estancia, en lo más hondo. *Diego.* Como a un Dios.
Escribía, en la noche. *Maya.* El nocturno del alba.
Escribid mi nombre en el libro de la noche. *Rokha.* Cascada de cepa.
Escribimos. *Serrano.* Sobre la familia.
Escribir/es vivir. *Pacheco.* Garabato.
Escribiste en la tabla de mi corazón. *Sabines.* De la ilusión.
Escribo bajo el ala del ángel más perverso. *Huerta.* La rosa primitiva.
Escribo con el jugo de mis venas. *Amor.* Círculo de angustia (Frag.).
Escribo desde el lugar mismo del hecho. *Contreras Vega.* Oficio.
Escribo mucho menos de lo que veo. *Calderón.* Escritura.
Escribo para alguien que me espera. *Scarpa.* Leerán algún día.
Escribo sin un revólver en la nuca. *Carmenate.* Libertad.
Escribo unas palabras/y al minuto. *Pacheco.* Aceleración de la historia.
Escrituras de luz embisten la sombra. *Borges.* Jactancia de quietud.
Escrútamc los ojos, sorpréndeme la boca. *Storni.* Capricho.
Escrutando sin pinzas las rocas de su mente. *Zeller.* Ultimo puerto del Capitán Cook.
Escucha el ruido místico y profundo. *Othón.* La sementera.
Escucha la historia de la Muerte. *Maia.* Mito amazónico.
Escucha las indeterminadas palabras. *Llanes.* El fuego.
Escucha mis palabras oh Señor. *Cardenal.* Salmo 5.
Escucháis madurar los duraznos a la hora del estío. *Anguita.* Venus en el pudridero.
Escúchame bien, maestro. *Quirarte.* Posdata para Filippo Lippi.
Escuchar a Vivaldi. *Serrano.* Paisaje después de la batalla.
Escuchemos la verdad que nos dicen estas calles. *Flores.* Plegaria.
¿Escuchó alguna vez tu alma extasiada . . . ? *Vaz Mendoza.* Exaltación.
Escucho cabalgar sobre la arena. *Vial.* Manuel Rodríguez.
Escucho el grito del rosal. *Motivo.* Otero Reiche.
Escuela de pájaros. *Molina Viana.* Escuela de pájaros.
Esculpí en la piedra el cuerpo de la pena. *Tatter.* En la piedra.
Ese aire ciego de cisternas profundas *Pita Rodríguez.* Cantata para la escuela de Huong Phuc.
Ese alto caballero americano. *Borges.* Emerson.
Ese amor que ha cobrado lucidez. *Cobo Borda.* Sobre la épica I.
Ese anciano cortés. *Calderón.* Henri Rousseau, el aduanero.
Ese aullido de lobo que acuchilla la noche. *Halley Mora.* Ellos.
Ese caballo está dentro de mí, ese viejo. *Palés Matos.* Los animales interiores.
Ese color le sienta a tu estatura. *Nava.* Ulises.
Ese dar trabajo a la mano. *Trejo Villafuerte.* Onán.
Ése de la derecha, en cuclillas, debajo de la barbita. *Lara.* Fotografía.
Ese día en que necesitaba. *Salzano.* Lo vi parado ahí.
Ese dorar del fruto por volver a la tierra. *Soto.* Imágenes de la muerte.
Ese dormitorio de París. *Matte Alessandri.* Saint Michel.
Ese gesto atisbando en la ventana. *Ferreyra Basso.* Primavera (soneto).
Ese hombrecito/pequeño, si. *Jordana.* Ese hombrecito.
Ese jazmín estrellado. *Carranza.* Regreso con islas y jazmín.

Ese llanto invencible que brota a medianoche. *Nandino.* Nocturno llanto.
Ese mandarín hizo de todo en esta cama con espejos. *Rojas.* Cama con espejos.
Ese ojo me grita. *Gómez Correa.* La marca de fuego.
Ese otro Torquemada, Don Felipe II. *Martínez Estrada.* Felipe II.
Ese pez/alrededor del barco. *Langagne.* Paisaje con barcarola.
Ese poeta delicado. *Fernández Retamar.* Querría ser.
Ése que a altas horas de la noche. *Martínez.* Nocturno murmullo.
Ése que acecha/festejando dolores. *Álvarez.* Arte poética.
Ése que está de pie contra la verja. *Fernández Chericián.* Infancia.
Ése que está en el Tigre como planta. *Paine.* Ése que está en el Tigre como planta.
Ése que va por esa casa muerta. *Castilla.* La casa.
Ese sabor de ámbar denso y amargo. *Vera.* Patio interior.
Ése sí que fue un coplero. *Campero Echazú.* El coplero anónimo.
Esgrima de cristal, rayo que canta. *Ibáñez.* El surtidor y la sombra.
Eslabón que reitera en mi jornada. *Ruiz.* Diatribas.
Eso pensé, sacándote el último jugo. *Vitier.* Piedra de rayos.
Esos días se me van quedando a oscuras. *Basualto.* Guayacán.
Esos negros inmensos. *Torres Santiago.* Esos negros.
Esos oscuros ancianos de manos tranquilas. *Oliva.* A la sombra de los portales.
Esos "que ven claro de noche". *Tablada.* Canción de la mulata.
El espacio de la obscuridad es la incesante duda. *Ortega.* Apuntes para fijar el escenario.
Espacio. El suyo y el mío. *Latorre.* Hágalo.
Espacio y tiempo, barrotes/de la jaula. *Nervo.* Espacio y tiempo.
Espaciosa sala de baile. *Novo.* Diluvio.
Espada es esta calle para herirte. *Fombona Pachano.* Mater dolorosa.
Las espadas del viento se clavaron. *Ferrer.* Estampas de una ciudad antigua.
Espalda encorvada. *Villarroel.* El abuelo.
España: estás en mí como una espada. *Martán Góngora.* Sonetos españoles.
Espantar una mosca gritar sobre la sombra de una piedra. *Dalton.* Llaves de la salvaje inocencia.
El espectáculo no ha terminado. *El actor dobla una rodilla.* Nolla.
Espejo del aroma, el claro traje. *Carranza.* Espejo del aroma (soneto).
El espejo es la puerta estrecha. *Carrera Andrade.* Señales.
Espejo no: marea luminosa. *Gorostiza.* Espejo no.
Un espejo separa siempre lo conocido de lo incognoscible. *Gómez Correa.* El buen sentido.
Los espejos no siempre son elementos decorativos. *Casanova.* Juntos.
Los espejos roban la luz, los espejos. *Rubio Huidobro.* Los espejos.
Espera a que la tarde. *Enríquez.* Casa de cambio.
Espera, no hables mierda que aún no he terminado. *Jamís.* No hables mierda.
Espera, octubre/no hables. *Owen.* Espera, octubre.
Espera,/no me acompañes hasta la casa. *Galván.* Cuatro B.
Esperaba, en la espuma. *Arzarello.* Lo imposible.
Esperamos a nuestros muertos incontables años. *Mansilla.* La vida.
Espéranos bajo el ciruelo, zagal de los difuntos. *Anguita.* La visita.
Esperé toda la noche. *Berenguer.* La gata sobre la fonola helada.
Espero una canción distinta. *Cadenas.* Espero.
Espiga soy/de híbridos sentimientos. *Jaramillo Levi.* Cada vez que veo esta sed.
Espina, larga espina hincada en la palabra. *Andrade Cordero.* Virtud de la mujer transida de cielo.
Espinita de sankayo. *Rodrigo.* Canción de amor de la malika (Frags.).
Los espinos llenan, desde el pórtico en ruinas . . . *Ramos Sucre.* Lied.
El espíritu del mal. *Mendizábal Camacho.* El granizo.
Espíritu que nace de lo inerte. *Ortiz de Montellano.* Espíritu que nace.
Esplendor del follaje, álamo de las Indias. *Bollo.* Jardín secreto.
Esponja del cielo. *Storni.* Círculos sin centro.
Esquina/del lago y del río. *Coronel Urtecho.* San Carlos.
Una esquina desierta callas y entre la lluvia. *García Maffla.* Ayer mañana.
Esquirlas afiebradas de aguacero llorando. *Sinán.* La hija de Jairo.
Esquiva lumbre que radiante/oscureces. *Rivera Rodas.* Morada en vigilia.
Esquivando miradas indiscretas. *Molina.* Soneto.
Está ahí, junto al árbol, en otoño. *Prendez Saldías.* Está ahí, junto al árbol.

Está aquí, tan presente, que la miro. *Vásquez Méndez.* Está aquí.
Está bien el paraíso lo perdimos por precario. *Camerón.* La hora señalada.
Está bien está bien/todo está bien. *Hernández.* Está bien está bien.
Está bien/me digo/que al llegar. *Flores.* De la madre.
Está bien por la Juana. *Cea.* Conjuro entre hierbas sin nombre.
Está bien que la vida de vez en cuando nos despoje. *Vieira.* Tiempo definido.
Esta camisa/blanca en su tiempo. *Trías.* Esta camisa.
Esta casa está sola. Aquí no vive nadie. *Castro Saavedra.* Epitafio.
Esta casa nació en nuestra propia vida. *Liscano.* La casa habitada.
Está cavando la tarde. *Valda Chavarría.* Paisaje.
Esta celeste patria de pegaso. *Ledesma.* Tierra de cielo.
Esta cima del monte. *Moleiro.* Un país.
Esta ciudad de aceradas uñas. *Garcés Larrea.* Guayaquil.
Esta ciudad en Rodenbach dormida. *Wyld Ospina.* La ciudad de las perpetuas rosas (Antigua Guate.).
Está claro/escribir poesía. *Hernández.* Negativo.
Esta criolla pelinegra y ojinegra. *Lloréns Torres.* Copla mulata.
Esta declaración es la de un secreto. *Borges.* Barrio Norte.
Está el teatro repleto y la noche es de gala. *Alas.* La escena del teatro.
Está en ti/ mientras el sol te aplasta al mediodía. *Basualto.* Está en ti.
Ésta es la canción del bongó. *Guillén.* La canción del bongó.
Ésta es la casa. *Domínguez.* Ésta es la casa.
Ésta es la región de las piedras grabadas. *Bosch.* Ésta es la región.
Ésta es la soledad en que se afana. *Rega Molina.* El verso concluído.
Ésta es la tierra de los míos. *Montejo.* Güigüe 1918.
Ésta es la tierra estéril y madrastra. *Palés Matos.* Topografía.
Ésta es mi casa, torre aledaña al mar. *Razzeto.* Smog.
Ésta es mi patria/un montón de hombres. *Escobar Velado.* Patria exacta.
Ésta es mi soledad alta y transida. *Montoya Toro.* Soledad en la noche.
Ésta es mi tierra—pan, la tierra de mis trigos. *Pessagno.* Canto argentino.
Ésta es mi tierra; sol y silencio; luna y tristeza. *Argüello.* La tierra del silencio.
Esta eternidad de ausencias. *Clavijo.* Y este terco corazón.
Esta fatiga de mi cuerpo comienza a ser tan larga. *Gutiérrez Hermosillo.* Carta a un amigo difunto (Voz del agonizante).
Esta flauta tan vieja que canta mientras sueño. *Valle.* La flauta.
Esta flor mía, encendida, viva luz sin reflejo. *Augier.* Ansiedad.
Esta forma, la más bella que los vicios, me hiere y escapa. *Owen.* Poética.
Esta fragancia tuya se volvió sufrimiento. *Cruchaga Santa María.* El aroma tenaz.
Está frente a balcones. *Moleiro.* Tiene la llave.
Esta garra exigente de mi ocaso. *López Tena.* Olvido.
Esta hora pendiente del día. *Allende.* Es la hora.
Esta hora vencida con un ocaso cruel. *Dondo.* Esta hora vencida.
Esta iglesia no tiene lampadarios votivos. *Neruda.* Esta iglesia.
Está la niebla baja, el mar cercano. *Sologuren.* Paisaje.
Está la noche para colgarle faroles. *Domínguez.* Poema.
Está la sangre púrpura en la nieve. *Hahn.* O púrpura nevada o nieve roja.
Está lejos mi corazón. *Ramírez Murzi.* Responso en el mes de julio.
Esta limitada ración de vida. *Cazorla.* Es el quejido.
Esta llama roja que me abrasa entera. *Casanueva.* Deseo.
Está llamando un pedacito. *Le Riverend.* Está llamando.
Esta llave cincelada. *Nervo.* La vieja llave.
Esta lluvia/otra vez la lluvia interminable. *Cohen.* El peso de la memoria.
Esta mañana, esta mañana sola, clara y brillante. *Veiravé.* El iris del ojo.
Esta mañana las luces. *Cáceres.* Palabras a radar.
Esta mañana/los pajaritos cantaban. *Abril.* Amanecer.
Esta mañana te sorprendo con el rostro tan desnudo. *Owen.* Sindbad el varado.
Esta manía de saberme ángel. *Pizarnik.* Exilio.
Esta mano que ayer cortó una rosa. *Parra.* La mano de un joven muerto.
Esta mariposa nocturna. *Guillén.* El sueño.

Esta medio zambita currupantiosa. *Díez Canseco.* Aleluya de la medio zamba.
Está mi corazón en esta lucha. *Neruda.* El pueblo victorioso.
Esta mínima fuga que se afana. *González Martínez.* Week-end.
Esta mirada casi verde ¿es mía? *Contreras.* Sed.
Esta mujer angélica de ojos septentrionales. *Guillén.* El abuelo.
Esta mujer que abandona en la arena. *Morábito.* Bahía Kino.
Está muy bien que cantes cuando lloras. *Guillén.* Está bien.
Ésta no es la historia de Erick. *Hernández Franco.* Yelidá (un antes).
Ésta no es mi casa. *Guerra Gutiérrez.* Mi casa.
Ésta no es una carta para abrir. *Alcides.* Ésta no es una carta.
Esta noche en que el corazón me hincha la boca duramente. *Molinari.* Oda a la sangre.
Esta noche me obsede la remota/visión de un pueblo negro. *Palés Matos.* Pueblo negro.
Esta noche no dormiremos juntos. *Argueta.* Birth Control.
Esta noche oh dulce Lesbia mía. *Hernández.* Postal de Lesbia.
Esta noche te he sentido, Joaquín, cerca de mi. *Cabrales.* Entretien con Joaquín Pasos.
Esta noche/caminará mi corazón descalzo. *Lindo.* Trenos del desamparado.
Esta noche/el mundo es grande. *Guerra Trigueros.* Soledad.
Esta noche/junto a las puertas del caserón rojizo. *Morejón.* Los ojos de Eleggua.
Esta pena mía/no tiene importancia. *Obligado.* No tiene importancia.
Esta pesada sombra/de tristeza. Á*vila.* Del ídolo y su sombra.
Esta piedad profunda es tierra mía. *Torres Bodet.* Patria.
Esta poesía se aburre de soledad. *Margenat.* Poética viva.
Esta presencia usual. *León.* Tiempo.
Esta Primavera correrá en mis venas. *Parodi Uriarte de Prunell.* Seré un mazo fuerte de espigas morenas.
Esta primavera de frías paredes y de presencias enfermas. *Valle.* Voluntad.
Está prohibido escribir sobre cierta violencia. *Benedetti.* Con permiso.
Ésta que era una niña de cera. *Mistral.* La pajita.
Esta rara mujer que hoy no me quiere. *Amorím.* Esta rara mujer.
Esta rauda luz blanca borra todo. *Desmesura.* Segovia.
Esta rosa fue testigo. *Ritornelo.* Greiff.
Esta sal/del salero. *Neruda.* Oda a la sal.
Esta selva de mármol pido ahora. *Vásquez.* Selva de mármol.
Esta solitaria greca. *Mistral.* Ultimo árbol.
Esta sopa tan blanca y esta nada. *Vicuña.* Ultima sopa.
Esta tarde han venido mis amigos. *Paz.* Esta tarde.
Esta tarde he vuelto a la muchacha de mis 16 y 17 años. *Arellaño.* O quan te memoren virgo.
Esta tarde llueve como nunca; y no/tengo ganas de vivir. *Vallejo.* Heces.
Esta tarde no sé qué oro de ensueño. *Medinaceli.* Crepúsculo campesino.
Esta tierra que piso. *Castellanos.* Esta tierra.
Está tu muerte en mí, crecida llama. *Vásquez Méndez.* Tu muerte.
Esta va por despedida. *Anón. de Vallegrande.* Despedidas.
Esta vaga inquietud de primavera. *Sassone.* Canción de primavera.
Esta vez dejadme/ser feliz. *Neruda.* Oda al día feliz.
Esta vez volvíamos de noche. *Becerra.* Relación de los hechos.
Esta vida/Rosamel. *Díaz Casanueva.* El sol ciego (Frag. no. X).
Esta vieja herida que me duele tanto. *Sienna.* Esta vieja herida.
Esta voz, que no es mi voz. *Pares.* Esta voz.
Estaba allí, perfecta, bella. *Florit.* Retrato.
Estaba ausente/no había duda. *Rivera.* 2 de Octubre.
Estaba el jardín cerrado. *Samayoa Aguilar.* Indios tocando un son.
Estaba herido/se dio cuenta. *Verdesoto de Romo.* El nuevo sacrificio.
Estaba la mar durmiendo/cuando fui a verla. *Charlo Niche.* Estaba la mar.
Estaba muerto, y su cadáver. *Guzmán Cruchaga.* Alta sombra.
Estaba olvidando la tierra celeste. *Ibáñez Iglesias.* Por el humo.
Estaba sobre aquellas arenas. *Rivera.* Tiempo del delirio.
Estaba solo el mar. *Storni.* Perro y mar.
Estaba un ciego en el camino. *Argueta.* Texacuangos.
Estábamos al borde de la aurora. *Ferreiro.* Mascarada.

Estábamos cercados por los reflectores. *Arellano.* Pesadilla y/o realidad.
Estaban en el Bar (no al pie del chorro). *Martínez Rivas.* Los minnesinger de l'eau qui fait pschitt.
Estaban entreabiertas sobre el piano. *Barella J. Iriarte.* El suicidio de las rosas.
Estabas derribado. *Ulloa Zamora.* Canto a un árbol derribado.
Estabas listo para morir. *Dávalos.* Joven poeta.
Estación Radioemisora Internacional. *Arozarena.* Canción negra sin color.
El estadio está vacío. *Délano.* Tiempos de repliegue.
Estáis todos rodeando, mis amigos. *Galán.* Elegía cuarta discurso.
Estalla el árbol. *Bravo.* Poema.
Estallando como una granada de violetas. *Ceselli.* El paraíso desenterrado.
Estamos a catorce de julio. *Vallejo.* Estamos a catorce.
Estamos arriba de un camión. *España.* No hay más dolor bajo los árboles.
Estamos condenados. *García Terrés.* Estamos condenados.
Estamos en el comienzo. *Lanza.* Quinteto (Frag.).
Estamos juntos por la senda ahora. *Pedemonte.* Recuerdo de Castilla.
Estamos todos sentados a la mesa. *Nogueras.* Es lo mismo de siempre.
Estamos tras la puerta. *Délano.* Los viajantes.
Estamos ya en prisión. *Garrido Malaver.* Escritura para el tiempo.
Están aullando, alma, los perros. *Peña Barrenechea.* La noche larga.
Están doblando a muerto las campanas. *Estenssoro.* Requiem.
Están los cuerpos en fervor vencidos. *Bosco.* Soneto de los amantes.
Están los indios en el velorio. *Silva.* Velorio.
Estancarse y llevar/agua muerta en las venas. *Cortázar.* Légamo.
Estar enamorado, amigos, es encontrar el nombre justo de la vida. *Bernárdez.* Estar enamorado.
Estar simplemente como delgada carne ya sin piel. *Huerta.* Declaración de odio.
Estarás como siempre en alguna frontera. *Benedetti.* Todos conspiramos.
Estarme aquí quieto, germen/de la canción venidera. *Ballagas.* Víspera.
Estás ahí de pie atendiendo tus cosas. *Welder.* Las intenciones.
Estás, adolescente, encadenado. *Pellicer.* Las estrofas a José Martí.
Estás ahí, mi lápida. *Arce Navarro.* En un camposanto.
Estás aquí, forma de mil colores. *Florit.* Mar en la canción. Caracola.
Estás aquí, perdida la mirada. *Prendez Saldías.* Mía.
Estás conmigo amor/aquí, en el oculto. *Paz Paredes.* Estás conmigo amor.
Estas cuadras de sol despiadado. *Millán.* Urna (4-IX-70).
Estas dos sin par rosas en un tris. *Belli.* Canción primera.
Estás en el rincón más apartado del estudio. *Patiño.* Estás en el rincón.
Estás en la poblada noche. *Rivera.* Exilado de la noche.
Estás en mí tan lenta. *Abril.* Intimidad.
Estás en pirata y negro. *Palés Matos.* Ten con ten.
Estás envuelta en tu tercera soledad de niebla. *Xammar.* La niebla.
Estas formas que veo al lado del mar. *Pacheco.* La experiencia vivida.
Estás/haciendo/cosas. *Vitier.* Estamos.
Estás hecha, mujer, para evocada. *Fernández Moreno.* A una mujer que evocaba el mar.
Estás muerta y tu cuerpo, bajo uruguayo manto. *Storni.* Palabras a Delmira Agustini.
Estás presente en todo lo que miro. *Guzmán Cruchaga.* Presencia.
Estas rapsodias fueron concebidas al paso. *Facal.* Breve historial de las gravosas rapsodias.
Éstas son las cañadas. *Magri.* Las cañadas.
Estas tardes frías de nublado ceño. *Ledesma.* Renunciamiento.
Estas tres mujeres perjudicándose el sueño. *Nisttahuz.* Memorias de Laire.
Estas vacaciones hemos visitado los dos. *Fernández.* Estas vacaciones.
Estatuas de los príncipes de la historia olvidada. *Hübner Bezanilla.* Estatuas de los parques.
Este abismo de la extrañeza. *Lázaro.* Despedida del asombro.
Este anciano que apenas dice nada. *Serrano.* Este anciano.
Este ángel/salido/del fondo de la tierra. *Silva.* Angel de piedra.
Este apasionante encuentro con la doncella subterránea. *Sánchez Peláez.* Diálogo y recuerdo.
Este arroyo tenaz que desenvuelve. *González Martínez.* Onda.
Este breve racimo/de uvas rosadas. *Giannuzzi.* Uvas rosadas.
Este buey de nostalgia rumia *Yarza.* Este buey de nostalgia.

Este café contigo se pone triste. *Uribe.* Este café contigo.
Este cansancio mío. *Nagle.* Libre.
Este Carnaval minero/de copajira y estaño. *Quiroga.* Carnaval minero.
Este cartel muestra tu Iglesia. *Illescas.* Sectaria.
Este cielo del mundo siempre alto. *Belli.* La cara de mis hijas.
Este círculo/limitado por tu visión. *Silva Estrada.* Quinteto tres.
Este clima de asfixia que impregna los pulmones. *Girondo.* Ejecutoria del miasma.
Este corazón mío, tan abierto y tan simple. *Burgos.* Poema de la íntima agonía.
Este correr con un espejo a cuestas. *Meléndez de Espinosa.* Este correr.
Este cuero, estos huesos, esta carne. *Belli.* Plexiglás.
Este darse de golpes. *Vásquez Méndez.* Este darse de golpes.
Este desasosiego, esta palabra que desde el corazón. *Mejía Sánchez.* La poesía.
Este día de San Lázaro. *Guirao.* Estampa de San Lázaro.
Este día es muy bueno para morir en una carretera. *Castro.* O para ver a Hiponángela.
Este día huele a lienzo menstrual de adolescente. *Bañuelos.* Sala de cine.
Este día vernal de ardor estivo. *Tamayo.* Habla Doris.
Este dolor heroico de hacerse para cada noche. *Ibarbourou.* El afilador.
Este don Germán/no necesitó jamás. *Cazasola Mendoza.* Dos poemas para el tío Germán.
Éste era un anciano difícil. *Parra.* El anciano difícil.
Éste era un hombre, ésta una mujer. *Jiménez.* Bajo el último papel carbón.
Éste era un inca triste de soñadora frente. *Chocano.* La tristeza del inca.
Éste era zapatero. El soldado desconocido. *Selva.* Vergüenza.
Éste es el baile de los muertos. *Délano.* Fotografía V.
Éste es el hombre/el nobilísimo verdugo. *Varela.* El observador.
Éste es el libro de los salmos que hicieron danzar a mi/madre. *Kozer.* Éste es el libro.
Éste es el muro, y en la ventana. *Icaza.* Estancias.
Éste es el pobre cuyo rostro ahondan. *Diego.* El pobre.
Éste es el pueblo, el país largo que no viste de niño. *Tiziani.* La vieja amistad.
Éste es el tiempo en que los pájaros pierden luminosidad. *Valle.* Himno.
Éste es Juan/modelado en su tierra formidable. *Romero.* Poemas de Juan y John.
Éste es mi corazón, alquimia del agua. *Escobar.* Poema al corazón.
Éste es mi cuerpo: es fuerte como un laurel. *Nogueras.* Cuerpo.
Éste es mi pueblo. *Calvetti.* Maimará.
Éste es mi querido siglo. *Guerra.* Éste es.
Éste es mi tiempo. *Airaldi.* Tiempo.
Éste es todo el enorme asunto. *Vitier.* El enorme asunto.
Éste es tu cuerpo o nada. *Eielson.* Impromptu.
Éste es un amor que tuvo su origen. *Huerta.* Éste es un amor.
Éste es un artista de paleta añeja. *Pezoa Véliz.* El pintor pereza.
Éste es un puerto. *Morador.* Puerto.
Éste es un zapato especial, de mágico ensamblaje. *Mejía.* El zapato único.
Este gallo que viene de tan lejos en su canto. *Lihn.* Gallo.
Este grillo y este perro me acompañan. *Gravino.* Martes.
Este haitiano que todos los días. *Moreno Jiménez.* El haitiano.
Este hastío, esta pena o esta melancolía. *Martínez Estrada.* Pena.
Este hombre aterido de soledad. *Fernández.* Sobre un recuerdo.
Este hombre de la selva bravía. *García Vespa.* Poema del hombre y de la tierra.
Este hombre que besa como si el cielo. *Nava.* Este hombre que va creciendo en Martí.
Este inhóspito mundo de mi cuerpo. *Wagner.* Mundo de mi cuerpo.
Este lánguido caer en brazos de una desconocida. *Huerta.* La muchacha ebria.
Este largo silbido lejano del tren. *Donoso.* Este largo silbido.
Este libro no es tanto de poesía. *Vitier.* Cántico nuevo.
Este mar de linaza y caramelo. *Martínez Estrada.* Río de Plata.
Este mi sentimiento que te busca. *Vásquez Méndez.* Este mi sentimiento.
Este miércoles se le agotaron las pilas al firmamento. *España.* Engranajes.
Este muchacho sol. *Novo.* Sol.
Este país no-país. *Echazu Navajas.* Tríptico del hombre y la tierra.
Éste podría ser un colectivo interprovincial. *Yerovi.* Para los próximos caminos del Inca.
Este poema es un pene en erección. *Vega.* Poemamor (Frag.).

Este poema no podrá ser escrito. *Oliva.* En otra ocasión será.
Este poema que escribo en una casa a solas. *Meretta.* Autorretrato.
Este pueblo era un árbol sin viento. *Gutiérrez Mangel.* Canción de cuna para despertar a un niño.
Éste que resolvió ser caminante. *Jérez-Valero.* Adrede vivo.
Este río de amor que duele tanto. *Bernárdez.* El canto.
Este sendero luminoso y blanco. *Dobles Segreda.* Añoranzas.
Este señor desvaído parece. *Parra.* Preguntas a la hora del té.
Este tronco maldito, carcomido de sueños. *De Sola.* Cuerpo en el trópico.
Este tu inútil caminar. *Guerra.* Este tu inútil caminar.
Este vacío/madre, este vacío. *Arze de la Zerda.* Poemas.
Este velero gris, barco de la neblina. *Basso Maglio.* Canción de la delicadeza.
Este verde poema, hoja por hoja. *Arturo.* Clima.
Este vetusto monasterio ha visto. *Darío.* La Cartuja.
Este viento sin cúpulas ni erratas. *Cazorla.* Una cantidad de mi.
Este/decir nuestro. *Durán Böger.* Este decir nuestro.
Estera de rojo hirviente. *Remón Villalba.* Pecados.
Esther, allá en la luz, ¡qué gananciosa! *Rubio.* Filiaciones.
Estimado señor. *Alegría.* Carta al tiempo.
Esto dijéronme/tu padre ha muerto. *Palomares.* Elegía a la muerte de mi padre.
¿Esto es entonces olvidar el desorden? *Dalton.* Hotel German American.
Esto es lo que sucedió. *Trejo.* Lo que sucedió.
Esto es un árbol. *Helberg.* Sí o no.
Esto/es una carta a Jesús Maravilla. *Coronel Urtecho.* Discurso sobre Azorín para ser traducido en lengua nahual.
Esto pasa en el año tres del siglo presente. *Soto Borda.* El soneto profético.
Esto que escribo. *Sosa.* Esta luz que suscribo.
Esto que parece sueño. *Kofman.* El río Luján.
Esto vieron otros/mejores que tú. *Vitier.* Suite de un trabajo productivo: Trabajo.
Esto/una blancura. *Silva Estrada.* Esto.
Estos días las calles. *García Rivera.* Estaban solas.
Estos dulces chilenos. *Rivera.* Dulces chilenos.
Estos hijos—dice ella. *Fernández Moreno.* Habla la madre castellana.
Estos huesos brillando en la noche. *Pizarnik.* Estos huesos.
Estos ojos. *Morales.* Estos ojos.
Estos poemas esta colección de papeles. *Gelman.* Estos poemas.
Estos son mis versos. Son como son. *Martí.* Mis versos.
Estos versos llenan silencios. *Valle.* Estos versos.
Estoy a la intemperie. *Maples Arce.* Canción desde un aeroplano.
Estoy a punto de salir. *Aray.* Siete y cincuenta y cinco.
Estoy a una nación de distancia. *Bordao.* Oración del exilio.
Estoy aquí, sentada, con todas mis palabras. *Castellanos.* Silencio acerca de una piedra antigua.
Estoy buscando un río. *Luna.* Búsqueda.
Estoy como en asueto de mi mismo. *González de Léon.* Asueto.
Estoy como no queriendo cantar. *Sánchez.* Pensamientos con amor.
Estoy como perdido. *Castrillo.* Ciudad.
Estoy como si hubiera recorrido. *Armani.* Canción final.
Estoy como una casa por su jardin rodeada. *Barrenechea.* Rumor del mundo.
Estoy de acuerdo, viejo Boy Scout de la muerte. *Nieto.* A Ernest Hemingway.
Estoy en alta mar. *Rivera.* Estoy en alta mar.
Estoy en el cuarto, mirando hace horas el armario. *Nogueras.* Mujer saliendo del armario.
Estoy en la calle. *Navarro Harris.* Comunicado 2.
Estoy en la ventana. *Vidales.* Cuadrito de movimiento.
Estoy enamorada de un fantasma. *Uribe.* Aquel tiempo, aquel recuerdo.
Estoy hablando de la rosa. *Lars.* Sobre rosas y hombres (poema tercero).
Estoy mirando cómo creció este árbol. *Padilla.* El árbol.
Estoy muriendo solo de veloces venenos. *Huerta.* Cuarto canto de abandono.
Estoy por salir al cine como un libro viejo. *Altamirano.* Para Victoria Mendoza.
Estoy sentado en la puerta de mi casa. *Hahn.* En la vía pública.
Estoy separado de mí por la distancia. *Sáenz.* Estoy separado.

Estoy sola ahora, pero él ronda mi vida afuera. *Gómez.* Estoy sola ahora.
Estoy solo en el grito inesperado. *Nandino.* Voz de mis soledades.
Estoy solo en la habitación. *Cabrera.* A propósito de un arpa antigua.
Estoy solo en mi casa, en nuestra vieja casa. *Bufano.* Soledad.
Estoy solo otra vez. *Vitureira.* La nube.
Estoy tan cansada. *Galván.* Geschichhtsunterricht.
Estoy triste y sereno ante el paisaje. *Nervo.* Glosa.
Una estrella canta. *González Martínez.* Radiograma.
Una estrella suicida, una luz mala. *Berenguer.* Paisaje.
Estrellas que entre lo sombrío. *Silva.* . . . ? . . .
Estrellas rojas y blancas nacían de tus manos. *Teillier.* Los dominios perdidos.
Las estrellas son cincuenta. *Menén Desleal.* Ceremonia de izar la bandera en la Casa Blanca.
Estrellita que te escondiste. *Tallet.* Estrofas azules.
Estremecida cúpula del día. *Granata.* La campana.
Estremecimiento más fuerte que la cópula. *Fernández Retamar.* Ninguna palabra te hace justicia.
Estudiando la historia. *Gelman.* Historia.
El estudiante, con bonete y con manteo. *Cravioto.* El bachiller.
Estudio el futuro/lo leo en compañia de la vida. *Montes de Oca.* La vieja alianza.
Eta tarde lo bañé. *Ballagas.* Lavandera con negrito.
Eterna presencia efímera. *Liscano.* Génesis.
La eternidad es conservar el ángel de los orígenes. *Girri.* El agradecido.
La eternidad existe. *Ayala.* Celebración del universo.
Eternidad, sedle propicia. *Cardona Torrico.* Timonero.
Eterno esplendor de la implacable/pasión. *Molina.* Una bahía en el Caribe.
Eucaliptos encendidos, sombras. *Blanco.* Canción de mayo.
Eva, al acaso discurriendo un día. *Caicedo y Rojas.* El primer baño.
Eva, transformada en serpiente, ofreció a Adán. *Jaramillo Escobar.* Apólogo del paraíso.
Evangelina Gutiérrez/cuchillo en mano deschala. *Castilla.* Evangelina Gutiérrez.
Ever since school. *Guillén.* My Last Name.
Every poem a bird fleeing. *Mutis.* Every Poem.
Every year for the last fifty. *Vicuña.* The Ideal Woman.
Everyone knows that a glance. *Lihn.* Nothing to See at a Glance.
Everything is blue in the tiny round window. *Cardenal.* Vision From the Small Blue Window.
Everything is very simple much/more simple. *Vilariño.* Everything Is Very Simple.
Evoco la dulzura de tu rostro en la tarde. *González Penelas.* Evoco la dulzura.
Exactamente igual que un niño. *Zepeda.* Río de cien piedras.
Exactitud. Tiempo limitado. *Castrillo.* Fórmula.
Excepto el agua virgen de la fuente. *Suárez.* Infancia muerta.
Exiliaron su pedestal/enclavado en Samotracia. *Allocati.* La victoria.
Existe un misterioso sacramento. *Byrne.* Analogías.
Existe—y no es de piedra—un alto dique. *Aveleyra.* Dique.
Existen mayores enemigos que estos. *Carmenate.* Los libros.
Explicar con palabras de este mundo. *Pizarnik.* Explicar con palabras.
Explorador azul, buzo del cielo. *Cruchaga Santa María.* Avión.
Exploro la llama y no la extingo. *Varela.* En el espejo.
La explosión del silencio. *Mizón.* La explosión.
Expulsiones gases de las zanjas cerebrales. *Osuna.* Oración.
Un éxtasis nos precipita y nos engendra. *Yepes Boscán.* Mientras miro tus huesos tomar brillo.
Extendíamos la noche sobre una mesa de quin's. *Falconi.* Crónica.
Extenso, fuera de los valles, fuera del silencio. *Albarado Sánchez.* El tiempo (Frag.).
Extienda los pies y descanse. Los flujos y reflujos. *Aray.* Administración de personal.
Extraña/como si fuese otra persona y no yo. *Moreno Toscano.* Extraña.
Extrañamente, la noche en la ciudad, la noche doméstica. *Sáenz.* La noche.
Extranjera es la luna. *Montes de Oca.* El jardín que los dioses frecuentaron.
El extranjero canta entre mares resecos. *Hinostroza.* Al extranjero.
Extranjero/hasta tu hogar. *Molina.* Dice adiós el Pánuco.
Un extraño carricoche. *Arenas.* Sade.
Extraño sentir este sol otra vez. *Belli.* Patria libre: 19 de julio de 1979.
Extraños son los iniciados. *Martínez Matos.* Romeo y Julieta.

Eye after countless eye of the bomb. *Hahn.* Vision of Hiroshima.
An eye crashes against the towers of a dream. *Hahn.* In the Middle of the Bedroom.
An eye crashes into the towers of the dream. *Hahn.* In the Center of the Bedroom.
The eye that sees/sees what? *Armand.* Another Poetics.

A face shines, anchored in fog. *Molina Venegas.* Things of the Blind.
Facing the wall, on his knees. *Millán.* Firing Squad.
Fallan las glándulas. *Rokha.* Canto del macho anciano (Frag.).
Faltando un cuarto para las tres. *Suardíaz.* Testigo de cargo.
Faltó a la cita, Dios. *Estrázulas.* Sobre el hambre.
La familia despierta entre alboradas. *Ibáñez Iglesias.* Lejos.
La familia me sigue con los ojos. *Barnet.* La sagrada familia.
La familia se reúne en la gran mesa. *Barnet.* En Cristo.
Los fanales del automóvil. *González Martínez.* Regreso.
Fantasmal palomar de luna llena. *Mar enlunecido.* González Lanuza.
Far from you I meditate on the riverbank. *García Laviana.* Meditation on the Lake.
Un farol y dos velas. Baila Manuel. La bomba. *Ribera Chevremont.* Baila Manuel.
Farther than the west wind I am going. *Mistral.* Emigré Jewess.
Father don't read Shakespeare. *Camerón.* Subway.
Father, Mother. *Belli.* Father, Mother.
The father of my father's father brought all the sea in his cheeks. *Riedemann.* The Man from Leipzig.
Febrero con su signo es tan sólo Piscis. *Gómez.* Los signos del zodíaco.
Felices los normales, esos seres extraños. *Fernández Retamar.* Felices los normales.
Feliciano, entre espinas y soltera. *Álvarez.* Entre Ríos, verso a verso.
Feliz escala por donde el día viene, puro y sin forma. *Varela.* El día.
Feliz Navidad, amigos, padres. *Argueta.* Feliz Navidad.
Feliz tu corazón enamorado. *Bonifaz Nuño.* Teresa.
Femenina, lozana, ruborosa. *Corcuera.* Fábula del viento y la manzana.
Feo de profesión y nacimiento. *Valjalo.* Autorretrato.
Fermenta el pan. *Berenguer.* Día 27.
Fiebre de todo que crió tu vida. *Zavaleta Mercado.* Cordillera.
La fiebrecilla es de vejez. *Kozer.* Muertes del rey David.
Fiel al tormento que me desgarra. *Lugones.* Serenata I.
Fiera de amor, yo sufro hambre de corazones. *Agustini.* Fiera de amor.
Fieras desnudas que la noche amamanta. *Zaid.* Noche de luna.
Fierro negro que duerme, fierro negro que gime. *Neruda.* Maestranzas de noche.
Fiery earth. *Armijo.* To Patrice Lumumba.
Fiesta sobre las calles y las casas. *Montemayor.* Fiesta sobre las calles.
Fifteen years ago, when soldiers. *Marzán.* Graduation, 1965.
La figura que te despide. *Lara.* Andén.
Las figuraciones son la realidad. *Pérez Perdomo.* El solitario.
Fíjate cómo ha pasado el tiempo. *Jamís.* Fíjate.
Filled with myself, walled up in my skin. *Gorostiza.* Death without End. (Frag.).
El filo de la brisa es nuestra espada. *Pineda.* El barrio en la colina.
Filo de luz. *Boullosa.* Abierta (Frags.).
El filósofo Mo Tse enseña: refutarme es como . . . *Kozer.* El filósofo Mo Tse enseña.
Fina, la medianoche. *Mistral.* La medianoche.
Finaliza septiembre. Es hora de decirte. *Dalton.* Hora de la ceniza.
The fine air grows among the grass. *Mansilla.* Dusk in Changüitad.
Fine so we lost paradise. *Camerón.* The Signaled Hour.
Flaco, lanudo y sucio, con febriles/ansias. *Pezoa Véliz.* El perro vagabundo.
Flagela el rayo la erizada cumbre. *Granado.* La montaña.
Flamea el desgañicresterío del alba. ¡Primer huevo, primer . . . ! *Paz.* Mayúscula.
Flamea el sueño antes de apagar sus hecatombes. *Sandoval.* Flamea el sueño.
Una flauta en la montaña. *Arciniegas.* La flauta del pastor.
Flecha en el cielo, llega a mis raíces. *Barbieri.* Silbido en el oeste.
The flocks went bleating; the roads. *Herrera y Reissig.* The Sorrowful Shadow.
Flor de las adormideras. *Reyes.* La amenaza de la flor.
Flor de mis soledades. Tú podrías. *Armijo.* Soneto a Teresa.

La flor se columpia. *Mazzei.* Canción de paso.
La flor secreta de un amor escondo. *Prado.* La rosa blanca.
Flor simbólica del Inca. *Patiño de Murillo.* La cantuta.
Florece el paraíso/de mi acera. *Molla.* Noviembre.
Florecí y el amor no fue el mismo. *Mora Martínez.* A mi hija.
Florecieron con asombro. *López Saavedra.* Con asombro.
Florecita que se moría. *Acuña.* Vendimia.
¿Flores? ¡No quiero flores! *Martí.* Flores del cielo.
Flota sobre el esplín de la campaña. *Herrera y Reissig.* Julio.
Flower of drowsiness. *Reyes.* The Menace of the Flower.
A fly is walking head downward on the ceiling. *Juárroz.* A Fly Is Walking
Fogata/ave/nave. *Aramayo.* Axial.
El follaje es una red de grillos. *Vallarino.* Nocturno.
Fonda para viajeros los andenes. *Pantigoso.* Guirnaldas.
Fondo del mar o cielo de almas. *Delfino.* Descubrimiento.
Foot-ball, foot-ball, foot-ball. *Cotto.* Foot-ball.
For half a century. *Parra.* Roller Coaster
For lack of food. *Morales Santos.* The Great Figure.
For this man came into the world, to battle. *Rojas.* It Is Written.
For years I was doomed to worship. *Parra.* The Viper.
For you/I have printed a smile on kite paper. *Oquendo de Amat.* Poem.
El forastero se acercó a la mujer y le dijo. *Fugellie.* El forastero (Círculo fálsico).
Forjada en la. *Girondo.* Toledo.
Forrada en nuestra piel apenas te dibujas. *Vidales.* Exactitud de la muerte.
Forsaken they would not see the prairies. *Zurita.* Even Forsaken They'd Flower.
La fortuna sin seso. *Sucre.* Dísticos y trísticos.
La fotografía del niño que aparece. *Martínez.* El teorema del jardín.
The fountain/the founding. *Paz.* Blanco.
La fragancia del día, callada, se despide. *Medina.* Atardecer.
Fragancia de sombra y distancia. *Castrillo.* Fragancia de sombra.
Frágil, fina/delicada. *Pérez del C. de Carvajal.* Bibelot.
Fragilidad de las hojas, reflejos. *Sologuren.* Fragilidad.
Fragua nocturna. *Vanasco.* Rabia del sexo.
Frasco de luz. *Ávila Jiménez.* A Genevieve.
Frenética de mí, noblemente interpongo. *Molina Venegas.* Límite.
Frente a casas ruines, en los mismos. *Martí.* Pórtico.
Frente a la candelada fresca. *Vitier.* Suite de un trabajo productivo: Despertar.
Frente a la tumba del comandante Marco Antonio. *Oliva.* El sufrimiento armado (1).
Frente a la tumba del comandante Marco Antonio. *Oliva.* El sufrimiento armado (2).
Frente a los grandes árboles solitarios. *Castro.* Instante.
Frente a mí ese rostro lunar. *Varela.* Máscara de algún dios.
Frente a un monumental friso de pórfido. *Arias.* El saludo.
Frente al balcón de la vidriera roja. *Casal.* La cólera del infante.
Frente al espejo. *González-Cruz.* Frente al espejo.
Frente al muro, arrodillado. *Millán.* El fusilado.
Un fresco abrazo de agua la nombra para siempre. *Mastronardi.* Luz de provincia.
Fría sepulturera, engendro de la sombra. *Paz Paredes.* Vida, fría sepulturera.
Friend, I'm reading your old poems. *Cisneros.* Dos soledades. Paris.
Friend Proclus, the world isn't a fantasy. *Diego Padró.* Epistolary Briefs to Proclus.
Frío, universal paisaje de cosas que nadie usa. *Ortiz de Montellano.* Letra muerta.
From my schooldays on/and even before. *Guillén.* The Name: Family Elegy.
From so much talk/the chains had lost their voice. *Flores.* Havana 59.
From the blue and black bodies. *Sabines.* From the Bodies.
From the deepest part of a dream he escaped. *Palés Matos.* Doorway to Time in Three Voices.
From the noble eyes of the lion shining deep in your beard. *Dalton.* Karl Marx.
From the north came ideas. *Riedemann.* The Tree of the World.
From the South, painfully far away. *Millán.* Mail.
Fruit-vender church. *Carrera Andrade.* Sunday.
La fruta estaba hecha. *Cazasola Mendoza.* Los oscuros.

Fruto de la experiencia a lo inmutable. *Barroso.* Fruto de la experiencia.
Fue bajo un árbol: el cianótico. *Byrne.* El árbol.
Fue como haber tejido a la alborada. *Solana.* Fue como haber.
Fue domingo en las claras orejas de mi burro. *Vallejo.* Fue domingo.
Fue el 11 de septiembre. *Abril Rojas.* Salvador Allende.
Fue en esta tierra valluna. *Granado.* Canto a Cochabamba.
Fue en Madrid, en la Calle Altamirano. *Cabrales.* El espectro de la rosa.
Fue en mil novecientos sesenta. En nombre de la amistad. *Argueta.* Recuerdo a la muerte de Bernardo.
Fue en su Granada de Siglos. *Lars.* Romance del romancero gitano.
Fue en un jardín, en tálamo de flores. *Sassone.* Fue en un jardín.
Fue en una hora divina para el género humano. *Darío.* El cisne.
Fue la noche rincón y despedida. *Zavaleta Mercado.* Raíz perdida.
Fue la primera visión. *Jérez-Valero.* Visión.
Fue mi libro de texto un amor escolar. *González de León.* Inicial.
Fue necesario destrozarnos. *Cobo Borda.* Conjuro.
Fue para un nuevo día. *Restrepo.* Fue para un nuevo día.
El fue quien vino en soledad callada. *Urquiza.* Job.
Fue un paladín de la leyende homérica. *Turcios.* Bolívar.
Fue un poeta de su vida y de la vida. *González Tuñón.* Epitafio para la tumba del poeta desconocido.
Fuego de tí, que es fuego/natural del diamante. *Rugeles.* Fuego de Dios.
El fuego mete las manos en mi pecho y lo devora todo. *Hidalgo.* Partida de nacimiento.
El fuego no prende pues. *Délano.* El viaje.
El fuego tiránico, verde casi, ensombrece. *Agurto Vigneaux.* Desesperanza.
Fuensanta/dame todas las lágrimas del mar. *López Velarde.* Hermana, hazme llorar.
Fuente al florecer el canto. *Santana.* Quedo en ti si ya no vuelvo.
La fuente se recata. *González Rojo.* Gracia de la fuente.
Fuera dado remontar el río. *López Velarde.* Ser una casta pequeñez.
Fuera de Dios, a todos roe la miseria. *Argueta.* El paraíso.
Fuera del espacio y la materia. *España.* Más allá de la tortura.
Fuera del espacio y del tiempo, los ciervos discurren. *Arreola.* Cervidos.
Fuera del tiempo, sentada. *Villaurrutia.* Cuadro.
Fuera, la noche en veste de tragedia solloza. *Agustini.* Nocturno.
Fuérame dado con la Vida un pacto. *Banchs.* Los bienes.
Fuérame dulce navegar un sueño. *Bustamante.* Soneto.
Fueron las noches de ronda. *Liguori.* Epitafio a Agustín Lara.
Fueron un tiempo mi apagada suerte. *Banchs.* Sonetos.
Fuerza de amor, impulso que sustenta. *Licón.* Ensueño.
Las fuerzas del lenguaje son las damas solitarias. *Pizarnik.* Fragmentos para dominar el silencio.
Fugitiva canción de otoño, triste. *Licón.* Hojas secas.
Fui a su puerta de jazmines. *Montoya.* Romance de estío.
Fui a visitar ayer a Oscar Castro. *Cañas.* Pronta mejoría para Oscar Castro (Frag.).
Fui criado en una ciudad fría en un barrio modesto. *Hernández B.* Origen.
Fui por el autoanálisis precoz. *Guerra.* Fui por el autoanálisis.
Fui tan sombría como la dama de la torre. *Cross.* La dama de la torre.
Fuí un muchacho de corazón salvaje. *Armijos.* Testamento.
Fuimos los comensales. *Pares.* El banquete.
Fuiste besada hace muchos años por unos señores que ordeñaban. *Cuéllar.* Elegía.
Fuiste fósforo encendido. *Gómez Kemp.* Fuego con fuego.
Fuísteme ya, como granero henchido. *Urquiza.* Deleitoso canto desceñido.
Fulano de Tal, de infeliz memoria. *Welder.* Credenciales.
Fulgen los rascacielos arropados en niebla. *Cabrales.* Stanza.
Full of desire is the man who flees his mother. *Lezama Lima.* Summons of the Desirer.
Fumar el cigarro porque ella lo fuma. *Espinasa.* Poema.
Fundaron la ciudad donde la transparencia asienta. *López Acuna.* Viaje a Oaxaca.
Fundióse el día en mortecinos lampos. *Herrera y Reissig.* Óleo brillante.
Furias desatadas pretenden/ahogar la luz. *Marín Mederos.* El don de no saber.
El furor, el escándalo. *Rojas.* Figura mortal.
El fusilamiento es una institución que adolece. *Torri.* De fusilamientos.

Las galaxias estaban prácticamente en contacto. *Rojas.* El recién nacido.
Galeote inocente, la cebra. *Tablada.* La cebra.
Galipán el aire se ha llevado. *Marcano.* Galipán.
Gallo avizor en lo eminente erguido. *González Lanuza.* La veleta.
Un gallo canta en el fondo de la noche. *Cabrales.* Desolado canto.
Un gallo duerme en el balcón. *Macías.* El gallo en el balcón.
El gallo puede ser una nube. *Guirao.* Gallo.
El gallo trae la espina. *Arteche.* Golf.
Los gallos cantaban en las peñas cuando Telésfora murió. *Quiñones.* Poema.
Galopan como potros de sombra. *Borda Leaño.* Celda no. 5.
Ganado tengo el pan: hágase el verso. *Martí.* Hierro.
Gano en soledades y pierdo en olvidos. *Terán.* Endechas a la soledad.
Los gánsteres aquellos. *Vitier.* Las nieves de antaño.
Gardel del rock and roll y del gemido. *Vicuña.* Elvis Presley.
La garganta de aguardiente raja. *Arozarena.* Caridá.
Gárgolas de mármol negro. *Ávila Jiménez.* Fragmento del quinteto de Schumann.
Los garrobos crecían en los árboles. *Argueta.* Los garrobos.
Garza, concepto que exalta. *Gaztelú Gorriti.* Garza.
Una garza descansa. *González.* Una garza.
Garza, en la sombra. *Tablada.* Garza.
El gas propano entristece la mañana. *Quijada Urías.* Escrito en una viñeta de Lea & Perrins.
Gasa de nube plomiza. *Toros.* Pastori.
Gaviotas sobre la espesura. *Rojas.* Rotterdam.
Gemían los rebaños. Los caminos. *Herrera y Reissig.* La sombra dolorosa.
Gemido de mi muerte cada día. *Tavira.* Tu nombre fue de cristal.
Gemido petrificado en la noche. *Ávila Echazu.* Oda ocasional.
Una genealogía de animales. *Cruchaga de Walker.* Reses.
Gente mezquina y triste. *Tallet.* Proclama.
La gente que yo quiero no envejece. *Rivero.* Para llevarlos conmigo.
Gentes/alrededor del muerto. *Molina.* Maestro de ceremonias.
Las gentes que viajan adquieren una forma. *Bonifaz Nuño.* Las gentes que viajan.
Geratevet es una palabra que oí mucho cuando niño. *Turkeltaub.* Geratevet.
La gigantesca águila. *Lloréns Torres.* Imperialismo yanqui.
Gimo al recordar sus sonrisas. *Molina.* El canto de las furias.
Gira por su ecuador empobrecido. *Sabines.* Gira por su ecuador.
Giran, giran, giran. *Medina.* Aerodúo-VI-T2-77.
Giran, giran/los halcones. *Mutis.* Lied.
Girasol/que aún arrancado de su tallo. *Macías.* Nostalgia.
The girl plays the piano. *Sabines.* Capriccios.
The girls of the light. *Eguren.* The Girls of the Light.
Gitana, pon la siringa. *Campero Echazú.* Balada del amor imposible.
Give ear to my words, O Lord. *Cardenal.* Psalm 5.
Gladiolas with plumes like blood. *Hahn.* Gladiolas by the Sea.
Gladiolos rojos de sangrantes plumas. *Hahn.* Gladiolos junto al mar.
Glenn Miller's music is a trunk. *Valle.* Glenn Miller's Music.
Glittering of air, it glitters. *Paz.* Mystery.
Gloria a tí, gran señor a quien venero. *Reynolds.* Loa al rey de las quimeras.
La gloria azul arriba. *Verdie.* Narciso.
Go slowly over the stones. *Molina Venegas.* Go slowly.
Gobernado por cetáceos de océanos bravíos. *Zúñiga Segura.* Bueyes de ceniza.
El goce de crear que al Dios me iguala. *Tamayo.* Habla Scopas.
La golarenda sorva/sobre la estrálica corúa. *Langagne.* La golarenda sorva.
Un golpe apresurado de aire. *Hinojosa.* Robinson, perseguido.
Golpea sí su párpado aterido. *Reyes.* Ruina.
Golpeo cada palabra, la abro en tu rostro. *Reyes.* Oficio.
Gota de luz celeste que destila. *Mieses Burgos.* Estrella matutina.
Gota limpia y azul. *González Martínez.* Desnudez.
Gotas de ámbar, de fósforo y rocío. *Rega Molina.* Trópico.

Gotas de muerte penden en el aire. *Revuelta Hatuey.* Amor.
Gotea, muda, la fuente. *Lugones.* Silencio.
Gozas porque eres blanco. *Dessús.* Gesto indiano.
Grabar quiero esta hora nocturna en la medalla. *Arrieta.* La medalla.
Gracias a la vida que me ha dado tanto. *Parra.* Gracias a la vida.
Gracias aroma. *Girondo.* Gratitud.
Gracias, en fin, porque estoy vivo. *Fernández Retamar.* En este atardecer.
Gracias, madre. *Mondaca.* Elegía.
Gracias, ¡oh trópico . . . ! *Pellicer.* Poema pródigo.
Gracias, porque mis ojos están nuevos. *Guzmán.* La fiesta del campo.
Gracias, Señor por la palabra dada. *Bilbao.* Gracias por la palabra.
Gracias, vida, porque me diste un año. *Gordillo.* Vida.
Grácil/alba. *Revuelta Hatuey.* Paloma.
Grácil y alada novia del lucero. *Vaz Mendoza.* A una golondrina.
Graciosa mía, tiernísima apostada contra el verano. *Madariaga.* El nuevo testamento.
Gracioso y translúcido. *Escalona.* Dos poemas.
La gran corrida llegó a su término. *Merodio Tames.* Querido diario.
Gran Don Luis, la rosa ha florecido. *Tamayo.* Soneto en honor de Don Luis de Góngora.
El gran mamut sueña quijotes. *Zavala.* El gran mamut.
El gran otoño el terrible. *Bolton.* El otoño de los pájaros.
Gran padre/de la iglesia penitencial. *Cerruto.* Casa de Baudelaire.
Un gran salón. Un trono. Cortinas. Graderías. *Herrera y Reissig.* Fiesta popular de ultratumba.
El gran silencio la quietud exprime. *Prado.* Preludio.
Grande es la tierra, amado. *Valle.* Los desheredados.
Grande paz interior, como una esencia. *Parra.* Momento musical.
Grande y dorado, amigos, es el odio. *Lizalde.* Grande es el odio (Frag.).
Las grandes filas a cada lado de la calle. *Tellez.* After the Mardi Gras.
Granito de polvo/enano señor del mundo. *Brull.* Grano de polvo.
Grato es recordar/en Managua. *MacField.* Grato es recordar.
Grave campanero, nocturno mastín funerario. *Poveda.* Julián del Casal.
Grave en la decadencia de su prez soberana. *Lugones.* León cautivo.
The grave grows inward in. *Obregón.* The Fears.
Graznando están los cuervos en los encinares de Aranjuez. *Droguett Alfaro.* Augurio.
El graznido cosmopolita de los crepúsculos. *Rokha.* Tonada del iluminado.
A great sea carried me. *Hahn.* City on Fire.
Greensboro duerme. *Sánchez Boudy.* Greensboro duerme silencioso.
Greta. Grieta. Honda. De cancer. *Gutiérrez Hermosillo.* Greta Garbo.
El gringo musicante ya desafina. *Carriego.* El alma del suburbio.
Gringos, gringos, gringos . . . negros, negros, negros. *Korsi.* Una visión de Panamá.
Gris. Sol. Gris. Sol. Gris. *Rojas.* La Serena.
Grises caseríos. *Wyld Ospina.* Los caseríos.
El grita. *Casanova.* Gatos.
Grito con el alma. *Uribe Arce.* Los veinte años (Frags.).
Un grito hiende el aire. *Barco.* Grito de América.
Un grupo del cisne y Leda. *Icaza.* Rincón del parque.
Los grupos de palomas. *Pellicer.* Los grupos.
Los grupos de palmeras. *Pellicer.* Los grupos.
Guarda la tierra larvas. *Tamayo.* El último huayño.
Guárdala en lo profundo de tus ojos. *Guardia.* Despedida.
Guardamos las migajas del almuerzo. *Macías.* Hansel y Gretel.
Guardiana de las tumbas; botín para mi hermano. *Castellanos.* Lamentación de Dido.
Guardo, para alivio de mis penas hondas. *Vicuña Cifuentes.* Huéspedes eternos.
Guatemala, con tu huipil. *Sosa.* Huipil de Guatemala.
Guatemala, with your huipil. *Sosa.* Guatemalan Huipil.
El guerrillero solo, con su marcial estampa. *Murillo y Aliaga.* Antisoneto del guerrillero.
Guillermo estuvo aquí. *Suardíaz.* El visitante.
El guiño de un semáforo. *Melo.* Instantánea.
El güiro rasca: chupa cachimba. *Manrique Cabrera.* Ritmo antillano.
La guitarra tenía un sonido ácido. *Fraire.* La guitarra.

Gulliver tomó asiento en la piedra rugosa. *Mármol.* El extranjero.
Gulls over the thickness. *Rojas.* Rotterdam.
Gusanos de sesenta inviernos aspiran sangre. *Bañuelos.* En Vietnam las púas gotean nubes de corderos.

Ha caído el mundo. *Mercurio.* Dejadnos vivir.
Ha caído el otoño. *Silva-Santisteban.* Noche de la materia.
Ha caído la tarde/melancolía leve. *Piwonka.* Leve.
Ha cruzado el pasillo de la iglesia. *García Marruz.* La demente en la puerta de la iglesia.
Ha de cruzar el mar mi llama. *Krauze.* El fuego de Quevedo.
Ha el corazón tramado un hilo duro. *Rojas.* Adiós a Julio Cortázar.
Ha hablado la noche/con palabras de selva. *Puhyol.* Ha hablado la noche.
Ha llegado la hora. La tarde se reclina. *Suárez.* Poema de amor estudiantil.
Ha llegado marzo. *Corssen.* Bonsai: sobre la mortalidad y las estaciones.
Ha llovido sobre esta tierra amarga. *Godoy.* Regreso.
¡Ha llovido tanto sobre las siembras! *Zepeda.* Sangre en espera.
Ha muchos años que busco el yermo. *Nervo.* A Kempis.
Ha muerto el bosque. *Casal.* Ha muerto.
Ha muerto/y su cadáver todavía sigue. *Borda Leaño.* Pequeña muerte.
Ha pasado la siesta. *Darío.* Vesperal.
Ha pasado un siglo. *Jodorowsky.* El secreto.
Ha retornado el buen amigo de la casa. *Asturias.* Sol de invierno.
Ha sido tal vez mi suerte. *Arévalo Martínez.* Oración al Señor.
Ha sido tanto nuestro amor al silencio. *Blanco.* Coda.
Ha soltado sus flores el cedro de enfrente. *Mendoza.* Las flores de cedro.
Ha tiempo/que la luz. *Morales.* Adagio.
Ha vendido sus cartas, ha quemado/sus naves. *Feria.* Ha vendido sus cartas.
Ha venido la primavera con su olor a Nicaragua. *Cardenal.* Ha venido la primavera.
Habana/yo te pienso de noche. *Bordao.* Catarsis.
Hábeas Corpus. *Cuadra.* Catalino Flores.
Habéis visto morir algún perfume. *Carrión.* Yo no sé si tu voz.
Haber creído alguna vez. *Chumacero.* Jardín de ceniza.
Haber heredado el silencio por costumbre. *Lázaro.* Tiempo de exilio.
Haber sido hiedra. *Infusino.* Helplessness. (Span.).
Había cierta belleza. *Limón.* Piquín.
Había el recuerdo de la edad de piedra. *Lira Sosa.* Fábula para revelar el misterio.
Había pasado ya más de una semana. *Aridjis.* Sueño de recomposición.
Había que morir para mirarlo. *Bardesio Vila.* Al sexo de un caballo.
Había que pintar el primer libro. *Fariña.* Todo tranquilo, inmóvil.
Había recibido del cielo el presente. *Ramos Sucre.* Isabel.
Había un nicaragüense en el extranjero. *Cardenal.* Había un nicaragüense.
Había una vez una vaca. *Walsh.* La vaca estudiosa.
Había una vez un país que se llamaba El Salvador. *Gelman.* Crónicas.
Había una vez un poeta portugués. *Gelman.* Yo también escribo cuentos.
Habías crecido junto al olivo y la niebla. *Armijo.* A Nicolás Vaptzarov.
Habiéndome desaparecido. *Valdés.* Escondite.
La habitación del mundo es un espejo. *Macías.* Viendo partir las horas.
Habitada por el viento. *Jaramillo Levi.* Bruja.
Habitemos en nosotros. *Wiethüchter.* Himno al estar.
Habito un edificio de naipes. *Carrera Andrade.* Morada terrestre.
Habituado a su mundo desmedido. *Benarós.* Hombre de pie.
Habla con dejo de sus mares bárbaros. *Mistral.* La extranjera.
Habla con la más callada de esas mujeres. *Sánchez Lihón.* Acta.
Habla poco a los hombres y habla mucho contigo. *Genta.* Asómate a ti mismo.
Habla por mi boca/en otra lengua la muerte. *Guillén.* Vade retro Satanás.
Hablaba el árbol cristalinamente. *Cotto.* Árbol con niños.
Hablábamos de Chiapas. *Wong.* Hablábamos.
Hablábamos de los muertos con gran piedad. *Uribe Arce.* Al buen amigo.
Hablábamos de Siva/de pájaros. *Alegría.* Evasión.

Hablaban en el puente, antepecho fálico. *Adoum.* Pequeño drama Noh.
Háblame. Al fin y al cabo. *Vieira.* Letras de arena.
Hablan, hablan y hablan. *Mendoza.* Melodía de arrabal.
Hablan poco los árboles, se sabe. *Montejo.* Los árboles.
Hablar de ti, es reconstruir de pronto. *Paz Paredes.* Oración por la tierra.
Hablar de un poeta. *Teillier.* El poeta de este mundo.
Hablar de un poeta. *Teillier.* Poema para René Guy Cadou.
Hablar para decir la cintura. *Molina.* Hablar para decir.
Hablemos/de tu pequeño mundo. *Echazu Navajas.* Gabriel Sebastián.
Hablo a los tres reinos/al tigre sobre todo. *Moro.* Memorial a los tres reinos.
Hablo de la tierra del sur de la Meseta de Utah. *Fuentes Rodríguez.* Canción de amor a América.
Hablo de ti, mi luminoso sueño. *Cossio Salinas.* Hablo de ti.
Hablo de un bosque hermético. *Granata.* Hablo de un bosque.
Hablo para aquellos/que viven en la noche. *Alemán.* Hablo de aquellos.
Habrá entonces otro cielo más vasto. *Cobo Borda.* Ofrenda en el altar del bolero.
Habrá niebla en los tejados. *Shelley.* El cerco.
Habrá orilla de césped maduro. *Castrillo.* Arenal.
Habréis de conocer que estuve vivo. *Florit.* Soneto.
Habría que amar la nuca más que un muslo. *Vega.* Condiciones.
Habría que bailar ese danzón que tocan. *Sabines.* A estas horas, aquí.
Habría que ponerse a morir especialmente. *Cabrera.* Para empezar.
Hace algún tiempo. *Padilla.* A José Lezama Lima.
Hace calor y todo arde. *Mora Martínez.* Holocausto.
Hace días que he vuelto/del campo a casa. *Fernández.* Añoranzas.
Hace días que no pasa el ángel. *Orrego.* Ángel VI.
Hace días que no pasa el ángel. *Orrego.* Ángel (Frag.).
Hace dos mil años que el hombre nace en la ciudad. *Abril.* Canto de la ciudad y del hombre moderno.
Hace mucho que hospedo tu embajada. *Riestra.* Media muerte.
Hace mucho tiempo. *Yllescas.* Una muchacha que soñaba.
Hace tiempo, algún alma ya borrada fue mía. *Agustini.* Los relicarios dulces.
Hace tiempo se me ocurrió. *Castillo.* El poeta del jardín.
Hace tiempo/te había prometidomuchos poemas de amor. *Padilla.* La promesa.
Hace un calor endemoniado. *Blanco.* Poema visto en el ventilador de un motel.
Hace ya diez años/que recorro el mundo. *Chocano.* Nostalgia.
Hace ya largo tiempo que el soñador extraño. *Pedroso.* Alegoría del Simbad íntimo.
Hace ya muchos años que vivo. *Chariarse.* Tithonus a la aurora.
Haced de pino la caja. *Cotto.* Tolstoi.
Hacedora del sol llena la casa. *Barrios Cruz.* Acto.
Hacemos poesía/hasta cuando vamos a la sala de baño. *Parra.* Poesia poesia todo poesía.
Hacia abajo en la oscura humedad de los helechos. *Molina.* Mensaje secreto.
Hacia abajo es el viaje sin luz de las raíces. *Valle Silva.* Raíces.
Hacia dónde estamos yendo. *O'Hara Gonzales.* Tras la piel.
Hacia el azul, hacia sus ahuyentados. *Lameda.* Las nieves perpetuas.
Hacia el lenguaje de piedras refulgentes. *Peri Rossi.* Poema.
Hacia la bruma/camino. *Vásquez Méndez.* Hacia la bruma.
Hacia la noche llena de temblorosas luces. *Arteche.* Estaciones fugitivas.
Hacia la tarde mendiga. *Viaña.* Mancha.
Hacia/las blancas montañas. *Heraud.* El nuevo viaje.
Hacíamos votos por una dulce muerte. *Vestrini.* Hacíamos votos.
Haciendo un alto en medio de la errancia. *Sienna.* Mi pueblo.
Hada es la luz. Estela la armonía. *Cortés.* Las tres hermanas.
Hagamos de los estallidos odorantes de las orquídeas. *Lira sosa.* Designio.
Hago como si tocara una guitarra. *Millán.* Disco de oro.
Hago inventario de tesoros: tengo. *Russell.* Soneto.
Hago un pozo/para buscar una palabra. *Juárroz.* Hago un pozo.
Haití ve por el ojo de tu anillo. *Cabral.* Amuleto de hueso.
Halcón de finos remos, que tiende las furtivas. *Umaña Bernal.* El halcón.
Hallar tu cabellera en la ventana. *Vicuña.* Clara sombra.
Hallarás en el bosque mansa fuente. *Camarillo de Pereyra.* Vana invitación.

Hallazgo de la piedra. *Otero Silva.* Hallazgo.
Hallo un cablegrama. *Suardíaz.* Hallazgos.
El hambre es el primer ojo del cuerpo. *Volkow.* El inicio.
Han bajado los indios tarahumaras. *Reyes.* Yerbas del tarahumara.
Han callado su voz/para que el sol se apague. *Baroni de Barreneche.* Mordaza.
Han derribado una casa colonial en el centro del universo. *Carreto.* La casa de Allende número 5.
Han descendido mis palabras. *Yarza.* Inercia.
Han dicho que un tirano. *Yllescas.* Han dicho.
Han llamado a mi puerta. *González Martínez.* Parábola del huésped sin nombre.
Han pasado ya trescientas horas. *España.* Infierno y soledad.
Han tomado mi casa. *Feria.* La parentela.
Han tratado de cubrir las aberturas. *Brito.* Guión del pensamiento desdibujado.
Hang on, shut up you shit, I haven't finished. *Jamís.* Shut up You Shit.
A happy stone juts north of the bay. *Camerón.* Beach.
Haré temblar, a mi ritmo, la tierra. *Casaravilla Lemos.* Júbilo viviente.
Harto ya de alabar tu piel dorada. *Fernández Moreno.* Soneto de tus vísceras.
Has agotado las conversaciones. *Galaz.* La muerte gorda.
Has bebido la desolada sangre de mi sexo. *Canzani D.* Inicio de la muerte.
Has creado un templo de tierra. *Corssen.* Cuencas de Orongo.
Has crecido en la sombra. *Ruiz.* Tarde.
Has dibujado con saliva tu nueva luz. *Valcárcel.* Dicotomía.
Has esperado tanto/con tu amor de siempre. *Valladares.* Lealtad.
Has muerto, camarada. *Paz.* Elegía.
Has perdido tu sombra, alma que fuiste mía. *Sola González.* Camina el poeta y no sabe.
Has preguntado, di, te has preguntado. *Adoum.* Condecoración y ascenso.
Has pulsado, has templado mi carne. *Bracho.* Tus lindes: grietas que me develan.
Has visto—te has visto—sentado frente a algo. *Sáenz.* Has visto.
Has vuelto, organillo. En la acera. *Carriego.* Has vuelto.
Hasta ahora yo he sido. *Barnet.* Hasta ahora.
Hasta cuándo estaremos esperando. *Vallejo.* La cena miserable.
¿Hasta dónde entra el campo a la ciudad, de noche? *Sabines.* ¿Hasta dónde . . . ?
Hasta la hora del ocaso amarillo. *Borges.* El oro de los tigres.
Hasta mi más oculto abismo. *Escalona.* Secreto a voces.
Hasta que llegaron los helicópteros. *Pohlhammer.* Los helicópteros.
Hasta tocar el hontanar del fuego. *Ferrari.* Esclavo anda en busca de fuente de calor.
Hasta tu herida irremediable. *Puhyol.* Hasta tu herida.
Have you asked, tell me, have you wondered. *Adoum.* Medals and Promotion.
Hay algo denso, unido, sentado en el fondo. *Neruda.* Unidad.
Hay algo que se esfuma. *Toro.* Melodía profunda.
Hay algo que yo quiero decir. *Silva.* Testamento para una muerte.
Hay alguien que se lamente. *Hoeffler.* Hay alguien.
Hay amador ahincado en lo novicio. *Delgado.* Canto del amador impenitente (Frag.).
Hay amplios horizontes. *Tavira.* NDE.
Hay apresuramiento en el espacio. *Mar.* Vida en mi muerte (Frag.).
Hay burbujas de frutas en el olor del día. *Bañuelos.* Densa luz del trópico.
Hay cementerios solos. *Neruda.* Sólo la muerte.
Hay compositores sin pelo. *Hernández.* Historia de la música.
Hay días en que somos tan móviles. *Barba Jacob.* Canción de la vida profunda.
Hay/días en que el asfalto en California. *Freidemberg.* Recapitulaciones de Phillippe Marlowe.
Hay días, señor. *Suárez.* Hay días.
Hay dos líneas delgadas. *López Acuña.* Caja del sol.
Hay en algunos pueblos. *Argueta.* Los cazadores de mariposas.
Hay en mi jardín. *Mármol.* Balada de los insectos.
Hay en tus pies descalzos: graves amaneceres. *Cabral.* Negro sin zapatos.
Hay gente mala en el país. *Leduc.* Invocación a la Virgen de Guadalupe.
Hay gentes tan desgraciadas. *Vallejo.* Traspié entre dos estrellas.
Hay golpes en la vida, tan fuertes . . . Yo no sé. *Vallejo.* Los heraldos negros.
Hay horas en que imagino. *González Martínez.* Romance del muerto vivo.
Hay los hombres que cantan. *Jodorowsky.* No hay los buenos ni los malos poetas.

Hay luces entre los árboles. *Paz Castillo.* Hay luces.
Hay luz de estrellas muertas. *Ávila Jiménez.* Hay luz de estrellas.
Hay miedo/ya el árbol se achica. *Schön.* Hay miedo.
Hay noches. *Urtaza.* Poema.
Hay noches en que tiemblan. *Bonifaz Nuño.* Hay noches.
Hay noches que debieran. *Portal.* Tragedia de estar la muerte lejos (Frags.).
Hay noches que se dejan desangrar. *Letona.* Hay noches.
Hay países que yo recuerdo. *Mistral.* Agua.
Hay palabras metidas en el corazón. *Carmenate.* Poema sin título.
Hay puntos de silencio rodeando el corazón. *Juárroz.* Hay puntos de silencio.
Hay que amar aunque sea para olvidar en algo. *Hernández Rivera.* Diálogo.
Hay que caer y no se puede elegir dónde. *Juárroz.* Hay que caer.
Hay que comer un corazón de tigre joven. *Futoransky.* Mester de hechicería.
Hay que consumirse como incienso. *Rodríguez Nietzche.* Mural.
Hay que dejar en las ciudades algo. *Machado de Arnao.* Y otro día.
Hay que ingerir distancia. *Girondo.* Dietética.
Hay que levantar la vida. *Mendía.* Fantasía para un sábado sin límites.
Hay que mover la vida, hay que menearla. *Molina Venegas.* Movimiento XX.
Hay que odiar esa paz. *Verdesoto de Romo.* La palabra rebelde.
Hay que suicidarse justo lo necesario. *Aceves.* Consejos al indiferente (Frag.).
Hay que vivir ausente de uno mismo. *Scorza.* Canto a los mineros de Bolivia.
Hay que vivir como el soldado. *Arévalo Martínez.* Hay que vivir.
Hay quien arroja piedras a mi techo, y después. *Nervo.* Venganza.
Hay razones para sentirse alegres. *Eguiluz.* Bailes.
Hay ríos de dulzura y de tristeza. *Solari.* Anunciación a María.
Hay sol bueno y mar de espuma. *Martí.* Los zapaticos de Rosa.
Hay tanta soledad en ese oro. *Borges.* La luna.
Hay tardes en las que uno desearía. *Noboa Caamaño.* Emoción vesperal.
Hay tiempo una noche, un día. *Paz.* Espejo.
Hay un agua salobre y solitaria. *Rivera.* La charca.
Hay un árbol inmóvil. *Paz.* Cima y gravedad.
Hay un arte de anochecer. *Barroeta.* Arte de anochecer.
Hay un canto de luz en mis mañanas. *Areco de Gañi.* Día a día.
Hay un cuerpo que nos despierta. *Mitre.* Cuerpos.
Hay un día en que estamos. *Pita Rodríguez.* Mutaciones.
Hay un enigma en tu frente. *Volkow.* Al amante desconocido.
Hay un enorme parecido entre un caballo. *Romualdo.* El caballo o la piedra.
Hay un gesto cotidiano que nos dice. *Cárdenas.* El hombre cotidiano.
Hay un grito de muros hostiles y sin término. *Campos Cervera.* Palabras del hombre secreto.
Hay un hombre que sale a gastarse los pies. *Castro Saavedra.* El desocupado.
Hay un hombre solo a las dos de la tarde. *Olivari.* Hay un hombre solo.
Hay un instante del crepúsculo. *Valencia.* Hay un instante.
Hay un lugar junto a la laguna de Tiscapa. *Cardenal.* Hay un lugar.
Hay un modo de que me hagas completamente feliz. *Sabines.* Hay un modo.
Hay un muerto flotando en este río. *Hahn.* Un ahogado pensativo a veces desciende.
Hay un niño de vidrio. *Calderón.* Desde el fondo de tí y arrodillado.
Hay un olor que crece. *Langagne.* Oficios.
Hay un oso hormiguero metido en todo esto. *Hernández.* Carta de una admiradora de John Lennon.
Hay un país/al otro lado del océano. *Escobar.* Poética.
Hay un país donde florece tu alegría. *Reyes.* Expedición.
Hay un paisaje antiguo. *Rosales.* Alusión a un paisaje.
Hay un parque penitente lleno de orlas. *Bordao.* El acecho.
Hay un preludio de alba en el relente. *O'Connor D'Arlach.* Alba.
Hay un tenso silencio que rodea las cosas. *Subero.* Palabras para describir lo que aún queda.
Hay un tiempo de echarse a pensar. *Pereira.* Hay un tiempo.
Hay un tiempo de ser. *Coronil Hartmann.* Trabajo para el viento.
Hay un vago misterio silencioso. *López Tena.* Tarde.
Hay una claridad en el cielo. *Xammar.* Tiempo.

Hay una clase de héroes. *Astrada.* Golpeando.
Hay una Dolorosa que une las manos puras. *Jaimes Freyre.* La celda.
Hay una fuga de puertas y recuerdos. *Calderón.* Con los puños caídos.
Hay una línea de Verlaine que no volveré a recordar. *Borges.* Límites.
Hay una pared que conoce tu sombra. *Cartaña.* Canto al hombre del presente.
Hay una persona que ya no sirve para nada. *Turkeltaub.* Informe del tiempo.
Hay una raza vil de hombres tenaces. *Martí.* Banquete de tiranos.
Hay una sed duradera. *Leiva.* La sed de amor.
Hay una vida que pasa entre la conciencia sonámbula. *Valle.* Vivir o perecer.
Hay una voz de flautas. *Llerena Blanco.* Las flautas y el aire.
Hay varias muertes. Una de ellas puede ser . . . *Valle.* Hay varias muertes.
Hay veces en que nadie/recuerda. *Vallejos.* Poema 6.
Hay veces en que nadie/recuerda. *Vallejos.* Hay veces.
Hay voces. *Boido.* Infancia.
Hay voces en el aire que cortan. *Blanco.* Tarde de teatro.
Hay voces felices. *Mujica.* Hay voces.
Hay, hermanos, muchísimo que hacer. *Hernández.* Como se friega al genio.
Hay, madre, un sitio en el mundo que se llama París. *Vallejo.* El buen sentido.
Haz que tenga piedad de Ti, Dios mío. *Pellicer.* Soneto postrero.
Hazme como el ciego, mi Señor! No ve los panoramas. *Cruchaga Santa María.* La oración del ciego.
Hazme profundo el corazón terreno. *López Tena.* Humana.
Hazme, Señor, como vergel cerrado. *Obaldía.* Oración de la esposa.
He abierto de mí mismo la ventana. *More.* El träumerei.
He ahí el dilema. *Parra.* Ser o no ser.
He ahí las graderías de mi alma. *Rivera Rodas.* Remembranzas ante la presencia de mi madre.
He apagado la luz/y el corazón alerta. *Puhyol.* He apagado la luz.
He aprendido a amar entre barrotes. *España.* Un especie de canto.
He aprendido a amar la amistad de las cosas. *Guedez.* La amistad de las cosas.
He aprendido a vivir sin tus paredes. *Puglia.* La fiebre entera.
He aquí a los hombres de la mansión de oro. *León.* Jardín que nadie ve.
He aquí el árbol y su mínima brújula. *Arenas.* Exigencia siempre.
He aquí la mesa donde comemos todos. *Argueta.* Hora de la comida.
He aquí la palabra que condena. *Nagle.* La palabra.
He aquí La Paz, que heráldica corona. *Díez de Medina.* Khantuta heráldica.
He aquí mi campo de batalla. *Aymará.* No hay tregua.
He aquí mi pie tan corto que no anda. *Corretjer.* Calabozo.
He aquí que comienza un cantar de gesta. *Tlatelpas.* Despertando.
He aquí que cuando todo queda sepultado en el abismo. *Valero.* Poema de mis padres y de la casa.
He aquí que Daniela un día conversó con los ángeles. *Gelman.* Teoría sobre Daniela Rocca.
He aquí que estamos reunidos. *Sabines.* He aquí.
He aquí que he amanecido. *Díaz Muñóz.* La gruta.
He aquí que Rimbaud y yo nos hacemos al mar. *Cuza Malé.* Oh, mi Rimbaud.
He aquí que te cacé por el pescuezo. *Storni.* A Eros.
He aquí su diáfana, su lejana pureza. *Utrera.* He aquí su pureza.
He aquí, lector, mis versos provincianos. *Quiteño.* Puerta.
He aquí, yo hago nuevas todas las cosas. *Fernández.* De hombre a muerte.
He asistido, señor, a su entierro. *Jamís.* Un entierro.
He bebido del chorro cándido de la fuente. *Ibarbourou.* La tarde.
He brotado raíces frente a los eucaliptos. *Mondragón.* Raíces.
He caminado/en busca de mi origen. *Orrillo.* Cajamarca.
He cerrado la puerta. Nadie entre. *Sánchez.* La puerta.
He contribuido a hacer/a Dios. *Sansón.* He contribuido.
He creído escuchar mi nombre susurrado en los confines. *Silva-Santisteban.* Agua.
He de ir, transfigurado. *Berreta Galli.* Preguntando por mí.
¿He de marcharme entonces? *Rivas.* Breve lamento.
He de morir de mi muerte. *Nadino.* Décimas a mi muerte.
He de partir un día con el lirio. *Parra.* Nocturno.
He de rescatar la voz/de tus brebajes. *Jaramillo Levi.* Invención.
He de volver a ti, propicia tierra. *Vaz Ferreira.* El regreso.

He decidido salir del cuarto. *Pereira.* Ante el borde.
He dejado descansar tristemente mi cabeza. *Westphalen.* Abolición de la muerte.
He dejado descansar tristemente mi cabeza. *Westphalen.* He dejado descansar.
He encontrado a una niña/en la calle. *Vallejo.* He encontrado.
He encontrado tu nombre: Nacarid. *Rodríguez Cárdenas.* He encontrado.
He enterrado mi voz junto a una parra. *Hidalgo.* Poema I.
He escuchado el ritmo de los pájaros. *Durán.* Tríptico.
He escuchado la música de la noche. *Wiesse.* Música de la noche.
He esperado tu ser/he nombrado un aliento. *Ávila.* Tu nominas los sueños.
He estado escuchando Madre. *Guevara.* La reina del celuloide (carta final).
He has gone. *González Martínez.* Last Journey.
He ido a ver el parque de Lezama. *Fernández Moreno.* Al parque Lezama.
He ido cerrando, una a una, las puertas. *Bracho.* Deja que esparzan su humedad de batracios.
He inventado mundos nuevos. He soñado. *Cuadra.* El nacimiento del sol.
He leído acostado/todo un blando domingo. *Guillén.* Lectura de domingo.
He llegado a mi casa. *Navarro.* Como en aquellos días.
He llegado por fin/de llovizna. *Avila Jiménez.* He llegado por fin
He llegado, sé que estoy aquí ignoro por qué vía. *Sologuren.* A la sombra de las primicias.
He llorado leyendo novelas. *Uribe Arce.* He llorado.
He mirado la patria largamente. *Bañuelos.* El mapa.
He mirado un rostro ferozmente potente. *Anguita.* El tiempo de Verónica.
He mirado un rostro ferozmente potente. *Anguita.* El verdadero rostro.
He modulado mi voz, quebrando su línea. *Casar.* Amor y con secuencia.
He muerto para los adioses. *López Mijares.* Artaud.
He olvidado mi nombre. *Pellicer.* He olvidado.
He palpado los surcos de los siglos. *Meneses.* Mujer cachikel.
He pasado por tu casa tantas veces. *Olivari.* La espera.
He puesto mis labios en los de la vida. *Güiraldes.* He puesto mis labios.
He put at mankind's disposal what intelligence he had. *Fernández Retamar.* It Would be Nice to Deserve this Epitaph.
He renunciado a ti. No era posible. *Blanco.* La renuncia.
He respirado a Granada. *Brull.* Granada.
He rodado a mis plantas. *Mora Martínez.* Con tan sólo tus ojos.
He said to me that one must be/reborn. *Vitier.* Nicodemus Speaking.
He sentido venir tus manos a desclavar mis sueños. *Ferrer.* Episodios del ahorcado y el sicomoro.
He soñado con la beldad rubia. *Ramos Sucre.* Trance.
He tenido mi estatua, un hallazgo de sal para el olvido. *Valle.* Ceremonial del convidado.
He told me. *Millán.* Prison.
He venido a buscar tus ojos esta tarde. *Loynaz y Muñoz.* He venido a buscar.
He venido a pasear por estos mis parajes. *Venegas Filardo.* La noche circula entre mis pasos.
He venido a ser otro. *Bayley.* A ser otro.
He venido/El otoño nos revelará. *Becerra.* Declaración de otoño.
He visto a esa provincia. *Boido.* Deja vu.
He visto a un hombre. *Benavides.* Prójimo.
La he visto atardecerse enmudecida. *Moreno Monroy.* Lavandera.
Los he visto de cerca, solemnes y magníficos. *Nava.* Los locos.
Los he visto dormidos sobre el pasto. *Ocampo.* Los caballos infinitos.
Los he visto tan tristes, que me cuesta pensar. *Espino.* Los ojos de los bueyes.
He visto tu cuerpo mujer, hombre, en la ciudad. *Larrosa.* Espaldas negras.
He visto un floripondio en Miraflores. *Orrillo.* Un floripondio.
He visto viejos troncos. *Barrenechea.* He visto viejos troncos.
Las he visto volver. *Keoseyán.* Mujeres nocturnas.
He vivido, perdí, sentí la roja/brumosa alba. *Feijóo.* Recuento.
He vuelto al puerto tropical que un día. *Montoya.* Ana.
He who walks through a park in La Habana great and flourishing. *Morejón.* Some People / Central Park.
Hear me peoples of the earth. *Cardenal.* Psalm 48.
Hear/sister Chile. *Vargas.* Chile.
Heart of the corn/creator of the mist. *Castillo.* Amphitheater of Love.

Hebreos, hermanos/hermanos lejanos. *Mendilaharsu.* Hebreos.
Hecho de nada soy, por nada aliento. *Torres Bodet.* Nocturno.
El hecho material de encender una hoguera. *González.* El hecho material.
Hecho puñales el frío. *Mendizábal Camacho.* El invierno.
Héctor Narciso del Jesús Martillo y Moreira. *Alvarado.* El beato.
Helada en su corona de deseo. *Molinari.* Soneto a la rosa del alma.
El helicóptero. *Yrarrázaval.* Insecto.
Los heliotropos se abren. *Pinto.* Canción de la mano en los vientos.
Helo ahí, barquiembotellado en la actitud. *Rojas.* Príncipe de naipes.
Heme aquí de nuevo metido entre palabras. *Mondragón.* Urnas, moscas y cigarras.
Heme aquí el heredero con su haber: apellido. *Castellanos.* Una palabra para el heredero.
Heme aquí en el país de la libertad. *Quiteño.* En el país de la libertad.
Heme aquí, Malamado, sobre el minuto mismo. *Novaro.* Invocación a Guillermo Apollinaire.
Hemingway fue otro Adán. *Fernández.* El otro Adán.
Hemos arrastrado el cadáver de una primavera. *Claros.* Hemos arrastrado.
Hemos clausurado la ventana. *Zapata Prill.* De las estrellas y el silencio.
Hemos de conquistar ese sitio que aún. *Jamís.* Ese sitio.
Hemos debido estar gentísimos para quedarnos tan solos. *Gelman.* Épocas.
Hemos ido perdiendo facultades, Billy. *Serrano.* Mientras contemplo a mi gata Billy.
Hemos ido rompiendo. *Osorio Canales.* Hemos ido.
Hemos padecido la manía de creer que inventamos el amor. *Alcides.* Hemos padecido.
Una heráclita puso los cimientos. *Reynolds.* Tiahuanacu.
Heraldo de su fama y donosura. *Rebolledo.* El soneto.
Here comes night. *Palomares.* Night.
Here I am again. *Hahn.* Watching T.V.
Here I say it again. *Morejón.* Love, Attributed City.
Here is my foot, so small it cannot walk. *Corretjer.* In Jail.
Here is my soul, with its strange . . . *Molina.* The Way It Must Be.
Here lies Miss Havisham. *Orozco.* Miss Havisham.
Here on this patio, lonely as a mushroom. *Cisneros.* Loneliness.
Here we are mothers in darkness. *Jodorowsky.* Here We Are Mothers.
Herida roja en el verano inmóvil. *Liscano.* Sequía.
Herido Abierto/para que la rosa entre. *Anguita.* Dos rostros se reúnen en el amor.
Herido de estupor y de dulzura. *Vitier.* Entretiempo.
Hermana/cuando muera. *Rodríguez.* Poema de la hermana.
La hermana sin nombre, la hermana. *Contreras.* Penumbra.
Hermano/ella es todo lo que tú quieras. *Rigby.* Lágrimas por una puta.
Hermano extranjero/mira. *Rivera Rodas.* El mar y las piedras (Frags.).
Hermano, hoy estoy en el poyo de la casa. *Vallejo.* A mi hermano Miguel.
Hermano, me ha vencido la pasión de la tierra. *Díez de Medina.* Pórtico.
Hermano mío, el otoño está afuera. *Sola González.* Otoño.
Hermano, no lo hieras. *García.* Exhortación fraternal.
Hermano piadoso, lleno de armonía. *Bedregal.* Al árbol.
Hermano sauce/hoy te he visto llorando. *Rodó aparicio.* Canto al sauce.
Hermano sol, cuando te plazca, vamos. *Pellicer.* Hermano Sol, nuestro padre San Francisco.
Hermano, tú que tienes la luz, dime la mía. *Darío.* Melancolía.
Los hermanos gratísimos. *Nogueras.* Los hermanos.
Hermosa chacayalera. *Camino.* Chacayalera.
Hermosa de mis cantares, tan erguida, tan alta. *Valle.* Cantar de cantares.
Hermosa máquina de pensar. *Mondragón.* A una dama recostada en mi pecho.
Hermosa y sin afán, desatendida. *Vocos Lescano.* Y va por los cabellos.
Hermosa y sin afán, desentendida. *Vocos Lescano.* Y va por los cabellos.
Hermoso como vacuno joven es el canto. *Rokha.* Epopeya de las comidas y las bebidas de Chile (Frags.).
Hermoso es escribir. *Cillóniz.* Por lo común.
Héroe que en cien combates bravamente has luchado. *Chocano.* Aremos en el mar.
Héroes, profetas, infalibles, luminarias. *Sancho Castañeda.* Héroes, profetas.
Herrero de las noches. *Ibarbourou.* El forjador.
Hey look at that: the Atacama. *Zurita.* Like a Dream.

Hice todo lo posible/por ver su frente. *Romualdo.* Como si fuera de día.
El hielo hincha los pies del día. *Isla.* Nocturno voluntario.
Hiéreme, ¡oh muerte . . . ! *Maya.* Allá lejos.
Hierve el sagrado cieno de la luna en mi patio. *Smith.* El lento furor.
Hija, ahora que no entiendes lo que digo. *Pedemonte.* Poema familiar.
Hija/dame tu lícita distancia. *Bordao.* Rescate.
Hija/en tu pie pájaros clavados por una mira oscura. *Díaz Castaneda.* La hija vertiginosa.
Hija en tu pie pájaros clavados por una mirada obscura. *Díaz Castaneda.* Hija.
Hija, ya no sé decirte si la muerte es buena. *Moreno Jiménez.* El poema de la hija reintegrada.
Hijo/criatura ignorada. *Foppa.* Diálogo con el hijo mayor.
Hijo de mi canto. *Rivas.* Primer coloquio.
Hijo/del olvido. *Durán Böger.* Paisaje, sangre y espíritu del Beni (Frag.).
¡Hijo, escucha mi canto! Yo soy la madre tierra. *Rivas Groot.* La naturaleza.
Hijo/Espantado de todo, me refugio en ti. *Martí.* Dedicatoria.
Hijo mío, alguien te dirá: Tu madre ha muerto. *Ayarza de Herrera.* Testamento (Frags.).
Hijo mío, cuando pienso. *Bedregal.* Renunciamiento.
Hijo mío, te debo un poema. *Díaz Herrera.* Crisis de imaginación.
Hijo, no te vayas tan de prisa. *Foppa.* Niño convaleciente.
Hijo, parto: la mañana/reverbera en el volcán. *González Prada.* El mitayo.
Hijo que has de venir. *Rose.* Al que ha de llegar.
Hijo soy de mi raza; corre en mis venas. *Jaimes Freyre.* Los antepasados (Frag.).
Hijo único de la noche. *Montes de Oca.* Canción para celebrar lo que no muere.
El hijo único sería el mayor de sus hermanos. *Lihn.* Mayor.
Hijos del tiempo joven somos la juventud. *Shimose.* Océano de savias.
Hijos son de la esfera. *Illescas.* Requiem del obsceno.
Híkuri. *Cortés Bergalló.* Oración del poder.
Hilan tres princesas junto a los rosales. *Sánchez-Galarraga.* El cuento de las tres princesas.
Una hilera de camellos. *Viscarra Fabre.* Paisajc andino.
Hilos telefónicos. *Huidobro.* Teléfono.
Himnos enlutados entonándose bajo un sol de ámbar muerto. *Razzeto.* Otoño.
Hirta la cresta. El ojo pendenciero. *Bernárdez.* El gallo.
His dreams finally came true. *Lihn.* Trash.
La historia coincidió. *Álvarez Avendaño.* La historia.
La historia de mi gente no lleva cuenta. *Ochoa López.* La historia de mi gente.
La historia se repite. *Rocha.* Parte del día.
Hizo su vida/fue activo y tenaz. *Ibargoyen Islas.* Ciclo del buen burgués.
La hoja del tambor crece con el tiempo. *Arteche.* Tambor.
Las hojas por las entradas y salidas. *Crespo.* Las hojas.
Las hojas regresan a la tierra una vez más. *Valdés.* Cementerio judío.
Las hojas se reflejan en el agua. *Corssen.* Narciso.
Las hojas/del té se quieren convertir. *Blanco.* Faldas de tierra.
Hola grillo/Hola estrella. *Aramayo.* Magia.
Homagno audaz, de tanto haber vivido. *Martí.* Homagno audaz.
Homagno sin ventura. *Martí.* Homagno.
Hombre afanoso y grave, tu risa es cosa buena. *Franco.* Mi amigo el albañil, hombre alegre.
Un hombre/alcanza. *Serrano.* El atanor.
Hombre, aprende a vivir. Quema tus ojos. *Prendez Saldías.* Hombre.
Hombre, casa, mujer/jóvenes ramas. *Silva.* Matrimonio.
El hombre como el año en su carrera. *Guzmán.* Vivir humano.
Un hombre de amanecer y laurel acogido. *Huidobro.* Cambio al horizonte.
¡Hombre de América! ¡Hombre torrente y cataclismo! *Escudero.* Hombre de América.
Hombre de cielo te crió, te hizo. *Zavaleta Mercado.* Linaje.
Hombre de la Altipampa. *Heredia.* Canto al indio.
Un hombre de tu misma edad. *Valdés.* Al mismo tiempo.
El hombre del gorro puntiagudo. *Pérez Perdomo.* El hombre del gorro.
Hombre del mundo. *Rojas Jiménez.* Carta océano.
El hombre del saco. *Berenguer.* Día 45.
Un hombre deseaba violentamente a una mujer. *Gelman.* Opiniones.
El hombre desvelado es más fino. *Abril.* Poema del sueño dormido.

Hombre eres drama, existes por esfuerzo. *Rossler.* Salvación del ser.
El hombre es aire en el aire. *Porchia.* Voces.
El hombre es el paisaje. *Llerena Blanco.* Visita de Dios.
El hombre es frío y duro. *Pérez Maricevich.* Poema 5.
El hombre es lo que un día se nos mueve. *Pérez Maricevich.* Tema antropológico.
El hombre es tan libre como un halcón. *Montes de Oca.* Contrapunto de la fe (Frag.).
El hombre es un animal que ríe. *Jodorowsky.* El hombre es un animal.
Un hombre es un hombre. *Memet.* La misión de un hombre que respira.
Un hombre está inclinado. *Martos.* Ajedrez.
El hombre fue herido por un clavo de fuego. *Ochoa.* La gracia.
Hombre idéntico a mí: mortal, remoto. *Devoto.* Tres inscripciones sobre la noche.
El hombre mira sus manos. *Jérez-Valero.* El hombre.
El hombre moderno dice. *Bayley.* El hombre.
Un hombre muere en mí siempre que un hombre. *Torres Bodet.* Civilización.
El hombre no ha nacido. *Debravo.* Digo.
El hombre nuevo y útil. *Lamadrid.* Hombre ideal.
Un hombre pasa con un pan al hombro. *Vallejo.* Un hombre pasa.
Hombre pequeñito, hombre pequeñito. *Storni.* Hombre pequeñito.
El hombre que reniega de sí mismo. *Coronil Hartmann.* Alerta para el hombre.
Hombre que se hizo hombre. Universal. *Shimose.* Biografía de mi padre.
El hombre que volvía de la muerte. *González Martínez.* Un fantasma.
Hombre, sombra fugaz, desde que naces. *Villafañe.* La síntesis.
Hombre untado de negro. Ojos rojos. *Lezama Lima.* La rueda.
El hombre va en la piedra, en el musgo *Jérez-Valero.* El hombre va.
Un hombre vestido de azul. *Basualto.* Puerto.
Un hombre y una mujer. *Nogueras.* Dialéctica.
Los hombres de blusas azules. *Ribera Chevremont.* Los hombres.
Hombres negros pican las piedras blancas. *Cabral.* Trópico picapedrero.
Hombres que la patria fertilizó en las cóleras. *Echazu Navajas.* Hombres que la patria.
Los hombres se arrodillan. *Campero Echazú.* La siega.
Los hombres suaves tienen la voz fluyendo en agua. *Mendiola.* Los hombres suaves.
Los hombres viejos, muy viejos, están sentados. *Pasos.* Los indios viejos.
Hombres y lluvia conforman mundos/paralelos. *Illescas.* Hombre y lluvia, uno son.
Los hombres ya no viven: como enterradas serpientes. *Gaitán Durán.* El infierno.
El hondo misticismo del vate florentino. *Capriles.* El soneto.
Hondo surco de huellas ha dejado. *Urquiza.* El apóstol.
Hora de junio. *Pellicer.* Hora de junio.
Hora de preguntar a nuestro origen. *Silva.* Oda raizal.
Hora del desayuno/voy a la mesa. *Canales.* Hora del desayuno.
Hora en que la iglesia de la villa lejana. *Solari.* Evocación.
Hora extraña. No es. *Zaid.* Reloj de sol.
Hora gris y brumosa. *Dobles Segreda.* Gris.
Hora suave del Ángelus para glorificarte. *López Merino.* Ángelus.
Horas antes de mi muerte. *Marzán.* Epitafio.
Horas de pesados almendros, de oscuros olivos. *Gerbasi.* Ante la puerta antigua de la noche.
Las horas del destierro. *España.* La lluvia tiene ojos.
Las horas desnudas/se van hacia el sur. *Ávila Jiménez.* Las horas desnudas.
Hormiga/mi corazón es ciego. *Quijada Urías.* Poemas.
Las hormigas rojas se comen los naranjos. *Argueta.* El poeta.
Hormigas sobre un/grillo. *Tablada.* En Liliput.
Horny privilege this proud suffering. *Dalton.* Some Nostalgias.
The horses go down at dawn. *Cuadra.* Horses in the Lake.
Hostil el viento, fatigoso el llano. *Osses.* La luciérnaga.
Hours before my death. *Marzán.* Epitaph.
How certain the mule's step in the abyss. *Lezama Lima.* Rhapsody for the Mule.
How did I get here, in this hole. *Salazar Bondy.* Question for the Lost Land.
How lucky they are, the normal ones. *Fernández Retamar.* How Lucky They Are.
How must you be now, old woman. *Castro Ríos.* Words to Remind Me of My Grandmother.
How she labors without end. *Zamudio.* To Be Born Male.

How they putrify a man alive. *Sosa.* Freehand Sketch.
How to isolate the fragments of the night. *Lezama Lima.* The Fragments of the Night.
How to make this impure/storminess. *Ibáñez.* The Empty Page.
Hoy a la hora de la cena. *Carrillo.* Monodiálogo.
Hoy amanecí en crepúsculo. *Campos.* Tarde de palomas.
Hoy amanecí pensando en la amistad y en la ignorancia. *Maldonado.* Habitación.
Hoy, como nunca, me enamoras y me entristeces. *López Velarde.* Hoy, como nunca.
Hoy canta tu extensión sus atributos. *Cossio Salinas.* Vida.
Hoy conozco la felicidad. *Gochez Fernández.* Soy feliz.
Hoy, cuando el aire es tuyo y el sol de mediodía. *Fontana.* Canción para después.
Hoy cumplo cuarenta años, tiempo en que dicen otros. *López.* La cuarentena.
Hoy de madrugada. *Estrada Sáinz.* Pulsera de dalias.
Hoy desde el gran camino, bajo el sol claro y fuerte. *Agustini.* Elegías dulces.
Hoy, Día de los muertos, desfile de sombras. *Burgos.* Pentacromía.
Hoy el silencio se hace nuevamente/discordia. *Quessep.* En el no ser de la memoria.
Hoy enterraron. *Cuadra.* La rufiana.
Hoy es el cumpleaños de Joe Wells. *Huerta.* Harlem negro.
Hoy es jueves/y estoy temblando. *Trejo Villafuerte.* Hoy es jueves.
Hoy escribo su nombre, y él, mi perseguidor. *Calvillo.* Libro del emigrante (Frag.).
Hoy esta mañana 25 de abril. *Martínez Rivas.* Eclesiastés.
Hoy, esta tarde, me reúno a solas. *Pacheco.* Hoy, esta tarde.
Hoy fuimos lentamente. *Fernández Moreno.* Regreso.
Hoy ha tosido mucho. *Carriego.* Despojo de fábrica.
Hoy han vuelto. *Agustini.* Mis amores.
Hoy hay silencios invitados descubriendo adioses. *Godoy.* Estancias.
Hoy he ido a comer donde comen los pobres. *Cid.* El bar de los pobres.
Hoy he inventado tu nombre a gritos Dayal. *Jodorowsky.* La gran madre gorda universal.
Hoy he tenido la visión/de mi niñez. *Ureta.* Baladas románticas.
Hoy he visto a mi padre en un paisaje. *Paz.* Inmortalidad.
Hoy hemos rodeado nuestra mesa. *Xammar.* El abrazo bueno.
Hoy, Juan, el campesino de la barba hugoniana. *Hidalgo.* Ayer.
Hoy la lluvia ha golpeado a mi ventana. *Fernández Moreno.* Lluvia.
Hoy la luna está de compras. *Oquendo de Amat.* Recla.
Hoy le ha entrado una astilla. *Vallejo.* Hoy le ha entrado.
Hoy lo aprendí. Vivir es olvidarlo todo. *Pla.* El polvo enamorado. Poema II.
Hoy/lo suficientemente clara para enfrentar. *Parera.* Hoy.
Hoy/me dueles, Amor/ya mucho menos. *Paz Paredes.* Hoy me dueles.
Hoy me gusta la vida mucho menos. *Vallejo.* Hoy me gusta.
Hoy me he tendido junto a una joven pura. *Neruda.* Ángela adónica.
Hoy me llenas de luz, mujer. *Mármol.* Una mujer me llena de luz.
Hoy no ha venido nadie a preguntar. *Vallejo.* Ágape.
Hoy no he pensado en ti. No estoy pensando. *Scarpa.* Dejo que esta mano te llore.
Hoy no lució la estrella de tus ojos. *Novo.* Hoy no lució.
Hoy no me has vuelto a permitir que te ame siempre la misma. *Marquina.* Obscenidades para hacer en casa.
Hoy no sé qué humo yerto, acosado, maltratado, pasa. *Rojas Piérola.* Después del fuego.
Hoy noté/que tengo algunas líneas. *Calderón.* Visitae non gratae.
Hoy para hablarte me he quedado solo. *Guardia.* El retorno.
Hoy pienso en el amor, siento la vida. *Chirveches.* Primavera.
Hoy, que no es el último día. *Codina.* En el primer día.
Hoy que sale a callejear. *Fernández Moreno.* Yo.
Hoy ráscate el amor hasta la sangre. *Rosas Galicia.* Hoy ráscate el amor.
Hoy recuerdo a los muertos de mi casa. *Paz.* Elegía interrumpida.
Hoy Sancho Panza se disfraza con disfraces diversos. *Arévalo Martínez.* Sancho Panza contemporáneo.
Hoy se casa el Duque Nuez. *Eguren.* El duque.
Hoy se ha muerto Esmeralda. *Castro.* Luto irreal.
Hoy se murió la iglesia del pueblo. *Abril.* Poemas.
Hoy tengo un ansia enorme de cantar, sueño mío. *Mármol.* Hoy tengo un ansia

Hoy todo ha sucedido. *Olmedo López.* Estas cosas que no quiero entender.
Hoy trajeron otra vaca muerta. *Angeli.* La vaca verde.
Hoy tuvimos noticia del poeta. *Reyes.* Caravana.
Hoy, un ángel me libera. *Godoy Godoy.* Hoy, un ángel.
Hoy un hombre se subió a un árbol. *Alcalde.* El ahorcado.
Hoy vienen, hermana. *Fombona Pachano.* Las buenas palabras.
Hoy vuelvo a repetir mi vieja historia. *Valle.* A manera de prólogo.
Hoyo de la muerte. *Kamenszain.* Hoyo.
Hubo sed como la mía. *Guzmán Cruchaga.* Cantar.
Hubo también tinieblas, balas. *Cabrera.* Nos quedó más sangre.
Hubo un safari en las nubes. *Alonso.* A la espalda de Orión.
Huele a caña de azúcar. Sobre el verde. *Acosta.* Mediodía en el campo.
Huele a muchacha el aire de mediodía. *Aura.* Un muchacho que puede amar (Frag.).
Huele a pared lamida por ubres y mugidos. *Sinán.* Los ojos de la calle bajo la lluvia.
Huele a tierra mojada. *Pérez Hidalgo.* Fiesta del amor.
Hueles a un raro olor que me profana. *Valdés Ginebra.* Almizcle.
Huelo todo el pasado en esta casa. *Arteche.* Comedor.
El hueso/el tiempo en tu cintura. *Basualto.* Mujer 5.
Huesos sin fin. *Mármol.* Ofrenda uno.
Hugo me dijo. *Hernández.* Fragmento.
Huía ansiosamente, con pies doloridos, por el descampado. *Ramos Sucre.* El fugitivo.
Huimos por adoquines prestados y rincones. *Montealegre.* Dialectos ajenos.
Huir del útero y sus multiplicaciones. *Brito.* Proposiciones.
Humanidad: yo soy yo, y siendo/el mundo. *Rokha.* Prólogo (Frag.).
Humea el Candelabro de Siete Brazos. Denso. *Bernárdez.* Fin de orgía.
Humean en la vieja cocina hospitalaria. *Herrera y Reissig.* El alba.
Humedece tus dedos y entíbiame un poco. *Feria.* Humedece tus dedos.
Húmedo aún. *Monsreal.* El destierro.
Los húmedos cabellos de la tierra en desorden. *Oyarzún.* St. James Park.
Humo de rosas quemadas en el jardín. *Huerta.* Humo de rosas.
El humo dijo un día. *Fernández.* El humo y la llama.
El humo entra en la noche como un manto. *Vitier.* Un placer.
Humo/sombra de la luz que escapa. *López Colomé.* Castres.
Humo y nada el soplo del ser. *González Prada.* Vivir y morir.
Húndete en la ceniza, perra de hielo. *Escobar Galindo.* Duelo ceremonial por la violencia.
Hundió el arcángel la brillante mano. *Pellicer.* Rafael.
Hundo mi mano en tu reino. *Arvide.* Mi mano en tu reino.
Hundo mis manos en la tierra. *Castillo.* Oración por el alma de la patria.
Huraña artesanía de la diosa. *Segovia.* Huraña artesanía de la diosa.
Huraño el bosque muge su rezongo. *Herrera y Reissig.* Neurastenia.
Hurgo tus rincones. *Barnet.* Habanera II.
Hurté de noche/espigas en los campos. *López Acuña.* Manuscrito hallado en Pompeya.
Hurto de presencia ensayas. *Toscano.* Hurto de presencia.
Hurto de presencias ensayas. *Toscano.* Hurto de presencias.
Husmeaba el sol, desde la pulcra hebilla. *Herrera y Reissig.* La liga.
Huye en la hirsuta manigua. *Esténger.* Leyenda del cimarrón.
Huyen los años como raudas naves. *Gutiérrez Nájera.* Ultima necat.
Huyendo de mi misma. *Maldonado.* Necias amapolas.

I am a poet. *Suárez.* Combat.
I am absent but deep in this absence. *Huidobro.* Poetry is a Heavenly Crime.
I am an honest man. *Martí.* Simple Verses.
I am an honest man. *Armand.* Sonnet.
I am dying strangely . . . it is not Life/that kills me. *Agustini.* The Ineffable.
I am going to write a poem. *Silén.* I am going to write.
I am not in. *Vilariño.* There's Nobody.
I am not the wind, nor the sail. *Zaid.* Song of Pursuit.
I am sometimes bored/and learn. *Silén.* I am sometimes bored.
I am the binge you need. *Jordana.* Tango.

I bequeath my shadow. *Salazar Bondy.* Olographic Testament.
I can still remember my great aunt's old house. *Cisneros.* Karl Marx Died 1883 Aged 65.
I can still smell the spray of the sea they forced me to cross. *Morejón.* Black Woman.
I cannot close my doors. *Ibáñez.* I cannot.
I can't guarantee my name for posterity. *Rodríguez Nietzche.* As yet.
I can't talk about him except the way he was. *López.* I can't talk.
I did not touch your night, or your air, or dawn. *Neruda.* One Hundred Love Sonnets (Frags.).
I die a strange death . . . Life does not kill me. *Agustini.* The Ineffable.
I do not feel this suffering as Cesar Vallejo. *Vallejo.* I Am Going to Talk about Hope.
I do not know it for sure, but I suppose. *Sabines.* I Do Not Know It.
I do not know your name, I have never seen/your face. *Storni.* Lyrical letter.
I do not love my country. *Pacheco.* High Treason.
I do not relate to disaster. *Jodorowsky.* I do not relate.
I don't blow the trumpet or step up to the speaker's/platform. *Lihn.* Revolution.
I don't know if the old people will return one day. *Padilla.* Legacies.
I don't know who Santiago Pompillón is. *Suardíaz.* Today, the Twelfth of September, In Córdoba.
I don't know who i am or was i know only my chaos. *Gelman.* Eyes.
I don't suffer this pain as César Vallejo. I don't ache now. *Vallejo.* I Am Going to Speak of Hope.
I dream with open eyes. *Martí.* I Dream Awake.
I fell to his mother's pink bed. *Maquieira.* I Blew up the Virgin of my Legs.
I found a cablegram. *Suardíaz.* Found.
I found a golden seashell on the beach. *Darío.* The Seashell.
I grew/for you. *Ibarbourou.* The Strong Bond.
I had in my hands the rarest of all humming-birds. *Marré.* I had in my hands.
I had seen coconut trees and tamarinds. *Cuadra.* Manuscript in a Bottle.
I have eyes to see in this night. *Sabines.* I Have Eyes.
I have in my throat one word. *Mistral.* One Word.
I have invented new worlds. I have dreamed. *Cuadra.* The Birth of the Sun.
I have my legal wife buried. *Parra.* Under my bed.
I have not come to tell you you are beautiful. *Guillén.* Angela Davis.
I have seen the poets of the West. *Sáez Burgos.* That Poem.
I have spent a whole Sunday/just lying down, reading. *Guillén.* Sunday Reading.
I have touched the furrows of centuries. *Meneses.* Cachikel woman.
I have two countries. *Martí.* Two countries.
I hear your familiar footsteps all about me. *Carrera Andrade.* Second Life of My Mother.
I know there is a person. *Vallejo.* Poem to Be Read and Sung.
I know that you are here in the lamplight. *Arteche.* I know that you are here.
I love the bars and taverns. *Guillén.* Bars.
I love the handful of the earth you are. *Neruda.* One Hundred Love Sonnets (Frags.).
I love you, because in my thousand and one nights of dreams. *Lloréns Torres.* Love Without Love.
I love you when you're/fertile. *Silva Acevedo.* A la Apollinaire.
I met her, not by chance. *Mistral.* The Flower of Air.
I, my mother, my two brothers. *Belli.* Segregation #2.
I, Olga Orozco, tell everyone, from your heart. *Orozco.* Olga Orozco.
I once had . . . /two wings. *Agustini.* The Wings.
I pull out of the depths of the earth. *Rivera.* I pull out of the depths.
I remember no more than a day. *Neruda.* Furies and Suffering.
I remember two dwarfs, back there in our country home. *Darío.* Nicaraguan Triptich.
I rise up/I/a Sandinist woman. *Belli.* Song to the New Day.
I saw him dropping the oars. *Zurita.* The Beaches of Chile X.
I saw the holes the Sherman tank. *Rugama.* The Houses Were Left Full of Smoke.
I say goodbye to the city. *Hoeffler.* Under Certain Circumstances.
I scratch out images. *Rojas.* In Opposition to Death.
I see the horses of a funeral carriage. *Silva Acevedo.* They've Broken the Most Delicate Bone in My Ear.
I seek a form that my style cannot discover. *Darío.* I Seek a Form.
I sent a moon for a present. *Coronel Urtecho.* Wooden Moon.
I sent for you/because we have a problem to clear up. *Silén.* I Sent for You.

I should like on this divine October afternoon. *Storni.* Aching.
I sing America, in its wild and authochtonous state. *Chocano.* A Manifesto.
I sink my hands into the earth. *Castillo.* Prayer for the Soul of My Country.
I sought him among the caterpillars. *Casaus.* Epitaph for God.
I still remember our first games. *Zamora.* Letter to a Sister Who Lives in a Distant Country.
I thought to spend my time. *Alegría.* I Thought.
I used to be a romantic animal, said the orangutan. *Silva Acevedo.* Blue Danube.
I used to live in a big house by the Church of St. Francis. *Cardenal.* Leon.
I walk the land of Anahuac which is/the land. *Castellanos.* The Return.
I walk today, the pain of childbirth in each step. *Murillo.* Christmas Carol.
I want a strike where we all go out. *Belli.* Strike.
I was afraid. *Oquendo de Amat.* Madhouse Poem.
I was gentle and peaceful. *Ramírez.* Awakening.
I will depart after years of loafing, without having finished these poems. *Quijada Urías.* Before Death.
I will die in Paris, on a rainy day. *Vallejo.* Black Stone Lying on a White Stone.
I would go around biting my nails. *Villanueva.* O.
I would like to know. *Gelman.* Deeds.
I would like to tell about an enduring sorrow I have. *Molinari.* Ode to a Long Sorrow.
I would like to think. *Flax.* Art.
I wouldn't be able to tell the story. *Hoeffler.* I Wouldn't Be Able.
I wouldn't question the kisses you may offer. *Castro Ríos.* For Nothing.
I'd seen the manes & lares of my generation. *Cisneros.* In Memoriam.
I'll never know your face. *Zavala.* I'll Never Know.
I'm a dark citizen. *Rubio Huidobro.* Anonymous Biography.
I'm asked to write about your death. *Bañuelos.* A Gun, the Leaf that Moves the Entire Tree.
I'm consoled by the fact. *Gutiérrez.* Objective Conditions.
I'm going to break out/of this poetry. *Valle.* I'm Going to Break Out.
I'm going to plant a heart in the earth. *Murillo.* I'm Going to Plant a Heart.
I'm gonna tell you how your great love. *Maquieira.* Your Great Love.
I'm on the verge of leaving. *Aray.* Seven Fifty Five.
I'm the Virgin of Tyranny, the rich and famous. *Maquieira.* They Dragged Me out by My Face.
I'm thinking of your sex. *Vallejo.* I'm Thinking.
I've always wanted to say something of you. *Silén.* To Teresa.
I've learned to love between bars. *España.* A Kind of Song.
Iba a las densas viñas y volvía. *Granata.* Muerte del adolescente.
Iba por el agua la potranca fina. *Castro.* Fuga mojada.
Iba/por mi casa/de rodillas encerando. *Bolton.* El buen encerador.
Iba yo en mi caballo por una angosta senda. *Chocano.* Sensación de olor.
Iba yo por un camino. *Guillén.* Iba yo.
Íbamos por el pálido sendero. *Lugones.* Paseo sentimental.
Íbamos sobre el agua. *Díaz Muñoz.* La isla.
Iban las calles sin saber adónde. *González Guerrero.* Regreso.
Ícaro comprobó en carne propia el engaño de las/alas. *Rojas.* Pájaro en tierra.
La idea amable. *Hernández Álvarez.* La idea terrible.
Ideological contradictions in washing a dish. Oh, no? *Galván.* Ideological contradictions.
Idos. Ya fue la fiesta. Brilló el raso. *Ibáñez.* El payaso.
If a man and a woman should walk. *Fernández Retamar.* A Man and a Woman.
If a peacock ever passes. *Morejón.* Disillusion for Ruben Dario.
If all the calendar's events. *Rigby.* If I Were May.
If I return to your stream. *Camerón.* Heraclitus.
If I were a man, I'd have all the moonlight. *Ibarbourou.* Woman.
If I were a man, in what a wealth of moon. *Ibarbourou.* ¡Woman!
If I were not a man secure, if I were not. *Guillén.* The Flowers Grow High.
If in your walks. *Armand.* A Word to the Wise.
If it is real the white/light. *Paz.* Certainty.
If our love were not. *Villaurrutia.* Our Love.
If someone tells you it's not for sure. *Sabines.* If Someone Tells You.
If the table was empty before. *Pietri.* Silent Movies.

If they'd let me, I'd choose. *Gelman.* The Game We Play.
If this air were to speak to you. *Margenat.* Your Air of My Air.
If you get up. *Lolo.* If You Get Up.
If you want to get to the heaven. *Parra.* Litany of the Little Bourgeois.
Iglesia frutera. *Carrera Andrade.* Domingo.
La iglesia no cantaba. *Casanova.* Totoral.
Ignora el complejo de Edipo. *Moro.* En Etiopía.
Ignoro qué corriente de ascetismo. *Nervo.* A Felipe II.
Igual que tu ventana que no existe. *Moro.* El mundo ilustrado.
Igual si echara un poco de agua a mis pies. *Quezada.* Salmo.
Imaginando el amor. *Krauze.* Imaginando.
Imaginas acaso la amargura. *López Velarde.* Me estás vedada tú.
The immortal hand or eye. *Fernández Retamar.* The Uglies.
Imperativo para Dios de siete amaneceres. *Conitzer.* Poema en once cantos.
Ímpetu soñador, ansia encendida. *Quiroga Vargas.* Inexorablemente.
Impreso para inmediatas maneras de recobrar los días. *Svanascini.* Edificio de piernas rotas.
In a book of verses splashed. *Gelman.* Victory.
In antipoetry you look for poetry ineloquence. *Parra.* A Note about the Reading of Antipoetry.
In my country, made for testing catapults and snares. *Dalton.* Jubilant Poem.
In my country, sir. *Suárez Quemain.* A Collective Shot.
In my youth I lived for a time in the house of some aunts. *Parra.* The Tunnel.
In San Jose Costa Rica where I now live. *Murillo.* Song of Wandering Times.
In September by San Ubaldo more coyotes were seen. *Cardenal.* Ecology.
In spite of sun. *Alegría.* Everything Is Normal in Our Courtyard.
In the amorous night I pine. *Sabines.* On Night.
In the drunken city. *Canales.* City of San Salvador.
In the Far West of Dreams. *Camerón.* Route Seven.
In the morning rain. *Rivera-Avilés.* Rainy Morning.
In the name of those washing others' clothes. *Danton.* Act.
In the other moment of his advance. *Muñoz.* All of Him, the Blue Filigree of the Gaze.
In the pavillion of saints, I the Virgin of Tyranny. *Maquieira.* No One Knows what I'm Talking About.
In the room next door. *Hahn.* Photograph.
In the southern part of the United States. *Morejón.* Freedom Now.
In the summer of 1910 Halley's comet. *Quezada.* Halley's Comet.
In the watchtower of fantasy. *Eguren.* Peregrin, Wandering Hunter of Faces.
In this small square, what's outside. *Martínez.* Adolph Hitler and the Metaphor of the Square.
In this splendor of white sky. *Storni.* The White Claw.
In truth, and frankly speaking. *Heraud.* Ars Poetica.
Inalterable, por la tierra avara/del altiplano. *Reynolds.* La llama.
Inaugurado ha tu palabra. *Jiménez Canossa.* Balada del amor que nace.
Incandesciendo el crepúsculo. *Gaztelú Gorriti.* Acuarela.
Incendia, joven Hipnos, ese lirismo lógico. *Ortiz de Montellano.* Himno a Hipnos.
Incesante/tenaz. *Serrano.* El viento.
Inclinado en las tardes. *Neruda.* Veinte poemas de amor. Poema 7.
Ínclitas razas ubérrimas, sangre de Hispania fecunda. *Darío.* Salutación del optimista.
Incrustado en el mío. *Reynolds.* Kempis.
El indecible juego que nos invade por entero. *García Maffla.* El indecible juego.
Independientemente. *Parra.* Acta de independencia.
Indescifrable en el borroso luto. *Cerruto.* J. J. Guerra.
Indice fúnebre y solar. *Vitier.* Adoración.
La indiecita está triste. *Baldivieso.* Sonatina (a la manera de Darío).
Indio que a pie vienes de lejos. *Chocano.* Ahí no más.
Indio que asomas a la puerta. *Chocano.* Notas del alma indígena.
Indio que asomas a la puerta. *Chocano.* ¡Quien sabe!
Los indios bajan de Mixco. *Asturias.* Los indios bajan de Mixco.
Indómito corcel que se desboca. *Viscarra Fabre.* Soledades . . . soledades.
Inesperada sinfonía a punto de abrirse *Valle.* Viaje alrededor de la lámpara.
La infancia era la noche, especialmente. *Argueta.* Infancia 1942.

Infinitamente gimen los ejes broncos. *Lugones.* Luna campestre.
Infrecuentes (pero también inmerecidas). *Paz.* Semillas para un himno.
Ingenuas provincianas: cuando mi vida se halle. *López Velarde.* Del pueblo natal.
Ingrávidas palmeras. *Vilela.* Paisaje de exilio.
Inicié con un himno del romanticismo. *Luque Muñoz.* F.
Iniciemos el canto. *Rivas.* Canto de primavera.
El inmemorial hi de aire. *Belli.* El hi de aire.
Una inmensa agua gris, inmóvil, muerta. *Florez.* La gran tristeza.
Inmensidad azul. Inmensidad. *Leduc.* El mar.
Inmensos parques libertad comodidades. *Bayley.* Pepe.
Inmóvil bajo el peso del espíritu. *Mendiola.* Inmóvil bajo el peso del espíritu.
Inmóvil crepúsculo de plumas. *Undurraga.* Pauta del pavo real.
Inmóvil en la luz, pero danzante. *Paz.* Inmóvil en la luz.
An innocent walk through the woods. *Silva Acevedo.* Chain Reaction.
Un inocente paseo por el bosque. *Silva Acevedo.* Reacción en cadena.
Los insectos acuáticos de largas patas. *Cardenal.* Los insectos acuáticos.
La inseguridad en que vive. *Peña Gutiérrez.* Atraco.
Insensato se me volvió el corazón para anunciarte. *Ferretis.* Aventura.
Inside this shell. *Valle.* What Is Lived.
Insisto en la estética silueta vegetal. *Abril.* Sentimiento del hombre y del surco.
Insisto en la fuerza de mi inocencia previa. *Remón Villalba.* Defensa.
Insólito clavel de la alborada. *Rodríguez R. de Ayestarán.* Eva.
La inspiración de pie ante la fantasía. *Allocati.* Fraternidad del sonido.
El instante de eternidad. *Liscano.* A puertas cerradas.
Instrucciones previas. *Milán.* El complicadísimo problema de como violar.
Insula de Occidente. *Vallarino.* Berlín, 1980.
Insumiso, a la intemperie. *Cobo Borda.* Comarca apática.
Los insurrectos están aquí. *Escalante.* Cristal en Tlatelolco.
Intacta me la presenta. *Balsa Donatti.* Rosita en flor.
La inteligencia/como el fuego. *Serrano.* Como el fuego.
Intentó dar a vosotros a nosotros a ellos. *Marquina.* Un monólogo inconcluso.
Intentó mirarse en el cansancio. *Nisttahuz.* Epitafio para un poeta inédito.
El intercambio de lo oscuro y la luz. *Schön.* Es oir la vertiente.
Interminable, estás al mar saliendo. *Carrera Andrade.* Promesa del Río Guayas.
Inusitado y ondulante. *Rodríguez.* Pájaro.
Inútil explorar la ciudad. *Vieyra.* Inútil explorar.
Inútil. Habrá de ser inútil, nuevamente. *Orozco.* Cabalgata del tiempo.
Inventar el regreso del mundo. *Juárroz.* Inventar el regreso.
El invierno recrudece la melancolía. *Moro.* Libertad—igualdad.
Invierno y mil novecientos setenta y siete. *Hinojosa.* Robinson perseguido (Frag.).
Inviernos fatídicos. *Molina.* Lúgubre fantasía.
Invisible ancestors. *Aridjis.* Letter from Mexico.
Invisibles vihuelas de antiguos festines. *Zúñiga Segura.* Para dibujar ruiseñores con escamas.
Invitar al paisaje a que venga a mi mano. *Pellicer.* Invitación al paisaje.
Io sono stanco. *Martos.* Muestra de arte rupestre.
Ir a tientas/entre sombras. *Shimose.* Ciego bastón.
Irá a la tierra prometida. *Carreto.* Ver Chicago y después morir.
Ira para que la Muerte. *Llerena Blanco.* Ira.
Irás sobre la vida de las cosas. *González Martínez.* Iras sobre la vida.
Iremos a buscar/hojas de plátano al platanar. *Gorostiza.* Se alegra el mar.
Iremos por los campos, de la mano. *Ibarbourou.* Vida aldeana.
Irene, Gabriela y Maritza en octubre. *Sandoval.* Irene, Gabriela y Maritza.
La irremediable señal de la distancia. *Schulze Arana.* En medio tono.
Irrevocable en la mudez. *Molina Venegas.* Vicio.
Is it anxiety, nausea . . . *Padilla.* Self Portrait of the Other.
Is there anyone who cries. *Hoeffler.* Is there anyone.
Is who's going to wash the dishes. *Parra.* The Great Enigma of Philosophy.
Isaac, Mago en la siembra, gracias al recio puño. *Herrera y Reissig.* El granjero.
Isla de amor lejana y luminosa. *Turcios.* Isla de amor.

Isla de Margarita/alma de perla y flor de sal. *Rugeles.* Evocación geográfica de la isla de Margarita.
Isla de soledades y campanas. *Carrera Andrade.* Defensa del domingo.
Isla de Turiguanó. *Guillén.* Turiguanó.
La isla está rodeada por un mar tembloroso. *Owen.* Booz ve dormida a Ruth.
Isla, peñasco verde, costa herida. *Chacón Nardi.* Isla, peñasco verde.
Isla/de madrugadas rotas. *Castillo Martín.* Islas.
Isla/lejos de ti es cerca del punto. *Pita.* Carta a mi isla.
¡Islas!/Cual un collar de ardientes monedas despulidas. *Molina.* Archipiélagos lánguidos.
It could be that all that inbues my verse. *Storni.* It Could Be All That.
It is better not to go back to the village. *López Velarde.* Baleful Return.
It is forbidden to write about a certain class of violence. *Benedetti.* With Your Permission.
It is raining. *Díaz Martínez.* Ophelia in the Rain.
It is said their territory is immense, with seas in many places. *Fernández Retamar.* Being Asked about the Persians.
It is this rainy afternoon that reaches me. *Sáez Burgos.* This Afternoon.
It rains above the sea in gentle murmurs. *Lugones.* Gray Waves.
It sounds like a phone ringing in the middle of the countryside. *Quezada.* The Way Things Are Above and Below.
It was a divine hour for the human race. *Darío.* The Swan.
It was a gentle air, with turns and pauses. *Darío.* It Was a Gentle Air.
It was for this that man came into the world, to fight. *Rojas.* Chapter and Verse.
It was the twilight of the iguana. *Neruda.* Some Beasts.
It was winter/there was snow. *Alegría.* We Were Three.
Its gaze filled my abiss, its gaze melted. *González Martínez.* Pain.
It has stayed stuck in my eyes. *Ibarbourou.* Wild Root.
It so happens I'm tired of just being a man. *Neruda.* Walking Around.
It was really scarey. *Fernández Retamar.* Sonata For Surviving Those Days and Piano.
It was Sunday in the fair ears of my burro. *Vallejo.* It Was Sunday.
It's alright/I tell myself. *Flores.* Mother.
It's no use putting on all that make-up. *Lavín Cerda.* Now You Hang Like a Broken Necklace.
It's raining. *Millán.* Poem 13 from The City.
It's raining . . . don't sleep yet. *Ibarbourou.* Rainy Night.
It's raining onto thought. *Juárroz.* It's raining.
It's really nothing. *Alegría.* On the Beach.
It's the muse that encourages the poets. *Castorrivas.* Bitter Sonnet to a Cup of Coffee.
El Ixtacíhualt traza la figura yacente. *Chocano.* El idilio de los volcanes.

Jail again, dark fruit. *Dalton.* Jail Again.
Jamás dolor más noble. *Tamayo.* Beethoven.
Jamás sobre la arena, sin poder llevar la vista más alla. *Moltedo.* Experiencia.
El jardín claro tiene la languidez de tu sonrisa. *López.* El jardín claro.
El jardín está lleno de hojas secas. *Tablada.* Hojas secas.
Jardín. Vasto jardín, prolongadas las rosas. *Herrera.* Mariposas.
Jaulas transparentes; un mono trepa. *Blanco.* No hay paraíso sin animales.
Jazmín con alas. Voladora estela. *Rodríguez.* La garza.
El jazz-band colorista/la laguna del dancing. *Lora.* Cabaretrín.
Jean Nicolás Arthur Rimbaud. *Nogueras.* Café de noche.
Jesucristo, Señor, oh, dulce amigo. *López Narváez.* A Jesucristo.
Jesús del Rescate. *Ordóñez Arguello.* Ruego a Jesús del Rescate.
Jesús Menéndez reclama. *Guillén.* Justicia.
Jesús Nazareno, Tú que los querías. *Vega.* Ofrenda a Jesús.
Jesús, incomparable perdonador de injurias. *Darío.* Spes.
The Jew's hands, translucent in the dusk. *Borges.* Spinoza.
Jícara/Qué rico sabor. *Ballagas.* Poema de la jícara.
Jidé, clamo, y tu forma idolatrada. *Rebolledo.* Insomnio.
El jigüe nació en Oriente. *Radillo.* La canción del jigüe.
Jonás de Gethefer nos consumimos. *Ferreiro.* Jonás de Gethefer.
La jornada avanza/sobre la abrasada transparencia. *Flores.* La jornada avanza.
José del sur, cuñado sin ribera. *Marechal.* Envío.

¡José Isabé! *Villa.* Calota ta mori.
José Ramón Cantaliso. *Guillén.* José Ramón.
Una joven. Un niño. Yo, de visita. *Vicuña Cifuentes.* Visita de pésame.
La joven araña. *Bedregal.* Baladita de la araña fea.
Joven chileno. *Hernández.* Día 30 del mes del mar.
Joven K . . . demente K., su desayuno. *Oliva.* Té negro con diferentes bufandas.
Joven líder. *Acosta.* Juan Chacón.
El joven, ya famoso, T. S. Eliot. *Fernández.* Arte poética.
Los jóvenes homosexuales y las muchachas amorosas. *Neruda.* Caballero solo.
Juan del aserradero se ha embriagado. *Castilla.* Juan del aserradero.
Juan Lanas, el mozo de la esquina. *Silva.* Egalité.
Juan me llamo, Juan Todos, habitante. *Carrera Andrade.* Juan sin Cielo.
Juancito quiere volar. *Walsh.* Juancito volador.
Juanita pankara Juanita pankara. *Ayala.* Juanita Pankara.
Jueces míos. *Agosín.* No juzguéis.
Juega como los pájaros y el viento. *Monvel.* Juega como . . .[1]
Juega como los pájaros y el viento. *Reyes.* Juega como . . .[2]
Juego mi vida, cambio mi vida. *Greiff.* Relato de Sergio Stepansky.
Jueves, oliváceos huertos. *Izquierdo.* Jueves.
Jugaré con las casas de Curazao. *Pellicer.* Estudio.
Jugué todos mis sueños a la vez. *Guerra.* Jugué todos mis sueños
Julia came to tell us. *Donoso.* Julia Came to Tell Us.
Julia, yo vi tu claridad. *Dávila.* Homenaje.
El junco de la ribera. *Castro.* Romance de barco y junco.
Jungla africana—Tembandumba. *Palés Matos.* Numen.
Junio, brazada de soles. *Urquiza.* Canción de junio.
Junio deja mi cara fría. *Vásquez.* Junio.
Junio! Mes de las aguas. *Dublé Urrutia.* La procesión de San Pedro (Frags.).
Junta la lluvia todos los brotes y rumores. *Carreño.* La lluvia.
Junta Universitaria dispuesta a mantener el orden. *MacField.* Zoologías para hoy.
Junto a la clara linfa, bajo la luz radiosa. *Jaimes Freyre.* Entre la fronda.
Junto a la cuna aún no está encendida. *Silva.* Crepúsculo.
Junto a la gruta de las quebradas. *Pezoa Véliz.* Al amor de la lumbre.
Junto a las mesas, los negros. *Moya Posas.* Romance de la danza negra.
Junto a las playas núbiles criaturas. *Storni.* Fiesta.
Junto a los muros desvelados de Santiago. *Bendezú.* Nocturno de Santiago.
Junto a los ríos de Babilonia. *Cardenal.* Salmo 136.
Junto a ti yo era solo en el invierno. *Zavaleta Mercado.* Final.
Junto a tu amor la luna estaba apenas. *Vicario.* Segundo silencio.
Junto a tu cuerpo totalmente entregado al mío. *Novo.* Junto a tu cuerpo.
Junto al camino de azules pedruscos. *Gerbasi.* El árbol y la madre.
Junto al mar que debe adjetivarse rugiente. *Fernández Retamar.* Idiomas, velámenes, espumas.
Junto al mar tiro este grito de colores. *Parra del Riego.* A Walt Withman (sic).
Junto al negro palacio del rey. *Darío.* El país del sol.
Junto al plátano sueltas, en congoja. *Díaz Mirón.* Dentro de una esmeralda.
Junto al zócalo griego. *Eguren.* La niña de la garza.
Juntos en la tarde tranquila. *Tablada.* Vuelos.
Juntos los dos reímos cierto día. *Silva.* Juntos los dos.
Juntos nacimos de una misma suerte caída en el camino. *Dávalos.* Al hermano.
Juro decir la verdad. *Aymará.* El testigo.
Juro no morirme jamás. No sublevarme. *Argueta.* Promesa.
Juro que no recuerdo ni su nombre. *Parra.* Es olvido.
Justo es que aspiren al laurel divino. *Camarillo de Pereyra.* Aspiración sencilla.
La juventud, amor, lo que se quiere. *Gómez Rojas.* Miserere.
Juventud, divino tesoro. *Darío.* Canción de otoño en primavera.
Juventud intocada, pradera siempre viva. *Vicuña.* Canto a la muerte.

---

[1]Also attributed to Salvador Reyes.
[2]Also attributed to María Monvel.

La juventud le habéis vedado. *Scarpa.* El desterrado

Katherine Mansfield, de Nueva Zelandia. *Suardíaz.* Una taza de te.
Keep your eyes peeled for the numerous eyes of the bomb. *Hahn.* Vision of Hiroshima.

La he visto atardecerse enmudecida. *Moreno Monroy.* Lavandera.
Labios del agua, lentos y delgados. *Nazoa.* Bañista.
Labios grises los tuyos. *Otero Reiche.* La caramañola.
Labios que se disparan de la boca. *Jodorowsky.* Jazz.
Labré el aire, y en cárcel de sonido. *Prado.* Tránsito de la espina a la rosa.
Ladies and gentlemen. *Parra.* I Move the Meeting Be Adjourned.
Lady of the winds. *Castellanos.* A Palm Tree.
Lagarto verde. *Vallejo.* Semanario.
Los lagartos crecían en los árboles. *Argueta.* Los lagartos.
Los lagartos son payasos que recorren el campo. *Argueta.* Los lagartos, los niños y el kwashiorkor.
Lago Llanquihue, agua india. *Mistral.* Lago Llanquihue.
Los lagos esquimales disimulados. *Cáceres.* Max Ernst.
Una lágrima solemne. *Cabrera.* Verano.
Lágrimas madrigales y súplicas. *Lamadrid.* Simplificación de Eros.
Lágrimas que vertía. *Tablada.* Jaikai.
Laja reventada cielo raso. *Pantigoso.* Variaciones sobre un tema horizontal.
Lamentamos informar que el extinto Presidente . . . *Anón. Chile.* Bandos marciales emitidos por la junta militar de Chile.
La lámpara era un árbol iluminado y puro. *Castro.* Tiempo deshojado.
¡Lámpara misteriosa, que encendida . . . ! *Oyuela.* Fuego sagrado.
La lámpara reía a los ángeles. *Arenas.* Juegos de dormitorio.
Las lámparas y los relojes dicen: los tilos. *Valle.* Un canto de amor para el corazón.
Land baron. *García Laviana.* For the Land Barons.
Land scanned by water. *Hoeffler.* The Place You Inhabit.
Lanza la tolvanera sus turbiones. *Reyes.* Tolvanera.
Las lanzas del Cid están ayuntadas. *Banchs.* El aguilucho.
Lápida borrosa y oculta en el bosque. *Abril.* Elegía a lo perdido y ya borrado del tiempo.
Lapidada mi esperanza/en los días. *Monroy.* Lapidada.
Larga ausencia de ti lejos expira. *Guirao.* Retrato.
Larga faja de tierra austral. *Godoy Godoy.* Chile.
Largamente he permanecido mirando mis largas piernas. *Neruda.* Ritual de mis piernas.
Largas brumas violetas. *Lugones.* El solterón.
El largo camino hacia ti mismo. *Blanco.* El largo camino.
Largo dedo tendido para el liviano anillo. *Mieses Burgos.* Poema a la palma.
Largo y penoso es el camino, como esta dura soledad. *Bernárdez.* Las nubes.
Los largos años de mi vida oscura. *Prado.* Los largos años.
Last night I dined with Beethoven. *Cortínez.* There's Been a Slight Mistake.
Last night I dreamed that a car ran over a man. *Silva Acevedo.* Dream.
Lástima de muchachita. *Arévalo Martínez.* Lujo.
Latido a latido. *Molina.* La aventura.
El látigo del mayoral nos castigaba los ijares del miedo. *Rodríguez Méndez.* El látigo.
Látigo/sudor y látigo. *Guillén.* Sudor y látigo.
Lautaro era una flecha delgada. *Neruda.* Educación del cacique.
Lava platos, libanés. *Etcheverry.* Ethnical blues.
Lavémonos el pelo. *Rodas.* Poemas de la izquierda erótica
Lázaro: hermano tan amado. *Navarro.* La pasión según San Juan.
Le besé la mano y olía a jabón. *Arévalo Martínez.* Ropa limpia.
Le cerraría a esa tarde que entra de noche. *Owen.* Remordimiento.
Le cortaron la cabeza a un desventurado loco. *Molina.* La calavera del loco.
Le cupo amar los gorriones. *Kozer.* Kafka.
Le daban tierra a aquella pobre muerta. *Aguirre.* Le daban tierra.
Le dejaré mi corazón al agua. *Prado.* La dávida.
Le dijeron que se riera. *Campos.* La última fotografía.
Le gustaba la pachanga. *Shimose.* Maquiavelo y las mujeres.

Le he rogado al almud de trigo. *Mistral.* Encargos.
Le nacía la canción en los labios. *Carrión.* Buen año.
Le pedí a la estrella del bosque. *Corssen.* Centroamérica.
Le pediré a la vida que se ponga contenta. *Augier.* Canción infantil del día.
Le quitan las orejas. *Aridjis.* Descomposición con risa.
Leading a goat to pasture. *Villanueva.* Maybe You Cannot Comprehend.
Leaning into the afternoons I cast my sad nets. *Neruda.* Twenty Love Poems. Poem 7.
Lecho duro del hombre es la tierra. *Ferrer.* Un retrato para el hombre.
Lector, si bien amaste, y con tu poco. *Lugones.* El dorador.
Lee cada palabra que escribo. *Parra.* Alguien detrás de mí.
Leggierissima/toda ojos entraste a mi tienda. *Hinostroza.* Contra natura.
La lejana ciudad de campanarios. *Lastra.* La lejana ciudad.
Lejana vibración de esquilas mustias. *Vallejo.* Aldeana.
Lejano infancia paraíso cielo. *Vilariño.* Paraíso perdido.
Un lejano olor a hombre. *Limón.* Hombre sin adjetivos.
Lejano, yace, medianoche, el mundo. *Marasso.* Medianoche.
Lejanos, largos. *Villaurrutia.* Suite del insomnio: Silbatos.
Lejos, amor, la sangre cotidiana. *Valjalo.* Soneto 2.
Lejos brilla el Jordán de azules ondas. *Casal.* El camino de Damasco.
Lejos de helena de troya. *Bayley.* Martes de carnaval.
Lejos/de corazón en corazón. *Orozco.* Desdoblamiento en máscara de todos.
Lejos de las ciudades perforadas de túneles. *Torres Bodet.* Lejos.
Lejos de mí la fragancia del espliego. *Vilela.* Soledad.
Lejos de ti como del nacimiento. *Paseyro.* Soneto del amor perdido.
Lejos de ti medito en la ribera. *García Laviana.* Meditación en el lago.
Lejos del mundo, lejos. *Dalton.* Lejos está mi patria.
Lejos, en distantes repúblicas o reinos. *Valle.* Poemas.
Lejos está la luz que yo tenía. *Bernárdez.* Sonetos nocturnos.
Lejos la ciudad lejos. *Cunha.* Lejos la ciudad.
Lejos mi corazón. *Zaid.* Lejos.
Lenguaje: gran nervio del Hombre. *Galván.* Uno A.
Lenta es la noche/a ratos se oye. *Morales.* Lenta es.
Lenta estás enmarcando una ribera aridecida. *Xammar.* Alta niebla.
Una lenta llovizna torna gris el paisaje. *González Martínez.* El jardín que suena.
Lenta, obstinadamente. *Campos.* He nevado tanto.
Lentamente apresúrate. *Bonifaz Nuño.* Lentamente.
Lentamente/como si juntase con los ojos. *Pastori.* Regreso.
Lente de los recuerdos. *Avila Jiménez.* Primavera.
La lentitud es belleza. *Varela.* Media voz.
Lento gotea el vino de la mesa. *Hernández Campos.* La sobremesa.
Lento, amargo animal/que soy. *Sabines.* Lento, amargo.
Lentos, seguros pasos de la muerte. *Villalobos.* Imágenes de la muerte.
Leo a los viejos poetas de mi país. *Cobo Borda.* Salón de té.
Leo en la nebulosa mi suerte. *Rojas.* Leo en la nebulosa.
Leo en mi libro. Es ya la medianoche. *Blanco Fombona.* La vida.
León de sol, fiera suelta. *Zaid.* Asolador.
El león ha comido. *Diego.* En ésta sola, en esta única tarde.
El león, un buen padre de familia. *Lihn.* Leones del novecientos.
Les quiero hablar a los hombres. *Ayarza de Herrera.* Jaula de espejos o la conciencia.
Let no one impute to self-pity or censure. *Borges.* Poem of the Gifts.
Let Osain know that men are coming. *Hernández.* Surrender of Eshu.
Let poetry be. *Trías.* Ars Poetica.
Let poetry be like a skeleton key. *Lira.* Ars Poetique.
Let the bells toll. *Alegría.* The Fall of a Bishop.
Let the flies. *Lavín Cerda.* Better the Fire.
Let us take off our masks. *Vieyra.* Let Us.
Let's allow the infinity of the Atacama. *Zurita.* To the Immaculate Plains.
Let's go. Now it begins. *Aray.* Let's Go.
Letra/esqueleto de mi grito. *Cabral.* Letra.

Levanta a mí tu perfumada llama. *Ballagas.* A un clavel.
Levántame como el caballo agazapado. *Sui-Yun.* Canto y sueño a la caricia perdida.
Levantaré una cúpula. *Cruchaga Santa María.* Ella pasó, Señor.
Levantarse por la mañana es ya, para nosotros. *Vitier.* Lugares comunes.
Levántase a los cielos en raudo torbellino. *Chocano.* Indignación.
Levanté temprano y anduve descalza. *Storni.* Sábado.
Levántense todas las frentes. *Rojas Piérola.* Lázaro, levántate y anda.
Leyendo/fluyendo. *Paz.* Lectura de John Cage.
Li-Po, uno de los "Siete Sabios en el Vino". *Tablada.* Li-Po.
Las libélulas pasaron aquel verano. *Castillo.* Libélulas.
Los liberados. *Vitier.* Suite de un trabajo productivo: Liberación.
Libérame, dios suicida. *Molina Venegas.* Libérame.
Libertad. *Fernández Chericián.* Éxodo.
Libo el olor del pino. *Anaya.* En el pinar.
Libre como el que más al filo. *Rivas.* Una temporada de paraíso.
Libre el indio vagando a su albedrío. *Díaz.* La caza.
Libre el indio, vagando a su albedrío. *Díaz.* Los conquistadores.
Libre y exacto entre el puñal y el sueño. *Silva.* Máscara.
Libre y furioso, en ti se repite. *Rojas.* Crecimiento de Rodrigo Tomás.
El libro de la historia del "Che" hijo de Augusto. *Rugama.* El libro de la historia.
El libro es un pan. *Césped.* De mi cosecha.
El libro/el vaso. *Paz.* Tumba del poeta.
Un libro quedó al borde de su cintura muerta. *Vallejo.* España, aparta de mí este cáliz (Frag.).
Los libros del mar dejan escapar las sirenas. *Daza Guevara.* Del jardín hay memoria.
Lidia Rosa: hoy es martes y hace frío. *Storni.* Olvido.
Lidia Rosa: today is Tuesday and it is cold. *Storni.* Forgetting.
Liegia, tu recuerdo da color a mis tardes. *López Merino.* Ligeia.
Lienzo verde del campo sobre el cual el denuedo. *Silva Valdés.* Mancha heroica.
Life, are you keeping something in reserve? *Nervo.* The Gift.
Life draws a tree. *Juárroz.* Life Draws a Tree.
Life is in the street. *Domínguez.* Life Is in the Street.
Ligera liviana libre. *Bayley.* Ligera.
Ligera y bonita/con una canasta de rosas. *Mario.* Prófugo de la sal.
Light is laying waste the heavens. *Paz.* Native Stone.
Like all visitors my son disturbed me. *Castellanos.* Speaking of Gabriel.
Like an animal. *Padilla.* Like an Animal.
Like ashes, like oceans swarming. *Neruda.* Dead Gallop.
Like empty beer cans, like empty/cigarette butts. *Cardenal.* Like Empty Beer Cans.
Like sister and brother. *González Martínez.* Like Sister and Brother.
Like the brilliance of an eye in darkness. *Molina Venegas.* Your Anger.
Like the last block of concrete. *Turkeltaub.* Like the Last Block.
Like the soldier in the anecdote. *Fernández Retamar.* It's Better to Light a Candle.
Like waterdrops that skid along the wall. *Escobar.* Like Waterdrops.
Lilas Bugambilias . . . *Segovia.* Infancia.
Limbo de las imágenes, mar vertical sin fondo. *Echeverri Mejía.* El espejo.
La limonada a sorbos para limpiar la mugre de la garganta. *Quijada Urías.* Pretexto.
La limpidez/quizá valga la pena. *Paz.* México: Olimpiada de 1968.
La línea recta cuatro veces fija. *Delmar.* Pintura.
Las linotipias eléctricas. Tio vivo. *Vallejo.* Puerta del sol.
The lion has eaten. *Diego.* On This Single, This One and Only Afternoon.
The lion, good family father. *Lihn.* Lions of the Nineteenth Century.
Líquida sábana de la linfa quieta. *López Vidaurre.* Balsa.
El lirio se irgue al soplo matutino del día. *Carvajal.* Égloga cristiana.
Lisa/desde que te amo. *Dalton.* Poems in law to Lisa.
Listo a zarpar el barco. *Arciniegas.* Marina (Cromos).
Little fleece of my flesh. *Mistral.* Close to Me.
Liturgia que lo canta. *González de León.* Parroquial.
Living room/heavy with snakes. *Turkeltaub.* Death Interrupts Routine.
Llama congelada entre los vivos. *Escobar Velado.* Elegía a la viva muerte de Urania.

Una llama de viento. *Cortés.* Verano.
Llama del sueño, vives en un mundo. *Dobles.* Ven del prodigio.
Llama que se hace azul. *Sosa de Quesada.* El herrero.
Llama/que para consumirse se levanta. *Torres Bodet.* La danza.
Llama/que por morir más pronto se levanta. *Torres Bodet.* Danza.
Llaman poeta al hombre que ha cumplido. *Cuadra.* Autosoneto.
Llamaron a mi puerta una mañana. *Zamudio.* Loca de hierro (Frag.).
Las llamas del brasero. *Guzmán Cruchaga.* Invierno.
Las llamas estaban ahí. *Villarroel París.* El gran incendio.
Llamé a Heine, y Heine vino. *Solana.* Llamé a Heine.
Llamé a mi corazón. Nadie repuso. *Blanco Fombona.* Corazón adentro.
Llamé una vez a la visión. *Jaimes Freyre.* Lustral.
Llave mohosa en vieja cerradura. *Prado.* La llave.
Llega inválido el día en que ninguna/batalla. *Vega.* Ceniza y cera.
Llega la esposa al tálamo que en flores. *Ortiz.* El tálamo.
Llega, no se sabe de dónde, a todas partes. *Owen.* Viento.
Llegaba él, con un dolor muy joven. *Borda Leaño.* Café . . . café.
Llegada la hora en que el astro se apague. *Sáenz.* Como una luz.
Llegamos era tarde y en la villa. *Pinto.* Los ajusticiados.
Llegamos una vez al borde frío de la luna. *Lindo.* No es deserción.
Llegan las primeras oleadas del pueblo. *Montes de Oca.* A bayoneta calada.
Llegan las seis de la mañana. *Alcides.* Lista de cosas que saben hacer las manos.
Llegan las voces nuevas. *Castro.* Tarde presente en otra tarde.
Llegará para ti la suspirada. *Lozano y Lozano.* La entrega.
Llegaron con barbas y en caballos. *Cos Causse.* Fiesta familiar.
Llegaron con retraso. *Hernández.* Llegaron los días del veranito.
Llegaron ideas desde el norte. *Riedemann.* El árbol del mundo.
Llegaron mis amigos de colegio. *Arciniegas.* Bohemia.
Llegaron una mañana de septiembre. *Aridjis.* Putas en el templo.
Llegas con tu traje dominguero. *Basualto.* El poeta.
Llegas desde la gruta de la nieve, mi amiga. *González.* Corza del crepúsculo.
Llegas en blanquísimo caballo de olas. *Miró.* Perfil de marinero en la ciudad.
Llegas más allá del viento. *Allende.* Detrás de la mirada.
Llegas, amor, cuando la vida ya nada me ofrecía. *Chumacero.* Amor es mar.
Llegaste en la mañana de un invierno dichoso. *González Carvalho.* Los adolescentes.
Llegaste hasta nosotros. *Guelerman.* Tiwanaku.
Llegaste temprano al buen humor. *Benedetti.* A Roque.
Llegaste un día hasta mi casa. *Fernández Moreno.* A una amiga desaparecida hace tiempo.
Llego a la mesa y cierro los ojos para no ver a mis hermanas. *Uribe Arce.* Llego a la mesa.
Llegó de pronto la hora de partir. *Lara.* Flor de loto.
Llegó tu voz y me entregó estos ojos. *Arce.* Elegía.
Llegó una vez, al preludiar mi queja. *González Martínez.* Mi amigo el silencio.
Llegué a desesperar. ¿Adónde iba . . . ? *Díaz Mirón.* Redemptio.
Llegué al final del negro muro. Solo. *Acosta.* Castigo.
Llegué primero en el tiempo. *Mora Martínez.* A Emiliano.
Llenábanse de noche las montañas. *Lugones.* Holocausto.
Llenad la alcoba de flores. *Gutiérrez Nájera.* Mimí.
¿Llenas están las herradas, mis hijas? *Banchs.* Balada del puñado de sol.
Lleno de mi, sitiado en mi epidermis. *Gorostiza.* Muerte sin fin (Frags.).
Lleva el sol. *Aridjis.* La palabra.
Lleva en su cuello el cisne la inicial de Sueño. *Nervo.* Deprecación a la nube.
Lleva la muerte en su espada quien por amor debe/morir. *Gaitán Durán.* El guerrero.
Lleva la nave, viajadora inquieta. *Coronado.* El cantar de los cantares (Frag.).
Llévame por donde quieras. *Ballagas.* Viento de la luz de junio.
Llévame tomada de la mano. *Prieto.* Camino.
Llévame, amor, contigo, por tu cielo. *Chacón Nardi.* Llévame, amor.
Llevamos en nosotros el río. *Galindo.* Llevamos en nosotros el río.
Llevan las cinco del alba. *Ávila Jiménez.* Campesina.
Llevas/año/tras/año. *Zapata Prill.* Diálogo en el acuario.

Llevo conmigo un abatido búho. *Sosa.* Arte espacial.
Llevo por mi larga senda. *Figueira.* Balada del poeta vagabundo.
Llora el violín gimiendo entristecido. *Camarillo de Pereyra.* Danza.
Lloran las cumbres lágrimas de hielo. *Chocano.* Los ríos.
Llorar llorar igual que esta fontana. *Lara.* Jarahuí.
Lloraremos sobre las huellas de los que huyen de Acahualinca. *Cuadra.* Escrito en una piedra del camino cuando la primera erupción.
Lloremos, hijo, y no nos consolemos jamás. *Mondaca.* Elegía civil.
Lloriqueo de niño en el rebozo. *Asturias.* Nochebuena en América.
Lloro un sitio regado de palabras. *Cardona Torrico.* La ventana colgada.
Llovía. En los cerrados cristales del balcón. *Rodríguez Cárdenas.* Elogio de la lluvia y tu cuerpo.
Llovió, llovió, llovió toda la noche. *Greiff.* Canciones en prosa.
Llovió. Trisca a lo lejos un sol convaleciente. *Herrera y Reissig.* El almuerzo.
Llovizna intermitente. *Schulze Arana.* Su nombre.
Llueve alegre en Río de Janeiro. *Vásquez.* Lluvia.
Llueve, Amante, no te duermas. *Ibarbourou.* Noche de lluvia.
Llueve Cae la noche mansamente. *Mondaca.* Lejana.
Llueve. De los aleros del caserón ruinoso. *Mendoza.* Lluvia.
Llueve. Del sol glorioso. *Othón.* A través de la lluvia.
Llueve desde el fondo de la tarde. *Vicario.* Egloga inicial.
Llueve en el mar con un murmullo lento. *Lugones.* Olas grises.
Llueve en el Perú y mi corazón humea. *Ayala.* Llueve en el Perú.
Llueve . . . , espera, no te duermas. *Ibarbourou.* Noche de lluvia.
Llueve, está lloviendo, toda la noche ha llovido. *Lezama de la Torre.* Recuerdo.
Llueve/la lluvia mancha las calles. *Millán.* Poema 13 de la Ciudad.
¡Llueve! ¡Llueve! La noche lo cubre todo. *Dublé Urrutia.* Epílogo.
Llueve, llueve, llueve, llueve sin quebranto. *Contreras.* Encanto de la lluvia.
Llueve sal/y sin sabor el día. *Vásquez.* Llueve sal.
Llueve sobre el pensamiento. *Juárroz.* Llueve
Llueve tu cabellera en mi entrepierna. *González.* Estancias eróticas.
Llueve/viste traje de niebla. *Schulze Arana.* Armonía gris.
Llueve y vienes a mi silencio. *Díaz Martínez.* Ofelia en la lluvia.
Lluvia de azahares. *Jaimes Freyre.* Eros.
La lluvia de cabellos dorados por el sol. *Carrera Andrade.* Transfiguración de la lluvia.
Lluvia de oro va cayendo. *Olivares.* Del cancionero del lago.
La lluvia en la casa del pintor. *Guedez.* Reveron.
La lluvia es el origen del espejo afilado de la muerte. *Vallarino.* Elogio de la lluvia (Frag.).
La lluvia es para mi lo que yo soy para el mundo. *Urzagasti.* La lluvia y los muertos.
La lluvia está suspendida en el cielo. *Molina.* Dibujo.
La lluvia hiende la soledad. *Mogollón.* Taza de té.
La lluvia, la interminable lluvia. *Me iré sin verte.* Sánchez.
La lluvia lenta; la lenta lluvia. *González de León.* Ceniza.
La lluvia llega a contemplar la plaza. *Camerón.* Pretérito imperfecto.
Lluvia, nieve, lágrimas. En Alemania. *Menén Desleal.* Naturaleza del suelo en la R.F. de Alemania.
La lluvia/se dedicó a llover. *Calderón.* Código de aguas.
Lluvia tenaz de fina arista sobre el estanque adormecido. *Bollo.* Apariciones sobre el estanque.
Una lluvia tenue, fría/apoya su neblina. *Montemayor.* Una lluvia tenue.
Lo abstracto de mi muerte. *Díaz y Astete.* Poemas cortos.
Lo bebían con flores. *Cuadra.* El cacao.
Lo bueno es que ya no se puede escribir sobre el bien. *Lavín Cerda.* Eva.
Lo busqué en las orugas. *Casaus.* Epitafio de Dios.
Lo digo/lo precede en la voz. *Odio.* Pequeña recepción a un amigo a su llegada a Panamá.
Lo diré mañana, con la noche clara. *Hernández Poblano.* Lo diré mañana.
Lo empiezas a saber. *Becerra.* La mujer del cuadro.
Lo encontraron al fondo del otoño. *Barrenechea.* El amor asesinado.
Lo harán volar. *Romualdo.* Canto coral a Tupac Amaru, que es la libertad.
Lo he escrito tantas veces en el mural. *Escober.* Florencia y tu recuerdo.
Lo menos que yo puedo/para darte las gracias. *Novo.* Florido laude.
Adán sumergido hasta la alondra del silencio. *Bañuelos.* Viento de diamantes.

Lo mismo que un gusano que hilara su capullo. *Rojas.* Gusano.
Lo mismo que un gusano que hilara su capullo. *Rojas.* Soneto.
Lo mismo tu presencia que tu olvido. *Canelas López.* Permanencia.
Lo perdimos de vista. *García Terrés.* Funerales (Frag.).
Lo primero es la vida. *Ortiz de Montellano.* Canto diuturno.
Lo primero fue el paso sigiloso. *Ferreyra Basso.* El viento.
Lo primero que debe hacer. *Bordao.* Instrucciones para un joven poeta.
Lo que ayer dije aquí yo. *Cabral.* Habla compadre Mon.
Lo que debe ser llorado no son ya . . . *Luque Muñoz.* Informes.
Lo que escribí en el vientre de mi madre. *Montejo.* Letra profunda.
Lo que ha de ser tu voz, cerrado viento. *Lihn.* Lo que has de ser.
Lo que hace tristes. *Muñóz Serón.* Grito de una oveja descarriada.
Lo que más amaba en la infancia. *Pérez Perdomo.* Soy memoria.
Lo que no me tiene en cuenta. *Sánchez Peláez.* Lo huidizo y lo permanente.
Lo que nunca nadie fue en mi familia. *Welder.* Fotografía.
Lo que ocurre indefectiblemente con una dama triste. *Marquina.* Rosas rojas para una dama triste.
Lo que puede acontecer, sin lágrimas. *Valjalo.* Siempre, otra vez.
Lo que quiero recordar es una calle. *Cisneros.* Y antes que el olvido.
Lo que seré me mira mirarlo. *Isla.* Autorretrato.
Lo que sostiene al pájaro. *Vallarino.* Vertical.
Lo que tú no comprendes no debería existir. *Oráa.* Se le habla a un niño vietnamita.
Lo que vamos a donarle al mundo. *Rodríguez Nietzche.* Poema H.
Lo queramos o no. *Parra.* Ultimo brindis.
Lo sé, ya lo escribió Rafael Alberti. *Appleyard.* A Magui, mi perra.
Lo sentí, no fue una/separación. *Urbina.* Así fue.
Lo siento como la flor de un sueño entre los brazos. *Agudo.* Gozos de la mujer que va a ser madre.
Lo supieron los arduos alumnos de Pitágoras. *Borges.* La noche cíclica.
Lo textual se nos va haciendo carne. *Medinaceli.* La mía Doña Ximena (Frags.).
Lo traen, hablando. *Vitier.* Viet-Nam.
Lo van a deshacer. *Vilariño.* Pobre mundo.
Lo verde/lo apacible. *Girondo.* Predilección evanescente.
Lo vi desde lejos. *Camarillo de Pereyra.* Pasó por mi puerta.
Lo volvieron calle. *Aridjis.* Emiliano Zapata.
Lóbrego, en la alta noche, a paso lento. *Rivera.* El toro.
La loca de mi pueblo tenía hambre. *Gutiérrez Vega.* A Mexican Crazy Jane.
Loca la vela y sin guarnil la caña. *Cuadra.* El dormido.
La loca poesía tiene el sombrero del sol. *Mondragón.* La poesía del sol.
Located on the room's mantelpiece. *Martínez.* The Probable and Improbable Disappearance of a Cat.
El loco mundo de la noche. *Huertas Olivera.* Noche.
La locomotora del tren instantáneo. *Parra.* Proyecto de tren instantáneo entre Santiago y Puerto Montt.
Lograda sangre perdida. *Abril.* Eternidad de la rosa.
Long-legged aquatic insects slate. *Cardenal.* Long-Legged Aquatic Insects.
Lope divino consagró el soneto. *Díaz.* Soneto castellano.
Lord/accept this girl called Marilyn Monroe. *Cardenal.* Prayer for Marilyn Monroe.
Lord/the cage has become a bird. *Pizarnik.* The Awakening.
Lord/we have been watching. *Trías.* Act of Faith.
Loro idéntico al de mi abuela. *Tablada.* El loro.
Los he mandado a llamar/porque hay que aclarar. *Silén.* Los he mandado a llamar.
Los he visto de cerca, solemnes y magníficos. *Nava.* Los locos.
Los he visto dormidos sobre el pasto. *Ocampo.* Los caballos infinitos.
Los he visto tan tristes que me cuesta pensar. *Espino.* Los ojos de los bueyes.
Love and words grow weak. *Hoeffler.* Survivor.
Love: if I die don't take me to the cemetery. *Ibarbourou.* Life-Hook.
Love slides down the sides of the/streets too. *Morejón.* Love Slides Down the Sides.
Lovers become quiet. *Sabines.* The Lovers.

¡Lucero grande en el Ávila! *Rojas Guardia.* Cancioncilla de Navidad.
Los luceros en el caño. *Arvelo Torrealba.* Glosa.
Luces allá como un sol despojado. *Patiño.* Tú, otro.
Luces rojas de los que van. *Blanco.* Canción de octubre.
Las luciérnagas/geniecillos de la noche. *Zuazo Precht.* Las tejedoras del alba.
Un lugar/no digo un espacio. *Pizarnik.* Fronteras inútiles.
Luis Gererdo viene del sueño. *Merino Reyes.* Hijos.
Lujosamente bella y exquisita. *Carriego.* Revelación.
Lujuria de los tiempos. *Castrillo.* Epílogo de la fiesta.
¡Luna blanca! ¡Luna blanca! *Peña Barrenechea.* Discurso de la luna blanca.
Luna de cantos mojados. *Castro.* Coloquio de flauta y viento.
Luna de la medianoche, soñolienta. *Magallanes Moure.* Luna de la medianoche.
Luna de la Patria, Luna. *Contreras.* Luna de la Patria.
Luna de ocaso elevándose. *Reynolds.* Lunas.
La luna de trigo. *Krauze.* Para cantar.
La luna en el andarivel. *Guerra Gutiérrez.* Canción de cuna para el niño minero.
La luna no es república. *Pellicer.* Oda a Salvador Novo.
Luna que irisas el azul oscuro. *Tamayo.* Luna que irisas.
Luna redonda, blanca y lejana. *Güiraldes.* Ladrido.
La luna y el niño juegan. *Brull.* El niño y la luna.
La luna, como la esfera luminosa del reloj de un edificio/público. *Girondo.* Otro nocturno.
La luna, entre los árboles. *Mondaca.* La luna entre dos árboles.
Luna, quiero cantarte. *Lugones.* Himno a la luna.
La luna, taza de leche. *Xammar.* La luna, taza.
La luna/callada en la ciudad. *Tejera.* La luna.
Luna/hermana de la espuma. *Cerruto.* Poema.
Los lunes se esperan cartas y los viernes se desespera. *Valle Castillo.* Par avion correo aéreo air mail.
Luz a densos volúmenes donde arraiga el pasado. *Marasso.* Luz en la noche.
Una luz arrasada de ciclón. *Vitier.* La luz del Cayo.
Luz Cernida. *Isla.* Sobrenombre.
Luz de arriba remozada. *Nazoa.* Variaciones sobre un tema de Debussy.
Luz de este sol del Chaco. *Otero Reiche.* Sol del Chaco.
Luz de la tarde, tórtola que añora. *Tamayo.* Luz de la tarde.
Luz de la tarde, tórtola que añora. *Tamayo.* Nuevos Rubayat.
La luz devasta las alturas. *Paz.* Piedra nativa.
Una luz en lo curvo del vaso. *Vicuña.* Morgendammerungslied.
La luz/estalla. *Serrano.* Plenitud.
La luz final que hará. *Zaid.* Resplandor último.
Luz fosfórica entreabre claras brechas. *Casal.* Elena.
La luz no puede confesar su edad. *Yrarrázabal.* Luz.
La luz que a manos llenas ha entrado en este cuarto. *Rojas.* Ventana.
La luz reprende/al amor intocable. *Macías.* Trovadoresco.
La luz se recoge en la farola. *Zúñiga Segura.* Jardín de párpados.
La luz se va y la tarde es un gran pescado dormido. *Molina Venegas.* Invocación.
La luz tendió en la tarde ligeros gobelinos. *Hübner Bezanilla.* La luz.
La luz termina en aceitunas. *Villarroel.* Días desconocidos.
La luz vaga opaco el día. *Silva.* Día de difuntos.
Lydia engendrada de níveo huevo. *Castillo.* Cantares de Lydia (Frag.).

Macerarse/y contribuir a la estadística. *Girri.* Passeggiatrice.
Machinegun/those are slight ribs you bite. *Molina.* Information.
Madame Chu (al amanecer) servilletas de lino. *Kozer.* Madame Chu (al amanecer).
Maddite moquite. *Suro.* La rabiaca del haitiano.
Madera con dos lenguas, el olor y el sonido. *Castellanos.* A fiesta.
Maderas, sí, maderas, maderas de mi tierra. *Torres.* Maderas de mi tierra.
Madre/aquellos hombres no rotularon tu caja. *Ferreiro.* La encomienda negra.
Madre/cansada estoy. *Lamas.* El viaje.
Madre: con mi naranja de dulce. *Menares.* Jazmín de María Carlota.
Madre: cuando hayan muerto nuestra carne y el mundo. *Gómez rojas.* Elegía.

Madre: cuando nací tenías. *Cossio Salinas.* Apuntes para una biografía de mi madre.
Madre de la Tierra Larga. *Llerena Blanco.* Canto a España (Frag.).
Madre de luto suelta tus coronas. *Reyes.* Cantata en la tumba de Federico García Lorca.
La madre de un hombre está gravemente enferma. *Parra.* Un hombre.
La madre del muerto compra flores. *Quijada Urías.* Crónica.
La madre engaña a su hijo con un cuento. *Quezada.* La herencia.
Madre Final: desciende de tu cuerpo. *Arteche.* Tercera invocación.
Madre/Horizonte/Soledad/. *Güiraldes.* Pampa.
Madre/las cosas me gritan. *Ferreiro.* El grito de las cosas.
Madre/madre muerta. *Langagne.* Percusiones.
Madre naturaleza, óyeme con la perspicua mudez. *Césped.* Oración final.
Madre Naturaleza, tú que sabes. *Condarco Morales.* Oración final.
Madre, no más terror desde la noche. *Arteche.* Segunda invocación.
Madre, qué frio tengo. *Matos Paoli.* Madre, que frio.
¡Madre! Religión del alma. *Othón.* ¡Madre!
Madre Revolución, te estoy mirando. *Reyes.* Astro en camino.
Madre, se rompe el cántaro. *Sotillo.* La gracia excesiva.
Madre, suenan las campanas. *Urbina.* El destino.
Madre/te fuiste. *Moreira.* Elegía por la muerte de mi madre.
Madre, tengo frío/el viento silba. *Daza Guevara.* Soliloquio.
Madre: tú eres mi voz, y en ella me difundo. *Jérez Valero.* Poema de tu voz.
Madre, tú has vivido en el mar. *Cortázar.* Poemas del mar y del cansancio.
Madre, voy mañana a Santiago. *Vallejo.* Madre, voy mañana.
El madrejón desnudo ya sin una sé de agua. *Borges.* El general Quiroga va en coche al muere.
Madrid que cambias luces con las horas. *Reyes.* Madrid.
Madrigales, los cornos, los oboes. *Hernández.* Leo.
Madrina, has terminado de tejer. *Fernández Chericián.* Adios, madrina.
Madrugada/Ciudad silenciosa. *Abril Rojas.* Poema de madrugada.
La madrugada crecía como mala palabra y mamá se lavaba. *Cuéllar.* Crónicas de infancia.
Madrugada de la piedra nacida, como el/murmullo. *Triviño.* Madrugada de la piedra.
La madrugada invernal. *Charlo Niche.* Noche.
La madurez con que algunas luces desde mi boca. *Bedregal García.* No haber nacido jamás.
Maduro las uvas agrias, el fermentado mosto. *Álvarez.* Poema número 6.
La maestra era pura. "Los suaves hortelanos". *Mistral.* La maestra rural.
Maestro, le decimos, y esto es simple de ver. *Franco.* El maestro Ramón.
Maestro y señor: En su hálito enarbola/la beatitud. *Rivas.* Retrato de mi perro.
Magia adormecedora vierte el río. *Silva.* Paisaje tropical.
La magia de los días labrada en un giro de cayenas. *Daza Guevara.* El comienzo.
Mágica/pasa la noche. *Flores Castro.* Floración.
Magníficos anillos, brazaletes, diademas. *González Bravo.* Brindis.
Magra heredad desvertebrada. *Sardón.* Altiplano.
Magüer me lo rogades non vos faré un rimado. *Banchs.* Mester de clerecía.
Magueyes afilados apuntan al cielo caluroso. *Mondragón.* Calor.
Maíz enamorado de los ríos. *Flores Aguirre.* Los cantos del maíz.
Mal está que te haya olvidado, Rosa Inés. *Rojas.* La perpetración.
Mal vestida y sucia. *Viaña.* La palliri.
Maldije la lluvia. *García Prada.* Mudanza.
Una maldita oscuridad merodea/me rodea. *Eielson.* Primavera de fuego y ceniza en el cine Rex de Roma.
Mamá, hermana, esposa mía. *Juarez.* Tres mujeres.
Mamá, inolvidable fraulein, ahora que me doy cuenta. *Szpumberg.* Postal de Yañez.
Mamá trae el café desde remotos mares. *Morejón.* El café.
La mamadre viene por ahí. *Neruda.* La mamadre.
Mamífero metálico. *Guillén.* Luna.
Mamitica linda, reinita del cielo, divina Señora. *Bayona Posada.* Plegaria rústica.
Man is an animal that laughs. *Jodorowsky.* Man Is an Animal.
A man walks by with a loaf of bread on his shoulder. *Vallejo.* A Man Walks By.
La mañana alza el río la cabellera. *Westphalen.* La mañana alza el río.
Mañana cumpliremos/quince años de vida en esta casa. *Carriego.* Hay que cuidarla mucho, hermana.

Mañana de lluvia. ¡Y tú . . . ! *Álvarez.* Soledad.
Mañana de pesquería. *Olivares.* Mañana sin sol.
Mañana de quietos horizontes. *Espinasa.* Poema.
Mañana, después de nosotros. *Dávila Andrade.* Después de nosotros.
Mañana es 20 de julio. *Peña Gutiérrez.* Mañana.
La mañana es distinta. *Varela.* Luz corriente.
La mañana es fresca como la hoja del membrillo. *Franco.* Hilaritas.
La mañana es un fruto que cruje y se desprende. *Fernández.* Islas.
La mañana es un grito salpicado de pianos. *Maples Arce.* Verano.
Mañana los poetas cantarán. *González Martínez.* Mañana.
Mañana me levantaré de madrugada. *Ibarbourou.* Un día.
Una mañana/oyendo el órgano. *Ipuche.* Tierra celeste.
La mañana pálida de París crece sobre mis hombros. *Jamís.* Vagabundo del alba.
La mañana resuena atacada en lo alto de motores. *Maples Arce.* España, 1936.
La mañana se despierta. *Cisneros.* Puerto.
La mañana se escucha detenida. *Mora.* Poema.
La mañana se pasea en la playa. *Girondo.* Croquis en la arena.
La mañana se posa en tu hombro como halcón maltés. *Salmón.* Encuentro.
Mañana será lejos el golpear de la ola. *Jesualdo.* De las canciones humanas sin tiempo.
Mañana será lunes. Todos los lunes llueve. *Michelena.* Golpe en la piedra (Frag.).
Una mañana/usted se asomó a mi celda de trabajo. *Vitier.* La noticia.
Mañana violeta/Voy por la pista alegre. *Eguren.* La canción del regreso.
Mañana zarpas. *Rivero.* El delegado llega.
Mañanita era de mayo. *Banchs.* Romance de la preñadita.
La mancha trágica de tus cabellos. *Rokha.* Cabeza de macho.
Una mandarina sacude/las gotas. *Molina.* Pintura.
Manejas con pulcritud. *Huerta.* Graffiti.
Un manicomio para esta pobre alma. *Sánchez León.* El desdichado / de Gerard de Nerval.
La mano en alto/latido de la tarde. *Lomuto.* Adios al tren.
La mano es sólo el cauce. *Salazar Bondy.* Llamas de la pintura.
La mano o el ojo inmortal. *Fernández Retamar.* Los feos.
Las manos de Charlie como tarántulas. *Agudelo.* Concierto de jazz.
Las manos de la muchacha del Banco. *Agudelo.* Ante la ventanilla.
Manos de la amada, dignas de una reina. *Prado.* Las manos.
Las manos de Palmira son pequeñas. *López.* Poema.
Las manos que rugosas industrias. *Benavides.* En la caja.
Manos, mis pobres manos, instrumento. *Urbina.* La elegía de mis manos.
Una mansa locura de amor el ser invade. *Bedregal.* Flujo.
Mansedumbre amorosa del ala del palomo. *Franco.* Mozas de cántaro.
Las mansiones de moda en Long Island están en nuevas manos. *Cobo Borda.* Una parábola acerca de Scott.
El mantel lo ponían en ocasiones especiales. *Byrne.* Puertas de comedor.
Mantener una holgura y una breve/sensación. *Letona.* Mantener una holgura.
Manto suntuoso. *Smith.* Mar de la tarde.
Manzana/carnosa/liviana. *Castrillo.* Manzana.
La manzana es alianza del hombre y su deseo. *Watanabe.* Cuatro muchachas alrededor de una manzana.
El mapa del tiempo inexplicablemente. *Barnet.* Del mapa del tiempo.
Mar cielo/mar y cielo. *Huidobro.* Canción de Marcelo Cielomar.
El mar como un vasto cristal azogado. *Darío.* Sinfonía en gris mayor.
El mar contra el escollo. *Arciniegas.* En la playa (Cromos).
El mar curva sus barrotes de hierro. *Camargo Ferreira.* El mar.
¡Mar de madrugada! *Ibarbourou.* Mar de jacinto.
Mar de mis soledades defendidas. *Pereda.* Trasmundo.
Mar de otoño, sin peces de colores. *Aveleyra.* Mar de otoño.
El mar decía a sus olas. *Huidobro.* El célebre océano.
El mar, el mar. *Gorostiza.* Pausas I.
El mar, el mar dormía de proa. *Arenas.* Hechos diversos.
Mar en el fondo/arena en la costa. *Castrillo.* El mar canta mi sueño.

El mar es mar y es hoja en los viñedos. *Bareiro Saguier.* Sarmientos.
El mar es una historia. *García Terrés.* Ipanema.
El mar insiste en su fragor de automóviles. *Zaid.* Ipanema.
El mar lleno de urgencias masculinas. *Lugones.* Oceánida.
El mar me dicta este son. *Martán Góngora.* Son de Jamaica.
El mar muerde a la muerte. *Delos.* Plegaria secreta.
La mar/no es el morir. *Pacheco.* Escolio a Jorge Manrique.
El mar se mide por olas. *Sabines.* Horal.
Mar sin nombre y sin orillas. *Vaz Ferreira.* Único poema.
El mar sin tiempo y sin espacio nos acaricia. *Bernárdez.* El mar.
El mar sus millares de olas/mece. *Mistral.* Meciendo.
El mar viene a mi encuentro y yo voy hacia el mar. *Frugoni.* El canto de los nadadores.
Maravilla infinita de la noche estrellada. *Parra del Riego.* Nocturno número seis.
Maravilloso fue el equino. *García Calderón.* Pegaso.
Marca tu nombre tea de elegía. *Godoy.* Elegía de tu nombre y mi nombre.
El marcado acento/de tus muertas palabras. *Martell.* Radiante espesura.
March, flickering dirge. *Quiñones.* March, Vigilant Fire.
Marchan en fría fuga de figuras. *Gaztelú Gorriti.* Soneto.
Marco Polo (he's in the encyclopaedia) has been a help. *Suardíaz.* Best Sellers.
Marco Polo (ver el diccionario) ha servido. *Suardíaz.* Best Sellers.
La marea, despacio, desciende en mis orillas. *Luisi.* Agonía.
Los mares imponentes. *Triviño.* Los mares.
Mares lejanos. *Schulze Arana.* Sus ojos.
Margarita, está linda la mar. *Darío.* A Margarita Debayle.
Margarita Petunia. *Valle.* Margarita.
Mari Sabel/te desalmate. *Portuondo.* Mari Sabel.
María Belén, María Belén, María Belén. *Ballagas.* Elegía de María Belén Chacón.
María de las Mercedes se llamaba mi prima. *Sandino Hernández.* Mi prima.
María viene cojeando. *Fernández.* Para salvar a María.
Marietta/hija de Lodovico. *Shimose.* Marietta Corsini.
La marimba pone huevos en los astros. *Asturias.* Marimba tocada por indios.
La marimba toca hawaianamente. *Leduc.* Cine.
Marin Bembé, Marim Bembé. *Llanos Allende.* Cuento de Baquiné.
Marinero de rostro oscuro, llévame. *Loynaz.* Marinero.
Marinero, marinero. *Fonseca Viera.* Marinero.
Marineros gastados sobre el puente. *Ibáñez.* Isla en el mar.
Mariposa apagada ave en harapos. *Segovia.* Anagnórisis (Frag.).
Una mariposa en la luz/se reflejaba. *Morales.* Una mariposa.
Mariposa ilusión de alas azules. *Reynolds.* Imposible.
La mariposa volotea. *Neruda.* Mariposa de otoño.
Mariposas insomnes. *Schulze Arana.* Sus manos.
Las mariposas rondan el espejo. *López Vallecillos.* Puro asombro.
Marmóreo, altivo, refulgente y bello. *Borrero.* Apolo.
Marte se presenta esta semana. *Salado.* Capricornio.
Maru Mori brought me. *Neruda.* Ode to My Socks.
Marzo con cálido acento. *León guevara.* Glosa.
Marzo, titilante responso. *Quiñones.* Marzo fuego de vigilia.
Más adoradas cuanto más nos hieren. *Leduc.* Inútil divagación sobre el retorno.
Más allá de las columnas sonrientes. *Aridjis.* Más allá.
Más allá de tu sombra. *Fuller.* Intuición.
Más allá del azul, en la apagada/resonancia. *Duverrán.* De ángel salvaje (Frag.).
Más allá del cuchillo que se tiñe en la sangre. *Oyarzún.* Orden del corazón.
Más allá del halo de las llamas. *Bonifaz Nuño.* Más allá.
¿El más allá? ¿La otra vida? *Casaravilla Lemos.* En lo oscuro de la senda.
Más alto que las palmas. *Hernández.* Marcha del aire.
Mas con el amigo soy terco. *Cabral.* El herrero.
Más de 200 en una operación de limpieza. *Adoum.* El hombre de mi tiempo en el Café de la Gare.
Más de setenta noches de esperanza. *Hidalgo.* Aureo del almirante, 1492-1992.

Mas he aquí al lince de juventud extrema. *Montes de Oca.* Más he aqui.
Más largo es el puente. *Rivero. Nacimiento de Venus.*
Más lejos, sin que el sol las haga claras. *Gutiérrez Vega.* A Julio Herrera y Reissig, viajero en su torre.
Más me valiera, amor, no haber nacido. *Prado.* La rosa inalcanzable.
Más mudo y más sutil que el crecimiento. *Hübner Bezanilla.* Las transformaciones.
Los más oscuros estremecimientos a mí. *Girondo.* A mí.
Más próximos a la muerte. *Casal.* Más próximos.
Más que a mí la aborrezco. *Mejía Sánchez.* Más que a mí.
Más que el cóndor/en lo alto detenido. *Cerruto.* El resplandeciente.
Más que lebrel, ligero y dividido. *Lezama Lima.* Noche insular: jardines invisibles.
Más que pájaros. *Quirarte.* Saint James Park.
Más que una silla menos que un asiento. *Moro.* Viejo discípulo del aire.
Más rápido que el pensamiento va la imagen. *Aridjis.* Más rápido que el pensamiento.
Más temo a las promesas de la vida. *Ortiz Pacheco.* Confidencia.
El más viejo de los dioses, el verano. *Rauskin.* Oda.
Más zafio tranco diario. *Girondo.* Maspleonasmo.
Una máscara de Kabuki, pero falsamente expresiva. *Lago González.* Aditamientos.
Las máscaras que supimos hacer. *Aura.* Las máscaras.
Matamos lo que amamos. Lo demás. *Castellanos.* Destino.
Mataron a mis hermanos, a mis hijos. *Paz.* Mariposa de obsidiana.
Materia fulgurante (inercia viva). *González-Cruz.* Al regreso.
Materia indescifrable. *Caro.* Definición.
Matías Pérez, portugués, toldero de profesión. *Diego.* Una ascensión en La Habana.
Matizada por el ocaso. *López Acuña.* Claroscuro.
Los mayas habían inventado/el maíz. *Escobar Velado.* Tekij.
Mayo es aquí un pie mudo solamente. *Olmedo.* Ritos.
Mayo vino a cantar nuevas canciones. *Velarde.* Mayo.
Mayombe—bombe—mayombé. *Guillén.* Sensemayá (Canto para matar a una culebra).
La mayor villanía. *Isla.* Autoviuda.
La mayúscula cuarta: dadme piedras preciosas. *Pallais.* La leyenda dorada va por los siete planos.
Me acerco/a la oscura/abundancia. *Sologuren.* El amor y los cuerpos (Frag.).
Me acerco a ti, vengo de la ciudad atormentada. *Machado de Arnao.* El reconocimiento.
Me acerqué a la fiesta del mundo. *Capdevila.* Me puse.
Me acuerdo claramente. *Gottberg.* Muere mi padre.
Me acuerdo cuando descubrí a Simón desnudando. *Pohlhammer.* Me acuerdo.
Me acuerdo de sus dedos de caucho. *Agudelo.* Joaquín-chiquito el payador.
Me anegaré en tu perfume. *Acuña.* Flauta rústica.
Me apenaba ver al ave. *Llerena Blanco.* El ave interior.
Me aproximé a las jaulas. *Shelley.* La piedad organizada.
Me arranco las visiones y me arranco los ojos. *Rojas.* Contra la muerte.
Me asediaron tus manos. *Monje Landívar.* No valía la pena.
Me asomo a este recuerdo desde fuera. *Carranza.* El extranjero.
Me aventuro en la noche contigo, y estoy solo. *González Penelas.* Me aventuro.
Me avisan que debo alistar mi maleta. *España.* Partida.
Me cabe el cañaveral. *Cabral.* Trago.
Me caía a la cama rosada de su madre. *Maquieira.* Me volé la virgen de mis piernas.
Me consuela saber. *Gutiérrez.* Condiciones objetivas.
Me contaron que estabas enamorada de otro. *Cardenal.* Me contaron.
Me contaron que estabas enamorada de otro. *Zaid.* Transformaciones.
Me contó: algunos/compañeros. *Millán.* Cárcel.
Me contó el campanero esta mañana. *López Velarde.* El campanero.
Me da risa/Por fin, en qué quedamos. *Galván.* Dos B.
Me declaro ingobernable. *Navarro Harris.* Proclama I.
Me defiendes, Señor, contra mí misma. *Gallinal Hebert.* Me defiendes Señor.
Me dejaré llevar y fulminada. *Collado.* Oh rutina.
Me derrumbé/caía. *Girondo.* Derrumbe.
Me desordeno, amor, me desordeno. *Oliver Labra.* Me desordeno.
Me despertaron aquella mañana a las seis. *Nogueras.* Poema.

¡Me desperté y/yo era primavera! *Calviño Citro.* Mutación.
Me despido de la ciudad. *Hoeffler.* Bajo ciertas circunstancias.
Me despido de mi mano. *Teillier.* Despedida.
Me despido, me alejaré de tí. *Guevara.* Mentadas de madre.
Me despierto feroz esta mañana. *Vinderman.* Isla Tortuga.
Me detengo en estas hojas blancas. *Garduño.* Pista en las aguas.
Me detuve en la orilla del río. *Acosta.* Arena de oro.
Me dice el fuego que es verdad la llama. *Berenguer.* Limo.
Me dicen que debo hacer ejercicios para adelgazar. *Sabines.* Amén.
Me dicen que escriba algo acerca de tu muerte. *Bañuelos.* Fusil, hoja que conmueve a todo el árbol.
Me dices que en Oriente. *Valdés.* Viajero.
Me dices te amo y digo te amo. *Collado.* Punto y coma.
Me digo: mira el agua, leve sopor del sueño. *Mendiola.* Me digo: mira el agua.
Me dijeron señora caballero. *Walsh.* Oración a la propaganda.
El me dijo que era preciso. *Vitier.* Palabras de Nicodemo.
Me duele, hijo, tu vida. *Foppa.* Herida.
Me duele mi país como una herida. *Zegarra Díaz Canseco.* Geografía íntima.
Me empiezan a desbordar los acontecimientos. *Zaid.* Tumulto.
Me encanta ser mujer. *Nolla.* Manifiesto.
Me encanta ver cuando la tarde cae. *García Marruz.* Afueras de arroyo naranjo.
Me encierro/porque quiero comprender lo que hay fuera. *Yrarrázaval.* Pensamiento.
Me enfrento a ti, oh vida sin espigas. *Ibarbourou.* Tiempo.
Me entiendo bien. *Cobo Borda.* Viejos maestros.
Me envuelve el polvo, y me inquieta. *Amor.* Décimas al polvo.
Me escribe Napoleón. *Novo.* El amigo ido.
Me escuece la memoria una furtiva/evocación. *López.* Me escuece la memoria.
Me esfuerzo en llevar los pies sobre la cabeza. *Calzadilla.* Requisitoria de los trajes vacíos.
Me estoy acordando de aquellos varones. *Bosco.* Payadores.
Me estoy muriendo como muere el verso liso y pálido. *Pimentel.* Muerte natural (Frag.).
Me estoy pendiendo en oros malos. *Acosta.* Desbordamiento.
Me fotografían en un galpón. *España.* Apuntes.
Me fui a buscar sabiduría al viejo mundo. *Gutiérrez.* Oh patria, mi patria.
Me gustaba Madrid y ya no puedo. *Neruda.* ¡Ay! Mi ciudad perdida.
Me gustan las aguas ágiles. *Balp.* Estancia.
Me gustaría verte, ser alguno en tu pecho. *Mastronardi.* Romance con lejanías.
Me gustas cuando callas porque estás como ausente. *Neruda.* Veinte poemas de amor. Poema 15.
Me ha dado la alondra. *Schulze Arana.* Canción de nochebuena.
Me ha entrado la fea costumbre de gruñir por todo. *Valle.* El mondo.
Me ha quedado clavada en los ojos. *Ibarbourou.* Raíz salvaje.
Me habéis dejado sola. *Gramcko.* Hora de Dios.
Me hablan del vino del agua. *Quezada.* Historia y otra historia.
Me han convocado a labrar el clima de este instante. *Bedregal García.* Me han convocado.
Me han tenido como ausente. *Arce Navarro.* Como ausente.
Me han visto de palo. *Lindo.* El muñeco.
Me he aburrido tanto de mí. *Martínez.* Poema.
Me he ceñido toda con un manto negro. *Ibarbourou.* La cita.
Me he lavado tantas veces las manos. *Parera.* Me he lavado tantas veces.
Me he llenado de voces sin oido. *Cruchaga de Walker.* Ramas sin fondo.
Me he perdido en la distancia. *Morales.* Transparencia.
Me he querido mentir que no te amo. *Owen.* Booz canta su amor.
Me hieren días hondos como agudos metales. *Velásquez.* Responso de los días.
Me hincaré espinas y heriré mis venas. *Alemán.* Te amaré realidad.
Me impongo la costosa penitencia. *López Velarde.* La mancha de púrpura.
Me instalé cuidadosamente doblado. *Hahn.* Sábana de arriba.
Me interné por el valle. *Arenas.* En el valle milagroso en donde mi infancia.
Me iré al fin. *Avila Jiménez.* Barro inútil.
Me iré en junio—dice mientras la línea azul. *Vinderman.* Me iré en junio.
Me juró sobre la cruz/una gitana morena. *Ugarte.* Superstición galante.

Me la imagino toda de blanco. *Cuza Malé.* Mujer brava que casó con Dios.
Me levanto/yo/mujer sandinista. *Belli.* Canto al nuevo tiempo (Frag.).
Me llaman. *Quezada.* La fuga.
Me llaman desde allá. *Palés Matos.* El llamado.
Me llamaron. Salí y amanecía. *González Lanuza.* Soneto.
Me llamo Carlos, soy nuevo, soy de América. *Castro Saavedra.* Plegaria desde América (Frags.).
Me llamo y no me llamo. *Valdés Ginebra.* Disertación acerca de mi nombre.
Me llevarás en tu caída divino Amor. *Martell.* No hay respuestas.
Me lo dijo un indio viejo y medio brujo. *Silva Valdés.* Leyenda de la flor de ceibo.
Me mira el mar con su máscara de hojas. *Arzarello.* El mar.
Me miraba las uñas aprendía una forma de sueño. *Mobili.* Imperio.
Me miras; te envuelves en ti misma. *Xirau Icaza.* Poema.
Me miro a mí, me escucho esta mañana. *Simpson.* Revisión matutina.
Me miro en el espejo y no veo mi rostro. *Lihn.* La vejez de Narciso.
Me mordió/una inmensa gana de comerte. *Monsreal.* De dientes para adentro.
Me moriré en Paris con aguacero. *Vallejo.* Piedra negra sobre una piedra blanca.
Me muevo entre las sombras y espejos de tu casa. *Chariarse.* La huerta.
Me pasaría el tiempo. *Ipuche.* Entre las guitarras.
Me pedía/hacer los días. *Tomás.* Fotografía velada.
Me persigue. *Agosín.* Menses.
Me pertenecen. *Escalona.* Oh descubierto día.
Me pongo de perfil. *Valdés.* Cumpleaños.
Me pongo en pie vacilante. *Salazar Bondy.* Close up.
Me pregunto si este aire. *Meléndez de Espinosa.* Este aire.
Me pregunto si nada ha cambiado. *López Vallecillos.* Y voy y vengo incierto.
Me pregunto/si verdaderamente. *Eielson.* Via Veneto.
Me presentan mujeres de buen gusto. *Martínez Rivas.* No.
Me puedo mover por Cuba libremente. *Nieto.* El viento.
¿Me quiero? . . . ¿No me quiero? *Illescas.* ¿Me quiero?
Me rasca con su hilo de agua. *Boullosa.* El bebedero.
Me recibes enfermo, tendido en cama. *Arvelo Larriva.* Lámpara votiva.
Me señala y me veo ávida. *Mora Martínez.* Y es que cae.
Me tendrás a tu lado. Me besarás. Y luego. *Pla.* Concepción.
Me tentaba mi río de deseos. *Casaravilla Lemos.* Estremecimiento del recuerdo.
Me tiendo en la yerba. *Galindo.* Bajo los escombros de Babel.
Me tienes en tus manos. *Sabines.* Me tienes.
Me trajo Maru Mori. *Neruda.* Oda a los calcetines.
Me transporto en la magia del oleaje. *Paz.* Infinito azul.
Me viene, hay días, una gana ubérrima, política. *Vallejo.* Me viene, hay días.
Me voy al bosque de hojas amarillas. *Sáenz.* Me voy al bosque.
Me voy/porque no quiero este codo con codo. *Gravina Tellechea.* Alguna decisión bajo este techo.
Me vy en necessidat. *Aura.* Epitafio.
Medallón de la noche con la imagen del día. *Agustini.* Selene.
Media noche, en una lancha, en medio lago. *Cardenal.* En el lago de Nicaragua.
Medianoche. En mi lecho. Miro el reloj que late. *Chocano.* Nocturno número 1.
Medianoche. ¿Hacia dónde cauteloso? *Henríquez.* Nocturno.
El mediodía apunta serenísimo. *Macías.* Canícula.
El mediodía asciende/con la soledad de los papeles. *Montemayor.* El mediodía asciende.
El mediodía descargó sus redes. *Bonifaz Nuño.* El mediodía descargó.
El mediodía en la calle, atropellando ángeles. *Sabines.* El mediodía en la calle.
El mediodía vasto y silencioso como una tumba resonante. *García Marruz.* El mediodía.
Mediodía, muro de lamentaciones. *Serrano.* Mediodía.
Mejillas frescas del alba. *Portogalo.* Canción.
Mejor el adiós. *Martell.* Un gozo inefable.
Mejor es que entiendas que has sido débil. *López Morales.* De los felices ingenios.
Mejor olvido. *Rivero.* Poema.
Mejor será no regresar al pueblo. *López Velarde.* El retorno maléfico.
Mejor sería que no volvieran los Dioses. *Oribe.* Mejor sería.
Los mejores mueren. *Vargas.* John Berryman.

La melena del león cubre el zoológico del cielo. *Mondragón.* Guru.
Melpómene, la musa de la tragedia viene. *Capdevila.* Pórtico de Melpómene (Frag.).
La memoria es un odio. *Vallarino.* La memoria es un odio.
La memoria está oscura. *Langagne.* Consecuencias.
Menciono el alba con mi perro. *Gerbasi.* Los asombros puros.
Mendelsohn y Schubert, Schubert y Chopin. *Balseiro.* Ritornello.
Mendiga de tus ladrones/los de adentro y los de afuera. *Cabral.* Mendiga de tus ladrones.
Menguado amor para pasión tan honda. *Delaval.* Cobardía.
Menos que copos/de nieve. *Sologuren.* Folios del enamorado y la muerte (Frags.).
Menos que luz dormida. *Brull.* Menos.
Mente frágil como una rosa. *Remón Villalba.* Milagro.
Mentía con las ojeras. *Reyes.* Castidad.
Menudo el estropicio. *Molina Venegas.* Fábula.
Menudo núcleo de aire. *Martínez Salguero.* Aire 13.
Merce, Isabel. *Boullosa.* Cacería de grillos.
Mercedes, Río Mercedes. *Reyes.* Envío.
Mercedes una mujer bellísima. *Hernández.* Mercedes cae.
El meridiano de la noche apuesta. *Delaval.* El extraño juego.
El mes de junio se extendió de repente. *Neruda.* El mes de junio se extendió.
Mes de rosas. Van mis rimas. *Darío.* Primaveral.
La mesa de la vida ya está lista. *Blanco.* Con un pie en la tierra.
La mesa está servida. Los platos se extienden. *Scarpa.* Camarero de la soledad.
La mesa, hijo, está tendida. *Mistral.* La casa.
La meseta del indio/nos avisa. *Morejón.* Junto al golfo.
Metáfora increíble/el silencio. *Gramcko.* Metáfora increíble.
La metalurgia se entregó a tu mano. *Valjalo.* Monumento al obrero desconocido.
Metido en el pijama azul salino de los mares. *Enríquez.* Fatiga azul de marinero.
Metidos como estamos en el mismísimo. *Benítez.* El santo.
Metralla/son ligeras costillas las que muerdes. *Molina.* Información.
Mi abismo se llenó de su mirada. *González Martínez.* Dolor.
Mi abuela desnuda bailando entre los caníbales. *Aramayo.* Mi abuela.
Mi abuela es pequeña y distante. *Barrenechea.* Círculo.
Mi abuelo era el río que fecundaba esas tierras. *Barquero.* La miel heredada.
Mi abuelo murió, yo no entendía. *Byrne.* Rosado.
Mi abuelo se montó. *Hernández d'Jesús.* Las ciudades blancas de mi abuelo.
Mi alcoba marinera huele a brea y café. *Ferrero.* Viaje con una lámpara.
Mi alegría celebre al Hacedor. *Martínez.* Canto a Caa Cati (Frag.).
Mi alma es como un pozo de agua sorda y profunda. *Palés Matos.* El pozo.
Mi amada borda un canto sobre mi frente. *Mora.* Somos los dioses.
Mi amada es una tierra agradecida. *Zaid.* La ofrenda.
Mi amada está tejiendo en la ventana. *Barquero.* Mi amada está tejiendo.
Mi amor, como la inmensa mayoría. *Vega.* Suite erótica.
Mi amor ensimismado. *Macías.* Ala de sol.
Mi amor me puso la mano sobre el hombro. *Dujvne Ortiz.* La mano.
Mi amor por ti ¿a qué se parece? *Vicuña.* El traspié de la doctrina.
Mi amor son estas islas y cayos. *Fernández.* Lo sé de cierto porque lo tengo visto.
Mi amor vale un pelícano. *Castillo.* El pelícano.
Mi antigua soledad se está muriendo. *Jérez Valero.* Mi antigua soledad.
Mi beso es muchedumbre. *Pla.* Mi beso.
Mi biografía viva en tus marfiles. *Suárez.* A una hoja de papel.
Mi callejero "no hacer nada" vive y se suelta por la variedad. *Borges.* Casi juicio final.
Mi cama está deshecha. *Hahn.* La muerte está sentada a los pies de mi cama.
Mi cama fue un roble. *Ibarbourou.* El nido.
Mi capitán, cómo se sueña. *Capdevila.* Romance del mar azul.
Mi cara es una ciudad con muchas plazas. *Vega.* La ciudad incompleta.
Mi casa comienza con un árbol y una enredadera. *Cartaña.* De la imaginación.
Mi casa está como un/muerto. *Pérez-So.* Mi casa.
Mi casa está llena de muertos. *Delgado.* Para vivir mañana.
Mi casa me habla esta noche. *Trejo.* Mi casa me habla.

Mi corazón, como mi verso, es claro. *Meza Fuentes.* Canta mi corazón.
Mi corazón/entre sauces/iba a Anacostia. *Santos.* Mi corazón entre sauces.
Mi corazón es blanco. *Viaña.* Se escribe en el ala del viento.
Mi corazón es como un cementerio. *Noboa Caamaño.* Aria de olvido.
Mi corazón fue un vaso de alabastro. *Casal.* Flores.
Mi corazón inquieto tiene circulación de pájaros. *Cunha.* Poema IX.
Mi corazón, leal, se amerita en la sombra. *López Velarde.* Mi corazón se amerita.
Mi corazón me dice: ha regresado el grillo. *Cruchaga Santa María.* Retorno.
Mi corazón me recuerda que he de llorar. *Sabines.* Mi corazón me recuerda.
Mi corazón nocturno se levanta. *Sabines.* Mi corazón.
Mi corazón olvida. *Urquiza.* Dicha.
Mi corazón percibe, sueña y presume. *Díaz Mirón.* Música fúnebre.
Mi corazón que se lanzara—en pos. *Guerra.* Mi corazón.
Mi corazón retrógrado. *López Velarde.* Día 13.
Mi corazón se viste de todos los colores. *Fernández de Carrasco.* Danza de amor.
Mi cuerpo estaba allí . . . nadie lo usaba. *Cabral.* La carga.
Mi desorden especial se manifiesta. *Maldonado.* Desorden especial.
Mi dios es hambre. *Zurita.* La vida nueva.
Mi Dios es sordo y ciego y armonioso. *Sabines.* Dos poemas breves.
Mi Dios/ Bajo tu amparo escribo. *Güiraldes.* Infinito.
Mi espejo, corriente por las noches. *Huidobro.* El espejo de agua.
Mi esperanza, yo sé que tú estás muerta. *Vaz Ferreira.* El ataúd flotante.
Mi estupor ¡quédateme . . . quedo. *Adán.* Senza tempo, affrettando ad libitum.
Mi familia no tiene médico. *Watanabe.* Poema trágico con dudosos logros cómicos.
Mi granado verde/se volvió de oro. *Fombona Pachano.* Balada del granado verde. Pachano.
Mi hermano ha muerto, sus huesos yacen. *Montejo.* Elegía a la muerte de mi hermano Ricardo.
Mi hermano tuerto. *Llinás.* Ciudadano.
Mi hija juega en el jardín. *Monvel.* Mi hija juega.
Mi hilandera en las tardes, hila, canta y espera. *González Martínez.* La hilandera.
Mi hora vendrá. *Padilla.* La hora.
Mi horrible vecinita tiene. *Llinás.* Ventana.
Mi infancia novelesca metía la nariz. *Marré.* Mi infancia.
Mi infancia, que fué dulce, serena, triste y sola. *Valdelomar.* Tristitia.
Mi inocente prisionero. *Silva.* El cenzontle.
Mi jaca torda galopa. *Vallejo.* Romance de la jaca torda.
Mi juventud era una rutilante naranja. *Dalton.* Otra muerta.
Mi lunes cerebral me va enloqueciendo de a poco. *Vega.* Mis siete días.
Mi madre corría en el Tigre junto a los ríos. *Wilcock.* En el Tigre.
Mi madre me contó que yo lloré en su vientre. *Sabines.* Del mito.
Mi madre me dio un beso cuando salí a la mar. *Arráiz.* Canto de marineros.
Mi madre no tuvo jardín. *Morejón.* Madre.
Mi madre nunca tiene en los poemas. *Méndez Camacho.* Lucrecia.
Mi madre/viejecita de alma recubierta. *Schulze Arana.* Bandera rosa.
Mi madrina invitaba a mi prima Agueda. *López Velarde.* Mi prima Agueda.
Mi mano derecha es una golondrina. *Huidobro.* Canción de la muervida.
Mi mano dormida sueña. *Boido.* Artesanía.
Mi memoria grabó tu rostro para siempre. *Freda.* El rostro grabado.
Mi mujer en primavera. *Aridjis.* Mi mujer.
Mi mujer era roja como una leona. *Coronel Urtecho.* Pequeña biografíade mi mujer.
Mi musa es joven y ardiente. *Echeverría.* Mi musa.
¿Mi musa? Es un diablillo/con alas de ángel. *Martí.* Musa traviesa.
Mi niña tiene el sístole inconforme. *Medinaceli.* La niña del sístole inconforme.
Mi niñez estará siempre esperándome. *Kempff Mercado.* Infancia.
Mi niñez, ya lejana, se acrisola. *Licón.* Flor y trigo.
Mi nodriza era negra y como estrellas de plata. *Arturo.* Nodriza.
Mi nostalgia caída. *Guzmán Cruchaga.* Soledad.
Mi oración desesperada. *Detén tu fuga.* Quirós.
Mi padre anda por las esquinas de la casa. *Destiempo.* Enríquez.
Mi padre duerme. Su semblante augusto. *Vallejo.* Los pasos lejanos.

Mi padre ebrio habla con los ojos cerrados. *Ovalles.* Mi padre.
Mi padre llegó a El Tigre. *Villarroel París.* Elegía a mi padre.
Mi padre puso el oído en las costillas de mi madre. *Pineda.* 1926.
Mi país es tan pequeño/que 2.000 guardias sostienen. *Gutiérrez.* Mi país.
Mi país, tierra de lagos, montañas y volcanes. *Argueta.* Post-card.
Mi papá no lee mis poemas. *Espinoza.* XXXVII.
Mi parecido en la pared. *Crespo.* Mi parecido.
Mi patria es de langostas. *Molina.* Ciudadanía y calor.
Mi patria es dulce por fuera. *Guillén.* Mi patria.
Mi patria está en tus ojos, mi deber en tus labios. *Zaid.* Circe.
Mi patria tiene montañas. *Cerruto.* Cantar.
Mi pensamiento camina tropezando. *Reynaldi.* Súplica.
Mi perro sufre cuando ve pasar otros canes. *Cifuentes Sepúlveda.* Mi perro y yo.
Mi perro/de orejas tristes. *Orrillo.* Mi perro.
Mi pie/se escapa con su herida abierta. *Shimose.* Me busco, vivo o muerto.
Mi poesía se parece a los ríos. *Aristeguieta.* Mi poesía se parece.
Mi primo Chale me pasea todos los días. *Fernández.* Mi primo Chale.
Mi propia hoguera calcinará mis huesos. *Avila Jiménez.* Y un saúz.
Mi pueblo es la imagen. *Tatter.* Pueblo.
Mi señora, tan luego se levanta. *Coronel Urtecho.* La cazadora.
Mi ser fluye en tu música, bosque dormido en el tiempo. *Gerbasi.* Bosquede música.
Mi sierpe familiar no me rehúye. *Olivares Figueroa.* Sierpe familiar.
Mi/sirena/cuando/aúlla. *Jodorowsky.* Poema.
Mi soledad que tiembla en tu semblante frío. *Ortiz Saralegui.* Brizna de niña viva.
Mi tiempo se coagula. *Castrillo.* Mi tiempo.
Mi tío abuelo/viajaba al Japón. *Barnet.* José Agripino.
Mi vaso fue pequeño, mas no importa. *Díez de Medina.* Mi tio abuelo.
Mi vecino, al pasar esta mañana. *Arrieta.* La visión optimista.
Mi verso es verso llano. *Gavidia.* Apolo.
Mi vida es casi toda una partida. *Minelli González.* Las puertas.
Mi vida/es un destierro sin retorno. *Foppa.* Destierro.
Mi vida está en los hombros. *Casaravilla Lemos.* Signo.
Mi vida ha sido un largo pecado: tú lo hiciste. *Rosales y Rosales.* Blasfemia.
Mi vida, tosca/y triste. *Moreno Jiménez.* Canto-grito.
Mi vieja piel/la de culebra. *Dalton.* El otro mundo.
Mi viejo camino, un poco/quiero. *González Bastías.* Egloga del camino.
Mi virtud de sentir se acoge a la divisa. *López Velarde.* Ánima adoratriz.
Mi visión de tu espíritu profundo. *Capriles.* Unamuno.
Mi voluntad de ser no tiene cielo. *Pellicer.* Sonetos postreros.
Mi yo dimerosómato es plural e indiviso. *Martínez Estrada.* Humoresca quiroguiana.
Mía: así te llamas. *Darío.* Mía.
Miami se parece a Cuba. *Prado.* Monólogo de una exilada.
Midi, roi des étés, como cantaba el criollo. *Darío.* Mediodía.
Midi, roi des etés, como cantaba el criollo. Intermezzo tropical. *Darío.* Mediodía.
El miedo/gato negro emergiendo de la sombra. *Pérez Maricevich.* El miedo.
Mientras crece el oleaje de las míseras gentes. *Díez de Medina.* Mi madre.
Mientras el jazz todo lo llena. *Vallarino.* Recuerdo lejano.
Mientras el metro la torre el paseo la glorieta. *Nieto Cadena.* Soltar los canes.
Mientras ensaya su coro. *Alfaro.* El loro.
Mientras escribo. *Iza.* El costal de las sombras vació todosu frío.
Mientras escribo poesía. *Muñoz Lagos.* La muerte sobre el trébol.
Mientras hacemos el amor/los ojos se te vidrean. *Cea.* Mientras.
Mientras la cuerda se queja. *Hernández Catá.* Rumba.
Mientras la tarde baña de dulzura infinita. *Contardo.* En el lago de Genezareth.
Mientras la vieja muerte, en cuclillas sentada. *Jaramillo Escobar.* Los huyentes.
Mientras lentamente los bueyes caminan. *Acosta.* Las carretas de la noche.
Mientras Linda cocina/escribo estas palabras. *Isla.* Notas para un horóscopo.
Mientras lo cargan. *Tablada.* El burrito.
Mientras los chicos/juegan al partido de fútbol. *Díaz Diocaretz.* Mujer nuestra de cada día.

Mientras mi cuerpo se llena de adioses. *Cazorla.* Mientras mi cuerpo.
Mientras muere el día. *Obligado.* La lluvia no dice nada.
Mientras que baña su generosa luz todas las cosas. *Zaid.* Elegía por una luz entreabierta (Frag.).
Mientras te funde el sol en vivo oro. *Carias.* El buey.
Mientras te quitas los zapatos piensas en la poesía. *Jamís.* Problemas del oficio.
Mientras todos/caminan con los cántaros. *Quezada.* Despertar.
Mientras tomo una taza de café repaso los poemas. *Oliva.* Mientras tomo una taza de café.
Mientras tú ardas junto al mar/fuego. *Fernández Retamar.* El fuego junto al mar.
Mientras tu canto resuena. *Camarillo de Pereyra.* Al mar.
Mientras tú/llegas a casa. *Reyna.* Mientras tú llegas.
Mientras tú te repartes. *Toscano.* Mientras tú.
Mientras van las muchachas por el agua a la fuente. *Banchs.* En la tarde.
Mientras voy a París. *Oliver.* Cuatro.
Miguel dijo a Juan. Mi guerrilla. *Naranjo.* Proclamas.
Mil novecientos treinta. Aquí empieza una época. *Parra.* Mil novecientos treinta.
Milena recorre el mar con sus ojos. *Fernández.* De otro árbol.
Milicias que en las épicas fatigas. *Díaz Mirón.* A los héroes sin nombre.
Milímetros de tí convergen ahogándose, bajo la noche. *Huerta.* Nocturno.
Los militares/gobernaron cuarenta y nueve años. *Jimenez.* Los militares.
Mimbrero, sentémonos aquí en la calle. *Barquero.* Mimbre y poesía.
Un mineral prestado no es montaña en mi eco. *Colombo.* El regreso.
Minero, cavas y cavas. *Quiroga Vargas.* Minero.
Mira a los pobres de este mundo. *Pacheco.* Los herederos.
Mira como es ahora el vino que le colma. *Horta de Merello.* Forastero.
Mira cómo, desde este exilio de cemento. *Labastida.* Ciudad bajo la lluvia.
Mira donde pones el ojo. *Lara.* Asedio.
Mira el mundo/Señor. *Rodríguez Alcalá.* Poema V.
Mira el otoño resentido y frío. *Hernández.* El otoño de las palabras cortas.
Mira la estrella, amor, mira la estrella. *Rospigliosi.* Nocturno.
¡Mira la vida al aire libre! *Padilla.* El justo tiempo humano.
Mira las islas blancas del cielo. *Paz.* Nubes.
Mira mis ojos, esposa. *Iraheta Santos.* El poeta y la esposa.
Mira muchacha, de pronto sentí ganas de escribirte. *Jamís.* Carta.
Mira qué cosa: el desierto de/Atacama. *Zurita.* Como un sueño.
Mira si tú me conose. *Guillén.* Hay que tené boluntá.
Mira todas las cosas curioso, embelesado. *Nervo.* Heráclito.
Mira ¡oh Dios! quienquiera que tú seas. *Francis.* A Dios.
Miraba, fijamente. *Izquierdo.* Noche de hospital.
Mirábase las manos con ternura. *Paine.* Mirábase las manos.
Mirad: las hordas nómadas en el dolor inerte. *Sainz.* La raza aymara.
La mirada asaz dulce, soñadora. *Restrepo.* El caballero de la mano al pecho.
La mirada de Dios mía en el espacio. *Margenat.* La mirada certera.
Una mirada/una voz. *Marzialetti M. de Gaspari.* Una mirada.
Miradla, así, sobre el follaje oscuro. *Agustini.* La estatua.
Miradme soy increíble como la noche. *Gómez Correa.* El lobo habla a sus perros.
Mírala aquí—ciudad y poesía. *Pellicer.* Soneto.
Míralo mi Señor, es tan pequeño. *Heredia.* Imploración.
Mírame enrojecer, mírame cómo salto. *Fernández Moreno.* El padre golpea a su hija.
Mírame precipitarme hacia el olvido. *Yañez.* Un poema.
Mírame, no te amo, eres la espera. *Quintero Álvarez.* Ante el mar.
Mírame/soy un hombre. *Osorio Canales.* Soliloquio.
Mirando a Velia me preguntas Juan. *González.* Mirando a Velia.
Mirando a vuelo de pájaro. *Epple.* A vuelo de pájaro.
Mirando el mar, yo te evocaba, ¡tierra! *Villa-Gómez.* Mar y cordillera.
Mirando la ciudad. *Melo.* Domingo.
Mirar a una muchacha refresca. *Diego.* La muchacha.
Mirar el río hecho de tiempo y agua. *Borges.* Arte poética.
Miré desde la escalinata. *Cuadra.* La pirámide de Quetzalcoatl.
Miré el tiempo y conocí la noche. *Gaitán Durán.* Momentos nocturnos.

Miré hasta el fondo de tus ojos. *Calderón.* Monopolio.
Miré sobre una tumba en que el olvido. *Muñoz.* En el cementerio.
Miro a la gente que se arrima. *Castro.* Rebaño.
Miro a los ojos de la gente/y miedo. *Cea.* En el lugar de los hechos.
Miro al hombre tocar el lomo del caballo. *Gottberg.* Dibujo de un caballo.
Miro el aire en el aire, pasarán. *Rojas.* Transtierro.
Miro el mapa y te siento cerca. *Urzagasti.* A una provincia construida con árboles.
Miro el reloj. *Galván.* Ocho B.
Miro el zapato volteado al pie de mi cama. *Eguiluz.* Zapato.
Miro esta mujer que está besándome. *Paseyro.* Esta mujer.
Miro las herramientas. *Castellanos.* Agonía fuera del muro.
Miro tu retrato. *Volkow.* A la sor Juana desconocida.
Miro tus ojos cansados. *Martínez Estrada.* Miro tus ojos.
Miro un agua inclinada que golpea. *Bartolomé.* Lluvia ácida.
Mirones míos. *Quiñones.* Extracción de la piedra de la locura.
Mirrors are thieves of light; they devour. *Rubio Huidobro.* Mirrors.
Mis amigos demócratas. *Anón. Nicaragua.* La cortina del país natal.
Mis amigos no son amigos de mis amigos. *Asai.* Amigos.
Mis antepasados españoles olían a pescado. *Aulicino.* Abuelos.
Mis besos lloverán sobre tu boca oceánica. *Segovia.* Besos.
Mis dedos tejen el tiempo. *Carrasco Peña.* Tejedora del tiempo.
Mis días y las ruedas de molino. *Castro.* Destino.
Mis dientes son granos de maíz. *Zepeda.* Cosecha comunal.
Mis favorables fueron/la lluvia de la tarde. *Pita Rodríguez.* Mis favorables.
Mis hermanos esta noche ya volvieron. *Santos.* Son los muchachos.
Mis hermanos se fueron poco a poco. *Campos.* Mis hermanos.
Mis hermanos y yo. *Navarro.* El niño jinete.
Mis manos ciertas veces. *Bertolé.* Mis manos.
Mis ojos de observar casi han cegado. *Amor.* Mis ojos de observar.
Mis ojos de plaza pública. *Huidobro.* Contacto externo.
Mis ojos han visto/el cuarto cerrado. *Eguren.* El cuarto cerrado.
Mis ojos miraban en hora de ensueños. *Darío.* La página blanca.
Mis paginitas, ángel de mi guarda, fe. *Pacheco.* La noche nuestra interminable.
Mis pasos en esta calle. *Paz.* Aquí.
Mis poemas sin lavander. *Iraheta Santos.* Memorias de la cárcel.
Mis vecinos son los pájaros. *Mendoza Sagarzazu.* Casa vegetal.
Mis versos van revueltos y encendidos. *Martí.* Mis versos.
La miseria no es una palabra. *Molina.* La miseria.
La misma mesa antigua y holgada, de nogal. *Valdelomar.* El hermano ausente en la cena pascual.
Miss Babian, en este bar costeño. *Tellez.* Miss Babian atendiendo en un bar de la costa.
Miss Babian, in this coast bar. *Tellez.* Miss Babian Tending Bar on the Atlantic Coast.
Miss X, si, la menuda Miss Equis. *Sabines.* Miss X.
Míster Johnson, prepárese. *Lavín Cerda.* Acuerdo de paz.
Mister Thomas, Haló mister Thomas. *Silva.* Mister Thomas.
Misterio de luna cerrada. *Nagle.* Algo queda.
La mitad de pájaros migratorios. *Arenas.* Retrato.
La mixtura del aire en la pieza oscura. *Lihn.* La pieza oscura.
Moles perpetuas en que a sangre y fuego. *Lugones.* A los Andes.
Molle coloso y secular que un día. *Viscarra Monje.* El molle.
Una momia camina por la nieve. *Parra.* Momias.
Monarca altivo de un astral imperio. *Trullén.* Hombre en su paraíso.
Un monde en miniature. *Letona.* Un monde.
La monótona vida provinciana. *Vega.* El bordado inconcluso.
Monsieur Dupont te llama inculto. *Guillén.* Problemas del subdesarrollo.
La montaña esconde el sol. *Schwartz.* Naufragio.
La montaña se ha vestido. *Ameller Ramallo.* Romance de las delanteras.
Montañas, sólo montañas. *Pardo García.* Un caballo en la sombra.
Un monte azul, un pájaro viajero. *Barba Jacob.* La estrella de la tarde.
El monte está limpio y guarda pasos feroces. *Guevara.* La presa.

Monteando despacio, va el corazón oscuro. *Villagra Marsal.* Cacería.
Los montes se han echado. *Novo.* Paisaje.
Montgomery Clift tenía un guiño impreciso. *Salzano.* Montgomery Clift.
Month of roses. My poems. *Darío.* Springtime.
Monumento ceñido. *Florit.* Estrofas a una estatua.
Mordámosle la mano. *Illescas.* Mordámosle la mano.
Mordido de canallas, yo fui. *Rokha.* Mordido.
Mordiendo a solas el hambre. *Pérez.* Circe.
Morella es de tristeza. *Flores Saavedra.* Biografía.
Morella viene en las noches. *Avila Jiménez.* Morella.
Morena es la tristeza de vernos. *Ruiz.* Morena.
Morena/no tengo cumbias para ti. *Bustamante.* Relato.
MORENA Toro/carne de piña encendida. *Romero.* Morena toro.
Morir como tú, Horacio, en tus cabales. *Storni.* A Horacio Quiroga.
Morir conmigo misma, abandonada y sola. *Burgos.* Poema para mi muerte.
Morir lleva un nombre corriente. *García Maffla.* Morir lleva un nombre
Morir todas las veces que nos sea posible. *Basso Maglio.* Aptitud constante.
Morirá la flor en el vaso de China. *Perino.* Morirá la flor.
Moriré con la palabra angustia entre las manos. *Lázaro.* Poema errante.
Moriré con mis años de golfo, sin haber terminado estos poemas. *Quijada Urías.* Antes de la muerte.
Moriré no hay duda, pero quedará mi grito. *Escobar Velado.* Moriré . . . morirá.
Morning, a fruit that creaks and comes apart. *Fernández.* Islands.
Mosaico de milpas. *Blanco.* Amor de Chichén-Itzá.
Una mosca anda cabeza abajo por el techo. *Juárroz.* Una mosca anda.
La mosca se levanta de la mesa. *Blanco.* El fin de las etiquetas.
Mosca verde del aire de la muerte. *Ortiz de Montellano.* El aire de la muerte.
The most gracious brothers. *Nogueras.* The Brothers.
Mosto en los labios. *Cross.* Ditirambo.
The motorboat stalling. *Martínez Rivas.* Port Morazan.
La moza lucha con el mancebo. *Díaz Mirón.* Vigilia y sueño.
Múcaro, múcaro, múcaro. *Diego.* La canción del múcaro.
Mucha lectura envejece la imaginación. *Rojas.* Escrito con L.
Una muchacha puso las hojas de su cuerpo. *León.* Duración del amor.
Una muchacha roba. *Langagne.* Paisaje por una victoria.
Una muchacha sonríe a mi lado y vuela como una cometa. *Nájar.* Aeropuerto: Pucallpa. 2.05 p.m.
Las muchachas del archipiélago. *Cuadra.* Las muchachas.
Muchachas que miráis los precipicios. *Corcuera.* Primavera triunfante.
Muchachita negra. *Bosch.* Muchachita negra.
Muchachita que eras/brevedad, redondez y color. *López Velarde.* Como las esferas.
Un muchacho alejado por el sol y por el silencio. *Wilcock.* Tercer poema.
Muchas veces nos encontramos. *Godoy.* Muchas veces.
Mucho gusto. Su nieto. El mayor. *Fernández Chericián.* Toda la vida, abuelo.
Mucho más que por las tapas de TIME o PARIS MATCH. *Salas.* Máscaras.
Mud, unending malice. *Lihn.* Mud.
Muda nodriza, llave de nuestros cautiverios. *Silva.* Ofrenda a la muerte.
Mudo ante tus manos y tus ojos. *Xammar.* Paréntesis de la voz perdida.
¡Mueran los gachupines! *Novo.* La historia.
Muerden su pelo negro, sedoso y rizo. *Casal.* Una maja.
Muerta hasta el fondo vuélvete sobre tus huesos. *Carvajal.* Siempre yo.
La muerta resucita cuando a tu amor me asomo. *Nervo.* Una flor del camino.
Muerta ya en mi toda queja. *Camarillo de Pereyra.* Torno a mi dolor.
La muerte abriga en mi pecho. *Botto Aparicio.* La muerte abriga.
La muerte acaeció en la estación de las lluvias. *Castro.* Las flores ultrajadas.
La muerte andaba entonces. *Rivera.* Deudos del júbilo.
Muerte de cielo azul noble ceniza. *Ortiz de Montellano.* En donde se alaba lo inorgánico.
La muerte de Somoza, como la del Foster. *Mejía Sánchez.* La muerte de Somoza.
La muerte duele. *Rosas Galicia.* La muerte duele.
La muerte en el invierno de París. *Baeza Flores.* En París, este invierno.
La muerte/espera en el alba. *Moreno Villarreal.* Travesía.

La muerte hoy tiene. *Llerena Blanco.* La muerte y el aguacero.
La muerte la dobló sobre las rosas. *Loynaz.* Cyrina.
La muerte lleva el mundo a su molino. *Zaid.* Ráfagas.
La muerte me atraviesa parte a parte. *Silva.* No me hables de la muerte.
La muerte me espera con su ajuar. *Villarroel París.* La muerte me espera.
Muerte mía/cuando te acerques. *Macías.* Para que nada nos sorprenda.
Muerte mía/cuando te acerques. *Macías.* Que nada nos sorprenda.
La muerte no alcanza a vivir. *Lavín Cerda.* La muerte no alcanza.
La muerte no desconoce/que cuando los sentidos. *Escalante.* Nocturno.
La muerte/no le dio una segunda oportunidad. *Calderón.* Emily Dickinson.
La muerte tiñó de luto el terebinto. *Vega.* Escena en Betania.
La Muerte toca el agua con su pie adolescente. *Ferrer.* Prólogo para una cita con la muerte.
La muerte toma siempre la forma de la alcoba. *Villaurrutia.* Nocturno de la alcoba.
Muertes que son un signo. *Llinás.* Muertes.
Muerto no te levantes de la tumba. *Parra.* El anti-Lázaro.
Muerto y de pie, entre la luna y la ciudad suspendido. *Hinostroza.* Abel.
Los muertos están cada día más indóciles. *Dalton.* El descanso del guerrero.
Los muertos/llevan puestas sus parcas coreanas. *Navarro Harris.* Campo santo.
Los muertos trabajan en silencio. *Castro Saavedra.* Los labriegos ocultos.
Muéstrame el camino entre tus bosques. *Peralta.* Safo II.
Muéstrate desnuda ahora. *Facal.* Potra de los cuatro vientos.
Mueve los aires, torna en fuego. *Chumacero.* El orbe de la danza.
Muge la tierra el ocre el terracota. *Fariña.* Aún no es tiempo.
Una mujer amaba a su marido. *Gómez.* Una mujer amada.
La mujer aparece de perfil contra la luz. *Schopf.* Informe.
La mujer camina en la noche. *Lhaya.* Enigma de la mujer.
Mujer de Cuscatlán hecha de barro crudo. *Quiteño.* Estatua viva de barro (Frag.).
Mujer de Cuzcatlán—Mujer de América. *Quiteño.* Himno de amor a la mujer mestiza.
La mujer de la campiña que bate cartas. *Cáceres.* El abrazo del oso.
La mujer de la esquina está vendiendo cosas dulces. *Vega.* La mujer de la esquina.
Mujer de los Andes, señora sin par. *Pacheco Iturrizaga.* Bartolina Sisa.
Una mujer de ojos esmaltados come una almendra. *Huerta.* Predestinaciónde la tarde.
La mujer del espejo. *Basualto.* Mujer I.
La mujer del otoño llegaba a mi ventana. *Orozco.* Un rostro en el otoño.
Mujer del tercer mundo en la hora de libres argumentos. *Pérez.* Mujer del tercer mundo.
Una mujer desnuda. *Vallarino.* Guijarros.
Una mujer desnuda transita en mi memoria. *Flores Castro.* Si la noche se desata.
Mujer: en un silencio que me sabrá a ternura. *Pedroni.* Maternidad (Frag.).
La mujer es un mito/lleva a cuestas el fardo. *Yáñez Cossio.* La mujer.
Una mujer extraña que no he visto. *Le Riverend.* La forastera.
Mujer frívola y rica, has adoptado un hijo. *Monvel.* La mujerque adoptó un hijo.
La mujer ha dicho/asesinos, asesinos. *Pellegrini.* Sistema de obediencia.
Mujer, la adorada. *Banchs.* Romance de cautivo.
La mujer llora y ríe. *Burgos.* La mujer llora.
Mujer, Madre del Hombre. *Michel.* Dios, Nuestra Señora (Frag.).
Mujer naturaleza: así te llamo. *Pardo García.* Mujer naturaleza.
Mujer, pelota, en súbito concierto. *Adán.* Mar y caracol.
Mujer que me alargas un brazo. *Yañez.* Madre eterna.
Mujer que suavizaste mi juventud dolida. *Sienna.* Sombra de idilio.
Mujer que te abismas en la contemplación. *Aristeguieta.* Catedral delalba.
Una mujer se inflama. *Salado.* Reportaje especial por el día internacional.
Mujer soy/contradictoria. *Navarro Harris.* Crónica (desde la piel).
La mujer también tiene el trasero dividido en dos. *Castillo.* Lasnalgas.
Una mujer y un hombre pueden, por ejemplo. *Quirarte.* Una mujer y un hombre.
Mujer: yergue tu cuerpo, avienta ya los granos. *Sierra.* Mujer, sexo dolido (Frag.).
Mujer, yo hubiera sido tu hijo, por beberte. *Neruda.* Amor.
Las mujeres, curvadas como gajos *Campero Echazú.* Ruth.
Las mujeres de gestos de madrépora. *Tablada.* La cruz del sur.
Mujeres que pasáis por la Quinta Avenida. *Tablada.* Quinta avenida.

La mulata de ébano. *Tablada.* La conga.
¡Mulata! ¿Será tu nombre/injuria . . . ? *Muñoz del Monte.* La mulata.
One mummy walks on snow. *Parra.* Mummies.
El mundo de Paula es redondo y brillante. *Méndez Camacho.* Paula.
Un mundo de voyeurs sabe que la mirada. *Lihn.* Nada que ver en la mirada.
El mundo no es la mañana que sepultamos. *Beleván.* Para encontrarte en alguna plaza de Lima.
El mundo no se cierra en tus ojos. *Armand.* Braille para mano izquierda.
El mundo se desprende del sueño. *Jonquières.* Alba.
Un mundo se deshace. *Pacheco.* 1968.
El mundo se detiene a medio camino. *Huidobro.* Rincones sordos.
Un mundo tuyo y mío sólo existe. *Zambelli.* Un mundo tuyo.
El mundo vive hoy cabeza abajo. *Franzani.* Panorámica.
Muñeca limeña, ¡qué bonita eres! (last verse only). *Cisneros.* Muñeca limeña.
Muñecas en La Lagunilla. *Vera.* Luz de obsidiana.
Un muñeco podrido bajo tierra en un jardín. *Millán.* Toco rondas infantiles con una mueca.
Las murallas del silencio. *Aristeguieta.* Poemas inéditos.
Murano ya mi mente, hoja delgada. *Sinán.* Murano.
Los murciélagos no saben una palabra *Pacheco.* Indagación en torno del murciélago.
Murió el crepúsculo de oro. *Granado.* Hogueras de San Juan.
Murió el general Rivera. El general falleció. *Silva Valdés.* Romance.
Murió la cholita ufana/una mañana de abril. *Xammar.* Murió la cholita.
Murmurando en inquietud, cruzo. *Vallejo.* Murmurando.
Murmurio, murmurio del viento. *González Bastías.* Metamórfosis.
La musa ya despliega sus alas de vampiro. *González.* La musa.
Músculo que despierta de una raza dormida. *Lloréns Torres.* Maceo (Sonetos sinfónicos).
The music touches me with your hands. *Rodríguez Frese.* Leit.
La música a los aires encadena. *Beltrán Guerrero.* Memoria de tus manos.
La música de Glenn Miller es un baúl. *Valle.* La música de Glenn Miller.
Música de su voz, recta alegría. *Mar.* Música de su voz.
Una música íntima no cesa. *López Velarde.* El son del corazón.
La música me toca con tus manos. Leit. *Rodríguez Frese.* La música.
Música porque si, música vana. *Nalé Roxlo.* El grillo.
Música y noche arden renovando el espacio. *Chumacero.* Salón de baile.
Música y pan, leche y vino, amor y sueño: gratis. *Paz.* Un poeta.
Musicalizo los azules giros. *Espinel.* Dislate octavo.
Músico sin partitura. *Quirarte.* Entonces despertar.
Mutación/significado que empañas. *Girri.* Abril.
Muy adentro de la tierra. *Díaz Martínez.* Historia muy vieja.
Muy cerca de mi ocaso, yo te bendigo, vida. *Nervo.* En paz.
Muy fiera y caprichosa es la Poesía. *Martí.* Mi poesía.
Muy lejos todavía de aquellos que fundaron. *Cedrón.* La tierra sin segundos.
Muy lenta, el agua. Sonatina en re menor. *Greiff.* Muy lenta.
Muy pierna encima lee el diario. *Pérez.* Sobremesa.
My bed is unmade. *Hahn.* Death Is Sitting at the Foot of My Bed.
My bed isn't made: sheets on the floor. *Hahn.* Death is Sitting at the Foot of my Bed.
My democratic, communist/christian-socialist friends. *Anon. Nicaragua.* The Curtain of the Native Land.
My god is hunger. *Zurita.* The New Life.
My godmother invited my cousin. *López Velarde.* My Cousin Agueda.
My homeland is in your eyes, my duty on your lips. *Zaid.* Circe.
My hour will come. *Padilla.* The Hour.
My love, if I die and you don't (Frags.). *Neruda.* One Hundred Love Sonnets.
My love, like the vast majority. *Vega.* Erotic Suite.
My love, the blood trickles away. *España.* Intimate.
My mother had no patio garden. *Morejón.* Mother.
My mother told me that I cried in her womb. *Sabines.* On Myth.
My parents, know it well. *Belli.* My Parents, Know It Well.
My soul is like a well of dead, deep water. *Palés Matos.* The Well.
My steps along this street. *Paz.* Here.

My stare like God's in space. *Margenat.* The Well-Aimed Stare.
My window, window. *González Martínez.* The Window.

Nace/cuando la piel se nutre. *Cabrera.* El poeta.
Nace la noche. Nunca/podré decir algo más puro. *Petit de Murat.* Nace la noche.
Nací a mediados del siglo XX. *Bustamante.* Declaración de la madre.
Nací en el siglo de la defunción de la rosa. *Carrera Andrade.* Biografía para uso de los pájaros.
Nací en Guadalajara. *Castillo.* Autogol.
Nací en la Calle Pobreza. *Aridjis.* How Poor a Thing is Man.
Nací en la piedra, no sé dónde morí. *Shimose.* Epitafio.
Nací, hermanos, en esta dulce tierra argentina. *Fernández Moreno.* Inicial de oro.
Nacido para morir, hombre. *Francis.* A ti.
Nació del tiempo eterno. *Ortiz Sanz.* Canto a la patria.
Nació donde se pierde el horizonte de las ciudades. *Nisttahuz.* Curriculum.
Nació un hombre entre muchos. *Neruda.* Nacimiento.
Naciste de rodillas y de rodillas crecerás. *Hurtado.* Poema del niño mutilo.
Nada altera el desastre: llena el mundo. *Pacheco.* Nada altera.
Nada como verte correr/a saltos. *González Vigil.* Nada como verte.
Nada de nada en el encabezado de tu vida. *Escalante.* Pequeña biografía.
Nada de tus prestigios santos. *Cross.* Nada de tus prestigios.
La nada del Señor, eso me siento. *Palacios.* La nada.
Nada detiene al astro que asciende. *Varela.* El sueño.
Nada detrás de este silencio de roca. *Cárdenas.* Overend.
Nada es los Andes para las cordilleras del Duce. *Zurita.* Las cordilleras del Duce (Frag.).
Nada es real. *Nava.* Irrealidad.
Nada/es/una/avispa. *Yañez.* Nada.
Nada está perdonado. La piel duele cada vez. *Blanco.* La palabra tú.
Nada estaba previsto. *Odio.* Prólogo del tiempo que no está en sí.
Nada ha borrado el agua, Juana. *Fernández Retamar.* Juana.
Nada hay más muerto que lo que aún no existe. *Eguiluz.* De manera que.
Nada le acerca tanto como el grito del/pino *Hernández.* Penúltimo homenaje a José Lezama Lima (Frag.).
Nada más contigo, mujer. *Aura.* Nada más.
Nada más que horror, espacio puro y vacío. *Arreola.* La caverna.
Nada más que la muerte. *Oyarzún.* Nada más.
Nada más que tu color. *Ballagas.* Poema.
Nada más que tu mano. *García Calderón.* Nada más que tu mano.
¡Nada más que un pie! La ronda. *Guzmán Cruchaga.* Ronda.
Nada me preguntéis, que nada he visto. *Nalé Roxlo.* Hoy.
Nada ni nadie aquí. *Huerta.* Esta región de ruina.
Nada obstruye el silencio al abordaje. *Vilas.* Lagos de Palermo.
Nada pesan los muertos ni los vivos, ni el eco *Carreño.* El mar.
Nada podrá apartar de mi memoria. *Parra.* Se canta al mar.
Nada podría hacer que mereciera. *García Marruz.* Nacimiento de la fe.
Nada podría ya resucitar los días. *Marrero.* Elegía en el tiempo.
La nada quiere ser lo que antes era. *Guzmán Cruchaga.* Terremoto.
Nada sabe decir/pero le llega un golpe de frescura. *Castro.* Nada sabe decir.
Nada se agita. *Rosario.* Paladar ordinario de luces.
Nada se puede medir. *Lavín Cerda.* La calavera.
Nada se sabe/pero las palabras. *Cerruto.* El pozo verbal.
Nadie ama y las cosas son las que aman. *Sáenz.* Nadie ama.
Nadie ayunó en su sueño. *Jonquières.* Dispersiones.
Nadie discute que el sexo/es una categoría. *Dalton.* Para un mejor amor.
Nadie escuchó los gritos. *Vallarino.* Puta.
Nadie fue ayer/ni es hoy. *Arias.* El hombre que se llamaba esperanza.
Nadie ha dicho una palabra sobre la Bandera de Chile. *Hernández.* Nadie ha dicho.
Nadie ha tropezado la aldaba del portón. *Hurtado.* Señor viento.
Nadie/Iba yo sola/Nadie. *Burgos.* Poema detenido en un amanecer.
Nadie jamás te amará. *Turcios.* Voz lejana.

Nadie le entendía que quería amarrar. *Luque Muñoz.* Encuentro.
Nadie llama Miguel al aire frío. *Ferrero.* A Miguel Hernández.
Nadie lo ha golpeado para que actúe o mire. *Fulleda León.* Un hombre.
Nadie más que yo ha de reírse. *Cardona Torrico.* Carcajada de estaño.
Nadie me esperó bajo las hojas. *Campos.* El cielo y el infierno.
Nadie nos ama Martine. *Vicuña.* Nadie ama a nadie.
Nadie percibió la belleza. *Borges.* Barrio reconquistado.
Nadie pondrá una placa. *Navarro.* Todo soldado tiene un nombre.
Nadie puede impedir que estas maderas. *Guedez.* Nadie puede.
Nadie quería cruzar aquel campo quemado. *Zamora.* Era una escuadra desperdigada.
Nadie querrá leerte, estrofa mía. *Pichardo.* Estrofa mía.
Nadie rebaje a lágrima o reproche. *Borges.* Poema de los dones.
Nadie/regresa/todos. *Gochez Sosa.* Discursito para negar que todo tiempo.
Nadie ruega por nadie. *Kofman.* Canto del agua a medianoche.
Nadie sabe cómo, nadie sabe cuándo. *Guelerman.* Pueblo.
Nadie sabe por qué. Nadie lo sabe. *Florit.* El aire triste.
Nadie sale. Parece. *Bonifaz Nuño.* Fuego de pobres.
Nadie, Señor, no nadie. *Lindo.* Dejad, pués, que sucumba.
Nadie sino el miedo es mi amigo estos días. *Contreras Vega.* Sólo yo, Señor.
Ñam-ñam. En la carne blanca. *Palés Matos.* Ñam-ñam.
El ñáñigo sube al cielo. *Palés Matos.* Ñáñigo al cielo.
La naranja al desgajarla. *Pohlhammer.* Quiero irme.
La naranja despunta desde adentro. *Valle.* La naranja.
La naranja se viste de gusano amarillo. *Durand.* Jazz asintáxico. (Frag.).
Naranjo le dio/el primer aliento a mi poesía. *Montero Vega.* Caminé en los caminos de la patria.
Un Narciso sin rostro. *González Martínez.* El nuevo Narciso.
Narciso, no el de ayer. Ciego Narciso. *Ibáñez.* Narciso ciego.
Nardo, anunciación de Abril. *Gaztelú Gorriti.* Nardo.
Nascencia en el paisaje igual a siempre. *Rivas.* Vida, pasión y muerte del anti-hombre.
Naturaleza: gracias por este don supremo. *Storni.* La palabra.
Náuseas la náusea. *Berenguer.* Día 34.
Nave con siete plumas. *Ojara Agreda.* Musicalia.
Navegaba en la sombra. *Mario.* Lo invicto.
Navegando en el alba. *Pacheco.* Mar que amanece.
Navego atravesando el tiempo. *Aray.* Astronauta II.
Navego solo en el confín desierto. *Alas.* Madre.
Las naves que mirásteis partir hacia el Oriente. *Capriles.* Correspondencia.
El naviero entierra la barca en el primer filo. *Feria.* Poema.
Un navío de sombras en esta orilla. *Calderón.* Lo que soy.
Necesidad de hacer música mía. *Acosta.* Ex libris.
Necesitaría un solo verso para tí. *Mansour.* Necesitaría un solo verso para tí.
La negra/emerge de la olaespuma. *Ballagas.* Rumba.
La negra es esa noche del Trópico en palmeras. *Camín.* Carbones.
Negra gavilla de sombras. *Navarro.* Saetas.
La negra muele su grano. *Ribera Chevremont.* La negra.
Negra noche de tormenta. *Pereda Valdés.* Superstición negra.
Negra Pancha/qué pimienta. *Portuondo.* Rumba de la Negra Pancha.
Negra Pulula, qué bien. *Cabral.* Pulula.
Negra, no me importa nada. *Reyes.* Negra
Negro compañero/de manos de zarpa. *Rodríguez Cárdenas.* El manifesto de Can.
El negro elástico. *López Suria.* Calypso.
Negro, hermano negro. *Pedroso.* Hermano negro.
El negro/junto al cañaveral. *Guillén.* Caña.
Negro, largo/solo en la cumbre. *Bustamante y Ballivián.* El poste.
El negro Pasamajá/quema su aceite. *Camín.* El negro Pasamajá.
Negro quieto/barro dócil. *Cabral.* Negro siempre.
Negro soy desde hace muchos siglos. *Artel.* Negro soy.
Negro triste, tan triste. *Cabral.* Negro sin risa.
Negro/Xulú. *Abril Rojas.* The Apartheid.

Los negros con antorchas encendidas. *Palés Matos.* Ron.
Negros del Continente, al Nuevo Mundo. *Neruda.* Bailando con los negros.
Neither quaestor in Queronea. *Mutis.* The Death of Matías Aldecoa.
Neoyorquina noche dorada. *Tablada.* Nocturno alterno.
Ñeque, que se vaya el ñeque. *Guillén.* Balada del güije.
Los nervios se me adhieren. *Girondo.* Comunión plenaria.
Nervioso el cuello y anchurosa el anca. *Espino.* Idilio bárbaro.
Nervioso, pero sin duelo. *Parra.* Coplas del vino.
Los nevados muertos. *Eguren.* Los muertos.
Never consider yourself. *Belli.* Obligations of the Poet.
Never ever clever lever sever ah la rima. *Novo.* Never Ever.
Nevó en las cumbres. *Segredo Vidales.* Agosto.
Nguyen van troi. *Garzón Céspedes.* Con cada disparo.
Ni a quien amar se asoma. *Medina.* A Marc Chagall.
Ni asomado ni girado. *Rojas.* Para el principio del tiempo.
Ni aún la muerte pudo igualar a estos hombres. *Lihn.* Cementerio de Punta Arenas.
Ni balcón ni suspiro, ni la mirada. *Martínez Matos.* Romeo y Julieta.
Ni cuestor en Queronea. *Mutis.* La muerte de Matías Aldecoa.
Ni el candor de tu rostro, que revela. *González.* El lunar.
Ni el tiempo que al pasar me repetía. *Bernárdez.* Soneto del amor victorioso.
Ni en los días más largos quemados en la pipa. *Amighetti.* Sirenas.
Ni la intimidad de tu frente clara como una fiesta. *Borges.* Antelación de amor.
Ni la luz ni el cielo directamente. *Sucre.* Arboledas.
Ni las catedrales/ni el granizo. *Cerruto.* El agua que nos sigue.
Ni lloro trágico ni heroica risa. *Tamayo.* Ni lloro trágico.
Ni magos por su advenimiento. *Llambías de Acevedo.* Advenimiento y muerte de doncel.
Ni me voy/ni te quedas. *Molina.* Permanencia.
Ni tez de nacár, ni cabellos de oro. *Hernández.* Ego sum.
Ni tú me esperarás. Ni yo he de ir. *Casal.* Ruego.
Ni tu silencio duro cristal de dura roca. *Villaurrutia.* Nocturno mar.
Ni tú/nadie. *Vilariño.* Nadie.
Ni una palabra de dolor blasfemo. *Gutiérrez Nájera.* Pax animae.
Nicanor revisa la prensa. *Oliva.* El cuervo.
Niégate, si esto quieres, y confúndete de una vez. *Aymará.* Niégate.
La nieta en su regazo con caricias le educa. *Guzmán Tellez.* El gato.
La nieve—como un lienzo—funeralmente baja. *López.* El Ixtacihuatl.
Nieve/deja mis venas en paz. *Calderón.* Flor de sueños.
La nieve del alhelí. *Pinto.* Canción del alhelí dormido en tu cara.
Nieve, labios rojos. *Varela.* Invierno y fuga.
The night of my first cell meeting it was pouring rain. *Dalton.* Looking for Trouble.
The night splintered into stars. *Pizarnik.* Ashes.
Nimia e indolente, arpa y senterneza. *Adán.* Arpeggio e quanto gli segue.
Niña de alma libélula/cuando tus dulces ojos. *Peña Barrenechea.* Canción de cuna.
Niña de cara morena/que estás lavando en el río. *Prendez Saldías.* Niña de cara morena.
Niña de la blanca enagua. *Gutiérrez Nájera.* En un cromo.
La niña de mi lugar. *Gorostiza.* Romance.
Niña de nieve/amor. *Valcárcel.* Poema (a Mónica antes de tiempo).
Niña del aire, porque el aire es canto. *Paz Paredes.* Yamilé.
La niña del arpa toca sus canciones. *Barrenechea.* La niña del arpa.
Una niña pequeña canta alzando apenas, la voz. *Maia.* Sonidos.
La niña que juega la luz en el estanque. *Oliver.* Dos.
La niña toca el piano. *Sabines.* Caprichos.
La niña toca el piano. *Sabines.* Caprichos: Uno.
Las niñas de luz. *Eguren.* Las niñas de luz.
La ninfa al son pausado de la pánica flauta. *Capriles.* Véspero heleno.
Ninghe, ninghe, ninghe. *Pereda Valdés.* Canción de cuna para dormir aun negrito.
Ningún bar había junto a los muelles. *Flores.* Cancióndel río.
Ningún lugar está aquí o está allí. *Hahn.* Ningún lugar está aquí o está ahí.
Ninguna señal especial marca hoy el sitio. *Nogueras.* P 4 R.

Ninguna soledad como la mía. *Pellicer.* Soneto.
Niñito mío, qué susto tienes. *Mistral.* El agua.
El niño cayó en la muerte. *García.* Romance de muerte y vida.
El niño ciego, acertando me mira. *Cruchaga de Walker.* Niño ciego.
Niño, de noche lanzábame a la selva. *Lloréns Torres.* El negro.
Un niño de otro tiempo. Fuese cierta. *Canelas López.* Transfiguraciones.
Un niño detiene su vuelo en la torre de la catedral. *Parra.* Juegos infantiles.
Niño Dios que en el pesebre. *Molina.* Tréboles de navidad.
El niño Dios/me regaló unos ojos. *Garnica.* Cadena.
El niño duerme, y en su frente pura. *Nalé Roxlo.* Drama nocturno.
El niño ha descubierto en la madeja. *Navarro.* El niñose sentó sobre un brasero.
El niño juega con la imagen de las cosas. *Benítez.* Imagen dejuguetes.
Un niño nos ha nacido. *Martínez Rivas.* Villancico.
El niño quisiera. *Uribe Arce.* Niñez.
El niño viene surcando el lago. *Alfaro.* Pescador.
Los niños aplauden casi siempre a los niños. *Guevara.* Volátiles, reptiles, batracios.
Niños del mundo/si cae España. *Vallejo.* España, aparta de mi este cáliz (Frag.).
Niños desnudos/manos extendidas. *Kavlin.* Niños desnudos.
Los niños en las esquinas. *Pereda Valdés.* La ronda catonga.
Niños: para ir al huerto. *Gómez.* A su debido tiempo cada cosa.
Los niños y los poetas. *Figueira.* Balada a Rabindranath Tagore.
Una nítida noche, en que la pedredía. *Leduc.* Los buzos diamantistas.
El nítido paisaje de ideal monocromía. *Guzmán Tellez.* Altiplano andino.
No a todo alcanza Amor, pues que no puede. *Fernández.* Creía yo.
No abrió siempre mi rosa. *Capdevila.* Nocturno a Job.
No abro la puerta para guardarte, mar. *Ortega.* Río al mar.
No aceptamos lo dado, de ahí la fantasía. *Zaid.* Claridad furiosa.
No alcanzaré a ser puro mientras *Abril.* Naturaleza.
No alcanzo a comprender la maga contextura. *Bedregal.* Mar absoluto.
No amo mi patria. *Pacheco.* Alta traición.
No ángel que del cielo baja. *Quiteño.* Eva de arcilla.
No apartarme/y guardar sombra. *Crespo.* Cuarto.
¡No apartes tus manos! *Pinto.* Canción de la rosa en las manos.
No aquél que goza, frágil y ligero. *Cuesta.* No aquél.
No arriesgue el mármol temerario. *Borges.* Inscripción en cualquier sepulcro.
No basta los abrojos de la Tierra. *González.* Asteroide 13.
No basta ser/la música ahora fluye. *Bañuelos.* Coitus non interruptus.
No beberé en las linfas de la castalia fuente. *Chocano.* Troquel.
No books here and I'm quoting from memory. *Gutiérrez.* White Stone on White Stone.
No busques nada nuevo, ¡oh mi canción! *Coronel Urtecho.* Nihil novum.
No busques, poeta, collares de rimas. *Blanco Fombona.* Explicación.
No cabe duda: de niño. *Reyes.* Sol de Monterrey.
No canta el grillo. Ritma. *Gorostiza.* Pausas II.
No cantes: siempre queda. *Mistral.* Gotas de hiel.
No cierren la puerta. *Castañeda Aragón.* Canción para el niño que nació en el mar.
No circulaba nada/nada rodado nada oscilado. *Sologuren.* Recinto.
No combat did he unleash, as panting. *Lezama Lima.* Portrait of Jose Cemi.
No comprendí esa despedida. *Rivera.* Variaciones sobre un poema de Jorge.
No con odio/con nostalgia. *Serrano.* El extranjero.
No confundir las moscas con las estrellas. *Rojas.* Victrola vieja.
No conocen la raya del pantalón. *Jordana.* Doce de diciembre en la villa.
No contaba/cantaba historias. *Agosín.* Autos sin retratos.
No copié a tiempo/el poema. *Santos.* Norma.
No creo en Donald Duck. *Umpierre Herrera.* Oración ante una imagen derrumbada.
No cura el tiempo. El tiempo verifica. *Deniz.* Inquisición.
No de guerreras naves almirante. *Castro.* Soneto noveno.
No debes cerrar los ojos. *Peralta.* De pie.
No debiste morir, tú no debiste/morir. *Gibson.* Invocación a Luisa.
No debo irme todavía. *Ramírez Murzi.* Ciudad, 12 p.m.

No des tu tierra al extraño. *Dávila.* No des tu tierra.
No desciende la noche sólo para los desgarrados. *Ojeda.* Eleusis.
No digamos el miedo disponible. *Wong.* Primera alusión.
No digamos la palabra del canto. *Sabines.* Sigue la muerte.
No digas nada, no preguntes nada. *Bernárdez.* El silencio.
No digas/que no te quiero. *Morales.* No digas.
No digo tus ciudades, pequeñas oropéndolas cantando. *Escobar Velado.* Contra canto a Sonsonate.
No doubt: the sun/dogged me. *Reyes.* Monterrey Sun.
No dudaré del beso que me ofrezcas. *Castro Ríos.* Para nada.
No el aire oscuro pueblan los muertos. *Cerruto.* La muerte permanece.
No el inmenso yacer de la vaca. *Zurita.* Áreas verdes.
El no/el no inóvulo. *Girondo.* El puro no.
No el miedo a tus noches, sendero. *Florit.* Canción.
No en retóricas vanas el osado. *González Martínez.* Rústica.
No en silencio, delirante caes. *Cerruto.* La noche.
No en vano/se llena uno de cosas. *Aura.* No en vano.
No en vano urge el diamante su precisa/irradiación. *Olivares Figueroa.* Ceguedad para los valores.
No encendamos la lámpara. Perdure/la sombra azul. *Arrieta.* Instante.
No entiendo nada de los dientes ácidos. *Lhaya.* No entiendo nada.
No era en otros países, lejanos, donde se desplegaba. *Fernández Retamar.* Los increíbles.
No era ilusión. Estaba presente en toda cosa. *Lindo.* No era.
No era necesario mirar el cielo ni las ramas. *Ortiz.* No era necesario.
No era sombra goteando sobre el párpado. *Vargas Osorio.* De regreso de la muerte.
No eres el verano. No tienes barcos ni cordajes. *Corcuera.* Las sirenas y las estaciones.
No eres la teoría, que tu espina. *Adán.* Ottava ripresa.
No eres, Muerte, quien. *Fernández.* Elena Bellamuerte.
No eres/ni cielo. *Navarro Harris.* Y tú.
No eres sólo el fulgor que sin mesura. *Cerruto.* Poética.
No eres tú. Siempre yo. *Varela.* Siempre.
No es agua ni arena. *Gorostiza.* La orilla del mar.
No es cuestión de hacer un esfuerzo. *Fraire.* 8 1/2.
No es el/acero con/que fue. *González.* No es el acero.
No es el acto secular de extraer candela. *Sánchez Peláez.* Filiación oscura.
No es el aire difícil, ni el corazón que dobla. *Adoum.* Vamos a perder el paraíso.
No es el coche con el fueto cubierto. *Lezama Lima.* El coche musical.
No es el compás el que hace el círculo. *Lisboa.* Teopatía.
No es el sonido de mi sangre. *Cerruto.* El miedo.
No es el verano. *Letona.* No es el verano.
No es ésta la primavera. *Banchs.* Canción.
No es fácil. *Medina.* Cómo desnudar a una mujer con un saxofón.
No es fácil injertarse en ti, ísima mía. *Adoum.* It Was the Lark, bichito, no Nightingale.
No es justo: La Yale Co. fabrica llaves. *Watanabe.* Tampoco entrarás por el ojo de una llave.
No es la luz bailarina. *Rojas Guardia.* Enigma de la luz tropical.
No es la paciencia de la sangre la que llega a morir. *Molinari.* Una rosa para Stefan George.
No es lluvia esta lluvia. Larga y lenta. *Márquez.* Visitación dela lluvia.
No es lo mediterráneo lo que asoma. *(last verse only). Leiva.* Mundo indígena.
No es lo mismo estar solo que estar solo. *Lihn.* Celeste hija de la tierra.
No es lo que me entristece tu soledad. *Hernández.* Incitación a la tristeza.
No es mi culpa si llueve y mi pellejo es el único muro. *Cisneros.* Sobre el lugar común.
No es mi mano, es la sombra de mi mano. *Granata.* La sombra.
No es nada de tu cuerpo. *Sabines.* No es nada.
No es necesario recordar los campos/la quinta. *Aray.* No es necesario.
No es otoño. *Ortega.* El otoño en tu cuerpo.
No es para quedarnos en casa que hacemos una casa. *Gelman.* Costumbres.
No es por mí que lloro antes de prenderse las/luces. *Schopf.* Matinée, vermouth y noche.
No es por su tos que a usted se le recuerda. *Nadereau.* Elegía del recuerdo.
No es posible saber si fue la sangre. *Lima Quintana.* Se llega allí por el preciso instante.
No es que en este país el orden sentimental haya perdidosu/fiereza. *Nómez.* Después de un largo viaje.

No es válida esta sombra/despertad pequeños ríos. *Westphalen.* No es válida.
No escuchar ya el lamento unido. *Moro.* Límite glacial de los seres lentos.
No está en ninguna parte. *Oliva.* No está.
No está la soledad en el bosque. *Balsa Donatti.* La soledad.
No estar no estar no estar. *Varela.* No estar.
No estás en ese instante en que te llamo. *Salazar.* Sobre los días y las palabras se hace tarde.
No estés solo. *Salazar Bondy.* Recado para un joven poeta.
No. Esto no es. No es esto. *Keoseyán.* Narciso.
No estoy/no esperes más. *Vilariño.* No hay nadie.
No estoy/no la conozco. *Girondo.* Visita.
No flacas acá, no, mas solamente gordas. *Belli.* Donde empieza la gordura.
No fue el ocio ni el sueño. *Calvo.* El cetro de los jóvenes (Frag.).
No fue pasión aquello. *Silva.* Al oído del lector.
No fuiste una mujer, sino una santa. *Casal.* A mi madre.
No gesticulo/no hago gestos. *Menén Desleal.* Martin Luther King narra como la guardia.
No gimas, mundo mío, yo te amo. *Díaz de Tonna.* No gimas.
No ha de besarme en la angustiada hora. *González Martínez.* La despedida.
No ha habido nunca una primera hora. *Rivera.* Horas de visita.
No ha sido nada. *Alegría.* En la playa.
No había astros. Pasaron/extrañas alas. *Gaitán Durán.* Por la sombra del valle.
No habrá de ser lo mismo. *Ritter Aislan.* Lied.
No habrá mañana si ayer no era cierto. *Chariarse.* Mañana.
No hace mucho estaba en un parque público. *Quezada.* No hace mucho.
No hallarás tu corazón bajo estos cielos. *Orías.* Extranjero en cuatro dimensiones.
No hallaría reposo sino lejos. *Chouhy Aguirre.* Soneto de amor.
No han de ser más que mis palabras. *Ruano.* Oda salvaje para unavieja pistola Browning.
No han podido quitarme. *Valladares.* No han podido.
No haremos obra perdurable. No. *Leduc.* Temas.
No has muerto. Has vuelto a mí. Lo que en la tierra. *Torres Bodet.* Continuidad.
No has visto. *Peña Gutiérrez.* Palabras para una mujer de ahora.
No hay caballos para tirarles sillas de montar. *Arvelo Larriva.* Exclamaciones para salmodiar el paisaje.
No hay crespones. *Orozco.* Habitación cerrada.
No hay deseos ni dones. *Vitier.* Palabras a la aridez.
No hay flores/sólo círculos y líneas. *Shimose.* Jardín de arena.
No hay luz/y afuera llueve intermitente. *Shelley.* Cabrones mundos.
No hay más luz ni más norma que tus pétalos blancos. *Meza.* Jazmín solo.
No hay nada ahí donde me esperas. *Boullosa.* La hermana muerta.
No hay nada en la ciudad. *MacField.* No hay nada.
No hay/ningún pino. *Pérez-So.* Poemas.
No hay razón para dudar. *Peña Gutiérrez.* No hay razón.
No hay regreso. *Juárroz.* No hay regreso.
No hay salida/para el sucio corazón. *Aura.* No hay salida.
No hay tiempo que perder. *Huidobro.* Altazor (Frags. del Canto IV).
No hay tiempo/para dormir. *Lavín Cerda.* El helicóptero.
No hay un pájaro verde en la ventana. *Escalante.* Inexistencias.
No hay una sola sonrisa repetida. *Razzeto.* Puente de los suspiros.
No he buscado. *Varela.* Encontré.
No he construído nuevas herramientas. *Cross.* El artesano.
No he de alabarte, austero, noble anciano. *Fernández.* El poeta a los días de su padre.
No he de repetir mi corta biografía. *Zepeda.* Balada.
¿No he pisado antes este suelo? *Cerruto.* Casa de Lope.
No he prendido el lamparín de kerosene. *Cisneros.* Una muerte del Niño Jesús.
No he visto el mar. *Greiff.* Balada del mar no visto, ritmada en versos diversos.
No he vuelto a Carahue. *García Díaz.* No he vuelto.
No hemos vuelto a la casa en que crecimos. *Pérez.* Donde crecimos.
No hubieras muerto, padre. *Rodríguez Frese.* Piedra de Puerto Rico, piedra fluvial y alada.
No hubo dolor en el momento justo. *Lihn.* Elegía a Carlos de Rokha.
No/I will not go to Heaven. *Rubio Huidobro.* Renunciation.

No importa la hora ni el día. *Varela.* Poderes mágicos.
No importa que tus pobres ensayos de ventura. *Pérez Alfonseca.* Lo que importa.
No insistas más, Amor, no desvaríes. *Riestra.* Por rudos clavos.
No intentes convencerme de torpeza. *Díaz Mirón.* A Gloria.
No iré muy lejos para que no llueva. *Vicuña.* Obscenidades de un caracol.
No la amante, no el amor. *Ortiz de Montellano.* No la amante.
No la rosa muerta, la callada. *Ballon.* Soneto.
No lanzarías a tu hijo. *Ibáñez.* Viaje.
No las ruinas sino el baldío sentimiento. *Flores.* No las ruinas.
No le escribo al cielo ni al infierno. *Lara.* Malas palabras para Violeta Parra.
No lejos de lo que Hobbes pudo suponer. *Carneiro.* Sobre el buen salvaje.
No libró ningún combate, pues jadear. *Lezama Lima.* Retrato de José Cemí.
No lloréis más, delfines de la fuente. *Ballagas.* No lloréis más.
No llores/me dice tu perfume. *Zarrilli.* No llores.
No lo olvides, poeta. *Padilla.* Dicen los viejos bardos.
No logró acostumbrarse a ninguna lengua/extraña. *Schopf.* El espía que regresó del frío.
¡No! Los brazos saben una lección de espanto. *Moreno Jimeno.* Alexis Maximovich eres el fuego.
No, los recuerdos no. La tiniebla. *Sologuren.* Museo.
No más, no más el coro ni la rosa. *Barreda.* Sonetos a la virgen.
No más whisky, Miss Alice, no más humo. *Rojas Guardia.* Ebriedad en el Pacífico.
No me apures, Señor, que ya me entrego. *Fernández.* Soneto de la muerte.
No me canso de admirar. *Jara.* Agua viva.
No me conceda paz esta amargura. *Villarino.* Vida retirada.
No me dan pena los burgueses. *Guillén.* Burgueses.
No me darás la arcilla de la cantera rosa. *Spelucin.* Plegaria.
No me dejes caer en tentación, Margarita. *Valle.* Árbol del paraíso.
No me encuentro en mi salsa. *Belli.* Poema.
No me habléis más de dichas terrenales. *Casal.* Pax animae.
No me importa si mi sitio está vacío. *Silva Belinzon.* El rostroque va conmigo.
No me importan ni yambos ni placeres. *Rojas.* Arenga en el espejo.
No me importune/estoy reinando. *Alliende Luco.* Voluntad regia.
No me la mostréis vestida. *Montoya.* Romance de la niña inocente.
No me levantará de esta tristeza. *Bernal.* Edificio Condesa.
No me lleves a sombras de la muerte. *Fernández.* Hay un morir.
No me mires así; ya es mi dicha lejana. *Lerena Acevedo.* No me mires así.
No me mires, no me mires. *Roxlo.* Elegías.
No me muevo en lo marchito. *Crespo.* No me muevo.
No me nombren por cosechas. *Barbieri.* Donde lo pisa el ganado. (Frag.).
No me obsesiono. *Agosín.* Triunfo.
No me pidas falsas/colaboraciones. *Vitier.* No me pidas.
No me pongan etiquetas, por favor. *Castellanos de Ríos.* No me encasillen.
No me pregunten quién soy. *Anón. Salvador.* Canto autobiográfico de un combatiente salvadoreño.
No me relaciono con el desastre. *Jodorowsky.* No me relaciono.
No me siento con fuerzas para llegar al rito. *Quintana.* Montaña y hombre.
No me sueltes los ojos astillados. *Owen.* Madrigal por Medusa.
No moriré del todo, amiga mía. *Gutiérrez Nájera.* Non omnis moriar.
No murió acribillado. *Aridjis.* Zapata.
No, música tenaz, me hables del cielo. *Martí.* No, música tenaz.
No, no dudes jamás de los arcángeles. *Gómez.* No, no dudes.
No, no es la solución. *Castellanos.* Meditación en el umbral.
¡No! No es posible vivir cual los ríos. *Otero Silva.* Tres variaciones alrededor de la muerte.
No, no era ese ruido. *Becerra.* No ha sido el ruido de la noche.
No, no fue tan efímera la historia. *Nervo.* Inmortalidad.
No/no iré al Paraíso. *Rubio Huidobro.* Renunciación.
No no pudo ser/aunque te di un anillo. *Negrete Salinas.* Sangre de ballena en alta mar.
No; no tiréis de mí, sombras perdidas. *Molinari.* Oda ala nostalgia.
No, no veo. *Boullosa.* Golpe en un ojo.
No nos echemos tierra a los ojos. *Parra.* Frases.
No nos movamos/grita para no volver. *Crespo.* No nos movamos.

No nos separemos un momento. *Molina.* Sursum.
No oigas lo que te dicen, lo que susurra. *Corssen.* Iconografía bajo los cedros.
No one discusses sex. *Dalton.* Toward a Better Love.
No one has beaten him to make him act or look. *Fulleda León.* A Man.
No perseguimos máscaras con ámbar. *Giovanetti Viola.* Desiderata.
No pidas favores ni a tu propio hermano. *Finot.* Sé digno.
No podría contar la historia. *Hoeffler.* No podría.
No podría hablar desde la ventana ni balconear. *Berenguer.* Circunstancia 65.
No porque hayas caído. *Guillén.* Che comandante.
No pretendo invocarte. *López Morales.* Oda a la revolución.
No prevalecerá la limosnera. *Bonifaz Nuño.* No prevalecerá.
No probarás varón en 40 días, te dijeron. *Nava.* Fábula.
No pude escribir esto. *Derbez.* Ultima canción de la tierra.
No pude incorporarme. *Hurtado.* Aniquilado.
No pudo la muerte vencerme. *Gaitán Durán.* No pudo la muerte vencerme.
No puede ser verdad lo que estoy viendo. *Romualdo.* Así estamos.
No puedo asegurar mi voz para los años. *Rodríguez Nietzche.* Aún.
No puedo cerrar mis puertas. *Ibáñez.* No puedo.
No puedo decir con Rimbaud, desde el infierno. *Petit de Murat.* Antipoema.
No puedo decirte/ni con el silencio. *Carranza.* Rima.
No puedo esperar/y no es mucho lo que deseo. No puedo esperar porque he abandonado tu tiempo. Torres.
No puedo hablar de él como no era. *López.* No puedo.
No puedo mover la cabeza amodorrada y vacía. *Ramos Sucre.* El sopor.
No puedo recordar/cómo era la muchacha. *Flores.* La mujer que amaba.
No queda más que el tiempo. *Calderón.* O como amuleto.
No quejas, no lamentos, ni llanto fabricado. *Ramírez Estrada.* Derrumbe quinto.
No quería amarte/ramo de azahar. *Banchs.* Cancioncilla.
No quería pensar en el destino. Por alguna razón. *Dalton.* Preparar la próxima hora.
No quiero. *Peña Gutiérrez.* No quiero.
No quiero acordarme ya, ni de aquel negro. *Cabral.* Ultima etapa en Haití.
No quiero/agua. *Bedregal.* Sed.
No quiero, amigos, que mi verso suene. *Fernández Spencer.* No quiero que mi verso cante.
No quiero hacer más actos inútiles. *Lorca.* Como por ejemplo.
No quiero hincharme con palabras. *Sánchez Peláez.* No quiero hincharme.
No quiero penetrar la noche larga. *Eguiluz.* La noche.
No quiero que el tiempo/empañe. *Marzialetti M. de Gaspari.* No quiero que el tiempo.
No recuerdo si el árbol daba frutos. *Méndez Camacho.* Escrito en la espalda de un árbol.
No sabía qué comprar. *Torres Bodet.* Alamo.
No sé. Lo ignoro. Desconozco. *Guillén.* Un poema de amor.
No sé a que equivalen 365 días de nostalgia, desbarrancada. *Armijos.* 365/El rostro implacable.
No sé adonde ir. *Memet.* El abandonado.
No se ama mucho o poco. *Shelley.* He allí la vida.
No sé cómo se puede. *Viscarra Monje.* Reminiscencia oscura.
No se crea que omito. *Moure.* Aclaración.
No sé en qué vientre desgarrado. *Cifuentes Sepúlveda.* El hijo.
No se ha meditado aún sobre estas tristes ruinas. *Gerbasi.* Ámbito de la angustia.
No se ha quedado solo con la muerte. *Nieto.* Ella, la dulzura misma.
No sé hacer nada sino versos. En una ciudad de/mercaderes. *Campos.* Qué ha sido de mis amigos.
No se lo dijo a nadie. *Vallarino.* Suicidio.
No sé, mi Dios, qué busco y qué rehuyo. *Cruchaga de Walker.* Mester de menesteres.
No sé por qué/cuando estoy contigo. *Reyes de la Jara.* Presentimiento.
No sé por qué ni cómo sobrevivo. *García Saraví.* Habla el último indio.
No sé por qué piensas tú. *Guillén.* No sé por qué.
No sé por qué veredas de dulzura. *Álvarez.* Oreja.
No sé por qué, vaga tristeza. *Holguín.* Nostalgia de la noche.
No se puede decir que el sol es bello. *Acosta Bello.* No se puede decir.
No sé qué decirte. *Sacerio-Gari.* Ya está.
No sé/qué me atraviesa *Mora Martínez.* O tu recuerdo.

No sé qué tiempos de venir son éstos. *Enríquez.* Chubasco de segundas partes en la menor.
No sé qué tiene la cisterna, madre. *Parra.* La cisterna.
No sé qué voz—¿la mía?/solloza en el vacío. *Cardona Torrico.* Mi voz.
No se queden allí de pie. *Sanabria Varela.* Hoy por mí.
No se quiebran las brumas. *Fuentes Ibañez.* Paisaje.
No sé quién es Santiago Pompillón. *Suardíaz.* Hoy doce de septiembre en Córdoba.
No sé quién la lloró, pero la siento. *Bernárdez.* La lágrima.
No sé quién soy o he sido sólo conozco mi desorden. *Gelman.* Los ojos.
No se sabe bien si se asomaron por el agujerito de su/pecho. *Szpumberg.* El guerrillero Marcos.
No se sabe como se puede llegar ni como llamar al lugar. *Mejía.* La avanzada.
No sé si habrás ido. *Ramírez Ruiz.* Irma Gutiérrez (Aún sucede).
No será siempre así/florecerá la primavera. *Nadereau.* No será siempre así.
No soi chema cuéllar. *Cuéllar.* Acabo de partir de mí mismo.
No sólo/el fofo fondo. *Girondo.* La mezcla.
No sólo hemos perdido los colores. *Ibáñez.* Canto 10.
No son blancas las cordilleras del Duce. *Zurita.* Las cordilleras del Duce (Frag.).
No son los graves muertos esos que pisotean. *De Sola.* No son los graves.
No son manchas, hermano, tus flaquezas. *Ortiz Pacheco.* Consuelo.
No son mías las palabras ni las cosas. *Vitier.* El desposeído.
No son mis ojos. *Sansón.* No son.
No son pastores los que se lamentan. *Molinari.* Elegía y casida a la muerte de un poeta español.
No soy el mismo. *Díaz Casanueva.* No soy el mismo.
No soy el viento ni la vela. *Zaid.* Canción de seguimiento.
No soy facineroso. *Illescas.* No soy facineroso.
No soy una pancarta. *Sandoval.* No soy una pancarta.
No soy yo quien escucha. *Girondo.* Nocturno 1.
No te captan mis sentidos. *Nandino.* A un poeta difunto.
No te fíes. *Monsalvo.* No te fíes.
No te fue dado el tiempo del amor. *Padilla.* Dones.
No te has desvanecido. *Paz.* El prisionero (Homenaje a D.A.F. de Sade).
No te has fijado qué despacio habla el rocío. *Westphalen.* No te has fijado.
No te impacientes si los ves hacer muchos millones. *Cardenal.* Salmo 36.
No te impacientes si los ves hacer muchos millones. *Cardenal.* Sus acciones son como el heno.
No te quejes, hermano. La vida siempre es buena. *Zevallos Antezana.* La vida siempre es buena.
No te toque la noche ni el aire ni la aurora. *Neruda.* Cien sonetos de amor. (Frags.).
No te vayas a secar. *Ramírez.* Siempre rosa.
No te verán las frutas otra vez. Ni el verano. *Sola González.* A Reÿnaldo Ros, poeta muerto.
No temas, mi señor: estoy alerta. *Othón.* El perro.
No temo aún los oleajes del mar televisivo. *Flores Castro.* A Robert Lowell.
No temo, pues, los ríos ni los bosques. *Ibáñez.* Mañana.
No tenemos la casa todavía. *Langagne.* Piedras.
No tengo cuerpo de modelo. *Mastretta.* La pájara pinta.
No tengo lo que perdí. *Cunha.* Décimas finales.
No tengo sólo un Ángel. *Mistral.* Dos ángeles.
No tengo tiempo de mirar las cosas. *Pellicer.* Nocturno.
No tengo tiempo que perder. *Zaid.* Nacimiento de Eva.
No tengo ya de mí sino esta hora. *Godoy.* Selva en el templo.
No, the solution is not. *Castellanos.* Meditation at the Threshold.
No tenías que emerger. *Vera.* Celacanto.
No tiene casi nada/de olvido. *Foppa.* Nocturno.
No tiene sentido. *Millán.* El valor de la corchea es la octava parte.
No toco la trompeta ni subo a la tribuna. *Lihn.* Revolución.
No todo habría de concluirse así. *García Maffla.* No todo.
No todos los seres que pasan. *Sassone.* No todos los seres.
No turbar el silencio de la vida. *González Martínez.* Psalle et sille.
No tus cenizas, no. *Saa.* No tus cenizas.
No tuvieron dinero. *Cardenal.* Economía de Tahuantinsuyo.
No una de blasón o de argumento. *Adán.* Terza ripresa.
No veis, amigos, que estamos presos. *Francis.* Desde la cárcel de piel.

No viajaremos más en el mismo asiento ni en el mismo bus. *Arellano.* Elegía.
No viene porque sí la vieja quilla. *Madariaga.* La negra y el calmante.
No vino a despedirse. *Cervantes.* Mambrú.
No volverá el pasado. *Coronel Urtecho.* No volverá.
No volverá lamiendo tus heridas la perra. *Keoseyán.* Para inventarlo irredimible.
No volveré la mirada. *Cárdenas.* No volveré la mirada.
No, ya no tendré miedo de la tierra, que es fuerte. *Loynaz.* Canto a la tierra.
No ya que la guerra de brillantes ojos. *Marechal.* Del adiós a laguerra.
No yora, Mobila. *Villa.* Drumi, Mobila.
The Nobel Prize in Reading. *Parra.* The Nobel Prize.
Noble Marqués de Sade, Señor de los Suplicios. *Bustamante.* El divino marqués.
Noble rincón de mis abuelos: nada. *López.* A mi ciudad natal.
Noble sabor que da de sí la tierra. *Pardo García.* Sabor de la tierra.
Noche a noche te escucho vagar bajo mis párpados. *Zeller.* Sílaba incandescente del deseo (Frag.).
La noche abrió sus negros paréntesis de sombras. *Bruzzone de Bloch.* Poema del hijo sin padre.
Noche cabalística, noche insomne. *Arancibia Herrera.* Noche tercera.
Noche ceñida y firme. *Gallinal Hebert.* Noche ceñida.
Una noche de agosto. *Padilla.* Renata.
La noche de mi primera reunión de célula llovía. *Dalton.* Buscándome líos.
La noche, de nuevo la noche, la magistral sapiencia. *Pizarnik.* El deseo de la palabra.
Noche de pueblo tropical: las horas. *López.* Noche de pueblo.
¡Noche de sábado! Callada. *Tablada.* Misa negra.
La noche de San Pedro cae en Ponce. *Corretjer.* La noche de San Pedro.
Noche de tenues suspiros. *Herreray Reissig.* Desolación absurda.
Una noche después soñé que eras mi padre. *Macías.* Freudiano.
La noche disimulaba el litoral bajo, inundado. *Ramos Sucre.* Los gafos.
Una noche, en el noviembre de 1978. *Jonás.* El angel caído.
La noche en la ciudad era un inmenso gato negro. *Hernández.* Segundo poema para Claudia.
La noche en la montaña mira con ojos viudos. *Herrera y Reissig.* La noche.
La noche en las vidrieras del monasterio. *Tablada.* Alba mística.
La noche en que peleó Arturo Godoy ¿Te acuerdas? *Pérez.* Carta familiar.
La noche es la materia. No la vibración, no el nombre. *Anguita.* De cinco poemas.
La noche es olorosa como un mate curado. *Borges.* En Villa Alvear.
La noche es rito o drama. *Oribe.* Las liras de la lámpara.
La noche es un criadero de tambores. *Palés Matos.* Intermedios del hombre blanco (Frags.).
La noche es una amante. *Leiva.* La noche.
La noche es una red inmensa y firme. *Magallanes.* Horizonte de la espiga.
Noche fría y silenciosa. *Peñaranda.* De una pesadilla.
Noche fuiste día, pecho por donde entrara. *Sologuren.* Fuego absorto.
Noche inverniza, noche serena. *Castillo.* Nochebuena romántica.
Noche, lago de fuego. *Keoseyán.* Noche.
La noche larga violeta morada. *Fraire.* Poema.
La noche levanta un astro. *Mármol.* Nocturno.
La noche más sencilla es la noche. *Bernal.* Flash.
Una noche mi padre, siendo yo niño. *Casal.* Recuerdos de la infancia.
La noche morada sueña. *Guillén.* El negro mar.
Noche mortal y combatiente, niebla. *Bonifaz Nuño.* Noche mortal y combatiente.
La noche nace en espejos de luto. *Paz.* El desconocido.
La noche no nos viene de lo alto. *Lisboa.* Nocturno.
Noche o día. *Quirarte.* Los ángeles de sus manos.
La noche oscura del alma (o Nada). *Cardenal.* La noche.
Noche otoñal. Afuera el viento zumba. *Rojas.* Nocturno.
Una noche para el señor Haendel. *Valle.* Metamórfosis.
La noche pesa mucho sobre la soledad. *Díaz Muñoz.* Palabras hacia donde estás.
Noche piedra, bloque de sal, trabajas. *Ferrer.* La noche.
La noche regresa de tus ojos. *Muñoz Astudillo.* Domingo.
La noche se astilló en estrellas. *Pizarnik.* Cenizas.
La noche se derrama sobre la ciudad. *Cos Causse.* Addio Emma.
La noche se desnuda. *Vallarino.* Insomnio.

La noche se diluye en su frágil silueta de pabilos. *Vallarino.* Trópicode sangre.
La noche se ha tornado mágica. *Freda.* Magia.
La noche se hunde sordamente. *Basualto.* La noche se hunde.
Noche sin luna/y yo aquí. *Falco.* Oración de la desesperanza.
La noche tensa sus cuerdas sobre la ventana húmeda. *Basualto.* Ventanas.
La noche todavía no se ha ido. *Fabani.* La noche todavía no se ha ido.
Una noche/una noche toda llena de murmullos. *Silva.* Nocturnos III.
Noches compactas sobre la costa. *Reyes.* Antofagasta.
Las noches son pesadas en el puerto. *Blanco.* A precio de silencio.
Noches tropicales de Centroamérica. *Cardenal.* La hora cero.
Noctancia. *Ávila.* Noctancia.
Nocturna soledad de pena y cielo. *Arias.* Vuelo.
Noemí, la pálida pecadora. *Casal.* Neurosis.
Nombras el árbol, niña. *Paz.* Niña.
Nombre de ludibrio el tuyo. *Caroly.* Bandera.
Un nombre indígena/como una flor o un pájaro. *Vega de Alba.* Tuyutí.
Un nombre para este día que no puede llamarse. *Gottberg.* Solicitud de un nombre para este día.
El nombre que se borraba. *Etchebarne.* La estancia de Martín chico.
Noon, vast and silent as a hollow tomb. *García Marruz.* Noon.
Los nopales nos sacan la lengua. *Novo.* Viaje.
Una noria de pájaros/por el cielo redondo. *Amorím.* Romance.
Nos ahuyentan la justicia de la nómina y el diario. *Cabrera.* Nos están matando.
Nos amamos en rectas combinadas. *Valdés Ginebra.* Dolor en geometría.
Nos buscaremos en los ojos sin encontrarnos. *Ureta.* Nos buscaremos.
Nos cubre un ala tenebrosa y dulce. *Berenguer.* Creciente.
Nos desnudamos tanto. *Morábito.* Cuarteto de Pompeya.
Nos dijeron: no muestres la pierna. *Berenguer.* Acerca de fantasmas y otras yerbas.
Nos educaron para atrás padre. *Maquieira.* El gallinero.
Nos enseñó el uso del fuego. *Isla.* Vela arde.
Nos escuchan sobre el piso de tierra. *Montemayor.* Oda quinta, rota.
Nos faltan palabras vivas. *Bañuelos.* Poema.
Nos grita/nos desprecia. *Shimose.* Bolero de caballería.
Nos ha nacido un muerto. *Rose.* Asesinado en el desierto.
Nos habíamos perdido. *Quezada.* La tentación.
Nos han contado a todos. *Benedetti.* Contra los puentes levadizos.
Nos hemos bruscamente desprendido. *Torres Bodet.* Ruptura.
Nos hemos quedado absurdos. *Arce Navarro.* Recuerdos.
Nos llevan a cortar leña por los bosques. *España.* Caminos.
Nos miró desde el cuadro con los ojos llenos de lágrimas. *Veiravé.* Boceto de la Gioconda.
Nos mostraron los pies del Cristo Bizantino. *Arteche.* Nos mostraron.
Nos olvidamos de la muerte, mas la muerte no nos olvida. *Gaitán Durán.* Ética.
Nos persiguieron en la noche. *Najlis.* Al comienzo.
Nos prometieron la felicidad. *Heraud.* Alabanza de los días destrucción y elogio de las sombras.
Nos prometieron la felicidad. *Heraud.* Destrucción de las sombras.
Nos proyectan a las veces. *Liguori.* Idiotape.
Nos quedamos solos, a medias y a ciegas. *Blanco.* Del nuevo desorden musical.
Nos quiebra este dolor en la superficie del mapa. *Cabrera.* Costa Rica.
Nos sentaremos en el mismo banco. *Ureta.* Nos sentaremos.
Nos sentíamos sanos y reconfortados. *Zambrano Colmenares.* En la pradera.
Nos sucede la soledad como una blanca furia. *Garduño.* Poema.
Nos tiende su mano/fluente y dorada. *Martínez Albín.* Paisaje expresivista.
Nos venimos corriendo. *Cabrera.* Pueblo acosado.
Nos visitó la muerte y se ha quedado. *González Martínez.* El áspid.
Nosotros aquí en El Salvador. *Cea.* Crónica salvadoreña.
Nosotros/la nueva generación. *Ramos.* Memoria.
Nosotros/los adolescentes de los años 50. *Hahn.* Hotel de las nostalgias.
Nosotros los sobrevivientes. *Fernández Retamar.* El otro.
Nosotros somos fantasmas que tocamos la noche. *Casal.* Nosotros somos fantasmas.
Nosotros, turistas que oficiamos. *Epple.* Pasaporte.

Nostalgia para que la Muerte . . . *Llerena Blanco.* Nostalgia.
Not even death could make these men alike. *Lihn.* Cemetery in Punta Arenas.
Not even death could turn these men to equals. *Lihn.* Graveyard at Punta Arenas.
Not the immense grazing of the cow. *Zurita.* Green Areas.
Nothing can be measured. *Lavín Cerda.* The Skull.
Nothing else can explain. *Parra.* This Has to Be a Cemetery.
Nothing was foreseen. *Odio.* Prologue to a Time That Is Not Itself.
Las novias pasadas son copas vacías. *Gutiérrez Nájera.* Para un menú.
Now, between us, here. *Vallejo.* Palms and Guitar.
Now everything looks bad to me. *Parra.* Everything Used to Look Good to Me.
Now I see their faces stamped forever. *Silén.* Why I Can't Write a Poem about Lares.
Now you can see. *Molina.* Night Watch.
La nube conjuga su razón azul con la mañana. *Medina.* La aldea.
La nube de archipiélago funde los aires en rosa. *Yrarrázaval.* Paisaje.
Nubes tenebrosas. *Lezcano.* Tormenta.
Las nubes toman la ciudad. *Blanco.* Canción de julio.
Las nubes/son el escape de gas. *Oquendo de Amat.* Film de los paisajes.
Los nudillos de la muerte en el aire. *Sacoto Arias.* Velorio del albañil.
Un nudo por eterno no de hilos. *Belli.* A Filis.
Nuestra mirada se funde allá en las dunas. *Flores Castro.* Desierto atestado.
Nuestra tierra, ancha tierra, soledades. *Neruda.* América insurrecta (1800).
Nuestras vidas son los ríos. *Cardenal.* Coplas a la muerte de Merton.
Nuestro acto primero. *Sanabria Varela.* La palabra.
Nuestro amigo es un arpa descarnada. *Viscarra Fabre.* Rainer Maria Rilke, el hombre de los campanarios.
Nuestro amor ha sido como un eucalipto siempre joven. *González.* Haydée.
Nuestro viento furioso grita a través de palmas gigantes. *Pasos.* Tormenta.
Nuestros hijos amor mío. *Hahn.* Pequeños fantasmas.
Nuestros idiomas en guerra. *Marechal.* Del hombre, su color, su sonido y su muerte.
Nuestros mejores amigos. *Lihn.* Amistades.
Nuestros sueños se juntan en una misma ola. *Guillén.* Nadie.
Nuevamente retoñan/los jocotes. *Santos.* Verano.
Un nuevo libro. *Morejón.* Piedra pulida.
El Nuevo Testamento/se derrumba. *Silva.* Quién tira la primera piedra.
Nunca apareció su nombre. *Rugama.* Biografía.
Nunca averiguarás. *Martos.* Daguerrotipo.
Nunca ciñó tu pecho mi acechanza de niño. *Hübner Bezanilla.* La venganza.
Nunca conoceré tu rostro. *Zavala.* Nunca.
Nunca diremos la palabra. *Serrano.* La palabra.
Nunca entendí lo que es un laberinto. *Dalton.* Permiso para lavarme.
Nunca gocé ternura más extraña. *Lugones.* Emoción aldeana.
Nunca habrá tiempo. *Saldaña.* Papalote.
Nunca hallaré en el mundo el abrigaño. *Finot.* Para la tumba soy un extraño.
Nunca imaginé. *Ibargoyen Islas.* Descubrimiento de una golondrina.
Nunca me cansará mi oficio de hombre. *Torres Bodet.* Nunca.
Nunca pensaba en nada. *Bonells Rovira.* Poema incómodo.
Nunca quiero/para el hijo que no tuve. *Velasco.* Al hijo que no tuve.
Nunca sabré cómo era aquella tarde. *Tavira.* Judith y José.
Nunca sabré decirte que te quiero. *González Carvalho.* Amor.
Nunca salí del horroroso Chile. *Lihn.* Nunca salí.
Nunca se sabe quién. *Hernández Cruz.* Tienes que llevar las puntas encendidas.
Nunca tuvimos al otoño. *Chase.* Los milagros posibles.
Nunca tuvimos casa ni paciencia ni olvido. *Molina.* Amantes vagabundos.
Nunca ya tu mano breve. *Silva.* ¿Nunca ya?
Nunca ya un tal amor incendiará mi vida. *Monvel.* Y para amarte así.

O el animal super-chico cuyo cuerpo crece o decrece. *Hahn.* Restricción de los deplazamientos nocturnos.
O Lady, the object of my abject homage. *Herrera y Reissig.* Heraldic Decoration.

O masters of rage and fear and vengeance. *Gelman.* Algiers.
O peco bajo nunca lejano de los míos. *Salazar Bondy.* Máscara delque duerme.
O the wonder man. *Hernández Cruz.* African Things.
Obre el himno del combate y el calmor de los guerreros. *Jaimes Freyre.* Loscuervos.
Obrero de la fábrica, ya que morir tu debes. *Florián.* Pututo llamador.
Obscura cárcel que me asombras. *Korsi.* Canción de la campana de la cárcel.
An obscure meadow lures me. *Lezama Lima.* An Obscure Meadow.
Observo/los helechos del jardín. *Vera.* La luz sostiene el eco.
Obsta con densa máscara de seda. *Lugones.* Los celos del sacerdote.
Occupy yourselves here with hope. *Sabines.* On Hope.
Ocho largos siglos, ocho. *Colón Pellot.* Canto a la raza mulata.
Ochosí. *Barnet.* Ochosí guerrea.
Octavio Paz Alberto Girri José Lezama Lima y demás. *Gelman.* Bellezas.
October/supporter. *Castillo.* Elegy.
October/was the name of the gods. *Castillo.* October.
Octubre/se llamaban los dioses. *Castillo.* Octubre.
Octubre/sostén de mi palabra. *Castillo.* Elogio.
Ocultos entre raíces. *Millán.* En blancas carrozas, viajamos.
Ocurre que su frío. *Valero.* A dónde, ojos de polvo.
La oda tropical a cuatro voces. *Pellicer.* Esquemas para una oda tropical.
Odalisca de harem que me enamora. *Aguiar.* Laetitia in umbra.
Odio a los que para acomodarse la corbata. *Campos.* Odio.
Ofendida caí hecha pedazos. *Ferré.* La luna ofendida.
Oh abuelos mayas, fuísteis los primeros. *Valle.* Invocacióna los abuelos.
¡Oh alimenticio bolo, mas de polvo . . . ! *Belli.* Oh alimenticio.
¡Oh alma mía empedrada! *Belli.* Oh alma mía.
¡Oh amado, no te irrites por mi inquietud sin tregua! *Ibarbourou.* La inquietud fugaz.
¡Oh, amor, amor, como las nubes suspendidas! *Wilcock.* Primera canción.
¡Oh angustia de querer expresar lo inefable! *Silva.* El mendigo.
¡Oh barcos que pasáis en la alta noche! *Borrero.* Barcos que pasan.
¡Oh, bella malmaridada! *Banchs.* Romance de la bella.
Oh Betsabé, simbólica y vehemente. *Urquiza.* David.
Oh Bolombolo, país exótico y no nada utópico. *Greiff.* Fanfarria en Sol Mayor.
¡Oh!, carbón de delirio que, en morosa/desolación. *Lugones.* Adagio.
¡Oh, cómo te miraban las tinieblas! *Lugones.* A Histeria.
Oh, cómo y qué bien sabéis vosotras. *Undurraga.* Cartaaérea a las gaviotas de Chile.
Oh canoe of the people. *Castillo.* Collective Voice.
Oh casa con dos puertas que es la mía. *González Martínez.* Casa con dos puertas.
¡Oh! cayuco del pueblo. *Castillo.* Voz colectiva.
Oh Chile, largo pétalo. *Neruda.* ¡Cuándo de Chile . . . !
Oh Cibernetic Fairy. *Belli.* Down with the Money-Exchange.
Oh círculo de nieve. *Pérez.* Tedio.
Oh colonias de niñas inmortales. *Vicuña.* El hombre de Cro-Magnon se despereza.
Oh Cristo, fruto maduro. *Urquiza.* Canciones.
Oh Cristo pobre, quién podría. *Arenas.* El Cristo pobre.
Oh Cristo, yo quisiera de tu augusta cabeza. *Bedregal.* Holocausto.
¡Oh, cuán fría está tu mano! *Jaimes Freyre.* Sombra.
Oh cuerno menudo de becerro. *Millán.* Cornucopia.
¡Oh cuesta material! *Florián.* La humanidad en la cuesta.
Oh cumbre/cual yo en el último silencio. *Cardona Torrico.* La última parábola.
¡Oh de los rostros sabios que he llevado a mis labios! *Arévalo Martínez.* Sensación de un dolor.
Oh deleitoso despertar entre el vapor de la mañana. *Rojas.* Parábola del nuevo mundo (Frag.).
Oh destino fiero. *Enríquez.* Canción de cuna.
¡Oh días del marino! *Molina.* Días marineros.
¡Oh Dios! ¿Es éste el vaso mísero que elegiste? *Benarós.* La pierna de Rimbaud.
Oh Dios inefable. *Subero.* Lo que aquí digo.
Oh dulce canto de viaje. *Urquiza.* Caminos.
Oh el hombre de los poderes. *Hernández Cruz.* Cosas africanas.
Oh, el instinto bestial que nos abruma. *Guerra Trigueros.* Bajo el látigo.

Oh entusiasmo cantor, tú rompes la bóveda de trinos. *Montes de Oca.* Fundación del entusiasmo.
¡Oh! este cansancio/de andar caminos. *Vaz.* Espejismo.
Oh éxtasis del alba, los ángeles son ciertos. *Riestra.* Los ángeles.
¡Oh, frío viento que soplas! *Nalé Roxlo.* Duo.
Oh girl among the roses, oh pressure of doves. *Neruda.* Ode With a Lament.
¡Oh Hada Cibernética! *Belli.* ¡Abajo las lonjas!
Oh hada cibernética! ya líbranos. *Belli.* ¡Oh hada cibernética!
Oh Indian watching from the doorway. *Chocano.* Who Knows?
Oh inmortal alma mía delicada. *Belli.* Canción en alabanza del bolo alimenticio.
Oh, joven pantera. *Sabella.* Canción para una mujer que estuvo conmigo.
¡Oh juventud que se asomara ardiente! *Chouhy Aguirre.* ¡Oh juventud!
Oh, la dicha de haber estado grave. *Lugones.* La joven esposa.
Oh, la serenidad con que. *González.* Oh, la serenidad.
¡Oh las cuatro paredes de la celda! *Vallejo.* ¡Oh las cuatro paredes . . . !
Oh lengua, no detengas la marea. *Berenguer.* Embarcación.
Oh luna, que hoy te asomas al tejado. *López.* Versos a la luna.
Oh Maligna, ya habrás hallado la carta. *Neruda.* Tango del viudo.
¡Oh, mar! ¡Múltiple boca! ¡Me traga tu potencia!. *Bedregal.* Imprecación.
¡Oh mar, tumba naciente! Recógete mi sombra. *Bedregal.* Antífona.
¡Oh Marzo de silencio que no acabas de morir! *Ortiz.* Oh Marzo de silencio.
¡Oh mi ensueño, mi ensueño! Vanamente. *Martínez Villena.* El anhelo inútil.
¡Oh mi fino, mi melado Duque de la Mermelada! *Palés Matos.* Elegía del Duque de la Mermelada.
¡Oh, mi viejo rosal, antes florido! *Carias.* A un rosal.
Oh mimú grandiosa chimucita de color. *Toro Montalvo.* Mimú niña madre de teteras y gorditas.
Oh my fine, my honey-colored Duke of Marmalade. *Palés Matos.* Elegy for the Duke of Marmalade.
Oh niña entre las rosas, oh presión de palomas. *Neruda.* Oda con un lamento.
Oh niña: quién tuviera/tu duro corazón. *Fiallo.* La garra de un chacal.
Oh, no, espera un poco hermosa muerte. *Chouhy Aguirre.* Soneto de la muerte.
¡Oh noche! con tus aves ya destruyes mis ojos. *Rojas.* Invasión de la noche.
¡Oh padres, sabedlo bien/el insecto . . . ! *Belli.* Oh padres.
Oh, Patria, tan pequeña, tendida sobre un Istmo. *Miró.* Patria.
¡Oh, paz de mis contornos! *Garrido.* Azul del campo tierno.
Oh paz florecida y viento suave. *Segura Méndez.* Sonetos.
Oh, pedestal del cielo. *Vega.* Temperatura ambiente.
¡Oh piedra! ¡Oh pobre piedra! *Vidales.* Poema de la piedra.
Oh, playas verdeantes de algas marinas, sobre/las guijas. *Greiff.* Relato de Harald el oscuro.
Oh, qué dulce canción! Límpida brota. *Gutiérrez Nájera.* La serenata de Schubert.
Oh qué triste callejón. *Camarillo de Pereyra.* Sad Song.
¡Oh! queridos pastores. *Muñoz Serón.* Canto a los pastores.
Oh, ritmo de la carne, oh melodía. *Martí.* Pomona.
Oh ruiseñor que existes en regiones. *Uribe Arce.* Oh ruiseñor.
Oh sálvame de mí, lectura de la historia. *Uribe Arce.* Oh sálvame de mí.
Oh sangre mía. *Huidobro.* Madre.
¡Oh Santo Grial! Las gotas de encendido vinagre. *Sinán.* Presencia de la muerte.
Oh, si los labios pudieran. *Undurraga.* Fábulas adolescentes.
Oh, si, notablemente. *Hinostroza.* Nausicaa.
Oh, si pudiera prolongar lo claro de esta tarde. *Cotto.* Canto de eternidad.
¡Oh, Siddharta Gautama!, tú tenías razón. *Nervo.* Renunciación.
Oh sol de los cujíes y de los cardos. *Rodríguez.* Invocación.
Oh sombra de placer y de misterio. *Ortiz Pacheco.* Elogio de las ojeras.
Oh sublunar robot. *Belli.* Robot sublunar.
Oh suerte para siempre ligada. *Moro.* Estrella fugaz.
Oh tardes tropicales llenas de fuego triste. *Carrillo.* El trópico triste.
Oh Tierra, húmedo ensueño nocturno entre vapores. *Wilcock.* El poema muerto.
Oh todavía tú en esta brillante soledad. *Valle.* Orfeo (Frag.).
¡Oh Todopoderoso! *Casaravilla Lemos.* En medio de la selva, con asombro.
Oh, triste y silencioso, meditabundo. *Bedregal.* Al asno.
¡Oh! tú el abandonado entre puñales. *Quiteño.* Sonetos de la palabra: Poeta.
¡Oh tu pelo! En tu pelo/se me antojara. *Rosenmann Taub.* La plenitud.

¡Oh tú, que ibas a morir en mi vida! *Bardesio Vila.* Las manos de la adolescente.
¡Oh! Tus besos no pueden confundirse. *Azofeifa.* Rosas en los estanques.
¡Oh vida! ¿me reservas por ventura algún don? *Nervo.* Eldon.
¡Oh vida! ¡Oh muerte! Brazos con que mi ser abraza. *Liscano.* La doble flor.
Oh vieja cosa dura, dura lanza, hueso impío. *Huerta.* Sílabas por el maxilar de Fraz Kafka.
Oh viento como un ave que fuera un cielo inmenso. *Wilcock.* La ofrenda.
¡Oh vientre suave! Taza, pluma, seda. *Robleto.* Soneto.
Oh Virgen, antes que rezarte. *Santander.* A vísperas.
Oh vírgenes rebeldes y sumisas. *López Velarde.* A las vírgenes.
Oh voces silenciosas de los muertos. *Silva.* Las voces silenciosas.
Oh voz, única voz: todo el hueco del mar. *Rojas.* Al silencio.
Oh, verdes y fluviales latitudes del alma. *Liscano.* Elegía.
Oh, vida inútil, vida triste. *Silva.* Canción de tedio.
Oh, viento de otoño, tus alas regocijan. *Pellicer.* Estrofa alviento de otoño.
Oh, vosotros víctimas del cielo saqueado por las águilas. *Cordero Espinoza.* Poema para el hijo del hombre.
Ohé, nené. *Palés Matos.* Falsa canción de baquiné.
Ohé, nené. *Palés Matos.* Spurious Song for a Baquiné.
Oíd falsos despenadores. *Livia Torino.* El falo encantado.
¡Oíd! missa solemnis, sorda misa mayor. *Pallais.* Missa solemnis in la.
Óiganme todos los pueblos. *Cardenal.* Salmo 48.
Oigo en torno de mí tu conocido paso. *Carrera Andrade.* Segunda vida demi madre.
Oigo llorar/el umbral de cada puerta. *Grimal.* Oigo llorar.
Oigo palomas en el tejado del vecino. *Sabines.* Oigo palomas.
Ojitos de pena/carita de luna. *Jara.* Ojitos de pena.
Un ojo blanco no me dice nada. *Parra.* Versos sueltos.
Un ojo choca contra las torres del sueño. *Hahn.* El centro del dormitorio.
Ojo con el evangelio de hoy. *Parra.* Ojo con el evangelio.
Ojo con el ojo numeroso de la bomba. *Hahn.* Visión de Hiroshima.
El ojo de mi caballo es incorregible. *Moisés.* El ojo de mi caballo.
El ojo de noviembre ha tenido ahora extrañas costumbres. *Huerta.* El ojo de noviembre.
El ojo de Polifemo nos sonríe. *Baeza Flores.* Técnica.
El ojo que mira. *Armand.* Otra poética.
El ojo vendado muere. *Berenguer.* Día 16.
Ojos a toda luz y a toda sombra. *Agustini.* En tus ojos.
Los ojos contra los ojos. *Huidobro.* Los señores de la familia.
Ojos de azúcar, miel, eterno dolor. *Menassa.* Poema.
Ojos de gacela de la Mimosita. *Vicuña Cifuentes.* La mimosita.
Los ojos de los lagos tienen misterio. *Ávila Jiménez.* La niña y el arpa.
Los ojos en vigilia. *Camerati.* La última cena.
Los ojos, golondrinas de la Antuca. *Peralta.* La pastora florida.
Ojos hay soñadores y profundos *Gómez Restrepo.* Los ojos.
Ojos indígenas, absortos. *Reynolds.* Ojos indígenas.
Los ojos mudos de la esfinge. *Sassone.* Los ojos mudos.
Ojos, oh dulces ojos pensativos. *Casas Castañeda.* Los ojos de mi madre.
Ojos que en la tierra un día. *Grillo.* La última visión.
Los ojos ya no miran. *Volkow.* Autorretrato muerta.
La ola de la rojez te envolvería. *Rubio.* Mistela.
La ola de otra ola paralela. *Binvignat.* La ola.
Una ola invade la región desierta *Mendiola.* Una ola invade.
The old man looks at himself in the mirror. *Millán.* Poem 60 from The City.
The old man sits in the sun every morning. *Diego.* The Whole Ingenuous Disguise, The Whole of Happiness.
An old roll of tickets. *Millán.* Corner.
Oleaje manso de las cosas. *Bonifaz Nuño.* Oleaje manso de las cosas.
El olímpico cisne de nieve. *Darío.* Blasón.
Oliscando en el aire vahos de fronda. *Aguirre.* Renacimiento.
Ollas de fierro enlozado. *Moore.* La solterona.
Un olor agrio de café maduro. *Gerbasi.* Rostros campesinos.

El olor de madera mojada. *Pacheco.* Adiós, Canadá.
Olor de manzanillas curativas. *Ibarbourou.* Encuentro.
Olor de rosas y batir de alas. *Blanco Fombona.* La visión.
Olor de sangre fresca. *Riestra.* Cristo muerto.
El olor fino solitario de tus axilas. *Moro.* El olor y la mirada.
Oloroso está el heno, carretero. *Banchs.* Carretero.
The opposite of ornate and rhetorical poetry. *Martí.* The Opposite.
Olvida, olvida/nada debes a nada. *Francis.* Carta a mí.
Olvidado de Dios, de tí olvidado. *Olmedo Lopez.* Soneto.
Olvide el corazón milagro o lucha. *Oribe.* ¿Quién?
El ombligo espera un saludo. *Cáceres.* Nube pública.
On Sundays when the weather's good, traditionally . . . *López Velarde.* Provincial Sundays.
On the table of my heart you wrote. *Sabines.* On Illusion.
On the verge of wounding and hearing myself. *Odio.* Creation (Frag.).
On winter afternoons. *Teillier.* Portrait of My Father, Militant Communist.
Once you told me my father never wept. *Storni.* Ancestral Burden.
One day/the apolitical/intellectuals. *Castillo.* Apolitical Intellectuals.
One listless day I confused Haendel. *Quezada.* Whistling in the Air.
One morning/you looked into my work cell, and said. *Vitier.* The Notice.
The one on the right, crouching down, under Lenin's goatee. *Lara.* Photograph.
One returns to the place where he left his life. *Paredes.* Memorial.
One thing does not exist: Oblivion. *Borges.* Everness.
The ones who widened the Panama Canal. *Dalton.* Poem of Love.
The only answer is the vote. *Gutiérrez.* Voting Instructions.
The only woman who is able to be. *Peralta.* The only woman.
Opacos los ojos y el corazón amargo. *Serrano.* Como un espejo nos sorprende Septiembre.
Oprime, a la vez. *Ruvalcaba.* Perversión.
Oprimí mi cabeza/y adiviné en la sombra sus pupilas. *Lagos Lisboa.* Claridad nocturna.
Optica musical hiperactiva. *Lamadrid.* Rock video.
La oquedad de su cuerpo. *López Acuña.* Comer la tierra.
Ora blancas cual copos de nieve. *Gutiérrez Nájera.* Mariposas.
Ora en las gradas del altar cubierto. *Díaz.* Parsifal.
Una oración continua. *Ávila Jiménez.* La catedral.
El orden sufre, lo transido acaba. *Gramcko.* Cementerio judío (Praga).
Ordena el cerdo granjero. *Alfaro.* El pájaro revolucionario.
Oreja, mano, brazo, pierna, ojo. *Álvarez.* Anatomía superficial.
Orientado hacia un Sur de perennes lloviznas. *Barbieri.* Autorretrato de perfil.
Orilla del río/tranquila y sombreada. *Llona.* El remanso.
Orinar es la mayor obra de ingeniería. *Castillo.* Oda a las ganas.
El oro es frío, el oro es frío. *Devoto.* Fábula de Tántalo y Midas, reyes.
Oronqoy. Aquí es dura la tierra. *Cisneros.* Crónica de Chapi,1965.
Oronqoy. Here the earth is hard. Nothing. *Cisneros.* Chronicle of Chapi, 1965.
Os amo idealismo y realismo. *Neruda.* La verdad.
Os dejaré burlados/a todos los que. *Quijada Urías.* Os dejaré burlados.
Oscura, de tinta china. *Salazar Valdés.* La negra María Teresa.
Una oscura mujer de muchos años. *Llinás.* Ella aguarda alguna cosa.
Una oscura pradera me convida. *Lezama Lima.* Una oscura pradera.
Oscuras pasan las aves que emigran más allá de la mirada. *Esquinca.* Parvadas.
Oscuras voces te llaman. *Castro.* Canción por la niña que ha de volver.
Oscurecido de ti/frontera de qué beso. *Flores.* Oscurecido de ti.
Oscuro amor, relámpago. *Leiva.* Oscuro amor.
El oscuro andarín de la noche. *Eguren.* El andarín de la noche.
Oscuro como estoy, me habrá quedado. *Armani.* El peso de una mano.
Oscuro farolito. *Estrada Sáinz.* Luciérnaga.
Oscuros jabillos sepultan/la vieja casona. *Oliveros.* Estación de trenes.
Óseo por natura/caracol alado. *Castillo.* Caracol.
El oso blanco que se adentra en la sangre es ala. *Salazar Bondy.* La danza.
Ostenta el campo su verdor lucido. *Xenes.* Julio.
Ostra del alba, perla de la aurora. *Zarrilli.* Cántico por la redención del día.

Others would think I was walking somewhere. *Marzán.* Friday Evening.
Otoño sitia el valle, iniquidad/desborda. *Chumacero.* El viaje de la tribu.
Otoño, distancia detenida. *Badano.* Otoño.
Otoño, me vas dando. *Casal.* Otoño.
Otra cosa/hacer poesía *Mujica.* Otra cosa.
Otra vez como entonces repetir la palabra hermosa del amor. *Charry Lara.* Retorno.
Otra vez/como quien vuelve. *Lagos.* Otra vez.
Otra vez decrece la luna y se aleja. *Chariarse.* Luna de agosto.
Otra vez el antiguo ayer sombrío. *Rojas Jiménez.* El canto de las tinieblas.
Otra vez el venado y el faisán en el monte. *Buesa.* Las ruinas en el atardecer.
Otra vez este ángel volverá con la noche. *Hidalgo.* El ángel angustioso (Frag.).
Otra vez. Otra vez, ante la absorta vía. *Utrera.* Eterna huida de su imagen.
Otra vez sobre el camino. *Arana.* Otra vez.
Otro mundo (No retazos armados, remendados). *García Terrés.* Toque del alba.
Otros talaron las selvas y escalaron las montañas. *Vasseur.* Heroica.
Our children, my love. *Hahn.* Little Ghosts.
Out of waters warm. *Hahn.* Man.
Outside of space and matter. *España.* Beyond Torture.
Over the month of June the rain is falling. *Aridjis.* The rain.
Over the white steppes. *Jaimes Freyre.* The Sad Voices.
Over the wide cold leaves of time you arrive, stained. *Molinari.* Little Ode to Melancholy.
Oye la historia que contóme un día. *Borges.* Bodas negras.
Oye lo que hay que oír. *Fernández Moreno.* Crepúsculo.
Óyeme aquí, donde el espacio es llama. *Alardín.* Preludio.
Oyes amanecer/despierta el aire. *Shimose.* Primavera, 6 a.m.

Pa equivale a bi, es decir uno. *Pinto.* Pa - cha - mama.
El pabellón francés entra en el puerto. *Palés Matos.* Placeres.
Pacías tu silencio. *Durand.* Requiem para el Sumpul.
El paciente: Doctor, un desaliento de la vida. *Silva.* El mal del siglo.
Pacto de antenas, el escenario. *Blanco.* Canción de agosto.
El padre abad espía. *Jaimes Freyre.* El hermano pintor.
El padre brusco vuelve. *Neruda.* El padre.
El padre de mi abuelo. *Canales.* Alma histórica.
El padre del padre de mi padre traía todo el mar en sus mejillas. *Riedemann.* El hombre de Leipzig.
Padre/el molle que dejaste. *Canelas López.* Vida que dejaste, padre.
Padre instinto que reinas en mi carne. *Calou.* Oración ancestral.
El padre juega con sus criaturas. *Requeni.* Piedra libre.
Padre mío, el invierno—espada de tu muerte. *Bedregal.* Salada savia.
Padre mío/origen de mi carne vigilante. *Vásquez Méndez.* Padre mío.
Padre no leas a Shakespeare. *Camerón.* Subway.
Padre Nuestro que debes estar en la guerra. *Rivera.* Palabra.
Padre nuestro que estás en el cielo. *Parra.* Padre nuestro.
Padre nuestro que estás en el fuego. *Calvo.* Oración dela víspera.
Padre Nuestro que estás en los cielos. *Mistral.* Nocturno.
Padre polvo que subes de España. *Vallejo.* Redoble fúnebre.
Padre Río, que avanzas al Oriente. *Díaz.* El Amazonas.
Padre samán, la humilde florecilla. *Rosas Marcano.* Requiem para el samán.
Padre: ven a mi lado. Vístete de blanco. *Ramírez Murzi.* Recado para el ausente.
Padre viejo y triste, rey de las divinas canciones. *Nervo.* A la católica majestad de Paul Verlaine.
Padre y maestro mágico, liróforo celeste. *Darío.* Verlaine (Responso).
Padres/los devoraron las bestias. *Shelley.* Prólogo: circunstancial.
Las páginas no sirven. *Campos.* Declaración de inicio.
País ausente y sin embargo mío. *Larrahona Kästen.* País ausente.
País de la ausencia. *Mistral.* País de la ausencia.
País mal hecho. *Cobo Borda.* Colombia es una tierra de leones.
País mío no existes. *Dalton.* El gran despecho.
Paisaje de latidos. *Pellegrini.* Sustancia erótica.
Un paisaje de trinos y de aurora. *Vilela.* El colla.

El paisaje marino. *Gorostiza.* Dibujos sobre un puerto.
Paisaje que me resguarda de un olvido necesario. *Cadenas.* Bungalow.
El paisaje salía de tu voz. *Oquendo de Amat.* Campo.
Un paisaje tosco enfrente. *Pardo García.* Desolación de la primavera.
Paja el rastrojo y el barbecho paja. *Ledesma.* Sequía.
Paja piedra y musgo. *Vélez Rapp.* Altiplano.
Pajaritos de barro, pajaritos. *Selva.* Pajaritos de barro.
El pájaro de alambre/quiso volar. *Parayma.* El pájaro de alambre.
Pájaro de los cerros. *Prendez Saldías.* Viento.
Un pájaro de oro. *Hernández Álvarez.* Pájaros.
Pájaro del silencio. *Villarroel París.* Soisola.
El pájaro nació del filo de un machete. *Ríos.* Pájarode la bruja.
Pájaro sin color determinado. *Arenas.* San Juan de la Cruz.
Un pájaro sólo hace . . . *Mujica.* Un pájaro sólo.
Pájaro y corazón. *Hurtado.* Canción para un insomne.
Los pájaros bordean el ocaso. *Cid.* Collage.
Los pájaros marinos volarán aún bajo la lluvia. *Rosas Galicia.* Los pájaros marinos.
Los pájaros se han ido y oscurecen el cielo. *Lara.* Los pájarosse han ido.
Una palabra fina, un gesto amable. *Díez de Medina.* Nobleza.
Palabra/no me traiciones. *Ramírez.* Arde como fiera.
Una palabra muerta se desliza en los ojos. *Valjalo.* Elegía interior.
La palabra placer, cómo corría larga y libre. *Rojas.* La palabra.
Palabra que nació en un vómito de sangre. *Hidalgo.* Biografía de la palabra revolución.
Una palabra que sobresale de un sueño. *Huerta.* Cuaderno de noviembre.
Palabras, ganancias de un cuarto de hora. *Paz.* Hacia el poema.
Palabras hay como árboles quemados. *Monge.* El poeta lee sus manuscritos.
Las palabras humildes son armoniosos vuelos. *Vega.* Las palabras.
Las palabras no entienden lo que pasa. *Puig.* Al comandante Ernesto Che Guevara.
Palabras y palabras. *Zavala.* Palabras.
Palemón el Estilita, sucesor del viejo Antonio. *Valencia.* Palemón.
La paleta del mar, viéndolo bien, encierra. *Pallais.* La fiesta de los pintores.
Pálida. Serenamente pálida. *Bustamante.* La anemia de tu muerte.
Palidez consumada en el deseo. *Urquiza.* Jezabel.
Pálido de angustia. *Figueredo.* Vagando.
El pálido y débil niño salido de la flor. *Jaramillo Escobar.* El camino de la ofensa.
Pálidos cirios seráficos, con que las madres. *Césped.* Madreselva.
Palma de Cuba confín del horizonte. *Sánchez-Boudy.* Canto a la palma real.
La palma del silencio. *Dondo.* La palma.
La palma que está en el patio. *Guillén.* Palma sola.
La palma que está en el patio. *Guillén.* Son de la palma.
La palma real es un tesoro. *Dávila.* La palma real
Palma, violín de la brisa. *Orta Ruiz.* La palma.
Paloma a la columna. *Eguiluz.* Santa María Maggiore.
Paloma, alas de sombra. *Flores Saavedra.* Viento.
Una paloma/cantando pasa. *Guillén.* Canción de cuna para despertara un negrito.
La paloma del arca se ha posado. *Cortés.* Ararat.
Una paloma me dijo. *Guillén.* Un negro canta en Nueva York.
Una paloma se murió, Dios mío. *Binvignat.* La muerte de la paloma.
La paloma se queja. *Ortiz.* La paloma se queja. Angustia del anhelo.
Una paloma/tan alta que dan ganas de aplaudir. *Suardíaz.* Teoría.
Palomas mensajeras de lo divino. *Urzagasti.* Horizonte luminoso.
Palpitaba la luz por un instante. *Ballivián.* Quietismo pastoril.
Palpitan como alas de pájaros en fuga. *Urbina.* Mañana de sol.
Pampa que tienes el tamaño cierto. *Ledesma.* Morada.
Pámpano corta en sus mallas. *Lezama Lima.* Aparece Quevedo.
Pampillón fue baleado en la cabeza por pensar. *Rojas.* Estudiante baleado.
El pan no acude en multitud. *Cabrera.* No hay invierno.
Pan/que allí está en la canasta. *Castrillo.* Pan.
El panadero con el silbato en la boca. *D'León.* 9.

El panadero hacía pan. *Lira.* Corrido de Domingo Arenas.
El panadero/hizo el pan. *Cillóniz.* Oficios.
Panayotaros never put roses in his gun. *Dalton.* Two Greek Guerrillas: An Old Man and . . .
Panayotaros nunca le puso rosas al fusil. *Dalton.* Dos guerrilleros griegos: un viejo y un traidor.
La panela de ejte pueblo. *Obeso.* Arió.
Papá, mamá/para que yo, Pocho y Mario. *Belli.* Papá, mamá.
El papel, la pluma. *Wong.* El papel.
Para alabarte quiero ser fiel como la muerte. *Vidart.* Canto a Delmira Agustini.
Para Aragón, en España/tengo yo mi corazón. *Martí.* Para Aragón.
Para besar tu frente diáfana de estío. *Vilela.* Nocturno.
Para cantarte/mis palabras tienen hoy. *Valladares.* Canción de septiembre.
Para celebrar la Pascua. *Bernárdez.* Versos de la semana mayor.
Para confiarme a tu cuerpo no fui ladrón ni verdugo. *Ruano.* Para confiarme.
Para contar que estoy en un octavo piso. *Escobar.* Para contar.
Para decir adiós. *Vicuña.* Despedida.
Para decir azul no es necesario. *Alardín.* Para decir azul.
Para desvanecer este pesado sitio. *Orozco.* A solas con la tierra.
Para el amor no hay cielo, amor, sólo este día. *Castellanos.* Lo cotidiano.
Para el Caballero de la Orden no eran útiles. *Cardozo.* Codicia.
Para el dolor de los vagos. *Pezoa Véliz.* El organillo.
Para él/no es el muro. *Cabañas.* Poema.
Para el opaco sueño de los hombres. *Romualdo.* Oh vitrina, divina transparencia.
Para el que ha contemplado la duración. *Ojeda.* Soliloquio.
Para el que sufre como yo he sufrido. *Nervo.* Le trou noir.
Para el único que cierran sus portadas las novelas. *Viscarra Fabre.* El viento y las novelas.
Para ellos la tarde ha reservado una luz eterna. *Gerbasi.* Los niños.
Para embellecer al cerezo. *Arenas.* Poema de memoria.
Para empezar: no moriremos de poesía. *Sucre.* Entretextos.
Para encontrar el camino basta dar un paso, porque cada paso. *Oliva.* Es el parto, lo abierto.
Para escapar de ti. *Torres Bodet.* Amor.
Para escribir poemas/para ser un poeta. *Novo.* La poesía.
Para este diminuto/fragmento de arco iris. *Estrada Sáinz.* Picaflor.
Para estos tiempos las gaviotas. *O'Hara Gonzales.* Datos.
Para explicar ciertas cosas. *Martínez Matos.* Explicaciones.
Para formar un hombre más un hombre. *Romualdo.* Razones y proporciones.
Para guardar un poco de esencia de misterio. *Florit.* Para guardar.
Para hablar con los muertos. *Teillier.* Para hablar.
Para hablarte/no quiero saber nada. *Girri.* A Thomas de Quincey.
Para hacer esta muralla. *Guillén.* La muralla.
Para hacer un día tan lleno de raíces. *Pasos.* Día.
Para hacerte pedazos. *Limón.* A la soledad.
Para justificar una mentira. *Santibáñez.* ¿Qué te tomas?
Para llamarte, teponaztles áridos. *Godoy.* Señora de la muerte.
Para los ojos cae esa morada lluvia. *Feijóo.* Beth-el.
Para los que supieron de la tremenda angustia. *Díez de Medina.* Ansia.
Para Maritza el arroz, los olivares ficticios de mi/cama. *Langagne.* Recorridos.
Para mejor amarte no te amara. *Prado.* Para mejor amarte.
Para mí, nada pido. *Dublé Urrutia.* Fontana cándida.
Para mil novecientos diez, Margarita seguía entre poemas. *Cea.* Algo sobre Margarita.
Para morir vivimos diligentes. *Adán.* Pezzo scherzevole inopinato.
Para nacer del todo, para reconocerme. *Castro Saavedra.* A través de la sombra.
Para no confundirte con el sol. *Calderón.* Para no confundirte.
Para nombrar a la Habana. *Cardozay Aragón.* Sol, aguamar y palmeras.
Para nombrarte, madre, reedifico. *Magallanes.* En el umbral del canto.
¿Para qué buscar alivio? *Reyes.* Contraste y sueño.
¿Para qué dar señales de vida? *Teillier.* Sin señal de vida.
¿Para qué disponer/el viejo mapa . . . ?*Yáñez.* Será un viaje de tren.
Para que el alma viva en armonía. *Bernárdez.* Soneto de la encarnación.
¿Para qué el mar? ¿Para qué el sol? ¿Para qué el cielo? *Bedregal.* Viaje inútil.

Para que el olvido abrevie sus visitas. *Querales.* Para qué el olvido.
Para que estemos menos solos. *Arteche.* Para que estemos menos solos.
¿Para qué guardar adentro? *González Martínez.* Canción de locura y llanto.
¿Para qué hablar? *Bartolomé.* Casa de los monos.
¿Para qué he de pedirte que no me esté muriendo? *Basso Maglio.* Canción del orfebre.
¿Para qué imaginar algo más que una isla? *Schopf.* Isla.
Para que no descanses/para que vagues. *Macías.* El insomnio perfecto el conjuro de la bella durmiente.
Para que no echen/a volar. *Shelley.* Preventiva.
¿Para qué perseguirte, flecha ya dirigida? *Correa.* La flecha.
¿Para qué sino para que me veas bailando desprendido? *Lauer.* Sobre vivir.
Para que tú me oigas. *Neruda.* Veinte poemas de amor. Poema 5.
Para quien busca la serenidad y ve en todos los seres . . . *Pacheco.* Fray Antonio de Guevara reflexiona.
Para reconocer en la sed mi emblema. *Pizarnik.* Los trabajos y las noches.
Para ser cómplice del paisaje que bate a todo vuelo. *Cáceres.* Paul Klee.
¡Para siempre! es el canto de la vida. *Tamayo.* Para siempre.
Para siempre el recuerdo de la carne agujereada. *Cuéllar.* 1932.
Para tí debo ser, pequeña hermana. *Rose.* Carta a María Teresa.
Para tí que no vale quien no es fuerte. *Olivares Figueroa.* Sátira intencionada.
Para tí/tengo impresa una sonrisa en papel japón. *Oquendo de Amat.* Poema.
Para tocar el aire en que se pierde. *Granata.* Itinerario.
Para todo animal es un misterio. *Blanco.* La sal de la tierra.
Para todo el silencio de esta mañana basta la suciedad de los corredores. *Quijada Urías.* A las dos de la tarde.
Para todo trabajo/señor. *Romero.* Para todo trabajo.
Para transitar por las calles del amor. *Finck.* Las calles del amor.
Para transmigrar. *Campos.* Creación del poeta o malinterpretación.
Para tu nombre que no tiene límites, para tu fuga inminente. *Hernández.* Poema en recuerdo de una muchacha del campo.
Para tu pelo dorado. *Zelaya.* Evasión.
Para un príncipe enano/se hace esta fiesta. *Martí.* Príncipe enano.
Para vivir, Isolda. *Castro.* La clara confidencia.
El paraíso de Mahoma. *Cardenal.* Canto Nacional. (Frag.).
Paramera abrasada. *Paz.* Blanco. (Frag.).
Pardas o grises, donde no musgosas. *Díaz Mirón.* Pinceladas.
Parece cosa pequeña que el Inspector. *Argueta.* El zoológico de caballos.
Parece la sombrilla. *Tablada.* Hongo.
Parece que suena un teléfono en medio del campo. *Quezada.* Así de cosas de arriba como de abajo.
Parece roer el reló. *Tablada.* 12 p.m.
Parecía increíble cuando se lo llevaron. *Benarós.* El desvalido.
Pareciera que estas calles no las habita nadie. *Orestes Nieto.* Estas calles que nadie habita.
Las paredes están dentro de mi que estoy creciendo *Quijada Urías.* Los estados sobrenaturales.
Una pareja de mariposas junta los tres largos colores. *Suardíaz.* A Santiagode Cuba vuelvo después de tanto.
Una pareja de recién casados. *Parra.* El galán imperfecto.
Parezco bajo este sol. *Dalton.* Los extranjeros.
Paría una yegua. Su olor hacía florecer esas sombras plateadas. *Marquina.* Criaturas fosforescentes. Niños.
París, invierno de 1980. *Mitre.* Razón ardiente.
París/una estrella desnuda. *Huidobro.* Adios.
Parque salido de un sabor admirable. *Oquendo de Amat.* Poema al lado del sueño.
El parque se despierta, ríe y canta. *Silva.* Psicopatía.
Partes imperceptibles y mudo. Como furtiva ráfaga. *Cross.* Naxos.
Las partes que más me atraen de tu cuerpo Melisa. *Oliva.* Andante exaltado.
Particularmente, voy a vivir en un huerto. *Uribe Arce.* Particularmente.
Partir/Eso es. *Ortiz Sanz.* Prólogo al adiós.
Partiré, mas quedarán ustedes. *Arce Navarro.* Salutación de partida.
Parto de nube y caracola. *Ruiz.* Caracola.

Parto para muy lejos, cuando parto. *Ledesma.* Tu cuarto.
Pasa el fantasma del tiempo. *Mendizábal Camacho.* Calle tinera.
Pasa el niño. Es de tarde. Lo siguen las estrellas. *Fernández Spencer.* Elniño que cantaba.
Pasa el viento, pasan las nubes. *Cabrales.* Piches entre la luna y las nubes.
Pasa la fiesta. En la sala vacía hay huellas de pies. *Nogueras.* Cumpleaños.
Pasa la red. *Pacheco.* Pez.
Pasa que voy tocando los segundos. *Sanabria Varela.* Recordándome.
Pasa un barco manicero al final de la calle. *Electorat.* Para Armando Rubio.
Pasa una estación en el regazo del viento. *González Tuñón.* Relato de un viaje.
Pasadía en la playa. *Flax.* Litoral.
El pasajero destello siente cruzar su halo. *Anguita.* El verdadero momento.
Pasajero: no turbes mi placidez serena. *Díaz.* Inscripción funeraria.
Pasan las avenidas del otoño. *Maples Arce.* 80 H.P.
Pasan las hoscas noches cargadas de astros. *Nervo.* Y tú esperando.
Pasar el horizonte envejecido. *Huidobro.* Horizonte.
Pasaré/sin duda. *Areco de Gañi.* Inquietud.
Pasas por el abismo de mis tristezas. *Nervo.* Pasas por el abismo.
Pasas por la calle. *López.* Pasas.
Pastar una cabra como gozar un juguete. *Villanueva.* Quizás tú no comprendas.
La Pascua se fue llorando/y tuvo noche de estrellas. *González Bastías.* Pascua triste.
Pasé una época de mi juventud en casa de unas tías. *Parra.* El túnel.
Paseando hace años. *Parra.* Aromos.
Paseo callado por la Plaza Mayor. *Serrano.* Plaza Mayor.
El pasó con otra. *Mistral.* Balada.
Pasó con su madre. ¡Qué rara belleza! *Nervo.* Cobardía.
Pasó Dios a caballo. *Campos.* Un día de otoño.
Pasó en un mundo saturnal: yacía. *Herrera y Reissig.* Idilio espectral.
Paso la mano sobre el olor de tu vestido. *Sánchez Peláez.* Obra de vigilancia.
El paso sigiloso, la voz queda. *Arrieta.* En un cementerio abandonado.
Los pasos solitarios se adivinan. *Paz Paredes.* Los pasos solitarios.
Pasos y gritos miles se ganaron las calles. *Verdesoto de Romo.* Una gota de sangre.
The past will not return. *Coronel Urtecho.* The Past Will Not Return.
El pasto sigue su camino subterráneo *Naranjo.* Canciones de yerba y sol. (Frags.).
Pastor de nubes, labio/que no se ve. *Guzmán Cruchaga.* Danza del viento.
Pastor de ojos tan mansos. *Mora.* Pastoral.
Pastor de soledades y de hastíos. *Sabat Ercasty.* Soneto.
Pastor del hato la vicuña otea. *Espada.* La vicuña.
Pastor despreocupado, he despertado solo. *Barrenechea.* Solitario el pastor.
Pastor dormido en la hierba. *Rosenmann Taub.* Pórtico.
El pastor su rebaño en el redil encierra. *Icaza.* Tonos del paisaje: de cobre.
Pastora, la contradanza. *Campero Echazú.* Navidad.
La pata gris del Malo pisó esta pardas tierras. *Neruda.* Aromos rubios en los campos de Loncoche.
El patio de la escuela. *Suardíaz.* Despedida.
La patria del poema está en las hojas. *Cardona Peña.* La patria del poema.
Patria dispersa: caes. *Dalton.* El alma nacional.
Patria es la tierra donde se ha sufrido. *Díaz.* Patria.
Patria, mi patria, vuelvo hacia ti la sangre. *Neruda.* Himno y regreso (1939).
Patria/piedra umbilical. *Villafuerte.* Canción de amor a la patria.
Paula el retorno por siempre. *Oraá.* Paula el retorno.
Pausa eterna que al borde del camino. *Amorím.* Cementerio en el campo.
Pausada mansedumbre de la gota. *González Lanuza.* Nocturno de la gota de agua.
Pavo real, largo fulgor. *Tablada.* El pavo real.
La paz no es un cuartel de invierno. *González.* La paz.
Paz sobre la constelación cantante de las aguas. *Huidobro.* Monumento al mar.
Peace over the singing constellation of the waters. *Huidobro.* Monument to the Sea.
Los peces de colores juegan. *Gorostiza.* Acuario.
Pecho de bisonte. *Moro.* Abajo el trabajo.
El pecho yo he tenido a todo viento. *Fernández Moreno.* El pecho yo he tenido.
El pedacito de madera. *Novo.* Momento musical.

Un pedazo de lupa que no brilla. *López.* Toque de oración.
¿Pedir? ¿Y a quién? ¿Y qué pedimos? *Pares.* Sed.
Pedro León va recostado en la inmensa caja negra. *Rokha.* El entierro de Pedro León Ugalde.
Pedro se llama el Dirigente. *Matos Paoli.* Pedro se llama.
Pegado a la mañana. *Limón.* Pegado siempre.
Peinado como estoy, por la peineta. *Uribe Arce.* Peinado como estoy.
Pelirroja, pelirroja. *Valencia.* ¡Oh my baby pelirroja! (Span.)
El pelo y sus similares/son oscuros. *Fernández Retamar.* Vivo con una mujer decolor.
El peluquero del pueblo/cortó mi trenza. *Queremel.* Cancioncilla de la niña tonta.
Penas mías, ¿dónde vais? El aire me está enfriando la cara. *Molinari.* Casida.
Pende de cuatro clavos punzadores. *Bayona Posada.* Memento mei.
Pendientes de hilos negros en su cámara oscura. *Lihn.* Marta Kuhn-Weber.
Pensaba en el incesto. *Vallarino.* Cuento.
El pensamiento descansa en un banco. *Langer.* El pensamiento descansa.
El pensamiento es cosa que Dios ha distribuido. *Fernández de Carrasco.* Por culpa de una abeja.
Pensándolo bien, la vida y la guerrilla. *Murillo.* Palabras del general sandinista Manuel María Girón.
Pensar en Carlos es decir . . . *Martínez Caldera.* El disfrazado.
Pensar en ti es azul, como ir vagando. *Carranza.* Azul de ti.
Pensar, ulula del cerro. *Lara.* Estaba escrito.
Pensar/es un perro lobo invencible. *Peña Gutiérrez.* Pensar.
Penumbra de castillo por el sueño. *Quessep.* Canto del extranjero.
Penumbra de la paloma. *Borges.* Calle desconocida.
Una penumbra de lejanos pinos. *Gerbasi.* Cielos matinales.
Penumbra de órbitas azules. *Reyes.* Códice del olvido.
The people are saying that I am your enemy. *Burgos.* To Julia de Burgos.
Pequeña figura sin nombre. *Bracamonte.* Sádica danzarina.
Pequeña flor blanca eres. *Palomares.* Pequeña colina.
Pequeña muchacha de mi pueblo. *Zepeda.* Recuerdo.
Pequeña, que derribaste al gigante. *Chapochnik.* Ana Frank.
Pequeña/rosa. *Neruda.* En tí la tierra.
Pequeño amor, tan tenue es tu presencia. *Chacón Nardi.* Soneto.
Pequeño dios agreste, eclógico y sombrío. *Parra.* Egloga de la cigarra.
El pequeño jardín acoge en su quietud. *Oliveros.* Señoras.
El pequeño mono me mira. *Tablada.* El mono.
Pequeñuelo/que juegas con los guijarros. *Finot.* Pequeñuelo.
Perderse por Alejandría. *Barbachano.* Aldebarán.
Perdí la luz, la dicha transpirada. *Fuente.* Lucero abril.
Perdí todo regalo. *Velasco.* Perdí todo.
Perdí vasto campo ondulante. *Castañón.* Perdí vasto campo.
Perdí ya el goce del dolor que dieras. *Oyarzún.* Olvido.
Perdíamos el tiempo diseñando navíos. *Calderón.* Puro suceder de miradas anteriores.
Perdida en reflexiones. *Daza Guevara.* Perdida.
Perdidas la tierra y la pureza. *Márquez.* E. P. quiere morir.
Perdido en la floresta. *Uribe Arce.* Perdido.
Perdido en lo abstracto Desintegrado. *Tello.* Modulor.
Perdido en un negro vals, oh siempre. *Eielson.* Habitación en llamas.
Perdidos en la niebla/el colibrí y su amante. *Varela.* Bodas.
Perdidos entre los muros hemos abandonado. *Beleván.* Perdidos entre los muros.
Perdió mi corazón el entusiasmo. *Casal.* Paisaje espiritual.
Perdonad el pelaje descastado. *Camerón.* Cachorro.
Perdónalo, Señor: era inocente. *Bernárdez.* Oración por el alma de un niño montañés.
Perdóname, Señor/esta estrella velada. *Vignier.* Descuido.
Perdónanos/porque llevas. *López Suria.* Oración.
Perdóneme el Amor haberlo amado. *Rojas.* En su clara verdad.
Peregrina del lampo de tus ojos. *Rico.* Búsqueda.
Peregrina paloma imaginaria. *Jaimes Freyre.* Siempre.
Una pereza gris de mayorales. *Fernández Moreno.* Barrio característico.
Perfil de águila en acecho. *Prendez Saldías.* Emilio Cortés.
Perfúmate con agua de nocturnas campánulas. *Rivas.* Una canción de amor.

Perhaps once/at the foot of the orange trees. *Fernández Cherición.* A Song of Peace.
Perhaps you won't believe it. *Castillo.* Report of an Injustice.
Pericarpio Cácara de planeta Costra. *Segovia.* Labios.
Permaneces todo el tiempo en el olor de las montañas. *Sáenz.* Eres visible.
Permítanme decir que la poesía. *Salazar Bondy.* El poeta conoce la poesía.
Pero después de todo/callejón sin salida. *Zambelli.* Pero después de todo.
Pero el agua recorre los cristales. *Pacheco.* Don de Heráclito.
Pero en un instante cesan los laberintos. *Futoransky.* Pero en un instante.
Pero ésta es la ciudad. *Faget.* Pero ésta es.
Pero esto no es todo. *Parra.* Pequeño contratiempo justo a final de siglo (Frag.).
Pero hoy, al fin, te he visto, rostro de mi patria. *Vitier.* El rostro (Frag.).
Pero no, que no fue allí. *Cabral.* Compadre Mon en Haití (Frags.).
Pero qué difícil ha sido hablar. *Díaz Diocaretz.* Pero qué difícil.
Pero qué sueño es éste a cuya orilla me dejan. *Rojas.* No entregaremos la noche.
Pero Señor, ¡qué angustias en la cúspide! *Godoy.* Poema de la angustia.
Pero si al cabo vienes, despojada. *Vitier.* Ultimo epitalamio.
Pero si ha sido todo. *Romero.* Con la tierra en los labios.
Pero si he sido vencido y no tengo familia ni mujer. *Sánchez León.* ¿Creíste que te iba a dar la mano?
Pero si quieres volar. *Reyes.* Gaviotas.
Pero si un niño vence al animal sombrío. *Diego.* Fragmento.
Pero soy como me hiciste, Diosa. *Reyes.* Ifigenia cruel (Frag.).
Pero tiene un origen más lejano. *Heraud.* Fragmento de poema especial.
Pero viajo. Las ciudades revientan como artificiales. *Urzagasti.* Yerubia.
Pero vuelvo a mi calle de finales de cerro. *Montes.* Vieja calle.
El perro del invierno dentellea mi sonrisa. *Pizarnik.* Un sueño donde el silencio es de oro.
Perro negro en la noche, bajo la lluvia gris. *Vicuña.* Perro negro.
Los persas tienen/un rey sombrío. *Martí.* Mi reyecillo.
La perseguí por todo el cuarto. *Sanabria Varela.* Poesía asesinada.
Perseguidor de sombras y fantasmas. *Chariarse.* Cazador de fantasmas.
Persiguiendo el perfume del risueño retiro. *Rivera.* Persiguiendo.
Persistir en lo que hacemos. *Hoeffler.* Escribir.
Las personas que me visitan. *Vicuña.* Amada amiga.
La pertinaz falena, llena el tiempo vacío. *Planchart.* Nocturno.
Perú, ésta es tu hora/que despierten tus cóndores guerreros. *Bueno.* Perú, ésta es tu hora.
Pesa esta noche más sobre la hierba. *Bonells Rovira.* Poema tristísimo.
Pesa poco la luz sobre mis hombros. *Ortiz de Montellano.* Impresión.
Pesadas y costosas son. *Lihn.* De lo mismo.
Pesado cargar de pensamientos. *Femat.* Poema.
Pescador, hermano mío: si naufrago en tu ribera. *Amortegui.* Mar afuera.
¡Pescador, mi pescador! *Luján.* Pescador.
Péscame una sirena, pescador sin fortuna. *Molina.* Pesca de sirenas.
El peso de tu corazón/es más liviano. *Morales.* Rima involuntaria.
El peso, en la boca. *Jonquières.* Memorias del sediento.
Pétalos quemados/viejo aroma que vuelve. *Sabines.* Pétalos quemados.
El pez azul penetra los corderos del aire. *Natera.* La historia del pez.
Un pez blanco de ojos grandes se desliza. *Berreta Galli.* Fatum.
Phocas el campesino, hijo mío. *Darío.* A Phocas el campesino.
The photograph of the child that appears. *Martínez.* The Theorem of the Garden.
El piano era tan dulce. *Bolaños Guerra.* Claire.
Pica, pica la metálica peña. *Eguren.* Pedro de acero.
Los piches cafés y grandes con el pico rojo. *Silva.* Los piches.
Pidiéndome la muerte, tus collares. *Lugones.* Venus victa.
Pido/con los brazos en alto. *Piedra.* Canción de piedra.
Un pie descubre el norte. *Calderón.* Chaplin.
Un pie primero/y en seguida el viento. *Valle.* Un paso al día.
Piedad no pide si la muerte habita. *Cuesta.* Paraíso encontrado.
Piedad, Señor, piedad para mi pobre pueblo. *Palés Matos.* Pueblo.
Piedad y risas de niños y de pájaros. *Córdova Iturburu.* La muerte entre los cerros.
La piedra, con dureza. *Zaid.* Plaza labrada.

Una piedra del Sol. *Tablada.* El ídolo en el atrio.
La piedra despertó (y era una piedra). *Cortés.* La piedra viva.
La piedra es un regazo crispado. *Juárroz.* La piedra.
Una piedra feliz nortea la bahía. *Camerón.* Playa.
Piedra, materia de alma triunfante. *Choque.* Piedra.
Una piedra que canta la alabanza de su peso. *Blanco.* En el paísde un mejor conocimiento.
Piedra sobre piedra habrá de quedar de estas ruinas. *Jaramillo Levi.* Ruinas.
Piedra sobre piedra nada quedará sobre nuestra ilusión. *Espinoza Sánchez.* Oráculo.
La piedra sueña. *Armand.* Poema con piedra.
Piedra y pie/rechazan los insectos. *D'Aquino.* Insistencia.
Piedras que inútilmente cubre el tiempo. *Pacheco.* Inscripciones.
Las piedras son tiempo. *Paz.* Pueblo.
Piel, maravilloso y ruín enigma. *Arriarán.* Piel.
Piel verde. Piel azul. Piel violenta. *Navia.* Morir, morir.
¡Piénsalo ya! *Rojas.* Tu canción más honda.
Piensas con la cabeza de la Victoria. *Romualdo.* Tanto peor para la realidad.
Pienso en jardines bellos. *Rodriguez R. de Ayestarán.* Pienso en jardines.
Pienso en las holoturias angustiosas. *Moro.* Carta de amor.
Pienso en las mujeres que han sufrido que han amado. *Marquina.* Un afiche que refresca la memoria.
Pienso en todas las veces que he amado. *Ledesma.* En otro tiempo.
Pienso en tu sexo. *Vallejo.* Pienso en tu sexo.
Pienso en un tigre. La penumbra exalta. *Borges.* El otro tigre.
Pienso en vosotros. *Sassone.* Trabajadores del mundo.
Pienso/en el día. *Silva Ossa.* Ensoñación.
Pienso/en tu boca. *Navarro Harris.* Luego existo.
Pienso/que todos deberíamos tener. *Arauz B.* Relato no. 1.
Pies enloquecedores de Jesús. *Casaravilla Lemos.* Cántico asombroso.
El pincel ha fijado la luz de la sonrisa. *Arrieta.* Dos retratos.
Los pinos—venturosa región. *Lezama Lima.* El invisible arco de viñales (Frag.).
Pinos, pinos de variados rumores. *Cotto.* Pinos.
Pintado el cielo en azul. *Pellicer.* Pintado en el cielo.
Pintó Hans Holbein, dice la envejecida tela. *Valencia.* A Erasmo de Rotterdam.
Pique, repique e bongó. *Guirao.* E negro etá basilón.
El piso uniforme y limpio. *Boullosa.* El piso.
Pity, Lord, pity on my poor town. *Palés Matos.* Pueblo.
Pláceme, huyendo el mundanal ruido. *González Prada.* Placeres de la soledad.
Plaga de motonetas en Santiago. *Parra.* Noticiario 1957.
Plañe en su alveo desierto. *Tamayo.* Plañe.
Plantas de goma. *Corcuera.* Fábula de Tom y Jerry.
Planté un árbol. *Monsreal.* Final feliz.
Platico sobre la vida con un amigo. *Vargas.* Conversaciones.
Las playas de Chile no fueron más que un apodo. *Zurita.* Las espejeantes playas.
Plaza del sol. *Rivera.* Ciudad joven del fuego.
La plaza llena. *Abril Rojas.* Demagogia.
Una plaza minúscula y tranquila. *Wyld Ospina.* Visiones antiguas. (Frag.).
La plaza tiene una soledad de cuadros de Chirico. *Gerbasi.* Tablero deajedrez.
Pliego de tierra sombría. *López Suria.* La piel pegada al alma.
Po qué te pone tan brabo. *Guillén.* Negro Bembón.
Poblada de forestas voraces. *Ceselli.* Cuarto encantamiento de la 10a. ceremonia.
Poblar un bosque con árboles que cantan. *Juárroz.* Poblar un bosque.
¡Pobre amor! No lo despiertes. *Ureta.* Canciones ingenuas.
¡Pobre amor! No lo despiertes. *Ureta.* Pobre amor.
Pobre india doblada por el ataque. *Pasos.* India caída en el mercado.
Pobre Job, sentado sobre las cenizas. *Cantoni.* Pobre Job.
Pobre Poncho, lo fregaron los gringos. *Méndez.* Sangre en una piedra.
Pobre rey de Aquitania. *Pita Rodríguez.* Gérard de Nerval.
¡Pobre tísica! En la incierta . . . *Contreras.* Carne triste.
¡Pobrecita mía tan dulce! *Villegas.* Rondel.
Pobrecito poeta. *Sampedro.* Usted me jodió el mundo.

Los pobres amantes hacen un mito. *Alomá.* El pobre amor.
Pobres indiecitos que en trajín constante. *Arriola.* Los pobres indiecitos.
Pobres manos mías/Cuando las contemplo. *Recavarren.* Mis manos.
Los pobres son muchos. *Sosa.* Los pobres.
Las pocas personas que hablan de mi país. *Cea.* El potrero.
Poco/a/poco. *Parra.* Solo.
Poco a poco, adquiriendo otra hermosura. *Lugones.* El pañuelo (A Javier de Viana).
Un poco de agua iba por el lado de la casa. *Llerena.* La yegua blanca y su potrito.
Un poco de cielo y un poco de lago. *Lugones.* A tí única.
Un poco más, Amor, un poco más. *Quintero Álvarez.* Un poco más, amor.
Poco tiempo anduve así, cuando al oír un balsié. *Cabral.* Segunda aventura.
Poco vas a ofrecer por el hambre-aurora. *Monje Landívar.* ¿Qué tal Mister?
El poder/como/el eje. *Serrano.* Sobre el poder.
El poder/el poder. *Garzón Céspedes.* Maniobra.
La podredumbre de vivir, el sueño. *Mejía Sánchez.* La vida espiritual.
Podría quedarme en ti. *Aguilar.* Podría quedarme.
¿Podrías acaso/navegar en sueños? *Massey.* ¿Podrías acaso?
The poem spins over the head of a man. *Aridjis.* The Poem.
El poema gira sobre la cabeza. *Aridjis.* El Poema.
El poema que no digo. *Pizarnik.* El poema.
Poème pour la métaphysique. *Helberg.* Poème.
Poesía es amor por la tradición. *Sancho Castañeda.* ¿Qué es poesía?
La poesía es la sombra de la memoria. *Pacheco.* Escrito con tinta roja.
Poesía, hambre/de todo. *Vitier.* Poesía, hambre.
La poesía logra su mejor/momento. *Sandoval.* La poesía logra.
La poesía sirve para todo: reemplaza a la anestesia. *Turkeltaub.* La poesía sirve.
La poesía/no trasunta el agravio. *Cerruto.* El rayo contradictor.
The poet doesn't believe in anything anymore. *Silva Acevedo.* Off With the Poet's Head.
Un poeta asegura que Lil. *Hernández.* A la sombra de una muchacha en flor.
El poeta Carrillo. *Cisneros.* Dos sobre literatura.
El poeta es el astro de su propio destierro. *Lugones.* La voz contra la roca (Frags.).
La poeta hace su entrada. *Suardíaz.* Recital.
El poeta mira lo que nuestros sentidos. *Calderón Lugones.* Palabras sobre el viento.
El poeta que presento a los lectores. *Rivero.* Prólogo.
Poeta soy, si es ello ser poeta. *Greiff.* Soneto.
El poeta ya no cree en nada. *Silva Acevedo.* Que ruede la cabeza del poeta.
Poeta, bajo el nimbo de tu enardecimiento. *González.* Poeta, bajo el nimbo.
¡Poeta, di paso los furtivos besos! *Silva.* Nocturnos I.
¡Poeta, di paso/los furtivos besos! *Silva.* Poeta, di paso.
Poeta, en tus manos se mueve. *Tamayo.* El milagro de la lengua.
Poetas de la tierra. *Cortés Bargalló.* Oración de los poetas.
Los poetas/somos la nota discordante. *Parera.* Los poetas somos.
Poetry is good for anything: it replaces anesthesia. *Turkeltaub.* Poetry is good.
Pol causa de la mulata. *Carrasquillo.* En la finca de Juan Balgas.
Político, militar, héroe, orador y poeta. *Lloréns Torres.* Bolívar.
Polvo dorado en las habitaciones. *Blanco.* Conversación.
El polvo que rodando. *Vallejos.* Poema.
Polvo y moscas. Atmósfera plomiza. *Casal.* Paisaje de verano.
Polvo, cansancio y sol. *Arciniegas.* Mediodía (Cromos).
Polychromatic beauty. *González Martínez.* The Nectar of Apam.
Pon aceite en mi lámpara. *Zarrilli.* Pon aceite.
Pone el día sus piezas de luz en el recuadro. *Hernández.* El día juega ajedrez con la noche.
Poner aquí los días y las noches. *Fernández Cherician.* Inventario.
Pongo el oído atento al pecho. *Villaurrutia.* Inventar la verdad.
Pongo linda tu casa. *Querales.* Esta casa llamada la paloma.
Ponte el pudor. *Méndez Camacho.* La formal.
Ponte frenillo en los hombros. *Ballagas.* El baile del papalote.
The poor are many. *Sosa.* The Poor.
Por afuera corre un fuerte viento. *Gómez.* Posdata para Luisa Valente.

Por aquel tiempo yo rehuía las escenas. *Parra.* La trampa.
Por aquellas orillas vagas era. *Ibáñez.* Adolescentes.
Por bien que parezca un negro. *Llanos Allende.* Como pintan a los negros.
Por bulevares con urinarios subterráneos pasé. *Cillóniz.* Subversión.
Por buscarme, Poesía. *Paz.* El sediento.
Por cabezas que se levantan/para respirar. *Oliva.* Rostro de la contemplación.
Por confundir latitudes. *Díaz Diocaretz.* VII.
Por culpa de nadie habrá llorado esta piedra. *Rojas.* La piedra.
Por debajo la cintura. *Camarlinghi.* La musa vesánica (Frags.).
Por deshojar la planta decorosa. *González-Cruz.* Incitación.
Por donde el mar huyó. *Bareiro Saguier.* Lecho de mar.
Por dónde entró el otoño. *Torres Bodet.* Otoño.
Por ejemplo/un día caluroso a la hora del té. *Domínguez.* Contactos.
Por el agua aparecieron. *Cisneros.* Los conquistadores muertos.
Por el agua dormida pasan leves ensueños. *López Merino.* Estanciasdel agua especular.
Por el ala que entibia los ojos de los hombres. *Canelas López.* Por la raíz al sueño.
Por el amplio silencio del instante. *Gorostiza.* El enfermo.
Por el blanco sendero solitario. *Borrero.* Visión azul.
Por el filo de un sueño. *Cardona Torrico.* Por el filo.
Por el hilo de saliva el idioma. *Kamenszain.* Por el hilo
Por el ir, por el ir del río. *Brull.* Por el ir.
Por el jardín paseaba la abadesa. *Alarcón.* La abadesa.
Por el jardin, de flores. *Ribera Chevremont.* El niño y el farol.
Por el Mar de las Antillas. *Guillén.* Un largo lagarto verde.
Por el mar, apagando. *Fombona Pachano.* Danza de la llave perdida.
Por el polvoso camino. *Navarro.* Carretero.
Por el sueño hay tibias voces. *Florit.* Campo.
Por el valle claro. *Castro.* Pequeña elegía.
Por el verde, verde. *Brull.* Verde halago.
Por encima de la aurora. *Cruchaga de Walker.* Por encima.
Por entre mis propios dientes salgo humeando. *Vallejo.* La rueda del hambriento.
Por esas calles camino cabizbajo. *Materán Alfonzo.* Me gusta andar con mi tristeza.
Por escupir secretos en tu vientre. *Cabral.* El mueble.
Por ese adiós que se quedó en tu olvido. *Chacón Nardi.* Por ese adiós.
Por eso despidámonos hermano. *Ferrari.* Se despide y saluda de pasoal futuro pasado.
Por eso padre fuma un poco de tabaco. *Langagne.* Explicaciones.
Por esta calle que se prolonga hacia el silencio. *Claros.* Por esta calle.
Por esta libertad de canción bajo la lluvia. *Jamís.* Por esta libertad
Por esta puerta de servicio. *Cruchaga de Walker.* Menta.
Por estas altas cámaras de ruina. *Michelena.* La casa sin sueño.
Por estas callejuelas. *Aridjis.* Carta de México.
Por estas calles camino yo y todos. *Pimentel.* Balada para un caballo.
Por este día largo. *Pérez.* Responso por un sueño.
Por este empecinamiento del corazón. *Valera Mora.* Nuestro oficio.
Por este grito insomne. *Calderón.* Canciones desesperadas.
Por este sendero que soy yo mismo. *Nisttahuz.* Al toque de las estatuas.
Por estrecha hondonada pasa el sendero. *Jaimes Freyre.* Crepúsculo.
Por falta de alimentos. *Morales Santos.* El gran personaje.
Por fin llegué. Las aguas en los negros breñales. *Escobar.* Mar, sol y viento.
Por fin, tosca Mercedes, te refinas. *Cruchaga de Walker.* Avenida la paz.
Por fuera estás dormida y por adentro sueñas. *Aridjis.* Por fuera estás dormida.
Por la antigua ruta del agua. *Camerati.* Inmigrantes.
Por la arena de la noche galopaba un jinete sin cabeza. *Gerbasi.* La casa de mi infancia.
Por la Calle del Pozo. *Artel.* Sensualidad negra.
Por la calle olvidada de las luces. *Alemán.* Calle del sueño o Esclavitud de la muerte.
Por la calle solitaria. *Urbina.* Puesta de sol.
Por la calleja solitaria. *Pichardo Moya.* La comparsa.
Por la cuesta del espino. *Caputi.* El niño de agua.
Por la dulzura que hallaste en mi soledad. *Rojas.* Salmo de la triste desposada.

Por la encendida calle antillana. *Palés Matos.* Majestad negra.
Por la enorme y desierta planicie del paisaje. *Barreda.* El malón.
Por la mañana puede oirse el grito. *Ríos.* Poema.
Por la muda sabana sin pasto y sin arbustos. *Herrera.* Huellas.
Por la noche el Bar Roma se llena de luciérnagas. *Camerón.* Trilce.
Por la polvosa calzada. *Camarillo de Pereyra.* Paisaje.
Por la rompiente más bronca. *Calderón.* Se me deshoja.
Por la senda arenosa. *Peralta Soruco.* Pal pueblo de Cotoga.
Por la senda espinosa. *Tamayo.* Fessi rerum.
Por la tierra, en el mar, entre aire y cielo. *Gramcko.* Poema.
Por la verde alameda, silenciosos. *Fiallo.* Plenilunio.
Por las avenidas. *Eguren.* La ronda de espadas.
Por las blancas estepas. *Jaimes Freyre.* Las voces tristes.
Por las calles anda el viento. *Cerruto.* Persona subrepticia.
Por las calles borrosas de silencio y olvido. *Guzmán Cruchaga.* Por las calles borrosas.
Por las cuatro cámaras de mi corazón. *Bedregal.* Ángelus.
Por las esquinas amarillentas de la hoja de papel. *Cuza Malé.* Los fotogénicos.
Por las floridas barrancas. *Espino.* Después de la lluvia.
Por las hojas enceradas. *López Tena.* Lluvia.
Por las mañanas/mi pequeñuelo *Martí.* Mi caballero.
Por las noches. *Estrella.* Al toro por las astas.
Por las rendijas/hay que espiar la calle. *Colombani.* Por las rendijas.
Por lo bajo me vienen sonando los huesos. *Liscano.* Música inaudita.
Por lo menos eso o aquello un sólo afán de permanecer agazapado. *Marquina.* Escuchando los ruidos de tu cuerpo.
Por los barrotes de la ventanita del camión celular. *Gelman.* Reconocimientos.
Por los caminos del sol, en el espacio asombrado. *González Real.* A Gagarin, cosmonauta.
Por los muros de esta casa. *Rugeles.* Ruina.
Por los muros de plomo. *Campero Echazú.* Fiebre.
Por los túneles/entre estrellas y polvo. *Ávila.* Por los túneles.
Por luz amarillenta de pasillos solitarios avanzan los/conspiradores. *Cartosio.* Los conspiradores.
Por más que siempre esté una rosa alerta. *Maya.* Rosa entre rosas.
Por mi cuenta me fui, tal ventolina. *Valjalo.* Destierro.
Por mí hablan escondidas voces. *Ahumada.* Voces I.
Por mí la curvatura de tus labios. *Bernal.* Por tí los hemiciclos de mi fuego.
Por mis lados dormidos, siempre en pos de una claridad. *Díaz Casanueva.* Tentativa de soledad.
Por nada los gansos. *Tablada.* Los gansos.
Por narizón. *Sacerio-Gari.* Berggasse 19.
Por otra parte es un país de aventurados, de chicos. *Quijada Urías.* País hijo de . . .
Por otra parte/queridos ancianos. *Pérez.* Week End, the End.
Por primera vez desde aquel encuentro. *Morales.* Requiem para el sordomudo Jack Quintanilla.
¿Por qué a mi helada soledad viniste? *Othón.* Idilio salvaje.
¿Por qué a veces, me pregunto . . . ? *Barnet.* Palabras.
¿Por qué ahora la palabra Kalahari? *Palés Matos.* Kalahari.
¿Por qué calle que no sea la madre? *Adoum.* Nostalgia de la caverna.
¿Por qué de amor la barca voladora . . . ? *Gutiérrez Nájera.* A un triste.
¿Por qué decir nombres de dioses, astros? *Castellanos.* El otro.
¿Por qué el tedio y la calma? *Sandoval.* ¿Porqué el tedio . . . ?
¿Por qué estoy vivo? *Eielson.* Misterio.
¿Por qué habría de descifrar . . . ? *Swansey.* Sombras urbanas.
¿Por qué helados derroteros . . . ? *Cerruto.* Lamentaciónde la desconsolada.
¿Por qué la lluvia nos conmueve tanto? *Rega Molina.* Lalluvia.
¿Por qué la renuncia que ahora estristece . . . ? *Amauro.* Permanencia.
¿Por qué llora la niña? No acaba de llorar. *Cotto.* Balada del primer amor.
¿Por qué me acuerdo, viejo? *Agurto Vigneaux.* Intento al padre.
¿Por qué me enciende el corazón? *Vega.* Impromptusde mi infancia en Santa Cruz.
¿Por qué me han mudado? *Belli.* ¿Por qué me han mudado?
¿Por qué no acaba todo, ora que puedes? *Martí.* Mantilla andaluza.
¿Por qué no? Cada mueble. *Byrne.* Los muebles.

¿Por qué no duermes? *Foppa.* Canción de cuna.
¿Por qué no tengo exangüe el corazón en llaga? *Bedregal.* Bajamar.
¿Por qué respondes, siempre? *Zapata Prill.* Siempre.
¿Por qué si tan bien cantas—le decía? *Vaz Mendoza.* Soneto fábula.
¿Por qué si vuelvo a dirigir mi paso? *Planchart.* Ocaso.
¿Por qué sois tan malo? *Campero Echazú.* ¡Vos me darís otro!
¿Por qué su mirar de miel? *Cazorla.* A una perra abandonada.
Por que te amo, Amor, sin entenderte. *Calderón.* Esa mar tan encedida.
¿Por qué te busco aún si te marchaste? *Forero.* Fugitiva.
¿Por qué trepida la tierra? *González Prada.* Los caballos blancos.
Por qué, San Antonio. *Jijena Sánchez.* La resentida.
¿Por qué, Señor, no destruyes? *Smith.* Lucha.
¿Por qué/nuestras madres o unas que se les parecen? *Guevara.* Vals de viejas, vals de abejas.
¿Por quién vais a empezar? *Carrasco.* Desembarco de tropas en Líbano.
Por respirar los mismos pájaros de arena. *Vega.* Hermandad.
Por saciar los ardores de mi carne liviana. *Rivera.* Se llamaba Rigüey.
Por sanguinario ardor estremecido. *Jaimes Freyre.* Los héroes.
Por sendas de soledades. *Enríquez.* Diez doncellas.
Por sentirme despierta en la cautiva/morada. *Sierra.* Libre y cautiva.
Por si acaso/por si necesitáis. *Yáñez.* Arte poética.
Por su esbelta belleza, por su sombra. *Solana.* Por su esbelta belleza.
Por sus ojos, cansados de recoger el brillo. *Chocano.* La última visión (a la memoria de Rubén Darío).
Por ti, por ti clamaba, cuando surgiste. *Nervo.* Andrógino.
Por tí se me han ido tantos barcos. *Mansour.* Por tí.
Por todas partes donde anduve. *Capriles.* Flores de inquietud.
Por tu boca laurel. *Peñasco.* Callado río.
Por tu presencia aquí. *Quintero Álvarez.* Marina de tus ojos.
Por tus manos de nieve, lentas y pálidas. *Nieto.* Para el día de tu silencio, amiga.
Por última vez he vuelto a despedirme. *Carreto.* Venecia.
Por un camino de aire en espiral. *Varona.* Por un camino de aire.
Por un campo de miga de pan. *Westphalen.* César Moro.
Por un filo te vas. *Diego.* Otra vez el equilibrista.
Por un hondo camino me aproximo a la historia. *Rubio.* Sandial.
Por un minuto de vida breve. *Pizarnik.* Por un minuto.
Por un momento creí tener la razón. *Ruiz Mercado.* Un poema.
Por un momento, cruzamos. *Camarillo de Pereyra.* Letanía.
Por un oscuro túnel en donde se mezclan. *Mutis.* Los trabajos perdidos.
Por una herida del día. *Vega.* Romance de la angustia.
Por unos días como siglos. *Rivera.* Por unos días.
Por ver el verde de los árboles. *Querales.* Yo, mi escondite.
Por verte camino yo, por verte. *Ibáñez.* Verte.
Por vos/es que esta patria/no camina. *Gochez Sosa.* A pesar de las uñas.
Porfía la libélula. *Tablada.* Libélula.
Porque abrió la esperanza tengo paz. *Godoy.* La espera.
Porque alguien tejió la madrugada. *Bareiro Saguier.* Despertar.
Porque amamos la vida. *Pita Rodríguez.* Porque amamos la vida.
Porque amarte es así de dulce y hondo. *Vieira.* Más que nunca.
Porque amo la noche, la tierra, el agua, el viento. *Liscano.* Humano amor.
Porque amo/en este lugar. *Reyes.* Bajo el filo de las inexorables alambradas (Frag.).
Porque aún lo estoy viendo es que lo cuento. *Castilla.* Poema 16.
Porque el tiempo se mide, no se cuenta. *Ortiz de Montellano.* Tiempo.
Porque empezaste a saber. *Pintado.* Las herencias.
Porque en dura travesía. *Arévalo Martínez.* El señor que lo veía.
Porque éramos amigos y, a ratos, nos amábamos. *Castellanos.* Ajedrez.
Porque éramos muchos y ahora somos menos. *Trejo Villafuerte.* Recuento I.
Porque es áspera y fea. *Ibarbourou.* La higuera.
Porque es de luna mi sangre. *Godoy.* Para estar conmigo.
Porque escribir es también estar contigo. *Huezo Mixco.* Para que lo entiendas de una vez.

Porque espera hace tiempo. *Cedrón.* Situación.
Porque este otoño. *Valdés.* Insondable.
Porque haces tu can de la leona. *Agustini.* Ofrendando el libro: a Eros.
Porque hay todavía robles que pudieran. *Arango.* Canto a Heine.
Porque hoy has venido, lo mismo que antes. *Carriego.* Después del olvido.
Porque incliné la cabeza. *Caro.* In memoriam.
Porque llorar. *Huidobro.* Boca de corazón.
Porque me reflejo/en pausas. *González Durán.* Poema.
Porque mi corazón es trashumante. *Banchs.* Imagen.
Porque mi patria es hermosa. *Heraud.* Palabra de guerrillero.
Porque nació aquel lirio en otra tarde. *Russell.* Soneto.
Porque ningún arbusto aún sobre la tierra. *Bareiro Saguier.* Para inventar los árboles.
Porque no era válido salir a buscar el fuego del mar. *Nava.* Petrópolis bajo la niebla.
Porque no espero volver a regresar. *Keoseyán.* La luz de la ceniza.
Porque no está el Amado en el Amante. *Marechal.* Del amor navegante.
Porque nunca he querido reptar en las semillas. *Zapata Prill.* Recuadro.
Porque por encima de mí, el sol que ha cuajado la sal de las salinas. *Cuadra.* El negro.
Porque salimos/de lo viejo. *Daza Daza.* Todo tiempo futuro será mejor.
Porque se tiene a veces/tanta soledad acumulada. *Arévalo.* Por eso.
Porque sólo en tu estatura. *Varela.* Paisaje.
Porque soy el poeta. *Matos Paoli.* Porque soy el poeta.
Porque soy vagabunda conozco los caminos. *Lars.* Porque soy vagabunda.
Porque te aproblemas te emproblemas. *Galaz.* Aquí tu afán, ésta tu vanidad.
Porque te cansas de estar sola. *Argueta.* Declaración de amor.
Porque te miro y no sé de qué esquina del cielo. *Florit.* Nocturno II.
Porque todos decimos: "Pásame una tortilla". *Castorrivas.* Consagración de la tortilla de maíz.
Porque un joven ha muerto. *Lihn.* Hoy murió Carlos Faz.
Porque va en cruz/la quiero. *Fresco.* Gaviota.
Porque van diez años. *Campero Echazú.* Porque van diez años.
Porque vos crecerás, a golpe de tu propio hacer. *Armijo.* A Rabindranath, al cumplir sus doce años.
Pórtate bien, mi morito. *Ortiz.* La tunda para el negrito.
Portero de la estación de las mieses. *Cuadra.* Introducción a la tierra prometida.
Portero, dile a la belleza que no estoy aquí. *Sánchez Negrón.* El porterode las rosas.
Pórtico de luz que se abre. *Muñoz.* Oyendo a Debussy.
Posadas en las ramas de helechos interiores. *Mondragón.* En una noche obscura.
Poseerte en lo más enrojecido del alba. *Hernández.* Textos criminales.
Post natal total inmersión. *Novo.* El mar.
La postrera mirada, grave como un lamento. *Cruchaga Santa María.* La despedida del sol.
La potencia rompió. *Carpentier.* Liturgia.
¡Potosí! Oh, Ciudad Fama. *Saavedra Nogales.* Romance de Potosí (Frags.).
Prefieren las burguesas. *Illescas.* Breve lied.
Prefieres quedarte callada. Derby por favor. *Argueta.* Derby por favor.
Pregunta el periodista al jornalero. *Argueta.* Entrevista.
Una pregunta hace girar la respuesta. *Grimal.* Laberinto.
Pregúntale a ese mar donde solía/llorar. *Beroes.* Pregúntale a ese mar.
Preguntaréis: ¿Y dónde están las lilas? *Neruda.* Explico algunas cosas.
Preguntó la muchacha al forastero. *Cuadra.* La noche es una mujer desconocida.
Pregunto por la línea dorada de tus hombros. *Martínez Howard.* Hombros de Adriana.
Un preludio hechicero. *Henriquez.* Epitalamio.
El Premio Nobel de Lectura. *Parra.* El Premio Nobel.
Prenden fuego los negros, queman basuras, queman. *Cermeño.* El pájaro de fuego.
Prender lumbre en la noche de tu verso. *Balseiro.* Poesía antillana.
La preocupación/de encontrar. *Ferreiro.* Poema 14.
Preparadme una barca como un gran pensamiento. *Agustini.* La barca milagrosa.
Preparando están sus filtros. *Florit.* Un gato muere en Pomaire.
Prescriben los facultativos. *Silva.* Avant-propos.
Presencia celestial, exacta rosa. *Centeno Güell.* Donadora de gracia.
Presencia de tu ser. *Sierra.* Presencia.
Presente a secas. *Gómez.* Reclamo del varón a la doncella.

El presente es perpetuo. *Paz.* Viento entero.
The President of my country. *Dalton.* OAS.
El presidente de mi país. *Dalton.* OEA.
Presto cesó la nieve, como música. *Gaitán Durán.* Quiero apenas.
Primavera primera. *Giovanetti Viola.* La sombra fisurada.
La primavera se esfuerza por reiterar sus encantos. *Lihn.* Una nota estridente.
Primavera sencilla, fresca agua de ternura. *Vilela.* Primavera.
Primaveral luce tu día, ¡tierra! *Lameda.* Ritual de la primavera.
El primer año, después del deslumbramiento. *Fernández Retamar.* Revolución nuestra, amor nuestro.
El primer puente de Constitución y a mis pies. *Borges.* Mateo, XXV, 30.
La primera alegoría/es el puerco con los dientes. *Lezama Lima.* Las siete alegorías.
Primeramente me quitaron todo. *Valjalo.* El poeta asesinado.
Primero fue el amor. *Mejía.* En el inicio.
Primero fue el escalofrío: súbito. *Arteche.* El epiléptico.
Primero, hijo, la camisa por dentro. *Kozer.* Recomendaciones a mi hijovarón que está por nacer.
Primero tracé un círculo. *Arenas.* Dibujo.
Primero un aire tibio y lento que me ciña. *Villaurrutia.* Nocturno muerto.
Los primeros sueños en el vacío del aire. *Bedregal García.* Corina.
Primogénita ilustre del Plata. *Lugones.* A Buenos Aires.
Princesa de la luz, radiante y viva. *Gómez Jaime.* Azul.
La princesa está triste ¿qué tendrá la princesa? *Darío.* Sonatina.
Princesita de Cuentos de Hadas. *Gutiérrez Nájera.* Versos de álbum.
The Princess is sad. What ails the Princess? *Darío.* Sonatina.
Príncipe sonoro. *Rubio Huidobro.* Surtidor.
Principiar otra vez. Ser nuevo en todo. *Torres Bodet.* Renuevo.
Principio y fin seguro de todas mis ideas. *Capdevila.* Letanías del deseo.
Prisionera de cielos sin miradas. *Russell.* Transición de la sangre.
Prisionero de mi frente. *Villaurrutia.* Nocturno preso.
Prisionero prisionero prisionero. *Garzón Céspedes.* La calidad.
Privilegio tristísimo y ardiente. *García Marruz.* Privilegio.
Probablemente ahora. *Mena.* Poema.
Probamos todo o casi. *Rodríguez Herrero.* Mi generación.
Proclo, amigo, el mundo no es una fantasía. *Diego Padró.* Breves epistólicos a Proclo.
El producto ofrecía. *Pérez.* El inesperado.
Un profesor de matemáticas de Oxford. *Teillier.* Lewis Carroll
El profesor y su vida de perros. *Parra.* Vida de perros.
A professor of mathematics at Oxford. *Teillier.* Lewis Carroll.
Las profundidades se detuvieron. *Boullosa.* Vena.
Profundos y plenos. *Fernández.* Suave encantamiento.
Prohíbese cobijarlo en su casa. *Lara.* Yo no puedo vivir enla ignorancia.
¿Prólogo? Sí. Prólogo. *Guillén.* Prólogo.
Prolongaré la calle de adoquines. *Parera.* Prolongaré la calle.
Promulgar un rostro, grave y suficiente. *Córdova Just.* Alambique.
Pronto hemos de separarnos. *Martínez Estrada.* Quiero quedarme.
Pronto llegaremos. *Huidobro.* HP.
Pronuncio: Mundo/y turbión violento. *Huertas Olivera.* Pronuncio mundo.
Las propicias creaturas maduran en conchas tornasoles. *Montes de Oca.* Vísperas.
Propio camaleón de otros cielos mejores. *Reyes.* Para un mordisco.
Proserpina extrae la flor. *Lezam Lima.* Minerva define el mar.
Provision a ship for me like a great idea. *Agustini.* The Miraculous Ship.
Proyecta tu sombra. *Mora Martínez.* A mi abuelo Toribio, luz continua.
El público se marcha Y en la sala vacía. *Sienna.* Cuando cae el telón.
Publiqué algunos epigramas. *Robleto.* Epigrama.
Pudiera ser que todo lo que en verso he sentido. *Storni.* Pudiera ser.
El pueblo aprueba la belleza aprueba el sol. *Gelman.* Homenajes.
El pueblo es como el sol y la luna que salen diariamente. *Perezalonso.* El pueblo.
Un pueblo espera sentado alrededor de tu cuerpo. *Pellegrini.* Encuentro.
Pueblo/los octubres se construyen. *Cabrera.* Los octubres se construyen.
Pueblos amados/poetas fulgurantes. *Scorza.* Pueblos amados.

Los pueblos azules de Siria. *Pellicer.* Estudio.
Puede cambiar la vida. *Vitale.* Cambios.
Puede que sea verdad lo del cascarón. *Muñoz Serón.* Oveja que defiende su posición.
Puede ser cierto/no quiero contradecir. *Nieto Cadena.* Un poema casi no sirve para nada.
Puedo adivinar el nombre de un árbol. *Incháustegui Cabral.* Matanza de noria.
Puedo escribir los versos más tristes esta noche. *Neruda.* Veinte poemas de amor. Poema 20.
Puedo escribir los versos más tigres esta noche. *Piña Williams.* Variaciones sobre un tema garantizado.
Puente de Maincy. *Cortés Bargalló.* Bitácora de los colores (Frag.).
Puerta afuera la noche, yo recojo tus sienes. *Brum.* Poema.
Puertos de barro triste y triste vino. *Rokha.* Surlandia mar afuera.
Pues habré de morirme alguna vez. *Moncada.* Poema IV.
Pues queda el corazón manando estrellas. *Alemán.* Gozoso sueño.
Pues si el amor huyó, pues si el amor se fué. *Greiff.* Pues si el amor huyó.
Pues tal vez; quién dijera. *Bonifa Nuño.* Pues tal vez.
Pues tanto buena suerte para algunos. *Belli.* En primavera.
Puesta a ser en espacio de entre mundos. *Hidalgo.* Existencia del tiempo-todavía.
Puesto a leer los tintes ocres, verdes, plateados. *Diego.* Los tintes ocres, verdes, plateados.
Puesto que ignoras demasiados mecanismos. *Morales.* Consejos a un joven poeta.
La pulquería policromada. *González Martínez.* El néctar de Apam.
Pulsadora del aire, prima mía. *López.* Marco para un retrato en la familia.
Pulsas, palpas el cuerpo de la noche. *Paz.* Noche de verano.
Un puñado de tierra. *Campos Cervera.* Un puñado.
La Punta de la Ballena/pelada. *Pereira.* Antonio Lussich.
Punta del sur, extremo de la rosa. *Ledesma.* Sur.
Un punto negro/ha llegado. *Osorio Canales.* Un punto negro.
La punta seca de los geranios. *Arenas.* El éxtasis.
Pupila azul de mi parque. *Agustini.* El cisne.
Pupilas fijas/cielo gris. *Ávila Jiménez.* Atardecer.
La pura luz que pasa. *Gaitán Durán.* De repente la música.
Puro como las flores del coral más antiguo. *Chacón Nardi.* Poema a Cuba desde lejos.
Puse en la balanza. *Shelley.* Aforo # 2.
Puse las manos donde mis guantes querían. *Becerra.* El azar de las perforaciones.
Puso a disposición de los hombres lo que tenía de inteligencia. *Fernández Retamar.* Sería bueno merecer este epitafio.
Puta Luna. *Tomás.* Musa en extinción.

Qhalincha te llamaba la copla de los valles. *Canelas López.* Canción de la mujer del valle.
Que a dónde voy con esas caras tristes. *Burgos.* Poema con la tonada última.
La que acoge y conforta. *Segovia.* La que acoge.
Qué agua incontenible. *Torres Bodet.* Marea.
Qué aire/camino de las playas, el aire. *Lezama Lima.* Nacimiento de La Habana.
Qué alegre el día, sucio, obscuro, lluvioso. *Sabines.* Qué alegre el día.
Qué alegría, Señor. *Champourcín.* Romancillos del amor de Dios.
Que alguien inmensamente se desdiga. *Vitale.* Ultimas noticias / bloqueo.
Que alguien sople en la cavidad. *Castillo.* Tarjeta de navidad.
Los que ampliaron el Canal de Panamá. *Dalton.* Poema de amor.
Qué anhelo de partir o de morir. *Viscarra Monje.* De siempre.
Qué anhelo tan fuerte de huir de mí misma. *Portal.* Abstracción.
Qué antiguas estirpes del dolor. *Hernández.* Tauro.
Que aquí no metan comprado. *Cabral.* Pancho.
El que atraviesa un parque en La Habana grande y floreciente. *Morejón.* Parque Central, alguna gente (3:00 p.m.).
Qué atroz misterio deambula. *Ojeda.* La noche.
Los que auscultásteis el corazón de la noche. *Darío.* Nocturno.
¿Qué baila detrás de nuestras frentes? *Bendezú.* Máscaras.
Qué bella era la niebla del dinero. *Martínez Matos.* Honorato Rojas.
Qué bello fue el sueño, qué bello. *Pedroso.* Canción del hilo de agua.
Qué bien barres mis sueños. *Zaid.* A su amada madrugadora.

¡Qué bien descansa, abuela! *Letona.* ¡Qué bien descansa!
Qué bien sé yo la rosa. *Oribe.* La rosa del sabio.
Qué bien vamos tú y yo. *Guirao.* Tú y yo.
Qué blancos eran los muros de las casas, qué heroicos/los hombres. *Güiraldes.* Recuerdos.
Qué bondad la del árbol cuando llueve. *Rodríguez.* Árbol bajola lluvia.
Qué bonísimo fuera, a veces pienso. *Florián.* Sustentode agua dulce.
Qué brazo convulso, qué corazón deforme por el fuego. *Álvarez.* Acto de profesión nocturna.
Qué breve y dulce el aire que respiro. *Berenguer.* Orillas.
¡Qué bueno es ser negro! libando en la negra. *Rosa-Nieves.* Ebriedad eglógica.
Que cada palabra lleve lo que dice. *Cadenas.* Ars poética.
Que calle el árbol preso en su madera. *Alardín.* Que calle el árbol.
Qué campanas le abrían y cerraban los ojos. *Ortiz Saralegui.* Niña de las campanas.
¡Qué cicatriz! Estrella devorada. *Pereda.* Madrugada.
¿Qué ciudad sería/aquella ciudad? *Barrenechea.* Ciudad perdida.
Qué ciudades destruídas, qué hombres. *Viscarra Fabre.* Canción de cuna.
Qué clara paz interior. *López Vallecillos.* Cancioncilla.
Que contenga rosas. Hoy/ya no existen. *Morales.* No busquen una patria.
Qué corazón te acrece, qué sangre te encamina. *Rincón.* La rosa.
¿Qué cosa más blanca que cándido lirio? *Gutiérrez Nájera.* De blanco.
Qué cuentas en la luz que cada estrella. *Carrasco.* Inaprendida, apenas.
Qué dardo puro, que amorosa queja. *Florit.* Las preguntas.
Qué definido goce me reserva. *Rega Molina.* Momento.
Qué denso se vuelve el tiempo. *Serrano.* Qué denso se vuelve el tiempo.
Los que desesperan deben reinar en las tinieblas. *Urzagasti.* Los que desesperan.
Que despierte el leñador. *Neruda.* Que despierte.
¡Qué desvalida sombra tu recuerdo! *González Carvalho.* Comprobaciones.
¡Qué detuvo el flujo de su vena! *Boullosa.* Ingle de piedra.
Qué diablos hacen ángeles posados en medio camino. *Lauer.* Los ángeles.
Qué dicen esos ojos niños. *Brull.* Ojos niños.
Qué dicha es ésta que llora. *Campero Echazú.* Copla.
Qué diera yo por saber qué hago aquí. *Rivera.* Qué diera yo por saber.
Qué difícil lavar mi ropa sucia. *Cohen.* Autobiografía del infiel.
Qué dirán, acercándose a mi lecho. *Rega Molina.* Historia.
Qué diré de mi cuerpo. *Camacho Ramírez.* Comienzo de la sangre.
Qué distinto el barrio está. *Finot.* Al pasar.
Qué distinto/qué idéntico. *Chariarse.* El ausente.
Qué duro es, Padre, hablarte en estos tiempos. *Medina.* Príamo.
Que el verso sea como una ganzúa. *Lira.* Ars poetique.
Que el verso sea como una llave. *Huidobro.* Arte poética.
Los que en afán y angustia hemos vivido. *Barrenechea.* La dicha.
Los que/en el mejor de los casos. *Dalton.* La pequeña burguesía.
Que eres reacia al Amor, pues su manía. *Martínez Rivas.* Ars poética.
¿Qué es esto? ¡Prodigio! Mis manos florecen. *Ibarbourou.* El dulce milagro.
Qué es esto/de volver a los mismos lugares. *Electorat.* El retorno.
¿Qué es la patria? Es el amor. *Guzmán.* Patria.
¿Qué es lo que esperan? ¿No me llaman? *Burgos.* Dadme mi número.
Qué es lo que ha vuelto a la sangre. *Tafur.* El llamado.
Qué es para usted la poesía además de una piedra. *Jamís.* Qué es para usted la poesía.
Qué es un antipoeta. *Parra.* Test.
Que está más alto Dios lo sabes. *Florit.* El alto gris.
Que está naciendo un tiempo. *Rivas.* Tiempo primero.
Qué estará haciendo esta hora mi andina y dulce Rita. *Vallejo.* Idilio muerto.
Que esto es un pozo ya no cabe duda. *Romualdo.* De metal y de melancolía.
Qué extraños son, Bernard, los caminos del tiempo. *Pita Rodríguez.* Bernard de Maupoil.
Qué fatiga estos manteles. *Guevara.* El desconcierto.
Qué feliz el azul y qué contento. *Valle.* Azul de Huejotzingo.
Qué fue la vida. *Vilariño.* Qué fue la vida.
El que fui vuelve llorando, y no hay manera. *Cunha.* A mi espalda.
Qué ganará con hablar por teléfono. *Parra.* Quégana un viejo con hacer gimnasia.

Qué gélido contacto a la memoria. *Sicilia.* Qué gélido contacto.
Qué gran curiosidad tengo de verte. *García Terrés.* La fuente oscura.
Qué grandes son, hermano. *Chirino.* Parábola de las cosas pequeñas.
¡Qué gusto da lo mismo! *Zaid.* Elogio de lo mismo.
¿Qué ha sido que ya no ha vuelto? *Fajardo de Perelman.* Tomasito mamani.
¿Qué hace París con los poetas? *Medina.* Los poetas ya no van a París.
Qué hacer en esta hora/caminar dentro de la celda. *España.* Qué hacer en esta hora.
¿Qué hacer por esta desnuda patria? *Valdés.* Lamento por la patria.
Qué haré con las plumas. *Quezada.* El accidente.
¿Qué haré con mi felicidad? ¿Dónde ponerla? *Novaro.* El amor custodio.
¿Qué has hecho, Luis/con mi patria? *Cuadra.* ¿Cuándo?
¿Qué hay de nuevo? Tiembla la tierra. *Darío.* Agencia.
Qué hemos de hacer nosotros los negros. *Santa Cruz Gamarra.* Muerte en el ring.
¡Qué hermosa eres, Diablo, como un ángel! *Owen.* Día veintisiete, Jacobo y el mar.
¡Qué hermosa placidez! La tarde quieta. *Díez de Medina.* Acuarela.
Los que hicieron de nosotros. *Gómez.* Son ellos.
Qué hicisteis vosotros gidistas. *Neruda.* Los poetas celestes.
Qué hijos de una tal por cual. *Vilariño.* Para decirlo.
Qué importa que la vista se fije en el horizonte. *Lázaro.* Epigrama desterrado.
¿Qué importa, di, que fuera pasajero? *Prado.* ¿Qué importa, di?
¿Qué importan las penurias, el destierro? *Borges.* Página para recordar al Coronel Suárez, Vencedor en Junín.
Qué instante ardiente y encalmado. *Sassone.* Instante.
Que la ciudad sea principio y fin. *Aura.* Que la ciudad sea principio y fin.
Que la mujer en el mar es un aliento. *Zito Lima.* Ella.
Que la Poesía sea. *Trías.* Arte poética.
Que la vida no vaya más allá de tus brazos. *Loynaz.* Deseo.
¡Qué lágrimas, Señor, gotean las campánulas! *Bedregal.* Alegato impaciente.
Que le den su leche temprano. *Silva.* R/p.
Qué le hace el agua al pescado. *Camerón.* Una raya más al tigre.
¿Qué le ocurrió, tan buena? *López.* Qué le ocurrió.
¡Qué leve suspirar el de las rosas! *Meléndez de Espinosa.* Estancia de la rosa.
¿Qué libros son éstos, Señor, en nuestro abismo? *Eielson.* Librería enterrada.
Los que llamaron a la muerte en la muerte han caído. *Arteche.* Los que llamaron.
¡Qué lluvia la que cae esta noche! *Nieto.* ¡Llueve tanto esta noche!
¡Qué luz y andar entre esferas dormidas en el vidrio! *Valle.* Celebración de la muerte.
¡Qué mágica nube, que ignorada/ciudad! *Guirao.* Eco de mi ser.
¡Qué maravillas sencillas! *Martínez Estrada.* Coplas de ciego.
Que me cierren los ojos con uvas. *Ballagas.* Sentidos.
Que me impregne/el vendaval de las horas. *Novo.* Naufragio.
Que me quiten esta armadura. *Ibáñez.* Clamor guerrero.
Que mi dedito lo cogió una almeja. *Mistral.* La manca.
¿Qué milagro es aquél que se levanta? *Álvarez.* Jacarandá.
La que muerde el alma. *Aramayo.* La hormiga.
Que muy pronto mañana, y no más ya. *Belli.* Que muy pronto.
La que nace, es la rosa inesperada. *Adán.* Quarta ripresa.
El que nada se oye en esta alberca de sombra. *Villaurrutia.* Nocturno amor.
Que nadie venga a decirme. *Enríquez.* Prohibido el paso.
Qué negro tan firulítico. *Portuondo.* Firulítico.
¡Qué no dieras por la libertad de un pájaro! *Anón. Bolivia.* Canto de libertad.
¿Que no lo habeis notado, amigos míos? *Gochez Sosa.* Amigos, mi hija no está muerta.
Que no se diga que amé las nubes de Concepción. *Rojas.* Orompello.
Que no soy el que soy sino el que quiero. *Bedregal.* No ser el que soy sino el que quiero.
Los que no ven/nos dicen ciegos. *Castillo.* Revolución.
Los que nunca se darán cuenta de nada. *Martos.* Naranjita.
Que nunca te dé por sentirte. *Belli.* Obligaciones del poeta.
Qué oculta la cansada estación, entre ramas resecas. *Ojeda.* Van Gogh en Arles.
¿Qué oculto secreto informe y agrio se retrata? *Fraire.* Sólo esta luz (Frag.).
¿Qué orden prescribe nuestra/congregación? *Mejía Sánchez.* Las manchas del tigre.

Que otro se preocupe de los osarios. *Neruda.* La vida.
¿Qué país es ése que diviso? *Calderón.* Asuntos de la memoria.
¿Qué pájaro es ése aquél? *Crespo.* ¿Qué pájaro es?
Qué palabra mejor que la que canta. *Díaz Mirón.* Victor Hugo.
Qué palabra simple y precisa inventaré. *Adán.* La mano desasida (Frag.).
Qué palabras vendrán, con mansedumbre de palomas. *Arrieta.* Ante una página en blanco.
Qué pasa ahora. *Vilariño.* El ojo.
Qué pasa que están negras las velas. *Queremel.* Luto en elpuerto.
¿Qué pasará al mundo, Dios mío? *González Tuñón.* Marionnettes 4.
¿Qué pasó con los hijos que parió esa madre? *Puglia.* ¿Qué hacen los que pueden hacer algo?
¿Qué piensa él? *Padilla.* Una pregunta a la escuelade Frankfort.
¿Qué podría librarnos de este horrendo. . . ? *Reynolds.* ¿Cuándo?
Qué podrías entender, si tal vez te cubre ya la tierra. *Molinari.* Qué podrías entender.
Que por qué, que hasta cuándo que si voy a dormir noventa. *Rojas.* Uno escribe en el viento.
Qué prueba de la existencia. *Villaurrutia.* Qué prueba de la existencia.
Qué puedo esperar. *Infusino.* Respuesta de amor.
El que quiera la paz en la muerte. *Capdevila.* El que quiera la paz.
El que quiera llegar al paraíso. *Parra.* El pequeño burgués.
Que realmente fue tremendo. *Fernández Retamar.* Sonata para pasar esos días y piano.
Qué regalo me hace la tarde. *Estrada Sáinz.* Plenitud.
Que repiquen las campanas. *Alegría.* La caída de un obispo.
Qué sabes tú que sabes. *Mendoza.* Equívoco gratuito.
Qué sabes tú quién es y qué ha pasado. *Fabani.* Quésabes tú.
Qué sabor tiene el perfume. *Tamayo.* La víbora invisible (Romance aymara).
Qué se ama cuando se ama, mi Dios. *Rojas.* Qué se ama.
Que se cierre esa puerta. *Pellicer.* Que se cierre esa puerta.
¿Que se estiró la tierra/hasta el gemido? *Ibáñez.* Tú, por mi pensamiento.
¿Qué se hace a la hora de morir? Se vuelve/la cara. *Castellanos.* Amanecer.
Que se termine todo de una vez. *Parra.* Yo Jehova decreto.
¿Qué sé yo de Dios? ¿Y al fin y al cabo . . . ? *Gordillo.* ¿Qué sé yo?
¡Qué sé yo de los muertos! *García Terrés.* Sobre los muertos.
Que sea larga tu permanencia. *Sáenz.* Que sea larga tu permanencia.
Qué sentido, qué camino, qué inconstantes brillos. *Ojeda.* Swedenborg.
¿Qué será? *Castrillo.* Será acaso el múltiple anillo.
¿Qué será de mi amor cuando yo haya muerto? *Usigli.* ¿Qué será de mi amor?
¿Qué será mío entre tanta abundancia? *Liscano.* Cáncer.
Qué serio amaneció el día. *López Vallecillos.* Difícil.
¿Qué si me duele? Un poco; te confieso. *Urbina.* Humorismos tristes.
Qué signo haces, oh Cisne, con tu encorvado cuello. *Darío.* Los cisnes.
Qué soledad enorme la de no poder verte. *Dávila.* Para Isolda.
Qué soledad hiriente, qué finísima. *Bonifaz Nuño.* Qué soledad hiriente.
Qué soledad, qué muerte me destinan. *Huerta.* Verano.
Qué solo voy quedando en esta guerra. *Sabella.* Autorretrato de estos años.
Qué somos, Dios, qué somos sino polvo y silencio. *González Urizar.* Qué somos.
Los que soñamos/sentimos el sueño. *Pérez-So.* Los que soñamos.
Qué sostiene tu cuerpo en el vacío. *Rojas.* Qué sostiene tu cuerpo.
Qué suerte tienes. *Monsreal.* El tributo.
Que te acoja la muerte. *Mutis.* Amén.
Qué te acongoja mientras que sube. *Díaz Mirón.* La nube.
Que te ciegue la luz, hijo. *Díaz Varín.* Ven de la luz, hijo.
¿Qué te dice mi voz a la primera/luz auroral? *Othón.* La campana.
¿Que te falto al respeto? *Gavidia.* La defensa de pan.
Los que tenemos unas manos que no nos pertenecen. *Novo.* Elegía.
Qué trijte que etá la noche. *Obeso.* Canción der boga ausente.
Qué triste debe ser, hermano mío. *Rega Molina.* Muerte.
¡Qué tristes son las horas! Cual rebaño. *Casal.* Las horas.
Que tristeza la de esos pescados rotos, decapitados. *Heredia.* Vueltas en círculo de una mesa de botillería.
Que una lumbre nostálgica anduviera. *Guzmán Cruchaga.* Árboles equivocados.

Qué vamos a escribir ahora, cuando la patria. *Argueta.* Poética 1980.
Qué verde el árbol. *Vitale.* Día acabado.
Qué vertical, qué sueño. *Canelas López.* Renunciamiento.
Qué viento se detiene en esa rama pulverizada. *Labastida.* Música contra la tormenta.
Que viva Bolivia. *Anón. de Vallegrande.* Patrióticas.
Qué voluntad de permanencia. *Blanco.* Canción de diciembre.
Quebrada la armonía. *Massaroni Lusby.* Locura.
Quebrantaré en tu honra mi vieja rebeldía. *Vaz Ferreira.* Holocausto.
Quedaban dos recuerdos Altanero. *González Castillo.* Prosaísmo.
Quedaré como un sueño entre la soledad y los jardines. *Hernández Aquino.* Ultima soledad.
Quedaré dentro de ti, siempre. *Barreda.* Quedaré.
Quédate allí/estática. *Délano.* Fotografía III.
Quedo distante de los sueños. *Paz.* Insomnio.
Quema la tarde y desollando casas. *Bañuelos.* Leopardo insomne.
Quema las piedras de tu noche y no preguntes. *Jamís.* Quema las piedras.
Quemante rayo que horadó la sangre. *Bollo.* Súbita muerte.
Quemaste la madrugada. *Guillén.* Velorio de Papá Montero.
Quería bailar wayñu. *Lara.* Wayño.
Quería, en la misma flor. *Torres Bodet.* Soledades.
Querido Lobo. *Boullosa.* Carta al lobo.
Querido mío/te recuerdo como la mejor canción. *Varela.* Monsieur Monod no sabe cantar.
Querido Victor. *Rodríguez Rivera.* Elegía por la ciudad.
Queridos contemporáneos míos. *Alcides.* La clase.
Querría ser para ti. *Jordana.* Mares, muelles y nómadas navegantes.
Quiebro mi último hueso, me despido. *Correa.* Ultimo hueso.
¿Quién busca/los niños? *Alfaro Cooper.* La abuela.
¿Quién canta en las orillas del papel? *Paz.* Arcos.
Quien comiere costillar de chancho con porotos. *Rokha.* Rotología del poroto.
¿Quién como yo ha cenado? *Illescas.* ¿Quién?
Quién dejará de hundir su mano en busca del tributo. *Pizarnik.* Quién dejará.
¡Quién dice de la nocturna simiente . . .! *Ávila Jiménez.* Generación.
¿Quién dijo alguna vez: hasta aquí la sed? *Gelman.* Límites.
Quién dijo/que los poetas. *Henderson.* Los puentes.
¿Quien echó este pliegue profundo? *Arvelo Larriva.* Siembra.
¿Quién eres tú? *Vera.* Máscaras.
¿Quién eres tú? ¿Quién eres tú? *Rosenmann Taub.* La enredadera de júbilo.
Quién eres tú repentina/doncella. *Parra.* Canción.
¿Quién eres tú, que creces? *Castro.* Invierno en el camino.
¿Quién es esa sirena de la voz tan doliente? *Nervo.* Viejo estribillo.
¿Quién es este monarca sin cetro ni corona? *Lastra.* Puentes levadizos.
¿Quién escribió este adiós? *Planchart.* Cuarteto de cuerdas.
Quién fuera ese mango que muerdes. *Rincón Calcagno.* Mango.
¿Quién ha alzado ese sombrero que coloqué a mi diestra? *Cazasola.* ¿Quién . . . ?
¿Quién ha matado este hombre que su voz no está enterrada? *Cabral.* Aire durando.
¿Quién ha mentido? El pie de la azucena. *Neruda.* Reuniónbajo las nuevas banderas.
¿Quién habitó esta ausencia? ¿Qué suspiro? *Torres Bodet.* Regreso.
Quien hizo al mundo. *Isla.* Dios es mi copiloto.
Quien hoy el odio provoca. *González Prada.* Coplas.
Quién hubiera dicho que son nuestros mismos corazones. *Petit de Murat.* Espléndida marea de lágrimas.
Quien llegó tarde de su oscuridad. *Calvo.* Ojo de estatua.
Quien llene el tiempo con todos los árboles del universo. *Gómez Correa.* El meteoro.
Quién lo iba a decir que yo iba a perder. *Bosch.* Delmira.
¿Quién me compra una naranja? *Gorostiza.* ¿Quién me compra . . . ?
¿Quién me llama? Y Lázaro, saliendo de su tumba. *Prado.* Lázaro.
¿Quién me tiende una mano? Digo. *Reyes.* Desde la rama más alta de esta gloria.
¿Quién no desea un alma dura? *Neruda.* De cita en invierno.
¿Quién no se llama mono, amor? ¿Quién al comienzo? *Vulgarín.* El simio y su carta.
¿Quién no tiene un vestido azul? *Vallejo.* Actitud de excelencia.

¿Quién no tiene su vestido azul? *Vallejo.* Altura y pelos.
Quien no tuviere una bandera. *Fernández.* Floromilo.
¿Quién no vio a la primavera? *Arévalo Martínez.* Color.
Quién nos habría de decir, Señor. *Morador.* La cruz.
¿Quién ofrece su muerte en esta rosa? *Ferrer.* Sonetos blancos para la rosa roja.
¿Quién oirá la canción triste/si no Pierrot? *Amighetti.* Nocturno.
Quien pensaría en ese rostro ambiguo. *Cabañas.* La esfinge.
Quien piense dirigir una guerra en la selva. *Payeras.* Tamborillo.
¿Quién podrá devolverme a mi figura? *Marasso.* La figura.
Quién pudiera dormirse como se duerme un niño. *Mondaca.* Cansancio.
¿Quién reprocha mis palabras? *Zepeda.* ¡Nadie hable de la muerte!
¿Quién restaura mis alas ya plegadas? *Zevallos Antezana.* Vitalidad.
Quién sabe a qué distancia estarás en la noche. *Vizcarrondo.* Quién sabe.
Quién sabe si llegué temprano. *Rivera Madrid.* Quién sabe.
Quién sabe si los árboles beben. *Rivera.* Quién sabe.
¿Quién secó las verduras de mis eras? *Illescas.* ¿Quién secó las verduras?
Quién sino yo que he violado las formas más adictas. *Girri.* El infiel.
Quien sostiene la calle ultimamente. *Rubio.* Muralla por caerse.
Quién soy hacia lo eterno de estos búhos. *Vitier.* Como el fuego.
Quién te estará nombrando en la alta noche. *Hernández Aquino.* El día presentido.
¿Quién te nombrará entre los ángeles para en tu misterio revelarse? *Rokha.* Lávame fuerza oculta.
¿Quién toca el arpa de la lluvia? *Loynaz.* Arpa.
Quién viene por la tarde tañendo su laúd *Molinari.* Oda.
¿Quién vive en el espejo? *Vásquez.* ¿Quién vive?
Quién/si no él. *Rivas.* Justificación.
Quienes quedaron a mitad del camino. *Cuéllar.* Hasta la victoria final.
Quiénes son los que pasan, del otro lado del muro. *Lihn.* Los peregrinos de Emaús.
Quiere el amor feliz, el que se posa/poco. *Loynaz.* Soneto.
Quiere soltar su grito en el espejo. *Ferré.* Fábula de la garza desangrada.
Quiere volver ¡oh! genio de la paz y de la guerra. *Villalobos.* Al libertador en 1938.
Quieren ¡oh mi dolor! que a tu hermosura. *Martí.* Quieren ¡Ohmi dolor!
Quieres cambiar tu reino por un pájaro. *Oribe.* Poema del reino.
¿Quieres dinamitar? *Gómez.* Epigrama.
Quieres sondear la noche de mi espíritu. *Borrero.* Íntima.
Quiero aclarar mi voz y encabronarme. *Bañuelos.* Vivo, eso sucede.
Quiero acordarme de una ciudad deshecha junto a sus dos ríos sedientos. *Molinari.* Casida de la bailarina.
¡Quiero aromar tus rizos abundosos! *Matamoros.* Anhelos.
Quiero decir palabras de laberinto, quiero. *Marechal.* Primer encuentro con amor.
Quiero despertar en una cama de hierba. *Mondragón.* Paisaje cubista.
Quiero encontrar algo que me divierta. *Fernández.* La calle Sacramento.
Quiero/enviarte con palabras. *López Saavedra.* Misiva.
Quiero escribir, pero me sale espuma. *Vallejo.* Intensidad y altura.
Quiero escribir un niño. *Belli.* Quiero escribir.
Quiero escribir voces. Que estamos. *Bañuelos.* Esto es la otra parte.
Quiero estarme contigo en el sagrado. *Urquiza.* La oración en tercetos.
Quiero expresar mi angustia en versos. *Darío.* Nocturno.
Quiero irme de todas partes. *Gutiérrez Roca.* Ejecutoria.
Quiero morar debajo de la tierra. *Camargo Ferreira.* Población subterránea.
Quiero morir cuando decline el día. *Gutiérrez Nájera.* Para entonces.
Quiero no saber ni soñar. *Neruda.* Estación inmóvil.
Quiero pensar/que alguna vez pudiere. *Flax.* Arte.
Quiero que me cultives, hijo mío. *Blanco.* Coloquio bajo el laurel.
Quiero que veas mi país. *Bedregal.* Invitación al viaje.
Quiero restituirles la piel desgajada. *Schinca.* Aldeas de Vietnam.
Quiero saber/qué pasa en tus lejanos crepúsculos. *Shimose.* La patria y la distancia.
Quiero ser y no ser. *Corssen.* Tikal.
Quiero un cuartito blanco, adonde llegue. *Londoño.* Ambición.
Quiero una casa de piedra junto al mar. *Machado de Arnao.* Embriaguez de la muerte.

Quiero una huelga donde vayamos todos. *Belli.* Huelga.
Quiero vivir los nombres. *Gaitán Durán.* Quiero vivir.
Quiero volver a ti pausadamente. *Lorenzo.* Soneto del retorno.
Quiero y no quiero/busco. *Vilariño.* Pasar.
QUIET the dogs of clay are coming. *Bañuelos.* Dogs.
La quietud/reposa. *Serrano.* Sangre fría.
La química sirve para todo. *Berenguer.* Huellas de siglo.
Quince años atrás, cuando los soldados. *Marzán.* Graduación, 1965.
Quince años atrás, esta calle por la que ahora pasa. *Conte.* Afiche rojo.
El quinibán ejtá parao. *Vizcarrondo.* El baniqué.
¡Quiquiriquíii! *Guirao.* Canto negro de ronda.
Quiróptero/de una paciencia extraordinaria. *Guillén.* Reloj.
Quise la calma y la alegría de la calma. *Calvetti.* Habla el alma de Juan Lavalle.
Quise ser novelista. *Aguilar Mora.* Cuando conocí a Roland Barthes (Frags.).
Quisiera cantar una larga tristeza que no olvido. *Molinari.* Oda a una larga tristeza.
Quisiera creer en la muerte. *Durán.* A la vida.
Quisiera enfrentarme con la muerte. *López Saavedra.* Yo y la muerte.
Quisiera esta tarde divina de octubre. *Storni.* Dolor.
Quisiera lo que quise cuando, entonces. *Godoy Godoy.* Quisiera.
Quita de mí esta brizna. *Castro.* Quita de mi.
Quítame el pan, si quieres. *Neruda.* Tu risa.
Quítate el corsé/Mariana. *Mejía.* La abuela no conoce de licores.
Quizá porque era invierno entonces. *Azcona Cranwell.* Si el espacio es distancia.
Quizá venga de allí. *Infusino.* Ésta es la cuestión.
Quizá ya no seré la sombra. *Restrepo.* Quizá ya.
Quizás nació en Judea. *Ibarbourou.* El ciprés.

Rabat se alza/cubierta de copas de azahar. *Ochoa.* Rabat.
¡Rabbit: timid brother! My teacher and philosopher. *Carrera Andrade.* The Perfect Life.
Radio 8 segundos/señora. *Hernández.* La belle epoque.
Ráfaga azul del frío y ancho viento. *Velásquez.* Elegía del madrigal que se quedó desnudo.
Ráfaga desde un mar de joven brillo. *González.* Ráfaga.
Las raíces son símbolos de tenaz sufrimiento. *Genta.* Las raíces.
The rain arrives to contemplate the plaza. *Camerón.* Imperfect Preterite.
The rain/disconsolate. *Calderón.* Code of Waters.
The rain with its hair gilded by the sun. *Carrera Andrade.* Transfiguration of the rain.
Raise the oars, be carried. *Zaid.* Mortal Practice.
La raíz de mi cepa la traigo yo de lejos. *Palma.* Raíz negra.
Rama de boj para que juegue un gnomo. *Cruchaga Santa María.* Rama de boj.
Rama es una suma de almacenes chinos. *Uriarte.* Rama.
Rama's a bunch of little shops. *Uriarte.* Rama.
Las ramas:que no. *Santibáñez.* Dormir ajeno.
La ramera era núbil. Por sus ojos ardientes. *Lockward.* Era núbil.
Ramo de heliotropos. *Rokha.* Desde Washington carta a la familia.
Rancho extendido en ímpetu de vuelo. *Ledesma.* Rancho extendido.
Los ranchos dorados cercados de cardos. *Cardenal.* Acuarela.
Rápidas manos frías. *Paz.* Madrugada.
Rarísima, desesperada. *Walsh.* Arte poética.
El rascacielos cerró sus mil párpados. *Tello.* Paralelas.
Rastreando emerge del cristal de cromo. *Granado.* El río.
Rayó con el dedo el cristal. *Basualto.* Viaje.
Un rayo de sol en el agua. *Wilcock.* Villa Barberini.
El rayo surca, sangriento. *Martí.* El esclavo muerto.
El rayo surca, sangriento. *Martí.* El rayo surca.
La raza blanca la raza negra la raza. *Molina.* Sentar cabeza.
Raza valerosa y dura/que con pujanza silvestre. *Lugones.* A los gauchos.
La razón de estas aguas, la perfecta. *Hahn.* De tal manera mi corazón.
Reading/flowing. *Paz.* On Reading John Cage.
La realidad es ahí donde el silencio. *Liscano.* La realidad es ahí.

La realidad la realidad es ésta. *Benavides.* La realidad.
La realidad, si, la realidad. *Orozco.* La realidad y el deseo.
Reality, yes, reality. *Orozco.* Reality and Desire.
Really, to speak of it really. *Heraud.* The Art of Poetry.
Rebaso de mi propio territorio. *Vásquez Méndez.* Rebaso de mi.
Rebaso de mi propio territorio. *Vásquez Méndez.* Integración.
Rechaza/la corrupción. *Serrano.* Corrupción.
Recia espalda y anchurosa. *Pichardo.* El último esclavo.
Recibe mi presencia hecha de arena. *Prieto.* Ofrenda.
Recién aparecida, ansiosa. *Adán.* Quinta ripresa.
Un recién nacido en una casa sola. *Barquero.* El invitado.
Recio varón de sangre, un niño ha muerto. *Lindo.* Ha muerto un niño.
Reclinado en la yerba que humedece la tarde. *Londoño.* La vejez del sátiro.
Recojo la simiente de los días. *Balsa Donatti.* La simiente.
Recóndita y secreta/emerges callada. *Dondo.* Recóndita.
Recordando aquello de ser niño. *Escobar.* Murumacas.
Recordar, disciplina de fantasmas. *García.* Tres variantes sobre un mismo deseo.
Recorrer ese lugar era como navegar en velero. *Byrne.* Niña antigua.
Recorrer todo el camino. *Vieyra.* Recorrer
Recorriendo su tela. *Tablada.* La araña.
Recortaba la vieja capilla. *González de León.* Los murciélagos.
Recostada en el pretil. *Echeverría.* En febrero.
Recostado en su placer, el día. *Bonifaz Nuño.* Recostado.
Recuerda amado cuando nos conocimos. *Gómez.* Carta.
Recuerda, cuerpo, cuánto te quisieron. *Sicilia.* Despedida.
¿Recuerdas a la Gorgona? Ha dicho. *Valle.* El amor mágico.
¿Recuerdas aquel verano de Arrecifes? *Sandoval.* ¿Recuerdas aquÈl?
Recuerdas el bello tiempo. *Olivari.* Prólogo que no dice nada y me disculpa.
Recuerdas que querías ser un poeta telúrico. *García Terrés.* Cantar de Valparaíso.
¿Recuerdas? una linda mañana de verano. *Magallanes Moure.* ¿Recuerdas?
Recuerdas, mi alma, ese árbol favorito. *Wilcock.* Jardín botánico.
Recuerdas/fue un miércoles de ceniza. *Arévalo.* Todo hecho de amor.
Recuerdo a Floridor Pérez. Qué quieren que /haga. *Schopf.* Mortandad cerca de los ángeles.
Recuerdo, allá en la casa familiar, dos enanos. *Darío.* Tríptico de Nicaragua.
Recuerdo centenares de historias. *Yllescas.* Fiestas de San Juan.
Recuerdo el sol de los venados. *Carranza.* El sol de los venados.
Recuerdo la noche cuando yo te dije. *Escobar Velado.* Contesto tu carta viejaamiga.
Recuerdo la silla, un tanto desvencijada. *Byrne.* Turquesa.
Recuerdo que escribiste en uno de tus últimos poemas. *Cuéllar.* José Carlos muere en las cercanías de San Vito dei Normandi.
Recuerdo una plaza triste. *Arrieta.* Canción ingenua.
Los recuerdos de hace quince años. *Agudelo.* Papá-Joaquín.
Los recuerdos se han fatigado de seguirme. *Huidobro.* Balandro.
Recuerdos/palabras y sucesos. *Sologuren.* La hora.
Red gladioli of bleeding feathers. *Hahn.* Gladioli by the Sea.
Redoblados soplos de amor. *Heraud.* Verano.
Redwood City, California. *Fernández Cherición.* Una canción de paz.
Refleja el agua límpida su escultural belleza. *Díaz.* Leda.
Regia flor escarlata. *Tamayo.* Las khantutas.
La región que buscabas en el azul del sábado. *Huerta.* Escena de costumbres.
Regresa sobre el agua. *Garduño.* Canción.
Regreso con idéntica sombra. *Rafide.* Idéntico regreso.
Regreso de los sueños que se inclinan. *Nava.* La orfandad del sueño.
Regreso del olvido. *Castillo Martín.* Regreso.
El regreso para morir es grande. *Gaitán Durán.* El regreso.
Regreso, juntando huellas temblorosas. *Gómez.* Sombra de reyes magos.
La Reina de Saba—desnuda como Lady Godiva. *Tablada.* ¡Ja Ja Ja!
La reina estaba dormida. *Ibáñez.* Balada de la extraña fuente.
Reina roja del mercado/paloma de Montserrat. *Blomberg.* La reina del mercado.

Las reinas de la noche. *Agüero Chaves.* Romance de la majestad sencilla.
Reitero: a la que lleva o sobrelleva/mi sangre. *Paine.* Ultima voluntad.
Relámpagos sonoros. *Marín Mederos.* Elegía por mis caminos muertos.
Relata el asombrado y magnánimo Calcas. *Morejón.* Los aqueos.
Un relincho abigarra los pastales del alba. *Rosenmann Taub.* Alborada poderosa.
El reloj. *Quirarte.* En la anarquía del silencio todo poema es militante.
El reloj en el muro se ha parado. *González Martínez.* Vae soli.
Reloj/picapedrero del tiempo. *Carrera Andrade.* El Reloj.
Relojes descompuestos. *Pellicer.* Estudios.
Los relojes se paran a la una o a las doce. *Salazar Bondy.* Contra el reloj.
Relumbra el aire, relumbra. *Paz.* Misterio.
Rema suave, suavemente. *Cotto.* Nocturno en Pátzcuaro.
Remembering childhood. *Escobar.* Worries.
Rememos en la tarde. *Salazar.* Regreso.
Remoción del inmóvil. *Girri.* Museo: por fuera lo cambiante, por dentro evasión.
Remonto hacia el muchacho que me espera. Triptico III. *Roa Bastos.* Del regreso.
La renovada muerte de la noche. *Novo.* La renovada.
Repetidas las aguas del origen. *Silva Estrada.* Repetidas.
Repetir el mismo gesto hasta morir. *Oyarzún.* Paciencia.
Reposa entre los yuyos. Pulso y sangre han vertido. *Romero.* La muertedel indio.
Reposa sobre mi mesa un límpido vaso cristalino. *Césped.* Vasode agua.
Reposa y pesa el mar. *Segovia.* Secreto.
Represivo caimán. *Sampedro.* Aprehension.
Rescatado en la ciudad por veinticinco segundos. *Huerta.* Actos.
Resguardando la morada del Bien. *Paz Paredes.* Éxodo.
Resistirme a ser reducida. *Meneses.* La propia insurrección.
Resonaban letanías monocordes. *Allocati.* El rosario.
Respirando como el buche de nácar de un sapo. *Dujvne Ortiz.* La burbuja.
Respiras por palabras diez mil veces al día. *Rojas.* Y nacer es aquí una fiesta innombrable.
El resplandor rojizo. *Asiáin.* Tentado.
Responde zona responde zona. *Garzón Céspedes.* En los escombros.
Respóndeme mamá. *Illescas.* Respóndeme, mamá.
Respóndeme, Teresa. *Munita.* Respóndeme.
La responsable de la luz más viva. *Oribe.* ¿Cuál es?
Restablecido apenas de mis males. *Guzmá Cruchaga.* Otoño.
Restará de quien soy tan sólo un pozo. *Larrahona Kästen.* Mi pozo.
Resumidas ausencias. *Ávila Jiménez.* Síntesis.
Resurgirán de sus cenizas que fueron. *Lara.* La pareja.
Reticuláreas/amplitud de retículas. *Silva Estrada.* Variaciones.
Retobado de barro y paja brava. *Silva Valdés.* El rancho.
Retorna a mi vigilia. *Vilela.* Preludio.
Retorno a tu sed de demencia. *Lira Sosa.* Sed de demencia.
Reunidos al calor del buen café. *Blanco.* La mesa puesta.
Reverencias a ti. *Vera.* Saludos.
Revienta el sol. *Zaid.* Oleajes.
Revolución/en el principio están las palabras. *Fernández.* Epifanía.
LA REVOLUCION es un pupitre. *Cajina Vega.* Cartel.
Revolución, revolución. *Novo.* Del pasado remoto (Frags.).
El revolucionario muere. *Peralta.* Introducción al estudio de las contradicciones.
Un revuelo de luces. *Carrasco Peña.* La casa desierta.
Rey de los hidalgos, señor de los tristes. *Darío.* Letanía de nuestro señor Don Quijote.
El Rey escucha sólo. *Calvo.* Fábula.
Rey solitario como la aurora. *Casal.* Flores de éter.
Un rey, un vagabundo, un perseguido. *Moro.* Homenaje.
Reyes y clowns comen del puerco y beben. *Ruano.* El gran banquete.
Rezadora del orégano. *Vásquez.* Novenas.
Una ribera frecuentada por la princesa polar. *Llinás.* El pabellón de los ilustres.
Ricos, vosotros los ricos que tenéis la maldición. *Pasos.* Coral de los mendigos.
Ridiculous dreamer. *Molina Venegas.* Events Like Palaces.

Rieles, grúas y el polvo y el verde. *Martínez Matos.* Los conquistadores.
Right from the start I knew I'd follow you. *Cisneros.* To a Dead Lady.
Rimbaud apareció en Lima un 18 de julio de mil novecientos setenta y dos. *Pimentel.* Rimbaud en polvos azules.
Un río carnal abre los muslos. *Aridjis.* Perséfone (Frag.).
Río celeste, río, más que río cisterna. *Rodríguez Pinto.* Canto al cielo de América.
El río con un azul que es el azul del agua. *Silva.* Invierno.
Río/condenado a jadear como los pechos. *Silva Valdés.* A un río.
Río de Enero, río de enero. *Reyes.* Río de olvido.
Río de Janeiro: Yo, Juez militar, predigo. *Aray.* Esto leo a mi hija.
Rio de Janeiro: I, a military judge, predict. *Aray.* I Read This to My Daughter.
Un río de sedientas aguas. *Marín.* Sobre la piedra.
El río de tinta/seguirá corriendo. *Pacheco.* Sentido contrario.
¡Río Grande de Loíza! *Burgos.* Alárgate en mi espíritu ¡Río Grande de Loíza!
Rio Grande de Loiza! *Burgos.* Undulate into My Spirit.
El río invierte el curso de su corriente. *Millán.* Poema 48 de la Ciudad.
Río quedado soy, pero soy río. *Álvarez.* Río quedado.
El río ríe en las cascadas. *Güiraldes.* Poema.
El río se viene cantando, cantando. *Prendez Saldías.* La canción del río.
El río sensible como cuello de mujer. *Sologuren.* El dardo.
El río/y esas lilas que en él quedan. *Ortiz.* El río.
Los ríos andan locos buscándote en la noche. *Bustamante.* Lumen.
Los ríos peregrinos, el viento entre las hojas. *Garcia Vespa.* Los ríos.
Los ríos te anudan ¡río de los Desiertos! *Cáceres.* Poema de la resurrección.
Risa de negro del coco de agua. *Carrera Andrade.* Niña de Panamá.
¡Rítmica Reina lírica! Con venusinos. *Silva.* Sinfonía color de fresas de leche.
Un ritmo dócil, una emoción sedeña. *Rosales y Rosales.* La canción sin palabras.
Ritual es esta tierra llena de vasos enterrados. *Barquero.* Tierra china.
The river reverses its flow. *Millán.* Poem 48 from The City.
Rizos de marfil viviente la presa. *Moro.* Silex of destiny.
Un rocío ácido. También un peso ácido. *Lago González.* Aire frío.
Rodeada de mar por todas partes. *Loynaz.* Isla.
Rodeada de tu muerte como de una/campana. *Ponce de León.* Elegía en tu muerte.
Rodeado de animales. *Alegría.* Donde lloran los valientes.
Rodeado de grandes selvas. *Uriarte.* Río Escondido.
Rodeado de misterio. *Girri.* El examen.
Rodeado de noche. *Paz.* Vrindaban.
Rodeados de los cerros como murallas. *Cross.* Rodeados.
Rodeas los almendros. *Macías.* El juego.
Unas rodillas/unos muslos. *Chávez.* Frente a mi.
Rogad a Dios/por el eterno descanso. *Cuadra.* Juana Fonseca.
Rojas, azules, verdes, amarillas. *Rega Molina.* Patria del campo.
Rojez. Crepúsculo que a dentelladas. *Arteche.* Castilla.
Rojo el poniente. En medio de la rojiza arena. *Bayona Posada.* Soneto rojo.
Rojo, desde el cenit, el sol caldea. *Othón.* Paisajes.
Rojos funerales del crepúsculo. *Figueredo.* Atardeciendo.
Rojo sultán de las azoteas. *Corcuera.* Fábula del gallo que se convirtió en veleta.
Rojos tejados que las lluvias. *Chariarse.* Rojos tejados.
Romero de la aurora. *González Martínez.* El romero alucinado.
Rompe el alba el botón de la mañana. *Othón.* Ángelus domini.
Rompen una ventana/sangra el piso. *Pietri.* La noche tiene veinticuatro horas.
Romper esta tiniebla que me vela. *Gaztelú Gorriti.* Signo.
Romper todos los cánones. *Lizarzaburu.* Palabra de ternura inmóvil.
Rómpete el pecho contra el mundo. *Moro.* Rómpete el pecho.
Rompo los istmos últimos: me alejo. *Olivares Figueroa.* Vida retirada.
Rompo una rosa y no te encuentro. *Brull.* Epitafio a la rosa.
¡Ron de Jamaica ! ¡Ron en pipita! *Ribera Chevremont.* ¡Ron de Jamaica!
Ronda por las orillas, desnuda, saludable, recién salida. *Paz.* Dama huasteca.
Róndanme ya dos ojos sin pestañas. *Vargas Osorio.* Cuando no exista la lágrima.

Un ropero, un espejo, una silla. *Sabines.* Entresuelo.
Rosa, alumna celestial. *Gaztelú Gorriti.* Rosa.
Rosa de la claridad. *Guzmán Cruchaga.* Rosa nocturna.
Rosa de Lima, hija de Cristo. *Mistral.* Procesión india.
Rosa de octubre, como sangre roja. *Coronado.* A una rosa.
La rosa del jardín. *Mieses Burgos.* Las dos rosas.
Rosa en vigilia que delira en vano. *Mieses Burgos.* Rosa en vigilia.
La Rosa es esta rosa. Y no la rosa. *Romualdo.* Poética.
Rosa invisible, rasgo puro. *Sánchez Peláez.* El cuerpo suicida.
La rosa me detiene. *Arrieta.* Hito.
La rosa que amo es la del esciente. *Adán.* Sesta ripresa.
La rosa que ayer tarde en el jardín cogiste. *Vicuña Cifuentes.* La ocasión.
Rosa, rosa escondida. *Ibáñez.* Liras.
La rosa temblorosa. *Jaimes Freyre.* Lo fugaz.
El rosal libre de sombras. *Pinto.* Canción de la rosa en el viaje.
Las rosas alcanzan su plenitud. *Ibargoyen Islas.* Nuevo octubre.
Rosas blancas que deshojan los blancos surtidores. *Silva.* Estancias.
El rosetón calado llena de azul la estancia. *Jaimes Freyre.* La biblioteca.
Rostros de piedra. *Mitre.* Pueblo.
La rota, sangrienta espada del soldado. *Jaimes Freyre.* La espada.
A rotten doll buried in a garden. *Millán.* I Play Childish Songs with a Grimace on My Lips.
Rubber soles. *Corcuera.* Tom and Jerry: A Fable.
Rubén Darío/repugnante y amado figurón. *Fernández.* A Rubén.
Rubén, todo es tragedia . . . la flor en la maceta. *Adán.* Mi Darío.
Rubio acordeón, compendio del verano. *González Lanuza.* A una música ya otra vez vivida.
Rueda un auto te cuento. *Sampedro.* Oh Paul Celan.
Ruedan tus rizos lóbregos y gruesos. *Rebolledo.* El vampiro.
Ruge el mar y se encrespa y se agiganta. *Florez.* Idilio eterno.
El ruido que anoche escucharon. *Hernández d'Jesús.* Mi entierro.
Los ruidos en el agua/del ahogado con el cuerpo. *Moisés.* Los ruidos en el agua.
Un ruiseñor abre la puerta. *Sandoval.* Un ruiseñor.
Ruiseñor comí de tu carne y me hice adicto. *Lihn.* Carnede insomnio.
Un ruiseñor/está escrito. *Alfaro.* Ruiseñor telegrafista.
La rumba/revuelve su música espesa. *Guillén.* La rumba.
El rumor de la fiesta submarina. *Basualto.* Velorio.
El rumor de la fuente bajo el cielo. *Gaitán Durán.* Fuente en Cucauta.
El rumor de tus cabellos. *Krauze.* Poema.
Un rumor sordo en el aire de una mañana de verano. *Díaz.* Aniversario.
Running down the same road all the way. *Vieyra.* Running Down.

Sábado fue y capricho el beso dado. *Storni.* Tú, que nunca serás.
Sábado por la noche, sin permiso. *Paz.* Conversación en un bar.
Los sábados siempre son así. *Valdés.* Qué pasa los sábados.
Sabe el trapecista. *Alliende Luco.* No sabe el trapecista.
El sabe quién es todavía sabe/que esta ciudad. *Molina.* El sabe quién es.
Sabedlo bien desdespués. *Ramírez García.* Poética.
Sabedlo/las balas perdidas mueren. *Queremel.* Manifiesto del soldado que volvió.
Sabemos (creemos saber) que/hay un tablero. *Sologuren.* Dos o tres experiencias de vacío.
Saber quién es/el color de su vestido. *Castañeda.* La duda metódica.
¿Sabes lo que quisiera? *Obaldía.* Selvática.
Sabes mis ojos y sobre mi boca sabes. *Millán.* Si me abrieras el puño me hallarías.
¿Sabes que acaso te está hablando un muerto? *González Lanuza.* Poema para ser grabado en un disco de gramófono.
Sabes que te miro. *Robleto.* Muchacha asistiendo a una conferencia.
¿Sabes qué te esperaba tras esos pasos del arpa? *Mutis.* Sonata.
¿Sabes tú quién se murió? *Minelli González.* ¿Sabes tú?
Sabia virtud de conocer el tiempo. *Leduc.* Aquí se habla del tiempo perdido.
Sabia virtud de conocer el tiempo. *Leduc.* Soneto del tiempo.
Sabiendo que el invierno se va, moribundo. *Agurto Vigneaux.* Poema.

Sabor de octubre en tus hombros. *Pellicer.* A la poesía.
Un sabor desconocido aletea en mi boca. *Molina.* Poema.
Saboreando su block en la penumbra. *Vázquez Yepes.* Judith.
Saco del fondo profundo de la tierra. *Rivera.* Saco del fondo.
El sacro ritmo de la danza marca/en la cintura. *López.* Salomé.
Sacudo las telarañas del cielo. *Berenguer.* Tarea doméstica.
Saint Uncle Wolf/with the face of paschal lamb. *Corcuera.* Fierce Wolf: A Fable.
La sal cogida de la duna. *Mistral.* Sal.
Sala espesa de/culebras. *Turkeltaub.* La muerte interrumpe la rutina.
Salen las barcas al amanecer. *Gorostiza.* Cantarcillo.
Sales a la calle. *Garduño.* Diariamente.
Salgo de la noche. *Segovia.* Lobo.
Salí de tu casa/la mañana cautiva. *Arango.* Tu ombligo, capital del mundo.
Salimos sin nada/ni siquiera una hoja. *Macías.* Adán y Eva sin nostalgia del paraíso perdido.
Salina estás cuando beso. *Gelman.* Estás.
Salió el Rey y se sentó en su sillón real. *Cardenal.* El estrecho dudoso (Frag.).
Salió en su cabalgadura festiva. *Alvarenga.* El Quijote.
Salir de aquello que ha perdido movimiento cumpliéndose. *Aridjis.* Propósitos.
Salir de la mujer es separarse. *Aridjis.* Salir de la mujer.
Salir del cine. *Quirarte.* Elogio de la calle.
Salir una mañana de la casa. *Gutiérrez Vega.* Nota roja.
Saliva la entrada en la garganta. *Berenguer.* Día 13.
Salta con la camisa en llamas. *Pizarnik.* Salta.
Salta de vez en cuando, sólo para comprobar su radical/estático. *Arreola.* El sapo.
Salta el aguacero prodigioso. *Vitier.* Lo nupcial.
¡Salta el rayo en la nube! Alfanje de oro. *Florez.* Fulminado.
Salta ríos, salta bosques. *Corcuera.* Fábula y semblanza del saltamontes.
Saltar torres/soltar campanas. *Pantigoso.* Euforia.
Salto del Laja, viejo tumulto. *Mistral.* Salto del Laja.
¡Salud a tío Coyote/el animal Quijote! *Coronel Urtecho.* Pequeña oda a tío Coyote.
Salud don Pancho Alegría. *Hernández Franco.* Salutación a Pancho Alegría capitán de goleta.
Salud salud de mi sol en soledad. *Huidobro.* Poema para hacer crecer los árboles.
Salud, árboles rectos, cielo puro. *Estrella Gutiérrez.* Soneto de la soledad y la esperanza.
Saluda al sol, araña, no seas rencorosa. *Darío.* Filosofía.
Saludé a la flor de la campiña. *Chouhy Aguirre.* Canción.
Salva tu orgullo/caballero sin Babieca. *Milán.* La increíble y dulce historia de mi Don Juan.
Salve Señor de la Armonía. *Illescas.* Salve Señor.
Salve, oh tierra feraz, bendecida. *Aguirre Acha* ¡Salve, oh patria!
Salvia para la voz y el corazón dijo la abuela. Ultima parte del oficio. *Herrera.* ¿Poesía?
Samain diría el aire es quieto y de una contenida tristeza. *Vallejo.* Samain diría.
Los samanes al lado de la tarde. *Mogollón.* Paso del estío.
San Pedro bendito: cuídate la vista. *Placencia.* San Pedro.
San Roque trajo a Tarija. *Torrejón Cardoso.* San Roque y la villa.
San Tío Lobo/con cara de Cordero Pascual. *Corcuera.* Fábula del lobo feroz.
La sandía pintada de prisa. *Pellicer.* Estudio.
Un sándwich es algo que se mira con pasión. *Schopf.* Devoráos los unos a los otros.
Sangre blanca, sangre negra. *Vizcarrondo.* La mulata.
Sangre de las venas de las rosas rosas. *Jaimes Freyre.* Canción de la primavera.
Sangre del sol muriente coagulan las mesanas. *Blomberg.* Crepúsculo en el puerto.
Sangre que desmenuza su corola. *Etchebarne.* Sangre que desmenuza su corola.
Sangre y humo alimentan las hogueras. *Pacheco.* Sangre y humo.
La sangre/caracol desquiciado. *Calderón.* En el punto central de la ira.
El sanguinario litre y el benéfico boldo. *Neruda.* Botánica.
Santa Maravilla/cómo te duele el vuelo de los pájaros. *Cruchaga Santa María.* Santa Maravilla.
Santísima Cruz de Mayo. *Rodríguez.* Ruego a la Cruz de Mayo.
Santo del muladar, terrible santo. *Cruchaga Santa María.* La evocación de Job.
Santo Señor del Musgo y del Insecto. *Rosas Galicia.* Santo señor del musgo y del insecto.
Un sapo goloso/ríspido, ruidoso. *Fonseca Viera.* Sueños.
Saquearon nuevamente la casa y hoy la exhiben. *Rivera Rodas.* Saquearon nuevamente la casa.

Un sauce de cristal, un chopo de agua. *Paz.* Piedra de sol.
Sauce: en verdad te digo que me das compasión. *Fernández Moreno.* Le digo a un sauce.
Se abrasó la paloma en su blancura. *Ibáñez.* Isla en la luz.
Se abrió tal vez el gineceo. *Neruda.* Sex.
Se acomoda el cansancio. *Cortázar.* Playa.
Se agita inhumano. *Burgos.* Confesión del sí y del no.
Se agrieta el labio nace la palabra. *Montes de Oca.* Se agrieta el labio.
Se ajaron mis ropas de polvo colorido. *Montes de Oca.* La despedida del bufón.
Se aleja el barco. Luz de madrugada. *Arciniegas.* Las garzas (Cromos).
Se alejan como moscas caminando. *Millán.* La pausa.
Se alejó, lentamente. *Paz Castillo.* La mujer que no vimos.
Se alza tu pensamiento en desamparo. *Bonifaz Nuño.* Georgette.
Se bañó largamente en la tina con patas. *Byrne.* Taxi.
Se bebe el desayuno. Húmeda tierra. *Vallejo.* El pan nuestro.
Se bebe uno la muerte/sorbo a sorbo. *Vallejos.* Poema 11.
Sé buena conmigo en el último momento. *Murena.* En el silencio, en la noche.
Se cansa y se desmaya la bandera. *La bandera.* Córdova Iturburu.
Se casaron. *Pérez.* P.D. para la Cenicienta.
Se cava la tierra, se ahonda. *Gómez Sanjurjo.* Ahora desde lejos.
Se celebra el adulterio de María con la Paloma. *Girondo.* Verona.
Se colmaron de asombros. *Wong.* Se colmaron.
Se continúa calcando su figura. *Vallarino.* Placer.
Se contrae, se inflama. *Vitier.* Apuntes cañeros. La mano.
Se contrarresta la violencia. *Sandoval.* Se contrarresta.
Se corrompen las aguas. *Hernández.* Día sin lluvia.
Sé de tu cuerpo: los arrecifes. *Bracho.* En esta oscura mezquita tibia.
Sé de un reptil que persigue. *Díaz Mirón.* Asonancias.
Se declaró la peste en mi familia. *Silva Acevedo.* Lobos y ovejas.
Sé del espejo donde el día muere. *Benarós.* El espejo.
Se descongela sin remedio. *Guillén.* La estrella polar.
Se desgarran los ecos fijando la jauría. *Otero Reiche.* Cacería.
Se desperezan las tazas. *Calderón.* Paisaje doméstico.
Se desprende una lenta lluvia de los árboles medrosos. *Hurtado.* Aguafuerte.
Se desviste sin aspaviento. *Krauze.* Diálogo.
Se detienen ahogados los vientos. *Liscano.* Tierra muerta de sed.
Se detuvo en el aire. *Ruiz.* Rara avis.
Se dijo bien que era el pánico. *Carneiro.* Aspectos de la rosa.
Se dirá: los poetas no opinaron. *Fernández Cherición.* Hipótesis.
Se diría que las calles fluyen dulcemente en la noche. *Villaurrutia.* Nocturno de Los Angeles.
Se diría un ejército. *Vega.* Los pinos de Roma.
Se enamoró mi muerte de tu muerte. *Carranza.* Habitantes del milagro.
Se encontraron en una calle oscura. *García Terrés.* La calle.
Se engaña y engañándose te engaña. *Shimose.* La esfera y el río.
Se escapan desde el vaso. *Colombani.* Esta terrible sed.
Se escucha la tarca/es como decir. *Rivera.* Se escucha.
Se escucha un retumbante trepidar. *Ortiz.* Sinfonía bárbara.
Se escucha/Chile hermana. *Vargas.* Chile.
Se está batiendo en retirada. *Calderón.* El tiempo que todo lo destruye.
Se extingue lentamente la gran polifonía. *Martínez Villena.* Sinfonía urbana.
¡Se fue del mundo sin decirme nada! *Byrne.* ¿Cuál sería?
Se gratificará a quien dé informes. *Quijada Urías.* Se gratificará.
Se ha apagado el fuego, queda sólo un blando/montón de cenizas. *Ibarbourou.* Cenizas.
Se ha apurado la sangre/inútilmente. *Vallejos.* Parábola de la resurrección.
Se ha de perder . . . Ninguna huella. *Barrera.* Ha de pasar.
Se ha podrido la música de las abejas. *Heredia.* Medio día sobre el mundo.
Se hablaba de un desfile de camellos bajo el arco de/triunfo. *Owen.* Historia sagrada.
Se hace cristal la sombra en las estrellas. *Bedregal.* Sombra.
Se han detenido, Horacio, las flechas *Hinostroza.* Horacio.
Se han disuelto las formas feroces. *Verástegui.* Good-by Lady Splendor.

Se han dormido tus ojos para siempre. *Campero Echazú.* Madre.
Se hunden en la hojarasca. *Granata.* Poemas con caballos rojos.
Se iba cayendo muerto entre las baldosas y el polvo de los caminos. *Fernández Spencer.* El muerto en el mar.
Se interna sigilosa la sujeta. *Kamenszain.* Se interna.
Se inventó una cara. *Paz.* El otro.
Se lastiman los olvidos. *Abril.* Elegía oscura en el viejo tono de Jorge Manrique.
Se levanta el humo gris tras la ventana. *Blanco.* Buenos deseos.
Se levanta sonámbulo. *Herrera.* El poeta.
Se llamaba Mercedes. Y era buena. *Oliver Labra.* Elegía por Mercedes.
Se lo dije una vez y para siempre. *Mitre.* Carta.
Se marcharon con las últimas nieves. *Jonquières.* Los vientos del sur.
Se masturbaba cuando niño. *Fernández Chericián.* Sobre la muerte.
Se me confunde Haendel un fervoroso día. *Quezada.* El silbo de los aires.
Se me escapan los paisajes. *Mora Martínez.* Por los caminos del tiempo.
Se me fueron los ojos para ver la presencia. *Mieses Burgos.* Canción de los ojos que se fueron.
Se me han ido las horas en tejer un encaje. *Mondragón.* Se me han ido las horas.
Se me remoza el mundo de mis padres. *Castro.* Poema del hijo.
Se miran a los labios fijamente. *Hernández.* Postal de la guerra florida.
Se miran, se presienten, se desean. *Girondo.* Poema 12.
Sé muchas cosas alrededor. *Carranza.* Salmodia, sin gracia ni ritmo.
Sé muy dulce conmigo para poder sentir. *Rocha.* Elegía.
Se necesita piel muy gruesa. *Zaid.* Campo nudista.
Se necesita sólo tu corazón. *Orozco.* Para hacer un talismán.
Se necesita un valle para ilustrar con cuentos de pastores. *Crespi.* Aviso.
Se nos ha ido la tarde. *Torres Bodet.* Canción de las voces serenas.
Se nubla la ciudad. *Otero Reiche.* Tarde de lluvias.
Se nublaron los cielos de tus ojos. *Rebolledo.* Posesión.
Se observa claramente que el próximo verano. *Miranda Casanova.* Pronóstico meteorológico.
Se paró el gavilán y se quedó pegado en las nubes. *Palomares.* Un gavilán.
Se pedía a grandes voces/Que muestre. *Vallejo.* Nómina de huesos.
Se podía llegar si pensaba en algo. *Terán.* Junio.
Sé por quién doblan. *Suárez del Real.* Campanas.
Se proyectó mi sombra. *Guerra.* Nocturno.
Se puso tan mañosa al alba fría. *Rubio.* La abuela.
Sé que curvó mi salto presentido. *Chávez Padrón.* Jacques Martain.
Sé que en mis venas palpita un toro. *Zepeda.* Cuarto sol.
Sé que estoy vivo en este bello día. *Gaitán Durán.* Sé que estoy vivo.
Sé que hay una persona. *Vallejo.* Poema para ser leído y cantado.
Sé que mi canto es vulnerable. *Paine.* Sé que mi canto.
Sé que no me creerán como a espejo sin fondo. *Coronel Urtecho.* Hipótesis de tu cuerpo.
Sé que preciso nombrarte. *Uribe.* Corona de María.
Sé que un día te irás. *Storni.* Poemas de amor.
Sé que vino de la península. *Nadereau.* El emigrante.
Sé que yo hubiera sido como este hombre que mira. *Marasso.* Sé que yo hubiera sido.
Se quema el tiempo sin cesar. Las horas/caen. *Ureta.* La tristeza sonriente.
Se rasga el manto lóbrego que arropa. *Torres.* Himno de Apolo (Frags.).
Se recomienda. *Luque Muñoz.* Curso de estética.
Se respira una brisa de tarjeta postal. *Girondo.* Venecia.
Se retuerce el camino. *Cabrera.* Pérdida de todos los contactos.
Se sabe que vienen cuando agudos chillidos. *Lara.* Ciudad tomada.
Se solicita un mundo. *Fernández Chericián.* Sección de anuncios clasificados.
Se subraya la montaña las otras palabras tienen agua. *Moro.* Temprano aún.
Se te olvida llamar a la puerta de la higuera ¡oh vida! *Bollo.* Canción por la casa de ventanas cerradas.
Se te olvida que existe. *Morábito.* A espaldas de la piedra.
Se te sube el desdén o se te baja. *Álvarez.* Hombro.
Se toparon los vaqueros. *Arvelo Torrealba.* Glosa.
Sé tú mismo ahora rostro abofeteado. *Aridjis.* Kid azteca.

Se va con algo mío la tarde que se aleja. *Silva.* Se va con algo mío.
Se va de ti mi cuerpo gota a gota. *Mistral.* Ausencia.
¿Se va la poesía de las cosas? *Neruda.* Barrio sin luz.
Se vino el agua/hasta los huesos. *Schvartzman.* Poema.
Sea hoy, Señor, mi compasivo ruego. *Loray Lora.* Piedad.
Sea solo sonrisa leve la risa loca. *Martínez Estrada.* La vida es seria.
El secreto de los cuartos. *Corcuera.* Preguntas de Javier el adivino.
La sed de amor, la sed enamorada. *Aguirre.* Soneto.
Una sed infinita nos acercó en la noche. *Baeza Flores.* Pasión suprema.
Sedante voz de amortiguados dejos. *Lozano y Lozano.* La voz de la amada.
Sedísima amarilla coma. *Toro Montalvo.* Pera.
El segador, con pausas de música. *Pellicer.* Segador.
Según el manifesto de las estrellas. *Rojas.* Herejía.
Según la ciencia y otros connotados políticos. *Alcides.* Conclusiones acerca de la muerte.
Segundos después sentí que estaba infinitamente solo. *Derbez.* Poema.
Seguramente llegó del fondo. *Romualdo.* La batalla.
Las seis de la mañana, estoy soñando. *Niggemann.* Rescatando recuerdos.
Las seis de la tarde y sereno. *Cano.* Las seis de la tarde.
Self crowned the day displays its plumage. *Paz.* Hymn among the Ruins.
La selva de anchas cúpulas, al sinfónico giro. *Rivera.* Tierra de promisión.
Selva de mi silencio. *Loynaz.* La selva.
La selva de mis brazos vegetales. *Carrera Andrade.* Expedición al paísde la canela.
La selva duerme en el sopor. *Castrillo.* Selva.
Selva espesa. Pasa el viento. *Jaimes Freyre.* Cristo.
Selva oscura. Pasa el viento. *Jaimes Freyre.* El misionero.
Una selva suntuosa. *Darío.* El reino interior.
El sembrador sembró la aurora. *Pellicer.* Sembrador.
Semejas esculpida en el más fino. *Díaz Mirón.* A ella.
Una señal oculta. *Ortega.* Voladero.
Sencilla y vertical. *Guillén.* Madrigal.
Sencillamente soy un carpintero. *Valle.* Yo soy un carpintero.
El sendero trae un lamento. *Kofman.* La viuda.
Señor, apártame de los débiles tesoros. *Casaravilla Lemos.* Ruego.
Señor, aquí descansa. *Magallón.* Aquí descansa.
Señor, aquí me tienes esperándote. *Vega.* Cuando tú llegues.
¡Señor! así como has creado el orgullo musical. *González.* Salmo de los niños entre las sombras.
Señor, clara es tu sombra. *Centeno Güell.* Oración de la sombra.
Señor, cuando oscurezca, te necesito mucho. *Bedregal.* Nocturno en Dios.
Señor/cuando se muera—porque como el tiranosaurio. *Menén Desleal.* Oración que ayuda a bien condenarse a un tirano.
El Señor de los oros y las brumas. *Núñez.* Mensajes de las estaciones.
Señor/déjame lejos de sus manos. *Campos.* Última.
Señor del agua, llegando abril. *Alcalde.* Las lluvias del Arcángel San Miguel.
Señor, Doctor, Don, Excelentísimo. *Méndez Camacho.* Don Pablo.
Señor, 'entre las sombras voy sin tino. *Nervo.* Al Cristo.
Señor, haz que yo vea. *Pellicer.* Nunca he visto. Señor, haz que yo vea.
Señor/la jaula se ha vuelto pájaro. *Pizarnik.* El despertar.
Señor, la tarde tiene ojeras de amargura. *Mairena.* Señor, no la castigues.
Señor/lo hemos estado velando. *Trías.* Acto de fe.
Señor, no me reproches por haberte olvidado. *Guzmán Cruchaga.* Plegaria.
Señor, no siempre labran aquellos que golpean. *Basso Maglio.* Canción del predestinado.
Señor, nunca me des lo que te pida. *Nalé Roxlo.* Lo imprevisto Señor presidente. *Moreira.* Poema abierto al señor presidente.
Señor, oxida mis tenedores. *Cisneros.* Cuando el diablo me rondaba.
Señor/Permíteme la entrada. *Halley Mora.* Ruego.
Señor, podré pasar la noche larga. *Carreño.* La fuente.
Señor que lo quisiste: ¿para qué habré nacido? *Loynaz.* Señor que lo quisiste.
Señor, quisiera terminar mis días. *Silva Humeres.* Anhelo.
Señor/recibe a esta muchacha conocida. *Cardenal.* Oración por Marilyn Monroe.

Señor rentista, señor funcionario. *Delgado.* Los pensamientos puros.
Señor, Señor. hace ya tiempo, un día. *Storni.* El ruego.
Señor, tenme piedad, aunque a ti clame. *Díaz Mirón.* La oración del preso.
Señor, tú sabes cómo, con encendido brío. *Mistral.* El ruego.
Señor, yo soy apenas una roca desnuda. *González Martínez.* La plegaria de la roca estéril.
La señora de ayer/se llamaba *Gómez.* Singer 63.
Una señora de doscientos años. *Berenguer.* Independencia.
Señora de las flores. *Sansón.* Señora.
Señora de los vientos. *Castellanos.* Una palmera.
La señora de manos amarillas. *Freidemberg.* De repente en la nochepienso en mi madre.
Señora de mis pobres homenajes. *Herrera y Reissig.* Decoración heráldica.
La señora está transida de frío. *Pellegrini.* Un espectáculomás.
Señora Pérez, Sandoval, González. *Rivera.* Señoras chilenas.
Señoras y señores. *Parra.* Pido que se levante la sesión.
Señoras y señores. *Parra.* Manifiesto.
Señores de la América del Norte. *Monteforte Toledo.* Estación I-A.
Señores de la mañana. *Mendizábal Camacho.* Los cerros.
¡Señores! Hoy es la primera vez que me doy cuenta. *Vallejo.* Hallazgo de la vida.
Señores/para ser todo me basta la palabra. *Marquina.* Me basta la palabra.
Los senos de su amada. *Tablada.* Guanábana.
Los senos tienen el temblor. *Pereda Valdés.* Canto a los senos.
Senseribó/senseribó. *Radillo.* Bembé.
Sentada en el filo de nopales. *Montes de Oca.* Sí y no.
Sentada, mejillas de niebla. *Gutiérrez.* Omnibus de medianoche.
Sentadas en el borde transparente del día. *González.* Cancióndе las piedras humildes.
Sentadito en la sombra. *Castellanos.* La velada del sapo.
Sentado en el café cuentas el día. *Arteche.* El café.
Sentado, en el fondo del patio. *Teillier.* Sentado.
Sentado en un café/pedí al mesero un express. *Umbra.* Apocalipsis (en siete tragos).
Sentado sobre la sombra alta. *Fernández.* En el parque.
Sentado sobre sus venerables. *Cerruto.* La gloria.
Sentados a la orilla del camino. *Salas.* Los conquistadores.
Sentados bajo los árboles dejamos correr el vino. *Blanco.* Enseñanzasde Atlihuayán.
Sentados sobre un muro los troyanos. *Wilcock.* El augurio.
La sentí llegar. Vi sus ojos. *González Martínez.* La cita.
Sentimientos vulgares. *Torres Bodet.* Vivir.
Sentir que se ha cumplido con el sueño. *Gálvez.* Plenitud.
Sentirte, Amor, es contemplar al muro. *Sicilia.* Zazen.
Sépanlo bien/los espantapájaros. *Valle.* Comunicado final.
Sept. Oct./en estos meses son las migraciones. *Cardenal.* Kayanerenhkowa.
Sepulta cuidadosamente las páginas insólitas. *Menén Desleal.* Recetas a una vieja burguesa para que sea feliz.
Sepultad vuestros muertos que son vuestra simiente. *Pla.* Sembrad, enterradores, cara a la primavera.
La sepultura crece hacia adentro. *Obregón.* Los espantos.
Ser absolutamente, furiosamente río. *Scarpa.* Ser furiosamenteen absoluto río.
Ser como el arroyo/una voz tan simple. *Campero Echazú.* Ser como el arroyo.
Ser el esclavo que perdió su cuerpo. *Montejo.* El esclavo.
Ser libre es mi deseo. *Canales.* Nocturno por la libertad.
Ser negro da lo mismo/en cualquier latitud. *MacField.* Black is Black.
El ser no es una fábula. *Quessep.* Este sol.
Ser (ser es no ser, Hamlet Nádico). *Ramírez.* Ruptura.
Será cuando el misterio de la sombra. *Orozco.* Después de los días.
Será el momento. *Aguirre.* Encuentro.
¿Será la madurez esta tristeza que recorre mi cuerpo? *León.* ¿Será la madurez . . . ?
Será lo real. *Agosín.* Curriculum Vitae.
¿Será mío ese brazo que está bajo la almohada? *Girondo.* Insomnio.
Será noche de espera. *Romero.* Noche.
Será porque no tuvo nada. *Bonells Rovira.* Geraldine.

Será vano que yo viva. *Negro.* Destino.
Seré yo acaso tiempo que pasó. *Fabani.* Seré yo.
Una serenidad difunta. *Tavira.* Impromptu reflejado.
Serpentina/serpenteante. *Laínez.* Canto a la rumbera porteña.
Setenta balcones hay en esta casa. *Fernández Moreno.* Setenta balcones y ninguna flor.
Share fear. Repeat with one lip. *Armand.* Poem with Skin.
She speaks with the accent of her savage seas. *Mistral.* The Alien.
Si. Toco tu piel y es lisa. *Ramírez Murzi.* Balada del amor nuevo.
Si. Ya sé. Ya sé que lo que os gustaría. *Martínez Rivas.* Memoria para el año viento inconstante.
Si a este espacio de clavel y vino. *Sologuren.* Tema garcileño.
Si a mi ansiosa pregunta no respondes. *Ballagas.* De como Dios disfraza su ternura.
Si acaso te encontrara, no me digas. *Bonifaz Nuño.* Si acaso.
Si acongoja un dolor a los humildes. *Barba Jacob.* Canción ligera.
Si algo en estos versos tiene la eficacia. *Lugones.* A ti.
Si alguien pretende dominarte un día. *Ovalles.* Si alguien.
Si alguien se pudiera detener a oír el viento mojado del Sur. *Molinari.* Oda al amor.
Si alguien se pudiera detener a oír el viento mojado del Sur. *Molinari.* Oda de amor.
Si alguien te dice que no es cierto. *Sabines.* Si alguien.
Si algún día hablara Dios. *Figueira.* Balada de la voz de los niños.
Si alumbra enero mi muerte. *Mujica.* Si alumbra.
Si antes la mesa estaba vacía. *Pietri.* Cine mudo.
Si apoyara en la noche mi cabeza. *Molina.* Aguila de las lluvias.
Sí, cantar es alegrarse. *Vitale.* Fiesta propia.
Sí, claro, sí. El amor para ustedes/las mujeres. *Usigli.* Conversación desesperada.
Si como decían cuando niño. *Letona.* Si como decían.
Si, como hueso muerto, abandonado. *Valjalo.* Poema con después.
Si conociéramos el punto/donde va a romperse algo. *Juárroz.* A Laura.
Si contemplas hacia lo alto. *García Maffla.* Si contemplas.
Si das un paso más te quedas sola. *Torres Bodet.* Soledad.
Si, de pronto, me desnudaras. *Mitre.* El santo.
Si después que termina el bombardeo. *Padilla.* El discurso del método.
Si dijeras, si preguntaras de dónde. *Adoum.* El desenterrado.
Si, la eternidad ha descendido sobre mi frente. *Gaitán Durán.* Presencia del hombre.
Si el amor nos posee no lo vemos. *Prado.* Si el amor.
Si el corazón me fuera percutido. *Storni.* El ensayo.
Si el engaste/el subsobo. *Girondo.* Recién entonces.
Si el poeta, terrible mensajero. *Fernández.* Para ocultarse en lo mismo (Frag.).
Si el recuerdo fuera una ciudad. *Mitre.* Añoranza.
Si el silencio es luz. *Cortés.* Blanquinegro.
Si el sol brillara hoy. *Salazar Bondy.* La libertad.
Si, en el canto del pájaro hay un signo. *Silva Estrada.* En el canto del pájaro.
Si en la cara de pronto algo te choca. *Fernández Moreno.* Laguna de Chascomús.
Si en los hijos descubro las señas de la especie. *Liscano.* Tiemposde amor.
Si en los hijos descubro las señas de la especie. *Liscano.* Variaciones sobre un tema de amor.
Si en mi tristeza repara. *Lugones.* La única.
Si en todo rubayat se vierte una desdicha. *Bedregal.* Rubayat de regocijo.
Sí, en tu cuerpo hallo mi libertad. *Cea.* Homenaje a tu cuerpo.
Si en tu quehacer cual Lope no soy diestro. *López.* A nuestra lengua.
Si en tus caminatas. *Armand.* A buen entendedor pocas palabras.
Si en vez de ser así. *Ballagas.* De otro modo.
Si eres un bien arrebatado al cielo. *González Prada.* Al amor.
Si es cierto, como dicen, que el criminal regresa. *Méndez Camacho.* El mundo es verde.
Si es real la luz blanca. *Paz.* Certeza.
Si este aire te hablara. *Margenat.* Tu aire de mi aire.
Si fuera árbol sentiría. *Foppa.* Si fuera árbol.
Si hablo/sigo en la loma? *Crespo.* Si hablo.
Si hace memoria no sabría quién era. *Fernández.* En la ciudad extranjera, Carin.
Si han muerto entre centellas fementidas. *Otero Silva.* Enterrar y callar.
Si hay un paisaje de color hormiga. *Lagos.* Anti-soneto.

Si hubieras sido tú lo que en las sombras. *Nandino.* Si hubieras.
Si Jorge Chávez no ha muerto. *Hernández.* Preguntas.
Si la azucena es vil en su pureza. *Mejía Sánchez.* Soneto.
Si la cosa fuera ponerse a cantar. *Romualdo.* Ahí quisiera verlos.
Si la gacela de ojos de gacela. *Ledesma.* La mirada desnuda.
Si la muerte hubiera venido aquí, a New Haven. *Villaurrutia.* Nocturno en que habla . . .
Si la muerte viene y pregunta por mí. *Huezo Mixco.* Si la muerte viene.
Si la vida es amor, bendita sea. *Agustini.* Explosión.
Si la vida solamente fuera. *Insausti.* De pie, sobre la sombra.
Si las almendras fueran ojos. *Berenguer.* Identidad de ciertas frutas.
Si las palabras no se arrugan. *Carranza.* Babel y usted.
Si llegara a morir antes de mí. *Maldonado.* Funeral.
Si llegaras aquí, de pronto, junto a la mesa. *Pastori.* 10 y 30 PM.
Sí/lo he visto todo. *Pellegrini.* La certidumbre de existir.
Si los hombres viven en la barriga de una ballena. *Cisneros.* Poema sobre Jonás.
Si luego de tanto escoger un huevo. *Belli.* La tortilla.
Si Maiacovski era la gran poesía. *Padilla.* A ratos esos malos pensamientos.
Si me cierran las puertas, abriré/las ventanas. *Romualdo.* El sol por salir.
Si me dan a escoger una tarde. *Nervo.* Si me dan a escoger.
Si me dieran a elegir, yo elegiría. *Gelman.* El juego en que andamos.
Si me encuentro/con la iguana. *Anaya.* Historia prehistoria.
Si me precisas. *Clavijo.* Si me precisas.
Si me preguntáis en dónde he estado. *Neruda.* No hay olvido.
Si me preguntan las razones. *Marré.* Si me preguntan.
Si me preguntas movimiento. *Merodio Tames.* Ausencia.
Si me quitaran totalmente todo. *Romualdo.* Si me quitaran.
Si muero en el exilio, desterradme. *Mejía Sánchez.* Epitafio del desterrado.
Si nada te quedara, cuerpo mío. *Fabani.* Si nada te quedara, cuerpo mío.
Si, no/no, si. *Ballagas.* Nombres negros en el son.
Si no creaste otras cosas. *Rosales y Rosales.* Queja en futuro imperfecto.
Si no es ésta mi muerte, lo aparenta. *Calderón.* Media muerte nomás.
Si no fueran violines. *Rodríguez Santos.* Confirmaciones.
Si no hallas la armonía que deseas. *Obligado.* Soneto.
Si no sangra el papel. *Puig.* Los signos de la furia (Frag.).
Si nuestro amor no fuera. *Villaurrutia.* Nuestro amor.
Si olvidas ejercer/poeta, la cursilería. *Illescas.* Vía láctea.
Si os encerrara yo en mis estrofas. *Silva.* La voz de las cosas.
Si para recobrar lo recobrado. *Bernárdez.* Soneto.
Si pasa un pavo real por mi costado. *Morejón.* Desilusión para Rubén Darío.
Si por lo menos/no hubieras dicho que me amabas. *Etchenique.* Sin amor.
Si porque a tus plantas ruedo. *Florez.* Reto.
Si pregunta por mí, traza en el suelo. *Ballagas.* Nocturno y elegía.
Si pudiera decir lo que quisiera. *Unzueta.* Soneto.
Si pudiera decir mi secreto más hondo. *Méndez.* Nocturno número 4.
Si pudiera llorar de miedo en una casa sola. *Neruda.* Oda a Federico García Lorca.
Si pudiera olvidarme de que viví, de los hombres de otro tiempo. *Molinari.* Oda al viento que mece las hojas en el Sur.
Si pudiera regresar tu voz. *Armijo.* A Oswaldo Escobar Velado.
Si pudiéramos habitar en Vos como en esta vestidura. *Shimose.* Corpus Domini.
Si pudieras nacer en mis dos senos. *Antillón.* Si pudieras.
Si quieres seducir la virgo. *Illescas.* Si quieres.
Si quieres ser poeta, amigo mío. *Liguori.* Tríptico del cansado oficio.
Si quieres/yo te digo. *Ortiz Sanz.* El secreto.
Si regreso a tu arroyo. *Camerón.* Heráclito.
Si se viera amanecer/a la estrella secreta. *Volkow.* Si se viera.
Si sólamente me tocaras el corazón. *Neruda.* Barcarola.
Si solamente reposaran tus quejas a la orilla. *Sánchez Peláez.* Un día sea.
Si son tus voces densas. *Moleiro.* Lar.
Si supieras. *Hernández.* En bateau.

Si tan completamente la he perdido. *Valencia.* Razón de amor.
Si te acercas a un caracol, ponlo en tu oído. Oirás tu historia. *Cea.* Entrada a la razón.
Si te comparo con una montaña. *López.* A José Martí, el poeta.
Si te desnudas que no sea . . . *Molina.* Viejo hurón.
Si te encuentra, sospecha que encontrará árboles. *Oliva.* Positivamente 129 Perry Street.
Si tengo la fortuna. *Lugones.* Divagación lunar.
Si tienes manos, que sean/de un tacto sutil. *Villaurrutia.* Décima muerte.
Si tienes un amigo que toca tambor. *Morales.* Si tienes un amigo.
Si todo pasa, y el supremo canto. *Prado.* Mi verso.
Si todos los sucesos del calendario. *Rigby.* Si yo fuera mayo.
Si todos nos abandonáramos a la confianza. *Echazu Navajas.* Si todos nos abandonáramos.
Si tú eres la yegua de ámbar. *Paz.* Movimiento.
Si tú lo sabes, ¡calla! *Arrieta.* Revelación.
Si tú me miras, yo me vuelvo hermosa. *Mistral.* Vergüenza.
Si tú supieras lo que buscas tanto. *Prado.* La rosa desvelada.
Si tú supieras/lo que es esto. *Materán Alfonzo.* Entre dos silencios.
Si tus moradas. *Hahn.* Paisaje ocular.
Si tuviera que plasmar una poesía. *Benítez.* Mi poesía, la vida.
Si Ud. se levanta. *Lolo.* Si Ud. se levanta.
Si Uds., queridos Padres del Colegio. *Dalton.* Los culpables.
Si un extranjero sopor. *Arenas.* El arcancielo.
Si un fraile da testimonio. *Liguori.* Sentencia canónica.
Si un hijo la abrumaba, no sabía. *Castro Saavedra.* Maternidad.
Si un hombre y una mujer atraviesan calles. *Fernández Retamar.* Un hombre y una mujer.
Si un milagro de Dios en flor convierte. *Prado.* La rosa divina.
Si/un niño/solitario. *Díaz Diocaretz.* Rompecabezas.
Si usted quiere, que llueva. *González Tuñón.* La señorita muerta.
Si usted tuviera la verdad. *Hernández.* Pasatiempo.
Si valieras por el hombre. *Enríquez.* Ozama.
Si vas por los limoneros. *Cerruto.* Cantar.
Si, venid a mis brazos, palomitas de hierro. *Florit.* Martirio de San Sebastián.
Si yo fuera hombre, que hartazgo de luna. *Ibarbourou.* ¡Mujer!
Si yo fuera tambó. *Artel.* Bullerengue.
Si yo jamás hubiera salido de mi villa. *López Velarde.* Mi villa.
Si yo mirara al fondo de tus ojos. *Cerruto.* Canto a la heredad entrañable.
Si yo no fuera un hombre seguro; si no fuera. *Guillén.* Crecen altas las flores.
Si yo pudiera hablar calladamente. *Bilbao.* Resumen.
Si yo pudiera ser el mar. *Valladares.* Si yo pudiera.
Si yo soy atenta. *Carranza.* Brilla pero no da esplendor.
Si yo supiera por dónde comenzar comenzaría con el corazón. *Cisneros.* Otra muerte del Niño Jesús.
Si! yo también, desnuda la cabeza. *Martí.* Pollice verso (memoria de presidio).
Siberia, Siberia, Siberia, Siberia. *Abril.* Poema de Siberia.
Sido como fui el fauno real de Niza. *Cisneros.* Tranvía nocturno.
Siempre aquí como si nada hubiese ocurrido. *Negro.* La lira.
Siempre creyó en el espíritu. *Undurraga.* Epitafios para el hombre de Indias.
Siempre dije que eras mujer nocturna. *Galván.* Mala fortuna.
Siempre fuiste luna nueva. *Vega.* Canción de la nueva luna.
Siempre girando al viento su blancura. *Chacón Nardi.* Soneto del pañuelo blanco.
Siempre hablo de la muerte con inmensa ternura. *Pardo García.* Presencia de la muerte.
Siempre habrá alguna bota sobre el sueño. *Vilariño.* Playa Girón.
Siempre he querido contar algo de ti. *Silén.* A Teresa.
Siempre he sido, mi propio cancerbero. *Larrahona Kästen.* Lo que quise y he sido.
Siempre la soledad está presente. *Rojas.* Soledad.
Siempre llega mi mano. *Girondo.* Dicotomía incruenta.
Siempre me descubro reverente al paso de las mujeres. *Torri.* Mujeres.
Siempre medita el agua del acuario. *Pacheco.* Tratado de la desesperación.
Siempre pensé que caminar a oscuras. *Sabines.* Siempre pensé.
Siempre perdido y siempre rescatado. *Vargas Osorio.* Corazón.
Siempre puntuales/de punta en blanco. *Infusino.* Los puntos de siempre.

Siempre que hundo la mente en libros graves. *Martí.* Siempre que hundo la mente.
Siempre regresas. *Vieira.* Siempre.
Siempre sombra y luz gastada. *Romualdo.* Disco rayado.
Siempre supe/de estos golpes de exterminio. *Vera.* Habitantes.
Siempre/te buscará mi voz. *Rivas.* Siempre.
Siempre te dije que tu balcón. *Ángeli.* Tu balcón.
Siempre tus pasos en las hojas. *Aray.* De mi ausencia en los ríos.
Siempre tuve al acecho un fusil. *Sancho Castañeda.* Siempre tuve.
Siempre vieron al pueblo. *Dalton.* Los policías y los guardias.
Siempreviva temblando en los cristales. *Ortiz Saralegui.* Niña del asombro.
Siente ásperas las manos como peces. *Volkow.* La lavandera.
Siento a Dios que camina. *Vallejo.* Dios.
Siento al mirar tu escarpín. *Tablada.* Talon rouge.
Siento correr por las venas del campo. *Teillier.* Un jinete nocturno en el paisaje.
Siento detrás/de mí/a un biógrafo. *Orrillo.* Siento detrás de mí.
Siento la lengua herida. *Escobar Velado.* Canto a mi lengua.
Siento la noche espesa de carbón. *Gerbasi.* En las salinas de Zipaquira.
Siento las ansias comprimidas dentro. *Brenes Mesén.* Inquietud.
Siento pena al mirar/la frialdad en sus rostros. *Finck.* A los seres fríos.
Siento que algo solemne va a llegar en mi vida. *Nervo.* Expectación.
Siento que en vano he conocido aquello que te nombra. *Cross.* Noche.
Siento que hay peces muertos en el fondo. *Alardín.* Estrellas apagadas.
Siento que la campana se renueva. *Sinán.* Presentimiento e invitación a la humildad.
Siento que mi pupila ya se apaga. *González.* Voces de otra espera.
Siento que tus/pájaros. *Lewin.* Yo me parezco a tu queja.
Siento tus pasos doblar/las esquinas. *Fuller.* Huellas de mi padre.
Sierra. Costa de pampa fatigada. *Ledesma.* Sierra.
Siete años han pasado, Xuan Dong, y aún te veo. *Morales.* Homenaje a Xuan Dong.
Siete son los colores de su guitarra. *Calvo.* La luna del cantor.
Un siglo de la historia tolteca se termina. *Tejera.* El canto de miel (Frag.).
El siglo XVIII. El mar Caribe. Alientos. *Ribera Chevremont.* El carimbo.
El signo de partida, ¿pero cuándo? *Contreras.* Danza de las horas.
Signo/grave. *Durán Böger.* Silencios.
Los signos 1 son 2 están 3 separados 3. *Ramírez Ruiz.* Dodecaedro.
Sigo a la nave, que vacila. *Jaimes Freyre.* Venus errante.
Sigo/solo/y me sigo. *Girondo.* Aridandantemente.
Silence of the night, a sad, nocaturnal/silence. *Darío.* Nocturne.
Silence rules in the home. *Corretjer.* The Convoy.
El silencio camina a un inminente ruido. *Pastori.* El silencio.
Silencio creador—Gracián, Tagore. *Hidalgo.* Ars poética.
¿Silencio cuando hay mucho que decir e increpar? *Rojas.* Y luego canto.
Silencio de la noche, doloroso silencio. *Darío.* Nocturno.
Silencio de puertas mudas. *Rappalini.* Donde sangran los faroles.
Silencio de quien bajo otros silencios. *Gil.* Silencio de quien . . .
Silencio/el sonido más discreto estalla. *Varela.* Las cosas.
Silencio/la habitación vacía. *Herrera.* La experiencia poética.
El silencio la noche la borrasca. *Palacios.* Dibujo.
Silencio mío, mídete en la llave. *Biagioni.* La llave.
El silencio multiplica su rostro. *Calderón.* De espaldas.
¡Silencio! No admito. *Oliver Labra.* Silencio.
Silencio; paz eglógica. *Verdie.* Plenitud.
SILENCIO que ahora llegan perros de barro. *Bañuelos.* Perros.
Silencio, que estoy durmiendo. *Saa.* Silencio.
Un silencio te envuelve. *Ortiz Saralegui.* Niña del silencio.
El silencio y lo dicho y lo sufrido. *Ferreyra Basso.* Tránsito.
Silencio y paz. *Gálvez.* Sonatina.
Silencio y soledad Nada se mueve. *Chocano.* La puna.
Un sillón acusado. *Parra.* Violación.
El sillón de mi abuela no piensa. *Villaseñor.* Infidelidad.

La silueta del campo bajo la helada como un abanico. *Cáceres.* Poema.
Símbolo pampeano y hombre verdadero. *Güiraldes.* Al hombre que pasó.
Un simio era el hombre. *Yañez.* Un simio.
Simón Bolívar: hoy te escribo esta carta. *Villagra Marsal.* Carta a Simón Bolívar.
Una simple luz dilucidando el poniente lago. *Folgarolas.* Eco lacustre.
Sin conocer mi número. *Carrera Andrade.* Soledad de las ciudades.
Sin estar viejo y sin dolencia grave. *Martínez Estrada.* Ezequiel Martínez Estrada.
Sin haber conocido el calor de tus manos. *González Alfonzo.* Abuelo.
Sin nombre fluye por la noche. *Aridjis.* Hombre.
Sin paisaje. *Macías.* El orante.
Sin pasión, sin la sangre. *Ortiz de Montellano.* Desnudo.
Sin presumir de antiguo ni moderno. *Fernández Moreno.* Sin presumir.
Sin razonar, para que el cielo no se ponga. *Molina Venegas.* Sueño impropio.
Sin rectitud apicular, trastumbo. *Adán.* Digitazione.
Sin recurrir a ventanas. *Arenas.* Cáceres.
Sin rostro ni contornos. *Lars.* Instante y elegía de un marino.
Sin su cimitarra natal. *Molina Venegas.* Noche.
Sin sueño el ojo al lado de la pena. *Viscarra Fabre.* El santo de la rosa.
Sin techo/cuadrado. *Silva Valdés.* Patio criollo.
Sin ti dolor/la vida es siempre ajena. *Sologuren.* Surcando el aire oscuro (Frag.).
Sin tu aliento/no tendría mis versos. *Martell.* A solas y caído.
Sin violencia o con violencia. *Vega.* Profeta se necesita.
Since man's life is nothing but a bit of action *Parra.* Piano Solo.
Since we all say: "Pass me a tortilla . . ." *Castorrivas.* Consecration of the Corn Tortilla.
Sinceramente, yo nunca estuve en la primera línea. *Rivero.* Mambi particular.
Sindicalizar fantasmas humo o escatologías. *Valera Mora.* Sindicalizar fantasmas.
Sinsonte, flauta y cristal. *Gaztelú Gorriti.* Sinsonte.
La sirena vibró, denunciadora. *Rubio.* La sirena vibró.
Siringuero/gigante. *Monje Roca.* Siringuero del Beni.
Sirve de algo embarcarnos dentro de una guitarra. *Carrera Andrade.* De nada sirve la isla.
Sitiado entre dos noches. *Pacheco.* Árbol entre dos muros.
Sitio de amor, lugar en que he vivido. *Sabines.* Sitio de amor.
El sitio en que gustamos las costumbres. *Diego.* El sitio en que tanbien se está.
Six o'clock comes around. *Alcides.* A List of Things Hands Can Do.
The sky was a somber cave of water. *Lugones.* Rain Psalm.
Small man, small man. *Storni.* Small Man.
The snow-covered dead. *Eguren.* The Dead.
So you're a windmill. *Huidobro.* Altazor (Frags.).
So-lo-con mi-bon-go. *Llanos Allende.* Canto africano.
Soberana Reina del Cielo. *Lavín Cerda.* Soberana Reina del Cielo, ayúdame.
Sobre azul debió ser. *Villegas.* La creación.
Sobre el ansia marchita. *González Martínez.* Viento sagrado.
Sobre el aroma de mis rosas muertas. *Magallón.* Saetas.
Sobre el azar alzaba su cabello. *Chumacero.* Alabanza secreta.
Sobre el campo el agua mustia. *Pezoa Véliz.* Tarde en el hospital.
Sobre el cobre que encierre mis cenizas. *Poveda.* El epitafio.
Sobre el diván dejé la mandolina. *Darío.* Prosas profanas.
Sobre el errante pulso de finos aguaceros. *Viscarra Fabre.* Epitafio para el amigo poeta.
Sobre el lago, hacia el azul. *González Bravo.* Mariposa de oro.
Sobre el loco vaivén, trinos de risa. *Larreta.* Primer amor.
Sobre el muelle del aire me corrompo. *Mendiola.* Sobre el muelle.
Sobre el muro de tierra abandonado. *García Rivera.* Viejo muro.
Sobre el oro fiero de aquel sol mojado. *Cabral.* Marina negra.
Sobre el pecho del mar puse las manos. *Aveleyra.* Hipocampos.
Sobre el plano del mundo. *Córdova Iturburu.* Nocturno.
Sobre el rojo diván de seda intacta. *Herrera y Reissig.* Fiat lux.
Sobre el sitio baldío. *Ortiz.* Sobre el sitio.
Sobre el tembladeral la casa puesta. *Ibáñez.* De los vivos.
Sobre el terso cristal de malaquita. *Granado.* El lago.

Sobre el trampolín de los sueños. *Valera Mora.* Sueño uno.
Sobre este muro frío me han dejado. *Ibáñez.* Atalaya (La batalla).
Sobre fuerte estacada, en la ribera. *Doreste.* Hogar.
Sobre la altura de la terraza. *Rojas.* Orquestado Ángelus.
Sobre la angustia de los hombres fue madurando el trigo. *Carrión.* Canción de la cosecha.
Sobre la arena grabó mi nombre. *Gómez.* Nuestros nombres.
Sobre la Brevedad escribiré. *Gómez.* Poema monográfico.
Sobre la cima de las jacarandas. *Blanco.* Canción de marzo.
Sobre la cumbre helada de este olvido. *Miró.* Tardes sentimentales.
Sobre la desértica estepa. *Délano.* Multitudes en Santiago.
Sobre la eternidad del agua inmóvil. *Mendiola.* La eternidad de agua.
Sobre la falda, la novela. *Arciniegas.* Pensativa (Cromos).
Sobre la flor de los naranjos crece. *Londoño.* Al colibrí.
Sobre la liturgia pura del etiópico ancestral. *Arozarena.* Liturgia etiópica.
Sobre la nieve se oye resbalar la noche. *Huidobro.* Noche.
Sobre la noche sin luna. *Gómez Kemp.* Luna negra.
Sobre la noche vengo caminando. *Escobar Galindo.* La noche diurna.
Sobre la noche/soñándose en el silencio. *García.* Travesía nocturna.
Sobre la nube más gorda, a la Virgen del cumpleaños. *Mercado.* La procesión.
Sobre la palma/un perico ligero. *Ortiz.* Son del trópico.
Sobre la pared/negra/se abría. *Storni.* Y la cabeza comenzó a arder.
Sobre la playa gris, tendida, inerte. *Arteche.* Gaviota muerta.
Sobre la playa, el arenal escueto. *González Martínez.* Marina.
Sobre la risa, mar. *Florit.* La señal.
Sobre la roca. *Herrera.* La rosa sobre la roca.
Sobre las mesas, botellas decapitadas. *Girondo.* Milonga.
Sobre las torres blancas. *Fresco.* La cometa.
Sobre los ojos, sobre el lomo, cae. *Sabines.* Sobre los ojos.
Sobre mi propio corazón que espera. *González Martínez.* Hortus conclusos.
Sobre mi último aliento que dancen. *Rivera.* Sobre mi.
¿Sobre qué lado se apoya más la ternura del hombre? *Juárroz.* ¿Sobre qué lado se apoya?
Sobre tibio andamio de sorpresa. *Choque.* Interrogantes.
Sobre títulos capítulos apéndices. *Navarro Harris.* Epílogo.
Sobre todas las cosas de la tierra. *Bollo.* Confidencia con voz muy secreta.
Sobre tu piel lustrosa de mar terrestre y pensativo. *Jérez Valero.* Palabras al buey.
Sobre una cama del Hotel Genève. *Aridjis.* Turista de 1934.
Sobre una roca hirsuta, junto a la mar bravía. *Bufano.* El enigma.
The soft brush of the tree. *Coronel Urtecho.* Barbershop.
El sol abrasa toda/vida. *Gaitán Durán.* Canícula.
El sol alumbra: ya en los aires miro. *Martí.* Copa ciclópea.
El sol, como un león, salta los horizontes. *Rodríguez.* Tarde antigua.
El sol/cruza la puerta de la casa. *Lavín Cerda.* Begonias.
Sol de los Incas, sol de los Mayas. *Mistral.* Sol del trópico.
El sol de mediodía sobre las parras viejas. *Agüero.* Mediodía.
Sol de otoño en las bardas del sendero. *Torres Bodet.* La sombra.
Un sol de primavera. *Zamudio.* Peregrinando.
¡El sol del mediodía de estos campos! *Ruzo.* Mediodía.
El sol es de silencio/y tierra seca. *Hernández.* Postal de Tepoztlan.
El sol estalla. *Zaid.* Oleajes.
El sol me despertaba como a pájaro. *Calzadilla.* Cuento.
Sol muriente/Hay una panne en el motor. *Huidobro.* Égloga.
El sol/pronto perecerá, ahogado por las sombras. *Oribe.* Vanidad de lo variable.
Sol que despierta a París. *Huidobro.* Mañana.
El sol reposa sobre las copas de los castaños. *Paz.* En la calzada.
El sol se despertaba. *Walsh.* El caballo muerto.
El sol se esconde/tras el faro. *Vallarino.* Visión.
El sol sube. *Enríquez.* Juegos.
El sol triza en las piedras. *Jiménez Sierra.* Fantasía de verano.
Sola, en el ancho páramo del mundo. *Zamudio.* ¿Quo vadis?

Sola yo, amor/y vos quién sabe dónde. *Belli.* Te busco en la fuerza del futuro.
Solamente desnudo y quemando palabras. *Gottberg.* Como el viento o como el hombre.
Sólamente la luz abre un camino. *García Maffla.* Sólamente la luz.
Solamente los poetas/vecinos del infierno. *Illescas.* Testamento de Warhall.
Solamente piel, si. *Latorre.* La inconquistable.
Solamente/un poco de lluvia marinera. *Jenkins Dobles.* Del mar.
Soldada y rota en cien partes. *Montes de Oca.* Diluvio claro.
El soldado a quien los pinos dieron alas. *Romualdo.* El vigía.
Soldado, aprende a tirar. *Guillén.* Soldado.
Soldado indio, hombre cualquiera, hermano. *Bedregal.* Canto al soldado desconocido.
Soldados de la reina, diminutos soldados. *Zuazo Precht.* Reino alado.
La soledad—señera austeridad. *Guerra.* La soledad.
Soledad de luces, soledad de alientos. *Gangotena.* Tempestad secreta.
La soledad del puerto. *Munita.* Puertos.
La soledad es más que una palabra gastada. *Rivera.* La soledad.
La soledad me acerca/a todas las cosas. *Shimose.* Otoño en el Mediterráneo.
La soledad me pone racista. *Vega.* Soledad comparativa.
La soledad se encuentra. *Insausti.* Muro invisible.
La soledad, la soledad que viene. *Figueira.* Soledad.
La soledad, la luz, el cielo. *Banchs.* La soledad.
Soledad, los trompos de la buena lluvia bailan entre tus dedos. *Teillier.* Tierra de infancia.
Soledad: bien te busqué. *González Martínez.* Soledad tardía.
Soledades del cielo, las estrellas. *Gaitán Durán.* Estrofa al alba del 14 de septiembre de 1959.
Solemne—no hay cuidado que le turbe. *Olivares Figueroa.* A un diplomático.
Solemnidad de tigre incierto, ahí en sus ojos. *Chumacero.* Los ojos verdes.
Soles de agosto se deshojan. *Mujica.* Soles de agosto.
Solía escribir con su dedo grande en el aire. *Vallejo.* Solía escribir.
El solitario es sabio en predicciones. *Mejía Sánchez.* El solitario.
Solo/abandonado del calor. *Pérez Estrada.* El entierro de un pobre.
Solo acepto este mundo iluminado. *Vitale.* Este mundo.
Sólo amar/después. *Arduz.* Fervor.
Solo/como los mares bajo las estrellas. *Danke.* Solo.
Solo como un perro/como un ciego un loco. *Vilariño.* Se está solo.
Solo, con ruda soledad marina. *Gorostiza.* Elegía.
Solo de soledad y solitario de solo. *Cardoza y Aragón.* Canto a la soledad.
Sólo el fuego y el mar pueden mirarse. *Carranza.* Tema de fuego y mar.
Sólo el recuerdo nos separa. *Hidalgo.* Función de tu presencia lejana.
Solo, en la soledad/de mi propio olvido. *Guirao.* Soledad.
Sólo entendí al Universo enceguecido por la eternidad. *Urzagasti.* Una estrella en el bosque.
Sólo era un pueblo de cien casas. *Valdés.* Dónde está ese pueblo.
Sólo escucho cadáveres y tubérculos. *Calderón.* Es como . . .
Solo, estoy solo: viene el verso amigo. *Martí.* Sed de belleza.
Sólo ha quedado en la rama. *Lugones.* El nido ausente.
Sólo hay un modo de hacer algo en la vida. *Aguilar.* Cesare Pavese.
Sólo la luna que resbala. *Ossandón.* Restituyo orígenes.
Sólo la luz de la tarde. *Durán.* La lluvia.
Sólo la sed/el silencio. *Pizarnik.* Sólo la sed.
Sólo la voz, la piel, la superficie. *Castellanos.* Amor.
Sólo las cruces verdes, las cruces azules. *Cisneros.* El cementerio de Vilcashuamán.
Sólo los suicidas tienen a la mano las manos. *Los suicidas.* Martínez.
Solo. No son siquiera las seis. *Blanco.* Música de cámara.
Sólo nadar en mamá era fácil. *Dalton.* Despertarse.
Sólo quedan, roídos, los peldaños. *Gramcko.* El cuervo.
Sólo quiero decir. *Salazar Bondy.* El corazón puesto a prueba (Vals criollo).
Sólo tengo una cosa que contar. *Aguilar.* Ricardo, testigo.
Sólo tres cosas tenía/para su viaje el Romero. *González Martínez.* Las tres cosas del Romero.
Sólo tú puedes despertar a este esqueleto. *Sancho Castañeda.* Eres la continuación del tapial.
Sólo un héroe después de tus batallas. *Fuente.* Los viajes infinitos de la noche.
Sólo un momento. *Massone.* El ojo diluído.

Sólo un viejo tabique de mi amor te separa. *Espinel.* Frenesí.
Sólo una cosa no hay. Es el olvido. *Borges.* Everness.
Sólo una orquídea para tu homenaje. *Suiffet.* El misterio.
Sólo una sombra escuálida como un árbol sin ramas. *Otero Silva.* El libertador.
Sólo una tonta podía dedicar su vida. *Sabines.* Recado a Rosario Castellanos.
Sólo veo/la huída temblorosa del tren. *Navarro Harris.* Casa.
Solo y callado en su desvelo mi corazón escucha en paz. *Bernárdez.* La lluvia.
Sólo yo/tengo la razón. *Vallarino.* El sofista.
Solo yo, triste y muda, como sombra. *Paz Paredes.* Solo yo.
Sólo yo voy desnuda. *Navarro Harris.* Pudor.
Sombra. No sé. La sombra/herida que me habita. *Sabines.* Sombra.
La sombra azul y vasta es un perpetuo vuelo. *Cortés.* La danza de los astros.
Sombra blanca en el baquiné. *Palés Matos.* Lamento.
Una sombra de almendra amarga. *Gerbasi.* Realidad de la noche.
Sombra de la noche. *Gaztelú Gorriti.* Parábola.
La sombra de las minas. *Bustamante y Ballivián.* Oroya.
Sombra, la sombra sin orilla, ésa/que no ve. *Gutiérrez Nájera.* Después.
La sombra retrocedió de súbito. *Peralta.* Cántico.
Sombra temible, en insidiosa/servidumbre. *Cerruto.* Nada invada nada.
Sombra tu pecho para el sol quemante. *Álvarez.* Pecho.
Las sombras agrupadas cubrían la ribera. *Arrieta.* La preferida.
Sombras que sólo yo veo. *Guillén.* Balada de los dos abuelos.
Las sombras/las sombras crepusculares. *Arrieta.* Las sombras.
Some want to leave. *Lara.* Wishing.
Someone brought them to Palma. *Alegría.* Toward the Jurassic Age.
Someone throws stones at my roof, then. *Nervo.* Revenge.
Someone told me you were in love. *Cardenal.* Someone.
Sometimes an effluence rises. *Reyes.* Scarcely.
Sometimes you feel/alone within your ribs. *Rodríguez Frese.* What Is Needed.
Somewhere there's a man. *Juárroz.* Somewhere.
Somos agua de cultivo. *Cabrera.* Nosotros.
Somos cabelleras pobladas de elefantes. *Navarro Harris.* Informe I.
Somos cinco mil. *Jara.* Estadio Chile.
Somos como son los que se aman. *Gaitán Durán.* Amantes.
Somos eternos/se nota. *Góngora.* Somos eternos.
Somos intransigentes. *Fernández Cherición.* Respecto del Tercer Mundo.
¡Somos islas! Islas verdes. Esmeraldas. *Lloréns Torres.* La canción delas Antillas.
Somos la remembranza de la tierra vencida. *Cruchaga Santa María.* El canto de los mares solos.
Somos los oficiantes de este nuevo silencio. *Vila.* Código mayor.
Somos un estar anegados de aureolas antiguas. *Orgaz.* Tiempo.
¿Somos una serie de frases desencasilladas? *Argueta.* Sobre un ramo de rosas que te ofrecí.
Somos vieja torre cuando/saltan de sus ventanas. *Banchs.* Imagen.
Los Somozas, ¿son más fuertes que el odio de su pueblo? *Mejía Sánchez.* Los Somozas.
Son como son. *Borda Leaño.* Mineros.
Son con punta/son sin punta. *Gómez Kemp.* Son con punta.
Son distancia y sollozo. *Espinosa de Pérez.* Los hombres penumbrosos.
Son Ellos, llegan fatigados. *Pinto.* Quia sunt.
¿Son estremecimientos, náuseas . . . ? *Padilla.* Autorretrato del otro.
Son la diez de la noche. *Castillo.* Pin uno, pin dos.
Son las 7 de la mañana del 22 de abril de 1983. *Mora.* Acontecer de Cristóbal.
Son las diez de la noche; en el cuarto en penumbra. *Storni.* Mi hermana.
Son las Sirenas, sirtes mitad aves. *Capriles.* Mitológica.
Son los días cuando el fuego no ha crecido. *Rojas Jiménez.* Vieja canción que recuerda la infancia.
Son los que nunca dan la mano. *Molina.* Ellos los muertos.
Son los temas fundamentales de la poesía lírica. *Parra.* Siete.
Son mis negras aflicciones cien pecados, ¡oh Cristiana! *González de León.* Cristiana.
Son mis pasos, son mis pasos los de siempre. *Mora.* Poema citadino.
Son mis viejas raíces empolvadas. *Amor.* Son mis viejas raíces.
Son nuestros estos días y noches. *Fernández.* Para la victoria final.

Son puertas que a lo largo del alma me golpean. *Odio.* Recuerdo de mi infancia.
Son una secta, ustedes, los hombres con bigotes. *Torres.* Henchida como una jarra.
Soñaba en ese entonces en forjar un poema. *Silva.* Un poema.
Sonámbula y picante. *López Velarde.* Todo.
Sonámbulo, dormido y despierto a la vez. *Villaurrutia.* Estancias nocturnas.
Soñando el cielo que agotó el derroche. *Alonso Amieva.* Espina.
Un soñar con el pálido ramaje. *Urquiza.* Nox.
Soñar, soñar la noche, la calle, la escalera. *Villaurrutia.* Nocturno de la estatua.
Soñarán los muertos. *Alardín.* Concomitancia.
Soñé con un perro (con un perro desollado). *Varela.* Secreto de familia.
Soñé la muerte y era muy sencillo. *Lugones.* Historia de mi muerte.
Soñé que era muy niño, que estaba en la cocina. *Dublé Urrutia.* En el fondo del lago.
Soñé que la ciudad estaba dentro. *López Velarde.* El sueño de los guantes negros.
Soñé que un automóvil arrollaba a un hombre. *Silva Acevedo.* Sueño.
Sonido de palomas besándose a la luna. *Parra del Riego.* Besos.
Sonó lenta y sin alarde. *Mieses Burgos.* Canción de la niña que iba sola.
Sonora tarde en voces transparentes. *Zarrilli.* Cántico de la hora muerta.
Sonríe desde su estatua. *Cross.* Sri Nityananda Mandir.
Sonríe el cielo/brilla la aurora. *Villalobos.* Sonrisas y lágrimas.
Sopa de víboras, hervimos—uno entre todas, una entre/todos. *Deniz.* Promiscuos.
Una sopa por qué contiene porciones de pescado. *Belli.* Loscontenidos.
Sopla el viento por las calles. *Teillier.* El viento de los locos.
Un soplo una inquietud un fiel quebranto. *Quiteño.* Auto retrato.
Sorprende que en la tarde. *Cerruto.* Casa de Beethoven.
Sorpresivamente el cielo se puso de un color. *Lara.* Paisaje.
Sorrow, since you cannot make me. *Nervo.* Sorrow Vanquished.
Sos tan hermosa, pero tan. *Castrorrivas.* Cuidado con las consignas.
South American peaks look at them then. *Zurita.* Snows of Aconcagua.
Soy autor de un crimen perfecto. *Silva Acevedo.* Abel.
Soy bestia umbilical, delgada y andariega. *Rubio Huidobro.* Confesiones.
Soy de la noche porque sé que muero. *Russell.* Soneto.
Soy dueño del tiempo y lo ilumino si paso. *Luksic.* Soy dueño del tiempo.
Soy el astrobotánico. *Lavín Cerda.* El astrobotánico.
Soy el cantor de América autóctono y salvaje. *Chocano.* Blasón.
Soy el hombre casado, yo soy el hombre. *Rokha.* Soy el hombre.
Soy el mendigo cósmico y mi inopia es la suma. *López Velarde.* El mendigo.
Soy el tejedor de milagros, de soledades, de nieves. *Martínez.* El tejedor de milagros.
Soy el último descendiente. *Durán Böger.* Mi origen y mi destino.
Soy el universo completo y para los hombres. *Poblete.* Arte poética.
Soy el viejo monarca del Sur. *González.* Occidentales (Frag.).
Soy esa borrachera que necesitás a mitad del año. *Jordana.* Tango.
Soy guiado por el sol. *Silva-Santisteban.* Soy guiado.
Soy indigno de ti, amor. *Ángeli.* Amor.
Soy la alegre Tomasita. *Carrasquillo.* La negrita de la costa.
Soy la estatua de sal. *Siles Guevara.* Tu voz.
Soy la inesperada ante el umbral. *Basualto.* Soy la inesperada.
Soy libre/absoluta. *Mora Martínez.* Soy libre.
Soy llevado sobre circunferencias de acero. *Fernández Moreno.* Whisky and Soda.
Soy lo que deseé ser. *Revuelta Hatuey.* Unus ego.
Soy materia inflamable/vivo en combustión. *Astrada.* Soy materia.
Soy mi memoria. *Cuadra.* Albarda.
Soy peregrino de las circunstancias. *Trejo Villafuerte.* Soy peregrino.
Soy pobre como la rata. *Uribe Arce.* Soy pobre.
Soy rico/camino por las calles. *Santos.* Soy rico.
Soy ser del tiempo, agua pasajera. *Russell.* Desde mi.
Soy suave y triste si idolatro, puedo. *Storni.* Soy.
Soy tan pobre que. *Ibáñez.* Soy tan pobre que me quedo dormido.
Soy un color más en el paisaje. *Berreta Galli.* Un color más.
Soy un cuerpo que huye, sombra que madura. *Sologuren.* La visita del mar.

Soy un hombre descaracterizado. *Bustamante.* Mi caso.
Soy un increíble tú acumulado. *Massone.* Este ser tú, acumulado.
Soy un oscuro ciudadano. *Rubio Huidobro.* Biografía anónima.
Soy un solo ojo. *Wagner.* Zooamor.
Soy una mujer sin nombre. *Díaz Diocaretz.* VIII.
The spider hangs too far from the ground. *Cisneros.* The Spider.
Spring has come with its smell of Nicaragua. *Cardenal.* Spring Has Come.
Standing erect in the mire. *Lars.* Sketch of the Frontier Woman.
Standing on the little Bluefields pier. *Uriarte.* Pier.
A stone in your face. *Neruda.* Ode to Cesar Vallejo.
The stones are time. *Paz.* Village.
A strange mysterious God visits the forest. *Jaimes Freyre.* Eternal Farewell.
Strange to feel this sun again. *Belli.* Free Country: July 19, 1979.
The streets, silent. *Millán.* No one.
Studying history. *Gelman.* History.
Su belleza tan frágil, transparente. *Prado.* La rosa inefable.
Su bemba de negro congo. *Tallet.* Negro ripiera.
Su casa fue la casa de la harina. *Jérez-Valero.* La casa del poeta.
Su corazón incendiario. *Molina.* Un corazón de panal.
Su cuerpecito era una curva de amor. *Lange.* Mientras miraba a un niño.
Su cuerpo es una aldea. *Casto Saavedra.* Sólo su cuerpo dulce.
Su cuerpo resonaba en el espejo. *Brull.* Desnudo.
Su descendencia no la supe. *Medina.* Elegía.
Su infancia fue la lluvia. *Rivera.* Su infancia.
Su letra está en la entraña. *Tamayo.* Su letra.
Su miopía. *Casanova.* Preparativos.
Su nombre, pensamiento levantado del agua. *Marechal.* Niña de encabritado corazón.
Su pasatiempo era coleccionar muñecas. *Byrne.* Pasatiempo.
Su paso en la tierra pinta. *Rodríguez.* La venadita.
Su paso era tan grácil, tan liviano y tan lento. *Prado.* Ausencia.
Su piel crece agridulce. *Castillo.* Tomate.
Su propia transparencia lo sostiene. *Juárroz.* Su propia.
Su rostro olvida el fuego en la ceniza. *Roa Bastos.* Tríptico I. De los cuatro elementos.
Su salvación es marina; su verdad, la tierra. *Lezama Lima.* San Juan de Patmos ante la puerta latina.
Su sed era infinita. *Navarro Luna.* El ahogado.
Su territorio dicen que es enorme. *Fernández Retamar.* Le preguntaron por los persas.
Su vestidura adormeció a la muerte. *Cruchaga Santa María.* Muerte de noche.
Su voz era una trémula frescura de agua clara. *Núñez Olano.* El recuerdo.
Subastador de la esperanza. *Letona.* Subastador.
Sube a nuestro mundo. *Nuñez.* La presencia del mito.
Sube ahora mismo, con cierta idiotez de sueño. *Poveda.* Lunade arrabal.
Sube en mi tu presencia. *Rodríguez Pinto.* Plenitud de la presencia.
Sube la sed. En torno. *Armas Chitty.* Mediodía.
Sube, sube, barrilete. *Aróstegui Arce.* Barrilete.
Sube, sube/la cometa. *Eguren.* La oración de la cometa.
Subiendo el barco azeza. *Arciniegas.* El bajo Magdalena (Cromos, Acuarelas).
Subió a decirnos Julia. *Donoso.* Subió.
Subir la eternidad es cosa. *Collado.* Subir.
Subir los remos y dejarse. *Zaid.* Práctica mortal.
Súbitamente un día/mis ojos contemplaron. *Hernández.* Una mañana.
Súbito el llano/y mil sendas. *Moleiro.* Viajero solo.
Subsistía mi amor de la niñez. *Guerra.* Subsistía.
Sucede que me canso de ser hombre. *Neruda.* Walking Around.
Sucede/que tengo miedo. *Martínez.* Mutación.
Sucesiones que se quiebran al llamado del orden. *Rojas.* Fotografía al magnesio.
Sucios despojos de los grandes muelles. *Blomberg.* Las dulces muertes.
Sudamericanos miren entonces las cumbres andinas. *Zurita.* Aconcagua.
Suddenly I understood that they had killed me. *Turkeltaub.* Suddenly.
Suddenly we fall from love. *Millán.* The Iron Wheels of the Tricycle without Tires and a Scraping

Nail.
Suelo de su memoria florecido. *Ortiz Saralegui.* Suelo de su memoria.
Suelo venir a esta plaza. *Oliver.* Uno.
Suelto mi corazón como vela. *Pereira.* Por entre las islas.
Suena el despertador/escupo en un pañuelo. *Jordana.* Suena el despertador.
Suena el reveille a través/de la ciudad. *Suárez.* Viaje.
Suena trompa del infante con aguda melodía. *Eguren.* Marcha fúnebrede una Marionnette.
Suena un aire de niño tras las tapias. *Cortés.* Aire.
Suenan las hondas campanadas. *Suiffet.* El carrillón.
Sueñas la perfección de sorprendida. *Gaztelú Gorriti.* Soneto.
Sueño . . . la claridad. *Sierra.* Captura de mi sueño.
Sueño con ritmos domados al yugo del rígido acento. *González Prada.* Ritmo soñado.
El sueño ha terminado para siempre. *Arteche.* Quevedo habla de sus llagas.
Sueño que estoy soñando y soy dueño del sueño. *Sabat Ercasty.* Los adioses (Frag.).
Sueño que estoy soñando y soy dueño del sueño. *Sabat Ercasty.* Sueño que estoy soñando.
Sueño que mis manos se hacen agua. *Helberg.* Sueño (de Poemas para soñar).
El sueño, la soledad, esa lluvia soñolienta. *Arteche.* Dormid, dulces amantes.
Sueños de la tarde que fueron otros sueños olvidados. *Martínez.* Sueños de la tarde sobre la tierra húmeda.
Los sueños del poeta se acurrucan. *Rivera.* Los sueños.
Los sueños nos traicionan. *Martínez Lamarque.* Poema.
Los sueños solitarios fluyen en el aire enrarecido. *Clavijo Pérez.* Sensaciones.
La suerte le dio el martillazo a su cochinito, sacó sus ahorros. *Castillo.* El que no es cabrón no es hombre.
El suertero que grita "La de a mil". *Vallejo.* La de a mil.
El suicida, de rostro enflaquecido. *Silva Humeres.* El suicida.
Sujeto a palos en cruz. *Romero.* Aguafuerte.
Suma y reflejo de la creación. *Nadereau.* La frente inmensa, diríaseque infinita.
Sumamente/azul. *Yañez.* Dios.
A sun shines in black. *Zavala.* Lament I.
The sun/crosses the threshold. *Lavín Cerda.* Begonias.
Un Super-White cargando gasolina. *Santos.* Chevron—Tipitapa.
Supimos anoche de las hebras de tu rostro. *Svanascini.* Permiso para tu retorno.
Suponga que su perrito de raza Fox Terrier. *Martínez.* Fox terrier desaparece en la intersección de las avenidas.
Suponga que su perrito Fox Terrier es visto por última vez. *Martínez.* Foxterrier no desaparecido no reaparece.
Suponga que usted es Alicia y pasa una temporada. *Martínez.* El gato de Cheshire.
Supongamos que fue crucificado. *Parra.* Supongamos que es un hombre perfecto.
Supongamos/que en la casa de tu mente. *Girri.* Visitantes ilustres.
Supongo que yo estoy escondido en/el closet. *Nogueras.* Cesare Pavese.
Suppose that you are Alice and that you spend some time. *Martínez.* The Cheshire Cat.
Suppose that your little dog of Fox Terrier breed. *Martínez.* Fox Terrier Disappears at the Intersection.
Suppose that your little Fox Terrier is last seen. *Martínez.* Non-Missing Fox Terrier Does not Reappear.
El supuesto castillo de la Fuerza Pública. Ultima hora. *Salado.* Atacado el Moncada.
Un surco eternizará el secreto. *Rocuant.* El beso.
Surge la luna lenta, enorme y roja. *Tablada.* Lunas marinas.
Surges amarga, pensativa. *Chumacero.* Diálogo con un retrato.
¿Surgió de bajo tierra? *Girondo.* Aparición urbana.
Surgió tu blanca majestad de raso. *Herrera y Reissig.* Consagración.
Surrounded by animals. *Alegría.* Where Brave Men Weep.
Sus huestes se pasan en tropel al enemigo. *Cobo Borda.* Rey en el exilio.
Sus húmedas orejas aparecen con algunos otoños mojados. *Salazar Bondy.* El semblante.
Sus ojos beben del azul. *Aridjis.* Sus ojos.
Sus ojos encantados de púdica hermosura. *Pallais.* El soneto del lucero del alba.
Sus ojos/son tan claros. *Mora.* Sus ojos.
Sus pestañas, cargadas de sombras. *Gavidia.* Romanza.

Sus sueños de grandeza no concluyeron. *Lihn.* Escombro.
Suspiró el monte, calló el mar sonoro. *Katari.* Alegoría trascendente para Franz Tamayo (Frags.).
Suspiro por las regiones. *Casal.* Nostalgias.
Sustituir el brazo por un artefacto. *Calzadilla.* Cubrir la duda con un mantel de fiesta.
Susurras/te sumerges. *Shimose.* Desnudo a la sanguina.
Sutil y triste. *Undurraga.* Pre-vida.
Swept by light the feet of that multitude. *Zurita.* Splendor in the Wind.

The table, son, is laid. *Mistral.* The House.
Tahona estuosa de aquellos mis bizcochos. *Vallejo.* Tahona estuosa de aquellos mmis bizcochos.
Take a good look around. *Lara.* Siege.
Take me now while it's still early. *Ibarbourou.* The Hour.
Tal amor, oh, tal amor. *Hinostroza.* El que regresa.
Tal la exangüe cabeza, trunca y viva. *Herrera y Reissig.* Idealidad exótica.
Tal vez 1000 dioses floten sobre los cabellos. *Rojas.* Recordando a Homero al pie de las colinas.
Tal vez aquellas tardes regresen imprecisas. *Geada.* Renovado crepúsculo.
Tal vez el despertar fue el estallido. *Paz Paredes.* El despertar.
Tal vez es el ruido del mar. *Basualto.* Pasos.
Tal vez esta ciudad oscurecida. *Blanco.* Canción de junio.
Tal vez he sido yo. *Gómez Sanjurjo.* Poema.
Tal vez lo logre y puedas tú salir de mi. *Martínez Caldera.* Cálculos para dar un salto imprescindible.
Tal vez mañana los poetas pregunten. *Scorza.* Epístola a los poetas que vendrán.
Tal vez no lo imagines. *Castillo.* Informe de una justicia.
Tal vez tú desearías un hombre distinto. *Armijo.* Si yo fuera otro.
También de noches indestructibles. *Collado.* Domingo estamos.
También el alma tiene lejanías. *Icaza.* Preludio.
También en nuestro sueño el tiempo enciende. *Quessep.* La impura claridad.
También hay que decir de ti. *Domínguez.* Caballo en llamaradas.
Tan altos son los edificios *Montejo.* Caracas.
Tan en la luz tu nombre. *Perino.* Tan en la luz.
Tan es de incierta la ventura mía. *Montagne.* Destino.
Tan hecho a ti. *Montes.* El resto es nada.
Tan pronto han enterrado al esposo. *Gómez Correa.* La viuda.
Tan sólo una mirada. *Pla.* Tan sólo.
Tan tenue que al principio casi es una neblina. *Lugones.* Claridad triunfante.
Tan tierra son los hombres de mi tierra. *Roa Bastos.* Los hombres.
Tango severo y triste. *Güiraldes.* Tango.
Tania didn't Know that The Family Circle. *Martínez.* Tania Savich and the Phenomenology of the Round.
Tania no sabía que El Círculo de la Familia. *Martínez.* Tania Savich y la fenomenología de lo redondo.
Tanta armonía. *Valero.* Emma con guitarra.
Tanta era el ansia. *Estrada.* Canción.
Tanta memoria para nada. *Vicuña.* Vigilia.
Tantas ausencias pueblan. *Llerena Blanco.* Desde siempre.
Tantas cosas he visto y sin embargo. *Vitier.* El bosque de Birnam.
Tantas hormigas que a mi mesa suben. *Turkeltaub.* Las hormigas.
Tantas lunas asadas en limpio. *Arenas.* Tantas lunas.
Tantas veces/recuerda rechazaron sus pies. *Fernández.* Los pies de Humberto Lamote.
Tanteo algunos restos de la noche. *Pintado.* Insomnio.
Tanto afán de encontrar. *Clavijo.* Denombrando.
Tanto año que ha pasado, y todavía. *Canales.* Hablo de Farabundo.
Tanto calor. *Molina.* Temperaturas fijas.
Tanto conozco esta ciudad pequeña. *Prado.* Tanto conozco.
Tanto que te he adorado, suave vida. *Chouhy Aguirre.* Soneto.
Tanto soy y más la brizna de saturada espina. *Gangotena.* A zaga tuya paso de lo remoto a lo escondido.
Tanto te amé ese día que la muerte. *Gaitán Durán.* Hecha polvo.
Tapiceros finísimos como músicos. *Basso Maglio.* Canción de la hora de partir.

Taquicardia del insomnio. *Abella Caprile.* Alba.
Taquipnea, gusto de perro en la ventanilla. *Deniz.* Madrigal séptimo.
The Tarahumara Indians have come down. *Reyes.* Tarahumara Herbs.
Tarda en seguir la línea entre los apagados cristales delas venas. *Valle.* Transparencia de la sangre.
Tardará, tardará. *Girondo.* Lo que esperamos.
La tarde cae tranquila. *Mora Martínez.* Cuando se apaga la luz grande.
Una tarde con árboles. *Zaid.* Pastoral.
La tarde con ligera pincelada. *Lugones.* Delectación morosa.
Tarde de invierno. *Nogueras.* Poema.
Tarde de junio o de julio. *Fernández Moreno.* Valle-Inclán y el viento.
Tarde de lluvia en que se agravan. *López Velarde.* La tejedora.
Una tarde de verano en que tú operabas. *Gómez Correa.* Jacques Hérold la sonnerie ne marche pas (Span.).
Tarde del domingo/en los callados barrios de París. *Paz Castillo.* Tarde del domingo.
La tarde diáfana y discreta. *Castillo.* Indecisión.
La tarde difundía. *Maya.* Interior.
La tarde en muelle laxitud declina. *Lugones.* Cisnes negros.
La tarde/era el agua. *Fraire.* Poema.
La tarde es un amigo. *Uribe Arce.* La tarde es un amigo.
La tarde es una niña que da pastel. *Natera.* La tarde es una niña.
La tarde está en nosotros, con un poco de bruma. *Michelena Fortoul.* Siempre.
La tarde extiende. *Blanco.* La bella suicida.
Tarde honda, sin prisa. *Moleiro.* Paisaje con invocación.
Tarde lenta y profunda. *Paz Castillo.* Desde un paisaje.
Una tarde Leonel me recomendó. *Santos.* Leonel Rugama: RIP.
Tarde o temprano llegaré sollozando. *Parra.* La cruz.
La tarde paga en oro divino las faenas. *Herrera y Reissig.* La vuelta de los campos.
La tarde pidiendo amor. *Guillén.* La tarde.
Una tarde, por el ancho rumor de Montparnasse. *González Tuñón.* Escrito sobre una mesa de Montparnasse.
La tarde, qué elegante con sombrero arrebol. *Rubio.* La fila del regreso.
La tarde que es la canción. *Parra.* El valle de los pinos.
La tarde quedó temblando. *Augier.* Viernes.
Una tarde rayada de garúas. *Cunha.* Guitarreos.
Tarde reminiscente. El alma se consume. *González Martínez.* Tarde reminiscente.
La tarde se absorbe en tu silencio. *Cross.* Hiedra.
La tarde se adormece en la llanura. *Herrera.* Campestre.
Tarde soledosa/sin pasos y sin ecos. *Figueredo.* Tarde soledosa.
Tarde, tarde/cae la tarde. *Güiraldes.* Quietud.
La tardecita eléctrica las calles. *Martínez Rivas.* Managua-mayo.
Tardes de beatitud. *González de León.* Integro.
Tardieu, el niño que se observa. *Martínez.* La identidad.
Tardieu, the child observed. *Martínez.* The Identity.
Tarumba/Yo voy con las hormigas. *Sabines.* Tarumba.
Tatiana: desencantada de algunos sueños. *Matte Alessandri.* Carta.
La taza de café abre el tapiz, y lo cierra. *Lago González.* Camagüey.
La taza de café, la cafetera. *Rosenmann Taub.* La taza de café.
Taza pincel/nieve diapasón. *Bayley.* Casa del hombre.
¿Te acuerdas? El arroyo fue la serpiente buena. *Agustini.* El arroyo.
Te acuerdas, Victor Marín, cuando . . . *Escobar Velado.* Poema a Victor Manuel Marín.
Te amé con la ternura de la sombra. *Martín.* Retrato.
Te amo ahí contra el muro destruído. *Aridjis.* Te amo ahí.
Te amo, porque en mis mil y una noches de ensueño. *Lloréns Torres.* Amor sin amor.
Te ando buscando, amor que nunca llegas. *Storni.* El divino amor.
Te anuncia un ecuménico amasijo de hogaza. *Herrera y Reissig.* El domingo.
Te asemejas a algunos poetas. *Hernández.* Apolo azul.
Te ataré/a los puños. *Storni.* Voz.
Te brindas voluptuosa e imprudente. *Rebolledo.* Ante el ara.

Te busco en todo, aunque te llevo dentro. *Vallejo.* Supervivencia.
Te busqué mucho tiempo. *Villalobos.* Glosa pastoril.
Te conoce la savia cuya lágrima evoca. *Sinán.* Ego sum lux.
Te conocí en el vértice nervioso de una ola. *Fontana.* Canción marina en el pinar.
Te conocí/en el Super Market. *Orrillo.* El paraíso perdido.
Te conozco Dios a todo lo largo de lo negro. *Tavira.* Acto de fe.
Te cubre el rostro la sombra de un ave de rapiña. *Millán.* Como un pez se me pierde tu rostro de mis aguas.
Te debo esta batalla, no así a los que un día me enseñaron a pagar. *Quijada Urías.* El escarabajo.
Te dejo las palabras que te bebí en silencio. *Genta.* Te dejo.
Te descubrí en el vértigo, diamante. *Torres Bodet.* Diamante.
Te despiertas, sediento, a medianoche. *Shimose.* El conde Drácula sale de inspección.
Te detuviste a desear aquello que mirabas. *Becerra.* El pequeño César.
Te di el alma mía/llanto/y pájaros. *Pérez-So.* Te di el alma mía.
Te dieron Judas como nombre. *Brito.* Milagros.
Te digo "amada", porque en la palabra amada. *Cifuentes Sepúlveda.* Amada.
Te doy mi alma desnuda. *Ibarbourou.* Te doy mi alma.
Te durmieras, hijo mío. *Rivas Alcocer.* Canción para el que duerme.
Te embriagarás de ruido. *Cross.* Cigarras.
Te encontré solitaria en mi camino. *Lanzone.* Milagro.
Te encuentro/detrás de un lago. *Anaya.* Porque Safo se regocija en el cuerpo de su lago (Frags.).
Te engañas, no has vivido No basta que tus ojos. *González Martínez.* Intus.
Te escribo desde el borde. *Paz Paredes.* Elegía del amor que no muere.
Te escribo en un insomnio de noviembre. *Estrázulas.* Tango para Cortázar.
Te escribo estas líneas. *Arellano.* Nota en una tarjeta de Navidad.
Te escribo, Carlos, tras la paletada. *Sabella.* A Carlos Pezoa Véliz.
Te escucho caminar, estás de visita. *López Colomé.* Atemporal.
Te escucho, nave sin rumbo. *Sampedro.* Horario puntual.
Te esperaré esta noche, Señor mío. *Urquiza.* La cita.
Te esperé en el cruce celestial de aquella esquina. *Monsreal.* Temple.
Te estoy haciendo un destino aquí mismo. *Hahn.* Eso sería todo.
Te evoco, palmar colorado del unílico corazón del hombre. *Madariaga.* Palmares colorados.
Te fuiste aquel minuto para toda la muerte. *Florit.* Elegía para tu ausencia.
Te hablaré de ellos Bolívar. *Aristeguieta.* Los indios.
Te hablo/No estás/ La noche. *Arenas.* La silenciosa.
Te has cargado de adioses hasta en la edad madura. *Sabat Ercasty.* Los adioses.
Te has hecho unos ojos duros. *Villaurrutia.* Estatua.
Te has hundido en mis venas, nutriéndolas de yodo. *Sinán.* Vigilia de la sangre.
Te he esperado tanto. *Chapochnik.* La espera.
Te he esperado tanto. *Chapochnik.* Han caído las hojas.
Te he llevado a la roca y a la pequeña flor. *Osorio Canales.* Te he llevado.
Te he seguido como nos persiguen los días. *Westphalen.* Te he seguido.
Te he visto en un jardín y reclinabas. *Wilcock.* La imagen en la lluvia.
Te he visto muchas veces. *Florit.* Que estás en los cielos.
Te imaginé castillo. *Torres Bodet.* Isla.
Te imagino como a ese abarrotero español narizón y fornido. *Dalton.* José Matías Delgado.
Te invitaría la noche de buen grado. *Ochart.* Te invitaría
Te lo prometió Martí. *Guillén.* Se acabó.
Te marcharás un día. *Carmagnola de Medina.* Pre-requiem.
Te marchaste, no sé cómo ni adónde. *Rodríguez Santos.* Rumor perdido.
Te mataron y no nos dijeron dónde enterraron tu cuerpo. *Cardenal.* Epitafio para la tumba de Adolfo Báez Bone.
Te me vas, torcaza rendida, juventud dulce. *Barba Jacob.* Nueva canción de la vida profunda.
Te miro cara a cara. *Medina.* Oración del escritor estéril.
Te miro con los ojos. *Calvo.* Carta de Federico García Lorca.
Te olvidaste del rostro que hiciste. *Mistral.* Nocturno de la consumación.
Te pienso/en la noche que calla ante lo inmenso. *Vilas.* La espera.
Te prefiero distante. *Wong.* Te prefiero.
Te preguntas/si entre tantos desastres. *Pacheco.* Ser sin estar (agosto 1968).

Te presentí venir desde la ausencia. *Prendez Saldías.* Ausente.
Te presienten cercano las estrellas. *Ibáñez.* Te presienten.
Te propongo la Creación de nuevo, Padre Adán. *Monsreal.* Proposición.
Te puse una cabeza sobre el hombro. *Sabines.* Te puse.
Te pusimos bajo el duro viento de la vida. *Martínez Matos.* Variaciones.
Te quiero mucho más, terrible abismo. *Ibáñez.* Madre.
Te quiero no sé por qué. *Aguirre.* Cantares del mal de amores.
Te quiero porque tus labios tienen música de tierra. *Scarpa.* Vilano en la mano del aire.
Te recuerdo a la sombra del álamo en la ruta. *Prendez Saldías.* Te recuerdo.
Te recuerdo como eras en el último otoño. *Neruda.* Veinte poemas de amor. Poema 6.
Te regalo todo lo que he dicho hasta hoy. *Salazar.* Regalo.
Te regalo una paz iluminada. *Escobar Velado.* Regalo para el niño.
Te seguiré hasta el puquial. *Xammar.* En el puquial.
Te seguiré sobre el lecho. *Fernández Calvimonte.* Romance de las caricias.
Te sorprende, por suave y por serena. *Licón.* Ternura.
Te tengo bien metida en la cabeza. *Balseca Franco.* Carta abierta a lucecita.
Te vas muriendo lentamente hincada. *Antillón.* Antro de fuego.
Te vas sobre los lirios y los prados. *Ortiz Saralegui.* Luz colmada.
Te veo aquí sonriendo con las manos extendidas. *Aridjis.* Mirándola dormir (Frag.).
Te veo de nuevo frente al mar. *Hernández.* Canción esperanzada.
Te vi al pasar, una tarde. *Guillén.* Ébano real.
Te vi aquella noche con tu abrigo de lana. *Arce Navarro.* Te vi.
Te vi desnuda y sola. *Derbez.* Como un pequeño ojo que mira hacia la muerte.
Te vi en el parque. *Rivera.* Te vi.
Te vi esa noche, y advertí en tus ojos. *Lanzone.* Esa noche.
Te vivo en la quietud. *Mora Martínez.* Cotidianeidad.
Te voy a beber de un trago. *Guillén.* Secuestro de la mujer de Antonio.
Te vuelves vegetal a la orilla del tiempo. *Carrera Andrade.* El hombre del Ecuador bajo la torre Eiffel.
Teeth of flowers, hair of dew. *Storni.* I'm Going to Sleep.
Tejes. Callamos. Yo leo. *Martínez Estrada.* Tejes.
Tejido con las llamas de un desastre irresistible. *Sologuren.* Dédalo dormido.
Tejo mis raíces de humus. *Suárez.* Las caras interiores.
Telarañas de jarcias. *Reyes.* Evocación.
Telegrafía. *González Martínez.* T.S.H.
Tell me, ask me, whisper, tell me the breeze. *Lezama Lima.* Tell Me, Ask Me.
Un temerario rayo de sol. *Llerena Blanco.* Un abril cualquiera.
Temo/pero decirlo ya no tiene objeto. *Sananes.* Poema.
Temo trazar el ala del gorrión. *Cuadra.* Escrito junto a una flor azul.
La tempestad se desgaja sobre la medianoche. *Schiavo.* La tempestad.
Tendida como un arco el alma tuve. *Tamayo.* Tendida como un arco.
Tendida en la madrugada. *Guillén.* Guitarra.
Tendida sobre el piso de la meseta verde. *Barrenechea.* Muchacha durmiendo.
Tendido como vaca sobre un establo. *Armijos.* El fracaso del protagonista.
Tendido en la bañera de alabastro. *Casal.* La agonía de Petronio.
Tendido en mi reposo, hacia la muerte. *Barrenechea.* Esfuerzo hacia la muerte.
Tendido/entre lo blanco. *Girondo.* Tríptico.
Tendiendo a la pureza de sus formas primarias. *Zarrilli.* El buey.
Tendrás de tus antepasados/sabe Dios. *Pichardo Moya.* Filosofía del bronce.
Tendrás el beso partido. *Florit.* Mar.
Tendré un traje de novia colgado en el perchero. *Gall.* Tendré un traje.
Tendremos que fabricar domingos para observar sin pausa. *López.* Una fábrica de domingos.
Tendría que existir un pensamiento. *Cid.* Venus Vitrix.
Tendríamos entonces los mismos años del viento. *Ordóñez.* Jardín de la misericordia.
Tenéis permiso para retenerme. *Rivera.* Tenéis permiso.
Tenemos cinco tiempos antes de las misas del alba. *Santander.* Poema de la susceptibilidad del pan y del vino.
Tenemos doce lugares. *Novo.* Almanaque.
Tenemos la tierra, porque al cielo hemos negado. *Gaitán Durán.* Esta ciudad es nuestra.

Tener al mediodía, abiertas las ventanas. *Torres Bodet.* Mediodía.
Tener la rosa, amiga. Ser la rosa. *Ballon.* Soneto de la rosa.
Tengo ahora 70 soles peruanos. *Vallejo.* Tengo ahora.
Tengo aún la mañana en mis brazos dispuestos. *Santander.* Hay varias ventanas.
Tengo de mi infancia. *Tafur.* La otra virgen.
Tengo el cráneo en forma de avellana. *Vicuña.* Retrato físico.
Tengo el cuerpo para habitar el mundo. *Derbez.* C.b. (a Jaime Gil de Biedma).
Tengo el impulso torvo y el anhelo sagrado. *Martínez Villena.* La pupila insomne.
Tengo el impuro amor de las ciudades. *Casal.* En el campo.
Tengo el pasado día y su desvelo. *Ferreyra Basso.* Presentimiento.
Tengo en los huesos y en el alma frío. *Placencia.* Mi gran frío.
Tengo enterrada a mi esposa legítima. *Parra.* Debajo de mi cama.
Tengo envidia de ti. *Colón Pellot.* Motivos de envidia mulata.
Tengo escrito en un verso, un verso viejo. *Herrera.* La mujer de cristal.
Tengo frío tengo frío. *Hernández Campos.* El presidente.
Tengo ganas de leer algo hoy. *Madariaga.* Carta de enero.
Tengo ha veinte años en la carne hundido. *Mistral.* El suplicio.
Tengo la noche/como ovillo. *Canzani D.* Tengo la noche.
Tengo las manos ásperas pero hay pan en la mesa. *Tacconi.* Manos ásperas.
Tengo los pies sobre tu amante esfera. *Cossio Salinas.* Tengo los pies.
Tengo manos obreras/ojos de viento. *Mansour.* Silencios de tierra y otros árboles.
Tengo melancolía. Es silenciosa y tibia. *Valle.* Agua profunda.
Tengo memoria de edades soleadas. *Pesce.* Poema IV.
Tengo miedo. *Alabau.* Tengo miedo.
Tengo miedo de ser para tu vida. *Peña.* Tengo miedo.
Tengo miedo, miedo al Rostro que ilumina, se descompone. *Anguita.* Tengo miedo.
Tengo ojos en cada poro de mi cuerpo. *Scarpa.* Casandra.
Tengo ojos para ver en esta noche. *Sabines.* Tengo ojos para ver.
Tengo porque me miraste/azul el alma y la voz. *Meldiu.* Color.
Tengo que arder donde arden las estrellas. *Florit.* Casi soneto.
Tengo que decir de dónde vine. *Lars.* Los dos reinos.
Tengo que hacer hijos. *Navarro Harris.* Quehaceres.
Tengo que rebelarme ante mi sumisión. *Pacheco.* Statu quo.
Tengo quince años y lloro por las noches. *Dalton.* Estudio con algo de tedio.
¡Tengo sed, sed ardiente! dije a la maga. *Agustini.* La sed.
Tengo sueño, Señor, dormir quisiera. *Solari Ormachea.* Plegaria.
Tengo tu mismo color/y tu misma procedencia. *Santa Cruz Gamarra.* El café.
Tengo un amigo que cree saber todas las cosas. *Fernández.* Epigramas.
Tengo un amigo remero. *D'León.* 33.
Tengo un viejo cuchillo lobero. *Borquez Solar.* El cuchillo.
Tengo una rabia sin gusto a rabia. *Uribe Arce.* Tengo una rabia.
Tengo vacío el hondo espacio que el sueño dejara en mí. *Prado.* Oración al despertar.
Tenía aquel huerto/muy altas las tapias. *Fernández Moreno.* Infancia.
Tenía blanco el cabello. *González Bastías.* Elegía sencilla.
Tenía el negrito a ratos. *Cabral.* Voz de tierra.
Tenía en mi mano el más raro ejemplar de tomeguín. *Marré.* Tenía en mi mano.
Tenía esqueleto de cuero arrugado. *Suárez.* El viejo Calixto.
Tenía miedo de llamar. *Rueda.* Fundamento del miedo.
Tenía que ser la Habana. *Gelman.* Habana revisited.
Tenía tu exangüe y fino rostro de nazarena. *Noboa Caamaño.* Bíblica.
Tenía un estertor de estrellas en la garganta. *Bustamante.* Llanto.
Tenía un rostro de crucificado. *Quezada.* Chile limita al noreste con Bolivia.
Tenías que venir sobre las aguas. *Martínez Matos.* Che.
Tenías tanta soledad como yo ternura. *Monje Landívar.* Tenías tanta soledad.
Tenías un rebozo en que lo blanco. *López Velarde.* Tenías un rebozo de seda.
Tenme presente en medio de la lucha. *Torres Bodet.* Saeta.
La tentación el vicio/los corales. *Bañuelos.* Postal desde Acapulco.
Terca presencia de dolor lactada. *Maldonado.* Señales.
Teresa en cuya frente el cielo empieza. *Carranza.* Soneto a Teresa.

Terminaron derrotándote. *Shimose.* Arturo Borda, alias el loco Borda.
Terminas de hurgar la mugre y la ceniza, de hacer los/mandados. *Shimose.* Sueño de una noche de verano.
El terraplén está lleno/de la familia morena. *Corretjer.* El leñero (Frag.).
Terrateniente. *García Laviana.* A los terratenientes.
Thanks to life that has given me so much. *Parra.* Here's to Life.
That bird flying for the first time. *Huidobro.* Sailor.
That clandestine night flight. *Cardenal.* Lights.
That day or night when we at last reach land. *Benedetti.* Burning the Ships.
That death receives you. *Mutis.* Amén.
That horse is within me—that old horse. *Palés Matos.* The Animals Within.
That mandarin did it all on this bed with mirrors. *Rojas.* Bed with Mirrors.
That the why, that the until when . . . *Rojas.* Someone Is Writing on the Wind.
That they get it over with once and for all. *Parra.* I Jehovah Decree.
Then up the ladder of the earth I climbed. *Neruda.* The Heights of Macchu Picchu (Frags.).
Then, words flowed/from the bewitchment of things, or spouted. *Vitier.* The Word.
There are cemeteries that are lonely. *Neruda.* Nothing but Death.
There are five thousand of us here. *Jara.* Estadio Chile.
There are people so wretched they don't even . . . *Vallejo.* Stumble between Two Stars.
There are points of silence circling the heart. *Juarróz.* There Are Points of Silence.
There are some blows in life so hard . . . I don't know. *Vallejo.* The Black Messengers.
There he goes, the equilibrist, dreaming. *Diego.* Difficulties of an Equilibrist.
There is a flower in my cell. *Guadamuz.* A Flower.
There is a human being who is totally useless now. *Turkeltaub.* Newscast.
There's a line of Verlaine's that I'm not going to/remember again. *Borges.* Limits.
Therion, el pindio, andaba absorto. *Díez de Medina.* Nacimiento de la columna dórica.
They are not mine—not the words, not the things. *Vitier.* The Dispossessed.
They came from the terror and tumult. *Torres Bodet.* Exodus.
They fell on the stairway. *Durand.* They fell.
They killed you and didn't tell us where they buried your body. *Cardenal.* Epitaph for the Tomb of Adolfo Báez Bone.
They move around like flies. *Millán.* Breaktime.
They, our everyday enemies. *Sosa.* The Other Death.
They photograph me in a large shed. *España.* Notes.
They promised us happiness/and we still have nothing. *Heraud.* In Praise of Days Destruction and Eulogy.
They pull off his ears. *Aridjis.* Decomposition with Laughter.
They say here in Nanking. *Jamís.* Poem in Nanking.
They say I am your enemy. *Burgos.* To Julia de Burgos.
They stained the great planes of hanging paper, white bandages. *Muñoz.* The Stains Slid from Top to Bottom.
They take us to chop wood in the forests. *España.* Roads.
They taught us backwards, father. *Maquieira.* The Chicken Coop.
They tell me I should pack my suitcase. *España.* Leaving.
They worked/they were always on time. *Pietri.* Puerto Rican Obituary.
A thin mist/has flowered. *Gorostiza.* Fireflies.
Things we'll donate to the world. *Rodrígue Nietzche.* Poem H.
This afternoon it rains as never before. *Vallejo.* Down to the Dregs.
This divine October morning. *Storni.* Sorrow.
This is a love that began. *Huerta.* This Is a Love.
This is how it was. Lilac preoccupations. *Herrera y Reissig.* Grey Dawn.
This is my heart, so flowing and so simple. *Burgos.* Poem of the Intimate Agony.
This is not a letter to be opened. *Alcides.* This is not a letter.
This is the century that I love. *Guerra.* This is the century.
This mania of knowing I am an angel. *Pizarnik.* Exile.
This poem I dedicate to life. *Cuza Malé.* Deadly Woman.
This poem is an erection. *Vega.* Poemlove (Frag.).
This poetry gets bored of being alone. *Margenat.* Living Poetry.
This profound piety is my own country. *Torres Bodet.* My Country.

This rooster, come from some far place singing. *Lihn.* Rooster.
This shirt/once white. *Trías.* This Shirt.
This solitary fretwork. *Mistral.* Final Tree.
This Wednesday the sky ran out of batteries. *España.* Wire Meshes.
Those doors through my soul knock about. *Odio.* Memory of My Private Childhood.
Those people think we are transparent. *Lihn.* Europeans.
Those who can't see/call us blind. *Castillo.* Revolution.
Those who/in most cases. *Dalton.* The Petty Bourgeoisie.
Three Hundred Hours Have Gone By. *España.* Hell and Solitude.
Three hundred nights like three hundred walls. *Borges.* Parting.
Through the garden of shadow-flowers. *Ribera Chevremont.* The Boy and the Lantern.
Thus the poets in their sad likenesses. *Cuza Malé.* Thus the poets . . .
Tibia casa encalada donde mi padre un día. *Llanos.* Casa paterna.
El tibio resplandor de la alborada. *Larmig.* El poeta ciego.
Un tibio sol de otoño, un sol cansado y viejo. *Martínez Estrada.* Ascensión.
Tiembla la tierra. *Rivas.* Danza ritual en honor de Chiconcoat.
Tiemblas, y tus cabellos locos se desparraman. *León.* Hiperestesia.
El Tiempo al mismo tiempo. *Usigli.* Fragmento.
El tiempo detenido en las piedras de la plaza Hidalgo. *Serrano.* Escrito en Coyoacán.
Tiempo duro cincel. *Lauer.* In caelum et in infernum canis.
El tiempo es compasivo y ha borrado. *Peña.* Quizá cuando te mire.
El tiempo es hambre y el espacio es frío. *Cortés.* La gran plegaria.
El tiempo es hombre y el espacio es frío. Cortés. La gran plegaria.
El tiempo es luminoso. *Gutiérrez.* 03:15am/-4°.
El tiempo/es un carpintero. *Castrillo.* Árbol.
Un tiempo feo, después de insolación o cansancio. *Crespo.* Pesadilla.
Tiempo florido era en verdad. *Lara.* Tiempo florido.
Tiempo habrá de morir. *Castro.* La corona rota.
El tiempo he perdido. *Greiff.* Balada del tiempo perdido.
El tiempo lo guardó en su memoria. *Teillier.* El aromo.
El tiempo pasa por el río. *Gaitán Durán.* Verano uvas río.
El tiempo que destruye todas las cosas. *Pacheco.* A la que murió en el mar.
Tiempo que vas pasando como un río. *Rojas.* Oración.
Tiempo soy entre dos eternidades. *Pellicer.* Soneto nocturno.
Tiempo, tiempo de mis pasos y mi carreta. *Mansilla.* Tiempo.
Tiempo total. Espacio consumado. *Baquero.* Epicedio para Lezama.
Tiempo y espacio la memoria horada. *Villar Buceta.* La mañana.
Los tiempos cambian padre mío. *Buil.* Carta patria.
La tienda de la noche se ha rasgado hacia Oriente. *Agustini.* Día nuestro.
Tiene Dios unas cosas. *Placencia.* Cosas.
Tiene párpados de luna mi agonía. *Parra del Riego.* Serenata de Zuray Zurita.
Tiene que ser gris. Este poema. *Flores Castro.* Roma blues.
Tienen el fino peso de la arena. *Belli.* Las fórmulas mágicas.
Tienes cara de muerto. *Jaramillo Levi.* Profecía latente.
Tienes hambre en París animalejo melancólico. *Lara.* Vallejo.
Tienes razón: para qué. *Zaid.* Cuervos.
¡Tienes una voz tan dulce! *Carriego.* La dulce voz que oímos todos los días.
Tienes, joven amigo, ceñida la coraza. *Darío.* A Juan Ramón Jiménez.
Un tiento debilita la pasión de su cuerda. *Macedo.* Un tiento.
Tierno saúz. *Tablada.* El saúz.
Tierno saúz. *Tablada.* Haikais.
Tiernos soles benignos han rasgado la niebla. *Sinán.* Júbilo y súplica.
La tierra aburrida de los hombres que roncan. *Pasos.* Cementerio.
La tierra ardorosa. *Armijo.* A Patricio Lumumba.
Tierra clara y sonora de los bosques profundos. *Cruchaga Santa María.* La venida de Jesús.
Tierra, como si fueras mi corazón, te quiero. *Castro.* Poema de la tierra.
¡Tierra de Arauco! ¡Tierra triste! *Silva.* Elegía del indio que regresa.
Tierra del Paraíso desandado. *Adán.* Declamato come in coda.
La tierra donde el Bóreas rugiente se encamina. *López.* La bestia de oro.

La tierra es como el mar. *Castro Saavedra.* Mar de tierra.
La tierra es una prisión. *Etchebarne.* El canto.
Tierra escandida por el agua. *Hoeffler.* El lugar que habitas.
Tierra/ganada a las sequedades. *Cadenas.* Voz.
La tierra gira-gira como un tío vivo. *Villegas.* Eppur si muove.
Tierra lejos, joya del naufragio/ojo de sal y sed bebida. *Bonifaz Nuño.* Tierra lejos.
Tierra madre: tus ojos miraron. *Wyld Ospina.* La edad de las áureas espigas.
Tierra mojada de las tardes líquidas. *López Velarde.* Tierra mojada.
Tierra morena como tus hombres. *Chaves.* La montaña.
La tierra ofrece el ósculo de un saludo fraterno. *Herrera y Reissig.* Elregreso.
La tierra ofrece el ósculo de un saludo paterno. *Herrera y Reissig.* El regreso.
Tierra que halamos/de tanto llamar. *Crespo.* Tierra que halamos.
La tierra se hace madrastra. *Mistral.* Dios lo quiere.
La tierra tiene aquí bordes de tulipanes ardientes. *Gerbasi.* Soledad del día.
Tierra Tierra. *Tablada.* Impresión de La Habana.
Las tierras del patois y el papiamento. *Palés Matos.* Islas.
Tierras del Potosí, silenciosas y hurañas. *Jaimes Freyre.* Tierrasdel Potosí.
A tiger comes to mind. The twilight here. *Borges.* The Other Tiger.
Un tigre/ahogado. Una mariposa. *Montealegre.* Tu poema.
Un tigre eres, una máscara, la tiranía. *Escalante.* Responso por el tigre.
El tigre está en los ojos. *Coronel Urtecho.* El tigre está en la niña.
Tigre la sed, en llamas, me despierta. *Bonifaz Nuño.* Tigre la sed.
Tigresa azul de garras de sombra. *Escalona Escalona.* Elegía de la soledad.
Time is hunger, space is cold. *Cortés.* Great Prayer.
Time is luminous. *Gutiérrez.* 3:15 AM/-4°
Time, time of my footsteps and my cart. *Mansilla.* Time.
Tímida rosa ósea y encarnada. *Corcuera.* Rosa.
Tímido gesto, ávida mirada. *Serrano.* La ventana de Azorín.
Tin tan, tin tan, tin tan. *Salazar Valdés.* Baile negro.
Tiñeron los grandes planos de papel colgante. *Muñoz.* Las manchas se deslizaban de arriba abajo en silencio.
La tinta en el papel. *Sologuren.* Corola parva.
La tinta verde crea jardines, selvas, prados. *Paz.* Escrito con tinta verde.
Tintero de mil colores. *Carrillo.* Avitaminosis.
Tira roja candente, sin testigos. *Piaggio.* Regreso.
Tiras tu barco de papel al río. *Pastori.* Tiras tu barco.
Tírate tú primero/un atómico le dice a otro. *Pietri.* Tíratetú.
Tirita entre algodones húmedos la arboleda. *Herrera y Reissig.* La flauta.
Títeres encadenados. *Petit de Murat.* Antipoema con muchachas.
Titilaban acaso las estrellas. *Falco.* Canto a Rafael Barret.
To be a communist is a beautiful thing. *Dalton.* On Headaches.
To be free is my desire. *Canales.* Nocturne for Freedom.
To be or not to be. *Calderón.* Ambigüedad del signo lingüístico.
To be simply like thin flesh without skin. *Huerta.* Declaration of Hate.
To be solitary is shameful. *Castellanos.* Daily Round of the Spinster.
To die with my very self, abandoned and alone. *Burgos.* Poem to My Death.
To emerge from a woman is to become separate. *Aridjis.* To emerge.
To look at the river made of time and water. *Borges.* Ars Poetica.
To make a note of the days and the nights. *Fernández Cherición.* Inventory.
To my mother, and to my mother's monument. *Ferré.* Envoi.
To persist in what we do. *Hoeffler.* To Write.
To say no. *Vilariño.* The Siren.
To say that I'm on the eighth floor. *Escobar.* To Say That.
To speak with the dead. *Teillier.* To Speak with the Dead.
To the north, the cold and its broken jasmine. *Ibáñez.* Island in the Earth.
To warm life passing singing with the grace/of a woman. *López Velarde.* Ants.
To you my grandfather. *Barnet.* Epitaph.
Tocada por el ala de la muerte. *Jonás.* Peregrina.
Tocan las sombras del ciego. *Barrenechea.* Esquina con flauta.

Toco con mis labios el frutero del día. *Gaitán Durán.* Valle de Cucuta.
Toco la carta suavemente. El mago murmura. *Gallegos.* La mujer que conduce el coche.
Toco la puerta, el árbol, tu ladrido. *Roa Bastos.* En la pequeña muerte de mi perro.
Toco mi cuerpo sagrado como si mirara al cielo detenido. *Lizardo.* Poema desnudo.
Toco sobre mi piel la entraña oscura. *Mendiola.* Toco sobre mi piel.
Toco/toco poros/amarras. *Girondo.* Tropos.
Toco tus bordes. Ha confiado el corazón. *Fernández Retamar.* Toco tus bordes.
Toda cabeza enferma, todo corazón doliente. *Quijada Urías.* Toda cabeza.
Toda de blanco. *Tablada.* Lawn Tennis.
Toda grandeza tiende a soportar su horror. *Shimose.* Los espejos llameantes.
Toda la causa de mis tristezas. *Minelli González.* Causa y secreto.
Toda la nacarada variedad de la música. *Basso Maglio.* Canción del vaso herido.
Toda la noche dar la cara. *Ávila.* Toda la noche.
Toda la noche en tren. *Electorat.* Toda la noche en tren, toda la noche.
Toda la noche han viajado los pájaros desde la costa. *Cisneros.* En el 62 las aves marinas hambrientas.
Toda la noche las estrellas despiertas. *Moro.* Aceite usado.
Toda la noche oigo el rumor alado desplomándose. *Pacheco.* Birds in the night.
Toda la noche pierdo/en arquitectónicos apuros. *Hidalgo.* El edificio simplista.
Toda la noche vi crecer el fuego. *Varela.* Del fuego.
Toda la noche/toda la noche tan lejos. *Solís.* Toda la noche.
Toda la primavera. *Castellanos.* Toda la primavera.
Toda la vida he sido como un pájaro herido. *Clavijo Pérez.* Pensando sola al filo de la tarde.
Toda la vida me la he pasado. *Welder.* Autobiografía.
Toda mi vida se rompió en el fino/y fúlgido cristal. *Medina.* Fragilidad.
Toda palabra llama a otra palabra. *Juárroz.* Toda palabra.
Toda vestida de blanco. *Cané.* Romance de la niña negra.
Toda vida y todo gozo es movimiento. *Chávez Padrón.* Sé que curvo mi salto presentido.
Toda/esta techumbre. *Galliano.* A tientas.
Todas estas mujeres que rodean. *Hahn.* Don Juan.
Todas íbamos a ser reinas. *Mistral.* Todas íbamos a ser reinas.
Todas las almas traen un mensaje a la tierra. *Vega.* El mensaje.
Todas las calles/se han llenado de gentes. *Padilla.* El monólogo de Quevedo.
Todas las cosas de mi calle te han visto. *Vega.* Seis días.
Todas las cosas del tiempo, todas las cosas del viento. *Arteche.* Retratode una estudiante.
Todas las inquietudes del desierto. *Sinán.* Angustia.
Todas las mañanas cuando me despierto. *Eielson.* Foro romano.
Todas las mañanas, desde que se acuerda. *Novo.* Cruz, el gañán.
Todas las rosas de la tierra. *Ibarbourou.* La rosa de los vientos.
Todas las soledades—grises víboras—muerden. *Champourcín.* Soledades.
Todas las velas. Las velas que tú veas. *Hernández Franco.* Optimismo.
Todas las voces vienen a mí. *Gómez Mejía.* Sonidos.
Todavía estoy a tiempo de recordar la casa de mi tía. *Cisneros.* Karl Marx Died 1883 Aged 65.
Todavía hay muñecas de trapo. *Cillóniz.* En el patrimonio familiar.
Todavía huelo la espuma del mar que me hicieron atravesar. *Morejón.* Mujer negra.
Todavía me parece mentira. *Bonells Rovira.* Poema de hojalata.
Todavía por el mundo. *Mármol.* Poema.
Todavía recuerdo nuestros primeros juegos. *Zamora.* Carta a una hermana que vive en un país lejano.
Today, Day of the Dead, procession of shadows. *Burgos.* Pentachromatic.
Today, I like life much less. *Vallejo.* Today I Like Life Much Less.
Today no one has come to inquire. *Vallejo.* Agape.
Todo acto poético es siempre una desesperanza. *Serrano.* Acto poético.
Todo así es vano y cuanto vive fuye. *Tamayo.* Todo así es vano.
Todo campo es el nuestro. *Benedetti.* Señas del Che.
Todo convencional. *Lhaya.* Día negro.
Todo, cuando te vas, queda vacío. *Rico.* Cuando te vas.
Todo de negro oscuro tu pantano. *Fe.* Duelo.
Todo devanado. La divina madeja devanada. *Jonquières.* La madeja devanada.
Todo el deseo lo ilumina y dora. *Tamayo.* Todo el deseo.

Todo el desierto pudo ser Notre-Dame. *Zurita.* Las utopías.
Todo el mundo está en llamas: lo visible. *Pacheco.* Las palabras de Buda.
Todo el olor del mundo. *Cermeño.* Palos de mayo en Bluefields.
Todo empezó con su manía. *Domínguez.* Las cuatro fases del luisón.
Todo empieza a ser círculo cerrado. *Lizardo.* Círculos del hombre.
Todo en ella encantaba, todo en ella atraía. *Nervo.* Gratia plena.
Todo en mi vida es un presentimiento. *Prado.* Soneto VI.
Todo en nosotros muere con esta despedida. *Rivera.* Adiós.
Todo era azul en la primer salida. *Contreras.* El viaje inútil.
Todo era igual pero, le parecía. *Vocos Lescano.* Soneto de la muerte fiel.
Todo era silencio. *Reyes Heroles.* Todo era silencio.
Todo es cerrado en el mundo. *Piaggio.* Troncos.
Todo es muy simple mucho/más simple. *Vilariño.* Todo es muy simple.
Todo es tan triste. Terminas el trabajo, comes . . . *González Vigil.* Y la vida familiar.
Todo está. *Dalton.* A Manuel José Arce.
Todo está a punto, señor, izado el llanto. *Castaño.* Poema.
Todo está bien: el verde en la pradera. *Carranza.* Soneto con una salvedad.
Todo está claro, hermosa. *Romero.* Quisiéramos.
Todo está dicho ya. Calla y admira. *Amorím.* Crepúsculo en el río.
Todo está igual, lo mismo que dejaste. *Beltrán.* Carta a María Lara.
Todo está invadido. *Berenguer.* Fuerza mayor.
Todo fue así. Preocupaciones lilas. *Herrera y Reissig.* Alba gris.
Todo fue así: sahumábase de lilas. *Herrera y Reissig.* El enojo.
Todo fue por olvido, William Blake. *Pita Rodríguez.* William Blake.
Todo goce, todo ría. *González Prada.* Laude.
Todo habría de ser una historia de viejos. *Miranda Casanova.* Antes de que las manzanas maduren.
Todo individuo tiene derecho a la vida. *Vega.* Canción de los derechos humanos.
Todo listo/el odio. *Carrera.* Poemas para estos días de sangre.
Todo lo antiguo canta en tus profundas venas. *Cruchaga Santa María.* Mujer antigua.
Todo lo que has perdido, me dijeron. *Pacheco.* Límites.
Todo lo que la noche/dibuja. *Villaurrutia.* Nocturno.
Todo lo que una vez era posible. *Toscano.* Todo lo que una vez.
Todo lo tuyo me importa. *Valdés Ginebra.* Así es.
Todo menos ser, soy. *Calderón.* Nosce te ipsum.
Todo mi ser sintióse estremecer. *Guerra.* Todo mi ser.
Todo nos amenaza. *Paz.* Más allá del amor.
Todo puede venir por los caminos. *Aguirre.* Todo puede venir.
Todo puede volver. *Appleyard.* Colofón.
Todo puedes hacer en un tejido. *Vásquez.* Tejido.
Todo quiere volar cuando Celina. *Aridjis.* Todo quiere volar.
Todo se abraza en esta total conjunción. *Rivas.* Sin edad ni memoria.
Todo se ahoga de pena. *Montes de Oca.* Ruina de la infame Babilonia.
Todo se define en la primera lanzada. *Muñoz Astudillo.* Juego de naipes.
Todo se ha consumado de/golpe. *Díaz Casanueva.* La intolerable unión de los despojos.
Todo se ordena en mi fotografía. *Tatter.* Fotografía.
Todo será camino, el silencio y la estrella. *Champourcín.* Poemas ausentes.
Todo tiende a cumplir un objetivo. *Rojas.* Todo tiende a cumplir.
Todo tiene una cresta y sobre la cresta. *Pereira.* Las flautas se entienden.
Todo/todo. *Girondo.* Hazaña.
Todo, todo se va de nuestro lado. *Obaldía.* Espejismos.
Todos, al llegar a viejos. *Frugoni.* Meditación.
Todos alaban tus mejillas dulces. *Romualdo.* Belleza clásica.
Todos aquellos que al oír su nombre. *Newman Valenzuela.* Aviso.
Todos con máscaras/de alegría. *Moreno Toscano.* Informe para un psiquíatra (Frag.).
Todos estábamos allí. *Trujillo.* El funeral.
Todos han muerto. *Vallejo.* La violencia de las horas.
Todos los barcos perdidos. *Castro.* El llamado—Muerte de Alfonsina.
Todos los caminos conducen a esta calle. *Rojas.* Calle.
Todos los días abordo el ómnibus. *Quijada Urías.* Todos los días.

Todos los hombres/juntos. *Ayuso.* Canción.
Todos los vecinos de mi barrio duermen siesta. *Montealegre.* Alta poesía.
Todos me habrán visto una vez y he venido. *Molinari.* Oda a la melancolía.
Todos sabían de la ternura desatada. *Salazar.* Todos sabían.
Todos se han ido este domingo. *Castro Saavedra.* Los versos y los días.
Todos somos iguales—se puede leer en el Código/Civil. *Embry.* Parece mentira.
Todos somos/pero todos seremos. *Sansón.* Todos somos.
Todos tienen su mujercita. *Herrera.* Escena.
Todos vamos al centro de la pira. *García Terrés.* Un pórtico.
Todos van, todos saben. *Champourcín.* Soledad.
Todos velábamos a Dios. *Vallejos.* Poema 12.
Tolstoy, abuelo, un día tu palabra me dijo. *Armas Chitty.* Canto a Tolstoy.
Toma este dolor/sácalo del pasado. *Mora Martínez.* Toma este dolor.
Toma este matamoscas y extermina a los ángeles. *Hahn.* Adolfo Hitler medita en el problema judío.
Toma su sombrero. *Quezada.* La mujer adúltera.
Toma un nombre si quieres distinguirte. *Arce Navarro.* Campesino.
Toma, y no le des a nadie. *Reyes.* Berenguendén.
Tómame ahora que aún es temprano. *Ibarbourou.* La hora.
Tómame de la mano. Vámonos a la lluvia. *Ibarbourou.* Millonarios.
Tomo lo que me dan y lo que falta. *Cea.* Ritual del que recibe.
Tomo un dardo. *Macías.* Abuso de paciencia.
Tonada sin gracia/de la enamorada. *Jara.* Tonada.
Tonadilla de viajero/del corazón a la boca. *Urquiza.* La canción intrascendente.
Tonight I can write the saddest lines. *Neruda.* Twenty Love Poems. Poem 20.
Tonight, the Milky Way falls out of purple sky onto the trees. *Jamís.* The Milky Way.
Too much reading withers the imagination. *Rojas.* Written with L.
Tórax de la pampa. Encendedor del alba. *Peralta.* Karabotas.
Tornasolando el flanco a su sinuoso/paso. *Banchs.* Tornasolando el flanco.
El toro de Guisando no pregunta cómo ni cuándo. *Lezama Lima.* Haikai en gerundio.
El toro en la alta noche condenado. *Pérez.* Los toros.
El toro estaba muerto, y no quería. *Figueredo.* El toro estaba muerto.
La torre, madre, más alta. *Fernández Moreno.* La torre más alta.
A torrential rain falls. *Millán.* Poem 20 from The City.
¡Torres de Dios! ¡Poetas! *Darío.* ¡Torres de Dios!
La tortuga de oro camina por la alfombra. *Darío.* A Amado Nervo.
Torvo fraile del templo solitario. *Tablada.* Onix.
Tower of Pisa. *Hernández.* Ezra Pound: cenizas y cilicios.
Trabajar era bueno en el sur, cortar los árboles. *Arturo.* Rapsodia de Saulo.
Trabajaron/llegaron siempre a tiempo. *Pietri.* Obituario puertorriqueño.
El trabajo de las sierras separando las vértebras. *Electorat.* El matadero.
Tradas/cosas en. *Cárdenas.* Poema.
Trade you a thirty-year-old foxy lady. *Parra.* Trading.
Tráete aquel instante tan erótico de muerte. *Oliva.* Renuévate sobre la misma obstinación.
Traían sigilosos andares inseguros. *Guzmán.* Las malas palabras.
Traigo tres jureles para adornar tu mesa. *Camerón.* Jureles.
Traje en mis maletas la vida. *Mediza.* Epitafio para perros decapitados.
Trajeron la cuna. Ligera. *Pedroni.* La cuna.
Trajo siete esclavos. *Cuadra.* El esclavo bueno.
Tranca resumen de bronca Zumba. *Segovia.* Clave.
Transeúnte laberinto. *Arias.* Tiempo.
Transportada en andas. *Montes de Oca.* La fuerza del amor.
Tras de la niebla matinal. *Tablada.* Día nublado.
Tras de la puerta hay un bastón de pino. *Viscarra Monje.* La ausencia.
Tras el último sorbo a su café, se levantaba. *Chumacero.* Prosa del solitario.
Tras el ventanuco las flores rojas. *Lara.* Vuelvo a tu redil.
Tras la ojiva enlutada, en la fragancia. *Payan Archer.* Qué olvidado lucero.
Tras la rueda de una noche. *Garduño.* Instancia.
Tras la ventana, una barda, basura. *Vallarino.* Estacionamiento.
Tras un cambio de cabeza raíz soy de otra sesera. *Gómez.* Arte poética.

Las traslúcidas manos del judío. *Borges.* Spinoza.
Traspasé las fronteras de la rosa. *Ibáñez.* De los vivos.
Trastiempo de confines difusos. *Segovia Albán.* Poema.
Trastienda del silencio y a trasmano. *González Lanuza.* Al olvido.
Trátalos, Señor, como a esos higos que nadie come. *Scarpa.* Treno no querido.
Trazado con carbones. *Girri.* Círculo.
Trece años y un día. *Navarro Harris.* Informe 3.
The Tree is happy because it is scarecely sentient. *Darío.* Fatality.
A tree grew inside my head. *Paz.* A Tree Within.
El treinta de septiembre de mil novecientos cuarenta y siete. *Olivari.* Lied amargo.
Los trenes llegan del Sur con un olor a bosque. *Barquero.* Sinfonía de los trenes.
Trenza su sed poco a poco. *Quiroga Vargas.* La araña de la tristeza.
Tres ángeles morados. *Rodríguez Pinto.* Poemas del niño loco y de la espada.
Tres árboles caídos. *Mistral.* Tres árboles.
Tres cabezas de oro y una. *Arrieta.* El sueño.
Tres cervezas tú, tres yo. *Caballero.* La generación de la cerveza.
Tres doncellas eran, tres. *Banchs.* Elogio de una lluvia.
Tres escuadras en una interrogación. *Otero Reiche.* Eramos veintisiete.
Los tres muchachos hacen gala de su ingreso al batallón. *Kozer.* Divertimento.
Tres nacieron antes de mí. *Galván.* Bitácora.
Tres son las personas primordiales. *Massone.* Tres es el número perfecto.
Tres veces al día. *Méndez de la Vega.* Tema bíblico.
Las tribunas y las sillas colocadas enfrente. *Girondo.* Miércoles Santo.
El trigo está en su punto. *Mendoza Varela.* Pastoral.
Trinan turpiales en la huerta exigua. *Jaen.* Cita en la tarde.
Trino/lloro/fino. *Corcuera.* Fábula del canario.
Triste de hacer caminos. *Díez de Medina.* Despedida.
Triste está la casa nuestra. *Banchs.* Balbuceo.
Triste va el huaso Raimundo. *Torres Rioseco.* Romance del Huaso Raimundo.
La tristeza/amanece. *Vestrini.* La tristeza.
La tristeza es acaso un lento desaliento. *Capriles.* Alma parens.
Tristeza/mi divina rosa intemporal. *Quiñones.* Sílaba gris.
Triunfa la luz, capitalizada por Edison. *Korsi.* New York.
Triunfaste al fin, perrillo fiel. *Tablada.* Heroísmo.
Tronco reseco era mi vida. *Lara.* Renacer.
La tropa desembarca. *Huidobro.* Gare.
Un tropel de caminos y desbordados soles. *Villar.* Jefe moro fusilado.
Tropel de sombras; mas el ojo lleva. *González Martínez.* Estancias.
Tropical nights of Central America. *Cardenal.* Zero Hour.
Trópico, para qué me diste/las manos. *Pellicer.* Deseos.
Trópico/tu dura hoguera. *Guillén.* Palabras en el trópico.
Tropics, why did you give me/these hands. *Pellicer.* Wishes.
Tropiezos al aire. *Nieto Cadena.* Si sólo fuese de ir sin más ni menos.
Troya, tal vez. La llama se aviva. *Calderón.* Helena.
Un trozo azul tiene mayor. *Cortés.* Ventana.
Trozos de barro. *Tablada.* Los sapos.
Truene el hombre o llueva la agonía. *Castillo Martín.* El suyo.
Tú apareces/tú te desnudas. *Cadenas.* You.
Tu ausencia solloza en mi corazón. *Rafide.* Tu ausencia.
Tu barco azul por hondas lejanías. *Victoria.* Adiós.
Tu bisabuelo cabalgó por Texas. *Fernández Retamar.* Epitafio de un invasor.
Tu bloque de hielo flotante. *Liscano.* Metamórfosis.
Tú, bosque de cipreses, mar de invierno. *Cáceres.* Canto de la transfiguración.
Tu cabeza circundada de mares y relámpagos. *Chariarse.* Poema.
Tu cara raspaba. *Cross.* Tu cara.
Tu caricia. *Volkow.* Tu caricia.
Tu cintura/enramada de olas. *Vallarino.* Marina.
Tu clámide es de púrpura esplendente. *Picón Febres.* A una granada.
Tú como yo tienes el ojo apagado, piedra. *Moro.* Piedra madre.

Tú coses y la sombra de tus dedos. *Campero Echazú.* Mientras cae la lluvia.
Tu cuerpo es de los buitres. Ahora. Y no reposas. *López Morales.* Luis de la Puente Uceda.
Tu cuerpo está a mi lado. *Sabines.* Tu cuerpo.
Tú cuya carne que hoy es polvo y planeta. *Borges.* A un poeta sajón.
Tú, del sur/de esa tierra. *Appleyard.* Tú, del sur.
Tu destrucción se gesta en la codicia. *Gorostiza.* Presencia y fuga (Frag.).
Tú, dorado cerezo en flor. *Siles Guevara.* Interrogación.
Tú en el poder dueño del Oro. *Bedregal Iturri.* Tú. Yo.
Tú, en las ruedas, besabas el sendero. *Torres.* Espacio negro.
Tú, enemiga con alas. *Montesde Oca.* En el umbral de la plegaria.
Tu eras el llanto, celda. *Valcárcel.* Celda.
Tú eres Dios, eres/la casa del hombre. *Ibáñez.* Tú eres Dios.
Tú eres el agua oscura. *Loynaz.* Agua escondida.
Tú eres la patria: novia, hermana, amiga, esposa, madre, tierra. *Lloréns Torres.* Rapsodia criolla.
Tú eres mi lectura prohibida. *Barroeta.* As de sol.
Tú eres mi mar, mi sola lámpara. *Cáceres.* Inéditos.
Tú eres mi primer amor. *Díaz Herrera.* El poeta frente a dos ventanas.
Tú eres mi verga. *Segovia.* Poema.
Tú/eres/piedra/y sobre esta piedra. *Hernández Campos.* Tú/eres/piedra.
Tú eres pura/como la luz *Echazu Navajas.* Tú eres pura.
Tú eres un espejismo en mi vida. *Loynaz.* Espejismo.
Tú estás riéndote, detrás de una ventana. *Fernández Retamar.* Detrásde una ventana.
Tu existencia va por los senderos recónditos. *Xammar.* El secreto.
Tú formas con las nubes brazadas de azucenas. *Hübner Bezanilla.* El viento.
Tú fuiste para mí como el halago. *Salas.* Sinfonía del camino.
Tu grandura se aploma con sencillez de monte. *Franco.* El buey.
Tú hablaste del corazón hasta por los ojos. *Arenas.* El corazón.
Tu historia no es la más triste. *Urzagasti.* Alabanza número 2 al Gran Chaco.
Tu hueso es de papel. *Fernández.* Palabras al burócrata.
Tu ingenuo asedio/tu tierno reproche. *González Canale.* Poemas de amor.
Tu instantáneo rencor, tan diminuto. *Suárez.* Alfiletero.
Tu ira estalla/Oh Madre. *Cross.* Kali.
Tú/ la distribuidora de tabú. *Agudelo.* A Uhz (Frag.).
Tu lágrima de estaño. *Claros Lafuente.* Lágrima de estaño.
Tu lámpara encendida. *Capriles.* Vigilia.
Tú le sacas el lápiz. *Parra.* Desvalijemos a este viejo verde.
Tú levantas los cielos. *Queremel.* Escultura para la fuente de un jardín no plantado.
Tu linde a los cuatro vientos. *Pereira.* Torre del vigía.
Tú llevas mañanero/canciones de esperanza. *MacField.* A David Tejada Peralta.
Tu mano va a la mía. *Istarú.* Viene volando un tiempo de cañones.
Tu me crees/la incrustada. *Basualto.* Mujer 6.
Tú me dijiste: no lloró mi padre. *Storni.* Peso ancestral.
Tú me diste, Jesús, un mundo nuevo. *Díaz de Tonna.* Tú me diste.
Tú me fuiste llenando de imprecisas nostalgias. *Natalia.* Diálogo con mi alma.
Tú me habías roto el sol. *Storni.* Regreso a la cordura.
Tu me puedes decir que yo amo a otra. *Gavidia.* La hoja en blanco.
Tú me quieres alba. *Storni.* Tú me quieres blanca.
Tu mirada. *Tablada.* El puñal.
Tu mirada revela. *Fuller.* Heridas.
Tú no entiendes, amigo, tú no entiendes. *Aguirre.* Poema de la verdad profunda.
Tú no eres en mi huerto la pagana. *López Velarde.* Elogio a Fuensanta.
Tú no eres solamente tú. *Castro Saavedra.* Eres de vino y de bisontes.
Tú no has conseguido nada, me dice el tiempo. *Gaitán Durán.* Hacia el cadalso.
Tú no has sabido nada, pero la luz tan vieja me persigue. *Vicario.* La soledad y el humo.
Tú no oprimas mis manos. *Mistral.* Íntima.
Tú no podrás a nadie enajenarte. *Nandino.* Tú no podrás.
¡Tú no sabes cuánto sufro! Tú, que has puesto más tinieblas. *Jaimes Freyre.* Siempre.
¡Tú no sabes cuánto sufro! Tú, que has puesto más tinieblas. *Jaimes Freyre.* ¡Tú no sabes cuánto sufro!

Tú no sabes lo que es ser esclavo. *Rebolledo.* Tú no sabes.
Tu nombre amarillea/oscurece y cae. *Shimose.* Tiwanaku.
Tu nombre no aparece en las revistas. *Quesada.* El amor incurable.
Tu nombre siempre tuvo trasuntos de un aroma. *Dávila.* Escombro.
Tu nombre viene lento como las músicas humildes. *Oquendo de Amat.* Madre.
Tú nos envuelves, aire, nos circundas. *Leiva.* El aire.
Tu padre pintó su barca. *Danke.* Romance del bermellón y del verde.
Tu palabra no pretende otra cosa. *Serrano.* Tu palabra.
Tu pan tiene el aroma de los surcos. *Campero Echazú.* Pastorela.
Tu paz—¡oh paz de cada día. *Lópe Velarde.* Cuaresmal.
Tu pecho tierra labrantía. *González.* Tu pecho.
Tu pequeña palabra hoy me amanece. *Camargo Ferreira.* Salutación.
Tu piel/una fuccia en promesa. *Garnica.* C'est la vie (Span.).
Tu poco original actitud de abandonarme. *Lara.* Gestos.
Tu poema apenas dura lo que la memoria. *Márquez.* G. B.
Tu presencia en mi sombra se divulga. *López.* Venus suspensa.
Tu primera mirada. *Servín.* Poemas.
Tú que avivas esmaltes y levantas dulzura. *Basso Maglio.* Canción delos pequeños círculos y de los grandes.
Tú, que estás la barba en la mano. *Darío.* Poema del otoño.
Tú que llevas el alma dolorida. *Sainz.* Silencio.
Tú que te vas sin compañero. *Costa du Rels.* Canción.
Tú que vas por el mundo en la hora del sueño. *Argueta.* Requiem por un poeta.
Tu recorrido en las calles te separa de mí. *Sáenz.* Tu recorrido.
Tu retiro apenas recogía/rumores. *Lars.* Evocación de Gabriela Mistral.
Tu rostro es clara forma. *Molina Venegas.* El llanto es una especie de ataúd.
Tu rostro/oscila. *Sarignana-González.* Obsesión.
Tu rostro petrificado sobre el escusado. *Lorca.* Escena matinal.
Tu rostro, tan encendido. *Bollo.* Balada del recuerdo y del encuentro.
Tu seminario es largo y sufro. *Bernal.* En la universidad abierta.
Tu señal descendió sobre mí. *Hegui Velazco.* La voz.
Tu sombra era tan fina y transparente. *Vega de Alba.* Espejo de la fuente.
Tu sueño sin contornos, como el ave maestra. *Corssen.* Tristán de Cunha.
Tú sufres de una glándula endocrínica. *Vallejo.* El almaque sufrió de ser su cuerpo.
Tú también desordenaste el viento. *Alardín.* Muerte cotidiana.
Tú tenías las tuyas y yo las mías. *Barreda.* Tú tenías.
Tú tienes la cara dura. *Ballagas.* Piano.
Tu velo, ¡oh Maya! Quiero ser esencia. *Lara.* Maya.
Tu verga ordena mis caderas. *Yañez.* Tu verga.
Tu vientre sabe más que tu cabeza. *Guillén.* Madrigal.
Tu voz era una bebida. *Pellegrini.* La mujer transparente.
Tu voz nace a la tierra. *Suárez.* Elegía a un recién nacido.
Tú/y yo. *Pitty.* In the Canal Zone.
Tú y yo estamos en el fondo del mar. *Silva Acevedo.* En el fondo del mar.
Tú y yo nunca estuvimos a una. *Marré.* Antielegía.
Tú ya no tienes rostro en mi recuerdo. *Delmar.* Presencia en el olvido.
Tú ya no tienes rostro en mi recuerdo. *Delmar.* Tú ya no tienes rostro.
Tú, yo mismo, seco como un viento derrotado. *Novo.* Tú, yo mismo
Tú, yo, nosotros, cabelleras noctámbulas. *Zúñiga Segura.* Luz lúnula.
Tuércele el cuello al cisne de engañoso plumaje. *González Martínez.* Tuércele el cuello.
Tumba los cocos, negro; tumba los cocos. *Ribera Chevremont.* El negro tumba los cocos.
La tumba que ensañóse con mi suerte. *Herrera y Reissig.* La estrella del destino.
Tumba y dale. *Gómez Kemp.* Rumba de tumba y dale.
Tumbaoore/tumbaoore. *Arozarena.* Cumbelé macumbelé.
Tumbas abiertas como bocas abiertas. *Cantoni.* Cementerio descubierto en Puan.
Tumultuoso en la cruz del mediodía. *Tiempo.* El viento rubio.
Tuntún de pasa y grifería. *Palés Matos.* Preludio en boricua.
Turbado reír o imitada pesadez. *Moro.* El arte de leer el porvenir.
Turbio panteón de seda inconfundible. *Romualdo.* Narciso ciego.

Turbulenta ciudad, hoy tan, tan sola. *Vilas.* Tú y yo, Buenos Aires.
Tus ambiciones quedarán. *Guerra.* Tus ambiciones quedarán.
Tus dientes son el pulcro y nimio litoral. *López Velarde.* Tus dientes.
Tus guantes. *Guillén.* Pequeña oda a un negro boxeador cubano.
Tus légamos de amor se diluían. *Ortiz Saralegui.* Sonetos del valle.
Tus manos nerviosas que no atinan una. *Nieto Cadena.* Por tu mirada de niña siempre sorprendida en falta.
Tus manos presurosas se afanaron y luego . . . *Magallanes Moure.* Adoración.
Tus ojos verdes de espuma de viento. *Torija.* Ella muere.
Tus ojos y los ojos de la tierra. *Lisboa.* Balada a un amigo muerto.
Tus ojos y los pájaros tienen algo en común. *Romualdo.* Tus ojos y los pájaros.
Tus ojos y mis ojos se contemplan. *Magallanes Moure.* Apaisement.
Tus otoños me arrullan. *López Velarde.* ¿Qué será lo que espero?
Tus pasos se apoyan en mis/pasos. *Trejo Villafuerte.* Tus pasos se apoyan.
Tus pupilas de azur, y tus mejillas. *Blanco Fombona.* Carta a la primavera.
Tuve en la adolescencia la manía. *Cané.* Soneto.
Tuve miedo. *Oquendo de Amat.* Poema del manicomio.
Tuve que disentir/ocultarme. *Cadenas.* Realidad.
Tuve un segundo encuentro en el Tuyú. *Marechal.* La erótica (Frag.).
Tuve una casa en un valle entre altos muros de altísimos cielos. *Cunha.* A caballo.

Ubicado sobre la repisa de la habitación. *Martínez.* La probable e improbable desaparición de un gato.
Ulegu Ulegu tán-guide. *Llanos Allende.* Cuento negro.
La última vez que estuve en su casa. *Hernández d'Jesús.* La última vez.
Ultimado el día como anónimo cardumen. *Hernández.* Día 9.
Umbría/oasis en un país vuelta al volante, y suave gira. *Estrella Gutiérrez.* El delta.
Una, dos, tres, cuatro, cinco, seis, siete. *Reynolds.* Arcanidad.
Unámonos/juntemos brazos para dar el golpe. *MacField.* Uníos.
Unánime y azul sublevación del mar. *Carrera Andrade.* Viaje.
Uncido a la carreta va el buey, grave y austero. *Urbina.* El buey.
La única mujer que puede ser. *Peralta.* La única mujer
La única salida está en el voto. *Gutiérrez.* Cartilla cívica.
Únicamente por reunirse con Sofía von Kühn. *Gaitán Durán.* La tierra que era mía.
Único amor, ya tan mío. *Novo.* Breve romance de ausencia.
Universo tu voz, quizá la clave. *Álvarez.* Voz.
An unknown voice told me. *Belli.* An Unknown Voice.
Uno contra el otro, Amor, uno enfrente del otro. *Serrano.* Corte longitudinal de dos figuras.
Uno empieza en las medias uno es en los zapatos en el traje. *Hidalgo.* Ropa.
Uno, en ciertos sitios, diferente. *Campos.* Llegada a Roma.
Uno es lo que es. *Shelley.* De muchos modos.
Uno le dice a Cero que la nada existe. *Hahn.* Escrito con tiza.
Uno llega/con sus ojos de buey. *Benedetti.* Habanera.
Uno lleva sus pétalos sangrando. *Cabañas.* Poema.
Uno pierde los días, la fuerza y el amor a la patria. *Huerta.* Avenida Juárez.
Uno que baja para el cine. *Yllescas.* Colón y Cementerio.
Uno sabe lo del agujero. *Barnet.* Uno sabe.
Uno se desentiende de la vida. *Ochoa López.* Aprendiendo a cantar.
Uno se despierta con cañonazos. *Cardenal.* Uno se despierta.
Uno se encuentra a veces/solo entre sus costillas. *Rodríguez Frese.* Lo necesario.
Uno tiene su muerte de días habituales. *González Penelas.* Uno tiene su muerte.
Uno/vuelve al lugar donde dejó su vida. *Paredes.* Memorial.
Unos encuentran amor, otros olvido. *Segredo Vidales.* Unos.
Unos la han visto pasar. *León Guevara.* Décimas de la superstición llanera: La llorona.
Unos quieren partir. *Lara.* Deseos.
Ursula punta la boyuna junta. *Herrera y Reissig.* Solo verde-amarillo para flauta.
Useless to explore the city. *Vieyra.* Useless to Explore.
Usted, bocaza/de lobo oscura. *Belli.* Usted, bocaza.
Usted no es el sobreviviente afortunado. *Díaz Muñoz.* Consonancia.

Usted quiere matarse en nuestro nombre. *Benedetti.* Holocausto.
Usted soñaba demasiado y el amor. *Cos Causse.* Tía Tula.
Usufructuándome con cánones. *Dalton.* Poema personal.
Un útero cansado ha rajado sus muros. *Maldonado.* Institutio.

Va corriendo, andante, huyendo/de sus pies. *Vallejo.* Poemas humanos (Frag.).
Va creciendo la rosa de la muerte. *Yrarrázaval.* Rosa de la muerte.
Va el cortejo fúnebre por la calle abajo. *Torri.* La vida del campo.
Va el Silencio detrás de su rebaño. *Brenes Mesén.* El pastor.
Va el soldado con su gorra de trapo. *D'León.* 71.
Va por la calle el harinero. *Barrenechea.* El harinero.
Va por un puente de paja. *Alfaro.* La hormiguita novia.
Va una carreta con bueyes. *Nebel.* Estampa.
Una vaca pasta. *Barroeta.* Huerto de leche.
Vaciador de tu cara aquí en el vino. *Rubio.* Retrato de un viejo.
Vaciador de tu cara aquí en el vino. *Rubio.* Soneto.
Vacío en la lengua seca. *Berenguer.* Undécimo día.
¡Vacío, vacío, vacío en sí y en torno de sí! *Costa du Rels.* Vacíos.
Vacíos muros/donde la esperanza. *Varela.* Historia de sombras.
Vaga, bajo la sombra mi corazón alegre. *Basso Maglio.* Sentido de la pubertad.
Vaga por la plaza de Tertre. *Camerati.* Gitana de Modigliani.
Vagabundos fuegos. *Paseyro.* El alma y su figura.
Vagos preludios. En la noche espléndida. *Agustini.* Mi musa triste.
Vagos, grises objetos de la vida cotidiana. *Guerra Trigueros.* La canción de las cosas vulgares.
Valgan de ti calladas actitudes. *Macías.* Frío destello.
Valiente la policía. *Escobar Velado.* Romance de las dos mujeres.
Vámonos a los sin ocaso. *Osuna.* Vámonos.
Vámonos/ardiente profeta de la aurora. *Guevara.* Canto a Fidel.
Vamos a cantar/tararí, tatá. *Sabines.* Vamos a cantar.
Vamos a ver ¿qué dices de los que . . . ? *Gavidia.* Los abuelos y los nietos.
Vamos adormeciendo. *Dobles Yzaguirre.* La hora.
Vamos soñando por la tierra. *Fernández Spencer.* Sobre la tierra.
Vamos, amor, a recorrer caminos. *López Vallecillos.* Tiempo de recorrer caminos.
Vamos. Ahora comienza. *Aray.* Sin título.
Vamos/hacia el diálogo del humo. *Geada.* Hacia el diálogo del humo.
Van y vienen/como dos gaviotas hambrientas. *Bañuelos.* Idolos.
Van a fusilar. *Guillén.* Fusilamiento.
Van a quedarse en silencio. *Quessep.* Perdimos el amor necesario.
Van apagándose los admirables ornamentos. *Diego.* La pausa.
Van con su lento andar. *Magallanes Moure.* Los bueyes.
Van por la sangre, lentamente. *Insausti.* Sobre el pecho, unos pasos.
El vapor se cuela entre mis rodillas. *Navarro Harris.* Crónica (desde la cocina).
Varón callado y hembra silenciosa. *Marechal.* Introducción a la oda.
El varón que tiene corazón de lis. *Darío.* Los motivosdel lobo.
Varona y varón. *Martos.* Varona y varón.
El vaso de agua en mis manos. *Eielson.* Variaciones en torno a un vaso de agua.
Vaso de melancolía. *Herrera.* Envío.
A vast space of dry land. *Electorat.* Satellite City.
La vastedad de la sangre, su conjunto, el miedo. *Martínez Matos.* Prólogo.
Un vasto espacio de tierra seca. *Electorat.* Ciudad satélite.
Ve cómo brilla. *Schulze Arana.* Redención.
Ve despacio a cambiar tus sueños, tus cascadas de vacío. *Flores Castro.* Homenaje a Lezama Lima.
Vean, por el sendero, sin retorno. *Molina Venegas.* Historia de ángeles (Frags.).
Véase primero el aire y su elemento negro. *Juarróz.* Véase primero.
La vecindad del mar queda abolida. *Reyes.* Golfo de México.
Ved cómo asciende sobre el mar la enseña. *Hernández.* Canto a la bandera.
Ved en sombras el cuarto, y en el lecho. *Fernández Moreno.* Los amantes.
Ved esta carne, oscura, maltratada. *Pastori.* Ved esta carne
Veinte años y entre palmeras. *Camín.* Macorina.

Véis esos marineros aún vestidos de pólvora. *Campos Cervera.* Regresarán un día.
La vejez (tal es el nombre que los otros le dan). *Borges.* Elogio de la sombra.
Vela tu sangre y confiésame. *Ibáñez.* La frontera (Eurídice a Orfeo).
¡Velay! ¡Velay! Melusina. *Greiff.* Canción de Melusina.
Velázquez de María. *Maquieira.* Tus amiguitos eran unos perros.
Velázquez de Maria. *Maquieira.* Your Little Friends Were a Bunch of Dogs.
Velloncito de mi carne. *Mistral.* Apegado a mí.
Ven a gritar, el Poeta. *Adán.* Bala.
Ven a mi mesa, Dios. *Bedregal.* Convocatoria siete.
Ven a ver el agua. *Brandy.* Soledad.
Ven, acércate más, bebe en mi boca. *Victoria.* En secreto (Frag.).
Ven conmigo/subamos al volcán. *Alegría.* La mujer del río Sumpul.
Ven noche abre tus costados. *Rojas.* Pequeña música nocturna.
Ven y toca, me dijo la vieja. *Silva Acevedo.* Contra natura.
Ven, amada gentil; sobre mi pecho. *Rucabado.* Pasional (Frag.).
¡Ven, Lázaro! gritóle. *Silva.* Lázaro.
Ven, mi caballo, a que te encinche. *Martí.* Académica.
Ven, oye, yo te evoco. *Agustini.* Misterio: ven.
Ven/ayúdame a insertar mi corazón. *Nava.* Ven.
Ven; yo vivo de tu dibujo. *Sáenz.* Ven.
Una venada ciega en el jardín. *Sandoval.* Una venada.
Venado de cristal que corre entre los bosques. *González.* Todos los ríos nacen en un bosque encantado.
La venda es un trozo de oscuridad. *España.* La venda.
Vendaval del amor donde el sentido. *Larreta.* Lo divino.
Vendrá, se piensa, y viene el visitante. *Valle.* Visita.
Vendrán por mí, por tí. *Hernández Álvarez.* Si acaso vienen por nosotros.
¿Vendréis, rostros amados? *Letona.* Vendréis.
Venecia es una trampa. Fue inventada. *Pacheco.* Venecia.
Venezuela es la caoba y es el mangle. *Aristeguieta.* Canto de fuego a Venezuela (Frags.).
Vengo a sentarme a la vera. *Rico.* El alma del maizal.
Vengo a tu soledad, rindo la puerta. *Mar.* En tu soledad.
Vengo a verte pasar todos los días. *Vallejo.* Bordas de hielo.
Vengo con intención de decirte algo. *Morales.* Palabras a María.
Vengo de un oasis. *Llerena Blanco.* Sed.
Vengo del viento azul. *Durand.* Vengo del viento azul.
Vengo echando candela. *Hernández Catá.* Son.
Vengo pisando los bosques largos y temblorosos. *Arráiz.* Balada nupcial.
Vengo/con una blanca sensación de peces. *Sanabria Varela.* Sensación.
Venía hacia mí por la sonrisa. *Huidobro.* Balada de lo que no vuelve.
Venía yo desde un jardín ausente. *Larrahona Kästen.* Venía.
Venía/como la gracia. *Vilela.* Romancillo de la angustia.
Venían del terror y del tumulto. *Torres Bodet.* Éxodo.
Venías cargando una palabra/y yo lo supe. *Oliver Labra.* Venías cargando una palabra.
Venid a ver a los hombres/que mataron los soldados. *Nieto.* Canción para los héroes del pueblo.
Venid a ver el cuarto del poeta. *Calvo.* Venid a ver.
Venid, fantasmas bellos de tempranas dormidas. *Barrenechea.* Ronda de vírgenes muertas.
Venid, sonido y pupilas de las noches; venid. *Valle.* La casa apagada.
Venimos de la noche y hacia la noche vamos. *Gerbasi.* Mi padre el inmigrante (Frags.).
Ventana mía, ventana. *González Martínez.* La ventana.
Las ventanas cerradas. *Huidobro.* Hijo.
Ventanas/mago/casas. *Toro Montalvo.* La gitana dormida/texto del aroma.
La ventanita/por donde me mostrabas. *López Saavedra.* Hacia el vacío.
El ventarrón hace brincar las estacas. *Crespo.* Para volver.
Veo desde mi lugar blancas hembras. *Morales.* Flash uno.
Veo/la tierra/un mapa. *Arrangoiz.* Viaje de Mondrian en aeroplano.
Veo los eucaliptos que ocupan la colina. *Ribera Chevremont.* Los eucaliptos.
Veo mi patria, es triste. *Galeas.* Veo mi patria, es triste.
Veo montes que avanzan enloquecidos. *Silva.* ¡Boom!!! (Frag.).

Veo playas un agua verde peces. *Sucre.* En el ocio.
Veo trotar los percherones de un carro funerario. *Silva Acevedo.* Me han roto el hueso más fino del oído.
Veo un río veloz brillar como un cuchillo. *Rojas.* Carbón.
Veo una noche en la que templos cantan. *Silva.* Colores.
Veo una rata en el hueco de la pared. *Berenguer.* Acto I.
Ver retozar la luz recién nacida. *Rodríguez Alcalá.* Amanecer.
Vera Marloff, mujer rubia y morena. *Umaña Bernal.* Vera Marloff.
El verano de los años secos, duros y largos. *Cillóniz.* Cielo envenenado:una visión terrena.
El verano en lo cálido es un nido. *Aridjis.* El verano.
Verano, ya me voy. Y me dan pena. *Vallejo.* Verano.
Verano. Tarde un poco nublada y soñolienta. *Galvez.* Aldea triste.
El verbo asiduo no aferra nada. *Ferrari.* La metamórfosis de la evidencia (Frags.).
Verdad que debe ser horrible. *Sánchez-Boudy.* Agonía.
Verdad que no sabías. *Quirarte.* Su condición de ola.
La verdad quiere cetro. El verso mío. *Martí.* Poética.
La verdad y la paz en torno a lo real. *Macedo.* Copernicana.
Verdad; en el silencio nocturno, en la fiereza. *González Martínez.* En voz baja.
Verdaderamente lo único que recordaré. *Quezada.* Primera comunión.
Verdaderamente nunca fue tan claro el amor. *Nazoa.* Balada de Hans y Jenny.
El verde del cerro. *Villaseñor.* Matemáticas.
Verde he buscado para mi sustento. *Valjalo.* Soneto verde.
Verde marino, almirante de los verdes. *Carrera Andrade.* Cartel electoral del verde.
Verde o azul, fruto del muro, crece. *Pacheco.* La enredadera.
Verde pétalo de luna. *Ibarbourou.* Romance en verde difuso.
Verde y maduro, es molido el plátano en la máquina. *Lago González.* Metajíbaro.
Verdinegros grupos de hayas. *Parra.* Nocturno.
Verona te has desnudado por tercera vez. *Sancho Castañeda.* Verona.
El verso es un vaso santo; ¡poned en él tan sólo . . . ! *Silva.* Ars.
Verso/verso desperdigado en el vacío. *Aura.* Verso.
Verte para quererte. *Ponce.* Ifigenia fue arrebatada de la zarza.
Vertió su vino en el sediento corazón de la palmera. *Rojas Jiménez.* La soledad que domina.
¿Ves amada? Qué pronto lo olvidamos. *Marchena.* El olvido.
Vestía traje suelto, de recamado biso. *Valencia.* Leyendo a Silva.
Vestida de adormidera/deshojé los sueños. *Puhyol.* Vestida de adormidera.
Vestida de gris. Cuadriculada. *Ahumada.* Gris.
Vestida de plata, simplemente. *Bonifaz Nuño.* Vestida de plata.
Vestida de seda y dulces. *Casanova.* Plumas.
Vestida y adornada como para sus bodas. *Marechal.* Cortejo.
Vestido con hojas de retama. *Cobo Borda.* Salario del poeta.
Una vez andando por un parque inglés. *Parra.* Sinfonía de cuna.
Una vez el azar se llamó Jorge Cáceres. *Rojas.* Una vez el azar.
Una vez en el césped recibía. *Lagos.* Poema en el césped.
Una vez luché con un Ángel y le corté las alas. *González Real.* Ángel terrible y bello.
Una vez más la patria que duele dentro de mí. *Armijo.* Homenajea mi padre.
Una vez más, maestro, hemos venido a descubrir la sorpresa. *Serrano.* Visita a Lezama Lima.
Una vez más soy llama, sed, grito e incendio. *Carvajal.* Hay una seda que no quiere dormirse.
Vi al viento destrenzarse por los pinos. *Castillo Martín.* El mar, el viento y el pinar.
Vi la felicidad dormida. *Reyes de la Jara.* La felicidad.
La vi pasar por el camino. *Mondaca.* Juventud.
Vi también a las madres. *Martínez Rivas.* Nota social.
Vi un árbol. *León.* Hombre como un árbol.
Vi un conejo rosado. *González.* Azáleas.
La vía láctea cae esta noche del cielo morado sobre los árboles. *Jamís.* La vía láctea.
Viajando en tercera he visto. *Cuadra.* Patria de tercera.
El viaje, en tus ojos, comienza anocheciendo. *Álvarez.* La extranjera.
Viajeras nubes que suben. *Martínez Salguero.* Nubes 11.
Vibra el himno rojo. Chocan los escudos y las lanzas. *Jaimes Freyre.* El Walhalla.

Vibre, mi musa, el surtidor de oro. *Agustini.* El surtidor de oro.
Vibro tan solo por un sueño. *Valle.* Éxtasis humilde.
La vida dibuja un árbol. *Juárroz.* Poesía vertical 1.
La vida dibuja un árbol. *Juarróz.* La vida dibuja.
La vida en bruto. *Greiff.* Música de cámara y al aire libre.
La vida entera he de acordarme. *Palés Matos.* La negra que me crió.
La vida es así, y eso no es cierto. *Lavín Cerda.* La vida es así.
La vida es un papel cuadriculado, hijo. *Cazasola.* Cordura.
La vida es una lenta contingencia. *Montané.* Poema.
La vida está en la calle del pueblo. *Domínguez.* La vida
La vida me la dio; la misma vida. *González Martínez.* Escala de ausencia.
La vida mía, soledad temprana. *Asturias.* Tu ne quaesieris scirenefas.
Vida muerta. Muerte viva. *Cáceres.* Pasa el viento.
La Vida toma aviones y se aleja. *Montejo.* La vida.
El vidrio de la ventana. *Arenas.* Día a día.
Vieja casona silenciosa y fea. *Ortiz Chavez.* Para dormir.
Vieja dama pretenciosa. *Molina Venegas.* La vieja dama.
La vieja Empadronadora. *Mistral.* Canción de la muerte.
Vieja la noche, vieja. *Sabines.* Vieja la noche, vieja.
Viejas encinas clavan. *Díaz Mirón.* Paisaje.
Las viejas putas de mi corazón. *Fernández.* El marinero borracho.
Una vieja tristeza desanduvo el camino. *González Martínez.* Una vieja tristeza
El viejo amauta de la barba rala. *Vizcarra Monje.* El amauta.
Viejo el planeta tiene la forma de una lágrima. *Camargo Ferreira.* Batanes de la pena.
El viejo judío enfermo—su oficio era mirar. *Cobo Borda.* Rue de Matignon, 3.
El viejo luce su cabellera negra en el paseo. *Eguiluz.* Muerte en Venecia.
Viejo maestro querido. *Liguori.* Viejo maestro querido.
Viejo negro del puerto. *Domínguez Charro.* Viejo negro del puerto.
El viejo Patriarca/que todo lo abarca. *Herrera y Reissig.* Su majestad el tiempo.
¡Viejo reloj de cuco del estante! *Reynolds.* Cronos.
Un viejo vive en mí fabricando mi muerte. *Carrera Andrade.* La alquimia vital.
Viejo, no te burles. *Jaramillo Escobar.* Conversación con W. W.
Los viejos carretilleros tienen/la vista quemada. *Espinoza.* XXXIV.
Los viejos signos/pintados en el barro. *Cuadra.* Una nueva cerámica india.
Viene de lo monte. *Campins.* Vidalida la bantú.
Viene el forastero por la calle arriba. *Capdevila.* Romance de la casa de Trejo.
Viene la noche volando. *Pasos.* Dormida, me estás oyendo.
Viene/la lluvia. *Serrano.* Confianza.
Vienen del mar o de una tarde cualquiera. *Patiño.* Voces.
Vienen los negros cantando. *Vizcarrondo.* Alborada.
Vienen noticias del atroz invierno. *Diego.* Vienen noticias.
Vienen tus sueños en corcel de luna. *Fuente.* El mágico amor.
Vienes a mi, te acercas y te anuncias. *González Martínez.* Vienes a mi.
Vienes creciendo en mí. *Rivera Rodas.* Primer hijo.
¿Vienes de dónde, viento? *Navarro.* Huésped nocturno.
Vienes menos cada vez/huyes de mí. *Vitier.* A la poesía.
Vienes sobre el mar, entre el dulce sonido. *Xammar.* El mar.
El viento de kopajira. *Viscarra Fabre.* Oruro.
El viento deambula en la Pampa. *Toro.* El viento deambula.
El viento deja la cordillera. *Mitre.* Olvido y piedra.
El viento del desierto ondea las palmas de sus manos. *Díaz Casanueva.* El aventurero de Saba.
El viento desciende. *Wilcock.* Canción.
Viento en el rostro. *Cadenas.* Carro por puesto.
El viento en la calzada. *Nery Nava.* Invierno proletario.
El viento es el apóstol de esta hora interdicta. *Maples Arce.* Revolución.
El viento es un caballo. *Neruda.* El viento en la isla.
El viento está lavando las nubes. *Ferreiro.* Lavando nubes.
El viento ha quemado mi pelo. *Barnet.* Con pies de gato.
El viento había traído. *Santibáñez.* Lo solemne siempre sí.

El viento improvisó una tempestad de arena. *Flores.* Rockaway Beach.
El viento no daña. *Bayley.* Alguna llama.
Viento nomás pero corregido en cauces de flauta. *Owen.* Autorretrato del subway.
El viento te bebe con labio de julio. *Florián.* Canción vegetal.
El viento y el miedo golpean los muros. *Teillier.* El viento y el miedo.
El viento, viento largo. *Parra.* Viento de soledad.
Vientos dormidos con pureza. *Llinás.* Hambres.
El viernes 7 de agosto de 1987. *Ahumada.* 104.
Vierte, corazón, tu pena. *Martí.* Elogio del verso.
Vigil cuidoso que a verdad obliga. *Fernández.* Vigil cuidoso.
Vigilo tu mejilla manzana. *Navarro Harris.* Militancia.
Vilano que del cardo desprendido. *Prado.* El vilano.
Villa Luro, yo no fui un extraño entre tu barro. *Olivari.* Canción ditirámbica a Villa Luro.
Villano, trovador, fraile o guerrero. *Jaimes Freyre.* Medioevales.
Vimos las llamas levantar la noche. *Cuadra.* La estrella vespertina.
Vimos por la ventana. *Trejo.* Todo.
Vincent estaba solo/solo de soledad. *Mendía.* Naturaleza muerta en amarillo.
Vine al mundo para buscarte entre los matorrales. *Urzagasti.* Orana.
Vine de lejos. Olvidé mi patria. *Castellanos.* Monólogo de la extranjera.
Vine en un barco negrero. *Guillén.* Vine en un barco negrero.
Vinieron a decirme. *Ibáñez.* Los pálidos.
El vino busca a veces la boca. *Escobar Velado.* Muerte de un héroe en el hospital.
Vino celeste. *Valle.* Una guirnalda para el vino.
Vino el hermoso príncipe. *López.* Maximiliano.
Vino en el aire. Izaba dos retazos de iris. *Armas Chitty.* Salmo a una mariposa.
Vino la hoz, pasó al ras de la tierra. *Castro.* Vino la hoz.
Vino la muerte/y se llevó los ojos de Picasso. *Hernández.* Postal de Madrid.
Vino un hombre/y me llevó del brazo. *López Vallecillos.* Mientras me lleva esposado.
El vino y mi corazón. *Macías.* Bajo un árbol.
Vino/Dejó en el escritorio. *López Vallecillos.* Visita.
Vio al fin el buscón los cuerpos juntos. *Gaitán Durán.* Buscón.
El vio pasar por ella sus fantasmas. *Zaid.* Alucinaciones.
La Viola no busca héroes. *Agosín.* A la Viola Parra.
Violín piano agua sin más. *Velázquez.* Notas sin música.
Violín que exhalas en mi noche extrema. *Pereda.* El surtidor.
Virgen de los Anansayas. *Gómez Cornejo.* Virgen del Titikaka.
Virgen orquídea, cofre de blancura. *Mojica.* Violetas.
Virgen que das el puerto de tus brazos. *Bernárdez.* Oración a Nuestra Señora de Buenos Aires.
Virgencita aldeana, que va de fantasía. *Césped.* La abeja.
Virgilio, claro poeta romano. *Diego.* Inscripción.
Virginia Woolf, etc./dulces antepasadas mías. *Peri Rossi.* Virginia Woolf, etc.
Virginia Woolf, etc./sweet foremothers of mine. *Peri Rossi.* Virginia Woolf, etc.
Víscera, fruto vagando en la niebla. *Rosenmann Taub.* Creación.
Visión de árbol frutal. A mi destino/le ofrece. *Valle.* Frutal.
Visitación de la noche. *Hernández Aquino.* Visitante nocturno.
Visitante, no te distraigas. *Nieto.* Retrato de Miranda en la carraca.
Visitar las raíces donde el padre comienza. *Fernández Retamar.* Jovellanos.
Viste de seda: alhajas de gran tono. *Chocano.* Tríptico criollo:El charro.
Visten hábitos carmelitas. *Tablada.* Los pijijes.
Vitral es el ojo dibujado, un/cuadro. *Kamenszain.* Vitral es el ojo.
Viva sospecha de carne no mirada. *García Terrés.* Umbral del hijo.
Vive lejana de su piedra. *Florit.* De seis pétalos.
Vive y brilla en lo oscuro. *Pereda.* La espada necesaria.
Viví con mi mujer. *Valdés.* Donde viví.
Viviente vidrio, celeste adormecido. *Millas.* Mar, soledad, eternidad.
Vivimos bajo el volcán. *Flores Castro.* Inferno.
Vivimos de no ser. De ser morimos. *Torres Bodet.* Resumen.
Vivimos sin sentir este país bajo nosotros. *Aguilar.* Osip Mandelstam.

Vivir en un pueblo de claro horizonte. *Arévalo Martínez.* Sueño de ventura.
Vivir señero y meditar aislado. *Balseiro.* Apunte autobiográfico.
Vivo cerca del otro. *Collado.* Sin llegar a los otros.
Vivo con una mujer que vive y se desmuere. *Langagne.* Vivo con una mujer.
Vivo de nuevo entre los míos. *González.* Regreso.
Vivo en el descalabro. *Gutiérrez Vega.* El pontífice.
Vivo entre ruinas ojerosas. *Carrión.* Vestigios.
Vivo entre una hoja y la otra hoja. *Barnet.* Mito.
Vivo este infierno. *Silva.* Alguien llama a la puerta.
Vivo hacia adentro para tocar la carne de mi abismo. *Salazar Martínez.* Diario íntimo.
Vivo pensando en mis alumnos. *Calderón.* Leyenda.
Vocerío/de la alta noche en medio de la calle. *González Martínez.* Murga de media noche.
Voces al doblar la esquina/voces. *Paz.* Vuelta.
Las voces, oigo las voces cantando. *Blanco.* Un escéptico Noé.
Voces/presencias. *Parera.* Voces.
The voice that would reach you, Hunter, must speak. *Darío.* To Roosevelt.
Volando en el vacío. *Cerruto.* Estrella segregada.
Volaron águilas, leones. *Bonifaz Nuño.* Volaron, águilas, leones.
El volcán es de rosa. *López.* La emoción de la nieve.
La voluntad divina que echó a rodar los astros. *Gómez Rojas.* Autorretrato.
Voluntario de España, miliciano. *Vallejo.* Himno a los voluntariosde la república.
Volvemos los ojos consternados. *Geada.* Doblemente desterrados.
Volver a Venecia, inundada por el agua como una mujer. *Fernández Retamar.* Venecia:qué en ti busca.
Volver una mañana muy temprano. *Rodríguez Alcalá.* La casona (Villarrica).
Volverán las redes/trayéndote. *Cardona Torrico.* Pesca.
Volví a encontrar mi alma infantil. *Estenssoro.* Canto al hijo.
Volví a ver mi rostro curtido y barbado. *Liscano.* El viaje.
Volviendo a la esperanza. *Quessep.* Volviendo.
Vomito monos peces y culebras. *Quezada.* Al zoológico me llevan una mañana de domingo.
Voraz encono en que relumbra el mar. *Bartolomé.* La piedra frente al mar.
Vos le echás/al espiral de la duda vigoroso candado. *Moore.* Abstenciones.
Vos y yo/incomparables. *Obiol.* Aproximaciones.
Vosotras me miráis, estrellas puras. *Beroes.* A las estrellas.
Vosotras sois el origen de mis manos sobre el mundo. *González.* Salmo de las bestias en reposo.
Vosotros que os amáis bajo la lluvia. *Castilla.* Amantes bajo la lluvia.
Vosotros/los que eleváis mi cielo de torturas. *Artecona de Thompson.* Espacio desolado.
Voy vamos. *Montes.* Calle.
Voy a Alemania. *Alliende Luco.* Buen propósito.
Voy a arrastrar/entre mi boca. *Arce Navarro.* Con furia.
Voy a cantar lo que nos duele cotidianamente. *Escobar Velado.* Del dolor cotidiano.
Voy a decir ahora el mundo mío. *Castro.* Sermón de los trigales.
Voy a edificar el templo donde . . . *Rulo Escorpio.* Voy a edificar.
Voy a escribir un poema. *Silén.* Voy a escribir.
Voy a quebrar/el vidrio. *Pubén.* La otra ventana.
Voy a romper con versos. *Maldonado.* Refugio.
Voy a sembrar un corazón en la tierra. *Murillo.* Voy a sembrar.
Voy a visitar al fin el cuerpo que dejaste. *Bedregal García.* Me voy a entender en tu memoria.
Voy a vivir contigo y contra tí. *Gaitán Durán.* Veré esa cara.
Voy con el tornillo. *Lezama Lima.* El pabellón del vacío.
Voy creciendo en mí como un árbol. *Corssen.* Círculo de Uganda.
Voy estrenando a cada paso/esta vida. *Horta de Merello.* Te pronuncio, adolescencia.
Voy hacia tu espíritu y gravito en las columnas. *Undurraga.* Tiempo sumergido.
Voy más lejos que el viento oeste. *Mistral.* Emigrada judía.
Voy por la vida como un romero. *Guerra.* Como un romero.
Voy por tu cuerpo como por el mundo. *Paz.* Piedra de sol (Frags.).
Los voy viendo pasar, con lento paso. *Viaña.* Obreros.
Voy/compartiendo nubes. *Velasco.* Compartiendo nubes.

Voy/vengo/y luego pienso. *Suárez.* Sin residencia.
Voz de un dolor se alzó del camino y visitó la noche. *Fernández.* Cuando nuestro dolor fíngese ajeno.
Voz del exilio, voz de pozo cegado. *Mutis.* Exilio.
Voz dulcísima y extraña. *Jaimes Freyre.* Voz extraña.
Una voz en la noche se ha callado. *Ledesma.* Nunca.
Voz inefable oculta en el oído. *Lars.* Niño.
Voz inefable que a mi estancia llega. *Casal.* Nihilismo.
Una voz largo tiempo oculta en los árboles. *Urzagasti.* Los campos olvidados.
Una vuelta al volante, y suave gira. *Estrella Gutiérrez.* El delta.
Vuela, de ardientes ansias consumida. *Llona.* Amor.
Vuela/paloma blanca vuela. *Sologuren.* Ayer hoy.
Vuelan aves radiantes de estas letras. *Paz.* Aparición.
El vuelo del guardabarranco sobre las copas de los árboles. *Fernández Retamar.* SOS.
Vuelta a andar tus distancias. *Prunell Alzaibar.* Tus distancias.
Vuelve a mi boca, sílaba, lenguaje. *Pacheco.* La materia deshecha.
Vuelve a mí la terrible angustia. *Welder.* Statu quo.
Vuelve a pasar el día por estos árboles. *Gerbasi.* Crepúsculo de soledad.
Vuelve a su ser, a su aire, y desaparece. *Adán.* Lección de la rosa verdadera.
Vuelve flecha de amor. *Hernández Campos.* Vuelve flecha de amor.
Vuelve tú, luz mía. *Guirao.* Poema.
Vuélvete, y en la sombra. *Molina.* Exilio.
Vuelvo a contar mis dedos. *Varela.* Una ventana.
Vuelvo a ti, soledad, agua vacía. *Pellicer.* Horas de junio.
Vuelvo a través del tiempo. *Ortiz de Montellano.* Despedida.
Vuelvo a tu puerto sediento de gaviotas. *Reyes.* Volver.
Vuelvo al calor de tu substancia/memoria inconsolable. *Puhyol.* Vuelvo al calor.
Vuelvo de la raíz talada del crepúsculo. *Zapata Prill.* Aquí, calladamente.
Vuelvo de la selva a mi pálido invierno. *Vinderman.* Regreso de viaje.
Vuelvo el rostro y veo. *Shimose.* La doliente quimera.
Vuestro nombre no sé, ni vuestro rostro. *Storni.* Carta lírica a otra mujer.

Waking up to cannon shots. *Cardenal.* Waking Up.
Wanted: a world/without monopolies. *Fernández Chericián.* Classified Section.
A wardrobe, a mirror, a chair. *Sabines.* Entresol.
Was it perhaps in an imagined frame. *Agustini.* Vision.
The water hollowed the stone. *Paz.* Wind and Water and Stone.
We accept no givens: from here on illusion. *Zaid.* A Furious Clarity.
We appreciate your patronage. *Santos.* A la cajera del supermercado La Colonia.
We are intransigent. *Fernández Chericián.* On the Third World.
We burn in the memory. *Agosín.* Families.
We don't build a house to stay at home. *Gelman.* Customs.
We live by not being. *Torres Bodet.* By being we die.
We must burn up/like incense. *Rodríguez Nietzche.* Mural.
We must have nurtured multitudes to be left so alone. *Gelman.* Epochs.
We regret to announce that the late president. *Anón. Chile.* Proclamations Issued by the Chilean Military.
We saw the flames raise the night. *Cuadra.* The Evening Star.
We step from the barge, hands in the air. *España.* Arrival.
We still can't announce when we'll leave. *Camerón.* When it's Over.
We wait for our dead countless years. *Mansilla.* Life.
We wasted time designing boats. *Calderón.* Face to Face in Another Time.
We were looking for a basement to live in. *Lihn.* Memories of Marriage.
We were all sitting at the table. *Nogueras.* The Same as Ever.
We write poetry/even when we go to the bathroom. *Parra.* Poetry Poetry All Is Poetry.
Weird hour. It's not/the end. *Zaid.* Sundial.
We'd have to love the nape of the neck more than the thigh. *Vega.* Conditions.
We'll be together again. *Teillier.* When All Is Said and Done.
We're inside a truck. *España.* No Greater Pai. Beneath the Trees.

We've all of us been told. *Benedetti.* Against Drawbridges.
We/were the kids of the fifties. *Hahn.* Heartbreak Hotel.
Wekufe está durmiendo. *Riedemann.* El sueño del Wekufe.
Wekufe is sleeping. *Riedemann.* Wekufe's Dream.
¡West Indies! Nueces de coco, tabaco y aguardiente. *Guillén.* West Indies LTD. (Frag.).
Wet earth of liquid evenings when the rain/whispers. *López Velarde.* Wet Earth.
What are they waiting for? Aren't they going to call me? *Burgos.* Call Out My Number.
What do they matter now, the deprivations. *Borges.* A Page to Commemorate Colonel Suárez Victor at Junín.
What does he think? *Padilla.* A Question for the Frankfort School.
What does water mean to a fish? *Camerón.* One More Stripe to the Tiger.
What good is it to talk on the phone? *Parra.* What Good Is It for an Old Man to Work Out in the Gym.
What happened to her, such a good girl? *López.* What Happened to Her?
What should I do now?/walk in the cell. *España.* What Should I Do now?
What sons of so and so. *Vilariño.* In Order to Say It.
What's all this. *Electorat.* The Return.
When a man dies. *López.* When a Man Dies.
When everyone leaves. *Lavín Cerda.* Unearthing.
When I heard a small inflammation of the earth. *Mir.* Act II.
When I heard the three sisters Mirabal had fallen. *Mir.* Act I.
When I look at and touch myself. *Guillén.* I Have.
When looking at myself in the mirror. *Coronel Urtecho.* Self-Portrait.
When my old age holds time back, weighed down by a breeze. *Feria.* When My Old Age.
When my papers become things to burn. *Feria.* When My Papers . . .
When, parched by the thirst of his soul. *Zamudio.* Manhood.
When ritual was the reason for living. *Flores.* Quiché Warrior.
When suddenly in the middle of a life. *Mutis.* A Word.
When she was young (very young) she had a boyfriend. *Casaus.* A Story.
When the Nazis did something like this. *Fernández Retamar.* We Do Well to Remember.
When the one-legged sailors. *Mansilla.* Leaving.
When the social revolutions spread over the world. *Feijóo.* The Song of Man at Death.
When the trumpet blared everything. *Neruda.* United Fruit Co.
When we return to our ancient land. *Zamora.* When We Return.
When will you ever finish using words? *Pacheco.* Job 18, 2.
Where her house stood, she goes on living. *Mistral.* A Woman.
Where is the splendid dialogue. *Feijóo.* On the Death by Fire of Gladys.
Where it says large white ship. *Barnet.* Errata.
Where San Juan and Chacabuco intersect. *Borges.* Houses Like Angels.
Where the Perfume River moves its slight flames. *Molina.* Hue.
A while ago/I promised you many love poems. *Padilla.* The Promise.
While everyone/walks. *Quezada.* Waking Up.
While you/come home. *Reyna.* While You Come Home.
The white seashell on the beach. *Quezada.* Poem of the Forgotten Things.
Who is this young corpse. *Villatoro.* Elegy for the Young Corpse.
Who will buy me an orange? *Gorostiza.* Who Will Buy . . . ?
Whoever intends to wage war in the jungle. *Payeras.* Tamborillo.
The whole desert could be Notre Dame. *Zurita.* The Utopias.
Why give signs of life? *Teillier.* No Sign of Life.
Why have they moved me. *Belli.* Why Have They.
Why now the word Kalahari? *Palés Matos.* Kalahari.
Why utter the names of gods or stars. *Castellanos.* The Other.
A Winchester and Pale/Face Colt 45. *Corcuera.* Cowboy and Fable of Buffalo Bill.
Winchester y Colt 45. *Corcuera.* Cow-boy y fábula de Buffalo Bill.
A window is broken/the floor bleeds. *Pietri.* The Night Has Twenty-Four Hours.
Wings its way into the distance. *Calderón.* The Time That Destroys Everything.
With evening/ the two or three colors *Borges.* Patio.
With her black hair fallen forward. *Storni.* She Who Understands.
With so much suffering. *Peralta.* So Much Suffering.

With teeth of flowers, headdress of dew. *Storni.* I Am Going to Sleep.
Woman, Mother of Man. *Michel.* God, Our Lady (Frag.).
Words words. *Zavala.* Words Words.
The work of the saws separating the vertebrae. *Electorat.* The Slaughterhouse.
The world does not close in your eyes. *Armand.* Braille for Left Hand.
The world stops in the middle of its course. *Huidobro.* Quiet Spaces.
Worms of sixty winters breathe blood. *Bañuelos.* In Vietnam the Thorns Drip Clouds of Lambs.
Wring the swan's neck who with deceiving plumage. *González Martínez.* Wring the Swan's Neck.

Y a esta hora. *Hernández.* Chanson d'amour.
Y a mitad de la tarde los objetos. *Pacheco.* Y a mitad de la tarde.
Y acabo la jornada (o recomienzo). *Orrillo.* Algún calor de gato.
Y ahí me encerraron. *Agosín.* Crónicas.
Y ahora el corazón/rebasa su latido. *Rodríguez Frese.* Comienzo.
Y ahora en dónde sobre qué vínculo. *Adoum.* Fundación de la ciudad.
¡Y ahora estáis aquí montañas para siempre! *Calzadilla.* Las montañas.
Y ahora, hermanas, viertan los pobres ojos nuestros. *Capdevila.* Santificado sea.
Y ahora, nuevamente, este diálogo. *Xammar.* Diálogo.
Y ahora que estás como te querían. *Millán.* A la siempreviva.
Y ahora/¿qué haremos tú y yo? *Hahn.* ¿Y ahora qué?
Y ahora, recordando mi antiguo ser, los lugares que yo he/habitado. *Cáceres.* Azul deshabitado.
Y ahora remontas rue Vavin subiendo a Montparnasse. *Hinostroza.* Nudo borromeo.
Yahora una digresión. Consideremos. *Pacheco.* O toi que j'eusse aimée.
Y allá a lo lejos, nada. *Florit.* La niebla.
Y allá el azul, el seráfico azul del día. *Vargas Osorio.* Vano azul.
Y allí comenzaron a moverse las montañas. *Zurita.* La marcha de las cordilleras.
Y allí donde la voz creció en mi carne. *Cabral.* La voz crece en la carne.
Y aquel anillo que es como un hilo de agua. *Valle.* Establecimiento de la maravilla.
Y así, sin falda, sin tierra. *Cabral.* El revolucionario.
Y bailé ahogada. *Agosín.* La danza.
Y Baltasar bebiendo vino estaba. *Capdevila.* Baltasar.
Y bien Jackie, te has casado de nuevo. *Nava.* Carta a Jacqueline.
Y bien, eso era todo. *Lihn.* Monólogo del viejo con la muerte.
Y Borges volteó hacia adentro. *Isla.* Mucho ojo.
Y bueno que era ese negro. *Rosa-Nieves.* Murió el pregón mulato.
Y casi tenía un lucero en la frente. *Vera.* El extraño.
Y como en el pasado. *Restrepo.* Y como en el pasado.
Y como era mujer/igual que todas. *Patiño.* Y como era mujer.
Y cómo harás en lo futuro versos. *Nervo.* Siempre.
Y ¿cómo hubiera sido poseerte? *Puentes de Oyenard.* Y ¿cómohubiera sido?
Y cómo los trabajadores en la cantina se colocan su gorra de trapo. *D'León.* 40.
Y como siempre, después de la lluvia. *Wiethüchter.* Siempre.
Y como su esplendor es el idioma. *Gutiérrez Hermosillo.* Tratado del duro arbitrio.
Y continué P4 AR. *Hinostroza.* Gámbito de rey.
Y cuando me haya muerto en qué ilusoria/forma. *Etchebarne.* ¿Y cuando me haya muerto?
Y cuando, en fin todo está dicho. *Diego.* Y cuando . . .
Y cuatro tapadas. *Turkeltaub.* Carta abierta.
Y cuelga en el Atlántico del Norte, alto y brillante. *Cisneros.* El arco iris.
Y de esta altiva y armoniosa forma. *Martínez Salguero.* Montaña 11.
Y de pronto la vida/en mi plato de pobre. *Varela.* Canto villano.
Y de pronto la vida/en mi plato de pobre. *Varela.* Y de pronto la vida
Y desde arriba del puente. *De ida.* Rugama.
Y, desgraciadamente/el dolor crece en el mundo. *Vallejo.* Los nueve monstruos.
Y de este bosque en la mansión serena. *González Prada.* Soledad.
Y desnudarte. *Derbez.* Primer texto de misoginia.
Y después aquí, en el oscuro seno del ríomás oscuro. *Huerta.* Los hombres del alba.
Y después de este destierro. *Romualdo.* Largo tiempo oprimidos.
Y después de ir/con los ojos cerrados. *Millán.* Visión.
Y digo en nunca abiertas soledades. *Ibáñez.* Variaciones de la desconocida.

Y dije al leñador:—Dame una astilla. *Jiménez Sierra.* Églogas del río Tocuyo.
Y dijo Dios. *Quiñones.* Entrada al jardín de las delicias.
Y el cereal se confunde con la gota de carne. *Odio.* Integraciónde los padres.
Y el herrero, agradecido. *Cabral.* El polvito.
Y el mar dorado/que coloridas olas. *Pellicer.* Scherzo.
Y el Norte dijo al sur. *Fugellie.* América carinegra (Círculo ocre).
Y en cuanto a las riquezas justas o injustas. *Cardenal.* Poema.
Y en el mar/las sirenas cantaron para mí. *Campos.* Phlebas the Phoenician.
Y en el séptimo día. *Paz Paredes.* Adán en sombra.
Y en este patio, solo como un hongo, ¿adónde he de mirar? *Cisneros.* Dos soledades. Hampton Court
Y, en fin, pasando luego al dominio de la muerte. Sermón sobre la muerte.
Y en mitad del sendero. *Flores Saavedra.* Hijo.
Y entonces dijo/ "Hagamos el amor a mi imagen y semejanza". *Álvarez.* Génesis.
Y entonces se fue yendo. *Romero.* Muerte de Perurimá, cuentero, enredado.
Y era como un mandato. *Villegas.* Mandato no. 6.
Y es el írrito dios, pata y quebranto. *Adán.* Andante.
Y es que es una hoja. Soledad. *Mora Martínez.* Instante primero.
Y es que jamás me canso de llevar en el pecho. *Gottberg.* Poema al poema.
Y escucho tu ruego. *Díaz Diocaretz.* Vigilia con los ojos cerrados.
Y esta perenne abulia esta inercia del alma. *Martínez Villena.* Paz callada.
Y estaban abiertos de par en par todos los ojos. *Tello.* Ecuación.
Y este dolor de volver. *Aguirre.* Muerte.
Y este ¿hacia dónde? Tan seco y tan distante. *Varela.* Los pasos.
Y esto iría a proseguir como en un sueño. *Arenas.* Nuevos pormenores.
Y estos son los nueve nudos. *Querales.* Los nudos de la estirpe.
Y fue a esa edad. Llegó la poesía. *Neruda.* La poesía.
Y fue entonces. *Pizarnik.* Poema para el padre.
Y fue por este río de sueñera y de barro. *Borges.* Lafundación mítica de Buenos Aires.
Y fue por este río de sueñera y de barro. *Borges.* Lafundación mitológica de Buenos Aires.
Y habló el mar: ¡Yo lo vi! La cruda guerra. *Chocano.* La epopeya del mar.
Y hay sal/por dondequiera. *Trejo.* Y hay sal.
Y he aquí que comienzo a comprenderte dulce Marco. *Henderson.* A Marco.
Y hubo un gran silencio. *Tavira.* Salmo del destierro.
Y huele a trigo el macho soberano. *Castellanos.* Trigo humano.
Y la luz entra al hombre por un instante lateral. *Aridjis.* Y la luz.
Y la mano entonces se articuló. *Lima Quintana.* Del cuerpo en otro cuerpo.
Y la miré partir. Fue un vivo/instante. *Urbina.* Y la miré partir.
Y la Mosca decía, que decía la Mosca. *Rojas.* A la salud de André Breton.
Y la mujer vomitó sus entrañas. *Mansilla.* Amor.
Y la sangre de Lorca sobre la ciudad blanca. *Mejía Sánchez.* La sangre de su muchacho.
Y la vida trepará en verdes ramas. *Chacón Nardi.* Elegía minúscula.
Y las sombras se abrieron otra vez. *Paz.* Cuerpo a la vista.
Y llegado el momento el tiempo se abrirá como el Mar Rojo. *Cisneros.* I. M. Lucho Hernández.
Y llegó a la montaña donde moraba el anciano. *Torri.* El mal actor de sus emociones.
Y llegó al fin la paz. *Calviño Citro.* Madurez.
Y los gritos/quedaron en Cartago. *Sada.* La gloria de Matho.
¿Y los sueños? *Vargas Osorio.* Diálogo.
Y luego Filipo Tommaso Marinetti en favor del fascismo. *Oliva.* Mussolin acaba con el sistema capitalista.
Y mañana/qué será mañana de los rostros/que inventé. *Calderón.* De las aves sin nombre.
Y mañana/qué será mañana de los rostros/que inventé. *Calderón.* Exilio.
Y me ha dado la gana. *Molina Venegas.* Condición y alarido.
Y me llegaste/como llega la brisa. *Garnica.* La carta.
Y mi voz que no tiene vibraciones. *Kozer.* Hago historia.
Y mientras el arca se alejaba, Noé contempló. *Macías.* El arca de Noé.
Y moví mis enérgicas piernas de caminante. *Pellicer.* El viaje.
Y nacieron la espora, el alga suave. *Lindo.* Invierno del Nahual.
Y nada de hojas secas. *Maples Arce.* Y nada de hojas secas.

Y no poder decírtelo. *Godoy.* Un poema de amor.
Y no será ocupado todo el amor que tengo. *Moltedo.* Muy dulce.
Y nos llevan de nuevo/hacia la guerra. *Silva.* Oda.
Y nuestra vida sigue siendo/un poco de vapor. *García Terrés.* Éste era un rey.
Y os digo:estuve aquí, tú me recuerdas. *Pedemonte.* Pasos del americano.
Y pensar. *Sampedro.* Associated Press comenta la noticia.
Y pensar que la sombra se enseñoreaba. *Bosch.* Advenimiento de la sombra.
¡Y pensar que tenemos que morir! ¡Y pensar! *Cabrisas.* El enigma supremo.
Y qué Cátulo de Verona. *Campos.* En el velorio de Clodia.
Y qué ganamos yendo con la música. *Rojas.* Canto del extranjero.
Y qué hago yo aquí donde no hay nada. *Martínez Villena.* El gigante.
¡Y qué más da? *Matos Paoli.* ¿Y qué más da?
Y qué será, Nathalie, de nosotros. *Lihn.* La despedida.
Y que tuve y que tengo la cara al viento. *Maldonado.* Luz y sombra.
Y quién con su inefable muerte nombra. *Vitier.* El portal.
Y quisiera romper. *Rodríguez.* Poema.
Y recorro tu cuerpo. *Alamo.* Cuerpo piel para un poema.
Y se me ocurre pensar que al otro lado del mundo. *Morales.* Y se me ocurre.
Y semeja la fuente. *Jara.* El agua.
Y si al invisible llegas. *Sucre.* Y si al invisible reino llegas.
Y si así, simplemente, me tendiera a morir. *Barrenechea.* Solo de Buenos Aires.
Y si después de tantas palabras. *Vallejo.* Y si después . . .
Y si empezara por aceptar algunos hechos. *Padilla.* Para aconsejar a una dama.
Y sigue la llovizna. *Luna.* Cantos de temor y de blasfemia (Frags.).
Y sin embargo usted señor. *Suárez.* De nuevo usted señor.
Y sin embargo/algo debe quedar. *Pares.* La semilla.
Y solo de una noche/entero. *Villarroel París.* Canto segundo.
Y sólo sé que no soy yo. *Owen.* Celos y muerte de Booz.
Y soñé que era un árbol. *Alegría.* Y soñé que era un árbol.
Y también hube una estancia en el infierno. *Marré.* Y también . . .
Y te busqué /y te busqué por pueblos. *Martí.* 28 de noviembre.
Y todas las cosas que a mi amor contemplaban. *Aridjis.* Y todas las cosas.
Y todavía, todavía el ciego Tiresias va cojeando. *Bañuelos.* Esta noche y sus viejos nómadas de blanco.
Y todo acabará, me dices. *Tomat-Guido.* Secreciones vibrantes.
Y todo porque deseaba amanecer muerto. *Castrillo.* Cartas a Carola.
Y tú dices: que llueva una semana. *Basualto.* Lluvia.
Y tú también/quejido/inútil. *Girondo.* Nocturno 4.
Y tú, desterrado. *Asturias.* Letanías del desterrado.
Y últimamente no me salieron bien las cosas. *Adoum.* Casi como Dios.
Y un día se detuvo el movimiento. *Tavira.* Memento por un ángel exterminador.
Y un día/no se cruzaron nuestros pasos. *Ovalles.* Será cuestión del diablo.
Y un día/Señor de los apóstrofes audaces. *Cardona Torrico.* Apóstrofe.
Y un día/vendrá/en que tu voz. *Mendoza Sagarzazu.* Y un día vendrá.
Y Utopía fue el veterinario. *Bolaño.* Un resplandor en la mejilla.
Y vi que los carniceros, al tercer día. *Hahn.* La reencarnación de los carniceros.
Y vi tus sombras. *Brandy.* La mano triste.
Y vio que su señor se resignaba/al destino. *Mairena.* Y vio que su señor . . .
Y volverán, no dudes. Se fueron como todo. *Casal.* Nuestras horas.
Y ya no quedará sino un pozo muy negro. *León.* Y ya no quedará.
Y yo apenas. *Navarro Harris.* Asombro por el hijo que viene.
Y yo me quedo tendido en mi aire. *Cabrera.* Usted se va.
Ya descuajaringándome, ya hipando. *Belli.* Amanuense.
Ya desluce y se marchita. *Benarós.* Ya me ausento de este mundo.
Ya el largo sueño de la tierra. *Campero Echazú.* Plaga.
Ya el niño se hizo grande. *Alcocer.* Vía crusis.
Ya de este bosque en la mansión serena. *González Prada.* Soledad.
Ya en el vacío que mi mano funda. *Ibáñez.* Ya.
Ya es ayer pero entonces era siempre. *Appleyard.* El tiempo.

Ya es hora. *Cabrera Carrasco.* Es hora.
Ya es hora ya es hora dice la Tijúa ya es hora. *Crespo.* Ya es hora.
Ya está dormida bajo tanto cielo. *González Tuñón.* Amparo Mom, 1940.
Ya está seco el camino del río al valle y secos los senderos. *Coronel Urtecho.* Febrero en La Azucena.
Ya está transido, pobre de rocío. *Matos Paoli.* Canto de la locura (Frag.).
Ya están cantando los gallos. *Cardenal.* Amanecer.
Ya están guardando hasta el aire que nos regaló tu espada. *Cabral.* Un recado de Mon para Bolívar.
Ya Europa es el templo del Dios hecho hombre. *Morales y Sánchez.* La misa eterna.
Ya existía antes del caos. *Hernández Álvarez.* Paraguachoa.
Ya hablaremos de nuestra juventud. *Lastra.* Ya hablaremos.
Ya José, terminada del día la faena. *Contardo.* Retablo.
Ya la barca abrió las alas como un pájaro en la sombra. *Miró.* La canción del marinero.
Ya la ciudad no es la penumbra. *Fernández.* Amanecer en Moscú.
Ya las aves vuelan bajo. *Icaza.* Tonos del paisaje: de acero.
Ya las gentes murmuran que yo soy tu enemiga. *Burgos.* A Julia de Burgos.
Ya lenta desgarra la sazón del año. *Lugones.* Ya.
Ya lentos cruzan con la nieve al hombro. A la comarca de los alhelíes. *Sacoto Arias.* Eco y soneto.
Ya les dije lo que es mi país: una tierra extensa y lejana. *Rivera Rodas.* Ya les dije.
Ya lo llevan pa la tumba. *Radillo.* Sucumbento.
Ya me voy porque me llama. *Mistral.* Despedida.
Ya nada tengo yo que sea mío. *Pellicer.* Ya nada tengo.
Ya navega. *Flores Castro.* Bumerang roto.
Ya ni te pido que descanses, pequeñísima. *Lara.* Jugada maestra.
Ya no escribamos más. *Rose.* Consigna.
Ya no estás en los sueños. *Fernández.* Reencuentro con Abel.
Ya no existe otro horizonte que las lágrimas. *Cazorla.* La mañana es una trampa.
Ya no leeré sus ojos. *Agudo.* El marinero.
Ya no me queda nada por decir. *Parra.* Tres poesías.
Ya no puedo dudar. Diste muerte a mi cándida/niñez. *López Velarde.* Que sea para bien.
Ya no se quiebra el día. *Cáceres.* Poema.
Ya no sé si "esta tarde vi llover" es de Armando Manzanero. *Cisneros.* Homenaje a Armando Manzanero (Arte poética 31).
Ya no será/ya no. *Vilariño.* Ya no será.
Ya no seré feliz, tal vez no importe. *Arbeleche.* Carta a Borges.
Ya no soy/otra cosa. *Birri.* Los llamados.
Ya no te amaba, sin dejar por eso. *Herrera y Reissig.* Amor sádico.
Ya no te bastan mis ojos. *Millán.* Espejos.
Ya no tú cazador, sino perdido. *Castro.* Soneto séptimo.
Ya no vas a seguir ahorrando. *Lavín Cerda.* Ya no eres el hombre.
Ya nunca más sobre mi tiniebla su estrella dulce. *Estrada y Ayala de Ramírez.* De tiniebla.
Ya oigo la voz del río y su conjuro. *Ibáñez.* El prisionero.
Ya otro siglo, Rey Miguel. *Rugeles.* El romance del Rey Miguel.
Ya para qué tu bosque de caminos. *Hurtado.* Otra soledad.
Ya pasaste por mi casa. *Blanco.* Coplas del amor viajero.
Ya perfilan las cosas sus siluetas indecisas. *Ureta.* Flores de saudade.
Ya podéis gritar y correr, deudos de nadie. *Goldsack.* Historia para una noche de neblina.
Ya prisionero, maniatado, y triste. *Mejía.* La muerte del novillo.
Ya que hemos conversado llanamente de la tierra. *González.* Testimonio de los pájaros.
Ya que la vida del hombre no es sino una acción. *Parra.* Solo de piano.
Ya que llegas, octubre, mensajero. *Montoya.* Octubre.
Ya que no eres puro, castiga tu lengua, calla; limpia. *Fernández.* De las palabras y la poesía.
Ya que tu voz, como un muelle vapor, me baña. *López Velarde.* Te honro en el espanto.
Ya que viene tocando. *Arráiz.* El extranjero.
Ya relincha el nuevo día. *Galán.* Las coplas del último día.
Ya sabemos que los sabios y filósofos. *Avreu Felippe.* De vez en cuandocorremos por la orilla.
Ya sabes dónde ir. *Nieto Cadena.* California Dancing Club.
Ya se me alarga la sombra. *Barbieri.* Donde lo pisa el ganado.
Ya se rumora en la escuela. *Liguori.* Ya se rumora.

Ya se va tan cansada la tarde. *Tavira.* Tercia.
Ya sólo soy la sombra de su ausencia. *Ballagas.* Soneto sin palabras.
Ya sólo soy un poco de nostalgia que canta. *Michelena.* A las puertas de Sion.
Ya te enterré en mis ojos. *Camargo Ferreira.* Tránsito de huesos.
Ya te has tornado marfil. *Silva Belinzon.* Alfonsina Storni.
Ya todo estaba escrito cuando Vallejo dijo: Todavía. *Rojas.* Por Vallejo.
Ya todos los caciques probaron el madero. *Chocano.* Tríptico heroico.
Ya tú sabes que murió. *Najlis.* Ya tú sabes que murió.
Ya va a llegar la noche con su pena. *Nieto.* La noche y sus andrajos.
Ya va a venir el día. *Vallejo.* Los desgraciados.
Ya veo sus caras marcadas para siempre. *Silén.* Por qué no puedo escribir un poema sobre Lares.
Ya ves cómo de todo lo que esperabas. *Dalton.* Ya ves cómo.
¡Ya viene el cortejo! *Darío.* Marcha triunfal.
Ya viene el General. *Cardenal.* Marcha triunfal.
Ya viene el tiempo de la hila. *Padilla.* La hila.
Ya viene la primavera. *Campero Echazú.* Primavera.
Ya vuelven mis estrellas. *Ipuche.* Júbilo nocturno.
Ya yo me enteré, mulata. *Guillén.* Motivos de son.
Ya yo me enteré, mulata. *Guillén.* Mulata.
Yacía obscuro, los párpados caídos. *Díaz Casanueva.* La visión.
Yacían allí cuando se abrieron. *Deniz.* Eléata.
¡Yambambó, yambambé! *Guillén.* Canto negro.
Yankees, váyanse/váyanse, váyanse, yankees. *Pasos.* Desocupación pronta, y si es necesario violenta.
Yankis Go Home, gritamos una vez a los chelitos en tu cara. *Cea.* En el corto-circuito de mi abuela o cuando se la acabaron las pilas.
The years burgeon at their tips like branches. *Huidobro.* There Is a Cataclysm Inside Us.
Yendo por la orilla de acá del Canal. *Hernández.* Nocturno de Moscú (Frag.).
Yerba del odio. *Bendezú.* Epístola mágica.
La yerba habitada por la luz. *Volkow.* El viaje.
La yerba humilde que deshizo el viento. *Díez de Medina.* Exaltación.
Yerba Mora, no hilvanes más reproches. *Dávila.* Yerba mora.
Yerbas Buenas de Linares. *Jara.* Yerbas Buenas.
Yes, come to my arms, little doves of iron. *Florit.* The Martyrdom of Saint Sebastian.
Yesterday I felt this ode. *Neruda.* Ode to Laziness.
Yesterday I remembered a clear winter day. *Teillier.* Bridge in the South.
Yesterday while I was writing a different poem. *García Robles.* Know Ye What Happens.
Yo admiro a Gabriel Zaíd. *Liguori.* Un egregio nacional.
Yo adoro en el Otoño la expresión transitoria. *Brull.* Soneto de otoño.
Yo adoro una mujer de aire. *Ortiz.* Yo adoro.
Yo agarro la suerte y la muerte. *Rokha.* Yo agarro la suerte.
Yo andaba solo y callado. *Lugones.* El canto de la angustia.
Yo apenas quiero ser humilde araña. *Chocano.* El amor de las selvas.
Yo aprendí a estar en ti cuando me regalaste la muñeca. *Salazar.* Yo aprendí a estar en ti.
Yo ayer pedía dilatado el goce. *Brañas.* Miércoles de ceniza.
Yo bebí/el mejor vino ausente. *Fernández.* La purga.
Yo bendigo al Señor porque te hizo. *Ponce.* A una bondad relativa.
Yo bien quisiera voz de miel y trigo. *Meléndez de Espinosa.* Yo bien quisiera.
Yo calmaba su espejo. *Anguita.* Pintura de María Valencia.
Yo camino hoy. *Murillo.* Canción de Navidad.
Yo, como tú/amo el amor. *Dalton.* Como tú.
Yo conocí a don Ricardo Díaz. *Matos Paoli.* Yo conocí a don Ricardo Díaz.
Yo construyo mi país con palabras. *Delgado.* Héroe del pueblo.
Yo cuando siempre y por entonces mudo. *Appleyard.* Yo.
Yo decía que el mundo era una estrella ardiente. *Fernández Retamar.* Palacio cotidiano.
Yo diría que usted puso cada agua en su fuente. *Cos Causse.* Homenaje (a José María Heredia).
Yo dormía en una cama grande con mi abuela materna. *Arellano.* Página de la infancia.
Yo, en el teatro del mundo, dejaré agregado. *Casaravilla Lemos.* Salmo melancólico.

Yo en la orilla silbando. *Huidobro.* Las olas mecen el navío muerto.
Yo en nada ya me fío. *Belli.* Yo en nada ya me fío.
Yo encontré el delito y le eché sombras. *Cardona Torrico.* Llanto de abismos.
Yo era a veces un grito nunca oído. *Cardona Torrico.* Yo era a veces un grito nunca oído.
Yo era el orgullo. *Cerruto.* Tamayo.
Yo era el río. *Delaval.* Grijalva.
Yo era el tiburón asediado por las vírgenes. *Massís.* La joven bestia.
Yo era en mi juventud un nigromante. *Tamayo.* Yo era en mi juventud.
Yo era mansa y pacífica. *Ramírez.* Despertar.
Yo era Nausicaa, hija de rey: yo era. *Devoto.* Fábula de Nausicaa infinita.
Yo era un bramán conocedor del Veda. *Gavidia.* La ofrenda del bramán.
Yo escribí sobre el agua el nombre mío. *Roa Bastos.* Tríptico II: De la descendencia.
Yo escribo/por estos repentinos de hoy. *Sampedro.* Para la última.
Yo estaba dentro y fuera—en lo mirado. *Brull.* Tiempo en pena.
Yo estoy ausente, pero en el fondo de esta ausencia. *Huidobro.* La poesía es un atentado celeste.
Yo estuve en aquella ciudad. *Arce Navarro.* Búsqueda.
Yo estuve seguramente encaramada. *Berenguer.* Viaje.
Yo estuve un día aquí. *Matos Paoli.* Yo estuve un día aquí.
Yo fui el orgullo como se es la cumbre. *Tamayo.* Habla Olimpo.
Yo fui un gañán haragán/que hacía surcos de canciones. *Guillén.* El cazador de moscas.
Yo fui un soldado que durmió en el lecho. *Darío.* Metempsicosis.
¡Yo fui! ¡Yo fui! Lo saben la clámide y la hiel. *Rosenmann Taub.* Gólgota.
Yo había aprendido de los viejos. *Jamís.* Yo había aprendido.
Yo había dado mi corazón. *Morales.* Yo había dado mi corazón.
Yo había mirado los cocoteros y los tamarindos. *Cuadra.* Manuscrito en una botella.
Yo hablo del caminante. *Arce Navarro.* Yo hablo.
Yo hacía una divina labor, sobre la roca. *Agustini.* Tu boca.
Yo he conocido manos de ceniza. *Tello.* Serie de Fibonacci.
Yo he contemplado. *Ibargoyen Islas.* Biografía.
Yo he llevado una copa. *Mistral.* Gestos.
Yo he nacido, amor, para quererte. *Scarpa.* Yo he nacido.
Yo he soñado en mis lúgubres noches. *Borrero.* Ultima rima.
Yo he tenido tus manos sobre el cambio brillante de las aguas. *Bustamante.* Aquí es la tierra.
Yo he venido. *Arce Navarro.* Manera de recibirnos.
Yo he visto combatir con el dorado. *Fernández Retamar.* La ceiba y el dorado viento.
Yo he visto la tristeza semioculta en un hueco. *González O.* Yo he visto la tristeza.
Yo he visto los poetas de Occidente. *Sáez Burgos.* Ese poema.
Yo he visto perlas claras de inimitable encanto. *Buesa.* La dama de las perlas.
Yo he visto, sí, yo he visto. *Cardoza y Aragón.* Soledad de la fisiología.
Yo hice el esfuerzo—aunque no lo crean. *Morales.* Yo hice el esfuerzo.
Yo iba detrás de mi/llamándome. *Silva.* Elegía.
Yo iba sola al Misterio bajo un sol de locura. *Agustini.* En el camino.
¡Yo la amaba, la amaba! Quedó yerta. *Blanco.* La hija de Jairo.
Yo la describo así: honda, infinita. *Shimose.* Anales de la piedra.
Yo la encontre por mi destino. *Mistral.* La flor del aire.
Yo la llamé del hondo misterio del pasado. *Nervo.* Evocación.
Yo, la mujer de barro. *Murillo.* Yo, la mujer.
Yo/la pequeña. *Moreno Toscano.* Yo.
Yo la quiero cambiante, misteriosa y compleja. *Agustini.* La musa.
Yo, La Tirana, rica y famosa. *Maquieira.* Me sacaron por la cara.
Yo les mandé una luna de regalo. *Coronel Urtecho.* Luna de palo.
Yo lo creía mío, porque estaba a mi lado. *Barrenechea.* El ángel recuperado.
Yo lo sé, amigo. *Aguirre.* Certidumbre.
Yo lo soñé impetuoso, formidable y ardiente. *Agustini.* Amor.
Yo lo vi alzarse de la sombra honda del pecho, ¡oh el verso dolido! *Cunha.* Poema I.
Yo lo vi soltando los remos acurrucarse. *Zurita.* Las playas de Chile X.
Yo, mamá, mis dos hermanos. *Belli.* Segregación no. 1.
Yo me enamoré una vez de una muchacha maravillosa. *Miranda Casanova.* Insectario.
Yo me enveneno con un recuerdo. *Greiff.* Arieta.

Yo me iré/pero vendrás conmigo. *Jiménez.* En las aguas de los ríos.
Yo me lancé a la vida. *Fernández Moreno.* Seguidillas personales.
Yo me nazco, yo misma me levanto. *Walsh.* Asunción de la poesía.
Yo me pregunto ahora qué espero, qué persigo. *Méndez.* Nocturno número 3.
Yo me refiero al río donde todos los ríos desembocan. *Rojas.* El dinero.
Yo me senté en el camino. *Argüello.* Nunca, nunca, nunca.
Yo me voy a largar/de esta poesía. *Valle.* Yo me voy.
Yo, mi caballo y el campo. *Silva Valdés.* Capitán de mis sombras.
Yo miro esto que pesa inmensamente. *Bonifaz Nuño.* Yo miro esto.
Yo mismo te sembré cuando eras grano. *Rasch Isla.* A un árbol naciente.
Yo monto en el Pequod. *Aray.* Yo monto en el Pequod.
Yo moriré, prosaicamente, de cualquier cosa. *Martínez Villena.* Canción del sainete póstumo.
Yo muero extrañamente No me mata la vida. *Agustini.* Lo inefable.
Yo nací manantial. *Berardo.* Ternura.
Yo nací negro. *Rosa-Nieves.* Noble abolengo.
Yo nací un día/que Dios estuvo enfermo. *Vallejo.* Espergesia.
Yo no canto/por dejar testimonio. *Michelena.* La desterrada.
Yo no debo decirte nada. *Bustamante.* Eclipse.
Yo no digo que el sol, inaprehensible sueño de mi piel. *Nava.* Casi el verano.
Yo no digo que ponga fin a nada. *Parra.* La poesía terminó conmigo.
Yo no entiendo tu voz, músico de oro. *Nalé Roxlo.* A un lejano grillo.
Yo no estaré presente. La ilusoria/marca. *Chumacero.* De cuerpo presente.
Yo no he sido tu Pablo absoluto. *Mistral.* Nocturno de la derrota.
Yo no he venido aquí a decirte que eres bella. *Guillén.* Angela Davis.
Yo no he venido a vencer. *Cazón Vera.* Yo no he venido a vencer.
Yo no he venido a despedirte, hermana. *Michelena.* Inscripción fraternal.
Yo no inventé nada. *Fernández.* Yo no inventé nada.
Yo no la admiro así, con su altanero. *Herrera.* Diana (Salón de París).
Yo no lo sé de cierto, pero lo supongo. *Sabines.* Yo no lo sé.
Yo no podía saber/si era tu cielo o el mío. *Peña Barrenechea.* Camino del hombre.
Yo no pude tener tu mano. *Coronil Hartmann.* Canto por un abuelo.
Yo no puedo/esperar. *Matos Paoli.* Yo no puedo.
Yo no quiero la paz. *Vallejos.* Poema.
Yo no quiero que me atajen. *Mistral.* Bío-Bío.
Yo no recuerdo el mar. Acaso. *Bonifaz Nuño.* Yo no recuerdo.
Yo no sabía, amor, por dónde andabas. *Russell.* Resplandor.
Yo no sabía que el azul mañana. *Barba Jacob.* Lamentación de octubre.
Yo no sé dónde está, pero su luz me llama. *Vaz Ferreira.* La estrella misteriosa.
Yo no sé dónde fue a morir mi acento. *Mondaca.* Soledad.
Yo no sé escribir y soy un inocente. *Baquero.* Palabras escritasen la arena por un inocente.
Yo no sé nada. *Girondo.* Yo no sé nada.
Yo no sé por qué a veces. *Estrada.* Huellas.
Yo no sé si alguna vez más. *Zapata Prill.* Diciembre treinta.
Yo no sé si estoy triste *Uribe.* La tristeza sin causa.
Yo no se si los viejos regresarán un día. *Padilla.* Herencias.
Yo no sé si mis ojos o mis manos. *Agustini.* Luz púrpura (con tu retrato).
Yo no sé/desde dónde. *Garnica.* Yo no sé.
Yo no soy el que vive. *Barrenechea.* Diario morir.
Yo no soy siempre el mismo. *Jaimes Freyre.* No soy el mismo.
Yo no sufro este dolor como César Vallejo. *Vallejo.* Voy a hablar de la esperanza.
Yo no tanto. *Michelena.* El velo centelleante.
Yo no te busco, Dios, porque te llevo. *Peña.* Yo no te busco.
Yo no tuve suerte contigo, Ezra Pound. *Cantoni.* Discurso.
Yo nunca me río. *Heraud.* Yo no me río de la muerte.
Yo nunca me río/de la muerte. *Heraud.* Yo nunca me río.
Yo, Olga Orozco, desde tu corazón digo a todos. *Orozco.* Olga Orozco.
Yo otro amigo tengo. *Castellanos Moya.* Poemas: las pertenencias.
Yo para Ti nací, y en vano quiero. *Urquiza.* Del amor doloroso.
Yo pasaba mordiéndome las uñas. *Villanueva.* O.

Yo, pastor de la tarde, olvidaría. *González Guerrero.* Fuente.
Yo, pecador, a orillas de tus ojos. *Chumacero.* Responso del peregrino.
Yo persigo una forma que no encuentra mi estilo. *Darío.* Yo persigo una forma.
Yo pido la palabra. *Rivas.* Introito.
Yo podría decirte mar de cemento y piedra. *Monge.* La ciudad, y con el viento del norte.
Yo puedo presentaros. *Romero.* Presento a Tacaxí.
Yo que saco los ojos a pasear por el campo. *Salazar Martínez.* Discurso en piedra para despertar.
Yo que siempre fui un hombre. *Guzmán López.* Canto al valle (Frags.).
Yo que sólo canté de la exquisita/partitura. *López Velarde.* Suave patria.
Yo que tengo la voz desparramada. *Bernárdez.* Soneto de la unidad del alma.
Yo, que un buen día me hice cita a solas. *Shelley.* Primera concesión.
Yo que vengo del peladero. *Chirino.* Yo que vengo de esas heredades.
Yo quiero de tus lágrimas el póstumo tributo. *Reynolds.* Panteísmo.
Yo quiero en ti la rosa pura. *Suárez.* Soneto.
Yo quiero ser marinero. *Obaldía.* Yo quiero ser marinero.
Yo quise ser como quisieron que yo fuese. *Burgos.* Yo misma fui mi ruta.
Yo quise, Dios, ser tu guerrero. *Arduz.* Guerrero frustrado.
Yo quisiera mirar en tus ojos. *Menéndez.* Voluptuosa.
Yo quisiera saber. *Gelman.* Hechos.
Yo quisiera salvar esa distancia. *Díaz Mirón.* Deseos.
Yo quisiera ser feliz como un pie desnudo en una playa. *Molinari.* Yo quisiera ser feliz.
Yo quisiera ser ella. *Langer.* Yo quisiera ser ella.
Yo quisiera una sombra que no fuera la mía. *Nalé Roxlo.* Yo quisiera una sombra.
Yo quisiera, mi vida, ser burro. *Pellerrano Castro.* Criollas.
Yo rechacé el silencio. *Cabañas.* Yo rechacé el silencio.
Yo recomiendo el magnicidio. *Aridjis.* Desencapsulamiento.
Yo recuerdo cuando tu padre ataba al perro. *Sampedro.* Historia de Airam.
Yo recuerdo el mar, apenas, una noche azul, de pie. *Charry Lara.* Nocturno lejanía.
Yo sacaré lo que en el pecho tengo. *Martí.* Yo sacaré lo que en el pecho tengo.
Yo saco la basura a la calle. *Calvetti.* La basura.
Yo sé bien el secreto de tus versos. *Pita.* El poema.
Yo sé de una virgen mora. *Delmonte Ponce de León.* Romance hispano-árabe.
Yo sé del alma que la luz persigue. *Moleiro.* Unánime.
Yo sé que a estas alturas de la vida. *Rivero.* Discúlpame esta leve distracción.
Yo sé que al mirarte. *Calderón.* Primavera.
Yo sé que allá, a esta hora. *Salazar Bondy.* Navidad del ausente.
Yo sé que efectivamente he debido ir *Pastori.* Ausencia.
Yo sé que en esta lámpara apareces. *Arteche.* Yo sé.
Yo sé que en tus tristezas hay algo que sonríe. *Ureta.* Romerías de ensueños.
Yo sé que fue la luz la luz nácar celeste. *Lars.* Ciudad bajo mi voz.
Yo sé que ha de llegar un día/claro como ninguno. *Marinello.* Yo sé que ha de llegar.
Yo sé que hay quienes dicen: ¿Por qué no canta ahora? *Darío.* De otoño.
Yo sé que he de morir un día. *Camargo Ferreira.* Oficio.
Yo sé que me andas buscando. *Cuadra.* Decires del indio que buscaba trigo.
Yo sé que tú abres las puertas. *Valle.* Historia en cinco actos.
Yo sé/que ya vienen de camino. *Pérez Hidalgo.* Los hombres buenos.
Yo seguía en tus ojos los colores. *Larreta.* La corrida.
Yo sembraré mi voz en la carne del viento. *Mieses Burgos.* Canciónde la voz florecida.
Yo sería un gran muerto. *Dalton.* El vanidoso.
Yo siempre había pensado. *Bolton.* Más allá.
Yo solamente/sé/que vivió. *Castro.* Palabras sólo palabras al oído.
Yo soñé con tu beso, como sueñan los niños. *Menéndez Alberdi.* Canción de lo imposible.
Yo soñé con un mar recién nacido. *González Martínez.* Principio y fin del mar.
Yo soy aquél a quien no modelara. *Prado.* Yo soy aquél a quien no modelara.
Yo soy aquél que ayer no más decía. *Darío.* Cantos de vida y esperanza.
Yo soy aquél que ayer nomás decía. *Darío.* Yo soy aquél que ayer nomás decía.
Yo soy aquélla del amor crecida. *Silva.* Yo soy aquélla.
Yo soy como aquel hombre que estaba sentado. *Palomares.* El jugador.
Yo soy como el fracaso total del mundo, ¡oh Pueblos! *Rokha.* Genio y figura.

Yo soy como el fracaso total del mundo. *Rokha.* Apunte.
Yo soy como un árbol pegau a la tierra. *Alfaro.* El chapaco alzado.
Yo soy de aquí. *Galán.* Prólogo.
Yo soy el beso. *Sanabria Varela.* El beso.
Yo soy el divisado desde un tren, el perdido. *Barrenechea.* El divisado.
Yo soy el hombre con cabeza de toro. *Délano.* Fotografía II.
Yo soy el Individuo. *Parra.* Soliloquio del individuo.
Yo soy el negrito Ñénguere. *Llanos Allende.* Yo soy el negrito Ñénguere.
¡Yo soy el negro Lorenzo! *Otero Silva.* El corrido del negro Lorenzo.
Yo soy el que con Dios se acuesta. *Juarez.* Yo soy el que con Dios se acuesta.
Yo soy el sexo de los condenados. *Cabral.* La mano de Onán se queja.
Yo soy ése que salió hace un año de su tierra. *Huidobro.* El paso del retorno.
Yo soy indio y africano/borincano. *Dessús.* Indiana.
Yo soy Juan Atampán, Blas Llaguarcos. *Dávila Andrade.* Boletín y elegía de las mitas (Frag.).
Yo soy la esperanza, la virgen de dulce mirada de cielo. *Martínez Mutis.* Luz de alba.
Yo soy la negra linda de América. *Rosa-Nieves.* Allegro de Mapeyé.
Yo soy la piedra inmóvil, junto al camino vivo. *Luisi.* Yo soy la piedra inmóvil.
Yo soy la que te cuida. *Arguedas Urbina.* Desdoblamiento.
Yo soy la selva indómita. *Otero Reiche.* Canto al hombre de la selva.
Yo soy la sombra, aquélla que no olvida. *Flores Saavedra.* Ahora.
Yo soy los golpes que moldea el metal. *Halley Mora.* Yo soy los golpes.
Yo soy mi propia sombra desasida. *González Martínez.* Póstuma imagen.
Yo soy muy pobre, pero un tesoro. *Urbina.* A solas.
Yo soy Quirino Vega. *Cea.* Yo, el brujo.
Yo soy triste como un policía. *Cuadra.* Perfil.
Yo soy tu cuerpo/viérteme en la noche. *Brandy.* Yo soy tu cuerpo.
Yo soy un alma pensativa. ¿Sabes? *Nervo.* Diafanidad.
Yo soy un hombre sincero. *Armand.* Soneto.
Yo soy un hombre sincero. *Martí.* Versos sencillos.
Yo soy un hombre sincero/de donde crece la palma. *Martí.* Yo soy unhombre sincero.
Yo soy un poeta. *Suárez.* Combate.
Yo soy un punto muerto en medio de la hora. *Maples Arce.* Prisma.
Yo soy un río. *Heraud.* El río.
Yo soy una estación sentimental. *Maples Arce.* Partida.
Yo soy una fiesta de las suprimidas. *Pallais.* Ardilla.
Yo sueño con los ojos. *Martí.* Sueño despierto.
Yo también hablo de la rosa. *Villaurrutia.* Nocturna rosa.
Yo también hablo de la rosa. *Villaurrutia.* Nocturno rosa.
Yo también soy un privilegiado. *Barnet.* Caminando la ciudad.
Yo te agradezco el día que en ti concluye ¡oh salvadora! *Cruchaga Santa María.* Afán del corazón.
Yo te amo, ciudad. *Baquero.* Testamento del pez.
Yo te beso al irme. *Barquero.* Yo te beso al irme.
Yo te cantaba así, con voz sencilla. *Rospigliosi.* Tríptico.
Yo te diré los sueños de mi vida. *Agustini.* Íntima.
Yo te escribiera a diario, dueño mío. *Novo.* Yo te escribiera.
Yo te hablo de amor, mujer sin hijos. *Guerra Trigueros.* Carta de amor a la ramera.
Yo te he visto cavar minas de oro. *Cabral.* Negro sin nada en tu casa.
Yo te sueño señora de tus mares y de tus ríos. *Vargas Osorio.* El poeta sueña a su patria.
Yo te voy a contar la media cochinada. *Maquieira.* Tu gran amor.
Yo tengo el corazón lleno de agujas. *Cerdá.* Autorretrato.
Yo tengo un rosal florido. *Fiallo.* Las rosas de mi rosal.
Yo tengo una palabra en la garganta. *Mistral.* Una palabra.
Yo tenía/dos alas. *Agustini.* Las alas.
Yo tenía/dos alas. *Agustini.* Las alas (Frags.).
Yo tenía 5 mujeres/y una sola querida. *Oquendo de Amat.* Mar.
Yo tenía sed. *Arvelo Larriva.* Líneas de primera lluvia.
Yo tenía un amigo. *Díaz Herrera.* A quien nos dejó solos sin el más leve aviso.
Yo tenía un amigo. *Gordillo.* Mî amigo.
Yo tenía un anillo. *Guzmán Cruchaga.* Yo tenía un anillo.

Yo tenía un hermano. *Castrorrivas.* Canción del hermano menor.
Yo tenía un hermano mayor. *Aura.* Mi hermano mayor.
Yo tenía una sola ilusión: era un manso. *Urbina.* Nuestras vidas son los ríos.
Yo tenía unas alas misteriosas. *Amor.* Yo tenía unas ala.
Yo todo lo voy diciendo para matar la muerte en "Ella". *Fernández.* Poema al astro de luz memorial.
Yo todo tierra/yo todo viento. *Martínez.* Yo.
Yo trabajo de noche, rodeado de ciudad. *Neruda.* Entierro en el este.
Yo tuve que nacer después de tanta herida. *Camargo Ferreira.* Poética.
Yo tuve un águila. *Torres Sánchez.* Poema.
Yo tuve un Can que se llamo perro. *Espinoza Sánchez.* Can (Historia de un perro).
Yo tuve, en tierra adentro, una novia muy pobre. *López Velarde.* No me condenes.
Yo, un hijo del Caribe. *Mir.* Contracanto a Walt Whitman.
Yo venía del Norte. *Blanco Fombona.* Los carbunclos trágicos.
Yo vi a los manes de mi generación, a los lares. *Cisneros.* In memoriam.
Yo vi a Sabás, el negro sin veneno. *Guillén.* Sabás.
Yo vi caminar por las calles de Lima a hombres y mujeres. *Verástegui.* Salmo.
Yo vi los huecos que la tanqueta Sherman. *Rugama.* Las casas quedaron llenas de humo.
Yo vi, mujer morena, tu cálida figura. *Kempff Mercado.* El mantón.
Yo vi una vez, un día solamente. *Torres Bodet.* El paraíso.
Yo visité las viejas ruinas de Guatemala. *Gavidia.* Estancias.
Yo viví cierta vez en una caverna. *Arráiz.* Transición.
Yo vivía contigo. *Molina Venegas.* Memorias de un pájaro asustado.
Yo vivía en la torre inclinada. *Agustini.* ¡Oh, tú!
Yo vivía en una casa grande junto a la iglesia de San/Francisco. *Cardenal.* León.
Yo vivo en Cuba. Siempre. *Padilla.* Siempre he vivido en Cuba.
Yo ya guardo la música de tu ala cansada. *Maeso Tognochi.* No se mueve mi corazón sin tu justa armonía.
Yo ya no sé decir esa palabra. *Volkow.* Yo ya no sé decir.
Yoruba soy, lloro en yoruba. *Guillén.* Son número seis.
You are dead and your body, beneath a Uruguayan cloak. *Storni.* Words for Delmira Agustini.
You are going to ask: and where are the lilacs? *Neruda.* I'm Explaining a Few Things.
You are, my green island. *Palés Matos.* Neither This Nor That.
You are the companion I talk with. *Villaurrutia.* Poetry.
You are the one, you are the man *Oraá.* New Poetics.
You breathe by words ten thousand times a day. *Rojas.* And to be born is here an unnameable feast.
You could say that the streets flow softly in the night. *Villaurrutia.* Los Angeles Nocturne.
You finish cleaning out the dust and the ashes. *Shimose.* A Midsummer Night's Dream.
You get his pencils. *Parra.* Let's Loot This Dirty Old Man.
You gnaw at your silence. *Durand.* Requiem for the Sumpul.
You jump first/one wino says to the other. *Pietri.* You Jump First.
You know they're coming when sharp cries . . . *Lara.* Captured City.
You never know who has your memory. *Hernández Cruz.* You Gotta Have Your Tips on Fire.
You said the sun would rise/let's go. *Guevara.* Song to Fidel.
You shall love beauty, which is the shadow of God. *Mistral.* Decalogue of the Artist.
You told me my father never wept. *Storni.* Ancestral Weight.
You wake up, thirsty, at midnight. *Shimose.* Count Dracula on an Inspection Tour.
You want to kill yourself in our name. *Benedetti.* Holocaust.
You whose flesh, now dust and planet. *Borges.* To a Saxon Poet.
You will always be at some border. *Benedetti.* We All Conspire.
You would have me immaculate. *Storni.* You Would Have Me Immaculate.
Your gloves. *Guillén.* Small Ode to a Black Cuban Boxer.
Your great grandfather rode through Texas. *Fernández Retamar.* Epitaph for an Invader.
Your heart is all you need. *Orozco.* To Make a Talisman.
Your name doesn't appear in the magazines. *Quesada.* The Incurable Love.
Your retreat hardly prompted/murmurs. *Lars.* Recollection of Gabriela Mistral.
Yoyontzin/era el pájaro rojo de Texcoco. *Ulloa.* Yoyontzin.

Zapatea el barrio alegre. *Torresde Vidaurre.* El fandango de Cocharcas.
Zapatea negro/todas las riberas. *Manrique Cabrera.* Zapatea negro.

Zapato de Navidad. *Aróstegui Arce.* Encargo.
Zumba la cumba del Yancunú. *Barrera.* La danza caribe del Yancunú.
Zumba, mamá, la rumba y tambó. *Tallet.* La rumba.
Zumban las alas negras. *Fariña.* Cual pintar cual primer.
Zumban las balas en la tarde última. *Borges.* Poema conjetural.
Un zumbido de moscas anestesia la aldea. *Girondo.* Siesta.

About the Author

Iliana L. Sonntag Blay retired from the San Diego State University Library as Librarian Emerita after ten years of being the Latin American Bibliographer and resource person for the U.S.-Mexico border. Prior to that she was the Spanish American specialist at the University of Arizona Library. Iliana is originally from Buenos Aires, Argentina, and speaks fluent Spanish, as well as Portuguese, French and German. She has a B.A. in English, a Master's in Library Science, and a M.A. in Latin American Studies. Her work with students and books from Latin America was enjoyable and enriching for her as was her interaction with colleagues in professional associations. She has belonged to the American Library Association, Latin American Studies Association, the Seminar on Acquisition of Latin American Library Materials (SALALM), and others. She served as president of SALALM in 1985-1986, and is still involved in its work.